了解科学家的业绩，

弘扬科学精神，

播撒人文情怀。

中国科学院院长

后浪出版

SCIENTIFIC ELITE

THE PEOPLE SOLVING THE SPHINX'S RIDDLE

科学精英

求解斯芬克斯之谜的人们

《自然辩证法通讯》杂志社 主编

世界图书出版公司

北京·广州·上海·西安

序　言

在古希腊神话里，斯芬克斯是一个狮身女妖，她有着少女的面孔和声音，狮子的身躯，背上还长着一对翅膀。她蹲在忒拜城外的悬崖上，拦住过往的路人，用缪斯给她的谜语问他们："什么动物生下来四只脚，接着变成两只脚，后来变成三只脚，最后又成了四只脚？"猜不中谜底的人会被她撕碎吃掉。为了消除灾难，忒拜的国王宣布谁能够猜出谜语，就让他接任王位。最后，俄狄浦斯揭示了谜底，这个动物是人。对于这则神话，英国哲学家弗朗西斯·培根解释说，斯芬克斯寓意的其实就是科学。她的少女的面孔和声音象征着科学的美丽动人，翅膀表明科学知识会像飞一般迅速传播，爪子暗示科学论证能牢牢地抓住人的思想。

培根的解释生动地揭示了科学活动的主要特征。科学家面临的挑战就是为未解之谜寻找答案。用实验来探索自然的奥秘就像科学工作者在与自然玩一场解谜的游戏，自然往往如培根所说的那样，它喜欢隐藏自身，但偶尔又很调皮，它会突然显现一下自己，看是否能引起科学工作者的注意，或者它会故意留下一些线索，看科学工作者能不能揭示谜底。成功的科学工作者将证明自己是一位解谜高人，谜所提出的挑战是驱使他前进的动力。解开斯芬克斯的谜语成为现代科学的乐趣的源泉。

俄狄浦斯的回答也极为深刻。科学与人、与人的命运密切相关。探求自然的奥秘，往往需要调动科学家的全部美德，不但是高超的智力，而且还有勇气、坚韧、正直、谦逊，对人类至深的仁爱和对真理发自心底的敬畏。也正是在探求自然的奥秘中，科学家磨砺了智识、锤炼了意志、充盈了情感，升华了品格，在探触到谜底的那一刻，体验了人世间少有的狂喜，成就了他们壮丽而美好的人生。

《自然辩证法通讯》从 1979 年创刊至 2014 年底，每一期都在人物评传栏目刊登一篇深度书写科学大家求解斯芬克斯之谜的传奇故事的文章。这些文章大都由学养深厚的科学史家撰写，既有丰富扎实的史料，又有精湛独到的见识，还有晓畅动人的文采，得到了读者的喜爱，甚至影响了许多人对科研生涯的选择。本书从这些文章中挑选汇集而成，选取的科学家评传覆盖了科学的主要学科领域。在编者的引领下，我们会走进古今中外科学家的时代和人生，感受到他们在求解斯芬克斯之谜的路途上的艰难和欣喜，品尝一场心灵和思想的盛宴。虽然科学家的工作和所处的社会不尽相同，但我们可以透过这些科学家曲折的经历、复杂的命运、多彩的思想，眺望到科学精神迷人的光辉。

丁仲礼

中国科学院副院长、中国科学院大学校长

2014 年 12 月 8 日

编者序言

本书选稿于《自然辩证法通讯》（以下简称《通讯》）。《通讯》是在 1978 年经小平同志亲自批示创设的关于科学技术的哲学、历史学、社会学和文化研究的综合性、理论性刊物。主办单位为中国科学院大学，著名哲学家、经济学家于光远先生担任第一任主编，著名物理学家钱三强担任首任社长。30 多年来，《通讯》一直是我国科技哲学家、科技史家、科学社会学家发表学术论文的重要平台，对于这些学科在中国的发展产生过引领和推动作用，在海内外学术界有较大的影响，多篇文章曾被波士顿科学哲学文库编选为专门一辑"*Chinese Studies in the History and Philosophy of Science and Technology*"（Boston Studies in the Philosophy of Science, Volume 179, 1996）。

《通讯》开辟有科学技术哲学、科学技术史、科学技术社会学、科学技术文化研究、人物评传等栏目。人物评传专栏以科学家评传为主，也有少量与科学相关的哲学家、教育学家和管理学家等。1979 年至 2014 年底，人物评传栏目刊登了 214 篇文章，包含了 169 篇西方科学家的传记和 45 篇中国科学家的传记。这些文章得到了读者的喜爱，许多文章还产生了较大的影响。考虑人物评传栏目在 35 年中已有比较深厚的积累，为了更好地传播科学文化和弘扬科学精神，我们从 214 篇文章中挑选出 44 篇，编成《科学精英：求解斯芬克斯之谜的人们》一书。

该书选稿以可读性、学术性和重要性为原则。像范岱年、戈革、董光璧、金吾伦、胡作玄、李醒民、刘钝、樊洪业、王渝生、江晓原、刘兵等知名学者都有文章入选。选题涵盖了物理学、数学、化学、生物学、地质学、天文学等学科，反映了不同学科在不同历史境遇中的发展历程。该书精选的文章不仅具有很高的学术价值，而且具有很强的可读性，利于传播科学文化和弘扬科学精神。通过了解这些科学精英人生经历，可以从中感受到他们不尽相同的工作和命运，感受到真正的科学精神。细心的读者可能会发现，这些文章的风格有一些变化。这是因为，《通讯》创刊之初以"解放思想"和"战斗性"为重，虽强调必须立足于学术研究，但文章体例上不囿于学术论文的写作形式。这从第一篇人物评传文章"李森科其人"的行文风格可以看出来。20 世纪 80 年代后，《通讯》注重引介西方科学哲学和科学史的学术成果，建设科学哲学的学术规范和传统，这一时期的人物评传栏目也参与到学术规范的建设过程中，文章风格越来越注重将科学史研究成果凝练到科学家的传记当中。

该书选编的 44 篇文章，按主题分为"科学体制化的贡献者"、"丰富多彩的科学生活"、"为理解自然和自我而奋斗"、"艰难时世的跋涉"、"浮士德式的科学家"、"女性与科学世界"、"东西交汇的激荡"和"中国科学家的家国情怀"8 个部分。

科学的体制化是科学共同体内部的价值规范确立的过程，也是这种价值规范在社会系统中制度化表达的过程。科学共同体的核心价值即真理，相应的行为规范则是理性主义和经验主义方法论原则的具体体现。科学的体制化过程被认为是一个国家科学事业发展走向成熟的标志。19世纪后期，科学正式成为一种职业，不过人数不是很多，机构的规模也比较小；进入20世纪，尤其是二战之后，职业科学家的人数迅速增长，并得到国家和产业的大力支持。"科学体制化的贡献者"向读者介绍了洪堡、李比希、德拉贝奇、卢瑟福、密立根、万尼瓦尔·布什等人对科学体制化所做出的贡献。

科学家在求解斯芬克斯之谜的过程中形成了相似的精神气质，遵循共同的本体论承诺、方法论预设和伦理学的要求。在这种相似的精神气质的前提下，不同学科的科学家有着不同的情感世界，不同的生活态度。这种情感世界和生活态度甚至与他们所从事的研究工作有一定的关系。"丰富多彩的科学生活"将一个个鲜活的科学家形象展现出来，引领读者去感受他们的情感世界和奋斗历程，体会科学工作中感性和理性的完美结合。如果说一个物理学家，他的语言离不开数学公式的话，那么一个地质学家，他的语言则离不开图像——平面图和剖面图。读者会在这一部分看到提出板块漂移学说的德国地质学家魏格纳如何收获他的爱情？致力于物理学研究工作的美国科学家拉比如何考虑是否应该选择服务于政府。

科学本质上是一种文化活动。理想、境界、信念、意志、兴趣和激情等都包含在科学探索活动中，这往往体现在科学家的人文情怀上。在"为理解自然和自我而奋斗"这一部分，读者可以看到19世纪法国数学家沙勒的"造假风波"是怎么回事。读者还可以了解到，恩斯特·马赫和皮埃尔·迪昂不仅是著名的物理学家，也是杰出的科学史家和科学哲学家。马赫直接地影响了维也纳学派的逻辑实证主义，爱因斯坦誉其为相对论的先驱。迪昂对物理学理论的意义和范围作了深入的思考，形成了一系列引人入胜的科学哲学见解。这一部分通过选入马赫、迪昂、薛定谔的人物评传，向人们展现了科学史上有趣的"哲人科学家现象"。

科学规范始终面临着与科学共同体外部的价值规范之间的调适问题。科学的体制化，研究院所、研究型大学和基金会的建立，根本目的就是要用高度自治的体制化力量来抗衡政治、经济和其他外部势力对科学团体内部的干预。科学只是整个社会系统中的一个子系统，科学共同体的价值与规范，若是不能与政治、经济和其他社会领域的价值规范相互适应，那么科学价值的社会认同和科学活动的自主性就得不到保障。"艰难时世的跋涉"反映了政治社会的动荡对科学家的个人命运的影响，展现了他们在面临困境时坚守科学精神的心路历程。科学家在面临困境之时的乐观和执着往往令人印象深刻。面对苏联历史上的大清洗，舒布尼可夫为了顺从审查者们的意愿，几乎是将一切可能想到的荒唐罪行都加到自己头上，编造出一个个天方夜谭式的故事，仍然没能逃过这场浩劫。对于低温超导物理学史来说，舒布尼可夫的消失使当时在世界上非常领先并有着辉煌前景的涉及第二类超导体研究也随之暂时中断。

在科学家无法与强大的政治、经济和其他社会力量相抗衡时，有些科学家为了获得社会认同，出卖了自己的灵魂，顺从政治、经济等领域的行为规范。"浮士德式的科学家"介绍了3位饱受争议的科学家：勒纳德、斯塔克和李森科。他们的人生似乎并不符合人们心中传统的科学家形象。通过还原这几段真实的历史和人物，引发读者对科学家的社会处境和道德责任的思考。勒纳德对爱因斯坦的迫害，客观真实地还原了二战后民族情绪主导下科学界发生不当竞争和恶性打压的历史。勒纳德利用诺贝尔奖赋予他的学术地位对相对论的创立者爱因斯坦进行了严酷的打压和迫害。他不仅允许"德国科学家保卫纯学术工作团"这一法西斯组织援引他的名义对爱因斯坦及其相对论进行了个人攻击，又在一战后首次大规模科学家集会上，亲自用恶毒的、谩骂般的语言攻击爱因斯坦。后来勒纳德又强烈抗议诺贝尔基金会将1921年度物理学奖授予爱因斯坦。

科学世界似乎是由男人统治的，女性在科学中的角色长期以来非常尴尬。事实上，女性有着自己对待世界的独特的观察与理解，她们可能更加重视情感在科研中的独特作用，一种包含人性的科学因此似乎有了可能。"女性与科学世界"将主题聚焦在女性科学家身上，介绍她们在特殊的文化背景和时代环境下取得的重要成就。通过介绍她们在物理学、生物学、化学和数学等学科中的贡献，全方位地展现了女性科学家在科学事业中不可忽视的成就。

明末清初我国近代社会经历了一次先进科学技术翻译的高潮。以利玛窦为代表的一大批传教士来到中国，带来西方的思想，先进的科学技术和科学著作。一个多世纪后，当我们彻底认识到西方先进科学技术的威力时，西方传教士和中国士大夫掀起了第二次科学技术翻译的高潮。"东西交汇的激荡"分两条线索描绘了科学的中西互动的发展进路，呈现出中国现代科学发展的最初形态。一方面介绍了以利玛窦、汤若望、伟烈亚力、德贞为代表的来华传教士的贡献，展现这些"洋人"对我国科学文化发展的启蒙作用。另一方面又介绍了以王锡阐、梅文鼎和梁启超为代表的科学先驱对我国科学发展的开创性贡献。

西方科学大规模传入中国的百年历史是科学规范与中国传统文化相互调适的复杂过程。"中国科学家的家国情怀"则进一步展现了近代以来的中国科学家科学救国的艰难历程。蔡元培为中国近代科学和教育事业奠基，胡明复为图救国大业而创刊办社，王淦昌和郭永怀等人为中国科学事业的发展披荆斩棘。叶企孙，中国卓越的物理学家、教育家，在他不幸的一生中，从未放弃对科学事业奉献。即使是在战火纷飞的年代和十年浩劫的文革期间，他始终以科学救国为目标，将全部精力投入到中国的科学教育事业中。中国科学事业的发展是一段"站在巨人的肩膀上"的历史。在科学和技术取得极大进步的今天，仍需不断追忆先辈创业之艰辛，发扬自强不息的科学精神。

通过以上的描述，读者可能已经体会到本书文章选择的线索。科学在确立了本体论承诺、方法论预设和伦理学要求的价值观念的过程中逐渐完成了体制化。具有共同价值观念的科学家群体展现出独特的精神气质和丰富多彩的科学生活。科学的价值观念与人文之间有着密切的同源关系，科学从来都不是独立于人文的活动。科学的价值观念会时常受到其他社会系统的挤压，很多科学家在这种挤压中处境悲惨，有些科学家会在这种压力下屈服。科学的价值观念更多体现了男性的色彩，女性科学家的出现丰富和完善了科学所应展现的价值图景。中国现代科学事业确立的过程中，如何将科学所代表的价值观念与中国传统的价值观念进行调适，是我们的科学事业、科学文化建设直到今天仍然面临的重要课题。

本书围绕着科学的价值观念汇集了自《自然辩证法通讯》创刊以来人物评传的精萃。我们请在世的作者对原文进行了修订，并按照统一的格式修改了文章的标题，并在作者同意的情况下为每篇文章配发了图片。在此我们要感谢张志会女士和戴建平先生在选图方面的工作。

本书的出版得到了中国科协书记处王春法书记和中国科协调研宣传部的大力支持。我们在此表示衷心的感谢。

胡志强、王大明、李斌、柯遵科

2014 年 12 月 8 日

5

目　录

第一编　科学体制化的贡献者

第二编　丰富多彩的科学生活

第三编　为理解自然和自我而奋斗

第四编　艰难时世的跋涉

12

第七编　东西交汇的激荡

第八编　中国科学家的家国情怀

第一编

科学体制化的贡献者

洪 堡

人应当只为美好和崇高的目标奋斗

对于像亚历山大·冯·洪堡这样一位旅行家、探险家、科学家和伟大的科学组织者，我们很难用几句话就把他的形象勾勒出来，然而德国伟大诗人歌德却只用了一句话就完成了这项任务，他说：洪堡是一只真正象征科学丰收的羊角。（[1]，p.103）

1. 金子般的童心

1769 年 9 月 14 日，洪堡出生于柏林。他的父亲乔治·冯·洪堡（A.George von Humboldt）是弗雷德里克大帝的皇太子之妃的内侍长官，沉闷的宫廷生活迫使他向大自然寻觅乐趣。他在柏林市郊环境优美的地方建了座别墅——泰格尔（Tegel）私寓，运来国外树苗和花卉种在泰格尔庭院中。泰格尔的前庭与一条蜿蜒的绿茵小道相接，小道尽头是一个被百年巨树、芦苇和沙滩所围的大湖。每年春末夏初，各种候鸟结队飞来此地栖息，生机盎然，奥秘无穷。洪堡常随父亲和哥哥威廉·冯·洪堡（Wilhelm von Humboldt）到此地狩猎，受到大自然陶冶。自然界成了他的第一个课堂，他尽情采集他还不知名的怪石和植物，放进他的"知识囊"——木箱中，运回家后根据想象把它们分类保存起来。

洪堡 (Alexander von Humboldt, 1769—1859)

十岁时，洪堡的父亲去世了。从此他和

哥哥要在一种较为严肃的环境中接受家庭文化教育。他的母亲原是冯·科隆的遗孀，受过严格的教育。她的思想保守，行动规范、正统，不允许家庭生活有较大的改变；她希望洪堡学经济，要求威廉学外交，以备有朝一日跻身普鲁士王家和政界。洪堡感受到来自母亲的压力。

洪堡的启蒙教师 J. H. 肯普接受了 J. 卢梭的教育思想，懂得"儿童就是儿童"这条原则，在教学法上多采用启发式教育，较少强迫儿童过早接受不适当的知识。他无形中起到调解洪堡和他的母亲的紧张关系的作用。肯普是《鲁滨逊漂流记》的德文版译者，他善于讲授圣经中关于远古时期热带王国的故事。洪堡后来的《旅行记》（*Narrative of Travels*）一书中回忆他的童年时说道："我从最年轻的时候就开始渴望到欧洲人很少访问过的那些遥远地方旅行……看地图和读旅行书籍时常会引起一种不可遏制的神秘的想象力，似乎我与遥远的地方和事物建立了一种形影不离的联系。每当想到我可能被迫放弃看到在南半球上空闪烁的光辉星座的一切希望时，我的心总不免阵阵发痛"。（［2］，p.17）

1785 年，洪堡拜植物学家 K. L. 维尔德诺夫为师。维尔德诺夫在林耐分类法基础上加进了热带植物和极地植物，第一次区别了中欧和地中海植物的形态，已在国际上崭露头角。他给洪堡讲授了林耐植物分类法和 A. G. 韦尔纳矿物分类法，并介绍了韦尔纳的大陆水成论假说。

洪堡又拜物理学家 M. 赫尔茨为师，向他学习了电学和磁学。他在赫尔茨指导下在自己的住所泰格尔装上了避雷针。这是在普鲁士出现的第二根避雷针，第一根是哥廷根大学在数年前安装的。（［2］，p.21）

2. 学生时代，欧洲旅行

1787 年 10 月，洪堡兄弟两人进入奥德河畔法兰克福大学，洪堡攻读经济，威廉攻读法律。翌年，威廉转入哥廷根大学，洪堡因病辍学回到柏林，此间与维尔德诺夫的交往更加密切了。维尔德诺夫认为，植被是受地理和气候条件制约的，地理气候的改变会引起植被的变化。这就是他的植被地理学的主要观点，对洪堡产生了较深的影响，使他后来发现山区植物随高度而变化的规律。

洪堡在柏林得知 H. 卡文迪许发现了水的化学成分，W. 赫歇尔发现了天王星，H.B. 德索修尔登上了勃朗峰，J. 赫顿提出了火成论学说，他深感形势逼人，不待身体痊愈就在 1789 年复活节到哥廷根大学就读去了。哥廷根大学创建于 1737 年，生物学家 C. G. 海因涅、比较解剖学家 F. 布鲁门巴赫和物理学家利希滕贝格先后在这里任教。其中对洪堡影响最大的是布鲁门巴赫，他创设了人种标本博物馆，他与"非洲学会"的联系为学生参加非洲考察提供了前景。与洪堡一道慕名而来的有未来的数学家 J. 奥尔特曼斯，他后来曾与洪堡合作测量过柏林的地磁要素；有未来的汉诺威王 E. 奥古斯特，后因迫害哥廷根"七君子"而臭名昭彰；还有未来的伦敦皇家学会会长苏赛克斯公爵（Duke of Sussex）。（［3］，p.39）他们中没有任何

1854年，洪堡根据海拔不同绘制的南美植物分布图。

人像洪堡那样深刻地认识到涉及当时地质学的一场大论战的实质。以韦尔纳为代表的水成论认为，大陆是由于水中物质的沉积而形成的。英国地质学家赫顿在1785年提出火成论假说，向韦尔纳提出了挑战。这时却有些人提出十分幼稚的问题，如金字塔是火山的奇迹，又如火山地带的人民更富于造反精神，等等。洪堡对此作了批判（［2］，p.36）。

对洪堡影响最深的另一个人物是普鲁士籍波兰探险家G.福斯特，他曾随J.库克进行过环球航行，回到英国后发表了轰动一时的《世界航行》（*Voyage Round the World*）。他虽然未在哥廷根任教，但因与利希滕贝格创办了《哥廷根科学和文学杂志》，而被视为哥廷根的一颗新星。（［4］，p.75）1790年春，洪堡取得福斯特信任，跟他进行了一次欧洲旅行。他们经低地国家（荷兰、比利时）到达敦刻尔克，洪堡在那里第一次见到了大海。洪堡沿途对自然环境、土地和农产物，以及文化遗迹作了细心观察，显示了综合考察能力。洪堡综合考察的基础是福斯特的方法论。福斯特在一篇关于面包果树的论文中指出，只有通过研究各学科的边缘状况和考察各不相同的现象的联系，才能揭示整个自然界的基本规律（［5］，p.85）。福斯特在人种学上一反18世纪的人种学家倾向于认为凯尔特人（Celtic）最优越的观点，认为在社会发展中，人种是一个较小的影响因素，人类文化的发展是各种历史因素相互作用的结果。这种朴素的唯物史观对洪堡有较深的影响，成为洪堡后来对印第安人考察的重要根据。

1790年6月，他们到达伦敦。洪堡在那里访问了英国植物学家J.班克斯，参观了他的植物园。他考察了英国的地层结构、矿井、农产品及羊毛的差价。1790年7月中旬，他们回到欧洲大陆，在美因茨分手了。福斯特是法国大革命的赞助者，1793年他作为上莱茵地区的代表参加了巴黎国民议会，不幸于翌年1月10日病故于巴黎。洪堡也热情歌颂过法国大革命，1789年7月14日，巴黎民众攻陷巴士底狱的情景还历历在目。但他无论什么时候也不会让政治热情干扰他的科学方向。他对福斯特的早逝感到惋惜，他失去了第一位朋友和尊敬的老师。

3．由学生到矿井经理

回到德国后洪堡很快就进入弗赖堡矿业学院学习地质学去了。这所大学虽小，但由于韦尔纳在那里担任院长而颇具名气，欧洲许多地质学家慕名而来。韦尔纳的矿物分类法是历史上第一个矿物分类法，他的水成论则是建立在一百万年前地球是水的世界和大陆是海水沉淀或沉积的结果这样两条假设的基础上的。尽管他不信上帝，多少有点倾向于自然神论，但由于他的假说与圣经中关于洪水创造万物之说颇为相似，因而他获得了多数崇拜者。由于受到水成论的影响，洪堡很自然就接受了居维叶的灾变假说（［1］，p.28）。应该说明的是，洪堡经过南美洲考察后就抛弃了居维叶的灾变假说。

1792 年初，洪堡完成了学业，来到上法兰科尼亚担任矿井经理。他负责的矿井仅在一年中金矿的产量就超过了前八年的总产量，获得了良好信誉。此间，他发明了矿井安全灯和解窒息装置。他认为，工人们辛苦劳动应该得到某种生活或文化的补偿。1793 年 3 月，他出钱办了一所矿工业余学校，并亲任主讲老师。普鲁士矿业部长对此极为满意，决定拨款补偿洪堡的损失。洪堡拒绝了，他建议最好把这笔钱分配给那些积极协助办学的工人。

洪堡在那里还研究了地下植物和矿层结构，他发现地衣有一种特殊的光合机能，在不见光的地方仍然能产生叶绿素。他因这项研究获得了一枚萨克森选候授予的金质奖章。他还发现斐希特尔山的蛇纹岩具有磁性，但其感应极性正好与铁磁体的相反，且不发生相互吸引或排斥作用。从现代理论来看，蛇纹岩是一种强抗磁体。

1795—1796 年间，洪堡到意大利进行了一次地理和植物考察，他在经过意大利北部平原和阿尔卑斯山时发现，植物的形态随高度有很大的变化。他将植物和气象随高度的变化联系在一起，在原有的二维气象学的基础上发展出三维气象学理论，指出植物和气象随海拔高度的变化正如随纬度的变化一样，这在后来就成了植物形态地理学的一条基本定律。

1796 年秋，洪堡的母亲去世了，他继承了价值 95,000 塔勒的遗产，用现在的标准来看，他算得上一位百万富翁！洪堡从此不仅得到了经济上的独立，而且也从母亲的束缚下解放了出来。1797 年 2 月洪堡辞去公职，从此成为一名全凭自己的金钱进行研究的科学家。美好而崇高的理想驱使他去寻找机会，奔向还未被科学开发的新世界。

4．寻找通向新世界的道路

1797 年，当易北河冰雪消融时，洪堡到耶拿拜访了德国大诗人和自然哲学家歌德，从此与歌德建立了终生友好关系。他们讨论了共同关心的问题：地质和植物形态学。歌德十分推崇这位博学多识的年轻朋友，他给 K.奥古斯特的一封信上说："他（指洪堡）的兴趣特别广泛，令人激动。我们用八天时间也学不完他在一小时内讲授的知识"。（［2］，p.75）

在耶拿稍事停留后，洪堡与歌德到达德累斯顿，在那里进行了地质、地磁和天文观测。7 月 25 日，洪堡单独经布拉格前往维也纳。在洪堡看来，维也纳最迷人的地方不是它的"音乐之春"（洪堡不喜爱音乐，他把音乐视为"社会的灾难"），而在于它的薛恩布隆植物馆。凯塞·弗朗兹一世和二世组织的六次远征，为该馆采集了大量西印度群岛的植物标本，这就引起了洪堡对南美洲和中美洲的向往。

10月26日，洪堡到达萨尔茨堡，在那里测量了纬度，并通过化学分析发现大气中的氧的浓度随高度而降低的现象。他在这里接到英国布里斯托尔勋爵（Lord Bristol）的来信，邀请他陪同考察埃及。洪堡考虑到当时英法战争已经封锁海面，经英国到西印度群岛已不可能，于是他就取消了西行计划，接受了邀请。他给皮克蒂的信上说："我可能被指责与这位显贵合作，他是怪物中的怪物，我只见过他一面……我已意识到与他保持和平是不可能的。但我开支自己的旅费，我能保持独立而不至于冒任何风险；如事出意外，我便离开。况且他还是一位才子，良机不可错过。"（［3］，p.41）

不幸的是，当洪堡在1798年4月底到达巴黎后，就听说拿破仑在米兰逮捕了布里斯托尔勋爵，指控他犯了间谍罪。洪堡的东方旅行方案因此破灭。他在巴黎停留下来，以寻找新的机会。他在巴黎结识了P.S.拉普拉斯、J.L.拉格朗日、C.L.贝尔多列、居维叶、D.F.阿拉哥和R.J.奥伊伊等著名人物。奥伊伊是矿物学家和晶体学的创始人，韦尔纳曾在自己的矿物分类法中加进了他的晶体学的内容（［6］，p.258）。洪堡与奥伊伊讨论了火山起源的问题，从此扭转了对水成论的信仰。他在巴黎还协助德朗伯尔精确测量了巴黎的经度和子午线长度。以巴黎子午线长度的四千万分之一作为一米的规定，就是依据他们这次精确的测量数据的。

从麦哲伦和德雷克时代开始，航海家们一直没有停止过寻找南极的努力，可是不论是英国的库克还是法国的拉普路斯，都未能找到南极海岸。现在，被誉为"法国的库克"的老船长布甘维尔（L.A.de Bougainville）受命组织一次规模更大的环球航行，目的是寻找南极的大陆架，以打通接近南极大陆的安全航线。这次航行将由年轻的T.N.鲍丹船长指挥。布甘维尔建议洪堡参加这次航海，并将自己15岁的儿子委托给他，好让他经受一次海浪的洗礼。希望再次出现在洪堡眼前，可竟又泯灭了。拿破仑不惜万金，发动了对埃及的征战，使法国政府无力开销这次航海经费，计划被搁置起来了。

虽几经挫败，洪堡仍然信心满怀。这时他有幸结识了青年植物学家波普朗（A. Bonpland，1773—1857）。波普朗跟洪堡一样，因为鲍丹的航海计划的推迟执行而被迫滞留巴黎。共同的志向使他们走到一起，新的计划在他们之间酝酿出来，他们将依靠自己的力量到达新大陆。洪堡愿意承担一切经费，他将是波普朗自然的领导，而波普朗则是他忠诚的朋友。1798年10月20日，他们不辞而别，离开了巴黎，人们不知道他们将要奔向何方。

5. 在新大陆的科学考察和探险

洪堡和波普朗翻过比利牛斯山脉、经巴塞罗那和巴伦西亚，于1799年2月23日到达马德里。西班牙沿海的地中海型气候和其中部的大陆性气候，对许多人来说还是一个不解之谜。洪堡沿途考察证明，原因在于西班牙海岸低洼而其中部实为一个独立的高原。（［1］，

p.39）

洪堡在马德里见到了卡洛斯四世，向国王陈述了他的南美洲考察计划，他能讲满口流利的西班牙语，博得了国王的欢心，遂同意为他们签发护照（［7］，p.6）。作为对西班牙政府的报答，洪堡答应为马德里博物馆收集植物和矿物标本。

1799 年 6 月 5 日，这在洪堡的奋斗史上是划时代的一天，他跟波普朗登上了"皮察罗"号巡洋舰开赴南美洲，开始了长达五年的美洲科学考察和探险活动。出发前他给福雷斯赖本的信上说："人应当只为美好和崇高的目标奋斗！"（［2］，p.87）美好和崇高，是他的精神世界的两大要素，也是他追寻自然现象的最终目标。在他看来，人应当这样造就自己，至于其他一切小事则可让命运来安排。

"皮察罗"号停泊的第一个口岸是加那利群岛的特内里费岛。该岛位于北纬 28 度，虽处于亚热带，却属于热带气候。洪堡选择这个地方考察了超过雪线的高山——泰德峰植物随高度变化的规律。考察结果证明，他在阿尔卑斯山发现的在同一纬度上植物按高度区分为若干种类型的规律是正确的。他将泰德峰划分为热带植物区、亚热带植物区和温带、寒带和高山五个植物区。泰德峰是座刚平息的火山，海拔 3,703 米。洪堡登上此峰，胜景尽收眼底：岩浆带着刺鼻的硫磺烟味顺势流下；蓝色的火苗噗噗跳跃。洪堡尽情享受大自然的这种恩赐，感受到从未有过的欢乐。他掘开表土，发现玄武岩表面还有一层斑状页岩和黑曜岩石。他终于找到了玄武岩是火山的产物的证据，从而由水成论转向了火成论。

洪堡发现加那利群岛属于年轻的地质结构，它虽然位于伊比利亚半岛和非洲西北部的毛里塔尼亚之间，但还没有迹象表明它是已经"沉没"的"大西洋洲"的一部分。但根据斯特拉波的推断，很早以前欧非两洲被"大西洋洲"连成一块。当洪堡乘"皮察罗"号从圣克鲁斯出发沿哥伦布走过的航线向西航行时，他就找到了驳斥古代民族通过陆路实现洲际迁移的根据。因为他发现了一条由新大陆流向亚速海的洋流，哥伦布曾经报道他发现两具印第安人尸体随此洋流漂向东方的事实；J. 瓦莱斯也曾发现爱斯基摩人乘独木舟由另一条洋流漂达英国北部的奥克尼群岛。这些事实足以说明古代民族的洲际迁移是通过洋流来实现的。显然，用以支持民族经过陆地实现洲际迁移的"大西洋洲"之说是不足为据的。

7 月 16 日，洪堡到达委内瑞拉的库马纳。现在他真的进入圣经所说的南国异邦了，他看到的是伸向海岸的茂密的阔叶林，蜘蛛网式的藤蔓……。洪堡在这里得到了自然的启示而总结出：热带植物比寒带植物具有更强的群居性，虽然物种间强烈争夺着有限的空间，但充沛的阳光和肥沃的土质，又使它们保持着高度的平衡。

他们在库马纳以南的卡里皮附近发现了一个洞穴，里面栖息着数百万只名为油鸱鸟（Guacharo）的鸟。这种鸟体形如鸽，习于夜间外出觅食。每逢仲夏，土著人以此鸟为食，从它们身上提取油脂。洪堡这一发现引起欧洲学者的兴趣，后人纷至沓来。1959 年在纪念洪堡逝世百年时，委内瑞拉政府将该洞列为"洪堡国家纪念馆"，油鸱鸟也得到了保护。（［1］，p.50）

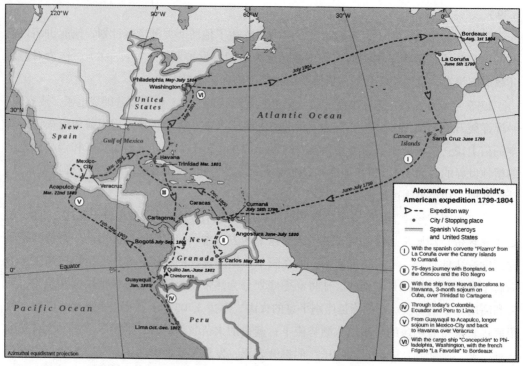

1799–1804 年，洪堡美洲远征路线图，Alexander Karnstedt 作于 2009 年。

　　洪堡考察库马纳地质时发现，该地岩石主要有页岩和石灰岩，其表层岩貌与欧洲的相似，然而却是一个地震和火山多发地带，其海岸犬牙交错，无数小岛像从大陆上撕开的碎片，星罗棋布地镶嵌在锯齿形的海岸边沿。他由此推断南美洲属于年轻的大陆，是火山的产物。他后来考察安第斯山和墨西哥时就更加确认地壳下面有大量弹性岩浆，美洲的并行山脉造成的压力将继续迫使岩浆喷出，形成新的岩层。（［2］，p.95）

　　11 月 18 日，洪堡乘船前往加拉加斯，在西里亚角和拉布雷角看到石油浸出海面，有的地方达数千英尺之宽。他断言委内瑞拉将是一个富庶之国。月底他到达了加拉加斯，在那里进行了两个半月的考察。当时的加拉加斯仅有 4,000 人口，现在已变成 200 余万人口的重镇。它是洪堡当年考察奥里诺科河的起点。后来许多洪堡信徒像香客一样，从这里出发去温故洪堡所走过的道路。

　　1800 年 3 月 27 日，洪堡和波普朗到达阿普雷河，从那里泛舟而下直达南美洲第三大河——奥里诺科河。这里丛林中美洲虎时而出没，沙滩上成群巨鳄懒洋洋卧躺着，有的竟有 22 英尺长，水中鹤类亭亭玉立，空中鹦鹉飞翔。他们逆奥里诺科河而上（向南），然后转入该河的支流阿塔巴波河，经过一段陆路跋涉到达亚马逊河的支流内格罗河，5 月 7 日，到达这次旅程的最南端的圣卡洛斯。该地是葡属巴西的边镇。由于里斯本和马德里极度对立，在他们到来之前巴西政府就已张榜捉拿他们。5 月 10 日，洪堡被迫离开圣卡洛斯，取道卡西基亚雷运河，于 23 日回到奥里诺科河上，在那里顺流北上；7 月 10 日到达玻利瓦尔城，在那里停留了一个月（因波普朗患热病卧床不起），最后在 9 月 1 日步行回到库马纳，完成了行程为 6,443 英里的奥里诺科河流域的考察工作。他们总共收集了 12,000 多个植物标本，命名和分类了 1,400 余个。

在奥里诺科河流域居住着食土的印第安人，这引起了洪堡的注意。他们用黏土做成小球，烤干后堆成一堆，形如小金字塔，每逢洪水泛滥无以为食时，就以土球糊口。经化验，该土成分多为二原子结构的无机物。洪堡认为土本身并无营养，不过可以刺激胃液分解，以提供人身所需最低热量。他还发现这些印第安人学会了用鳄脂来防止便秘。（［2］，p.102）

洪堡在内格罗河发现印第安人常身带绿石做成的护符，上面刻有怪诞的图案，而这些印第安人居然不知道这些图案是怎样刻上去的。洪堡由此判断印第安人曾有过灿烂文化，只是由于欧洲人对他们的恣意屠杀，才致使这种工艺失传。他进而推断，很早以前这里曾有过组织完善的母系社会。（［2］，p.104）内格罗河两岸的象形文字和实物壁刻更引起了他的联想，壁刻高悬于河岸，从下无法登临，从上也无法接近。他认为那是内格罗河水位很高时印第安人留下的杰作。他由此得出结论：印第安人曾有过很长的史前文明，他们的才智并不低于欧洲白种人。（［2］，p.105）

1800 年 11 月 24 日，洪堡和波普朗乘船离开巴塞罗那，从此再也没有回到委内瑞拉。12 月 9 日到达哈瓦那，洪堡对古巴的资源、经济和政治进行了综合考察。欧洲人在哈瓦那转卖非洲黑奴激起了他的无比义愤。他从古巴政府档案馆查获：仅在 1786 年以前的 106 年中，英国殖民者就从古巴运走黑奴 2,130,000 人！（［2］，p.114）

他们从由巴黎发来的邮件得知，鲍丹船长已率船队启航，预计一年后绕过合恩角到达南美洲太平洋沿岸。洪堡决定从速赶到利马迎接船队，以便从那里到印度和菲律宾等地。在前往利马途中，洪堡他们有时被蚊虫咬得无法安身，被迫成天泡在水里或埋在沙里；有时徒步登山，历尽艰险。他们发现土著人用金鸡纳树汁来治疗热症。他还采集了这种树皮带回欧洲，金鸡纳树便引起了药物学家们的注意。洪堡在波哥大（Bogotá）还发现了盐矿、煤田，和一种被当地人称为"巨人骨"的柱牙象的骨骼化石。在他们穿越艰险的马格达莱纳山谷原始森林时，洪堡拒绝像以往白人官员那样骑在印第安人背上过去，而是坚持步行。他愤慨抨击：野蛮者不是印第安人，而是白人！（［2］，p.121）他们还跨越了到处是陷阱、沼泽、令人丧魂落魄的帕斯托高原。

1802 年 1 月 6 日，洪堡到达基多，在那里停留了半年。这并不是因为基多总督对他特别热情，也不是因为罗莎小姐对他的迷恋（洪堡终生未娶），而是因安第斯山脉深深地吸引着他。在洪堡看来，安第斯山脉是一张天梯，在这个天梯上各层的气候、温度、土壤和生态都有所不同。如果它正好有 90 个级阶的话，它的每一级阶正好对应于地球的一个纬度，那么从山麓到山巅我们就可以看到从赤道到极地之间的所有植物。洪堡在此基础上提出了等温线的概念：在同一等温线上，不仅温度相等，而且植物形态也相同。洪堡认为，温度对于植物的形态有着最重要的影响，太阳热、地热和有机能的相互作用，便构成了有机界的宇宙图象。洪堡就这样在植物地理学的基础上形成了他的宇宙论思想。（［2］，p.124）

　　洪堡在基多获悉鲍丹船队不再绕合恩角，而将绕好望角东行。他并未因此失望，因为钦博拉索山给他提供了新的前景。1802 年 6 月底，他登达该山的 19,256 英尺的高处，主峰已经在望。可惜，一条深达数百英尺的冰谷阻断了他的去路，无法登临主峰（高 20,577 英尺）。即便如此，他还是创造了他前所未有的最高纪录！（［1］，p.61）

　　接着，洪堡到达了印加人文化遗址——里奥邦巴，在那里找到了十六个世纪以前的经典抄本，该抄本中记有火山爆发的情况和印加人的历法。他们的历法与中国西藏人的历法颇为相似，洪堡由此认为印第安人文字很可能起源于亚洲。他在《旅行记》一书中写道："我认为西方美洲人和东方亚洲人先前曾有过交往，这不仅仅是一种可能，虽然现在还无法说清是通过什么路线，与亚洲哪些部落建立起的这种影响"。（［2］，p.135）在这个分析基础上，他雄辩地批驳了关于有色人种是低等人种的说法，他说："皮肤色的黑暗不是低级的标志，……民族的野蛮是内部专制和外部征服的直接结果"。（［2］，p.137）

　　1802 年 10 月 23 日，洪堡到达利马，这是他们在南美洲到达的最南边的一站。他在那里第一次看到了太平洋。他用天文方法测量了利马的经度，并在 11 月 9 日观看了水星凌日。他在利马的最大收获是发现了鸟粪，当地农民用来肥田。洪堡将鸟粪样品带回巴黎，经 L. N. 沃克兰化验证明，鸟粪中含有大量磷、氮元素，一吨鸟粪可顶 33 吨农家肥。此后欧洲竟掀起了一场鸟粪热，仅 1844 年，英国就从那里运走上万吨鸟粪。美国鸟粪商接踵而至，大发横财。

　　1802 年 12 月 5 日，洪堡和波普朗从卡亚俄出发前往墨西哥。洪堡发现秘鲁近海一股寒冷的洋流滚滚向北，他测量这股洋流的温度和流速。后来这个洋流被取名为"洪堡洋流"。1803 年 3 月 25 日，洪堡到达阿卡普尔科（Acapulco），在墨西哥进行了一年综合考察。他发现，濒临太平洋和墨西哥湾有两条狭长的火山带，他认为地壳在这里有两条裂口，东、西马德雷山脉正是从这里喷射出的岩浆堆积而成的。

　　1804 年 1 月 20 日，洪堡随着满载着矿石和植物标本、阿兹特克人的雕刻品及笔记本的车辆告别了墨西哥城，取道普埃布拉奔向韦拉克鲁斯港。他决定先到美国拜访杰斐逊总统，然后再返回欧洲大陆，而不再前往菲律宾等地。他给德朗伯尔的信中说："至于菲律宾，我已经暂时放弃了它们……"我急盼先将探险结果发表出来，希望明年尽早与你合作。人的职责是寻找能够使他更好服务于他这一代人的生活位置"。（［2］，p.160）为了确立这种位置，他需要宣传，需要赞助。他到美国的原因正是出于这种目的。

　　1804 年 3 月 7 日，洪堡一行乘船离开韦拉克鲁斯，经哈瓦那于 5 月底到达费城，他在那里给杰斐逊总统寄去一份南美考察纪要。当时新西班牙政府向美国提出了领土要求，希望能获得直至雷德河源头的塞宾河流域。杰斐逊总统急需洪堡提供关于那个地区的政治、人口构成、矿藏和物产的咨询意见。总统在 5 月 28 日给洪堡的回信上说："先生，我昨天接到你 24 日的函件，我恭贺你经过如此艰险的旅行后健康地到达这里……恕请接受我对你的崇高敬礼和敬意"。（［1］，p.68）

　　洪堡在美国六个星期，有一半时间跟杰斐逊总统在一起度过，他们就泛美问题和巴拿马运河的开凿问题交换了意见。洪堡主张美洲最好按语言划分为三大独立体系：（一）盎格鲁－撒克逊语系，包括美国和加拿大；（二）葡萄牙语系，主要是巴西；（三）西班牙语系，除上述三国外均属这个体系。洪堡在美国还参观了芒特弗农（Mount Vernon），谒拜了华盛顿陵；后又访问了富兰克林旧居，并在费城哲学学会作了讲演。

1804 年 7 月 9 日，洪堡满怀喜悦离开了美国，他的航船向着法国彼岸驶去。

6．第二故乡——巴黎

1804 年 8 月 1 日，洪堡在船上看到了长满葡萄树的波尔多的山巅。这年法国葡萄又获丰收，大桶大桶葡萄送进酿酒厂，如醉如痴的法国人或为拿破仑加冕干杯，或为拿破仑行将走进地狱痛饮。在欢乐的波尔多，洪堡的思想早已飞向巴黎；同时，他为波普朗与他的分离感到难以忍受的痛苦。

还在返回欧洲的路上，洪堡就被选为法国科学院通讯院士。他的到来使巴黎科学界沸腾起来，巴黎人像迎接英雄一样把他接进了凯旋门。他在 10 月 14 日给时任普鲁士驻意大利大使的哥哥的信上说：“我的名声比过去传播更广了……科学院所有成员已经审察我的绘画和标本。他们公认我对每一领域作了如此彻底的研究，仿佛是单项突破那样。就连最反对我的贝尔多列和拉普拉斯，现在对我的热情超过了任何人。贝尔多列最近称道：‘此人已将整个科学院团结在他的周围’……总之一切顺利，每当我举行讲座，国家研究院总是座无虚席。”（［1］，p. 74）

洪堡在出征美洲前未能见到拿破仑，现在总算见到了。出乎他意料的是，他从拿破仑那里不但未能获得赞助，反而遭到了奚落。1804 年 12 月，在拿破仑登基后的一次招待会上，拿破仑当着满朝文武官员对洪堡说：“先生，你懂植物学，我夫人也懂植物学！”说完转身就走开了。1810 年，拿破仑有一次竟以洪堡是普鲁士间谍为借口，责令 24 小时内将他赶出巴黎。拉普拉斯和查普塔尔当即出面力劝收回成命，说明洪堡在巴黎是为了出版他的旅行著作，这样才避免了一场风波。（［3］，p.42）使人们不解的是，拿破仑身兼法国科学院院士，他曾经热情欢迎过电池发明者、意大利物理学家 A. G. 伏特，又曾亲自授予英国科学家 H. 戴维“伽尔瓦尼奖金”，他还是埃及科学院的奠基人，为何对待洪堡的态度如此反常？其中一种公认的解释是：巴黎人对洪堡的欢迎过于隆重，以致冲淡了拿破仑加冕仪式的气氛，（［2］，p.196）因而引起他的愤恨。

洪堡承受了拿破仑的凌辱，在巴黎呆下来了。这再次反映他的人生哲学：人应当只为美好和崇高的目标奋斗，其他一切小事则由命运来安排。他之所以选择巴黎为其第二故乡，是因为只有在那里他的工作才能得到鉴赏，他的著作才能得以发表，而这些条件在柏林尚不具备。如果说弗雷德里克大帝曾雄心勃勃，请去法国数学家 P. L. 莫尔佩尔蒂去规划柏林城的话，那么在他去世后这张雄伟的蓝图就化成了灰烬。德国当时显著落后于法国，电流磁效应的发现者 H. C. 奥斯特在 1801 年访问德国时曾这样说过：在柏林、哥廷根和魏玛，

晚年的洪堡，Julius Schrader 作。

简直找不到一个可以置信的物理学家和化学家。洪堡本人也说过："我永远不想再看到柏林塔！"（［1］，p.77）

洪堡在钦博拉素山创造的最高纪录激起了法国人的热情。1804 年 8 月 24 日，盖－吕萨克和 J. B. 毕奥乘气球升入 13，000 英尺的高空，进行了高空地磁测量。在洪堡热情鼓励下，盖－吕萨克在 9 月再次乘气球升到 22,000 英尺的空中，打破了洪堡的登高纪录，同时证伪了索修尔关于地磁场强度随高度下降的观点。（［8］，p.562）

1804 年 12 月 17 日，毕奥宣读了与洪堡合写的论文——《论不同纬度上地磁的变化》[9]，提出了磁纬度的概念，总结出地磁场强度随纬度而升高的规律。这篇论文第一次将地磁场强度和磁倾角联系起来，在原来只有等磁偏角线的地磁图上增加了磁纬线；另外，他们的理论只承认两个地磁极，否定了哈雷（E.Halley）的四磁极的假说。

洪堡认为，地球是宇宙的一部分，地磁力与宇宙力（特别是太阳产生的效应）及地球物理效应不可分割。作为检验宇宙力对地磁力的影响的最好的例子是，北极光对地磁场的影响，洪堡把这种现象称为"磁暴"。关于地球物理效应与地磁场的关系，洪堡则认为地热和火山可能会影响地磁现象。前一种关系已为他本人的观察所证实；但他在多次旅行中均未发现火山对地磁场的影响，因此他对后一种关系是否存在也表示质疑。及至 1820 年 A. M. 安培提出地磁场是地壳中绕地轴流动的带电物质所产生的观点后，他就将安培的见解纳入了自己的理论。

1806 年，他与盖－吕萨克到意大利考察，他在罗马见到了分别七年的哥哥。虽然他从未屈从于家庭的观念，但他现在不能再无视哥哥的忠告：任何普鲁士科学家如不能得到本国政府的承认，他将寸步难行。是年 11 月，他最终回到了柏林。他在那里当选为柏林科学院院士，并接受了王家侍从长官的名誉职位。从 1806 年 5 月到 1807 年 6 月间，他在奥尔特曼斯协助下观测了地磁偏角和倾角的周日、周时变化，记录了 6,000 个数据。1806 年 12 月 19 日夜间，他观察了北极光对地磁场的影响，"磁暴"的概念是在这里提出的。

1806—1807 年的冬天，柏林最为严寒。法军在耶拿战争中击溃普鲁士军队，并占领了柏林，在那里烧杀抢掠、洗劫一空。拿破仑为哈勒大学的民主浪潮所震怒，誓要将它夷为平地，幸得洪堡出面调停。虽然哈勒大学得救了，但洪堡未能幸免于难，他的泰格尔住宅遭到了蛮兵抢劫。在这种苦难和混乱的年月，洪堡写下了《自然观》一书，发出了内心的最强音：从自然界获得慰藉和力量，向黑暗势力挑战。他在书中写道："要逃出生活风暴的人，请愉快地跟我走进森林的深处，攀越广阔的高原和草原，登上安第斯的崇山峻岭……让那些对交战民族的冲突感到倦怠的人们……把他们的注意力转向静谧的植物王国，处身思量神秘的自然原理。"人们应该抛掉失望情绪，相信自然具有最高的伟力，因为"那里只有一个灵魂在激发着从一极到另一极的整个自然界——只有一个生命注入了山石、植物、动物甚至人类本身"。（［2］，p.207）

1807 年 7 月 18 日，普鲁士政府屈服于法国人的武力，签订了丧权辱国的蒂尔西特条约。威廉王子被带到巴黎作为人质，洪堡受命前往巴黎继续谈判，并负有保护王子的使命。根据蒂尔西特条约，原属普鲁士的波兰被划给了萨克森公国，普鲁士人在那里的财产全部被没收。由于洪堡的财产在波兰，该条约使他濒于破产。他的 30 卷巨著——《在新大陆两分点地区的旅行记》（1799—1804）就是在这种困难条件下开始写的，他因此欠下累累债务，及至 1811 年他几经周折收回了在波兰的财产，但偿还债务后，所剩无几。

洪堡损失了一切，但不曾失去朋友。在巴黎困难的年月，他与盖－吕萨克同室起居。几年后又搬到卢森堡宫东面的列斯特拉巴德街，他们从那里一起上实验室、图书馆，一起去参加会议，可谓情同手足，亲如兄弟。阿拉哥常说，洪堡总是有一种"金子般的童心"，他对待朋友的感情是那样纯真、无瑕。洪堡则把阿拉哥视为天才的化身，他们之间有许多共同爱好，有那么多的相同之处，尤其是他们都有民主、自由的思想。

1814 年，普俄联军击败了法国军队，占领了巴黎，巴黎遭到了洗劫。洪堡利用他的特殊身份保护过法国自然史博物馆等重要文化单位，也曾保护过拉普拉斯等人的私有财产。同年 6 月，他陪同威廉三世到了伦敦，他向英国政府提交了东印度地区考察计划。按照这个计划，他将经波斯到帕米尔高原和昆仑山脉，考察塔克拉玛干沙漠，然后考察西藏，再翻过喜马拉雅山脉到恒河平源、考察印度等地。英国政府考虑到他曾经毫不留情地揭露过西班牙在美洲的殖民统治，害怕他的激进思想会有损于东印度公司的既得利益，因此未给他签发护照。他后来曾数度提出该考察计划，终未得到批准。可以说这是他一生中的最大挫折。

1815 年，他的《旅行记》头两卷发表了，它曾激励几代人的科学探险活动。达尔文在随"贝格尔"号旅行时给他的老师亨斯劳的信上谈到他读《旅行记》的感想时说道："我一直尊重洪堡，但现在我几乎崇拜起他来了"。（［2］，p.248）洪堡这部著作对英国地质学家 C. 莱伊尔爵士也有很深的影响（［3］，p.45）。1842 年，洪堡在伦敦见到达尔文，给达尔文留下了深刻印象。后来达尔文获悉洪堡的喜马拉雅山考察计划未能如愿以偿时，他给予洪堡以深切同情。1845 年，达尔文给植物学家 J. D. 胡克的一封信上说："听说洪堡的失败我甚为难受……如果你再次见到他，恳求你转达我对他的最诚挚、最善良的问候……"。（［3］，p.50）

转眼间，洪堡在巴黎度过了 22 个春秋，他亲眼目睹拿破仑一世帝国的兴败，他也为巴黎的科学盛世贡献了宝贵的精神财富。1826 年秋，威廉三世再也不能坐视洪堡白白为他国效劳，他亲自写信敦促洪堡回国，信中说道："我亲爱的冯·洪堡先生，你现在一定已经完成了你希望在巴黎完成的你的著作的出版工作，因此我再也不能同意你留在那个对任何真正的普鲁士人看来都恶心的国家，我等待你从速返回你的故乡"。（［1］，p.77）

7．西伯利亚探险，振兴柏林科学

1827 年 5 月 12 日，洪堡终于永远地回到了德国。柏林人模仿 23 年前巴黎人的做法欢迎他的归来。国王亲自主持了"洪堡讲座"。从 1827 年 11 月 3 日到 1828 年 4 月 26 日间，洪堡在柏林共讲了 61 讲。他拥有数万名热心的听众，他这些讲座内容后来写进了《宇宙》第一卷中。

洪堡回国后奋力组建柏林 – 哥廷根科学中心，决心使德国科学在近期内赶超法国。1828 年，他在柏林主持召开了全德自然科学家和医生代表大会，与会代表数千人，盛况空前。K. F. 高斯作为特邀代表出席了会议，会议期间与洪堡生活在一起。洪堡跟高斯拟定了建立全欧地磁学联盟的计划，并提出了以哥廷根为中心的全欧地磁观测网的方案。数年后，这个观测网就建立起来了，其范围西起都柏林、东至圣彼得堡，北起乌普萨拉、南至卡塔尼亚。

1829 年，洪堡应沙皇邀请对西伯利亚地区作了一次考察。他这次考察的重点放在地磁观测和磁法探矿方面。是年 5 月 1 日，他抵达圣彼得堡，拜访沙皇后便经莫斯科到达伏尔加河，从那里乘船前往喀山。喀山是洪堡见到的第一座具有东方色彩的城市。铁木真的蒙古铁骑曾从这里出发去征服波兰和匈牙利，在那里收集蒙古金币和手稿颇具一番情趣。洪堡在那里还建立了一座地磁观测站和一所地质培训中心。从喀山到乌拉尔山的路上，洪堡看到一队队流放西伯利亚的政治因犯，怒火油然而生。但是他汲取了抨击西班牙殖民者所得的教训，再也没有提出公开抗议，而将这些情况详细地记录在日记中。翻过乌拉尔山，他在别列兹尼基考察河沙时发现，该地区富藏有金矿和铂矿；同时还发现此地为地磁场异常区域，推断必有大量铁矿砂。他在这次考察中开创了地磁探矿方法。最使沙皇满意的是，他在乌拉尔山发现了金刚石。

1850 年，洪堡与 A. 波普朗在亚马逊雨林，Eduard Ender 作。

接着，在秋明河坝上发现有猛犸骨骼的化石。洪堡于 1829 年 8 月 19 日翻过阿尔泰山脉到达中国边境。他在那里受到一位年轻的中国官员热情接待，他给那位官员赠送了铅笔，那位官员向他赠送了两本中文书籍。

在短短 25 个星期中，洪堡走过了 9,600 英里的行程，并十渡伏尔加河；连同他回柏林的路程在内，这次旅程全长 11,500 英里，几乎是地球周长的一半。当时他已年逾花甲。

1832 年，歌德去世了，洪堡看到了一个可怕的前景：他的朋友将一个一个地离开人间。1835 年，他的哥哥也去世了，他失去了最后一位亲人。1853 年，阿拉哥的去世给他更沉重的打击，这时他已是一个没有家庭、没有亲人、没有朋友的老人了。如果说他还感到生活的力量的话，那就是他已成为青年一代科学家所尊敬的长者和导师。在他一生中，他曾不遗余力地为青年人创造条件，把他们中的杰出者提拔或推荐到重要的岗位上。他对有机化学家李比希的恩赞便是一个突出的例子。还在 1823 年的时候，当他第一次听过李比希的讲演后就发现他是一个难得的人才，他把他推荐给盖－吕萨克，之后又将他安排在吉森大学当教授，李比希就在那里写下了划时代的论著——《用于农业和生理学的有机化学》（1840）。李比希承认，如果没有洪堡的支持的话，他很可能是一事无成的。（[2]，p.265）受过洪堡赞助的青年科学家很多，如数学家爱森斯坦、探险家 M. 瓦格纳、化学家米谢里希、物理学家波根多夫、生理学家缪勒、气象学家多佛、地球物理学家 G. 伊尔曼，以及埃及学学家 R. 列普修斯，等等。这些青年科学家常自诩为"洪堡的孩子"，（[10]，p.553）而洪堡常以"世界科学的公仆"的形象出现在 19 世纪上半叶的科学舞台。

人们或许会问，洪堡为何有这样巨大的精力。洪堡并非超人，他的精力是来自他对世界科学共同体的向往和对友谊的信赖。他一生中曾与 3,000 多名科学家、文学家、美术家和政治活动家有过通信来往，他每年总要发出 3,800 余封信，而每天要用 3—4 小时时间写十几封信件。每当他想到一个新问题或产生某种灵感时，他就会不拘场所立即动笔写信。哪怕在酒吧间喝酒时，他也会向跑堂的要来笔墨纸张，即兴写下一两张纸条，立即发给远方的友人。通信就是他为"美好和崇高的目标奋斗"的一件重要工具，虽然他的同时代人相继去世了，他还继续以这种方式来鼓励年青一代的人们，在他们的心灵上点燃前进的火炬。

洪堡从 1833 年起开始埋头撰写他的最后一部巨著——《宇宙》。"宇宙"一词最先源出毕达哥拉斯，其原意是指世界的秩序，地球和万物之总和。而洪堡的"宇宙"，是指整个物质世界。洪堡写这部书的目的，是要立足于自然力统一的思想，运用物理科学的方法对整个物质世界的现象进行一次大综合，以揭示使大自然不停运转的基本力量——用他的话来说，就是要寻找"一个生命"或一个自然的"灵魂"。可以说，他一辈子都在为画出这样一张地图而奋斗，在这张图上有植物和动物的分布区，有矿脉带、同构地质带，还有等温线、等磁场强度线、等磁偏角线和等磁倾角线，等等。这些区、带、线虽各具特色，但又相互联系。从时序上来看，它显示出强烈的规律性；从现象的多样性来看，它们呈现出明显的共性。虽然他提出的最终目标已经超越了好几代人的条件，但是他那种追寻自然现象于最简原理或终极形式的思想，一百多年来一直是自然科学工作者所奋斗的方向。他在《宇宙》第一卷的序言中说："这个序言章的目的，是要指明自然科学得以承担更高目标所依据的方式，通过这种方式，整个自然现象和能量将被揭示出是一种与内在生命一起跳动的实体。她如同谢林所说的，是神圣的和基本的力量……"。（［2］，p.370）

《宇宙》一书共分五卷。第一卷是描写外部世界，为的是提供一幅自然的图景；第二卷是描写主观世界，描绘科学家、诗人、画家及不同龄的学生眼中的自然世界；第三卷专门讨论天文现象，从亚里士多德时代起，一直说到赫歇尔的恒星分类法；第四卷主要讨论地磁和地球物理现象。这四卷均在洪堡生前发表。在洪堡争分夺秒书写第五卷时，他已渐渐感到精力不支了。1859 年初，他预感到生命快到了尽头。4 月 19 日，他叫佣人将他的书稿送到了出版社。5 月 6 日下午两时半，他在私寓"泰格尔"离开了人间，享年90 岁。

在洪堡去世后的第二年，由一些人捐赠成立了"洪堡基金"，目的在于资助在国外从事研究的德国学者和科学家。第一次世界大战后，马克贬值，以致到了 1923 年"洪堡基金"就告完结。1925 年，"洪堡基金"由德国政府重新办起，然而在 1945 年再次被迫解散。现在的"洪堡基金"是 1953 年由外国一些科学家和学者再创的，其目的在于资助在德国进行科学研究的国外青年学者和科学家。

参考文献

［1］A. Meyer–Abich, *Alexander von Humboldt*, Inter. Nations, Bonn/Bad Godesberg, （1969）.

［2］H.de Terra, *The Life and Times of Alexander von Humboldt*, New York: Alfred A. Knopf, （1955）.

［3］J.Théodoridès, Humboldt and England, in *Brit.J.Hist.Sci.*, Vol. 3（1966）, 39—53.

［4］M.E.Hoare, Forster, Johann Georg Adam, in *Dict.Sci.Biogr.*, Vol. 5（1971）, 75—77.

［5］E.H.Ackerknecht, George Forster, *Alexander von Humboldt, and Ethnology*, in ISIS, Vol46（1955）, 83—95.

［6］A.Ospovat, Werner, Abraham Gottlob, in *Dict.Sci. Biogr.*, Vol. 16（1976）, 256—264.

［7］A.von Humboldt, *Personal Narrative of Travels to the Equinoctial Regions of the New Continent*, London, Vol. 1（1852）.

［8］J.Cawood, *Annals of Science*, 34（1977）, 551—587.

［9］Humboldt and Biot, *Journal de physique*, 59（1804）, 429—450.

（选自《自然辩证法通讯》1985 年第 1 期，《人生当只为美好和崇高的目标奋斗——19 世纪传大科学家和科学家组织者传略》，作者宋德生，中国科学院理学硕士，时任桂林电子工业学院教授，广西社会科学院数量经济所原所长、研究员。研究方向为科技史、科技哲学、高技术战略技术经济等。）

李比希

振兴德国化学工业的巨擘

19世纪中叶以前，德国还是一个由数十个小邦国封建割据的国家，经济发展水平远远落后于英、法等先进的资本主义国家。当时世界科学的中心在法国巴黎。其后，在短短几十年里，德国在政治上完成了由封建主义向资本主义的转变，工业上先后赶过法国和英国成为欧洲头号工业强国，科学也后来居上成为新的中心。在落后的德国迅速改变面貌的这段历史时期中，德国的科学家们具有什么样的精神呢？他们又做出了什么样的努力和贡献呢？19世纪德国伟大的科学家李比希，就是这些为振兴祖国科学和工业事业做出积极贡献的代表人物之一。

1．天生的化学家

对于天生的化学家尤斯图斯·冯·李比希来说，他生逢其时，一辈子都活跃在一个化学家大有可为的时代。1803年5月12日，他诞生于德国达姆施塔特城。父亲乔治·李比希是当地一位颇负名气的药剂师。母亲玛丽·卡罗琳娜·玛泽琳是个犹太人的私生女，她生育了9个孩子，尤斯图斯·李比希排行老二。

父亲的楼房坐落在达姆施塔特城中一条狭窄的胡同里，挂着"乔治·李比希药房"的招牌。楼房第一层有好

李比希（Justus von Liebig，1803—1873）

几个大房间，那是父亲配制和出售各种药品的药房。小李比希生于斯，长于斯，那些奇形怪状的瓶瓶罐罐在他眼前展现出一个变幻莫测的化学世界。药房还有一个被家里人称为"厨房"的附属建筑物，通常，只有那些特别复杂的医用浸膏才在那里配制，或者在那里蒸馏某种液体，孩子们不能轻易闯进"厨房"。这更加增添了"厨房"的神秘色彩。它刺激着小李比希的想象力，并磁石般地吸引着他动手去实验些什么。

走出家门，狭窄的小胡同却是一个应用化学的小世界。邻居艾斯纳先生虽然没有高深的学问，却会用脂肪、碱和盐熬制成硬挺而白净的肥皂！小李比希还常去鲍埃尔先生的染房或辛德勒先生的制革作坊，一看就是半天。热闹的集市也吸引着他，他从一位卖仙丹妙药的人那里学会了制造爆炸雷管。于是，父亲的药房成了他制造"小炸弹"的实验室。达姆施塔特城的男孩子们非常爱玩这种小炸弹，纷纷向小李比希购买。当这个孩子把自己挣到的钱交给父亲时，他心中充满了自豪感。无疑，这种生活环境使李比希从童年起就树立了这样一种信念：只有那些在实验室中能够加以模仿再现的东西，才是值得研究的，有意义的。

相比之下，学校正规教育的那些拉丁语、希腊语和语法公式，李比希感到乏味极了。上课时，他的思想总是开小差，成绩也不出色。李比希的邻桌罗意林热爱艺术，上课同样心不在焉。李比希后来回忆写道："我和邻桌的同学罗意林相互竞争，看谁占据班上最低的位置。当我考虑实验时，他的习惯是在桌上用书盖着秘密地写东西。当我问他写什么时，他回答说：'我在作曲'。"小李比希玩忽学业引起了老师的忧虑。有一天，老师问他将来到底想干什么，李比希当即起立，毫不犹豫地答道："我准备当个化学家！"

这明确的回答招致的是一阵嘲笑。当时，虽然拉瓦锡、伏特等科学家的工作已为化学革命拉开了序幕，但化学的重要性及其应用问题远未被人们所认识。在不少人心目中，它和炼金术是分不清的。事实上，在李比希生活的时代，由蒸汽机所引起的第一次工业革命，已极大地促进了钢铁、冶金、纺织等工业的迅猛发展，人们需要大量的化学材料和制品。例如，天然染料显然已不能满足纺织工业的需要，而工业废料煤焦油也是一个颇待研究、利用的宝库。小李比希对老师和同学的嘲笑不以为然。他耳濡目染的生活环境使他深深体会到，化学可以为人类生活谋取实际利益，可以为新兴产业打开大门。这种自幼培养起来的坚定信念，支配了李比希今后一生的科学活动，促使他总是力图开辟化学的新领域，并把化学的实际应用摆在重要位置上。这种追求和奋斗让李比希成为在德国科学和工业振兴、后来居上的潮流中起了重要作用的代表人物之一。

小李比希不是不爱读书，他是带着对化学的梦想一头扎入化学的学习中去的。他从本市大公宫廷图书馆借阅各种化学书籍。馆员海斯总是热情地接待这个求知欲很强的孩子。他向李比希推荐了马凯尔编著的32卷本的《化学词典》，施塔尔的《燃素化学》，卡文迪许的著作及化学教授葛特林等人的自然科学札记。一开始，小李比希的注意力被一本名叫《锑之凯旋车》的精装本厚书所吸引。这是15、16世纪德国著名僧侣兼炼金术家巴赛尔·瓦伦丁写的，里面有当时的化学知识以及作为炼金术和古代医学化学理论的基础概念。这些充满炼金术语以及各种哲理和假说的书籍，很难使一个孩子从中理出个头绪来。但小李比希仍然怀着内心的向往，把宫廷图书馆书架上的化学书籍依次读完了。他更有兴趣的是在家里的药房和那个神秘的"厨房"里重复书中的实验资料。每一次实验，他都极其严肃认真，注意观察实验过程中的各种现象，从不忽略任何细节。孩童时代的这种自我严格训练，使李比希具备了化学家所必需的敏锐观察力和娴熟的实验操作技巧。

小李比希终于被学校开除了，原因是他在上课时玩弄自制炸药引起了一次爆炸。父亲并没有过分地谴责孩子，他深深理解儿子对于化学的迷恋。小李比希被送到霍恩药房主皮尔施先生那里当助手，赚钱糊口。这个勤奋能干的徒弟很快赢得了店主的信任，常常独立干些活计。店主还拨给他一间阁楼，供他业余做实验。不幸的事又发生了。有天晚上，李比希在阁楼里醉心于实验时，他前几天制好的一种新炸药，由于被从桌上滚下的研杵击中而发生了剧烈爆炸，掀掉了阁楼房顶，小化学家却皮肉未损。皮尔施再也不能容忍了，把他送回达姆施塔特。这一年，天生的化学家李比希才15岁。

李比希回家后，父亲暗自庆幸他亲爱的儿子回到自己身边，从此父亲多了一个具有渊博化学知识的得力助手，药房的收入增加了。尽管这样，维持一大家人的生活还是很紧张的。富有远见的父亲仍决心送儿子上大学深造。他知道，孩子的才能决非在一个小城的药房中所能施展得开，小李比希应该登上德国化学界的大舞台。

1820年，李比希进了波恩大学，第二学期又随师转入爱尔兰根大学。当时，德国大学虽然以古典学术和哲学研究著称于世，却依然在讲授一种混杂的自然哲学。著名哲学家谢林正在波恩大学教哲学课，李比希的化学老师卡斯特纳教授深受谢林的影响。德国高校偏重于哲学的教学体系，虽然使李比希获得了必要的哲学训练，这对他成为大科学家是有益的，但他不能接受卡斯特纳教授对实验工作的冷漠态度。这时，另一位教授为李比希提供了实验室。在那里，他进行了一系列确定雷酸组成的实验。

李比希明白，对于一个真正的化学家来说仅仅进行哲学思辨是不行的，而科学落后的德国却拘泥于古典传统，难以摆脱这个崇高的思想包袱。李比希渴望到在世的国外大化学家身边去学习。刚好，一件意外的事件使他不得不出国。

青年李比希有着热烈的社交倾向，他生性好争斗，并且往往很执拗。这样，他成为大学生中一个秘密社团的核心人物。在一些社团争端中，李比希是个引人注目的角色。爱尔兰根大学当局搜查了他的住所并对他提出起诉。李比希必须出国去避风。塞翁失马，焉知非福。达姆施塔特市大公的秘书，以前曾在宫廷图书馆结识过小李比希，很欣赏他的才华。所以，当李比希向大公请求给予他去巴黎学习的资助时，很快就得到批准。卡斯特纳教授也为他写了推荐信。1822年，李比希就这样离别了祖国，前往当时世界科学的中心——巴黎。在人生的道路上，他迈出了有决定意义的一步。

在迈出这一步之前，他面临着两个选择：巴黎和斯德哥尔摩。斯德哥尔摩是当时举世公认的化学权威——J. J. 贝采里乌斯（1779—1848）所在地，他和他杰出的助手们、学生们形成了化学界的一大学派。而继英国之后，法国成为近代科学的中心已有数十年了，从奠定近代化学基础的大科学家 A. L. 拉瓦锡（1743—1794）起，法国化学学派就开始形成。19 世纪 20 年代，那里集聚着盖－吕萨克（1778—1850）、路易·雅克·泰纳尔（1777—1857）、M. E. 舍夫勒（1786—1889）等大化学家；还有著名的巴黎工艺学校校长 P. L. 杜隆（1785—1838），都对近代化学的发展做出了卓越的贡献。李比希到巴黎时只有 19 岁。

巴黎当时不仅拥有世界上第一流的化学家，而且有最先进的实验室。在李比希的大学时代，以有机化合物的提纯、有机分析和有机合成为研究对象的近代有机化学，还处于初创时期。其中，首先发展起来的是有机化合物的元素分析，碳氢分析尤为重要。盖－吕萨克和泰纳尔就是由于在 1810 年取得了有机化合物元素分析的第一批令人满意的结果，而闻名于化学界。

李比希再也不是一个玩忽学业的学生了。盖－吕萨克是个优秀的化学教师。他讲授严格的知识体系，并启发学生思考有关化学发展方向的问题。他还亲自指导学生们做实验。可以说，李比希后来成为一个杰出的化学家和教育家，主要是在盖－吕萨克那里受训的结果。

盖－吕萨克也很快注意到这位从落后的德国来的年轻化学家。尤其是他对李比希精确地测定雷酸盐组成的工作，大为赞赏。1823 年 6 月 23 日，他在法国科学院报告了这一研究成果，引起了人们的注意。会议休息时，德国科学界的泰斗——亚历山大·冯·洪堡（1769—1859）见到了李比希，洪堡满腔热情地鼓励这位后起之秀努力学习。

洪堡对祖国的青年优秀人才，并不是停留在口头赞助上。他总是想办法提供人才成长的最好条件。这次会议之后，由于洪堡的推荐，李比希从普通大学生实验室中调出来，作为盖－吕萨克的助手转入他的私人实验室。这样，李比希开始了和法国大化学家的合作研究。他不仅掌握了复杂的分析方法，而且学会了进行系统的研究。

盖－吕萨克的言传身教，法国大学注重科研实验的风气，使李比希深深体会到：利用实验室对化学家进行系统训练是多么重要。实验室及其指导者，对于学习化学的人来说，无疑是个示范中心。初学者只有在这里接受严格训练、接受科学原则，才有可能知道如何进行科学研究。

李比希先后在德国、巴黎学习化学。相比之下，德国大学就落后、沉闷得多了。对振兴祖国科学事业怀有满腔热情的李比希，决不满足于个人的学业和进取。他暗自下决心，回国后要建立起现代化的化学实验室，让一批又一批的年轻人在那里受训，然后形成一支新型的科研队伍。

2. 吉森实验室和《年鉴》

1824 年春，21 岁的李比希返回故乡达姆施塔特。不久，他被破格任命为吉森大学编外化学教授。这项任命并没有通过吉森大学学术委员会，而是由于洪堡和盖－吕萨克两位大科学家的书面保举，才获得吉森当局批准的。

李比希的理想终于实现了：他成为一个名副其实的化学家。他那饱满的青春热情和旺盛精力，他那对振兴祖国科学教育事业的崇高责任心，使他不可能把自己关闭在小实验室中潜心搞研究。他不但要搞研究，还要推行一整套教育改革的计划。

李比希认为，不能仅仅照搬他在巴黎学习的课本。他编写了新的教学大纲。这一大纲，为近代化学教学新体制奠定了一个良好的基础。同时，他开始着手创建世界上最先进的化学实验室。由于他是编外教授，就不能指望得到学校当局的支持。他就向政府机构提交了建立化学实验室的报告。政府工作的低效率实在令人沮丧，李比希迟迟得不到答复和任何实际帮助。年轻人的热情和勇往直前精神，是不可挫败的。李比希是个勤于动手的实干家，又很善于交际。他不顾一切地开始建造实验室。为此，他花去了自己 800 盾的积蓄。不久，政府经费也拨下来了。

1826 年，年轻的李比希教授双喜临门。他惨淡经营的吉森大学化学实验室终于建成了，他为之疲于奔走的改革教育体制的建议，也得到大学教授们的一致同情和支持。这年 5 月，他还同亨利艾塔·莫顿豪小姐举行了婚礼。

李比希的实验室是个什么样子呢？它是利用一个废的空兵营改造的，里面没有通风设备。屋子中间是一个大煤炉，靠墙四周摆着椅子。别看这个实验室貌不惊人，它却是德国科学家自己精心设计的第一个实验机构，体现着训练新型科学家的整个新模式。有经验的化学家在这里精心安排实验计划，把学生从一个阶段引导到下一个阶段，从系统严格的操作训练到能在科学家指导下独立进行研究。实验室不再是简单重复课本上的练习，而是要让学生接受真正的科研训练。

无疑，李比希是这个实验室的灵魂。无论是他那作为教师的磁石般的吸引力，还是他那高超的分析技巧，都使他在推行教学改革时获得了信任和成功。而且，当他在训练学生们时，也能够自己动手搞一系列研究。化学研究从化学家个人的实验，变成了有组织的研究计划，其结果是科学成果和科学人才同时涌现。这一光辉的典范，很快在其他实验科学里得到推广。

就这样，从李比希开始登上德国科学和教育舞台那天起，他就不仅是一个卓越的化学家，而且是一个杰出的科学活动组织家和教育家，其作用和影响远

李比希的肖像画，作于 1821 年。

远超出他对一门学科——有机化学的贡献。他所创建的吉森实验室，在化学史上是现代实验组织和教育相结合的开端；在德国，它是科学和工业振兴的一个坚实而又光辉的起点。正如著名科学史家丹皮尔所说："1826 年，在吉森建立了一个实验室，从那时到 1914 年，学术研究的有系统的组织工作，在德国异常发达，远非他国所及"。[①]

作为一个科学事业家，李比希还渴望掌握更有力的手段。为了促进学科发展和培养人才，1832 年李比希开始编辑出版《药学年鉴》（*Annalen der Pharmacie*，1832—1839）。1840 年，它改名为《化学和药学年鉴》（*Annalen der Chemie und Pharmacie*）。这是李比希对德国科学发展最持久的不朽功绩之一。他去世后，杂志改名为《李比希化学年鉴》。至今，它仍以这个响亮的名字刊行，是当今世界化学领域权威性学术刊物之一。

罗伯特·迈尔（1814—1878）在 1842 年完成了论文《论无机自然界的力》，但是得不到当时物理学界的承认。李比希却同意将它发表在自己的年鉴上，表现了他的真知灼见和支持新生事物的勇气。因为这篇论文包括了关于热功当量的研究成果，也就是说包括了能量守恒的伟大原理。

教学、科研、实验室工作和写作，对于一个科学家来说已经是够沉重的负担了，但是李比希仍然耗费大量精力，从事《年鉴》编辑工作。他仿效贝采里乌斯的做法，对每一篇刊载的文章都要加上亲笔写的短评。为了评论化学论文，他在写短评前要在实验室里对文章进行验证。通常，他把验证工作交给助手们。可以想象，李比希正是以十倍的热情从事这些头绪繁多的工作的。

李比希所推行的这一套一反德国沉闷传统的新教学法，无疑是有生命力的，加之他那旺盛的活力，出色而热情的个性，他很快吸引了和培养了大批出色的学生。科学人才在德国成批地涌现出来。在之后数年、数十年中，这些学生成为德国化学工业迅速发展的领导人物。他们既有大学学术中心的、也有工业生产第一线的骨干。

李比希的学生很多。其中最著名的有这样一些人。奥古斯特·霍夫曼（Hofmann，1818—1892），他是在吉森大学学哲学和法律的，在李比希魅力的感召下转学化学，后来成为李比希最主要的助手。他从煤焦油中制取化合物，这些成果对于德国强有力的染料工业在 19 世纪后期的迅猛发展是至关重要的。在他接受柏林大学的聘请后，便在那里建立了化学研究所并培养了大批优秀的学生，他还于 1868 年创建了德国化学学会。赫尔曼·费林（1812—1885），他后来发明了测定单糖的方法和反应试剂，是德国著名的有机化学家和工业技术家。稍有有机化学知识的人都知道弗里德里希·凯库勒（1829—1896），1865 年，他首次满意地写出苯的环状结构式，对有机化学发展做出了划时代的贡献。他本来是进吉森大学学建筑的，也是在李比希的感召下改攻化学。卡尔·弗雷泽纽斯（1818—1897），从 1841 年起成为李比希的助手，他发明了新的化学方法，并效仿李比希，在威

---

① 丹皮尔：《科学史》，北京：商务印书馆，1979 年版，第 389 页。

斯巴登建立了另一个至今闻名于世的实验室,还终身从事编辑《分析化学杂志》(*Zeitschrift für Analytische Chemie*)。雅各布·弗尔加德,他以创立用途广泛的精确的滴定法而载入化学史册。

这些杰出的德国科学人才,又培养出更多的人才。他们用李比希所示范的科学精神,献身于德国的科学、教育和工业事业。众所周知,德国的科学的赶超是以化学为突破口的。1848 年,德国资产阶级革命成功后,出现了普遍的工业高涨热潮。其中新兴的化学工业发展尤为迅猛。到 19 世纪末 20 世纪初,德国的酸、碱化学工业品产量已占世界首位,染料、医药、照相化学产品驰名世界。因为这些工业的特点就是通过引进新产品进行不断的更新。这些工业的优势在于组织和教育。要能提供训练有素的化学研究人员去探索新产品,要能提供化学工程师保证有效地生产和推销。显然,这场较量的优势在德国这一边。正是李比希开创的教育传统把大量只有平凡能力的人训练成为化学工业所急需的大批化学家。据统计,1890 年德国化学家竟达英国的两倍之多。

李比希的学生中还有不少外国人。如奠定原子价学说的著名英国化学家——爱德华·弗兰克兰(1825—1899);确定乙醇、乙醚化学式的英国化学家亚历山大·威廉·威廉姆逊(1824—1904);创立有机化学类型说的著名法国化学家查理·热拉尔(1816—1856);意大利著名化学家阿斯卡尼奥·索波列罗(1812—1888);还有被门捷列夫誉为“俄国化学家之父”的 A. A. 沃斯克列先斯基也是李比希的学生。

从 1824 年李比希到吉森,至 1852 年他前往慕尼黑的 28 年间,以李比希的实验室和《年鉴》为中心,形成了一个有机化学的吉森学派,李比希和他的学派声名震动世界学术界。

3．深入有机化学的原始森林

李比希不仅是一个卓越的科学组织家和教育家,而且是一个走在科学前沿、披荆斩棘的杰出科学家。当时,无机化学研究已趋于成熟。而有机化学则是刚刚引起人们的兴趣,它的实践和理论都还处于一片混沌的混乱状态。醋酸可以用 19 种不同的化学式写出,每个化学家都认为使用自己的一套化学表达式是独立见解的标志。对于无机化合物和有机化合物是否遵循着同样的化学规律,化学家们持不同见解,争吵激烈到了相互攻击的地步。

李比希的挚友、伟大的德国化学家弗里德里希·维勒(1800—1882)曾说过这么一句话,足以反映出他们所处的时代,他说:“有机化学当前足以使人发狂。它给我的印象,好像是充满着最新奇的东西的原始森林;它是一个狰狞的无边无际的使人没法逃得出来的丛莽,也使人非常害怕走进去。”

李比希清醒地认识到,要在混乱中找到秩序,要在众说纷纭的争论中发现并坚持真理,首先必须奠定可靠而又迅速的分析方法。因为理论必须要由实验来鉴别,而当时对有机化合物的分析方法和手段显然是太落后了,要弄清有机物的结构和反应规律几乎是不可能的。因此,李比希的科研重点是,通过对大量有机化合物的分析,建立一套新的科学的分析方法。

　　李比希首先着手解决有机化合物基本分析的一般性困难。他发现，用传统的燃烧方法分析得出的有关氮的结果是不可靠的。于是，他采用他和盖－吕萨克所提出的在真空中燃烧的方法来减少误差，并把同样的方法应用于其他有机酸的分析程序。李比希还发现，碳的分析也有特殊困难。因为含碳的生物碱的分子量很大。在确定碳的含量时，只要有1%的误差，就会导致错误的分子式。他想，溶液是不宜于分析分子量大的化合物。为此，李比希作出了关键性的技术创新。他采用了一种新装置，使燃烧的气体通过装有氯化钙的管子来吸收水分，然后再用苛性钾完全吸收碳酸。这种新方法，得到可以分析的分子量十倍于原有的方法。此外，他还做了大量的改进，从而建立了一套简单得多也可靠得多的程序。这种分析程序很快成为化学界的标准程序。

　　最终在1830年，李比希在前人工作的基础上，把碳氢分析发展成为精确的定量分析技术。他和他的学生们用这种方法，分析了大量有机化合物，得到了精确的结果，并进而给出了这些化合物的化学式。这就使化合物的类之间的关系逐渐清楚了。这些分析和写出有机化合物的化学式，为有机化学理论的形成打下了基础。

　　正是这样，李比希从分析方法入手，带领着他的学生们在有机化学的原始森林中，开辟出一条路来。李比希沿着自己的路，辛勤地工作着，他一生分析过数不清的化合物，给出了一个又一个化学式和反应式。也许，其中最值得一提的是他和维勒合作完成的一项工作。

　　1829年底，李比希在海德堡大学施皮斯博士家，结识了维勒。两人一见如故，终身保持着深厚的友谊。维勒的老师是大名鼎鼎的贝采里乌斯。他在和李比希见面以前，早就在雷酸和氰酸有关问题上展开过学术争论。和李比希热烈好斗的性格形成鲜明对照的是，维勒生性冷静，不喜争执，常常清醒地看到事物可笑的一面。那时，李比希在吉森，维勒在柏林。两人结识后，立即开始了频繁的学术通讯合作。相距遥远，使两个科学家深感遗憾。

　　1831年，在李比希的帮助下，维勒调到距吉森只有100公里的卡赛尔工学院任教授。那一年，维勒的妻子故去，李比希担心朋友过于悲伤而损害健康，于是邀请维勒和他一起研究苦杏仁油。两个朋友合作得那么好，在一个月的时间里就完成了一项划时代的研究。1832年，论文以《关于苯甲酰基（安息香酸基）的研究》为题发表。这项研究表明，苦杏仁油可以转变成一系列含有C_7H_5O基的化合物。这一重大发现振奋了整个化学界。贝采里乌斯为这一工作欢呼，把它说成是"植物化学的新纪元的开始"。

　　尽管李比希和维勒的工作地点在此后均有变动，但他们的友谊与合作是持久不变的。后来维勒曾这样描写他们的关系："我可以打个比喻，如果以我俩的名义发表的某些小文章是我们中的一个人完成的话，那么，这同时也是赠给另一个人的绝妙的小礼物。我想，这就可以使你了解我俩之间的相互关系了。"

　　作为19世纪最杰出的化学家，李比希除了完成了数量多得惊人的实验研究外，他还是个头脑清晰的思想家，在理论研究上同样出色。

当时，有机化学理论正酝酿着一场革命。化学权威贝采里乌斯把他在无机化学中总结出的二元的电化学说推广到有机化学中去。他还认为，由于某种神秘的"活力"参与了化合物的生成，才会存在有机界，因此不可能在实验室里人工制备有机化合物。1828 年，维勒发表了《论尿素的人工合成》。这一重大发现突破了无机化学和有机化学之间的绝对界限，动摇了"活力论"。1834 年，法国著名化学家 J. B. A. 杜马（1800—1884）和 A. 罗朗（1808—1853）在比较系统地研究了卤代反应后，初步提出了取代学说。这一新学说直接威胁着贝采里乌斯的电化学二元学说。贝采里乌斯感到了这种威胁，他在给维勒的信中，愤愤不平地说："（杜马）这种主张必定导致目前这样的化学的整个建筑物垮台，而这个革命却是基于用氯分解醋酸！"

李比希在这场有机化学理论变革中，始终采取积极进取的态度，并作出了杰出贡献。李比希认为，大量实验事实表明，在有机取代反应中，氯是可以取代氢的。他在自己的《年鉴》上表了个鲜明的态度："我不赞成贝采里乌斯的意见，因为它们建立在一大堆没有任何证明的空洞假设的基础上。"

1837 年 10 月 23 日，李比希与杜马联名向法国科学院提呈了一份研究纲领论文。文章置贝采里乌斯的权威于不顾，断言：无论是无机化学还是有机化学，"化合的规律和反应的规律在两个化学分支中都是完全一样的"。这个宣言为人工合成有机化合物清扫了思想障碍。从此，李比希和杜马在有机化学界分享贝采里乌斯的伟大权威性，成为新的科学思想的领袖。

1838 年，李比希在大量研究的基础上给出了有机基的明确定义：基是一系列化合物中不变化的组成部分；基可以被其他简单物取代；基与某种简单物结合后，此简单物可被当量的其他简单物代替。李比希对有机基的科学定义，是他对有机化学理论基础的卓越贡献。这一理论推广了格雷姆一些关于有机酸的研究，并使戴维和杜隆的酸的"氢理论"再度兴起。这些现象，是有机化学理论趋于形成的过渡状态。

同年，李比希在他一篇冗长而又重要的关于有机酸的论文中，又对贝采里乌斯的学说发起了进攻。文章的结束语是"在黑暗中我们寻找通向光明的路"。李比希的研究工作对结构有机化学的理论做出了积极贡献，但这种严酷的批评也引起了贝采里乌斯与李比希之间的不睦。

的确，当时化学家们之间的争论是如此激烈，这使得后人在阅读 19 世纪化学文献时感到十分惊讶。论文中大动肝火的相互攻击是常见的。如那个和杜马合作的法国著名化学家罗朗，是个在理论上热衷于分类的精巧的实验家、尖刻的批评家。当贝采里乌斯谴责他们的取代理论时，杜马把责任推到罗朗身上。罗朗就针锋相对地对杜马说："如果理论垮了，我就成了它的倡导者；如果理论成功了，它就成为别人提出的理论。"1853 年罗朗因贫困死于肺病时，还怀着激烈的情绪说："我是一个骗子，我是一个强盗的老搭档……一切咒骂只不过是因为把一个氯原子放在一个氢原子的位置上，因为单单地改正了一个化学式。"这种在有机化学初创的混乱时期，科学家们为分子式和自己的理论而激烈争吵的情况，是非常普遍的。

　　性情急躁的李比希也毫不例外。他常常利用自己的刊物主动发起对他人的进攻。由于他有时错误评判了别人在刊物上发表的文章，又遭到不少人的联合反对。对那个1837年与他联合反对贝采里乌斯的杜马，他也毫不客气。1840年，他和维勒用S.C.H.Winder（即"骗子"）的署名，在他的年鉴上发表一封讽刺信，嘲笑杜马过分推广取代理论。这样，李比希常常因此而和友人暂时闹翻。这一切，并没有使他感到任何不安。因为对李比希来说，他是本着对真理的追求才这么做的。不论是在同他人激烈

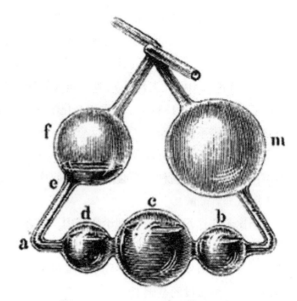

李比希发明的5球装置，该装置充满苛性钾溶液并收集用燃烧称重的二氧化碳样品来测定碳的百分比。

论争时，还是在同友人亲密合作时，李比希无不显示出他光明磊落的品格，和对真理与科学、对友谊与人生的无比忠诚。不过，李比希、杜马和贝采里乌斯三人都始终认为，不同学术观点的争论是有益于科学成长的。

　　李比希一生分析过大量有机化合物。1829年他就从马尿中提取了马尿酸。关于他卓越的实验技巧和记住化合物特征的杰出才能，流传着一些传奇般的故事。据说，有一天李比希收到维勒寄给他的尿囊素结晶体，他马上想到七年前他分析过这种化合物。助手们都表示怀疑。因为，这看来几乎是不可思议的事。样品和数百种白色粉末的化合物在表面上区别太小了。在李比希的指点和督促下，助手们从贮藏室找到了李比希所要的东西。经分析，它确实就是尿囊素，不过含有杂质罢了。

　　有时，李比希也错过了一些重要发现的机会。1826年，A.J.巴拉德发表了他发现元素溴的报告。李比希一看这个报告，马上想到这就是他以前用氯通过从矿泉水中得到的盐类所制得的物质。当时，他匆忙宣称这物质是氯化碘，并把它放到货架上待研究。当他确知巴拉德的发现而自己却错过了一次发现新元素的机会时，李比希气冲冲地说："巴拉德没有发现溴，而是溴发现了巴拉德！"

　　1845年，声望日益高涨的李比希被授予男爵称号。海德堡大学、维也纳大学，还有圣彼得堡和莫斯科大学的化学家们纷纷邀请他去讲课，他都拒绝了。同论敌的争论，构成了他沉重的负担。这时，他已经是有关农业化学问题争论中的焦点人物了。这场19世纪著名的论争，是李比希本人发起的。

4．农业化学的革命

李比希从来没有忘记过童年时代就激励着他的目标：化学要为人类谋福利。他终生以极大的热忱从事将化学理论应用到化工、农业和其他部门中去的研究，并把化学知识向其他学科渗透。

1840 年，李比希发表了在农业科学史上最重要的理论著作——《化学在农业和生理学中的应用》。这是他对有机化学与农业和生理学关系的系统研究的结晶。这本 391 页的著作在布隆茨维刊行第一版，立即引起巨大的社会反响。到 1846 年，短短 6 年间这本书已先后印行 6 次。1862 年，该书在出第 7 版时，李比希把它增补成两厚册，并写了一篇论述农业、矿物学发展史，论述农学和经济学关系的长序。这篇序言成为农业发展史上的重要思想文献。1865 年，该书第 8 版刊行。李比希去世后两年，1875 年，该书又出了第 9 版。为什么化学家李比希的农业著作，会受到社会上极大的关注呢？

可以说，近代农业化学革命就是从这本著作开始的。在此以前，农业虽然是人类最古老的生产技术，但科学界对农业却关心甚少。李比希的著作开始将化学知识系统地引进古老的农业技术中，土壤的结构、肥料以及化学肥料等等从此成为科学研究的对象。从李比希开始，科学研究的成果就开始源源不断地引进农业技术中，农业生产力获得了迅速的提高。社会上对李比希农业化学著作的热烈反响，说明了古老的生产技术在 19 世纪也渴望着用科学来改变自己的落后面貌。

构成李比希农业化学核心的思想，是他提出的物质补偿法则。李比希认为，"农业生产的一般目的，是以最有利的方法来最大限度的生产特定作物的特定部分乃至器官"，而"农业的特殊目的就在于使植物的这个特定部分能够异常地生长发育"，因而"合理的农业就是为了达到这个目的，而对作物给予它们所必需的物质"。所谓补偿，就是"以收获方式从土地夺取走的植物营养物质，应该再给予完全的补充"。

那么，农作物从土地中夺取走的主要的营养物质是些什么呢？为此，李比希认真分析了多种植物燃烧后的灰烬。他的研究表明，除了碳、氢、氧、氮外，植物生长还需要诸如钾、磷、硫、钙、铁、锰、硅等元素。在这些元素中，哪些是人们特别要注意给土壤补偿的呢？李比希对此也做了进一步的研究。他对植物养分有自己的一套分类方法。他特别强调了大气的（有机的）植物养分与土壤中所含的矿物性植物养分的差别。在他看来，前者能够在自然界的循环过程中重新回到空气和土壤中，而后者——矿物质养分则只有人类有效地干预，才能得到补充。这一思想，导致了李比希和他以后的农业化学家们特别热衷于寻找能充作肥料的矿物质。

这是人类自觉地用科学思想干预农业生产过程的光辉思想。它是农业化学、肥料学的理论基础。一旦科学光芒照进了古老的农业生产领域，人们立即明白了应该怎样去干预农业生产。化学肥料工业就这样迅速成为一个新兴的产业部门。

李比希还有一些非常值得注意的有关农业的思想。他认为，为了无条件地补充因农业生产经营而离析的矿物质，应大力提倡利用人粪尿、动物骸骨、草木灰、鸟粪石、磷灰石等。今天，当人们日益认识到生态平衡的重要性时，李比希当初的这些提议是非常难能可贵的。尤其是他在认真地研究植物营养和生长的基础上，反对那种牺牲后代利益的掠夺性耕作，否则人类将要受到惩罚。他援引了大量历史事例来阐明这一重要观点。

当然，如同任何新思想刚刚提出时那样，李比希的杰出的见解中也混杂着一些谬误。如他对氮肥和腐殖质的评价显然是过低了，这引起不少专家的激烈反对，以至于人们把李比希和他的支持者称作"矿物质论者"，而把他的反对派称作"氮素论者"。两派针锋相对。李比希大动肝火地参加了 19 世纪四五十年代的这场争论。有时，他显得很不冷静。但这并没有影响他基本的科学态度。正如他在《农业化学》第 6 版序言中所说的那样："我是认真地在从事使我的见解更趋完善，并以最善良的意愿致力于坚持真理、修正错误。"

李比希关心着自己的科学研究对农业生产的实际效用。他亲自在吉森近郊的一块土地上做实验，考察无机盐的肥效。他还试着制备含钾而又溶于水的无机盐类，用硫酸来处理骨粉以便使不溶于水的磷酸钙转变为可溶性的酸式磷酸钙。就是在他的晚年，迁居慕尼黑之后，李比希还忘不了向邻近的农民普及科学知识，教他们如何合理使用土地。他把自己获得的生产钾肥的专利权卖给了一个英国化学家兼工厂主——他的学生 J. 穆斯普拉特（1793—1886）。这个学生是英国制碱工业的创始人。

李比希具有关心实际生产并能从生产过程中迅速找出问题的兴趣和能力。即使再忙，他也要抽空到工厂去转转。有一次他到了一家制备铁氰酸钾的工厂。工厂里有一种被称为"尖叫锅"的生产装置。这铁锅内搅拌肉浆和苛性钾的铁搅拌器，发出刺耳钻心的噪声。厂主颇为得意地向李比希解释道："教授，你在这里看到的是用任何理论也无法解释的。当我的锅叫得最欢的时候，我就得到了最多的钾盐。"厂主把噪声和生产目的物联系在一起了。李比希微笑着建议，只要在锅内加一把铁屑而不必刻意追求锅的"尖叫"，就能达到同样的效果，而且也经济得多。后来这个厂主得到了惊人的经济效益，他对科学家及他们的建议从此就比较尊重了。

除了农业化学而外，李比希还对生理学、家畜饲养学等很感兴趣。他研究了生物碱（1839），从动物身上产出的氨基酸和酰胺（1846—1852），以及肌酸和肌酸酐（1847），对生理化学的发展做出了不可磨灭的贡献。他从不拘泥于一个学科的知识，总是从本学科出发向其他学科渗透。他在有机化学、农业化学、生理化学以及农业宏观经济学等新兴学科里，都是伟大的拓荒者。他提出的许多新颖假说，往往是有启发性的，但也通常有明显的缺陷。他常常卷入激烈的争论中，对于这点，他很达观，他风趣地说："如果他们揪住几根羽毛，那是我在下一个换毛季节里反正要抛弃的尾羽，对此我是不会在意的。"他还说："化学正在取得异常迅速的成就，而希望赶上它的化学家们则处于不断脱毛的状态。不适于飞翔的旧羽毛从翅膀上脱落下来，而代之以新生的羽毛，这样飞起来就更有力更轻快。"恩格斯对此非常欣赏，当他回忆自己为了创立辩证唯物主义自然观而在 50 岁后下决心进行数学和自然科学方面的系统学习时说过："我尽可能使自己在数学和自然科学方面来一个彻底的——象李比希所说的——'脱毛'"。

李比希的一生，就是这样热情地不断开拓着新的研究领域，并始终注意把这些研究成果推广到实际生产中。他这种自始至终永不衰竭的热情和精力，主要来自于他对祖国科学和工业振兴事业的神圣使命感，来自于他对真理的执着的追求。这种热情，就是在日常生活中也显得格外纯真动人。如1877年李比希访英归来，他一见到自己亲爱的朋友维勒时，就激动地说："你想想看，亲爱的朋友，我乘的是火车，这就是文明！每小时行十英里，用鸟飞的速度前进，我激动得像个小孩子一样，简直高兴得想跳起来！德国也应该建设铁路，而且越快越好。"由火车而想到文明的进步，由英国的火车想到德国也应该尽快修筑铁路，李比希都感受到和想象到了，他怎能不激动呢？

1852年，李比希离开吉森大学前往慕尼黑大学任教，条件是他只上课而不管带学生实验课。因为当时由于学术纷争，他患了严重的失眠症。李比希到慕尼黑后，以丰富的化学知识和幽默风趣的讲授方式，引起了大学生的热烈欢迎。环境的改变使李比希的健康恢复了。他又以充沛的精力投入写书撰文、编辑杂志。1860年，他当选为巴伐利亚科学院院长。此外，他还是法、英、俄、瑞典等国科学院的荣誉会员。

在慕尼黑，李比希还邂逅大学时代的同学申拜恩。50年前，他俩虽是同桌，却由于是不同的秘密社团的成员，身穿不同颜色的衣服而彼此仇视。现在，申拜恩也是一位以发现臭氧而著名的化学家了。李比希马上邀请他到慕尼黑大学讲课。此后，申拜恩常从他工作的瑞士到慕尼黑来，参加李比希和维勒举办的历时数日的郊游活动。

1870年，李比希得了一次重病。他做好了死的准备：立了一份新遗嘱，制作了一个精致的骨灰盒，分送了他贮存的烟。李比希夫人太喜欢这个骨灰盒，她也为自己定制了一个。两个盒子放在化学贮藏室里。不久，李比希恢复了健康，又朝气蓬勃地工作和生活起来。

过了三年，1873年4月，李比希患了严重的肺炎。这位年届70的伟大科学家在慕尼黑与世长辞了。

由于李比希的母亲是个犹太裁缝的私生女，在20世纪第二次世界大战前希特勒掀起的反犹浪潮中，漂亮的李比希纪念碑被人用硝酸银和高锰酸钾的混合物污染了。战后，为了不损坏纪念碑的石头，清除污斑就成为一个化学问题。专家们经过充分的讨论，终于用化学药品洗涤了所有污垢的斑痕。化学家李比希决不会想象到，20世纪在他的纪念碑上发生的这场化学战。

李比希是19世纪最伟大的化学家之一，又是卓越的科学活动组织家和教育家，同时也是农业化学和生理化学的创始人。他对有机化学、农学和生理学的发展做出了不可磨灭的贡献。同时，在德国实现科学和工业赶超世界先进水平的历史转折关头，他是最活跃、最具有代表性的伟大科学家和事业家。正如1936年一位科学家在哈佛艺术和科学300周年大会上所指出的那样："化学思想对生物学的影响是由于李比希的天才所致，它开创了现代有机化学的光辉历程。李比希的强烈愿望是要看到化学为动物生理及农业生产提供充分的服务，这种愿望也指导着他自己的努力。"

今天，李比希那些高瞻远瞩的科学预见和他一辈子的顽强努力，都已变为现实。

参考文献

［1］J.R. 柏廷顿：《化学简史》，北京：商务印书馆，1979 年。

［2］《资料汇编——李比希的农学思想》，北京农业大学科技情报室，1981 年，第 6 期。

［3］*Dictionary of Scientific Biography*, Charles Scribner's Sons Pub., 1970, New York.

［4］*Prominent Scientists of Continental Europe*, Elsevier, 1968, New York.

［5］N.David, *German–Jewish Pioneers in Science 1900—1933*, Berlin Springer, 1979.

［6］Finger, Otto et al, *Von Liebig zu Laue*, Berlin, VEB Deutscher Verlag der Wissenschaften, 1963.

［7］弗·卡约里：《物理学史》，内蒙古人民出版社，1981 年。

（选自《自然辩证法通讯》1983 年第 3 期，《李比希：振兴德国化学工业的巨擘》，作者乐宁，乐秀成的笔名，中国科学院研究生院理学硕士，时任《自然辩证法通迅》杂志编辑。研究方向为科技史。）

德拉贝奇

英国科学职业化的先驱、杰出的地质学家

维多利亚时代早期，英国地质学开始步入它的"英雄"时代。一方面，形形色色的地质学发现与思想在莱尔（C. Lyell，1797—1875）的《地质学原理》中得到整合，形成系统的理论和方法。另一方面，那种延续已久的个人独立从事研究的业余科学传统，随着英国地质调查局的建立以及德拉贝奇学派的崛起而逐步瓦解。① 然而，相对于在科学史上光芒四射的莱尔，这场改革的先驱、地质调查局的缔造者、杰出的学派领袖德拉贝奇却长期受到科学史家的冷落，他的名字在远离英伦的中国更是鲜为人知。本文将对德拉贝奇的早期思想、科学活动及生活经历作一番介绍评述。

德拉贝奇 (Henry Thomas De La Beche，1796—1855)

1. 投身地质学事业

1796 年 2 月 10 日，德拉贝奇出生在英国伦敦，父亲托马斯·贝奇是英国骑兵团的一个军官，曾从先祖手上继承了一个远在牙买加的庄园。1800年，托马斯带着妻子伊丽莎白和年仅 4

① 王蒲生:《英国地质调查局的创建与德拉贝奇学派》，武汉: 武汉出版社，2002年。

岁的儿子小德拉贝奇巡访牙买加的庄园，不幸于 1801 年 6 月 1 日客死异乡。少年丧父的德拉贝奇再也不能得到过庭之训，也失去了经济和精神的依靠，他后来的生活道路也因此更加曲折、更加泥泞。德拉贝奇曾在给女儿的信中喟然感慨："厄运跟我走出摇篮，厄运陪我走进坟墓"，他还在日记中耐人寻味地把自己比作一只"搁浅在伊纳瓜岛上残破的船"，这也许可以看作是德拉贝奇对自己坎坷人生的总结。

处理完父亲的后事，母亲带着小德拉贝奇回到故乡英国。1802 年，小德拉贝奇在汉默史密斯接受学前教育。1805 年，他转往布里斯托尔和巴斯之间的一个叫作凯斯汉姆的学校读书，1808 年又转往德文郡读书。他就学的地点频繁转换，大约与他母亲的不断改嫁有关。1812 年，德拉贝奇的家又搬到了查茅斯，最后落脚在里米里吉斯。在其后的通信和正式文件如遗嘱中，德拉贝奇都称自己是"里米里吉斯人"。

或许是受先父影响，德拉贝奇 1810 年进入了皇家马洛军事学校，立志当一名军官。当时，受法国革命影响的激进学生，在学校传播一本宣传雅各宾主义的小册子。校长向上司呈报说，该书鼓吹革命和恐怖的专政。上司要求立即采取措施，强力弹压。随后又发生了另一起学员反抗事件。德拉贝奇参加了所有反叛活动，最终被施以开除学籍的处罚。短短两年的军旅生涯随即黯然终结。

身败名裂的德拉贝奇重新回到了故乡——里米里吉斯。在职业选择空间十分有限的情况下，他将自己的精力投注到了地质考察和研究上。

德拉贝奇的地质学兴趣可以追溯到孩童时代。他曾先后在海滨城镇查茅斯和林里吉斯居住，海滨裸露的嶙峋怪石和悬崖峭壁，可能引起了小德拉贝奇对神秘岩石世界的好奇。特别是，当时的英国地质学正处在迅速发展的黄金时期，研习矿物岩石、从事地质考察成为悠闲富有的绅士们趋之若鹜的一种时尚。绅士们骑着马，手拿地质锤，肩背岩石袋纷纷涌向乡间山野，调查研究岩石和化石。对他们而言，与广袤的自然界打交道，可以满足对自由伦理理想的追求，抒发对旅游、冒险和户外活动的挚爱；可以体现对强身健体的重视和对自身生理机能的不断挑战；可以显示人的激情、生命忍耐力和永不衰竭的幽默、坦率与真诚。不同于平庸、狭隘和物质主义的化学、矿物学和分类学，地质学是一种精神活动，是高尚灵魂的食粮。它能强化一个绅士的宗教感情和浪漫情怀。[2] 年轻富有又酷爱户外活动的德拉贝奇，既然不能披坚执锐、策马疆场，转而加入以锤为剑的绅士地质学家行列，也就不难理解了。

1817 年，德拉贝奇加入伦敦地质学会，成为地质学共同体中的一员。1819 年，他当选为皇家学会会员，同年进行了一次长距离旅行，横穿法国、瑞士、意大利、途经德国和荷兰回国。在长时间的国外旅行期间他作了大量地质调查，并在日内瓦发表了他的第一篇科学论文《论日内瓦湖的深度和温度》。他还学会了几种语言，这使他在回国后能与欧洲大陆地质学家保持经常的联系，及时了解大陆地质学的发展动态。1824 年，他巡访幼年时继承的位于牙买加的种植园，在那里居留了一年。这期间他仔细研究岛上的地质状况，回国后将报告提交给了地质学会。1829 年，德拉贝奇再度赴大陆考察旅行，获得大量观察资料。

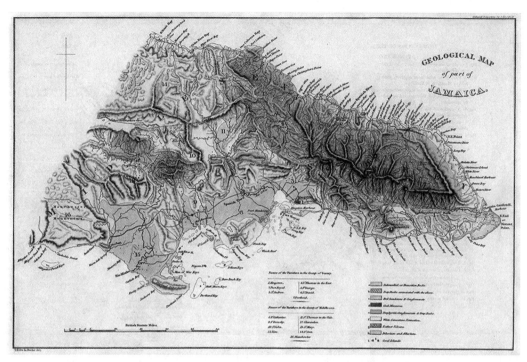

1824 年，德拉贝奇绘制的牙买加东部（Eastern part of Jamaica）地质图。

德拉贝奇不但是个严谨的野外地质学家，还是个出色的理论地质学家。他早年虽然遵奉伦敦地质学会在 1807 年创建时宣布的"收集地质材料，而不宣传地质理论"的基本宗旨，主要精力用于野外观察，但德拉贝奇并不满足于仅仅成为一个材料收集者。他总是对自己观察到的地质事实进行理论思考，并适时地进行理论创建。19 世纪 30 年代，德拉贝奇的思想臻于成熟，他的理论创建进入高峰时期。1830 年他出版了《地质现象的剖析和概括》；次年又出版《地质学手册》，该书两度再版，并译成了法文和德文，其英文版还远销美国，为他博得了国际声誉。1834 到 1835 年，他又先后出版了《理论地质学研究》和介绍动力地质学的杰出著作《怎样观察》，后一著作再版时改名为《地质观察者》。[3]

德拉贝奇受法国地质学思想影响较大，是法国地质学家 E. 波蒙（1798—1878）造山理论在英国的热情支持者和宣传者。德拉贝奇赞同波蒙的内部高温正在冷却的地球概念，认为这可为大量可观察事实提供最简单的解释。在《理论地质学研究》中，他运用矿物学、化学和物理学的知识，对地球结构及其形成过程进行了综合分析和探讨后提出，地球物质在其形成时期以气态形式存在，后来由于地球表面不断辐射热量而凝结成液态，在中心地带形成地核；地核周围逐渐形成了一个重金属带，此带的外层是熔融的富氧化物层，覆盖在最外面的则是气态物质，富氧化物层后来又凝结为由结晶岩组成的固体地壳，它减缓了地球内部热量的外逸，而外部气体则冷却凝结为地壳之上的海洋。这个观点远远超前于其时代。[4]

德拉贝奇认为，地球不断冷却是山脉形成的主要动力。他指出，在一个给定的时段，

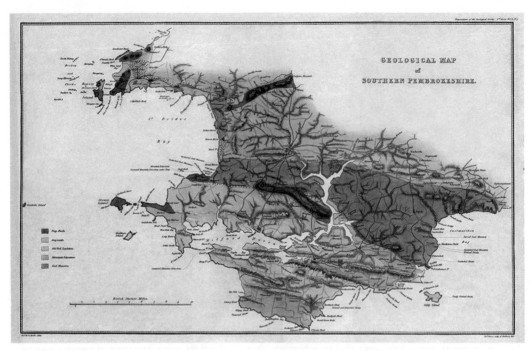

1826 年，德拉贝奇绘制的南彭布罗克郡（South Pembrokeshire）地质图。

地球的内部温度和表层温度会形成巨大反差，固体地壳就会破裂以适应内部状况。考虑到地球的质量和体积，这种适应殊难察觉。它以巨大的断层形式出现，在适当条件下，破裂地块将隆起成为山脊或山脉。不过，德拉贝奇仅把自己的解释当作一种理论假设，它是启示性的而非独断的；但只要这个假设还能对观察事实提供最简单的解释，就不应该放弃这个假设。

然而，德拉贝奇并非亦步亦趋地追随波蒙的理论。他认为波蒙的理论太过极端，明确反对他描述的大环状山系的地理范围和山体抬升的强度，而认为山体的抬升范围比法国地质学家指出的要小得多。在《理论地质学研究》中，德拉贝奇审慎地追求一种介于莱尔均变论和波蒙突发性抬升理论之间的中间立场，认为莱尔眼中的地球太过平静，而波蒙的地球则太过激烈。德拉贝奇的观点反过来影响了波蒙。波蒙在其著作中就曾引用了由法国著名地质学家维列斯翻译的德拉贝奇的《地质学手册》法译本中的一些观点，以充实和修正自己的造山理论。[5]

德拉贝奇还热衷于对古生物及历史地质学的研究。1821 年，德拉贝奇与科尼比尔合作发表了关于青石灰岩中爬行类化石的文章，对远古动物鱼龙给予了确定的描述，并描述了被他们命名为蛇颈龙的一系列脊椎类化石动物。1831 年，德拉贝奇还绘制了著名的关于远古时代里阿斯海洋生物环境的"古多塞特"图。到了英国地质调查局以后，德拉贝奇领导自己的学派对历史地质学进行了更深入的研究。

2．与莱尔对垒

莱尔的巨著《地质学原理》（以下简称《原理》）在1830年到1833年之间连续出版了三卷。这三部不同凡响的巨著，永久性地改变了地球历史的图景，也间接地改变了生命历史的图景，对认识人在自然界中的地位产生了深刻影响。一部分地质学家对莱尔的著作心悦诚服；另有一部分地质学家则激烈批评《原理》所采用的理论方法，由此在地质学界引起了一场影响深远的关于地质学基本理论与方法的大讨论。德拉贝奇就是反对者阵营中最重要的一员。

德拉贝奇首先反对莱尔的均变论思想。德拉贝奇固然也收集现代侵蚀过程与沉积过程的资料，也使用由赫顿创立、莱尔完善了的"将今论古"方法，即通过当前的地质活动，推断远古时代的自然状态。德拉贝奇的动力地质学著作《怎样观察》，因循的正是与莱尔相同的方法论路径，几乎被当作是对莱尔《原理》的补遗。但是，德拉贝奇拒不承认自己是莱尔学说的支持者，相反，他坚决反对莱尔"以现代速度活动的稳定状态"的地球概念。他认为在地质史上，地质活动的速度和强度差有不同，并非莱尔所称的古今完全均一。他批评说，莱尔没有将过去遗留的可观察现象，用作理论推理的有效来源，而只是一味地依据现在的现象来说明过去。德拉贝奇和其他反对者们认为：过去地质事件的可观察资料表明，现在起作用的地质过程，并不足以对过去地质过程作出完备的因果解释；许多山系的变形岩层的形成过程，用微弱地质作用的缓慢积累无法作出阐释，无论那种地质作用时间有多长。

莱尔的"造山理论"是德拉贝奇、波蒙等人批评的主要目标。莱尔不太重视造山运动，在《原理》第十版中，关于造山运动的阐述只占几十页篇幅，而且仅限于反驳波蒙的造山理论。莱尔坚持认为，山脉是地震形成的断层经过长时间抬升所形成。但德拉贝奇决不相信弱小作用力的长期积累，能产生与巨大能量突然介入时的效果。他认为莱尔赖以建立其动力机制的现代地震和造山运动，不能解释山脉中存在的巨大断层。德拉贝奇在《理论地质学》中指出，即使连续的力可以引起断层运动，地层的扭曲仍然需要用更强的作用力来解释。德拉贝奇还引用了实验地质学家 J. 霍尔（1761—1832）侧应力引起岩层扭曲的模拟实验，说明所有扭曲断层都受过强力挤压。他认为，如同小锤子的连续敲击不可能产生打桩机的效果，仅靠当前这样强度的地震，不足以抬升起阿尔卑斯山这样巨大的山脉。德拉贝奇还认为，莱尔的理论不仅不足以

1830 年，德拉贝奇绘制的远古时代里阿斯海洋生物环境的"古多塞特"图。

说明山脉中的巨大断层，也不能对山脉的结构作出合理解释。他赞同波蒙的见解，即山脉结构的形成，需要一种直接和强烈的外推力，而非片断上升的微小累积。他还用地球冷缩说解释了山脉抬升的巨大动力来源。德拉贝奇的地核冷却收缩和挤压等理论在当时影响很大，特别是1846年出版的《大不列颠地质调查论文集》第一卷中，德拉贝奇关于南威尔士山脉扭曲与结构复杂的地质侧应力关系的文章，不但对波蒙的思想转变起到很大作用，也深深地影响了其他地质学家和一代后人。奥地利地质学家、全球构造论的代表人物、沃拉斯顿奖获得者 E. 徐斯（1831—1914）曾这样谈及德拉贝奇对他的影响："这里我在原则上遵循了德拉贝奇早在1846年给出的论述。就此我谨向早已作古的德拉贝奇先生表示诚挚的敬意。多年以前，他对于我形成大山系结构的观点影响至巨。四十年来，他关于侧压力形成山脉的概念以及关于花岗岩岩体作用的概念，渐为世人认同，至今仍不失其魅力。"[1]（[5]，p.99)

德拉贝奇还从方法上诘难莱尔。他批评莱尔的《原理》完全有悖于归纳科学的宗旨，也有悖于伦敦地质学会的精神。他和地质学会的其他几位核心成员一致认为，莱尔的许多推断是先验地形成的，缺乏充分的经验支持。地质学会会长 A. 塞奇威克（A. Sedgwich，1785—1873）就曾批评莱尔使用了太多辩护律师的虚词浮句，甚至不惜歪曲事实，以迁就自己的理论。说到底，德拉贝奇及其他地质学家对莱尔的批评，是因为莱尔偏离了地质学会早期确立的"收集实证材料，而不要构建理论"的宗旨，过度使用理论假说，并最后建立起一整套庞大的理论体系。

针对莱尔的方法论，德拉贝奇还以其擅长的素描和石版画形象地予以批评。在一幅素描中，莱尔衣着优雅，戴着律师假发套，手里既没有地质锤，背上也没有地质包，倒是拿着一副眼镜，仿佛患眼疾的莱尔平时戴的那一副，站在写有理论字样的大地上，眺望河谷对面的山脉。他踌躇满志地将自己的有色眼镜递给一位手提锤子、肩背标本采集袋的"真正"地质学家（也许就是德拉贝奇的化身），说道："看吧，我亲爱的先生，透过这副眼镜，你会发现自然不就是蓝色的么？"含义很明显，莱尔是在透过有色眼镜观察世界，他观念中先验的假设，系统地改变了眼中看到的地质图景。图中，莱尔的身后还藏匿了一本赫顿的《地球理论》，暗示莱尔剽窃了赫顿的思想。这幅讽刺漫画形象化地反映了德拉贝奇指责莱尔完全违反正确科学方法程序的观点。德拉贝奇认为，"地质学理论无不以事实为基础，并能很好地解释那些事实。然而，莱尔们所提倡的，不是满足于解释仅仅一部分事实，而是急切地强迫我们接受这样的理论，认为这种理论是所有地质现象的最好解释。"他还认为，"一般来说，地质学家应将事实置于最显著、最重要的位置，而理论应被置于远端，这种方法比那种为了提出理论而不惜损害事实的方法更为可取。"于是，在另一幅素描中，他让一本象征着《原理》的著作长出天使的翅膀，并且在热气球牵引下徐徐飘升，意在讽刺莱尔的理论缺乏坚实的经验基础，只配放置在幻想的天国里。

---

[1] M. T. Green, *Geology In Nineteenth Century: Changing World*, London, 1982, p. 99.

AWFUL CHANGES.
MAN FOUND ONLY IN A FOSSIL STATE——REAPPEARANCE OF ICHTHYOSAURA.

A Lecture.—"You will at once perceive," continued PROFESSOR ICHTHYOSAURUS, "that the skull before us belonged to some of the lower order of animals ; the teeth are very insignificant, the power of the jaws trifling, and altogether it seems wonderful how the creature could have procured food."

1830 年，德拉贝奇绘制的题为"可怕的变化"的画。

在德拉贝奇讽刺莱尔的所有石版画中，流布最广是"可怕的变化"。他认为，莱尔提倡自然规律的均一性，改变了时间演进的速度，以至一年时间可能无比漫长，巨大的禽龙可能出现在树林，鱼龙出现在海中，翼手龙可能再次迁徙于由树木和蕨类植物构成的小林子。于是在这幅图中，德拉贝奇将莱尔变成了一个职业龙鱼，对着人的化石遗存讲课，其他同样受到迷惑的生物化石听众也一齐同声附和，心悦诚服。这个情景暗示莱尔顽固地将生命形式与气候联系起来，并指出这与大自然中的某些古生物证据相左。

　　莱尔口讷，不是一名口若悬河的演说家，口才远不能和巴克兰或塞奇威克相提并论。但莱尔的《原理》却写得极为优美，犹如一篇散文，在地质学界乃至社会名流中颇有吸引力。面对莱尔《原理》的理论扫荡，德拉贝奇立即尝试用可视方法形象表达他的不同见解。在另一幅讥讽画里，中心人物莱尔戴着有色眼镜，假发套上还多了一顶厨师帽，端着一盆热气腾腾的美味食物，后面跟着一群闻香而至的戴着有色眼镜的人。画中美味佳肴暗指莱尔的理论是经过精心烹制、刻意雕饰的玩意儿；而其他人则是莱尔理论的盲目追随者。德拉贝奇在图上还批上了一行近乎诽谤的文字："一个傻子制造一堆傻子·绿眼镜走俏"。[1]

　　除了理论分歧，德拉贝奇和莱尔个人之间也素有芥蒂。1831 年，莱尔准备出版《原理》第三卷，因出版商财政问题而延宕。恰在这一时期，德拉贝奇告诉莱尔，他打算出版一本地质学作品，即《地质学手册》。那时，德拉贝奇的收入主要来自他在牙买加的种植园，但由于 1831 年的贸易萧条和奴隶骚乱，他的财源濒于枯竭，希望通过出书来补贴生活。这样，莱尔出书的前景就受到不利影响，因而大为不悦。他在给未婚妻玛丽的信中说，德拉贝奇辞去了地质学会秘书职务，杜门谢客，摈绝交游，一门心思出版廉价的地质书籍赚钱。莱尔怀疑德拉贝奇的书剽窃了《原理》和他在皇家学院演讲的内容。德拉贝奇以前的确告诉过莱尔，他打算以《原理》为基础写自己的书，但此话很可能是出于恭维。然而莱尔听说

① M. Rudwich, Caricature as a Sourse for the History of Science: De La Beche Anti-Lyellian Sketches of 1831, *ISIS*, Vol. 66, 1976, p. 534-560.

后却惶恐万分，生怕德拉贝奇抢了先手，因此又急于出版《原理》第三卷，但遭到书商劝阻。他无可奈何地写信告诉玛丽："如今书价低廉，而三卷本的出版花销不菲，我不得不限制发行额，看淡名利，让德拉贝奇之流从中渔利。他们是靠榨取我的艰苦劳动养肥自己。"[1]

德拉贝奇也极其反感莱尔。他的学生拉姆奇在日记中写道"德拉贝奇爵士发誓要把莱尔轰到半空中去，还要揪掉莱尔的鼻子，一枪将他射穿。"德拉贝奇对莱尔的敌视态度，后来也传染给了他的学生和下属。1849年的地质学年会之后，拉姆奇在日记中写道："会上，莱尔的讲话差劲透了，他假惺惺地称赞调查局，实际上则给人们留下一个印象：调查局的人不懂归纳和概括，只有他才懂。他存心这样做，是为了显示像他这样完全不懂应用地质学的人，也能当一名合格的调查局长。真是太卑劣了！他遇见我们时总很尴尬，一副局促不安的样子。"[2]

值得一提的是，尽管莱尔曾遭到巴克兰等人出自宗教的批评，德拉贝奇却从未从宗教的角度来批评莱尔。相反，德拉贝奇是19世纪早期英国最具职业科学意识的典范，他关注科学从超科学中获得自主，争取科学和哲学自身的尊严。莱尔本人也对德拉贝奇工作的严谨性、科学意识的彻底性和可靠性表示认同。他曾告诉玛丽："只要你不被德拉贝奇吓住，我想你还是很有可能成为一个地质学家的。"

3．倡导科学职业化

德拉贝奇不仅投身于地质学研究，还积极倡导和推动对于英国传统科学体制与教育模式的改革。

在德拉贝奇所处的年代，英国政府对科学的投资极少，领薪水的博物学和地质学专家，不是化石鉴定者或博物馆馆长，就是在大学里谋职的科学教授。前者的位置通常为中下阶层者所占据，后者通常收入微薄（少数除外），且多为教士，如英国的两个地质学教授——剑桥大学的塞奇威克和牛津的巴克兰——都是牧师。何况从事职业科学研究虽然能得到一些收入，却要为此付出全部的时间和精力，对于19世纪30年代的绅士没有多大吸引力。德拉贝奇之所以转向政府，从事职业科学研究，并不完全由于个人经济收入的减少所致，更重要的原因是，他有一个雄心勃勃的设想，那就是亲自领导一个由政府基金建立的研究机构。

德拉贝奇改革科学体制的设想，与其倡导的社会改良思想密不可分。德拉贝奇深受J.边沁（1748—1832）功利主义哲学的影响，同T.卡莱尔（1795—1881）的思想也有共鸣。他热情支持当时在英国颇有影响的改革浪潮，在政治上有激进主义倾向。他15岁时就因"在学员中传布危险的雅各宾主义的精灵"被大马洛军事学校除名。他热切地支持过早期的机械学会的运动，在1827年订购过由"实用知识普及社"出版的小册子。他非常赞成卡莱尔

---

[1] L. G.Wilson, Charles Lyell, *The Year to 1840: The Revolution in Geology*, Yale University, 1972, P. 343.

[2] J. A. Secord, The Geological Survey of Great Britain as a Research School 1839—1855, *History of Science*, Vol. 24, 1986, p. 43

的精英治国论有关普及教育的思想，认为改革最有希望的前景就是长期、广泛地在所有国民中开展教育；低效率、动乱总是和愚昧无知相伴而生。正是德拉贝奇，而不是 T. H. 赫胥黎（1825—1895），首次在杰明街为劳动群众讲授科学（许多历史文献都错误地将赫胥黎作为第一人）。但是他和卡莱尔一样，在当时并没有推翻现有社会制度的意图。他只是认为，英国政府是由庸才和宠臣把持着，集中地表现为贵族政治和教会统治大学的教育制度。要改变这种状况，只有把权力移交给从英才教育中选拔出来的技术专家组成的职业阶层。德拉贝奇在 19 世纪 30 年代画的一幅漫画，很形象地表述了他的政治观点。画中有个满载科学仪器的"知识拖拉机"，把一群挡道的小丑和弄臣推到了道路的两旁，这既表现了德拉贝奇要求把更多资金用于发展科学的基本思想，也含有激进的意图，即科学的进步最终会导致权力结构的深刻变化。（［6］，pp.537—541）

德拉贝奇把地质填图工作置于政府资助之下的想法是在法国旅行时产生的。到 18 世纪的最后十年，法国科学的水平几乎在每一个领域都超过了英国，法兰西科学院成为世界上最有声望的科学组织。欧洲各国的高级学者为熟悉和了解科学最新进展，纷纷来到巴黎，法语成为整个欧洲科学家和科学团体的通用语言。法国逐渐取代英国成了世界科学的中心。[①]因此，德拉贝奇也一直同法国的科学界保持着密切联系。他早年的两次大陆旅行都途经法国，早年翻译发表了多篇巴黎矿业学校校刊的文章。他与法国地质学家 E. 波蒙（1798—1878），A. B. 维列斯等保持着频繁的通信。1831 年 4 月，由巴黎矿业学校的波蒙教授推荐，德拉贝奇获得新成立的法国地质学会会员资格。德拉贝奇曾给波蒙寄去自己的著作《地质学手册》（1831 年），波蒙和他的同事维列斯立即安排将该书译成法文。德拉贝奇还在 1832 年给波蒙寄送了他完成的第一幅德文郡地质图，受到波蒙高度褒扬："军械部的准确测量加上高质量的地图，是迄今为止制作出的最准确的地质图。"波蒙本人从 1823 年起就开始筹备绘制法国地质图，因此对德拉贝奇的工作倍感兴趣。

德拉贝奇尤其留意法国的科学体制。法国科学的特点是科研工作职业化，当时已经有几个政府设置的专门研究机构（英国却几乎没有），J. B. 拉马克（1744—1829）和 B. G. 居维叶（1769—1832）就曾在巴黎自然博物馆供职，由政府发薪俸。法国还创建了几个专门培养科学人才的高等教育机构，如综合工艺学校、高等师范学校和巴黎矿业学校等。这些学校按科学体系设置课程，注重实验与应用，聘请一流学者任教（波蒙就曾先后在多种工艺学校和巴黎矿业学校任教），并实行严格的军事管理制度，免费供读，毕业后由政府分配。德拉贝奇认为，法国科学的快速进步正是得益于其科学研究的职业化，于是设想把法国的科学与教育模式引入英国，在英国建立一个由政府资助的地质学研究机构。

19 世纪中叶以前，业余传统在英国的科学界一直占据着统治地位，从事科学研究的人

---

① 本·戴维：《科学家在社会中的角色》，成都：四川人民出版社，1988 年，第 151 页。

虽然为数诜诜，从科学中获得谋生手段的人却寥寥无几。从事地质研究的人主要有三类：一类是牧师，一类是医师，一类是优游富裕的绅士。这三类人中没有哪一类人仅限于研究地球，没有哪一类人将他们的全部时间用于探索地球。他们实际上不依靠科研为生：没有人以专门教授科学为业；大部头的教科书也没有市场；为农业、矿业、采石业等行业提供调查、咨询服务，以及将有关知识和技巧应用于实践，在当时也鲜有所闻。规范和支持着这个群体的是一些自由研习的机构，如大学、医学联谊会、国教教堂、皇家学会，甚至牛津和都柏林的哲学协会。科研经费也往往由科学家自筹或私人赞助。那时，英国还没有一个由政府设立的职业科学机构。于是，只有富人和能够得到私人赞助者才有机会从事科学活动。

维多利亚时代早期的地质学家，除了史密斯等个别人外，英国著名的地质学家几乎都是财力丰厚的绅士或社会名流。地质学会的创立者格里诺是财阀之子；莱尔和默奇森皆出身于富贵之家，常出入于上流社会和各种社交晚会；德拉贝奇和法国人埃德华兹在加勒比海地区都有种植园；菲顿和斯克罗普，则是娶了富家小姐而跻身于富有阶层。有的地质学家在教会中身居要职，如塞奇威克是诺威奇的受俸牧师，巴克兰则是西敏寺教堂的教长。有的是衣食无忧的医师，如 H. 霍兰——他后来成了维多利亚女王的医师。还有地质学家是权位颇高的学术政治家或学者型官员，如三一学院的 W. 惠威尔和国会议员格里诺、斯克罗普和沃伯顿等。这些人经济独立，精神超然，视财富如秋风过耳，因而不屑于为争取学院中收入菲薄的席位而劳神伤脑。一些人甚至公然放弃成为职业者的机会，如亚瑟·艾金就拒绝了都柏林学会 1813 年提供的职位，宁可以自己的心愿追求他的地质学理想，而不愿为岗位职责所捆束。（［2］，p.818）。相反，许多出身于中产阶级或更低社会阶层的才华横溢的年轻人，却因为经济原因而被迫选择律师或牧师等有较高收入的职业。

德拉贝奇对这种状况深感忧虑。他认为，英国个人独立研究的非职业化科学方式已不能适应科学发展，于是设想把法国的科学与教育模式引入英国，在英国建立一个由政府资助的地质研究机构。当时，许多英国学者也都注意到了英国科学渐渐落后于法国这一事实，并对英国的落后体制提出批评，批评英国政府在科学方面的投资过于吝啬，敦促政府加大科学与教育投资。德拉贝奇只是这个科学促进运动中的一员。然而，他勇于把自己的理想付诸实践，是以积极方式驱促政府出资支持科学并获得最大成功的首位学者。

德拉贝奇提倡科学职业化还有其个人原因。早年他也像那些悠闲富裕的绅士一样，完全凭兴趣和爱好研究地质学，并且有能力广泛地自费旅行以促进自己的研究工作。1830 年，德拉贝奇与同时代的许多悠闲富裕的地质学家一样，自费开始了德文郡和毗邻地区的地质调查和地质图填图工作。他使用了陆军三角测量局制作的地形图，填充上不同的符号和颜色以表示地质状况，也就成了所谓的地质图。开始时，他深信会像往常完成和出版其地图和专题论文一样，将这次的成果完成和出版，但是自 1831 年起，情况发生了变化。新大陆黑人奴隶骚乱不断、社会经济动荡，他的牙买加庄园的经营状况日渐衰敝，收入来源几乎中断。为了使地质调查和绘图工作不致半途而废，并能够继续从事他所喜爱而且对社会有益的地质学研究。他必须改变传统的科学活动方式，寻求政府的资助，并最终投靠政府。

1832 年 3 月 28 日，德拉贝奇致信英国军械局领导人，陈述自己因经费支绌而造成的尴尬局面。信中提到，他正在为 8 幅英格兰军械局地图着色，将其变为地质图，"原打算自行出资完成，现因资斧不继而遭受挫折。因此希望能为阁下服务，以我的劳动成果换取部分资金。我确信这笔资金数额微少，远低于我完成这项工作的花费。"经过充分考虑，军械局接受了他的建议，同意为 8 幅图支付 300 镑。这笔钱当然不足以完成如此大面积的调查，甚至不够旅行开支，更谈不上对他的艰辛劳动有任何报偿。德拉贝奇仍须自己承担大宗费用。但毕竟聊胜于无，更重要的是，德拉贝奇成为英国地形测量局里的政府地质学家，从此开始了职业科学家的生涯。

4．创建地质调查局

1835 年，德拉贝奇完成了德文郡地质图的着色工作，接着建议将类似的工作扩展到全国，并建议政府出资建立一个职业地质机构来承担这项工作。当局处理德拉贝奇的建议和论证报告时非常慎重，专门组织了一个由资深地质学家组成的三人委员会，做全面评议。委员会的三人是，牛津大学地质学教授巴克兰、地质学会会长莱尔和塞奇威克。评议结果如下：

> 我们的看法是：德文郡地质图是巨大劳动与技巧的结晶，就其详尽和精确而言，远胜过欧洲大陆出版的同类地质图……我们还认为，根据事实，也根据我们个人对德拉贝奇不同凡响的综合素质的了解，委托他将地质调查按统一的体例扩展到大不列颠的其他区域，将会给国家带来巨大荣誉和利益。[9]

这一事件当时曾引起社会各界关注，评议结果出来之前，报纸就给予了连续报道，社会反响极大。

1835 年，英国政府批准成立地质调查局，任命德拉贝奇为局长；还在伦敦建立了一个陈列标本的小博物馆。从此英国拥有了第一个职业科学机构。英国地质调查局也是世界上第一个由官方出资的地质调查机构。由于调查局绘制的大比例尺地质图、地质剖面图和其他大量的工作，为国家提供了有关能源和矿产分布的珍贵信息，还为从事理论地质学研究提供了丰富的基础资料，于是世界各国竞相仿效，1849 年在澳大利亚、1855 年在法国、1867 年在美国、1873 年在德国相继成立了类似英国的地质调查机构。如果说莱尔《原理》的出版，标志着英国理论地质学已领先于世界的话，那么英国地质调查局的成立则标志着英国的应用地质学也走到了世界的前列。

德拉贝奇是个永不满足的人。他不断地向政府提出更多的经费要求，几如商人一般"贪婪"。1839 年，德拉贝奇在完成《康沃尔、德文郡和西萨默塞特地质报告》后，又向政府呈递了一份大规模扩编地质调查局的计划。由于得到了政府高层人士的支持，政府批准了这一计划。此后，地质调查局的作图范围从布里斯托尔海峡扩展到了南威尔士的储煤区，调查局增加了 4 个全日制工作的野外助理人员；以伦敦收藏标本的机构为中心，成立了一个应用地质学博物馆。在以后的几年里，又有许多人进入调查局。1845 年，有关地质调查的议案在国会顺利通过。议案把调查局和博物馆合并起来，归林业部统一领导，还授权德拉贝奇负责爱尔兰地区的地质调查工作。调查局增添了更多的职员，有矿物学家、古生物学家和野外工作人员。议案还批准为博物馆的收集品建造一幢大楼，这座 1851 年告竣的建筑被默奇森称为"大不列颠国土上建立的第一个完全用于促进科学事业的宏伟宫殿"。（［1］，P.11）最重要的是，1845 年的国会议案第一次委托政府绘制一份不列颠群岛的综合地质图。由于德拉贝奇的持续努力，政府对科学的资助达到了史无前例的程度。

地质调查局的建立和其后的不断扩展完善，固然得益于多方面的支持，但德拉贝奇超群的想象力、过人的胆识及坚持不懈的努力所起的决定性的作用，却是众所公认的事实。为了促成调查局的建立及其后的不断扩大，德拉贝奇费尽了心思。首先，他不失时机地将自己的改革设想融于广泛的社会改革潮流之中。职业化还顺应了当时发生在英国的改革潮流。19 世纪 30—40 年代，由于工业及城市化社会的发展，中产阶级和工人阶级政治力量的增长，人道主义与理性主义等进步思想的发展，以及政府机构本身的改革需要，形成了一股强劲的改革浪潮。政府批准了一系列改革英国社会机构的方案，包括：成立健康调查局，开展卫生调查工作；成立大学委员会，协助牛津和剑桥大学自我改良；先后通过新济贫法和地方治安条例，改善社会福利制度和治安状况。这一行政改革的目的，就是要使公共机构更合理，更有效率，更文明。它不仅要抑制工业的剥削、改良公共机构，并且希望能为保证公民良好的教育、健康及安全建立一个更好的社会。[10]

德拉贝奇审时度势，力图使自己的地质调查工作与这些政府承担的更大的改革项目联系起来。他向 R. 皮尔（1788—1850），查德威克及其他政府官员施加影响，力陈地质调查工作的重要性，以使该工作从属于更高的权力机构，他尤其希望他的地质图能成为国家卫生与疾病调查的基础。他在 40 年代初曾告诉查德威克，地质图上可以标出地面特征、地方排水状况及土壤性质，"对于内政部、税务部、警察局、市政局和您领导的健康调查局都有很大的价值，实际上它具有十分广泛的用途"。（［8］，p233）他力图使政府官员和议员们相信，形象鲜明的地质图，可为行政官员提供更为直观的信息，还能与政府已经支持过的一系列项目，特别是测量海岸线等工作联系起来，总之，地质学对政治管理和社会控制有直接帮助。

由于地主、工场主和矿业主占据着议会的大多数席位，德拉贝奇便想方设法争取他们的支持。他努力使地主们认识到，全英地层普查能使他们对土地类型有更充分的了解，使工场主和矿业主们相信，地质调查能为他们寻找煤层和铁矿等资源提供有价值的信息。结果，这些人不但支持政府加大地质调查投入的议案，在以后的地质调查工作中，还热情款待调查局人员，为他们的工作提供便利。调查局首任局长德拉贝奇则常常在一些贵族的城堡里长期居住。

德拉贝奇还广泛地寻求朋友的帮助和支持。他出身于上流社会，结交了许多社会名流。特别是与有政治改革倾向的议员查德威克、沃伯顿、格里诺，与实用知识普及社的缔造者们过从甚密。这些朋友们在他创建地质调查局的过程中，给予了他很大帮助。有些身居显位的朋友，甚至能在关键时候影响议会或首相的决策。1841 年 11 月，为了防止议会否决有关增加地质调查局开支的方案，巴克兰便先发制人，及早给皮尔首相写信，告诉他调查局的工作已取得了大量的经济效益，甚至在皇家土地上发现过矿产，因此值得加大投资，从而保证了议案的顺利通过。

在地质调查局的筹建过程中，德拉贝奇充分发挥了自己的社交技巧和筹措资金的才能，使得持形形色色观点的政治领袖们相信，地质学值得投资，也使那些对地质学一窍不通的富豪愿意出钱资助地质调查。所以有许多评论家都特别提到，德拉贝奇有一种禀赋，可以通过一系列步骤实现自己的既定目标，每一步骤似乎都不引人注目，最终却达到了期望的目的。[11]

然而，德拉贝奇事业并非一帆风顺，在推进科学职业化的过程中，也遇到过重重阻力，饱尝了误解和流言中伤之苦。最大的一次风波出现在 1839 年春天。那时正在康沃尔调查的德拉贝奇收到了陆军测量局长的一封信，信中写道："……现在正广泛流传着一个令人不悦的传言，说你的调查工作失之精确。……政府方面支付了该项工作的部分费用，若此项工作遭到非难，他们担心将难辞其咎。"[12]

读到信后，德拉贝奇心绪难平，即刻回信道："传言出自塞奇威克先生和默奇森先生在英国科学促进会年会前宣读的一篇论文。加德纳未经同意，给他们提供了一幅德文郡北部的地质图，而他俩对我的图有不同看法……他们事先未向我通气，却在地图尚未发表的情况下散布阴毒谣言，对我实施下流的攻击。……我日复一日地在野外辛勤劳作，罄尽全力完成公众赋予我的职责，为了报答公众的信任，我奉献了全部热忱和心智，而他们居然兴云布雨，掀风鼓浪，散播流言，极尽伤害之能事，妄图使我的事业从此夭折。"（[11]，p.1053）

在学术之外，还有人对德拉贝奇进行人身攻击，说他营私舞弊，假公济私。默奇森诟骂德拉贝奇是"一只肮脏的狗，不折不扣的贪污犯和阴谋家，根本没有资格承担地质调查任务。"[13] 如此多的流言攻诘，令德拉贝奇口冷心寒，一度打算辞职。幸亏深孚众望的格里诺出面调停，方才平息了这场风波。德拉贝奇的一个朋友在给他的信中写道："前一时期我从不同的渠道得知他们在迫害你，估计领头的是莱尔和默奇森。我拜访过格里诺，他说你现在已平安无

1833 年，德拉贝奇绘制的远古爬行动物复原图。

事了。财政大臣怀斯 (S.Rice) 已了解了事情真相；政府会相信你的。"（［12］，p. 1053）

这次来自地质学界内部的、对德拉贝奇的攻讦，看似偶然，实则有其深刻的背景。说到德拉贝奇的工作不准确，其实只是因为德拉贝奇对某个地层的分类与默奇森和塞奇威克有分歧。事实上，德拉贝奇的工作一向是以严谨和完美著称的。1834 年，地质学会会长格里诺曾赞扬德拉贝奇的德文郡地质图："其信息之详尽，形式之优美，令人叹为观止。"（［9］，p. 34）在财务上，德拉贝奇的管理非常审慎，一切消费都要详细向政府呈报；锱铢必较的财政部对调查局的财政监督也极其严格，不可能出现经济上的疏漏。这场风波的起因，究其实质，还在于德拉贝奇倡导和从事的职业科学与业余的绅士地质学传统发生了根本上的冲突。绅士们业余从事地质研究，不是出于生计需要，而是完全出于兴趣。这群"以锤为剑的骑士"把地质学研究看作是消遣、娱乐的一种方式，是在逃避浮世之烦扰，追求崇高的精神境界。默奇森发现地质学比之骑马捕猎等锻炼与娱乐，有更多智力上的刺激。莱尔痴迷地质学，是为了逃避索然无味的律师生涯，塞奇威克则把地质学当作枯燥的数学教学之外的宁静港湾。地质学则可使普里斯维奇从庸俗的酒商生活中解脱出来。在他们看来，探索广袤而永恒的自然界，是超然于旅游、冒险和户外活动之上的更高境界，它不但可以强身健体，不断挑战自身的生理机能；还可以强化追求自由的伦理理想，体现绅士的崇高情感与浪漫情怀。因而他们反对将地质学作为一种谋生的职业。一些博物学家如莱尔就十分鄙薄法国职业科学的官僚形象；塞奇威克和默奇森则认为德拉贝奇正在威胁他们科学的纯洁性质，认为挣薪水的职业科学玷污了对科学之高尚理想的无私追求。（［2］，p838）在这种背景下，德拉贝奇受到地质同行们围攻，也就不难理解了。但是，倘若抛开传统的傲慢与偏见，想一想他力排众议的勇气，忍辱负重的胸襟，纵横捭阖的谋略，不屈不挠的意志，德拉贝奇不正是地质学"英雄"时代的真正骑士吗?

5. 组建学派

地质调查局的中心任务是绘制不列颠群岛的地质图和地质剖面图，还包括一些描述性的工作，但德拉贝奇却不满足于只做这些实用性工作，他还希望将野外地质调查材料用于历史地质学的理论研究。他认为，仅靠个人的力量是难以完成这项工作的；只有由国家支持的，能共同合作和统一领导的组织来承担，这项工作才能全面展开。于是他决意要在调查局组织一个可以称之为科学学派的研究团体，在重建古地理环境的方向上开展理论探索。

要建立学派，就需要在调查局组建和扩编时，将既能完成具体工作，又具有理论研究才能的人吸收进来。为此，德拉贝奇付出了巨大努力。他总是在物色有潜力的人选，一有机会便设法把他们收罗到自己的机构中，并能给他们的才能以准确的评估，将他们安排在最适合的位置上。英国著名地质学家 A. 盖基（1819—1903）曾就德拉贝奇发掘人才和使用人才方面的能力给予了很高的评价，他说："拥有广泛的帮助和如何把这些帮助应用得恰到好处的清晰思路，正是德拉贝奇最富特征的品质。他有能力鉴赏同事的才干，能使他们更投入地为他的目的服务，有能力吸引住他们，使他们深深地迷恋上这个小团体。他总是有意识地四处奔波，发掘最佳人选，以便更好地完成国家资助的地质研究这一宏伟计划。"（[8]，p.239）这样，在19世纪40年代，德拉贝奇为调查局召集了一批才华横溢的博物学家，他们有菲利普斯（1800—1874）、拉姆齐、E. 福布斯（1815—1854）、J. B. 朱克斯（1811—1869），J. D. 胡克（1817—1911）和赫胥黎等。这些人在到调查局之前就已在学术界崭露头角，有些甚至享有国际声誉。他们在调查局形成了一个精英圈，就如巴克兰给皮尔首相的信中描绘的那样，是"德拉贝奇在英国组建的最具天赋的小组织。"（[8]，p.239）

作为调查局局长和学派领袖，德拉贝奇拥有最高权力和绝对的权威。为了加强学派智力上的团结，德拉贝奇对学派的学术活动严加控制，实行严格的家长制管理。他要求学派成员们将研究成果发表在调查局出版的《论文集》中，而且研究成果须与调查局的中心任务及学派的统一纲领有关。1848年后，德拉贝奇放松了他过分严格的政策，允许成员们单独发表成果的摘要，但事先要征得他的同意。在地质学会召开年会时，调查局的人总是整齐地、引人注目地坐在议会风格的会议大厅的后排。他们从不宣读个人的成果。在正式报告以后的讨论中，他们中任何一位发言，都代表调查局的观点。所有与外界的交涉都由德拉贝奇一手处理。

在日常生活以及与下属交往中，这位冷峻峭直的专家治国论者却不乏情趣。他常给部下讲他在马洛军校时的趣谈笑料以及自己经历的一些奇闻轶事。他讲话时总是口若悬河，妙语连珠，还能即兴地表演幽默小品，随手画一些幽默漫画。他随时可以创造出欢快气氛，因而有人称他为"幽默机器。"

德拉贝奇在调查局营造了一个团结温暖的大家庭。他非常关心手下的年轻人，把他们当作自己的孩子。年轻人也十分尊敬和爱戴德拉贝奇，亲切地称他为"德拉贝奇老爹"。在这种和谐的氛围里，青年职员之间也结下了深厚情谊。这群无忧无虑的单身汉们不但白天一起工作，晚上和周末也如影随形，不愿分离。他们一起进餐，看演出，听演讲，参加社交晚会，还彼此讨教风月场上遇到的难题。朱克斯、拉姆齐、福布斯三人最投缘，被称为调查局里的"三弟兄"。

为了培养团结意识，德拉贝奇曾一度反对青年人成家，也拒不招聘有家室的人进调查局。他担心女人们会分散下属对调查局的忠诚。有一次，在伦敦总部的德拉贝奇获悉，他的爱徒拉姆齐在野外调查时，对旅店主人的女儿太过好感，于是发函问询此事。拉姆齐赶紧回信解释："……我只可以说，当触及那明亮的目光时，无论在我冷硬的心上留下多深的印记，我都不曾心智迷乱，情感的外缘也许变质，而内核仍始终忠实于钢制的地质锤。不敢说每年挣500镑的人感情会是怎样，只挣100镑的人岂敢有非分之想。"([9]，p.82) 从拉姆齐这封诚惶诚恐的信，足见德拉贝奇对此类事是相当认真的。就现实情况而言，地质调查工作需要常出野外，流动性太大，带上家眷的确很不方便。德拉贝奇初婚时曾携妻子赴欧洲大旅行调查，因娇妻身体欠佳而带来诸多不便，故而心得颇深。再说调查局的工作收入菲薄又飘泊不定，很难吸引一个条件相当的中产阶级的女儿。德拉贝奇的弟子都很晚才结婚：拉姆齐和朱克斯结婚时都已 37 岁，福布斯 33 岁，奥德姆汉（T.Oldham，1816—1878）34 岁，菲利普斯则终身未娶。无论如何，单身生活在客观上的确促进了学派内部的团结和对调查工作的投入。

德拉贝奇学派的研究方向是重建古地理环境。他们利用夏季野外工作中汇集的地质图、剖面图、岩石标本和化石标本等大量的单独活动的绅士地质学家难以收集到的第一手资料，恢复某一地区远古时代的气候、生物和侵蚀状况等原始风貌。相对于当时多数地质学家只是把岩石、化石和地层分散割裂开来而进行的那类描述性和分类学的研究，德拉贝奇学派能够对古环境进行系统的综合的发生学研究，这在当时是很有远见的。而且相对于为数不多的关注古地理环境的地质学家，德拉贝奇学派又有自己的特点：首先他们研究第三纪地层以下较老成岩时期的古地理环境，由于证据残缺，这是当时许多学者不愿承担的课题；其次，强调对某一特定地区进行详尽研究，而不是对大区域的或全球进行粗略研究；第三，他们注重多学科的合作，注意将理论与实践结合起来，希望他们的研究能与国家正在进行的环境卫生方面的工作联系起来，在疾病，排水和地质学之间建立起因果联系。德拉贝奇一向注重实际。他根据自己的科学研究，向政府提出过不少政治动议，尽管他的动议并非经常受到重视。

在科学研究过程中，德拉贝奇需要经常对职员们进行指导。他常常亲往野外工作现场，给工作人员讲述地质填图的含义，指示他们要对所收集的材料进行理论思考。1845 年，调查局扩建之后，德拉贝奇在伦敦忙于行政事务，不能像早期那样经常光顾野外调查网点，他就把自己的观点编成文件下放，还免费发放他的《理论地质学》和《地质学观察者》，后一著作当时曾被人们谑称为"杰明街的圣经"（调查局的总部设在伦敦的杰明街），人们开玩笑说，调查局的人在地质旅行时行动迟缓，是因为德拉贝奇的鸿篇巨制加重了他们的行囊。1846 年，地质调查局的《论文集》第一辑在伦敦出版，德拉贝奇学派的早期成果基本上都反映在这部文集中，该文集预示了古环境研究、侵蚀过程研究和影响沉积过程的物理化学过程研究的新方向，得出了关于地球远古时期生物分布的新结论，在英国地质学史上占有非常重要的地位。

德拉贝奇学派持续的时间并不长。19 世纪 50 年代，学派开始解体。这时拉姆齐、朱克斯、奥德汉姆和调查局的其他单身汉们开始寻求更多的自主权。他们想成家，想以自己的名义发表论文，想到外面寻找更好的发展机会，想建立自己独立的科学理论。另一方面，德拉贝奇在伦敦百务缠身，1850 年又不幸身患瘫疾，不能亲自到野外现场去指导，和属下的感情日渐疏远。同时，他的官僚主义专断作风却与日俱增，行政命令和红头文件代替了灵活耐心地说服。特别是在 1850 年，德拉贝奇根据政府意图，要求调查局职员们呈报自己每天的活动和所有花销，引起了朱克斯这批高层职员的强烈反对。他们认为这种警察式的监督是对体面人的轻侮和蔑视，断然不能接受。尽管德拉贝奇很快收回成命，然而覆水难收，旧日的精诚团结精神已遭到难以弥合的损伤。

德拉贝奇学派虽然只维持了十多年的时间，它在英国的科学史上却具有重要意义。它不但以集体研究的方式取代了流行的个人独立研究方式，还为英国培养了拉姆齐、朱克斯等一批头角峥嵘的地质学家和古生物学家。这些人后来都成了英国 19 世纪下半叶地质学领域的中坚人物，而且还是支持达尔文进化论的主要力量。

1855 年 4 月 13 日，因中风而瘫痪 5 年的德拉贝奇在伦敦与世长辞。生前，他的工作已得到政府和地质学界的普遍承认。1842 年，他受封为爵士；1847 年，他当选为伦敦地质学会会长；在他的生命行将终结之时，他还被授予了象征英国地质学最高荣誉的沃拉斯顿勋章。然而，令人不解的是，在他死后的一百多年里，科学史家们却并未给德拉贝奇以应有的正视和关注。或许以内史为主导的科学史研究，注定要冷落德拉贝奇以及那些遗憾地和德拉贝奇一样未能在今日之科学教科书上留下一笔的人们。但是，当我们走出科学内史研究的狭窄视野，而将眼光投向更广阔、更深远的历史空间时，就会发现，在他们的思想和奋斗的经历中，同样凝聚着值得我们追忆的力与光。[15]

参考文献

［1］C.Gillispie,*Dictionary of Scientific Biography*,New York,Vol.4,p.9.

［2］R.Port,Gentlemen and Geology:The Emergence of a Scientific Career 1660—1920,*The Historical Journal*,Vol.20,1978,pp.815—825.

［3］A.Geikie,*The Founders of Geology*,New York,1905,p.403.

［4］K.V.Zittel,*History of Geology and Palaeontology*,New York,1962,p.168.

［5］M.T.Green,*Geology in Nineteenth Century:Changing World*,London,1982,p.99.

［6］M.Rudwich Caricature as a Sourse for the History of Science:De Ia Beches Anti-lyellian Skeches of I831,*ISIS*,Vol.66,1976,pp.534—560.

［7］L.G.Wilson,Charles Lyell, *The Year to 1841:The Revolution in Geology*,Yale University,1972,p.343.

［8］J.A.Secord,The Geological Survey of Great Britain as a Research School 1839—1855,*History of Science*,Vol.24,1986,p.245.

［9］F.J.North,*Further Chapter in the History of Geology in South Walese*, Sir H.J.de la Besche and the Geological Survey,Vol.67,1934,p.43.

［10］C.Rodert 等，英国史，五南图书出版社，1986 年，第 787—798 页。

［11］F.J.North,H.T.de la Beche:Geologist and Business Man,*Nature*,Vol.143,1939,p.254.

［12］F.J.North,The Ordance Geological Survey:Its First Memoir,1839,*Nature*,Vol.143,1939,p.1053.

［13］J.B.Morrell,London Institutions and Lyell's Career:1820—1841.*ISIS*,Vol.73,1982,pp.141—142.

［14］王蒲生：《独具特色的地质学学派》，《科学学研究》，1996 年第 1 期，第 22—27 页。

［15］袁江洋：《科学史：走向新的综合》，《自然辩证法通讯》，1996年第1期，第52—55页。

（选自《自然辩证法通讯》1996年第4期，《德拉贝奇：英国科学职业化的先驱、杰出的地质学家》，作者王蒲生，北京大学哲学博士，清华大学科学技术与社会研究所教授。研究方向为科技史、科学技术的社会研究、科研伦理学。）

约瑟夫·亨利

为美国科学大厦奠基的人

自富林克林之后，美国在科学上沉寂了数十年之久，是约瑟夫·亨利的科学研究成果重新唤起了美国人的自信心，他是美国科学大厦的奠基人，他把美国的科学研究活动引向了协调发展的道路。

1. 在苦难中磨炼

约瑟夫·亨利是移居美国的苏格兰清教徒的后裔。父亲威廉·亨利是个穷苦的车夫，威廉·亨利终日辛劳，全家也难得温饱。约瑟夫·亨利因此很小的时候就被送到乡下和他的外祖母生活在一起，就读于当地的乡村小学。为减轻外祖母的负担，稍大一点时，他一边学习，一边在附近的小商店里做点零活。亨利在学习中并没有显露出特别的才能，只是对传奇小说很感兴趣。

亨利14岁那年，他的父亲去世了，他只好回到奥尔巴尼和他的寡母相依为命。为了生活，他不能继续上学，不得不投师学习修理钟表和琢磨宝石。亨利不喜欢这样的工作，他的心用在其他方面，大概受莎士比亚的著作的影响，他想当一名演员。不久，他的师傅经营失败，他获得了自由，实现了他多年的

约瑟夫·亨利（Joseph Henry，1797—1878）

青年时期的约瑟夫·亨利

愿望，参加了一个由年轻人组成的戏剧表演团体。亨利身材修长，面目清秀，适合扮演许多角色。他安排舞台效果的奇特才能和为众多观众所叫好的绝妙演技很快使他在奥尔巴尼小有名气。他的这段经历使他日后作为科学教育家和科学领导人所需要的演讲才能得到了锻炼。

大约他16岁那年，又一个偶然机会改变了亨利的整个人生道路。有一天，亨利有点不舒服，留在宿舍里休息，无意中拣起同宿舍人丢下的一本书读起来以消磨时间。这是格雷戈里神学博士写的一本科普读物，名叫《经验哲学、天文学、化学普通讲义》。引起亨利注意的开头问题是："你向空中扔一块石头或者射出一支箭，为什么它不沿着直线，也就是沿着你所给予的方向一直向前运动呢？……反之，火焰和烟为什么总是向上升，虽然没有使它们沿着那个方向运动的力？当你把蜡烛倒过来的时候……为什么它的火焰不落向地板呢？……再者，你窥视清澈的井水，看见自己的脸庞和形象，仿佛画在那里，为什么这只是由于光的反射而形成的，但什么是光的反射呢？"这样的一连串问题和对它们的回答，第一次使他对科学产生兴趣。亨利一口气读完了全书，立刻就决定辞去他在那个剧团担任的职务。献身于神圣的科学事业。这本书的主人得知亨利对它极感兴趣，慷慨地把书送给了亨利。亨利的身边一直保存着这本极为普通的书，在他的记忆中始终保持着这段难忘的经历。

1837年，他在书的扉页里写道：

> 这本书，虽然不是一本深奥的书，但上帝保佑，它对我的一生产生了巨大的影响。当我大约16岁那年，它偶然落在我的手中。……它把我的思想凝聚在对自然的研究上，使我在读它的当时就决定立刻献身于对科学知识的追求。

投身科学事业，就凭亨利在哥尔韦尼乡村小学学的那些知识谈何容易。亨利自己也深深地意识到这一点，于是他决定接受系统的教育，为实现他的理想打下坚实的基础。亨利先是上了奥尔巴尼市的夜校，很快就获得了在那里能获得的所有知识。

1819年，亨利通过自学，作为一名超龄生被奥尔巴尼学院破格录取。贫寒的家境使他不得不多次中断他的学习生活。在整个学习期间，他先后有将近一年的时间在乡下小学教书，挣得一些钱来交纳学费。最初的一个月，他的工资只有 8 美元，后来才增加到 15 美元。在奥尔巴尼学院里，他系统地学习了数学、化学、物理学、生物学和解剖学。他不满足于学院的教育，自修了许多其他课程。他的刻苦精神和优异成绩博得了院长的赞赏，他还是学生的时候就被聘为助教，经常帮助院长做一些化学实验。

1822 年毕业后，为了维持生活，他曾当过两年的家庭教师，还做过奥尔巴尼学院和奥尔巴尼历史和艺术学会的图书管理员。这期间，他一边贪婪地阅读各种科学文献，一边因陋就简地做一些实验。

1824 年，他向奥尔巴尼学会宣读了他的第一篇论文，题目是《蒸汽的化学和机械效能》。亨利的研究表明，蒸气由锅炉里喷出来而突然膨胀时，温度会降低，有时候蒸汽喷到手上都不烫手。亨利为此还设计了一种装置进行这方面的表演。在这篇论文里，亨利并没有什么新的发现，但他的表演却极为成功，显示了他作为一个实验物理学家的才能。

1825 年，美国准备修一条从哈得逊河的西端到伊利湖的道路。经过朋友的介绍，亨利曾率领一个水准测量队在工地上服务。

1826 年春天，亨利被聘为奥尔巴尼学院数学和物理学教授，从此结束了将近 30 年的贫困、颠沛生活，开始了历时半个世纪的科学生涯。

2．接过"富兰克林的披风"

1827 年，在富兰克林的轰动欧洲的研究 70 年之后，亨利在奥尔巴尼学院开始了电和磁的研究。

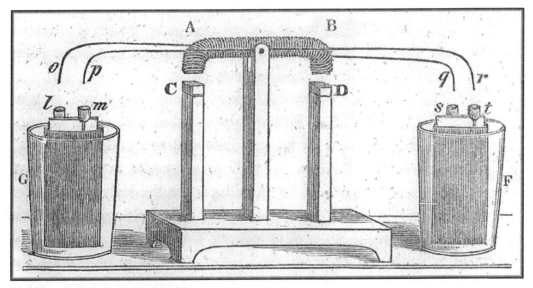

约瑟夫·亨利的摇臂电机设计图

在这 70 年间，电磁学研究在美国几乎无人问津，因为当时还看不出电磁学研究能给人们带来什么实质性的好处。一向注重实用的美国人对此不感兴趣是很自然的。然而，亨利却独具慧眼，他认为"抽象科学"是技术进步的基础，技术的每一项重大突破都是以科学的重大发展为前提的。亨利决心将电磁学作为自己的终身研究课题，并坚信这样的研究最终必将造福于人类。

亨利的工作环境坏到不能再坏的地步。他每年把大量时间花在教学上，只有很少的时间用来进行研究，他没有专门的实验场地，唯一能用来进行实验的房子是学院的礼堂。当学校开学时礼堂另有他用，他的实验就得停下来，因此，他的大部分工作只能在假期里做。他的实验器材非常缺乏，研究工作常常因为缺少像一片锌这样小的东西而不得不中断。然而对亨利研究工作最不利的并不是这些，而是和当时科学活动中心的隔绝。他就是在这样的艰苦环境里不屈不挠地从事着他认为有价值的研究工作，为电磁学的发展做出了巨大的贡献。

1827 年 10 月 10 日，亨利发表了第一篇关于电磁学的论文，说的是电磁学的实验装置的若干改进。戴维·布鲁斯特看了亨利的论文后激动地说："富兰克林的披风已经落在年轻的亨利身上了。"

在亨利所处的时代，美国的物理课本中已经有了一些电和磁的内容，但是几乎所有的美国学校都是采用传统的教学方式传授这些自然科学知识，基本上没有实验课。亨利一贯强调直观教学，他不满足照本宣科，尽可能用实验来帮助学生理解课文。他认为，通过对眼睛的刺激而产生的印象是最深刻的。用实验来演示电和磁的特性以及它们之间的相互作用一定能使学生对电和磁获得更加明确、更加形象的认识。在进行电和磁的演示实验中，电磁铁是必不可少的装置。由于当时的电磁铁磁力有限，有许多实验不能获得令人满意的效果。为了使课堂上有关电和磁的演示实验效果更加明确，亨利决定改进当时的电磁铁。

亨利幸运地得到了一本介绍安培理论的书。他认真地研究了安培的理论，对电流的磁效应有了更进一步的认识。他改进电磁铁的工作是在安培的理论直接指导下进行的。亨利认为，制作电磁铁时应该"绝缘导线本身而不是绝缘被磁化的软铁棒，一组线圈紧密地覆盖在铁棒的整个表面，这样获得的效果更接近于安培的理论。"亨利的这一改进现

约瑟夫·亨利的摇臂电机实物

在看来是再简单不过了，可是在当时，它却是很难的。那时候，市场上没有绝缘导线出售，所有的金属线都是裸露的，实验需要的一根根绝缘导线都是亨利手工制作的。导线一经绝缘，情况就大不一样了。首先，它可以在软铁上绕得很密，并且可以缠绕许多层，这样就增加了线圈的匝数。线圈的匝数增加了，磁力也就自然增加了。此外，导线绕得越密，每一个电流环流和软铁棒的轴就越接近于垂直。这样，按照安培的理论，所有电流环流产生的磁力方向也就和软铁棒的轴线方向趋于一致。

由于没有现成的绝缘导线，制作一块电磁铁，亨利往往要用好多个夜晚来绕制绝缘导线。1828 年 6 月，亨利用这种方法制成了第一块电磁铁，它的磁力比斯特金的电磁铁大得多，而体积却并不见得大多少。

1830 年 5 月，亨利和他的表妹亚历山大小姐结婚，从此亨利有了帮手。他的妻子经常和他一起工作到深夜，他们试图制造更大的电磁铁绕制绝缘导线。

1831 年，耶鲁大学的西里曼教授请亨利为耶鲁大学的实验室制作一台大电磁铁。亨利用尽了他手头所有的丝线和绸布也没有把应该绝缘的金属线缠绕完，最后只得扯掉了他妻子心爱的裙子，才使最后一段导线绝缘。当亨利制作的电磁铁竟能提起一吨的重物时，尽管亨利平时很冷静，这时也不禁高兴地欢呼起来。后来亨利为新泽西学院制作了一台更大的电磁铁，它可以提起 1600 公斤的重物。

一台电磁铁能提起 1600 公斤的重物，现在看来并不怎么稀奇。但是，在 1831 年的时候，别说没有强大的交流电，就连丹聂尔电池也还没有问世呢。那时，通常使用的电源是伏特电堆，它提供的电流之弱是可想而知的。因此可以看出亨利制造这块大磁铁的确是一个惊人之举。

亨利把他制作的电磁铁分为两种：一种叫作"强度磁铁"；一种叫作"量度磁铁"。"强度磁铁"要使用"强度电池"，也就是有许多金属片的电池，或是几个电池的串联。"强度磁铁"能在远处被激励，它是由单线圈构造的。亨利发现，磁力随着终圈匝数的增加而增加，但有一个限度，用现在的话说，就是电源与外线路的阻抗必须匹配。"量度磁铁"只需使用"量度电池"，即单电池，它只能在短距离内被激励，由许多短而粗的导线缠制而成。这种磁铁能够增加电流的磁效应而无须大的电池。

约瑟夫·亨利专门给耶鲁大学研发的电磁铁

电磁铁的这一改进对于电磁感应现象的发现和电磁电报的发明有着决定性的意义。它大大增加了感应电流的强度，使人们有可能觉察到感应电流的存在。法拉第就是在亨利改进的电磁铁基础上，用绝缘导线制成了有名的感应圈。法拉第在 1839 年的日记中指出：在英国除了他本人外，还有 5 人从亨利那里得到了线圈。应用亨利的"强度磁铁"可以把信号传到很远的地方，这是任何电磁电报的发明者必须首先做到的。在电磁铁得到改进之前。虽然有许多人试图用电磁铁来传递信息，但从没有人获得成功。

电磁铁的这一改进是亨利在电磁学研究道路上迈开的成功一步，为他日后的许多研究打下了基础。

3．"终生憾事"

奥斯特发现电能产生磁后，一个崭新问题，磁能否产生电就立即摆在科学研究者面前。为了回答这一问题，法拉第 1831 年发现了电磁感应现象。

关于电磁感应现象的发现，人们对于法拉第的工作的了解已经是够多的了。亨利也是电磁感应现象的独立发现者，人们对于亨利的工作却知之甚少。实际上，亨利不仅仅是电磁感应现象的独立发现者，他很可能早于法拉第发现了电磁感应现象，只是由于他过于谨慎而失去获得优先权的机会，铸成了他的"终生憾事"。

亨利制成了第一块电磁铁后就一直在考虑这样的问题：怎样由磁产生电？亨利相信用他的电磁铁提供的强大磁力，他有可能在其他人失败的地方获得成功。绝大部分人在这样的研究中所使用的是天然磁铁。当时能找到的天然磁铁的磁力远远小于亨利的电磁铁，天然磁铁不能改变极性，也不容易失去磁性，而电磁铁能在瞬间改变它的极性，并且能根据需要使磁力加大、减小或者消除。正是基于这两点，亨利对他的实验充满了信心："我早就想到，如果按照我的计划在这种研究中用电磁铁代替普通的磁铁，可能更有希望获得成功。"

根据亨利的女儿玛丽·亨利的叙述，亨利是在 1830 年夏天发现电磁感应现象的，不过，效果不很明显，一向做事谨慎的亨利不愿贸然发表它。他希望在发表之前扩大这一成果，使产生磁电的效果更加明显。但是，由于时间和材料的限制，直到 1831 年 8 月，他才开始制作一个更大的电磁铁，为扩大他的成果做准备。

和法拉第相比，亨利的研究工作有很多不利的条件。首先，当时的科学中心在欧洲，电磁学的先驱奥斯特、阿拉哥、安培、欧姆、毕奥、萨伐特无一不是欧洲人。法拉第显然能比亨利更多更快地了解他们的研究成果。美国自从富兰克林以后，几乎没有人从事电磁研究，亨利的研究只能建立在欧洲人的研究成果之上。但是，美国与欧洲远隔重洋，亨利无法了解电磁研究的最新进展。其次，法拉第当时在最富有研究气氛的英国伦敦皇家学会工作，而亨利则单枪匹马工作在一个条件极差的学校。所有东西都要亨利自己制备，设备不足和材料缺乏常常使他不得不中止正在进行的实验。再者，法拉第专职从事研究工作，他有充裕的时间，而亨利只能算是一个业余研究者，沉重的教学负担常常使他无暇顾及亟待解决的问题。

　　亨利一直不知道法拉第的工作，只是到了 1832 年 6 月才在《哲学年鉴》4 月号上看到了在"皇家学会活动记录"的标题下的报道。报道并没有详细介绍实验过程，只是简单地叙述了结果。亨利读完这则报道后，非常沮丧，直到晚年还后悔没有及时发表他的研究成果。

　　他难过地对他的老朋友说："我应该早一点发表它们，但我的时间太少了。我想以更好的形式表达我的结果，我怎么能知道在大西洋彼岸也在忙于这样的事情呢？"亨利感到失望：觉得公布自己的研究结果已毫无意义。但是，耶鲁大学的西里曼教授竭力敦促他在自己的杂志——《美国科学杂志》上发表他的研究成果。后来，亨利的研究结果，经过整理在 1832 年《美国科学杂志》的 7 月号上发表。在这篇论文里，亨利介绍了他的实验装置和实验过程：用一根大约 9 米长的漆包线绕在一块 17.5 厘米长的衔铁中间、激励时可提举 300 公斤内的重物。将绕着线圈的衔铁跨过马蹄形电磁铁的端部固定，使之不能运动。衔铁上线圈从两根约 12 米长的引线中间连接着电流计。实验的时候，将和电磁铁两根引线相连接的电极突然浸在一瓶稀硫酸里，在浸入的瞬间，电流计指针向西偏转了 30 度，若干次摆动后，指针恢复到本来位置。当电极从硫酸里撤除时，指针又向东偏转了 20 度。实验的结果使亨利认识到："一方面，磁是通过电池里的电流的作用在电磁铁的衔铁里产生的，另一方面，通过与电磁铁接触产生磁的衔铁反过来在绕在它上面的线圈里感应出电流。"电流的产生主要是由于"磁作用在一种情况下的瞬时产生和在另一种情况下的突然中止。"

　　亨利的实验相比法拉第的实验明显不同。法拉第是使磁铁在线圈内运动，或是使直导线在磁极前运动而产生电流的，而亨利的电磁铁和衔铁都没有运动，是靠磁感应强度的变化在线圈中产生了电流。磁感应强度的变化应当说比磁铁的运动更有普遍性。法拉第得到的是由动生电动势产生的电流。因此，可以说法拉第和亨利是用不同方法，从不同的方面发现了电磁感应现象。从这种意义上讲，他们之间并不存在优先权之争。

　　关于发现电磁感应现象的优先权问题，虽说在世界上没有引起激烈的争论，但也确实存在着不同的说法。根据历史资料的分析，亨利在 1830 年夏天或是在 1831 年夏天发现了电磁感应现象，看来是完全有可能的。因为亨利从未争过这个优先权，如果他的发现真的在法拉第之后，他就不必私下后悔了，何况还有他女儿的叙述作为佐证呢。然而，遗憾的是并没有可靠的第一手材料能证明亨利的发现早于法拉第。不管是法拉第还是亨利最先发现了电磁感应现象，毋庸置疑，这一发现本身是科学发现史上的一件大事。电磁感应现象的发现为人类寻找到了打开电能宝库的钥匙，它使得机械能、热能等各种形式的能量转化为电能成为可能。亨利虽然未能获得发现电磁感应现象的优先权，但是，历史材料无可辩驳地证明他至少是电磁感应现象的独立发现者。

4．"美国式的实验真了不起"

1837 年，亨利获得全薪假期，他和好朋友贝奇一道，漂洋过海，前往他向往已久的欧洲旅行。他在英国和法国受到热烈欢迎，会见了许多第一流的科学家。亨利和法拉第多次见面，他们之间建立了真诚的关系。这两位巨人在一起大谈发现电磁感应现象的重要性，却绝口不提是谁最先发现了电磁感应现象。法拉第亲自邀请亨利到皇家学会去作关于电磁学中的数学理论的演讲，亨利丰富的数学知识是法拉第所不能相比的。

有一天，在英国皇家学会的实验室里，几位英国的第一流科学家法拉第、惠斯通、丹聂尔等正在进行着一次非常有意义的实验，他们试图从温差电堆里引出电火花。当时亨利也在场。温差电堆的一端插在冰里，一端放在红热的炉子上。丹聂尔首先走上前去，拿起和温差电堆连接的两根导线，把它们的端部不停地在一起摩擦。在场的人都睁大眼睛，希望能看到闪亮的火花。然而事与愿违，无论丹聂尔怎么摩擦，导线末端也没有产生出火花来。惠斯通和法拉第也接连做了实验，结果同样未能尽如人意。他们泄气了，觉得电堆产生的电流太小，不足以引起火花。最后，法拉第希望亨利也来试一试。只见亨利不慌不忙地走上前去，把一根长导线在手指上绕成密集的螺线，又在螺线里面插进一根软铁棒，然后把它们接到线路中去。当他把两根导线的端部在一起摩擦时，明亮的火花出现了。亨利的成功表现博得了所有在场的人的赞赏。法拉第拍着手说："美国式的实验真了不起！"

电火花的产生是电流自感现象的表现。亨利的成功在于他对电流自感现象有比较深入的了解。亨利有关自感现象的研究结果最早发表在 1832 年 7 月号《美国科学杂志》上的那篇前面提到过的论文中。在这篇文章中，亨利以大量的篇幅描述了他发现电磁感应现象的实验，然而这些不但于他所失去的东西无补，反而使他成了美国普通人抱怨的对象。他们责怪亨利失去了使美国人出人头地的机会。但是，不引人注意的、仅有十几行字的最后结尾却给亨利带来了莫大的荣誉，成了美国人的一大骄傲。这一点亨利当时是万万没有想到的。这段文字记载了他在电磁实验中发现的以前从没有人注意到的现象——电流的自感现象。

早在 1829 年 8 月，亨利在用实验证明不同长度的导线对电磁铁的提举力的影响，用他"强度磁铁"和"强度电池"组合电报线路时，就意外地看到了通有电流的长导线断开时可以产生明亮的火花。为了搞清楚是怎么回事，他接着又用短导线和螺线进行实验，结果发现："如果电池的作用非常强烈，短线也能产生火花。在这种情况下，只需等若干分钟，作用就会减弱，短线不再产生火花。这时候如果换上长线，又可以获得火花。把导线绕成线圈，效果明显增加，它似乎同样部分地依赖于线的长短和粗细，我仅仅通过假定长线被充上更多的电来说明这些现象，当被破坏时，通过它的自身作用而放出火花。"

实际上，最先发现破坏通电长导线的结时能产生火花的未必就是亨利。但是在亨利以前，没有一个人能超出自然观察的范围，从这一普通的现象中看到更深刻的东西。亨利第一次有意识地注意了这一现象，并为探索它的本质设计了一系列的实验。亨利一向认为实验比自然观察更能深刻地揭示事物的本质，发现现象的细节。亨利十分推崇古希腊人的归纳法，但是，他常常批评他们的观察是漫不经心的，说他们的所谓术语"经验"只涉及观察资料而不包括更有效的实验方法。正是这种注重实验的精神，使得亨利在其他人忽视的极普通的现象中发现了真理。亨利不但发现了电流的自感现象，而且还试图用科学的原理来解释它。他假定长导线比短导线能充以更多的电流。虽然这一解释并不十分确切，但从能量守恒的观点（能量守恒定律当时还未有发现）来看，它无疑具有一定的真理性，只是没有认识到其中有一个电磁转换的过程而已。这说明亨利当时已经有了能量守恒的思想。

1832年底，亨利移居普林斯顿，在新泽西学院任教。由于教学的压力，一开始他未能专心于他在奥尔巴尼进行的这些研究。

当时，几乎没有一个欧洲人读过亨利的论文。法拉第在不知道亨利的工作的情况下，也进行了这方面的研究，独立地发现了自感现象。1834年11月，他在《哲学杂志》上发表了他的研究成果。这比亨利的研究成果的发表晚两年多，并且法拉第这时候也没有超出亨利当初对自感现象的认识。

法拉第研究结果的发表，促使亨利再一次着手研究这个问题。1835年1月16日，他向美国哲学学会介绍了他为进一步研究自感现象而设计的各种实验以及实验中得出的结果。亨利一共设计了14个实验，定性地确定了各种形状导体的电感大小，使人们对电感现象的本质有了更深刻的认识。

无论是电磁感应现象还是电流自感现象的发现，亨利都没有争取过优先权，但是人们还是一致地把发现电流自感现象的荣誉归于亨利。为了纪念亨利的这一成就，在亨利去世后，1893年8月在国际电学家会议上正式命名"Henry"为电感的标准单位，"Henry"和"Faraday"，"Ohm"，"Ampére"一样成为世界上所有民族共同使用的计量术语。

参加这次会议的有来自9个国家的26名科学家代表，德国著名科学家赫尔姆霍茨主持了会议，采用"亨利"作为电感单位的动议是由法国科学家马斯卡特提出的，最后获得了一致通过。一个美国人的姓氏被用作为科学上的标准单位，这在美国科学史上还是第一次。

亨利的研究决不只限于电磁学方面，物理学的其他许多领域都留下了他的足迹。这些研究大都和电磁学一样处在当时的最前沿，亨利在物理学基础研究方面的巨大成就，鼓舞起美国人的自信心，改变了欧洲人对美国人的偏见，向全世界显示了美国人的才能。英国物理学家弗莱明对亨利的工作给予了极高的评价，他在一本书中写道："在杰出的研究者中，法拉第和亨利的名字应该排在前面。……亨利的'科学著作'很值得仔细研究，我们不仅从中看到了这位发现者所作的清晰的解释，而且看到了他持有和提出的深奥的而又有创见的见解，它们表明亨利早就达到了只是最近才充分产生影响的科学发现的水平。"

5.有线电报的发明和无线电报的发现

电磁电报机的发明是19世纪上半叶的一件大事，它大大地促进了信息的交流，有力地推动了生产的发展。可以毫不夸张地说，电磁电报机的发明是现代信息革命的源头。亨利虽然不是实用电磁电报机的发明者，但他却是进行电磁电报研究的先驱者，大西洋两岸实用电报机的发明都曾得到他的直接帮助。

人类早就渴望着用电报来传递信息。早在1753年，苏格兰的莫里森就提出过用摩擦电传输信息的思想并创造了实际方法。电流电报和化学电报一直到莫尔斯的第一次计划之前还在使用。但是由于它们各自的不足之处，一直未能得到普及。

最早设想用电磁铁来传递信息的可能是英国的巴洛。不过，在经过许多次实验以后，巴洛于1825年得出结论说："我发现仅200英尺长的导线，（磁力）就非常明显地减少了，于是，我很快就觉得这个主意是不可行的。"电磁电报的又一个发明者惠斯通直到1837年还认为电磁铁"不能用于电报，因为足够的吸引力不能传递到嵌在一个长线路中的电磁铁"。然而，早在1831年，亨利就已经用他的电磁铁证明了这种设想的可行性："电流的作用在通过长线路时，至少不会明显地减少，这一事实能直接应用于巴洛先生制作电磁电报的设想。"亨利成功的关键在于他不自觉地应用了当时还没有问世的欧姆定律，使包括电磁铁在内的外线路和电池匹配。

不久，亨利用电磁铁进行传递信息的实验，还发明了模型电磁电报机。在奥尔巴尼学院时，亨利把电报线架在他的住处和实验室之间，用简单的信号语言在他的住处和实验室之间通话。搬到普林斯顿以后，他进一步改进了这一装置，并用地球作为一根导线，把线路的两端放在两口井里，使地球作为闭合回路的一部分。亨利很可能是世界上第一个用地球作实际回路的人。接收信号的地方有一个木制的杠杆，杠杆一端连着一根短铁棒，一端连着一个用来敲铃子的小锤，铁棒正对着电磁铁的磁极，当发信号的人接通电源时，由于电磁铁发生作用，铃子被敲响，信息就能从一个地方传到另一个地方。后来，亨利又发明了继电器，它使得电信号在电报线中的传输就像接力赛跑一样，每当信号衰减到一定程度的时候就被设在中途的继电器加强，利用继电器可以把电信号传送到任何地方。

在美国，第一架实用电报机的发明人是莫尔斯，他曾得到亨利的极大帮助。莫尔斯原是一名肖像画家，没有受过什么教育，缺乏电磁学知识，只是在欧洲旅行时看到过一些零散的电磁实验。莫尔斯在返航的路上画了一些草图，其后花了整整三年的时间去制作他所设计的装置，结果毫无收获，因为他使用的是一个单电池和一块斯特金电磁铁。纽约大学的盖尔读过亨利的论文，了解亨利关于电磁电报的一些知识。当他1837年看到莫尔斯的一份设计时，对莫尔斯很同情，于是建议莫尔斯采用串联的电池和绝缘的绕组，采纳了盖尔的建议后，莫尔斯的电报能将信息传出三百多米。后来盖尔前往南方任教，莫尔斯只好动身去普林斯顿向亨利本人求教。亨利纠正了莫尔斯设计中的一些错误，让他采用自己发明的继电器。在亨利的帮助下，经过几年的不懈努力，莫尔斯终于在1840年取得了美国的电磁电报专利权。莫尔斯获得国会的拨款、架设了一条从巴尔的摩到华盛顿的电报线。1844年 5 月 24 日，首次在这条电报线上传送了电报。

在英国，人们普遍认为惠斯通是电磁电报的发明人。有许多材料证明惠斯通曾得益于亨利的指点。亨利和贝奇 1837 年 4 月在国王学院（King's College）访问时，惠斯通正在设计他的电报装置。他发现自己使用的电磁铁不足以在远处产生声电信号，试图采用两套线路来补偿长线路中的电力损失。亨利和贝奇检查了他的装置并讨论了他的计划。亨利向惠斯通指出了采用两套线路的缺陷，告诉他如何使电池和线路匹配。惠斯通正是采用了亨利的方法才最后取得了成功。英国的费伊曾这样写道："直到会见了亨利，惠斯通才知道欧姆定律在电报线路上的应用，这是确定无疑的。"另一位英国权威人士说："我们坚定地认为，亨利为发展电报所做的比惠斯通曾经知道的全部总和还多。"

如果说有线电报的发明为信息革命开辟了源头，那么无线电波的发现则引发出了信息革命的洪流。

1827 年，萨瓦里在实验中发现莱顿瓶在放电时，放在不同地方的小钢针磁化后，磁性有时候不一样。1838 年，亨利曾在一篇论文里讨论过萨瓦里的问题。1842 年，他报告了他进一步进行的莱顿瓶振荡放电实验：他让莱顿瓶放电时产生的瞬时电流通过一个中心放着钢针的线圈，结果发现针的南北极会发生变化，虽然莱顿瓶每次的放电电流方向并没有改变。他还发现不同型号的钢针磁化后极性并不一致。亨利把这些现象解释为正、反方向的振荡放电，直到在互感和自感的作用下达到平衡为止。他说："放电——无论它的特性如何，不能用从莱顿瓶的一边到另一边的单向电移动来表示。这些现象要求我们承认一个方向上的主要放电，然后有若干次前后反射作用，每一次比前一次更弱，直到获得平衡为止。"亨利用他的振荡放电理论完满地解释了被磁化的钢针极性不一致的现象。

是不是只有莱顿瓶放电才是振荡的呢？亨利觉得这里面大有文章可做。于是，他设计了各种各样的实验，对不同的放电现象进行研究。一次，一个偶然的发现使他大为吃惊：由上层房间一个线路末端放出的足够强烈的火花磁化了放在正下方地下室里平行线路中的小钢针。两处垂直距离 9 米，其间隔着两层楼板和天花板。"感应"竟可以无须导线传播，在相当远的地方发生，这是亨利万万没有想到的。火花怎么会使 9 米以外的小钢针磁化呢？亨利经过思索，敏感地想到了莱顿瓶放电的振荡性，觉得这里的火花也应该是以振荡的方式从他的晚餐室传到了地下室。经过实验，情况确实如此。现在我们知道，亨利实际上接收到了电磁波。

为了进一步研究电火花的传播，亨利做了一个类似富兰克林测定雷电性质的实验，不过，他用的是"感应"原理。他用他的白铁房顶作为"感应"面，一根导线一头焊在房顶上，一头放在水井里，线路的中间接上螺线放在他的书房里。当天空出现闪电时，放在螺线里的小针被磁化了，哪怕闪电是在十几公里以外的地方，雷声都几乎听不见。和莱顿瓶放电一样，同时磁化的不同型号的小钢针，极性不一致。这说明闪电的放电也是振荡性的。

根据对电流和磁的相互作用以及电火花传播的观察，亨利得出结论：电是以波的形式传播的。在 1851 年 8 月提交给美国科学促进协会的一篇关于振荡放电和它的感应能远距离传输的论文里，亨利说："因为这是电流改变方向的结果，它们一定在周围空间产生一系列即使和波不一样、也是类似于波的起伏运动"。在这里，亨利关于电磁传播的波动性的思想已经很明朗了，亨利凭借一个伟大科学家所特有的直感，天才地猜测到了电磁运动的本质，这在电磁场理论尚未确立的当时是难以想象的。亨利的这一思想启发着许多后来的研究者，最后被麦克斯韦概括在他的方程组里。直到 1856 年，法拉第还在他的日记里（1月 19 日）对亨利的这些研究感到惊讶。

6．为了美国科学事业的腾飞

美国在殖民地时期和建国初期，经济是落后的，技术是薄弱的，当时人们不得不一方面移植欧洲现有的技术，一方面借助于欧洲人发展的科学原理开发适合自己国情的新技术。美国建国后不久颁布的专利法刺激了美国人的发明创造热情，结果涌现出一大批技术发明和革新的能手。仅 1850 年一年，美国就颁发了 2813 项专利，平均每天 6 项。

亨利在积极地从事电磁学的基础研究时，美国的绝大多数人正为美国众多的技术发明和由此带来的富裕生活所陶醉。许多人认为，科学不过是高雅人的一种消遣，只有技术才真正具有能动的社会作用。从事实际工作的人普遍对理论探索者持有偏见，认为所谓科学只是纯粹的假设，从这些假设中不能得到任何好处。就是在科学家内部，也有不少人对科学的社会作用抱着怀疑的态度，甚至有人放弃科学研究而专事发明。

大批有才华的人因此涌向技术界，使得本来就落后的基础理论科学的研究难以振兴。然而，如果美国一如既往地只重视技术发明而忽视基础理论科学的研究，它在技术上的重大进展最终必将停止。要想使美国的经济始终保持良好的发展势头，根本的方法就是为技术发明和经济发展奠定牢靠的基础，使科学和技术协调发展。

亨利早在奥尔巴尼学院任教时就已萌发了"抽象研究"和"实用研究"应当协调发展的思想。他认为，科学和技术的协调发展并不意味着两者总是保持不变的比例，而是在不同的历史时期，由于社会经济发展水平不同而应该有所侧重。在经济不发达，技术比较落后的情况下，应当较多地注意技术的开发和科学的应用，为科学发展提供足够的物质基础；而在经济发达、技术领先的时候，则应该较多地注意基础科学的研究，以便为技术的开发创造出更丰富的知识储备。

亨利在以后担任科学领导工作期间始终力图使他的这一思想付诸实践。

1846 年 12 月，亨利举家从普林斯顿的新泽西学院移居华盛顿，出任史密斯逊研究院的第一任院长。此后的 32 年，他一直在美国的最高层次上领导着全国的科学研究活动，把美国的科学事业不断地推向新的水平，为美国的科学事业在 20 世纪的腾飞奠定了基础。新泽西学院的条件比奥尔巴尼学院好得多，在这里，亨利对自感现象进行了深入的研究，改进了他的模型电磁电报机、成功地解释了莱顿瓶放电现象，猜测了电磁运动的波动性，进行了电流高次感应的实验。亨利的工作得到学院董事会的赞赏，年薪从原来的 1000 美元提到 1500 美元，而有的教授年薪只有 600 美元，学校还专门为他建造了住房。亨利对这里的条件很满意，他常常回忆说，在普林斯顿度过的 14 个年头是他一生中最幸福的时期。然而，为了整个美国的科学事业，他毅然放弃自由的科学研究，离开了普林斯顿，虽然他意识到新的工作将是十分艰巨的，他可能要卷入令人厌烦的无休止的争论之中，同时也就意味着他将没有时间和精力来从事他有可能取得更大进展的科学研究工作。

史密斯逊研究院当时是美国政府接受英国化学家 J. 史密斯逊的 10 万英镑的遗产在华盛顿建立的一个科学机构。这是美国第一个带有国家性质的科学机构，它由美国副总统、首席法官、三名参议员、三名众议员和三名自由公民组成的董事会管理。应该把史密斯逊研究院办成一个什么样的机构，从 1838 年到 1846 年，国会曾为之争论了 8 年之久，最后还是没有争出个结果来。

董事会成立后，董事们主张将遗产收益的一半用于藏书。亨利认为这是国会图书馆的重复，它对美国科学事业的腾飞没有特别的作用。他主张要将收益的大部分用于支持开创性的研究，并为实现这主张进行了许多年的努力，最后终于获得成功。

在研究院资助的为数众多的基础研究项目中，最突出的是人类学研究。亨利认为，人类学是一门综合性的学科，人类学研究的进展必将带动其他学科的研究，它为物理学、博物学、考古学、语言学、历史学的研究者提供了广阔的园地。美国的伟大学者摩尔根关于人类学的研究就曾得到研究院的大力支持。

为了推进美国的基础科学研究活动，亨利设立专门的资金来为研究者出版那些含有新发现、最新见解，但销售量比较少，普通出版商不愿出版、论文作者又无力出版的科学论著，从事科学研究的人能及时地了解科学研究的最新进展。而在此之前，许多有价值的论著由于没有发表的机会而被埋没。这种情况在当时很普遍，就是现在有些国家里也不少见。到亨利逝世时，史密斯逊研究院共出版了 21 卷大 4 开本的《史密斯逊研究院的贡献》，其中包括 100 多篇不可能由当时的任何出版机构出版的重要论文。

亨利还在研究院设立了国际交流部，旨在和国外的科学机构交流科学情报，让全世界都能及时地知道美国人的科学成就，也让美国人能尽快地了解世界科学的最前沿。亨利早年的经历使他深深地感到地理上的闭塞和科技信息的缺乏是阻碍美国科学发展的重要因素。

为了改变普通公众对科学抱有的偏见，史密斯逊研究院还定期举办学术演讲活动，邀请许多国内外知名的科学家和学者参加演讲，英国著名学者丁铎尔和赫胥黎都曾登过史密斯逊研究院的讲台。他们精彩的讲演在美国一度引起轰动。亨利高兴地看到，他发起的这场演讲活动很快扩展到美国几乎每一个稍具规模的城市，它活跃了美国人的思想，开阔了美国人的眼界，加速了科学信息的传播，在一定程度上改变了美国公众的爱好。1873 年，纽约《论坛》的编辑里德就此发表评论说："10 年或 15 年前，这里阅读和谈论的课题是英国的诗歌和小说，现在是科学。斯宾塞、穆勒、赫胥黎、达尔文、丁铎尔已经取代了丁尼生和勃朗宁，阿诺德和狄更斯。"

　　1868 年，亨利被推举为美国国家科学院院长。国家科学院 1863 年在南北战争的炮火声中诞生。科学院在成立的头几年里，并没有起到它应有的作用。在亨利接任院长职务时，科学院已濒临垮台。亨利上任后，取消了那些仅有金钱和地位而并没有什么科学才能的人的院士资格，使大批进行开创性研究的科学家进入科学院，从而刺激了全国的科学研究工作，使科学院摆脱了危机，真正成为全国的科学中心。今天，国家科学院集中了世界许多第一流的科学家，全世界的诺贝尔科学奖获得者有一半以上是美国人，这些人有四分之三以上在获奖前曾经是国家科学院的院士。史密斯逊研究院的建立和健康发展有力地推动了全美国的科学研究活动，特别是"抽象研究"活动。为了更有效、更广泛地在全国范围内开展各种"抽象研究"活动，亨利还帮助建立了许多全国性的科学学会，并在不少学会里担任职务，指导它们的工作。在亨利等人的积极鼓动和热情支持下，19 世纪末，美国的科学组织网基本形成。

　　亨利后半生所从事的科学组织工作为美国科学事业在 20 世纪的腾飞奠定了牢靠的基础，但这一点似乎并未被更多的人所认识。贝尔纳曾经说："约瑟夫·亨利的例子是最悲惨的事例之一。他的才能不在法拉第之下，他在史密斯逊研究院担任院长而虚度了大半生"。看来贝尔纳的这段评论未免失之偏颇。就对美国科学事业的贡献来说，亨利的后半生并不亚于他的前半生。亨利失去的只是他个人的荣誉，而赢得的却是整个美国科学的繁荣。就对整个人类的科学来说，情况或许也是这样。亨利的科学成就是巨大的，但当时的科学中心在欧洲，亨利的成就未能影响整个科学的发展进程，而亨利的科学组织工作却改变了整个美国的科学状况，这为 20 世纪世界科学中心从欧洲向美国转移准备了良好的条件。在历史的关键时刻，一个科学组织家比一个单纯从事科学研究的科学家发挥的作用更大，亨利的经历是最好的说明。

7. 让科学造福于人类

　　亨利相信科学具有巨大的社会功能，科学的发展应该而且一定能够造福于人类。他之所以大力支持"抽象研究"，最终目的就是要使人们从中得到更多的实惠。一旦某个科学原理有了应用于实际的可能，他总是尽力地使之成为现实。他觉得，科学研究如果不为国民利益服务，不为正义事业服务，它的价值将大为降低。因此，亨利在担任科学领导期间，除了大力支持全国的"抽象研究"外，还亲自组织了许多与国民福利有关的"实用研究"。

　　在美国，恶劣的气候经常使大面积的庄稼受到损害，特别是沙尘暴，更是令人生畏。早在奥尔巴尼时期，亨利就立志要进行气象研究，掌握天气的规律，使人们免遭恶劣气候之害。1825 年，纽约州建立了一个气象观测系统，为每一个自愿参与这一工作的学院提供气象设备。亨利积极地为其工作，他和贝奇博士等人负责把所有的观测结果编制成表。1830 年，亨利还绘制了一张所有气象站的经度、纬度和标高表。

　　亨利认为大气现象一定和普遍的物理原理有关，气象研究有助于物理原理的发展，物理原理也一定能在气象研究中得到应用。他强烈地意识到，要想战胜恶劣的天气，需要进行更广泛、更持久、更系统的观测。1839年在普林斯顿的时候，他和贝奇一起鼓励美国哲学学会正式向联邦政府请求在全国范围内建立气象站，但没有成功。亨利出任史密斯逊研究院院长后，他发现实现他这一愿望的时候到了。

亨利到任后的一年多，就在他的第二个年度报告中提出了关于气象研究的合作计划：由分散在全国各地的志愿观测者组成的大网络获得气象记录材料，进行大气现象的研究和天气形势的预报。史密斯逊研究院建立的这套气象观测系统大大地超过了欧洲的规模，它是世界上第一个电报气象观测系统。1869年，国会通过了建立美国信号服务气象局的法案。史密斯逊研究院的气象观测系统最后全部移交给了新的气象局。

1852年，美国灯塔研究会成立的时候，菲尔莫尔总统任命亨利为它的实验委员会主任，负责有关的实验工作。由于灯塔上使用的鲸油越来越贵，研究会决定寻找一种廉价的代用品。

为此，亨利在斯塔腾岛上的灯塔站安排了一个内部涂有黑色涂料的防火暗室，对各种有可能作为鲸油代用品的油料进行实验，测定它们的各种性能。实验表明：猪油比鲸油的比重大，在灯芯中的毛细作用比鲸油小，流动性也比鲸油小，因而燃烧时发出的光远不如鲸油的强烈、明亮；但是，猪油的流动性和毛细作用随着温度的增加比鲸油来得迅速，大约到了120℃时，猪油的这些特性超过了鲸油。这说明，只要条件适合，猪油完全有可能替代鲸油作为灯塔上的照明材料。通过改进当时灯塔上使用的灯具，到1866年，猪油最终取代鲸油，使用在所有的灯塔上。猪油比鲸油燃烧时发出的光更强烈、更明亮，而当时它的价格只有鲸油的四分之一。这一代替每年可为政府节省10万美元。

南北战争期间，亨利坚决反对南方的分裂活动，支持林肯总统代表的正义事业。史密斯逊研究院成了战时科学研究的重要基地。亨利对国内战争期间的航空队长、最早的气球驾驶员洛厄的气球实验极感兴趣，鼓励他进行研究并帮助他见到了林肯总统。这次会见导致了气球在南北战争中的使用。林肯在南北战争期间签署了一系列支持科学技术的重要法案。因此，我们可以说，在亨利进行的许多实验中，他的合作者和助手常常就是林肯总统。

亨利在他生命的最后几年里，用了大量时间来指导雾信号的研究。当时在海上出现雾的时候，光信号不起作用，雾信号是用放炮来表示的，但它效率低，爆炸时间间隔长，持续时间短，危险而又昂贵，因而撞船事故时有发生。为了保障海上的航行安全，亨利指导了大量研究工作，最后试制成功一种新的警报器。新的警报器利用钢簧片的振动束发声，用蒸汽来推动簧片振动。1867年，在桑迪湾进行了大规模的比较实验，最后确定了汽笛警报器的有效尺寸和外形。使用每平方厘米6公斤的气压，簧片每秒振动350到400次。在通常情况下，这种警报器发出的声音能传到30公里以外。汽笛警报器的使用，使海上事故大为减少。人们一致公认，这种警报器是当时世界上最理想的雾信号系统。

1878年5月13日，亨利因患肾脏病在华盛顿与世长辞。他被安葬在乔治敦的橡树山公墓，参加葬礼的有政界和科学界的知名人士，各种和亨利有联系的团体的代表以及亨利的许多私人朋友。根据国会参、众两院的决议，纪念亨利的仪式1879年1月16日在众议院大厅里举行。纪念仪式由副总统主持，总统、内阁成员两院议员、史密斯逊研究院的董事和各科学团体的代表参加了纪念会。在美国历史上，从来没有一个毫无政治或军事声望的科学家享受过如此待遇。安放在史密斯逊研究院广场上和国家图书馆圆形大厅里的亨利的青铜塑像是对亨利的永久纪念。

——参考文献——

［1］ J.Henry, *Essays and Lectures of Joseph Henry*, Washington D.C., 1980.

［2］ *A Memorial of Joseph Henry*, Washington, 1880.

［3］ J.Henry, *On the production of Current and Sparks of Electricity from Magnetism*, American&Journal of Science, July, 1832, Vol.XXii.

［4］ J.Henry, *The Papers of Joseph Henry*, Vol.I, Smithsonian Institution Press, 1972.

（选自《自然辩证法通讯》1989 年第 5 期，《约瑟夫·亨利——为美国科学大厦奠基的人》，作者解道华，中国科学技术大学理学硕士，安徽省委党校教授，研究方向为美国物理学史。）

密立根

杰出的物理学家和科学组织者

罗伯特·安德鲁斯·密立根是美国最负盛名的科学家之一。他是第一个在美国出生的获诺贝尔物理学奖的物理学家，是在第一次世界大战期间组织美国科学界服务于战争需要的主要领导人之一。他领导美国最有生气的科研与教育中心之一——加州理工学院达 25 年之久，他是 20 世纪 20 ~ 30 年代美国科学界最活跃的领袖人物之一。作为一个成功的教育家、科学家、科学事业的领导人，密立根的一生是 20 世纪上半叶美国科学家们所起的新作用的缩影。从他 1893 年真正投身于科学到 1953 年去世，60 年的时间里，美国科学由落后走向了高度繁荣，密立根是这一巨大变化的见证人，并在其中扮演了重要角色。正如 A. H. 康普顿所说："很难再能找到一个其一生比密立根更能代表现代历史发展过程的人。"

密立根 (Robert Andrews Millikan, 1868—1953)

1. 投身物理学的三部曲

在美国伊利诺伊州有一个人口稀少、风光秀丽的乡村小镇，名叫莫利森。罗伯特·密立根就出生在这里，那正是 1868 年 3 月 22 日，美国南北战争结束后的第三年。密立根七岁的时候，全家迁到了衣阿华州的马科凯塔城，他就在那里长大成人。密立根的家庭是平淡无奇的。他父亲是当地公理会的一个穷牧师，年薪仅 300 美元，全家兄弟姐妹六人，生活虽算不得贫寒，但也绝说不上富裕。

密立根也是一个平淡无奇的孩子。他不是神童，智力上从没有显示出不同寻常之处。小时没有读过多少书，也没有渴望要读书。他八岁才开始上学，到 17 岁高中毕业时，还没有受过多少自然科学知识的教育。这也难怪，当时美国科学的发展还仅是刚刚起步，况且这里地处偏僻。上高中时，仅有的一位物理教师也不怎么懂物理学，只要他对书中的某一原理想不通，就斥之为谬论。"声音怎么能是由空气传播的呢？胡说！孩子们，这完全是胡说八道！"据说他还是校长呢，难怪密立根一开始就讨厌物理学。

1885 年，密立根高中毕业了。他为了能够继续读书，就得自己想办法挣钱。他到锯木厂做过杂工，还担任过法庭的记录员。到 1886 年秋，他已挣得了一笔钱，终于进入了奥伯林学院。在这里，他对希腊语、拉丁语和代数有浓厚的兴趣，对物理学却并不喜欢，甚至有点讨厌它，但不久一个偶然的机会却使他与物理学结下了不解之缘。

那是 1889 年春末，奥伯林学院需要物色一名教师，教授预科学生的物理学。偏偏是希腊语教授 J. F. 帕克找到了密立根。密立根非常惊讶："我对物理学一窍不通呀！"教授的回答是不容置疑的："任何一个能够学好希腊语课程的人都能够教授物理学！""好吧，我尽力试一试，但你必须承担后果。"密立根就这样被强行推进了物理学的王国。这是他在投身物理学的道路上迈出的第一步，而促使他迈出这一步的除了帕克教授外，还有一个金钱的原因。讲课的报酬可以解决自己的学习费用，多少还能抽出一部分供弟妹们上学，这对密立根有多么大的吸引力啊！生活的艰辛往往使人们能够显示出自己都意想不到的才能！20 世纪一位伟大的物理学家就是这样不自觉地投身了物理学。

强大的压力促使密立根开始真正地学习物理学，这使他改变了对这一学科的看法。不久，在奥伯林学院的物理讲台上，密立根那生动活泼的讲授，与演示实验相结合的教学方法深受学生和校方的称赞。首次的成功，鼓舞了他的自信心。

1891 年秋，密立根从奥伯林学院毕业，并获文学学士学位。在大学期间，他虽然承担教学工作，但功课很好，经常在班上名列前茅。人也很活跃，曾担任过预科学生的指导员，班主席，学院年报的副主编，他还是学校有名的体育运动员。这些都培养了他的社会活动能力，为他后来卓有成效地进行科研组织与管理工作打下了一定的基础。

大学毕业后，密立根本想找一个薪水较高的职业，但在当时萧条的年代，谈何容易。他只得留校继续任教，并兼教体育。在以后两年的时间里，他利用工作之余，啃完了 S. P. 汤普森那冗长而枯燥的《电动力学》。在这里还几乎没有人懂这本书，他完全是自学的。由此，奥伯林学院于 1893 年授予他硕士学位。

直到这时，密立根并没有意识到自身所蕴藏的物理学才能。一个又一个的成功曾使他激动、振奋，但随之而来的烦恼与恐惧——他总是怀疑自己从事物理学的能力——又使他不安，这种情绪以后也伴随着他很长时间。1893 年秋，又是那位教希腊语的帕克教授，悄悄地将密立根的成绩单和一封推荐信寄给了哥伦比亚大学。不久，密立根就获得了哥伦比亚大学 700 美元的奖学金，成为那里唯一的一名物理学研究生。

1893 年在美国物理学史上具有重要意义的一年：康奈尔大学的 E.L. 尼科尔斯教授创办了《物理学评论》杂志；芝加哥大学的 E. G. 海尔创办了《天体物理评论》杂志。就在这一年，密立根迈出了他投身物理学道路上的第二步。在某种意义上来说，这一年确实是美国物理学一个新时代的开始。

密立根在哥伦比亚大学遇到了一批对物理学真正有兴趣的人，其中 M. 帕品教授对密立根的影响最大。当时帕品刚从剑桥和德国学成归来，思想活跃，知识渊博，尤其善于利用扎实的数学知识和熟练的分析技巧解决复杂的物理问题。在帕品的影响下，密立根在数学和分析技巧方面受到了较严格的训练，这也使他以后在分析实验安排和随后的理论问题的思考中处于有利的地位。

学生崇拜老师，老师未必赏识学生。在哥伦比亚的第一学年结束的时候，正是密立根最为崇拜的帕品教授使他失去了奖学金。由于奖学金名额有限，帕品要为他所在的电器工程系的一个工科研究生争取奖学金，结果就将密立根挤掉了。失去了奖学金，密立根的日子很不好过，并且动摇了他本来就不坚定的自信心，后来他不得不靠为别人代课来渡过难关。

1894 年 6 月，密立根第一次结识了对他一生都有重要影响的 A. A. 迈克逊（1852—1931）。迈克逊由于在 1878—1890 年间精确地测定了光速和进行了著名的以太漂移实验而成为美国物理学界的大明星。出于向这位大师学习的渴望，密立根专程来到了芝加哥大学，并在这里度过了整个夏天。他听了迈克逊的课和一些演讲。还在自己的小房子里同这位实验大师交谈过几次，他真的感到兴奋。他后来回顾说："迈克逊观测技巧的高超，分析的精美，描述的精辟——这一切给我们所有这些有机会看到他的实验工作并听到过他的介绍的人留下了极为深刻的印象。"这位初见世面的年轻人爱上了实验物理学，决心要成为迈克逊式的物理学家。

在这里，迈克逊关于物理学发展的思想也深深地影响了密立根。物理学的发展只能通过精确测量得到，要在小数点后面第六位上寻找。这是当时物理学界普遍流行的一个观点，而有点孤陋寡闻的密立根第一次明确地从迈克逊这里听到这一点。这对于他形成自己的物理学思想和以后的研究工作都产生了不容忽视的影响。

1895 年，密立根完成了他的博士论文《关于炽热的液体和固体表面所放射出的光的偏振的研究》，并以此获得了哥伦比亚大学博士学位。

这时，帕品教授已认识到了密立根的才能，竭力劝他到欧洲深造。但密立根苦于无钱成行，而且家里也正期待着他早谋职业，尽快挣钱。当帕品第三次劝告他的时候，他坦率地说明了这一情况。帕品惜才如命，当即决定借给密立根 300 美元。

1895 年 5 月，密立根终于启程赴德国。这是他在投身物理学的道路上迈出的第三步，从此，他就真正地献身于物理学。

就在这一年的 12 月，德国的 W. C. 伦琴宣布，发现了 X 射线，从而揭开了新物理学的帷幕。几个月以后，法国的 A. H. 贝克勒尔发现了放射现象。这些重大发现预示着急风暴雨般的物理学革命即将到来。密立根正是在这样一个令人振奋的时刻来到了现代物理学发源地之一的德国。在 15 个月的时间里，他先后在柏林和哥廷根两地学习和做研究工作，其间还周游了欧洲大陆。

柏林和哥廷根是当时两个科学圣地，荟萃着一批又一批科学明星。生活在这些科学明星之中，密立根如同看到了一个新的世界，鼓舞了他对新物理学的热情，他常常处于一种难以抑制的激动之中。

在这里也使密立根在治学方法上受益匪浅。在著名的物理化学家 W. 能斯特（W. H. Nernst）的实验室进行研究时，能斯特广泛的研究兴趣，对于有希望的研究课题与方法的敏锐的洞察力给密立根留下了深刻的印象；能斯特指导研究生的专题讨论会方法使密立根感到特别"鼓舞人心"；而能斯特组织物理学家、化学家联合研究两学科交叉的一些边缘问题的做法，直接萌发了密立根合作研究的思想。

密立根后来在回顾这一时期的学习时指出："再也没有比在这一时刻呆在德国更加幸运的了。"的确，当他于 1895 年离美赴德时，他还是一个仅受到有限的古典物理学训练的年轻人，到回国的时候，他已渴望能在新物理学的研究中出类拔萃了。

1896 年，密立根收到了他的母校奥伯林学院聘请他任物理学讲师的聘书，年薪 1,600 美元。不久，他又收到了迈克逊的电报，聘请他担任芝加哥大学的助教，年薪 800 美元，他毫不犹豫地接受了迈克逊的邀请。这可能是他第一次以事业而不是以金钱来决定取舍。他难以等待了，匆匆结束了在德国的学习，以行李和大衣作抵押，搭船回国。这时他已 28 岁了。

2. 振兴美国物理学教育

回到在当时是全美国最著名的芝加哥大学的物理系，又在迈克逊大师身边工作，密立根如愿以偿，非常兴奋。他跃跃欲试，急于在新物理学的发展中做出自己的成就。

但是，事情往往难遂人愿。校方给他分配了繁重的教学任务，他难以集中精力从事研究。开始，他教授一年级大学生的物理实验课。在他之前教授这门课的是该系的助理教授 S. 斯特莱顿，即后来大名鼎鼎的美国国家标准局主任和麻省理工学院的院长。1898 年，斯特莱顿离开芝加哥以后，密立根又承担了教授高年级实验室课程的任务，并开始教授热力学、辐射学和电磁学等课程。

亲身的教学实践，使密立根深感美国物理教育之落后。这里普遍使用的物理教材还是多年前翻译法国人的，许多内容早已过时。老师的教学方法始终是希望通过照本宣科让学生记住每一个基本原理。实验课不被重视，物理系学生仅有的一门实验课程也学时不足，且与课堂教学相脱节。他明显地感觉到，美国物理学教育的这种落后局面与欧洲大相径庭，如果不尽快改变，势必阻碍美国物理科学的发展。

密立根认为，尽快编写出具有最新知识水平的教科书是提高美国物理学教育水平的关键。1897 年，他就与斯特莱顿合作，编写出了《大学普通物理学实验教程》一书。不久，在校方的积极支持下，他制定了庞大的编写教科书计划。很快他又写出了大学一年级用的《力学、分子物理学和热学》教程。该书终于在 1902 年正式出版，作为大学物理教程的第一卷。这是当时美国人自己编写的最新的物理教程。由于它介绍了许多最新的知识，新观点，并采用了课堂教学与实验室相结合的编写手法，因而一出版就受到了热烈欢迎，在美国大学中广为使用，在 35 年的时间里未作修改而一直畅销。1908 年，密立根又出版了这一教程的第二卷《电学、声学与光学》（与 J. 米尔斯合著）。这一套物理教程的出版，标志着美国大学物理教科书达到了一个新水平，而且对以后出版的一些美国大学物理教程也有很大的影响。

要想提高整个物理学教育的水平，密立根深知高中物理教育的重要性。1906 年，他编写出版了高中学生用的《物理学第一教程》和《中学物理实验教程》（均与 H.G. 盖尔合著）。这套书出版不久，就被尊为美国高中的标准教材，为成百万学生所采用，而且在经过连续五次的修订后，在 40 年代仍然非常畅销（［7］，p.39）。这一教材的编写手法相当巧妙，它将物理学的基本原理同其迷人的历史和英雄伟人结合在一起，唤起了千百万学生对物理科学的兴趣，促进了物理学在公众中的传播。

密立根还与别人合作，翻译出版了德国人 P. 德鲁德（Drude）的名著《光学原理》一书。但是据说，密立根从事这一工作每小时的报酬还不足 5 美分。

密立根为改革物理学教学方法做了大量的工作，他大力倡导物理教学中课堂与实验室密切结合的方法。他坚信，这是学生最有效地理解物理学的基本原理、对物理方法获得独创性见解的唯一手段。在芝加哥，他首先牢固地确立了物理系学生的实验课程。他的这一思想还随着他的教科书的不断出版而扩散。在他编写的教科书中，附有大量的实验课，这些都是他精心选择或亲自设计的，并且都与课堂教学内容相吻合。由于这些教程被普遍采用，因而这一教学方法也就受到了广泛的注意，"帮助发动了人们对物理科学感兴趣的浪潮"。

当然，在美国最早提倡课堂与实验室相结合的并不是密立根，而是麻省理工学院的 E.C. 皮克林，他在 1869 年就提出过这一主张。但是，这在当时并没有产生多大的影响。可以毫不夸张地说，在很大程度上，正是由于密立根的工作，才开始了美国物理学教育的新时期。

当时，芝加哥大学物理系虽由迈克逊主持，但他并不是培养人才的能手。他对教学没有太大的兴趣，也不喜欢同自己的研究生进行合作研究，生怕浪费时间，担心别人从他那里沽名钓誉。因此，迈克逊逐步地将许多教学、行政管理工作推给了密立根。1898 年，密立根开始教授研究生的课程，不久就受命主持每周一次的研究生专题讨论会，1900 年又开

密立根在加州理工学院的实验室工作

始负责研究生的选题、指导工作。在密立根与其他人的共同努力下，芝加哥大学物理系以高水平的教学名闻遐迩，培养出了大批物理学人才，为美国物理科学的发展做出了很大贡献。

正当密立根在物理教育领域大显身手的时候，爱情闯入了他的生活。1899年，他结识了来自伊利诺伊州的姑娘 G. 布兰查德，姑娘年轻、漂亮，是芝加哥大学希腊语专业的学生，很快两人就情投意合，相亲相爱了。姑娘的父亲是一位富有的机械制造商，他更看重金钱，认为女儿和这位穷小伙子结婚是一种冒险。由于父亲的坚持，姑娘只好恳求密立根，要尽快达到每年至少有 1,500 美元的收入，否则，他们只能天各一方。这对密立根宏伟的抱负无疑是一个强烈的刺激，他开始夜以继日地奋斗。

1902年4月10日，密立根终于被"批准"同布兰查德小姐结婚。由于他在物理教学上的成就，不久，他被提升为助理教授，1907年又晋升为副教授。1940年，美国物理教师协会授予他奥斯特奖章，以表彰他对发展美国物理学教育所作出的卓越贡献。

事实上，从踏进芝加哥的校门那天起，密立根就渴望成为一名成功的研究型物理学家。为此他也进行了不懈的努力。12年来，在进行繁重的物理教学工作的同时，他始终坚持每天抽出 6 小时从事自己的研究。在此期间，最初他从事在哥廷根所进行的关于电介质问题的研究，接着他又研究了在压力、体积不变的条件下，自由气体的冷却膨胀，高真空中的放电效应、铀矿及其他放射性矿的起源以及光电效应与温度的关系等问题。但是艰苦的努力并非总能够成功。12年来，密立根仅发表了 3 篇研究论文，其中有 2 篇还是与他的学生合作发表的，就连密立根本人也哀叹："作为一个实验物理学家，至今我似乎还没有取得什么成功。"

3. 奠定现代物理学基础的实验大师

1908年，标志着密立根研究生涯中一个崭新时期的开始。密立根选择了具有重大意义的第一个研究课题——测量电子的电荷。

电子是由 J.J. 汤姆逊在 1897 年发现的。10年来，人们对电子电荷进行了无数次的测量，其中包括汤姆逊本人所进行的，但都没有取得精确的结果。随着现代物理学的迅猛发展，精确测量出电子电荷，已成为迫切需要解决的问题。

这不但是关系到现代物理学的精确性，更重要的是关系到原子结构、辐射理论、电的概念等等一大堆现代物理学的基本问题。再者，从事这一课题的研究与密立根所特有的才华与性情也是一致的。他所在的芝加哥大学赖尔森实验室素以精确测量闻名，这是迈克逊所奠定的传统。多年来，他接受了迈克逊传授给他的严谨、精确和耐心，这是他的长处。因而密立根在此时此刻选择这样一个题目是相当明智的。

当然，密立根对这一课题的选择也不是在一夜之间做出来的。早在 20 世纪初，他就已密切注视卡文迪许实验室关于这一问题的工作。1906 年，他就开始多次重复威尔逊的实验，只是没有得到更精确的结果。

这时，他首先仔细研究了所重复过的威尔逊方法，终于从中发现了导致误差的主要原因：在威尔逊云室中，被测云雾的顶部总是处于一种模糊不定的状态。经过改进以后，这一误差就基本消失了，测量精度有了很大提高，测得 $e = 4.06 \times 10^{-10}$ e.s.u.（e.s.u. 为静电单位）。通过进一步的观测，密立根又发现这时影响测量精度的主要原因是水珠的蒸发。为了克服这一误差因素，导致他发现了"平衡水珠法"，从而能够对单个微滴进行测量。这是测量电子电荷技术的一大突破。测量精度又大大提高了一步。1909 年夏，他就测得 $e = 4.65 \times 10^{10}$ e.s.u.。而且更重要的是，由于实现了对单个微滴进行测量，通过比较发现了电荷的量子化特性：电荷量是不连续的，所有微滴所携带的电荷都是所测到的电子电荷的整倍数。这也就说明电子电荷不是统计平均值。

密立根就是这样不断地发现问题，解决问题，把测量精度一步一步地推向前进。不久，他又发现了利用固定在云室上的喷雾器在云室中产生微滴的方法，取代了由膨胀和凝固云来产生微滴的方法，从而有效地克服了温度、空气对流等因素对测量精度的影响，而且也为油滴方法的产生打开了大门。

密立根利用油滴方法，在 1910 年测得 $e = 4.891 \times 10^{-10}$ e.s.u.。7 年后，即 1917 年，他测定 $e = 4.774（\pm 0.005）\times 10^{-10}$ e.s.u.，这一数值在科学界使用了整整一代人的时间，而且在所有这些实验中，他都不容置疑地证实了电子不是一种统计平均值，电荷具有量子化特性。

由于密立根的工作，使人类第一次精确地测量到了基本的电子电荷，认识到了它的基本性质。电子电荷如同光速一样，是自然界中最基本的常数之一，如果没有关于它的精确知识，可想而知，现代物理学就不成为一门精密科学，它就将如同一座建筑在沙滩上的大厦，随时都有倾覆的危险。

密立根的第二项工作是用实验检验爱因斯坦的光电效应方程。

1905 年，爱因斯坦提出了光量子理论，对此作出了圆满解释。但是，当时大多数物理学家都视之为异端邪说。在他们看来，光量子的存在比光电效应本身还要神秘。作为一个正统的实验物理学家，密立根对这一"天才的猜测"的反应也许比大多数人更为激烈，他认为这是一个"不可思议"的、"大胆的"和"粗枝大叶的"假说。为了使人们抛弃这一理论，他从 1907 年起，先后从事了几项旨在否定这一理论的实验，但都没有取得成功。有

密立根的油滴实验装置

一次似乎是成功了，密立根还为此得意过一阵子，但不久他又发现，是实验本身出了毛病。

直到 1912 年，爱因斯坦的这一理论到底能否成立，还一直是个谜。这时，刚好密立根有关电子电荷的工作告一段落，他决心彻底地用实验来检验这一方程。

密立根的实验装置设计得相当巧妙，测量工作是精心进行的，一切都无懈可击。但最后的结果证明：爱因斯坦的光电效应方程在每一个细节方面都是严格成立的。三年艰苦努力的结果完全出乎密立根所料。试图否定这一理论的实验反倒成了使它成立的实验基础。面对着无可置疑的实验事实，密立根终于改变了对这一方程的看法。

在进行这一实验的同时，密立根还第一次由光电效应测出 $h = 6.624 \times 10^{-27}$ 尔格·秒。这是当时所能取得的最精确的数值。

由于密立根无懈可击的实验证据，爱因斯坦和玻尔分别于 1921 和 1922 年被授予诺贝尔物理学奖。密立根由于在有关电子电荷、光电效应研究中的杰出成就而被授予 1923 年度的诺贝尔奖。瑞典皇家科学院诺贝尔委员会主席在授奖仪式上致辞时指出："如果密立根关于光电效应的研究给出了不同的结果，爱因斯坦方程可能就没有价值了，玻尔理论也就失去了支持"。

爱因斯坦本人在评论密立根这一工作的重要性时指出："我非常感谢密立根关于光电效应的研究，它第一次决定性地证实了在光的照射下从固态物体中发射的电子同光本身的频率有关，这个量子理论的成果对于辐射的微粒结构是尤其具有特征的"。

密立根在有关电子电荷和光电效应的研究中，充分体现了他在研究工作中两个最突出的特征：

（1）严谨的工作作风。密立根在实验工作中的基本信念是："要利用现代的手段达到这个时代再也无法改进的结果"。为此，他以顽强的毅力，几乎是无止境地追求实验的可靠和精确，从而不断提高自己研究成果的价值。1913 年，密立根测 e 值已达到很高的精确度，但他还指导当时正在芝加哥大学学习的中国学生李耀邦利用他用过的仪器，在固体球粒上测量出电子电荷。

（2）实事求是的科学态度。密立根在研究工作中严格尊重实验事实。对于凡是他认为在实验上已证实了的理论，不管他对这些理论以前的看法如何，他都很快就接受。他虽然曾坚决反对爱因斯坦的光电效应方程，但在这一方程得到实验上的证实以后，他立刻就接受这一事实，并为使人们普遍地接受这一方程而积极努力。但由于他认为，产生这一方程的光量子理论在实验上未得到完全检验，因而直到1923年他还对这一理论能否成立仍表示怀疑。

在测量电子电荷的工作中，密立根曾在一个油滴上测到过三分之二电子电荷（e）。当时密立根正在同奥地利物理学家F.艾伦哈夫脱就有无亚电子问题进行激烈的争论，艾伦哈夫脱对此持肯定态度，密立根持否定态度。但是密立根仍然毫不犹豫地公布了这一事实。现在看来，这是否说明那个油滴上带有一个夸克，我们不得而知，但密立根这种实事求是的态度是值得称道的。对此，狄拉克曾赞扬他"具有伟大的科学诚实"。

4. 杰出的科学组织家

由于研究工作中的杰出成就，密立根于1910年荣升为芝加哥大学物理学教授，1914年选入美国文理科学院，1915年当选为美国科学院院士，1916年荣任美国物理学会主席，他成为美国最著名、最为人们所尊敬的物理学家之一。但是，他从不把自己关在象牙宝塔里，他越来越多地关心整个国家科学技术水平的提高，关心国家的发展与强盛。

1914年8月，第一次世界大战宣告爆发。1917年2月美国正式参战。密立根也被卷进了这场战争，他并不是在战场上冲锋陷阵，而是动员、组织科学家为战争需要服务。早在美国参战前，密立根与著名的天文学家G. E. 黑尔（G.E.Hale）等人就清楚地看到，现代科学技术在战争中的有效运用，将会在一定程度上决定战争的进程。同时他们也敏锐地意识到，这将是促进美国科学发展的绝妙的机会。因而，经过他们及其他人的共同努力，终于成立了旨在动员组织科学界为战争工作服务的国家研究委员会（简称NRC）。到美国参战的时候，密立根就离开了芝加哥大学，常驻华盛顿，全面主持NRC的工作，并取得了巨大的成功。

在此期间，密立根卓有成效地领导了反潜艇研究。他以卓越的组织才能，将科学界、工业界的一大批学者、专家组织起来，进行合作研究，并同英、法科学家密切协作，终于在不长的时间里成功地研制出了三种类型的潜艇探测器，为消除德国潜艇的威胁起到了重要作用。此外，密立根还领导或参与领导了战争期间的几乎每一项重要的军事研究工作。

密立根积极利用这一机会提高科学与科学家的地位，"竭尽全力奠定最有可能促进美国科学发展的基础"。在此期间，他发起创立了国家研究委员会研究补助金计划。这个计划对培养美国高水平的专业科学人才起到了非常积极的作用，以致被认为是美国纯科学迅速发展的主要推动力之一。与此同时，密立根还与黑尔、A. 诺易斯等科学家共同努力，使NRC成为一个战后协调全国科学研究工作的常设机构。战后，NRC对促进美国科学的发展发挥了积极作用。

密立根始终认为，科学家的职责不仅仅在于探索自然，还应当关心国家科学事业的发展，关心社会，为国家的强盛出力。可见他积极参与战争工作是与他的这一思想认识相一致的。

他在战争中的工作也确实达到了自己的目的。

1918 年底，密立根谢绝了黑尔等人要他担任 NRC 主席的请求，返回了自己的实验室，重新开始了中断了 22 个月的研究工作。

返回芝加哥不久，密立根就开始了对宇宙射线的研究。宇宙射线是由奥地利物理学家 V. 黑斯在 1911 年左右首先确定存在的。密立根独具慧眼，敏锐地意识到，对这一空中出现的放射性现象的研究有可能对整个物理学的发展产生广泛的影响。1919 年，他闯入了这一领域，1922 年开始进行大规模探测，可能连他自己都没有想到，他在这个领域中几乎耗费了整个后半生，道路曲折，毁誉参半。

首先，在这个领域中他取得了许多有重要意义的成就，开创了现代宇宙射线研究之先河。他首先确定了宇宙射线起源于太阳系以外的宇宙之中，并为其命名；首先探测到了宇宙射线每日、每年的强度变化；独立探测到了其"经度效应"；在他领导的宇宙射线研究中导致了 C. 安德森发现了正电子和介子；取得了大量的有关原子结构和核衰变的信息资料，培养了大批宇宙射线研究专家。这些都使他多年来获得了宇宙射线研究的领袖之美称。

但是，密立根在取得这些成就的同时也遭受到多次失败。

1925 年，密立根开始研究宇宙射线的组成与产生这样一些基本问题。起先他提出了宇宙射线是高强度的 γ 射线，即它是由光子组成的假说。1928 年，密立根又据此假说，提出了产生宇宙射线的"原子建造"假说，认为宇宙射线是由多数氢原子在宇宙空间结合成一些重原子时所释放出的结合能所致。但是到 20 年代末期，科学界探测到了宇宙射线的"纬度效应"，完全否定了密立根的原子建造理论。

1934 年，密立根提出了产生宇宙射线的原子湮灭假说。这是一个短命的假说，刚问世不久就被实验否定了。

科学探索中出现失误是正常的，即使一事无成，也不足为奇。然而，密立根在失败之中还夹杂着顽固。由于他自己没有探测到宇宙射线的"纬度效应"，他顽固地坚持自己的错误观点。为此，他同 A.H.康普顿进行过激烈的论战，以致个人关系几乎完全破裂。由于 J.奥本海默发表文章，含蓄地表示不同意他的观点，他就明显地冷落奥本海默。密立根的顽固立场激怒了许多研究宇宙射线的科学家。

20 年代末 30 年代初，正是密立根在科学界的地位与声誉都处于巅峰之际。成功使他过分自信，荣誉与地位使他有点陶醉，学术上的不同意见，他居然看作是对自己地位的挑战，以不科学的态度来对待科学问题就势必要失败，任何人都不能逃脱这一点。

但是也应当指出，密立根在宇宙射线研究的后期屡遭失败也有一定的客观原因，当时研究宇宙射线的产生这样的问题的条件还是不成熟的。直到目前，关于这一问题仍不是十分清楚的。

密立根的研究兴趣相当广泛，曾涉足过许多物理学的研究领域。他曾对裸原子光谱进行过较详尽的研究，其结果导致了"电子自旋"概念的产生。他研究了极端紫外线光谱，观测到了最短的紫外线为 $\lambda = 136.6$ 埃，从而弥补了电磁波频率光谱中未探索的间隔，并确定了光学光谱与 X 射线光谱在本质上是一致的。密立根还研究过金属中的冷辐射、气体中的布朗运动、X 射线的吸收、在特殊条件下斯托克斯定律的修正等课题，并且都取得了一定的成就。密立根对气体的粘滞系数问题也有着浓厚的兴趣，他曾指导过当时在芝加哥大学学习和工作的中国学生颜任光从事这一课题的研究，并取得了有重要意义的成果。

密立根的得意门生、发现了正电子和介子的 C. 安德森曾经问过密立根，"你为什么能在大多数人意识到其重要性之前就能发现那么多的物理学新领域？"他回答说："噢，我阅读《科学文摘》"。这样的回答是令人失望的，但是，这不正说明密立根具有敏锐的洞察力吗？

5．加州理工学院的崛起

第一次世界大战，美国发尽了横财，也捞到了足够的政治资本，随着战争的结束，它步入了世界舞台的中心。不少的美国人陶醉了，沉浸于对美国的自豪之中。由于密立根主持过 NRC 的工作，他深知美国的科学技术充其量只有二流水平。

如何改变这一状况呢？战争刚一结束，密立根就提出了他明确的思想：（1）积极选择和培养人才，改变目前美国大学的结构与环境，使研究与教学有机结合，形成一种创造性的研究气氛。（2）广泛开展合作研究。合作研究已经显示出是现代科学发展的一大趋势。他认为，在和平时期，仍必须像在战时一样，组织起工业、大学中的研究人员进行合作研究。"依靠个人的天才推动历史车轮前进的时代已经过去了，假如要想将这些车轮迅速地推向前进，就必须大力开展合作研究。"

1919 年，密立根正是带着这些思想回到芝加哥的。但是，在这样一个人才济济、等级森严的地方，他宏伟的抱负难以施展。

然而，在美国西海岸的加利福尼亚州，未来一所著名的学府却在等待着他的到来。这就是后来举世闻名的加州理工学院（California Institute of Technology，简称 Caltech）。加州理工学院位于环境幽美、空气清新的傍山小镇帕萨迪纳，当时还只是一所名不见经传的小学院。但是，它的董事会里却有一批有识之士，他们求贤若渴，广纳良才。他们在战前就曾多次邀请过密立根。战后，为了使他到来，他们可谓煞费心机：大量筹集资金；建立庞大的物理实验室等。但是更吸引密立根的是，这里有他的知音——黑尔和 A. 诺易斯（著名化学家）。这两人都是密立根在 NRC 的老搭档，他们有过成功合作的经历，在有关社会、发展科学的问题上有着一致的见解，而且他们三人本身就是从事有关物理、化学、天文学合作研究的极强阵容，只要他们的精诚合作，就能使加州理工学院指日起飞。

1921 年 6 月 2 日，密立根离开了他整整奋斗了 25 年的芝加哥大学，正式入主加州理工学院。作为接受聘请的条件，他提出了一个相当苛刻的要求：不参与行政管理工作。而校董事会居然接受了。他们太了解密立根了，这只不过是戏言而已。

当时的加州理工学院教师不过 60 人，学生不足 400，从没有培养过博士研究生。面对

密立根在哈纳克楼（Harnack House）作讲座

着这样的局面，密立根毅然宣称：加州理工学院必将发展成为不亚于世界上任何地方的数理中心和学院。密立根的第一个行动是革新建制。他建议校董事会取消了校长职务，建立了一个由他本人任主席的校执行委员会，行使校长职权。委员会由 4 名董事、4 名教师组成，他们都是最关心学校发展而又最有威望和成就的，他们每个人的责任与权力完全相等。此外，密立根还领导建立了一个由 15 人组成的教师委员会，负责协助执行委员会处理一般的行政事务。这样，密立根以一种集体领导体制，取代了校长制。

这种崭新的大学管理体制在美国还是首创，发挥了多数人的才能与智慧，大大提高了工作效率，又减轻了担任行政管理工作的科学家的负担，而且更重要的是这有效地消除了在美国大学中普遍存在的校长与教师队伍和董事会之间的各种矛盾，人们一心一意地为学院的发展而奋斗，整个学院充满了活力。

在学科上，密立根选择物理学作为学院起飞的基点。他和他的执行委员会都有一个统一的认识：物理学是其他许多学科的基础，只有首先将这里建成一个物理学中心，然后才有可能将它建成一个强大的多学科中心。

这里有充裕的资金。一位著名的内科医生又捐赠了 25 万美元，建造物理实验室，而且执掌化学实验室的诺易斯也主动降低自己学科的地位，以优先发展物理学。

密立根在这里也发现了一位栋梁之材，这就是著名的数学物理学家 H. 比特曼。但仅此一人，毕竟太少了。聘请国内优秀物理学家到此任职实在困难。谁愿意离开热闹的学术中心而到这里来冒险呢？密立根只好发起了一个邀请著名物理学家来访问的计划。

密立根凭借个人的威望和广泛的联系，接连邀请了一大批物理学家到校访问讲学或从事合作研究。来访者中包括：迈克逊、洛伦兹、C. 达尔文（著名的进化论创立者达尔文之孙）、P. 厄伦费斯特、M. 玻恩、E. 薛定谔、A. 索末菲、A. 爱因斯坦、N. 玻尔。这样一批批著名的物理学家不断到来，川流不息，一扫加州理工学院以前沉闷的学术空气，物理学面貌大为改观。

在邀请来的物理学家中，理论家占了绝大多数，这是因为密立根首先要发展加州理工学院的理论物理学。20 年代初，美国的实验物理学已经达到了比较高的水平。密立根较早地认识到，不改变理论上的落后状态，美国物理学，乃至整个科学的发展势必受到严重阻碍。因此，战后为发展理论物理学，他本人进行了很大的努力。1921 年，密立根力排众议，从欧洲请来了才华横溢的年轻物理学家 P. 爱泼斯坦，1922 年，又从伊利诺伊大学拉来了著名的数学物理学家 R. 托尔曼，再加上贝特曼教授，这样，在加州理工学院就形成了一支美国最早的现代物理学专业梯队，并且很快就发展成为美国主要的理论物理学中心。

此外，加州理工学院刚建不久的诺曼·布利奇实验室很快就发展成为美国最大、最好的实验室之一。为了促进合作研究，它同威尔逊山天文台开始了合造世界上最大的 200 英寸的望远镜，还同南加州的爱迪生公司合作建造了先进的高压实验室。

到 30 年代初，加州理工学院已人才辈出，硕果累累。1926 年它培养出了 8 名物理学博士，和加州大学（伯克利）并列全美各大学之首。而 1930—1935 年间，它共培养了 59 名物理学博士，将其他大学远远地抛在了后面。

作为一位伟大的科学家和科学事业的领导者，密立根具有一种整体观念，努力促进科学的全面发展。1925 年，他从加州大学请来了著名的地质学家 J. P. 布瓦尔达教授和 C. 斯托克教授，建立起了加州理工学院的地质系。1927 年，他与黑尔一起说服著名的遗传学家摩尔根离开他工作了 24 年的哥伦比亚大学，来到了帕萨迪纳，执掌新建的生物系。密立根独具慧眼，当时就预见到了生物科学的重要性。到 1931 年他甚至预言："在未来世纪中有重大变化的学科将是生物学，而不是物理学。"

加州理工学院 20 年代末期，航空学的发展则是密立根惊人的洞察力与卓越的社会活动能力相结合的产物。早在 20 年代初，他就认为加州理工学院应当大力发展航空工程学。1926 年，他亲自出马，千方百计，终于说服古根汉姆基金会同意资助加州理工学院，兴建一个航空实验室。1929 年实验室建成，他亲自请来了著名的航空动力学大师冯·卡门主持。

在这里，所建的系都是经过充分考虑，严格选择的。密立根的原则是：不建则已，要建就必须是高水平的。因此，他每建一个系，总要不惜代价请一个权威来主持。有些系，没有合适人选，宁可不办，也决不聘用平庸之才。

密立根当然没有忽视为各学科的发展寻求资金。他结交极广，"关系网"庞大，是一位搞钱的老手。在他任职期间，加州理工学院每个学生平均占有的经费在全国各大学中一直是最高的。据说，后来一些基金会都怕他了，一看他来，人们都要锁上保险柜。

密立根在领导加州理工学院时，他的一些办学政策是崭新的。这就是，研究与教学的相互促进。他始终坚持，高水平的大学应当是高水平的研究与教学的有机结合体。

第二，重视基础科学教育。他认为，无论是培养科学家，还是工程师，基础科学教育都是最为重要的。在这样一个工科院校中，学生的基础科学课程甚至远远超过了理科大学。

1931 年，密立根和阿尔伯特·爱因斯坦在加州理工学院。

到 1955 年，美国工程教育学会开始将这一条作为工科教育的基本原则。

第三，重视人文科学。加州理工学院专门建立了人文与社会科学系，并规定，大学生所选课程中人文科学不得少于四分之一。这样，加州理工学院的学生素以基础扎实、适应性强、富于创造力而闻名。

在密立根的出色领导下，加州理工学院在 30 年代初就真正崛起了。它的物理系、化学系在国内几乎无人匹敌。它的生物系、航空工程系具有世界一流水平。地质系、人文与社会科学系在国内均属上乘。它硕果累累、人才辈出，引起世人的瞩目。人们这样评论它："它代表着当今世界最有意义的研究和教育事业"。正如密立根所确信的那样，榜样是最好的老师，到 40 年代初，在美国的许多大学中研究活动得到了广泛开展，密立根的办学方法被普遍采用，这对美国科学的发展起到了很好的促进作用。

密立根在领导加州理工学院期间，从没有中断过自己的研究工作。作为物理学界的领袖人物，他的目光并不是仅仅盯着加州理工学院，他仍然关心着整个国家物理科学的发展。在此期间，密立根还担任了美国科学促进协会的主席、罗斯福总统的首届科学顾问委员会成员、国家科学执行委员会副主席、万国联盟知识合作委员会美方代表。他广泛地召集、主持各种学术报告会、讨论会，活跃物理学界的学术空气，促进国际、国内的交流与合作。他还经常向公众发表科学演讲，在美国公众中有科学的代言人之称。

1945 年，77 岁高龄的密立根辞去了他在加州理工学院的职务。

6. 独特的保守主义者

密立根在科学研究和科学组织活动中取得了突出成就，但他在科学思想和政治倾向上都有着保守的一面。

密立根对于科学发展中的"革命"相当反感，他认为"科学的进步几乎从来不以革命的方法而实现，……革命几乎是永远不会发生的"。在他看来，科学的发展总是循序渐进的，新的科学知识的发现和建立只不过是对旧的知识的补充和扩展而已。例如，他就认为爱因斯坦的相对论包含了牛顿理论的全部，这算不得革命，只是扩展，由此他还声言："让革命的改革家们思考这些事实吧！"

密立根对科学革命的态度，决定了他对那些具有革命性意义的理论猜测的态度。他指出："在科学上可以有些好的猜测，也可以有许多看来有理的解释，但它们都不是真实的知识"。因而他对于现代物理学中一些最伟大的革命性理论，一开始都没有表现出什么热情，甚至还激烈反对过爱因斯坦的相对论和光电效应理论。从这一方面来看，密立根保守的思想倾向是很明显的。

但是，应当特别指出，密立根对于新物理学中所发现的革命性的实验事实的态度却是科学的，这同他对革命性理论的态度形成了鲜明的对比。他对于 X 射线、放射性、电子、镭等现代物理学中的新发现，一开始就表现出了极大的热情，并感到欢欣鼓舞。在他看来，这些新发现正表明了物理学发展的希望。

密立根对于新理论的提出和新事实的实验发现的两种截然不同的态度是由他关于物理学发展的思想所决定的。他始终坚信物理学的前途是灿烂光明的，是一定会大发展的，但是他又认为，这种发展应当是建立在"比金字塔更加牢固、更加持久的基础之上的"，因而这就应当通过有秩序的程序和精确的测量来达到。在这一思想的支配下，他才认为，那些未经过严格的实验检验的天才的猜测是不牢靠的，对物理学的进步是不利的。而那些实验发现则是客观存在，因此不管它们的出现与他所接受的古典理论有多么大的出入，他都毫无保留地接受。这样就形成了密立根对科学革命的反感，对实验事实的尊重。可以说，密立根的保守主义倾向明显地带有他实验家的特征。从实质上来看，密立根仍然是物理学革命中的促进派，他同那种顽固维护旧物理学传统的保守派还是有明显区别的。

正是这种使新物理学在牢固的基础上稳步发展的信念，才使他在研究工作中几乎是无止境地追求严谨和精确，对实验事实的严格尊重，培养了他严肃的科学态度。这两点正是他研究工作中的突出特征，并贯穿于他一生的科学活动之中。正因为如此，他能在实验物理学的广泛领域中取得杰出成就就不是偶然的了。

密立根从不把自己仅仅限制在实验室中。他关心社会，对国际、国内的许多重大问题都要发表自己的看法，但在不少的问题上他也表现出了保守的倾向。

在有关社会发展的问题上，他认为社会发展最根本的原因在于科学进步，因而他对于进行社会变革持激烈的反对态度。作为罗斯福总统的首届科学顾问委员会成员，他强烈反对罗斯福的"新政"，反对政府对经济的干预，主张自由发展经济。他还反对政府对大学的支持。

在发展美国科学的问题上，他始终坚持"分散化"的原则，主张充分发挥私人的积极性，反对政府进行任何形式的"集中"。他认为，政府对科学过多的干预会使科学丧失其独立性和自由，这对科学的发展将是一个灾难。第二次世界大战结束后，美国政府酝酿建立政府支持科学研究的机构——国家科学基金会，密立根对此激烈反对。他不顾年迈，四处奔走，企图阻止这一机构的建立，但是大势所趋，这位当年美国科学界叱咤风云的人物如今在这个问题上却找不到几个支持者了。

还应当指出的是，虽然密立根在如何发展美国科学的问题上有其保守的一面，但是在实际工作中他又具有大胆改革、勇于创新的一面。不管怎样，他始终将促进美国科学的发展作为自己的职责，他能够清醒地认识到国家科学事业发展的主要问题，善于打破旧框框，开创新局面。因而，在实际工作中他仍对美国科学的发展做出了重大贡献。

密立根投身于物理学时，美国的物理科学还是相当落后的，到他结束自己的科学生涯时，美国已成为世界物理科学的中心。密立根的一生经历了这一变化的整个历程，他是这一巨大变化的见证人，并为此而满怀信心地奋斗了半个多世纪。他为增进人类知识和促进美国科学发展所做出的贡献在他同时代的美国科学家中是很少有人能与之相比的。

1953年12月19日，在科学的疆场上驰骋了一生的密立根安然长逝，终年85岁。回顾密立根丰富多彩的一生，我们可以看到，他始终如一地将自己与增进人类知识和促进美国科学发展的伟大事业联系在一起，并将这一伟大事业置于个人的抱负之上，这正是他的伟大之处和他取得如此杰出成就的最根本原因。

参考文献

［1］R.A.Millikan, *The Autobiography of Robert A.Millikan*, London:Macdonald, 1951.

［2］Robert H.Kargon, *The Rise of Robert Millikan*, Cornell University Press, 1982.

［3］Robert A.Millikan, *Electrons（＋and－）, Protons, Photons, Neutrons, Mesotrons and Cosmic Rays*, University of Chicago Press, 1947.

［4］L.A.Du Bridge and Paul S.Epstein, Robert Andrews Millikan, *Biographical Memoirs of National Academy of Science*, 33（1959）.

［5］Daniel J.Kevles, *Physicists*, Knopf, 1977.

［6］Robert H.Kargon 编, *The Maturing of Amrican Science*, Baltimore, 1973.

［7］Robert A.Millikan, *Science and Civilization*, New York: Charles Scribner's Sons, 1930.

［8］Millikan发表在*Physical Review, American Journal of Physics, Science, Philosophical Magazine* 等科学杂志上的主要研究论文。

（选自《自然辩证法通讯》1984年第4期，《密立根——杰出的物理学家和科学组织者》，作者张炜，中国科学技术大学理学硕士。）

万尼瓦尔·布什

20 世纪美国科学大厦的建筑工程师

万尼瓦尔·布什以美国"大科学的先驱"而闻名于世。在第二次世界大战期间，布什创建并领导了美国著名的科技研究发展局（OSRD），因此被认为是"有可能决定战争胜负的人"；战后他所发起撰写的"布什报告"成了美国制定科学政策的"圣经"；他还预见到了个人计算机和数字化图书馆的无限前景，成了信息时代的预言者。本文叙述了布什的生平和他在上述几个领域所做出的贡献。

美国无疑仍是当今世界的科技最强国，特别是在基础科学研究方面，可以说是几乎无人能望其项背。以前不久刚刚度过百年纪念的诺贝尔奖中的物理学奖为例，在第二次世界大战结束后的半个多世纪里，90 位获奖科学家分布在欧、美、亚三大洲的 16 个国家，但其中来自美国的获奖者有 50 名之多，占此时期全部获奖者的 60%！所以，探究美国科技持续强盛的原因，对我们而言，既饶有兴味，也有很大的现实意义。因为他山之石，可以攻玉。

差不多 20 年前当我还在中国科技大学读研究生时，导师范岱年先生让我的几位师兄翻译了一部英文小册子，书名是《*Science: The Endless Frontier*》（俗称"布什报告"）。这本书翻译出来后由当时的中国科学院政策研究室作为研究资料非正式地出版了，[1] 我就是从这里第一次听说了 V. 布什这个名字。后来又多次听到钱临照先生提起这个名字，然后又因为我的另一位师兄郭继贤对美国在第二次世界大战中军事科技的研究，[2] 让我对布什留下了比较

万尼瓦尔·布什 (Vannevar Bush, 1890—1974)

深刻的印象。最近一个时期，因为我自己开始学习和研究美国20世纪初以来的科技发展历程，得到一点也可能是老生常谈的认识，那就是科学技术事业的发展除了要有大批的研究专家外，杰出的管理和组织专家也是必不可少的。布什正是这样的人物，因为他的名字的确是一个美国科技事业由边缘走向中心这段历史时期无可回避的名字。

　　钱临照先生曾说V.布什和K.T.康普顿堪称是美国大科学之父，此言或有过于溢美之嫌，但绝非言而无据。其根据就是：在第二次世界大战期间，布什被认为是"有可能决定战争胜负的人"；战后他所发起撰写的"布什报告"成了美国制定科学政策的"圣经"；他还预见到了个人计算机和数字化图书馆的无限前景，成了信息时代的预言者。1974年6月底，当布什逝世时，美国各大报纸都刊登了讣告并发表了大量的纪念文章，其中时任麻省理工学院校长兼肯尼迪总统科学顾问的威斯纳这样说道："对于科学技术的发展而言，美国没有任何人比万尼瓦尔·布什的影响更为巨大。在20世纪可能不会再有能与他相提并论的人了。"（［17］，p.89）

1．生平理想：要成为一名真正的工程师

　　万尼瓦尔·布什于1890年3月11日出生在离美国东部重镇波士顿不远的一座海滨小城普罗温斯顿，家中还有两个分别比他大9岁和4岁的姐姐。当他1岁时，随父母迁移到波士顿郊区一个叫切尔西的卫星城镇。他的父亲理查德·佩里·布什（Richard Perry Bush，1855—1926）原来是个水手，后来成为一名新教平民牧师。父亲对布什影响最大的有两点：一是自由教派的积极入世思想，二是雄辩的演讲才能。布什的母亲是位商人的女儿，但气质高雅，很少商人气味。

　　牧师的收入十分有限，勉强能够维持家庭的最低开支而已。而布什从小又是个体弱多病的孩子，用他自己的话讲，是"生了不少时间的病"，得过"儿童时期常见的"几乎所有的疾病，有一次甚至严重到卧床不起达一年之久的程度。所以他的童年几乎是在贫病交加中度过的。好在母亲很节俭，父亲很乐观，布什战胜了这些人生道路上最初的困难，慢慢地长大了，同时体验到了下层百姓的悲苦炎凉。

　　布什在切尔西的小学和中学上学，学习成绩不错，特别是数学和物理，他很早就表现出了在这方面的才华。布什不仅喜欢动脑，也很喜欢动手。学校里的手工课是他最热衷的科目，除了学校的课程，他还在家里的地下室摆弄各种玩意儿，一方面是出于个人对新奇发明的兴趣，另一方面，他也清楚地知道自己家里的财力情况，很快就会需要自己把教育变成谋生的手段。还有一个社会时尚方面的原因，布什的少年时代，即19世纪末20世纪初，当欧洲上流社会正关注科学上的各种新奇发现，进入所谓"激动人心的年代"时，美国社会的中产阶级却更津津乐道于诸如贝尔的电话、爱迪生的电灯和留声机等大量技术上的发明和进步，因为这些发明不但满足了人们的好奇心，也给发明者带来巨大的物质财富。因此，对于中下阶层的男青年而言，做出技术方面的创新发明，不但可以年纪轻轻就光宗耀祖、

出人头地，从事令人羡慕的职业，过上比父辈更体面的生活，而且也体现出一种心灵手巧、追求新奇的新时代的男子汉气概。

1909 年，布什高中毕业，身高 183 厘米，体形偏瘦，不太好运动但好动脑的他很想进入一所比较好的大学继续学业，但由于两个姐姐上大学已经用尽了家里的积蓄，因此，他选择大学的第一个条件就是必须能自己挣钱念书，他只能选择了离家不远的塔夫茨学院（Tufts College）。他在同届入学的 125 名新生中数学是最好的，物理也很棒，所以为同学们辅导数学和物理课，就成了他挣钱的一个办法。他常常在晚上开设辅导课，为了吸引更多的生源，他也叫来一些要好的朋友做"学托"，就是大家都来听他的课，并拿出 5 毛钱听课费放在面前做示范，但这些钱布什是不收的，最后还是由他们自己收回去。布什上大学二年级时，还顶替一位因病请假的教师教了半学期的课。有时间的时候，布什也会琢磨各种技术发明来解决经济问题。例如他曾经设计出一种半自动的机械地形测量仪器（Profile Tracer），当他推着这新鲜玩意儿在田野间做试验的时候，别人还以为他在收割着什么，因为那东西确像个收割机，这架"收割机"于 1912 年获得美国专利，是布什平生所获得的第一项专利，虽然这项技术发明最终也没有找到买主。

这个时期最重要的收获，就是他为自己找到了未来的方向，那就是成为一名真正的工程师。他写道，"……我重新为思想确立了方向。事实上，我第一次决定要做一个真正的工程师。我不但要懂事，而且要懂人。"（［3］，p.37）在此后的数十年间，他一直都在孜孜不倦地朝着这个方向努力。二十多年后的 1937 年，布什在《科学》杂志上发表了一篇文章"工程师及与政府的关系"[4]，对自己少年时的理想做了总结，那就是工程师实际上决定了政府工作的效率和社会发展的面貌。

当他 23 岁大学毕业后，为了能挣到足够的钱再回到学校读博士，另外也为积累待人处事的社会经验，布什先进入通用电气公司工作，一年后又到一家女子学校担任数学教师。最后于 1915 年秋天，经母校校长的推荐，他终于得到了克拉克大学的一大笔奖学金——1500 美元——用以攻读工程博士学位。布什到了学校，发现指导教授是要他研究声学而不是他原来所谈好的工程，布什立刻表现出了不愿意受人摆布的自主意识，他放弃了这来之不易的奖学金，离开了这所学校，改为申请攻读麻省理工学院的电气工程博士学位。

2．MIT 的岁月：从学生到教授

麻省理工学院答应录取他来攻读博士，但没有奖学金，而他口袋里前两年打工挣来的钱只够他维持一年的学习费用。于是他还得千方百计地说服学校当局同意他用一年的时间取得博士学位。他跟电气工程系里指派指导他的教授甚至签了个合同，以保证若他在一年内完成论文，学校应授予他博士学位，而那位导师根本不相信他能按时完成论文。

但出乎该导师的意料，布什竟然提前完成了博士论文。1916 年 4 月，他向导师提交了一份长达 169 页的论文，内容是关于在 O.赫维赛德工作的基础上，探讨把某些微分方程变

1938 年，Douglas Hartree 制作由万尼瓦尔·布什设计的微分分析仪。

换成更容易计算的代数方程的数学运算，以帮助解决电力传输中的一些相关技术理论问题。论文最终获得了通过，布什于当年的夏天拿到了博士学位，然后回到自己的母校塔夫茨学院当了电气工程系的助教。

这时候欧洲已经爆发了第一次世界大战，而远隔大西洋的美国虽然竭力想保持中立，但最终还是于 1917 年 4 月参与了争斗。在此之前，实际上已经有一些科学家和工程师参加了部分军方的工作，其中发明大王爱迪生担任了海军的一个科学咨询委员会（Science Advisory Board）的主席，目的是激励发明家来证明爱迪生的“现代战争是机器的问题，而不是人的问题”的观点。受爱迪生喜欢实干、不尚空谈理念的影响，爱迪生委员会的成员几乎都是工程师和工业家，没有科学家。于是受到冷落的科学家们在 1916 年成立了自己的委员会，称为国家研究委员会（National Research Council），隶属于国家科学院（National Academy）。这个科学家委员会将自己的目的定为革新美国的武器装备。当时德国的潜水艇屡屡攻击美国的船只，海军急切希望找到有效探测潜艇的方法，这项任务最后交给了科学家委员会里的物理学家密立根。

年轻的大学助教布什牛刀小试，他也从自己的角度第一次介入了军事方面的研究。他提出了一种装置，可以利用磁场干扰的方法来探测潜艇的存在。为了实现自己的理论设想，布什于 1917 年 5 月到华盛顿面见密立根，当面陈述了自己的想去。他的意见得到了密立根的重视和支持，认为布什的设计值得做成实物大小来进行实验。鉴于布什不愿意接受政府的控制，密立根答应给著名的私人基金会——摩根基金会的主管写信，推荐由他们来资助布什的实验工作。布什从与密立根的会晤中得到了极大的鼓舞，他立即着手推进这项实验。虽然实验最后以失败告终，但他认为这主要是因为军方对技术的了解不够和效率低下所造成的恶果。但他也得到了一个收获，那就是“战争不只是个军事行动，它不是个武器的问题。它不是军队之间的冲突。它是个庞大的经营业务。它是个巨大的工程问题。”

随着第一次世界大战的结束，布什也离开了塔夫茨学院，来到 MIT 的电气工程系任教。从 1919 年开始，布什在这里度过了 20 年的时光，为 MIT 电气工程专业和其他科学研究与教育做出了极大的贡献。

当时的 MIT，电气工程虽然已经成为了独立的系，但仍然停留在比较初级的水准上。在 1921 年之前，全系甚至还没有研究方面的预算，在全系的 20 名教师中，当时的系主任委托布什负责研究生的学习和研究活动，布什以极大的热情投入到这项工作中去。1921 年，全电气工程系取得硕士学位的只有 4 个人，一年以后，有了 37 人，再一年是 45 人。总之，由于布什的介入，从 1922 年开始的 10 年中，电气工程系平均每年授予 51 个硕士学位，这是前 10 年的 10 倍！后来甚至有人说当时美国全部电气工程师的三分之一出自 MIT。（［6］，p. 295）

除了教学之外，当然布什的真正兴趣还是在研究上面。他开始琢磨起当时在技术上属于尖端的问题：电力网输送的优化问题。当时电力在美国已经日益成为生活必需品，供电系统在迅速扩大，但也有一些令人烦恼的技术困难，如绝缘问题、电力波动问题、闪电等外界因素造成的损害问题等，都使整个电力系统经常处于不稳定的状态。西屋和通用电气等美国大型电力公司的工程师们日夜都在钻研着解决的办法。布什在这个问题上采取了另辟蹊径的做法，他试图用机械计算机来辅助设计复杂而稳定的电力系统。在解决这个问题的过程中，布什得到了一个重要的副产品，那就是由他改进的一种早期的模拟计算机：微分分析仪（differential analyzer）。这个仪器后来在科学研究、工业设计和军事装备等方面都派上了大用场，布什也因此被一些人称为美国计算机研究事业的先驱。

布什在 MIT 的头 10 年，也是 MIT 历史上比较混乱和沉闷的时期，主要是因为学校缺乏坚强、有活力的领导所致。但对布什而言，这 10 年却是个丰硕的时期，一方面他的个人家庭生活基本没有受到多少冲击，因为他有稳固的学校职位和数家公司的股份，所以经济上无多少后顾之忧；另一方面他在工作上卓有成效，因此这个时期反而成为他一生当中的第一个巅峰时期，他培养出了许多有才华的学生、完成了一些有价值的研究项目、参与经营的几家公司都不同程度地获得了成功、添丁加口的家庭也很美满幸福、在 MIT 的薪水从 1919 年的每年 3000 元涨到了 1929 年的每年 7000 元，如此等等。可以说，布什到此时已经在知识、地位和财富方面达到了令人心满意足的高度，如果不是接下来发生的事情的话，可能我们看到的就是一个小富即安，而不是后来活跃在美国当代历史舞台上的布什了。这就是卡尔·康普顿的到来。

1930 年，来自普林斯顿的物理学家 K. T. 康普顿（1887—1954，他是诺贝尔物理学奖获得者 A. H. 康普顿的哥哥，习惯上大家称他为 KT）来到 MIT 担任校长，到任后他立刻就开始着手改变 MIT 原来的杂乱无章状况，在许多改革措施中，有一条是鼓励教授在校内做研究，而对他们在校外的兼职工作做了严厉的限制。这一条惹恼了布什，他第一次面见康普顿，就是为了抗议这条规矩。结果一向倔强的布什这次服从了新校长的意愿，但他是心甘情愿地服从的，并且对康普顿留下了极为美好的印象，后来给予了他极高的评价，他说新校长是"在我所见到过的人中，最让人喜欢的一个。麻省理工学院所有的人在所有的事情上都那么忠心于他，所以他做什么都没有人反对。他很有见识、悟性、理性、辨别能力，很和气，不是个得意忘形、自高自大、自私自利的人……任何人只要能够避免，就不会去伤害他。"（［3］，p.73）

康普顿对布什也很欣赏，他首先提高了布什的薪金，达到了每年 10000 美元，这在美国大萧条时期是非常高的报酬。紧接着，于 1932 年初，又任命布什担任了 MIT 的副校长，

1940 年，布什出席的加州大学伯克利分校的科学会议，从左往右：Ernest O. Lawrence, Arthur H. Compton, 万尼瓦尔·布什，James B. Conant, Karl T. Compton, Alfred L. Loones。

同时兼任当时学校 5 个学院之一的工程学院的院长，并且成为校董会的成员。由此在 MIT 形成了一个康普顿 – 布什为核心的领导体系，迎来学校发展历史上的一个黄金时期，也把布什推到了美国更广阔的科技活动舞台。

布什越来越成为一个精明强干的科学家、工程师和管理者。由于杰出成就，他此时已被选为美国国家科学院的院士。30 年代初，为了从大萧条的创伤中尽快地恢复，美国总统罗斯福实行新政，倡导国家政府积极干预经济活动，而不再放任其自由发展。他并号召科技人员也要积极参与国家的复兴，为此他任命 K. T. 康普顿担任了一个新成立的科学顾问委员会的主任。但康普顿主要是将精力用在对科技进行批评的一些新政支持者的反批评上，他认为联邦政府应该成为科学的主要资助和主办者，而不是听由像卡内基、洛克菲勒基金会这样的私人基金来支配国家的基础科学研究方向。布什积极支持康普顿的观点，同时也参与了更多的所谓"政府科学"（Governmental Science）的活动。在科学研究方面，除了前面提到的关于电力传输系统的优化和稳定性问题的研究外，布什还涉及到一些基础科学方面的研究，例如他曾对荷质比与速度的关系作过非相对论的解释，提出了电子电荷随速度而改变的假说，并认为当电荷之间的相对速度等于光速时，它们之间的作用力将变为零。但是，他并没有引证实验事实来支持这种假说。[5] 但这项研究奠定了布什不但在工程技术、应用科学方面的发言权，也证明了他在纯科学研究方面的实力。

1939 年，布什被华盛顿的卡内基研究院（Carnegie Institution）聘为院长，从此离开 MIT。之后他亦被任命为国家航空咨询委员会（National Advisory Committee for Aeronautics，NACA）的主席，这使他开始涉足美国家的军事研究决策领域。这个时期，在华盛顿也形成了一个对美国政府、国会和军方决策有重大影响的科学家圈子，其核心成员，除了布什本人外，还有他的老朋友 MIT 的院长康普顿、哈佛大学校长 J. B. 康南特（1893—1978）和 AT&T 贝尔实验室主任（后担任美国科学院院长）F. 朱厄特（1879—1949）等人。当他们聚在一起时，布什后来回忆道："就是大家一块儿深刻地分享着一件东西——担忧！"（[6]，p.296）因为战争的乌云正在世界的上空密布，而就在这一年，德国人发现了原子核的裂变现象。

3．贯彻新观念：科技研究的结果决定着战争的胜负

第一次世界大战爆发时，布什还是一个乳臭未干的大学生，虽然他后来主动参与了一些战争技术的研究，但基本上属于一个旁观者。难能可贵的是，他敏锐地预感到科学技术在现代战争中的重要作用。第二次世界大战爆发的时候，对布什而言，情况就完全不同了，这时候的布什已经是美国科学技术界、工业界，甚至是政界都闻名遐迩的人物了。由于对第一次世界大战中惨烈景象的犹新记忆，第二次世界大战在欧洲爆发后，美国国内有许多人强烈主张美国应该置身事外，对欧洲的战争作壁上观。但布什基于自己对法西斯侵略者本质的认识，相信美国迟早会卷入战斗，而令人可怕的是美国却"没有做好准备"。之所以如此，是因为美国的军方和政界人士并没有认识到，战争的形式已经改变，已不是军方和政界人士们凭着传统观念所能完全了解的东西了，面对全新的现代化技术性战争，纯粹的军方人员已经没有足够的能力来应对，所以国家安全的内涵必须做出相应的改变，这就是必须吸收和动员科技与工业等各方面的专业民间人士在政府的最高层次上参与工作，否则就形不成真正强大的军事力量，从而也不会给国家带来真正的和平。

布什的这个想法其实上是针对美国军方长期以来在军事技术装备研究等方面的封闭传统有感而发的。美国的军事技术研究领域历来是军方的自留地，非军方研究机构很难置喙其中。在战争技术还比较简陋的过去，其后果还不甚显著，但在现代战争的条件下，一方面，军方人员视野狭隘、观念陈旧，却掌握了绝大部分研究的物质资源，而另一方面，民间研究机构蕴藏着极大的人才和思想资源却无从发挥，致使国家的军事力量无法得到更大的加强以适应新形势战争的弊病就暴露无遗了。基于这种认识，从 1940 年开始，布什积极活动，寻求建立一个新的、不仅仅担负咨询使命、能领导和协调民间研究机构参与到军事技术的研究中、并能在某种程度上代表官方资助民间研究机构的机构。为此，他通过在政府中的朋友向美国总统罗斯福提交了一份只有一张纸、四段话的备忘录，在里面他把自己心目中的机构命名为国防研究委员会（National Defense Research Committee，NDRC）。1940 年 6 月，罗斯福总统会见了布什，他们只谈了一刻钟，罗斯福就批准了布什的计划。两天后，总统在一次记者招待会上宣布任命布什担任新成立的国防研究委员会的主席。

NDRC 的成员有代表大学研究力量的 K. T. 康普顿、康南特和理查德·托尔曼（1881—

1940 年，万尼瓦尔·布什坐在办工桌前工作，该肖像被记录在二战时期的"应急管理办公室"。

1948，一名来自加州理工学院的物理化学家），代表工业实验室研究力量的朱厄特，还有代表政府部门和军方的几名官员。罗斯福总统把 NDRC 的目标定为补充而不是代替军方自身的研究，而布什则把其工作方式定为与大学、研究机构和工业实验室签订研究协议而不是组建这种机构。另外，在 NDRC 的组织机制上，布什根据总的目标成立了 5 个分支机构，即：装甲与军械、化学与爆炸装置、通讯与交通、仪器与控制、专利与发明。他还授权各分支的领导人可以根据需要随时组建次级的专门小组来解决具体的军事问题，推动研究活动的持续开展。这种机动灵活、兼收并蓄的组织方式，后来被证明行之有效。

此时，美国尚未正式参战，但荷兰、卢森堡、比利时和法国相继陷入德国人之手、英法军队在敦刻尔克的大撤退等等事件的发生，这些血的教训使美国大多数人开始认识到纳粹的可怕和战争阴影的逼近。虽然仍有人反对介入战争，但支持反纳粹战斗并加强自身的战备却也到了人人都能意识到的程度。美国国会通过了"租借法案"，开始公开从道义和物质方面给予英法等国以支援。美国军方强调备战的数量，布什则强调备战的质量——研究，并且是一种能动员一切智力资源的、军民结合式的研究。NDRC 的成立是他贯彻自己新的战争理念的第一步。

NDRC 的经费来自总统的应急基金，在其成立的第一年，获得了 650 万美元的支持。布什用这笔钱采取委托协议的方式，在一年内动员和资助了上千名科学家参与军事研究工作，与 32 个大学研究机构、19 个工业实验室签定了 126 份研究合同。"用合同来参与"军方的研究，不是布什的首创，但如此大规模地动员民间科技力量为战争服务，则是他的功劳。这里面有许多具体的管理问题，例如项目和人员的遴选、保密、知识产权的归属、军方与民间科技机构的关系等等。布什运筹于帷幄，组织各方面的力量和资源，成功地完成了这个复杂的操作。

虽然罗斯福总统为竞选连任，曾誓言美国决不参与这场战争。但随着欧洲战事的进一步发展，以及日本军国主义在亚洲的扩张，布什越来越认识到美国卷入战争的不可避免性和加强战备的迫切性，同时深感 NDRC 经费来源的不稳定性——因为总统基金实际上是以总统的个人意志为转移的，总统会随时根据自己的政治需要而对其加以取舍。所以，必须寻求法定的经费来源，以维持研究的稳定和持续。此外，NDRC 组织的活动中也没有包含任何医疗方面的研究内容，还有就是研究的结果往往停留在实验室阶段，很难制成产品投入实际的应用。这些情况的发生，盖源于 NDRC 本质上还是扮演着一个咨询顾问的角色，虽然它有权签定许多研究合同。这使得布什深感有必要对 NDRC 加以扩充或改造，使其成为涵盖面更广、实用性更强的执行机构。为此，布什收敛了自己一贯急躁的坏脾气，一次又一次地向政府、国会和军方进行游说，甚至通过新闻媒体来宣扬自己的观点。但由于军方的反对，布什的努力收效甚微，直至 1941 年 12 月 7 日美国历史上的那个黑色星期天。

日本偷袭珍珠港事件促使美国下定决心对德意日法西斯轴心国正式宣战，而布什的构想也在此时得以实现，美国国会批准成立了布什一直在主张的实体性机构——科技研究发展局（Office of Scientific Research and Development，OSRD），作为应对反法西斯战争的重要措施之一，OSRD 的经费纳入国会的战争预算。布什从此终于获得了大展才华的舞台。

检阅 OSRD 的成就清单，首当其冲的就是雷达技术的应用。最早发明初级雷达技术的是英国的物理学家，但很不成熟。然后他们把这个技术雏形带到了美国，那还是在 NDRC 时期。布什立即意识到了这项发明的巨大军事价值，就与康普顿商议在 MIT 建立了辐射实验室（Radiation Laboratory，即 Rad Lab），选派 39 岁的物理学家李·杜布里奇（Lee A.DuBridge，1901—1994）来领导，并与之签定合同，拨出巨款加以扶持。到 OSRD 时期，更是给予最大的支持，使这个 MIT 新建立的实验室终成为赫赫有名研究机构，其研制出的一代又一代的新式雷达，在战争中发挥出无比的"知彼"威力。该实验室刚开始时仅有十几名工作人员，到战争结束时已接近 4000 名，总经费预算超过 15 亿美元！

在研究管理方面，布什提倡的寓军于民、合同参与的方式发挥了灵活高效的神奇作用。OSRD 在战争期间动员了超过 6000 名的科学家参与研究工作，其中包括占全国总数 75% 的物理学家和 50% 的化学家。类似于辐射实验室那样得到 OSRD 强大支持的研究机构，还有设在 CIT 的火箭实验室和设在霍普金斯大学的爆炸引信实验室等。对于 1943 年以前的大部分美国物理学家，以及在这之后没有参与曼哈顿计划的物理学家而言，"物理学研究"甚至就意味着在这三家实验室里工作。这三大实验室在战争期间总经费也远超过了 20 亿美元——曼哈顿计划所花费的经费。

虽然 OSRD 的年经费预算到 1942 年已经突破了上亿美元，但布什依然觉得钱不够用，为能够把钱用在刀刃上，他为 OSRD 制定了一个所谓"不计报酬–不计损失原则"（no-profit-no-loss rule），即不从 OSRD 的合同项目资金中领取报酬。他本人以身作则，虽然担任着 OSRD 最高领导人的职务，但自始至终只在卡内基研究院领薪，没有拿过 OSRD 一分钱。在反法西斯战争同仇敌忾的气氛中，也在布什个人魅力的感召下，各合同项目实验室（大约有 300 多个）的科学家们不计名利，忘我工作。CIT 的化学家鲍林对此有生动的描述："这里的实验室已经失去了往日的悠闲。我们有数不清的战争研究项目，每个人都全力以赴。"[7]

努力工作带来了丰硕的成果：反潜雷达、防空雷达、机载雷达、高炮瞄准雷达、无线电引信炮弹、运筹学反潜、固体火箭等等。这些成果在战场上取得了巨大的成功，以至于有一些后来参与了曼哈顿计划的物理学家也认为："原子弹仅仅是结束了战争，而雷达赢得了战争！"（［6］，p.308）

其实早在 1939 年初，布什就注意到了发现核裂变的物理学新进展，但他没有加入裂变所引起的科学界和公众的狂热，因为他认为比起其他紧迫的研究项目来，原子武器是很遥远的事情。当年 9 月，由于西拉德和维格纳说服爱因斯坦写给罗斯福的信，总统批准国家标准局建立了一个协调裂变爆炸研究的机构：铀委员会。但这个委员会对研制原子弹的问题反应迟钝，将近半年的时间里——到 1940 年春，拨给这项研究的总经费不过区区 6000美元，这种情况引起科学界的强烈批评。自 1940 年 6 月起，原子弹研制项目移交布什领导的 NDRC 负责。但在此后的一年中，由于布什对这项目的不热心，在具体研究上决策方面仍无多大起色。可能是出于对德国人可能拥有原子武器的担忧，也可能是与核物理学家劳伦斯的谈话的结果，布什从 1941 年夏天起，转变了原来对原子弹研制不热心的态度，开始积极推进这个项目的开展。1941 年 10 月，布什到白宫向罗斯福总统汇报原子弹研制问题，对这次会见，原子弹计划的官方记录里这样写道：

> "布什这时不是有权制造原子弹，而是有权弄清楚是否能够制造原子弹，以及需要多大的代价。在调查清楚并做出了制造原子弹计划之后，布什才能够放手去做。"（［3］，p.259）

布什与总统同意成立一个新的独立机构来管理原子弹研制项目，一般认为，这就是曼哈顿计划的正式开始。后来他又向陆军建议任命一名高级军官来具体负责这个机构，这名军官即后来闻名于世的 L. 格罗夫斯将军——当时他还是一名上校——于 1942 年 9 月前来报到，在此之前，原子弹的前期研制工作一直是由布什实际负责的。而在此之后，布什亦关心和参与了曼哈顿计划的许多决策工作，包括最后的对日本使用原子弹轰炸。

在 OSRD 工作的五年中，因为高度保密的原因，布什实际上是默默无闻地为战争技术做了大量的工作，随着战争的即将胜利，布什的贡献逐渐为社会公众所了解并迅速达到了他个人社会声望的顶峰。曾担任过贝尔实验室主任、后来成为美国科学院院长的老朋友朱厄特把布什所创建的 OSRD 称为"世界上从来没有过的最伟大的工业研究机构。"新闻媒体更是盛赞他在"结束战争中的重要作用和功劳"，甚至好莱坞也来凑热闹地拍了一部关于他的电影。但布什本人对 OSRD 的最后工作，就是想尽办法要解散这个机构。因为他相信在和平时期，推进国家科学研究的工作应该由另外的更合适的机构来担任。

4. 无止境的前沿：对战后科学发展的思考

截止到二次世界大战之前，美国历史上从来没有明确地立法以从基础方面支持科学研究，虽然许多政府部门对科学研究的资助从来就没有间断过，只不过这种资助是以提供资助的政府部门对某些具体、特定问题的兴趣为转移的，这与美国的实用主义文化传统密不可分。然而，第二次世界大战成了观念的转折点，它开始使美国人普遍认识到，即使是基础科学研究其实也能产生巨大的实用价值，所以对基础科学研究的重视，从美国的实用主义文化观念来看，也成为顺理成章的事情。

在这种背景下，并当第二次世界大战盟军的胜利已成定局时，罗斯福总统于 1944 年 11 月给布什写了一封信，要求他就如何把战时取得的经验和教训运用到未来的和平时期提出意见。他写道：

　　亲爱的布什先生，你任主任的 OSRD 在协调科学研究和应用现有的科学知识解决战争中最重要的技术问题的过程中进行了独特的有关协同合作研究的试验。尽管 OSRD 的工作是在没有任何公众知道的情况下极秘密地进行着，但是，它的实际效果能从来自全世界作战前线的公报中看出来。总有一天，成功的全部真相能被公开。

　　无论如何，在这一试验中发现的经验不能有效地应用于和平时期的理由是不存在的。由于 OSRD 以及大学和私人工业中数以千计的科学家开发出来的资料、技术和研究经验在未来的和平时期应当被用来增进国民的健康、创办新企业以增加新的就业机会，提高国民的生活水平。（［1］，p.30）

　　布什就罗斯福总统的要求和信中所提出的四个包括如何将军事研究的结果转为民用、如何利用科学与疾病作斗争、如何组织和帮助公立和私人机构的研究活动、如何选拔和培养年轻科学人才等具体的问题，组织了四个专门的委员会，即医学顾问委员会、科学与公共福利委员会、发现和培养科学人才委员会和科学情报出版委员会等予以彻底的研究，并在 1945 年 7 月 5 日提交了研究报告，但此时罗斯福总统已经逝世，所以报告是提交给继任的杜鲁门总统。

　　该报告共分两大组成部分：正文和附录。其中正文主要由布什起草，分为总论、向疾病做斗争、科学与公共福利、更新科学人才等六个部分；附录则是四个专门委员会提交的四份研究报告。

　　作为科技政策的经典文献，布什报告的第一个突出特点就是从理论和实践两个方面对基础科学研究在科学进步中的作用加以全面肯定和强调。报告用大量的事实和证据证明：为了向疾病作斗争、为了国家的安全、为了公共的福利，就必须依赖科学的进步，而科学的进步——即新知识的获得，只有通过基础科学研究。报告指出：

　　今天，基础研究是技术进步的先行官，这一点比以往任何时候都更确实。19 世纪，美国人在机械方面的独创性大大发展了工艺技术，这种独创性主要建立在欧洲科学家的基础科学发现之上。现在的情况不一样了。

　　一个在新基础科学知

1945 年左右，万尼瓦尔·布什和 MIT 研制的由布什设计的微分分析仪，它是计算机的前身。

识上依赖于其他国家的国家，它的工业进步将是缓慢的，它在世界贸易中的竞争地位将是虚弱的，不管它的机械技艺多么的高明。（［1］，p.52）

报告的第二个突出特点，就是明确地指出了科学是政府应当关心的事情，而这是过去过于信奉自由主义美国的弊端。报告中写道：

> 我们没有国家的科学政策。政府仅仅开始在国家的福利事业中利用科学。政府内部没有负责系统地提出或执行国家科学政策的实体。国会里也没有致力于这一重要课题的常设委员会。科学已经站在舞台的边缘上，它应该被推到舞台的中心——因为科学是我们未来的许多希望之所在。（［1］，p.41）

报告中认为政府对科学所应该承担的责任主要分为三个方面：制订政策以明确总方向和目标、提供支持基础研究的经费、协调各研究主体间的关系。

另外，在科学与国家安全、科学与公共福利、军事研究的解密和转为民用、人才培养、基础研究和工业研究的关系、科技情报的国际交流等等许多政策的重要方面，报告里都详加论述。但我们要提到的报告的第三个突出特点，就是它不是光空泛地议论，而是将这些政策目标都落实到一项行动方案——即建立国家科学基金会——的建议中去了。

布什在报告中详细地论证了成立国家基金会的必要性和可行性，甚至拟订了基金会从经费来源、办事原则到组织结构和人员组成等各种细节问题的规定条款。从中可以体会出布什的一个良苦用心，就是在国家尽最大可能的力量支持科学研究的同时，却不能以损害科学家的独立地位为代价，因为布什一贯认为"不戴枷锁"的科学家才能自由地思考并创造出新的知识。所有现成机构都无法做到这一点，只有建立基金会才是实现这一设想的最佳途径。

1947 年，布什宣誓成为美国研究与发展委员会主席。

当布什报告公开发布之后，立即得到了社会各界积极的反响和广泛的称赞。但他所建议的支持基础科学研究的计划并不是一帆风顺，在国会审议这个计划的时候，有的议员批评这计划缺乏根据，并用布什报告中的科研拨款计划大做文章，因为根据布什的建议，对科学基金会第一年应拨款3350万元，以后逐年增加，到第 5 年增加到 12250 万美元。有人据此给布什报告起了个别名："科学——没有止境的开支"。但布什报告得到了美国科学界的热烈欢迎，各地的科学家组织了一个全国性的机构："支持布什报告委员会"，其成员包括多名诺贝尔奖获得者在内的美国著名科学家。在报告提交国会成为正式议案后，美国各地的大学和研究机构的科学家们仍组织了多种声援集会，并发起给国会写支持信的活动。

这种努力持续到 5 年后的 1959 年 5 月，美国国会才最终通过了"1950 年国家科学基金会法案"，布什的设想实现了，而此时布什本人却已经离开了华盛顿的决策圈，成了一名可有可无的顾问。

5．能思想的机器：计算机与数字图书馆

在第二次世界大战中，布什曾启用自己十多年前在 MIT 时发明的模拟式计算机——大型微分分析仪——来帮助计算炮弹弹道，并通过弹道实验室强力地资助了美国最早的数字式计算机的研究，这在客观上催生了计算机时代的来临。

关于谁是第一台数字化电子计算器的发明者问题，在美国计算机界纷争了多年。相当一部分人认定由莫齐利和埃克特 1943 年在弹道实验室完成的"爱尼亚克"（ENIAC）计算机是世界上第一台电子数字计算器，但也有不少人认为当年在衣阿华大学执教的阿塔纳索夫和 G. 贝利发明的 ABC 计算器（Atanasoft Berry Computer），才是真正的数字计算机的"鼻祖"。为此，1973 年 10 月，好诉讼的美国人在明尼苏达州的一家地方法院，经过多达 135 次开庭审理后，当众宣判了这桩有关计算机发明权的知识产权案，判决书最后认定莫齐利和埃克特没有发明第一台计算器，只是利用了阿塔纳索夫发明中的构思。

用法律判决来还"电子计算机之父"的本来面目真可谓是美国人的一大发明！但判决书并不能代替历史事实。综合种种历史客观证据，可以这么说，阿塔纳索夫的 ABC 模型机正好处于模拟计算与数字计算的门槛上，从 ABC 开始，人类的计算才从仿真向数字挺进，而"爱尼亚克"则标志着计算器正式进入了数字时代。这两个机器的产生过程中都有布什的身影存在，前者在于思想启发方面，后者则在强大的经济资助方面。

当年布什在 MIT 任教时期研制计算机的初衷，如前文所述，也是为了求解与传输电路有关的微分方程。那时为了求出一个方程的解，演算工作量大得惊人，常常或冥思苦想好几个月，或浪费掉几百张草稿纸也仍然得不出答案。有一天他突然感觉到，与其再想下去，不如制作一台模拟计算装置帮助求解更合算。于是从 1928—1931 年，布什带领一批年轻工程师在 MIT 完成了一台"大型"计算机器。说它是"大型机"并不为过，因为这台机器自重就超过了 100 吨，装备着数百根平行的钢轴，需要用一系列电动机驱动，仅机器内部的电线，若首尾排列起来就长达 200 英里。一个参观过微分分析仪的人曾挖苦说，布什必须"一手拿扳手，一手拿改锥"才能操作机器进行计算，但当时它却让麻省理工学院的科学家们兴奋不已，因为他们从此有了求解数学难题的有力武器。

当然，直接启发了阿塔纳索夫最初灵感的布什所发明的微分分析仪，只是一种模拟式

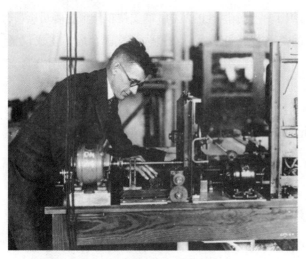

万尼瓦尔·布什和他发明的模拟计算机。

计算机。所谓模拟，指的是它利用齿轮转动的角度来模拟计算结果，与莱布尼茨乘法器的原理类似，它还不是真正意义上的数字计算机。布什发明的这种机器当时至少被人仿造出 5 台，在二战中曾帮助英国计算德军 V-2 导弹的弹道表，战功卓著。现今在麻省理工学院和伦敦博物馆里，还各收藏着一台不太完整的这种机器，但都已不能正常运转了。

布什于战争即将结束的 1945 年 7 月在美国极有影响力的杂志《大西洋月刊》上发表了一篇题为"似乎我们可以思维"的论文，[8] 题目中的"我们可以思维"实际上指的是"我们可以用机器来思维"。文中他整理和阐述了自己多年来关于使用微缩胶片、声音等多媒体方式存储和处理信息资料、达到帮助人类思维目的的思想。该杂志的编者当时在给布什的论文所加的编者按中写道：

> 作为 OSRD 的主任，布什博士曾协调了超过 6000 名的美国顶尖科学家们把科学应用到战争事务的活动，在这篇具有重大意义的论文中，他又激励科学家们投入战后的新知识领域。多年来大量的发明创造极大地扩展了人类的物质能力，远超过对心智能力的提升。榔头胜过拳头，显微镜锐利了眼睛，工具如今就在手上，如果加以妥善发展，将给人类铺就利用各时代知识遗产的通途。布什博士通过本文呼唤思考着的人类与我们知识总积累间的一种新型联系。[8]

布什在文中指出，第二次世界大战中，科学情报在大规模军事研究和开发工作中起到了功不可没的作用，在战后的科学研究和发展中肯定仍有不可轻视的重要意义。文中他还首次提出将传统的图书馆馆藏文献的储存、查找机制与计算机结合起来，构思并描述了他所设想的一种称为 Memex（有人译作"记忆扩展机"，也有人译作"超文本存储器"。本文从后者）的设备，其本质是机械化的个人文档与图书馆，即台式个人文献工作系统，能存贮书、记录和通讯的综合装置。美国的 Ted Nelson 在 60 年代正式提出超文本（Hypertext）的概念。进入 90 年代，随着多媒体技术与互联网络技术的发展，超文本的应用更加广泛，信息组织与管理的超文本化成为信息传递的基本形式。[9]

今天，随着计算机技术、通信技术、高密度存贮技术和多媒体技术的飞速发展，原有各种物理载体所存储和传输的信息，正在逐步数字化，电子图书大有取代纸介质的书、数字图书馆大有取代传统图书馆的趋势。而数字化图书馆的构想就始于布什在这篇论文中所论述的思想，这使他成为人们公认的这一领域的预言者和先驱。

6. 科学并非万能：对科学与人生的理解

　　1955 年底，布什从华盛顿的卡内基研究院院长的职位上退休，回到马萨诸塞州老家，除了担任几家私营公司的顾问外，不再担任任何公职。晚年的布什，依然精力旺盛，还保持着对技术发明的嗜好，他尝试过设计一种新型的汽车发动机，一种军用的水翼船和一种用于治疗心脏病的小型活瓣，并希望将之推向市场，但都没有成功。当然他现在有了更多的时间来对科学技术的方方面面进行深入的反思。年轻的时候，他寻求工程师般的脚踏实地做事情，信奉美国式的实用主义文化观念，对科学技术有一种神圣的感情，把它看得高于一切。后来作为一个高级的科学管理人员，也把科学技术看作是解决一切问题的灵丹妙药。现在，当抛开一切利害关系而平心静气地反思这些问题时，他发现科学技术并不是世界的全部，并开始赞扬起另一种文化，和应用完全没有关系的文化。其结果就是于 1965 年出版的以《仅有科学是不够的——对现状和未来的反思》[10] 为题的论文集，包括了布什五六十年代陆续发表的 10 篇论文，记录了他对科学与价值、人生、文化、艺术等诸多问题的思考结果。

　　布什在谈到科学从原子弹的成功而树立起其绝对的权威，让一般公众都把科学家看成是超人，把科学看成是无所不能的东西时，不无忧虑地写道：

　　　　目前有关科学威力的谈论已经很多了，这些说法当然也都有其道理，所谓'科学万能'是也。但是科学的能力其实是有限的，这一点却鲜见有人提及。对于一枚硬币的两个面，应该都予以公正地加以考察才对。[9]

布什认为科学的局限在于对人类自身存在的目的、价值，以及人的自由意志和人的信仰方面，在这些问题上，科学应该三缄其口。当然科学有一定的局限，他认为并无损于科学的伟大，因为它以这样一种方式提醒人类：我们在宇宙的知识方面依然十分的愚昧，需要了解的事情仍然是没有

1969 年，由尼克松总统颁发原子先驱奖（The Atomic Pioneer Award），左起依次是：Glenn Seaborg, 尼克松总统，万尼瓦尔·布什，James Conant, Gen. Leslie Groves。

止境的。对人类社会而言，除了科学之外，还有许多值得追求的价值观，例如和平、公正、平等、仁慈和责任等等。布什认为，由于科学已经成为文化的一个重要组成部分，所以作为一个现代的人，首先必须对科学要有所了解，至少要对它的基本原理有所了解，否则将在文化素养上落后于时代，但单纯只懂科学也不够，在文化素养上也是有缺损的，因为"在这堵围墙以外，他将一无所见"，所以必须在做人的其他方面加以修养。这样，作为一个个人，其生活才会丰富多彩，作为一个社会，人们才能和谐共处，消除贫困，走向繁荣富强。

总之，布什在走向自己生命的尽头之前，反而更多地想到了人生的意义和价值，他出版了断断续续写成的回忆录。[11]作为一个将一生献给科学的人，他觉得科学是有价值的，但不是全部意义和价值。他也想到了科学本身的创造过程，就像建造一座大厦，需要不计其数的一代又一代有名或无名的建造者，不断地对其进行规划、施工和建造，使其日渐高耸，却永无止境。

1974 年 6 月 30 日，这位美国现代科学研究事业大厦的伟大建筑工程师与世长辞，享年 84 岁。

── 参考文献 ──

［1］Vannevar Bush, *Science*: *The Endless Frontier*, *A Report to the President on a Program for Postwar Scientific Research*, National Science Foundation, Washington D.C., July 1960. 中译本见《科学——没有止境的前沿》，张炜、解道华、赵佳苓译，范岱年校，中国科学院政策研究室编辑，1985。

［2］郭继贤：《战争与科学——二次世界大战期间的 OSRD》，《自然辩证法通讯》，1988 年，第 2 期，Vol.10。

［3］G. Pascal Zachary, *Endless Frontier*: Vannevar Bush, *Engineer of the American Century*, The Free Press, New York, London, Toronto, Sydney, Singapore, 1997. 中译本见《无尽的前沿——布什传》，周惠民、周玖、邹际平译，上海科技教育出版社，1999 年。

［4］Vannevar Bush, The Engineer and His Relation to Government, *Science*, Vol. 86（July 30, 1937）.

［5］张元仲：《狭义相对论实验基础》，科学出版社，1979，第 133 页。

［6］Daniel J.Kevles, *The Physicists: the History of a Scientific Community in Modern America*, Harvard University Press, 1995.

［7］（美）托马斯·哈格：《20 世纪的科学怪杰——鲍林》，周仲良等译，复旦大学出版社，1999 年。

［8］Vannevar Bush, As We May Think, *Atlantic Monthly*, Vol. 176, No. 1: 101–108. July 1945.

［9］J. M. Nyce, P. Kahn ed, *From Memex to Hyperfext: Vannevar Bush and the Mind's Machine*, Academic Press, San Diego, 1991.

［10］Vannevar Bush, *Science Is Not Enough: Reflections for the Present and Future*, William

Morrow & Co. , NY, 1967.

[11] Vannevar Bush, *Pieces of Action*, William Morrow & Co. , NY. ,1970.

[12] Clark A. Elliott, *History of Science in the United States: A Chronology and Research Guide*, New York： Garland， 1996.

[13] Roy Porter ed., *The Biographical Dictionary of Scientists*, Second edition. New York: Oxford University Press, 1994.

[14] Peter Galison and Bruce Hevly, *Big Science: The Growth of Large-Scale Research*, Stanford University Press, 1992.

[15] Lawrence Badash, *Scientists and the development of nuclear weapons: from fission to the Limited Test Ban Treaty 1939—1963*, Atlantic Highlands, 1995.

[16] Roger Geiger, *Science, Universities, and National Defense, 1945—1970*, Osiris, Vol. 7, 1992, pp. 26–48.

[17] Jerome B. Wiesner, Vannevar Bush, *Biographieal Memoirs*, Volso, pp. 88–117, National Academy of Suences, Washiugton D. C. 1979.

（选自《自然辩证法通讯》2002 年第 6 期，《20 世纪美国科学大厦的建筑工程师——万尼瓦尔·布什》，作者王大明，现任中国科学院大学人文学院教授，《自然辩证法通讯》杂志副主编。研究方向为科技哲学和科学技术史。）

第二编

丰富多彩的科学生活

哈 代

不仅仅是数学家

哈代这个姓在英国并不罕见，当然，最享盛名的当推19到20世纪之交的大诗人、大作家托马斯·哈代（Thomas Hardy，1840—1928），而其次就属这里要介绍的20世纪上半叶的大数学家哈代，尤其对钟爱解析数论的中国人更是如此。对于一个一生未婚，一门心思专搞数论某个难题的人，本来没有什么好写的，但哈代我们得另眼相看。首先哈代并非一个狭隘的数学专家，而是一位数学大家，现代解析数论的开拓者。尽管方法不断改进，结果不断翻新，解析数论却没有背离他在七八十年前所指的方向。再有，哈代是第二次振兴英国数学的革新者，如果不说是革命者的话。19到20世纪之交的英国数学早已沦为二、三流，正是哈代等人把英国数学带到国际领先地位。除此之外，哈代对世界、对社会尤其对科学、对数学有一套独特的"怪"想法。一说怪，往往会令人想起某些无聊的怪人怪事，但哈代的是一种世界观，我愿称之为"哈代主义"。

哈代 (Godfrey Harold Hardy，1877—1947)

1. 小数学迷

戈弗雷·哈罗德·哈代于1877年2月7日生于伦敦东南部萨里郡的克兰累。他父亲艾萨克·哈代是克兰累中学预科部艺术教师兼财务主任及舍监。他的母亲索菲亚是林肯师范学校的高级教师。他的双亲都特别能干，有数学头脑，他们都只是因为没钱才没能进大学受教育。他们只有一子一女。

小哈代从小对数字就很感兴趣，2 岁时他就求他的父母教他把数字从 1 写到几百万。父母带他上教堂时，他就把赞美诗的号数来分解因子打发时间，这后来成了他终生的习惯，不管是车厢号码还是出租车的车号，他都研究研究，看有什么好的性质。

他和他的妹妹是在一所典型的幼儿园里长大的，这两个聪明的孩子总是用一些问题难住他们的阿姨。他们怀疑祈祷是否有用，圣诞老人是否存在。"圣诞老人送我礼物为什么还要把价钱标在上面？我的文具盒上标有 3s、6p（3 先令 6 便士）"。他们的父母教育孩子有自己一套理论，给他们读的书不多，但都是名著。小哈代在幼儿园时已经能给他妹妹读《吉诃德先生》、《格列佛游记》和《鲁滨逊漂流记》了。保育员指点他们读、写，而从来没有教师教，他们的父母让他们自己学会一切。小哈代雄心勃勃，8 岁时自己就编写一张小报，其中有社论，有首相威廉·格莱斯通（William Ewart Gladstone, 1809—1898, 1868 年、1880 年、1886 年、1893 年作为自由党魁四度任首相）的演说，还有各种商业广告以及板球比赛的报道及投球的分析，这显示他多方面的兴趣及才华。遗憾的是，这张小报在伦敦轰炸中化为灰烬。他还计划写一部英格兰史，由于材料太多没能完成，但现在还保存他为这本书画的两幅精美插图，这也显示他来自父亲方面的艺术才能，不过他对音乐并没有什么兴趣。

他年纪相当大时才上克兰累中学。12 岁时参加第一次考试，在数学、拉丁文及绘画方面取得优胜。当时克兰累中学水平很低，这样优秀的成绩极为罕见，于是他被送到温彻斯特，在那里受到了赏识。这样，12 岁的哈代获得温彻斯特学校的奖学金，这所学校在当时以及很久之后在英格兰都是数学教育最好的。这所学校很怪，数学课只有学院院长理查德逊博士给他一个人上，古典学他也是班上最好的。正如维多利亚时代的公学一样，学校生活严格而艰苦，斯巴达式的训练差点使他送了命。虽然他后来不太情愿地承认他受的是良好教育，但他还是羡慕 J. E. 里特伍德（1885—1977）那种在一般文法学校上学时所过的轻松愉快的生活。他恨这所学校，离开后从不愿再回去看看，不过他还是沿着学校为他规定的道路走下去，一直到进入剑桥大学三一学院。他读过马歇尔夫人的小说《三一学院研究员》，他想像小说中的主人公那样成为其中一员。

哈代对剑桥的生活和学习也不太满意，从牛顿时代到 20 世纪初一直是老一套教学方式，学数学就是为了通过所谓数学荣誉学位考试（Tripos），这种考试都是一些机械性的难题，只要学生按部就班跟着学就能解出，并不需要有什么创造性和想象力。按照分数的顺序评出第一等第几名，第一名称为优胜者（Senior Wrangler），他和二、三名一般都能立即被选为研究员（Fellow，也有人译为院士）。选上研究员以后，他可以享受一定的待遇，七年里愿意干什么就干什么。

2. 崭露头角

1896 年秋，哈代进入三一学院，他就在这个体制之下接受训练，就像一匹赛马一样。每人有一位导师，他的导师是韦布（Webb）博士，许多考试优胜者出自他的门下。导师给他留大量的练习，并指导他解题的诀窍，头一学期他就感到这一切毫无意义。他一度想改行学历史，后来还是想找一位真正的数学家指点指点他，正如他在《一位数学家的自白》中所说："拉夫（1863—1940）教授第一次打开我的眼界，他教过我几个学期，使我对数学分析开始有了一个真正的概念。不过他毕竟主要是位应用数学家，他给我的最大教益还是他建议我去读 C. 若尔当（1838—1922）著名的《分析教程》，我永远也忘不了我读这本伟大著作所带来的惊喜，他对我这一代许多数学家给予最早的鼓舞。在我读它的时候，我才第一次了解数学的真正含义何在。从这时起，我才走上了成为一位具有健康的数学志向，对数学有真诚热情的真正数学家的道路。"

1898 年，他在数学荣誉学位考试中得了第四名，虽然他认为这种考试是可笑的，但他承认，这个成绩使他恼火，他是位真正的竞争者，觉得自己应该能赢。到 1900 年数学荣誉学位考试第二部分（其中有一些真正的数学）时，他终于如愿以偿，得到第一等第一名，第二名是著名物理学家 J. H. 金斯（1877—1946）。同年他也得到研究员资格。1901 年他和 J. H. 金斯获得史密斯奖金，这时，他的研究生涯正式开始。

从 1900 年到 1910 年他被选为英国皇家学会会员时，他做了大量工作。这 10 年，他有足够时间去搞数学研究，也不为生活发愁。1906 年他被任命为讲师，1914 年任凯雷讲座讲师。他在剑桥第一时期一直持续到 1919 年。在这期间通常教两门课，一门是初等分析，一门是函数论，每周上 6 个课时。头一门课中的积分部分，后来成为他的第一本书《单变量函数的积分》。1905 年出版这本书的重要意义在于把系统化的欧洲大陆数学引进英伦三岛。比这本书影响更大的是 1908 年出版的《纯粹数学教程》，这本书给英国的数学分析奠定一个严格基础，形成了 20 世纪英国数学分析的面貌。这本书到 1952 年印行了 10 版，其中 9 版是他生前出版的，并且多次重印。虽然这书比不上欧洲大陆一些大部头名著，但具有英国特色，是最早严格论述分析的英文书。

哈代在一生中主要从事数论及古典分析的研究，这决定了这个领域在 20 世纪发展的方向。但是，他对世纪之交数学的结构变化也是十分注意，并进行一定的研究及推广。从 1900 年到 1910 年，他写过 5 篇集合论的论文，着意于保莱尔（E.Borely，1871—1956）及勒贝格（H.Lebesgue，1875—1941）等人的测度及积分理论，尤其推崇希尔伯特（Hilbert，1862—1943）的数学工作、罗素（Russell，1892—1970）等人关于数理逻辑的研究。

3. 良师益友

到 1910 年，33 岁的哈代可以说是功成名就了。可是，这些成就充其量也不过是 19 世纪末的英国数学的最好水平，比起欧洲大陆的数学差远了，而其后 20 年的成就决不仅仅是百尺竿头，更进一步，而是把自己的数学同时也把英国的数学推向一个新高峰。比起这些成就来，前十年的百余篇论文可以忽略不计。这种中年跃上顶峰实在得力于他的两位合作者——里特伍德和印度奇才拉曼努詹（S.A.Ramanujan，1887—1920）。

1911年他结识里特伍德时，他34岁，里特伍德才25岁，里特伍德虽然只研究数学三四年，其成就之大、实力之强绝不在哈代之下。里特伍德当然早就知道哈代，而哈代也不是刚刚才知道里特伍德的名字。1907年1月1日，里特伍德头一篇函数论的论文，提交给伦敦数学会，文章中用初等方法处理了用高等分析方法所不能处理的0级整函数，让专家产生怀疑。第一位、第二位审稿人都反对发表，幸好，哈代被指定为第三审稿人。正是他为这位年轻人的处女作开了绿灯。1910年，里特伍德由曼彻斯特大学回到剑桥大学三一学院，1911年，他们开始了35年之久的合作，很快就产生出一系列的成果，除了级数求和理论之外，首先在丢番图逼近上取得突破。不久，这种富有成效的合作有一些停顿，原因有二：1914年6月第一次世界大战打了起来，里特伍德到军队服役，同时印度神童拉曼努詹的到来正好填补里特伍德留下的真空。

拉曼努詹与我们所说的通常意义的数学家不同，他有一种特殊的灵感和直觉，发现了上千个公式，却没有很好地给出通常意义的证明。许多数学家为证明他的一些公式伤透了脑筋，但收效甚微，人们无法理解他是怎样"猜"出这些结果的。现在关于他的书已有十几种之多，拉曼努詹现象仍是数学中的一个谜。不过，最重要的是，要不是哈代"发现"了拉曼努詹，拉曼努詹这块数学宝藏真不知要埋没多少年！虽说，哈代自己也对自己"发现"拉曼努詹评价甚高，但是这个"发现"却是拉曼努詹自己送上门的。

拉曼努詹比哈代小十岁，1887年12月22日，生于印度马德拉斯坦乔尔区昆巴科南镇的埃罗德，他家属于印度最高种姓——婆罗门，他同家里人一样，严格遵守婆罗门教的戒律，最尊崇的神是纳玛卡尔女神。他的父亲在昆巴科南镇一个布商那里当会计，他和他的亲戚虽然种姓很高，但都很贫困。拉曼努詹7岁到昆巴科南镇中学上学，一共9年。他不到10岁就显示出特别的才能，十二三岁大家一致认为他不同寻常。还没有念三角时，他已独立发现欧拉的正弦、余弦公式，一直到后来他才在龙内（Loney）的《三角》第二卷找到这个公式，他很失望。在中学期间，由于条件所限，他没读过任何一本高等数学书，他感兴趣的数学书只有乔治·卡尔（George S.Carr）所写的《纯粹及应用数学的初等结果大纲》二卷（1880，1886），这本三流的教科书为他打开了一个新世界。书中有6165个定理，拉曼努詹一个一个去推导，求出证明。就这样他完全靠自学学完代数、解析几何、三角和微积分，但是很难说他懂得欧洲数学中证明的含义。1903年12月，他通过马德拉斯大学的入学考试，1904年1月，他进入昆巴科南镇行政学院文科初级班学习，并因他英语及数学成绩优秀而获得奖学金。不过入学之后，听必修课时，他不专心听讲，一心研究他的数学，结果不能升到高级班，连奖学金也取消了，他很失望，在朋友的劝说下，他到泰卢固去游学，没有成功，又回到昆巴科南，还是由于心不在焉，1905年期终考试又失败了，1906年他又进入马德拉斯市的帕查亚巴学院，不久生病回到昆巴科南。1907年底，他以自学资格参加初级文科考试，还是以失败告终。由于没有大学文凭，他一直没有找到一个固定职业，1909 年结婚使他受到更大的经济压力。他托有势力的朋友帮他，一直到 1912 年在马德拉斯港务信托局找到一个小职员的工作，年薪只有 20 镑。正在这时，他的文章陆续发表了，两位英国人帮他弄到 60 镑一年的奖学金，为期两年，这足够已婚的印度家庭过上像样的生活了。1913 年 1 月 16 日，他写信给哈代，信中要求去英国，还寄来自己关于素数定理的研究以及一些未加证明的公式。哈代由这些不寻常的公式中看出这是个天才，于是他和内维尔教授花了很大力气，使拉曼努詹得以成行。拉曼努詹 1914 年 4 月来到英国，哈代发现，他虽是位天才，但是一点训练都没有，他的数学知识完全靠自学，他不懂得什么是证明，也不懂得近代数学的严格性意味着什么。他和哈代谈数学还可以，谈到数学以外事情就莫名其妙不知所云了。为了有共同语言，哈代耐心地教拉曼努詹一些正式的数学，大致相当于他在温彻斯特学院的水平。拉曼努詹没有听说过大部分近代数学，却有深刻的数学眼光，这对哈代来讲真是不可思议。他曾经说过，要是拉曼努詹受到更好的教育，那他就不那么像拉曼努詹了。后来哈代又反悔，他说这句话是胡说，应该改成，要是拉曼努詹受到更好的教育，他要比拉曼努詹还要更神！不管怎么说，在一次大战时的黑暗岁月中，同拉曼努詹的交往实在是一种极大的慰藉。

拉曼努詹在英国 5 年间写了 20 多篇论文，其中有 2 人合作的五篇高质量的论文，哈代认为在这期间自己的创造性也得到了充分的发挥。他们的工作主要是数的分拆，这是加法数论最老的问题，而在这个研究中，又创造了对华林（Waring）问题至关重要的圆法。在这期间，他研究第二个古老的加法数论问题——平方和表法数问题。1917 年夏，拉曼努詹病倒，一直没有恢复。虽然哈代经常去看他，他还是思乡心切，最终于 1919 年离开了英国，回到马德拉斯，1920 年因肺结核去世。哈代第一个写出讣文，他十分怀念这位天才，在其后十多年里，他研究他的公式，整理他的工作，传播他的奇妙的数学。1927 年由他主编的拉曼努詹文集问世。在第二次世界大战的艰苦岁月里，他的文集《拉曼努詹》（副标题是关于其生平及工作的十二次讲演）（1940）问世，这些都为传播拉曼努詹的思想做出决定性的贡献。恐怕可以这么说，没有哈代，也就没有拉曼努詹的数学。要知道在哈代之前，拉曼努詹曾寄手稿给两位英国数学家，但都被原封退回了。哈代不仅帮助拉曼努詹工作，而且帮助拉曼努詹获取他本不易得到的荣誉——1917 年他被选为剑桥三一学院的研究员，1918 年，拉曼努詹又被选为皇家学会会员。

剑桥大学三一学院可以说是英国数学的中心，不过哈代在这里并不很愉快，原因之一是罗素事件。罗素是他的老师和朋友，他不仅信奉罗素的数理逻辑，也同情他的政治思想，特别是反战态度。1916 年，剑桥三一学院因罗素的反战活动而取消了他的讲师资格。哈代、里特伍德等 22 人联名反对未成后，1919 年，罗素出狱后也未能恢复讲师资格，这些结果令哈代感到气愤，所以当牛津大学为他提供赛维里讲座几何学教授职位时，他二话没说就去了牛津。也是在二次大战期间，他出版了《罗素与三一学院》一书（1942），是这个事件的唯一记录。

4. 从牛津到剑桥

1919 年秋，哈代移居牛津大学新学院居住。当时新学院人数不多，彼此之间亲密无间，牛津同仁的友好气氛让他感到如在家一样温暖，这是他在剑桥时从来没有感受过的。他们常常一起谈论各式各样的题目，并且参加各种体育活动。许多人急于想听他谈论什么，他们接受他的怪僻，他们知道，他不仅是位伟大的人物，是个好人，也是一个十分有趣的人物。这反过来使他谈话的本领日臻完善，谈话成为他喜欢玩的一种游戏，有时候听的人往往不太容易了解他的真正意见究竟是什么。在牛津期间，他也参加许多政治及社会活动。他的政治态度比较激进，有人传言在他的房间里有一幅列宁像。他的观点不系统，有些观点来自罗素，另外一些则是他固有的。他出身于知识分子家庭，接触的多是上层资产阶级人士，他似乎不太喜欢这些人的市民习气，他行为举止更像贵族。他也喜欢同下层人物打交道，而不喜欢主教、法官、政客等"社会中坚"，而对拉曼努詹这样的人却非常友善。从中学时期，他已经不信教了。有意思的是，他把上帝看成他的敌人。为了表示他的信念，他一度担任社会公职。1924 年到 1926 年，他任科学工作者协会主席，这是一个相当工会的组织，他自嘲说，这是一种奇怪的选择，因为自己是"世界上最不实际的职业中最不实际的一员"，不过，正如后来 C.P.斯诺（C.P.Snow，1905—1980）所说，在重大问题上，他并非那么不实际。

在数学界，他也从事许多有益工作，他演讲和写作都很出色，他的著述深入浅出、耐人寻味，在传播数学知识方面做出许多贡献，对他自己研究以外的领域也发表许多通俗文章，例如 1925 年在《数学杂志》上写的"几何学是什么？"。同时他也整理许多零散问题成为新方向，突出的是他与里特伍德和 G.波利亚（1887—1985）合著的《不等式》（1934）。

1928 年，J.W.L.格莱舍尔（1848—1928）去世，其编辑的《数学信使》（*Message of Mathematics*）及老的《数学季刊》（*Quarterly Journal of Math*）自动停刊。于是他在牛津筹办《数学季刊牛津版》，这个杂志对英国数学特别对牛津数学发展有着极大助益。1926 年到 1928 年，他第一次当选伦敦数学会主席（1939 年到 1941 年，他再次当选伦敦数学会主席），他的谢职演讲就是论不等式的。在这前后，他几乎连续地担任数学会的执委会委员或秘书，他可以说是伦敦数学会活动最积极的参加者。从他 1917 年任该会秘书以来，他几乎一次不落地参加每一次学会，听完每个报告，执委会开会也是每次必到，

哈代（左）与 J.E.里特伍德在三一学院

从不缺席。1929 年他荣获学会最高荣誉德·摩根奖章。

在牛津期间，他开始培养学生，许多未来英国数论及分析大家出自他的门下。如梯其马什（E.C.Titchmarsh，1899—1963）、达文波特（H.Davenport，1907—1969）等人。他们、他们的学生、学生的学生一直让英国的解析数论在世界上独占鳌头。

1928 年，他被请到剑桥作卢斯·鲍尔演讲，演讲的题目是"数学的证明"，这反映出他对数学基础的兴趣。他的思想主要来自罗素，他在牛津也多次给哲学家讲述数学基础，引起广泛兴趣。1928—1929 年度，英美两国交换学者，哈代到美国普林斯顿大学和加州理工学院任访问教授。

牛津时期是他数学研究取得丰硕成果的时期，其中最突出的成就几乎都是他和里特伍德合作得到的。这时，他和里特伍德一人在牛津，一人在剑桥，几乎完全是靠通信来合作的。这种数学史上最富有成果的伟大合作是怎样进行的呢？丹麦数学家哈拉德·玻尔（Harald Bohr，1887—1951）在一次讲演中曾读到他们的合作遵守四条原则：

1. 当一个人写给另一个人时，所写的是对还是错不必介意。

2. 当一个人收到另一个人的信时，他不必非得去读它，更不用说答复了。

3. 假如他们同时都想到同样的细节，虽然说这实际上没什么关系，但最好还是不要这么干。

4. 在他们联名发表的论文中，如果其中一人连一点贡献也没有，那也完全不要紧。他们几乎很少背离这些原则，通常是里特伍德把所有数学的要点的骨架都搭好，写成倒数第二稿，然后哈代加进所谓"空话"，按照哈代所擅长的，写成一篇漂亮论文。哈代往往把功劳的一半归功于他的合作者，他总是称赞他的合作者，尤其是拉曼努詹及里特伍德。但不难看出，哈代往往起着一个舵手的作用。他的哲学及眼界常常决定后来一门学科的发展方向。里特伍德少有的结合技术和能力以及攻坚本领使这两位大数学家的合作相得益彰。

5. 重返剑桥

1931 年 4 月，剑桥大学教授 E. W. 霍布森（1856—1933）退休，留下塞德勒讲座纯粹数学教授职位，聘请哈代就任。出乎人们意料之外，哈代接受了聘请于 1931 年秋重返剑桥。据斯诺分析，其中有两个原因。头一个原因也是决定性的原因：归根结底剑桥才是英国数学的中心，作为英国最伟大的数学家，理应就任数学界最显赫的席位。第二个原因也许更实际一些，54 岁的哈代考虑他的年老和退休问题。在牛津新学院，一旦他在 65 岁退休之后，他就得从办公室及住所迁出腾给他的继任人，而在剑桥三一学院，他可以住在那里一直到死。对于年过半百的哈代来说，虽然还很快乐，虽然还富有创造力，终究岁月不饶人，现实的考虑还是必要的。1931 年以后，他发表的论文数量减少了，占他论文总数约 300 篇的三分之一还少，而且大部分是合作的，特别是同里特伍德合作。不过，作为一位成熟的数学家，却写了 5 部专著，另外还有 2 本书。这些专著多次再版，影响一直不衰。尤其是与莱特（E.M.Wright）合著的《数论导引》（1938 年第一版，1945 年第二版，1954 年第三版，1960 年第四版，1979 年第五版，多次重印），至今仍是最好的数论入门书，在上百册同类书中，仍是首屈一指不能替代的。

30 年代的西方社会处在一个极为困难的时期，大萧条的蔓延使广大人民的物质生活贫困而艰辛，希特勒在德国掌权使得政治形势变得更加尖锐复杂。也正是在这时候，以哈代－里特伍德为首的剑桥数学学派再次使英国数学复兴。这时剑桥不仅是英国数学的中心，而且也成为国际性的中心。由于法西斯上台，哥廷根以及柏林、汉堡作为国际数学中心急剧衰落，代之而起的是法国的巴黎、丹麦的哥本哈根，美国的哈佛及普林斯顿，同时苏联的莫斯科及列宁格勒以及波兰的华沙也都形成各自的中心。但是在 30 年代，所有这些中心都比不上剑桥。来往于剑桥的不仅有世界著名的物理学大家，如 A. 索末菲（Arnold Sommerfeld，1868—1951）、N·玻尔（Niels Bohr，1885—1962）、M·玻恩（Max Born，1882—1970）、L·英菲尔德（Leopold Infeld，1898—1968）等，而且老一代及年轻一代数学家更是这里的常客。各国数学界的头面人物，如法国数学家 P·班勒卫（Paul Painlevé，1863—1933）、M. R. 弗莱歇（Maurice René Fréchet，1878—1973）、德国数学家 E·朗道（Edmund Landau，1877—1938）、H·外尔（Hermann Weyl，1885—1955）、R·库朗（Richard Courant，1888—1972）、H·哈塞（Helmut Hasse，1898—1979）、美国数学家 G. D. 柏克霍夫（G. D. Birk-hof，1884—1944）、O·凡布仑（1880—1960）、J. W. 亚历山大（J. W. Alexander，1888—1971）、N·维纳（Norbert Wiener，1894—1964）以及 H·玻尔（Harald Bohr，1887–1951）及卡拉瑟道里（1873—1950）等。在此期间，中国的华罗庚及柯召也在剑桥进修，他们都得到哈代的支持和鼓励。

1936 年秋，哈代到美国参加哈佛大学 300 周年校庆活动，以拉曼努詹为题作了一系列演讲，这些演讲连同在普林斯顿大学及剑桥大学的讲课内容凑成十二篇结集后于 1940 年出版。这本书不仅全面介绍拉曼努詹在各方面的工作，而且是数论专题的导引，许多章节还包含拉曼努詹以后 20 年的成果。

在 30 年代，哈代仍像过去那样过着他那种独特的"年轻人"的生活。他喜欢体育运动，好打网球，但比什么都着迷的是板球，除了数学之外，板球可以说是他最关心的对象。他不仅自己打，而且天天注意板球各种比赛的结果及得分情况，以致著名经济学家 J. M. 凯恩斯（1883—1946）说，要是哈代每天花半小时看股票交易行情像他读板球得分那样专注和认真，他早可以成为大富翁了。

哈代这种健康的生活到 1939 年打上了终止符。1939 年他突发心肌梗塞而不得不放弃自己喜爱的运动。第二次世界大战爆发更使他又回到一次大战时的心态。他的反战观点没有改变，他的情绪更加抑郁，他的一位密友的惨死更使他忧伤，这一切的共同作用使他的数学创造性也逐步丧失了。在这样的心境之下，他写了《一位数学家的自白》（1940），整理出版了《拉曼努詹》（1940），许多朋友特别是斯诺离开剑桥去白厅参加战时工作尤其使他感到孤独。他一生未婚，由他的妹妹照顾他的生活。有一次斯诺来时劝他写下上次大战时罗素及三一学院的故事，哈代本来觉得这是早已过去的事情，斯诺等人的目的是让哈代干点有意义的事排遣烦恼。1942 年《罗素及三一学院》问世，但只在私下流传，这也是哈代对学术界历史的一个贡献。斯诺还劝哈代写另一本小书《板球场一日》，记述他一整天看板球比赛的心境，然后展开来论述比赛、人的本性乃至生活本身。哈代以前曾多次答应写，但是最终没有写成。斯诺在整个二次大战在伦敦工作时，都借住哈代的单元房，但他来看望哈代时，哈代从来不问他的工作，这反映了他对战争的厌恶。

1942 年哈代从教授席位退休。这时他除了和里特伍德合作继续以前的研究之外，还和他的学生 W. W. 罗果辛斯基一起研究傅立叶级数，他们合著的《傅立叶级数》于 1944 年问世。他的最后一本著作《发散级数》于 1949 年他去世后出版，这是他从一开始数学研究就感兴趣的题目，也是他半个世纪研究的总结。

战后哈代的身体并没有好转，情绪仍然低落，但他听说斯诺回来写书时非常高兴。他说，对于一个严肃的人来讲创造性的生活是唯一的生活，他自己仍想恢复原先那种创造性的生活，但是已经不可能了。1947 年夏，哈代病重，连从房间里走到厅里都很吃力。他收集巴比妥片（一种安眠药），企图自杀，但没有成功。哈代的另一位密友、希腊文教授罗伯特森（Donald Robertson）要求斯诺常来看他，跟他谈谈。的确，躺在病房的哈代，需要有人帮他。斯诺差不多每个星期都去看他，而且总是谈起板球，这几乎成了他死前唯一感兴趣的话题。哈代的话不多，但每一次都谈到死，他不怕死，准备好面对死神来临，但他静心等待，不再尝试自杀。1947 年 11 月，他听说皇家学会授予他最高荣誉——柯普莱奖章，他咧嘴作出一个神秘的微笑，这是他住院时很难得见到的。他意识到这是他人间喜剧的终点，"当人们急于要给你什么荣誉之类的东西时，这是能得到的唯一的结论。"1947 年 12 月 1 日清晨，他突然去世。去世前，他还想知道板球比赛的得分。

6．爱憎分明

哈代出生于维多利亚的极盛时期，许多英国人都把那段时光当作太平盛世来回忆，充满留恋之情，但是他壮年时期却是两次大战及其间歇期。这是个科学、数学、艺术、哲学……总之是人的创造性无比高扬的时期，广义相对论及量子力学就是这个时期的产物，可是其背景却是社会、政治、经济的大动荡，从共产主义到法西斯主义，从国际主义到国家主义，从自由放任到国家干预，都要求人们面对，作出选择，而像哈代那样的专家，完全可以躲进数论这个象牙之塔里去。哈代与当代许多狭隘的数论专家不同，对于专业外许多事物有着极大的热情，对于几乎所有人类活动都有着明确的好恶和取舍，真正可以说是爱憎分明。梯其马什曾列举如下：

喜爱：

1. 板球和各种球类运动。

2. 美国，虽然可能他只接触到其光明的一面。

3. 斯堪的纳维亚，其人民和他们的食物。

4. 侦探故事。

5. 英国、法国好的文学作品，特别是历史及传记。

6. 散步及爬山，特别在苏格兰和瑞士。

7. 谈话。

8. 奇特的小纸条游戏，如列举出所有名人、他们的名字以某些字母组合打头或者他们都属于某个国家、某个城市或某个学院。他能在旅馆里或散步中一玩玩几个小时。

9. 妇女解放及妇女受高等教育（虽然他反对授予牛津妇女以大学正式成员资格）

10.《泰晤士报》的纵横字谜。

11. 太阳。

12. 对所有事情都井井有条，除服装之外。他有一个大的工作室，有许多图书还有成堆的论文散在房间各处，但是他知道什么东西放在哪里以及某本书在书架上的精确位置。

13. 各种年龄和各种类型的猫。

憎恶：

1. 所有的流血运动，战争，各种的残酷行为，集权政府的集中营以及其他。

2. 机械的小玩意儿，他从来不用表或自来水笔，除非在非打不可情形下才打电话。他的通讯主要靠预付电报及明信片。

3. 镜子，他的所有房间都没有镜子，他每次住旅馆，走进房间第一件事就是用浴巾把镜子盖上。

4. 正统宗教，虽然他有几位宗教界朋友。

5. 英国气候，除非是炎热的夏天。

6. 狗。

7. 羊肉——这是温彻斯特学校的遗产，那时他们按照规定一星期吃五天羊肉。

8. 作为一个阶级的政治家。

9. 任何一种赝品，特别是精神的赝品。

他经常说，他的上帝是他的敌人，这种态度在英国也被认为是大逆不道的。他甚至连教堂都不进，按规定是需要进入教堂选举新学院的院长，他因此也不参加。在政治上，他反对法西斯主义，在他表示的六个愿望中，有一条就是处决墨索里尼。他对资本主义制度也极为反感，这与他激烈反对有用的数学是有关系的。他明确地反对种族歧视，1934 年德国数学家 L. 比勃巴赫（C. Bieberbach，1886—1982）配合纳粹的宣传，大谈人种类型与数学的关系，把纳粹特别加以宣传的人种学与种族心理学应用到数学中去。哈代马上起来在《自然》上发表文章据理力争，痛斥这类谰言。但也可能正是这种态度，他也没有成为一名左派。

7. 哈代主义

既然哈代对于任何事物都有自己的看法，对于他最喜爱的数学当然也不例外。关于数

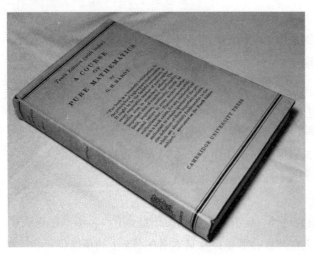

A Course Of Pure Mathematics（1955 年版本），哈代的第一本书，并且是相关领域在剑桥多年来的标准文本，也是 20 世纪数学的经典著作之一。

学的观点一般可分为两个部分：一是对数学本身的看法，也就是数学是什么？二是对数学与社会关系的看法，也就是数学的社会功能如何？我们应该发展什么样的数学？在后一方面，哈代代表一种极端的观点，我们可以称之为"哈代主义"。在《一位数学家的自白》中他说"我从来未做过任何有用的事，既没有给世界带来欢乐，也没有带来灾难。"他讲这话时绝对没有任何抱愧的心理，相反，他是以此为荣的。不仅如此，他在纯粹数学与应用数学之间划一条界限，他宣称，真正的数学就是无用的数学。他激烈反对应用数学。他说"的确存在许多应用数学的分支，例如弹道学和空气动力学，发展这些学科是为了战争……这些分支没有一个可称得上是'真正的'数学。实际上它们丑恶之极，令人极端反感，枯燥无味得让人受不了，连里特伍德也不能让弹道学变得让人能看得过去，要是里特伍德都不能做到，那谁还能做到呢？"

实际上，从美学角度来看纯粹数学的数学家是不少的，后来的布尔巴基学派以及许多大数学家都是这么看的，而且他们所搞的数学要比哈代的解析数论漂亮得多。他们以纯粹数学自豪，把应用数学家看成二等公民是不难理解的。但是哈代的想法有着更深的考虑，实际上，他反对一切应用科学，他在 1915 年说得很明白，"一门科学叫作有用的，如果它的发展或者更加重财富现存的不均衡状况，或者直接地促使人类生存的毁灭。"他后来观点有些改变，承认科学不全是为非作歹，也可以为善造福。但他认为数学特别是数论的确是唯一一门出淤泥而不染的纯粹科学，也就是任何坏事决怪不到数论头上。他特别反对那种普及的、有用的数学，这是针对霍格本的，L. 霍格本（1895—1975）是位左派，他写过一本《百万人的数学》（1936），倡导大家都懂的、有用的数学，而哈代斥之为无聊的数学。哈代则提倡高级的数学，他称之为真正的数学，只有少数人能欣赏及创造的数学。

他首先提出的问题是数学是否值得去干？他说这个问题分为两个方面：一是他做的工作是否值得干，二是他为什么去干。他首先回答第二个问题，他说标准的答案有两个，一是它是我能干好的唯一事情"，一是"我没有什么事干得特别好，我碰巧干了这事而没有机会干别的事"，这里他强调了数学是年轻人的事业，没什么人过 50 岁还能取得重大数学突破。他对第一个问题的回答是：

1. 数学的"无害性"，他说"研究数学，即使不能获利，也是一种完全无害和纯洁无瑕的职业"。

2. 少数人浪费时间去搞数学不能形成很大的灾难。

3. 数学成就的永恒性。这是他引以为荣的动机。

有了这些理由，加上三个推动力——智力上的好奇心、职业上的自豪感以及野心勃勃的志向，会使有才干的年轻人走上研究数学的道路。

这就是哈代主义的实质。

有意思的是，哈代去世 30 年后，有人发表文章"应用数学家哈代"，用哈代自己的工作反驳哈代自己的观点。1908 年哈代在美国科学杂志《科学》上发表一篇小文章，这篇论文在数学上极为简单，但其结果却是群体遗传学的基本定律——哈代 – 魏因伯格定律。说来这也是科学史上重要的一页，这里只能讲个梗概：1900 年科学史上重大事件除了普朗克的量子理论之外，就应该说是孟德尔定律的再发现。与许多科学史的叙述不同，1865 年的孟德尔定律被科学界接受远非一帆风顺，当时不仅有激烈的反对者，而且在拥护者阵营当中也不乏在这个方面或那个方面反对孟德尔的科学家，有的人反对孟德尔定律本身，有的人反对遗传因子理论（基因概念的前身），有的人干脆就讨厌孟德尔的数学。在英国，以卡尔·皮尔逊（1857—1936）为首的生物统计学派激烈反对孟德尔的理论，他们引进先进的统计方法，倡导连续变异学说。而他们的对立面 W. 贝特森（1861—1926）则倡导非连续变异学说，而孟德尔理论的再发现，无疑为他们提供理论及实验基础。他们争论的焦点是：变异是如何遗传到后代的？换句话说，显性基因与隐性基因的比例是否每一代发生变化，也就是说，很罕见的基因最后是否会消灭掉？贝特森的合作者，孟德尔学派的代表人物 R. C. 潘耐特（1875—1967）虽然意识到生物统计学派的比例变化观点不对，但没有把握，于是就去请教同在剑桥工作的哈代，哈代立刻就推出：在随机交配的大群体中，显性基因与隐性基因的比例在每一代均保持恒定，除非受到外界干扰使其改变。因此即便是最稀有的基因形式也可以保存下去。由于英国的权威杂志《自然》（Nature）把持在生物统计学派的手中，潘耐特劝哈代把文章投向孟德尔主义流行的美国相应杂志《科学》（Science）。1908 年，这篇只有两页的论文发表了。潘耐特在他 1911 年版的《孟德尔主义》中把这规律正式命名为哈代定律。但是，几乎同时德国斯图加特市的医生 W. 魏因伯格（1862—1937）在德国刊物上发表同样规律，这一直到 1943 年才为 C. 斯特恩注意到，其后才称为哈代 – 魏因伯格定律。实际上，美国生物学家 W. E. 卡索（1867—1962）在 1903 年也发表过同样的见解。哈代的初等数学对生物学的影响是不能低估的。潘耐特求教于哈代并没有到此为止，哈代还帮他写过另一篇著名论文"消除弱智"（1917），其出发点是这样的，既然随机杂交不能消除掉"坏"基因，通过人为或环境的干扰，例如非随机交配、选择、迁移等方法可以最终消除掉某些稀有基因，如果这样，基因频率的减少速度为何？哈代给他一个公式，告诉他这也并不快，而且越来越慢。拿弱智来说，通过选择交配方法，由 1% 降到 1‰（千分之一）需要 22 代，由 0.1% 降到 0.01% 再需要 68 代，由 0.01% 降到 0.001% 又需要 216 代……，这是哈代不自觉的通过应用数学对生物科学作出的贡献。正是这些他认为不起眼的想法，使他的名字远超出纯数学的范围而对人类做出利他的贡献。

　　这个故事仿佛是个小小的讽刺。但是哈代与另外两类数学家或科学家不同，一类主张为数学而数学，是因为他们热爱数学，把它当成唯一的价值，当成逃避一切世间喧嚣的象牙之塔，他们不考虑他们所钟爱的学科与社会的关系，这是完全消极的态度；另一类是功利主义者，他们考虑他们所搞的东西与社会的关系，也特别认识到这给自己带来的好处，这是一种入世的积极态度。哈代身处乱世，他对为什么要搞数论希望有一个让自己满意的答复。当时各种思潮从左到右，沸沸扬扬，像 J. 贝尔纳（1901—1971）等人明确地把苏联的科学看成未来科学的方向，有的"剑桥左派"如菲尔比等甚至成为苏联的间谍。但是哈代仿佛意识到他们必将吞下的苦果（正如 J. B. S. 海尔登［1892—1964］无法把他的科学同李森科之流的意识形态相调和），他采取一种积极的消极态度，他采取一种袖手旁观的不合作态度。不过，正好在欧战正酣的 1940 年抛出《一位数学家的自白》真是不合时宜，难道越来越多数学家参加战时研究有什么不对头吗？而且从那时起，包括数论的所有数学分支，无论在战时还是在平时都越来越有用。对此哈代主义无能为力，一点办法也没有，这的确是哈代的悲剧，也是哈代式的悲剧。

参考文献

［1］G.H.Hardy, *Collected Papers*, Ⅰ－Ⅶ, 1966—1979, Oxford: Clareadon Press.

［2］E.C.Titchmarsh, Godfrey Harold Hardy, *Jour.London Math.Soc*, 25, 2, 81–101（1950）

［3］L.S.Bosanquet etc, Some Aspects of Hardy's Mathematical Work, *ibid*, 102–138.

［4］G.H.Hardy, *A Mathematician´s Apology 1940*, Cambridge Universtry Press, 1967 年版附有 C.P.Snow 的长序。

［5］G.H.Hardy, *Ramanujan*, 1940, Cambridge University Press.

［6］L.Young, *Mathematicians and Their Times*, 1981, North Holland.

［7］C.R.Fletcher, *G.H.Hardy–Applied Mathematician*, Bull IMA, 16, 2/3,（1980）

［8］J.D.Bernal, *The Social Function of Science 1939*.（1944 年版中译本《科学的社会功能》，商务印书馆，1982 年）。

［9］安德鲁·博伊尔：《背叛之风》，新华出版社，1981 年。

（选自《自然辩证法通讯》1993 年第 4 期，《哈代：不仅仅是数学家》，作者胡作玄，中国科学院系统科学院研究所研究员，研究方向为近现代数学史及科技史。）

魏格纳

地质学现代革命的伟大奠基者

今年（1980）11 月 1 日是伟大的德国地质学家阿尔弗雷德·洛萨尔·魏格纳诞辰一百周年纪念日。世界地质学界最大的合作组织——联合国地科联国际动力学十年计划（1970—1980 年）委员会决定，将在这一天召开总结大会。魏格纳既是地质学家，又是天文学家，气象学家，地球物理学家和极地探险家。他提出的大陆漂移假说，已经发展成为当代最盛行的大地构造理论——板块构造学说，又叫新全球构造理论，而现代地质学正在经历着的一场巨大革命正是在这个理论的指导下进行的。

1．目标与勇气

魏格纳 1880 年 11 月 1 日出生在德国柏林一个孤儿院院长的家庭里，父亲是神学博士。魏格纳在青少年时并不是神童，也谈不上出类拔萃。他先后在好几个大学学习，1905 年他在柏林的因斯布鲁克大学提交的关于天文学的毕业论文水平也较一般。

魏格纳学生时代的密友、后来成为天文学家的冯特写过许多关于魏格纳的文章，谈到了魏格纳的天赋才能及品质特征。他曾经精辟地指出，尽管"魏格纳的数学、物理学和其他自然科学的天赋能力很一般"，然而他却有能力充分运用这些知识去达到自己所追求的目标。另一方面，"就是他对事物敏锐的洞察力"和非凡的预见性，"还有严谨的逻辑判断能力，

魏格纳 (Alfred Lothar Wegener, 1880—1930)

让他能把与他思想有关的每一件事正确地组合起来"。尤其突出的是魏格纳具有任何一个后来成为科学上的伟大人物的那一类人中常见的自信心和进取心，勤奋和勇气。正如德意志民族的一个谚语所说：一个人丢了金钱并不可怕，还可以挣；一个人失去了朋友，当然可悲；而一个人若失去了勇气，便一切都完了。魏格纳一生中都保持着一种非凡的勇气，这种杰出气质早在他学生时代就充分显露出来了。

魏格纳从小就不够健壮，尤其是耐力较差。为了克服这个弱点，他自觉进行近乎残酷的斯巴达式训练。整个冬天他每天都去雪地练习滑雪，执行自己制定的去极地探险的预备训练计划，连刮暴风雪的日子也不例外。21岁那年，他利用暑假，约上弟弟库特，怀着巨大的热情在一座小小的山上搞了整整一个假期的登山活动，每天兴趣不减。大学毕业前两年的冬天，他常去拜访住在附近山顶上一所小型气象观测站的朋友。魏格纳每次都是滑雪前往，路线一旦确定，就不管路上是多么崎岖不平、树丛密布，他总是奋力前往，摔倒了再爬起来，直至达到目的地，方才罢休。所有这些都展示出魏格纳的抱负和目的感。具备上述品质是难得的，它往往预示着巨大的成功。

大学毕业，魏格纳在他未来的岳父柯彭教授指导下，从事高空气象学新技术的研究。柯彭，一个威严的外籍学者，当时是气象学权威，指导着汉堡北边的格罗斯博斯特尔的一个有很大影响的探空气球实验站。

英俊年青的魏格纳奋不顾身地投入高空探测气球活动，从实验室准备到林登伯登天文观测台，每个数据，每项工艺，他都认真对待。探空气球技术在20世纪初是世界上最现代化最困难的气象学手段。

魏格纳和他的弟弟库特参加了1906年4月举行的戈登·贝内特探空气球比赛。当时持续飞行时间的世界纪录是35小时，魏格纳兄弟却飞行了52小时，一举打破世界纪录，飞行高度达3700公尺，在他们之前还没有人到达这样的高度。他们战胜了高空的寒冷达两个黑夜，并准确测得高空的气温、气压、风向和风力，完满地达到了预期目的。一着陆，便被记者围住了。

"啊，上帝！真是棒极了"，一个记者热情地说，"热烈祝贺你们打破了法国人杰·良·沃伯爵保持的世界纪录，请谈谈你们的感想。"

魏格纳兄弟愣住了。他们并不曾有过想要打破世界纪录的念头。"我们只是热衷于这项工作，"哥哥阿尔弗雷德回答说，"这项工作十分有趣，几乎每小时都有新发现，我们总想再多飞一会儿，再飞高一点儿。就是这样。"

显然，站在人们面前的是一个潜心致力于科学的人，他的目标是探求科学真理，在探求真理的道路上，他具有一往无前的勇气。同时，他又是谦虚的、质朴的。这些品格，随着他的名声日益增大，表现得愈加突出。这些品格，是科学家能洁身慎独，保持锐气和对新事物敏感所不可缺少的。

2．质朴的人

1908—1912年，魏格纳在马堡物理学院任教。当时他刚刚从格陵兰第一次探险平安返回，一边整理从格陵兰收集的大量资料，一边进行天文学和气象学的讲授和研究。

魏格纳还经常以非国家聘请的私人大学讲师的身份，作一些有关气象学的讲演。无论是在课堂，还是在小小的观测站里，这位年轻的辅导老师，总是那样的热情、生气蓬勃，并很快以他的刚毅赢得学生的崇敬。而他又很谦虚，总是对学生循循善诱，启发学生去掌握基础知识，而决不要求学生死记硬背。在一些偶然的场合，这个看来十分温顺的人，竟像狮子一般勇猛战斗，当他在批判一种认为必须在极地实际气候条件下工作才能作出预测的说法时，魏格纳认为这简直是自杀。

这一时期魏格纳完成了题为"大气圈热力学"的讲稿，在这篇讲稿中他第一次试图从近几十年大量的自由大气测量中找到普遍的物理规律，以便能解释各种现象，诸如不同的大气层（自从平流层被发现以来，才仅仅过了8年！）和各种类型的云图。这是一个相当难的课题。那些天，凡有机会登台讲演的学者，都赞成将最高学位授予那时还不具有教授头衔的魏格纳讲师。然而魏格纳却不这样，他仍把自己当作听众。与此同时他又用讲稿的题目写下了一本具有时代意义的著作。而魏格纳对自己工作的评语是："这些推导不是我的，你们会发现这是物理书上写过的，根据……，在……页上……"。这件小小的轶事不仅反映出这样一个事实：魏格纳确实不具有数学天赋，而且充分显示出他的质朴。

在魏格纳当年给柯彭教授的一封信中，他曾经坦率地说："我本人持有这样的观点——或许有点儿走极端或是偏见，我认为数学与我无缘分，我弄不懂我究竟是对还是不对。即是说，我除了硬套数学公式之外，简直无法在数学领域内工作。"尽管魏格纳的才能在这方面显得不足，但他总是从下列两个方面加以弥补：第一，他总是尽最大努力做到文章通俗易懂，不以专家看懂为满足，甚至在他的专业性最强的著作中也是如此；第二，他最突出的一个性格特点是坦率，在学生面前也是如此。他为人做事光明正大，从不弄虚作假。这是某些人难以做到的。他从一般人的俗气中超脱出来，因为这种俗气往往使人对自己的真实情况多少表现出一定程度的夸大或缩小。

当时的青年学生实际上都感受到了他的

1930年，魏格纳在格陵兰岛的第四次远征，魏格纳在左，拉斯姆·维鲁姆森（因纽特人）在右。

质朴。他的演讲和论证的质朴性，显然是基于他的丰富的经验和已取得的成就，正是这些使他赢得了听众的心。在马堡的那些讲演的最后，他总是拿出大量的照片给大家看，来说明他要论述的东西。通常拿出来的有云图，还有贴近地面的光的反射、光在冰晶里的反射和折射而产生的大气光学现象、海雾的形成、迁移和翻卷的各种图片。大多数照片都是人们从未见过的。这些图片在他的讲演中用作例证，真是被用得恰到好处。他还做出改革，让学生能看到那些以前只让有助教级别以上的学者才能看到的实验，比如 K·施图克特教授和魏格纳一起亲自施放几个高空气球去探测光线。魏格纳甘当教授的忠实助手，从不计较荣誉，甚至去听一个年轻教师所做的这类讲演。魏格纳把照相当作是一种研究方法，并给予很高的评价。

下午，魏格纳总喜欢在学校小吃店喝茶，款待朋友和学生，给他们讲自己旅行中的故事。大多数人当时并非都知道魏格纳已经是著名的学者，是魏格纳特有的质朴和诚恳的风度吸引住了青年人。一个学生在回忆魏格纳时写道："他点燃了青年人心里的火焰，假如有任何人要向魏格纳提出和证实的理论提出挑战的话，我们将会毫不迟疑地第一个站出来和他辩论。"

1910 年春天的一个傍晚，魏格纳带着他新写成的"大气圈热力学"讲稿，来到汉堡市郊柯彭教授的家。门开了，出来一位体态匀称、美丽的姑娘，一双明亮的眼睛看着客人，问道：

"您找我父亲吗？"

她便是艾丽丝，柯彭教授的幼女。她带着魏格纳走进柯彭的书房。魏格纳着迷了，他从一个书架走到另一个书架，默诵着各种书名。他还在墙上见到一幅不寻常的大地图。这幅图上画着一根根闭合的表示高压高温气团和低压低温气团的实线和虚线。他看着看着，竟全然不知道姑娘什么时候去叫来了父亲，父亲示意女儿不要打扰魏格纳，直到魏格纳走到他父女俩跟前，才想起自己是来拜访柯彭教授的。接着，他俩便围绕着大气圈热力学这个题目热烈地讨论起来。天已经很晚了，似乎话匣子才刚打开。柯彭教授也为这位青年教师具有的火一样的热情而感动，便把客人留下住了。他们整整谈了 4 天。最后，柯彭教授对"大气圈热力学"一书的稿子给予很高的评价："这样好的书从来没人写过！"

魏格纳充满幸福感离开柯彭家，他高兴的另一个原因，就是他与艾丽丝之间，短暂几天已经建立起亲密的友谊。

在临别时，魏格纳答应艾丽丝一定常常给她写信。可事实如何呢？他确实写了，不过信写得并不勤，写的也只是只言片语。艾丽丝明白，他太忙了，因为她在父亲的书房堆放的杂志中经常见到魏格纳发表的文章。

1912 年早春的一天，柯彭教授在家里宣布："今天魏格纳来我们家，他是一个我非常喜欢的人。"魏格纳一进家门，艾丽丝就恨不得把心里话立即对他倾吐，可是没有机会。父亲与魏格纳一谈上，就越谈越有兴致。他们一直谈到晚上，大气圈、格陵兰、气象学……姑娘在偷偷地听着，学者们的谈话真是没完没了。好不容易等到阿尔弗雷德走出书房，突然他碰到艾丽丝，真叫他一愣，仿佛他才想起她似的。

"啊，艾丽丝，我这次来汉堡正是为了您。嗯，不过我们还剩下一个问题要谈，糟糕，时间也剩下一点儿了。"

然而惊慌失措永远不会在魏格纳身上出现了，他立即补充说：

"我们的话明天早上谈吧。"

"明天早上，您忘了，我听见您不是说，明天一早您就要和库特一起乘探空气球去飞行吗？"

"啊，对啦！库特要我这次帮他飞行，可是为什么您不可以与我

1912 年，魏格纳格陵兰岛远征时的户外照。

们一起飞行呢？这次飞行时间很短，也并不危险。"

这样，他们三人飞上了天空。以往她乘气球时，总是向地面看，当找到她家的房子时，特别高兴。可今天，她眼睛在望着阿尔弗雷德，听到的都是他兄弟俩的话音："温度，风速，气压，……"而姑娘在想自己的心事："我干吗要来呢？为什么要来飞呢？阿尔弗雷德会说出口吗？他也许又忘记了，……"

突然，阿尔弗雷德朝向姑娘说：

"艾丽丝，我要娶你做妻子，你同意吗？"

她深情地望着阿尔弗雷德，很久没有说一句话，仅仅是点了一下头。阿尔弗雷德从两只小盒子里取出订婚戒指，把其中的一只戴在艾丽丝的手指上。……

可是，就在订婚后不几天，就在魏格纳的学生被他著名的气象学讲座鼓动起来，准备为这门当时欧洲只有几所大学开设的新学科去献身的时候，魏格纳开始了他一生中第二次格陵兰探险，一去就是一年。这是艾丽丝难熬的一年，等到魏格纳平安归来时，他们便结婚了。

3．学者与战争

魏格纳刚刚结婚，打算把家安在汉堡，不幸 1914 年夏天第一次世界大战爆发了。尽管魏格纳是一个世界和平主义者，但他仍然作为预备役大尉被征召入伍。他的团队奉命立即开赴前线。然而在那战争年代，他——一个科学工作者能为科学，为人类做些什么呢？

魏格纳所在的团队进入前沿阵地。

战争，大炮轰鸣，弹片横飞，子弹在头顶上呼啸而过。冲锋——那是在弹雨下没命地奔跑。退却——没有道路，泥泞，靴子湿透了，还是没完没了地走呀走呀。然而经常在魏格纳眼前浮现的却是蔚蓝色的条带——那是大西洋，还有条带两侧的大陆，欧洲非洲大陆和南北

美洲大陆，这些大陆围绕大西洋到达北极……

艾丽丝的来信多么叫人牵肠挂肚啊。但他心神稍稍安定下来，便用军大衣垫住地底下的湿露，折上一根小棍在地上画了起来，他在画非洲和美洲，仿佛他又看见巴西恰好从非洲裂散开来。

他的手部和颈部受伤了，被送入野战医院。伤口一阵阵剧疼，魏格纳咬着牙，从未发出过一声呻吟，而整个脑子填满的依然是同一念头——非洲与美洲，欧洲与美洲，以及夹在它们中间的大西洋……

魏格纳的伤势在恶化。他终于被送进国内一所大后方医院。当艾丽丝来探望他的时候，令她惊讶不止的是，丈夫请她设法弄许多书来。他开列了一大串书目，涉及许多与他的气象专业无关的学科，如地质学、古生物学、生物学、地球物理学、地理学、生态学、大地测量学，以及古气候学……

魏格纳受重伤后，便获准请了长假。医生和亲友们都劝他好好静心养病。也多亏了这次伤病，魏格纳才没有熬到战争结束，他立即投入了著述学术专著的工作。过去他曾经想过，他可能死于战场，而不能把自己的想法公之于世，那将遗恨终生。于是他忘我地工作起来了。他又重新坐在真正的写字台边了，那高兴的心情就甭提啦。

一幅不寻常的大陆漂移模式图，终于在学者的脑海里诞生出来了。不仅现在的欧洲和非洲是从南北美洲脱离开来的，而且过去所有大陆曾是一个整体，是从这个整体脱裂开来的。若把澳洲看作曾与南亚联在一起、南极与非洲连在一起的话，那何尝不可以认为南美、非洲与亚洲过去也是连在一起的呢？澳洲不是从印度半岛脱离开来的吗？而印度半岛不又是从马达加斯加岛脱离开来与喜马拉雅碰撞在一起的吗？引人注目的是，格陵兰的西岸不是正好可以与它对面的北美洲海岸轮廓相吻合一致吗？但是这幅图被描绘得越明白具体，魏格纳就越清醒地认识到，如果要把这幅模式图加工成科学的假说，还需要许许多多的事实和论据，否则传统观念不是那么容易打得破的。

假期一晃就过去了，魏格纳又奉命重返前线，改做野战气象观察服务，而他依然如故地研究着有关大陆漂移假说的各个问题。

1915年，在第一次世界大战的炮火中，划时代的地质文献——魏格纳的《海陆的起源》问世。用战争术语来形容，一枚重磅炸弹爆炸了。

这就是作为科学家的魏格纳用他的行动对战争作出的最庄严的回答。正如他的一位挚友贝多夫教授对他的这一行为的评价那样："他已经从可怕的战争景象中培育起来的狭隘民族主义中完全解放出来了。"

应该指出的是，魏格纳写成《海陆的起源》、提出大陆漂移科学假说，并非一时心血来潮的产物，而是多年思索研究的结果。早在1910年，当他最初产生这一想法时，柯彭教授曾一再劝这位未来女婿，不要把时光消耗在大西洋两岸何以具有相似性问题上："不知有多少人都曾研究过它，结果是枉费心血，你应该把功夫花在气象学研究上！"尽管魏格纳对德高望重的柯彭教授始终充满了敬意，但他并不因此而放弃自己的学术方向。一旦思想成熟，他就坚决地从气象学转向地质学，写出了自己最重要的学术著作。1924 年，《海陆的起源》第三版中，魏格纳谈到他的这一假说酝酿过程：

> "大陆漂移的想法是著者于 1910 年最初得到的。有一次我在阅读世界地图时，曾被大西洋两岸的相似性所吸引，但是当时我也即随手丢开，并不认为具有什么重大意义。1911 年秋，在一个偶然的机会里，我从一个论文集中看到了这样的话：根据古生物的论据，巴西和非洲曾经有过陆地连接。这是我过去所不知道的。这段文字记载促使我对这个问题在大地测量学与古生物学的范围内为着这个目标从事仓促的研究，并得出重要的肯定的论证，由此就深信我的想法是基本正确的。我第一次把这个想法发表出来是 1912 年 1 月 6 日我在莱茵河上的法兰克福城的地质协会上作的讲演，题目叫《从地球物理学的基础上论地壳轮廓（大陆与海洋）的生成》。后来又在 1 月 10 日的马堡科学协会上作了第二次讲演，题目叫《大陆的水平移位》。同年，这两篇讲稿都刊出了。……后来因兵役之阻，我未能对这个学说作进一步工作。到了 1915 年，我终于能利用一个较长的病假期，对这个学说作了比较详细的论述，写成本书，收入《弗威希丛书》而出版。"

魏格纳还十分恳切和谦虚地指出：在查考文献时，"我发现好几个先辈学者的见解是和我是一致的。……泰勒则从另一条道路走近了大陆漂移说的领域。……前面已经说过，在我读到上述著作时，我的大陆漂移说已经大体上形成，其它著作则知道得更晚。前人著作中某些与大陆漂移说相类似的论点，今后被更多地发掘出来，并不是不可能的。"

4. 大陆漂移学说——一首伟大的地质之歌

魏格纳的大陆漂移假说的提出，影响着 20 世纪地质学的现代革命。因此，有必要简略地介绍一下它的科学内容。

地质学最本质的、有别于其他学科的个性是：复杂性和层壳性，不可逆性和不可模拟性，其中最薄弱的是层壳性，这也就是物质的地质运动形式的基本特点。作为一个气象学家，魏格纳正是从地球物理—气象学领域开始自己的科学研究工作的：他研究大气圈上层热力学，研究了极地冷气团的运动。在对陆地高度与海洋深度的平面分布曲线对照分析之后，魏格纳第一次揭示出两个阶梯的成因性质，一个阶梯是大陆平均高度，另一个是全球洋底的平均深度。他推断，组成洋底的岩石与组成大陆的岩石原则上是各不相同的，前者重，以硅镁为主，又叫"硅镁层"；后者轻，以硅铝为主，又叫"硅铝层"。这种看法，在 20 世纪初叶具有非常大胆的创造性，它从地质学角度对洋壳和陆壳的不同成因给出了一个重要解释。然而，关于物质的地质运动形式及其层壳性，魏格纳的概念过于模糊，关于两类地壳结构的概念，他又看得过于简单。按照魏格纳大陆漂移模式，轻而硬的硅铝陆壳会像"冰

1912 年，远征格陵兰岛的魏格纳在简易办公桌前工作。

山"那样在塑性而致密的硅镁层上漂移。

尽管在细节上很不完善，但大陆漂移假说的成功是不可避免的。魏格纳从各个不同的学科的角度：地貌学的、地质学的、地球物理学的、古生物和生物学的、古气候学的、大地测量学的角度，对他的大陆漂移假说作了严密的论证。

最简单最明显的证据，同时也是最有力的证据，便是大西洋两岸大陆海岸线的相似性。魏格纳将诸大陆的外形轮廓线进行比较，发现各海岸线能很好拼合起来（近几年有人取大陆架的轮廓线用电子计算机作出了最佳拟合，偏差真是微乎其微），于是他推测在古生代末期，所有大陆曾是一个统一的联合古陆。联合古陆包括两部分：北方劳亚古陆，由现代的北美、欧洲和亚洲（不包括印度）组成；南方冈瓦纳古陆，包括南美洲、非洲、南极洲、澳洲和印度。由于任何一个大陆的古生代和早中生代的地层剖面在两大古陆相邻部位都能一一对上，因而便能够得出一幅大陆块拼合结构图。这些大陆第一次分离发生在中生代，通常只能给出一个平均年限，甚至是上限，即距今 1 亿—1.8 亿年左右。在分裂时，发生了大规模的碱性玄武岩浆喷出，从而形成一些独具特色的金属成矿带，譬如非洲的安哥拉与南美的巴西的成矿带，按现代大陆拼合后都在一个个条带上。

古气候的资料，始终是魏格纳的有利论据。当时，就在澳洲、印度、南非和南美，发现了 2.5 亿—3 亿年前的古冰川遗迹。这些地质时期的冰川泥砾，后来在 20 世纪 60 年代居然在南极洲发现，把这些古冰川遗迹放在联合古陆拼合图上，发现竟然集中在一个不大的地区，即当时的极区；冰盖的规模比现代南极洲面积略大。这段时间在欧洲，沉积的却是富含珊瑚礁（暖海标志）的石灰岩。距今二亿多年前，在二迭海中，标志暖海的珊瑚礁和巨厚盐层，现在也在北极圈（北乌拉尔附近）找到了它们的踪迹。这样大规模的古气候反常事件，在气象学上是不好解释的，若从大陆漂移的假说来看便是自然而然的事件了。

古生物学和生物学上也有很多证据。在南半球的南极、非洲、印度、南美和澳洲，到处都发现早古生代的同一种属动植物化石，显然这种同一的动植物群都曾经生活在同一大陆——即过去的南方冈瓦纳古陆上。典型例子，动物有水龙兽，植物有同一门类的裸子植物，尤其是这些裸子植物，分布得那样地广泛，它们的种子不可能靠风的搬运远涉重洋。在现代南半球的每一块大陆上，特有的动植物种属的形成是从中生代开始的，这就证明联合古陆的分离正是从中生代开始的。更为有趣的是，魏格纳旁征博引，根据某一特定时间段的一些主要古生物学上的论证，通过形象思维加工出一幅幅古大陆聚合与离散的演化模式图，适用于距今 6 亿多年，包括了整个显生宙。这件事会令数学家目瞪口呆，高度的想象力竟如此深刻地把握住了物质运动的地质形式，模式竟是如此精确。难怪现代有人惊叹魏格纳是一位伟大的地质诗人，他的大陆漂移说是震撼世界的伟大的地质之歌。

魏格纳还提出了其他革命性的思想，譬如岩石圈在冰盖重压下会发生翘曲的思想，离散的陆块边缘在原始块体作用下将再度绽裂的思想。

一个学说的诞生、发展不会是一帆风顺的，而总是克服艰难险阻曲折前进的。《海陆的起源》发表后，魏格纳在很长一段时间并没有获得相应的学术地位。他的朋友写道："我们许多魏格纳的同事纷纷为这位伟大的学者鸣不平，为什么德国没有授予他正式教授头衔？"直到 1924 年魏格纳才接受了邻国奥地利盖茨大学授予他的气象学和地球物理学正式教授头衔。

5．长眠在格陵兰

魏格纳一生的理论、实践以及精力，都与格陵兰探险联系在一起。他关注格陵兰，先是从气象学角度开始的。因为自从人类出现以来的全球气候事件，最有趣的莫过于格陵兰了。北欧流传下来的民间传说和历史记载，总是少不了以这些事件作背景，它们一代又一代地强烈吸引青少年，这对魏格纳从小在这方面立下大志，不能不说是一个重要影响因素。这类文献又确实比现代气象观测记录早几百年。早在公元前 2350—前 650 年间，北欧曾是一个相当温暖而平坦辽阔的草原，甚至在公元 7 世纪格陵兰还住有一万多欧洲移民。可是到公元 14 世纪，北欧气候逐渐变冷，格陵兰冰川扩展到 17 世纪已经淹没了几个世纪以来一直繁茂昌盛的冰岛牧场。到了魏格纳时代，格陵兰已经是一个神秘而又恐怖的冰雪覆盖的极地世界了。冰期扩大与欧洲人生活至关重要，探索它的秘密来为人类服务，曾经激励着多少有志的青少年。魏格纳一生四次去格陵兰探险。

第一次于 1906—1908 年，魏格纳以官方气象学家身份参加由迈里斯领导的一支著名的丹麦探险队。他们第一次穿过冰帽，行程 1100 公里，首次获得了丰富的极地冷气团的第一手珍贵资料。

第二次是 1912—1913 年。他参加科赫船长（一位丹麦上校）领导的探险队，重点已经转移到冰川学和古气候学上。他在这次探险中收获很大，学术上除了大气热动力外，还在极光、云的光学、海市蜃楼、声学方面有所发现和建树。他在漫长的极地冬夜对大陆漂移作了苦苦的思索，终于下决心从气象学转向地质学，这是他学术生涯中的伟大转移。此外，这次探险使他积累了组织和领导极地探险队的必备经验。从这以后，他事实上成了德国极地考察界公推的领袖，他出版了描述这次探险的两厚本巨著（1930 年）。

第三次于 1929 年初春至深秋，是一次试探性的考察，目的在陡峭冰壁间选择搬送重型设备（如人工爆破地震仪）的登岸地点。

第四次是 1930 年。他是 1927 年底领受这次任务的，在魏玛共和国已经失败而希特勒纳粹政权即将上台的前夜，国家哪有精力来真心支持魏格纳制定的庞大探险计划呢？为此从筹备那天起就几乎消耗了他的全部心血，直到最后在格陵兰牺牲。

魏格纳和他的探险队于 1930 年 4 月抵达格陵兰。他们试图重复测量格陵兰的经度，以便从大地测量方面进一步论证大陆漂移。在严酷的条件下，魏格纳教授从事气象观测，还利用地震勘探法对格陵兰冰盖的厚度作了探测。当时，在格陵兰中部爱斯密特临时基地里，有两名探险队员准备在那里度过整个冬夜以便观测天气。然而冰雪和风暴使给养运输一再耽搁。9 月 21 日，魏格纳决定把装备给养从海岸基地运送到爱斯密特去。魏格纳一行 15 人乘雪橇在风雪严寒中艰难跋涉了 100 英里。在极端险恶的环境里，大多数人失去了勇气，但魏格纳决不回头。在零下 65℃ 的酷寒里，最后剩下 2 个人追随他。他们终于到达爱斯密特。这时，有一个同伴的双脚已经严重冻伤。

爱斯密特基地留有的粮食和给养亦很紧张，魏格纳担心，如果他仍留在这里，意味着有人将会断粮，每人定量已经是很微少了。魏格纳决定返回海岸基地。

11 月 1 日，人们给他庆祝了 50 岁生日，他与他忠实的向导，一个爱斯基摩人拉斯姆一块愉快合影，这是他生前最后一张照片。当天晚上，他请求拉斯姆留下来："我想您应该留在这里，您还年轻，正是生命兴旺时期。"

拉斯姆坚定地表示他愿跟随学者。

第二天，他们乘坐两辆狗拉雪橇就动身往返回西海岸基地进发了。带了 17 匹狗，135 公斤旅途用品和盛满煤油的大白铁皮桶。出发那天气温是零下 39℃，而前一天的气温是零下 65℃。

谁曾料想到，这是魏格纳的最后一次进军……

通过无线电联络，迟迟不见魏格纳和拉斯姆归来的踪影。人们多次出动四处寻找，毫无结果，与附近英国极地高空气团探测基地联系，由他们派出了两架飞机搜索，亦毫无结果。无情的格陵兰冬季极夜漫天冰雪，使一切搜索工作不得不停止下来，这场大风雪直到次年四月，才略变得晴朗一些。于是一支庞大的搜索队伍于 1931 年 4 月 23 日出发了……

1931 年，魏格纳在格陵兰岛第四次远征，这里也是魏格纳埋葬的地方。

搜索队在 285 公里处，找到了他们喂狗的干粮箱子。说明干粮已经不多了，因此可以扔掉盛干粮的箱子了，甚至连喂狗的干粮也不多了。到了255公里处，找到了魏格纳的雪橇，显然，由于酷冷，途中有许多狗不断倒毙。很快又找到了另一架雪橇。现在魏格纳和拉斯姆在255公里处两人仅仅保留下一副雪橇了。往前，找到的东西越来越多，许多小物件都展示了他们在前进，每前进一步都要付出很大的代价，他们要在同风雪搏斗，同严寒搏斗，同死亡搏斗中前进。

到了189公里处，找到了滑雪板。大家都认识，这是魏格纳的。离滑雪板约三公尺处找到了掩埋在雪堆里的滑雪杖。这意味着什么？魏格纳下一步该怎么前进呢？人们在掩埋滑雪板一带的冰雪中挖掘起来。先是挖出一些鹿毛，然后掘出了鹿毛皮，往下是魏格纳穿的鹿毛皮袄，再下是他的一个睡袋。先见到他戴着手套的两只手，下面还有一张鹿皮和睡袋，魏格纳的遗体便静卧在中间。

他是那样安详，仿佛刚刚睡去，只是眼睛微微有些张开。他的面容甚至显得比活着时还年轻一些，只是在一级冻伤处留下了几个斑点。再看他的遗骸——无论衣着，上衣和绒衣，盔形帽和靴子，都整整齐齐，只是身边的烟斗、烟袋不见了。

大家在对魏格纳的尸体和遗物作了认真观察后得出结论，魏格纳这个人的特点是一旦行动决不回头，他在经过几天连续的奔驰，拼死前进——因疲惫过度造成心力衰竭而死亡。同伴们久久垂头静立在这位卓越的领导者和亲密战友遗体面前，心潮起伏。然后，大家重新挖掘一个墓穴，重新埋葬了魏格纳的遗体，上面堆砌坚硬结实的大冰块，上面放着他使用过的雪橇。有人把魏格纳使用过的滑雪杖劈开做成十字架，插在他的墓穴旁，还插入一根滑雪杖，上面便撑起一面黑旗。

魏格纳的命运查清了，他忠实的伙伴拉斯姆呢？人们终于明白，他们之所以能很快地找到魏格纳，是因为拉斯姆按爱斯基摩人的风俗，隆重地掩埋了魏格纳，构筑墓穴并标记清晰。然后是他拿走了魏格纳的烟斗和烟袋，还有魏格纳的日记——这是唯一与魏格纳并肩战斗生活的物证了，拉斯姆在将这些东西严密而精细地埋藏好之后，似乎又继续进发了，依然沿着魏格纳要去的方向。

人们在155公里处，似乎已经找到了尽头，自此拉斯姆的踪迹再也找不到什么了。饥饿的狗倒毙了，拉斯姆在此迷了路，可能也精疲力竭而死了，他年仅22岁……

魏格纳的弟弟库特，立即接续了哥哥的格陵兰探险事业。格陵兰岛的爱斯基摩人中流传着：魏格纳还活在人间！

魏格纳是科学史上极地探险的勇士。当他第四次前往格陵兰时，已经是举世闻名的学者了，名誉和成就没有成为他的精神包袱，舒适和享受也不能诱惑他。他一如既往，怀着真正的科学家所具有的追求真理的赤子之心，又一次踏上了冰天雪地的格陵兰，最终以身殉职。在他以后，极地探险科学考察事业日益兴旺。直到目前为止这些活动的核心手段仍然是魏格纳十分倡导的地震波的折射，核心思想仍然没有离开魏格纳的大陆漂移学说。

6．大陆漂移说的复兴

魏格纳去世以后，大陆漂移学说便进入冷落时期，以至当时在美国，一个地质学教授倘若要演讲魏格纳的大陆漂移学说，他将被解聘，受到失业的威胁。问题在于，早期的魏格纳活动论拥护者，是将大陆漂移的动力主要归于离心力（再派生出的离极力）和潮汐引力，这些力是由于地球自转和太阳月亮对地球的引力所产生的。对这个运转机制的定量评价，是英国数学家兼地球物理学家 G.德热弗里斯作出的。他计算出这种机制产生的力，要比大陆发生漂移所必需的力小若干个数量极。此外，用魏格纳的大陆漂移模式，学者们没法解释深源地震带。地质学家们以后才明白，大陆壳的形成，在岛弧区是在很大的深度上开始的，并与地幔的演化过程有机地联系在一起。所有这些，使得在魏格纳死后的 30 年代至 40 年代，活动论的拥护者寥寥无几。但是在对那些显然不能令人满意的大陆漂移机制进行如此批判之后，仍然没有一个人能够推翻魏格纳所提出的任何一个地质论据。

在 50 年代末和 60 年代，获得了大量的很有分量的地球物理资料，这些资料只有采纳魏格纳的活动论才能作出科学的解释，只要将魏格纳的活动论稍作修正就行了，这就是现代的著名的板块构造学说。

首先打破僵局走在最前面的是古地磁学家。他们进行了一系列研究和测定后指出：现代洋壳相当年轻，洋壳是在大洋中脊处，并且仅仅是此处向两侧作海底扩张才得以形成的。最古老的洋壳，在北大西洋，形成时间在 1.8 亿—1.9 亿年前，在南大西洋，是 1.0 亿—1.1 亿年前左右。尽管洋盆的外形轮廓边界不断在变迁，尽管洋盆已经存在若干亿年了，然而岩石圈的洋壳，总是不断从大洋中脊处产生出新的，然后像"传送带"一样被带向岛弧，在那一带向坚硬的陆壳底下俯冲。这样，深源地震带（实为毕乌夫震源带）便得到了最合理的解释。俯冲结果是旧洋壳的消亡和新陆壳的诞生，加入新陈代谢行列。关于海底扩张，70 年代人们借助于小行星上类地幔结晶玄武岩的模式已经获得令人满意的定量解释；人们还对全球地震活动带，采用板块构造学说作了重新认识，得出重要的结论——沿岩石圈板块边界地震释放能量占了总地震释放能量的 99% 以上。今天，板块构造理论已经成为最盛行的新全球构造学说。目前关于转换断层和大陆裂谷的研究，标志着板块构造在大地构造学说中取得极大成功，

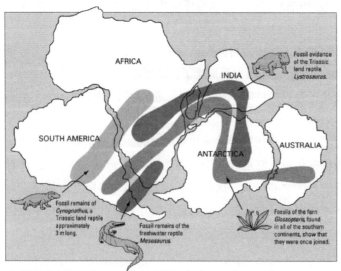

大陆漂移学说的化石证据。魏格纳指出，植物和动物的化石广泛分布在各个分离的大陆。

可以预言 80 年代在运用于大陆板块研究方面将可能获得巨大突破。断层不再是僵死的，而是转换变化着的。裂谷本质不是指地貌形态上的地堑，而是指地壳上地幔之间的"反根"（anti-root）构造和浅源地震带相结合。这是板块构造二十年研究的累累硕果，把错综复杂地质现象的本质多么美妙而清晰地展现在我们面前，原来事情的本来面目竟是如此简朴。

一个普通的孩子成了一个震撼世界的科学伟人，一个普通的气象学家完成了地质学上作为里程碑的伟大发现，影响着 20 世纪地质科学的现代革命，绝非偶然。回顾一下魏格纳的学术研究的某些特点是很有启发意义的。我们发现，魏格纳的特点在于，他踏进了各个学科接壤的空白领域。他是气象学家，但决不把自己的视野局限于狭小的学科范围之内，而是吸取了看来是各不相干学科的丰富养料，加以升华、结晶。指出魏格纳获得成就的这一特色是十分重要的。20 世纪的每一项带有革命性的科学观念的提出，都和这个特点有关。现代控制论的创始人维纳，对边缘学科取得了自觉认识，并在《控制论》一书导言中作了如下精辟的论述："在科学发展上可以得到最大的收获的领域是各种已经建立起来的部门之间的被人忽视的无人区。……正是这些科学的边缘区域，给有修养的研究者提供了最丰富的机会"。

如果说一个物理学家，他的语言离不开数学公式的话，那么一个地质学家，他的语言则离不开图像——平面图和剖面图。形象思维，特别是具有丰富想象力和预见性的形象思维，弥补了魏格纳在数理方面的某些欠缺。他从气象学上瞬息万变的云图转到大西洋两岸惊人的相似性，比较自然地克服了地质学家常常带有的大陆固定论的偏见，从而获得巨大的成功。爱因斯坦对想象在科学发现中的作用非常重视。他曾经说过：想象力比知识更重要，因为知识是有限的，而想象力概括世界上的一切，推动着进步。

除了这两个特点之外，魏格纳所具有的献身于追求科学真理的崇高品格，对于他的成功也起了重要作用。他的崇高品格又是来自于一种坚定的信念和原则。在他第四次探险时，曾给好友乔治写了一封信，其中谈到他在极地探险活动中的信念和原则。我们不妨把这些话看作他一生追求科学真理的总结。在信中，他说："无论发生什么事，必须首先考虑不要让事业受到损失。这是我们神圣的职责，是它把我们结合在一起，在任何情况下都必须继续下去，哪怕是要付出最大的牺牲。如果你喜欢，这就是我在探险时的'宗教信仰'，它已经被证明是正确的，只有它才能保证人们在探险中不互相抱怨而同舟共济"。

（中国地质科学院李春昱教授、武汉地质学院北京研究生部王恒礼老师对本文的写作和修改提出过一些宝贵的意见，谨此致谢。）

（选自《自然辩证法通讯》1980 年第 5 期，《地质学现代革命的传大奠基者——纪念 A. 魏格纳诞辰一百周年》，作者彭立红 刘平宇）

沙普利

伟大的天文学家和世界公民[①]

哈罗·沙普利是现代科学史上最负盛名的天文学家之一。他关于我们银河系的研究成果推翻了流行的太阳在银河系中心的观念，如同哥白尼推翻了地球在太阳系中心的陈旧观念一样。在这个特定的意义上，沙普利是现代的哥白尼。沙普利奉行科学的国际主义。他还是保卫和平、争取民主的斗士，参加了大量的和平与民主的社会活动。沙普利关心年轻一代的成长，在他担任哈佛天文台台长期间，创建了研究生院和博士生制，为美国和其他国家培养了一批天文学家。

今年（1985）是哈罗·沙普利诞辰一百周年。回顾他的一生，具有特殊的意义。

沙普利 (Harlow Shapley, 1885—1972)

1. 遇上良师益友

哈罗·沙普利，1885 年 11 月 2 日生于密苏里州的纳什维尔附近一个农家，父亲威利斯·沙普利是农民兼小学教员。哈罗有一个孪生兄弟霍勒斯，一个姐姐莉莲和一个弟弟约翰。小哈罗在一所农村小学念了 5 年书，又到堪萨斯

---

① 本文初稿是作者在美国哈佛天文台进修期间写成的。写作过程中承蒙哈佛大学档案馆和哈佛天文台图书馆借阅沙普利的书信、手稿和图书资料，在此作者表示感谢。O.Gingerich 教授给予作者的指点和释疑，也是作者所难忘的。

州的匹兹堡学了一段商业课程。16岁时，哈罗当上了堪萨斯州的查纽特《每日太阳报》的记者，次年又一度担任过密苏里州的乔普林一个警察局的记者。在查纽特，哈罗挤时间自学了中学的课程，等攒够了钱，他同弟弟约翰决定回故乡报名上一所有声望的高级中学，但由于准备不够，兄弟俩均未被录取。他们上了一所基督教长老会办的学校。学了两个学期，哈罗就毕了业。（约翰后来成为有名的艺术史家。）

　　1907年，哈罗·沙普利快22岁的时候，考上了密苏里大学，打算学习新闻专业。入学后他被告知，新闻专业尚未建就，他只好改学别的专业。出于偶然的机会，沙普利选上了天文学专业。很幸运的是，他在密苏里大学遇到了几位第一流的教师，有的后来出了名。其中一位叫弗雷德里克·H·西尔斯，以后他去加利福尼亚州威尔逊山天文台，成为一名骨干。沙普利念三年级的时候，见到了西尔斯。当时，沙普利正想在学校里找些工作做，担任学校天文台台长的西尔斯就叫沙普利当一名帮手。西尔斯称得上是沙普利的良师益友。西尔斯看出沙普利不无培养前途，就经常点拨沙普利，并为他提供深造的机会。1910年，沙普利取得数学和物理学的学士学位，1911年取得硕士学位，同年，西尔斯推荐沙普利去普林斯顿大学天文台。在推荐信中，西尔斯说沙普利"非凡的勤奋"、"独立思考和一定的独创性"以及有"多种多样的兴趣"。

　　1911年沙普利去普林斯顿。普林斯顿大学天文系人数很少，工作却很出色，系主任亨利·诺里斯·罗素是一名天体物理学家。当时，天体物理学还是一门年轻的学科，罗素是那个时代屈指可数的佼佼者之一。罗素颇有贵族气派，还是长老会教徒，沙普利是从密苏里来的乡下孩子，这两个人居然一见如故、意气相投。实际上，罗素后来成了沙普利的密友兼知己。还有一位与沙普利关系密切的，叫雷蒙·史密斯·杜根，他是一位既刻苦又能干的观测家。沙普利同罗素和杜根紧密合作，对双星尤其是交食双星完成了卓有成效的研究。他们采用新的计算方法，分析交食双星的光变曲线和光谱资料，取得了恒星的大小、质量和距离等重要数据。沙普利用两年功夫，写完博士论文；后来把它扩充，发表在普林斯顿大学天文台台刊上。这是名副其实的大块文章：四开本，176页。尤其重要的是，沙普利分析的交食双星有90个，在他之前只计算过10个。并且，他那套分析方法一直沿用至今，成了天文学上的经典方法。后来有人把沙普利这项研究誉为对人们了解恒星物理特性"最重要、最杰出的贡献"之一。

　　在普林斯顿逗留期间，沙普利还研究了造父变星。当时，人们普遍认为造父变星是一类双星。沙普利同罗素讨论以后弄清楚了，这种说法是站不住脚的。因为如果造父变星真要是双星的话，那两个星就势必落到一块去。因此，造父变星不是双星，而是单星。为了解释造父变星的变化特性，沙普利提出了星体脉动的假设。不过，这要等沙普利离开普林斯顿，到威尔逊山天文台之后（1914年）才写成论文《论造父变星变化的本质和原因》发表。后来，英国著名天文学家阿瑟·爱丁顿作了进一步的理论分析，把脉动理论加以完善，直到今天仍不失为一个基本理论，只是稍有修正罢了。

　　我们注意到，青年沙普利在普林斯顿呆了三年，就完成了两项重要的研究。究其根源，除了沙普利本人的勤奋和独创性，还有罗素和杜根两人的指导与配合。由此可见，对于一个刚踏进科学殿堂的青年来说，导师的真才实学是十分重要的。另一方面，年长的科学家们也要积极物色那些有出息的青年，帮助他们，培养他们，为他们创造各种脱颖而出的机会。

2．通向成功的大门

1913 年和 1914 年是哈罗·沙普利一生中的重要时期。1913 年沙普利润色博士论文期间，向他第一位导师西尔斯征询今后求职的意见。西尔斯那时已离开密苏里大学，去威尔逊山天文台。西尔斯介绍沙普利同威尔逊山天文台台长乔治·埃勒利·黑尔见了面。事隔不久，沙普利就得到了威尔逊山天文台一个职位。不过沙普利没有立刻动身去西部，而是邀弟弟约翰到欧洲旅行了 5 个月。在欧洲，沙普利见到许多一流天文学家，增长了见识。不幸的是，沙普利得知他父亲在密苏里老家遭遇雷电罹难。从欧洲归来，沙普利回普林斯顿，把交食双星的论文写完，然后打点行装赴加利福尼亚州威尔逊山天文台。途中，他结了婚，妻子玛莎·贝茨是他在密苏里大学数学课上认识的。婚后，玛莎同丈夫合写了好几篇论文。后来，玛莎自己成了交食双星的分析专家。他们生了一个女儿和四个儿子。

沙普利懂得，装备精良的威尔逊山天文台将为他提供极好的研究条件。不过，他毕竟初出茅庐，缺乏经验。所以在西行前，他专程访问了历史悠久的哈佛大学天文台。他请教了那里的天文学家们，受益匪浅。特别是同索伦·欧文·贝利的一席谈话，为沙普利打开了通向成功的大门。贝利专攻球状星团中的变星，曾去哈佛天文台设在秘鲁的观测站作了大量的观测研究。球状星团是一类特殊的恒星集团，它们形似球状，每个都包含成千上万颗恒星，其中可能就有造父变星。贝利已经发现球状星团中许多造父变星，他建议沙普利利用威尔逊山天文台的良好条件，尤其是那架威力强大的 60 英寸反光望远镜，去发现球状星团中更多的造父变星。正是贝利的这一建议，促成了沙普利一生中最重大的发现。

左起依次是 Charles F. Brush, Sr., Ambrose Swasey, 沙普利。

哈佛天文台另一位天文学家亨利埃塔·勒维特（女）的工作，也对沙普利的成功起了巨大的作用。勒维特在大、小两个麦哲伦星云中证认出许多造父变星。而且，她发现这些星体的光变周期越长，其亮度越强——后来称之为"周（期）–光（度）关系"。勒维特的结果发表后，丹麦著名天文学家埃纳·赫茨普龙就敏锐地觉察到，造父变星可以当作标准烛光，用来测定它们所在的球状星团的距离。所以，只要找到大量的造父变星，并对它们的光度进行定标，问题就解决了。从科学社会学角度看，那时候，客观条件已经具备，历史在等待的只是这个或那个天文学家去跨出这决定性的一步了。年轻的沙普利深深懂得，他必须抓住这个大好机会。

3. 踏着哥白尼的脚印

1914 年，新婚的沙普利小俩口登上了威尔逊山天文台。沙普利满腔热情，充满了想象，脑海里印记着贝利的建议，还有勒维特和赫茨普龙……。然而，路是一步一步走出来的。

沙普利首先观测大量的球状星团，找到了许多新的造父变星，从而大大扩充了贝利和勒维特的工作。接着要做的，就是对这些造父变星（哪怕一个也好）进行定标了。可是，球状星团都离开我们很远，它们的距离不能直接测定，因而它们真实的光度也无法知道。沙普利就采用一种简单的统计方法，对球状星团造父变星的光度进行了定标，尽管不算很精确。基于这个定标，沙普利大致测定了那些球状星团和我们的距离。结果他发现，那些球状星团构成一个庞大的体系，我们的太阳位于这个体系的外缘，接着他大胆假定，球状星团体系构成了我们银河系的骨架，换句话说，球状星团体系的中心就是银河系的中心。所以，我们的太阳位于银河系的外缘。

到此为止，沙普利关于银河系的研究结果就同哥白尼关于太阳系的研究一样：沙普利把我们的太阳和地球"挪到"银河系中心之外去，而哥白尼把地球"挪到"了太阳系中心之外。

今天看来如此简单明了的结论，却是沙普利夜以继日地花了 4 年心血而换来的。首先要拍摄千百张球状星团照片，并逐一检视，从中找出造父变星，接着就要对这些变星的亮度一一进行测量，并对亮度变化的周期以及一周期内的平均亮度仔细地加以测定。然后就是对造父变星的真实亮度（光度）进行定标了；这项工作前人没有做过，难度又大。功夫不负有心人，在这 4 年当中沙普利陆续发表了 18 篇论文，总标题冠以《根据星团颜色和星等的研究》。其中，最重要的一篇（第 12 篇）的标题是《关于恒星宇宙安排的评论》。就在这篇论文中，沙普利论证了太阳在银河系外缘的新观念，并且估计了太阳到银河系中心的距离约为 6 万光年，银河系的直径约为 30 万光年。按今天的标准，沙普利的数值偏大了大约一倍。我们不能苛求于他。那时候，人们还不太知道星际消光现象，它使恒星显得比实际距离更远。

沙普利的思路和分析方法可以说既简单又直接，没有什么令人费解的数学公式，也没有什么高深的物理概念。已故天文学家 W. 巴德赞叹道："我一直佩服沙普利的路子，他在很短的时间里拿下了这整个问题，最后得出银河系的图像，打垮了一切老派的银河系尺度的观念"。

几百年来人们总以为我们的太阳是在宇宙的中心。直到 18 世纪中叶才开始有人认真思考"银河系"及其和宇宙结构的关系。首先站出来的是德国哲学家 I. 康德，以及英国的 T. 赖特、瑞典的 E. S. 斯维登堡和法国的 J. H. 朗伯等人，他们各自提出了关于银河系的构想。18 世纪末、19 世纪初，英国天文学家威廉·赫歇尔作了大量的天文观测之后，提出了他著名的"裂银河系磨石"（cloven grindstone）模型。在赫歇尔这个模型中，太阳离银河系中心不远。进入 20 世纪，在银河系研究领域中影响最大的，首推荷兰天文学家 J. C. 卡普坦。他测量了成千上万颗恒星的亮度，运用正统的统计方法分析这些资料，由此勾画出一个银河系模型。在卡普坦的模型中，太阳同银河系中心仍然很接近。显然，摆脱几百年的传统观念，是需要很大的勇气的。事实上，那时候大多数天文学家照搬统计方法。已故天文学家 B. 波克后来回忆道：当时，我们那些对银河系结构有兴趣的人，一开头就对统计分析这种先进的数学方法，怀着深深的敬意。至少我自己十分钦佩高斯积分的错综复杂，而且我真诚地希望有朝一日找到某个解，好为全世界构造出一个描绘银河系模型的唯一确定的数学形式。

可是，沙普利这个毛头小伙子，把复杂的数学公式和高深的物理理论撇在一边，企图用既直接又简单的方法，去解决银河系结构这个难题。在一般人看来，这不能不说是冒险的、非正统的。然而，沙普利凭着非凡的想象力和创造性加上脚踏实地的工作，居然闯出一条新路，最后势如破竹，拿下了银河系结构这个难题。这是一种创新精神，美国人民用以立国的开拓精神。再从方法论的角度来看，沙普利之所以取得成功，在于"从新的角度去看旧的问题"。科学史上这样的例子是屡见不鲜的。

4. 智者千虑，必有一失

沙普利关于太阳偏离银河系中心的观点，并未遭到多大的反对。沙普利勾画的银河系轮廓，较之太阳中心银河系旧模型，与银河系总体图景符合得实在好了不知多少倍。事情一经点破，觉得还挺容易。

可是，沙普利估算的球状星团造父变星的距离，以及银河系的尺度，并不处处受欢迎。许多天文学家觉得沙普利的方法不太可靠，还有几位断定沙普利的数字偏大。于是，一场激烈的辩论发生了。1919 年，威尔逊天文台台长黑尔决定让沙普利在美国科学院作一次报告，介绍他关于银河系和宇宙的新观点。黑尔还建议，请沙普利最大的对手之一，当时在加利福尼亚的立克天文台工作的 H. D. 柯蒂斯也作一次报告。1920 年 4 月 26 日，在华盛顿特区召开的美国科学院年会上，以"宇宙的尺度"为题，举行了一次学术讨论会，沙普利和柯蒂斯之间的一场唇枪舌剑终于爆发了，这就是现代天文学史上有名的"大辩论"。沙普利坚决辩护球状星团造父变星方法，因为那是他建立银河系新模型的基础。柯蒂斯则主张采用别的方法，由此得到的距离尺度比沙普利的小得多。沙普利在辩论中占了上风。不过，事情还有另外一面。辩论中涉及到漩涡星云的本原，以及它们同我们银河系的关系问题。柯蒂斯对漩涡星云颇有研究。在辩论中他从许多不同的侧面论证漩涡星云是我们银河系之外的星系——"宇宙岛"，很有说服力。沙普利则明显地处于劣势。首先，沙普利对旋涡星云没有很好研究过。其次，他以为银河系是一个硕大无朋、无所不包的天体系统，漩涡星云似乎也应该隶属于它；在这一"预想"的支配下，自然很难接受柯蒂斯提出的证据。第三，沙普利的朋友 A. 范玛伦测量了漩涡星云的自转（后来发现范玛伦的测量是虚假的），推断这些星云是我们银河系的成员；沙普利开始很怀疑，后来草草承认了，并用它来反驳柯蒂斯。那段时间，沙普利在威尔逊山天文台

BOARD OF TRUSTEES MEETING, SCIENCE SERVICE
MAY 1, 1941

1941 年 5 月 1 日科学服务董事会受托人会议现场，左起依次是： Dr. Charles G. Abbot, Dr. Ross G. Harrison, Dr. J. McKeen Cattell, Dr. Robert A.Millikan, O. W. Riegel, Dr. Edwin G. Conklin, Frank R. Ford, Dr. Heny B. Ward Watson Watson Davis（主管），沙普利。

牢骚满腹、很不得志，急待寻找机会，远走高飞，因此没有太多的时间和精力去思考漩涡星云的问题。沙普利轻率地否定了"宇宙岛"概念，以后又一错再错。直到 1924 年 E. P. 哈勃照搬沙普利的方法，无可辩驳地证实了"宇宙岛"概念，沙普利才悔恨交加，承认柯蒂斯是正确的。设想沙普利只要不那么固守他的"预想"，观测一下漩涡星云——何况这对他是驾轻就熟的事，那么按他的路子去完成伟大发现的将是他自己。

沙普利在晚年曾经谈到，他一生中有过许多科学上的失误。否认"宇宙岛"理论，无疑是沙普利各种失误中最大的一个，就是这个最大的失误，伴随着沙普利一生中最大的成功——提出银河系新模型。

沙普利的一些失误是同他的钻劲儿和好揣测、但理论功底不够相联系的。他思想大胆，有时似乎无拘无束。有一度他对太阳能源问题感起兴趣来，提出了太阳辐射非各向同性的观点。这个想法，缺乏观测根据，也和当时掌握的理论不一致，遭到了黑尔和罗素的严肃批评。为了解释"回避带"——银道面附近观测不到漩涡星系——这一现象，沙普利提出了"瓦解力"的猜想：球状星团穿过银道面时被这种力瓦解。黑尔批评他不要无根无据就提出什么大胆的假说，罗素则告诫他假说不可滥用。后来沙普利又热心搞起"星流"现象的理论分析，一套奇特的想法把他引上了歧路。有意思的是，到了 20 年代后期，瑞典天文学家 B. 林德布拉德借助银河系自转的观念去解释星流现象，取得了圆满成功，从而为沙普利的银河系模型增强了说服力。

顺便提一句，沙普利的机敏和刨根究底的个性让他对蚂蚁产生了研究的癖好。在威尔逊山天文台工作期间，他晚上观测，白天有时间就研究蚂蚁。他发现蚂蚁的爬行速度同温

度之间有一个线性关系，它们在中午爬得比早晨或傍晚时要快得多。后来沙普利还发表了5篇论蚂蚁的专题论文，这是他常常引以自豪的。

5．怀才不遇，走为上计

那场"大辩论"的后效，对沙普利个人，与其说是学术上的，不如说表现在生活道路上。辩论会之后不久，沙普利被任命为哈佛天文台台长，直到1952年他退休为止。

事情还得从头说起。沙普利小两口一到威尔逊山天文台，就埋头工作，论文一篇接一篇。与此同时，沙普利逐渐滋长了怀才不遇的情绪，尤其在1918年他提出银河系新模型前后更加如此。我们可以从沙普利当时的信件中了解大概的情形。

爱丁顿在英国撰文介绍了沙普利关于球状星团的工作，并给予很高的评价。1918年1月8日沙普利写了一封感谢信，说道：看起来英国天文学家们不知道，我在这儿（美国）的地位是很低的。沙普利在给罗素的信（1918年2月27日）中说得更加明白：你看出来没有？我们研究人员有二十好几位，大多数是年轻的，只有两三个老顽固。他们都会留在这里，还是移民去伊比利亚田园？罗素回信劝慰道：我认为在一个大单位人才济济并不会埋没人才，你的怀疑没多大道理。我觉得，只要文章是署各人的名字，不是"经长官批准"，这就蛮好了。沙普利没有听罗素的话。

沙普利对威尔逊山天文台的政策也非常不满。名义上，台长是黑尔，他也赏识沙普利，可是黑尔体弱多病，又要参与国家科学院的事务，因而多半时间不在天文台。真正掌权的是代理台长 W. 亚当斯。在沙普利心目中，亚当斯待人有偏见，只信第一眼的印象；而且成天叫人干活呀、观测呀，不让思考，不让提假设。这让沙普利非常不满。他的一位朋友打算去威尔逊山天文台，沙普利写信告诉他："我的的确确感到，只要亚当斯说了算，那么我一旦离开这里，就休想叫我回来。"接着他劝诫这位朋友不来威尔逊山的好，并说出了他内心的感受："要不是我把学东西看作很大的快乐，我将会觉得科学工作到头来太没出息，肉体备尝困苦，精神遍受同行相轻的折磨，驯良和谦卑完全无济于事，天文学上的理想主义并没有我过去想象的那么多"。

事态每况愈下。沙普利写信给哈佛天文台，要求借用一

1944年，沙普利与 STS 入围者讨论原子理论。

些光谱片。可是，当东西寄到威尔逊山的时候，代理台长亚当斯以"我们一切自己干"为理由，要沙普利把东西退回哈佛天文台。沙普利不得不照办。他大为不满，写信向罗素抱怨："我们宁肯要黑暗，不要光明；如果这光明是由不该发光的东西发出来的话。……我怕再来几个这样莫名其妙的事情，会把我完全赶出天文学领域，要不就是强制性的懒散把我养肥了。这里干得最少的人最快乐，而且总是受宠。我就不一样了，我每提出一个新的念头，不管多么微弱，总是招来不满。"

从沙普利往来书信中的这些片言只语，我们似乎看见了一个精力充沛、才华横溢的青年，整日与受压抑、不得志的苦楚相争斗的形象。怎么办？三十六计，走为上计。

有了打算，还得等机会。1919 年 2 月 3 日，哈佛天文台台长爱德华·皮克林逝世，沙普利立刻意识到这是一个难得的机会。在回忆录中，沙普利写道："那天在回家吃中饭的路上，我听说皮克林死了。我在两条街的拐角停下脚步——现在我还能叫出街名——考虑我是否应该放弃研究工作。应该还是不应该？我应该抑制自己的抱负吗？最后我自言自语，说'好吧，我试一试，看能不能当上台长'"。沙普利说干就干。他先写信给黑尔，又打听情况，又试探口气，想掂量一下他当台长的可能性有多大，接着沙普利写信给罗素，问他是否有打算当哈佛天文台台长，而且直率地提出：如果罗素不想当，就请推荐沙普利本人。

以哈佛大学校长 A. L. 洛厄尔为首的聘任委员会，在皮克林台长继任者问题上一时拿不定主意。在候选人名单上名列榜首的，就是罗素和沙普利这师生两人。罗素在学术上有很高的名望，但组织能力和行政管理能力并不太高明。沙普利年轻，缺乏经验，但精力充沛，有创造性。为了考察沙普利，洛厄尔校长委托两位朋友 G. R. 阿加西兹和 T. 莱曼去华盛顿参加那场辩论会。这两位对沙普利的印象很好，赞成任命他当台长。

实际上，台长的职位先给了罗素。1920 年 6 月 13 日罗素把他上任后的打算，写信告诉黑尔："如果他们接受这个计划，我就提沙普利当二把手……想想沙普利和我可以在哈佛干出什么！我俩可以说包下了恒星天体物理学这一领域。我俩能够搞理论，而且我会叫沙普利别海阔天空胡想。再说，沙普利知道现代照相测光领域，熟悉大型反光镜。哈佛那架从未用过的 60 英寸镜子，他会想出好主意去用的。……事情沙普利一个人摆弄不了，我以自己衡量了台长的工作之后，确信了这一点……但他将成为一个顶呱呱的副手，而且他一定会成长——我指的是对世界和各种事务的知识；如果他凭着理智成长，他就是一个天才！"

不过，罗素后来谢绝了哈佛天文台台长的职位。哈佛大学校长洛厄尔就聘请了沙普利，经过半年过渡期，1921 年 10 月 31 日任命沙普利为正台长。一个 36 岁的青年，就这样挑起了领导美国第一流的天文学研究中心的重担。

6. 担任哈佛天文台台长

一个有活力、有抱负的人，一旦找到了可以施展本领的地方，他的亢奋和欢乐是不言而喻的。

沙普利走马上任后不久，《纽约时报》派记者去采访，事后报道了这位年轻的台长以及上一年在华盛顿辩论的情景。沙普利知道了很高兴，写信告诉范玛伦说他真想看看威尔逊山那几个人读这篇报道他的文章时的脸色。在给罗素的信中，沙普利说自己依然还记得，每当有什么事说到"上广告的暴发户"（即沙普利），威尔逊山那一两个人就觉得有多难受。短短两句话，沙普利扬眉吐气之感，溢于言表。

话说回来，重要的不是吐气，是工作。事实上，如沙普利自己所说，几年前他就在考虑往后的工作。按学历和经验，沙普利觉得最适合自己的是哈佛这样的地方，在那里可以为天文学作出最大的贡献。现今，沙普利如愿以偿了。在领导哈佛天文台的 31 年中，沙普利和他的同事们在科学研究、研究生培养和国际合作等方面都取得了卓越的成就。

20 年代与 30 年代是沙普利担任台长的黄金时代。他首先督促完成并扩充著名的亨利·德雷伯恒星光谱表。在这基础上，他与同事们合作，对各种光谱型恒星的距离和空间分布进行了广泛的研究。他还和同事们一起，详细考察了南天的两个麦哲伦星云；著名的"周期—光度关系"就是观测麦哲伦星云中的造父变星得来的。哈佛天文台在南半球（先在秘鲁，后在南非）建了一个观测站，对麦哲伦星云拍摄了大量照片。沙普利充分利用这个独一无二的条件，详尽地研究了麦哲伦星云的许多细节；后来他常用"麦哲伦云的物理学家"的名字以自得。1924 年，哈勃采用沙普利制定的一整套方法，观测仙女座大星云和另外两个星云中的造父变星，测定了它们的距离，从而无可辩驳地证明了，它们远在银河系之外。在事实面前，沙普利放弃了原来的看法，承认那些星云是银河系之外的银河系。沙普利把它们叫作"星系"，哈勃则给它们冠以"河外星云"的名称，两个人互不相让，争执多年，滋生了一种敌对情绪。美国天文界东岸和西岸之间的竞争，后来因 200 英寸望远镜的归属问题而进一步激化。这架巨型望远镜是由洛克菲勒基金会出资建造的，沙普利希望把它安装在哈佛天文台南天观测站，结果它归威尔逊山天文台所有。沙普利的气恼是可想而知的。

不过，沙普利对星系研究的兴趣却有增无减。他对南半天球和北半天球进行广泛的巡视，拍摄了成千上万个星系。他的研究结果表明，星系非但数量巨大，而且分布不规则，这一点是同哈勃的观点针锋相对的。哈勃强调，星系的分布是均匀的，这是建立结构单一的宇宙模型所必需的。

在 30 年代，沙普利的主要贡献是，证实了两个矮星系，一个在玉夫星座，另一个在天炉星座。这是最早发现的两个矮星系。今天我们知道，这些矮星系是星系世界的一个主要成分。

40 年代以后，沙普利还陆续作了一些研究工作，大多数是和别人合作的。另外，他还发表了几本专著。这些著述的学术价值，平心而论已经远远不如他二三十年代的水平了。

离开威尔逊山天文台以后，沙普利的主要贡献不是在研究课题上作出了多少成绩，而是创造了一个良好的学术环境。20 世纪 20 和 30 年代，哈佛天文台成了天文学家们尤其是青年天文工作者向往的地方。沙普利是一个坚定的国际主义者，他邀请世界各国天文学家来这里搞研究。世界各国的天文学家，有年轻的，也有年老的，纷纷来到哈佛天文台，同沙普利和他的同事们一起进行研究。其中有很多人，后来成了名。1932 年，国际天文学会在这里召开全体大会，哈佛天文台的名声达到了顶峰。

为了增强学术气氛，哈佛天文台除了定期召开学术讨论会以外，还不时举办碰头会。后者是沙利普的一大创造。这种碰头会，不拘形式，气氛活跃，天文台工作人员和研究生都可以讲。每人 10 分钟左右，有人讲研究项目，也有人介绍四面八方的重大科学新闻。许多访问学者，不论来自美国本土其他地区的，或者从海外远道来的，都很热心参加碰头会。

沙普利十分重视研究生的培养。在他前几任台长的任期内，既不开设研究生课程，也不授予博士学位。沙普利想方设法，在同事的协助下，创立了"哈佛天文学研究生计划"。这个计划为美国和别的国家培养了几十位天文学家，他们中间很多人后来在其他地方也都创立了研究生计划。

沙普利和他的学生们建立了良好的师生关系。他给学生们提供各种机会，进行天文观测和实验操作，也参加一些具体的研究项目。沙普利的一家十分好客。逢年过节他们就邀请学生们参加他们的家宴，他们圣诞节的宴会更使学生们难忘。

30 年代后期，欧洲动乱，法西斯主义在德国和其他一些地区猖獗，许多科学家，尤其是犹太民族的，被迫弃家外逃。这时候，沙普利挺身而出，千方百计帮忙那些难民科学家移居美国。沙普利成了难民科学家们的守护神，他以一个人道主义者的形象出现在世界舞台上。这里仅举理查德·普拉格为例。他是犹太人，柏林天文台有名的变星观测家，30 年代中期不得不逃离德国。他说过，每天晚上，至少有一千名犹太科学家要做祈祷，赞颂沙普利的人道主义精神，感谢沙普利拯救了他们以及他们的家庭。

在 40 年代后期，沙普利最自豪的业绩之一是，他参与了联合国教科文组织的筹建。1945 年，沙普利作为美国代表团的一名成员，受美国国务院派遣，赴伦敦参加联合国教科文组织条约的签订。在条约酝酿的过程中，各国代表们就"科学"是否纳入这个组织，意见不一。沙普利几乎是单枪匹马，坚持要把"科学"作为这个组织的一个部分。他还对这个组织的活动内容，提出了很多具体的建议。在联合国教科文组织筹建的整个过程中，沙普利给各国代表留下了深刻的印象。

1947 年 2 月 23 日华盛顿社会内会议，从左往右：经济学家、康奈尔大学校长 Edmund Ezra Day，美国参议员 Elbert Duncan Thomas，哈佛大学天文学家沙普利，以及哈佛大学地质学家 Kirtley Fletcher Mather。

7. 为和平与民主而奋斗

纳粹的暴行和第二次世界大战给人们带来的苦难，大大影响了沙普利对战争的态度。他成了一名争取世界和平的坚强战士。他热心参加各种社会活动，对国内和国际问题发表意见。他喜欢直率地谈自己的看法，常常不顾及别人的观点。在某些问题上，他站在多数派一边而得意扬扬；在别的问题上，则成了少数派的发言人。所以，他结交了许多新朋友，同时也招来其他人的怨怼。

1945 年，沙普利代表哈佛天文台，去莫斯科参加苏联科学院成立 220 周年纪念活动。那个时代，获准去苏联访问的美国人屈指可数，沙普利是其中之一。回美国以后，他公开宣扬同苏联知识界合作，当时，这个观点很不受欢迎。与此同时，他领导一个组织，到处募款，以支持自由派候选人参加国会的竞选。在纽约和其他地方的和平集会，沙普利也出力组织。国内和国际政界的许多高级领导人也和沙普利结下了私交。他们之中有：亨利·华莱士和贾瓦哈拉尔·尼赫鲁，以及两位美国总统罗斯福和杜鲁门。沙普利还做了几桩影响久远的事情，例如，为建立美国科学基金会而到处游说，通过美国科学俱乐部引导许多青年人投身科学事业。

沙普利的言论和行动，在 40 年代晚期、50 年代早期的美国，被看作是危险的，甚或是颠覆性的。他常常受到国会中的极端保守派的恶意攻击，并且被几个专门委员会（包括臭名昭著的麦卡锡委员会）列为审查的目标。参议员约瑟夫·麦卡锡指控沙普利是隐藏在国务院内的共党分子。沙普利还曾经受到"非美活动委员会"的传讯。这一系列的打击，并没有把沙普利吓住，相反使他更加确信：如果事态的发展朝着错误的方向，他就应该站出来说话——这是他的工作。自然，那些日子，对于沙普利和他一家，是很不好过的。更使沙普利难受的是，有些同事也转过来反对他。不过，大多数人是支持沙普利的。就在他受到"非美活动委员会"传讯后一个月，他被推举为美国科学促进协会的主席。这是对非美活动委员会的一种无声的抗议，也显示了人民对沙普利的信赖。

1947 年，美国科学进步协会的官员照，左起坐着依次是：Anton Julius Carlson, Kirtley Mather, Forest Ray Moulton, 沙普利；立者依次是：Fenandus Payne, Karllark-Horovitz, Walter Richard Milles, Elvin Charles Stakman.

8．晚年的余热

沙普利自1921年出任哈佛天文台台长，至1952年退休。在致哈佛大学校长的报告书中，沙普利总结了他任职期间对天文学的贡献。在详细描述了1921年以来哈佛天文台各方面的发展之后，沙普利特别提到两桩他最贴心的事情：研究生的培养和国际合作。

前面谈到，第二次世界大战结束以后，沙普利的主要精力并不放在天文学上；他越来越忙于国内和国际的事务，参加各种社会活动。因此，沙普利作为一个天文学家的形象变得日益黯淡，哈佛天文台也开始丧失了它在天文学领域的领先地位。诚然，一个研究机构的盛衰是由各方面的因素决定的，但是，这个机构领导人的努力，不能不说是一个重要的因素。事实上，沙普利的主要精力已放在社会事务上，自然没有多少时间从事研究和写作，设想第二次世界大战后，如果沙普利及早辞去台长的职位，让给更合适的人选，那么沙普利可以把全部精力用在国内和国际的事务，而哈佛天文台也能够办得更好一些。

退休以后，沙普利仍然十分活跃。他到处作报告，尤其喜欢讲给年轻人听。那时，美国天文学会发起的访问教授纲领正在物色报告人，沙普利是最早受邀人之一。他特别愿意到不开天文课的小大学和少数民族学院去作报告。现在美国一些知名科学家仍然感激沙普利的启蒙，是沙普利第一次向他们展示了现代科学这个神奇世界。沙普利有声有色的、充满独立思考精神的报告和著作，也感动了各行各业的人们。现在，以哈罗·沙普利的名字命名的一笔基金，专门用于资助美国天文学会的访问教授纲领，以鼓励天文学家们为提高人民群众的科学水平做出贡献。

沙普利于1972年10月20日在科罗拉多州的波尔多逝世，享年87岁。

沙普利一生获得了许多荣誉。1924年他被选为美国科学院院士，1926年被科学院授予德雷伯奖章。此外还有：1933年美国艺术和科学院颁发的伦福特奖章，1934年英国皇家天文学会颁发的金质奖章，等等。沙普利被十几个国家授予外国院士称号，乃至荣誉博士学位。他被许多学会授予主席的光荣称号，它们之中有：美国科学促进会、美国天文学会、美国艺术和科学院、美国科学研究协会（Sigma Xi），等等。

纵观沙普利的一生，我们看到，沙普利不仅是一位成就显赫的科学家，而且是一个藐视一切权威、有独立人格的人。沙普利的理想是，在科学的王国和人世间开拓新的疆域。在他的心目中，世界是一个整体，国与国之间的边界是不合人情的。他相信人的本性是善良的、高尚的。沙普利自己就是一名具有高尚人格的、伟大的美国人。朋友们称道他是一位文艺复兴式的人物，对他的自负和虚荣则予以原谅，连他的诋毁者也不得不承认，他是20世纪科学史上最起推动作用的人物之一。

参考文献

［1］H.Shapley, *Through Rugged Ways to the Stars*, New York, Charles Scribner's Sons, 1969.

［2］B.J.Bok, Harlow Shapley, in *Biographical Memoirs*, Vol.XLIX, The National Academy of Sciences of the United States, Washington, D.C., 1978.

［3］O.Gingerich, Harlow Shapley, in *Dictionary of Scientific Biography*, Vol.12, pp.345—352, New York, Charles Scribner's Sons, 1975.

［4］B.J.Bok, Harlow Shapley: Cosmographer, in *American Scholar*, Vol.40, pp.470—474, 1971.

［5］B.J.Bok, Harlow Shapley: Cosmographer and Humanitarian, in *Sky and Telescope*, Vol.44, pp.354—357, 1972.

［6］K.Mather, Harlow Shapley–Man of the World, in *American Scholar*, Vol.40, pp.475—481, 1971.

［7］D.K.Price, The Scientist as Politician, in *American Scholar*, Vol.Arts and Sciences Bulletin, Vol.26, pp.25—34, 1973.

［8］B.J.Bok, *The Universe Today*, in Man's Place in the Universe:Changing Concepts, pp.95—140, ed.D.W.Corson, 1977.

［9］H.Shapley and H.C.Curtis, *The Scale of the Universe*, Bulletin of the National Research Council, Vol.2, Part 3, No 11, Washington D.C.1921.

［10］H.Shapley 发表在 *Contributions from the Mount Wilson Solar Observatory, Proceedings of the National Academy of Sciences, Astrophysical Journal, Publications of the Astronomical Society of the Pacific, Annals of Harvard College Observatory* 等科学杂志上的主要研究论文。

（选自《自然辩证法通讯》1985 年第 5 期，《沙普利——伟大的天文学家和世界公民》，作者翁士达，时任中国科学院自然科学史研究所助理研究员，美国哈佛大学访问学者，研究方向为天文学史。）

拉 比

平民、科学家和政治活动家

在一般的物理学史上，伊西多·艾萨克·拉比仅因1939年发明分子束核磁共振方法精确测量原子和原子核磁矩（荣获1944年度诺贝尔物理学奖）而留下一笔。其实，拉比一生经历复杂，科学贡献巨大，他甚至可以说是美国物理学从30年代到80年代发展史以及美国科学与政治相互关系史的一个最为重要的缩影。

了解拉比，我们不仅了解了一个平民、一个物理学家，而且从某种意义上也可以一瞥美国物理学的演变以及美国科学家卷入战争、政治的种种行为表现。

1. 童年：艰辛生活、宗教影响与科学启蒙

拉比1898年7月29日生于旧奥匈帝国最东北部伽利西亚（Galicia）一个叫莱曼诺夫（Rymanov）的小镇（现今位于波兰境内靠近捷克边境）。他父亲戴维·拉比是一位贫穷的犹太人，不仅未受教育也没有特别的职业技能。小拉比出生后不久，为了谋生，戴维就和同伴远涉重洋到了美国纽约。不久，拉比的母亲带着不满周岁的他也踏上了美国之路。

在纽约，拉比一家开始住在纽约曼哈顿区最东南的犹太移民聚居区，那里又脏又乱，酒吧与教堂毗邻，妓女、酒徒和教徒为伍。由于语言和技能较差，拉比的父亲做过各样杂工：守夜人、煤窑工、冰棒人、血汗工厂苦工，……。拉比的童年就是在这样的家庭和环境中度过的。

拉比 (Isidor Isaac Rabi, 1898—1988)

对拉比产生较大影响的，还有犹太教。拉比父母是虔诚的信徒。在犹太教中，上帝被认为是无时不与他们同在的。上帝创世的故事，以及犹太文化背景下的许多恐怖故事中的角色——幽灵、鬼怪，恶魔和吸血蝙蝠，都给幼小的拉比留下了不可磨灭的印象，以至于后来他成为科学家时，虽然不再是遵守犹太教规的教堂信徒，但却仍然把对物理学的研究看作为接近上帝的方式。

在拉比家附近的街区上，白天到处都是野孩子，一开始他常遭欺负，后来，小拉比通过给他们讲各种鬼怪故事和《圣经》故事而成了他们的"福神"。这种从小以天赋加锻炼而养成的能实际影响或操纵他人的能力，拉比保持了一生。

拉比的原名叫"Israel Isaac Rabi"，但在入学登记时，拉比母亲英语不好，她把"Israel"发音为"Izzy"，而在英语中，Izzy 是 Isidor 的缩写读音，于是在登记册上，小拉比从此就成了"Isidor Isaac Rabi"。

拉比的科学启蒙并不是来自学校。他 3 岁那年，父母把他送入一所犹太启蒙学校。那是一个"有些邪臭气味的地下室"，教师不负责任地用意第绪语（犹太国际语）教穷孩子们读《圣经》，拉比在那里只学会了读和认意第绪语。后来，拉比一家搬到纽约布鲁克林的布朗斯维尔（Brownsville），父亲开了家杂货店，日子稍好了点，拉比进了公立学校。但是，学校仍然很差，好师资和设备都十分匮乏，拉比去学校根本打不起精神来。有一天，一个同学带来一本有趣的书传阅，于是他第一次知道了除了学校还有图书馆可以向人们传授各种知识，而那里还可以由自己去自由地选择，就像选择菜单一样，而不必被人"填鸭"式地硬灌倒胃口的东西，那年拉比 10 岁。他在布鲁克林公共图书馆分馆卡内基图书馆里饥不择食地从字母"A"开始的书架读起，开始读了许多儿童读物；后来他又发现了一架"A"的科普书架。他抽出的一本书是"天文学"。数十年后拉比回忆起来感慨地说："这比任何其他别的什么都决定了我后来的生活——读了一本关于天文学的书"（［2］，p.49）。有趣的是，吸引小拉比的，不是通常 10 岁孩子喜欢的事物，像恒星、各种星座故事、木星光斑、土星光环，或月亮的环形火山口，而是哥白尼体系。这首先让他对《圣经》创世故事产生了疑惑。那个夜晚，他进家告诉父母的第一句话就是："它是如此简单，谁还需要上帝？"（［1］，p.23）他的双亲被吓呆了，这对他们来说真是对上帝的大不敬，他们害怕灾难会降临到他们的儿子和这个家庭头上。生活环境的重压使小拉比从不轻信什么，在科学与宗教发生矛盾的问题上，小拉比一样留神观察并试验了数月之久。第一次，他有意违反犹太戒律在安息日乘坐了有轨电车，但并没有什么上帝惩罚降落在他头上：另一次，他故意违反教规，在布道者祝福会众时睁开一只眼睛去看了看，——按教规说法看了眼会瞎，聪明的小拉比只睁了一只眼。

通过图书馆，小拉比如饥似渴地读了大量科普书籍，其中许多都出自名家之手，读了电磁方面的书后，他还在家中建造了一个小小实验室，从事简单的实验，毫无疑问，小拉比已决定献身于科学。

2．误入歧途：从化学到物理学

在选择高中和以后选择大学时，拉比并没有从他适合什么加以考虑，而只想摆脱那种贫穷、无知和迷信的环境。他虽然立志投身于科学，但却不知投身于哪一学科。他后来说："我知道我想成为一名科学家，但没人指点迷津，我不知道怎样达到目的，……我的兴趣在物质结构上"。（［1］，p.31）那时，原子物理学或关于物质结构的物理学还没有成为物理科学中最重要的部分，1915 年的物理教科书只有很少或根本没有关于原子结构的内容。

1916 年，拉比以插班生身份进入康奈尔大学电工系。在电气工程类课程之外，拉比受同宿舍同学影响研修了一门实验化学课程。在该课程中，学生被给定一点儿未知化学组分的物质样品，然后通过实验确定其中化学元素。这种探索性给了热爱科学的拉比一种似乎成为真正科学家的感受："我认为这很好——像是研究。我做得非常好，特别是各种非常规分析方法。对于科学，化学是一个非常好的向导。它是可触知的，你能亲眼看到事物的发生。"（［1］，p.31）于是，拉比把主修方向从电工方面改变到了化学方面。1919 年，他取得了化学学士学位。

毕业后返回家乡的拉比，在纽约勒德尔（Lederle）实验室找到一份从事分析各种物质如人奶和家具磨光材料的工资很低的差事。但他只干了几个月就辞了职，他发现自己不善于从事也讨厌从事琐碎小事的毫无创造性的工作。他后来又做过一段银行簿记员的工作，但都很快辞职不干了。从 1919 年到 1922 年近三年时间里，在朋友和家庭的帮助下，无职业的拉比大部分时间是在纽约公共图书馆里或与朋友们讨论科学中度过的。在此期间，拉比父母既没有表示出他们有什么不满，也没有逼迫他去找工作。他们知道自己的儿子才智过人，有独立见解。在 1922 年，他的几个好朋友陆续离开布鲁克林，拉比也申请到一笔奖学金又回到康奈尔大学做攻读化学学科的研究生去了。

在 1922 年，拉比所感兴趣的原子结构已经是物理学最活跃的前沿，不过它还没有出现在教科书上。更进一步，那些一流的物理学家都在欧洲。而美国，引人注目的是爱迪生，是实用的电灯、电话。美国物理学的实用特征和落后状态呈现给拉比的，实际是一幅错误图景，结果他误入歧途。在重返康奈尔后不久，他发现了这点："……我很快发现我所喜爱的那部分化学原来叫物理学。如果有人早点告诉我，那就不知道要挽救我多少、多少年。"（［1］，p.36）由于失掉了不少时间，拉比很快制定了一个以分钟计的学习计划，他按这个计划做了 6 个月，去补物理学有关知识。通过这一段艰苦的努力，拉比找到了一种他在哪儿的感觉。物理学是如此简捷，它的极少数概念经过正当有效的扩展就能覆盖从极小原子到庞大银河的整个自然界。他欣喜若狂，他在物理学中看到了概念群的美丽和魅力所在，这种令人心醉神迷的感觉，过去在学习化学中却从未出现过。

拉比原想继续留在康奈尔学习物理学，但他未能申请到物理学奖学金，1923 年又遇到了后来成为他妻子的美丽姑娘海伦·纽玛克，而海伦要去纽约亨特学校上学，于是他决定在纽约的哥伦比亚大学学习物理学。1923 年底，25 岁的拉比终于满足了自己的愿望。

哥伦比亚大学对学生要求比康奈尔更严格。拉比在康奈尔养成的"懒散"在这里得到了部分的克服。但是拉比家境仍然不宽裕，他吃住在家，而且课余和假期还要为家里和自己赚些钱，这样下来，第一学期所修的四门课程他只通过了两门。1924 年春，经人介绍，他在纽约市立学院谋到一份物理兼职辅导教师的工作，年薪 800 美元。在当时，这对拉比真是一笔不小的收入。拉比的状况大大改观，他终于可以摆脱杂事潜心攻读和研究他所喜爱的物理学了！

在作博士论文时，拉比开始显示出他的创造性才能。他的指导教师 A.P. 威利斯教授是一位磁学专家，他建议拉比设计一个测量钠蒸汽在磁场中的反应即磁化率的实验以完成博士论文。这实验按照传统方法既复杂又困难，而拉比又最不愿意从事这种繁琐的工作。当拉比正为此犯愁时，恰逢诺贝尔物理学奖得主 W.L. 布拉格来美国讲学，他从布拉格讲演中提到测量电极化率的方法与结果中受到启发；另外，在图书馆查寻资料时，他从麦克斯韦《论电和磁》中也受到重要启发，从而提出了一种新的比较测量方法。实验的核心是把被测晶体放置在某种可以提高或降低磁化率的溶液中，通过改变磁极位置并使液体磁化率与晶体磁化率相当，然后再比较水与该溶液的磁化率而精确测定晶体磁化率的方法。这个方法充满了智慧和技巧，它仅使拉比大约花了 6 周时间就精确地完成了实验。1927 年，他获得了博士学位，论文发表在同年的《物理评论》（*Physical Review*）第 29 卷上。[3] 在把这篇论文送交《物理评论》主编的第 2 天，即 1927 年 7 月 17 日，他和海伦举行了婚礼。

3．学习主旋律

1921—1922 年，德国物理学家奥托·斯特恩（Otto Stern，1888—1969）与他的同事 W. 盖拉赫为新物理学做出了一个重要贡献，那就是用实验验证了量子论关于空间量子化（索末菲）的观点，证明了它的正确性。

斯特恩－盖拉赫实验的结果及其论文译文在美国翻译出来并流传，已是 1926 年的事情，此时拉比还未毕业。他和他的同学看出个中意义，于是开始研读新物理学一些创始人的论文，如德布罗意、泡利、古兹密特和乌伦贝克、薛定谔等，并且还试图用薛定谔的量子力学思想扩展到分子体系上以解决某些问题。

1926 年，拉比和同学 Kronig 合作完成一篇关于对称陀螺的论文（许多分子都具有对称陀螺性质，所以这个结果可以应用于分子光谱研究），并把它送交《物理评论》主编，但是它被拒绝了，理由是它太长。当拉比和 Kronig 压缩了它，再次送去时，同样的论文已经发表在 1926 年底的德国物理学权威杂志《物理学杂志》（*Zeits.f.Physik*），论文作者是两位德国物理学家，而拉比他们的论文虽然在 1927 年 2 月号的《物理评论》上发表了，但已失去了首创的意义。鉴于此点，拉比发现，美国物理学还很落后，还不能认清新物理学的意义。于是他决定去欧洲，拜一流物理学家为师，学习物理学的主旋律去。恰好此时哥伦比亚大学有几个赴欧留学的奖学金名额，拉比获得了巴纳德基金资助，1927年6月，他离开家人，只身赴欧。

拉比先去了瑞士苏黎世，目的是找薛定谔。不巧的是，这位奥地利物理学家已去柏林就任理论物理所所长之职了。于是拉比只好去了慕尼黑大学索末菲那里。索末菲接受了这个年轻的美国人。在索末菲那里工作的几个星期中，索末菲经常邀请他的学生们一起喝茶，讨论问题。拉比通过这种方式学会了从讨论中学习量子力学，获益匪浅。他说："虽然我从未在那些伟大的教师名下学习过，但我比95%的德国学生都对此更为适宜。"（［1］，p.57）然而，尽管如此，他还是感到在索末菲这里缺乏他直接需要的东西，那时他正在利用

拉比在授课

新量子力学计算分子物质的磁化率。于是他辞别这位和蔼的老人前往新物理学的圣地——哥本哈根，拜访理论物理学的领袖人物尼尔斯·玻尔。

1927年9月中旬，拉比到达玻尔研究所时，玻尔等人都已度假去了，他说服看门人给了他钥匙，在玻尔研究所又继续他关于氢分子磁化率的研究与计算。在这里，他似乎感到有一种神秘的创造气氛，因而产生了不少富有创造性的灵感。9月下旬，所里的研究人员陆续回来了，10月初玻尔本人也回来了，他对这个美国青年的出现异常惊讶，也许是对拉比擅入研究所不愉快，无论拉比怎么解释并谈起他的正在有所进展的工作，玻尔还是礼貌地请拉比离开，并把他介绍到了汉堡泡利那里。

从哥本哈根来到汉堡，是拉比学术生涯的一个重要转折点，这不是因为泡利对拉比很好，也不仅因为泡利的学术地位，而是因为拉比在泡利那里遇到了正在此地工作的斯特恩，后者对拉比学术研究产生了决定性影响。

事情多少有点偶然和神秘色彩：在斯特恩实验室有两位博士后研究人员，罗纳德·弗拉瑟，来自苏格兰；约翰·泰勒，来自伊利诺伊大学。他们都讲英语。拉比德语不好，为了能交流，拉比成了斯特恩实验室的常客，他们三人因此也成了好朋友。所以，虽然拉比在泡利手下做关于X射线散射的理论研究，但他实际上对弗拉瑟和泰勒参与的分子束实验更为关注。特别是由于这些物理学家不大喜欢理论，而拉比可以为他们的实验及其结果提供有帮助的理论背景，并解答某些问题。于是他成了斯特恩实验室的编外人员。

当时，斯特恩分子束实验采用的磁场是非均匀磁场，这样必须精确掌握分子束传播路径上各点的磁场强度，这给实验精度带来不少麻烦。而这些弗拉瑟、泰勒甚至斯特恩都没有考虑过。拉比想，如果只用一个均匀磁场能否偏转原子束呢？当一束原子进入一个非均匀磁场时，相当于一束光进入穿过一个棱镜，然而它们之所以被偏转不在于"非均匀"的棱镜，而在于它们从空气进入到玻璃里。拉比类比地想到，如果一束原子只要以某个掠射角穿过一个均匀磁场，它们的飞行方向也会被弯折，弯折的大小只取决于原子的磁矩。这个 1927 年 12 月来到他脑海中的直觉如此诱人，因为均匀磁场强度较易精确测量，因而原子束偏转量所表达的原子磁矩大小就容易计算了。他很快把这一想法告诉了斯特恩，斯特恩的反应既迅速又直截了当："为什么你不去做实验，而只让思想去工作？"（［1］，p.61）拉比听后十分懊恼，觉得真不该向斯特恩多嘴。因为，第一，他来欧洲是学习理论物理的；第二，他对实验并没有深厚的功底与经验，他的博士论文实验仅用了 6 周；最后，他讨厌日常琐碎小事，他之所以从化学转向物理学，除了寻求和谐的逻辑与统一性，就是为躲开这个。现在他面对的是一个十分复杂而又精细的实验。然而，泰勒和弗拉瑟鼓励他支持他，告诉他被斯特恩邀请去做实验是一种光荣，于是拉比有了自信并意识到这一实验的意义，开始为实验作具体准备与设计。

1928 年底，拉比的分子束实验接近尾声，与斯特恩实验不同的是，斯特恩标准实验的磁场是非均匀的，并且建立在原子源和探测仪之间，而拉比实验磁场是均匀的，探测器——一个照相感光板——本身就处在磁场中。拉比让原子以与磁场强度非直角的角度进入磁场。如果拉比的思想是正确的，进入磁场的钾原子束将被分成两束。当拉比和泰勒确信进入磁场的钾原子束达到最佳曝光时间后，他们停止了实验，小心翼翼地取出感光负片，进入暗房冲洗。一会儿，一条扫描影像显现出来，接着另一条也显现出来，它们有清晰尖锐的边缘而且相当分离。这个照片激动人心地证明了拉比偶然提出思想的有效性。

拉比异常喜悦，他把照片印了许多张，送给在汉堡的留学朋友比特、康登、泽曼斯基。斯特恩对此的反应既亲切又审慎。他对拉比说："赶快先给《自然》（*Nature*，英国权威杂志）写简报发表它"，"如果你先在德国发表，别人会以为那是我的东西，而它是你做出来的"（［1］，p.62），这表现了一个学者的高尚品格。拉比遵照斯特恩的意见，先写了一个简报寄给了《自然》杂志，后又写了一个详细完整的实验报告寄给了德国《物理学杂志》。[4] 无论在理论构思还是实验技能上，这个实验实际上为拉比后来的发展奠定了良好的基础。

在欧洲和汉堡大学，拉比不仅在科学研究上学习到了新量子力学的理论知识并从事了最前沿的一流实验工作，而且在与新物理学的一流作曲家、演奏家们一起谱曲演奏量子力学交响乐的过程中也深深地领略了他们的不同风格，泡利的稳健、斯特恩的直觉，给他以深刻印象。此外与这些处于学术巅峰之际的智者相比，拉比发现他自己并不差，正如哈里特·朱克曼引用一位诺贝尔奖得主的话所描述的一样："……你仿佛是一个普通的网球选手正在跟一位冠军打网球，你会抽出一些过去从未梦想过的好球。"①

拉比此时踌躇满志，作好了冲刺的准备。

4．科学贡献：从分子束核磁共振实验到"拉比树"

拉比本人在科学研究上最重要的贡献，就是他从30年代初开始的对核磁矩的研究与一系列精确测量实验。他所发展起来的分子束核磁共振方法也是其他核磁共振方法与技术的先导和基础。在这些研究过程中，他还培养出一大批卓有贡献的对美国物理学发展具有深刻和广泛影响的物理学家。为此，1937年他升任哥伦比亚大学正教授，1944年荣获该年度诺贝尔物理学奖金。

关于核磁矩问题，1911年卢瑟福核模型提出后，有人就曾推测原子核具有电磁矩。原子光谱的精细结构发现后，1924年泡利正式提出原子核具有自旋角动量和磁矩。1926年，斯特恩指出可以利用分子束实验测量核磁矩，但由于实验难度较大，直到1933年，斯特恩、弗里施和爱斯特曼才成功地用分子束实验测量了氢分子中质子和氘核的磁矩。结果表明，质子磁矩比狄拉克（Dirac）理论预言（$\mu N = \dfrac{he}{4\pi MC}$）大2.5倍左右（误差约为10%）。尽管实验精度不高，但结果意义重大，斯特恩为此荣获1943年度诺贝尔物理学奖金。

拉比在跟随斯特恩工作期间掌握了分子束实验方法，此外他对原子结构一直怀有浓厚的研究兴趣。因此，在海森堡的推荐下，拉比在1929年受聘于哥伦比亚大学后，一方面以理论物理学家的身份为物理系教师与研究生开设"量子力学"、"统计力学"课程，另一方面开始从事分子束实验研究。早在斯特恩1933年实验之前，拉比就以敏锐的直觉和鉴赏力认识到：原子核磁矩的测量，对于了解核力性质以及建立正确的核模型是至关重要的。然而要从事实验研究，首先需要资金以建立实验室。拉比十分幸运，首先他深得当时的物理系主任佩格勒姆（Pegram）的信任，所以虽然30年代初期拉比发表论文很少，但1931年他已成为副教授；其次，受30年代早期经济危机冲击，研究经费十分困难。就在这时，拉比的同事、著名化学家H.尤里（H.Urey，因发现氘而获1934年诺贝尔化学奖金）从卡内基基金会（Carnegie Foundation）获得了一笔数目为7600美元的资助费用，他分给拉比一半。当别人问尤里为什么时，他告诉他们："那个人将要获得诺贝尔奖。"（[2]，p.96）拉比后来又陆续得到学校和亚当斯等基金的资助。

在运用分子束实验测量各种核磁炬的研究中，拉比充分发挥了他既是一个理论家又是一个实验家的特长。1931年他与布瑞特提出磁场中核磁矩和电子耦矩的观点，该观点被称为"B-R"理论，形成了后来实验的理论基础。在理论方面，1936年拉比和他的学生扎卡赖亚斯、凯洛克提出非绝热跃迁确定核磁矩的思想，以及他与学生施温格（J.S.Schwinger，

---

① （美）哈里特·朱克曼：《科学界的精英——美国诺贝尔奖金获得者》，商务印书馆，1979年版，第174页。

拉比在哥伦比亚大学授课

1965 年诺贝尔物理学奖得主）关于非绝热跃迁的理论的工作，都是分子束共振实验的基础理论。

在实验方面，拉比一面采用了斯特恩分子束实验的许多技术与设备装置。一面又大胆改进与创造。在 1929 年实验的基础上，他在 1938 年又成功地完成了新的实验。实验原理和装置及其所得结果如下：

磁场 A 是非均匀磁场，作用是使原来从源 0 中射出的直线行进的分子束发生偏转；磁场 B 方向与 A 方向相反，也是非均匀磁场，作用是使分子束再形成反偏转，射到 A、B 磁场不存在时应射到的地方，在该处放置探测器 D。实验最巧妙的，是在磁物 A、B 之间衔接处引入了一个均匀强磁场 C，并在这个均匀磁场垂直方向上加了一个振荡磁场 R。当均匀磁场足够强时，可使核自旋彼此去耦，因而可把核视为自由核。这时，原子核如同原子一样，像一个小磁铁，具有磁矩。通过精细调整和控制振荡磁场 R 频率，可以使原子核从一种量子状态跃迁到另一量子状态，引起核自旋磁矩方向改变。于是，当这个核进入磁场 B 时，就会偏离原来的路线，不再到达探测器 D。在实验中，连续调节振荡磁场频率，就会在某些频率上发现探测器的输出降低，测定这些频率，就等于直接测量了引起自旋跃迁所需的能量，而该能量与核磁矩成正比。拉比测量结果的精度高达 10 亿分之几，分子束核磁共振方法一时间被传为佳话。

正如所有的科学研究或迟或早总会被后继研究赶上和超过一样，拉比的分子束核磁共振研究也不例外。然而，在某种意义上，拉比的研究与成就却是其他核磁共振方法以及许多相关研究的基础与先导。1967 年 5 月 23 日，在哥伦比亚大学举行的欢送拉比教授退休的一个集会上，拉比的学生与同事扎卡赖亚斯用一幅"拉比树"的图画形象地、客观地描述了拉比对美国物理学和整个物理学事业的贡献。从"拉比树"这棵养分浓厚的主干上生长出不少极有意义的分支：电子顺磁（Gorter，1948），自旋共振（1954），光磁共振（A.Kastler，J.Brossel，1955），[1][4]铁磁共振（Griffith 等，1948），铯原子钟（Zacharias，1953，1955）[1]（［6］，p.388），射频光谱，射电天文学（Purcell，1955；哈佛小组，1958）等研究都在一定程度上直接间接地受到拉比研究的影响与激励。

更需要提及的是，拉比通过合作研究方式培养了大批对美国物理学颇有影响的物理学精英。早在欧洲学习期间，在哥廷根大学图书馆，他发现美国《物理评论》被成捆地捆成一包而不上架，这是美国物理学落后的标志之一。那时，他与奥本海默（J.Robert Oppenheimer，1904—1967）、康登（E.Uhler Condon，1902—1974）等人下了决心，要使美国物理学成为世界一流水平。到 60 年代时，拉比这个愿望不仅早已实现，而且也可以品尝它结出的果实了，"筑巢在'拉比树'各个分支上，有 20 位诺贝尔奖桂冠荣膺者，其中 10 位是美国人，另外 4 位的工作是在美国做出的"（［1］p.10），他们中很多人是拉比的学生与合作者。在课堂上，拉比并不是一位好教师，"他糟透了"，教学组织性、逻辑性都不好，拉比的学生都这样评价他的课。但他能看出有价值的问题，能击中要害，所以学生愿意找他，同他交谈。1981 年，美国物理教师协会将用来奖励"在物理教学上有突出贡献的人"的最高荣誉——奥斯特奖章授予拉比，这表明他们认为拉比是一位优秀的教师！

5. 科学与文化

拉比不是一个只懂得物理学的"象牙塔"教授，他非常关注科学与文化的关系，关注科学的人文意义与社会作用。

在科学研究中，拉比相信直觉，追求创造性，厌恶繁杂琐碎之事，他欣赏科学上美的事物，追求善的东西，他从不把物理学研究看成为功利或谋生的手段，也不把它看成为娱乐或智力游戏，而是把它作为接近上帝的一种方式，是理解人类自身及其它所生活的宇宙的一种方式（［2］，p.50、53）。

拉比把科学视为文化的核心，又把智慧看成联系科学与文化的纽带和活跃于其中的活的灵魂。在《科学——文化的核心》（1970）这本著作中，他写道："对于我，科学的价值含量或古典文学的价值含量既不在于它们那独树一帜的题材，也不在于那鸿篇巨制的伟大内容，而在于包含在这些学科中的精神和活的传统，只有这种精神和传统才使它们富有生气"（［9］，p.33）。拉比敏锐地觉察到，在科学与人文主义之间存在着种种差别，他对两者间愈来愈分离的趋势感到忧虑。1957 年，他病卧在床还与拜访他的斯诺讨论过科学与人文主义。后来斯诺在著名的"两种文化"的演讲中发挥这些观点。斯诺曾对他儿子说，拉比是为他提出两种文化观点提供思想的人（［1］，p.258 脚注）。

拉比清楚地认识到，科学精神与传统不仅远未被大众所理解，而且也未被所谓管理公共事务的"有教养的"人们所理解，"横亘在科学家与非科学家心灵沟通之路上的最大障碍，就是交流的困难"，最不幸的是，"这个交流的渠道通常还只是一个单行道。……非科学家无法以愉快的心情和理解力听懂科学家的心声。不论科学的宇宙观、统一性原理和它那声名赫赫的传统如何，科学都似乎无法再与绝大多数有教养的外行人交流了。这些人已经退化到了既不具有今日科学知识的背景，也不具有为理解科学将对他们的世界所具有怎样的影响力所必需的智力工具的地步。取而代之的仅仅是对科学怀有的混杂着恐惧和藐视的敬畏情感。……科学家也似乎越来越象来自另一星球的生物，一个说话含义深奥难于理解

左起依次是：尼尔斯·玻尔，詹姆斯·弗兰克，A. 爱因斯坦，拉比。

的生物，或者一只手播撒抗菌素另一只手拿原子弹的生物"（[9]，p.35）。鉴于此种状况，科学家必须承担社会责任，"只有科学和人文主义相互融合，我们才能渴望达到那种体现我们今天和整个时代精神风貌的智慧水准。科学家必须学会讲授智慧精神之中的科学，而且按照人类思想和制造的历史去讲授它们，……我们的非科学家同事们也应理解，如果他们所教的事物不顾及伟大的科学传统及其成就，即使他们言辞优雅、雄辩，对于这个时代，它们也会黯然失色，毫无意义。只有科学与人文主义携手并肩，我们才能有希望在发掘人类思想的共同性上获得成功，而这种共同性将引导我们走出黑暗与混乱"（[9]，pp.37—38）。正是基于这些认识，拉比以一个科学家和公民的身份积极参与社会公众事务，在促进科学事业进步方面（他是欧洲核子研究中心的积极促成者）、促进各国科学文化交流和和平利用原子能方面，做出了重要贡献。

在文化习俗方面，拉比也有一个独特之处，他根深蒂固地认为妇女不适合从事科学研究，他从未有一个女学生或女同事，但是"上帝"却只给了他两个女儿。

6. 政治：雷达、原子弹和科学顾问

在 30 年代，拉比在欧洲留学时结识的朋友和同事，如布洛赫、贝特，也包括他的导师斯特恩，由于纳粹反犹主义迫害，都在 1933—1938 年间陆续流亡到了美国。拉比对此既困惑又不安。他不理解，为什么有着良好的教育、优美古典音乐、伟大文学、一流科学的德国怎么会出现毁灭人类文明的倒行逆施。

1940 年春，在拉比的早期合作者 G. 布赖特提议下，美国政府建立了一个保密检查委员会，开始控制出版物中有关核物理特别是铀裂变研究的信息。1940 年 6 月前后，纳粹开始大举进犯欧洲大陆，法国投降了。在这种形势下，美国总统罗斯福同意建立了国家防御研究委员会（NDRC）。拉比此时也想以某种形式参加到反对纳粹的战争中去。恰好这时（10 月）麻省理工学院召开了核物理学应用会议，拉比应邀参加了。这是一个普通的学术会议，但是出席会议有几位 NDRC 成员如李·杜布里奇（Lee DuBridge）、鲁米斯（L.Alfred Loomis）、劳伦斯（Ernest O.Lawrence），他们借会议之名来物色物理学家，目的是要建立

一个发展军用雷达系统的雷达实验室。几天后，拉比被吸收到剑桥的麻省理工学院辐射实验室（Rad.Lab.of the MIT）从事雷达研制与管理工作。在这里，拉比充分地发挥了一个卓越科学家的创造性才智和影响劝服的巨大能力。到1941年春，Rad Lab还在研制10cm波长的微波雷达系统，拉比就已又率领一些科研人员研制3cm波长的微波雷达系统，后者的分辨率更高。在管理方面，拉比采取了民主的科学管理体制，而没有采取战时军事管制的方式，为此军方一开始曾非常不满，但Rad Lab效率如此之高，军方也就不得不承认他们的方式不适用于科学家了。在Rad Lab，李·杜布里奇是主任，鲁米斯和拉比是副主任，三人各有各的风格。然而，各部的科研人员大部分都更愿意去找拉比谈问题和研究，因为拉比眼光锐利，能一下击中问题要害，同时又愿意倾听他们的想法，向他们提出有价值的建议。杜布里奇后来回忆说："很明显，拉比的才智太广泛了，以至于不能把他限制在实验室的某个部分……拉比自主的决策，加上我们的支持，是使整个实验室各个部门展望明天的动力，……他是一个向前看的研究指导者，这是非常宝贵的"（［1］，p.140）。在与军方打交道的过程中，拉比敢于坚持主见，同时又灵活地协调Rad Lab与军方关系，这使Rad Lab和拉比本人都与军方特别是海军部建立了良好的关系。这种关系也一直延续到战后，为美国政府和军方向美国基础科学提供资助打下了良好的基础。战后，哥伦比亚大学物理系和建立在哥大附近的布鲁克黑文（Brookhaven）国家实验室（拉比是奠基人之一）都曾从美国政府如海军部那里获得过巨大资助。这一切都与拉比的影响力有一定的关系。

在制造和发展原子弹的问题上，拉比实际是最早知情人之一。1939年流亡科学家西拉德首先是通过拉比找到费米（Enrico Fermi，1901—1954）传递了有关核裂变可以导致建造炸弹的讯息，当时费米不以为然，认为最多只有10%的可能，是拉比说服了费米，促使这事情逐步传递给了美国总统。

1942年夏，成立了以奥本海默为首的研制原子炸弹的洛斯阿拉莫斯实验室（Los Alamos Lab），奥本海默要拉比出任实验室副主任。拉比拒绝了，他提出了许多理由，如家庭、个人和辐射实验室离不开等，但内心深处却是由于讨厌炸弹，在1931年他看到日本飞机轰炸上海的悲惨情景之后尤其如此。炸弹使平民也无法幸免，所以他更愿意发展雷达而不是原子炸弹。（［1］，p.152）不过，拉比答应作奥本海默不领薪金的顾问。1943年2月，在奥本海默的请求下，拉比说服了贝特和巴彻、阿尔瓦雷茨、班布里奇、拉姆齐等人参加了曼哈顿工程，由于这些著名科学家的参加，曼哈顿计划的质量与实施速度都得以大大提高。

在曼哈顿计划实施的各个阶段，拉比都是一个起过重要的实际影响的人物，像Rad Lab一样，他力劝奥本海默对洛斯阿拉莫斯实施科学民主管理制度，而只把保密交给军方。拉比自己说："我认为我在洛斯阿拉莫斯对战争的最大贡献就是帮助说服奥本海默使实验室文职化"（［1］，p.150）。

由于亲眼所见第一颗原子弹那比一千个太阳还亮的巨大爆炸威力和在日本投掷原子弹的悲剧，战后的拉比也积极参加了原子武器国际控制与国际和平利用原子能方面的活动。

拉比不愿抛头露面，所以他的活动总是在"幕后"。拉比和奥本海默实际上是核军备控制计划的最早发起人，[10] 在拉比家中，他们两人讨论了有关问题，他们的共识是，希望把原子能置于国际监督与控制之下。他们认为，如果像某些国会议员鼓吹的（如 May-Johnson 议案）那样，只让美国单独享有原子知识并成为它的看门人的话，那么很可能发现一个拥有原子武器无法控制消灭别人也消灭自己的民族。他们确信必须把原子知识与任何一种特定色彩的旗帜分离开来（[1]，p.197）。拉比和奥本海默的观点通过奥本海默的"前台"努力和拉比的"幕后"活动（拉比把自己描述为"behind-the-scenes man"，即幕后活动者）成功地写进了"阿克森－利连撒尔（Acheson-Lilienthal）报告"（该报告题目即为"关于原子能国际控制的报告"），后来它变成了众所周知的巴鲁克计划（Baruch plan）。后来由于苏联很快爆炸了它的第一颗原子弹，这个努力基本上失败了。

　　苏联爆炸原子弹前后，美国完全是两种状态：爆炸前，美国认为他们还可以控制和垄断原子弹 10—20 年；爆炸后，美国一片惊慌，似乎共产主义的"侵略"已迫在眉睫，这两种状态都错误地估计了形势。1949 年 10 月 31 日，建立于 1946 年 8 月的美国原子能委员会（AEC）下设的总顾问委员会（GAC of the AEC）应总统杜鲁门的要求召开了一次商议对策的咨询会议，这是一次未能形成一致意见的会议。GAC 绝大多数成员未能就研制有关超级弹（Super Bomb）达成一致意见，虽然在研制原子弹的问题上他们也表达了希望避免超级弹的意愿。而拉比和费米则强烈地表示反对制造氢弹和超级弹，在他们签字的少数人观点的附录里，他们认为，"美国总统应该告诉美国人民和全世界，从基本道义出发，研制这种武器是错误的，同时我们也欢迎世界各国与我们签订不研制这种破坏力巨大的核武器公约（[1]，p.207）。然而，杜鲁门总统却给了他们一个完全不同的回答。1950 年 1 月 10 日，杜鲁门向全国宣布将继续发展和研制原子武器特别是氢弹和超级弹。拉比和费米，以及另一些 GAC 成员为此感到愤怒和忧虑。拉比知道一场核军备竞赛已不可避免了。拉比后来说："我们的原意是美好善良的，但我们所做的，却是把这种力量托付给了那些不理解它，不尊重人类文明精神的人们了"[7]。

　　在美国总统艾森豪威尔任职期间（1952—1960 年），拉比曾促使他建立了总统科学技术顾问机构。1957 年 10 月 5 日，在 GAC 与总统艾森豪威尔举行会议时，拉比第一个发言，他认为美国的许多政治决策太缺乏科学因素的影响了，以至于出现了大量的盲目、非理性行为，因此他建议总统设立一个常设机构即总统科学顾问委员会（PSAC），这个意见被艾森豪威尔接受了。从此，美国政府机构中出现了一个正式的科学顾问机构。

　　1950 年，拉比曾被美国政府委任为驻联合国教科文组织的美国代表。在此期间，他积极倡议建立欧洲核子研究中心（CERN），积极呼吁加强原子能国际控制和原子能和平利用。1954 年，作为 GAC 主席的拉比，开始得到艾森豪威尔的支持，筹备召开一次原子能和平利用国际会议。会议筹备相当困难，麦卡锡主义的非美调查活动已波及到许多科学家，奥本海默正在受审，拉比和许多科学家出席了听证会支持奥本海默，而当时主持听证会并想置奥本海默于死地的人中就有原子能委员会（AEC）主席施特劳斯。召开和平利用原子能会议，有施特劳斯的支持非常重要。拉比地位微妙但是他处理得相当好：一方面为朋友作了辩护，一方面也未失去施特劳斯的支持。

拉比又对当时联合国秘书长哈马舍尔德（Dag Hammarskjöld，1905—1961）施加影响，终于使联合国在 1954 年 12 月 4 日通过一项召开国际和平利用原子能会议的决议，并成立了一个顾问委员会。1955 年 8 月 8 日到 20 日第一届国际和平利用原子能会议如期在日内瓦召开。当拉比被人问及他对以往许多行为哪些感到满意并具有特殊意义时，拉比自豪地回答："……我非常引以为荣的就是日内瓦原子能和平利用国际会议"（[1]，p.245）。

老年时的拉比

1988 年 1 月 11 日，这位年近 90 岁的老人与世长辞了。回顾他获奖后的后半生，本来他还可以继续投身于物理学，但到 50 年代中期，他在物理学方面的研究工作基本停顿下来，而投身到了政治这个更广阔的舞台上。在这个舞台的幕后，他始终以"顾问"的方式推进美国科学与政治的关联。我们无法对此作出简单的"对"或"错"的评判，我们也无法把结论放在"假若"的基础上，况且拉比也不是服务于政府、参与政治的第一个科学家。今天来看拉比的所作所为，回顾他致力于发展原子能的和平利用和原子武器国际控制，以科学因素影响政治权力及其决策行为的一切，我们还能苛求他什么呢？

参考文献

[1] John S. Rigden, *Rabi: Citizen and Scientist*, New York, Basic Books, Inc.Pub., 1987.

[2] Jeremy Bernstein, *Profiles: Physicist*, New York, 13 Oct.1975.

[3] I.I.Rabi, On the Principal Magnetic Susceptibilities of Crystals, *Physical Review*, 29（1927）:174—185.

[4] I.I.Rabi, Refraction of Beams of Molecules, Nature 123（1929）:163—164; *Zur Methede der Ablenkung von Molekularstrahlem, Zeitschrift für Physik* 54（1929）:190—197.

[5] I.I.Rabi, S.Millman, P.Kusch, J.R.Zacharias, The Molecular Beam Resonance Method for Measuring Nuclear Magnetic Moments, *Physical Review* 55（1929）:526—535.

[6] 郭奕玲、林木欣、沈慧君编著：《近代物理学发展中的著名实验》，湖南教育出版社，

1990 年。

［7］I.I.Rabi, quoted in Charles E.Clattey, *A Father of the A-Bomb Looks Back in Torment*, Boston Globe, 15 Apr, 1983.

［8］I.I.Rabi, The President and His Scientific Advisors, *Technology in Society*, 2（1980）:17.

［9］I.I.Rabi, *Science:The Center of Culture*, New York:World Pub., 1970.

［10］璐羽：《奥本海默－特勒之争及其现代意义》，《自然辩证法通讯》Vol.12，No 1，1990 年，第 26—36 页。

［11］I.I.Rabi, *1989 Britannica Book of the Year*, Encyclopaedia Britannica Inc.Chicago, 1989. p.106.

（选自《自然辩证法通讯》1994 年第 4 期，《拉比：平民、科学家和政治活动家》，作者吴彤，时任内蒙古大学哲学系副教授，清华大学科学技术与社会研究所教授。研究方向为科学实践哲学、系统科学哲学、科技与社会。）

鲍　林

献身于科学与和平事业的杰出化学家

现代化学奠基人之一，著名的美国化学家莱纳斯·鲍林，曾两次荣获诺贝尔奖奖金，一次是 1954 年化学奖，一次是 1962 年和平奖。在科学上，他把量子力学运用于分子结构和化学键特性的研究，获得了重大成就，成为量子化学的创始人之一。他在蛋白质结构的研究中，提出了分子模型方法，解决了蛋白质多肽链构型的测定问题，对分子生物学和生物化学的发展做出了划时代的贡献。他的科学成就不仅推动着化学，而且也促进着生物学和物理学的发展。鲍林还是一位坚强的和平战士。第二次世界大战后，他为在世界范围内结束战争，谋求和平，唤起公众对大气层核试验所释放的放射物质危险的注意，并为促使科学技术成就造福于人类而进行了持久的斗争。

1. 从小立志献身化学

莱纳斯·鲍林，1901 年 2 月 28 日出生在美国俄勒冈州波特兰市，父亲是一位药剂师。小鲍林年幼好学、聪颖机敏，他很小就注意到父亲的药柜里的那些药粉、药膏等制剂，父亲告诉他这些都是化学药品。鲍林惊叹化学药品的魔力，竟能治愈病人。父亲在向他介绍药物知识时，并没有意识到自己的儿子将成为一位伟大的化学家，他在鲍林 9 岁时就不幸去世了，但他却对鲍林后来走上化学研究的道路起了潜移默化的作用。

11 岁那年的一天，鲍林到他的同学杰弗里斯家去，杰弗里斯在自己家中的实验室里做一些

鲍林 (Linus Pauling，1901—1994)

化学实验给鲍林看。他把氯酸钾与糖混合，然后加入几滴浓硫酸。这个反应会产生蒸汽和碳，并且作用极其强烈。这在今天看来是十分简单、十分平常了。然而，在那时却给鲍林留下极为深刻的印象，他惊奇得出了神，几种物质放在一起，竟会出现这样奇特的现象：一种化学物质能变成另一种性质明显不同的物质。"它使我意识到在我周围的世界还有另一类变化存在"，鲍林在回忆当时的情景时说道。自此以后，鲍林那幼小的心灵中就萌生了对化学的热爱。

鲍林还得到一位实验室仪器保管员的帮助，这位保管员给他提供一些简单的仪器和药品，同时他父亲的朋友又给他一些化学药品，并教给他用药杀死昆虫制作标本的知识。鲍林这时已经知道可以用硫酸处理某些化学药品。这样，鲍林很小就有了一些初步的化学知识。

当鲍林升入高中时，他经常到实验室去做实验。他已经深深地爱上了化学，决心献身于化学事业。此外，他对物理、数学也很感兴趣。他关心周围的事物，细心观察各种现象。13 岁时，有一天，鲍林打着伞在路上走，突然他通过伞看到一条弧形的彩色光带，并注意到通过伞面上的线缝衍射产生的光谱。他还注意到光线通过玻璃的折射现象，但并不了解这些现象背后的原因。这也使他产生了兴趣，企图寻找光谱的起源。

1917 年，鲍林考取了俄勒冈农学院化学工程系。他认为，学工程正是化学家所从事的职业，正是实现他成为化学家的理想的途径，他坚定地选择了这门学科。但那时，鲍林的家境十分不佳，母亲生着病，所有的钱都让家里花光了。鲍林只得通过各种办法谋生，甚至中途实在难以为继而辍了学。当他再回俄勒冈农学院后，他一边读书，一边当定量分析教师的助手，最后两学期还教化学系一年级一个班的化学课。尽管条件这样困难，鲍林还是如饥似渴地读化学书籍和近期出版的化学杂志，深入钻研刘易斯和朗格缪尔发表的关于分子的电子结构的论文。少年时期，他还只是迷惑于神秘的现象，现在他已开始思考起隐藏在化学反应背后的本质、思考起物质结构的奥秘了。刘易斯和朗格缪尔的论文，提出了化学键的电子理论，解释了共价键的饱和性，明确了共价键的特点，在化学发展史上具有重要作用，把化学结构理论推向了一个新阶段。

另外，鲍林还留心原子物理学的发展，他试图要了解物质的物理和化学性质与组成它们的原子和分子结构的关系。他从深入思考颜色、磁等的性质中，逐渐感觉到有可能用化学键来解释物质的结构和性质。

1922 年，鲍林从俄勒冈农学院毕业，获化学工程理学学士学位。

2．打下坚实的基础

加州理工学院盖茨化学实验室主任 A.A. 诺伊斯教授，特别重视人才的培养。诺伊斯教授是当时物理化学和分析化学的权威，曾培养出许多名著名的化学家，在教学上被誉为"在美国没有哪个化学教师能像他那样鼓励学生去热爱化学"。我国著名化学家、已故原清华大学副校长张子高就是他培养出来的学生。才气横溢的鲍林于 1922 年进入加州理工学院做研究生时，诺伊斯教授立即就发现了这棵破土而出的壮苗。

诺伊斯教授告诉鲍林，不能满足于教科书上的简单知识，除了学习指定的物理化学课程外，还应当大量阅读补充读物。诺伊斯把他与人合写的《化学原理》一书在未出版前就将校样给鲍林，要求鲍林把第一章到第九章的全部习题都做一遍，鲍林利用假期按诺伊斯的要求做了，从中学到了许多物理化学的基本知识，打下了深厚的化学基础知识。

诺伊斯教授又把鲍林推荐给学识渊博的著名科学家罗斯科·迪金森。迪金森曾在卡文迪许实验室学习过放射化学技术，回美国后，在帕莎迪纳从事 X 射线测定晶体结构的研究，1920 年获加州理工学院的第一个哲学博士。诺伊斯建议鲍林在迪金森指导下作晶体结构测定。当时，X 射线衍射法已提供了大量关于结构和关于原子间距离及键角等资料，人们甚至已经开始提出原子为什么会以这样一些方式结合在一起的问题。鲍林由于早年读过朗格缪尔关于分子结构的论文，也读过布拉格（W.L.Bragg）论 X 射线与晶体结构的文章，正在思考这个问题，所以，这个研究课题正合鲍林的心意。鲍林就在迪金森指导下利用 X 射线作结构测定的研究工作，几经挫折和失败，他终于通过各个步骤而胜利完成了辉钼矿 MoS_2 晶体的全测定工作。

第一次研究的成功，给了鲍林巨大的信心和力量，也使鲍林受到了严格的技术训练和全面的基础培养。迪金森头脑清晰，思想深邃，治学态度严谨，非常厌恶粗心和浅薄，他对鲍林严格要求，一丝不苟。他在培养鲍林作结构测定过程中，不但教给他许多书本上学不到的知识，而且由于研究微观世界与宏观世界的方法不同，见不到、摸不着，需要借助理论思维，需要靠一系列的逻辑论证，这使鲍林了解到科学方法和逻辑思维的力量，认识到在经验事实材料基础上作出理论概括、揭示物质世界的内在本质的重要性。

后来，鲍林又得助于物理化学和数学物理学教授托尔曼的指导。托尔曼教授知识渊博，对物理学的新进展有透彻的了解，他相信可以应用物理方法来解决许多复杂的化学问题。他特别重视基本原理并应用先进的热力学和统计力学以解决物理学和化学问题。他把数学物理学课程介绍给物理化学研究班，鲍林正在这个研究班学习。这使鲍林克服了物理学和数学知识的不足，从而为后来运用

鲍林的大学毕业照

量子力学新成就来解决复杂的化学结构问题提供了重要条件。

1925 年，鲍林以出色的成绩获得加州理工学院化学哲学博士。在这期间，鲍林还做了一些化学问题的研究，他试图建立起一种化学理论，建立一种与经验事实相符并能用以解释经验事实的关于物质本性的理论。他在晶体结构研究中还创立了一种科学方法，按鲍林的解释，就是通过猜测而求得真理的方法。他指出，我们可以而且应该运用逻辑推理方法从晶体的性质推断它的结构，依据晶体的结构又可预见晶体的性质。应该说，这是鲍林在自己的科学实践中总结出来的科学方法，具有重要的方法论意义。

鲍林崭露头角，赢得了老师们的赞誉，迪金森就认为，他自己在晶体结构研究方面也许不会有多大成就，但却肯定鲍林的工作是有价值的。

3．赴欧洲深造，名师指点

众所周知，20 世纪第一个年头，普朗克提出了革命性的量子假说。没有多久，爱因斯坦运用量子论成功地解释了光电效应。玻尔在 1913 年把量子论运用于解释原子结构，提出了著名的玻尔原子模型。在此期间，劳厄和布拉格父子使 X 射线成了研究晶体结构的有力的实验工具，用 X 射线衍射方法测定晶体结构工作获得巨大成功。A. 索末菲在 X 射线线谱的精细结构研究方面做出了许多重要贡献。到了 20 年代，L. 德布罗意提出了物质波假说，指出微观粒子具有波粒二象性。海森堡和薛定谔分别利用不同的数学形式表达微观粒子的运动，从而创立了新的量子力学。上述这些重要科学成就，预示着为应用量子理论和量子力学攻破复杂的化学结构问题打开大门的条件日益成熟了。鲍林正是在这个不平常的科学大变革时期，渴望解决物质结构和化学键的本质问题而赴欧洲向名家求教的。1925 年他获得博士学位以后曾给玻尔写信，要求玻尔能同意他到哥本哈根跟玻尔作研究工作，玻尔没有给他答复。接着，鲍林给在慕尼黑的索末菲写信，索末菲教授很快复信同意鲍林去慕尼黑。鲍林于 1926 年 2 月去欧洲，他先在索末菲那里度过了紧张而愉快的一年，索末菲的出色讲演，深深地吸引了鲍林，为鲍林的研究展示了更为宽广的道路。随后，鲍林又到玻尔实验室工作了几个月，接着又到瑞士苏黎世，随薛定谔和 P. 德拜做研究工作，听他们的讲演，并且开始研究量子力学解决化学键问题的可能性。

1927 年，鲍林从欧洲返回帕莎迪纳，担任理论化学助理教授，除了讲授量子力学及其在化学中的应用外，还教晶体结构、化学键的本质和物质电磁性质理论等课程。1930 年春夏，鲍林再度赴欧，到布拉格实验室学习 X 射线技术，随后又到慕尼黑学习电子衍射技术。回国后不久，就被加州理工学院任命为教授。

玻尔、薛定谔、布拉格、德拜和索末菲这些大科学家都是当时站在科学前沿的人，他们具有高深的科学素养，同时又能洞察科学发展的趋势和规律，了解并熟悉科学发展的生长点。名师出高徒，鲍林正是在这些名师指点下，摸清了当时科学发展的脉络，找到了化学所面临的突破口。加之他受到了严格的科学训练，学到了这些大科学家搞研究工作的思想方法和工作方法，这就使他后来有可能把量子力学运用到化学中去，解决分子结构和化学键本质中的重大难题。此外，他还掌握了 X 射线、电子衍射等先进技术，使他在蛋白质结构研究中做出了卓越的贡献。

4．化学上的杰出贡献

大家知道，19 世纪关于物质的组成所提出的经典结构理论，只是定性地解释了化学现象和经验事实。随着电子的发现，量子力学的创立以及像 X 射线衍射等先进物理方法应用于化学研究，现代结构化学理论逐步建立了起来，并且得到了很快的发展。到了 20 世纪 30 年代初期，关于化学键的新理论被提出来了，其中之一就是价键理论。

价键理论是在处理氢分子成键的基础上建立起来的。这个理论认为，原子在未化合前有未成对的电子，这些未成对电子，如果自旋是反平行的，则可两两结合成电子对，这时原子轨道重叠交盖，就生成一个共价键；一个电子与另一个电子配对以后就不能再与第三个电子配对；原子轨道的重叠愈多，则形成的共价键就愈稳定。这种价键理论解决了基态分子的饱和性问题，但对有些实验事实却不能解释。例如，在 CH_4 中，C 原子基态的电子层结构有两个未成对的电子，按照价键理论只能生成两个共价键，但实验结果表明 CH_4 却是正四面体结构。

为了解释 CH_4 是正四面体结构，说明碳原子四个键的等价问题，鲍林提出了杂化轨道理论。杂化轨道理论是从电子具有波性，波可以叠加的观点出发，认为碳原子和周围电子成键时，所用的轨道不是原来纯粹的 S 轨道或 P 轨道，而是 S 轨道和 P 轨道经过叠加混杂而得到的"杂化轨道"。根据他的杂化轨道理论，就可以很好地解释 CH_4 中碳四面体结构的事实，同时还满意地解释其他事实，包括解释络离子的结构。鲍林提出的杂化轨道理论对化学的发展起了很大的作用。

鲍林在 30 年代初期所提出的共振理论在现代分子结构理论发展中曾起过重要的作用，在化学界有着重要的地位。价键理论对于用一个价键结构式来表示的分子是很合适的，但对用一个结构式不能表示其物理化学性质的某些分子时，价键理论就不行了，例如共轭分子，像苯分子。若用经典的凯库勒（Kekulé）结构式表示就出现了困难，按凯库勒结构式，苯环中应有三个双键，应该可以起典型的双键加成作用，但实际却起取代作用，这说明苯环中并不存在典型的双键，它具有"额外"的稳定性。为了解决价键理论与上述实验事实不相符合的困难，鲍林用了海森堡在研究氦原子（这是最简单的多电子原子）问题时对量子力学交换积分所作的共振解释，用了 W. 海特勒和 F. 伦敦在研究氢分子（这是最简单的多电子分子）问题时从单电子函数线性变分法所得到的近似解法，用电子在键联原子核间的交换（即"电子共振"），来阐明电子在化学键生成过程中的具体成键作用，利用键在若干价键结构之间的共振来解释共轭和新结构类型，如苯分子是共振于五个价键结构之间。

　　鲍林认为苯分子的真实基态不能用五个结构的任何一个表示，但却可以用这些结构的组合来描述。这一理论解释了苯分子的稳定性，与实验事实相符得很好。

　　鲍林的共振论，在认识分子和晶体的结构和性质以及化学键的本质方面，曾起过相当重要的作用。由于它直观易懂，一目了然，在化学教学中易被人们所接受，所以受到化学工作者的欢迎。在三四十年代它在化学中居于统治地位，至今仍在化学教材中采用，共振论把原有的价键理论向前推进了一步。

　　共振论出现在化学从经典结构理论向现代结构理论研究转变的时期，具有把二者融合在一起的特点，虽然它未能正确揭示出化学键的本质，但却是化学结构理论在一定历史发展阶段中提出的一种学术观点和理论。

　　作为一种科学假说，它的是非问题完全可以通过实践检验和学术上的自由讨论来解决。但是，50 年代初期，苏联学术界却对共振论大加鞭挞，把共振论称作马赫主义和机械主义。苏联科学院还召开规模较大的全苏化学结构理论讨论会，对之进行讨伐。在苏联曾经赞同过共振论的化学工作者均受到批判，书被禁止出版。这场批判也波及我国，曾经有一段时期，把共振论当作有机化学中的唯心论加以批判。

　　然而，作为化学家的鲍林，一方面认为共振论与经典结构理论一样都是假设性的，因此说明有机结构是有其局限性的，另一方面坚信自然科学上的是非必然会由自然科学自身的发展作出判决，他对不适当地使用行政手段粗暴干预自然科学的做法，抱鄙视态度。他在《结构化学和分子生物学五十年的进展》一文中回顾了苏联对他的共振论的批判，他认为这种出于"意识形态或哲学领域里的强烈批判"，是步李森科的后尘，李森科为了满足个人的欲望，而提倡抛弃现代遗传学。苏联化学家为了某种意识形态的需要企图抛弃现代化学。然而正如他在结尾中所指出的："过去五十年的全部经验，包括在合理的原则基础上关于世界的不断加深的理解，已经使我们抛弃一切教义、天启和独断主义。从科学的进步中得出的新世界观的最大贡献将是由理性代替教义、天启和独断主义，这种贡献甚至比对医学或对技术的贡献更大。"历史的发展已经证明鲍林所持的态度是正确的。苏联科学院的领导人后来也承认，过去对鲍林及其共振论的粗暴批评"没有促进工作的进展，而是使科学家比较快地离开了这个科学领域"，那种批判是"没有根据地给现代化学发展中有巨大意义的量子论概念和量子力学方法投上了阴影"，"不公平地根本怀疑共振论创始人

鲍林在美国化学学会吉布斯奖颁奖晚宴上

的全部研究的科学价值"。共振论是一种科学理论，绝不是哲学上的唯心主义流派，那种给自然科学理论武断地扣上政治的或哲学的帽子，并施之以棍棒的做法是极端有害于科学的发展的。

1947 年，鲍林在研究晶体。

鲍林除了上述成就以外，还独创性地提出了一系列的原子参数和键参数概念，如共价半径、金属半径、电负性标度、离子性等。这些概念的应用不仅对化学，而且对固体物理等领域都有重要作用。他在科学研究中所运用的科学方法也具有同样的价值。此外，鲍林还在 1932 年就预言了惰性气体可以与其他元素化合而形成新化合物。这一预言在当时是非常大胆、非常出色的。因为根据玻尔等人的原子模型，惰性气体原子最外层电子恰好被八个电子所填满，已形成了稳固的电子壳层，不能再与别的元素化合。然而，鲍林根据量子力学理论指出，较重的惰性气体可能会和那些特别容易接受电子的元素形成化合物。这一预言到 1962 年加拿大化学家 N. 柏特勒特制成了第一个惰性元素化合物六氟化氙铂而被证实。它推翻了长期来在化学中流行的惰性气体不能生成化合物的形而上学观点，推动了惰性气体化学的发展。

鲍林并没有在这些杰出成就面前停步，而是运用自己有关物质结构的丰富知识进一步研究分子生物学、特别是蛋白质的分子结构。40 年代，他对包含在免疫反应中的蛋白质感兴趣，从而发展了在抗体－抗原反应中分子互补的概念。1951 年起，他与美国化学家 R. B. 柯里合作研究氨基酸和多肽链。他们发现，在多肽链分子内可能形成两种螺旋体，一种是 α－螺旋体，一种是 γ－螺旋体，纠正了前人按旋转轴次为简单整数而提出的螺旋体模型。鲍林进一步揭示出一个螺旋是依靠氢键连接而保持其形状的，也就是长长的肽链的缠绕是由于氨基酸长链中某些氢原子形成氢键的结果。作为蛋白质二级结构的一种重要形式的 α－螺旋体已在晶体衍射图上得到了证实。这一发现，为蛋白质空间构象打下了理论基础，成为蛋白质化学发展史上的一个重要里程碑。鲍林由于对化学键本质的研究以及把它们应用于复杂物质结构的研究而荣获 1954 年诺贝尔化学奖。

5．在科学前沿的生涯

在 1954 年瑞典皇家科学院授予鲍林诺贝尔化学奖金的典礼上，瑞典皇家科学院的代表亨格教授盛赞鲍林的成就时说道："鲍林教授，……你已经选择了在科学前沿的生涯，我们化学家们强烈地意识到你的拓荒工作的影响和促进作用。"

的确，鲍林始终生活在科学的前沿。

还在 1953 年 1 月，当鲍林提出蛋白质 α－螺旋结构以后不久，英国生物学家克里克从与他同一办公室工作的鲍林的儿子彼得那里得知，鲍林在美国加州理工学院也在建立去氧核糖核酸 DNA 分子的模型，所得结果和他与沃森第一次建立起来的错误模型相似。他们在接受了鲍林和他们自己模型的教训基础上，加以改正，从而提出了一个新的 DNA 分子模型。这就是沃森—克里克 DNA 双螺旋模型，以后为实验所证实，并荣获了 1962 年诺贝尔生理学和医学奖。

J. D. 沃森和 F. H. 克里克的 DNA 双螺旋的发现，大大推动了生物大分子核酸和蛋白质结构和功能关系的研究，建立起了分子遗传学这一新兴学科，使生物学进入到分子生物学的新阶段。在这个重大的发现中，鲍林是有积极贡献的。因为沃森和克里克使用了鲍林在发现蛋白质 α－螺旋分子结构所使用的同样原理，鲍林的 DNA 分子模型对他们也有启示作用，而且在沃森和克里克建立了 DNA 双螺旋模型以后，鲍林和柯里又指出，在胞嘧啶和鸟嘌呤之间是三个氢键，这一发现立即被沃森和克里克所接受。

1954 年，鲍林开始转向对大脑的结构与功能的研究，并且提出了一个一般麻醉的分子理论以及精神病的分子基础问题。对精神病分子基础的了解，有助于对精神病的治疗。

鲍林第一次提出了"分子病"的概念。他在对疾病的分子基础研究中，了解到"镰刀形细胞贫血症"是一种分子病，包括了由突变基因决定的血红蛋白分子的变态。即在血红蛋白中总共有将近 600 个氨基酸，如果将其中的一个谷氨酸用缬氨酸替换后，便会导致血红蛋白分子变形，造成致命的疾病——镰刀形细胞贫血症。他提出了《镰刀形细胞贫血症——一种分子病》的研究报告，并进而研究分子医学，写了《矫形分子的精神病学》的论文。他指出，分子医学的研究对于了解生命有机体的本质，特别是对记忆与意识的本质的理解极有意义。可以说，鲍林的这些重要工作，在科学上已经开辟了一个全新的领域——对分子水平疾病的研究。

鲍林在自然科学领域内兴趣非常广泛，自然科学的许多前沿都在他的视野之内。近几年他正从事化学古生物遗传学的研究，以揭示生命起源的秘密。生物从原始生物阿米巴（一种变形虫）起到人的不同进化阶段中，在核酸、蛋白质和多肽结构中还保留下它们原有的信息，这种信息反映了生物的发展史，研究其中的一种叫带信息的分子就可以了解生物进化的过程。鲍林正在通过核酸、蛋白质和多肽的研究，来了解分子产生的历史。鲍林认为，这项工作虽然是个开始，目前还只是拟订一些原则，但他相信，通过这一研究，在由分子来获得生物的进化史方面的知识，必将有可能作出许多有意义的发现。

此外，鲍林还于 1965 年提出了一个原子核模型，有些科学家认为，他的模型在若干方面比起某些核模型来有不少优点。

6．坚强的和平战士

鲍林反对战争，特别是核战争，主张用和平方式解决国际间的一切争端和冲突，并为让科学技术的成就造福于人类的信念而进行了顽强的斗争。

1945年，第一颗原子弹在日本上空爆炸后，核武器不断地被制造出来。许多科学家预感到人类智慧的结晶——科学技术发明有可能给人类带来毁灭性的结果。他们出于善良的愿望，把制止战争看作自己道义上的责任，希图以掀起和平主义运动为手段来实现这一目标。鲍林就是其中有代表性的一位。鲍林曾指出："科学与和平是有联系的，世界已被科学家的发明大大地改变了，特别是在最近一个世纪。"同时鲍林又认为，"现代人类所有的愚蠢举动中，最大的蠢事就是年复一年的在战争和军事上浪费掉了世界财富的十分之一。成功地解决这一问题，人类会得到最大的利益。"他为此而致力于和平运动，从事于战争与和平问题的研究。他还因此而遭受了许多的威胁和打击。

50年代初，美国的麦卡锡主义曾对鲍林进行审查，怀疑他是亲共分子，禁止他出国旅行、访问和讲学。1952年，原定在英国召开一次有关DNA分子结构的讨论会，邀请鲍林出席，英国科学家还安排他去访问威尔金斯实验室。在此之前，威尔金斯关于DNA的X射线衍射照片还没有公开发表，鲍林曾建议威尔金斯能公布出来，威尔金斯表示同意鲍林去他实验室参观，给鲍林看DNA的X射线衍射照片。设想如果鲍林能见到威尔金斯的照片，或许有可能赶在沃森和克里克之前建立起DNA的双螺旋结构来。然而鲍林最终未能在这个划时代的发现中做出更为重要的贡献。那不是他的过错，因为美国政府在鲍林即将出国前一分钟宣布取消他的出国护照。鲍林由于从事和平运动，不仅人身自由受到限制，而且直接影响到他的学术研究活动。直到鲍林获得诺贝尔化学奖之后，美国政府才不得不取消不准鲍林出国的禁令。

1955年，鲍林和世界闻名的科学家爱因斯坦、罗素、约里奥·居里、玻恩等签署了一个呼吁科学家应当集会来评价发展毁灭性武器所带来危险的宣言。在这个宣言影响下，不久成立了"普格华许——科学与国际事务会议"组织，从事宣传反对战争、主张科学为和平服务的活动，鲍林积极参加了这项活动。

1957年5月15日，鲍林起草了《科

1950年时的鲍林

学家及对核试验宣言》。这个宣言在两星期内，就有 2,000 多个美国科学家签了名，在短短几个月内，就有 49 个国家的 11,000 多名科学家签名。1958 年，鲍林把这个宣言提交给了当时的联合国秘书长哈马舍尔德，向联合国请愿。同年，他写了《不要再有战争》一书，书中简明地解答了核能和放射性的基础知识，并提出和回答了我们这个时代最迫切和危害最大的问题，计算了核武器对人类的严重威胁。此书于 1962 年又增订再版了。

1959 年，鲍林与罗素等人在美国创办《一人少数》（*The Minority of One*）月刊，宣传和平。同年 8 月，他参加日本广岛举行的第五届禁止原子弹氢弹大会。

由于鲍林对和平事业做出一系列的成就，1962 年，他获得了诺贝尔和平奖金。次年，他以《科学与和平》为题在奥斯陆大学发表了领奖演说。他在演说中指出：在我们这个世界历史的新时代，"世界问题不是用战争或暴力来解决，而是按照对一切国家都公平，对所有人民都有利的方式，根据世界法律来解决"。鲍林追述了科学家们为和平而斗争的历程后最后指出，"我们有权在这个非常时代活下去，这是世界史上独一无二的时代，这是过去几千年战争和痛苦的时代同和平、正义、道德和人类幸福的伟大未来交界的时代"。他坚信"由于更好地使用地球上的资源，科学家的发明，人类的努力，也将免除饥饿、疾病、失业和恐惧，并且我们将能够逐步建立起一个对全人类在经济、政治和社会方面都是公正合理的世界；建立起一种同人的智慧相称的文化。"

鲍林为和平事业所做的努力，在世界上有着广泛的影响。西方 76 位著名科学家和社会活动家在他荣获诺贝尔和平奖金以后，于 1964 年在纽约为他举行庆祝会，表彰他为和平事业所做的贡献。

7. 他没有在荣誉面前止步……

目前年事已高的鲍林，可以说是誉满世界了。他已发表过 400 余篇科学论文和大约 100 篇关于社会和政治，特别是关于和平问题的文章，还出版了十几本科学专著。培养了许多杰出的化学专家。中国科学院院长卢嘉锡教授曾随鲍林工作过，我国还有几位著名化学家也曾是他的学生。中国科学界对鲍林教授是熟悉的，早在 60 年代，鲍林的代表性著作——《化学键的本质》一书也由卢嘉锡教授等翻译出版。

除了两次获得诺贝尔奖以外，他还多次获得化学奖。1975 年，他获得福特总统授予的1974 年度国家科学奖章；1978 年，苏联科学院主席团授予他 1977 年罗蒙诺索夫金质奖章；1979 年 4 月，他又接受了美国国家科学院的化学奖。

鲍林教授被国外许多研究机构和大学聘请为特约教授和研究员，有 30 个大学授予他荣誉博士学位。他曾任 1949 年美国化学学会主席，1951 年到 1954 年还任过美国哲学学会的副主席。他还是伦敦皇家学会的外国会员，法国科学院的外国院士，是挪威、苏联、印度、意大利、比利时、波兰、南斯拉夫、罗马尼亚等许多国家科学院的荣誉院士。

鲍林教授有 4 个孩子。最大的孩子是位精神病理学家；二儿子是伦敦学院的化学讲师，与鲍林合著《普通化学》一书；最年轻的儿子是加州大学生物学副教授；女儿是一位蛋白质化学家，女婿原是鲍林的学生，现在是加州理工学院地质地球系主任。鲍林的经济状况是优裕的，但荣誉和优裕的生活并没有使他放弃科学工作而去安享晚年，他一直在以他的名字命名的科学和医学研究所从事分子医学方面的研究工作。

20世纪60年代，鲍林在介绍他的分子模型。

鲍林特别强调化学工作者应当讨论化学工作与人类进步的关系。他不仅关心化学对人类健康福利方面的贡献，而且非常重视化学发展的社会因素。他在美国化学学会成立一百周年纪念会上说："在未来100年内，化学对人类进步的贡献大小，不仅决定于化学家，而且还决定于其他人，特别是政治家。"他指出，在从现在到21世纪这段时间内，美国的奋斗目标应当是建设一个使每个人都能过幸福生活的国家。他认为，要实现这样的目标，光靠科学家是远远不够的。只有政府和人民，科学家和政治家的共同合作才能达到。

鲍林教授为科学和和平事业作出的贡献，值得钦佩，值得尊敬，同时他的思想活动和精神风貌也发人深思，令人从中大受教益。他生活在一种复杂的社会环境中，他从不随波逐流，而是敢于提出自己独到的见解。英国新近出版的百科全书在介绍鲍林教授的工作和成就时写道："他作为一个科学家，成功在于对新问题具有敏锐的洞察力，在于他认识事物间相互关系的能力和敢于提出异端思想的胆识和勇气。尽管他提出的概念并非全是正确的，但却总能促进人们对问题的深入思考和进一步的探讨"。这是对鲍林教授思想活动和思想方法的一个恰如其分的评价。

──参考文献──

［1］L.鲍林：《结构化学与分子生物学五十年的进展》，金吾伦、邢润川译，载《科学史译丛》1981年，第一辑。

［2］L.Pauling, Fifty Years of Physical Chemistry in the California Institute of Technology, *Annual Review of Physical Chemistry*, Stanford, Calif.V.1–28, 1964.

［3］《创造生涯──著名化学家鲍林自述》，吕酒基译，载《化学通报》1981年第7期。

［4］鲍林：《化学键的本质》，卢嘉锡、黄耀曾等译校，上海科学技术出版社，1964年。

［5］L.鲍林：《科学与和平》（诺贝尔和平奖金的领奖演说），载《一人少数》（*The Minority of One*）月刊，此处转引自《自然辩证法动态》，1965年，第49期，代山节译。

［6］L.Pauling, *No More War*, New York, Dodd, Mead, 1958年英文第1版，1962年增订版。

　　（选自《自然辩证法通讯》1982年第4期，《**献身于科学与和平事业的杰出化学家鲍林**》，作者金吾伦，中国社科院哲学研究所研究员，研究方向为科技哲学和科技史。邢润川，中国科学院自然科学史研究所研究员，现任山西大学科技与社会研究所教授，研究方向为科学技术史）

雅克·莫诺

基因调节理论的创立者

　　雅克·莫诺是少数几个光彩夺目的分子生物学家之一，是在分子水平上深入到基因调节控制领域里的开创探索者。他同他的合作者发现了在原核细胞的基因水平上调节控制的操纵子理论。此外，他还有其他建树，如预言信使 RNA 的存在，建立蛋白质的变构理论等。他天赋独厚，思想敏锐，多面发展，在政治、哲学、音乐等许多方面都有突出的表现。他的极不平凡的一生，给人类留下了丰富的、宝贵的遗产。

　　莫诺于 1910 年 2 月 9 日生于法国巴黎。他的家庭富于艺术传统并爱好科学。他的父亲卢西安·莫诺是画家，爱好音乐和喜欢读书，对达尔文的进化论有着特殊的兴趣，对科学与社会共同进步的信念颇深。这些对于一个清教徒的家庭是极大的例外，却深深地影响着莫诺，引导他走上科学的道路。他的母亲是苏格兰血统的美国人。莫诺是这个家庭中四个孩子中的第三个。1914 年第一次世界大战爆发，举家迁往瑞士和法国南方一些地方，1917 年定居于法国东南临地中海的城市夏纳。在进大学以前，莫诺一直在这里受教育。后来这里的住房由他继承，成为他度假、休息的场所。1976 年 5 月 31 日，因患白血病在这里去世。

　　莫诺于 1938 年同奥黛特·布鲁尔（Odette Bruhl）结婚。她是考古学家，还专长于中国西藏和尼泊尔的艺术，后来成

雅克·莫诺 (Jacques Lucien Monod, 1910—1976)

为一座博物馆的馆长。她为人谨慎稳重，在性格和文化两方面均同莫诺互补。他们有一对孪生子，一个成为物理学家，另一个成为地质学家。

1．作为科学家的莫诺

莫诺最主要的科学成就从 1940 年就开始了，经历了约 30 年的时间。他从细菌营养及细菌生长速度的关系开始研究，抓住异常的二阶段生长曲线不放，从酶的适应性的研究逐步深入到发现不只是一个基因对酶的生成负责，而是一组基因调节控制着酶的生成，等等。揭开他取得这些成就的历史背景，考察他是在什么科学基础和科学社会环境中、又是在什么科学思想和逻辑思维的引导下，把科学研究一步一步引向深入，的确能给人以多方面的启发。

科学生涯的开始阶段

莫诺于 1929 年到巴黎大学生物系读书，1931 年获学士学位。莫诺后来才了解到，那时法国的生物学教育，与同时代的先进水平相比，落后了约 20 年。幸好那时巴黎大学学动物学的学生每年暑假都可以到北部的一个生物实验站实习，得到增长知识的机会。

在这个实验站里，莫诺结识了对他终生的科学生涯起重要作用的四位法国生物学家。专长于昆虫学和海洋生物学的乔洛·泰西耶（George Teissier），是动物实验站的站长，巴黎大学教授。莫诺从他那里得到了对生物定量描述的基本训练。其妻妹后来成为莫诺的妻子。莫诺从生物化学家 Louise Rapkine 那里学到了一个重要思想，即只有用化学的和分子的描述才能给生命功能以透彻的解释。这一思想以后一直贯穿在莫诺一生的科学工作中。微生物学家安德烈·利沃夫（André Lwoff, 1901—1994）是莫诺的老师、同事和终生的挚友。从 1921 年以后一直在巴斯德研究所工作，对莫诺的科学工作，特别在开始阶段有很多帮助。在反法西斯斗争中也支持莫诺。而对莫诺的科学生涯起关键作用的则是生化遗传学家布瓦·埃弗吕西（Bois Ephrussio）（［1］，pp.2—3；［2］，pp.352—355）

布瓦·埃弗吕西，1902 年生于莫斯科，大学毕业后移居法国。1934 年当他在美国加州理工学院摩尔根实验室学习时，遇到了后来成为美国生化遗传学家的比德尔（G.Beadle）。一年以后，他们一起到法国，从胚胎发育的观点出发，做出了一个有名的实验：他们移植不同色素的果蝇幼虫眼芽，观察移植体上眼色素的变化，发现色素生成过程受基因控制的主要现象。正是这一结果引导比德尔回美国后继续研究，得出"一个基因一个酶"的概念，推动了遗传学的发展。在那时美国遗传学蓬勃发展形势的鼓舞下，埃弗吕西极力想方设法改变法国遗传学的落后面貌。1936 年洛克菲勒基金会资助他在法国发展遗传学。作为这项工作的第一步，他要求再去摩尔根实验室工作一年，并且要求带一名助教去受训练。莫诺正好是他看中的人选。（［2］，pp.355—356）

这时莫诺已经工作了 5 年。受过一年微生物学的训练，研究过 3 年单细胞纤毛虫，1934 年春季到格陵兰进行了生物学考察，研究自然史，1934 年 10 月转到巴黎大学动物学实验室任助教。这段经历对他巩固和提高生物学的基本知识十分有益。1936 年夏，正当他准备到格陵兰作第二次科学考察时，埃弗吕西告诉他，经过有力地推荐，洛克菲勒基金会破例同意资助尚未获博士学位的莫诺去美国学习一年。莫诺稍加考虑就同意了。从此莫诺就进入了他所感兴趣的遗传学领域。

然而，莫诺在摩尔根实验室这一年的表现，竟使埃弗吕西十分失望。莫诺被派到摩尔根的学生、成熟的细胞遗传学家布里奇斯处学习细胞遗传学的基本操作技术。莫诺对此很不感兴趣，经常离开岗位去组织乐团指挥演出。这使埃弗吕西十分尴尬，也使他发愁莫诺能否成为他在巴黎开展遗传学工作的助手。1937 年夏，资助期满，莫诺听了埃弗吕西及其兄长的劝告，放弃了在美国从事音乐工作的机会，回到了巴黎。他继续在埃弗吕西实验室工作了几个月，终因思想作风距离太远而同埃弗吕西分手了。（［2］，pp.356—357）

其实，莫诺在美国的一年还是很有收获的：不但使他学到了遗传学的基本知识，而且对他学风的形成有着深远的影响。当时的摩尔根实验室是美国及世界上第一流遗传学家云集的地方，学术思想十分活跃，经常进行自由的、紧张的、批评式的学术讨论。不同年龄、不同级别的同事之间相互的关系也是无拘束的、坦率的。这些都使莫诺第一次领略到一种同法国科学界传统迥异的"美国风格"，而这也就成为后来莫诺在巴黎实验室中的学术风格。许多同莫诺在一个实验室工作过的同事们，对于有他参加的各种自由的学术讨论和相互间无拘束的谈笑气氛都十分留恋。

博士论文中遇到了难以解释的二阶段生长曲线

莫诺离开埃弗吕西，回到巴黎大学动物学实验室，在泰西耶领导下工作。这时莫诺开始准备他的博士论文，为此他去请教利沃夫。利沃夫告诉他，研究生长问题，纤毛虫仍嫌太复杂，不是理想的材料。最好改用能在人工配制的培养基中生长的细菌，如大肠杆菌，便于控制各种条件。莫诺采纳了这个建议，从 1973 年起用大肠杆菌为材料进行生理研究。此后，他的工作从来没有离开大肠杆菌，只是在那时候细菌尚未进入遗传学研究领域。从 40 年代至今，遗传学的飞速发展，大肠杆菌与噬菌体已经成为被分子生物学家研究得最透彻和得心应手的重要实验工具。

莫诺用各种单糖、双糖或者两者的混合物作为能源培养细菌，得出了生长速度是糖浓度函数的结果。但是异常的现象发生

1955 年，索尔克研究所成立纪念，包括（从左往右）：莫诺，Gerald Edelman, Melvin Cohn, Leslie Orgel, Robert Holley, Jacob Bronowski, Frederic de Hoffmann, Salvador Luria, Parl Berg, Edwin Lennox, Roger Guillemin。

了：当他用葡萄糖和乳糖同时作为能源时，曲线开始上升，当葡萄糖用完时，曲线呈现平坦，以后再上升。莫诺称之为二阶段生长曲线。1940 年 12 月，莫诺去见利沃夫，寻求对这一现象的正确解释。莫诺以为是发生了某种抑制作用。利沃夫告诉他，消化乳糖的酶需要一段时间才能出现，这类似于 1900 年就有人提出过的"酶的适应作用"。这是莫诺第一次听到这个概念。以后的一段时间里，莫诺的一系列研究都是围绕"酶的适应作用"进行的。（［1］，p.4；［2］，p.359）1941 年夏，莫诺取得了博士学位。

1943 年，莫诺确认他的二阶段生长曲线是表明酶的适应作用的一种殊特生化模式。通过查阅文献，他了解到 1938 年英国的约翰·尤德金已经作过类似的实验，并提出了酶是从其"前体"转变来的，同前体经常处于平衡状态。尤德金把酶分为组成酶和适应酶两种，认为组成酶是细胞的正常成分，由于代谢的需要，经常有利于组成酶的生成；而适应酶经常只有痕量存在，虽然同前体也处于平衡状态，但只有当适应酶的底物存在时，才有利于其形成。[3]莫诺对尤德金的假说进行了研究并加以修饰，认为在他的研究中，分解葡萄糖和乳糖的两种酶可能有一个共同的前体，两种酶同前体之间处于一种竞争状态。在开始时，有利于产生分解葡萄糖的酶。当葡萄糖被用完以后，则改变为有利于前体产生分解乳糖的酶。[4]这一假设，在一段时间内成为莫诺研究工作的主导思想。

由于第二次世界大战的爆发，巴黎被希特勒的军队占领，莫诺参加了反法西斯的地下武装斗争。他的研究工作也因之时断时续。因盖世太保对他的搜捕，他离开了巴黎大学，到巴斯德研究所借助利沃夫的掩护，暂时得到一席之地。1943 年底到 1944 年初，他同利沃夫的一位研究生合作，开始了一组新的实验。当时，对适应酶存在着两种解释：（1）适应酶的出现完全是由于乳糖的存在，即底物的存在决定了适应酶的产生；（2）由于细菌的自发突变而产生适应酶。为了确定究竟是哪种因素起作用，莫诺等选择出一种缺乏消化乳糖能力的大肠杆菌突变体。当乳糖存在时，这种突变体能变为有消化能力的菌株，只是在生长曲线中，平坦的部分变长，时间的间隔长达一小时或更多。莫诺认为这并非由于两者是否存在消化乳糖的酶体系，只是消化乳糖的能力有所不同，这种基因表达的不同现象吸引了莫诺，使他继续前进。这也是他的工作同遗传学发生联系的开始。（［2］，pp.361—363；［4］，pp.260—261）

从"适应酶"到"诱导酶"

第二次世界大战结束前巴黎已经解放，莫诺仍在军队中服役。他有机会到美军流动图书馆中阅览。他找到几本有关遗传学的杂志，读了 O.T. 艾弗里在 1944 年发表的 DNA 是细菌的转化因子的文章和 S. E. 吕里亚，M. 德布吕克关于细菌自发突变的文章。莫诺顿觉眼界开阔，想较多地集中精力进行研究。但是，他的工作不为巴黎大学重视，却受到利沃夫的支持。1945 年秋，莫诺转到巴斯德研究所微生物生殖实验室，继续其有关大肠杆菌生理的研究。

1946 年夏，莫诺随利沃夫到美国参加战后第一次召开的冷泉港专题讨论会，成为他研究工作的新转折点。这次会议的主题是"微生物的遗传和变异"，对以后分子生物学的发展影响很大。这时"一个基因一个酶"的理论已经得到了普遍的承认。而最吸引莫诺的则是另两篇报告：一篇是德布吕克和赫尔歇有关噬菌体在细胞中重组的报告，另一篇是莱德伯格和 E.塔特姆关于细菌间也有"基因交换"现象的报告。他们称这种现象是细菌的有性繁殖，也就是"细菌接合"。他所用的菌株是塔特姆早已熟悉的大肠杆菌 E.coli K_{12}。从此 E.coli K_{12} 就成为遗传分析研究的重要材料。因为细菌对一个特定基因来说，其表型比高等生物要简单得多。莫诺的二阶段生长曲线的实验则作为利沃夫的细菌营养突变报告中一个重要的例证介绍给大会，但却引起与会者的注意。莫诺被邀请于下一年到冷泉港专门讨论"生长"问题的会议上作专题报告。（［2］，pp.368—370）

为了准备这个报告，莫诺查阅了包括他自己在内的全部有关文献。经过整理分析，得到了一个清晰的概念，即他所发现的现象，迄今为止，仍然是一个"谜"。他认识到他所研究的酶的适应性问题正好处于遗传学和生物化学的交叉点上。这就使莫诺坚定地沿着自己已经走过的道路走下去，放弃了在 1946 年夏冷泉港会议期间出现的改作噬菌体研究的念头。莫诺 1947 年报告的题目是"酶的适应现象及其在细胞分化中的意义"。在报告中，他明确地提出，当时的中心问题是，在适应酶的形成过程中，诱导底物同专一基因（或基因群）各自的作用。诱导物的作用是影响酶分子形成的全过程，还是仅仅是一种激活作用，或者只促使"前体"形成新酶分子。（［4］，p.262；［2］，p.370）

莫诺回到巴黎后，就集中力量从大肠杆菌中大量提取能使乳糖分解为葡萄糖和半乳糖的乳糖酶。这一工作由于美国纽约大学的梅尔文·科恩于 1948 底的到来，而有很大的促进。科恩熟悉免疫学，又长于蛋白质化学，能利用免疫学方法取得纯的乳糖酶。在对这种酶的作用进行分析时，他们发现并非只有乳糖能被此酶分解，许多含有同乳糖同样的 β - 半乳糖苷键的化合物都可被此酶分解。这就使他们决心放弃乳糖酶这一名称，而改称为 β - 半乳糖苷酶。

为了进一步研究该酶的活性，科恩花了不少时间到英国和德国学习并合成多种 β - 半乳糖苷化合物。当测试该酶对各种合成化合物的作用时，他们发现了意想不到的结果。其中最主要的是，他们发现有的半乳糖苷化合物不能被这种酶分解，却可激发这种酶的形成。这表明，诱导能力并非底物所独有，也就是说诱导物不一定是底物。这就改变了适应酶的生成必须有底物存在的概念，从而也就把诱导物同乳糖体系中作为底物的乳糖的必然联系分开，为以后操纵子理论的建立拨开了迷雾。（［2］，p.383；［4］，p.262）

莫诺和科恩为了探明酶究竟是从"前体"转变来的，还是直接由氨基酸合成的，同许多国内外的研究工作者合作，进行了大量的工作。他们利用了当时能够利用的各种方法，包括选择各种氨基酸营养缺乏型的突变菌株，同位素示踪方法和动力学实验观测等进行实验。实验结果表明，酶在细菌体内是直接从氨基酸合成的。这就推翻了莫诺过去认为酶是从细菌体内已经存在的"前体"转变而来的假设。莫诺从实验中认识到酶这种蛋白质是一种稳定的大分子，不是经常处于各种氨基酸随时出入的、不稳定的平衡状态。这与当时流行的 R.舍恩海默的"体内组分动态平衡"的概念是矛盾的。莫诺认为舍恩海默的概念是从生物组织水平上的实验得出的，不适合蛋白质分子水平上的状况。（［1］，pp.55—59）

这样，莫诺就通过自己的实验研究，否定了他从1943年以来一直坚持的指导思想，即"适应酶"是由于对"底物"的适应，从体内已经存在的"前体"转变而来的假说。1953年10月，莫诺同科恩等在英国《自然》杂志上，宣布放弃"酶的适性作用"的概念，建立起"酶的诱导作用"的概念，"适应酶"从而也就为"诱导酶"所取代。

然而，诱导过程是什么的问题，并没有得到解决。莫诺在探讨这一过程中曾提出过"普遍诱导假说"，但没有能够得到实验的支持，以后最终放弃了这一假说。不过他得到了意料之外的收获：其一是大量的最终产物可以抑制其有关代谢途径中的酶活性；其二是发现了在胞膜上存在着一种 β－半乳糖苷渗透酶，能使乳糖或其他半乳糖苷化合物不断地通过胞膜进入菌体，不久又发现了转乙酰酶。这两种酶同 β－半乳糖苷酶都是由一个共同诱导物激活的，莫诺推论控制这三种酶合成的基因必然是相邻的。虽然渗透酶的分离提取在10年之后才由别人做出，但这些间接的证明对操纵子理论的形成的确是有力的支柱。

细菌遗传学的发展使莫诺同弗朗索瓦·雅各布密切合作

50年代是分子生物学建立和蓬勃发展的时期。DNA双螺旋结构和密码理论的建立，蛋白质的氨基酸顺序分析和晶体结构分析方法的建立，特别是细菌和噬菌体遗传学的长足进展等，直接影响着莫诺的研究。

细菌的有性繁殖虽然在1946年就十分引人注目。但是在 E.coli K_{12} 菌株中，有性繁殖发生的频率不高。1953年英国微生物学家威廉·海斯（1913—　），在冷泉港专题学术讨论会上，报告他发现了一种高频率DNA重组的 E.coli K_{12} 菌株。后来被称为 E.coli K_{12}Hfr（H，f，r分别是高，频率，重组三个字的第一个字母）。这一突破加速了细菌遗传学的发展。[5]

莫诺所在的巴斯德研究所也有很大的变化。这个由巴斯德在1888年用私人基金建立的研究所，以微生物学和免疫学的成就而享有盛誉。但是两次世界大战使这个研究所的经费困难，设备落后，研究工作的水平同世界水平间存在着较大的差距。战后，利沃夫的研究方向集中到噬菌体方面来，莫诺的到来更增加了研究的活力。50年代这两个研究室受到各先进国家的重视，同国外的学术交往逐渐密切，经费和设备也得到国际上一定的帮助。于是，情况发生了很大的变化，法国巴黎逐渐成为国际分子生物学界公认的一个中心，各国学者，包括一些知名学者的访问，络绎不绝。

莫诺的实验室位于巴斯德研究所顶楼走廊的一端，专门研究 β－半乳糖苷酶的诱导机制。位于另一端的科沃夫的实验室则正在研究溶原性噬菌体在大肠杆菌中如何从前噬菌体转变为噬菌体。两者之间学术交往不多。1950年，原来学外科医学的弗朗索瓦·雅各布（1920—　）由于兴趣的驱使，到利沃夫实验室做研究生。雅各布思想活跃，善于钻研，又长于实验。这时，为了便于进行国际学术交流，他们都改用 E.coli K_{12} 菌株作为实验材科。雅各布帮助利沃夫用细菌接合方法，分析研究溶原性的遗传性。利沃夫已经用实验表明，在少数情况下，受溶原性噬菌体感染的细菌，能够破裂产生噬菌体。如果用溶菌酶使菌膜破裂，菌内并没有什么噬菌体。利沃夫认为这是因为噬菌体的基因并入细菌的染色体后，未能表达。他称这时的噬菌体基因为"前噬菌体"，可能需要某种外界刺激才能诱发噬菌体的生成。莫诺曾协助利沃夫了一个实验，用紫外线照射溶原性细菌，一小时后，细菌破裂，产生了噬菌体。但是，噬菌体的基因如何并入细菌染色体中，什么因素阻止其表达，噬菌体重新出现的机制是什么，都尚待解答。雅各布的到来，促进了这一研究的开展。（［2］，pp.373—377）

1953年，雅各布参加冷泉港的学术会议时，听到了海斯关于E.coli K_{12} Hfr的报告。回所后，他同他的合作者沃尔曼都认为这个材料对他们的研究工作十分有利。很快他们就得到了这种菌株，并进一步研究这一菌株的性质。他们发现，细菌的有性繁殖并非为莱德伯格所说的那样，是两个细菌的全部融合，而是基因的给体（雄性）把基因插入受体（雌性），但给体的胞质并不进入受体。当他们设法使给体同受体分开时，基因也同时被割断，进入的基因未能在受体上表达。用这种方法，他们可以测定出在一段已知的时间内，肯定是某一种或几种基因进入了受体。这一方法很快就应用于利沃夫的研究工作中（［2］，pp.392—396）

每天下午喝茶的休息时间，两个实验室的工作人员经常聚在一起闲谈。各自在工作中的欢乐与苦恼，新的发现和在形成过程中的一些概念理论，成为主要的话题。即使在1954年莫诺任细胞生化室主任后不久，实验室搬到楼下后，这种讨论也常进行。莫诺和雅各布两人都发现，他们之间的共同语言越来越多，两个实验室的研究主题虽然不同，却存在着很多能够相互沟通的地方，共同讨论对彼比都有益。于是莫诺同雅各布的关系逐渐密切，导致了十分有成效的合作研究。

Pa Ja Mo 实验和操纵子理论的建立

1957年秋，在莫诺同雅各布认真讨论的基础上，提出了用细菌遗传分析的方法研究乳糖体系的计划。这时，莫诺已经选择出两种细菌突变体，它们改变了 β－半乳糖苷酶的诱导生物合成。一种不再具有生产这种酶的能力，另一种能改变诱导性，使诱导性变为组成性，即在诱导物不存在时，突变体也可以合成 β－半乳糖苷酶。需要进一步解决的问题是：（1）这些基因是如何表达的；（2）两种突变体的基因之间有什么关系；（3）诱导性和组成性产生的原因是什么。雅各布建立的细菌有性繁殖实验分析方法，成为解决上述问题的主要手段。

1957年9月到1958年夏，美国加州伯克利大学病毒实验室的亚瑟·派拉德利用休假年来到莫诺实验室工作。A. 派拉德对酶学有研究，是一位十分认真仔细的实验家，早就对莫诺的工作感兴趣，研究工作的思路接近莫诺，两人的工作有时也是平行进行的。派拉德来后，同莫诺，也同雅各布立即合作得很好。他们共同设计了一套实验，以派拉德为主进行操作。他们首先选择制备他们所需要的各种雌雄突变体，它们须具有以下一种或两种基因：（1）能合成 β－半乳糖苷酶的基因，以 Z^+ 为代表；不能合成该酶的，以 Z^- 为代表；（2）加入诱导物后能合成该酶的基因，以 I^+ 为代表；不需诱导物自己就能合成该酶的，以 I^- 为代表。各种突变体制备后，用细菌交配的办法，包括正反交，记录酶产生的时间和酶活性的增长速度，并找出两者之间的关系。这是一项既花费时间，又需大量乏味的劳动，而且是要求十分仔细的实验，但却取得了突破性的结果。对操纵子理论的建立，这是一项决定性的实验，后被命名为 Pa Ja Mo 实验，由三个人的姓名的前两个字拼成。（［1］，pp.110—114；［4］，pp.221—224）

Pa Ja Mo 实验表明，当雄性 Z^+ 进入雌性 Z^- 时，酶的合成约三分钟后即开始。这个现象同当时已有的理论和实验证明是矛盾的。这时，F. 克里克于 1957 年 9 月在英国剑桥召开的实验生物学会专题讨论会上首次公开提出蛋白质生物合成的中心法则（一年以后发表），即 DNA → RNA →蛋白质；细胞质的核糖体也已被证明是蛋白质合成的场所，其中含有大量稳定的 RNA，莫诺十分注意这方面的信息。S. 奥乔亚等从活细胞中分离出多核苷酸磷酸化酶，更给莫诺以很大的启发，这表明单个核苷酸可以在细胞中合成多核苷酸链。莫诺根据自己的实验结果结合上述各种情况进行综合分析，于 1960 年提出了信使理论，预言必定存在着一种能溶解的、不稳定的小分子 RNA（mRNA），能够迅速形成并转录 DNA 长链上的密码，成为在核糖体上合成蛋白质的模板，完成任务后迅速分解。而核糖体 RNA 不可能如此迅速完成这项任务。克里克，雅各布等许多人都参加过这一讨论。随后，雅各布到美国加州理工学院与人合作，进行了大量细菌培养和 mRNA 的分离提取工作，证明 mRNA 的存在。同时在哈佛大学 J. 克里克的实验室中也得到了同样的证明。其结果与操纵子理论同时在 1961 年发表。mRNA 的存在及作用是对克里克的中心法则的补充。（［1］，pp.117—124）

Pa Ja Mo 实验还表明，基因 I^+ 为显性，I^- 为隐性，而且组成性 I– 同基因的作用是间接的。因为雄性 Z^+ 进入雌性 Z^-I^- 后，细菌可以产生酶，如果加入外源诱导物，酶的合成速度大大加快。如果反交，雄性 I^- 进入雌性 Z^+I^+，不加诱导物，则酶不能生成。

最典型的 Pa Ja Mo 实验就是：雄性 Z^+I^+ 进入雌性 Z^-I^- 后，对其所做的动力学研究。其结果是：几乎立即开始的酶的合成，约在两小时后停止，如果加入诱导物，酶的合成以前所未有的速度继续合成。这个结果表明细菌已由组成性变为诱导性。那么，如何解释诱导作用？

正在这时，1957 年底即 1958 年初之际，美国的里奥·西拉德（1898—1968）到巴黎访问。西拉德是出生于匈牙利的核物理学家，1938 年到美国，二次大战后，兴趣转向分子生物学，参加了美国噬菌体小组的工作。他对莫诺有关酶诱导性的研究很感兴趣。这次到巴黎，正值 Pa Ja Mo 实验的进行中。他对激活作用同阻遏作用之间的关系，早有所思考。在讨论中，他强烈地表达了他的思想，即诱导作用就是去阻遏作用。在乳糖酶体系中，他提出诱导酶的形成很可能是由于经常存在于活细胞中的反馈抑制物的抑制作用。而诱导物的作用正是阻止了这种反馈抑制物的作用。他称这抑制物为阻遏物。他认为诱导作用是受抗阻遏物的影响，而不是受抗诱导物的阻遏作用的影响。而莫诺的思路同里奥·西拉德正好相反。但是西拉德的解释更符合实验的结果，诱导物的加入，消除了阻遏物的作用，酶的合成开始进行，因此也更符合逻辑。这也就使莫诺不得不改变自己原来的思路，接受西拉德的主张。于是，就产生了 1958 年 5 月莫诺同派拉德，雅各布用法文共同发表的第一篇关于 Pa Ja Mo 实验报告中的一段话："实验的结果恰恰提出了一个相反的假说，基因 I 决定一个阻遏物而不是诱导物的合成。这个阻遏物封锁了 β–半乳糖苷酶的合成……。"（［2］，pp.407—412）

雅各布对 Pa Ja Mo 实验的结果进行了认真的消化。他专长细菌遗传学，又有在利沃夫实验室里进行溶原性遗传研究的背景，比较容易抓住 Pa Ja Mo 实验的要点。1958 年 9 月，他同莫诺进行了一次长时间的讨论。在西拉德的意见的基础上他进一步提出，阻遏物的作用可能是封锁了其他基因的表达。针对这一作用，雅各布提出了"开关"的设想，认为阻遏物作用的目标正是这个"开关"。他推论，必然存在着比结构基因更高一级的基因存在，而调节作用正是在基因水平上进行的。莫诺早就认识到他们所研究的问题，仅靠直觉是不

1965 年，莫诺（中间）和同事被授予诺贝尔医学奖，在巴斯德研究所接受采访。

够的，必须运用逻辑推理的方法，再加实验的证明，才能认识到事物的本质，但是他一直认为这种调节作用是在基因以下的水平上进行的。雅各布的设想对他不能说不是一个极大的震动。他不能否认这个设想的合理性，但也不能立即肯定，于是，他同雅各布一起设计各种实验来支持这一假设。（［4］，pp.224—227）

后来，他们设计出的实验表明，β-半乳糖苷酶的基因 Z、渗透酶的基因 Y 和转乙酰酶的基因 A 都是同时受这一"开关"的控制，因为这三种酶的产量总是相关的。实验还表明这些基因的排列是顺型的。最难得到直接证明的是如何区别"开"和"关"。雅各布在溶原性噬菌体的工作中，早已发现有这种性质的突变体存在，是一种二倍体的细菌。于是大量实验从这方面探索，终于寻找到这样一种二倍体细菌。经过遗传分析，可以把突变体分为两组，一组具备发报作用，另一组具备收报作用。于是"开"和"关"就被肯定为基因，并被命名为操纵基因。（［1］，pp.98—107）整个实验表明诱导作用进行迅速，可逆性很强。

这时，一个多基因控制模型的建立条件已经具备，莫诺同雅各布经过多次讨论，提出了一个模型的初步设想：过去作为诱导基因 I，现在明确改称调节基因，决定着阻遏物的生成，并区别于直接决定蛋白质结构的结构基因。操纵基因位于调节基因和结构基因之间。当诱导物不存在时，阻遏物阻止了操纵基因的开动，mRNA 不能转录结构基因上的密码，蛋白质的合成不能进行。加入诱导物后，阻遏物失活，操纵基因随之开动，mRNA 的转录开始，蛋白质的合成开始进行。这个既有实验又有理论的长报告，由莫诺执笔，与雅各布联合署名，题为"在蛋白质合成中，基因的调节机制"，发表于 1961 年英国《分子生物学期刊》上[6]。

这篇报告是第一篇论述在基因水平上调节控制的科学报告，包括了从适应酶开始到操纵子理论建立的全部内容，并且第一次提出 mRNA 的存在和作用，修正了"一个基因一个酶"的概念。报告完成的时间是 1960 年 12 月，这时有关蛋白质生物合成的各种假说已经被分子生物学界广泛的接受，但是实验的直接证据还有待充实，第一个破译遗传密码的实验于 1961 年夏才被公开报告。因此，这篇报告的创造性及其洞察力深受国际生物学界的赞扬。不足的是论文认为阻遏物可能是 RNA。这个问题到后来莫诺研究蛋白质的变构问题时才得到解决。但无论如何，他们建立起的操纵子理论，虽然得到后来的补充完善，但其基本设想是经得起实验考验的。现已证明，这是原核细胞中普遍存在的基因调节模式。这是两位生物学家——一位专长生物化学普通细菌遗传学，另一位深刻理解细菌及噬菌体遗传学——经过五、六年的亲密合作的结果，也是法国、美国、英国许多学者长期合作的结果。

蛋白质的变构调节——"我发现了第二个生命的奥秘"

正当莫诺等忙于 Pa Ja Mo 实验时，研究生 P. J. 昌吉克斯来到了莫诺的实验室。1959 年 9 月，莫诺同他共同商定博士论文的主题：调节酶。具体地选择了异亮氨酸对苏氨酸脱氨基酶的抑制作用。在代谢中，苏氨酸经过五个步骤变为异亮氨酸。根据莫诺自己和其他人研究的结果，都表明最终产物的积累对前面几个步骤所需的酶，特别是第一个步骤的酶，产生抑制作用。昌吉克斯的研究结果比前人进了一大步。

昌吉克斯测定在不同浓度的底物和抑制物中，酶活性的变化。所得到的曲线显示出酶是由两个亚单位组成的。更令人难以预料的是，当加热后，酶仍保留脱氨基的活性，却不再被异亮氨酸所抑制，即对异亮氨酸"脱敏"。莫诺对这个结果非常满意，在同昌吉克斯讨论时，提出了"脱敏现象"表明底物同抑制物在酶分子上的作用部位不同的设想。不久，莫诺又了解到他人对天门冬氨酸转甲酰酶和血红蛋白活性研究的结果，进一步明确了抑制作用同催化作用在酶分子上的作用部位不同，抑制物同底物之间不是直接的作用，必须通过蛋白质分子结构的变化。（［1］，pp.196—198；［2］，pp.371—374）

在 1961 年冷泉港的"细胞调节机制"专题讨论会上，莫诺的总结发言专门谈到调节酶的作用机制问题。同年七、八月间，为总结发言定稿时，莫诺创造了由两个希腊文组成的 Allosteric 一词，含有三度空间的意思。（［1］，pp.196—198；［2］，pp.571—574）后来就成为蛋白质变构的专用词。莫诺经过一番深思，预感到一个新的理论将要诞生。1961 年底，他向他的同事说："我发现了第二个生命的奥秘！"（［1］，p.14）

这时，操纵子理论中的阻遏物又萦绕于莫诺的头脑中。他向雅各布提出，阻遏物的作用类似于调节酶，很可能有一种调节酶作用于阻遏物。但是经过实验的探索，并没有找到任何调节酶，莫诺立即意识到阻遏物本身必定是一种蛋白质。阻遏物遇到诱导物后，在整体上发生变构而不再起阻遏作用，从而使操纵基因开动。于是他们放弃了阻遏物很可能是 RNA 的设想。莫诺由此而推论，细胞的信息系统之所以能如此高效率地起作用。正是因为有各种专一的调节系统，既快速，又消耗极少的能量。但是要得到真正的科学证据，首先必须取得纯的阻遏物，才能作进一步的研究。他自己作了努力，未获成功。（［2］，p.574；［1］

p.13）直到 1966 年两位哈佛大学的研究人员终于得到了纯的阻遏物。现已证明，阻遏物同诱导物的结合是一个可逆的变构反应。

1962 年底，经过反复讨论，莫诺同昌吉克斯完成了《变构蛋白和细胞控制体系》的论文。[8] 1963 年发表后，引起相当大的争论。有人批评这个理论的实验根据不够，有人说"名词是新的，但理论仍是旧的"，有人还说，它"解释的能力太大了，几乎无所不包。因此等于什么也不能解释"，等等。尽管如此，酶的变构研究在生化刊物上已成为热门。莫诺一方面注意这些动态，一方面自己从事研究，特别花了较多的时间研究蛋白质的功能结构、蛋白质大分子中的亚基集合的方式，并注意到已知低聚蛋白质分子中亚基恒为双数等问题。这些研究结果，使莫诺产生了在分子对称和协同结合之间存在着相关性的思想，也就是需要在蛋白质的少级结构的基础上来解释变构转换。（［1］，pp.196—198；［2］，pp.571—574）昌吉克斯的博士论文于 1963 年写完，1965 年才发表。其间莫诺花了很多时间同他讨论、修改。最后他们推导出一个数学模型，表明蛋白质由于效应物的影响，在松弛态和紧张态之间进行变构转换，从而调节酶的活性。对于当代酶学家、美国的 D. 科什兰的诱导配合理论，他们在第一篇文章中基本采纳，作了一些修改补充；但在第二篇文章中就不再认为其合理了，至少不适用于含有亚基的低聚物蛋白质。

莫诺在 1969 年曾讲过一句名言："一个漂亮的模型和理论可能不正确，但是丑陋的，一定是错误的。"（［1］，p.196）这一思想贯穿在他对蛋白质变构转换的研究中。由于客观困难较多，特别是蛋白质在溶液中的变构转换更难研究，但莫诺的工作至少开辟了一个新的研究方向。

回顾莫诺约 40 年的开创性研究，的确经历了一个实验与逻辑推理相结合的过程。尽管中间有成功，也有失败，但最终取得了公认的辉煌成果。从方法论的角度来分析，它是从直观现象中找出问题，从逻辑推理上提出假设，用精心设计的实验来对假设进行求证。不论实验的结果是肯定的还是否定的，都需要进一步找出问题，提出假设，用实验求证。从抽象的方法上说，这是一个反复循环的过程，但实际的内容却在步步深入和提高。莫诺在实验研究中，重视逻辑推理，是促使他从现象深入到本质的一个重要原因。[10]

莫诺是一位实验生物学家，但又具有非凡的逻辑推论与理论概括的能力。在这一代分子生物学家的精英中，他和克里克两人被誉为"理论家"。在莫诺去世后，他的老师和终身的挚友利沃夫颂扬他一生的科学成就时说，他不仅"有一系列的伟大发现"，而且他的"每一个发现都产生了新概念，并且开辟了新前景"，"他不仅是一个才华横溢的科学家，而且是一个声誉卓著的学派奠基人"。（［1］，p.IX）莫诺的确当之无愧。

2. 科学研究工作以外的莫诺

莫诺的一生有着多方面的经历，他不仅仅是实验室和书斋里的学者，他的社会责任感极强，是位较突出的社会活动家。

反法西斯的坚强战士、法国共产党的地下党员

1939 年 9 月，希特勒统治下的德国向英法宣战。1940 年 6 月，巴黎陷落。法国人民很快组织起反法西斯的地下组织，并逐渐扩大。不少法国科学家，包括莫诺周围的人，如利沃夫，都参加了这个时期的地下斗争。莫诺在 1940 年底同利沃夫讨论二阶段生长曲线后不久，也参加了巴黎大学的地下组织，做传递秘密新闻传单和搜集情报等工作。

1941 年 6 月德军进攻苏联，在法国的德军占领区内，由法共领导的"战斗法兰西"组织成为最强的反法西斯武装力量。莫诺幼年患小儿麻痹症，一条腿短而跛，因而免于服役。但困难临头，莫诺毅然参加了"战斗法兰西"。在这个法共和戴高乐派联合的组织中，莫诺很快就认识到法共的强大。在巴黎军事分部负有领导职责的三人小组中，两个是法国共产党员，许多行动计划和决策都是法共决定的。莫诺经过彻夜深思，决心参加法国共产党，希望能在反法西斯斗争中充分发挥作用。这时，莫诺不得不把犹太血统的妻子和两岁左右的孪生子送到乡村，自己留在巴黎坚持斗争。他很快就被提升为执行官，在巴黎"战斗法兰西"参谋长、共产党员、解剖学教授 M. 普莱朗特领导下，负责组织和情报工作。莫诺有时把资料藏在标本室里长颈鹿的长骨骼中，逃避搜查。他还参加掩护美军空降人员。这时莫诺的化名是马沙尔。

1943 年，一些知道莫诺化名的地下工作人员被捕。莫诺被迫离开巴黎大学，一切活动转入地下，有时躲在利沃夫的巴斯德研究所的实验室中，做少量研究工作。这年夏天，莫诺以巴黎代表的身份到瑞士参加全法国武装力量代表大会，统一协调全国的抵抗行动。

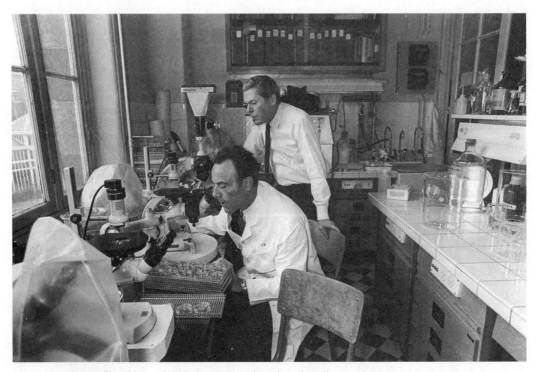

1971 年，莫诺和弗朗索瓦·雅各布在巴斯德研究所实验室工作。

1944 年 2 月，"法兰西国内武装"的统一组织成立，莫诺担任该组织巴黎地区第三局负责人，主持计划和作战。同年 4 月，他又成为该组织国家总部的第三局局长，通过瑞士安排美、英、法联军武装伞兵的降落和军需品。这时的莫诺，日夜忙于各种工作，为了安全，一两天就须更换住处，工作地点也经常改变。6 月底，联军在诺曼底登陆成功，其中就有莫诺的贡献。在登陆人员中的雅各布，后来成为莫诺的亲密合作者。

为了全国的解放，莫诺组织人力，测绘全国地面，标明铁路线、机场、和被炸毁的桥梁和交通要道，并建立全国范围的无线电广播网，使之尽快运行。巴黎解放前，他参加了罢工斗争和安排设置路障等大量工作。这些显示出他非凡的指挥才能。

1944 年 8 月底，巴黎解放，戴高乐派建立政权，不久又统一了军事指挥力量。莫诺并未立即离开部队，但已感到力量被削弱。1944 年底，独立的"战斗法兰西"终于被瓦解，莫诺退役回到学校全力投入研究工作。但他仍旧是法国共产党员，关注着国内外共产党的动态。经过半年多的观察，自认为党内各种思想和作风同他本人不能相容，就在人如潮涌般地进入共产党内的时候，他却退出了法国共产党。（［2］，pp.359—368）

莫诺自己很少谈到他这段历史。但是他舍生忘死，为祖国、为人民、为反法西斯专政而战斗的事迹却给人们留下了深刻的印象。

科学哲学上的成就[①]

在莫诺的科学成就中，一定程度上反映了他的哲学思想和科学方法论。莫诺从他的科学工作中深刻地理解：在分子水平上的突变是偶然的、随机的；最节约能源、最有效的调节机制，在自然选择的过程中占有优势。一但进入种的形成过程，就进入了达尔文的以自然选择为基础的进化过程，因之也就超出了偶然的支配而进入必然的法则。莫诺在 1970 年发表的《偶然性与必然性》一书，是他从事分子生物学研究的不可避免的结果。[9] 莫诺本人是达尔文主义者，他写这本书的目的是要用新的科学成就来充实达尔文主义，莫诺这本书遭到了强烈的抵制，其中有别人对他的不理解，也有他对马克思主义的偏见和误解，因为他否认了马克思主义哲学的正确性。发生于 20 世纪四五十年代的苏联，以马克思主义为标榜，批判甚至否定遗传学、量子力学、控制论……一系列真正的科学，引起整个科学界，特别是西方科学界极大的反感，这是完全可以理解的。但是，这些事件的发生恰恰是由于违反了马克思主义的基本原理，违反了辩证唯物主义，把这些统统归咎于马克思主义，从而否定马克思主义哲学，这就不能不说是由于莫诺本人的偏见和误解。

作为一位生物学家，对李森科的种种错误，怀有义愤完全是可以理解的。1948 年 9 月，法国《战斗报》曾以"孟德尔还是李森科"为大标题，连续几个星期发表一系列文章，阐述不同的或对立的观点。最后发表了莫诺的文章，其标题是"雅克·莫诺说：李森科的胜利没有任何科学性"。文章列举李森科在科学上的错误，认为李森科的论点缺乏物质基础，

---

① 有关莫诺科学哲学的评论，可参阅本文作者之一徐兰在《自然辩证法通讯》1986 年第 2 期上发表的论文《雅克·莫诺的哲学思想评介》。

只限于意识形态等。（［2］，pp.370—372）同这类社会现象作斗争，莫诺相当悲观。他在逝世前两年还说，"同这种无知战斗，永远不会胜利"，"一个人所能做到的，只是当他去世时，不要叫牧师到床边来。"（［1］，pp.76—77）

出色的科学组织工作者

莫诺的组织才能，不论是早年他参加地下斗争时，或者后来他担任研究室主任期间，都十分出色。在他生命的最后五年，即从1971年他61岁时到他去世，一直应聘担任着巴斯德研究所所长职务。这期间，他的妻子去世，1972年他患肝炎，1975年又确诊患白血病，1976年6月原打算回戛纳稍事休息就回所工作，却因突然大出血而与世长辞。可以说，他就任于身体日趋衰弱的时候，然而却为研究所的组织管理，做出了显著的成绩。

莫诺就任时，所内领导力量薄弱，存在的问题多。研究工作缺乏计划，经费也十分困窘。该所自成立以来，其经费的一半来自出售本所的生物制品。因产品陈旧，影响市场销路，来自自给的经费很难保证。莫诺为此重建企业部门，开发新产品，寻找国外市场，工作颇有成效，但所得收入远不足以承担全所的经费。

过去该所经费的另一半来自国家有关部门和向私人企业申请资助，争取到这部分经费并非易事。莫诺有一个根本改革研究所的计划，需要取消或改组相当一部分已经过时的研究工作，还要根据生物医学发展的新趋势，增设有关部门。这不但要冲破重重阻力，还需要投入大量资金更新设备。莫诺一再呼吁研究工作的重要意义和经费困难的现状，以他这样一位世界知名科学家的身份，终于得到了法国政府的专款资助，研究所的旧面貌因之改观。

他是一位有权威、有主见、能指挥调度、讲效率的组织领导者。在繁忙的组织工作之余，他经常利用晚间，同研究室的研究人员讨论问题。这段时间里，他只发表了两篇文章，计划中要写的一本《时间和生命》的书，终于只停留在计划上。他还是美国1962年在加利福尼亚州圣迭戈建立的索尔克研究所的兼职研究员，为该所的建立提出过许多有效的建议。在许多国际的学术会议上，他也是领导者和组织者。

终生的业余音乐家

莫诺从小喜爱音乐，十几岁时就学会了拉大提琴，直到去世，这支大提琴始终在他身边。在巴黎读大学时，他曾组织过小乐队，演奏当时在法国还很少能听到的巴赫的乐曲，他自任指挥。后来乐队扩大，经常进行季节性的公开演奏。1937年莫诺到美国摩尔根实验室学习时，很快就组织起"巴赫乐团"，经常作公开演出，莫诺指挥演奏的照片经常在当地报纸上刊登。当他学满一年回国时，加州理工学院竟想聘请他任校内乐团的职业指挥和大学生音乐欣赏指导教师。这几乎吸引莫诺去终生从事音乐。但是，他缺乏正规训练，经老师兄长的力劝，才取消了这个考虑。然而莫诺对音乐的爱好始终不衰。直到70年代，还时常作正式的演出指挥，有时还出现在电视屏幕上。他已经远远超出了音乐爱好者的水平，而成为一位业余音乐家。

莫诺的业余生活是丰富多彩的，他还是登山和快艇航海的爱好者。

莫诺一生的辉煌成就，给他带来了各种荣誉，他同他的同事雅各布和利沃夫共获 1965 年度诺贝尔生理学或医学奖是其中最高的世界性荣誉，不仅为法国科学界也为法国争得了光彩。这是自 1935 年约里奥·居里夫妇获化学奖的 30 年后，法国人再次得奖。莫诺终生孜孜不倦，临终时只讲了一句话，"我渴求理解！"这实际上正是莫诺一生探索生命奥秘和追求真理的简明概括。（〔1〕，p.21；〔2〕，p.616）

——参考文献——

〔1〕 A.Lwoff and A.Ullmann edited., *Origin of Molecular Biology—A Tribute to Jaques Monod*, Academic Press, New York, 1979.

〔2〕 Horace Judson, *The Eighth Day of Creation*: Simon and Schuster, New York, 1979.

〔3〕 J.Yudkin, Enzyme Variation in lilonoorganisms, *Biological Review*, 13, 99, 1938.

〔4〕 David Baltimore edited., *Nobel Lectures in Molecular Biology*, 1933—1975; Elserier North Holland, 1977.

〔5〕 William Hayes, The Mechanism of Genetic Recombination in Escherichia Cdi, Cold Spring Habour Symposium, *Quantitative Biology* 18, pp.75—93, 1953.

〔6〕 F.Jacob, J.Monod, Genetic Regulatory Mechanism in the Synthesis of Protein, *Journal of Molecular Biology*, 3, 318—356, 1961.

〔7〕 Jacques Monod, P.J.Changeux, F.Jacob, Allosteric Protein and Cellular Control System, *Journal of Molecular Biology*, 6, 306—309, 1963.

〔8〕 Jacques Monod, J.Wyman and P.J.Changeux, On the Nature of Allosteric Transition: A Plausible Model, *Journal of Molecular Biology*, 12, 88—118, 1965.

〔9〕雅克·莫诺：《偶然性和必然性：略论现代生物学的自然哲学》，上海外国自然科学哲学著作编译组，上海人民出版社，1977 年。

〔10〕 K.Schaffner, Logic of Discovery and Justification in Regulatory Genetics, *Studies in History and Philosophy of Sciences*, 4, p.352, 1974.

（选自《自然辩证法通讯》1987 年第 6 期，《雅克·莫诺——基因调节理论的创立者》，作者李佩珊，中国科学院自然科学史研究所研究员，研究方向为科学技术史。徐兰，中国社会科学院哲院研究所副研究员，研究方向为科学技术哲学。）

第三编

为理解自然和自我而奋斗

沙 勒

博学的数学家和天真的收藏家

19 世纪法国数学家沙勒不仅在几何学领域有着世界一流的创造性工作，而且在数学史领域也颇多建树。但是，令人匪夷所思的是，他却成了一场惊世大骗局的牺牲品。

沙勒这个名字中国人可能并不十分熟悉，除了中国大百科全书和少数数学史辞典外，已经出版的中文世界数学家传记中不见收录。不过，翻开 19 世纪的法国数学杂志（如《巴黎综合工科学校学报》、热尔岗（J.D.Gergonne，1777—1859）的《数学年刊》、刘维尔的《纯粹与应用数学杂志》、泰尔凯画像的《新数学年刊》、《科学院会议纪要》等），我们就能发现他是一个多产的一流几何学家，与同时代的刘维尔（J.Liuville，1809—1882）、贝特朗（J.Bertrand，1822—1900）和普瓦索（L.Poinsot，1777—1859）齐名，是巴黎艾菲尔铁塔上所列"七十二贤"之一。

沙勒 (Michel Chasles，1793—1880)

1．生平述略

沙勒于 1793 年出生在沙特尔地区一个中上阶层的天主教家庭，父亲是位木材商和承包商，曾任沙特尔商会会长。沙勒在公立的帝国中学读书，1812 年考取巴黎著名的高等学府——巴黎综合工科学校。翌年，正是欧洲战局发生大转变的时候。10 月，法国在莱比锡战役中战败，到了 1814 年 1 月，联军进入巴黎。沙勒和其他大学生一样被动员起来，参加了保卫巴黎的战斗。拿破仑战败后，于 4 月 6 日退位。战争结束后，沙勒又回到了综合工科学校。不久，他被工程兵团录用，但他把这一机会让给了一位家境贫寒的同学。

从这里我们可以看出，年轻的沙勒心地善良，对人富有同情心。

在家里呆了一段时间后，他遵从父亲的意愿，到巴黎的一家股票经纪公司工作。但沙勒似乎对经商并无兴趣，在商场十余年，最终以失败告终。1827 年，他回到了家乡，开始工自己最喜欢的数学和数学史研究。

1837 年，44 岁的沙勒出版《几何方法的起源和发展历史概述》（*Apercu Historique sur l'Origine et le Development des Methodes en Geometrie*），一举成名。就数学家而言，沙勒的这个成名时间已经算很晚了，但千万不要将他列入"大器晚成"的一类。事实上，早在综合工科学校读书时，沙勒已经发表了 3 篇几何方面的论文，只不过这些论文的价值当时并没有被人们认识而已[1]。此后，他保持着长盛不衰的创造力，直到生命的最后岁月，这在数学史上是不多见的。

1841 年，48 岁的沙勒进自己的母校巴黎综合工科学校任教，所教课程包括大地测量学、天文学和应用力学。1846 年，他被巴黎大学理学院聘为高等几何学教授，在 12 月 22 日的开学典礼上，沙勒作了几何学发展历史的长篇演讲[2]，此后他一直任职于该校。英国数学家希尔斯特（T.A.Hirst，1830—1892）曾于 1857 年 11 月 18 日去巴黎大学听过沙勒的几何课，但印象十分不佳，觉得他缺乏幽默感，表达很不流畅，所讲的课与他写的书比起来简直有天壤之别[3]。也许学问做得好的人书不一定教得好，也许沙勒因为忙着写论文根本就没有好好备课，也许英国人对一堂课的评价标准与法国人并不一样，也许希尔斯特听课前的期望值太高。但不管怎样，沙勒对法国高等几何学的教学做出了开创性的贡献。

1839 年，沙勒当选为法国科学院通讯院士，1851 年当选为院士，1854 年当选为英国皇家学会会员。他也是比利时、丹麦、瑞典、意大利等国的皇家科学院外籍院士，美国国家科学院的外籍院士，俄国圣彼得堡科学院通讯院士，伦敦数学会第一个外籍会员。由此可见他在当时的国际声誉。

1865 年 10 月，在英国皇家学会理事会成员希尔斯特的提名下，沙勒因在几何学领域的创造性工作而荣获皇家学会的科普利奖章。①年事已高的他没有参加授奖仪式。在 1865 年 11 月 30 日所记日记中，希尔斯特这样写道：

> 现在我还有一事要做，那就是穿越海峡到巴黎巴克大街圣玛丽路去，亲手将奖章交给沙勒，这位除了斯坦纳（J.Steiner，1796—1863）外对我的事业上最有影响力的人。[3]

12 月 24 日，希尔斯特在巴黎沙勒的家中将奖章交给了他。

---

①科普利奖，英国最高科学奖，由英国皇家学会颁发。

沙勒终身未娶。除了数学，他还热心于慈善事业。他是巴黎"科学友人救济会"的会员。沙勒去世后，《大众》杂志主编、数学家穆瓦尼奥（F.Moigno，1804—1884）亲绘其肖像一幅，相继发表于《自然》杂志和《大众》杂志[5]。

2．数学和数学史研究

沙勒最重要的数学贡献在于创立枚举几何学这个崭新的研究领域。枚举几何学主要研究某个曲线族中有多少满足某些代数或几何条件的问题。1846 年，沙勒考虑了满足四个和五个条件的圆锥曲线族问题。他建立了特征理论以及几何变换理论。他将圆锥曲线族的"特征"定义为两个数——过任一点的圆锥曲线数以及与一已知直线相切的圆锥曲线数，然后用这两个数来表示圆锥曲线族的许多性质。沙勒得到：与五条固定的圆锥曲线相切的圆锥曲线共有 3264 条。沙勒还将他的许多结果推广到更一般的曲线或曲面上去。在沙勒工作的基础上，德国数学家舒伯特（H.Schubert，1848—1911）和丹麦数学家数学史家泽森（H.G.Zeuthen，1839—1920）进一步发展了枚举几何学。

沙勒写过两部重要数学著作。一是 1852 年出版的《高等几何》（*Traité de geometrie supérieure*）书中讨论交比、单应域和单应束以及对合概念，特别是在交比理论方面做出了重要贡献。二是 1865 年出版的《圆锥曲线》（*Traté sur des sections coniques*），书中利用《高等几何》中所讨论的方法对圆锥曲线进行了研究，有许多创见。如，他将圆锥曲线看作是两个没有不变线的单应束中对应线交点的轨迹，或两个没有不变点的单应域上的对应点连线的包络，讨论了圆锥曲线射影特征的一些结果。书中还包含了枚举几何学的许多结果。

沙勒在分析方面也有做过重要的工作。1837 年，他在研究椭球体对球外一点的引力这个当时十分著名的难题时，引入三个变量偏微分方程的等位面概念；1846 年，他利用综合几何（而非解析几何）的方法解决了椭球体的引力问题。勒让德（A.M.Legendre，1752—1833）和普阿松（S.D.Poisson，1781—1840）曾经认为，综合几何学方法的源泉容易枯竭[6]，因此沙勒的方法震惊了当时的数学界，这意味着综合方法的胜利。

沙勒对数学史的兴趣与当时的学术背景是不无关系的。1758 年法国数学家蒙蒂克拉（J.E.Montucla，1725—1799）出版《数学史》，1799 年出版第二版，由法国天文学家拉兰德（J.Lalande，1732—1807）完成第三卷并续写了第四卷，该书成了数学史经典之作；1802—1810 年，法国数学家博素（C.Bossut，1730—1814）出版《数学通史》；1819 年葡萄牙数学家斯多克勒（F.Garcao-Stockler）在巴黎出版《葡萄牙数学发展史》；意大利数学家利布里（G.Libri，1803—1869）也在巴黎从事数学史的研究，并于 1835 年用法文出版《意大利数学科学史》。著名数学家拉克洛瓦（S.F.Lacroix，1765—1843）、天文学家毕奥（J.B.Biot，1774—1862）、数学家泰尔凯（O.Terquem，1782—1862）、贝特朗等都对数学史研究抱有浓厚的兴趣。因此在当时的法国数学界，数学史研究可谓方兴未艾。

19 世纪上半叶，一些西方学者开拓了东方数学史研究领域。英国东方学家柯里布鲁克

（H.T.Colebrooke，1765—1837）于 1817 年出版《婆罗摩笈多、婆什迦罗梵文中的算术、测量和代数》；德国东方学家罗森（F.A.Rosen，1805—1837）译注了花拉子米（Al–Khwarizml）的代数著作，由皇家亚洲学会于 1831 年出版；法国东方学家塞迪约（L.P.E.A.Sedillot，1808—1875）在研究法国皇家图书馆所藏阿拉伯数学手稿的基础上，先后出版《东方数学史新研究》（1837）和《希腊与东方数学比较史料》（1845）；德国数学家沃普克（F.Woepcke，1826—1864）先后翻译出版阿布·韦发（Abu'l Wefa，940—998）、奥马·海牙姆（Omar Khayyam，1048—1131）、阿尔·卡克希（Al–Karkhi，953—1029）等的数学著作。这些都为沙勒研究东方数学创造了良好的条件。

　　沙勒对东方数学是十分崇尚的。当他发现印度数学家婆罗摩笈多（Brahmegupta，598—670）的二次不定方程解法与欧拉（L.Euler，1707—1783）方法一致的时候，他表现出如此的惊奇：“科学史上最惊人和最重要的事实之一无疑是婆罗摩笈多代数著作中二次不定方程的解法，这是古代东方文明的纪念碑！”[7]他对印度天文学也有研究。在阿拉伯科学史方面，沙勒对阿布·瓦发的天文学工作进行了研究。塞迪约在阿布·瓦发的天文著作里发现关于月亮三次均差的描述，铭文学院著名东方学家穆克(S.Munk,1803—1867)则予以否定，认为塞迪约所说的“三次均差”不过是阿布·瓦发对托勒密的两个一次均差的校正而已；著名天文学家毕奥（J.B.Biot，1774—1862）也支持了这种观点。沙勒则通过对阿布·瓦发著作的深入研究，多次为塞迪约进行了令人信服的辩护[8]-[10]。关于阿拉伯数学，他指出：“当西方长期处于野蛮和无知状态之中时，阿拉伯人却带着热情和智慧继承了希腊科学之残迹与东方的知识，12 世纪时又将其传给了我们。文艺复兴之前，他们的著作一直是一切欧洲著作的典范[2]。基于沃普克、马尔的译文，沙勒对阿拉伯数学家在级数方面的工作作了考察[11]。

　　1829 年，比利时皇家科学院提出对现代几何中的不同方法（特别是反极方法）进行哲学上的考察的问题。沙勒为此提交了关于对偶性和单应性原理的论文。他指出：对偶性原理和单应性原理一样是以图形变换、特别是交比保持不变的变换的一般理论为基础的，反极变换乃是这种保持交比不变的变换[12]。1830 年，比利时科学院决定发表沙勒的论文。于是，沙勒对论文进行了全面的扩充，增加了数学家史内容；增加了一系列的数学与历史注释，并给出了新近的有关研究成果，最后成为名著《几何方法的起源和发展历史概述》。

　　沙勒对代数历史的深入研究得益于他渊博的中世纪数学文献知识。他将代数分为数值代数（l'algèbre numèrique，即今天所说的修辞代数和半符号代数）和字母代数（l'algebre litterale，即今天所说的符号代数）。利布里在《意大利数学科学史》中认为，13 世纪意大利的斐波纳契（Fibonacci，1170—1250）是最早用字母来表示已知或未知量，并对这些字母施以代数运算的数学家，因此符号代数始于斐波纳契而不是 16 世纪法国数学家韦达（F.Viéte，1540—1603）；沙勒反驳利布里的观点，指出：尽管斐波纳契使用过字母来表示未知或已知量，但从未对其施以代数运算，因此他的代数属于数值代数，而符号代数乃是韦达的重要发明[13]。沙勒认为，数值代数已为古代印度人希腊人所运用，8世纪传到阿拉伯，后又传到欧洲。但是精确的传播时间是什么？18世纪的学者们（如柯萨里［P.Cossali，1748—1815］、蒙蒂克拉等）普遍认为，阿拉伯的数值代数乃是13世纪初由斐波纳契首次传入欧洲的。利布里也坚持"欧洲代数始于斐波纳契"说，他在《意大利数学科学史》中断言，斐波纳契是欧洲代数学的鼻祖，"正是因为他，基督教世界才有了代数"。沙勒通过对中世纪的数学手稿，特别是12世纪犹太数学家J.希斯帕伦西斯《算法之书》的深入研究，发现：阿拉伯代数乃是在斐波纳契之前通过12世纪的翻译者传入欧洲的[14]。沙勒和利布里展开旷日持久的争论，谁都没有接受对方的观点。不过，我们今天都知道，沙勒是正确的。

　　沙勒详尽地研究了博伊修斯（A.M.S.Boethius，480—524）、热尔贝（Gerbert，950—1003）的数学著述以及10—12世纪众多数学手稿中有关算板的记述，再次显示了他的博学。但他得出的结论是，欧洲所用的记数法实际上与古代算板中所用的一样；欧洲人所用的数码字源于博伊修斯的数码（中世纪的著作已经使用了这种数码）；欧洲人在10世纪晚期从罗马人那里学到了记数原理以及数码字写法。因此，欧洲人所用的数码字与印度阿拉伯数码没有关系[15]！如果说沙勒关于代数在欧洲起源的观点没有被利布里一人接受的话，那么，他关于算术在欧洲起源的上述观点则没有被整个学术界所接受。

　　沙勒的另一项研究是欧几里得的一部失传的数学著作 The Porisms①。公元4世纪希腊数学家帕普斯在其《数学文集》中简略介绍过这部著作的性质和内容（含171个定理和38个引理，分29类），成为后人了解这部著作的唯一线索[16]。蒙蒂克拉在其《数学史》中称它是欧几里得所有数学著作中最高深的一部。自文艺复兴以来，许多数学家，如吉拉尔（A.Girand，1595—1632）、费马（P.Fermat，1608—1665）、哈雷（E.Halley，1656—1742）都曾试图复原这部著作，但都未能成功。英国数学家辛松（R.Simson，1687—1768）首次成功地解释了 Porism 的含义，并给出10个命题。但这些命题只对应于帕普斯所列29类中的7类，人们从中远未能了解到欧几里得原著的全貌。辛松之后研究该课题的数学家很多，但都未取得实质进展。基于帕普斯的著作和辛松的工作，沙勒对该课题进行了长期的深入研究。他的引人注目的结论是，欧几里得的 Porism 实际上是现代截线理论和射影几何中的命题，他的许多结果实际上应用了交比（沙勒称之为"非调和比［rapport anhannonique］"）的概念[17]。事实上，正是对于欧几里得 porisms 的研究才导致"交比"概念的诞生。这大概是库恩"科学研究最不可能受科学史研究影响"之说的最好的反例了吧！沙勒的研究导致了工程师布雷顿和他之间一场关于优先权的争论。

　　1867年，沙勒应约撰写《几何发展报告》，今天已成为西方1800—1866年间的几何发展史的珍贵文献。

―――――――――――――――

① 按帕普斯和普罗克拉斯的说法，Porism 指的是介于问题和定理之间的某种命题。

英国数学家和数学史家德摩根在 1854 年 3 月的一封信中这样写道：

"我应该把沙勒称为极少数关注科学史的数学家之一、并且是唯一在法国出生的这样的数学家。在科学史方面，他是一位真正博学的人——在原始文献方面，他的学问很深。他的《几何方法的起源和发展历史概述》不过是他众多贡献之一——他的所有工作都使古代几何与算术历史昭然若揭。在那些将几何学发展到使代数学瞠乎其后程度的数学家，沙勒是顶尖级的。……无疑，法国人低估了沙勒。事实上，在法国有谁（除了利布里外）欣赏他呢？但如果历史和几何学有朝一日在这个国家得到复兴，沙勒将被看作是一个学派的创始人。"[18]

德摩根说沙勒是当时法国唯一关注科学史的数学家，这有悖于事实；说沙勒在法国无人欣赏，似乎也没有根据。但德摩根对沙勒的评价是正确的。

沙勒和当时的意大利和德国数学史家，如波恩康帕尼（B.Boncompagni，1821—1894）、沃普克等有着密切的通信联系。他们的著作或学术通信，如波恩康帕尼于 1854 年出版的斐波纳契著作以及 1868 年创办的专业数学史刊物《数理科学文献与历史通报》、沃普克有关阿拉伯数学史的著作等，都由沙勒转赠给法国科学院，使法国人及时了解数学史研究的新进展。作为 19 世纪中叶法国最重要的数学史家，沙勒对后学产生了重要的影响：德国数学家 M. 康托（M.Cantor，1829—1920）在巴黎认识了沙勒，沙勒鼓励当时尚未出道的康托在《科学院会议纪要》上发表数学史文章。实际上，他还把康托写给他的讨论希腊数学史的信发表在《纪要》上[19]。在认识沙勒之前已经阅读过沙勒几何论文的泽森于 1863 年秋去巴黎向 70 高龄的沙勒学习几何。他为沙勒深刻的洞察力、渊博的学识所深深吸引，沙勒对学生的和善、亲近以及谆谆教诲给泽森留下十分深刻的印象。在泽森所认识的所有前辈数学家中，沙勒对他的影响是最大的[20]。泽森最早从事的研究方向正是枚举几何学，他的工作是在沙勒的研究基础上做出的。泽森后来从事数学史研究，与沙勒的影响也是密不可分的。美国数学家库利奇（J.L.Goolidge，1873—1954）正是在沙勒的《几何方法的起源和发展历史概述》的直接影响下才撰写《几何方法史》的。

3．惊世大骗局

沙勒是 19 世纪一流的数学史家，他酷爱收藏历史上数学家的手稿。事实上，他是创立于 1840 年、旨在出版科学史文献（手稿、珍本等）的伦敦科学历史学会的外籍会员。这个爱好使他认识了一位名叫弗兰·卢卡斯的年轻人。这个卢卡斯何许人也？他是巴黎的一名法律文书，对科学史很感兴趣，也热衷于收藏历史上的科学手稿。但这个聪明绝顶、记忆力和模仿力惊人的文书先生大概并不甘心一辈子过着平平淡淡的、拿几个法郎年薪、为收藏名人手稿经常弄得自己囊中羞涩的日子。他要利用自己的聪明才智赚一把，跻身上流社会！他开始从巴黎的多家图书馆偷取古旧的纸张，并制造特殊的墨水。他查阅资料，研究历史。于是乎，帕斯卡（B. Pascal，1623—1662）、波义耳（R. Boyle，1627—1691）、伽利略（G.Galilei，1564—1642）、笛卡尔（R.Descartes，1596—1650）、牛顿（I.Newton，1643—1727）……，一个个科学名人的"亲笔手稿"在他的家中"诞生"。从1854年开始的16年间，卢卡斯伪造了近27000封历史名人的亲笔手稿。

1861年，他遇到一个好主顾。这个主顾不是别人，正是巴黎大学大名鼎鼎的数学教授沙勒。卢卡斯对沙勒的爱好早有所闻，也知道这个老教授口袋里有钱。他自称是搜集古文件方面的专家，向教授兜售帕斯卡、牛顿和波义耳之间的"亲笔通信"，沙勒惊喜地买下了，并希望他能否找到更多这样的信件，多多益善。

沙勒迫不及待地展阅科学大师们的"亲笔"信件，感觉自己仿佛在面对面地聆听他们的"声音"，他怎能不兴奋？尤其令他心潮澎湃、彻夜难眠的是，帕斯卡在和波义耳的通信中，声称自己在牛顿之前早已提出万有引力的思想！

沙勒如此激动并不是没有原因。自16世纪哥白尼（N.Copernicus，1473—1543）提出日心说，特别是17世纪开普勒（J.Kepler，1571—1630）发现行星绕太阳沿椭圆轨道运行以后，一个难题摆在了哲学家们的面前：到底是什么原因导致行星在各自的轨道上运行呢？法国大哲学家和数学家笛卡尔为此提出了著名的"涡漩说"，说的是整个宇宙空间充满着一种流体"以太"，其各部分之间相互作用，造成圆周运动。因而以太形成了许许多多大小不等、速度和密度各异的涡漩。在太阳周围有一巨大的涡漩，带动地球和别的行星运行；而每个行星周围也都有各自的涡漩。笛卡尔的《哲学原理》出版后，人们普遍接受了涡漩说，在英国、欧洲大陆甚至美洲的大学里都开始讲授这一新鲜理论。但是好景不长，牛顿提出万有引力定律后，万有引力说取代了涡漩说，即使是在法国，18世纪中叶后，涡漩说也逐渐被抛弃，牛顿取得了最后的胜利[21]。现在，帕斯卡的"亲笔信"竟然证明了他先于牛顿发现万有引力定律，原来真正笑到最后的是法国人！

沙勒是个地道的爱国者，他为这惊世大发现而欣欣然、陶陶然。他丝毫不曾想过需要推算一下那几封信的日期：他所崇拜的帕斯卡去世时牛顿还不到20岁，难道说牛顿刚满11岁时就已经开

沙勒手迹

始和帕斯卡与波义耳通信讨论科学问题了？更不可思议的是，在后来的几年里，沙勒还从卢卡斯那里陆续买到了埃及女王克里奥帕特拉写给凯撒的信、亚历山大大帝写给亚里士多德的信、玛丽·玛格德林（Mary Magdalen）写给拉扎鲁斯（Lazarus）的信、拉扎鲁斯写给圣彼得的信，以及苏格拉底、帕拉图、圣徒杰罗姆、神圣罗马帝国查里曼、航海家亚美利哥·维斯普奇（Amerigo Vespucci）等人的信，而这些信竟都是用法文写成的！

16 年里伪造 27000 封信，每天平均需要伪造 4—5 封。卢卡斯真够辛苦的。他常常上午 11 点钟离家吃午餐，钱多时就进高级咖啡馆吃，钱少时就找个小餐馆。然后就去帝国图书馆，在那儿忙碌一整天。晚饭以后，他才在夜幕中回到自己的房子里。他和谁都不说话，唯一造访的地方就是沙勒的住处。

1867 年 7 月 15 日，沙勒在法国科学院会议上出示帕斯卡写给波义耳的一些"亲笔信"及帕斯卡的一些笔记。其中一封写于 1652 年 5 月 8 日，帕斯卡称自己已经过多次不同的观测，认识到了引力定律；另一封写于 9 月 2 日（未署明年份），帕斯卡写道："在天体的运动中，作用力与质量成正比，与距离平方成反比。这种作用力足以解释使宇宙充满生机的所有的天体运行。"在一份笔记里，帕斯卡利用引力定律求得太阳、木星、土星和地球的相对质量分别为 1、1/1067、1/3021、1/169282。[22] 因此，沙勒断言：帕斯卡在牛顿之前已经发现了万有引力定律。

科学院的院士们对帕斯卡手稿的真实性纷纷表示怀疑。沙勒于 7 月 22 日又出示了帕斯卡"亲笔写"的 49 个短注[23]。7 月 29 日，沙勒发表帕斯卡写给波义耳的"亲笔信"1 封（日期为 1654 年 1 月 6 日）、帕斯卡写给牛顿的"亲笔信"5 封（日期分别为 1654 年 5 月 20 日，1655 年 5 月 2 日，1657 年 12 月 2 日，1658 年 11 月 22 日，1659 年 1 月 20 日）、牛顿写给帕斯卡的"亲笔信"4 封（一封未署日期，另三封日期分别为 1659 年 2 月 2 日、1661 年 3 月 12 日和 1661 年 5 月 8 日），以及牛顿和罗奥（J.Rohault，1618—1672）之间的通信 2 封。在给波义耳的信中，帕斯卡说他最近收到一封年轻的英国学生的来信，信中附有三篇论文，一篇论微积分，一篇论涡流，一篇论液体的平衡及重力，他从这些论文中发现了这个学生的非凡才能；这个学生名叫伊萨克·牛顿；有人告诉他，这个学生才 13 岁。他希望波义耳能告诉他关于这个学生的一些信息。在 1654 年 5 月 20 日写给牛顿的信中，帕斯卡说给牛顿寄过许多论文，还寄过许多涉及引力定律的问题，为的是考验一下牛顿的才能；在 1657 年 12 月 2 日写给牛顿的信中，帕斯卡说已委托一位去英国的朋友给牛顿捎去一捆专门为他收集、供他学习的笔记，其中有自己关于引力定律的一些思想[24]。这些信件表明：牛顿是从帕斯卡那儿了解到万有引力定律的。

沙勒对帕斯卡手稿的真实性深信不疑，他认为牛顿母亲 Anne Ayscough 写给帕斯卡的感谢信，奥布里（Aubry）、维维亚尼（Viviani）、伽利略写给帕斯卡的信，帕斯卡写给霍布斯（T.Hobbes，1588—1679）、胡克（R.Hooke，1635—1703）、沃利斯（J.Wallis，1616—1703）、惠更斯（C.Huygens，1629—1695）、麦卡托（N.Mercator，1620—1687）、梅森（M. Mersenne，1588—1648）、笛卡尔、伽桑狄（P. Gassendi，1592—1655）等人的信，

以及牛顿后来与罗奥、马略特（E. Mariotte）、克莱尔色列、马勒布兰奇（N. Malebranche，1638—1715）、帕斯卡的姐姐佩尔里耶、丰特内尔（B. de Fontenelle，1657—1757）、卡西尼（G. Cassini，1625—1712）、德斯迈泽奥斯，詹姆斯二世（Jacques Ⅱ）等之间的通信（均为卢卡斯的"作品"）都"证明"了这一点。

寄到科学院的对帕斯卡手稿的真实性提出质疑的信函越来越多。8 月 5 日，科学院任命一个由沙勒、杜阿梅尔（J.M.Duhamel，1797—1872）、勒韦里埃（Le Verrier）、法耶（Faye）等人组成的委员会，专门审查有关信件。苏格兰著名物理学家、写过牛顿传的布鲁斯特（D.Brewster，1781—1868）在《科学院会议纪要》上读到帕斯卡和牛顿的通信后十分惊讶，他仔细检查了保存在牛顿族人、朴茨茅斯伯爵家中的牛顿所有的文稿和通信，没有发现牛顿和帕斯卡之间的任何信件！他坚信帕斯卡和牛顿之间从未通过信。朴茨茅斯伯爵本人也得出同样的结论。1654 年 1 月的牛顿才满 11 岁，不可能有微积分、涡流、液体平衡的任何知识；早在牛顿 4 岁的时候，他母亲就不用 Anne Ayscough 这个名字，而改用 Hannah Smith 了，因此他断言沙勒收藏的有关信件都是赝品[25]。应布鲁斯特的请求，沙勒寄给他四份有牛顿签名的笔记。布鲁斯特将其中的三份分别寄给朴茨茅斯伯爵、麦克莱斯菲尔德伯爵（此人藏有包括牛顿在内的 17 世纪科学人物的亲笔信共 49 封）和大英博物馆手稿部主任马登（Frederic Madden）。前两人立即发现，沙勒寄来的"牛顿笔记"与牛顿的真迹没有丝毫相似之处；马登在对"牛顿笔记"与大英博物馆所收藏的牛顿亲笔信与签名进行比较之后，断言前者"不论是笔迹还是纸张，都是明显的并且是十分粗劣的赝品"[26]。布鲁斯特又证明，詹姆斯二世与牛顿之间不可能有任何通信往来[27]。

长期研究帕斯卡《思想录》手稿的福热尔（Faugére）从笔迹、科学内容、文笔三方面证明所谓的帕斯卡手稿均出自伪造者之手[28]。他要求科学院院长致信帝国图书馆馆长，请他组织高水平的馆员对沙勒发表在《纪要》上的有关手稿特别是所谓的帕斯卡手稿进行核查[29]。蓬特库兰（De Pontécoulant）则通过研究得出：帕斯卡有关万有引力发现的信件和笔记明显写于牛顿《自然哲学的数学原理》出版之后[30]。

基于土星卫星公转周期的土星质量计算乃是推断帕斯卡笔记为赝品的最有力的证据之一。因为土星的第一颗卫星（土卫六）是惠更斯于 1655 年 3 月发现的，而其公转周期则是惠更斯 1659 年发表的，帕斯卡记笔记时不可能知道这个数据。于是沙勒又发表伽利略写给帕斯卡的三封"亲笔信"（分别写于 1641 年 1 月 2 日、5 月 20 日、6 月 7 日，地址为佛罗伦萨），"证明"伽利略已经发现土星的两颗卫星，并将自己的天文观测数据以及开普勒的有关著述寄给了帕斯卡[31]。格拉斯哥天文台台长格兰特（R.Grant）对此进行了有力的反驳，并指出：早在 1637 年 1 月伽利略即已患眼疾，同年年底双目完全失明，因此，如果他发现了土星的卫星，那么时间一定在 1637 年之前，但伽利略此前的所有著述中丝毫没有关于这一发现的记录[32]。于是沙勒又发表了佛罗伦萨宗教裁判所法官写于 1638 年 2 月 13 日的一份报告，报告中称伽利略其实并没有完全失明[33]。意大利人 G. 戈维更是直截了当地指出：伽利略从来不用法文写作；伽利略于 1633 年以后住在阿尔切特里而不在佛罗伦萨；伽利略于 1637 年后双目完全失明，不可能写出亲笔信来，因此，沙勒所藏肯定是赝品[34]。为此，沙勒又发表 1638—1642 年间不同的人写给伽利略以及其他提到伽利略的信件 50 余封，"证明"伽利略并没有完全失明[35]。争论就这样无休止地进行着。

沙勒根本就不相信，一个人会有这么好的本事，同时伪造出如此众多历史人物的信件[36]。他不断地反驳人们的"伪造说"，并且为了证明自己的观点，又不断地在《纪要》上发表自己所收藏的大量有关信件。但是，他始终不肯透露这些藏品的具体出处，为了回答福热尔的质疑，只说它们原来由一望族所保存[37]。审查委员会要求他呈交所有的手稿，他也予以拒绝。他不承认帝国图馆馆员们的调查结果，也不接受大英博物馆手稿部主任的鉴定意见，认为他们都不是笔迹鉴定专家。

1869 年 4 月，布雷顿在法国学者萨维里安（Saverien）出版于 1764 年的《近代哲学史》第四卷中发现了与沙勒所发表的 20 份帕斯卡和伽利略手稿完全相同的内容，从而证明后者确属伪造者的抄袭[38]。但沙勒却反过来认为萨维里安是个抄袭者，为证明这一点，他又发表了萨维里安和孟德斯鸠等人之间的通信，以及伽利略和帕斯卡之间在更多的通信。谁都会感到不合情理：一个法国学者怎么会抄袭帕斯卡的笔记来解释牛顿的世界体系，从而故意将法国人的历史功绩放到英国人名下呢？

越来越多的原始资料相继被发现：帕斯卡的另外 18 份"手稿"出自意大利学者 P. 戈第尔出版于 1754 年的《论引力及其不同定律与现象的矛盾》；孟德斯鸠的一封"亲笔信"出自 1789 年版的《历史辞典》牛顿条；路易十四和卡西尼对伽利略的"评论"以及维维亚尼的一封"亲笔信"出自 1810 年版的《历史、评论与文献大辞典》……然而，沙勒同样坚持认为，是有关作者抄袭了前人的手稿。

1869 年，卢卡斯因伪造罪被逮捕、审判。沙勒不得不出庭作证，当众承认自己在过去的 9 年里从卢卡斯那里买了数以万计伪造的历史名人手稿（其中帕斯卡写给牛顿的"亲笔信"共 175 封，帕斯卡写给伽利略的"亲笔信"共 139 封），共支付给卢卡斯 14—15 万法郎！77 岁高龄、誉满欧洲的大数学家沙勒这辈子从没有经历过让他如此尴尬、如此窝囊、如此丢人的事。

1870 年 2 月，法庭最后判卢卡斯有期徒刑 2 年，罚款 500 法郎，并支付一切费用。人们想必会问：一个聪明的数学家和博学的数学史家怎么会如此天真地轻信那些破绽百出的伪造信？稍稍有点历史知识的人都会怀疑，苏格拉底、柏拉图、克里奥帕特拉、拉扎鲁斯怎会用法语来写信呢？有人说，卢卡斯找上沙勒的时候，沙勒已经 68 岁了，他是否已经老糊涂了呢？不，绝对不会。因为在这之后，他仍保持着创造力，不断发表创造性的数学论文，老糊涂怎能做得到？有人甚至怀疑，也许沙勒压根儿没有上当受骗，他和卢卡斯本来就是同谋。但试想，沙勒这样做图什么呢？他的学术地位、名声、经济条件都决定着他没有必要去冒这个险；如果他真的是为了孔方兄与人合伙行骗，他又怎么会傻到把伪造信拿到科学院去发表、寄到外国去鉴定、让专家们仔细研究的地步？

　　沙勒无疑是个诚实、单纯、不谙世故、固执己见的数学家，我们有理由相信他的的确确是一场惊世大骗局的牺牲品。他的热心于慈善事业折射出他的善良，同时他相信世人和他一样诚实善良，他在买卢卡斯的赝品时，根本不曾留一个心眼；他强烈的爱国之心、他对科学史的特殊爱好使他蒙蔽了双眼。还有，众多的收藏品他也许根本就没有仔细检查过！

　　需要指出的是，这场悲剧并没有影响沙勒作为 19 世纪一流几何学家和数学史家的重要历史地位。

── 参考文献 ──

［1］v. Thebault, *French geometers of the 19thcentury*, Mathematics Magazine, 1958, 32（2）：79–82.

［2］M. Chasles, Discours d'introduction au cours de géométrie supérieure fondé la Faculté des Sciences de l'Academie de Paris, *Journal de Mathematiques Pures et Appliquées*, 1847, 12: 1–40

［3］J. H. Gardner, R. J. Wilson, Thomas Archer Hirst–Mathematician Xtravagant, *American Mathemasical Monthly*, 1993, 100: 723–731; 907–915.

［4］M. Chasles, Rapport sur les travaux mathématiques de M. 0. Terquem, *Nouvelles Annales De Mathématiques*. 2e série, 1863, 2: 241–250.

［5］F. Moigno, M. Chasles, Les Mondes, 1881, 54: 180.

［6］F. Cajori, *A History of Mathematics*, New York: Macmillan, 1926. 293.

［7］M. Chasles, Note sur les équations indéterminées du second degré, *Journal de Mathématiques Pores et Appliquées*, 1837, 2: 37–55.

［8］M. Chasles, Sur la découverte de la variation lunaire, *Comptes Rendus des Séances de l'Académie des Sciences*, 1862, 54: 1002–1012.

［9］M. Chasles, Sur la découverte de la variation lunaire, *Comptes Rendus des Séances de l'Académie des Sciences*, 1871, 73: 637–647.

［10］M. Chasles, Explication du texte d' Aboul–Wefa sur la troisieme inégalité de la Lune, *Comptes Rendus des Séances de l'Académie des Sciences*, 1873, 76: 901–909.

［11］M. Chasles, Histoire des mathématiques chez les Arabes, *Comptes Rendus des Séances de l'Académie des Sciences*, 1865, 60: 601–609.

［12］E. Koppelman, Michel. Chasles, C. C. Gillispie, *Dictionary of Scientific Biography*, New York: Charles Scribner's Sons, 1981, 212–215.

［13］M. Chasles, Note sur la nature des operations algébriques（dont la connaissance a été attribuée, tort, Fibonacci）, *Comptes Rendus des Séances de l'Académie des Sciences*, 1841, 12: 741–756.

［14］M. Chasles, Sur l'époque ou l' algébre a été intmduite en Europe, *Comptes Rendus des*

Seances de l'Academie des Sciences. 1841, 13: 497–524.

[15] M. Chasles, Développement et détails historiques sur divers points du systerne de l'abacus, *Comptes Rendus des Séances de l'Academie des Sciences.* 1843, 16: 1393–1420.

[16] T. L. Heath, *A History of Creek Mathematics,* London: Oxford University Press, 1921.

[17] M. Cbasles, Les trois livres de Porismes d'Euclide, rétablis pour la premiére fois, d, aprés lanotice et les lemmes de Pappuséet conformement au sentiment de R. Simson sun la forme des énoncés de ces propositions, *Comptes Rendus des Séances de l'Académie des Sciences.* 1859, 48: 1033–1041.

[18] D. E. Smith, De Morgan and the Libri Controversy, *American Mathematical Monthly,* 1922, 29: 115–116.

[19] S. L. Kleiman, *Hieronymus Georg Zeuthen,* In Contemporary Mathematics, 1991, Vol. 123, 1–13.

[20] M. Chasles, L' extrait d'une letter de M. Cantor, *Comptes Rendus des Séances de l'Académie des Sciences,* 1860, 51: 630–633.

[21] F. Cajori, *A History of Physics,* New York: Macmillan, 1933.

[22] M. Chasles, Note sur la découverte de l'attraction, *Comptes Rendus des Séances de l'Académie des Sciences,* 1867, 65: 89–93.

[23] M. Chasles, Suite des notes de Pascal sur les lois de l'attraction et leurs conséquences, *Comptes Rendw des Seances de l'Académie des Sciences,* 1867, 65: 121–135.

[24] M. Chasles, Suite des communications relatives aux écrits de Pascal sur les lois de l'antaction, *Comptes Rendus des Seances de l'Academie des Sciences,* 1867, 65: 185–194.

[25] D. Brewster, Sur le prétendue correspondence entre Newton et Pascal, *Comptes Rendus des Séances de l'Académie des Sciences,* 1867, 65: 261–273.

[26] D. Brewster, Lettre de Sir David Brewster à M. Chevreul, an sujet des lettres attribuées à Pascal et à Newton, *Comptes Rendus des Séances de l'Académie des Sciences,* 1867, 65: 537–538.

[27] D. Brewster, Nouvelle lettre de Sir David Brewster a M. Chevreul, au sujet des rappotrs quiauraient existé entre Newton et Pascal, *Comptes Rendus des Séances dé l'Académie des Sciences,* 1867, 65: 653–655.

[28] Faugere, Discussion de l'authenticité des piéces présentees récemment a l'Académie comme provenant de Pascal et de ses deux soe, *Comptes Rendus des Séances de l'Académie des Sciences,* 1867, 65: 340–344.

[29] Faugere, Lettre addressée a M. le President au sujet des écrits attribuées a Pascal, *Comptes Rendus des Séances de l'Académie des Sciences,* 1867, 65: 340–344.

[30] De Pontécoulant, Observations relatives a une note insérée dans une letter attribuée a Pascal et addressée a M. Boyle, en date du 2 septembre 1652, *Comptes Rendus des Séances de l'Académie des Sciences,* 1868, 66: 145–155.

［31］M. Chasles, Suite de la réponse aux letters de M. R. Grant et de Sir David Brewster, *Contptes Rendus des Séances de l'Académie des Sciences*, 1867, 65: 585–593.

［32］R. Grant, *Lettre a M. le Verrier*, concemant les observations astronorniques don't Pascal et Newton ont pu faire usage, *Comptes Rendus des Seances de l'Academie des Sciences*, 1867, 65: 784–792.

［33］M. Chasles, Réponse a la nouvelle communication de M. R. Grant, *Comptes Rendus des Séances de l'Académie des Sciences*, 1867, 65: 826–839.

［34］G. Govi, observations concernant les Lettres signées du nom de Galilee qui ont été publiees par M. Chasles, *Comptes Rendus des Séances de l'Academie des Sciences*, 1867, 65: 953–957.

［35］M. Chasles, Ce que 1'on doit entendre par la cécité de Galilée, *Comptes Rendus des Séances de 1'Académie des Sciences*, 1868, 67: 9–28.

［36］M. Chasles, Sur les letters de Pascal, *Comptes Rendus des Séances de 1'Académie des Sciences*, 1867, 65: 309–310.

［37］M. Chasles, Réponse a la letter de M. Faugére, de ce jour, *Comptes Rmdus des Séances de l'Académie des Sciences*, 1867, 65: 617–623.

［38］Breton, Indication d'un ouvrage publié en 1764, dans leguel ont düetre copiés, en totalite ou en partie, une vigtaine des documanuscripts que 1'on a presentes a 1'Academie comme provenant de Galilee et de Pascal, *Comptes Rendus des Séances de l'Académie des Sciences*, 1869, 68: 862–864.

（选自《自然辩证法通讯》**2005** 年第 **2** 期，《沙勒：博学的数学家和天真的收藏家》，作者汪晓勤，中国科学院自然科学史研究所理学博士，华东师范大学数学系教授。研究方向为数学史与数学教育。）

恩斯特·马赫

科学家、科学史家和科学哲学家

1. "没有天赋"的少年

恩斯特·马赫祖籍在波西米亚古哈布斯堡王室领地布拉格北部山区的一个小镇——雷伯奥。其祖父约翰·约瑟夫·马赫（Johann Josef Mach，1782—1806）是个农民。父亲约翰·尼波姆·马赫（Johann Nepomuk Mach，1805—1879）受过高等教育，后来成为兹林贵族巴隆·布莱顿的家庭教师。后来，他娶了约瑟芬·兰浩（Josephine Lanhau，1813—1869），她热爱音乐、绘画和诗歌，是一个快活而又文雅的女子。恩斯特·马赫 1838 年 2 月 18 日诞生于契尔里兹他的外公家，在图拉斯做的洗礼。

1840 年，恩斯特·马赫两岁的时候，他家从契尔里兹迁到维也纳东温特希本布仑的一个孤立的农庄，父亲在维也纳当家庭教师。在这里，他们几乎是过着与世隔绝的生活，很少有客人来访。他和两个妹妹没有玩耍的朋友，有时老保姆给他们讲神怪的故事。尽管如此，他们并不因此而感到有广泛交往的必要，也不觉得孤独和无聊。

在恩斯特·马赫的记忆中还留有他童年生活的痕迹。比如，他记得两岁时他如何在草地上奔跑，追逐下山的太阳；当他握着将要萌发的有弹性的植物种子时，它突然开放像一个活东西，像一个活的动物夹住他的手指时，他是如何害怕和惊奇。3 岁的马赫曾经被视觉问题所困扰，他不能理解为

恩斯特·马赫 (Ernst Mach, 1838—1916)

什么在近处的东西移到远处，看上去会变小。四五岁时父亲带他到维也纳，当他登上城墙往下看时人都变小了，他也感到非常惊奇。有一次，保姆带他去给邻近的一个磨坊主人送信，磨坊的直立的风车在风力的推动下转动，使他又吃惊又好奇。他出神地看着车轴的齿轮如何带动磨盘的齿轮转动。风车和机器迷住了马赫幼小的心灵。后来那个聪明的磨坊主人还制造了一台平式风轮风车。在马赫看来，这个不因风向改变而停下来的风车，比他最初看到的那个风车好懂多了。机器和机器零件充满了童年马赫幼稚的头脑。马赫后来在研究康德关于因果概念的时候，常常回忆起这些童年的经验。他写道："这个印象把我的幼稚的思想从信仰奇迹的暗昧阶段提高到因果思想的水平。从此，我不再把我不理解的东西看作背后有什么神秘物存在……"

马赫7岁时，他的父亲开始引导和培养他热爱科学，带他做些简单的实验。有一次父亲拿了个空花盆问他里面有什么东西。他说"没有什么"。于是爸爸用一个软木塞堵在盆底中心的小孔上，然后让他把这个盆子推进一个水桶里，当花盆被压进水中一般距离时，那个软木塞突然冲出。恩斯特·马赫就是这样在父亲的引导下做实验的。他也常常自己设计一些实验，但总不够小心。例如，有一次他试验樟脑是不是会燃烧，结果烧了眉毛。马赫对数学很有兴趣，在父亲的指导下，不久就能自学了。8岁时他的代数知识已超过他父亲的一个14岁的学生，他能跟着他们一起正常听课。

1847年，马赫被送到希登斯梯顿的本尼迪克特僧侣主办的一个中学初级班学习。然而这个9岁的孩子学习希腊语和拉丁文有困难，对于"敬畏上帝乃是智慧之端"之类的格言毫无兴趣。唯一有兴趣的课是地理课，从此欧洲大陆的地形一直深深地印在他的脑海中。由于这个教会学校的教师认为他"没有天赋"，劝告他的父亲说，这个孩子不适于研究学问，应该让他去学一门手艺或者一种行业。他父亲只好把孩子带回家，亲自教给他中学的课程。

博学的父亲在家里给他讲授拉丁文、希腊语、历史、初等代数和几何原理等。当他进步慢的时候，他父亲就对他大喊"挪威头脑"或"格陵兰人的头"。只是在阅读古典作家的作品时，这些古代语言才引起了他的兴致。马赫在理解和翻译原文方面竟达到了熟练的程度。后来一位多年讲授古典语言的威尔赫尔姆·捷鲁萨莱姆说："多么令人惊奇，物理学家马赫在掌握古典语言上比许多专家都好！"

马赫上午听父亲讲课，下午有时间就去干庄稼活。他自己后来说，这种经历使他懂得了"对体力劳动者应有的尊重"。恩斯特·马赫的父亲是个"自由思想者"，他也通过父亲的授课接受了这种观点。父子二人对奥地利1848年革命失败后的教会反动统治感到"压抑"。少年马赫心目中的理想国家是美国。他曾请求父亲允许他去学木匠，以便他迁居到美国时有一门手艺。父亲应允之后，每星期有两个整天，他在邻近的一位熟练的木工师傅那里学做细木工，这样他学了两年多光景。他后来还常常回忆那段有益的经历："晚上疲倦的时候，坐在散发着香味的木堆上，设想未来的机器，如飞机之类的东西"。他认为当年学木匠得到的经验使他学会了如何对辅助工作的成绩作出正确的评价。

1853年，15岁的马赫，这个天真快活的少年，进入克雷姆希尔的一所虔敬派僧侣主办的中学高年级学习。他对那些枯燥乏味的王朝更换和战争没有兴趣，对那些没完没了的宗教祈祷训练反感。使他最愉快和尊敬的是他的博物学教师。他给他们讲拉马克的进化论和康德－拉普拉斯宇宙形成论。当时受到的最大的鼓励不是来自学校，而是他父亲的藏书。父亲的藏书中有一本康德的《未来形而上学导论》，15岁的马赫如饥似渴地阅读了它。这部著作给他留下了深刻的印象，他对认识论产生了兴趣。马赫强调，他的自然科学思想和心理学思想，都是受康德这部著作启发的："虽说我不墨守康德的思想，但是我仍然感激他给予我的启发，这种启发也引导我对力学进行历史的批判的研究"。

两年以后马赫中学毕业了，这时他也不再想去美国了。他的家也迁到尤高斯拉维亚附近，他的父亲在那里经营丝蚕饲养兼作临时家庭教师。1869年母亲去世，父亲活到1879年。

2. 40年科学实践

1855年，马赫进入维也纳大学，学习物理和数学。他的老师冯·埃廷豪森（Anareas Ritter Von Ettinghausen，1796—1878）是维也纳物理研究所的领导者多普勒（Christian Doppler，1803—1853）的继任人。在他的指导下，马赫成为一个熟练的实验物理学家。他制造的一个消色差双物镜给他带来最初的科学声望。1860年，22岁的马赫通过中世纪式的大学毕业考试并获得了博士学位。大学毕业后，马赫先是做家庭教师维持生活，"在这种令人沮丧的情况下"他取得了大学编外讲师的资格，但"不晓得下一年将何以为生"。毕业当初他本想到在哥尼斯堡的物理学家弗兰兹·诺依曼（Franz Neumann）手下从事研究工作。但是由于他当时没钱买走在维也纳的称心如意的实验设备，这迫使他先去解决两个问题：第一，当一个有报酬的讲师；第二，想办法购买廉价实验仪器。整个1861年他向维也纳医科大学的学生讲了《医科大学生物理学》和《高级生理物理学》，表现出他是一个很好的教师，得到了应有的报酬。1863年，他的第一个讲演在医学物理学文摘上发表了。1862年夏季，他作了一个题为《历史发展中的力学原理和机械论者的物理学》的讲演。这是他以后写的那本力学史的书（1883年）的前身。

这时马赫还产生了把物理学应用于生理学和心理学的兴趣。其原因有几个：首先是费希纳（Gustav Fechner，1801—1887）1860年出版的《心理学基本原理》一书吸引了他；其次是物理学家赫尔姆霍兹（Hermann Von Helmholtz，1821—1894）和杜博依斯－雷蒙德（Emil du Bois-Reymond）在生理学和心理学方面的引导工作；第三，那时在维也纳生理学的研究特别盛行。马赫特别被冯·布吕克（Ernst Wilhelm Von Bröcke，1819—1892），一个脑生理学家、赫尔姆霍兹的助手的讲演所打动。马赫在这方面进行了研究并很快获得了成果。1862—1864年他作了关于这方面的一系列讲演，特别是关于赫尔姆霍兹的最新的听觉声学发现的一系列讲演。这些讲演有一些在杂志上发表，并且在后来以《赫尔姆霍兹音乐理论引论》为题出版了一本书。这本书没有得到职业专家的承认，被置之不理。当他对生理学实验产生了兴趣，并认为有可能取得进展以后，就不再想去诺依曼那里了。

马赫从这时起就表现出他是一个富于实践精神的科学家，在作一个编外讲师的艰苦条件下坚持研究。他最初的一些实验是相当成功的。在他的老师埃廷豪森的鼓励下，为平息关于多普勒理论的争论，他设计并建造了仪器，于1860年进行多普勒理论的实验研究。同年，当马赫读了费希纳的1858年的论文和1860年的书中关于计算感觉的"韦柏－费希纳定律"公式，他进行了费希纳对数率的实验研究。这年他还进行了显微照相术、几何光学的研究。1861年，他又从事精神上的痛苦的知觉敏感性的研究。1862年，又改进血压测量设计和液体的分子行为的实验研究，1863—1864年，他改进和超过赫尔姆霍兹在声学和耳朵结构方面的实验研究。

这期间马赫结交了两个朋友。1862年他认识了工程师约瑟夫·波普尔－林库（Josef Popper-Lynkeus，1838—1921），他是马赫的第一个也是长期的哲学同盟者。1863年马赫结交了新闻记者和音乐评论家谷尔克（Eduard Kulke，1831—1897），同马赫以后所交往的"自由思想"的朋友们一样，他俩都是犹太人。

1864年至1867年，马赫在格拉茨教书和研究。1864年，他被委任了奥地利格拉茨大学数学讲座的职位，后来又增加了物理讲座。这时他"很快就摆脱了当讲师时的那种贫困生活，开始进行工作而不再为挣钱糊口费心思了。"他专心致志，充分进行科学研究。三年当中，他讲了几门课程：数学、物理学、生理学和心理学。他讲授的《心理学基础》吸引了许多听众，包括大学教授。这3年期间他出版了3本书和发表了27篇论文，关于感知觉方面的论文大约在这个时期开始发表。这期间最重要的发现是后来被称之为"马赫带"的生理理象。

什么是"马赫带"呢？马赫发现，一个带有不规则的锥形黑色缺口的白色圆盘在其旋转时，形成明暗分明的两条色带，而不是如所想象的那样亮度连续变化。在1865至1868年之间，马赫写了研究这一现象的5篇文章，认为这奇怪的带反映了神经抑制，它不是完全"主观"的印象。不幸，他的这个神经"抑制"假说，由于当时不能被人们理解而被忽视近30年，直到1890年一些科学家又独立地重新发现了这些带。C. H. 温德是他们之中的第一个。当他偶然地知道了马赫的工作时，他承认马赫的优先权，将其命名为"马赫带"。

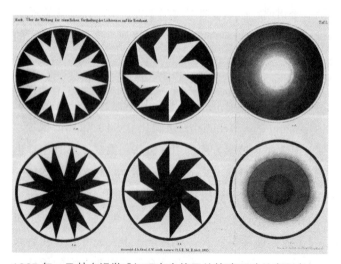

1865年，马赫在视觉感知研究中使用的快速运动的扇形盘。

至今还有以"马赫带"为题名的专著出版。

马赫在心理学方面的贡献，除了"马赫带"以外，人们还常常把第一个认识到格式塔性质归功于他。当 1890 年冯·埃伦菲尔（Christan Von Ehrenfels）发表《格式塔性质》一文时，马赫说他自己早在 1865 年就已经在费希特的杂志上（第 46 卷）给出了这方面的主要思想，即经验的整体不只是等同于知觉的部分之总和。1967 年出版的卡普雷塔（Patrick J.Capretta）的心理学著作似乎承认马赫是格式塔心理学的先驱。

在格拉茨这 3 年马赫同费希纳和赫尔曼（Emmanuel Hermann，1839—1902）的交往对他有重要意义。费希纳的哲学和心理学思想，极大地鼓舞了马赫写一本心理学的书（《感觉的分析》），并奉献给这位莱比锡教授。两个人的会见使他们之间的通信增加，由于费希纳反对马赫的某些观点又使得他们的通信中断。马赫搁置这部手稿达 20 年之久。在这段时间，他细心研究了费希纳的不同意见。赫尔曼是个经济学家，他的见解启发了马赫去建立他的"思维经济"学说。马赫在一篇文章中写到"政治经济学家赫尔曼，依照他自己的专业，探求各类领域的经济要素，在 1864 年与他的交往使我习惯于把研究者的智力活动叫作经济的"。

1867 年春天，马赫同马露西（Ludovica Marussig，1845—1919）在格拉茨结婚。同年 4 月到布拉格，任布拉格大学实验物理学教授，一直到 1895 年。他们生了四个儿子和一个女儿。长子路德维希·马赫（Ludwig Mach，1868—1951）后来成为他科学工作的合作者。三子亨利希·马赫（Heinrich Mach，1874—1894）专攻化学，获博士学位不久，因服安眠药过量而死去，给恩斯特·马赫带来很大的悲痛。1867—1879 年间，他出版了 4 本书，发表了 62 篇论文。这些研究大多数是科学的课题。他的著作《光 - 声研究》（1873）、《运动的色调变化对多普勒理论的贡献》（1874 年）、《动觉大纲》（1875 年）都是关于实验工作的著作，其中关于运动感觉的比较重要。但是《能量守恒定律的历史和根源》（1872 年）一书中至少哲学和科学一样多，因此马赫才第一次作为哲学家进入学术界。

马赫在物理学方面的贡献最著名的是在声学方面有关冲击波的工作。1881 年，马赫去巴黎参加国际电气展览会，一个偶然的机会，他听到比利时炮术师 L. 迈尔逊的一个报告。这个报告提供了一个关于炮口喷出的压缩空气的爆破冲击的破坏作用的理论。回到布拉格之后，马赫就想建立一个实验检验迈尔逊的理论。当时，对于解决这类问题他已积累了相当丰富的经验，特别是在弹道学方面有关抛体速度及其在运动中拍照问题。1884 年，马赫的第一个重大努力是从拍摄飞弹、声波、电火花波和抛体冲击波四类不同速度类型的照片入手开始的。1886 年 7 月 10 日，马赫终于给奥地利科学院两张成功的抛体冲击波照片。1885 年，马赫发表的重要的论文，第一次用了我们现在称之为"马赫数"的表示。它是一个比例，即用声速去除流速。这个比例不久就被许多科学家采用。给予"马赫数"这一名称的是 J. 阿克莱特教授，他在 1928 年的一篇文章中使用了它。

3．卓越的科学史家

马赫是一个卓越的科学史家。他关于力学史、热学史、光学史以及能量守恒发展史的著作是研究科学史这门学科的重要文献。可以说，至今也没有任何一部科学史著作能收到像他的《力学史评》启发爱因斯坦创立相对论那样的显著成效。

马赫研究科学史和他的教学经历有密切关系。马赫不但是个科学家也是一个出色的教育家。1879—1880 年和 1883—1884 年他先后在布拉格大学和布拉格大学分为德语和捷克语两校后的德语大学任校长，著有《医科大学生物理概论》（1863 年）、《中学低年级自然科学教科书》（1886 年）和《大学生物理学教科书》（1891 年）等广为流传的物理学教材。他编辑过教育杂志，他也热衷于普及教育，在奥地利贵族院讲演，提倡成人教育。在大学讲课，他把历史的叙述方法作为最简单易懂的叙述方式来使用，而抽象的概括在他看来则揭示了"认识论的经济动机"。他把科学看作普遍的生命现象和进化现象的组成部分，最后完成了生物学上经济认识论的特质。因此，他提倡用历史的方法教科学。他认为应该阐明现代理论的逻辑发展，而不仅仅是介绍历史上个别科学家的特殊作用的思想的历史事实，这样，通过对历史的分析研究，人们可以对现代科学获得更好的理解，而不仅是为了理解科学的过去。也就是说马赫研究科学史的指导思想是着眼于科学的现在和未来，着眼于科学发展的逻辑和认识论上的批判分析。这是他的科学史著作的显著特点，也是他的科学史研究的成功之处。

马赫研究科学史是从 1870 年开始的。那年夏天，他因患病不能进行实验工作，就开始研究科学史。他把早在维也纳和格拉茨就已用心思虑过的思想写成了《能量守恒定律的历史和根源》大纲，1872 年成书出版。这部著作是他 1867 年发表的同名讲演和他的第一篇重要的论文《关于质量的定义》（1867 年）的进一步发展，又是后来出版的他的《力学史评》这部最重要的著作的基础。

马赫在他的《自传》遗稿（1913）中说，在这部著作中，他"第一次就力学和热学问题提出了关于自然科学的认识论思想"，"以尽可能概括的形式提出了关于思维经济、关于科学的任务就是从概念上确定真实事物的基本思想"，包含了"一般唯能论的要点"。《能量守恒定律的历史和根源》这本书通过对历史的考察得出否定机械论自然观的结论。他反对赫尔姆霍兹和克劳修斯以力学为基础用原子、分子解释热学理论的观点。他认为历史事实表明在力学发展之前能量守恒的现象就已为人类所认识。他指出，能量守恒定律的根源是人类长期经验的总结："不消耗能量做功是不可能的"。力学并不比光学、声学、电磁学和热学更基本，它成为物理学的基础只是历史的偶然。由此他进一步批判了力学先验论，认为主张从一般因果律先验地导出力学诸法则的努力是没有意义的。但是马赫的这本书写得不够严谨，又因为书中非难热力学理论和原子论，所以不能打动当时大多数的物理学家，也没有获得哲学家的支持，只得到少数人的注意。W. 陶比亚在他 1876 年出版的《哲学的拓荒者》中批评了马赫的观点，而一个内在论哲学家 A. 莱克雷尔在他的 1879 年出版的著作《科学的实在论》中赞扬了马赫的这本书，甚至称它是"革命的"。

《力学史评》是马赫最重要的科学史著作。他在世时此书就先后于，1883年、1888年、1897年、1901年、1904年、1908年、1912年七次出版。马赫去世后又出了第八版（1921年）和第九版（1933年），马赫在这部著作中批判了力学先验论，打击了机械论自然观。书中详细分析指出，牛顿的绝对时空观念没有经验根据，并认为牛顿力学把来自经验的东西和任意约定的东西混在一起了，他强调力学的现在的形式完全是历史的偶然。在这本书中他比较集中地论述了他的思维经济学说，并从思维经济的观点阐明力学假设并不比别的优越，"把力学看作物理学其他分支的基础是没有根据的，由力学说明一切物理现象是一种偏见"。马赫的这本书同《能量守恒定律的历史和根源》命运不同，在科学家中产生了极大的影响，马赫同时代的许多著名科学家如奥斯特瓦尔德（Wilhelm Ostwald，1853—1932），赫兹（Heinrich Hertz，1857—1894），玻尔兹曼（Ludwig Boltzmann，1844—1906）都阅读了它并深受其影响。

4. 维也纳大学的科学哲学教授

马赫自己曾经声明说："我仅仅是一个自然科学家而不是哲学家。我仅寻求一种稳固的、明确的哲学立场，从这种立场出发，无论在心理生理学领域里，还是在物理学领域里，都能指出一条走得通的道路来，在这条道路上没有形而上学的烟雾能阻碍我们前进。我认为做到这一点，我的任务就算完成了。"但在哲学史上，马赫被认为是从孔德的实证主义到逻辑经验主义的过渡人物。

马赫童年在感觉和因果性解释方面的那些难题，表明他从小就萌发了哲学的思维。所以当他15岁阅读了康德的著作时，就开始对认识论感兴趣了，在维也纳上学时就暗暗地学了一点哲学著作。1860年以前他就读过贝克莱，利希滕贝格和霍尔巴特的著作。在1860这一年有三件事对马赫哲学思想的发展有重要影响。这就是达尔文的《物种起源》的广泛传播，费希纳《心理学基本原理》的出版和在卡尔鲁乡召开的化学会议上S. 坎尼扎罗支持A.阿佛伽德罗的分子学说。其后在维也纳和格拉茨工作时，他就认真思考科学中的哲学问题。最主要的是他的感觉生理学的研究把他"引向对认识论批判的研究"。他1862年的讲演《历史发展中的力学原理和机械论者物理学》，1867年的论文《关于质量的定义》都是讨论科学哲学的问题。他的许多有关科学史的著作和论文，是从对科学的历史分析探求科学认识论问题。1886年出版了他的主要哲学著作，也是心理学著作《感觉的分析》。由于他在科学认识论方面的造诣，他的母校维也纳大学专门为他开设了一个科学哲学讲座，叫"归纳科学的历史和理论"，这使他成为世界上第一个科学哲学教授，直到他中风瘫痪（1898年）而于1901年退休。退休以后他仍然在妻子的精心照料下从事著述，其中包括把他发表的一系列科学哲学讲演，汇集成一本书，叫作《认识与谬误》，于1905年出版。这也是他的很重要的哲学著作。

马赫的主要哲学著作《感觉的分析》，1886年初版，相隔14年才修改再版。马赫在第二版序言中说："本书就其以前的形式来说，曾经得到多方面的热忱欢迎，但也激起了强烈的反对。"的确，这本书一出版就受到两个心理学家、哲学家施通普夫（Karl Stumpf）和李普斯（Theodor Lipps）的批评。事实上，马赫从他的这部著作出版开始就成了一个有争议的哲学家。我们可以看看菲利普·弗兰克（Philipp Frank，1884—1966）在其著作《现代科学及其哲学》（1957 年）中的一段描述："尽管对马赫的反感在德国科学家和哲学家中间特别显著，然而他对某些科学家和哲学家集团来说是具有非凡的吸引力的。但是反对他的带有敌意的反映是非常强烈的。"马赫为人谦虚谨慎，在《感觉的分析》第二版序言中说："如果说我对于那些反对我的观点没有用批判的和论战的方式作详细的讨论的话，那么，这的确不是由于我轻视那些观点，而是因为我深信这类问题不能用讨论和论战来解决。在这里，唯一有益的办法是把未成熟的思想或内容矛盾的思想，耐心地、经年累月地搁在心里，诚实地努力完成未成熟的思想或除去矛盾的成分。"他在第六版最后一章还说："公开的批评即使是反对我，也是中肯的，而它的坦率态度对我很有教益"。

《感觉的分析》第二版（1900 年）在几个月内销售一空，接着出第三版、第四版……，至 1911 年已出了六版。1897 年出版了英译本，1907 年出版了俄译本。这时马赫的哲学思想已经广为流传了。正如列宁在《唯物主义和经验批判主义》一书中指出的那样，马赫已经成为"最有名望的经验批判主义的代表"了。

马赫的哲学著作的影响超出了学术界，也影响到奥地利和俄国的社会主义运动。这是和马赫当时的政治态度有关系的。马赫退休后，在 1901—1913 年期间被选为奥地利贵族院议员。马赫的社会哲学的基础是信仰人类道义的进步。顺便说一下，他很赞赏中国的道德准则和正义感。他支持个人自由和限制国家权利，赞成社会经济改革，主张重新分配财产；他对资本主义世界经济和工业状况感到愤懑，拒绝在经济改革中有产者利己主义的固执观念。因此他被称为"半个人主义和半社会主义"者。1896 年，他曾与有社会民主思想的工人并肩游行反对基督教社会主义党。1899 年，他把一大笔款捐献给成人教育同盟和社会民主党的报纸《工人报》。1901 年，矿工举行罢工，奥地利议会贵族院表决有利于工人的 9 小时工作法案，半身瘫痪的马赫，坐救护车去议会投支持票。1902 年，他成功地反对基督教社会主义党在萨尔茨堡开办一个专门的罗马天主教大学。1906 年，马赫被社会主义者、理论家狄慈根（Josef Dietzgen，1828—1888）的思想吸引，并且他还鼓励他的具有社会主义倾向的追随者也去研究狄慈根的著作。1907 年，马赫的政治活动达到高峰。他在贵族院投票支持改革选举法。他还为报纸写了几篇文章，反对基督教的反动行为。

马赫与奥地利社会民主党的创始人之一，维克多·阿德勒（Viktor Adler）以及他的儿子物理学家、哲学家弗里德里希·阿德勒（Friedrich Adler，1874—1960）是好朋友，在奥地利社会民主党中间享有很高的威望。当时由于马克思（1883 年）和恩格斯（1895 年）先后逝世，社会主义者面临着一个扩大宣传和发展马克思主义的问题。他们当中许多人认为，通过与最新的现代科学哲学和实践着的科学家的联系，马克思主义的理论会得到发展并通俗化。这样，中欧的一些社会主义者就选中了马赫的科学哲学。在奥地利是以弗里德里希·阿德勒和鲍埃尔（Otte Bauerl，1881—1938）为代表的一批马赫主义者。一些俄国的社会主义者和教授也在苏黎世进行着这方面的研究。俄国的布尔什维克的重要成员波格丹诺夫（A.A. Богданов，1873—1928）受到阿芬那留斯（R.H.L.Avenarius，1843—1896）的早年学生——俄国著作家列希维奇（V.V.Lesevichi）的引导，接受了马赫主义，终于成为在俄国的马赫主义者的代表。为了维护马克思主义哲学的纯洁性，列宁于1908年着手写作和俄国马赫主义者论战的重要哲学著作《唯物主义和经验批判主义》，1909年在莫斯科出版。

另一方面，1910年在维也纳由弗兰克、哈恩和纽拉特掀起了一个宣传马赫实证主义哲学的浪潮。1901年，俄国由英格迈尔在莫斯科也组织了一个实证主义协会，其成员包括二十几个第一流的教授和知识分子。1911年在柏林也开始了类似的活动，它是以希尔伯特、克莱因、黑尔姆、弗洛伊德，还包括爱因斯坦以及许多与实证主义无关的著名人物签名发表了一个宣言开始的，后来佩措尔德（Josef Petzoldt，1862—1929）和丁格勒（Hugu Dingler）成了这个运动的推动者。1912年秋，在柏林成立了实证主义哲学会，1913年出版了实证主义哲学杂志。1927年，在维也纳由纽拉特组织成立马赫学会。1929年以马赫学会和实证主义哲学会的名义发起，在布拉格召开了第一次国际会议，形成逻辑经验主义学派。

对于马赫，一些人猛烈地攻击他，另一些人热忱地赞同他，无论是谁几乎都不得不对他的学说采取明确的态度。的确，很少有科学思想家能够引起这样尖锐的意见分歧。那么，他研究科学哲学的一般意向，他的哲学学说的基本精神究竟是什么呢？

马赫自己说，他不想建立一个哲学体系，只是想寻找一种哲学立场。我们知道，19世纪后半叶机械论的科学观受到科学发展的冲击而走向衰落。马赫无疑是最早洞察到这种倾向的人之一。为了"挽救"科学世界观的"危机"，他强调经验论，反对力学先验论。他从区分科学"解释"和力学的"解释"出发，去寻求一个不受某种特殊类型的解释限制的、适用于一切自然现象的统一的科学解释，以便将个别学科联系起来形成一个统一的整体。为此他选取了一条达到这一目标的纯经验主义的路线，力图从科学中排除一切不能由经验证实的"形而上学"的命题。这就是马赫科学哲学的一般意向。

马赫认为，无论是唯物主义还是唯心主义哲学都含有他所谓的"形而上学"，因而不能达到统一的科学的目标。于是他创立了标榜中性的"要素一元论"，作为他统一科学的理论基础。他主张一切物理的经验和心理的经验有一个共同的"要素"，他叫它"世界要素"。这些"要素"构成最广义的物理学和自然科学心理学的桥梁，这些"要素"按照所研究的联系，或者是物理对象，或者是心理对象。这样马赫所设想的"要素"就成为他的科学解释的基点。马赫主张"思想对事实的适应是一切科学工作的目标"，"科学的任务就是对事实作概要的陈述"。既然按马赫的设想，事实最终应分解为"要素"，而思想适应事实就是指适应要素之间的某种规律性的联系，那么，作为科学任务的"对事实作概要的陈述"也就是对"要素"的陈述。马赫说："全部自然科学只能是描述和描写我们通常称之为感觉的要素的复合"。马赫还主张"思维经济"原则，他的统一科学的目标就是对经验作经济的描述。他认为把事实分解为"要素"，科学的任务就成了对"要素"的描述，这就是一种经济设计，他认

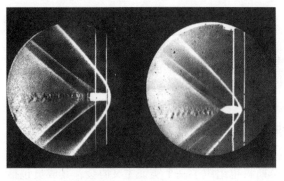

1888 年，马赫的摄影作品，围绕一个超音速子弹的弓形冲击波。

为抽象理解的最大限度，只有数学函数可以提供。因此，他宣称，科学的任务就在于用数学函数来描述或描写经验事实之间的依存关系，也就是感性"要素"之间的依存关系，这是科学唯一的对象，是科学的最终目的。马赫认为因果概念在实践生活中是有用的，但在理论上是没有根据的，因为它不能为科学实验所证实，因而是有害的。为避免这个不科学的因果性思想，他主张用数学函数代替因果概念。他认为这样的代替在科学上可以消除因果概念中的一些主观的、非科学的因素；可以排除科学中的一切不可知因素，如物质实体，可以科学地解决世界的固定不变性。

对于马赫的哲学观点，列宁在他的批判马赫主义者的著作《唯物主义和经验批判主义》中，从马克思主义哲学的立场剖析了马赫哲学思想的渊源，指明了它的唯心主义的实质，但这并不能排除和否定马赫的科学哲学对自然科学发展的有益作用。

5．马赫思想与 20 世纪的物理学

马赫同量子论和相对论的创始人普朗克和爱因斯坦等人有过交往，1913 年他愉快地接待了爱因斯坦的来访。作为一个科学家、科学史家和科学哲学家，他的学术思想对相对论和量子物理学乃至 20 世纪自然科学的发展都产生了重大的影响。

普朗克年轻时曾是马赫思想的信奉者。他自己承认，在 1885 至 1889 年间他曾是最坚定的马赫哲学思想的追随者之一，马赫的学术思想对他影响很大。1879 年普朗克写作博士论文《论热力学第二定律》时曾阅读了马赫的《能量守恒定律的历史和根源》这本书。他对马赫思想最早的反应是在他获哥廷根大学哲学系二等奖的一篇论文《论能量守恒定律》（1887 年）中。后来他倾心于对普遍性进行理论概括，从 1890 年开始探索普遍性概念。在 1895 年他开始反对黑尔姆、奥斯特瓦尔德的唯能论，表现了他哲学思想的转变。1908 年 12 月 9 日，他在莱顿大学自然科学系作题为《物理世界图像的统一》的讲演，在这个讲演的第四部分批评了马赫的哲学思想，这引起普朗克和马赫之间长达 3 年之久（1908—1910）的论战。

普朗克的批评在物理学家中引起了不同的看法。阿德勒、佩措尔德和弗兰克等人写文章为马赫辩护，P.金森、爱因斯坦和 G.克兰兹在给马赫的私人信中支持马赫。马赫在 1909 年出版的《能量守恒定律的历史和根源》德文新版中，对普朗克的批评作了答复。普朗克的那次讲演出版后，马赫于 1910 年发表了《我的科学认识论的指导思想及其在当代被接受的情况》进行回答，而普朗克又以《论马赫的物理认识论——一个答复》（1910 年）再进

行批评。

普朗克接受马赫的"统一科学"的目标，但认为一个理想的不变的体系和物理定律足以描述和说明现象并达到统一的世界图像，而不需要任何感觉要素。他特别指出玻尔兹曼的统计理论已经有助于统一力学和热力学，并因而促成一个统一的世界图象，而马赫的反对恰恰妨碍了这个统一的图像和统一科学的发展。普朗克相信原子和物理世界的实在不同于感觉对象的实在，但他认为原子、物质、自然定律是实在的，因为它们有不变的特征。他说："不依赖于一切人和智力的独立存在状态，永恒不变，我们叫它实在。"他要求科学家们考虑，马赫的科学哲学究竟带来什么后果，是健康的还是有害的？他认为像奥斯特瓦尔德的"唯能论"、瓦尔德的"现象主义化学"、焦曼的"连续物理学"、皮克、阿德勒和马赫的反原子论等都是有害的。普朗克在莱顿大学的讲演中对马赫的批评总的来说是抑制的，只是在结尾时用了尖刻的措辞，引用了圣经的话"根据他们的果实，你就能识别他们"。

马赫说，他对普朗克的两个哲学观点——无批判地相信一个永远不变的世界图像绝对有效和存在永恒不变的实在——感到好笑。马赫对普朗克在长达 32 页的讲演中的针对性批评非常生气。他在反批评的文字中说："我们之间的基本分歧与原子的实在信念有关。……普朗克用基督的温和，但最后用众所周知的圣经警句作为假先知栽赃于我，……我的回答是简单的：如果相信原子的实在如此重大，那么我放弃物理学行业，我将不当专业物理学家，并且我还交还我的科学荣誉。简言之，信仰者团体感谢你，而对我来说思想自由第一。"

1933 年，吕威（Heimrich Löwy）发表了一篇文章——《关于量子论的一个历史备忘录》，说马赫在普朗克发现量子前 5 年（1895 年）在给波普尔 - 林库的一封信中就化学运动表达了不连续性的观点，并且在他 1896 年出版的《热学原理》中也作了记载。普朗克曾仔细地读过这本书，应该是了解马赫这一观点的。关于这个问题，毕伯尔在 1940 年还写了一本书。据此，马赫的追随者尼索拉夫斯基在 1949 年 2 月 14 日给恩斯特·马赫的儿子路德维希·马赫的信中说，"恩斯特·马赫是普朗克量子论的先驱"。G. B. 温伯格于 1937 年，J. 蒂勒（Joachirn Thiele）于 1968 年曾先后各自进行过重演马赫关于化学运动不连续性理论的测量，以检验马赫的理论是否是一个预见，以及是否可能对普朗克的发现有重要影响。

温伯格在 1937 年还指出，马赫 1870 年以后在原子理论方面应用"n- 维离子"的思想，预见了后来薛定谔和其他量子物理学家的工作。马赫引入 n- 维空间的目的是为了表示可观察和测量的原子间行为的最大自由度。这个 n- 空间或者 n- 自由度数是由对实验材料的成功的表示和正确的描述来确定。温伯格认为这个程序正是量子力学的特征，无论是马赫还是现代量子物理学家，他们的多维性假设毕竟都是服务于描述在实验中真正被观察到的东西。他说，把马赫作为现代量子力学之父是恰当的。尽管我们不一定要同意这个结论，但马赫的科学哲学思想直接或间接地影响了一大批量子物理学家，特别是哥本哈根学派，这是事实。鲍林是马赫的一个积极支持者的儿子，马赫是他的法定教父。约尔丹是一个极端的马赫主义量子物理学家，他公开宣称"我是一个马赫的信徒"，并认为他已经证明了马赫的观点在理解量子力学和相对论方面是有益的。薛定谔在维也纳长大成人，他也采纳了马赫的科学方法论，直到晚年他仍然以一个纯粹马赫主义的风格写下："构成我们的精神和世界的是同一要素，心物归一"。玻尔和海森堡的科学思想中也不乏马赫思想的成分。

马赫与相对论的关系主要反映在他的著作尤其是力学史著作对绝对时空观念的批判性的研究成果，以及关于认识论的观点的某些方面启发了爱因斯坦。

爱因斯坦对马赫思想感兴趣大约是从 1897 年开始的。那时他到了苏黎世，他的一位大学生朋友贝索向他推荐了马赫的著作《力学史评》，爱因斯坦强烈地被它吸引并深受影响。著名的科学史家，也是爱因斯坦研究专家霍尔顿（Gerald Holton）教授认为，在 1905 年的爱因斯坦关于狭义相对论的论文中表明了有马赫影响的成分。马赫本人对爱因斯坦的工作也是十分关注的。1909 年出版的马赫的《能量守恒定律的历史和根源》德文新版中，包含有对爱因斯坦和闵可夫斯基有关相对论工作的一个简短的评述，并且马赫把这个新版书寄赠给了爱因斯坦一本。爱因斯坦收到他所敬慕的科学家马赫的赠书后，立即写了回信。这封信是 1909 年 8 月 9 日从伯尔尼发的。在这封信中除了表达他的"衷心感谢"之外，并且对马赫和普朗克之间的争论表示了对马赫的同情，说马赫在青年物理学家当中很有影响。8 天之后，爱因斯坦又写了第二封信，从信中可以看出马赫对爱因斯坦 8 月 9 日的信作了回复，马赫的回信还表示了对相对论的兴趣。爱因斯坦在这第二封信中已经是对马赫以"弟子"自称了。

1910 年，马赫发表的两篇文章都涉及相对论方面的工作。其中一篇提到，爱因斯坦和闵可夫斯基的工作发展了他在《能量守恒定律的历史和根源》和《认识与谬误》中提出的，区别度量空间和物理空间的思想；另一篇说，他认为物理世界的动力学模型是假说，它不能详尽地描述世界的多样性，时空仍然是个问题，而爱因斯坦、闵可夫斯基等人进一步研究了这个问题。弗兰克说，1910 年他在维也纳访问马赫时所得到的印象是，马赫与爱因斯坦的相对论，尤其是与其哲学基础完全一致。

1911 年 3 月，爱因斯坦受聘为布拉格大学理论物理学教授。这是马赫长期工作过的地方，马赫的气氛是很浓的。爱因斯坦在这年 3 月完成、6 月交德国《物理学杂志》发表的论文《关于引力对光的传播的影响》的脚注中说，他的论文和马赫的研究完全一致。

爱因斯坦于 1912 年秋又回到了苏黎世联邦工业大学任教。在这里他与他的朋友 M. 格罗斯曼合作解决了广义相对论的数学问题。1913 年初，爱因斯坦又给马赫写信。这封信也表示了对马赫的拜服，信中有"您对新理论所表示的友好的兴趣我非常高兴"的话。爱因斯坦在这封信中向马赫介绍了他关于引力理论的基本观点。信中说"质量的全体产生一个 $G_{\mu\gamma}$ 场，它控制一切"，这就是爱因斯坦经过反复思考和讨论，他后来（1918 年）提出的称之为"马赫原理"的早期说法。同年 6 月 25 日爱因斯坦又向马赫写了第四封信。信中说，如果日食时能观测到星光被太阳的引力场所弯曲的现象，"那么您的有关力学基础的天才的研究——不顾普朗克不公正的批评——将获得光辉的证实。因为一个必然的结果是，完全按照您对牛顿水桶实验的批判的含义，惯性来源于相互作用"。爱因斯坦终于提出了相对论的引力论，并于 1916 年 3 月写了完整的总结性的论文《广义相对论基础》。

爱因斯坦还称马赫为相对论的先驱。1916 年发表在德国《物理学杂志》上的爱因斯坦悼念马赫去世的文章中说，马赫"对牛顿水桶实验的那些看法表明他的思想同普遍意义的相对性（加速度的相对性）要求多么接近"。而 1930 年 9 月 18 日给维纳的信中叙述广义相对论的来源时，他也十分肯定地说："可以十分正确地认为马赫是广义相对论的先驱。"

但是，1913 年 7 月，马赫在为他的著作《物理光学原理》上卷（1921 年出版）所写的序中，拒绝承认他是相对论的先驱，因为"相对论变得越来越教条"。其中还谈到他本来要写有关电磁理论和相对论的内容，因为身体的关系不得不罢休。1915 年底，他又向他的儿子路德维希·马赫重申他反对相对论的意见。关于这个问题虽有不少文章讨论，但仍然是个未能完满解决的矛盾。

马赫对 20 世纪初期的物理学革命性的变革起了思想启蒙的作用。但是 20 世纪科学的发展史也表明马赫的科学方法的实证主义观点不能适应科学发展的需要。正因为如此，普朗克、爱因斯坦、海森堡等这样一些著名的科学家先后以不同的程度脱离了实证主义的哲学立场。从科学哲学的发展来看，早在 20 世纪 20 年代逻辑经验主义就认识到对科学纯经验的分析的局限性，代之以经验 - 逻辑的分析。马克思主义强调的科学与社会经济的联系在当代已被更多的科学家和科学哲学家所重视。马赫的科学哲学的基本观点已经过时，但是马赫的"思维经济"学说中所体现的"简单性原则"，关于科学理论的数学抽象的要求以及他的统一科学的目标，正被愈来愈多的科学家所追求。就连从他的学说引申出来的"可观察性原则"也仍在一定的范围内适用。总之马赫在历史上不愧为一个思想深沉卓有成效的科学家。爱因斯坦说："马赫的真正伟大，就在于他坚不可摧的怀疑态度的独立性。"

——参考文献——

［1］*The Sicence of Mechnics*, Enalish trans, The Open Count Publishing Co., 1960.

［2］《感觉的分析》，洪谦等译，商务印书馆，1975.

［3］*Conservation of Energy*, English trans., The Open Publishing Co., 1911.

［4］T. John, *Blackmore:Ernst Mach*, Univ.of California Press, 1972.

［5］弗·赫奈克：《马赫自传遗稿评介》，《外国哲学资料》第五集，商务印书馆，1980。

［6］Fridrich Herneck, *Die Bezihunge Zwischen Einstein und Mach, dokumetarisch dargerstellt*,

Wiss. Zs. d. Fridrich–Schiller–Univ,（Mat–Naturwiss.Reihe），15, 1（1966）.

（选自《自然辩证法通讯》1982 年第 3 期，《恩斯特·马赫：科学家、科学史家和科学哲学家》，作者董光璧，中国科学院自然科学史研究所研究员。研究方向为科学技术史、科学哲学和科学文化。）

迪　昂

在坎坷中走向逻辑永恒

皮埃尔·莫里斯·玛丽·迪昂是法国杰出的科学家、科学史家和科学哲学家。现在，人们公认他是科学思想界的一位重要人物，是他所处时代最伟大、最有才智的人之一。

迪昂在物理学的众多领域有卓越建树。此外，他还获取了物理科学方面的广博的历史知识，并对物理学理论的意义和范围作了深入的思考，形成了一系列引人入胜的科学哲学见解。

迪昂的一生除教学与研究外，就是写作。对他来说，散步和沉思是最好的休息。一旦脑子闪过一个念头，他就坐下来，从容地写下一页又一页，一气呵成，无须修改和增删。他在短暂的一生中总共出版了 22 种书（45 卷），在 20 多家期刊上发表了近 400 篇科学论文和评论。法国著名物理学家德布罗意在 1953 年谈到他的这位同胞时说："皮埃尔·迪昂是一个不知疲倦的研究者，55 岁就过早地去世了，他在理论物理学、哲学和科学史中留下了大量的贡献。他的严格的科学研究的价值、思想的深刻、学识惊人的广博，使他成为 19 世纪末和 20 世纪初法国科学最卓著的形象之一。"

迪昂由于保守的政治立场、极端的宗教信仰以及有原则性的、执拗的

皮埃尔·迪昂 (Pirre-Maurice-Marie Duhem, 1861—1916)

个性而一生坎坷。在生前和死后相当长一段时间内，他的学术成就即使在法国也得不到公正的承认，人们几乎没有就这位有创新精神的学者写过多少东西。在中国，人们多年来仅仅是从列宁的《唯物主义和经验批判主义》[①]一书中得知这位所谓的"马赫主义者"的，其形象自然是残缺不全的。现在，我想依据手头的有关资料，尽可能完整地、客观地勾勒一下迪昂其人。

1．生平

迪昂于 1861 年 6 月 10 日生于巴鲁。父亲是法国北部工业城市鲁贝一个推销员的儿子；其母是一个店主的女儿，祖籍在卡尔卡松附近一个名叫卡布雷斯潘的小镇。他们后来定居巴黎，有两个男孩和一对孪生女儿，迪昂是最大的一个，自幼在家庭受教育。11 岁时，他被双亲送到一所名叫斯塔尼斯拉斯的教会中学上学。他在中学是一名优等生，精熟每一门课，其中包括古典语言（拉丁文和希腊文）、现代语言、文学、历史、科学和数学，这为他日后多方面的工作打下了坚实的基础。他对自然科学特别感兴趣，这明显地受到一位有才华的教师穆蒂尔的影响。

中学毕业后，父亲希望儿子上综合工科学校受高等教育，以便掌握一门专业技术谋生。可是，母亲却担心科学和工程专业会削弱儿子的宗教信仰，敦促他到高等师范学院学习人文科学。他按照母亲的意愿，在入学考试中一举夺魁，于 1882 年进入高等师范学院学习，他这所学院为法国培养了相当多的文学和科学的优秀教师。由于他对献身科学事业有强烈的欲望，他选学的却是中级科学基础课程。在这里，他是一位有才华的学生，顺利地通过了学士学位考试和作大学教师的学衔考试。1884 年，当他还是学生时，就发表了关于把热力学势用于电化学电池的论文，这是他科学生涯的开始。在大学，他还是一位名气不小的漫画家。

就在同年，迪昂向校方递交了博士论文，论述的是化学和物理学中的热力学势。由于受到 F. J. D. 马歇 1869 年、吉布斯 1875 年和赫尔姆霍兹 1882 年关于热力学势研究工作

年轻时代的迪昂

---

① 在该书中迪昂被错译为"杜恒"。

的激励，迪昂早在获得学士学位前就作这项工作了。这篇有真知灼见的论文，推翻了用反应热作为自发化学反应标准的最大功原理，并按自由能概念严格地定义了标准。最大功原理是 M. 贝特洛（1827—1907）在 20 岁时提出的，他后来当上了法国政府教育机构的要员，并在 1886—1887 年升迁为法国公共教育部部长。

初出茅庐的年轻人怎能料到，这一正常的举动却是他一生厄运的肇始。贝特洛对迪昂推翻他的错误的最大功原理耿耿于怀、伺机报复。在贝特洛的操纵下，学位委员会无理拒绝了迪昂的博士论文。迪昂此时也不甘示弱，他为捍卫真理挺身而出，于 1886 年作为小册子发表了他的论文《热力学势及其在化学力学和电现象理论中的应用》。他认为，不管谬误在哪里出现，都要不顾个人安危去英勇斗争，这是基督徒的重要职责之一。在这部早慧的著作中，迪昂用热力学势逻辑相关地说明了下述现象：温差电、热电现象、理想气体的混合和液体的混合、毛细现象和表面张力、溶解热和稀释热、饱和蒸汽、离解、复盐溶液的冰点、渗透压、气态的液化、带电系的电化学势、平衡的稳定性以及勒·夏特里埃原理的推广。这是迪昂许多非凡的、天才的思想的首次显露，标志着他未来研究的总方向。

对于迪昂的挑战，贝特洛大为光火。他扬言，只要他还活着，迪昂就休想在巴黎任教。在中央集权制的法国，贝特洛的权势在教育界不用说是所向无敌的，迪昂不得不在 1888 年递交了另外一篇关于磁学的数学理论的博士论文——这是数学工作者的研究范围，贝特洛因隔行而难以插手。不过，尽管迪昂 1885 年为教物理在竞争考试中赢得了第一名，他仍无法在巴黎的大学谋求一个职位。贝特洛等人对迪昂的职业迫害一直持续到 1900 年，他们多次压制迪昂的职务晋升，限制他的薪水；如有可能便封锁他的成果，如无可能便毫不注明地盗用它们。要知道，在现代法国科学的历史中，还没有一个像迪昂这样的具有同样丰富、同样深度以及同样创造力的科学家被贬到外省工作。

1887 年，迪昂被迫只身到里尔大学教物理。事实证明，迪昂是一位有才气的、出类拔萃的教师。他的富有启发性的、明晰的讲演是精心地、逻辑一致地组织起来的，他的出发点是如何让学生多学，而不是让教师多教，也就是事事从学生方面的收益考虑，而不是为了讲课人的虚荣和方便。因此，每当他上课时，学生们便蜂拥而至，课堂爆满。他的名声在当时具有传奇色彩，即使在今天看来，他手写的讲稿也能给人以深刻印象，上面系统地加注着历史的和哲学的评论。

在里尔时期，他结识了女友夏耶，他们在 1890 年 10 月结婚，不到一年就有了头一个女儿。迪昂的家庭生活是幸福的，但却是悲剧性的短暂，他的妻子和第二个女儿不幸在 1892 年去世。从此，迪昂再未婚娶，他把全部心力放在工作和女儿身上。

在妻子逝世后不久，他不满意大学校长多次谴责实验室助手，结果两位先前的好友闹翻了。1893 年，他请求调离。

在里尔的 6 年间，他先后出版了 3 本书，发表了 50 篇论文。他的才能和学识是众所周知的，完全可以在巴黎赢得一个好职位。但是，由于贝特洛等人的阻挠，迪昂未能去成巴黎，而被发配到雷恩大学。这个职位很不遂意，迪昂仅呆了一年就决定再次调离。

　　尽管迪昂一再梦想赴巴黎任教，但他接到的却是在波尔多大学任职的通知书，这个令人失望的消息使迪昂极为生气，他曾考虑拒绝这项任命。他的朋友在谨慎打听后告诉他，波尔多的职位可能是通向巴黎的大道，他于是在1894年接受了任命。1895年，当他34岁时，他升任为物理学教授，占据了大学理论物理学的教席。他一度曾致力于大学的行政事务，负责批准本省大学授予博士学位的资格，后因受到该机构内一个反教权主义成员的无端攻击而愤然辞职。迪昂背井离乡，在波尔多一呆就是20余年，他最终也未能了却在巴黎教书的心愿。

　　迪昂的研究兴趣大体上可以分为以下几个时期：1884—1900年间，他的兴趣主要在热力学和电磁学方面，尽管在1913—1916年间他又转向电磁学；1900—1906年间他致力于研究流体力学；他对科学哲学的兴趣主要在1892—1906年期间；科学史方面的研究多在1904—1916年间，虽说他在1895年就发表过科学史的论文。下面，我们分门别类地介绍一下迪昂的贡献和成就。

2．在物理学领域的建树

　　迪昂的主要科学建树在热力学领域。他1884年未被接受的博士论文不仅对热力学势的系统应用具有重大的历史意义，而且以此为起点的一系列研究，也使他与范霍夫、奥斯特瓦尔德、阿累尼乌斯、勒·夏特利埃一起成为现代物理化学的奠基人。

　　1887年，迪昂对吉布斯著名的静热学论文进行了深入的批判性的分析。在题为《关于J.W.吉布斯热力学著作的研究》中，迪昂首次给可逆过程下了一个精确的定义。迪昂证明，一个系统的两种热力学态之间的不可逆过程，能够通过使系统和环境之间力的不平衡在每一步趋近于零而产生的真实过程的有限集合来构成。这种有限的过程现在称为准静态过程。如果同一过程以相反的顺序进行，且同一不真实的限度被达到，那么该过程就是可逆的。

　　迪昂对热力学的重要贡献之一是发展了处于动态的物体的热力学理论。在迪昂研究之前，热力学基本局限在静力学范围内。从1892年到1894年，迪昂发表了题为《热力学原理评论》的一组著名论文。在这里，迪昂首次严格地定义了不可逆"准静态"热力学过程。这是一种类似滞后现象的过程，对这种过程而言，在一个方向平衡态的有限集合与在同样两个热力学态之间的相反方向的不相同。这组论文包括迪昂两个开创性的贡献。他对热力学第二定律、熵和热力学势作了详细阐明，对热力学第一定律进行了公理化处理，这在目前看来仍是惊人的成功。值得注意的是，热量首次借助于功和能被抽象地定义了。由于这一先驱性的工作，迪昂成为物理学理论公理化的奠基人，他对其他学科的公理化研究的影响也是相当显著的。与迪昂同时代的伟大数学家希尔伯特直接受到迪昂关于热力学公理化工作的感召，先后开始了他的关于几何学和物理学公理基础的重大研究。

1896 年，迪昂发表了一篇研究粘滞作用的论文。这对应于吉布斯的"无源阻力"，属于可逆过程，而摩擦则属于不可逆过程。迪昂把摩擦作为一种普遍的物理现象，用它来研究"假平衡"问题，这属于力学化学范围。迪昂在化学热力学方面的研究成果收集在他的四卷专题论著《论力学化学基础》（1897—1899）和一卷著作《化学热力学》（1902）中。

根据吉布斯的建议，迪昂在《关于化学静力学的一般问题》（1898）中，提出了一个明确的关于吉布斯相律的非约束性证据。同时，又将它推广到超出仅仅考虑强变量的情况，并给出了确定各个相的必要条件。对于压力－温度和体积－温度这两对变量，其条件是不同的，它们的表述称之为迪昂定理。此外，对于共沸性是其简单特例的"中性"系统的性质，也作了较为详尽的讨论。

迪昂十分注重假平衡和摩擦的热力学。在迪昂看来，假平衡可以分为两类：表观假平衡和真实假平衡。前者例如饱和溶液，在给一个小扰动后，它即刻便返回到热力学平衡；后者诸如金刚石或石油构成的有机化合物，相对其他物质来说，这样的化合物在热力学上是不稳定的，但却经历了整个地质时期的巨大扰动仍然保持不变。但是，如果这种扰动相当大（通过加热金刚石变成石墨），它们将转变成稳定的产物。吉布斯也持有类似的观点。

迪昂的兴趣也曾集中在流体力学和弹性学上。1891 年，他出版了《水力学、弹性、声学》（两卷）的讲义，对数学家和物理学家产生了重大影响。迪昂进而在 1903—1904 年以两卷本出版了《水力学研究》一书，它包含了关于纳维尔－斯托克斯流体的一些开创性的探索成果，以及波在粘滞流体中的传播、考虑到稳定性和可压缩性的流体等课题的研究。

在流体力学领域中，迪昂是第一个在粘滞的、可压缩的导热流体中利用稳定性条件和热力学的充足资料研究波的传播的学者。他得出了一个当时令人震惊的结果：真正的冲击波（即密度和速度不连续）或高阶不连续根本不可能通过粘滞流体传播。这与严格的非粘滞流体的结果相矛盾。迪昂证明，在粘滞流体中唯一的不连续是横向的。他引入"准波"的概念，建立关于冲击波的定理，他还推广、完善、校订了流体稳定性的早期结论。

在当时，迪昂实际上是严格的、合理的、有限的弹性理论的唯一培育者，他强调建立精密的、普遍的定理的重要性。迪昂对弹性理论进行了广泛的研究，其结果汇集在《弹性研究》（1906 年）一书中，在第一次世界大战前，这些理论曾起过显著的影响。迪昂也是弹性波传播、热传导和在有限形变下粘滞连续体的开创性的研究者。

在世纪之交，迪昂与马赫、彭加勒、奥斯特瓦尔德、毕尔生等人一样，同属非力学学派或批判学派；而当时大多数物理学家都是力学学派，力图把一切物理现象都划归为力学。迪昂系统地反对这种科学中的还原论和力学自然观。他明确表示，如果科学知识仅限于流行的状态，或科学家只知道"一时的流言"，那么科学的正确思想不可能得到。迪昂也极力反对、物理学中的模型理论，他偏好逻辑和明晰性，对无逻辑性和自相矛盾的模型总是感到厌恶，即使当模型方法在新发现中可能变得有用时，他也难以改变自己的观点。这自然有其合理之处和积极意义，但也直接决定了他对麦克斯韦理论和原子论的偏执观点。

迪昂虽然承认麦克斯韦的个人天才和理论的独创性，但却极其严厉地批评了麦克斯韦的理论。他认为，这种理论缺乏首尾一贯的综合的逻辑结构，即使在其最终的抽象形式中，也显示出人为的力学产物的标记，此外它还有符号上的错误且缺乏实验基础。由于赫尔姆霍兹的影响，迪昂偏爱欧洲的电动力学，因为它能够用逻辑的方法由经典的基本的电磁实验来构造。经过迪昂精心阐述和改进的赫尔姆霍兹－迪昂理论比麦克斯韦理论具有更大的普遍性，能简单地描述光的电磁理论和赫兹实验。而且，这种理论包含两个附加参数，适当选取参数的值，麦克斯韦理论就成为它的特例。这些观点都包含在迪昂1902年出版的《麦克斯韦的电理论：历史的和批判的研究》中。迪昂不久便认识到，麦克斯韦理论在他所处时代的物理学家中得到广泛的承认，而他的批评却无人问津，麦克斯韦的理论当然是胜利了。不过，他还是希望，在将来人们将会认识到，赫尔姆霍兹理论确实是杰出的成果。他说："逻辑是有耐心的，因为它是永存的。"

迪昂的基本的科学思想形成于1880—1890年之间，即在放射性发现和佩兰实验之前。当时，为实行其"宇宙的力学解释"而使用原子和分子模型的一帮人，随意改变他们的"弹子球"模型以拯救现象，顽固地把那些自相矛盾的性质赋予原子。迪昂因偏爱逻辑和厌恶力学模型，无法接受原子、分子论。他在研究中有意识地避开依赖于力学模型的微粒理论，在他的论著中，找不到原子、分子论的描述。他攻击用小的、硬的、具有弹性的粒子来简单说明原子；他有时带点天真地攻击开尔文勋爵用齿轮和漩涡来说明自然现象的思想。他好像不知道原子模型曾给物理学带来了巨大的复兴，也完全没有预料到原子物理学在半个世纪里会有惊人的发展。即使当1908年佩兰的实验确证了分子的实在性时，迪昂因其执拗的个性也迟迟没有改变自己的观点，他希望像能量学这样的更为普遍的理论能够从原子论的废墟中产生。

在1911年，迪昂总括了他毕生努力构造的物理学理论的体系，这就是作为一种理性论的现象论的连续理论的能量学，它避免了关于物质内部终极实在的形而上学假设，其结果就是两卷专论《论能量学或广义热力学》，他认为这是他对科学最后的第一流贡献，因为该书是他对物理学和化学作了几乎30年的广泛研究而完成的。不过，这部专题著作略去了电磁学论题，这意味着在他的批判性的科学观点中，他没有找到满意的电磁学的能量学理论。迪昂想把力学、热力学和电磁学囊括到能量学或广义热力学的企图最终未能实现，但是他对物理学和化学诸领域的贡献即使在今天看来也还是有意义的。

3. 现代科学史的奠基人

迪昂也是现代的科学史的奠基人。在这个领域，他也许胜过了当时所有其他科学史家，因为没有人接近他研究的深度和广度。有人甚至有点言过其实地认为，与迪昂相比，他的同时代的科学史家似乎有点外行人的味道，因为他们缺乏迪昂那样卓越的才干和博大精深的素养。迪昂是第一流的科学家和科学哲学家，他有能力深刻地评价、分析、批判过去的科学工作的内容。迪昂说过，批判任何科学工作，就是要分析和评价它的逻辑结构，它的假设内容，以及它与现象的一致。只有下述科学家用完善的才能和巨大的信心才能做到这一点，这些人创造了基本的科学，同时也是第一流的科学哲学家，而且通晓多种古典语言和现代语言。显然，迪昂是能够完全满足这些条件的科学史家，因此他的科学史工作自然要优于其他科学史家了。

迪昂对科学史的兴趣来源于他的创造性的科学研究。他早就认为，要卓有成效地创造新科学，就要批判地理解科学和科学哲学。为了正确地理解科学哲学和科学思想的连续性，迪昂深入地、广泛地研究了科学的历史。他起初研究科学史，主要是想支持他的科学哲学，而他所进行的科学哲学研究，则是为了支持他的科学研究，结果，迪昂成为一个智力十分高超的科学家、科学哲学家和科学史家。

迪昂 1902 年出版的《化学化合与混合：论观念的进化》和 1903 年出版的《力学的进化》，就是这样的有材料、有分析、有评论的历史批判著作。尤其是后者，可与马赫的《力学史评》（亦译《力学及其发展的批判历史概论》，1883 年）相媲美。该书的第一编是自然哲学思想发展的权威性的、高明的叙述，它表明各种观念是如何受到赞成、如何发展、尔后又是如何被抛弃的；另一些观念是如何受到偏爱、如何变化、如何在转变中得以保留的。第二编是 19 世纪末的力学物理学的概观。迪昂当时已经看到，物理学急剧的、持续的、激动人心的成长已动摇了古典力学的根基和古典物理学家的一些信念；由于纠缠到新的问题，力学赖以建立的基础的可靠性受到怀疑，它再次向新的领域进军。

迪昂实际上是单枪匹马地发现了中世纪的科学的历史，他对 17 世纪物理学和古代物理学的发展史也作出了有深远意义的和独创性的研究。迪昂幸运地在巴黎图书馆找到了许多中世纪的手抄本，他运用大量的原始资料证明，科学的发展总是连续的，从而是进化的；伽利略的思想也是由许多早期的科学工作进化而来的，并不像伽利略本人和其他人认为的那样是最早的。为了充分说明这些观点，迪昂由静力学起源的研究开始了他的考察，结果形成了两卷专题著作《静力学的起源》（1905—1906）。迪昂在书中追溯了静平衡原理从古希腊到拉格朗日的发展，他洞察到，近代科学诞生于公元 1200 年左右的中世纪，中世纪的部分成果被 15 和 16 世纪的一群数学家抄袭，他们把这些作为他们自己的贡献加以发表。迪昂谴责这种智力上的腐败现象，他强调指出，传统对于真正的科学进步是必不可少的。

迪昂由建立物理科学历史的实际记载，进而研究各个时代最重大的个人成就，他着手研究达·芬奇的笔记和原始材料，以及 16 世纪科学家的著作。16 世纪的科学家从文艺复兴的人文主义者那里知道，他们的物理学实际上来源于中世纪。人文主义者抱怨中世纪的倒退已成为一种习惯性的浮夸，与此同时却一字不漏地抄录中世纪的科学手抄本——这是人文主义者的知识的真正源泉。

1905—1906 年，迪昂以三卷专题著作《列奥纳多·达·芬奇：他所看到的和看到他的》发表了他划时代的研究成果。他运用翔实的中世纪科学的原始资料令人信服地表明，从 13 世纪到 16 世纪，中世纪的大学，特别是巴黎大学起了重要作用。他揭示出，在托马斯·阿奎那后出现了对亚里士多德和亚里士多德学派的思想的抨击，这是否定希腊哲学关于运动概念的思想开端，它以惯性原理、伽利略的工作以及近代哲学而告终。他确认，巴黎大学神学院 1327 年前后的院长让·布里丹具有惯性原理的最早思想，并用拉丁术语 impetus（冲力）引入了一个量，这个量虽未明确定义，但却与我们今天所谓的动能和动量的量有关。迪昂分析了稍后的萨克森的阿尔伯特和尼古拉·奥热默的著作的重要进展，后者尤其完成了值得重视的工作，因为他关于太阳系的思想是哥白尼的先驱，他关于解析几何的工作是笛卡尔的先驱。接着，迪昂指出，达·芬奇这个具有多方面天赋的人，吸收和继承了他的先驱们的工作，铺平了科学发展的道路。伽利略正是沿着这条道路，继 16 世纪的许多科学之后，明确地开始了近代力学发展的历程。

迪昂然后着手独自一人对科学史——从爱奥尼亚的自然哲学家到古典物理学建立的物理学理论的历史——进行最为不朽、最为系统的研究。迪昂在短时间内所做的开创性的工作之浩繁是令人惊讶的、超越时代的。他计划在 4 年内写 12 卷书，最后只完成了 10 卷手稿。这部名为《宇宙体系：从柏拉图到哥白尼宇宙学说的历史》在他在世时出版了 4 卷（1913—1916），第 5 卷是在他去世后的 1917 年出版的，迪昂的女儿在 1954—1959 年监督出版了其余 5 卷。在 1908 年，迪昂还出版了一本《拯救现象：论从柏拉图到伽利略的物理学理论的观念》。这部著作是最重要的物理学历史著作的文献汇集，它揭示出形式化的数学在西方科学发展中总是起着实质性的作用。该书中的有价值的历史引言，可以看作是《宇宙体系》一书全部观点的浓缩。

迪昂是一位有高度教养、坚定信念和明确感受的人，他的所有判断都是与他的基本观点一致的。他也是一位热情的爱国主义者和民族主义者，他的爱国感情在一定程度上影响了他的科学观点和价值判断（但从未达到使这些观点和判断绝对无效的程度），结果他倾向于过高估计法国科学家的成就，而低估或贬低其他国家科学家的贡献。他驳斥了奥斯特瓦尔德关于“化学是德国科学”的论断，批判了德国科学中的蒙昧主义和“自然哲学”倾向。他尤其对英国科学家怀有偏见，认为他们的思想粗俗而浅薄，因为他们缺乏逻辑严密性，对科学的系统数学理论漠不关心（这些批评也不是没有一点道理，而且他从未诉诸恶语和谩骂）。他并未因牛津默顿学院的经院哲学家对运动学理论的贡献而称赞他们，也未因托马斯·布雷德沃丁对亚里士多德运动定律的重新系统阐述的重要性而褒扬他。同时，他却不恰当地高估巴黎大学在新物理学中的意义，过分颂扬布里丹、奥热默等人的贡献。他的宗教感情也使他过高评价中世纪基督教哲学家的科学的哲学。他称颂巴黎大学的经院哲学家具有月上世界和月下世界都服从同一物理定律的观念，而实际上第一个明确宣布这一点的却是德国中世纪的科学家库萨的尼古拉。尽管迪昂后来在他的著作中冲淡了他对法国人科学贡献的过高估价，但个人感情方面的因素对他在价值断判中的影响却是显而易见的。当然，迪昂也意识到，在任何创造性的科学工作的价值方面作出裁决，都需要一定的文化观点，即道德的、哲学的、宗教的和理智的观点。

通过深入的科学史研究和在科学前沿的长期探索，迪昂充分认识到历史方法在物理学中的重要性。他说，唯有科学史才能使物理学家避免教条主义的狂热奢望和怀疑主义的悲观绝望。物理学家的思想往往偏向一个极端，科学史能够作出合适的校正。他看到，通过追溯一系列作出科学发现时的错误和犹豫，它使物理学家警惕虚假的证据；通过回顾宇宙论学派的盛衰，通过发掘一度获胜而又被忘却的学说，它提醒物理学家，最吸引人的体系也只是暂定的描述，而不是确定的解释。

4. 作为科学哲学家的迪昂

作为一个在科学前沿进行开拓的第一流的理论物理学家，作为一个对科学发展的历史有渊博学识和精湛研究的科学史家，加之迪昂又善于通过这种双重的智力结构思索物理学理论的成长、发展和范围，因而他很自然地转向科学哲学。他通过系统的思考，对物理学理论的意义提出了独到的见解，并在各种论著中系统发展了这种看法。其中最为有名的是《物理学理论的目的和结构》，它堪称现代科学哲学的经典著作，至今还与当代科学哲学家所讨论的问题和所提出的观念密切相关，其中的许多观点，即使今天读起来还是新鲜的和激动人心的。

《物理学理论的目的和结构》分为两编11章，外加一个附录。第一编是"物理学理论的目的"，它有四章："物理学理论和形而上学解释"、"物理学理论和自然分类"、"描述理论和物理学史"、"抽象理论和力学模型"。第二编是"物理学理论的结构"，它有七章："量和质"、"原初的质"、"数学演绎和物理学理论"、"物理学中的实验"、"物理定律"、"物理学理论和实验"、"假设的选择"。附录包括两篇文章，其一是"信仰者的物理学"，其二是"物理学理论的价值"。书中贯彻了迪昂下述成熟的思想：关于假设的逻辑作用，定律与理论的关系，测量、实验、证实和解释在构造物理学理论时的本性，作为与欧洲物理学中的数学演绎相对照的英国物理学中的力学模型，物理学理论相对于形而上学解释形式或神学解释形式的自主性，物理学的精神等。这些结果是长期的实验经验和教学经验、广泛的历史知识以及深入的哲学思索的产物。

在迪昂看来，物理学理论是从少量的原理演绎出的数学命题的系统，其目的在于尽可能简单、尽可能完善、尽可能严格地描述实验定律。迪昂是明晰的和抽象的物理学理论的倡导者，这种理论在逻辑上是完整的、一致的，在数学上是精确的。他认为，物理学理论是物理现象的描述，不是根本的、最终的实在即所谓的形而上学的实在的解释。按照迪昂的观点，解释就是剥去像面纱一样的覆盖在实在上面的现象，以便看到赤裸裸的实在本身。观察物理现象并不是使我们与隐藏在可感觉的外观背后的实在相联系，它只是使我们以特殊的、具体的形式理解可感外观本身。迪昂的结论是，物理学理论的目的是描述实验定律而不是解释实验定律，假若其目的是后者，那么理论物理学就不是自主的科学，它就从属于形而上学。迪昂注意到，科学家很少在科学与形而上学之间作出区分，从而许多理论似乎都被视为一种尝试性的解释，是用多余的"图像"成分和解释成分加以修饰。这些理论实际包含着两个部分，迪昂分别称其为"描述性的"和"解释性的"。在这样的理论中，描述性的部分是有价值的，因而它幸存下来，并且对表面上看来不同的理论来说是相同的。迪昂反对物理学中的原子理论，正是基于他的这一观点：可靠的物理学理论不应当包含关于物质终极的内在本性的形而上学假定。他认为，形而上学地构造模型、在物理学中追求粒子的研究并不能导致揭示物质内部的终极本性，正如原子物理学这种类型的支持者的朴素实在论导致他们所思考的那样。

其实，迪昂并不是根本反对形而上学。在某种意义上，形而上学也是研究的重要对象，因为它深入到事物的实质并解释现象，因而也应当受到尊重。迪昂的本意是强调二者的区别和各自的职权范围，以免形而上学侵入科学而扰乱科学理论的目的。其实，科学与形而上学是并蒂而生的，又怎能将它们截然分开呢？就连迪昂本人也无法完全摆脱形而上学的纠缠。当迪昂认为人们能够在竞争的理论之间作出区分、能够决定哪一个在某一确定的方面更好地对应于现象的感性表现形式时，他不得不严重地依赖形而上学的信念。而且迪昂也涉及到科学理论进步的另一个形而上学观点：如果人们不相信与现象的物理表现形式更好对应的理论，在某种程度上比所抛弃的理论更好地反映了现象的终极物理实在，那么物理学的进步便是不可能的。他提出了一个进一步的形而上学判断：如果人们继续发明关于现象的相互竞争的理论，继续选择与现象的表现形式对应得更好的理论，那么这种持续改善的理论的进步便渐进地趋于这个现象的理论的有限形式；该理论是完全一体化的、十分合乎逻辑的，它把实验定律整理成类似于理论的一种秩序，但并不必然地与其等价，这是一个高度先验的秩序，按此所理解的形而上学实在被分类。迪昂一再明确阐述说，在物理学理论促成进步的程度上，它变得越来越类似于自然分类，这是它的理想目的。物理学方法无力去证明这个断言是正当的，但它若不正当，那么引导物理学发展的趋势就依然是无法理解的。理论越完善，我们便越能更充分地理解，排列经验定律的逻辑次序就是本体论次序的反映。

迪昂强调的一个引人注目的观点是，不可能有真正的判决实验能够用来检验理论的任何一个特定假设的真理。一个假设的实验检验必然包含该理论的所有其他假设。因此，理论与实验的矛盾不仅能够通过改变一个被认定是"判决性地"检验了的假设来消除，而且也能通过改变其他假设而保留一个"判决性的"未改变的假设来消除。因此，从实验出发通过归纳不能决定一个假设集，从而有可能存在另一个假设集，它也能够描述同样的现象。正是由于这个理由，大量的假设都偏离了科学家的判断，这意味着理论依赖于个人的情趣（鉴赏力），而情趣则取决于科学家个人的文化素养。因为任何科学理论的假设的选择都是超逻辑的，由理论家的情趣管辖。所以在迪昂看来，引导科学基础建构的是科学史。他以合理的论据表明，形式化的定量的科学方法并不完全适合于物理科学，实验科学的定律和结论不能直接揭示事物潜在的最终本性。迪昂宣称，人们需要相信自己的想象力，以猜测隐藏在现象背后的实在的本性。

迪昂认为，就物理学理论发展的任何阶段而言，任何基本的元素仅具有暂定的和相对的状态。人的精神能够获悉某些关于物理世界真实的内在本性，但是人们不能剥去现象的外观，而获得关于事物终极本性的直接知识。在迪昂看来，要是人们仅仅运用定量的方法，甚至要抽出关于物理世界深刻的内在本性的知识也是不可能的。因此，某些定性的考虑也是必需的。物理科学正是在这样的两级之间定向的，即亚里士多德纯粹定性的方法和当代物理学纯粹定量的方法。物理科学由于固执于两极而遭到磨难，片面的方法使它的发展停滞了。今天，尤其是在西方，定量化已经渗透到人类事业和经验的每一部分，定量化无错误的神话已显示出真正的危险，构成了对科学和文明的威胁，因为它带来了非人性和物化，并伴随着个人自由探询的丧失。迪昂当时就意识到这种类型的科学主义的危险。

　　谈到理论的用处，迪昂指出了以下三点。第一，在几个假设和原理下，它们通过把大量的实验定律演绎地结合在一起，从而能促进思维经济。第二，通过定律的系统分类，它们能使我们根据特定的场合，为达到特定目的而选择我们所需要的定律。第三，它能使我们预言，也就是能够使我们预期实验的结果。

　　迪昂关于物理学理论构成方法的叙述，显示出他的物理学理论的本质的概念。他认为形成物理学理论有这样四个相继的操作：1）在我们着手描述的物理性质中，我们选择我们认为是简单的性质，以致其他性质将设想是它们的简单性质的聚集或组合。我们通过合适的测量方法使它们与某一群数学符号、数字、数量对应。数学符号与它们所表示的性质没有内在本性的关系，而仅仅是一种约定的记号。通过测量方法，我们能够使物理性质的每一个状态对应于表示符号的一个值，反之亦然。2）我们借助于少数命题把这样引入的不同种类的数量联系起来，这些少数命题在我们的演绎中是作为原理来看待的。这些原理在该词的词源学意义上可以被称为"假设"，因为它们确实是理论赖以建立的基础；但是它们并不以任何方式宣称陈述了物体真实性质之间的真实关系。这些假设当时是以任意的方式形成的。限制这种任意性的唯一的绝对不可逾越的障碍是同一假设术语之间的逻辑矛盾，或者是同一理论各种假设之间的逻辑矛盾。3）理论的各个原理或假设按照数学分析的法则结合在一起。数理逻辑的需要是理论家在这一展开的过程中必须满足的唯一需要。理论家计算所依据的数量并未宣称是物理实在，他在演绎中所使用的原理并未陈述这些实在之间的真实关系；因此，他所进行的操作是与真实的还是可信的物理变换对应没有关系。人们有权要求的一切就是，他的符号化是可靠的，他的计算是正确的。4）从假设推出的各种结论可以被翻译为许多与物体的物理性质有关的判断。对于定义和测量这些物理性质的合适的方法，犹如容许人们进行这种翻译的词典和图例一样，把这些判断与理论想要表示的实验定律相比较。如果它们与这些定律在相应于测量程序所使用的近似度上相一致，那么理论便达到了它的目标，理论就是好理论；如果不一致，就是坏理论，就必须被修正或被抛弃。简而言之，这四个基本操作就是：物理量的定义和测量；选择假设；理论的数学展开；理论与实验的比较。迪昂再次强调，真正的理论不是给物理现象作出与实在一致的解释的理论，而是以满意的方式表示一组实验定律的理论。与实验一致是物理学理论真理性的唯一标准。

5．宗教信仰和独立人格

在政治立场和社会观点上，迪昂被认为是右翼分子、保皇党人、反共和政体者、民族主义者、反犹主义者和宗教极端分子。这种看法有一定的道理和根据。迪昂的这种政治态度部分地是从他的中产阶级家庭继承下来的盲目的偏见，但恐怕主要来自他强烈的基督教信仰。不了解迪昂深挚的宗教感情和坚定的宗教信条，就无法理解他的锋芒毕露的性格和过激的行为。

迪昂这位对西方文化有着极其广泛和深刻洞察的人，政治上的瑕疵是不大能令人满意。作为一个学者，他是一位非凡的人物，并具有真正的学者那种坚不可摧的独立性和科学良心。作为一个真正的中世纪基督教的信徒，他有着基督教绅士的道德准则和行为模式，以及基督教骑士的无畏和勇猛。他时刻准备着，一旦当他的基督教原则受到挑战时，他就立刻去进行十字军东征，不惜一切地去捍卫。

迪昂彻底地研究过中世纪，它对中世纪的成就怀有高度的敬意。他乐于承认，西方文明是基督教文明，这种文化融合了希腊文化，它是中世纪的创造物。中世纪初期在人的历史上是一个最早慧的时期，在人的生活中是一个空前的精神的、技术的和科学的进展时期。他十分清楚地意识到，一个最重要的观念，即与神圣不可侵犯的个人良心有关的独立个体的观念——个人秘密的内在世界、作为人的个人价值和尊严居留在这里——源于中世纪基督教的信仰。每一个人作为上帝的儿女，其精神独立、精神平等以及关于个人生活行为的选择自由是根本的基督教信条和训诫。他也信守基督教的博爱原则，即对忏悔者仁慈和宽大。他深信，基督徒对个人寻求真理负有责任，因为耶稣基督说过，只有真理才能让人自由，而为了正义不惜任何个人代价挺身而出，这是他所认为的基督徒的优良传统。

迪昂充分地意识到，基督教的信徒在西方文化中扮演了极为重要的角色，他们相信基督教的种种准则，这从本质上造就了西方人。对于迪昂这样的虔诚的信徒来说，任何违背这些准则的行为都是腐蚀西方社会的基督教传统，都是挖作为基督教文明的西方文明的墙角。在这些原则问题上，他是坚强不屈的。他不像他的一些学术同行，毫无骨气地屈从于体制化的官僚政治的意志和高高在上的要员的狂想。

迪昂就是这样披上了他的基督教卫道士的盔甲，以坚定的信念毫不妥协地回击反基督教

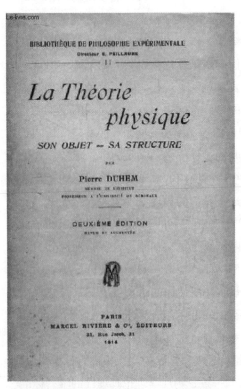

1914 年再版的《物理学理论的目的与结构》

的倾向，就连他的许多朋友，也觉得他过分认真、过于偏激了。例如，迪昂因其宗教原则，拒绝帮助乔治·萨顿创办自由主义的科学史杂志 Isis。迪昂肯定认为，他所处时代的自由主义的自由思想家是第一共和国极权主义的雅各宾派的思想体系的产物，他们这帮人是自启蒙运动以来法国社会中信奉异教的最突出的推动者。他对无神论的马克思主义似乎也持有同样的观点，也许这种基督教观点能解释迪昂反自由主义以及其他政治态度。在迪昂看来，反教权主义的法兰西第三共和国代表着极权主义的民主政体的传统，并受到普选的支持，这便否认了上帝给予基督徒的个人权利。而且，这在平民中助长了庸俗的贪婪和对正派的公民的忌妒，从而违背了基督教的十诫，这必定是激发迪昂反对共和国政体的主要缘由之一。他批判性地审查了极权主义的民主政体，发现它违背了基督教的原则，败坏了普通法国人的尊严，并使他们变得不诚实和贪得无厌。作为信奉异教的结果，平民倾向于运用权利去选举，以此作为掠夺正派基督徒的劳动成果的许可证。迪昂认为，这种掠夺是不道德的、是十足的罪恶。这是他反对普选的主要根据。对于基督教民主运动，迪昂也持反对立场，他的教条主义的态度使他看不清这是"换了面孔"的基督教，他只看到这里蕴含着一个内在的逻辑矛盾：极权主义的民主政体与基督教的基本原则格格不入。迪昂也许认为，犹太教作为基督教团体大门内的一种有组织的宗教运动，是对基督教怀有敌意，因为犹太教谴责耶稣是骗子，否认耶稣的神威，把基督教视为骗人的宗教，从而在基督徒中间产生了对基督教的怀疑情绪，这大概是迪昂成为反犹太主义者的原因。要知道，迪昂在学校和他的犹太人同学相处倒是融洽的。

除了对基督教怀有深挚的信仰、对耶稣基督无限崇敬而外，迪昂从不崇拜或巴结其他人，不管他们的地位多高、官职多大。他讨厌伪君子，从来也不期望怀着敬意和忠诚去拜访那些身处高位的人，即使当他的职业蒙受损失或灾难时，他也要为真理讲话，或者讲出他认为是真理的东西，这正是迪昂一生悲剧的根源。

迪昂性情自尊但不自负，敏感但不虚荣，在任何对抗中显得刻薄但绝无报复心，多虑但不虚伪，自信但不傲慢，有主见但不独断专行。他是一位值得真正的专业人员尊敬的人。可是，迪昂并没有受到尊敬，反而受到法国知识界官僚机构有影响的一批人十足地忌妒、粗暴地迫害与无理地排斥，这在法国的历史上前所未有。这全是因为迪昂深厚的基督教信仰、坚定的政治信念，尤其是他渊博的、使人敬畏的学术才干以及智力上的独立性。而对这一切不公正的自身待遇，迪昂从未抱怨自己的苦闷，也没有私下积极活动争取晋升。他拒绝参与学术界的政治，他是一个原则性甚强的人。

在生涯的后期，迪昂的命运有所好转。其转机在于，年迈的贝特洛良心有所发现，他后悔自己将近 20 年一直对迪昂采取不公正的态度，承认对迪昂的职业排斥负有责任。1900年，贝特洛改正了先前的错误，投票选举迪昂为法国科学院通讯院士。在贝特洛的支持和帮助下，迪昂首次得到了他早该得到的荣誉。其实，迪昂从来也不是为了名望或荣誉才希望到巴黎致力于他的科学工作的，而是为了追求真理和扩大他的科学影响，这一点甚至连他的敌手也承认。这也是他这位基督徒的另一个显著特点。迪昂从贝特洛的积极行动中看到了贝特洛的悔悟，他立即以宽宏大度的胸怀予以回报，就好像贝特洛对他的迫害从未发生过一样。迪昂的行动体现了基督教的所谓上帝之爱。

在这些年间，迪昂被选为几个外国科学院的院士，并接受了两个荣誉学位。但是，他还不是法国科学院的院士，因为在那个时候，它的院士必须在巴黎工作。1908 年，他基于自己的基督教信仰拒绝了荣誉军团的提名，因为他认为，接受由一位他所蔑视的共和党人的签署的这一共和国荣誉称号，对他来说是虚伪的。他也拒绝提名他作为巴黎法兰西学院有威望的科学史教席的候选人，因为他不愿走历史的后门去巴黎。他说，他或者作为一个物理学家去巴黎，或者根本不去。1913 年，当法国科学院要增选六个外地院士时，迪昂被一致拥戴为头六个候选人之一。但是，他却力图撤回他的候选资格，以便使下一个最接近的候选人———一位 90 岁的博物学家，迪昂欣赏他的工作———能在去世前当上法国科学院院士。迪昂再次体现了基督徒的上帝之爱。

迪昂在波尔多整整呆了 21 年，直至他的去世。自从女儿长大到巴黎上学后，他独自一人在波尔多工作，只有在假期才能与女儿团聚。这时，他和女儿或者在卡布雷斯潘的房舍（这是迪昂从母亲那儿继承来的遗产）里度假，或者和老朋友一起到法国各地徒步旅行，他在旅途中用墨水笔或炭笔画了许多非常优美的速写画。

平时，迪昂是一个彬彬有礼、富有魅力、讨人喜欢的人，有不少亲密的朋友。他的学生也很敬慕他。在待人接物方面，他是诚心诚意的，乐于助人，经常承担一些慈善服务工作。然而，他的信仰和个性又使他得罪了一大批人，失去了许多社会联系。他 40 岁时患上的指痉挛和一生所遭受到的痛苦的胃痉挛，都与他耿直、易怒的个性有关。

迪昂身材矮小，表面看来身体好像还强健，实际上却内虚多病。1913 年，当他被选为法国科学院的外地院士时，这个迟到得多的承认使他极为高兴。他似乎焕发了青春，社会联系明显增加了。他开始对天主教学生会感兴趣，并在第一次世界大战开始后积极参加寡妇和孤儿救济会。

1916 年夏，迪昂和女儿像通常那样到卡布雷斯潘度假，并带有工作、徒步旅行和画速写的计划。9 月 2 日之夜，在相当紧张的行走之后，他的心脏病突然发作了，这种病无疑源于他儿时得过风湿热病。医生诊断他患的是心绞痛，心绞痛的征兆已出现六七年了，但长期以来被误认为是胃痉挛。迪昂顺从医生的劝告，限制了自己的活动。9 月 14 日上午，他感到自己好些了。但是，当他用墨水笔画素描并与女儿谈论战争近况时，他的心绞痛又发作了，几分钟内便离开了人世，终年 55 岁，留下了未完成的手稿《宇宙体系》。他被葬在卡布雷斯潘。这位一生不知疲倦地从事教学、研究、写作和细读中世纪手抄本的伟大学者获得了休息的权利，但却是永远地休息了。

──── 参考文献 ────

[1] P.Dubem, *The Evolution of Mechanics*, Translated by Michael Cole, Sijthoff & Noordhoff, Maryland U.S.A., 1980. 尤其是其中 Oravas 写的"Editor's Introduction".

［2］P.Duhem, *The Aim and Structure of Physical Theory*, Translated by Philip P.Wiener, Princeton University Press, U.S.A., 1954. 包括其中的 Louis de Broglie 写的 "Foreword".

［3］Donald G.Miller, Ignored Intellect Pirrer Duhem, *Physics Today*, No. 12, 1966, pp.47–53.

［4］Dictionary of Scientific Biography 和 The Encyclopedia of Philosophy 中关于 "P.Duhem" 的条目。

（选自《自然辩证法通讯》1989 年第 2 期，《皮埃尔·迪昂：在坎坷中走向逻辑永恒》，作者李醒民，《自然辩证法通讯》前主编、教授。研究方向为科学哲学、科学思想史、科学文化。）

希尔伯特

现代数学的巨人

我们必须知道，
我们将会知道！
——对自然的认识与逻辑（1930）

1．早年

1862 年 1 月 23 日，大卫·希尔伯特出生在东普鲁士的哥尼斯堡。小希尔伯特刚刚上学念书时，并不聪明。别的小孩 6 岁上学，他 8 岁才上学，而且从来没听说他有什么突出的成绩。他上的文法学校以文科为主，没有自然科学课程，数学是不受重视的。拉丁文、希腊文是主修课程。大数学家高斯、黎曼学习这些古典语言时都是兴趣盎然、成绩出色的，可是希尔伯特学起来却很吃力，死记硬背，勉强过关。据他的同学讲，他的理解力也颇为迟钝，他自己觉得只有学起数学来还从容、舒服。这比起他的同乡，从俄国来的犹太人移民闵可夫斯基家的孩子们真是差远了。老三赫尔曼·闵可夫斯基（Hermann Minkowski），五年多就把八年多功课念完了，小时在家里就已经熟读莎士比亚、歌德和席勒这些文学巨匠的作品，《浮士德》大半会背下来。

最后一学年，希尔伯特转到另一所学校，那所学校比较重视数学，他以勤奋博得优秀的成绩。

希尔伯特 (David Hilbert, 1862—1943)

学校的老师没有忽视他的才能所在，在评语中写道："他对数学表现出极强烈的兴趣，而且理解深刻，他能用非常好的方法掌握老师讲课的内容，并能有把握地、灵活地运用它们。"

希尔伯特在选择自己的前途时还能有什么犹疑呢？他的祖父、父亲都是法官，好多亲友也在法律界做事。他的父亲自然希望子继父业，攻读法律。但是，他的母亲给他另外一种影响。他的母亲对哲学、天文学、数学有着痴迷的爱好，她经常谈到素数的奇妙性质，而且对于哥尼斯堡的伟大哲学家康德的遗迹有着近乎崇拜的感情。小希尔伯特的心中早就响着康德的名句"世上使我惊异的只有头上的星空和心中的道德规范"。这一切比起法律上的世俗事务来又是多么诱人。

他决定进家乡的大学攻读数学。哥尼斯堡大学有着悠久的学术传统。康德在这里教过哲学和数学。仅次于高斯的德国数学家雅可比在这里教过 18 年书。他创立了讨论班这种形式，培养起一代新人。

希尔伯特进了这样的大学简直是如鱼得水，他发现大学的生活要多自由有多自由，教授们想开什么课就开什么课，学生们想听什么课就听什么课。没有点名，没有考试，没有必修课。他可以完完全全地献身给数学了。

在大学的第一学期，他听了积分学、矩阵论和曲面的曲率论三门课。根据当时的习惯，大学生在四年大学期间往往到两三个或更多的大学上课，这种流动使得学生们可以从每所大学、每位教授那里吸收知识，吸取各方面的精华，开阔他们的眼界。希尔伯特在大学第二学期就到海德堡大学去听当时的微分方程的权威富克斯的讲课。富克斯课前不备课，讲课时现想现推。这样非但没有影响教学质量，反而使学生能亲身体会一下，数学的思想过程实际上是怎么进行的。

第三个学期他本来可以去当时德国数学的中心——柏林大学去的，可是他太想家了，还是回到哥尼斯堡大学念书。海因里希·韦伯是该校的数学教授。他是一位数论、函数论专家。希尔伯特听了他的"数论"和"椭圆函数论"的课，还参加韦伯的关于"不变式理论"的讨论班，正是这个讨论班使他接触到这个新领域，它在以后 10 年里是希尔伯特的主要研究方向。

1883 年韦伯到夏洛滕堡去当教授，继任数学教授的是林德曼。1882 年林德曼证明圆周率 π 是个超越数，而成了数学界的大明星。由于林德曼证明了 π 是超越数（也就是它不是以有理数为系数的代数方程的根），因而推出"化圆为方"这个千年难题是办不到的。林德曼的确是希尔伯特的真正老师，是他使希尔伯特转向不变式论，1884 年希尔伯特的博士论文题目也是他出的。希尔伯特在 1893 年一篇论文中，给出 e 和 π 是超越数的一个非常简单的证明。

希尔伯特在大学里所受到的最大影响不是听讲、不是看书，也不是参加讨论班，而是同两位青年数学家的交往。一位是赫尔曼·闵可夫斯基，他比希尔伯特小两岁，上大学却早半年，1882 年春天在柏林大学读了三学期后回到哥尼斯堡。这个十分害羞的 17 岁的孩子，正在干着一件惊人的事业。1881 年春天，巴黎科学院悬赏征求下面问题的解法：把一个整数分解为五个平方数之和。这个问题实际上已被英国数学家亨利·史密斯解决，只是若尔当，埃尔米特这些法国院士不懂英文也不知道，闵可夫斯基一个人潜心研究，他的结果大大超出了原问题的范围。1883 年 4 月这个数学大奖授予斯密史和闵可夫斯基。这件事轰动了哥尼斯堡，希尔伯特的父亲告诫他，不要冒冒失失去和"这样出名的人"交朋友。他却不顾父亲的反对，和这位天才成了终身的好友。他们对数学有着共同的热爱，对于数学的前途充满了信心，对于当时流行的悲观论调"我们无知，我们将永远无知"，他们的回答是："每一个确定的数学问题必定能够得到一个准确的回答；或者对所提的问题实际上给出肯定答案，或者证明问题是不可解的，从而所有企图证明它成立的努力必然失败。"

1884 年春天，希尔伯特的另一位真正的老师——阿道夫·胡尔维茨（Adolf Hzcrwitz）到哥尼斯堡大学担任副教授。他比希尔伯特还大不了三岁，这位刚刚 25 岁的副教授，就已经对数学的整个领域都有非常深刻的了解。希尔伯特同这两位一大一小的良师益友的交往是他一生中最幸福的难忘时刻。

每天下午 5 点，他们三人碰头向苹果树走去。在日复一日的散步中，他们考察了数学世界的每一个王国，讨论了当前数学的状况，相互交换新得到的知识，相互交流彼此的想法和研究计划。就这样，三个人结成了终身的友谊。胡尔维茨以其全面、系统的知识对其他两位有着十分深刻的影响。希尔伯特用这种既容易而又有趣的学习方式，像海绵吸水一样吸收数学知识，给自己的未来事业打下了牢固而全面的基础。比起这两位数学天才来，希尔伯特还是一个无名之辈，可是 20 年后、30 年后、40 年后……许许多多第一流的数学家的名字变得晦暗，希尔伯特的名字却依然光彩照人。

2．新思想

博士学位是学术的阶梯上的第一级。林德曼建议他搞一个代数不变式的题目。

代数不变式的观念在 18 世纪就已有萌芽，但是正式提出来这个概念的是英国数学家、逻辑学家乔治·布尔，现在计算机科学中常谈到的布尔代数就是来源于他的。1841 年布尔正式提出了不变式的观念。不变式理论中最主要的问题是对于给定的齐次多项式（型或形式），求出它的所有不变式来，更进一步说，可以问这些不变式是否能够由有限多个"基本的"不变式产生出来？这些"基本的"不变式之间有什么关系？这个问题是极为困难的，英国数学家凯雷对于两变元的形式给出了这个问题的解答，他说如果多项式的次数大于 8，"基本的"不变式会有无限多个。十多年来，没有人对此说个"不"字。可是到 1868 年，德国数学家戈尔丹指出，凯雷的结果是不对的，任何两变元的形式的不变式都只有有限多个"基本的"不变式。他的方法十分巧妙，写出来的都是具体公式，不由你不心服口服。这样一个突破使得他荣获"不变式之王"的雅号。他随即提出一个问题，对于三元型、四元型是否不变式也具有"有限基"呢？这个问题，经过英、德、法、意等国许多数学家的努力，十几年来仍旧进展不大，希尔伯特就是从研究这种数学上的前沿问题走上数学研究的大道的。

1884 年 12 月 11 日希尔伯特通过了口试，1885 年 2 月 7 日他通过答辩正式被授予哲学博士学位。

希尔伯特开始向戈尔丹问题进攻了。这个问题具有他认为是一个重大的、关键的问题所应具有的特点：

1. 清晰性和易懂性（"因为清楚、易于理解的问题能够吸引人的兴趣，而复杂的问题使人望而却步"）。

2. 困难（"这才能诱使我们去钻研它"）但又不是完全无从下手（"免得我们徒劳无功"）。

3. 意义重大（"在通向那隐藏着的真理的曲折道路上，它是一盏指路明灯"）。

希尔伯特一生正是本着这样的原则去进攻一个又一个问题而取得一个又一个重大成就的。而且他每搞一个问题总是锲而不舍，不达目的决不罢休。在通往解决问题的大道上，他总是不为陈规陋习所束缚，而去寻求各种途径，充分发挥他巨大的创造才能。

对于戈尔丹问题这个迫切的难题，他先从吃透戈尔丹所解决的二元情形入手。他先给出一个简单证明。然后，对于三元、四元乃至 n 元情形，发现可以用统一的方法来处理。这就是著名的希尔伯特基定理。希尔伯特一反以前的一个公式接着一个公式的构造方法，而是从基定理用逻辑证明，任何 n 元型的不变式都具有有限基。这个干净利落的存在性证明引起了"不变式之王"戈尔丹大声叫喊："这不是数学，这是神学。"许多人对他的结果的可靠性也有所怀疑。1888 年他发表的短短四页的文章未免太少了一点，他又花上几年时间用构造的方法把主要定理——基定理证明出来，使得大家没有话说了，连戈尔丹最后也说："神学也有神学的用处嘛！"

正是这样，希尔伯特在数学方法论上完成了一次革命，用存在性证明来代替构造性证明。

不变式的时期结束以后，希尔伯特进入他的数论时期。1893 年在慕尼黑召开的德国数学联合会上，希尔伯特对于代数数域的基本定理——每一个理想可以唯一分解为素理想，给出一个新的证明。这个定理以前由戴德金（Dedekind）和克洛耐克（Kronecker）用不同的方法证明过。在这次会议上，德国数学联合会委托希尔伯特和闵可夫斯基在两年之内准备一篇"数论报告"。可是闵可夫斯基很快就没有胃口搞下去，整个工作由希尔伯特独自完成，当然他不断地征求他的朋友们，特别是闵可夫斯基的意见。这篇报告最后于 1897 年 4 月完成。它大大超过一篇报告的分量。它是数学中最优秀的综合报告，几十年中一直成为学习代数数论的人手中的"圣经"。

从 19 世纪初，高斯发表了他那著名的《算术研究》起，代数数论已经取得许多结果，但不同的数学家不但看问题的角度互不相同，连使用的术语和记号都不相同。这给其他数学家带来很大的困难。希尔伯特细致地搜集代数数论的知识，然后用一种统一的观点来对这些知识重新组织，给出新的表述和新的证明，并且在这个基础上描绘成未来的宏伟大厦——类域论的蓝图。

在 1893 到 1897 年这几年间，希尔伯特做了大量的工作，而且揭示出来数论这原来比较孤立的分支与数学其他分支的联系。他从特殊的例子出发，由特殊到一般，最后概括出"类域"这个概念，并猜想了许多定理。这些猜想在以后三四十年间成为数学家集中研究的对象。20 世纪中，所有数学中最漂亮的理论——类域论就是以希尔伯特的报告为出发点的，而且他所提出的许多概念还预示了抽象代数、同调代数的发展。

3．哥廷根的黄金时代

在希尔伯特集中力量搞数论的时候，1894 年 12 月初，他接到克莱因的一封信。由于韦伯到斯特拉斯堡去任教，空下的教授职位，克莱因想让希尔伯特接替。1895 年 3 月他到哥廷根去当教授，从此，哥廷根成为世界数学的中心。

哥廷根大学建于 1737 年，它的伟大科学传统是由高斯开创的。他开辟了哥廷根大学的理论与实际结合的优良传统。他的继承人狄利克雷和黎曼都对数学做出了杰出的贡献。1886 年赫赫有名的克莱因到哥廷根大学，哥廷根开始成为吸引着各国学生的圣地。

在哥廷根，克莱因无疑是绝对权威。他擅长综观全局，他能在完全不同的问题中洞察到统一的思想，还有集中必要的材料阐明统一见解的艺术。他选择的课题使学生对于整个数学能够获得一个全面的了解。他的讲课准备得非常仔细，每个细节都有周密的安排。他魁梧威严、风度翩翩，被人形容为云端的一尊大神。

希尔伯特可完全不一样，他中等个儿、头顶已秃、留着淡红色的胡子，说话还保留着浓重的东普鲁士口音，看上去根本不像一位教授。希尔伯特的讲课也不太高明，他讲得很慢，经常重复，有点像中学教员讲课，但是他的讲课注意"简练、自然、逻辑上严格"而且往往有许多"精彩的观点"，还是给许多学生留下深刻的印象。

在讨论班上，他总是聚精会神地听，总是温和地纠正别人的错误，对于好的工作也总是热心表扬。对于不好的工作，也提出直率的批评。他不能容忍假话和空话，那要引起他大发雷霆的。

希尔伯特到了哥廷根，三年来只谈"数域"，可是 1898 到 1899 年冬天他转而讲授"几何基础"。这使人们产生惊异的感觉。不过，他对几何基础问题的兴趣并不自今日始。

1891 年，他曾在哈勒听过赫尔曼·维纳关于几何基础的讲演。在返回哥尼斯堡的路上，他在柏林车站对别人说，在一切几何学命题中，"我们必定可以用桌子、椅子和啤酒杯来代替点、线、面。"这种朴素的说法，包含着他后来在《几何学基础》阐述的本质思想。

长期以来，欧几里得几何学一直是数学思维的典范，连牛顿的《自然哲学的数学原理》和斯宾诺莎的《伦理学》都仿照《几何原本》的格式。文艺复兴以后，很多人尝试对于平行公理做出证明，但是都失败了。这使得人们从另外一个角度来考虑问题，把平行公理换成另一个公理，这导致 19 世纪 20 年代非欧几何的出现，大约同时射影几何也正式形成。

曾有许多人考虑这些几何的公理化，一直到 1882 年帕什给出了第一个逻辑上封闭的射影几何和欧氏几何公理系统，他发现欧氏几何体系中许多关系是隐含在公理中，而且他还具有几何实体不是靠直观、而是靠公理来定义的思想。但是正是希尔伯特给出一个几何学公理系统，其中有三组对象：可以叫点、线、面，叫别的也可以，这些对象满足五组公理。不管你怎样解释这些对象，只要它们满足这些公理，那么由公理推得的定理都一定成立。

尤其是希尔伯特对于公理提出了一些逻辑上的要求，也就是：

1. 完备性，如果除掉任何一条公理，就会有某些定理得不到证明。

2. 相容性，从这些公理出发不能推出互相矛盾的定理。

希尔伯特的独到之处在于他巧妙地创造代数的工具，使用代数模型来证明相容性和独立性。希尔伯特给数学家提供了公理化方法的典范。

1899 年，希尔伯特的《几何学基础》的讲义出版，这本书产生了巨大的影响。其中最有决定意义的是"那种特殊的希尔伯特精神……即把逻辑力量与创造活力结合起来；藐视一切陈规陋习；几乎以康德式的乐观精神把各种本质关系转化成为对立面，并最充分地运用数学思想的自由……"。

《几何学基础》是他的著作中读者最多的一部，生前再版七次，他去世后又出过八、九、十版。它不仅对几何学的影响至为巨大，而且预示后来他关于数学基础的工作。

1899 年夏天，《几何学基础》刚刚出版不久，希尔伯特又转而研究另外一个著名的老问题——狄利克雷原理。在力学、电磁学中都要解拉普拉斯方程的边值问题。从直观上来看，这个方程的解的存在是不成问题的。但是从数学上就要有严格的证明。高斯发现这个解就是使得某个二重积分达到极小的函数。黎曼不经证明就认为这个使积分达到极小的函数一定存在。可是一贯以严格著称的魏尔斯特拉斯认为这样不合理，1870 年他还举出反例证明在某些情形下，这样的函数并不存在。

但是，狄利克雷原理太有用了，而数学家只能绕过它。许多数学家真觉得严格性是一个负担，可是希尔伯特不这么看，他坚定地相信严格有助于方法的简化。他高度赞赏魏尔斯特拉斯将直觉的连续性的理论改造成为严格的逻辑体系的工作。但是，他对魏尔斯特拉斯给予狄利克雷原理的批判并不赞同。这个原理的诱人的简明性和谁也不能不承认的有着丰富的应用的可能性使他确信它有内在的真实性。于是，他在 1899 年 9 月在德国数学联合会上提出使狄利克雷原理"复生"的尝试。他的方法就是回到问题的根源，回到原始概念的简明性上。他以伟大探索者的质朴无华、摆脱任何传统偏见的精神进行研究。他通过巧妙的处理，消除了魏尔斯特拉斯指出的缺陷，激起大家惊叹和赞美。整个思路简单明了，但是直观上并不显然，克莱因称赞他"成功地给曲面剪了毛。"后来他又给出另外的证明，他的证明经过简化和推广，使狄利克雷原理由一个纯粹数学的原理变成一个强有力的计算方法——黎茨（Ritz）方法。

4．20 世纪的数学新方向

1899 年底，第二次国际数学家大会邀请他做一次重要发言。在这世纪交替之际，他应该讲些什么呢？于是他和闵可夫斯基商量。闵可夫斯基回信说，"最有吸引力的题材，莫过于展望数学的未来，列出在新世纪里数学家应去努力解决的问题。这样一个题材将会使你的讲演在今后几十年的时间里成为人们议论的话题。"当时这样做是极为困难的。经过一番考虑，希尔伯特决定提出一批急需解决的数学问题。

经过半年的准备，希尔伯特把这个长达 40 页的文章带到巴黎去。1900 年 8 月 8 日，他在会上做了这个讲演，他没能全讲，实际上 23 个问题中只讲了 10 个问题。

他在这篇有历史意义的演说中，强调了有具体成果的大问题的重要性。他说："只要一门科学分支中充满大量问题，它就充满生命力，缺少问题则意味着死亡或独立发展的终止。正如人类的每种事业都是为了达到某种最终目的一样，数学研究需要问题。解决问题使研究者的力量得到锻炼，通过解决问题他发现新方法及新观点并且扩大他的眼界。"他还说"谁眼前没有问题而去探索方法就很可能是无用的探索。"

他讲的问题的确成为新世纪的方向，前三个是数学基础论的问题，在当时这门学科可以说还没有露头，而在 20 世纪已经发展成为一个庞大的领域了。他对于基础的重视正预示着数学的方向。

其次四个问题是关于数论和代数方面的，一个是超越数问题，一个是素数问题，还有实代数曲线的问题，这些问题都已经成为新学科，现在仍被人紧张地研究着。

最后三个分析问题都是 19 世纪重大问题，在 20 世纪取得相当大的进展，但是仍未彻底解决。

他说，他只提供了一些问题的样品。他最后表示，他不相信也不希望出现数学被割裂成细小分支，彼此互不关联的情况，他认为，数学科学是一个不可分割的有机整体，它的生命力正是在于其各个分支之间的联系！他的这些问题正是给统一数学、增进数学家相互了解，防止过分专门化提供了良好的基础。

正如闵可夫斯基所预料的，希尔伯特这个讲演成为 20 世纪数学发展的一个指南、一个缩影。

20 世纪初，世界上学数学的学生都受到同样的劝告，"打起你的背包来，到哥廷根去！"这时听希尔伯特讲课的学生经常达到几百人，有时候连窗台上也坐满了人。20 世纪著名数学家赫尔曼·外尔回忆起他到哥廷根时还是 18 岁的乡下孩子，一到大学就去听希尔伯特的课，他说："他讲的内容一直钻进我的脑子，新世界的门对我打开……"外尔立即暗暗下定决心，必须用一切办法去阅览希尔伯特所写的一切。他还说过：希尔伯特的"光辉在我们那些共同的疑虑和失败的岁月中仍旧抚慰着我的心灵。"许多著名物理学家也听过希尔伯特的课。

在 1900 年冬天，瑞典数学家赫尔姆格林在希尔伯特的讨论班上报告了弗瑞德霍姆最近关于积分方程的初步结果，马上激起希尔伯特的莫大兴趣。希尔伯特一眼就看出积分方程和无穷多变元的线性方程的相似性，它们之间可以通过极限过程联系起来。围绕希尔伯特的青年数学家形成了一个大的国际学派，积分方程成为当时最时髦的东西，不仅在德国，在法国、意大利乃至大西洋彼岸也是如此。一大批好文章出现了，当然也夹杂不少平庸的文章。但是，整个效果却是给分析带来可观的变化。泛函分析这门崭新的学科以它第一个空间——以希尔伯特命名的空间的特例（平方可和级数空间）——的出现而宣告自己的诞生。而对物理学家最有意义的事是希尔伯特创造了希尔伯特空间的算子谱理论。20 年后，量子力学就是用算子谱来解释原子光谱的。

希尔伯特在研究积分方程理论过程，一刻也没有忽略物理学的革命性进展。他知道线性积分方程理论在分析、几何和力学上有着多方面的应用，难道他不能使这个理论成为新的理论物理学的重要工具吗？ 1912 年起他开始用积分方程理论研究辐射理论，在三篇文章中，他最后把辐射理论公理化。在他看来，一门物理学到最后也必须公理化才算完整。实际上他的目标要大得多，他要把整个物理学公理化，但他没有成功。

早在 1902 年秋天，闵可夫斯基到哥廷根担任教授，这两位朋友就又开始他们的第二个青春。希尔伯特和他的朋友密切合作，系统地研究理论物理学，经常同这门邻近科学保持接触，闵可夫斯基关于相对论的工作就是这些共同研究的第一个成果。1909 年闵可夫斯基去世时，希尔伯特这样谈起他们的友谊："我们爱我们的科学超过了一切，正是它把我们联系在一起。它像是盛开的花园，花园中有许多平整的小径，可以使我们从容的左右环顾，毫不费力地尽情享受，特别是有气味相投的伴侣在身旁；但是，我们也喜欢搜寻隐秘的小路，去发现新的美丽景色，当我们向对方指出来时，我们的快乐就更加完美。"闵可夫斯基去世以后，一直到 1930 年，希尔伯特还经常讲物理方面的课程并指导讨论班。

5．希尔伯特精神

1914 年 8 月，第一次世界大战打起来了，狂热的沙文主义情绪在整个欧洲弥漫着。

当时德国发布了"告文化界"的声明，几乎征得每位头面科学家的签名。发明 606 的埃利什，热力学第三定律创立者能斯特，量子论创立者普朗克，X 射线发现者伦琴，有机化学家费歇尔……，德国的数学家中具有国际声望的无疑是克莱因和希尔伯特，克莱因也签了名，而希尔伯特仔细研究了每一条，他说他不能肯定这里说的都是真话，他拒绝签名。1914 年 10 月 15 日德国政府公布了这份声明，没有具名的大科学家，一个是爱因斯坦，一个是希尔伯特。大战期间他还是照样搞他的学问。他说，打仗是件蠢事。

1917 年 1 月，法国数学家达布（Darboux）去世的消息传到哥廷根，希尔伯特立即写一篇纪念达布的文章登在哥廷根的数学杂志上。文章发表之后一群学生跑到希尔伯特家门口，大吵大闹，要希尔伯特立即承认纪念"敌国数学家"有罪，并把印好的文章全部销毁。他拒绝了。而且他跑到校长那里声明，如果校方不为学生的行为向他道歉，他就要辞职。校方只得马上向他道歉。

　　希尔伯特反对科学中一切出于国籍、种族和性别的歧视。他只有一个目标，那就是追求真理；他只有一个标准，那就是学术标准。他没有任何门户之见，更没有地方偏见。爱尔兰根大学有两位教授，一位是不变式之王戈尔丹，另一位是马克斯·诺特。诺特的女儿爱米·诺特跟着戈尔丹学习不变式论，1907 年得到博士学位。当时在大学教书要通过授课资格，而女性根本就很难取得。希尔伯特在一次大战期间把她请到哥廷根，希尔伯特极力推荐她，但是，遭到哥廷根哲学系中语言学家和历史学家的坚决反对。希尔伯特直截了当地说："先生们，我不明白为什么候选人的性别是阻止她取得讲师资格的理由。归根结底，这里毕竟是大学而不是洗澡堂。"也许因此他激怒了他的对手，诺特没有被通过。诺特在 20 年代发展了抽象代数，在她周围形成一个新的学派，而这个学派的思想在很大程度上也是来源于希尔伯特的。

　　实际上，他在 19 世纪最后十年所完成的关于几何基础的研究工作已经引起很大的反响。当时出现各种各样的公理化，特别是从几何出发，对数域的公理化。另外一条拓扑路线也在希尔伯特的二维流形的定义发展起来，这样代数和拓扑这两门现代数学的基础和核心在 20 世纪初年都蓬勃发展起来。

　　但是，希尔伯特看得更远，他采取的模型的方法给出的证明只是公理之间相容性的相对证明，而他念念不忘的是相容性的绝对证明，也就是要包括整数、实数乃至康托尔的集合论在内的证明。有了这个，全部数学就可以安安稳稳躺在集合论或数论的基础上了。他在 1900 年的数学问题中谈到这点。到 1904 年在海德堡召开的第三次国际数学家大会上他也谈到这个问题。这个讲演主要是他首次尝试给算术的无矛盾性一个证明。有趣的是，他先给前人的观点各贴一个标签：克洛耐克是教条主义者，赫尔姆霍兹是经验主义者，克里斯多弗（Chritoffel）是机会主义者，这些他都加以批判。他说更深刻的是弗雷格的逻辑主义方法、戴德金的先验方法、康托尔的主观判断方法，而他自己则标榜公理化方法。这里他已经谈到他的观点：把数学还原成一组公式。但是由于他忙于搞积分方程及物理学，其理论没有再进一步探讨。一直到大战中间，1917 年 9 月，他在苏黎世讲演"公理化思想"才又重新回到数学基础问题。因为这时数学界关于基础的争论已经闹翻了天。特别是布劳威尔的直觉主义的传播。当时由于悖论的出现引起数学基础的危机。布劳威尔在 1907 年博士论文《论数学基础》中，点名批判了康托尔、罗素、希尔伯特的工作。他对"数学的存在主义"的批判不仅完全消除了悖论，而且也把当时大家一直普遍接受的经典数学很大一部分破坏掉了。

　　这种观点其实反映着以前柏林大学教授克洛耐克的思想，克洛耐克有句名言："上帝创造了整数，而其他的则是人造的。"他坚持存在的证明必须通过整数明显地、一步一步地构造出来。他十分霸道，总是利用自己的权势和威望打击一切他认为是"异端"的人物，其中集合论的创造者康托尔就是最大的受害者。而希尔伯特是集合论的最早拥护者之一，如今布劳威尔的直觉主义观点简直就仿佛是克洛耐克的鬼魂又从坟墓里爬出来了。年近 60

的希尔伯特锐气不减当年，他确信，无须"背叛我们的科学"就可以恢复其完整的明确性。他提出来要"把基础问题一下子彻底解决掉"，他大声疾呼："禁止数学家使用排中律就等于禁止天文学家使用望远镜和不让拳击家使用拳头一样。"

希尔伯特认识到：除非把数学命题首先都还原成公式，数学命题本身就不能成为数学研究的对象。这样做的目的就是要给无矛盾性一个绝对的证明。也就是说，他要求建立的不是个别数学命题的真假，而是整个体系的无矛盾性。一个体系如果按照推演规则永远不能推出公式 $0 \neq 0$ 来，那么这个体系就没有矛盾。希尔伯特认为数学真理的所在就是没有矛盾，而不在于是否能构造出来。因而在这个意义下，他能挽救他所珍爱的古典数学整个体系。这就是他的形式主义。

对于形式主义者来说，数学本身是形式系统的集合。每个形式系统都包含自己的逻辑、自己的概念、公理、推演定理的规则（例如相等规则、代换规则等），以及由他们推出的定理。数学的任务就是发展出每一个这样的演绎系统。

20 年代，希尔伯特发表了一系列的文章同布劳威尔和外尔等人进行激烈的战斗。在这中间，他发表了证明论、即元数学这门分支也就是如何通过把数学理论中的公理、公式和证明作为对象来进行记号的形式推理。

1922 年发表《数学的新基础》、1925 年发表《论无限》和 1927 年汉堡讲演《数学基础》给出具体的证明论的记号及公理系统、推演规则等等。而且他在 1927 年讲演中猛烈抨击直觉主义的同时，还指出他与逻辑主义的不同。罗素的理论中有无穷公理和可归约性公理，他认为这两个公理没有无矛盾性的证明，是纯内容性的，不符合他的要求而应予以避免。

当然更主要的形式主义者坚持逻辑同数学同时处理的观点，他们把 1 当做原理记号，而不像逻辑主义者通过繁复的逻辑符号连篇累牍地去定义 1。

1930 年，68 岁的希尔伯特光荣地从他就任 35 年的哥廷根教授职位上退休。35 年来，哥廷根播下的种子传遍世界各地，到处开花结果。希尔伯特和彭加勒不同，他不仅通过自己的研究成果影响整个数学界，还通过交谈、教课、指导博士论文发挥自己的莫大影响。这样从中受益的学生有成百上千，著名的数学家就有几十人之多。

由于他的辛勤劳动和丰硕成果，荣誉自然也纷至沓来。这一年使他最高兴的消息是他的家乡哥尼斯堡授予他荣誉市民称号。回到自己生于斯、长于斯的康德之城，自不免心情激动。30 多年来，数学与自然科学的飞跃发展更使这

1932 年，希尔伯特在哥廷根讲课。

位全心全意献身科学的老战士热情奔放。他在秋天去哥尼斯堡接受这项荣誉后，曾在哥尼斯堡科学会发表了一篇题为"对自然的认识与逻辑"的充满乐观主义精神的演说。他的第一句话就是"我们最崇高的任务就是认识自然、认识生命。"接着他怀着满意的心情回顾了这个世纪科学上的伟大成就，放射性、原子结构、相对论、量子论等等。他还谈了自己对哲学问题的看法。康德认为除了逻辑和经验之外，人还具有某种对实在的先验知识。他虽然觉得这位老乡净说废话，不过在这种场合他还是说："他相信数学的认识最终还依赖于某种直观洞察力。"当然"康德大大夸大了先验知识的作用和范围"。问题要把康德的那些神人同性论之类的废话去掉。他说"剩下的先验知识将也就是纯粹数学知识的基础。"而"数学就是协调理论和实践、思维和实验的工具。它在它们之间建立起一座桥梁，并不断地巩固它。因此，我们整个的现有文化，至少涉及到对自然的理性认识和利用，都是奠基于数学之上。"

最后他以极大的热情和乐观主义反驳了不可知论。"对数学家来说，没有不可知论，按照我的看法，自然科学也根本没有不可知论。哲学家孔德有一次曾试图举出一个不可能解决的问题的例子，他说，科学将永远不能解答天体的化学组成之谜。可是，几年之后，这个问题就被解决了……，在我看来，孔德找不到一个不能解决的问题，其真正原因就在于，根本就没有不能解决的问题。与那种愚蠢的不可知论相反，我们的口号是：

> 我们必须知道，
> 我们将会知道。

当他的眼睛从讲演稿上抬起时，他发出愉快的笑声。

6．晚年

正当希尔伯特的笑声还回荡在人们的耳际时，谁也没有料到形势已经急转直下。

也是在1930年，一位不知名的奥地利数学家哥德尔（Gödel）投寄了一篇论文，它的题目是《论数学原理及有关体系中的形式不可判定命题》，这篇文章证明初等数论是不完全的，也就是有这样的定理，在初等数论的形式系统中既不能证明也不能否定。他并且推而广之，对"有点意义的"形式系统，其自身的无矛盾性不能通过希尔伯特有限主义的办法来实现。换句话说，希尔伯特的纲领行不通！

希尔伯特是从他的学生贝奈斯那里听到这个结果的，他感到气愤、困惑、沮丧。这个沉重的打击使他难以平复。他必须对自己的"有限主义"纲领加以修正，做出让步，允许诸如"超限归纳法"之类的东西进来，虽然他不情愿，但那又有什么办法呢？

更没有办法的是政治。纳粹分子从街头打砸抢的乌合之众成为国会中第一大党。接着1933年1月希特勒上台，很快就在各个领域全面实行法西斯专政。在焚书的熊熊烈焰中，不仅有托马斯·曼、亨利希·曼、纪德、普鲁斯特的文学名著，还有爱因斯坦的物理学。因为"犹太物理学"是直接和"雅利安物理学"针锋相对的。当时也有"犹太数学"和"雅利安数学"之分。亲纳粹的数学家还办了数学期刊《德意志数学》，1936年第一卷的扉页上就是元首的语录。在社论中宣称：凡是认为数学没有种族性的任何想法，其本身就包含着"毁灭德国科学的胚种"。德国的科学的确正在走向毁灭，希尔伯特从来不认为科学与种族有什么相干，但是对那些纳粹匪徒提抗议又有什么用呢？他只得眼巴巴看着这个数学大家庭风流云散。他的继承人外尔，在1933年夏天回瑞士去。后来，美国普林斯顿高等研究院把他、爱因斯坦、冯·诺依曼等请去了。爱米·诺特和他的另一位助手，克莱因的继任者——库朗，都到美国去了。他的另一位亲密助手贝奈斯，也不能不离开，虽然他们合著的《数学基础》第一、二卷分别在1934年和1939年出版。

第一个跟希尔伯特作博士论文的学生，布鲁门塔尔，是希尔伯特全集中希尔伯特传记的作者，他长期同希尔伯特交往，经常到哥廷根来。不久他逃到荷兰，后来被捕，1944年死在捷克的集中营里。

1939年9月，希特勒入侵波兰，许多人也设法逃离德国。西格尔在1940年3月到挪威去前向希尔伯特辞行，他发现希尔伯特夫妇没住在家里，而躲在破旧的旅馆里。那时希尔伯特已经什么也记不起来了。

希尔伯特曾告诉法朗兹·莱理希（Franz Rellich）说，"我年轻的时候总听到老年人喜欢说，过去那些日子多么美好，而现在的日子又是多么丑恶，我下定决心，我年纪大的时候，我决不会重复这些话。不过，现在我还是不得不重复这些话了。"

的确，他辛辛苦苦培育起来的哥廷根学派现在已经被改造成为不再"玩弄学术"的场所。法西斯的教育部长卢斯特一次问希尔伯特，现在哥廷根的数学怎么样，希尔伯特不无好气地回答说，"什么，我不知道哥廷根还有什么数学！"

1942年初，八十高龄的希尔伯特在哥廷根的街道上摔倒，折断了手臂。由于这次事故，身体不能活动而引起并发症，他在1943年2月14日与世长辞。而参加这位桃李满天下的大数学家葬礼的不过10个人左右。

战后西德也出现过一些优秀甚至天才的数学家，但是没有一位比得上希尔伯特，甚至克莱因、外尔、诺特、闵可夫斯基。为什么那个时代不仅数学家人才辈出，而且在三四十年的"黄金时代"里出现了那么多的物理学家、化学家、生物学家、医学家，乃至大哲学家、艺术家、作家、音乐家？这个问题实在令人深思！

希尔伯特的全集只有三卷，第一卷收入他数论11篇文章，第二卷收入代数学、不变式论、几何学29篇文章，第三卷收入分析、数学基础论、物理学16篇文章以及1篇数学问题，4篇传记文章，1篇哲学讲演。另外没有收入全集的有20篇左右短文，和他的5种书。他的文章和书大都是继往开来，影响长久不衰。例如他的数论报告，几乎影响了三四十年的代数数论发展，成为每篇论文的必引著作。他的《几何学基础》直到现在还在再版，成为数学家的重要读物。

　　他的形式主义思想体系大大扩展了数学的领域，在数学一切领域中推广公理化方法使得20世纪数学的面貌同19世纪迥然不同，19世纪的数学较大量的工作仍是具体的数学问题，如椭圆函数及阿贝尔（Abel）函数、方程论、不变式论、代数数域、数学物理方程、复分析、二维及三维的微分几何学及代数几何学等等。到20世纪，形成了抽象代数及拓扑学两个数学的基础学科，数学的面貌整个改观。

　　30年代起布尔巴基（Boarbaki）学派继承了希尔伯特的衣钵发展出数学结构的概念，使得数学更进一步深入而广泛地发展，并在结构观念之下，形成了一个统一体。回顾这段发展，可以看出正是希尔伯特开辟了这条道路。

── 参考文献 ──

［1］《希尔伯特全集》Ⅰ，Ⅱ，Ⅲ．德国，斯普林格出版社，1932—1935。其中收有对希尔伯特工作介绍及布鲁门塔尔写的传记

［2］里德：《希尔伯特传》，1970，西德，斯普林格出版社。

［3］外尔：《大卫·希尔伯特》，1944，美国数学月刊，收入《外尔全集》第四卷。

　　（选自《自然辩证法通讯》1982年第2期，《现代数学的巨人——纪念希尔伯特诞生120周年》，胡作玄，中国科学院系统科学研究所研究员。研究方向为近现代数学史及科技史）

薛定谔

为人类理解自然和自身而奋斗

1. 维也纳：崭露头角的学生时代

埃尔文·薛定谔 1887 年 8 月 12 日出生于维也纳。如同他在接受诺贝尔奖奖金时的简短致辞中所说，这是一座"生气勃勃和自由自在的城市"，它的文化传统给薛定谔的成长以深刻的影响。与伦琴和爱因斯坦一样，薛定谔也生长在一个手工业主的家庭。他的父亲鲁道夫·薛定谔继承了一个油布工厂，工艺尽管陈旧，生意却还成功，使他得以无经济之忧。鲁道夫受过多种教育，爱好自然科学和艺术，年轻时曾热衷于意大利绘画，甚至自己动手画过一些铜版画和风景画，对植物学也很感兴趣，在《维也纳动植物学会论文和纪要》上发表过一系列论文。他也曾向维也纳工业学院化学教授亚历山大·鲍厄学习化学，并和

鲍厄教授的女儿结了婚。埃尔文是他们唯一的孩子。作为"朋友、老师和不知疲倦的谈话伙伴"，鲁道夫和孩子分享了活泼有趣的精神生活。薛定谔在回忆他的童年时，认为他的父亲是所有有趣事物中"最有吸引力的"。

薛定谔只进过一次小学，那是当他父母在因斯布鲁克休假时，为期数周。在维也纳，一个小学教师每周两次到他家里给他上课。他的外祖母是英

薛定谔（Erwin Schrödinger，1887—1961）

国人，使他从小就能流畅地使用英语，这对他以后的研究工作极有帮助。1934年以后他的论文有七分之六是用英文写作的，而且他真正掌握了英文的风格和智慧。他甚至在紧张的创造性研究之余，把荷马的诗翻成英文来作为休息。

　　11岁那年，薛定谔进了维也纳高等专科学校所属预科。这里的课程按当时的惯例，侧重于经典的拉丁文、希腊文等人文学科，数理科学则多少被忽视了。薛定谔曾写道："我是个好学生，并不注重主课，却喜爱数学和物理，也喜爱古老语法的严谨逻辑，我讨厌的只是记忆历史和传记的年代和史实。我喜爱德国诗人，特别是剧作家，但是厌恶对他们作品的繁琐考证。"学生时代的薛定谔经常去维也纳剧院，并且是F.格里尔帕策的热烈崇拜者。他保留的剪贴簿中有他所看过的演出节目单，并作了广泛的评论。与此同时，他并没有松懈自己的学习。

　　1906年薛定谔进入维也纳大学物理学院，正逢L.玻尔兹曼逝世。玻尔兹曼是这所学院的精神领袖，并奠定了它的特殊传统——现代物理学理论的统计基础的研究。笼罩校园的悲痛气氛给薛定谔以深刻印象，从此玻尔兹曼的科学思想极大地影响着他的思想，特别是他的早期工作。他曾说过："玻尔兹曼的思想路线可以称为我在科学上的第一次热恋，没别的东西曾如此使我狂喜，也不会再使我这样。"他所师承的两位教授、理论物理学家F.哈泽诺尔和实验物理学家F.埃克斯纳都是玻尔兹曼的学生。哈泽诺尔在理论物理学上很有成就，他曾由自感现象的研究猜测过电磁能和质量之间的关系，其形式与今天的质能关系式完全一致。同时，他又是一位出色的教师，接任玻尔兹曼开设了理论物理学讲座，继承并光大其前任奠定的科学传统。薛定谔非常喜欢听哈泽诺尔的课程，连续八个学期参加了每周五次的理论物理讲座，内容涉及统计力学，哈密顿力学和连续介媒质力学中的本征值理论。正是从这些讲课而不是从书本上薛定谔掌握了他以后工作的主要基础，因为薛定谔自称难以掌握书本资料，讲课所起的作用对他是特别重要的，而熟悉本征值理论则是他以后建立波动力学理论的关键。薛定谔在1929年把他作为一个科学家的个性的形成归功于哈泽诺尔。而当获得诺贝尔奖时他说："假如哈泽诺尔没有去世的话，那么他现在当然会站在我的位置上"。

　　薛定谔还选听了W.温廷格的数学讲座和埃克斯纳的实验物理讲座。前者曾被F.克莱因称为"奥地利数学界的希望"，薛定谔后来把自己的著名论文的副本寄给他以表谢忱。埃克斯纳关于因果性和机遇等问题的见解对薛定谔很有启发，成为他后来许多思想的萌芽。年轻的薛定谔天资聪颖，才华出众，很快就给同学们以深刻印象。后来多年任维也纳大学教授的理论物理学家汉斯·蒂林格这样描述他与薛定谔的初次相遇："那是1907—1908年度冬季学期，当时我还是一名新生，常去数学讲习班图书馆。有一次一个头发淡黄的大学生走进房间时，我旁边的同学突然推我一下说：'这就是薛定谔。'以前我从未听说过这个名字，但如此表达出的尊敬和同学们的眼光给我留下深刻印象并产生了这样的信念，他不是个普通的人。这信念随时间而日益坚定，相识很快成为友谊，在这种友谊之中，薛定谔时时处处伸出援助之手。"

1910 年，薛定谔在哈泽诺尔指导下获得哲学博士，毕业后留任埃克斯纳在维也纳大学第二物理学院的助手，直到大战爆发。在这里，他得管理大量实验室的事务，也曾主持过大型的物理实验课。他写下了关于磁性电介质、大气声学、放射性、X 射线和布朗运动等问题的一系列论文，得到了很好的锻炼。其中他与 K.W.F. 科尔劳施合作研究的工作以"1913 年泽海姆的大气中镭（Ra-A）的含量"为题发表，获得皇家科学院的海丁格奖。他多次满怀感激之情回忆起在埃克斯纳的指导下，他懂得了"测量就意味着通过直接的观察。"

第一次世界大战中断了薛定谔的科学工作。他作为一名军官服役于要塞炮兵部队，在与外界隔绝的营地里抓紧时间阅读专业文献。1916 年他在普罗塞克读到了最早发表的爱因斯坦广义相对论的基本原理，一开始感到新引力理论的思想体系很难理解，但很快他便能领会爱因斯坦的思想及有关计算，并认为理论的最初表达"不必要地复杂化了"。1917 年他曾发表"引力场的能分量"一文，讨论引力场中能量—动量张量的物理意义。

1918 年薛定谔曾有希望继 J. 盖特勒之后任切尔诺维兹（现在苏联乌克兰的切尔诺夫策）大学理论物理临时教授。"我打算在那儿讲授理论物理学，首先按我所敬爱的老师、被战争夺去生命的哈泽诺尔的杰出讲座的形式讲。除此之外我还准备研究哲学，那时我正深深地热衷于斯宾诺莎、叔本华、马赫、理查德·西蒙和 R. 阿芬那留斯的著作。"但是奥匈帝国的崩溃阻止了这一计划，切尔诺维兹不再属于奥地利。战后薛定谔回到维也纳大学第二物理学院直到 1920 年。

1920 年 4 月 6 日，薛定谔与 A. 贝特尔结婚。他们相识于薛定谔的密友 E. 冯·施韦德勒在洋海姆的夏季别墅，薛定谔从施韦德勒那儿学到许多东西，并称他是自己的仅次于哈泽诺尔和埃克斯纳的老师。婚后不久，薛定谔便移居耶拿，担任 M. 维恩的物理实验室助手。但仅仅 4 个月后他又离开了耶拿，以便接受斯图加特工业学院临时教授的职位。他在这儿呆了一个学期，其间接到三份正式教授的聘书，分别来自基尔、布累斯劳和维也纳三所大学。尽管他愿意去维也纳继承哈泽诺尔的事业，但当时奥地利大学教授的工作条件是如此窘困，使他无法作此选择。他去了布累斯劳，数周之后，他收到并接受了苏黎世大学曾由爱因斯坦和冯·劳厄担任过的教授职位聘书。他的生命交响乐中最辉煌的一章开始了。

2. 苏黎世：波动力学大厦的建筑师

1921 年，34 岁的薛定谔来到苏黎世。在这儿，他遇到了情趣相投的数学家 H. 外尔和物理学家 P. 德拜。这两个人给了他以关键性的帮助。他的就职演说题为"自然规律是什么？"其中着重介绍了埃克斯纳对自然规律的统计基础的看法，并认为绝对因果性超出了经验的范围，只要抛弃了它，就能成功地克服电动力学处理原子问题时的严重困难。由于苏黎世是瑞士的一个美丽的城市和南来北往的落脚点，经常有一些学者路过，参加学校里关于现代物理学发展的讨论。他们组织了各种形式的学术交流活动，当年薛定谔的研究生 H. 海特勒回忆道，每个星期六薛定谔夫人安排的小旅游"总是以到了一个可爱的小客栈和一两瓶葡萄酒而结束"。

从大战结束到在苏黎世任职期间，薛定谔的科学成果涉及统计热力学、原子物理学、广义相对论和概率论等领域，另外还有 74 页的电介质现象评论，七篇在埃克斯纳鼓励下完成的彩色视觉理论的论文。这七篇论文中类似于广义相对论，探讨了彩色空间的度规和非线性方程，作出了关于红 – 绿色色盲和蓝 – 黄色色盲之间频率关系的说明，受到生理学家的好评，但薛定谔坦白地说明这并非他的兴趣之所在，仅仅是为暂时摆脱对原子问题苦思不得其解的困扰而进入光学的旅行。

这期间真正居于薛定谔关注中心的，是统计理论和原子力学。前者是他的专长，玻尔兹曼思想的影响和长期工作的积累，使他能驾轻就熟、得心应手地运用统计方法处理各种物理问题，诸如气体和固体的比热、电子理论、振荡问题、晶格振动热力学及其对内能的贡献等等。后者则是当时整个物理学界面临的困境，它的发展孕育着物理学理论的重大突破。薛定谔尽管对旧量子理论缺乏系统的研究，但他确实在知识结构上有优越的条件，也始终渴望在这个领域一显身手。正是沿着这两个不同方向，薛定谔开辟了通往波动力学的道路。

1913 年，玻尔发表了题为"论原子构造和分子构造"的三篇论文，从原子稳定性和光谱学公式这两个经验事实出发，摒弃无法解释它们的经典电磁理论，把普朗克量子论推广应用于卢瑟福原子模型，成功地提出了原子结构的玻尔理论。他的基本假设是：电子只能在特定的量子化圆轨道上运行；轨道电子处于稳态；仅当电子在定态间跃迁时才发生辐射或吸收 $h\nu = E_2 - E_1$。"已表明应用这些假设于卢瑟福原子模型，就可能说明连接元素线光谱中不同谱线的巴尔默和里德伯定律。再进一步，元素的原子结构理论和化学结合的分子形成理论的轮廓也已经给出。它们在几个地方证明与实验近似一致。"

玻尔理论是量子理论发展中的一座里程碑。其后 10 年，量子理论不乏重大成就，但基本上是在玻尔的框架中发展。1915 年 A. 索末菲把电子绕核运动的量子化轨道扩展到包括椭圆情形，并考虑了轨道电子的相对论效应，使修正后的氢原子谱线分裂以解释"精细结构"。1916 年爱因斯坦研究了原子系统与光相互作用的问题，用统计方法分析了光的发射和吸收过程，建立了这一问题的唯象理论。1918 年玻尔为了消除量子理论的悖论，深化对它的理解，又提出了著名的"对应原理"，认为人们必须借助于经典理论的概念和定律构造量子理论，而量子理论又必须包括经典理论作为极限情况，因而可以一定程度上利用经典理论来解释量子论无法解决的谱线相对强度、塞曼效应等问题。正是在这个过程中，暴露了玻尔理论本身的缺陷。首先它缺乏概念的自洽和逻辑一贯性，严格说来它不过"是一些互不相干的假设、原理、定理和计算方法凑起来的大杂烩"。它的特设性假说如量子化条件和稳态电子等的引入不能普遍地解释和演绎。其次，对最简单的多体问题 He 原子能级的计算、反常塞曼效应、史特恩－盖拉赫效应、电子间的相互作用等不能提供满意的结果。因此，它只是一个半经典半量子化的过渡性理论。

薛定谔主要是在一次大战后开始关心原子结构问题。他对玻尔理论很不满意。他一方面应用旧量子论从事研究，一方面又试图突破它，发展它。1919 年他应用旧量子论于固体比热问题，从实验到理论发表了分为五部分的评论文章，提供了大量数据和引证，认为量子论已获得较大成功，但对金属电子比热等还不能解释。1921 年他提出外层电子轨道贯穿内层的概念来说明碱金属光谱类巴尔默公式中的非整量子数，并认为这是"一个小小的但却是积极的成功的细节。"1922 年他又应用外尔的广义相对论时空理论于旧量子论，得出"单电子量子轨道的一个值得注意的性质"。但他对玻尔理论中的不一贯性和摒弃时空描述的量子跃迁始终觉得难以接受，因为受玻尔兹曼的影响，他始终认为自然界能从自然的明显直观的方式理解。他坚持认为玻尔能级应作为某种本征值问题自然导出，却苦于无法找到适当的突破口。

1924 年德布罗意的相波理论，开创了量子理论概念发展的新阶段。他提出像辐射的量子化一样，原子结构中的频率辐射 E=hν 和标志稳定的整数启示我们，物质粒子特别是电子的运动也必然为一频率由 E=hν 决定的假想的相波所伴随，相波的谐振导出量子化条件，电子束穿过小孔将有衍射，而关于自由粒子的新旧力学的关系，同波动光学和几何光学之间的关系一样。

对于大多数物理学家来说，相波理论非但奇特，简直是荒诞的，怎么能把波和粒子拉扯在一起。只有爱因斯坦认为这是"一项有趣的尝试，……是投射到我们这个最糟糕的物理之谜上的第一道微弱的光线。"并在 1925 年 2 月发表的关于理想气体量子统计的论文中引用了它。这当然要引起正致力于气体统计问题的薛定谔的注意。同年秋天，德拜也建议他就德布罗意的工作作一次讲演。

确实，薛定谔较多地具备吸收和发展德布罗意思想的有利条件。他坚持自然界的可理解性，认为量子化条件应当作为本征值问题自然导出；他通晓相对论问题，本征值理论和哈密顿力学，对哈密顿力学－光学相似关系则早在 1918—1922 年间的 3 本"张量分析力学"中就有专门一节论及；在 1922 年底他就发现轨道电子的模方绕核平行位移一周将增加一个类波性质的相因子，这与德布罗意相波理论颇有相似之处。

从 1925 年 10 月下旬起，薛定谔着手认真研读和应用德布罗意的思想。从把轨道电子处理为运行波遇到折射困难，到把理想气体作为相波谐振获得成功，再回到寻求电子驻波的波动方程；从求得氢原子的相对论性波动方程，解出当时无法解释的平整数能级，到求其非相对论性近似，解出玻尔能级，短短 3 个月时间，波动力学瓜熟蒂落，量子力学掀开了崭新的一页。

从 1926 年 1 月 26 日到 6 月 22 日，薛定谔接连发表了 6 篇关于量子理论的论文，其内容囊括量子理论、光谱学、微扰理论和物理光学等众多物理学领域，融玻尔理论、矩阵力学、哈密顿相似关系和德布罗意相波理论于一炉。论文用变分原理和哈密顿相似分别建立了著名的薛定谔方程。玻尔的量子化假设可从偏微分方程中作为本征值解出；对一维谐振子、定轴和非定轴转子、双原子分子和斯塔克效应等倒也能解出与实验相符的理论解；矩阵力学被证明与波动力学在数学上等价；从而使波动力学成为集前人研究成果之大成、在理论上比较严谨自洽、实际运用更为广泛有效的完整体系。正如 M. 雅麦尔所说："薛定谔的光辉论文无疑是科学史上最有影响的贡献之一。它深化了我们对原子物理现象的理解，成为用数学求解原子物理、固体物理、及某种程度上核物理问题的便利基础最终打开了新的思路。事实上，非相对论量子力学以后的发展很大程度上仅仅是薛定谔工作的加工和运用。"

波动力学的问世，在物理学界引起轰动，受到绝大多数物理学家的赞赏并得到广泛运用。因为它采用的是经典的偏微分方程描述方法和易于理解的概念，形式上保留了时空描述的有效性，整个框架具有简洁明晰的数学美。爱因斯坦在给薛定谔的信中评论说："你的文章的思想表现出真正的独创性。"普朗克指出薛定谔方程"奠定了近代量子力学的基础，就像牛顿、拉格朗日和哈密顿创立的方程式在经典力学中所起的作用一样。"斯莱特把波动力学称为与牛顿力学和麦克斯韦电磁理论同样卓越的理论综合，而 M. 玻恩则感叹地说："在理论物理学中，还有什么比他在波动力学方面的最初 6 篇论文更为壮观的呢？"

比之于量子理论发展史上的其他著名人物，薛定谔可谓大器晚成。第一篇使他们成名的论文发表时，爱因斯坦 26 岁，玻尔 28 岁，海森堡 24 岁，鲍林 25 岁，狄拉克 24 岁，若尔当 23 岁，而薛定谔此时已 39 岁。年已至此，还能跳出旧的理论框架，在全新的思想路线上作出如此重大的开拓，确属不易；但也正是由于以往研究工作的理论素养和知识积累，使他得以在不到半年的时间内，一举构造起系统概括了以往理论成就和实验结果的波动力学体系。

3. 柏林：教学和学习的美妙时期

1926 年夏秋，薛定谔曾先后应邀到慕尼黑、柏林、哥本哈根和美国加州理工学院等地报告他的波动力学，受到普遍欢迎。慕尼黑大学校长维恩在演讲中曾站起来说：量子跃迁现在显然被合理的东西取代了！索末菲也称之为"二十世纪惊人发现中的最惊人者"。柏林大学则聘请薛定谔继任普朗克的理论物理学教授的职位。尽管他对在此硕果累累的苏黎世大学不无留恋，苏黎世大学也以优厚的条件极力挽留，但柏林作为当时物理学首都的声誉，特别是普朗克表示如果薛定谔能成为他的继任者他将感到很高兴，促使薛定谔于 1927 年来到柏林。

当然，薛定谔的波动力学并没有毫无异议地为人们全盘接受，特别是对波函数的物理诠释。薛定谔的波动图景把物质粒子归结为波系统，提出自由粒子是波包中的奇点，束缚电子是驻波的叠加，波函数描述的是实在的波，并用波的干涉和衍射来取代玻尔的定态和量子跃迁。这种把微观客体的波动性质推向极端的模型遇到许多困难，也招致一些物理学家的反对。在哥本哈根，薛定谔和玻尔就量子力学的诠释展开了激烈的争辩，双方各执己见，针锋相对，谁也说服不了谁，这种争论甚至当薛定谔病卧于床也没有止息。直到1927年玻尔的互补原理和M.玻恩的几率诠释先后发表并使量子力学成为完整的自洽体系，薛定谔才暂时放弃了波函数的实在性主张。但他始终没有放弃对哥本哈根学派的批评和复活波动图景的希望。在震撼20世纪的量子力学大论战中他始终是爱因斯坦少数派中的坚定一员。他于1935年配合爱因斯坦等人提出的EPR悖论，发表了著名的"猫悖论（cat paradox）"，被爱因斯坦称为揭示了量子力学描述实在的不完备性的最巧妙办法。直到50年代初，他还发表了"波动力学的意义"、"有没有量子跃迁"和"基本粒子是什么"等文章，试图利用粒子并非永恒不变的全同实体和二次量子化等最新知识来重建他的波动解释。在他看来，为寻求真理而尖锐争辩与和对手之间的亲密友谊是并行不悖的，M.玻恩曾如此描述他和薛定谔之间的友谊："他在给我的信中说过：'你，马克斯，你知道我是爱你的，这一点不会改变。但是我觉得有必要彻底地给你洗洗大脑，把你的头伸过来吧。'这之后我们进行了近乎'粗野'的论战，我一再想使他相信，'哥本哈根学派的量子力学观点'总的说来是可以接受的，虽然我知道得很清楚，爱因斯坦、普朗克、德布罗意、冯·劳厄和他埃尔文对这种观点并不满意。我举出了一些赞成这种观点的很有才华的研究者的名字，他反驳说：'什么时候科学观点是由多数来决定的？（你可以自己来回答：至少从牛顿以来）'往下还写了好几页。我已经记不清我到底是怎么回答他的，因为我们通信是随便用手书写，而不是一本正经地用打字机。但他下一封信的开头是这样说的：'谢谢你给我的洗脑以这样富于刺激的长篇回答。'长期以来我们的通信就是这样：既粗鲁又亲切；充满了尖锐的争论，却从未有不舒服的感觉。"

薛定谔非常喜欢柏林的学术环境。他称这里有"两所大型高等学府，帝国学校、威廉皇家研究所、天文台、众多工业实验室，使许多第一流的物理学家聚集在当时的柏林。每周欢聚在一起的讨论会，给人们留下了深刻的印象。"在柏林大学曾与薛定谔一起共事的有像普朗克、爱因斯坦、劳厄、L.迈特纳和W.能斯特这样杰出的物理学家，他还同其他领域的著名科学家有着密切联系，这一切确实使薛定谔对生活在这儿感到称心如意，尽管他生性极其喜爱大自然，尤其是阿尔卑斯山，而不愿生活在大都市。"在柏林大学的年代是我一生中最幸福的年代"——以后他在1947年6月复信给邀请他继任从前职务的洪堡大学数学自然科学系主任时这样写道。他补充说他仍然感到自己是倾心于柏林大学的，并经常考虑"甚至仅作为一个领退休金者返回到那里去的可能性。"

在柏林的年代里，薛定谔与同自己的科学和哲学观点相似的普朗克和爱因斯坦建立了亲密的友谊。他和妻子经常参加在普朗克住宅中举行的家庭舞会。他也常去爱因斯坦在卡普特的别墅拜访，两人在哈弗尔河上泛舟畅游，讨论物理学问题，薛定谔那座位于格吕内瓦德的住宅中也经常举行"维也纳小灌肠晚会"，很快成为科学家交往的中心。他一面教学，一面致力于发展相对论波动力学，即狄拉克电子理论，曾写下5本研究笔记。相对论和量子力学是20世纪物理学的两大支柱，他希望能在广义相对论提供的时空框架中，用波动力学来描述空间中物质的分布，并相信引力波和物质波服从同样的规律。当时正在读迈特纳的研究生的我国著名核物理学家王淦昌也曾听过薛定谔的讲演。

1933 年希特勒上台后，犹太血统的物理学家被纷纷解雇。凭着他的雅利安血统、天主教背景和作为普朗克继承人的地位，薛定谔本来可以不受牵连，更不必放弃职位离开德国，但是他自愿地这样做了。他反对纳粹对科学家的迫害，难以忍受在这种野蛮制度下工作，不愿被强迫效忠于这样的政府。玻恩曾写道："对此我们都非常赞赏。人到中年还要拔根迁居，改变生活方式，并非轻而易举之事，但他不在乎。人们打扰了他，要他关心政治，他就走了。他是不喜欢过问政治的，即便他的科学成果被悲剧性地用于一场伟大的政治斗争时也是如此，仅有极少例外。"他的"在柏林教书和学习的非常美妙的时期"就此结束了。

4．薛定谔与狄拉克

1933 年 11 月，薛定谔借口休假来到牛津，在这儿住了 3 年。抵达后的第 5 天，他被接纳为玛格达林学院（Magdalen College）的研究员。同时伦敦《泰晤士报》社打电话通知他，"因为发现原子理论的新的和富有成效的形式"，他和狄拉克一起被授予 1933 年诺贝尔物理学奖。这是对他创立波动力学的最好褒奖。他在斯德哥尔摩的领奖演讲中，介绍了自己的传略和波动力学的主要思想。

在牛津，这位奥地利人对富有传统的英国大学城的学术环境感到不怎么适应，他对祖国的思念日增。当 1936 年同时收到爱丁堡和格拉茨的邀请时，他听从朋友蒂林格的劝告，回到祖国，在格拉茨大学任教。两年后德国吞并了奥地利，薛定谔感到了纳粹党徒的沉重压力，他们并没有忘记他从德国的不辞而别。1938 年 9 月 1 日，薛定谔被不加解释地从格拉茨的职位上解雇，他必须再次出走，但这次是为了逃生。幸运的是他还持有自己的护照，可以不受阻碍地离境。他丢下了房屋、汽车和其他财产，"仅带着一个小小的皮箱"离开了奥地利，开始了流亡生活。

5．都柏林：探索物理学与生物学的统一

对于薛定谔的困境，他在牛津的朋友们极为关切。而早在 1938 年 5 月，原都柏林大学数学教授、当时的爱尔兰首相瓦莱拉（Eamea de Valera）就努力寻找让薛定谔去爱尔兰的途径，他去信促成了薛定谔出走的决心，希望后者能在都柏林即将建立的高等研究院任职。当薛定谔逃到罗马，作为教皇科学院的成员寻求避难时，瓦莱拉请他到日内瓦去，瓦莱拉正在这里担任 1938 年国际联盟会议主席。在会议休息期间，两人讨论了建立研究院并提高爱尔兰在国际数学和理论物理界的地位等问题。瓦莱拉十分了解理论物理学的特殊吸引力，而且"这样的科学分支中不需要精心制作的仪器，需要的仅仅是足够的自由，是头脑、人和论文。"他这时已持有议会通过的建立研究院的法令，但在它建立之前，薛定谔先返回牛津，接着又应布鲁塞尔的法兰斯克基金会邀请去比利时任客座教授。

1939 年 9 月初，薛定谔作为一个德国流亡者，忽然发现自己成了敌国侨民。瓦莱拉再次帮忙，通过爱尔兰在大英帝国的高级官员，为他准备了一份安全通行证，使他于 10 月 5 日用 24 小时内有效的签证取道英格兰前往都柏林，开始了他在那儿为期 17 年的侨居生活。他后来称这些岁月是，"非常非常美好的时光。否则我将永远无法了解和懂得热爱这美丽的爱尔兰岛。倘若我在格拉茨

1934 年，薛定谔在圣地亚哥德孔波斯特拉，出席第十四次西班牙科学进步协会（AEPC）会议。

度过这 17 年，无法想象能有什么使我如此高兴。"1941 年高等研究院以关于介子的讨论班正式开办，它分为理论物理学和凯尔特人语言学两部分，薛定谔担任理论物理部主任。蒂林格描写他的教学职位是"一个学者能为自己想象的最好位置：完全的教授和研究自由而没有任何特别的教学责任。"薛定谔在这儿享有的地位类似于爱因斯坦在普林斯顿的地位。高等研究院院址就在坐落于都柏林麦瑞恩广场上的前市政厅，从研究院一开办就在这儿从事研究和学习的海特勒曾回忆起那些可爱的十八世纪的古老乔治式建筑"对安静的工作是非常合适和舒服的"。从这儿步行几分钟，可以抵达三一学院、都柏林大学学院和哈密顿曾任主席的爱尔兰皇家学会，往来方便，学术空气自由活泼。每年都有来自世界各地的年轻物理学家获得津贴，在这儿工作一两年，平均有 10 至 15 名学者居住于此。我国著名物理学家彭恒武就曾于 1941—1943 年和 1945—1947 年两度到这儿从事研究。这里每年一度的夏季讨论会云集了来自各国的物理学家，玻恩和狄拉克也经常参加"这种有趣和令人兴奋的聚会，原来的数学家、如今的爱尔兰首相也常出席。"

安定的环境，优越的条件，使薛定谔得以避开战乱的纷扰，潜心于科学研究和理论思维，他的创造力极大地迸发出来。和晚年的爱因斯坦一样，这个时期薛定谔以特别的热情致力于统一场论的研究，甚至早在 1940 年，"他就试图发明可综合引力的、电磁的和核的相互作用的一种统一场论。"他还预言了弯曲空间中粒子的创生，讨论了微观世界中时空概念的使用限度，并力图构造膨胀宇宙中的本征振动和波包。他对相对论理论和宇宙学的贡献，集中反映在 1950 年和 1956 年先后发表的《时空结构》和《膨胀着的宇宙》这 2 本书中。同时他也研究介子场和非线性电动力学，继续保持他对量子力学和统计力学的兴趣，他在高等研究院讲课基础上写作的《统计热力学》一书，以惊人的清晰和统一的标准方法，论述了统计力学的基本问题及其应用，特别是对那些通常被忽略的重要问题如能斯特定理和吉布斯佯谬等作了较详细的讨论。

也正是在这一时期，薛定谔的目光更加开阔和深刻，转而对物理学的基础、它对其他自然科学的影响、它的发展与认识论的关系等问题进行探索，作出了可贵的贡献。

科学的统一，是薛定谔毕生的信念和追求。在物理学中，他曾致力于相对论和量子力学的结合，致力于综合各种相互作用的统一场论，但他的尝试并不限于此。出于"从祖先那里继承了对统一的无所不包的知识的强烈渴望"，"想把所有已知的知识综合成一个整体"，出于对奇妙的生命现象，特别是对遗传性状的不变性和新陈代谢等的物理思考，使他宁愿放弃已取得的名望，"敢于承担使我们成为蠢人的风险"，敢于着手去综合不同学科的实验事实和理论知识。他运用物理学的最新成就和方法剖析生命现象，提出了一些很有价值的见解，其主要论述以《生命是什么》为题发表于 1944 年，这本不到 100 页的小书在西方科学界产生了极大的影响。

二次大战结束期间，物理学家普遍地感受到职业上的痛苦。物理学的发展导致了毁灭性核武器的产生，使无数生灵涂炭，促使许多物理学家对自己的工作与人类福利的关系重作深刻的反思；另一方面确实比之于量子力学迅速发展的激动人心的年代，理论物理学已进入一个相对平静的时期。在这种时刻，作为量子力学创立者之一的薛定谔提出用热力学和量子力学研究生命的本质，认为新的物理学定律将在这种研究中发现，预告了生物学革命的新时代的黎明，很快吸引了一批年轻的物理学家进入这个充满希望的新领域。1953 年 J. 沃森和 F. 克里克在 M. 威尔金斯的 X 射线衍射资料基础上发现了 DNA 的双螺旋结构，这是 20 世纪生物科学中最伟大的成就，标志着分子生物学的发端。他们 3 人因为对"核酸分子结构及其对生物中信息传递的意义"的发现获 1962 年生理学诺贝尔奖。其中克里克和威尔金斯战时都是服务于军事部门的物理学家，战争结束后他们寻找一个新的研究领域，正是《生命是什么？》使克里克在基本粒子和生物学二者中选择了后者，也使"部分由于原子弹对物理学失去兴趣"的威尔金斯"为控制生命的高度复杂的分子结构所打动"而进入了生物学。沃森则是在芝加哥大学学生物时读了《生命是什么》，"深为发现基因的奥秘所吸引"。其他如 1969 年获诺贝尔奖的 S. 鲁里亚及 E. 查尔加夫、S. B. 本泽等著名分子生物学家也承认为《生命是什么》所影响。仅此几例可见，《生命是什么》在 20 世纪的生物学革命中的作用确实非同凡响。

诚然，薛定谔于生物学并非行家，他所具有的"只是第二手的和不完全的知识"，但正如威尔金斯所说，他的著作所以有影响的理由之一就是他"是作为一个物理学家写作，如果他作为一个正式的大分子化学家写作或许就不会有同样的效用。"正是从一个有深邃眼光的理论物理学家的角度，他对生命物质和遗传机制等问题发表了精湛见解，开拓了某些新的途径。

分子生物学的研究目的，是认识生物大分子的结构和功能。正是这些生物大分子的结构决定了它们的性质和在生命过程中的作用。生物体中遗传性状的不变性，说明了基因作为遗传物质在外界无序干扰中的高度稳定性，这用经典统计物理的涨落观念是无法解释的。薛定谔发挥了 M. 德尔布吕克的思想，提出基因大分子的稳定是由于原子间的海特勒－伦敦键使它们稳固地结合在一起。这些元素的排列浓缩了涉及有机体未来发育的精确计划的"遗传密码"，能在很小的空间范围内体现出复杂的决定系统。基因的"突变实际上是由于基因分子中的量子跃迁所引起的"，"这种变化在于原子的重新排列并导致了一种同分异构的分子"。而比之于原子的平均热能，这种构型变化的阈能之高使这种变化的几率极低，这种罕见的变化即自发突变，它们成为自然选择的基础。这里，薛定谔率先引入了"遗传密码"的概念，并致力于解释遗传信息的物理基础，成为分子生物学的信息主义学派的先驱之一。

薛定谔承认，他写作《生命是什么》的唯一动机是揭示"生命物质在服从迄今为止已确立的'物理学定律'的同时，可能涉及到迄今还不了解的'物理学的其他定律'"。由热力学第二定律，孤立系统的不可逆过程中熵值总是趋于增加，系统总是趋于概率增大的无序状态，直至达到热力学平衡。而生命却是物质的有秩序有规律的行为，生命有机体作为宏观系统能保持自身的高度有序状态和不可几状态，避免很快地衰退到平衡态，甚至能不断向增加组织性的方向进化。应当怎样解释生命物质的这种功能呢？薛定谔在前人把新陈代谢解释为物质交换和能量交换的基础上，引入了"负熵"的概念。他认为"一个生命有机体在不断地增加它的熵——你或者可以说是增加正熵——并趋于接近最大值的熵的状态，那就是死亡，要摆脱死亡，就是说要活着，唯一的办法就是从环境里不断地汲取负熵。……有机体就是赖负熵为生的。或者更确切地说，新陈代谢中本质的东西，乃是使有机体成功地消除了当它活着时不得不产生的全部的熵。"他定义负熵 Klog（D 为无序状态的量度），并举动物为例，认为它们正是从极有秩序的食物中汲取秩序维持自身组织的高度有序水平。尽管他的论述不免粗糙含糊，但无疑其中蕴涵着极有价值的开拓性见解。引入负熵概念，指出生命物质具有从外界环境中汲取负熵以维持自身和产生有序事件的自组织能力，薛定谔的这些论述对于后人关于生命系统的研究很有影响，普利高津的耗散结构理论和贝塔朗非的生命系统论都从中获益匪浅。

《生命是什么》的重大意义，并不止于引进上述新的概念来说明一系列生命现象。它的深远意义还在于提出了下面这个重大问题："在一个生命有机体的空间范围内，在空间和时间中发生着的事件，如何用物理学和化学来解释？"以及他力求阐明和确立的初步答案："当前物理学和化学在解释这些事件时明显的无能为力，决不能成为怀疑这些事件可以用物理学和化学来解释的理由。"他提倡用物理学和化学的理论、方法和实验手段研究生物学，并且身体力行地在这方面有所建树，这正是薛定谔对生物学的主要贡献。量子力学的诞生，正是微观层次的理论物理学高度发展的标志，它为从分子水平说明生命现象提供了很有帮助的理论工具，而 X 射线衍射技术等也为探测生命物质的结构提供了有效的实验手段。引进精密科学的概念和方法，将使发展较慢的生物学经历重大的变革，从定性描述跃居定量科学的行列，以较准确地把握不同层次上生物的结构和功能。由于薛定谔本人的声望，他提出问题的明确性和时机，他对回答这问题的有成效的尝试，使他给物理学和生物学的结合以极大的推动，成为探索两者统一的先驱，同时也促成了分子生物学的诞生，以至日本遗传学家近藤原平评价说：“给予生物学界以革命的契机的是叫作《生命是什么》的一本小册子。它所起的作用正像《黑奴吁天录》这本书成为奴隶解放的南北战争的契机一样。”

在都柏林时期，薛定谔作为高级教授，还负有一项他胜任愉快的义务，定期公开发表一系列通俗演讲，这也是他的主要科学工作之一。他既是一个著名的科学家，也是一个天生的通俗解释能手，他对陈述自己的思想倾注了大量的精力和辛勤劳动，言辞中洋溢着艺术天赋，能以自己的明晰、智慧和深入浅出的讲解使听众折服，即便外行也能理解他表述的科学和哲学问题，以至于索末菲称之为独特的“薛定谔风格”。他的学生 W. 尤尔格劳则称他“处理最复杂最需要的现代物理学概念更像一个艺术家而不是方法论教师”，“他的惊人的科学解释能力甚至在他的研究领域之外也表现出来”。他的演讲不仅光大着科学精神，充满了哲理，其本身也常常就是极有价值的科研成果。例如《生命是什么》就出自于这样的系列演讲，其他如《科学与人道主义》、《自然与希腊人》和《精神与物质》等书也是这样。在演讲中，薛定谔能根据听众的不同采用德、英、法、西班牙四种语言，他的希腊文和拉丁文也很好。

6．维也纳：毕生的探索、荣誉的巅峰

二次大战结束后不久，奥地利试图说服薛定谔返回家乡，甚至 K. 伦纳总统也于 1946 年出面劝说，但薛定谔不愿回到当时仍在苏军占领下的维也纳。其后的岁月里，他和妻子常去奥地利的蒂罗尔山区游览，但直到 1956 年才决定返回故乡，此时气喘病和支气管炎已限制了他的创造力。他的朋友蒂林格为他安排了维也纳大学理论物理学名誉教授的特别职位。尽管他已年届 70，到了通常的退休年龄，但仍授课一年。正是在这最后的岁月里，他写下了哲学自述《我的世界观》的后半部分“什么是实在的？”，归纳出他毕生的哲学探索的归宿。

薛定谔始终对哲学抱有浓厚的兴趣。和爱因斯坦、玻尔、海森堡等人一样，他也是 20 世纪物理学革命中涌现的集杰出的科学家和思想家于一身的风云人物。他崇尚理性，热爱科学，富于开拓精神，在努力探索自然规律的同时，也瞩目于哲学认识论研究的基本课题，对人类的思维对象和思维规律作深刻的反思。早在 1925 年，在《我的世界观》的前半部分“途径的探索”中，他认为科学家的哲学思想在他们的研究工作中起着“引导者、先遣队和脚手架”的作用。他坚持“自然界的可理解性原理”，力图在波动力学的建立中贯彻他的直观性要求。在量子力学大论战中，他与爱因斯坦一样，固守素朴实在论，认为独立于人们的意识的实在是我们认识的对象。但薛定谔力图区分自然科学中的哲学问题和一般哲学问题，认为两者属于不同层次。关于后者，他对自然和自我（Nature and Self）的关系、人类意识的起源等问题苦思不得其解，最后还是走向了东方的神秘主义，在古印度吠檀多哲学中找到了他的理想——梵我不二论（Doctrine of Identity）。他的哲学思想是丰富而杂乱的，这里就不再介绍了。

　　薛定谔在晚年登上了荣誉的巅峰。奥地利授予他大量的荣誉以致褒奖和谢忱。他刚回国就获得维也纳城市奖。政府设立了以他的名字命名、由奥地利科学院颁发的奖金，他是第一名获奖者。1957 年，他又荣获奥地利艺术和荣誉勋章。他曾写道："奥地利在各方面都给我以慷慨的款待，这样，我的学术生涯将荣幸地终止在它由之开始的同一个物理学院。"1957 年 5 月 24 日薛定谔接受了联邦德国高级荣誉勋章。他还曾被许多大学和科学团体授予荣誉学位，其中包括教皇科学院、伦敦皇家学会、柏林的普鲁士（后称德国）科学院和奥地利科学院。1957 年，薛定谔幸免于一次危及生命的重病，但他再也没有完全恢复健康。他于 1961 年 1 月 14 日逝世，被安葬于他所喜爱的蒂罗尔山下的爱尔贝克小山村。

　　很难以对薛定谔加以简略的概述，无论是就他广博的知识、充沛的创造力，还是就他复杂的性格而言。玻恩在纪念他的文章中说："我没有能力描绘这位出色的、具有多方面才能的人物的形象。他涉足的许多领域我知之甚少——特别是文学和诗歌方面——他也很少关心我喜爱的东西，如音乐。他是有缺点的，脾气暴躁的，同时也是有魅力的，讨人喜欢的。"他兴趣广泛，爱好经典名著，也熟悉当代艺术，曾发表过一本《诗集》，也自己动手尝试过雕塑。在演讲中他能旁征博引古希腊哲学家。对古印度哲学也颇为神往。他对科学史、科学哲学及方法论都有许多论述，其中哲学论著有 6 本之多。在他的专业领域范围内，薛定谔除了 5 本著作（包括论文集）外，还发表了不下 150 篇论文，其范围几乎覆盖了所有理论物理学前沿，尽管随着时代和科学的发展，"百科全书"式的人物愈加难以出现，但他确实具有这样的气质。

　　薛定谔继承了维也纳的秉性，古老的奥匈帝国特有的文化传统和奥地利人保持平衡的生活技巧在薛定谔气质中的折射和深沉，使他既富于批判精神，为寻求真理在争论中其态度之尖锐甚至令人不快，同时又不乏灵活，不排斥必要的暂时的妥协。艾尔萨塞（W.Elsasser）在回忆薛定谔时说自己最深的印象是"他的沉静和爱开玩笑。他的强烈的幽默感使他能保持平衡。我有时瞥见精心藏于他甜蜜文雅的生活背后的痛苦，这是个人悲剧和社会悲剧的结合。他没有子女，这对一个如此酷爱生活的人必定是残酷的。他也经历了哈布斯堡王朝的垮台和两次大战的失败，看到多少世纪以来构成欧洲基础部分的他的祖国古老奥地利的总崩溃。……到 1940 年，每个人都很明白，历史将继续，但古老的奥地利已消失了。"

　　在日常生活中薛定谔不拘小节，是个很随便的人。在到布鲁塞尔出席索尔维会议时，他自己用帆布包背上所有行李，徒步从东站走到代表下榻的旅馆，以致被接待处当作流浪汉而拒之门外，直到他说出为他保留的房间的号码。尽管他善于同别人讨论问题，交流思想，但实际工作几乎都是单独做的，只有 10 篇左右的论文与他人合作。他很少接受学生和他一起工作，他认为科学的公共性质并不仅仅在于和同事或学生的关系。

　　然而，人们却不难从薛定谔的全部工作中得出这样一个结论：他毕生都在为人类对自然和自我的理解而奋斗。从薛定谔方程到《生命是什么》，他在通往这个崇高目标的道路上留下了一座座路标，无形中也嵌上了自己的名字，使后来者从中获得激励和启示。

参考文献

［1］William T.Scott, *Erwin Schrödinger: An Introduction to His Writtings*, Univ. of Massachusetts Press, 1967.

［2］Armin Hermann, *Dictionary of Scientific Biography*, Vol. XII.

［3］M. Born, Erwin Schödinger, *Physikalische Blötter*, 1961, JG17, pp.85—87.

［4］弗里德里希·赫尔内克：《原子时代的先驱者——世界著名物理学家传记》，徐新民译，科技文献出版社，1970 年。

［5］M.Jammer, *The Conceptual Development of Qusutum Mechanics*, McGraw–Hill, N.Y., 1966.

［6］R.Olby, *The Path to the Double Helix*, Macmillan, 1974.

（选自《自然辩证法通讯》1986 年第 2 期，《薛定谔：为人类理解自然和自身而奋斗》，作者胡新和，《自然辩证法通讯》前主编，中国科学院大学人文学院教授。研究方向为科技哲学和科学思想史。）

狄拉克

革新人类自然图像的一代宗师

1. 寡言深思的少年

保罗·狄拉克 1902 年 8 月 8 日生于英国布列斯托尔城。父亲查尔斯·狄拉克（Charles Dirac）出生于瑞士，年轻时侨居英国并在那里结了婚，后来在布里斯托尔城贸易商人高级职业学校教法语。他十分重视对保罗的教育，要求也很严格。为了让保罗学好法语，他只准保罗在家里讲法语。而保罗每当发现自己不能很好地用法语表达时，就保持沉默。这一早年教育无疑促成了保罗沉静、内向性格的形成。从童年时代开始，保罗就喜欢独自一人面对大自然凝神默想。

在父亲的影响下，保罗从小喜爱数学，中学时自学了许多数学书，甚至学了非欧几何。但他感兴趣的主要是现实的物理世界，而不是单纯的逻辑问题。他当时认为，与现实世界相适应的显然是欧几里得几何，因此就没有必要去考虑那些在逻辑上换一条公理的非欧几何了。保罗的这一思想倾向与他在父亲任教的学校上学有关。该校重视科学，每周讲 3 小时物理课，做一个下午的实验，化学教师很早就在课堂上介绍原子和化学方程，学生还可以利用布里斯托尔大学工学院的实验设备来获得实际操作的经验。

保罗不喜欢文艺，很少看小说。有一次他读

狄拉克 (Paul Adrien Maurice Dirac，1902—1984)

完了陀思妥耶夫斯基的《罪与罚》的英译本（目的是为了学英文），有人问他是否喜欢，他回答说："很好，但有一章作者出了个错误，他在一天中描写了两次日出。"这就是保罗对陀思妥耶夫斯基小说的唯一评价。很多年以后，他还对奥本海默说过："你怎么能够同时又搞物理又写诗呢？科学的目的是用简单的方法使困难的东西变得易于理解，而诗则是以不可思议的方式来表述简单的东西，两者是不相容的啊！"

16岁时，狄拉克跳级读完了中学，进入布里斯托尔大学学工学。他的中学物理老师 D. 罗伯逊那时到该校教电工。在老师的影响下，狄拉克选择了电工专业。罗伯逊要求学生有条有理地安排生活，他喜欢那种能表现出数学的技巧和优美的计算方法，而不十分强调严格的证明。狄拉克在校学了材料测试、建筑物压力计算等课程。这些工科训练对狄拉克科学思想的形成影响颇大，特别是使他接受了近似观念，认识到"在现实世界中，方程都仅仅是近似的"。他认为"如果我没有受过这种工科教育"，那么在后来的研究中"必定不会取得任何成果"。

狄拉克上大学的第二年（1919年），爱丁顿率领的远征考察队在日全食时证实了爱因斯坦根据广义相对论作出的光在强引力场中将会发生偏折的预言，这使相对论得到了广泛的传播。狄拉克也立即卷入相对论热之中。他热心地听布罗德所作的关于相对论的学术报告，与同学们讨论相对论的各种问题，自学了狭义相对论和广义相对论，还读了爱丁顿的《时间、空间和引力》。他曾仔细考虑过，觉得应该从一般的四维观点来考虑时间与空间的关系，并对几何学的重要性有了新的认识。

17岁的少年正是开始形成自己的思想的时候，爱因斯坦成了少年狄拉克心目中主要的英雄。狄拉克是怀着对爱因斯坦极端崇敬的心情成长的，而且始终不渝地维持到现在。据他妻子说，爱因斯坦逝世时他哭了，她一生只看见他哭过这么一次。他走遍了全世界，去参加一个又一个爱因斯坦诞辰一百周年纪念会，这样的会他一个也不愿意错过。他认为，正是那阵相对论热使他认识到"所有的自然规律都只是近似的，……是表现我们现有知识状态的近似"，并使他"准备把力图改进它们作为一项任务"。少年时期对相对论的兴趣为他日后取得伟大的科学成就——创立相对论性量子力学——播下了种子。

青年狄拉克虽然并不像一般工科学生那样轻视哲学，他也觉得"哲学中可能会有某些道理"，但他读完了穆勒的《逻辑学》，所得的结论却是"哲学对物理学的进展不会有任何贡献"，一直到1981年狄拉克还说，"对于科学哲学，我一窍不通"。这说明他一直没有放弃大学时代形成的看法。

1921年，19岁的狄拉克大学毕业并得到学士学位。听从父亲的劝告，他考取了剑桥圣约翰学院每年70镑的"1851年奖学金"，但这不足以维持在剑桥的学习生活，于是他留在家乡。当时英国正值经济萧条，狄拉克找不到职业。幸而不久母校数学系赏识他的数学才能，为他提供了免费学习的机会。狄拉克在那里用2年时间学完了3年的课程。该校教师弗雷泽讲授的投影几何对他以后的工作产生了深刻的影响，这主要是指一一对应的方法。他觉得这种方法的优点是便于处理具有特定变换性质的洛伦兹变换，而在这些变换和对应之中，他感到有一种数学美。他认为这是一种"有用的研究工具"，使他终生受益匪浅！

2．迅速进入前沿

1923 年，狄拉克又得到剑桥大学科学和工业研究系高级数学方面的补助金，于是进剑桥圣约翰学院当理论物理研究生。他整天在图书馆里看书，剑桥哲学学会图书馆、大学图书馆、圣约翰学院图书馆和卡文迪许图书馆都是他常去的地方。其中，他特别喜欢卡文迪许图书馆，在那里他可以不受干扰地工作。他从不满足于从听讲演中得到一些一般的见解，而喜欢通过自己的阅读去获得准确详尽的资料。

狄拉克对相对论的兴趣到剑桥后依然不衰，他研读了英国爱丁顿的新著《相对论的数学原理》，并克服重重困难终于掌握了它。爱因斯坦的相对论通过爱丁顿的著作对狄拉克的整个科学思想发生了深刻的影响，成为他从事科学活动的主要灵感源泉。狄拉克特别佩服爱因斯坦能够根据这么少的假设解释那么多问题的方法。爱丁顿就在剑桥，狄拉克非常高兴。当时英国认为爱丁顿"是相对论的主要倡导人，而爱因斯坦则处在遥远的幕后"。狄拉克很幸运，有几次得以直接与爱丁顿就运动学和动力学的速度问题作了一些讨论。在这些讨论的基础上，狄拉克写了一篇题为《关于粒子的相对论动力学的评注》的论文，发表在 1924 年的《哲学杂志》上。

狄拉克对几何学的兴趣也有增无减。他先是听了麦克斯·纽曼关于广义相对论的几何方面的课程，后来又经常参加天文学和几何学教授亨利·贝克主办的星期六茶会。在那里，大家讨论投影几何，研究高维空间里所能构造出来的各种图形。投影几何方法的威力给了狄拉克很深的印象。狄拉克本人也在一次茶会上做了他生平第一次学术报告，"论述了处理这些投影问题的一种新方法"。这些茶会极大地激起了他对数学美的兴趣，因为在茶会上最重要的事情就是努力把各种数学关系表达成最优美的形式。

由于英国研究相对论的专家坎宁安就在剑桥，狄拉克初到剑桥时就一心想跟他搞相对论。可是坎宁安不想接受研究生，所以就把狄拉克分配给了福勒。这未免有点使狄拉克感到失望，因为福勒关心的并不是相对论，而是量子论。

狄拉克很快发现这种失望是没有道理的。因为福勒为他打开了一个新奇有趣的新领域，这就是卢瑟福、玻尔和索末菲的原子论。福勒当时是剑桥量子论的真正中心人物，经常到哥本哈根访问玻尔的研究所，带回崭新的发展情况，并常请玻尔到剑桥做学术报告。当时剑桥的理论物理学与实验物理学是分开的，前者归数学系，后者属于物理系。但由于福勒与他那位主持卡文迪许实验室的岳父卢瑟福的接近，使理论与实验分家的情况有所改变。狄拉克经常到卡文迪许参加实验方面的讨论会，听卢瑟福、阿斯顿、威尔逊等人谈他们的实验工作。后来，狄拉克还与卡皮察成为亲密的朋友，他们在一起搞实验工作。与实验物理学家的这些接触使狄拉克学会了如何去估价实验问题中的一些困难方面，而这对理论探索是有用的。

当时剑桥各学院的数学家以及由实验物理学家和理论物理学家联合组成的"Δ2V 俱乐部"和"卡皮察俱乐部"都经常讨论量子论问题。在这种浓厚的学术气氛中，量子论很快成了狄拉克的兴趣中心。以前，狄拉克从来没有听到过玻尔理论，在布里斯托尔学数学时，他与物理学家没有任何接触，而所学的应用数学也从未超出过势论。这下子可真是大开眼界。狄拉克迅速深入到玻尔理论的核心：为何核外电子不会按经典电动力学的规律发生辐射而落入核中？玻尔量子条件的依据究竟是什么？他苦苦地思考着这些问题。

玻尔的理论当时给予狄拉克以极其强烈的印象，玻尔关于量子化条件的理论基础——对应原理（经典系统规律是量子系统规律的极限形式）——使狄拉克坚信两类系统应有一个共同的理论基础，即哈密顿动力学。由于狄拉克要求的是能用方程来表示的说明，因此，玻尔在剑桥的讲学对于狄拉克后来的工作至少没有直接的影响。狄拉克认真研读了索末菲的《原子结构与光谱》，哈密顿的动力学及有关高等变换理论，还有惠塔克的《分析动力学》。他对量子论面临的困难和发展形势甚为熟悉。

在剑桥的头两年，狄拉克写了一些关于热力学、统计力学、相对论与旧量子论方面的论文。当时，除了玻尔的对应原理以外，埃伦费斯特的绝热假设也是量子论的重要指导原则。狄拉克认为，对应原理不够精确，人们无法把它表达为明确的数学方程；而绝热原理却可以通过方程用公式表示出来。因此，他曾一度热心于从绝热假设出发来得到新的量子理论，推导出如何从经典定律得到量子积分的绝热不变性的一般条件，又研究过原子与磁场相互作用的绝热不变性问题。他还试图把哈密顿动力学中的角－作用变量引进氢原子等非多重周期系统中去。当时他觉得这是发展量子论唯一可以遵循的道路。

狄拉克早期研究方法的特点是，从流行的文献中找一个广泛讨论的问题，对前人已经取得的成果在批判地考察的基础上进行推广，从而把它置于比以前更牢靠的更广泛的基础之上。这个特点最明显地表现在他试图把多普勒原理与玻尔频率条件联系起来的论文中。

黑板前的狄拉克

当时，薛定谔已在爱因斯坦光量子假设和玻尔频率条件在一切参考系中都成立这一假定的基础上导出了一个广义多普勒原理，用来表示新参考系中的频率。狄拉克从薛定谔的结果出发，又把它简化成通常多普勒原理的形式，并在相对论推广（把频率推广成频率矢，把不满足相对论的频率关系 $\Delta E = h\nu$ 改写成满足相对论的关系 $\Delta E_\mu = h\nu_\mu$）的基础上重新作了推导，得到了频率与相角对时空坐标的导数成比例这个一般结果。狄拉克的这种研究方法使他能尽快地接近物理学研究的前沿，从而迅速地结束了从学习到研究的过渡阶段。当然，狄拉克之所以能采用这种方法，是与剑桥大学自由的学术气氛和福勒放手让狄拉克接触最新学术发展分不开的。

狄拉克的性格和习惯在剑桥时期没有多大变化。他生活简朴、不好交际。他很少看文艺作品，从不去剧院，喜欢独自工作和沉思默想。与许多学生一样，他对政治不感兴趣，集中全力想更好地理解物理学面临的困难问题，完全投身于科学工作。只有星期天才放松一下，如果天气好，他就一个人带着午饭到乡下去散步。在散步时，狄拉克并不有意思考什么问题，但是脑海中也常常涌现出新颖的想法。比如，使他一举成名的量子泊松括号的想法，就是在散步时产生出来的。

3. 崭露头角

1925年7月28日，在剑桥卡皮察俱乐部第94次会议上，海森堡作了一个报告，题目是"塞曼效应中的反常现象"。报告快结束时，海森堡介绍了他的新力学。狄拉克参加了这次报告会，因为他太疲倦了，对这一新力学没有留下什么印象。8月底，正当狄拉克与双亲在布里斯托尔度假时，福勒把海森堡寄给他的论述新力学的第一篇论文的校样转寄给狄拉克，并问他对此有何想法。狄拉克起初对这篇论文并不重视，因为它与哈密顿理论有点不一致。但当他过了十来天重读这篇论文时，却突然意识到，它包含着打开原子世界秘密的钥匙，并随即把注意力集中到理论中最关键的一点——量子变量乘法的不可对易性上。这个不可对易性表示了量子理论与经典理论的本质差别。狄拉克理论探索的主要兴趣是要找出差别背后的内在联系，也就是如何把海森堡力学纳入哈密顿体系的问题。

暑假结束返校后，狄拉克继续紧张地思考这些问题。十月的一个星期天，狄拉克独自到乡下散步。尽管想要休息，但脑子里却甩不掉那个表示不可对易性的不等于零的对易子 $uv-vu$（u，v 分别表示量子力学量）。他想到了泊松括号，那个他以前在高等动力学书籍中专攻过的奇怪的量。当时他记不清泊松括号的精确公式，只有一些模糊的回忆。但他觉得，两个量的泊松括号与对易子好像十分相似。这个想法刚一闪现，他就激动地预感到，他也许领悟到了某些重大的新观念。这时，他经历了他自称是一生中最振奋的一刻。紧接着的反应是，"不对，这可能错了。"究竟是对是错？在乡下根本无从判断，这使他焦躁不安，并立即赶回家查阅书籍笔记。他翻遍了所有的教科书和各种听讲演时做的笔记，但其中竟没有一处提到泊松括号。那正是星期天的傍晚，所有的图书馆全都闭馆了。他什么也不能干，只好迫不及待地熬过那一夜，不知道这一想法是否真有价值。在那兴奋、苦恼、而又激动的一夜里，他的信心逐步增强了。第二天清晨，图书馆刚开门，他就赶紧去了，在惠塔克的《分析动力学》里查到了泊松括号。那正是他所需要的。它与对易子十分相似，只要在经典泊松括号前加上一个系数 $\frac{ih}{2\pi}$，对易子就成了它的量子力学类比物。

把对易子与泊松括号连结起来的想法是狄拉克在量子力学工作上的出发点。这一步骤的重要性在于，它提供了一种处理量子论中力学量偏微分的方法。狄拉克进而探讨了量子变量微分的一般定义，并求得了量子条件。这种量子条件与玻尔－索末菲量子条件不同，没有任何人为的外加成分，而是在量子论本身的基础上推导出来的结果。一般说来，使理论具有严整的逻辑基础和内部自洽性是狄拉克研究的最鲜明的特色。

1925 年 11 月，狄拉克把这一研究成果写成论文，这是他的第一篇量子力学论文。福勒把它提交到皇家学会。皇家学会十分重视，破例立即予以发表。海森堡读了狄拉克寄去的论文后，在三天内回了三封信，对论文作了极高的评价。他认为狄拉克关于"量子微分的一般定义和量子条件与泊松括号间的联系"这一研究成果，使量子力学"大大前进一步"，并对狄拉克用以攻下这个问题的数学上的简单性感到钦佩。

23 岁的狄拉克就这样以一篇第一流的论文在物理学界崭露头角。令人惊叹不已的是，狄拉克凭借一种新颖的见解，轻轻扫去了横在玻恩、海森堡和若尔当三人面前的巨大困难，一举完成了构造量子力学的数学形式体系的工作。狄拉克的这篇成名作是抽象思维的典型，表明他的独立的研究风格已经形成。此后，他就沿着这条高度抽象的道路继续前进。

几个星期后，狄拉克就发展了一种比矩阵力学更抽象因而也更普遍的 q 数（指非对易的量子变量）理论。他用 q 数方法写下电子方程，把力学量当作 q 数，然后去解方程，得到了氢原子光谱的理论，特别是推出了巴尔末公式。他把这些结果写成两篇论文迅速发表了。海森堡收到狄拉克寄去的论文后回信说："我看到您最近关于氢原子的工作，我在物理学界落后了。"

狄拉克的创造力是惊人的。到 1926 年 3 月，他又完成了关于康普顿效应的研究。这在当时是个很困难的问题。不仅哥本哈根的物理学家们对它议论纷纷，跃跃欲试，就连索末菲这样的大师也意识到这是个很棘手的问题。1926 年 3 月 13 日，爱丁顿邀请狄拉克喝茶，那时正在剑桥访问的索末菲也在场，有幸见到索末菲这位久已敬仰的师长自然使狄拉克十分高兴。谈话间，狄拉克提到自己已根据量子力学解决了康普顿效应问题。索末菲一听大为生气，以为他在吹牛。在场的福勒赶紧解释，说自己的学生刚刚做完这项工作，这才使索末菲平静下来。这年 6 月，狄拉克专心致志地完成了有关康普顿效应的论文，并获得了博士学位。

4. 从第一流学者到一代科学伟人

由于海森堡一再强调，狄拉克开始注意并终于热情地接受了薛定谔的波动力学。在迅速掌握了薛定谔使用的本征值本征矢技巧以后，他用各种技巧处理全同粒子多体波函数。1926 年 8 月他发表了研究结果，用对称波函数描述的粒子服从玻色－爱因斯坦统计法则，而用反对称波函数描述的粒子则服从另一种统计法则，它与泡利不相容原理是一致的，后来人们称之为费米－狄拉克统计法。他还给出了统计类型与波函数对称性质间的内在联系。

1926 年 9 月，年轻的狄拉克博士研究生毕业了，他想出去旅行，他向往着量子力学的发源地哥廷根。但福勒劝他去哥本哈根。他接受了福勒的建议，到哥本哈根访问。他受到亲切友好的接待，结识了玻尔、埃伦费斯特、伽莫夫和泡利等人，大大开阔了眼界。在哥本哈根不到半年，他完成了两项重要的研究。一项完成于 1926 年 12 月，通过引进 δ 函数，完成了由若尔当和朗佐斯开始的变换理论，把旧矩阵力学与波动力学统一起来，并作了普遍的推广，提出了量子力学的普遍物理诠释，从而使非相对论性量子力学成为严整的理论体系。另一项完成于 1927 年 2 月，通过把量子化过程应用于电磁场波函数本身，从而建立了完备的辐射理论，从量子力学出发，推导出整个爱因斯坦辐射理论，实际上开创了量子电动力学和量子场论的理论。

1927 年 2 月初，狄拉克从哥本哈根启程赴哥廷根，途经汉堡时参加了正在那里举行的德国物理学会会议。德国物理学家惊人的精力和不知疲倦的工作作风给他留下了深刻的印象。从汉堡到哥廷根的火车上，狄拉克认识了宇宙学家罗伯特逊，这次邂逅使狄拉克对宇宙模型产生了兴趣。

在哥廷根，他与玻恩、海森堡经常见面，与奥本海默住在同一个供膳宿的公寓里，成为亲密的朋友。他会见了俄国物理学家塔姆，与他一起游了哈尔茨山。他还见到大数学家希尔伯特和柯朗，听了外尔的群论课，这使狄拉克的数学知识提高到一个新的水平。哥廷根的数学气氛，特别是外尔的数学想象力和洞察力，一直使他感到数学也许是描写物理世界最深奥秘密（诸如规范不变性、CP 自发破坏，宇宙的左右不对称等等）的有力工具。

1927 年 4 月，狄拉克在哥廷根发表了《色散的量子理论》，彻底抛弃了经典类比，完全用自己刚建立的辐射与原子相互作用理论，在取了一级近似并把含时微扰计算到第二项的情况下，导出了克拉默斯与海森堡的色散公式。

同年 6 月，他与奥本海默接受了埃伦费斯特的邀请，去莱顿访问，同时到乌脱勒克访问了克拉默斯。10 月到布鲁塞尔参加索尔维会议，见到了包括爱因斯坦和洛伦兹在内的一大批杰出物理学家，并在会上就二次量子化方法作了一次发言。

这次索尔维会议的一个重要议题是量子力学的物理诠释。狄拉克在会上就物理过程的经典描述和量子描述间的差别作了详细的评论。他认为，量子描述中的测不准关系与非决定论是自然界中存在的客观过程的一种主观描述。他说："自然界作出一种选择……我们不能预测这个选择将是什么。"这一立场招致了海森堡的反对："说自然界作出选择是没有意义的，只是由于我们的观察，才造成了本征函数的收缩"。狄拉克强调本征函数展开的客观性，海森堡强调测量时观察者的作用，这自然反映了两种不同的哲学倾向。

会议期间还有个插曲。在一次讲演之前，玻尔问狄拉克："你现在做什么工作？""我正想搞出一种相对论性电子理论。""可是克莱因已经解决了这个问题。"狄拉克听后有点吃惊，因为他觉得玻尔对克莱因方程相当满意是没有道理的。

　　狄拉克不满意克莱因理论，因为它会导致负几率，不合乎他对量子力学的普遍物理诠释。诚然，可以把几率密度修改为电荷密度，从而使克莱因理论成为描述电子集合的理论。但狄拉克认为，没有单电子理论为基础的多电子理论不能看作是一种合乎逻辑的理论。为了得到合乎逻辑的理论，狄拉克设法建立一种对时间和空间坐标来说都是线性的微分方程。这在数学上相当于求得一种线性形式的四项平方和的方根。在解决这个难题时，狄拉克从泡利的二行二列 σ 矩阵那里得到很大启发。1928 年 1 月，25 岁的狄拉克用四行四列矩阵代替 σ 矩阵，使全部困难迎刃而解，成功地建立了相对论性电子理论。

　　这一理论取得了巨大的成功，它为 20 年代量子物理学中原有各自独立的主要实验事实，包括电子的康普顿散射、塞曼效应、电子自旋、磁矩和索末菲精细结构公式等等，提供了一种统一的具有相对论不变性的理论框架，并为氢原子提供了一种模型。但与这些成功一起出现的还有严重的负能困难，即方程给出了没有物理意义的负能解。对负能态的存在怎样才能作出合理的解释呢？为什么正能电子不会向无限深的负能态跃迁，从而释放出无穷大的能量呢？对于这些问题，狄拉克在一个相当长的时间内感到迷惑不解。因此，除了 1928 年 6 月在莱比锡大学讲演时总结了这一理论外，将近两年时间，他没有就这理论发表过任何东西。

　　1929 年，他应邀到美国密歇根大学和威斯康星大学访问讲学 5 个月。随后与海森堡同舟横渡太平洋去访问日本，接着穿过西伯利亚返回英国。在太平洋上，狄拉克与海森堡两人经常坐在甲板的椅子上，长时间地谈论各自在美国的经历和对原子物理学未来发展的想法，同时讨论方法论问题。海森堡认为，只有对广泛的范围内各种困难问题的统筹兼顾，才有助于清除科学发展道路上的各种障碍。狄拉克的出发点则是特殊问题而不是广泛的联系。他认为科学家决不能一次解决一个以上的问题，任何人在某一时期想要这样做就是狂妄，因为在原子物理学中每走一步都要经历异常艰巨的斗争。重要的是搞清楚出现在发展的某一特定阶段的概念结构，抓住真空的问题，过多地考虑包含着无数困难的全局只会使人泄气。不过两人都以玻尔常说的格言自慰：一个正确陈述的反面是假的陈述，而一个深刻的真理的反面可能是另一条深刻的真理。

　　1929 年 12 月，经过一年多的求索，狄拉克提出一幅崭新的真空图像来克服负能困难。真空并非一无所有，它是所有负能态都已填满而所有正能态全都未被占据的最低能态，它作为背景没有可观察效应；泡利不相容原理限制了正能态电子向负能的跃迁；负能态中的空穴被认为是带正电荷的正能粒子，即质子，它与电子间的巨大质量差来源于额外的库伦作用。在空穴质量问题上，外尔和奥本海默对狄拉克提出了批评，指出从数学上看来空穴质量必须与电子质量相同。到 1931 年 5 月，狄拉克接受了他们的意见，考虑把带正电荷的空穴看作是一种"实验物理还不知道的新粒子，它们与电子的质量相同、电荷相反"，这就是反粒子或反物质。狄拉克根据反物质理论预言了正反粒子的成对产生与成对湮灭，并为物质存在的实物形式和辐射形式的相互转换提供了一种具体机制。

　　1932 年 8 月，安德逊在宇宙线实验中发现了正电子。1933 年布莱克特和奥基亚利尼又在实验室中证实了正反电子对的产生与湮灭。这样一来，狄拉克的反物质理论就实现了图像、概念、物理解释与实验的有效统一，成为 20 世纪最杰出的物理学理论之一。狄拉克提出的真空图像和反物质概念，革新了人类的自然图像，深刻地改变了人类的自然观。德谟克利特等古代原子论者认为，世界由原子和虚空组成。由伽利略和牛顿开创的近代科学所提供的自然图像与此没有什么实质上的不同。虽然光的波动说的复兴曾使以太观念得到过一定的传播，但是，爱因斯坦的狭义相对论否定了洛伦兹以太，从而恢复了真空是虚空的图像。诚然，到 20 年代，爱因斯坦本人也曾指出过，"依据广义相对论，一个没有以太的空间是不可思议的。"但这只是一般的议论，而没有具体的物理内容。可是狄拉克却以一种具体的物理图像，而不是空洞的哲学玄想向人们指出，根本不存在虚空，所谓真空实际上是一种充满物质实体的存在形式。另一方面，它所预言的成对产生和成对湮灭，已使基本粒子失去了不朽性和基本性，从而使"原子"概念也彻底崩溃了。这样，他就彻底摧毁了原子论的自然图像，为一种新的以太图像开辟了道路。特别值得强调指出的是，狄拉克的新自然图像已成为量子场论和高能物理的图像基础，没有这种基础，就难以对微观世界进行进一步的研究。

　　30 岁的狄拉克成了一代科学伟人，他的理论被认为是理论物理学最辉煌的成就。可是他却谦虚地认为："反物质是爱因斯坦狭义相对论的直接结果。"

　　1933 年 12 月，狄拉克与薛定谔共获 1933 年度诺贝尔物理学奖金。在此以前，他于 1927 年 11 月当选为剑桥大学圣约翰学院学术委员会成员；1930 年当选为英国皇家学会会员，同年出版了《量子力学原理》；1932 年当选为剑桥大学鲁卡斯讲座的数学教授，这是牛顿曾经担任过的讲席，得到这个讲席是极大的荣誉。

5．进一步的理论探索

　　1931 年 5 月，在提出反物质概念引入电荷共轭对称的同时，狄拉克还根据电和磁的对称性提出了磁单极子理论。次年，又提出了具有明显的相对论性不变的多时理论量子场论体系，为后来朝永振一郎、费曼、施文格发展协变场论奠定了基础。1933 年 10 月，参加第七次索尔维会议，他首次根据空穴理论通过分离出对数无穷大，提出电荷重正化问题。1934 年又提出了场算子积的真空期望值问题，并第一次用贝塞尔函数写出了在场论的传播子理论和对易子理论中极为重要的不变 D 函数的显示表式。

　　1934—1935 年，狄拉克在美国普林斯顿高级研究院工作了 5 个月，研究高维空间中的波动方程。1935 年 6 月到达日本访问。7 月 8 日应我国清华大学物理系邀请，从日本经塘沽到达北平，在清华工字厅住了两三天，作了关于正电子的讲演，与北平的物理学界人士会见。嗣后，在周培源、任之恭、王竹溪等人陪同下游览了长城。在回国途中曾在苏联西伯利亚观看一次日蚀，并与回苏联后被软禁的卡皮察会见。

　　1937 年，35 岁的狄拉克与维格纳的妹妹玛格丽达结了婚。同年，他提出大数假说，对

20 世纪四五十年代，狄拉克和沃尔夫冈 (1900— 1958) 鲁道夫·派尔斯 (1907—1994) 在伯明翰。

引力常数随时间而变化的假说作了论证，并企图在宏观世界和微观世界之间建立起某种联系。值得指出的是，狄拉克对这一假说的兴趣历经 40 多年而毫不衰减，直到晚年还不断撰文论述。

1934 年以后，作为量子理论应用的原子核理论和介子理论蓬勃发展起来，但狄拉克对于这些应用不感兴趣，他把自己的绝大部分注意力集中在如何使量子理论获得一个严整的逻辑基础上。他看到，现有的量子理论在计算中不可避免地要出现无穷大，这使整个理论在逻辑上处于一种不能令人满意的状况。数十年来，他一直在思考这个问题。这些探索尽管没有取得成果，但其中某些深刻的思想对于量子理论逻辑基础的进一步探讨还是有益的。

到 1951—1952 年，狄拉克提出，电子也许本质上就是一种量子概念而不是经典概念，当前量子电动力学上的麻烦主要不应归咎于量子化的一般原则，而应归咎于我们从一种错误的经典理论出发进行工作。他提出的新方案是在经典级只有电荷的连续分布，只有当量子化后，才出现电子和精细结构常数。但遗憾的是，他一直未能找到适当的量子化方案。

1963 年，狄拉克又提出了一种弦模型，在这种弦模型中，库伦力以法拉第力线型的弦来表示，弦的端点是电子，弦的断与合即对产生与对湮灭。这一工作已经在基本粒子研究中引起了反响，科古特和萨斯坎德的夸克弦模型正是狄拉克弦模型基本思想的直接发展。

1969 年狄拉克从剑桥大学退休，任荣誉退职教授。1970 年去美国纽约州立大学石溪分校和迈阿密大学理论研究中心工作。1972 年任美国佛罗里达州立大学物理系教授。以后，狄拉克参加了一系列理论物理学术会议和活动，发表了一些重要的学术讲演。

在狄拉克近年来的各种讲演中，除了大数假说之外，一个始终贯穿着的主题就是对重正化方法提出了严厉的批评。本来，狄拉克是重正化理论的真正先驱。但是，他对于重正化方法所取得的成就却从来没有表示过赞赏。他认为重正化既没有牢靠的数学基础，又没有相当的物理图像。狄拉克感到重正化方法中最不合逻辑的是，它所忽略的不是微小的量而是无穷大的量。不管狄拉克对重正化的批评是否有失偏颇，但他要求量子论应有一种严密的逻辑结构，而不应只满足于凑合实验数据的计算手段，这些却是完全合理的。

1981 年 5 月，各国科学家在美国洛约勒大学举行科学讨论会，提前庆祝狄拉克 80 寿辰，以便奉献给他的纪念文章能于 1982 年 8 月送到他的手里。

6．正直的学者　深刻的思想

狄拉克为人谦虚，性格内向，平时沉默寡言，但言谈却别有风趣；他热爱科学，追求真理，一心治学，学风谨严，是个独树一帜、从不随波逐流的人。作为一个学者，他不大关心政治，但作为一个正直的科学家，却富有正义感。对于宗教蒙昧主义，他不仅从理性主义的立场出发予以抨击，而且还为维护社会主义而对宗教的社会政治作用进行了有力的揭露，指出"宗教是一种鸦片，它使一个民族沉溺于希望的梦景，使人们忘却那些对人民犯罪的不法行为"。

狄拉克高度重视理论的内在一致性、深信正确的基本理论的严格逻辑推论，即使违背常识性的直观也在所不惜；但他也注意随后引进新的图像来代替常识性的直观，作为把握理论（规律及其数学形式）的自洽性的一种手段。

狄拉克深深被爱因斯坦理论中的数学美所吸引。他一生追求数学美，也大力提倡数学美，1981年5月在洛约勒讨论会期间，狄拉克一再声称："我想我正是和这一概念（优美的数学）一起来到这个世界上的。"这里所说的数学美，指的主要还不是严密、精确、简练，而是物理理论的数学公式具有尽可能广泛的变换不变性。

狄拉克坚信自然界的统一性。这种统一性表现为各种现象间的内在联系和规律，又表现为基本自然规律的普遍适用性。从这种统一性出发，考虑到因果决定论的动力学理论在经典领域中的有效性，狄拉克要求物理学理论在描述自然界各领域（不管是低能物理还是高能物理）时，都应以一种统一的力学理论为基础。

在爱因斯坦的经典决定论和哥本哈根学派的非决定论长达数十年的激烈论战中，狄拉克始终坚持自己独特的观点。他认为，客观世界是决定论的，未受干扰的系统服从因果律，因而必须以表述因果联系的动力学理论来描述。但由于量子系统本身具有"小"的特征，观察所产生的干扰不可能排除，因而"我们不能期望在观察结果之间找到任何因果性的联系"。他在1975年8月于澳大利亚悉尼新南威尔士大学所作的题为《量子力学的发展》的讲演中有一段话颇能代表他的立场："根据现在的量子力学理论，玻尔所拥护的几率解释是正确的。不过爱因斯坦仍然是有道理的。……他认为物理学从根本上应当具有决定论的特征。我认为也许结果最终会证明爱因斯坦是正确的，因为不应该认为量子力学的现有形式是最后的形式。"

在另一个地方，狄拉克更明确地指出，带有非决定论色彩的"现在量子力学理论具有一种过渡性质，它并不是物理学的终结，而是通向更完善理论的一个阶梯"。但他也指出，"当然，不会回到经典物理学理论的决定论。进化不会走回头路，它必然是前进，必然会有一些相当出乎意料的、我们无法预测的发展，使我们更加远离经典观念。"

举世公认，狄拉克是当今世界上最伟大的物理学家。他半个多世纪的理论探索深刻地影响了当代物理学的发展。1982年，适逢狄拉克80寿辰，人们为此举行了世界性的纪念庆祝活动。这表明，狄拉克的工作已成为人类思想宝库中的一份珍品，并继续为理论物理学的发展开拓着广阔的道路。

参考文献 —•

［1］P.A.M.Dirac, *Proc.Roy.Soc.*, London, A109, 642—653（1925）；A113, 621—641（1927）；A114, 243—265（1927）；A117, 610—624（1928）；A126, 360—365（1930）；A133, 60—72（1931）；A246, 333—343（1958）.

［2］*History of 20th Century Physics*, Academic Press, 1977.

［3］*The Physicist's Conception of Nature*, D.Reidel Publishing Company, 1973.

［4］狄拉克：《物理学的方向》，科学出版社，1981年。

［5］*Aspects of Quantum Theory*, A.Salam, E.P.Wigner ed., 1972.

［6］Heisenberg, *Physics and Beyond*, Planned and edited by Ruth Nanda Anshen, 1971.

（选自《自然辩证法通讯》1982年第6期，《狄拉克：革新人类自然图像的一代宗师》，作者曹南燕，任清华大学科学技术与社会研究所教授。研究方向为科学技术的社会文化研究、科学哲学、科技史。）

第四编

艰难时世的跋涉

迈 尔

能量守恒定律的发现者、一位天才业余科学家的悲惨生涯

能量守恒定律是自然科学中最普遍、最基本的定律之一。虽然早在 17 世纪，笛卡尔就提出了宇宙中运动的量是守恒的哲学原理；早在 18 世纪末，朗福德（Count Rumford，1753—1814）、H. 戴维（Humphrey Davy，1778—1829）用实验证明摩擦可以产生热，但是，由于热质说的羁绊，他们没有找出热功当量，也未能发现能量守恒定律。可是，"在 1842 到 1847 年之间，四位彼此相隔很远的欧洲科学家——迈尔、焦耳、科尔丁、赫尔姆霍兹先后公开发表了关于能量守恒的假说"，如果更推广一点，从 19 世纪 30 年代到 40 年代，"有 10 多位科学家郁各自掌握了能及其守恒概念的主要部分"。[1] 这成为科学史上同时发现的突出案例。[1][2] 由进一步考察，可以发现这些科学家是分别从不同途径发现这条定律的，这些不同途径主要是：（1）从研究蒸汽机的效率而得出热功当量并接近能量守恒定律，（2）从化学、生理现象（特别是动物热）的研究而走向能量守恒定律，（3）从电磁现象的研究接近能量守恒观念。在 1842 年，第一个公开发表热功当量值和能量守恒假说的，是德国的一位医生 J.R. 迈尔。他是一位天才的业余科学家，他是在德国古典自然哲学的指导下，首先通过生理现象（动物热）的考察，而发现能量守恒定律的，他也是把物理学和生物学结合起来的生物物理学的先驱。但是，由于他是一位业余科学家，他的重大科学贡献有很长一段时期得不到人们的承认，他度过了悲惨不幸的一生。

迈尔（Julius Robert Mayer，1814—1878）

1．药店老板的幼子

J.R.迈尔于1814年11月25日出生于德国符腾堡(今巴登－符腾堡)的海尔布隆。当时，这是一个宁静的乡村小镇，现在已是一个繁荣的工业城市了。他的双亲都是德国西南部斯华比亚公国人的后裔。他的父亲C.J.迈尔是一个殷实的药店老板，他对化学和一般科学实验都很有兴趣。他的母亲K. E. 海尔曼是一个图书装订工的女儿。她身体不太好、性情怪僻，但并没有严重的精神失常。他们有三个儿子。J.R. 迈尔是最小的一个。他的两个哥哥都继承父业，经营药店。[4][5]

J.R.迈尔在海尔布隆念中学，直到1829年。在那里，他学习了当时流行的古典课程。据说他对古典语文有些反感，但数学学得很好。当时学校的课程中，自然科学学得很少。迈尔是在他的哥哥的帮助下，通过在家中做种种实验，而熟悉物理学、化学和生物学的。

在15岁那年，迈尔离开了中学，寄宿在申塔尔附近的神学院中准备大学的入学考试。在那里，因为他擅长玩机智的科学游戏而被朋友们称为"精灵"。他的实际学业平平，但历史学得不错。他有一种独立放任的性格，不太驯服于学校纪律。他喜爱诗歌和小说，特别是英国历史小说家 W. 司各特（1771—1832）的小说。[4]

2．大学生涯

1832年，迈尔进入图宾根大学学习医学。在大学时期，他也不是一个用功好学的学生，但对解剖学特别感兴趣，据说他选这门课选了六次。他没有学数学和哲学，只有一学期选修了一位讲师教的物理学。他花很多时间从事课外活动，广交朋友。他在同学中颇有名气，是一个善玩纸牌和台球的小伙子。

在迈尔入学后的第五年，1837年2月，迈尔因参加一个秘密的学生团体曾被拘留，[5]被学校当局勒令停学一年，并被迫离开图宾根。停学在当时是一种很严厉的处分，对此迈尔进行了六天绝食抗议。这时，有一个医生对迈尔作了身体检查，并报告说，如果不答应迈尔的要求，他的精神会受严重挫伤。这一事件可能是迈尔后来精神状态不好的先兆。[4]

之后，迈尔到慕尼黑和维也纳作了短期访问。1838年1月，他获准返回图宾根大学复学。在那里他完成了他的学位论文，通过了博士考试，获得了医学博士学位。他的学位论文是关于一种治疗肠内寄生虫的药物山道年的常规的临床研究，其中丝毫没有显示他后来的科学才能。[4]

3．做荷兰船医时在爪哇的发现

迈尔从大学毕业后，没有如他的亲属所期望的那样，在故乡开业行医，而是决定出外旅行，看一看西欧以外的世界。他不顾双亲的劝告，决定到去东印度作贸易的荷兰商船上做船医，这也反映了他的独立精神。为此，他需要一张荷兰的医生执照。1838年，他通过了申请执照的考试，成绩为良。之后，他在巴黎呆了6个月，等待出航。这一时期，他专心于观察法国的医疗临床实践，而没有任何证据表明他曾致力于增进他的物理、化学和数学知识。但是，在巴黎，迈尔很幸运地与他的同胞卡尔·鲍威尔相结识，后者后来成为斯图加特的数学教授，并曾在数学上给予迈尔以巨大的帮助。

1840年2月22日，迈尔从荷兰鹿特丹登上海船爪哇号，向巴达维亚（今印尼雅加达）航行。这次航行持续了3个月。根据迈尔的船上日记，船医没有多少事可做，他与船长、大副等高级职员也无多少交往。他时常感到吃不饱，而花大部分时间阅读他所携带的科学书籍。

在迈尔到达东爪哇的港口苏腊巴亚后不久，他曾为一些船上的海员放血。他惊奇地发现他抽出的静脉血比他预期的更为鲜红，开始他还以为是自己误抽了动脉血。经与东印度的医生讨论之后，才知道这是热带地区的普遍现象。迈尔在1840年7月中旬的这一发现，是激发他发现能量守恒定律的第一颗火花。静脉血的鲜红说明用于氧化食物的氧比较少，因此产生的热量也较少。这是因为生活在热带的人为维持体温所需要的热量比较少。这一发现激发了迈尔的一连串思考，他还联想到人的体力所做的功。他因这个生物物理的疑难而十分兴奋，他在此后的漫长科学生涯中一直关注这个问题。他认为由此产生的思想十分重要，因此在海船停泊在爪哇期间，他一直在甲板上思索这一问题，甚至很少上岸游览观光。在航行期间，海员们在聊天时告诉迈尔，海水在暴风雨时比较热，这也使他联想到热与机械运动的等效性。[2] 1840年9月，海船回到了荷兰。1841年2月，迈尔又回到了他的故乡海尔布隆。[4]

迈尔这时已长大成人，长得比中等身材略高一些。他有一张大嘴和一双大耳朵，眼睛呈深棕色，表情丰富。他是一个近视眼，终生佩戴眼镜，留一圈胡子。据说他走路时，总是凝视前方，坐下时，身体前倾。对于他感兴趣的话题，他很喜欢交谈，可是一旦话不投机，就毫不犹豫地表示厌烦。他有很重的斯华比亚口音。他的德语清晰，富有表达力。他对宗教很感兴趣，并不感到他的宗教观与他的科学研究之间有什么冲突之处。

4. 1841年的一篇未发表的论文

1841年2月回到海尔布隆以后，迈尔立即开业行医，并颇有声誉。在有了广泛的行医经验之后，他被聘为镇里的主要外科医生。与此同时，他又立即开始了他的科学思考。他深信在热与功之间，必有一个恒定的关系，但是他有关物理学的思想还相当模糊。他往往是通过哲学的思辨来确定他的想法是可信的，但由于缺乏物理学的素养，他难以作出精确具体的物理学表述。

1841年夏，迈尔把他的想法，整理出一篇论文"关于力的量和质的测定"（Über die quantitativ und qualitativ Bestimmung der Kräfte）。在当时，德文中的"力"（Kraft）一词相当于以后的"能"（Energie）一词。这篇论文于1841年6月投给J.C.波根多夫主编的《物

理与化学杂志》（*Annalen der Physik and Chemie*）。（［4］，pp.60—66）

　　论文首先指出：自然科学的任务是用因果关系来解释无机世界和有机世界的各种现象。一切现象都在变化。变化不可能没有原因。这种原因就是力。他认为，"力是不灭的"，"力在量上是不变的"。他认为，正如化学是有关物质存在的本性的科学一样，物理学是关于力的存在本性的科学。正如化学假定物质在每一个反应中，不管其性质发生什么样的变化，其量是不变的一样，物理学也假定力在量上是守恒的，不管力的形式在质上经历什么样的变化。

　　这篇论文的思辨性较强。在论文中，迈尔用质量和速度的乘积（mc）来表示运动的量（即动能）。接着他考虑两个粒子碰撞的特例。每个粒子有质量 m，速度 c，并在一条直线上相互接近。运动的力的"量的测定"是 2mc。而"质的测定"在形式上为 0，因为两个粒子的运动在量上相等，而方向相反。迈尔用 02mc 来加以表示。除非粒子是完全弹性的，否则运动力的"量的测定"在碰撞后比碰撞前要小；对于完全非弹性粒子，这个量在碰撞后为 0。但表示运动的力永不消失。迈尔认为，在碰撞中"中和掉的"那部分力就以热的形式出现。最后，迈尔还讨论了碰撞粒子不在一条直线上运动的情况。波根多夫杂志的编辑部拒绝发表这篇论文，也未作任何解释，尽管迈尔多次索取稿子，也未退稿。[①]虽然迈尔对此颇为愤懑与失望，但他很快认识到自己论文的缺陷，立即下决心进一步学习物理学和数学。迈尔还和当时在图宾根的朋友、物理学教授鲍威尔通信，进行有关的学术探讨。

5. 1842 年公开发表的论文

　　通过自学和鲍威尔的帮助，到了 1841 年 9 月，迈尔已澄清了他关于"力"（能）的观念。他认识到，质量乘速度的平方 mc^2，而不是 mc，才是运动和力的适当度量。他还根据气体的比热容计算出热功当量。他写出了一篇短文，题为《论无机界的力》（*Bemerkungen über die Käafte der unblebte Natur*）。（［4］，pp.6—74）1842 年 3 月，迈尔把这篇论文寄往李比希的《化学与药学杂志》（*Annalen der Chemie und Pharmacie*）。这篇文章于 1842 年末在该刊 42 卷 233 页上发表。（［4］，p.7）另一说是于 1842 年 5 月在该刊发表。（［5］，p.236）

　　在这篇论文中，迈尔进一步阐明了"力"（"能"）的概念。他认为，力是原因。他依据莱布尼茨的"因等于果"的原理，推论出"因是不可灭的"。[②]他认为自然界有两类原因。一类是物质，它们具有可称量性（重量）和不可入性。另一类是力，它们是"不可灭的、可变换的、不可称量的东西"。

---

① 直到 36 年后，泽尔纳（Zöllner）才从编辑部取出这篇稿子，并于 1881 年发表。（［4］，p.59）
② 莱布尼兹在 1690 年发表的一篇文章中提出了这一原理。（［4］，p.28）

迈尔在文中用落体力（md＝质量乘距离）来表示势能，用质量乘速度的平方（mc^2）来表示活力（即动能），认为二者可互相转换。"力，一旦存在，就不能变为无，而必然以另一种形式重新出现。"运动的消失就产生热，而热也可以转化为运动，例如，蒸汽机就可以把热转化为运动。不仅通过碳与氧的化学反应可以转化为运动，用化学方法获得的电也可以转化为运动。他还通过气体的定压比热容和定容比热容之比（$C_p : C_v$）为 1.421，推算出热功当量为，1 千克水下落 365 米所作的功相当于可以把 1 千克水从 0℃加热到 1℃的热量（即 1 千卡＝365 千克力·米的落体力）。但文中并没有给出具体的推导过程。这篇论文表明，迈尔是历史上第一个公开提出能量守恒假说并推出热功当量的人。可惜这篇文章不是发表在专业的物理学期刊上，而是发表在《化学与药学杂志》上，因而没有引起 J.P. 焦耳（Joule）、L.A. 科尔丁（Colding）等人的注意。他们又独立地作出了各自的发现。迈尔在海尔布隆附近的朋友，都同情他，鼓励他，可惜他们都不是有巨大影响力的科学家。

6. 1845 年的论文的准备与发表

1842 年的论文发表之时，迈尔还比较年轻和自信，他乐观地期待着他的工作将得到学术界的承认。该年，他与温纳登的 W·克罗斯女士结婚。当时，迈尔开业行医的收入相当丰裕，他的医术也得到社区的承认。如果他能满足于这些，他本可以过一种宁静幸福的家庭生活。可是他渴望从他有关热与功可相互转化的观点出发，建立起一个普遍的能量守恒理论。1842 年 12 月，他写信给他的朋友格里森格尔（Griesenger）说："我主张运动、热、光、电和化学反应都是具有不同表现形式的同一种对象。"（［4］，pp.7—8）

从 1842 年到 1845 年，迈尔开始撰写他的第三篇论文。这时期，他的朋友鲍威尔来到了海尔布隆，使迈尔获益匪浅。鲍威尔给迈尔补数学和物理课，阅读他的新论文的每一部分并作出评论。鲍威尔鼓励迈尔扩大新论文的篇幅，以便更充分明确地表述他的思想，从而有希望比 1842 年的论文引起更多人的注意。迈尔接受了鲍威尔的劝告，并决定论证他的能量守恒概念，也适用于生命世界。所以，他的新论文的题目是："论有机体的运动以及它们与新陈代谢的关系——一篇有关自然科学的论文"（Die organische Bewegung in ihrem Zusammenhang mit dem Stoffwechsel: Ein Beitrag zur Naturkunde）。（［4］，pp.75—151）这是一个不幸的标题，因为它不能确切地反映论文的主题思想。迈尔又把这篇论文投寄李比希的《化学与药学杂志》，却被拒绝发表。据李比希的助手说，不能发表的缘由是杂志编辑部已经积压了大量化学方面的论文，估计李比希并没有仔细地阅读这篇论文。有人曾建议迈尔投寄波根多夫的《物理与化学杂志》。可是，迈尔根据他 1841 年的遭遇，已没有兴趣做这种尝试，他估计这篇论文肯定会被该刊编辑部所拒绝。最后，在 1845 年，迈尔自费在海尔布隆的德雷希斯勒（Drechsler）书店出版了这篇论文。这是一篇长文，一共印了 112 页。这也是迈尔的最重要的一篇论文。

在这篇论文中，迈尔仍从"因等于果"、"无不生有，有不变无"的原理出发，论述了力（能量）的守恒。他进一步论述"热也是能的一种形式。它可以转化为机械能"，并且具体地推算了热功当量。他假设 x 是把一立方厘米空气在定容时从 0℃ 加热到 1℃ 时所需的热量（以卡记）。把一立方厘米空气在定压（标准大气压）时从 0℃ 加热到 1℃ 时则需要更多的热量，设为 x + y。因为，在定压时，加热后空气体积膨胀，膨胀时反抗阻力必须做功。因为膨胀是在标准大气压下实现，所以，额外的热量 y 将用来提高 76 厘米高截面为 1 平方厘米的汞柱。如果 P 是汞柱的重量 1033 克，h 是膨胀时上升的距离 1/274 厘米，所以 y = 1033 ×（1/274）克力·厘米 =3.77 克力·厘米。另一方面，一立方厘米的空气在 0℃ 和 76 厘米汞柱大气压时重 0.0013 克。根据德拉罗赫（Delaroch）和贝拉尔（Berard）的工作，空气的定压比热容为 0.267。因此，一立方厘米空气在定压时从 0℃ 提高到 1℃ 时所需的热量等于（0.0013）×（0.267）= 0.000347 卡。按照杜隆（Dulong）的数据，空气的定容比热容与定压比热容之比为 1:1.421（迈尔的文章误刊为 1.41）（［4］，p.84）由此算得 x = 0.000347/1.421 卡 = 0.000244 卡。因此 y =（0.000347–0.000244）= 0.000103 卡，相当于 3.77 克力·厘米 = 0.0377 克力·米。因此 1 卡相当于 0.0377/0.000103 克力·米 = 367 克力·米（相当于 3.59 焦耳），1 千卡相当于 367 千克力·米。

迈尔关于热功当量的推导，根据当时关于比热容的测定值，应该说是相当准确的。他的推导依据了这样一个假设，即空气在自由膨胀时不做内功。虽然迈尔可能在 1842 年已经知道盖 – 吕萨克的实验支持这一假设，但他在 1845 年的论文中才明确地指出了这一点。（［4］，p.82）

迈尔在论文中进一步把物理能的形式分为 5 种：（1）重力势能（落体力），（2）动能（简单运动和振动），（3）热，（4）磁、电（电流），（5）化学能（某些物质的分解、化合）；并列举了这几种能量相互转化的 25 种方式。如果当时迈尔把这篇文章的物理学部分单独写成一篇文章，并用一个明确的标题，也许迈尔关于热功当量的推算和能量守恒假说的优先权就较易为人们所发现，所承认。

迈尔在论文中还指出，太阳能不论在过去、现在，还是未来，都是地球表面能量的主要来源。植物吸收了太阳能，把它转化为化学能。动物摄取了植物，通过氧化，把化学能转化为热和机械能。由此开始，迈尔以三分之二的篇幅探讨了能量转化和生物学现象的关系，这可以说是生物物理学的开端。

迈尔在论文中描述并解释了他 1840 年到热带航行时的发现——海员的静脉血比在欧洲时要红，同时对动物热作了深入的探讨。他认为食物的氧化是动物热的唯一可能的来源。在这一点上，他和李比希的观点是一致的。但是他不赞成李比希的活力论（vitalism）和所谓生命力（vital force）的概念。李比希认为，肌肉力是通过肌肉组织中蛋白质中的生命力的中介，从化学力转化过来的。李比希还认为，生命力有多种功能，而其主要功能是防止动物身体的自发腐烂，因为动物的组织经常处在氧气和湿气之中。迈尔否认腐烂会自发地在动物组织中发生。他论证说，即使腐烂确实发生，腐烂部分当其刚开始腐烂时就会被血液很快地带走。因此，假设有一种生命的活动力，不仅不科学，也无必要。[5]

李比希还主张：淀粉和糖在血液中氧化以产生热；只有带蛋白质的肌肉组织中可以发

迈尔的雕像

生产生肌肉的机械力的化学变化，这些变化不在血液中发生，所以，肌肉在使力（exertion）时自身要被消耗掉。为了批驳李比希的论点，迈尔运用他的热功当量，计算了为了供应动物一天所做的功，假如李比希的假说正确，一天需要消耗多少肌肉组织（特别是心脏），从而有力地证明了李比希的假说不能成立。迈尔的结论是，不管释放的力的形式和地点，氧化都是在血液中进行。[5]

迈尔认为，肌肉系统是动物身体中转换能量的工具，但肌肉本身在运动中并不被消耗。肌肉在动物的机械活动中有两方面的作用：（1）肌肉中的运动神经，犹如轮船中的舵手，起着控制的作用，它不供应动力，只能消耗少量能量；（2）肌肉中的新陈代谢（血液中的氧化）提供了动力，犹如轮船锅炉中煤的燃烧。这里，迈尔接近于把控制论思想引入了动物生理学。（［4］，pp.37，41，142）

在这篇论文的结尾，迈尔讨论了肌肉的疲劳。他区分了由于单纯使力（exertion）（如手持重物）的疲劳和消耗机械能（如把重物举高）的疲劳。后者必须用消耗食物来补偿，而前者只需要适当休息即可。（［4］，pp.142—145）

可是，这篇重要的论文并未引起当时物理学界和生理学界的重视。只有迈尔对李比希的生命活力概念的批判，引起了一定的反响。1845年以后，李比希的一些年轻学生就不再引用生命活力的概念了。关于肌肉分解问题，在生理学界里仍有争论。虽然，到1870年，人们都同意碳水化合物和蛋白质的氧化都对肌肉机械能的产生有所贡献，但迈尔的论文对这些发展没有产生什么影响。（［5］，p.238）

迈尔很可能把这篇论文送给著名的物理学家、生物学家和某些期刊请求给予评论。可是，除了少数期刊刊登了敷衍性的消息之外，没有引起更多的反响。（［4］，p.8）

从19世纪70年代到80年代初，马克思主义经典作家恩格斯在写作有关《自然辩证法》的札记时，仔细阅读了迈尔的1842和1845年的论文，并作出了很高的评价："在1842年迈尔已经肯定了'力的不灭'，而在1845年他又根据自己的新观点，在'自然界中各种过程的关系'方面说出了比赫尔姆霍兹在1847年所发表的高明得多的东西"。（［6］，p.62）

7. 1846—1848，不幸遭遇的开端

从1846年起，迈尔开始了他不幸的生涯。公众对他1845年的论文的反应冷淡，他感

到沮丧。他的三个孩子相继去世，给他带来了巨大的痛苦。（［4］，p.9）另一种说法是，他生了七个孩子，其中有五个在幼年时夭折。（［5］，p.235）由于迈尔在从医之余，专注于科学研究，这使得他多少有点难以相处，虽然据说他的脾气性格还是不错的，而且他日益为他的科学工作得不到承认而苦恼。

1843 年，英国的 J.R. 焦耳首次发表了他根据自己的实验测定所作出的关于热功当量的估算。1847，焦耳在巴黎科学院的《科学报告》（*Comptes Rendues*）上发表了他自己的工作，并提到迈尔关于热功当量的推导根据了一个基本的假设，而这在当时是尚未证明的，只有焦耳本人后来的实验，才使它成为合理的。这篇文章刺激了迈尔。迈尔回答说：法国人盖 - 吕萨克关于气体膨胀的实验，早在焦耳之先，为他的推导提供了基础。这就使焦耳暂时保持了沉默。（［4］，p. 9）

不幸的是，迈尔又受到了一个德国的年轻讲师赛弗（Seyffer）的攻击。赛弗在报上发表了一篇短文，说迈尔是一个冒充博学的蠢人，他的热的唯动说是一个笑话。迈尔对这个可笑的事件又过分认真，为了作公开答复而深感烦恼。所有这些事件扰乱了他易于激动的情绪，最终导致他的精神崩溃。（［4］，pp.9—10）

此外，1848 年 3 月，在法国二月革命的影响下，德意志南部各邦的革命就暴风雨似地发动起来了。1848 年 2 月 27 日到 3 月 1 日，巴登人民举行声势浩大的示威游行和群众集会。他们高呼"共和国万岁！"的口号，要求出版自由，废除封建特权，在普选的基础上召开全德议会。同年 3 月，农民斗争也席卷德国。巴登、符登堡等地区都是农民运动的中心。1849 年 3 月 28 日，法兰克福议会通过全德的帝国宪法。5 月，德国的资产阶级民主派在各地掀起护宪运动。到 1849 年 7 月中旬，各地的护宪运动都被普鲁士王国军队所镇压。1849年 3 月开始的德国革命至此宣告结束。

在革命狂飙时期，迈尔的一个哥哥弗里茨·迈尔（Fritz Mayer）热情地投身革命，而迈尔则始终持保守的立场，在革命时期，他曾被起义军作短期拘留，在经济上和精神上都受到打击，最后还导致他和他的哥哥弗里茨之间的不和与疏远。（［5］，p.235）

8. 1848 年的论文

在 1846 年到 1848 年的困难时期，迈尔仍坚持他的科学研究。1846 年，他写了一篇题为"太阳的光和热的产生"（Sur la production de lalumiere et de la chaleur du soleil）的论文，送交巴黎科学院。这篇文章未被发表，也没有得到任何答复。他根据该文的材料，进一步扩大成为另一篇论文《对天体力学的贡献——通俗的论述》（Beiträge zur Dynamik des Himmels in populärer Darstellung）（［4］，pp.147—196），于 1848 年在海尔布隆的 J.U. 兰德亥尔（Johann Ulrich Landher）出版社自费出版。

迈尔在论文开始时就指出，太阳不断地发出大量光和热，损失能量，必须有能量来补充。他想到了化学能（燃烧）、机械能。（在当时的历史条件，他不可能想到放射性和核能，这是可以理解的。）在论证了任何化学燃烧不可能维持太阳的巨大辐射后，迈尔提出了太阳热来源的陨石假说。迈尔设想，大量的陨石、宇宙碎片天天进入太阳系绕太阳旋转。它们与发光以太的摩擦使它们逐渐地以螺旋状下降，并以各种不同速度落到太阳表面上。当这些物质撞击太阳时，它们的动能就变成光和热。迈尔用热功当量计算出单位质量的物质撞击太阳所产生的热为燃烧同样质量的碳所产生的热的 4000 到 8000 倍。因此，如果落入太阳的物质的量足够大，这一过程就可以维持太阳释放出来的巨大热量。后来的研究证明迈尔的陨石假说是站不住脚的，因为没有充分的天文学证据表明有那么多宇宙碎片和陨石不断地落入太阳。尽管如此，英国的开尔文勋爵①在 1853 年仍作出了类似的假说，而没有提到他的先行者迈尔。

在这篇论文的第七、八两节和迈尔在 1851 年寄给巴黎的备忘录"月球对地球自转的影响"（De l'influence des marées sur la rotation de la terre）中，迈尔探讨了潮汐摩擦对地球自转的影响和地球的内热。（［5］，p.239）我们知道，早在 1745 年，康德就发表了这样的观点：地球自转因潮汐摩擦而逐渐减缓。但是，当时没有深入研究这一问题的科学条件。直到差不多一百年以后，迈尔等科学家才对这个问题进行了具体深入的研究。迈尔的计算结果是，经过 2500 年，地球的自转将变慢，一天的时间长度将增加 0.06 秒。但迈尔也知道，实际上，地球自转的速度，或每天的时间长度在 2500 年来的变化小于 0.002 秒。为此，迈尔大胆地假设，地球由于冷却而收缩，2500 年地球半径收缩 4.5 米，可以加速地球的自转，从而抵消减缓 0.06 秒。迈尔的这部分工作的影响也难以估价，因为 1848 年的论文没有广泛流传，他送交巴黎的备忘录只作了简要报道而没有印刷发表。从 19 世纪 50 年代到 70 年代，有一些学者独立地重复了这方面的工作，做出了更为精确的计算。（［4］，pp.48—49；［5］，p239）

9. 1850 年跳楼自杀未遂和科学工作的终结

1850 年 5 月，在严重失眠之后，迈尔从他的卧室窗口跳楼自杀未遂。楼高 9 米，他跳楼后没有受到严重的内伤和大的骨折。只是他的双脚受到较重的挫伤，经过长时间治疗才逐渐复原。有一段时间，他的医业受到了损害。他为了恢复镇静，曾乞求于宗教神秘主义。尽管在这种情况下，他仍没有忘了他的科学工作。

该年圣诞节，迈尔写出了《关于热功当量的评述》（Bemerkungen über das Mechanische Aequivalent der Wärme）一文。该文于 1851 年在海尔布隆的 J.L. 兰德亥尔出版社由迈尔自费出版。（［4］，pp.197—231）

这篇文章是他关于他自己的工作的回顾与综述。首先，在哲学上，他表达了他的经验论倾向，强调了对现象的考察，反对空想和思辨。同时他又强调数学在科学中的作用，这又有点像是毕达哥拉斯哲学的信徒。他追述了他于 1840 年在爪哇有关静脉血液的鲜红颜色

---

① 当时为 W. 汤姆逊爵士。

的观察，论述了能量概念的生物学意义。他也追述了他在 1842 和 1845 年发表的两篇论文，重申了他在热功当量和能量守恒的发现方面的优先权。关于热的本性，他既明确反对热素说，又对热的原子理论持怀疑态度。文章的结尾引述并高度评价了焦耳的工作。这篇文章标志了迈尔科学工作的终结。此后，他就一直被疾病所困扰，处于十分悲惨的境地。

10．在精神病院受折磨和误传的"讣闻"

　　1851 年，他的精神状态更为不好。他知道他需要治疗，但不知去哪儿为好。该年秋天，他自己决定住进了距斯图加特 25 英里的哥平根镇的拉德勒大夫开的私人疗养院。治疗并不成功。他被转送到该镇的公立精神病院，院长是泽勒大夫。据说，迈尔在那里受到了虐待，一度甚至被强迫穿上了拘束衣。直到 1853 年 9 月，他才从该精神病院被放出来。有一个资料说，医院当局认为他的病已无治愈的希望，他将不久于人世。在这段受折磨期间，他仍念念不忘他的科学工作，这可能使他的治疗更为困难。

　　迈尔的病情是一件复杂的事情。迈尔死后，医学界仍有不少议论。许多人认为对迈尔的诊治不当，因为迈尔晚年从不承认他患过精神病。不过，在若干年中，他时常表现出有精神分裂的行为大概是无可怀疑的。

　　迈尔离开精神病院以后，回到了海尔布隆。以后又恢复了有限的行医业务。他脱离科学界足足有 10 年之久。他所提出的能量守恒思想，后来被克劳修斯、赫尔姆霍兹、开尔文、兰金等人扩展成为热力学的基础，而迈尔的早期贡献，大都被人们忘却了，甚至有些知道他的贡献的人，也以为他已不在人世。1858 年，李比希在慕尼黑的一次学术讲演中，赞扬了迈尔的科学贡献，并向听众宣告，迈尔在精神病院已不幸英年早逝。李比希的讲演稿被公开发表了。当然，海尔布隆方面否认了这个误传，但这个否认并没有引起人们的注意，而波根多夫的《手册》（Handwörterbuch）还正式发表了迈尔的"讣闻"。虽然在后来出版的增订本中做了"更正"，但是，人们是很少查阅增订本的，所以，在科学界，许多人都以为迈尔是真的逝世了。

11．晚来的承认——1858 年后一场关于优先权的争论

　　1854 年，赫尔姆霍兹有一次有关"自然力的相互作用"的讲演中提到迈尔是能量守恒原理的奠基人之一，并承认迈尔比焦耳、科尔丁和他自己更早地作出了这个发现。1858 年，由于化学家申拜因的推荐，迈尔被聘为巴塞尔自然科学院的名誉院士。克劳修斯也尊敬地推崇迈尔是能量守恒原理的奠基人并于 1862 年开始和他通信。1860 年，迈尔开始参加科学会议，并作了一些一般讲演。1862 年，他在《健康文库》（Arkiv der Heilkunde）上发表了题为"论发热"的科学论文，但这篇文章没有什么创造性，主要是已知事实的综述。他对达尔文的进化论持反对态度。在他关心的能量转化领域，他对与热力学第二定律有关的发展，

1851 年，海尔布隆整理的迈尔科学工作的小册子。

也不抱赞同的态度。

通过克劳修斯的介绍，迈尔与英国的物理学家 J. 廷德尔有了接触。J. 廷德尔当时是英国皇家学院的教授。1862 年，J. 廷德尔在伦敦举行的一次国际科学会议上作了一次讲演，综述了有关热功当量研究的发展。他借此机会，对迈尔的先驱性工作作了高度评价，强调了他的优先权，结果引起了一些英国科学家的反感。焦耳在《哲学杂志》（*Philosophical Magazine*）上发表了一篇有礼貌地向 J. 廷德尔质疑的文章。对此，J. 廷德尔在该杂志上发表了迈尔的 1842 和 1848 年（[4]，P.12，可能是 1845 年之误。）的两篇论文的英译文，以支持他自己的论断。这又导致 J. 廷德尔与爱丁堡大学的 P.G. 泰特之间的尖锐的争论，后者不愿承认迈尔的优先权。W. 汤姆逊爵士（后来被册封为开尔文勋爵）也加入了争论，一方面是为了强调他自己对新建立的热力学理论的贡献，一方面是为了支持他的好友台特。

汤姆逊评论的调子更为高傲，可能是因为 J. 廷德尔谈到迈尔在关于太阳热来源于陨石的理论方面也优先于汤姆逊而刺痛了他。此后，J. 廷德尔又在他的题为《作为运动形式的热》一书（1863 年出版）中，又详尽地评述了迈尔的工作。在这场争论中，由于 J. 廷德尔的论据更令人信服，使他取得了优势。终于，1871 年，迈尔被授予伦敦皇家学会的科普利奖章，正好在焦耳得此奖章的一年以后。在德国，迈尔又成为图宾根大学的名誉哲学博士，巴伐利亚和柏林科学院的院士。

在 19 世纪 60 年代末，有人建议迈尔写一部有关热学的物理教科书，阐述新的热力学思想。迈尔表示他已不能承担这项工作。1869 年，斯图加特的科塔编了一册迈尔的论文集。1893 年，J. J. 韦罗克编辑出版了一个增订本，其中还包括他收集的迈尔的书信。

12. 迈尔和杜林

1873 年，欧根·杜林的《批判的力学原理史》一书出版了。在当时的人物传记辞典中杜林被列入哲学家和政治经济学家的行列。可是，他却对科学哲学和科学史深感兴趣，并且还是一个多产的著作家。在该书中，杜林强烈地主张，迈尔在热的唯动说和发现能量守恒原理方面的优先权。杜林对该研究领域中其他学者的尖刻批评导致他和赫尔姆霍兹之间的一场争论，而这场争论最终导致杜林丧失他在柏林大学的教席。杜林是这样一个人，他对于他所赞成或反对的事都带有强烈的情绪，并且毫无顾忌地以极夸张的言辞表达出来。他对当时柏林大学的制度作了极为猛烈的抨击，轰动一时。当然，这同迈尔并没有关系。

迈尔显然读过杜林的书，但他并没有主动给杜林写信。后来，杜林送给迈尔一些有关他的书的评论，可能还介绍了柏林学术界中有关的一些争吵。在这之后，迈尔在 1877 年 6 月 22 日写信给杜林，对杜林为了他的缘故而遭受这么多麻烦表示关切。（［4］，pp.11—12）

　　1877 年 7 月底，迈尔和杜林在一个小镇维尔特巴德相遇，当时杜林和他的家人正在那儿度假。在迈尔去世后的 1880 年出版的杜林的《罗伯特·迈尔：十九世纪的伽利略》（*Robert Mayer: der Galileo des neuzehnten Jahrhunderts*）一书中，杜林回忆了他与迈尔的谈话。据说，迈尔在谈话中似乎更愿意谈他的健康问题，而不是关于能量守恒学说。迈尔特别坚持说，他从未患过精神病，他在温南塔尔的精神病院中受到了可怕的虐待（杜林在他的书中可能有夸大其辞的地方）。杜林还认为，德国的"专家的同业公会"也对迈尔作了有意的迫害。杜林的这些话不可全信，因为杜林可能受到他对赫尔姆霍兹极度反感的情绪的影响。不过，在迈尔积极从事他的科学研究的时期，他难免不被专业科学家们看作是一个业余的科学家，虽然他自己不希望人们这样看待他。一个业余科学家，在专业科学家当中，日子总是不大好过的。（［4］，pp.13—14）

　　据杜林记载，迈尔的家庭生活也是不幸的。迈尔夫人据说是一个硬心肠的有男子气的妇女，她不可能对迈尔的科学工作有多大的同情心，特别是迈尔这么做还影响了他的经济收入。她的亲戚可能更强烈地认为迈尔的业余科学研究完全是在干傻事，因为他干了那么久没有得到什么荣誉和好处。杜林甚至认为迈尔夫人的亲戚没有积极争取把迈尔从精神病院接出来，而且反而编造了他精神失常的故事。可是，在韦罗克编辑出版的迈尔文集中，所发表的迈尔的信件并不能证实杜林的判断。可是，奥斯特瓦尔德（Ostwald）指出，那些信件是迈尔死后由他的亲戚交给韦罗克的，他们可能没有提交对他们不利的信件。所以，杜林关于迈尔的家庭生活的叙述，其真实性如何，仍是一个悬而未决的问题。（［4］，p.14）

　　众所周知，恩格斯在 1876 年至 1878 年写的《反杜林论》[7]一书中，对杜林的哲学、政治经济学和社会主义学说作了全面深入的批判。但是，涉及迈尔发现能量守恒定律的优先权问题，恩格斯和杜林并无分歧意见。恩格斯在《自然辩证法》一书中，曾多次提到迈尔对发现能量原理的贡献。（［6］，pp.14，62，202—203，256—257）。在 1885 年写的《反杜林论》第二版序言中，恩格斯也对"柏林大学曾经以过分不公正的态度对待杜林先生"，"这个大学竟然在人所共知的情况下剥夺了杜林先生的教学自由"进行了谴责。（［7］，p.7）不过恩格斯所说的杜林受柏林大学打击的原因和时间和本文中所引材料有出入。

13．暮年的烦恼

　　1876 年，在迈尔去世前两年，迈尔发表了他最后一篇科学论文"释放"（Auslösung）。这篇文章讨论了那种以少量的能可以控制大量的能的释放的现象。迈尔讨论的主要是生理学方面的释放现象。迈尔讨论了生理学方面的实例，特别是神经过程。当时迈尔的健康状况不好，这篇论文据说没有多大的科学意义。

人们可能认为，在迈尔的暮年，在他发现能量守恒定律的优先权得到承认并获得一系列荣誉称号之后，他的心情应该是愉快和安详了。但事实并非如此。

1877 年，赫尔姆霍兹在一次"关于医学思想"的学术讲演中，讲了如下的一段话：

> "容易发现，在外行人中有时也持有表面上类似的思想，由于这类巧合人们很快授予这些外行人以天才人物的荣誉。在许多这样巧合的思想中，必然有一些是部分正确的，甚至有可能是全部正确的。如果总是错的，那确实是聪明过度了！在一些幸运的思想的场合，人们会提出要求，给予他发明的优先权；如果这思想不成功，愉快的健忘可以消除全部失败的记忆。……一个科学研究者，在他把他的思想从各个可能的角度加以证实、排除一切反对意见并牢固地建立他的证明之前，是不会把它们公之于世的，从而处于一种明显的不利地位。现行的判定优先权的制度，只考虑最早发表的日期而不考虑工作的成熟程度，实际上助长了这种混乱的状况。"（转引自［4］，p.15）

对于大多数人，不论是科学家还是外行人，赫尔姆霍兹的这种说法，在一般情况下来看，是言之有理的。可是，迈尔却认为赫尔姆霍兹是冲着他讲的。鉴于赫尔姆霍兹早在 1854 年就公开承认了迈尔的优先权并赞扬过迈尔的工作，所以，迈尔的态度是不够冷静和理智的。他容易被人无意地冒犯，他甚至难以忍受一丁点儿暗含的轻蔑。针对赫尔姆霍兹的发言，迈尔又试图用他的 1845 和 1848 年的论文来证明他自己的成熟性。实际上这已没有什么必要，而只反映了这位不幸的老人的孩童般的愤懑心情。

迈尔在他的精神崩溃之后，健康状况一直不太好。不过他仍能活动到 1877 年的冬天。这时，他的右手感染了结核菌。他于 1878 年 3 月 20 日在海尔布隆逝世，享年 64 岁。他死后，在他的故乡海尔布隆，人们为他树立了一个纪念碑。

迈尔生于德国科学正在迅速专业化的时期，而他始终是一个科学的业余爱好者。他几乎没有做什么实验研究。他虽有严密的数学头脑，但并不精通数学分析。他的科学风格、他作为科学共同体的局外人的地位，他和学术团体和机构缺乏联系，这些都妨碍他为有影响的学术刊物和出版社所接受，也妨碍了他的思想和工作为人们所了解和接受。他一生的悲惨遭遇，和他作为业余科学家的身份是有一定联系的。尽管如此，谁也不能否认，他是一位真正的天才。

参考文献

［1］T.S.库恩：《能量守恒定律作为同时发现的一例》，载《必要的张力》，福建人民出版社，1981 年，第 67—102 页。

［2］范岱年：《关于能量守恒定律》，载《自然科学哲学问题论丛》第一辑，广西人民出版社，1981 年，第 22—51 页。

［3］范岱年：《能量守恒定律的发现》，载《成功之路——科学发现的模式》，北京，人民出版社，1987 年，第 346—373 页。

［4］R.B.Lindsay, *Men of Physics*: *Jilius Robert Mayer–Prophet of Energy*, Pergamon, Oxford, 1973. 其中第三部分是迈尔的五篇原始论文的英译文。

［5］B.S.Turner, *Mayer, Julius Robert*, in Dictionary of Scientific Biography, Vol.IX，N. Y.，1974, pp.235—240.

［6］恩格斯：《自然辩证法》，北京，人民出版社，1971 年版。

［7］恩格斯：《反杜林论》，北京，人民出版社，1972 年版。

（选自《自然辩证法通讯》1994 年第 3 期，《能量守恒定律的发现者迈尔——一位天才业余科学家的悲惨生涯》，作者范岱年，《自然辩证法通讯》前主编，中国科学院科技政策与管理科学研究所研究员。研究方向为科学哲学和科技史。）

里奥·西拉德

核和平之父

在 1960 年美国著名的《哈珀斯杂志》（*Harper's Magazine*）上，原子弹社会史专家 A.K. 史密斯讲了这样一件趣事：在一个大学教授参加的聚会上，有人要求来客们写下他认为在近代历史上起了特殊作用的人物，要求是所选人物在他的时代中起了任何人都不能替代的作用。根据得票的多少选出的前五个人依次是：林肯、甘地、希特勒、丘吉尔和里奥·西拉德。本文所要介绍的就是其中第五位人物里奥·西拉德的生平和成就。（［5］，p.77）

1. 青少年时代

里奥·西拉德于 1898 年 2 月 11 日出生在匈牙利布达佩斯的一个犹太家庭。他父亲是位建筑师。他的童年极其平淡，10 岁以前，他一直是一个瘦弱多病的孩子，在家中由他母亲给予家庭教育。10 岁那年他被送入公立学校就读，一直到 18 岁。在学校里，他并不十分用功，但总能轻而易举地得到好成绩，再加上他坦率、诚恳，对许多问题常常发表独到的见解，使他成为一位受到老师和同学们格外喜爱的学生。

西拉德一生很少谈到他的童年。本文只能根据有限的资料，提及影响了西拉德世界观的形成的一点线索。

西拉德的母亲非常喜欢讲故事，在这些故事中常常隐含着一种鲜明的真理。西拉德曾说：

"许多人并不了解自己的一套价值观是来自何处，而我的价值观的来源却很清楚，这就是我母亲常

里奥·西拉德 (Leo Szilard, 1898—1964)

常给我讲的那些故事。我对真理的爱全都来源于这些故事，我乐于为'拯救世界'（Saving the World）做些事情也来源于此。"（［2］，p.3）

在这些故事中，有一个故事讲西拉德的外祖父。1848 年匈牙利革命时，西拉德的外祖父还是一位中学生。作为班长，他每天要向老师汇报违反纪律的学生的名字。有一天正好军队从校外经过，学生们违反纪律跑出去欢迎士兵们去了。在当天的报告中，西拉德的外祖父报告了跑到校外的学生的名单，其中也有他自己的名字。老师由于他的坦诚而十分高兴，结果谁都没有受到惩罚。这样一个小故事由于西拉德的母亲反复地讲给年幼的西拉德听，使他产生了深刻的印象，以致在他 62 岁时还能完整地把这个故事复述出来。

匈牙利剧作家、诗人马达奇（1823—1864）1862 年创作的诗剧《人的悲剧》对西拉德产生了深刻的影响。此剧取材于《圣经·创世纪》。西拉德读到该诗剧时年仅 10 岁，但它给西拉德留下了深刻的印象。1945 年他谈到该诗剧时说："这个诗剧的思想是告诉人们，在你做出悲剧性的预言时，仍要抱有一线希望"。（［2］，注释 1）"一线希望"——这正是西拉德一生奋斗信心的源泉。

20 世纪初，在匈牙利，尤其是在布达佩斯有着浓厚的崇尚知识与科学的社会风气，这种风尚对于促使西拉德跨入科学殿堂产生了很大影响。这种风气也曾促使大批匈牙利的青年学生到欧洲科学发达国家求学，最后成为国际知名的学者。除了本文介绍的西拉德之外，还有物理学家维格纳（1902—　）、冯·卡门（1880——1963）、特勒（1908—），伽博（1900—1981），数学家冯·诺依曼（1903—1957）及著名学者 M. 波拉尼等等。在西拉德的学术生涯中，这批学者都与他有着很密切的联系。

正是在这样一种背景下，西拉德在学校里就表现出对科学的兴趣，尤其喜欢物理学和数学。在 13 岁那年，他为得到了几件物理实验仪器，而欣喜若狂。然而，到了 18 岁那年，他却未能如愿到大学里学物理或与物理接近的化学，这是因为当时物理学家不容易在匈牙利找到合适的工作。在别人的劝说下，他进了一所技术学院学习电机工程。

1917 年，西拉德被征兵加入奥匈部队，以军官身份服役。直到 1918 年 11 月，第一次世界大战结束，他一直没有参加过战斗。1919 年夏，他返回技术学院，几个月之后，他就来到了德国柏林。在这里，西拉德开始了他作为科学家的艰难历程。

2．博士论文和关于信息论的预言

西拉德来到柏林，一开始学的仍然是电机工程，并被认为是在电机工程方面最有出息的学生。此时，柏林的物理学界十分活跃，这对西拉德产生了极大的吸引力。爱因斯坦、普朗克、冯·劳厄、W. 能斯特和 J. 弗朗克（1882—1964）都在柏林，并经常参加物理学家的定期聚会。西拉德很快就成为这种定期聚会的热心听众。另外，他的匈牙利同胞伽博、维格纳也在柏林大学读物理，这使西拉德更多地了解了物理学的现状和辉煌远景，促使西拉德下决心改学物理的原因或许还有爱因斯坦的鼓励。西拉德曾"以他特有的直率向爱因斯坦作了自我介绍"。（［6］，Wigner，p.141）一方面由于他的真诚、直率，另一方面由于他的犹太血统，使爱因斯坦对他产生了很好的印象，他们建立了谊兼师友的终生关系。

在一篇为维格纳庆寿的文章中，有位作者的第一句写道："世界上有一批天才，他们自称是匈牙利人，其实他们是'火星人'（意为'超人'）。"

西拉德转入柏林大学以后参加了爱因斯坦主持的统计物理研讨班。这个研讨班是由西拉德促成的。伽博、维格纳和西拉德的其他几个朋友都是这个研讨班的成员。爱因斯坦以他那物理学大师特有的见解和智慧给了他们不少的启发和帮助。许多年后维格纳回忆说："研讨班对于大多数参加者来说都是一种独一无二的经历。我相信，它也给西拉德的博士论文以不少的灵感。"（［6］，Wigner，p.141）

西拉德的博士论文导师名义上是冯·劳厄。所谓"名义上"是指西拉德完成的论文与冯·劳厄交给西拉德的题目毫不相干，西拉德花了6个月的时间来解决冯·劳厄交给他的有关相对论问题，结果一无所获。1922年西拉德获得博士学位，博士论文的题目是《唯象热力学在涨落现象上的推广》。当西拉德放弃劳厄交给他的关于相对论的问题后，就开始思考用热力学理论来推导涨落现象。这个问题从1921年圣诞节开始做起，只用了3周时间就完成了。涨落现象是由玻尔兹曼（Boltzmann）指出，并用统计物理学的方法推出的。西拉德竟然用热力学第二定律这一纯现象的理论，一点也没有使用原子概念就推导出了涨落的存在，这引起了爱因斯坦和冯·劳厄的极大震惊。令西拉德高兴的是，劳厄在吃惊之后第二天就打电话告诉西拉德："你的稿子已经被接受作为你的博士学位论文"。（［2］，p.11）

这个时期是西拉德一生中最富有创造性的时期。6个月以后，西拉德又在这一领域完成了另一篇论文"精灵的干预使热力学系统的熵减少"。该文"在热力学发展史上占有重要地位，因为它第一次令人信服地说明了麦克斯韦妖的本质。同时，这篇文章也在信息论发展史上占有重要地位，它不但预言了信息论，还揭示了信息论这一学科的出现是历史的必然"。（参见拙作，"关于熵和信息联系的一篇早期文献"，《自然辩证法通讯》，1985年，第2期）

3．20 世纪的爱迪生

"我们现在应该把他看作20世纪的爱迪生"。（Bulletin of the Atomic Scientists，Sep.1972，p.52）这是西拉德的老朋友 D.伽博在评论西拉德的技术发明时讲过的话。打开《西拉德科学论文集》后，令人感到吃惊的是，该书中大量介绍了西拉德为自己的技术发明所申请的专利。从这些文献中我们又看到了一位作为发明家的西拉德。

按照维格纳的说法，西拉德花大量的时间从事技术是因为"西拉德觉得他并不很精通理论物理。他觉得自己在数学运算技巧方面无法和同事们竞争。"（［6］，

Wigner，p.141）芝加哥著名专利律师 J. 塔宾的说法比较中肯："西拉德的独立性格使他非常适合扮演一个发明家的角色。他的好奇心、丰富的思想是由于他受到的工程和物理学双重训练而形成的。"（［1］，p.527）据西拉德回顾，在他毕业时，爱因斯坦曾问他"你为什么不到专利局找份工作干呢？这对你会是最好的，做一个别人等着你下金蛋的科

1939 年，西拉德和爱因斯坦讨论写给罗斯福的一封信，关于纳粹德国发展原子弹的危险。

学家并不是一件好事情。我在专利局工作的那些时间是我一生中最好的日子"。（［2］，p.12）西拉德没有到专利局，而是来到了威廉皇帝研究所，一年以后他又当了柏林大学的无公薪讲师，从此以后，在大约 10 年的时间内，西拉德同时在两处供职。在此期间，尽管西拉德没有到专利局，但他除了受冯·劳厄影响而与 H. 马克合作进行了 X 射线晶体学研究以外，把大部分精力都用在了一些具有商业价值的应用研究方面。

西拉德在其学术生涯中一直扮演了发明家的角色。但相对来说 1923—1931 年的发明更加具有商业意义。在这期间，他的一些思想影响了德国一些大公司的决策。限于篇幅，本文只讨论家用冰箱以及粒子加速器的设计。

西拉德在柏林期间，经常去拜望爱因斯坦，并就他的关于技术发明方面的新想法征求爱因斯坦的意见。当他谈到家用冰箱的设想时，引起了爱因斯坦的极大兴趣，这促成了 1927—1930 年间他们俩在这方面的合作，结果因家用冰箱和与之有关的液体金属泵分享了 5 种专利。（［1］，pp.540—541，pp.701—705）当时，德国通用电器公司根据他们的思想制造了一台无声家用冰箱，后来因为成本太高，没有进行商业生产，但是由此发展起来的液体金属泵却在 20 年后，在增殖反应堆的研究中起了重要作用。

1928 年，西拉德开始考虑原子物理的问题。他认识到"原子蜕变要求粒子具有更高的能量"，于是他"开始考虑如何将粒子增加到较高的速度"（［2］，p.11）有了基本思路后，西拉德很快就提出了直线加速器和环形加速器的基本原理。1928 年 12 月 17 日西拉德提出了直线加速器的专利申请。基本思路是用迅速改变的电场来加速质子，只要在一个很长的直管子中串联一系列高压电极即可实现。维得罗在西拉德之后独立地提出了这种方法并将其应用于实际，不久劳伦斯也使用了这种方法。

一周后，1928 年 12 月 24 日，西拉德又提出了回旋加速器的专利申请。其原理是：在磁场中单位时间内质子旋转的次数决定于磁场的强度。这样就可以在稳定的磁场中，使质

子在振荡电场作用下加速旋转。遗憾的是，德国专利局没有批准这个专利，西拉德本人也没有动手去制造这种加速器。

几年以后，1932年E.O.劳伦斯和M.S.利文斯顿独立地发明并制造了回旋加速器，E.O.劳伦斯并因此于1939年获得诺贝尔物理学奖。

西拉德对此事一直耿耿于怀，他不但为当年德国专利局没有批准这个专利而感到遗憾，更使他感到遗憾的是他的探索没有能够影响加速器的发展。在以后的岁月里他屡屡提及此事。在他的文件中曾发现一封他写给 O.S.[①]的信，信中描述了他为加速器所做的工作。同时，不无遗憾地写道："当然了，重要的是在于制出这些加速器，而不是没有实现的设想……(［1］，p.728）在以后的介绍西拉德的文字中，人们都要提出他是第一个发明加速器原理或者第一个设计加速器的人，这些话或许就是对西拉德的这一工作的最高奖赏了。

1932年劳伦斯制造出第一台回旋加速器，但是，在劳伦斯发明的加速器中当粒子速度增加到足够大时，便产生了相对论效应，从而限制了粒子继续加速。1934年2月21日，西拉德又向英国专利局提出同步回旋加速器的专利申请，以此解决相对论效应问题。在说明书中他描述了加速电压的频率随时间变化的规律，以及相稳原理。不幸的是，这个专利也没有给西拉德带来荣誉，这时西拉德作为移民在英国避难，连工作都没有，筹资制造加速器更不可能。10年以后，这一想法再次被苏联的维克斯勒发现（1944年），引起了加速器设计的一场革命。

4．年轻的政治家

1953年西拉德在美国布兰迪斯大学的一次讲演中说："我年轻时对两个领域很感兴趣，第一是物理学、第二是政治。我一直保持着对这两个很不相同的方面的兴趣……"（［1］，xix）第二次世界大战以后，科学家关心社会蔚然成风，但是像西拉德这样从年轻时就关心政治的科学家却是不多见的，像西拉德这样有着完美的道德修养、丰富的感受能力和崇高的精神世界的人，在这个动荡不安的世界上要想求得完善只有两条出路：宗教或政治。然而西拉德像爱因斯坦一样没有选择世俗的宗教。"只要你仅为办成某些事情而恳求上帝，那你就不是一个教徒。"这是爱因斯坦对西拉德说的话，西拉德明确表示"我同意他的观点"。（［2］，p.12）

不能靠乞求上帝，只能靠自己的政治实践，这成了西拉德唯一的选择。西拉德第一次政治行动是1930年计划成立一个"同盟会"，目的在于推进世界和平，减少魏玛共和国日益严重的黩武主义、维持德国的民主政体。他的这一设想首先是受第一次世界大战之前在德国开展的青年运动（在青年中提倡道德修养和精神生活）的影响，另外，也于1929年他

---

① 据 B.T.Fold 猜测 O.S. 可能是 Otto Stern。

与 H.G. 威尔斯相遇有关。H.G. 威尔斯（H.G.Wells，1866—1946）是英国著名作家和社会活动家，他在《公开的阴谋：世界革命的绿皮书》（Londont Y.Gollancz，1928）一书中建议成立一个组织，来用一种新的宗教精神推动建立一个世界共和国。因为西拉德成立同盟会的动议开始于 20 年代中期，所以说 H.G. 威尔斯的书只是促进了西拉德的第一次政治活动。关于这个同盟会，爱因斯坦曾在给著名编辑布雷斯福德的回信中说过这样的话："西拉德在一批优秀的年轻人中形成一个圈子，其中大部分人是同情西拉德的想法的物理学家。我认为西拉德是一个很好的、很有才智的人，他通常不给人以错觉；但是，像他这类人或许有意去扩大理性在人类事物中的意义。"[1]由于德国形势的恶化，这个同盟会的计划落空了。尽管如此，西拉德从事政治的风格却确定下来，这就是崇尚理性，最清醒地判断形势，抓住每一点希望，设定新目标并创造性地为之奋斗。1961 年 M. 华莱士在美国电视新闻中采访西拉德时，谈到爱因斯坦当年对他的评价，西拉德回答道："是的，或许的确如此。但是我认为理性是我们唯一的希望。因此，在我扩大理性的意义时正说明我充满希望。"（[4]，p.16）

作为年轻的政治家，西拉德在 1930 年就预见到德国将要发生的一切。1931 年他预言希特勒将在德国掌权，其原因不在于纳粹势力的强大，而在于纳粹没有受到什么抵制。1933 年 1 月，希特勒上台后，他备好了两个箱子，准备随时离开德国。与此同时，他竭力劝说他的一些同事离开德国。尽管如此，他从德国的出走仍然有着虎口脱险的味道。国会纵火案（1933 年 2 月 28 日）发生几天后，他乘空空荡荡的火车顺利地到达了维也纳。可是第二天情况就发生了变化，火车里十分拥挤，列车还被迫停在边境线上，每个乘客都受到纳粹党徒的严格盘问。事后，当回忆此事时他总是说："是我对政治的兴趣救了我的命。"（[1]，xix）

西拉德在维也纳呆了很短时间后，就来到英国。在这期间，西拉德花费全部时间和精力投入了一次极有意义、也极为成功的政治活动，这就是为从德国逃出的年轻科学家寻找工作或提供奖学金。西拉德到维也纳不久就与英国著名经济学家维廉·贝弗里奇爵士（Sir William Beveridge）取得了联系，并提出了自己的计划。几天后，在几个发起人举行的茶会上，贝弗里奇应允道，他"一回英国，就把此事放在最重要的日程上"，并建议西拉德到英国"经常督促"他。[2]

西拉德一到英国马上就投入紧张的活动之中，他频繁地与爱因斯坦、玻尔、卡皮查和犹太复国主义者魏茨曼（Chaim Weizmann，化学家，后来成为以色列首相）等著名科学家接触。在西拉德等人的努力下，学术援助委员会正式成立，这个组织在帮助流亡的科学家方面起了很大的作用。他在当时写的一封信中说："在英国尽管我十分疲劳，但我感到非常幸福。……这或许是由于我感受到这个国家和人民的深切的同情心。……我现在光旅行就花许多钱，

---

① O.Nathan and H.Norden, eds., Einstein on Peace（N.Y. Simon and Schuster），pp. 103—104
② Leo Szilard, A Memoir–by Edward Shilsy Encounter 23, Dec.1964, p.38.

当然毫无进展……这样长期下去是不行的"（［2］，pp.35—36）然而，正如他所说，"除了我之外，每一个到英国来的人很快地就找到了工作。"（［2］，p.15）西拉德所做的一切可以写成一个十分感人的故事，而这正是他为了履行一个正义的科学家的社会责任而进行的艰苦探索。

　　另外还必须一提的是，西拉德在 30 年代一直关心着中国人民的命运。日军 1932 年入侵上海时，他与几位年轻的科学家义愤填膺。他们草拟了一份声明，准备请一批著名科学家签名。他说："这种抗议其本身的价值是有限的，但它将使我们在公正的事业中'保持信心'。"（［2］，p.37）在抗议信中，西拉德提出对日本采取不合作的国际行动，包括对日本封锁科技信息，不同日本科学家合作研究。西拉德从科学家应负社会责任的观点出发，提出日本科学家应竭尽全力促使日本政府放弃军国主义政策。不知是由于没有找到更多诺贝尔奖获得者的签名，还是由于其他原因，这个计划最后流产了。尽管如此，西拉德对中国人民的关心，对正义事业的热情，仍然是值得中国人民铭记和感谢的。

5．链式反应与"拯救世界"

　　在西拉德的一生中，核物理是他取得最大成就的领域。然而，值得一提的是，把他带入这一领域的是"拯救世界"的理想。1932 年，西拉德在 H.G. 威尔斯《向着自由世界》一书（*The World Set Free: A Story of Mankind*, London, Macmillan, 1914）中看到了这样的预言：1933 年发现人工放射性、然后是原子能的释放、原子弹、世界大战和世界政府，这使他得到了深刻的印象。同年，西拉德与此书德文版出版商 O. 曼德尔（Otto Mandl）进行了一次十分重要的谈话。曼德尔认为：好战是人类的本性，要想从无休止的战争中把人类拯救出来，就应该设法离开地球。这种观点使西拉德大为震惊。但他当时只能说："如果我认为这正是人类的需要的话，如果我想对拯救人类作出贡献的话，那么我或许应该研究核物理学，因为只有通过释放原子能，我们才能得到不但可以离开地球，而且可以离开太阳系的办法。"（［2］，p.17）

　　促使西拉德转向核物理学的直接动因是，西拉德在报上读到卢瑟福于 1933 年 9 月 11 日在英国科学促进协会的发言中说大规模释放原子能"只不过是空想"的报道。为了反驳卢瑟福的论断，西拉德决定对这一问题进行研究。当时，西拉德正在为"学术援助委员会"而奔波，没有工作，也没有安宁的学术环境。然而，他的链式核反应的思想却在这种环境中形成了。西拉德这样描述了当时的情形："当红灯变成绿灯时，我就穿过马路。这时，一个想法突然出现在我的脑海中：如果我们能够找到这样一种元素，它能被中子所分裂，当它吸收一个中子后能释放出两个中子，将许多这种元素放在一起，就能维持一种链式核反应。"（［1］，p.530）

　　1934 年初，约里奥·居里夫妇发现了人工放射性。这个发现极大地鼓舞了西拉德，H.G. 威尔斯的预言以惊人的准确性实现了。西拉德看到了核时代的曙光并为此进行了艰苦卓绝的奋斗。

　　1934 年春，西拉德向英国专利局申请了核链式核反应的专利权，在说明书中第一次认真地讨论了维持链式核反应的原理，并第一次提出了链式核反应的重要概念——临界质量。西拉德给著名核物理学家 E. 费米写信解释了此举的意义，他说科学家申请专利"决不仅仅是为了私人的经济利益，而是为了继续开展研究有可靠的经济保证。"（［1］，p.729）西拉德这些话是有感而发的，为了尽快地开展链式反应的试验，西拉德提出铁是可能实现链式反应的元素，并试图系统地探索所有的元素。西拉德把大部分精力用于筹措资金，正如西拉德所说："可叹的是没有一个物理学家对链式反应的思想有热情。"（［2］，p.18）还是圣·巴塞洛缪医学院给了他一个暑期工作的机会。他与年轻的研究人员查默斯合作，很快发现了一种能使化合物中某元素吸收中子而从化合物中分离出来的西拉德－查默斯效应（Szilard-

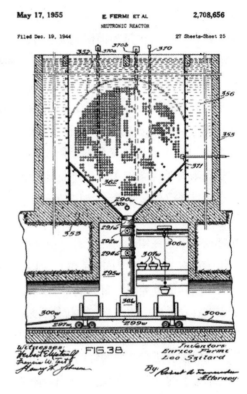

1944 年，液体冷却反应堆的纵截面示意图。

Chalmers Effect）。这一成果使西拉德成为一个有声望的核物理学家，并被剑桥大学所聘用。

　　尽管链式反应的实验没有进展，但西拉德仍然信心十足。因为担心核链式反应的专利公开发表会被纳粹德国所利用，所以，他于 1936 年将此专利移交给英国海军，他在给海军部的信中写道："如果我能保留使用这个说明书的自由，保证此专利不用于制造战争武器，那么我将很高兴将此专利移交给英国海军。"（［1］，p.734）

　　1938 年 1 月，西拉德从英国剑桥来到美国。《慕尼黑协议》（1938 年 9 月 28 日）的签署，使他决定辞去剑桥的职务，终生留在美国（他在 1943 年获得美国国籍）。

　　在美国，西拉德仍在为链式反应而奔波，但毫无进展。正当他失去信心之际，发现铀裂的消息使他恍然大悟。这一消息是他到普林斯顿去拜访维格纳时听到的，他当时的反应是："H.G. 威尔斯所预言的一切，突然之间在我眼前变成了现实。"（［2］，p.53）

　　从此，西拉德陷入科学研究与政治活动双重的繁忙之中。他在从事研究铀原子核裂变释放的中子数的同时，积极地在科学家中间活动，目的是对纳粹德国封锁消息，自我监督不发表这方面的论文。

　　西拉德首先想到的两个人是约里奥·居里和费米，并认为"这两个人或许已经考虑到这种可能性。"（［2］，p.53）当西拉德通过 I.I. 拉比转告费米现在的工作因为可能导致原子弹而应该保密时，费米却说："没有必要"。西拉德与拉比一起去找费米，而费米却认为裂变释放中子以及形成链式反应的可能性很小，只有 10%，应该慎重，但不必采取行动。西拉德认为正是为谨慎起见，才应快速行动。可见两人的出发点不同，对谨慎的理解全然不同。站在西拉德一边的拉比说：如果医生说我患病死亡的可能性很小，只有 10%，我一定十分紧张。1939 年 2 月 2 日西拉德亲自写信给约里奥·居里，提出"应该采取行动防止这方面的任何消息发表在各国的科学期刊上……"他在信中又说"我们都但愿不会有，或至少不会有足够的中子辐射，因而也就没有什么可以担心的了。"（〔6〕，Szilard，pp.164—165）铀核裂变会不会释放中子、每个核裂变释放多少中子，对于西拉德、费米和约里奥来说是问题的关键，于是他们各自带领着一个或几个人紧张地进行了实验。到了 3 月中旬，西拉德与岑恩（Walter Zinn）在哥伦比亚大学的另一个实验室里（费米小组早在哥伦比亚大学工作）证实了裂变不但释放中子而且释放两个以上的中子，链式反应的可行性在理论上得到证实。与此同时，费米小组（还有 H. L. 安德森和 H. B. 哈非施坦）和约里奥小组（还有 Hans von Halban 和 Lew Kowarski）也独立地得出了相同的结果。当西拉德说服了费米及其他英美同行自我监督不发表这方面的论文时，约里奥却在 3 月 18 日在《自然》杂志上发表了自己的结果。西拉德后来又通过其他渠道，谋求约里奥的合作，但均遭拒绝。据美国物理学史家 S.R. 沃尔特考证，约里奥在这一时期发表的文章促成了德国、英国和苏联当局对核能研究计划的资助。（〔6〕，Weart，p.87）战争的逼近，才使西拉德的思想得到愈来愈多的人们的理解。虽然自我限制不发表论文的制度很晚才实行，但它总还十分及时。第一篇被禁止发表的是西拉德关于核反应特性的文章，另外一篇关于中子吸收截面的文章在十分关键的时候也被禁止发表，如果不然，"可以设想第二次世界大战的历史将会改变"。（〔6〕，Weart，p.88）

6. "事实上的原子弹之父"

公众把奥本海默称为原子弹之父，但是，西拉德对原子弹的了解与贡献或许超过奥本海默，从而许多了解内情的人（包括研究原子能历史的人）往往把西拉德称为"事实上的原子弹之父"。

美国研制原子弹的曼哈顿计划的形成，主要是由于在西拉德的请求与参与下，爱因斯坦写给美国总统罗斯福的那封著名的信所引起的。

1939 年 6 月，西拉德放弃了毫无希望的铀 – 重水系统，决定用石墨做减速剂。7 月上旬，费米已到安阿伯讲学，西拉德三番五次给费米写信讨论碳的吸收截面和铀与石墨最佳排列的栅格理论。西拉德认为实验已经进入十分关键的时刻。费米的回信提出了一些自己的设想，但他较为冷淡，并说他于年底才能返回。后来西拉德说，这就是促使他独自与政府联系的因素之一。（〔2〕，p.82）值得注意的是，敦促美国政府研制原子弹的西拉德等人几乎全都是欧洲移民，这与他们对希特勒的警惕很有关系，找爱因斯坦帮忙正是西拉德与维格纳讨论希特勒对铀矿资源的野心时决定的。

1939 年 7—8 月间，西拉德两次（第一次与维格纳，第二次与 E. 特勒）来到爱因斯坦的住处。其结果就是 8 月 2 日爱因斯坦致罗斯福总统的信，与此信同时交给罗斯福的还有西拉德 1939 年 8 月 15 日写的备忘录，这个备忘录除了更详尽地解释了裂变研究最新进展及其意义外，再次提出了限制发表这方面论文的必要性。（［6］，Szilard，pp.166—168）爱因斯坦和西拉德在一起。爱因斯坦的信和西拉德的备忘录直到 10 月 11 日才送到罗斯福手中，总统马上任命了一个由国家标准局局长 L.J. 布里格斯（Lyman J.Briggs）任主席的铀委员会。10 月 21 日，西拉德、维格纳、特勒参加了铀委员会第一次会议并讨论了原子能的前景。

政府的支持十分有限，宝贵的时间在白白浪费，"1939 年 6 月底到 1940 年春在美国探求铀链式反应可能性的实验一个也没有做。"（［2］，p.115）形势的发展以及美国科学家的介入才使铀计划有所开展。1941 年 12 月 6 日，万尼瓦尔. 布什宣布了全力以赴研制原子武器的决定。由于负责链式反应的 A.H. 康普顿在芝加哥决定将哥伦比亚小组也迁往该地，西拉德 1942 年 2 月迁往芝加哥，并专门负责技术工作。他在铀金属制造、表面处理、冷却系统、钚生产线等方面做出了许多具体的贡献。

1942 年 12 月 2 日，在芝加哥大学斯塔格运动场的看台下面，第一座自持的链式反应堆试验成功，人类终于成功地释放并控制了原子能。当人们欢呼雀跃之际，为此奔波了近10 年的西拉德却忧心忡忡。在费米与西拉德握手庆贺时，西拉德说道："这一天将被载入史册，成为人类历史上黑暗的一天。"（［2］，p.146）

对于芝加哥的科学家来说，由于后期理论工作相对减少，在西拉德、玻尔等人的鼓励下，开始思考原子能的社会政治影响。遗憾的是，曼哈顿计划一旦展开，西拉德却被完全排斥在决策层之外，仅仅被当作一个技术人员来看待了。他关于原子能的社会政治影响的思考很少为他的上司们所理解，他们也很少征求他的意见。

为了使政府对原子能的社会政治影响有一个清醒的认识，西拉德决定与"当时唯一一位能够交流的人"（即总统，［2］，p.182）联系。爱因斯坦再一次给罗斯福写了推荐西拉德的信，西拉德写下了《原子弹和美国在战后世界中的地位》的备忘录。这一备忘录预言了战后的核军备竞赛，提出 T 控制原子能的设想。（［6］，Szilard，pp.169–171）与此同时，丹麦物理学家N. 玻尔也向英美首脑发出防止战后核军备竞赛的信号。

罗斯福的去世（1945 年 4 月 12 日）使西

1960 年，参与美国能源部决策的西拉德。

拉德的计划落空。在这之后，尽管西拉德做过多方努力，但原子核释放的能量已经成为政府手中的权力。科学家，尤其是西拉德这样的移民科学家，再也没有办法控制原子弹对日本的使用了。

第二次世界大战以后，西拉德为核和平及核裁军而倾注了全部的心血，他从不谈及由于他在研制原子弹中所起的作用而产生的内心的感受。据 E. 希尔斯（Edward Shils）说只有一次例外，当 E. 特勒研制氢弹的计划得到官方资助时，西拉德说："现在，特勒将会知道负罪感是什么滋味了。"（Leo Szilard, A Memoir–By E.Shils, Encounter 23, Dec.1964, p.41.）

7. 生物学家

战后，芝加哥大学校长聘请西拉德为生物物理和社会科学教授，这反映了西拉德战后的兴趣所在；（［1］，p.389）法国著名生物学家雅克·莫诺曾几次问西拉德，像他这样一位著名的物理学家为什么要放弃物理学而转行研究生物。西拉德每次都反问道："你不认为生物学很有趣吗？"莫诺说："我个人确信有一种更重大、更深刻的原因。"

这就是西拉德对早期工作的再思考。莫诺认为西拉德早已解决的麦克斯韦妖佯谬实际上不是物理问题，而是生物问题。（［1］，XVI）当然大部分人认为西拉德是由于看到核物理带来如此恶果而决定改行搞生物的。比如 A.K. 史密斯就曾说过："这反映了广岛事件后，西拉德内心的深刻变化。"（［5］，p.81）然而，西拉德在晚年却说他完全是因为兴趣，1934 年他就准备改行，并由从物理转向生物的 A.V. 希尔（A.V.Hill）为他找了一个生物学的工作岗位。（［2］，p.16）尽管 1934—1935 年他主要从事核物理学研究，但他一直关注生物学的发展，这种关注使他发现西拉德－查默斯效应，并使他在正式改行前就得到生物学教授的位置。

西拉德 1947 年夏正式转行搞生物，作为合作者与他同时改行的还有一位年轻物理学家 A. 诺维克。他们一起来到德尔布吕克在冷泉港组织的细菌病毒学夏季课程。在冷泉港，西拉德听完莫诺的讲演后，马上就提出一连串尖锐的问题。莫诺十分吃惊，他无法想象一个一般听众会如此熟读、理解自己的文章，并提出如此中肯的意见。西拉德与莫诺以此为契机，成为十分诚挚的朋友。莫诺承认西拉德对他自己的工作影响很大。

西拉德与诺维克还参加了德尔布吕克噬菌体小组的工作。他们提出病毒感染的两种类型：基因型和表现型。据诺维克讲，"通过他们的工作使德尔布吕克早已发现的噬菌体的变配基理弄得更清楚了。"（［1］p.389）

1948 年 2 月，西拉德与诺维克有了自己的实验室，他们的第一项工作就是细菌光致活化机理的研究，其结果很快得到实验验证。正如维格纳所说："西拉德生物学工作中最重要的恐怕要属'恒化器'的发明。"（［6］，p.143）这是一种维持单位时间内细菌繁殖数目不变的一种仪器，这种仪器为生物研究提供了新的手段，之后西拉德与诺维克用恒化器对细菌的生化机理进行了系统的研究并取得一系列成果。

1954 年，芝加哥大学放射性与生物物理研究所解散。之后的 10 年中，西拉德在从事大量社会活动同时，主要从事分子生物学与老化理论的研究。西拉德非常喜欢使用与理论物理相对应的"理论生物学"一词，并认为生物研究应该进一步实现定量化。1959 年他提出"一般生物现象的数量研究"的计划。同年，西拉德发表《关于老化过程的本质》的论文，提出老化是由于所有染色体无规则的失活（inactivation）所致。

西拉德最后一篇论文是《关于记忆与回忆》，这篇文章回到最初研究的问题。这篇文章从更高的意义上解释了麦克斯韦，回答了智力能否违反热力学第二定律的问题。

美国著名的索尔克研究所是在西拉德等人的努力下成立的。1963 年 7 月，西拉德成为索尔克研究所非正式成员。1964 年 4 月，他从芝加哥迁往加州拉霍亚，成为索尔克研究所的永久成员。在此，他刚刚结束他那几十年的奔波不定的生活，却于 1964 年 5 月 30 日突然去世。

8．核和平之父

"事实上的原子弹之父"并不能概括西拉德的成就与追求。我认为称西拉德为"核和平之父"更为恰当。西拉德去世以后，当人们总结他的政治活动时，曾有人说：战后"西拉德从原子弹之父变成原子和平之父"。（见 Encounter，E.Shils，p.35.）

尽管西拉德是第一个动议研制原子弹的人，但他这样做纯粹是为了对付纳粹德国。当这种目的已经不复存在时，他第一个提出了："继续发展原子弹目的何在的问题"（［2］，p.181）。西拉德也是第一个提出反对使用原子弹的人。1945 年 6 月西拉德向奥本海默第一次说"使用原子弹攻击日本是一个严重错误"时，所谓"原子弹之父"奥本海默大吃一惊。（［2］，p.185）在西拉德发起和参与下写成的《弗朗克报告》（1945 年 6 月）正式向官方提出不使用原子弹攻打日本的建议。

为了加强道义的力量，西拉德 1945 年 7 月联合 69 位原子科学家给美国总统杜鲁门写了一份反对使用原子弹的请愿书，其中写道，……战争越来越残酷。……我们在战争中使用原子弹，就会使世界在这条残酷无情的道路上走得更远。"（［6］，pp.188—189）

西拉德及其他芝加哥科学家们的抗议并没有产生直接影响。原子弹的使用终于使世界在残酷无情的道路上迈出实质性的一步。西拉德此时清醒地认识到，要想增强道德的力量，必须把真相告诉公众及社会。在他的动议下，芝加哥大学的校长 R. M. 哈钦斯发起，于 1945 年下半年召开了一次重要会议。许多政界知名人士（比如商务部长 H. 瓦伦斯，田纳西峡谷管理局局长 D. 李林塔尔）都出席了这次会议。三天的会议讨论了核时代即将出现的各种问题，诸如预防性战争、国际控制原子能、核查问题、世界政府等等。西拉德称这次会议是他所参加的"最好的会议"。（［2］，p.223）这次会议为即将到来的科学家反核战争和平运动进行了组织上的准备。会上所讨论的问题日后几乎都成为公众兴趣的中心。

　　据 A.K. 史密斯说："除了西拉德 9 月 7 日的备忘录外，没有人考虑国际控制原子能的问题。"正在科学家与政府就原子能保密问题发生冲突的时候，在格罗夫斯指挥下，陆军部起草了一个国内控制原子能的议案（梅－约翰逊议案）。为了反对这个议案，西拉德发起了一场声势浩大的运动。在年轻的原子科学家的努力及公众的支持下，这个有利于军管原子能的议案未能通过。在反对梅－约翰逊议案的斗争中，西拉德在报纸、电台上频繁发表自己的看法，在公众中树立起反核战争和平运动的领袖的形象，他也逐渐扮演起"核和平之父"的角色。

　　西拉德战后政治活动的核心是世界政府，一开始他十分注重联合国在世界事务中的作用，冷战的出现使西拉德把更多的精力倾注于教育及世界法律。

　　思想交流、文化融合是消除冷战之必需，也是世界政府的基础。西拉德的许多政治活动都是基于这一设想而展开的。战后，西拉德及原子科学家的教育对象是政府官员和公众。核威胁成为人类的共同认识后，他又把希望寄托在教育年轻一代。这种教育年轻人的基本原则可以在第一次帕格沃什——科学和世界事务国际会议的"科学家社会责任"小组的报告中见到（这是一份主要由西拉德起草的文件）："传统趋向于对年轻人进行教育时强调各民族自己的理想，包括赞美战争。原子时代迫切要求改变这些传统。在不放弃忠于民族遗产和不同社会的基本准则的情况下，教育必须强调在和平与合作中全人类利益的根本的、持久的一致性，而不要去强调民族之间的障碍以及经济和政治制度方面的不同。"（［6］，p.197）西拉德是帕格沃什运动的发起者和参加者，帕格沃什会议成为他凝练自己思想、提出各种倡议的最好场所。

　　1961 年前后西拉德在美国各大学巡回讲演："我们正在走向战争的边缘"。他的讲演引起极大的共鸣，促成了消除战争委员会（后来改名为可居世界委员会）的成立。他个人的热情鼓动，促成了又一场运动，"这为以后几十年科学家反战及环境保护运动开了先例。"（［4］，p.14）

　　在核时代，缔造和平者就是当之无愧的英雄。为了维护 40 多年的核和平，我们可以列出一串和平英雄的名字，而西拉德又是这批英雄中的佼佼者，正因为如此，他才成为核时代的"核和平之父。"

芝加哥大学反应堆小组。左起最后排：N. Hilberry, S. Allison, T.Brill, R. Nobles, W. Nyer, M.Wilkening；中间：H. Agnew, W.Sturm, H. Lichtenberger, 西拉德；前排：E.Fermi, W.Zinn, A.Wattenberg, H. Anderson。

9．海豚之声

西拉德一生只出版过一本书，这就是 1961 年出版的政治与科学小品文集《海豚之声》。这本书在一年之内印刷了 4 次，并很快被译成多种文字发表。"海豚之声"就是这个文集中的一篇，它以一位 20 世纪 90 年代的历史学家的口吻讲述了一次世界性危机之后一个非军事世界联邦建立的全过程，在"维也纳研究所"中，苏、美两国的科学家学会了怎样同具有高级智能的海豚交往。他们依靠海豚的智力，设计出一个为各方所接受的裁军计划，最终实现了全球裁军（［3］，pp.19—72）。《海豚之声》发表后，"海豚"成为西拉德的绰号。哈钦斯说："西拉德的智能远远超过他的同类，……他很可能是一只海豚。"[②]（Szilard and the Dolphins, Bulletin of the Atomic Scientists, Sep.1961, p.290.）

西拉德认为人类的主要问题"是对已经面临的问题缺乏想象力……"。西拉德本人对和平事业的贡献正是基于他那海豚一样的高级智能和丰富的想象力。例如，1947 年西拉德直接给斯大林写了一封信，希望斯大林"以个人身份直接向美国人民讲话"，以消除正在出现的冷战。由于国防部的阻挠，这封信没有发走，但这被认为是西拉德战后"第一个，也是最有创造力的想法"。（［4］，p.14）

如果说给斯大林的信过于理想化的话，1959 年的"天使"计划就比较现实了。为此计划他与当时苏联最高苏维埃主席赫鲁晓夫多次通信，他提出建立一个小的非官方的美苏之间讨论裁军的论坛，以民间交流的方式消除隔阂、沟通思想、影响决策。1960 年 10 月，赫鲁晓夫访问联合国时，为此事与西拉德谈了 2 个小时。西拉德为了实现一个更加开放的社会的理想，为了拉开东西方之间的"铁幕"进行了不懈的努力。

在 1962 年 10 月 9 日西拉德给赫鲁晓夫的信中说："有一些'站在天使一边的人'，他们一直采取这样的立场，为了与苏联达成协议、停止军备竞赛，美国应该放弃他所占有的一些暂时的利益"。11 月 4 日，赫鲁晓夫回信："我对你所谈到的你们这些天使们很感兴趣……他们的结论将极大地影响公众的观点，甚至官方和政府也不得不倾听他们的意见……（我们）支持你的观点并且对此进行尝试。"（［4］，p.15）西拉德"天使"计划顺利地进展着，许多未来的"天使们"在他周围聚集。尽管美国总统肯尼迪 1963 年 6 月谈道，"希望这个计划成功"。但由于美国军备与裁军署的头目威廉·福斯特的阻挠，"天使"计划没有取得预期的目标。令人欣慰的是，西拉德去世后，世界和平事业的每一项进展都得益于这种非官方、非正式的"天使之路"。

对于西拉德来说，"天使"计划只是他大量活动和思想的一部分，他的那些创造性的思想，他的那些热情的计划为维护人类的核和平提供了宝贵的经验和精神财富，其中包括莫斯科和华盛顿之间建立"热线"的倡议、关于建立无核区的倡议、关于分权的思想等等。

西拉德社会政治活动的方式在年轻时代就已形成，这就是完全依赖理性去分析形势，抓住一线希望、设置理想的计划，倾注全部热情为之奋斗。这正如西拉德 1940 年所指出的："让你们的行动向着一个伟大的目标，但是，不要去过问是否能达到这些目标，因为这些

目标是一些模型和榜样，并不意味着是一种结局"。（［4］，p.16）

有幸使西拉德成为开放社会的实践者的不是他的那些伟大的计划，而是他那极为丰富和活跃的思想。他从来没有把自己提出的计划当作终极真理，即使对于那些伟大的计划，他也抱着一种开放的态度：随时准备改变、修正、甚至放弃这些计划。

或许由于他在核时代中起的作用太独特了，从而使这位民主主义的拥护者却把自己说成是柏拉图精英治国论的信徒。这不但影响了他的政治理论，也影响了他的政治实践，或许正是由于这一点，他没有能引发起一场更大规模的群众性的反战运动。

参考文献

［1］ The Collected Works of Leo Szilard, *Scientific Papers*, Edited by Bernard T.Feld and Gertrud Weiss Szilard, The MIT Press, Cambridge, Mass., 1972.

［2］ *Leo Szilard:His Version of the Facts, selected recollections and correspondence*, Edited by Spencer R.Weart and Gertrud Weiss Szilard. The MIT Press, Cambridge, Mass., 1978.

［3］ Leo Szilard, *The Voice of the Dolphins*, Simon and Schuster, New York, 1961.

［4］ Michael Bess, *Leo Szilard:scientist, activist, visionary, Bulletin of the Atomic Scientists*, Dec., 1985, pp.11—18.

［5］ Alice Kimball Smith, The Elusive Dr.Szilard, *Harper's Magazine*, July, 1960, pp.77—86.

［6］《科学与哲学》，1986 年第 1 辑（总 43 辑），北京。此专辑是原子弹与社会的专辑，其中辑录了一些与西拉德有关的重要历史文献，在正文中引用此辑有关文献时，不再列出文章标题与作者。

（选自《自然辩证法通讯》1988 年第 1 期，作者王德禄，《核和平之父——里奥·西拉德》，时任《自然辨证法通讯》杂志编辑，现任北京市长城企业战略研究所所长。研究方向为科技政策、企业战略、知识管理咨询。）

叶企孙

他的贡献与悲剧

他少年时立志用科学拯救中华，青年时远涉重洋，寻找科学真理；归国后致力于科学在他的祖国生根，在科学和教育园地辛勤耕耘，培育了众多科学精英，开创了科学基业；为了民族的解放，他舍生忘死，投身抗战救国。他一生不求名利，唯有奉献。然而，历史在他身上表现得如此"公正"：他年逾古稀，却惨遭凌辱，备受折磨，含冤去世，而且身后数年，九泉之下，也未能洗清所蒙受的不白之冤。

今天，沉冤终于得到昭雪，蒙在他英名上的灰尘已经被掸除，我们终于可以在此忠实地记下他一生的贡献与不幸。

1．他的理想是科学救国

叶企孙，原名叶鸿眷，号企孙，1898 年 7 月 16 日诞生于上海。叶家是书香门第，又是官宦之家，企孙的祖父谈人公是清朝的五品官吏，为清政府办理过海运，因而家中比较富有。企孙出生时，叶家仍不失为殷实人家，境况远较一般家庭优越。

叶企孙的父亲叶景沄（字醴文，号云水，1856—1936）是上海县邑一位博学的举人，也是一位教育家，他精研国学，对经史子集涉猎颇广，20 世纪初曾受清政府派遣，和黄炎培，沈恩浮等一起赴日本考察教育，归国后创办新式学校，致力于现代教育，先后在几个学校担任教师、校长职务。

叶企孙（1898—1977）

叶企孙七岁时，母亲顾氏（1856—1905）病逝。兄弟姐妹七人中，企孙最小。丧妻之痛使醴文公身染重病。病中他立下遗嘱，以作后代的"修身"指南。遗嘱要求子孙：慎择友、静学广才、行己俭、待人恕、勿吸鸦片、勿奸淫、勿赌博、勿嗜酒、勿贪财。这份遗嘱被叶企孙视之为父亲留给他的最宝贵遗产，他一直精心珍藏，伴随他度过一生。考察叶企孙一生走过的足迹，遗嘱所言，可谓是他品格与情操的真实写照。

醴文公于1936年去世，这份遗嘱显然是立得太早了，不过却使他有足够的时间在企孙身上贯彻自己的思想。叶企孙兄弟三人中，长兄大企孙十多岁，在北洋军阀时代进入政界。然而叶景沄对长子的成就并不满意。次子智力很差，很难有所作为。企孙自幼聪颖，父亲对他抱有很大希望，又因从小失去母爱，父亲对他的成长更是倾注了满腔心血。自5岁起，父亲在家中教他识方块字，稍大，被送入一家私塾读《论语》。1907年，叶企孙进上海县立敬业学校读书。敬业学校是我国早期引进西方教育的现代学校之一，叶景沄为该校创办人。叶企孙在敬业学习3年，受到比较正规的教育，开始接触到西方近代科学知识。

1911年初，清政府将原来负责派遣留学生的游美学务处改为清华学堂，并开始招收学生，未及13岁的叶企孙，在敬业学校尚未毕业，便在父亲鼓励下，毅然报名投考，并一举考中，成为清华学堂的第一批学生。同年10月，辛亥革命爆发，清华学堂停课，在北京学习了半年的叶企孙只得返回上海避乱。

1912年春，在家人安排下，叶企孙入上海兵工中学读书。该校偏重于自然科学教育，著名实业家吴蕴初当时就任教于此，曾为叶企孙的化学老师。叶企孙在兵工中学的同班同学有后来成为地质学家的谢家荣、朱庭祜等。

1913年夏，叶企孙重新报考清华。这次报考不太顺利。身体检查时，大夫说他心律不齐，不能报考。但细心的叶企孙抓住体检表上不贴照片的漏洞，以号企孙为名，重新报考，并请同学帮忙，代验身体，顺利过关，获准参加考试。清华是又一次考取了，不过叶鸿眷从此便成为叶企孙了。一向以诚待人的叶企孙，对于这次蒙骗过关，心中总觉不安，这可说是他一生中唯一的一次弄虚作假。直到晚年，每忆至此，仍深深自责。

这时的清华已从辛亥革命前的清华学堂改为革命后的清华学校了，但仍然是用美国"退还"的庚款办起来的留美预备学校，学制八年，分中等和高等两科，高等科的后两年相当于大学本科的前两年。高等科的毕业生，全部放洋留美。与上次不同，叶企孙这次考取的是清华高等科。入清华不久，他在日记中写下了这样的座右铭："惜光阴、习勤劳、节嗜欲、慎交游、戒烟酒。"在学习上，他一如既往，异常的勤奋刻苦，学习成绩在同级学生中通常是名列前茅。不过，也许是性格使然，这时的叶企孙仍然是喜静不爱动，清华园虽有良好的体育设施，却没有激起他对体育活动的兴趣。但在入清华一年后发生的一件事使他对此略有省悟。清华学校一向要求学生全面发展，1914年夏，叶企孙因体育不及格留了一级，以致使他延迟到1918年毕业，高等科四年他却读了五年。

20世纪初叶，"科学救国"、"实业救国"等口号在中国知识分子和青年学生中颇有市场，在清华求学的叶企孙无疑也深受其影响。中国自鸦片战争以来受尽西方列强欺凌，叶企孙时常为此而忧愤。当他看到"欧美洋货倾销中国市场，而国人仍在醉睡，毫无自振之精神"，犹感痛心。他将中国落后的原因归咎于中国实业不振，而实业不振是由于科学在中国之不发达。中国科学落后的现状，父亲的中体西用观，这一切都促使他立志去西方学习自然科学，然后用科学来振兴祖国。他的选择得到了父亲的赞许和支持。

在清华求学的 5 年里，叶企孙通过系统而正规的学习，打下了坚实的现代科学基础，培养起浓厚的科学兴趣。课余，他广泛阅读科学书籍，自觉培养作为科学工作者所具有的基本技能。1915 年，我国的第一个科学社团——中国科学社成立，消息传来，叶企孙立即仿效，他和同学刘树墉等人一起筹办了清华学生科学社。他在拟定的科学社草章中指出："本社宗旨在集合同学借课余之暇研究实用科学"，并要求社员做到："一、不谈宗教；二、不谈政治；三、宗旨忌远；四、议论忌商；五、切实求学；六、切实做事"。他献身科学的决心从中可窥一斑。在他们的努力下，学生科学社在清华园内非常活跃，以后延续多年。早期清华毕业生中有许多人在选择专业时都受到了科学社的影响。

1915 年，中国近代史上的一位著名教育家梅贻琦（1889—1962）应聘到清华任教，讲授叶企孙所在年级的物理课程，两人由此结识，从此开始了长达 30 多年的友谊。在清华读书期间，叶企孙受梅贻琦的影响颇深，他对这位年轻师长的品德、为人、才干和抱负都非常敬重。叶企孙毕业时之所以选择物理学为奋斗方向，可以肯定在一定程度上受到了梅贻琦的影响。

早期的清华学校颇似一所美国学校，只不过是建在中国土地上，"洋化"得很厉害，就是一般工友也必须会讲几句洋文才能胜任工作，国学被冷落在一旁。但叶企孙受家庭环境熏陶，一直保持着对国学的兴趣。他入清华的第 2 年，醴文公也应聘来清华担任国文教员，指导学生阅读古文书籍。叶企孙在父亲的指导下，5 年时间里，阅读了《左传》、《礼记》、《诗经》、《荀子》、《国语》、《史记》、《通鉴纪事本末》、《文献通考》等大量中国古代名著，打下了扎实的旧学根底。他的这一在国学上的优势，又使他不知不觉地对中国古代科学史产生了偏爱。1915—1916 年间，他比较系统地研读了中国古代算学名著，如《九章算术》、《孙子算经》、《海岛算经》、《夏侯阳算经》、《算法统宗》、《梦溪笔谈》、《畴人传》、《益古演段》等等，还涉猎不少西方科学史著作，这为他晚年从事自然科学史的研究指导奠定了良好基础。在当时，他主要深入研究了中国数学史和天文学史，研究成果发表在《清华学报》和《清华月刊》上。尤其他在 1917 年发表的《中国算学史略》[1]是我国第一篇用现代方法系统研究我国数学史的通史性文献。该文给出了我国数学发展的历史轮廓，其中许多观点，颇具见地，与今天我国数学史界的看法基本吻合。

应该说，清华学校的 5 年，叶企孙所得到的收获，除了严格的现代科学训练之外，还有深深植根于他头脑中的强烈的民主意识。当时的清华，每届学生不过六七十人，每级都有一个级会，级会的组织形式和会议程序等一切都模拟西方议会，意在给学生灌输西方近代的民主思想。叶企孙积极参加级会的活动，曾多次被推选为级会领导人。早期的这种训练和尔后 5 年在美国的所见所闻，以及归国前赴欧洲大陆的考察访问，使科学精神、民主意识和儒家的人伦道德观念在他身上并行不悖，而且相得益彰。归国后，他担任教育行政和科研组织的领导工作时，作风民主，平易近人，深受同仁的拥护和爱戴，这与他在求学期间所受到的中西文化训练不无关系。然而，另一方面，我们也不无痛心地指出，他晚年的悲剧，在很大程度上也正是由他所坚持的科学精神和对思想自由，学术独立的执着追求所造成。

2．实验物理学家

　　在清华园的学习生活很快就结束了，1918 年夏，叶企孙顺利通过毕业考试，被派往美国留学。10 月，他乘坐轮船，渡过浩瀚的太平洋，抵达新大陆，进入位于美国中北部的芝加哥大学，直接插入物理系三年级学习。入学不久，他写信回国向"父亲大人"报告了他到美后的第一印象：美国学生早上上课，手拿面包，边吃边赶，匆匆忙忙，分秒必争，做事爽快，不见拖拉疲沓景象。叶企孙有刻苦求学之志，很快就适应了校内的紧张气氛。

　　一次大战后，美国在实验物理学方面有了长足进步，芝加哥大学物理系是当时美国的物理学研究中心之一，素有重实验的传统，在她的鼎盛时代，曾有三位诺贝尔物理学奖得主在此授课，他们是：A. A. 迈克逊，R. A. 密立根和 A. H. 康普顿。他们注重物理实验的态度，形成了芝加哥大学物理系的基调。受环境的影响，叶企孙走上了实验物理学的道路，而实验物理似乎与实业救国有切近之处，符合他的初衷。1920 年 6 月，叶企孙从芝加哥大学毕业，获学士学位。当时留美学生在求学过程中，一般要换一两次学校，其一想增进对美国社会的了解；其二想更广泛地接触美国学者，多熟悉一些学术机关。叶企孙也不例外。

　　1920 年 9 月，他转至美国东部，进入哈佛大学研究院，师从著名物理学家 W. 杜安和 P. W. 布里奇曼进行实验研究。叶企孙所从事的第一项物理研究工作是和杜安及 H. H. 帕默合作用 X 射线短波极限法（SWL 法）测定普朗克常数 h。[2] 自从 1915 年 Duane-Hunt 定律发现后，许多人用 SWL 法测定了 h，而叶企孙及合作者的测量，由于做了许多改进，成为早期普朗克常数测量中比较精确的一次。他们的测定值被国际物理学界沿用多年，康普顿 1935 年在他出版的名著 *X-Rays in Theory and Experiment* 一书中称其"是一次对普朗克常数的最为可靠的测定"，[3] 还有 E.R. 科恩的 *The Fundamental Constants of Physics* 等书中对叶企孙他们的这项工作也有记载。

　　测定普朗克常数的工作完成以后，叶企孙在其导师、后来的美国诺贝尔物理学奖得主，以在高压物理领域内的研究知名于国际物理学界的布里奇曼教授的指导下，开始了压力对铁磁物质磁导率的影响的研究。这项工作于 1923 年完成。研究成果作为他的博士论文：*The Effect Of Hydrostatic Pressure On The Magnetic Permeability Of Iron Coba And Nickel*，[4] 发表于 1925 年。

压力对磁导率的影响这一课题，在叶企孙之前，已有人做过一些工作，并发现一些实验现象。最早是 1883 年，汤姆林逊做过一次尝试，没有成功。尔后 1898 年日本人长岗和本田对铁、镍进行了实验，所用最大压强仅为 $300kg/cm^2$，1905 年弗里斯比女士也研究过压力对铁的磁导率的影响，所用最大压强为 $1000\ kg/cm^2$。但他们所得结果有很大不同，而且他们采用的压强范围也较窄，所取磁场范围也较小。因此，综合他们的实验数据不足以就压力对磁化的影响这一问题得出一个令人满意的概括性的结论。叶企孙的实验试图消除前人试验结果的矛盾，给"压强对磁化现象的影响"这一课题一个全面的、准确的描述。当然，他选择这一课题的另一重要理由是，从当时情况看，能够将该项研究深入一步的条件已具备。首先布里奇曼长期从事高压物理研究，他的工作已使可控制的压强范围拓宽到 $0{\sim}12000kg/cm^2$；其次，材料上已经有了突破，能够获得高纯度的铁磁金属样品。

叶企孙使用的是布里奇曼设计的压力装置。他在样品形状、实验设置等方面都有合理改进，尽量排除干扰，提高实验精度。严谨的工作作风使他发现了弗里斯比的错误，其原因在于弗里斯比在实验过程中未对所用样品完全退磁。他应用热力学理论，推导出磁化引起的体积变化公式，将体积变化分为两部分，一部分与磁化压强系数相联系，在弱场中很重要；另一部分即使磁化压强系数为零时也仍然出现，与弹性系数和总磁场 H 相联系，在强场中变得很重要。当磁化达到饱和后，后一部分引起的体积变化仍继续增加，而且二者可能在相反方向上起作用。他的实验结果与此定性符合。

客观地说，叶企孙的这项研究并非开创了一个新领域，而且也没有解决重大的理论问题；这一点在他的研究开始前就基本注定。然而，规律性现象是每一个物理理论的基础，从而发现这些现象的意义也就不言而喻了。从另一个角度上说，巧妙、漂亮地完成一个复杂、困难而又有实际意义的物理实验，无疑是一个实验物理学家的追求。由于这项工作，叶企孙成为我国从事现代磁学研究的第一人。

叶企孙获博士学位后，原计划再留美 1 年，做一些实验研究，但因父亲年事已高，盼他早日归国。于是他放弃原来打算，于 1923 年 10 月告别美洲大陆，取道欧洲回国。在欧洲，他游历了英、法、德、荷兰和比利时五国，参观了一些名胜古迹、博物馆、美术馆和一些高等学校的物理研究所，拜会了这些国家的物理学界同行，于 1924 年 3 月回到上海。

在美国留学 5 年，叶企孙成长为一个合格的实验物理学家，而且在美的经历和对欧洲的考察，在他头脑中牢固树立了学术独立和学术自主的观点，这一观点在随后的若干年内顽固地左右着他的思想和行动。

3. 教育家

1923 年 3 月，叶企孙应聘执教于南京东南大学物理系，开始了他半个多世纪的教育生涯。在南京东南大学，他任教 3 个学期，觉得只是"对教育工作的初次尝试"。他先后讲授了力学、电子论和近代物理，自我感觉良好，看来教育工作很合他的口味。然而，不久东大发生赶校长风波，叶企孙不愿介入，适逢北京清华学校创立大学部，1925 年 9 月，他离开东大，应聘前往清华任教。

　　然而当时的清华也并非一块净土，叶企孙回母校任教的前几年，正赶上清华园内风波迭起。早期的几任清华校长多出身于官僚政客，他们对清华实行封建家长式的专制统治。清华"三孙"①，还有钱端升、张奚若、张子高等一批年轻教授，他们留学国外，呼吸惯了学术自主的空气，对如何办好教育基本观点一致，自然形成了一股抗拒封建专权的力量。而且正值他们年富力强，对事业极富进取心，不满足清华的落后状态，他们团结一致，形成一个颇具声势的"少壮派"，主张改革清华，提高清华的学术地位，反对官僚政客控制学校，要求实行教授治校。他们很快在反抗清华的保守势力，纠正清华的种种弊端，发展教育事业方面显杀出了力量。他们取得的第一块阵地是"清华教授会"，该会成立于 1928 年，叶企孙、吴之椿、金岳霖、陈岱孙等教授被选进教授评议会，清华的教授治校始见开端。

　　新旧势力在清华园又经过几次激烈的交锋之后，终于在 1929 年 2 月成立了清华大学校务委员会，由校长、教务长、秘书长和各院院长组成。至此，一个新的校务领导体制在清华建成。在这一体制中，校长的权力受到限制，而教授们则发挥了重要作用，因而人们称此为"教授治校体制"。叶企孙对这个体制的建立，做出了重要贡献。1930—1931 年，清华有较长一段时间没有正式校长，而由叶企孙、翁文灏、冯友兰等人先后主持校务委员会，裁决校务，学校工作仍能顺利进展。教授治校体制在清华这块教育园地牢牢扎根，以致后来反对这种体制的校长，便在清华无法立脚，而且在军阀混战时期，叶企孙等正是依靠这一体制，团结清华师生，避免了军阀恶势力染指清华的企图。

　　1931 年秋，叶企孙从欧洲进修归来，继续担任清华大学理学院院长，同时接替翁文灏主持清华校务。但考虑到清华久无校长，对学校发展诸多不利，于是屡电坚辞。10 月，南京政府教育部任命梅贻琦为清华大学校长。梅贻琦是清华史前期的留美生，1930 年被派赴美担任清华留美学生监督。在此之前，历任清华教员、教授、系主任、教务长、代理校长等职，"从感情上和对教育的基本观点上说，他和广大教师们是一致的。他平易近人，作风民主"，清华习惯上将清政府游美学务处时期称为清华史前期。[5] 为人谦和，公正廉明，没有任何政治色彩，因此在清华园深孚众望。作为梅贻琦的学生，叶企孙回清华后又和梅一起共事，深知老师能负起此项重任，给清华带来新发展。因此，任命一下达，他立即发函给身处太平洋彼岸的梅贻琦："月涵师定为国立清华大学校长"，"吾师需日夜兼程返校，迟恐生变……"。梅贻琦接任校长后，结束了清华的长期不稳定局面，清华的教授治校体制也得以巩固下来，开创了清华历史上的"黄金时代"。这期间，叶企孙是梅贻琦的得力助手。两人在教育思想，办学方针上颇为一致；加上二人情趣相近，如言语不多，不尚空谈，淡泊名利，高度的事业心与责任感，还有他们之间的师生情谊，这都使他们的配合极为默契。

---

① 叶企孙、陈岱孙、金花孙（即金岳霖）。

他们风雨同舟，度过了近二十个春秋。叶企孙全力支持梅贻琦的工作，使他免除许多后顾之忧；而梅贻琦亦非常尊重、信任叶企孙。学校的大政方针，重要的人事安排也多征求他的意见。梅贻琦遇事离校，多由叶企孙代理校务。梅贻琦经常为学校的一些问题组织专门的委员会来解决，委员会成员由校长聘任，重要的委员会名单中总少不了叶企孙的名字。在学校的经费分配问题上，他也拥有很大的发言权。在旧清华，个别对梅贻琦和叶企孙有不满情绪的人，背后称他们二人为"狼狈"，虽系侮辱之词，不过亦可从中看出叶、梅之间的关系。

在梅贻琦掌校期间，叶企孙主持下的清华物理系、理学院获得很大发展，对清华大学迅速跃居国内前列，成为国内外知名的优等学府贡献颇大，略举数点如下：

1. 建立了一支高质量的师资队伍。1926 年清华物理系成立，叶企孙担任系主任。1929 年理学院成立，他兼任院长，他始终把聘任第一流学者来校任教列为头等大事。任系主任后的短短 2 年间，他先后向颜任光、温毓庆、方先圻、佘青松、桂质廷等物理学家发出聘书和邀请，虽然未果，但他毫不放松努力。到抗战爆发前他为物理系、理学院先后直接聘请或建议聘请了熊庆来、吴有训、萨本栋、张子高、黄子卿、李继侗、周培源、赵忠尧、任之恭、霍秉权等一批有名的科学家到清华任教。30 年代，清华大学理学院的教授阵容已属国内前列。

就物理系而言，1923 年吴有训、萨本栋到校，标志着她度过了草创阶段，开始走向兴旺发达。从此之后，"我国物理学之栋梁多出于清华大学"。到 30 年代中期，清华物理系已是精英荟萃，集中了一批年轻有为的物理学家。1932 年，中国物理学会成立时，清华大学的会员人数最多，约有 20 余人，说明当时的清华物理系具备了当时国内最强的师资研究力量。

2. 重视实验室建设，开创国内高等院校进行科学研究的先河。20 年代中国的科学教育，包括几所有声望的大学在内，尚未有开展实验研究的。叶企孙认识到，要改变我国科学的落后状态，就必须重视实验研究。他主张，高等院校必须开展科学研究工作。为此，他非常重视实验室建设和科学研究工作的开展。以他创办的清华物理系为例，可说是国内第一家在物理学教育方面正式走上研究轨道的。自创办之日到 1931 年，不过几年时间，"实验室和研究所已具相当规模，建成普通实验室七所"，"另有金工、木工场各一所，为修理及制造仪器之用"。就实验设施而言，30 年代国内各大学的理科院系能与清华物理系相比者确系少见。早期清华物理系的教授们多是从国外学成归来，叶企孙鼓励他们在教课的同时继续进行研究，并千方百计为他们的研究创造条件，如他曾通过在法留学的施士元向居里夫人购买放射源，委托去美人员在美国订购研制电子管的设备，聘请技术精湛的德国技师帮助制造实验仪器等。抗战前，系中教授基本上每人都有自己的研究课题和方向，并取得不少成果，有些达到较高水平，如吴有训的用 X 射线研究合金结构、赵忠尧的高频 γ 射线的吸收和散射的研究、周培源的广义相对论和湍流理论的研究、霍秉权在国内最早制成威尔逊云室等。实际上这种浓厚的科研气氛不仅物理系所独有，在清华理学院，科研水平较高的还有算学系、生物系，"当时的清华化学系曾被称为全国化学研究的三个中心之一"。[6]

3. 创办学术出版物。为及时报道理学院的科研成果，清华理学院于 1931 年创办了《清华大学理科报告》，分甲、乙、丙三种，分别是 Mathematical and Physical Sciences（吴有训主编）、Biological Sciences and Psycology（李继侗主编）和 Geology and Meteorology，到 1936 年共出了 4 卷 16 期，收载了院内研究人员的许多科研成果。这一刊物引起国内外科学界的注意。

4. 积极开展对外学术交流。院内、系内教授利用休假机会，轮流出国游学，达到进修和交流的目的。叶企孙、吴有训、萨本栋等先后到欧洲和美国等地讲学、考察、进修。不仅如此，30 年代，理学院还先后邀请了 N. 维钠，雅克·阿达马，P. 朗之万，P. A. 狄拉克等国际著名学者来清华作长期或短期讲学，丹麦著名物理学大师 N.Bohr 也曾应邀到清华发表演讲。

叶企孙对清华大学的贡献，除上面谈到的几点外，尤其值得指出的是他的教育思想和办学方针。

1932 年，叶企孙在《清华暑期周刊》上介绍物理系概况时说："本系之最浅至最深之课程，均注重于解决问题及实验工作，力矫现时高调及虚空之弊"。可以看出，实事求是是叶企孙办教育的最大特点。他主张办学要先明确其教育方针。清华物理系成立后，他多次强调"本系教学书业在（一）培植物理学之专门研究者；（二）训练中学大学之物理教师；（三）供给其他各系学主所需之物理知识。"建立理学院，公开申明，目的在于"除造就致用人才外，尚谋树立一研究科学之中心，以求国家学术之独立"。[7]他主持清华物理系、理学院一直坚持重质不重量的培养方针。在物理系，他强调，"科目之分配，理论与实验并重，重质而不重量。每班专修物理者，其人数务求限制之，使不超过 14 人，其用意在于不使青年人徒废其光阴于彼所不能学者"。[8]这一强调质量的方针，"数年来，颇著成效"。30 年代，整个理学院每年毕业生 30 到 50 人，物理系每年不过七八人左右，然而他们中的绝大部分后来都成为第一流的科学家。仅以清华物理系为例，抗战前九届毕业生 50 余人中出了理论物理学家王竹溪、彭恒武、张宗燧、胡宁；核物理学家王淦昌、施士元、钱三强、何泽慧；力学家林家翘、钱伟长；光学家周同庆、王大珩、龚祖同；晶体学家陆学善；固体物理学家葛庭燧；地球物理学家赵九章、翁文瀚、傅承义；海洋物理学家赫崇本；还有冯秉铨、周长宁、王遵明、于光远、刘庆龄、秦馨菱、戴振铎、李正武等一大批国际知名的物理学家和学者。解放后，中国科学院第一届数理化学部委员中，清华的毕业生占二分之一多，其中大部分毕业于理学院，这从一个侧面肯定了早期清华理学院所取得的成就和对我国科学事业的贡献。

多年来，无论教学行政工作多忙，叶企孙一直站在教学第一线，坚持登台讲课。他讲课略有口吃，而且语调也没有特别吸引人之处，然而他对物理概念的透辟理解给学主们留下了深刻的印象。他讲课颇有研究性质，注意引导学生思考问题。他的学生王大珩曾这样评价他的授课特点："在思路上，叶老往往讲出我们看书不易领会的要点。他不是通过内容的堆砌来讲授，而往往是通过提纲挈领式的讲述，整个课程的基本概念、框架结构就都有了。在这点上，他所有的学生大概没有不推崇他的。"

叶企孙很有发展教育的战略眼光，他一向关心中小学教育。早在 1929 年，他有感于我国当时中学物理教育缺少实验课的不正常情况，编写并自费出饭了《初等物理实验》讲义，设计了 40 个供中学生做的物理实验。他说："中学教育如开物理一科，必开实验课，若否，还不如暂缺此科为愈。"[9] 30 年代他把一部分清华物理系毕业生推荐到江苏省各省立高中任教，以发展中学教育。在清华园，他还长期担任清华子弟学校的董事长。他不仅重视学生的课内教育，对课外教育也同样关注；他不仅关注一个清华园，对校外教育亦表现出极大热忱。可以说，只要是对教育有利、有益之事，凡是力所能及，他无不热心支持、参加。

抗战期间，叶企孙任教于西南联大，和饶毓泰、吴有训等一起培养了一大批物理学人才，创造了战时我国教育史上的奇迹。新中国成立后，他执教于北京大学物理系，其主要贡献是造就了一大批磁学人才。

4. 科学活动的组织者、倡导者

早在 1917 年，叶企孙就报名加入了中国科学社。归国以后，他更是积极地投身于国内科学社团的活动。中国科学社召开年会，他几乎次次必到。他长期担任科学社理事并兼任科学社月刊《科学》杂志的编辑。1933 年，他加入中国天文学会，并担任学会理事，1941 年他参与组织了到甘肃观测日全食的工作。

30 年代，中国物理学研究队伍初具规模，一些物理学界老前辈商议成立专门学会。1931 年法国物理学家朗之万来华，更让我国物理学界看到了组织物理学会的必要性。1932 年 8 月，中国物理学会正式成立，规定"谋物理学之进步及其普及"为学会宗旨。叶企孙为学会发起人之一，在学会成立大会上，他报告了学会的发起及筹备经过，并在第一届年会上当选为副会长，以后又多次出任会长、理事长、

1936 年物理系部分师生在科学馆前合影。第 5 排左起：秦馨菱、戴振铎、郑曾同、林家翘、王天眷、刘绍唐、何成钧、刘庆龄。第 4 排左起：方俊奎、池钟瀛、周长宁、钱伟长、熊大缜、张恩虬、李崇淮、沈洪涛。

评议员或理事职务。

作为中国物理学会的创始人和领导者，他为学会的建设和发展做了许多工作。首先，对学会通过的各项决议，他认真负责落实，使学会的组织机构迅速得以健全，如设立学报委员会、物理名词委员会和物理教学委员会、创办《中国物理学报》等，抗战胜利后，他担任学会理事长，又设立了应用物理汇刊委员会。其次，他积极参加学会的各项活动，如年会论文的评审，主持历届年会，担任会议主席，参与物理学名词的翻译审订，还关心高中物理实验仪器的制造。第三，组织对外学术交流。

长期以未，叶企孙在中国物理学界享有崇高声誉，深受全国物理学界的爱戴。30年代他和饶毓泰、吴有训、严济慈一起被人称为我国物理学界的"四大名旦"。抗战前的几年可说是解放前我国物理学的"黄金时代"。这一时期，物理学在我国从无到有，走向繁荣，各个方面都有重大进展：科研、教学队伍迅速壮大；一些物理学家在国际学术界崭露头角；物理学研究取得丰硕成果，仅中国物理学会召开的前五届年会，累计宣读论文近180篇。这些就显然应首先归功于以"四大名旦"为代表的我国老一代物理学家们的辛勤耕耘。叶企孙除了物理学之外，对文史、地质、地理、气象等学科都有着浓厚的兴趣，他知识面广，看问题富有远见，为我国科学大业的创立做了许多奠基性的工作。从1929年起，清华大学开始招考公费留美生，叶企孙多次主持招考委员会的工作，他总能做到统观全局，从我国科学事业的整体发展来考虑。仅在物理学方面，他和吴有训、严济慈、王守竞、丁西林等老一辈物理学家对发展应用物理分支学科有不少考虑。这种考虑一是表现在叶企孙、吴有训一再鼓励清华物理系的毕业生转到应用学科领域；二是深深反映在留美生的考选中，在抗战前的四届招考中，物理学方面设置了下列专业：应用光学（由龚祖同考取，以下括弧内均为考取者姓名），应用地球物理（顾功叙）、钢铁金属学（吴学蔺）、弹道学（熊弯鬻）、理论流体学（王竹溪）、高空气象学（赵九章）、无铁合金金属学（王透明）、电声学（马大猷）、实用无线电学（王兆振）等。这批人才学成回国后，大都成为所习学科的创始人和学术带头人。

1941年7月，在西南联大任教的叶企孙在当时中央研究院院长朱家骅的多次邀劝下，受聘出任中央研究院（下称中研院）总干事。中研院是旧中国的最高学术机关，早在1935年，叶企孙就当选为中研院第一届评议会议员。在叶企孙之前，已先后有杨铨、丁文江、朱家骅、任鸿隽、傅斯年担任过总干事职务。总干事直接负责处理全院的行政事务，叶企孙出任总干事时，正年富力强，很希望在这一重要职位上一展宏图，然而他适应不了中研院的那种官场气氛。经费拮据也限制了他的活力。在任2年，除主持日常事务外，最明显的成就是创办《学术汇刊》。该刊物是综合性学术期刊，汇总国内外学者近年的重要研究成果，介绍学科发展的现状和历史以及科学家生平。该刊的方针和风格，体现了叶企孙在发展科学上的深刻洞悉力。然而该刊只出了两期便因经费不足而夭折。在此困境下，再加上中研院内存在的派系斗争，有人在院内专横跋扈，让人难以与之共事。在其位，难谋其政，不如一走了之，1943年7月，他摆脱了总干事职位，回到西南联大，继续他的教书生涯。

在中国科学史研究方面，叶企孙与李约瑟的交往尤值一提。早在 40 年代，李约瑟来华办理中英两国间的文化与科学合作事宜，两人由此结识。叶企孙为李氏搜集中国科技史右面的资料提供不少帮助，李氏对此深表感谢，他在他的鸿篇巨著《中国科学技术史》第四卷第一册的扉页上写道：“此卷谨献给最热心的朋友叶企孙教授，感谢他在昆明和重庆那段艰难时期里给我提供的宝贵帮助。”50 年代以后，李约瑟又多次来华，到自然科学史研究室访问，叶企孙热情接待，李氏发表演讲，他亲任翻译。对李氏在研究中国科学技术史方面所做出的努力叶企孙亦深表赞赏，他曾著文评价李约瑟的《中国科学技术史》第一卷，[10] 并为《中国科学技术史》前几卷的翻译出版提供不少指导帮助。

叶企孙长期担任《科学史集刊》的编委，发表过物理学史方面的文章，[11] 1958 年，他主持编写《中国天文学史》一书，但由于是兼职研究，他把精力集中在培养扶持年轻一代上。他亲自给室里的研究人员讲授《物理学史》、《世界天文学史》、《墨经》、《考工记》等，他具体负责指导天文学史方面的研究，培养了新中国的第一代科学史研究工作者。然而，他本人在这一时期关于自然科学史的研究留下的著述并不多，有人据此认为他在这方面是“述而不作”，似乎不无道理。

5．忠诚的爱国者

叶企孙是一位科学家、教育家，但他首先是一位爱国者。他青年时期选择科学救国的道路，便是他爱国主义的一种自发表现。在以后岁月里，这种爱国主义思想在他身上表现得更为强烈。1928 年，“济南惨案”发生，叶企孙对日本军队的野蛮行径表示强烈的愤慨；面对九·一八以来日军侵略的步步扩大，他竭力主张抗击。1933 年热河轻易失守，他十分气愤，和另外四位清华教授一起联名提请召开临时教授会议，给国民政府发了一封措词严厉的电报，谴责不抵抗行径，甚至呼吁严究“蒋委员长”、“宋代院长”的责任。1935 年11 月，日本侵略者策动汉奸进行所谓“华北五省自治运动”，叶企孙起草电文，和梅贻琦、陶孟和、胡适、张溪宕等北平教育界人士联名通电全国，声明“华北民众无脱离中央之意”，揭露日伪汉奸分裂中国的阴谋。1936 年绥远抗战，叶企孙和全国人民一样欢欣鼓舞，支持学生赴绥远劳军。同年 11 月和 12 月，二十九军在红山口和固安进行两次对抗性军事演习，他和学生一起前去慰问演习将士。半个世纪后的今天，他的一位学生还记得他当年在课堂上讲过的话：你们学物理不能光搞理论，打起仗来，你们也得做些实事，比如提高蒸汽机效率等。

七七事变后不久，北平沦陷，清华大学奉命南迁，与北大、南开一起组成长沙临时大学。1937 年 9 月，叶企孙抵达天津，准备乘船南下，但不幸染病，只得滞留天津住院治疗。

幸蒙他的得意门生之一，清华物理系助教熊大缜的细心照料，病情才较快好转。熊是江西南昌人，1913 年出生于上海，1935 年毕业于清华物理系。叶、熊二人，相交甚笃，关系非同一般。叶企孙养病期间，清华大学决定在津设立临时办事处，负责帮功清华的师生员工南下和照管清华在天津的财产。办事处由叶企孙领导，熊大缜协助。就在这时，面对全国熊熊燃烧的抗日烈火，熊大缜毅然决定弃教从戎，前往冀中抗日根据地投身抗战。从个人感情和熊大缜本人的前途考虑，叶企孙不同意他前往冀中，然而"事关抗日，事关民族救亡，我无法阻止，也没有什么理由可以阻止他"。

　　熊大缜在中共地下党组织的安排下，来到冀中根据地，先是在冀中军区修械所担任工程师，不久即任军区印刷所长。由于熊精明能干，又有专业知识，1938 年 6 月，吕正操（当时的冀中军区司令员）任命他为军区供给部长。熊任职后，办起了冀中军区兵工厂，动员了一批技术人才到冀中参加抗日。还组织起了技术研究社，研制烈性炸药、地雷、雷管和短波通讯工具等。他还通过各种关系和渠道购买了大批医药和医疗器械，装备电台的原材料等。他们研制的烈性炸药，成功地炸毁了日军的机车。在熊大缜的领导下，冀中军区的兵工生产一度搞得非常出色，配合部队有力地打击了侵华日军。吕正操说，"熊大缜为创建冀中抗日根据地做出了重要贡献"。

　　1938 年 4 月初，熊大缜派人到天津与叶企孙联系，请求帮助，希望他为冀中介绍技术人才和购买军用物资，叶企孙"毫不犹豫地答应了"。

　　此后的一段时间里，叶企孙奔波于天津、北平之间，物色技术人才，动员他们前往冀中投身抗日。他先后介绍了汪德熙、李广信、门本中（阎裕昌）、胡大佛、顾宗直等多人到熊大缜那里工作，他们中的多数后来成为冀中军区兵工生产的骨干。当冀中出现技术上的困难时，叶企孙本人一度也曾有过去冀中服务的考虑，但由于各种原因终于未去，坚持留在平津，冒着生命危险，为冀中购买军用物资，其中有医药、炸药原料、无线电零件、制备雷管用的化学原料和铜壳、铂丝、电动起爆器等等。购买这些物资所用款项三万多元也由他四处募捐筹集，其中有清华大学基金一万元，清华子弟学校的基金一万八千元，余为私人捐款，他本人手中的积蓄五百元全部拿出。

　　他在天津英租界内还领导了为冀中制造炸药和装配电台的工作，参加者有林风（清华大学化学系研究生）等人。

　　1938 年 9 月，叶企孙接到梅贻琦来信，通知他前往昆明西南联大任教，另有两项理由也促使他南行。一是他为冀中筹借的资金已用罄，在日军占领下的平律无法再筹集，购买军用物资事难以继续进行，他决定去南

1953 年 6 月，叶企孙在北大。

方后继续为抗日筹款；二是他在天津的活动已受到日本人的注意，随时有被捕的可能。10月5日，他离开天津，取道香港赴昆明。

叶企孙到后方后，和冀中抗日根据地一度仍保持着联系，他还想办法为冀中筹集资金，购买制造军事装备的物资等。他还著文介绍冀中的抗战情况，[12] 高度评价了冀中军民的抗日斗争。

不幸的是，在1939年春的锄奸运动中，熊大缜被指控为国民党派遣特务，被冀中军区锄奸部逮捕。严刑之下，熊大缜"供"出了叶企孙是"国民党C.C.特务"（这就埋下了引发叶企孙晚年悲剧的最直接的动因）。受熊案株连的有几十人，平津去的学生和科技人员全遭逮捕。熊大缜被野蛮处决后，共产党上级组织派人到冀中重新审查此案，认为是除奸扩大化的做法，其余人才被释放。造成熊案的原因主要是国共合作气候的变化和党内一部分人对知识分子缺乏信任感。熊大缜的死是令人痛心的，然而更令人痛心的是，近半个世纪后熊案才获平反！

6. 晚年的悲剧

1948年底，解放军逼近清华园，此时的叶企孙依然故我，他一生没参加任何党派，也不追随任何党派。他没有上国民党派来"抢救"教授的飞机，留在清华园，等待解决，因为他相信共产党也是要办教育、搞科学的。

1949年5月，叶企孙欣然受命担任清华大学校务委员会主席。1950年3月又被教育部任命为改组后的清华大学校委会主任委员。组织上希望他利用自己的影响配合工作，主观上他也想为教育事业多做贡献，而且也付出了很大努力，然而他所坚持的学术独立、民主办学、教授治校的工作方法及办学方针，与党的要求有一定距离。1952年，对于上级下达的院系调整方案，他认为不妥，出于对教育事业的责任心，他自己搞了一个清华大学的调整方案，结果遭到从上到下的批评。对知识分子的思想改造运动，他是有抵触情绪的，大多数知识分子在这场运动中自觉不自觉地跟上了潮流，而他成了"落伍者"，他被指责为对"思想改造"没有热情，"分不清敌我界限"，比如梅贻琦是上级点名要批判的"敌人"，而叶企孙竟对他留恋，并为他的一些言行辩护。解放初，国内在对萨本栋的评价上颇有争议，一些名学者甚至在公开场合也有抵毁萨的言行，叶企孙一生难得撰文，这时却站出来写了"萨本栋先生事略"一文，[13] 高度评价萨本栋对中国科学教育事业和清华物理系的贡献。当然，他这样做的结果，带来的只能是更为激烈的指责和批评。面对现实，他不再作无谓的声辩与反抗，他把别人批评他的话收集整理后，做了两次公开检讨，总算被允许"通行"。

1952年10月，院系调整后，叶企孙被调到北大物理系任教，从清华大学负责人到北大的一个普通教授，职位是下降了，但他十分情愿，因为在他看来，在新形势下，思想不与上级领导合拍，工作很难进行。能以摆脱领导工作而致力于教学和研究，实在胜过违心的盲从。

　　到北大后至文革开始这一时期，他的生活还算安稳，没有大的波动。公开场合，他不与人争，以求安宁。甚至在学术会议上他也很少发言，而把精力放在教学和读书上，以求为国家多培养些有用人才。周围的人总的来说对他还是尊重的，有关方面也希望让他的威望和学识发挥一些作用。他当选为一、二、三届全国人大代表。表面上，他对许多政治问题，保持沉默，采取静观态度，然而他的内心是有一杆秤的，对各种社会现象，他都进行严格衡量，时时在私下不自觉地流露出他的看法，他认为李森科学说是伪科学，他主张学术研究应该兼容并蓄，自由发展，而不是搞什么"阶级斗争"；他对我国在外交上向苏联"一边倒"的政策颇有意见，认为这对我国的发展是不利的；对于许多宣传阶级和阶级斗争的书，他很不以为然，认为这些书完全是建立在阶级分析等基本假设之上的，人们必须先接受这些基本假设才行，大鸣大放时，他有先见之明，认为说了也没用，还可能会带来麻烦，从而没有成为"右派"，但他对于右派所受到的处理方法坚持认为不妥，在路上碰到右派学生也不避嫌，主动接近，给他们以安慰；"浮夸风"盛行时，他每日看报旁边必放着纸和笔，对报纸公布的统计数字，一再核对检验，不受欺骗。

　　那些年里，各种政治运动一个接着一个，但叶企孙因为没有进行正面对抗，平安地度过了十几年，他头脑中绷紧的弦有些放松了，再加上一丝不苟的学术态度和正直感，"文革"前险些惹祸上身：1965年，《红旗》杂志上发表了日本物理学家贩田昌一《关于新基本粒子观的对话》一文，有关方面召集北京的一部分著名科学家开展讨论，绝大部分科学家在当时环境下自觉或不自觉地说了一些套话，机械地说明唯物辩证法对科学研究的指导作用，

1965 年的叶企孙

批判唯心主义和形而上学对科学发展的阻碍作用，叶企孙是唯一公开站出来唱反调的人！他觉得那样去理解科学发展和评价著名科学家恐失之于教条。"对历史上著名的科学家必须具体分析，给予正确评价"。并提出话难："科学史上确有些例子，表明一个有唯心观点或形而上学观点的科学家也能做出重要贡献，为什么是这样？"[14]许多人为他的这一举动而担心，还算侥幸，"文革"随后爆发，这件事便被冲淡了。

　　十年动乱开始时，叶企孙尚未受到冲击，仍在坚守着教学岗位。然而，好景不长，1967年6月，国家经委、化工部、中国科学院的红卫兵翻出熊大缜案批斗吕正操时，前往北大叶企孙家中进行所谓调查，被北大的红卫兵组织获悉，立即贴出了"打倒 C.C. 大特务叶企孙"的大标语和大字报，继而开始了对叶企孙的揪斗、审查，并被关进牛棚。肉体上的折磨，人格上的侮辱，使他的身心

备受摧残，他精神近乎崩溃，得了幻听症，天天"听"到造反派们在广播里点名批判他并能对他的一切行动做出反应，多么绝望的感觉！然而 1968 年 6 月 28 日，更大的厄运降临，中央军委办公厅竟将他逮捕，关押时间长达一年多，1969 年 11 月放回北大。这期间发生了什么我们无从得知，他后来也绝口不提，说是已答应过要保密。

不过，我们至少可以肯定他在里面写过不少交待材料，因为其中一些被装入他的档案；在此期间他患了前列腺肥大症，放出后已两腿肿胀，步履艰难。

叶企孙被送回北大后，学校继续对他的"特务问题"进行审查，工资停发，只发少量生活费，家已被抄，而且住房也已易主，他被安排在一间学生宿舍里。当时不少人在海淀中关村一带见到这种情景：叶企孙弓着背，穿着破棉鞋，踯躅街头，有时在一家店铺买两个小苹果，边走边啃，碰到熟知的学生便说："你有钱给我几个"，所求不过三、五元而已：除了饱受物质生活方面的困苦外，更难堪的是精神上的折磨，无休止地"交待"，"悔过"，人性遭到空前毁灭！就在如此境况下，他仍以坚韧的毅力，顽强地支撑着，他从不因委屈而向任何人倾诉，而是默默地忍受着一切，这种"懦"味，这种"达观"，曾让不少人百感交集，心酸难禁！物理学家钱临照曾把叶企孙与另一位物理学老前辈饶毓泰作比较，深有感触地说：他们两人都很刚强，但饶先生像玻璃，虽然硬，却容易碎，而叶先生象一块钢，不仅硬，还有 Plasticity 塑性）。然而，正是这种塑性对他晚年的悲剧起着相当的深化作用。

1972 年 5 月，有关一方面对叶企孙的"C.C. 特务"问题，做出了"查无实据……敌我矛盾按人民内部矛盾处理"的结论，以示"宽大"。他恢复了教授待遇，住进北大公寓。这时他的前列腺肥大症已是很重了，行走不便，因小便失禁，无法就床安寝。1973 年教授体检，医嘱需动手术治疗，并警告若不及时采取措施，肾脏随时可能坏死，然而叶企孙认为自己的病状是人体自然衰老现象，他说，"这是一个不可逆过程，无须治疗。"在他看来，他一生要做的事已基本做完，即使做手术治疗能延长几年寿命，也无多大意义。何况，几年来，他已尝够了世态炎凉，一些本来应该帮助他而且也有能力帮助他的人，避之犹恐不及，提起他的名字就讳莫如深，更不必说主动来过问他的病情，这就更加速了"不可逆过程"的进展。

1977 年新年伊始，中华大地已绽出几丝春的暖意，但在叶企孙的生命历程中，却是最寒冷的冬日，疾病一误再误，生命的活力终于耗尽，1 月 9 日有人发现叶企孙说话混乱，11 日完全昏迷，12 日才被送到北大校医院，因情况危急，马上送到北医三院，但却不让住院，只准在观察室停留，不得已走后门才算弄到了病床，然而为时已晚矣。1977 年 1 月 13 日 21 时 30 分，叶企孙带着所谓"历史问题"的尾巴，惨淡地告别了人世……

叶企孙去了，然而以他为主角的悲剧却仍在继续，北京大学有关方面为再次表示"宽大"，根据"敌我矛盾按人民内部矛盾处理"的办法，于 1977 年 1 月 19 日召开了一个小规模的追悼会。从此之后的近十年间，他的名字和事迹很少有人提起，仿佛这个世界上从未有过叶企孙这个人一样。

1986 年 8 月，中共河北省委做出了为熊大缜平反的决定，至此，叶企孙的所谓"历史问题"

终于化为乌有！这种结果虽然是公正的，但却并不是历史的必然，而在很大程度上决定于某几个人已经死了，而另外几个人还活着！

历史的进程像生命过程一样也是不可逆的，如果相信未来的历史可以、而且希望它不再出现昨天的悲剧，能更理性地发展，为什么不拾起"历史"这面镜子！

——参考文献——

［1］叶企孙：《中国算学史略》，《清华学报》，1917 年第 2 期。

［2］W.Duane, H.H.Palmer and Chi-sun Yeh, A Remeasurement of the Radiation Constant h, by Means of X-Rays, *Journal of Optical Society of America*, 1921.5, 376—387.

［3］A.H.Compton, *X-Rays in Theory and Experiment*, New York, 2nd ed, 1948, p. 39.

［4］Chi-sun Yeh, The Effect of Hydrostatic Pressure on the Magnetic Permeability of Iron.Cobalt and Nickel, *Proc. Am. Acad. Arts & Sci.*, 1925.12, 497—533.

［5］陈岱孙：《三四十年代清华大学校务领导体制和前校长梅贻琦》，文史资料选编，第 80 期，第 86—96 页。

［6］清华大学校史编写组：《清华大学校史稿》，中华书局，1981 年第一版，第 183 页。

［7］吴有训：《理学院概况》，《清华消夏周刊》，1931 年迎新专号，第 218 页。

［8］叶企孙：《物理系概况》，《清华周刊》，1934 年向导专号，第 41 页。

［9］叶企孙、郑衍芬：《初等物理实验》，清华大学出版社，1929 年第一版。

［10］叶企孙：《介绍李约瑟著〈中国科学技术史〉第一卷》，《科学通报》，1957 年第 10 期。

［11］叶企孙：《托里拆利的科学工作及其影响》，《科学史集刊》，1959 年第 1 期。

［12］唐士（叶企孙）：《河北省内的抗战概况》，《今日评论》，1939 年第 1 期。

［13］叶企孙：《萨本栋先生事略》，《物理学报》，1950 年第 5 期。

［14］叶企孙：《几点意见》，《自然辩证法研究通讯》，1965 年第 4 期。

（选自《自然辩证法通讯》1989 年第 3 期，《叶企孙的贡献与悲剧》，作者刘克选，北京邮电大学经济管理学院教授。研究方向为中国科技史。胡升华，中国科学技术大学理学博士，科学出版社科学人文分社社长。研究方向为中国近现代物理学史。）

舒布尼可夫

被"清洗"的苏联低温超导物理学家

列夫·瓦西列维奇·舒布尼可夫（Лев Васильевич Шубников）是前苏联低温物理学奠基人。他曾对低温物理学，特别是超导物理学的发展做出了重要的贡献。但对于他的科学贡献和人生经历，特别是在前苏联"大清洗"中的悲剧命运，以前人们一直所知甚少。本文除了对舒布尼可夫早年生涯的回顾和对他的科学工作的总结之外，还根据新近得到的有关舒布尼可夫在"大清洗"中经历的档案材料，首次较完整地叙述了这位杰出科学家的后期的悲剧经历。无论对于低温物理学史的考察还是对于科学与政治关系问题的理解，这种研究都将具有特殊的意义。

1. 引言

列夫·瓦西列维奇·舒布尼可夫是前苏联低温物理学奠基人。在凝聚态物理学史中，特别是在超导物理学史中，都不可能不提及他的名字。然而，在以往发表的著作和文章中，对于他的身世，尤其是对于他在 1937 年以后的经历，却大多语焉不详。例如，在国外一部于 1989 年出版的低温物理学史中，作者只是在注释中提到："在 1936 年和 1937 年舒布尼可夫发现了一类新的超导体，他称之为第二类超导体。"[1] 在一部于 1992 年出版的超导物理学史中，虽然舒布尼可夫的名字多次

舒布尼可夫（Лев Васильевич Шубников，1901—1946）

出现，他的工作也被详细地讨论，但关于他后来的遭遇，也只是简单地提到："人们知道，在哈尔科夫，他与另一个青年科学家的研究小组（包括他的妻子）至少继续工作到 1936年初。不过，在那一年，舒布尼可夫和他的同事们没有能够在海牙举行的第六届国际低温物理学大会上露面，尽管他们向组织者表示他们想要出席。现在我们从 1966 年巴拉伯严（O.Balabekyan）的一篇悼文中得知，舒布尼可夫在 1937 年的清洗中被逮捕，并被判处 10 年监禁。他死于 1945 年。1957 年 4 月，他在死后被苏联最高法院军事委员会宣布无罪。"[2] 甚至于，在前苏联 1982 年出版的刊物《苏联物理学成就》上发表的纪念舒布尼可夫诞辰 80 周年的文章中，除了对其早年生平和科学工作的简要回顾之外，根本就没有提到他的被捕和去世[3]。上述情况，如果说在前苏联可能还是由于一些禁忌所造成，在西方，则完全是由于有关资料的不可得。笔者在前些年研究超导物理学史的过程中，也深深地感到有关舒布尼可夫的资料的缺少。

在前苏联发生剧变之后，随着一些秘密档案的解禁，人们可以更多地了解到 30 年代前苏联"大清洗"运动的一些情况以及舒布尼可夫的后期遭遇。有关舒布尼可夫案件的一些档案材料也为美国物理学会下属的尼尔斯·玻尔图书馆收藏。在这里，本文将主要根据笔者从尼尔斯·玻尔图书馆得到的有关档案材料，对这段历史首次进行整理和较系统的回顾[4]。但在此之前，作为一篇相对完整的人物传记，我们还是先来简要地回顾一下舒布尼可夫早年的经历和他的科学工作。

2. 舒布尼可夫的早年经历和科学工作

1901 年 9 月 29 日，舒布尼可夫出生于列宁格勒市。其父瓦西里·瓦西里耶维奇（Василий Василъевич）是一位会计；母亲柳博芙·谢尔盖耶芙娜（Любовъ Сергеевна）是一位家庭妇女；他还有一个弟弟和一个妹妹。舒布尼可夫的大学是在列宁格勒工业学院上的，在他的学生时代，1920—1922 年间，他曾作为晶体物理学权威奥伯雷莫夫（I.V.Obreimow）的助手在国家光学研究所工作，后来，又到列宁格勒的物理 – 技术研究所担任实验助手。1925年，舒布尼可夫与同是物理学家的特拉佩兹尼科娃·奥莉加·尼古拉耶芙娜（Трапезникова Олъга Николаевна）结婚。1926 年 11 月，当舒布尼可夫从列宁格勒工业学院毕业后，被国家教育委员会派往荷兰，他去了由最初成功地液化氦并发现超导电性的荷兰物理学家卡末林 – 昂内斯（H.Karmerlingh Onnes）创立的莱顿实验室，并与妻子一道在卡末林 – 昂内斯的继承者德哈斯（W.J.De Hass）的指导下工作，直至 1930 年底回国。

舒布尼可夫很早就显示出天才的科研才能。在去荷兰之前，1924 年，舒布尼可夫就曾与他当时为之工作的老师奥伯雷莫夫（Обреимов）一起，发展了一种生长金属单晶的方法。这种方法沿用至今，现仍被称为奥伯雷莫夫 – 舒布尼可夫法。此后，他又与奥伯雷莫夫合作，从事晶体弹性形变的研究。到了莱顿之后，德哈斯交给舒布尼可夫的第一项工作，就是制备理想的秘单晶，以便用于在外场和低温下进行的电阻测量。这项工作一开始遇到了些困难，后来，他在借鉴了前苏联物理学家卡皮察（П.Л.Капица）的一些方法后，终于解决了这个难题。他采用了卡皮察所用过的剖面模的方法，首先，通过化学提纯和反复结晶，获得了很纯净的铋，然后再以此物质为基础，成功地制成了具有非常高纯度的铋单晶，其中只含有极少量的杂质和缺陷。

在获得了理想的单晶样品后，在妻子和其他一些人的帮助下，舒布尼可夫和德哈斯就铋在磁场中和低温下的电阻问题进行了一系列重要的研究，其中尤其值得提及的是，他们发现了铋的电阻随磁场的倒数呈现明显周期性变化的现象，也即著名的"舒布尼可夫－德哈斯效应"（［2］，p.193）。他们的这一结果发表在 1930 年 10 月份的《自然杂志》上。就在同一年，苏联物理学家朗道提出了在磁场中固体电子能级量子化的理论，即朗道能级理论，而舒布尼可夫－德哈斯效应的发现实际上就是这个著名理论的第一个验证。在某种意义上讲，这一效应的发现标志着正常金属量子物理学的开端。目前，人们已在大多数的金属和许多半导体中观察到了这种效应。由于这种效应易于观察，对实验的条件要求不高，而提供的有关电子结构的信息却十分丰富，所以它已成为人们研究金属和半导体的电子结构的一种十分重要的基本方法。[5]

1930 年，舒布尼可夫离开莱顿回国后，来到设在哈尔科夫的乌克兰物理技术研究所。当时，他原来的导师奥伯雷莫夫正在那里筹建一个低温物理实验室。1931 年，舒布尼可夫成为这个低温物理实验室负责科学工作的主任。他将极大的热情投入到工作中。在舒布尼可夫的领导下，低温实验室在很短的时间内就解决了许多相关的技术性问题，建造了液化空气和氢气的装置。1933 年，苏联的国家重工业委员会委托乌克兰物理技术研究所组建一个低温实验站，舒布尼可夫又成了这项任务的负责人。在他的努力之下，很快就集合起一支高水平的研究队伍，在短期内便攻克了许多重要的技术难题。例如，他们测量了建筑材料的热导和力学性质，研究了二元系和三元系的液气平衡问题，装备了半工业化的设备来分离焦化气。这些工作对苏联低温技术的发展产生了重要的影响。

早在 1933 年，舒布尼可夫的实验室就拥有了液化氦，并利用相应的低温条件，在他的领导下，在液氦温区，对当时正是热门课题的超导体的磁质进行了深入的研究。当时，人们对于超导体的磁性质的了解非常片面，一般是将超导体作为一种理想导体来看待。按照经典电磁理论，理想导体的磁性质是与它在磁场中的"历史经历"有关的。由于理想导体内的磁场应保持不变，所以用这种观点来看，如果先将超导体降温使之处于超导态，然后再加上外磁场，结果超导体内的磁场就应为零；但如果将次序换一下，先是加上外磁场，然后再降温使之处于超导态，则超导体内最后就会"冻结"住磁场。也就是说，对于理想导体，经历不同的过程，虽然最后的条件相同，但所达到的却是不同的状态。1933 年，德国科学家迈斯纳等人发现了超导体的一种基本性质——"迈斯纳效应"，也即完全抗磁性效应，它表明超导体并非理想导体，因为它只要处于超导态，其内部的磁感应强度就应永远保持为零。1934 年，舒布尼可夫就与同事里亚比宁（Ж.Н.Рябинин）合作，以更为详细的实验结果验证了迈斯纳等人的重要发现。实验结果表明，只要外磁场接近临界值，不论磁场增加还是减小，超导体内的磁感应强度都会发生急剧的变化。这一结果支持了迈斯纳等人的发现。在实验中，他们既使用了多晶样品，也使用了在自己的实验室制成的单晶样品。虽然舒布尼可夫这一工作在时间上略晚于迈斯纳等人早期的结果，但他们的工作也是独立地完成的，并且获得了更为详细的数据[6]。

　　在此之后，舒布尼可夫与其同事对合金超导体的磁性质又进行了一系列的重要研究。尤其是，1935年，他和里亚比宁发现，合金超导体中存在有两个临界磁场，在两个临界磁场中间，即所谓的"舒布尼可夫相"，对应于现代术语中第二类超导体的混合态。在这些成果的鼓舞下，他与更多的同事再度合作进行了对合金超导体磁性质的深入研究。根据他们在1936年发表的实验结果可以看出，对于合金样品，他们已经得出了较好地接近于理想第二类超导体的磁化曲线，并研究了在一种金属中为形成合金而掺入另一种物质的含量与该样品磁性质的关系。他们还很有预见地指出，磁化曲线下的面积应等于正常相和超导相的自由能之差。他们得出结论：在超导转变点，合金样品应表现出一个零场的比热跃变，其大小可以与在纯金属超导体中的零场比热跃变相比。这一结论远远超前于当时已有的比热测量。当然，舒布尼可夫等人当时对合金超导体特有的磁化曲线的解释，与后来标准的看法有所不同[7]。但无论如何，到50年代中期，在前苏联物理学家阿布里柯索夫（A.A.Абрикосов）提出其关于理想第二类超导体的理论时，舒布尼可夫等人在将近20年前的实验结果起到了重要的支持作用。而我们知道，目前能够得到实际应用的超导材料，主要有第二类超导体。舒布尼可夫等人的成功，就在于他们所用的样品制备得很出色。因此，英国著名超导物理学家门德尔松后来甚至推测说，在哈尔科夫的小组，显然有第一流的冶金学家在帮他们。舒布尼可夫本人对于材料制备的擅长，在这项工作中无疑也起了重要的

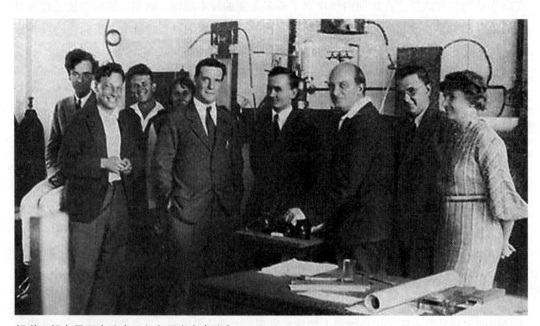

朗道、舒布尼可夫（右三）和同事在实验室。

作用。

除了超导合金的磁性质之外，舒布尼可夫和他的同事们一道还研究了金属和合金的超导电性被电流破坏的问题，他们发现当电流破坏超导电性时，就会出现中间态。

在物理学的其他方面，舒布尼可夫也有许多出色的研究。例如，他曾与人合作在研究液氦磁化率的同时，测定了质子的磁矩的大小，也测定了在磁场中核自旋的取向时间。他也曾与人一起研究了过渡金属的无水氯化物的比热，测量了无水氯化物的磁性，揭示了这些氯化物从顺磁态向一个新态的转变。这个新态就是 1933 年朗道在理论上研究了的反铁磁态。

正当舒布尼可夫既作为科学工作的组织者也作为研究者在低温物理学领域和其他物理学领域中不断得出重要成果之际，前苏联一场被称为"大清洗"（或者叫"大恐怖"）的运动开始了，舒布尼可夫本人的命运也随之相应地进入了悲剧阶段。

3. 被捕

按照一位前苏联著名遗传学家的说法："大恐怖始于 1936 年，到 1937 年至 1938 年达到最高潮。在历史和俄国历史上都堪称独一无二的这一事件中，有好几百万人被捕入狱，50 多万人被处决……被捕的科学家和技术专家肯定达几千人，因为抓人通常会引起连锁反应。"[8] 另有文献谈到："在 1936 年底，内务人民委员部彻底发疯了。看到同事们死去的普通工作人员确信，要想保全自己，就得努力工作。他们太努力了，甚至逮捕了儿童间谍。他们在与间谍活动最没有关系的职业中，也要寻找托洛茨基的间谍。例如，在列宁格勒逮捕了所有著名的天文学家，普尔科沃天文台几乎没有人了。"[9] 以往，在科学史界，对于在这场大清洗中蒙受不白之冤的科学家，通常人们谈论最多的，可能是前苏联著名物理学家朗道（Л.Д.ландау）。1938 年冬，朗道被逮捕，并以"德国间谍"的罪名被判处 10 年徒刑。由于朗道的巨大声望，在众多国外著名科学家的声援下，以及在回国不久且正担任莫斯科物理问题研究所所长的科学家卡皮察直接上书斯大林等人，提出若不无罪释放朗道自己便辞职的压力下，朗道终于在 1940 年春获释。也正是在此之后，他才有机会因对液氦等问题的研究而获得诺贝尔物理学奖[10]。与朗道相比，舒布尼可夫的知名度要小些，而他的命运也更为悲惨，尽管从一开始，对他所定的罪名也与朗道有关。

1937 年 7 月 24 日晨，一份紧急电报从基辅发到哈尔科夫内务人民委员部（НКВД），命令拘捕舒布尼可夫和另外两人。这份电报是由某侦察处长拍发的。从时间上看，这是有关舒布尼可夫案件最早的材料之一。而从一份注明日期是 8 月 5 日的备忘录中，我们可以看出事件的某种起因，即在 4 月份，舒布尼可夫的同事、"反革命集团成员"罗森克维奇（Л.В.Розенкевич）被秘密审讯，在口供中，他"证实"从 1930 年起在乌克兰物理技术研究所就有了一个由朗道领导的反革命集团，他自己和舒布尼可夫都是这个集团的成员，而且这个集团在舒布尼可夫和朗道的住宅曾举行过秘密会议。（而且，根据在 1937 年 5

舒布尼可夫的"囚犯声明"

月 17—18 日对该研究所的科研人员格伊（Гей）的审讯记录，格伊也供认了舒布尼可夫是反革命破坏集团的成员之一。）后来，虽然罗森克维奇又否认了自己的口供，但备忘录的作者认为，显然他是按照朗道和舒布尼可夫的指示放弃了自己的供词，因此，在列举了这个集团和舒布尼可夫及朗道的一系列"罪行"之后，乌克兰国家安全委员会三处一科代主任、国家安全部少尉列兹尼科夫（Резников）提出："考虑到乌克兰物理技术研究所反革命集团的存在是毫无疑问的事情，我们认为，为了避免事态的发展，应该逮捕舒布尼可夫。"他的上司国家安全部大尉、克格勃三处副主任托尔努耶夫和内务人民委员部防化局代主任舒姆斯基上校在备忘录上签署了同意和批准，州检察长也在上面批示说批准逮捕舒布尼可夫。

此外，还有一份同样标明 8 月 5 日由国家安全局内务人民委员部防化局三处侦查员魏斯班德（Вайсбанд）中士起草的呈报州检察长的"命令"，也提出对舒布尼可夫"应采取强制手段以制止其摆脱法庭判决和侦察"，托尔努耶夫和舒姆斯基也同样签署了同意和批准的意见。同日，乌克兰内务人民委员部哈尔科夫地区管理局签发了逮捕舒布尼可夫并对其住宅进行搜查的传票。

逮捕很快就在第二天（8 月 6 日）进行，同时，在搜查中，还没收了舒布尼可夫的证件、各种照片、记事簿、私人通信等物品。尤其是，没收的物品中包括柏林市和莱顿市的地图各一幅。

4．供词

对舒布尼可夫的审讯在他被捕后的第二天就开始了。根据被告人供词的记录，在 8 月 7 日的最初的审讯中，舒布尼可夫明确地否认对他参与暗藏的反革命间谍特务组织这一罪行的指控。但这种坚持显然没有持续多久。就在同一天他写给哈尔科夫地区内务人民委员部机关侦察员斯克拉里韦茨基（Скраливецкий）的一份申诉中，便承认了自己在苏维埃政权面前有罪，承认了自己是在乌克兰物理技术研究所中托洛茨基破坏集团的成员。

面对"清洗"运动的强大力量，个体几乎是无法与之对抗的。当打击和压力超出了一般个体的忍受极限时，显然会造成个体心理和行为的畸变，甚至人格的分裂。舒布尼可夫也不例外。他在初审的第二天就出现了这种现象：他在一份由他手书的供词中，开始为自己及他人编造罪行。他招认说，乌克兰物理技术研究所反革命集团的活动分为两个时期：从 1932 年到 1934 年是“沉寂”时期，从 1934 年到他被捕则是积极确立组织的时期。而且，他还供认这个托洛茨基集团的成员有包括他自己、朗道和罗森克维奇等人在内的 8 个人，其中有两人是集团的领导，而他自己和朗道则是集团思想的积极传播者。同时，他还供认了在研究所中还存在着另一个由外国工程师魏斯贝格（Вайсберг）领导的、成员多为外国人的反革命集团。

　　显然是在此之后，在一份日期不详但长达上万字的供词中，舒布尼可夫进一步地供出了更多的集团成员和集团更多的罪行。这一次，他交代出的集团成员已经多达 13 人，而且包括了他从前的导师奥伯雷莫夫。他极详尽地叙述了这些集团成员的工作情况，以及每个人具体在哪些方面进行了反革命活动。关于他自己，有这样一些自述性文字：

　　　　“舒布尼可夫反对乌克兰物理技术研究所进行技术和国防研究，宣传科学研究与应用研究不相容的观点。迫害、反对从事国防研究的工作人员，他把主持国防研究，从事飞机发动机燃料——液态氧应用研究的里亚比宁从低温物理实验室开除。关于斯卢茨基实验室的工作，他发表意见，说他们不称职，是不懂专业的物理学家，以达到破坏的目的。”“因为有反苏情绪，我把具有远景意义的纯科学发展认为是物理学的目的，在我所领导的实验室中发展的正是这样的研究，而不是进行具有技术和国防意义的研究。并且把深冷试验站的建立当作使低温实验室摆脱进行必要的技术和国防研究的方式……由于我在低温实验室的反革命活动，使得一系列对国民经济和国防具有深远意义的科学发现一样也没有做出来。”“在政治方面对于党、政府、上级机关的决议，以及在对马克思主义哲学与物理学之间的相互关系上，赞同反革命集团的观点。他是 1936 年底反对哈尔科夫大学开除朗道，以及组织罢课抗议的积极参与者。”

关于反革命集团实际的“破坏活动”，舒布尼可夫也进行了详尽的总结，其中包括：1）在乌克兰物理技术研究所的科学研究人员中间形成一种斤斤计较私利的争吵和相互不信任的氛围；2）使应用方面的实验室停办；3）故意拖延研究所的成果应用；4）破坏干部的培养，特别是在深冷试验站；5）在报道锂核分裂的著名电报中表现出大范围的对党和政府的欺骗。此外，他还提到了反革命集团的招募：

　　　　“魏斯贝格……通知我，吸收外国人参加并指示他们反对所长，同时对研究所的科学研究人员进行分化瓦解，阻止扩大技术和国防项目……在 1935 年反对原所长达维多维奇（Давиэович）时，由我吸收朗道参加反革命活动……朗道积极参与反对原所长达维多维奇，反对研究所的技术和国防研究，而且后来仍继续反对。除此之外，在 1936 年底，我吸收戈尔斯基（Горский）和布里连托夫（Вриппиантов）参加了反革命组织。我通知他们组织的目的，也就是说必须反对技术和国防工作。他们表示同意参加哈尔科夫大学集团罢课……从朗道口中我知道，为了反革命工作他们吸收科列茨（Kopeц）参与，以便反对研究所的技术和国防工作。科列茨的行动使我知道，他们积极地完成了这个任务。"他还叙述了在前面提到的那份备忘录中提及的另一件事的经过，即在 1921 年，他还是列宁格勒大学的学生时，由于"反对苏维埃制度的立场"，与一些朋友以游拉多加湖的名义乘快艇叛逃到芬兰，后又辗转柏林并于两年后回国的经历。如此等等，这时，舒布尼可夫所供认的罪行已经远远超出了前面提到的那份备忘录中预先设想的范围。

但是，事情并未就此了结。在一份标明日期为 8 月 13—14 日用打字机打字的审讯记录中，舒布尼可夫面对讯问更明确地"坦白"了他成为外国间谍的经过：

"我从 1932 年成为反革命组织的成员，吸收我参加组织的是从国外来的专家、奥地利人魏斯贝格……鉴于国外托洛茨基集团的存在，他认为对于进行反革命组织活动来说研究所的基础是有充分准备的，他建议我参加建立托洛茨基反革命组织的工作。当时魏斯贝格告诉我，他是德国情报机关在乌克兰的代表，命令我与他们共同完成德国情报机关的破坏和间谍任务。对于魏斯贝格让我参加建立托洛茨基组织和完成德国情报机关的破坏和间谍任务的命令，我毫不犹豫地接受了，因为 1922 年在柏林时我便已经被招募为德国破坏特务，关于我所有的情况都已通报给了魏斯贝格。"

这里提到的舒布尼可夫 1922 年在柏林，指的就是那次"叛逃"中的经历。据说一位名叫杰斯列尔（Десслер）的大学生曾与他一起"叛逃"，后来，又曾对他在柏林的研究工作提供资助。

再往后，"他在确认我坚决要回苏联的打算后，表示赞同。他利用原来给我提供过帮助以及了解到我的反苏情绪，让我为德国的利益参加间谍活动，他就是情报机关的间谍。我接受了杰斯列尔的要求，同意回到苏联后完成他交给的任务，在离开柏林之前，从他那里直接接受任务，并通过他的德国情报机关，提供关于物理领域重要发现的情报，其中包括我当时在列宁格勒开始的对石英的研究"。仅此还不够，因为，"有一个叫杜宾斯基（Дубинский）的德国人，十月革命后迁居国外，是柏林一个银行的股东，在我返回苏联后，他也让我为德国的利益做间谍活动。因为杰斯列尔已经吸收了我，所以我拒绝了杜宾斯基的建议"。"杰斯列尔答应让他在苏联委托的一个人通知我，我应该通过与这个人联系进行间谍活动。但是，在 1926 年之前……没有一个人从杰斯列尔那儿到我这里来。所以，在1926 年我从列宁格勒物理技术研究所得到去荷兰出差国外的机会后，途中经过柏林时，我与杰斯列尔取得联系，并报告给他许多我掌握的关于苏联的情报。我报告给杰斯列尔的情报是关于列宁格勒物理技术研究所正在进行的工作，以及在工业和国防方面有实际应用的研究。"

在接下来的供词中，面对"您从魏斯贝格那里得到过什么任务"的讯问，舒布尼可夫回答说，任务就是"吸引乌克兰物理技术研究所中对苏维埃政权有敌对情绪的人参加我们的反革命组织，并且在我工作的专门领域——低温物理领域——实现破坏活动。与此同时，魏斯贝格还命令我收集并向他传递关于物理学领域具有工业和国防意义的研究情报……在我参加反革命组织期间，一直到我被捕为止，魏斯贝格指派的任务我都完成了"。面对"以什么方式招聘组织成员"的问题，舒布尼可夫的回答是："由魏斯贝格、我和朗道以招聘工作人员的方式吸收组织成员。在招聘之前，预先接近拟定要招聘的人，最后把他们精心地培训成合乎反革命特征要求的人。"

在这次审讯中，舒布尼可夫再一次地供认出了参加反革命组织成员的名单，只是人数又变成了 12 人。而且，除这些直接参加者之外，他还提到了研究所中另外 3 个人的名字，他们是属于"有反革命情绪的人"，因为在与他的交谈中，他们曾流露出自己的反苏维埃思想以及对党和政府的政策的不满。

实际上，在前面提到的这几份审讯记录和供词中，舒布尼可夫承认的罪行还要多得多。看来，他是在顺着审讯者的意图，毫不顾及他虚构的故事在细节上的不一致和逻辑上的不合理，将自己描述成了一个罪行累累的人，也把更多的同事牵涉了进来。

5．结局

在被舒布尼可夫的供词所牵累的同事中，有一位叫戈尔斯基的物理学家。其实，早在 1937 年 4 月 26 日对沙夫拉的审讯中，沙夫拉就已经非常详细地揭发了戈尔斯基的种种反苏维埃的言论和"罪行"。但与舒布尼可夫不同，戈尔斯基坚决不承认自己是托洛茨基破坏集团的成员。为此，在 9 月 23 日，审讯者曾让舒布尼可夫与戈尔斯基当面对质。在对质中，舒布尼可夫讲到，"在完全确认我顺利地通过了对戈尔斯基的引导之后，在 1936 年 12 月上旬，我和他单独在我的办公室，我建议他参加我们反革命组织的破坏活动。戈尔斯基同意了我的建议，并实际参加和完成了破坏活动。关于吸收戈尔斯基加入组织的事我通知了魏斯贝格。"但是，戈尔斯基则坚决否认这样的指控。9 月 24 日，在对戈尔斯基的单独审讯中，戈尔斯基再次明确指出："关于在乌克兰物理技术研究所存在反革命组织，我一点也不知道。没有任何人发展我加入该组织，我从来也没有从事过破坏活动，在此我不承认这个罪名。"9月 25 日，那位最先咬出舒布尼可夫的罗森克维奇又与戈尔斯基进行了对质。面对罗森克维奇的揭发，戈尔斯基的回答还是："我没有加入反革命托洛茨基组织，我也不知道它的存在。"9月 26 日，戈尔斯基正式被捕，在更大的压力下，他承认了被舒布尼可夫拉进了对研究所的科研工作进行破坏的活动，但仍不承认自己是反革命组织的成员。

虽然戈尔斯基一直到最后也不承认自己加入了反革命组织，但他并未因此而得救。从舒布尼可夫档案材料的整理者那里，我们可以知道他的结局："舒布尼可夫和罗森克维奇承认了自己有罪，而戈尔斯基不承认自己有罪。他们无论怎样，是按照审讯者的要求提供证词，还是不按要求交代问题，得到的都是死亡的命运。"

当然，对于为自己编造罪行这件事来说，"当时大家又都这么做了，就是那些曾经蹲过条件恶劣的沙皇监狱的托洛茨基分子、布哈林分子们，在这时也没能挺住，更何况舒布尼可夫和罗森克维奇这样纯粹的知识分子呢？"

在近来出版的由一位前苏联作家根据最新解密档案写成的斯大林的传记中，我们看到当时对类似"罪犯"的处理情况："自 1937 年 7 月起，三人领导小组开始在内务人民委员部下属各大单位办公。三人领导小组的成员包括：当地内务人民委员部的领导人、当地党的领导人、当地苏维埃政权领导人或检察长。三人领导小组有权在不考虑诉讼程序准则的情况下作出死刑判决。被告在他们判决时都不在场。"而且，按照规定，三人领导小组的判决是终审判决（［9］，443 页）。

舒布尼可夫虽然按照审讯者的意愿供认了一切，但他并未因"坦白交代"而得到从宽处理。在笔者见到的档案材料中，没有关于他后来经历的直接记录。不过，从他妻子在 50 年代所写的申诉材料中，我们可以知道，他最终还是被"三人领导小组"定罪，被流放到集中营，在 10 年中甚至没有通信的权利。在 1946 年以前，他的妻子也再未了解到他的任何消息。1946 年秋天，列宁格勒市内务部机关以口头的方式通知舒布尼可夫的妻子，说他的丈夫在集中营里死于心脏病，没有书面的死亡通知。

舒布尼可夫的儿子在他的父亲被捕不到一个月后出生。这个从来没见到过自己父亲的孩子也因父亲的被捕和判刑而被打上了在押犯的儿子的痛苦烙印。

1954 年 9 月，舒布尼可夫的妻子特拉佩兹尼科娃写信给苏联国家检察院检察长，陈述了舒布尼可夫案件的基本情况，指出"不论是在逮捕时，还是在搜查时，不论是在家里，还是在实验室里，都没有查到说明他有罪的任何东西"，她认为她丈夫绝不会做出任何损害自己祖国的事。尤其是，为了儿子不再为此而付出代价，她请求重新审理她丈夫的案子，为其恢复名誉。同年 11 月 22 日，苏联检察院局检察长复函说，收到了申诉书，检察院正在审查中，审查结果将另行通知。在等待了一年多之后，特拉佩兹尼科娃又于 1956 年 3 月 26 日写信给苏共中央监察委员会主席，再次请求给她丈夫恢复名誉。

终于，1957 年 6 月，苏联最高法院军事委员会签发了为舒布尼可夫平反的证明：

> "1957 年 6 月 11 日苏联最高法院军事委员会重新审理该案，撤销苏联内务人民委员部在 1937 年 10 月 28 日关于舒布尼可夫的决定，由于犯人缺席案件终止，为舒布尼可夫在死后恢复名誉。"

6. 余论

从前面的叙述可以看出，当时，舒布尼可夫为了顺从审查者们的意愿，几乎是将一切可能想到的荒唐罪行都加到自己头上，编造出一个个天方夜谭式的故事，而且毫不留情地揭发了其众多同事。为什么会是这样？

从目前得到的材料，我们还不知道当时舒布尼可夫及其他科学家在被逮捕和受审讯期间受到了什么样的压力，以及是否被用了刑。作为可参考的旁证，在一部主要论述当时在同一场运动中政治家们的遭遇的著作中，我们可以看到这样的记述：

"在外省许多州的秘密保险柜中找到如下一份有斯大林签字的电报：'联共（布）中央说明，经中央批准，自 1937 年起允许内务人民委员部搞体罚……众所周知，所有的资产阶级情报机关都对无产阶级代表进行体罚。试问：为什么社会主义情报机关就应该对工人阶级不共戴天的敌人仁慈一些呢？'"相应地，审讯的场面就不难想象了："在列宁格勒内务人民委员部的刑讯室里，囚犯被按在水泥地板上，然后用四面布满钉子的木箱把他们罩上……此时任何供词都能迅速得到签字。""毒打和鞭笞只是刑讯的开始和进入地狱的前奏。后来搞起了著名的车轮战术——侦查员不断换班，而囚犯则日夜不能睡眠。与此同时，对囚犯还是又踹，又打，又侮辱……囚犯会因失眠而变得神志不清，并愿意签署任何东西。这时便让他在侦查员编造的供词上签字。"（［9］，396—397 页）

在舒布尼可夫的案例中，因没有直接证据，无法确定他是否曾受过刑讯。但另一方面，他在心理的压力则是显而易见的。此外，包括舒布尼可夫在内的被逮捕受审的许多人之所以随意编造自己的"罪行"和乱咬他人，或许是因为还有着另外一种渺茫的幻想，希望能通过"坦白交代"而得到宽恕。从舒布尼可夫在被捕的第二天有其亲笔签名的一份申诉中可以清楚地看到这点："在我的这个申述中我承认自己在苏维埃政权面前有罪，我想今后如果能让我有可能将功赎罪的话，我将诚心诚意地去做，受激于这样一种企望，我声明，我是在乌克兰物理技术研究所里工作着的托洛茨基破坏集团的成员。我答应向侦查员提供关于我的活动的真实的、详细的供词，而且也包括其他人活动的情况。我希望，我的自愿的坦白即使减轻痛苦的惩罚不多，但会使我有可能回到劳动之中，劳动在我们国家是一个高尚的、让人引以自豪和作为英雄行为的事业。"更何况，在当时告密行为已成了公民觉悟的同义词。但即便如此，舒布尼可夫仍然没有逃脱被定罪、判刑和流放的命运。

通常，对于前苏联历史上的大清洗，人们关注的多为一些更知名的政界人物在这场运动中的遭遇。但如前所述，许许多多的科学家也没有能逃过这场浩劫。因而，对于科学史来说，这场运动也同样应是学者们关注和研究的课题。具体地讲，就低温超导物理学史来说，由于舒布尼可夫的消失，当时在世界上非常领先并有着辉煌前景的涉及第二类超导体研究也随之暂时中断。不论对于前苏联的超导研究，还是对于世界范围的超导研究来说，这都是巨大的损失。

关于当时的这场大清洗运动，其荒谬和悲剧性在这里本不必多谈。从物理学家朗道的事例，从舒布尼可夫本人后来被恢复名誉，以及从诸多其他有关这场运动的记述中，人们不难得出结论：对于这场运动的否定已是无须更多讨论的问题。虽然本文只涉及到舒布尼可夫个人在大清洗中的经历，但舒布尼可夫的悲剧经历似乎可以说是许多科学家在这场运动中的命运的一个缩影。显然，在今天，通过对这段并不遥远的历史的回顾，可以带给我们许多的联想、思考和教益。其实，世界上发生过的许多事情，往往并不就是"史无前例"的。

参考文献

［1］K.Gavroglu and Y.Goudaroulis, *Methodological Aspects of the Development of Low Temperature Physics 1881—1956: Concepts out of Contexts*, Kluwer Academic Publishers, Dordrecht, 1989, P. 144.

［2］P.F. Dahl, Superconductivity: Its Historial Roots and Development from Mercury to the Ceramic Oxides, *American Institute of Physics*, New York, 1992, P. 234.

［3］N.E.Alekseevskii, Lev Vasil'evich Shubnikov（on His Eightieth Birthday）, *Sov. Phys Usp.* 25（1982）, 509—523.

［4］对于从美国物理学会的尼尔斯·玻尔图书馆获得前苏联有关舒布尼可夫的档案（原由舒布尼可夫的妻子所收集），笔者在这里要衷心地感谢该图书馆的卫拉特博士所提供的帮助。本文所参考的这份档案一部分是原始材料（如证明、便条、通信等），另一部分是打字本，除在开头注有"苏联部长会议国家安全委员会哈尔科夫州档案局012501号档案（47894号案卷）"之外，没有更具体的说明文字，内容经人重新打字整理和摘录。因为尼尔斯·玻尔图书馆收藏的这份有关舒布尼可夫的档案材料没有统一编号，本文在引用时，除了在文中说明所引用材料的性质和时间等必要的信息之外，不再一一注明出处。

［5］何豫生：《舒勃尼科夫－德哈斯效应及其在半导体电子结构研究中的应用》，《物理学进展》，1986年，第6卷，第401—442页。

［6］刘兵：《著名超导物理学家列传》，北京大学出版社，1988，第70页。

［7］刘兵、章立源：《超导物理学发展简史》，陕西科学技术出版社，1988，第79—80页。

［8］麦德维杰夫：《六十年来苏联对科学和科学家的政策》，余明等译，三联书店，1981，第33—34页。

［9］拉津斯基：《斯大林秘闻》，李惠生等译，新华出版社，1997，第454页。

［10］参见：黄纪华，《朗道》，载《世界著名科学家传记·物理学家Ⅰ》，钱临照、许良英主编，科学出版社，1990，第143—150页；刘兵，《卡皮察》，载《世界著名科学家传记·物理学家Ⅲ》，钱临照主编，科学出版社，1994，第134—143页。

（选自《自然辩证法通讯》1999年第4期，《被清洗的物理学家——舒布尼可夫的科学工作与人生悲剧》，作者刘兵，清华大学科学技术与社会研究所教授。研究方向为科学技术史、科学编史学、科学文化与传播。张明雯，哈尔滨师范大学教授。研究方向为科技哲学，科学技术史。）

海森堡

他的学术和人品

沃尔纳·卡尔·海森堡的大名在全世界物理学家中间是极其响亮的。例如"我的朋友"艾瑞克（尼尔斯·玻尔文献馆的前任馆长）就坚决断言海森堡是20世纪第三位最伟大的物理学家，泡利和狄拉克都得靠后。伊瑞克曾向我历数了海森堡的"十大功劳"。他在哥本哈根开的一门量子史课程叫作"从玻尔到海森堡"，用他的话说就是"从一个伟人到另一个伟人"。

另一方面，关于海森堡的立身行事，人们的见解却分歧极大，大家议论纷纭，莫衷一是。

本文拟对这些问题作一概括的评介。限于篇幅，许多细节不得不忍痛割爱。

1. 生平简历

海森堡于1901年12月5日生于德国的维尔茨堡，父亲是古语文学家，于1911年移家南德任慕尼黑大学"拜占庭学"教授，母亲是一位。中学校长的女儿。海森堡有一个哥哥，比他大一岁半。

海森堡从上小学时就成绩很好，学习毫不吃力。1918年春天，由于受当时经济条件的影响，他曾停学一年，到一个农场中从事体力劳动，以赚些钱来补贴家用。那时他就有志研习康德哲学。他一生爱好音乐，擅弹钢琴。欧战结束后，德国政局混乱，在某次地方性的战乱中，海森堡曾替军队干过装子弹和放哨之类的工作。这时他结交了一些青年朋友，并参加了后来兴起的"青年运动"。但是他当时已

海森堡（Werner Karl Heisenberg,1901—1976）

经不喜欢空洞浮泛的政治议论，觉得不如科学和哲学有意义。这时他接触了原子概念，并自学了外尔的《空间、时间和物质》一书。

1920 年入大学时，他起初想学数学，但是遭到了一位数学教授的拒绝，于是他进了慕尼黑大学索末菲的物理学研究所，很快和比他大一岁的泡利交上了朋友。他们两位都不喜欢实验，上实验课时敷衍了事。结果就使泡利后来得到了"泡利效应"的名声，并使海森堡在博士学位考试中遇到了麻烦。

海森堡在索末菲那里过得很好。1922 年夏，他随索末菲到哥廷根听玻尔讲学，他在讨论中的发言引起了玻尔的注意，这就是他和玻尔结交的开始。1922—1923 年的冬季学期，索末菲赴美讲学，海森堡转往哥廷根的玻恩那里，很得玻恩赏识。回到慕尼黑以后，他很快就以一篇关于流体力学的论文获得博士学位。然后他去玻恩那里当了助教。1924 年 7 月，他又以一篇关于塞曼效应的论文取得大学授课资格。

1924 年 9 月，他按照两年前和玻尔的约定去了哥本哈根，在那里接受了玻尔对他的深远影响。他后来回忆说："我在索末菲那里学到了乐观精神，在哥廷根学到了数学，在玻尔那里学到了物理学。"这句话深刻而生动地集中反映了三位大学者的不同特征，是值得我们反复体会的。

海森堡在丹麦呆了七个月，在那里考虑了玻尔对应原理的更好表述，并和克拉末一起研究了光的色散，这都为他不久以后的创立矩阵力学作好了准备。他于 1925 年回到哥廷根。同年 7 月，完成了一篇新的论文，标志了矩阵力学的诞生。他的概念在和玻恩、若尔当的合作中得到了进一步的发展和表述，很快地形成了第一种形式的量子力学。1933 年，由于"他对量子力学的创立，而该力学的应用导致了许多发现，包括氢的同质异形体的发现"，海森堡被授予了 1932 年度的诺贝尔物理学奖。

1926 年，克拉末回荷兰去当教授，海森堡被聘到哥本哈根去接替他任玻尔的助手，并成为研究所领取薪金的正式讲师。在他的推动下，玻尔邀请薛定谔在那年 10 月间访问了哥本哈根，并且在那里进行了有关量子力学问题的大辩论。1927 年初，海森堡完成了关于测不准原理的重要论文，把人们对于量子力学的物理理解推进了一大步。同年 10 月，德国莱比锡大学聘他为理论物理学教授。从那时起，他在莱比锡一住十几年（到 1941 年）。他经历了社会上的许多动荡，并于 1937 年 4 月结了婚，夫人名伊丽莎白（Elisabeth，原姓 Schumacker），他在莱比锡培养了许多很有成就的理论物理学家，其中包括他的第一位博士研究生 F. 布洛赫以及后来和他过从最密的 C. F. von 魏茨泽克，我国的前辈物理学家周培源先生和王福山先生也在他那里工作过。

当第二次世界大战在欧洲战场上展开时，德国的某些人士开始考虑研制原子武器的问题。经过错综复杂的发展，德国军方终于把这方面的技术领导任务交给了海森堡。在此期间，他的主要精力都用到了这一方面。战争末期，海森堡和另外九位德国科学家被盟军送往英国拘留一年。后来盟方同意重建德国科学事业，他们先后被释放。1948 年以后，海森堡在慕尼黑任马科斯·普朗克物理学和天体物理学研究所所长，兼任慕尼黑大学教授，后于 1970 年退休。从 1975 年起，他的健康情况日见衰退，于 1976 年 2 月 1 日在慕尼黑逝世。他的一生获得了包括诺贝尔奖在内的许多荣誉，身后有子女 7 人。

2. 学术成就

从前有一位文学家说过，一个人平生应该有一两件最值得踌躇满志的事，例如王勃作《滕王阁序》或武松的打虎。对海森堡来说，平生最得意的当然是他的创立矩阵力学。但是，一位伟大的学者通常不会只有一项"老本儿"。他除了最重要的一项贡献以外，通常还有许多不那么著名但确实也很重要的成就。海森堡也如是。我已不能准确地记起伊瑞克当时（我们在哥本哈根逛大街时）所列举的海森堡"十大功劳"是哪些项目，现在只能根据自己掌握的资料来作一概述了。

早期工作

海森堡入大学的那一年（1920），正赶上玻尔正式提出他的"对应原理"。当时人们正在起劲地研究多电子原子，而索末菲在这方面也正作着重要的工作。因此，海森堡也就理所当然地卷入了原子问题之中。

按照当时德国的教育制度，学生们至少要在大学中读 6 个学期（3 年），才能提出博士论文。得了学位以后，再经过一段努力，可以再提出一篇有分量的论文，以取得"大学授课资格"。这样的人通常是先在大学中当"无公薪讲师"（收入主要来自听课的学生），然后才能逐步提升为"非常教授"（副教授）和"正常教授"（正教授）。

海森堡在索末菲指导下于 1921—1922 年间完成了三篇论文。其中第一篇处理了原子的双重态和三重态的塞曼效应；其余两篇是和索末菲合撰的，讨论了原子多重谱线的宽度和强度等问题。1922 年冬季，海森堡去了哥廷根。他在那里也在玻恩的指导下完成了 2 篇处理多电子原子特别是氦原子的结构的论文。

除此以外，他还对流体问题有兴趣。他在慕尼黑写的第一篇这方面的论文就引起了流体力学权威普兰特尔的注意。正是这个人，后来多次向纳粹头子希姆莱和戈林进行游说，在海森堡得到纳粹政权的信任方面起了重要的作用。

另外，他于 1923 年回到慕尼黑以后，所提出的博士论文也是有关湍流问题的。索末菲对这篇论文大为赏识，但是在学位考试（口试）中老实验物理学家维恩提出的有关光学仪器分辨率之类的实验问题却一个也没有得到满意的答复，想必是通过索末菲的努力，海森堡才勉强通过了考试。

获得博士学位以后，海森堡到哥廷根去作玻恩的"第二助教"（第一助教是洪德）。一年以后，他就以一篇关于反常塞曼效应的论文取得了大学授课资格。

在丹麦的工作

1924 年，海森堡到了哥本哈根，在玻尔的研究所中受到了深远的思想影响。他考虑了

1929年，海森堡（右）和亚瑟·康普顿在芝加哥。

如何更好地表述对应原理的问题，并和克喇末一起研究了原子对光的色散问题。他们一起推广了拉登堡的理论，得出了很重要的色散公式。后人认为，这一工作实际上打开了矩阵力学的门径。

矩阵力学的创立

关于这段历史，人们已经论述得很多了（也很重复了）。一方面，这种新力学必须看成玻尔理论特别是对应原理的嫡传后代，所以矩阵力学一出现，玻尔就伸出双臂欢迎了它。另一方面，新的理论当然不可能仅仅是旧原理的再表述，它肯定是包含了很重要的新想法和新觉察的。例如，人们常常强调海森堡放弃了"轨道"概念而强调或只运用了在实验中可以观测的量。就连海森堡本人，也一度认为这是受了爱因斯坦对"同时性"概念的分析的启示。但是，根据他自己的回忆，当有一次和爱因斯坦谈起这个问题时，爱因斯坦却说："只有理论才能确定什么是可以观察的。"这就一下子把问题"翻"了过来。也许可以说，这个事例突出地指明了主观片面地、望文生义地诊释历史事件或前人思想的危险性！

海森堡于 1925 年初从丹麦回到了哥廷根。当时他心中已经充满了一些新的想法。同年 5 月，他得了"枯草热"（一种花粉过敏症），被迫到一个海岛上去疗养。在岛上幽静的环境中，他把玻尔 – 索末菲量子化条件（积分表示式）改写成了简单的代数表示式，并证明了这种表示式的自洽性，及其和能量守恒概念的相容性。这就标志了新力学的最初诞生。

当时海森堡对自己的结果还有点信心不足，但是眼界甚高的泡利却支持了他。于是他终于在 7 月底通过玻恩而寄出了自己划时代的论文《论运动学关系式和力学关系式的量子论备释》。玻恩很快地意识到，海森堡的结果可以用教学上的矩阵理论来表示。于是在海森堡、玻恩和若尔当的合作下，很快地就发表了著名的"三人论文"。这篇论文在矩阵论的数学形式下大大发挥了海森堡的原始想法，初步确立了矩阵力学的理论体系。随着薛定谔波动力学的出现，随着海森堡力学和薛定谔力学的数学等价性的被证明，随着狄拉克变换理论的确立，新量子力学的数学表述形式很快地达到了阶段性的完成。

测不准原理的提出

新力学的应用取得了盛大的成功。在具体问题中取得的结果，或是和以前已有的结果相一致，或是比已有的结果更好。有些以前很困难的问题也有了水到渠成的解。这一切都很可喜。但是，新的一套理论体系到底代表着什么物理内容，例如动力学变量的不可对易性到底反映的是什么物理事实，这在当时却还是很不清楚的。

这样的"物理性的"问题最能够吸引玻尔，而1926年秋天他和薛定谔之间的大辩论更加迫切地触动了他。于是，大约从1926年的年底开始，他和海森堡一起对这种问题进行了强有力的探索。他们进行了不遗余力的讨论。到了1927年的2月中旬，他们觉得受不住了，需要休息。于是他们一起去挪威滑雪。玻尔疲倦得如此厉害，以致他在挪威一直待了4个星期，而正是在此期间，他酝酿成熟了关于"互补性"的思想。

海森堡提前返回了研究所。他自己继续思考了问题。到了2月23日，他就在一封给泡利的长达14页的信中报道了自己的结果。1927年3月23日，德国期刊Zeit.Phys.收到了他的论文《论量子理论的运动学的和力学的直观内容》，文中阐述了所谓测不准原理的思想。

玻尔大约是在2月18日的前一两天返回哥本哈根的。当他回来时，海森堡的论文是已经寄走了呢，还是没有寄走，现在人们有些不同的说法（这问题涉及海森堡对待玻尔的态度，所以并不是无关宏旨的）。无论如何，他们继续进行了讨论。按照海森堡的回忆，他们有时争论得如此激烈，以致把他气得哭了起来。

海森堡在自己的论文中分析了一些"假想实验"，其中最有名的就是所谓"γ射线显微镜实验"。说也凑巧，当年他因为不懂得光学仪器的分辨率，曾经触怒了老辈科学家维恩教授。这一次，在自己的历史性论文中，他又在分辨率的问题上摔了一跤。玻尔指出，在讨论显微镜的分辨率时，他没有照顾到透镜的有限孔径。另外，玻尔也把自己关于互补性的观点告诉了海森堡。结果，在最后发表论文时，海森堡就在校样上增加了一条后记，对玻尔的帮助表示了感谢。

众所周知，测不准原理的大意就是说，微观粒子的位置和动量不能同时有准确的依据。因此，任何微观体系的态，永远不可能按照经典力学的意义被准确地认知。这样一来，牛顿力学中的那种因果链就发生了问题（根本无法测定"初态"）。这样一种结论，当然会极大地震撼物理学界和哲学界。几十年来，人们围绕测不准原理写了许多本一书和不计其数的有意义的或东拉西扯的论文。直到今天，它的"余震"也还远远没有平息呢！

对铁磁性的探讨

海森堡于1927年秋天到莱比锡大学任理论物理学教授。由于教学任务和出国访问（1929年访问过美国）的影响，他的论文发表得不像从前那样频繁，但是他的研究工作并未中断。当时他和他的学生们主要考虑了由量子力学所能得出的各种推论。

海森堡在莱比锡发表的最初两篇论文（1928年），处理了铁磁性的理论。实际上，物质的磁性根本没有经典的理论解释。一般物理学教科书上的所谓解释，例如用拉摩尔定理来"解释"抗磁性的那种作法，其实是只能培养学生不良思想方法的欺人之谈。尤其是关于次磁性问题，人们习惯于说物质中的"分子磁体"结合成"磁畴"，但是它们是怎样结合的，它们彼此之间有什么样的相互作用力，却从来不予说明。这怎能算是解释了在海森堡以前，也有人研究过铁磁性（例如P.外斯），但是他们的理论大多是从一些专设性的观点出发的，所以到底不能令人稍微有点满意。海森堡利用量子力学中所特有的"交换力"

的概念处理了问题。他得出的主要结论是，物质的铁磁性是在泡利原理的规定下由电子之间的静电相互作用引起的。这样，就第一次给出了各"基元磁体"之间的相互作用的物理本性。因此，虽然他所用的微观模型还有许多有待改进的地方，但是他的开创性工作毕竟代表了后来一系列重大进展的开端。

量子电动力学

量子力学刚一出现，人们几乎立刻就想到了用这种新方法来处理电磁场的问题。这一工作首先要把量子力学加以"相对论化"。事实上，薛定谔在他的波动力学论文中，若尔当在"三人论文"中，O.克莱恩在所谓五维空间理论的研究中，狄拉克在他的电子理论中，都触及了电磁场的量子化问题。但是，把包括静电项在内的整个电磁场当作一个量子体系来进行首尾一贯的系统处理，则是由泡利和海森堡合力完成的。他们在 1929 年联名发表了两篇很长的论文，在当时的知识水平上系统地表述了量子电动力学。从那时起，这两篇论文已经变成了量子场论这一领域中的基本文献。两位作者后来也对这一领域继续保持了历久不衰的兴趣，做出了重要的贡献，培养了杰出的人才。

原子核

在中子于 1932 年被发现以后，许多人各自独立地得到了一种想法：原子核是由质子和中子组成的，而不是像人们以前所想的那样由质子和电子组成的。海森堡也在这种想法的基础上考察了原子核，而且他比别人更进一步，试着对原子核作了动力学的描述。

1932—1933 年，他以《论原子核的结构》为题接连发表了三篇论文。文中虽未明说，但他实际上是把中子看成了质子和电子的复合体。他又是利用"交换力"的概念来处理了核内各粒子之间的相互作用，特别是中子和中子之间的相互作用。在表述交换作用时，他引用了一个和自旋算符相仿的新算符。这个算符后来得到了广泛的应用，叫作"同位旋算符"。

战时的工作

海森堡被纳粹军方所重用，是这位伟大学者生活中的一幕悲剧。他在这方面的努力，从社会政治的角度来看是不值得赞许的。但是，海森堡和他的同事们在"铀计划"的执行中也还是取得了一定进展的，而作为技术总负责人的海森堡也想了许多办法，进行了大量的计算。从"认识自然"的角度来看，他的成绩也还是不容否认的。

除此以外，海森堡在战时也作了另外一些理论工作，其中 1942—1943 年关于 S 矩阵的研究，后来在有关的理论方面带来了重要的后果。

战后的工作

第二次世界大战以后，海森堡在德国科学的重建中起了重要的作用。他承担了繁重的行政方面和科学政策方面的任务，但是他的科学探索绝没有中止。早在大战以前，他就研究过宇宙射线。战后他继续研究了宇宙射线中的簇射和介子产生等问题，发表了一系列的论文。他也重新提起了早年的兴趣，研究了流体中的湍流等问题。此外他也考虑过超导性，但取得的进展不大。

统一场论

大约从 40 年代中期开始，宇宙射线的研究和用加速器做的实验，导致了层出不穷的新品种基本粒子的发现。这种情况向理论物理学家提出了严重的挑战。按照一般的理解，每一种真正基本的粒子，都需要用一种特定的场来加以描述，而粒子之间的相互作用，则需要用相应的"耦合项"来描述。既然"基本"粒子的品种很多，普遍情况下的场方程就会变得十分繁复，而它的解也会变得复杂得可怕了。于是很自然的一个问题就是，在这许多种"基本粒子"的背后，是否有某种更基本的东西和更简单的规律？要探索这种十分根本的问题，所要克服的困难也是十分可怕的。海森堡勇敢地承担了这种探索，并尝试了一种简化的可能性。他假设，所有不同种类的基本粒子可以用单独一种"基本场"来描述。通过对场加上适当的条件，也许就可能得出那些基本粒子来，正如量子力学中的量子化条件能够给出原子的线光谱一样。这种设想确实太美妙和太大胆了，使人简直不敢相信它的可能性。但是海森堡还是努力推进了他的设想。他假设了那个唯一的场有四个分量，分别代表着自旋变量和同位旋变量。在最简单的情况下，场方程只包含一个非线性的耦合项，该项的系数就是理论中唯一的一个参量。

海森堡曾经指望从泡利那里得到鼓励和协助，泡利也曾一度有点热心，但是后来又回到了最初的批评态度。尽管如此，海森堡的态度却一直是乐观的。大约从 1950 年开始，他把自己的主要精力都用到了这一课题上。除了简短的报道和评述以外，他在这一领域中大约写了 20 篇论文（有的论文是和他的学生合写的），并且写了一本小书。当然，由于理论设想太大胆，它的成功（如果可以成功的话）现在还非常没有把握，但是我们不能不佩服海森堡的这种勇气。

必须指出，除了"统一"这一颇为笼统的思想以外，海森堡的理论在基本设想和处理手法方面是既不同于爱因斯坦的统一场论也不同于近来人们谈得很多的弱电统一理论或所谓"大统一理论"的。目前，这可以说是一种已被淡忘的理论，但是科学思维的前进从来不会是直线式的，谁能断定这种理论将来不会有一天重新放出灿烂夺目的奇光异彩呢？

3．有争议的人品

在纯学术方面，海森堡的伟大功绩和崇高地位是绝无争议的。但是在为人处世上，特别在他和德国纳粹政权的关系问题上，他却起码是使人感到惋惜的。在这方面，伊瑞克所说的"两个伟人"可就大不相同了。

海森堡为人一生好胜，他最关心事情的成败，不够超脱。作为世纪初的一位德国知识分子，他成名甚早，特别爱面子，这就使他有时走上文过饰非的道路。[①]特别是有那么一批

---

① 有一位科学史家说，当时大多数的德国学者都是一些"mandarin"（满大人），用我们的话说就是一些"精神贵族"。他们大多思想保守，忠于政府，行动多礼，往往有架子，等等．其中最突出的例外是爱因斯坦——他根本不是什么 mandarin。

海森堡在作讲解

"爱护"他的人（以他最密切的学生魏茨泽克为代表），到处替他掩饰过失，编造了许多不能自圆其说的"论点"，这就更加使正直的和知道内情的人们对他增加了反感。当然，也有些人出于义愤，说过一些过分贬低他的话，但那也是有目共睹的，并不会严重地影响海森堡的声誉。

由于海森堡在德国和在国际上都有过非常广泛而复杂的社会关系，牵一发而动全身，所以要比较全面和细致地评价他的为人就绝不是一两篇文章所能奏效的。在这里，我们只能举几个有代表性的事例来略加评介。

和纳粹势力的"矛盾"

1933 年初，希特勒攫取了德国政权，不久就迫不及待地推行了反动的政策，迫害犹太人‘整肃知识界，发狂地叫嚣战争。这一切，像海森堡这样的学者当然是不会心甘情愿地接受的。于是他发表了一些"不合时宜"的言论，触怒了某些有权势的纳粹分子。他们在纳粹组织的报刊上对海森堡发动了凶恶的攻击。

其实这种冲突来源很久。早在第一次世界大战刚结束时，一小撮以勒纳德为代表的反动人物，就倡导了所谓"德意志物理学"，这基本上是指那种直观的、可以按经典观点来理解的实验物理学。后来，这种观点被另一个反动人物斯塔克接了过去，逐渐改名为"雅利安物理学"。勒纳德和斯塔克都是老牌的纳粹分子，早在希特勒得势以前就支持过他。希特勒一上台，这些人便成了党的"老战士"。他们得意忘形，企图从普朗克手中夺取科学院院长的职位。他们疯狂地攻击他们弄不懂的现代理论物理学（以相对论和量子论为主），妄称那都是"犹太人"弄出来的玄虚，是应该彻底抛弃的"伪科学"，等等。

对于这样的谬论，亲自创立了量子力学的海森堡当然不会接受。于是斯塔克等人又发明了一个名词叫作"白色犹太人"。这是指的一些很有声望的德国学者，他们本来不是犹太人，但是据说他们在思想上和犹太人相通，所以应该和犹太人一样受到惩处。有了这样一个名词，纳粹分子就可以攻击他们所不喜欢的任何一个人。于是当海森堡触怒了他们时，他们就疯狂地发动了攻击。

但是，早在希特勒垮台之前，所谓"德意志物理学"和"犹太物理学"之争就渐渐平息了。由于斯塔克之流太无能，纳粹当权派渐渐觉悟到依靠这种人无助于战争胜利的取得，所以斯塔克等人渐渐失去了当权派的宠信。另一方面，有几个和最高当局关系密切的知名人士（普兰特尔便是一个）多次向戈林等人陈述了真正科学的重要性。所以到了最后，相争的两派不得不达成协议，而斯塔克之流也勉强承认了相对论和量子论。当海森堡正式主管了"铀计划"时，那些"德意志物理学家"就完全沉默了。

至于"党报"之类对海森堡的攻击，海森堡也采取了釜底抽薪的办法。他通过自己的母亲和希姆莱的母亲之间的熟识关系，向特务头子希姆莱提出了直接的申诉。起先希姆莱没有理睬。一年以后，当普兰特尔等人的说项起了作用时，他才回答了海森堡，向海森堡发出了保证安全的许诺。

大战以后，海森堡的辩护士们大肆渲染海森堡对"德意志物理学"的斗争，并把它升格为反纳粹的斗争。这当然是违反历史事实的，因为斗争的胜利正是通过纳粹最高人士（一些最大的战争罪犯）的介入而取得的，根本不是单凭海森堡个人的努力，更不是通过广大人民的努力而取得的。至于海森堡向最大的特务头子提出申诉一事，考虑到他急于保护自己的心情，当然也并不是不可原谅，但无论如何是不值得引以为"荣"的！（"聪明的"辩护士们一般不太多提此事。）

和玻尔的会晤

这是一件奇怪的历史悬案，不同的人作出了许多极不相同的评述，而辩护者们也作了不少的"文章"。

当时的纳粹德国，也有侵略的"两手"，于军事侵略之外还执行"文化帝国主义"。在他们占据了的各国，都设有"德意志科学研究所"，进行各种反动的乃至惨无人道的所谓"研究"。例如，设在原波兰境内的一个研究所的所长（海森堡的朋友柯布里兹），在1941年写的一篇文章中提到东部的犹太民族需要"一种基本科学的处理，以便为'领袖'在战后对问题取得最后的全欧洲的解决做好准备"。这意味着用科学方法来最有效地执行种族灭绝政策。由此可知那些研究所到底是什么货色。

从1941年开始，海森堡在纳粹政府的安排下到过许多被占领国和中立国（例如瑞士）去演讲，其中包括波兰的上述研究所。当时纳粹当局严格控制德国人的出国访问，但他们对海森堡的信任超过了例如对普朗克的信任。因此有人说，当时的海森堡实际上成了纳粹德国的"文化大使"。

丹麦的"德意志科学研究所"设在离玻尔的研究所不远的地方。但是玻尔和他的人员从来不参加德国人主持的任何活动。有时德国人请不动他，宁愿把活动改期，但玻尔还是婉言谢绝。有一位理论物理学家摩勒更有意思，他用复写纸把推辞时的回信打印若干份（那时还没有静电复印），每当收到德国人的请柬就寄回去一份。这样明显的不合作态度当然使玻尔和德国占领当局之间的关系相当紧张。

1941年10月，海森堡应邀到丹麦的"德意志科学研究所"参加一次会议。在当众演说时，他表示因为在听众中看不到玻尔而感到遗憾。这等于公开地向玻尔"叫阵"。玻尔得知后，就邀请海森堡和随行的魏茨泽克到玻尔的研究所中来演讲。于是发生了著名而神秘的海森堡－玻尔密谈。

海森堡正在授课

有一位作家（R.Moore）在她写的玻尔传中说密谈是"在大街上散步时进行的"。当时是玻尔最亲密助手的罗森塔尔博士对这种谣传嗤之以鼻。他曾向笔者坚决指出，在当时的局势下，玻尔绝不会和一个"德国人"一起走在大街上。[①]其实那次晤谈是在玻尔的家中（卡尔斯伯荣誉府）中进行的。晤谈时没有第三个人在场，所以谈话的内容就成了一个不解之谜。当时肯定谈到了有关原子武器的问题，但是当时讲了些什么，就无人能够知道了。玻尔事后只字未提，而海森堡则说他已记不清楚，"可能"是说了如何如何的话，云云。

关于当时海森堡会见玻尔的动机，后来有人提出了种种不同的解释。一种流行甚广的解释可能起源于魏茨泽克，那就是说，海森堡企图通过玻尔来和全世界的科学家达成谅解，大家都不要研制原子弹。这种说法是极可怀疑的。因为，第一，海森堡当时还不是"铀计划"的总技术负责人，而玻尔由于处境闭塞也还没有意识到制造原子弹的具体可能性，这样两个人如何能发动世界范围的"攻守同盟"？第二，海森堡正如一般的德国人一样，有很浓厚的"爱国"思想，提出那样的倡议在他看来会显得几近"叛变"，他是不可能打这种主意的，第三，他也不敢——许多年以后，当初是他的学生的罗森塔尔当面问过他："当年你若提出那种倡议，希特勒不会枪毙你吗？"对此海森堡也只好点头。尽管如此，所谓海森堡就对待原子武器的态度问题向玻尔请教之说，至今仍然十分流行。甚至去年出版的一本丹麦文的小书，居然也还沿袭了并传播了这种无稽之谈。

另一方面，也有人指摘海森堡去见玻尔是要刺探原子情报，是替希特勒当间谍。这种猜测也同样没有根据。实在说，当时玻尔的研究所中并没有什么可以窃取的秘密（只有公开的学术成就），而海森堡也还没有很深地卷入于原子武器的研制之中。

两位大物理学家就原子武器问题到底谈了些什么，现在已不清楚，但是当时他们两位的心理状态，应该说还是清楚的（如果不故意曲解的话）。尽管很可能是出于对玻尔的爱护海森堡的活动在实质上就是劝降。这就大大伤害了玻尔的民族自尊心。首先，海森堡在那样的场合下向玻尔（他的老师）公开"叫阵"，这想必本来就引起玻尔周围的人们的不满。

[①] 当时的丹麦人民对德国人实行"视而不见"运动。就是说，在任何地方遇见德国人，除了被强迫时以外，大家都不理睬。丹麦人之间照常问候、聊天，就仿佛旁边那个德国人完全不存在一样。

后来他来到玻尔的研究所中，又在吃午饭时和人家说什么"战争是生物学上的需要"，请想，这样的话（观点显然荒谬）如何能向正处于法西斯铁蹄下的丹麦人说！

另外，据知情人罗森塔耳的亲口叙述，当时还发生了一件十分不愉快的事。玻尔和海森堡、魏茨泽克在办公室里谈话，罗森塔尔正在外间屋（女秘书舒尔兹的办公室）中坐着，忽然有一位"gentleman"推门进来，说是要找魏茨泽克。于是魏茨泽克就出来把那人领进了玻尔的办公室，后来才知道那位 gentleman 竟是纳粹德国驻丹麦的大使！在外国，不得主人同意就带客人进人家的办公室，这本身就是一件失礼的行为，更何况带进去的是人家最不想见到的敌国的官方代表！要知道，魏茨泽克的父亲曾是希特勒政府中的高级官员（相当于外交部长），而魏茨泽克本人又是一个非常"玲珑剔透"的人物，他不可能不明白自己这种巧安排意味着什么——用中国的俗话来说这就叫"霸王硬上弓"，早已不仅仅是礼貌与否的问题了。

按照玻尔在 1961 年最后一次访问苏联时的回忆，当时"一位很杰出德国物理学家"曾到丹麦来劝他不要对德国纳粹势力那么强硬，因为据说希特勒帝国在全世界取胜已成定局，物理学家们应该证实自己对希特勒有用，以便在将来的帝国中有一个位置，等等。这种说法，是完全符合当时海森堡的思想状态的，但是海森伯和他的朋友们矢口否认。海森堡还曾说过，偶尔出席一次德国人主办的"学术"会议或见见"德国大使"，这是当时玻尔所应付出的"最低代价"。然而，此事关系到一个人和一个民族的尊严和气节，恐怕玻尔是绝不会等闲视之的。

因此，德国人（以及后来许多别的人）后来宣称，玻尔在那次会晤中"误解"了海森堡的用意。这种说法也很滑稽。要知道，玻尔是一个心思最细密、胸怀最宽广的思想家，他完全不是那种粗枝大叶或鼠肚鸡肠的庸人，他不是那么容易"误解"别人的人。他要争的恰恰是大是大非问题。那么，按照以上的如实介绍，揆情度理地看来，恐怕当时大大地"误解"了别人的，根本不是玻尔吧？

所谓"怠工"

德国的"铀计划"失败了。失败的原因，人们也讨论得相当清楚了。但是有些人不肯承认事实，他们发明了"怠工"之说。

在大战末期，海森堡等十个科学家正被拘留在伦敦附近。美军向日本投掷原子弹的消息大大震惊了他们，当时他们有过种种的议论。那时英国人在他们住处装了窃听器。窃听的结果迄今未予公开，但是也透露出来了一些对某人不利的内容。于是德国的聪明人又发明了一种理论：英国人没有真正听懂他们的话。这真是太玄妙了。英国的情报机关再无能，也不会找不出一个精通德语的人来。

当时 Alsos 小组的技术负责人荷兰物理学家高德斯密，[①]肯定是能够充分地听懂德语的。他报道的一个情况很值得注意（而且似乎迄今无人否认）。当德国科学家们因为自己没能制

---

① Aisos 是希腊文，意为"树林"。当时美国负责"曼哈顿计划"的军方人员是 Groves 将军，而 groues 的英文意义也是"树林"。当大战即将结束时，美国军方组织了一个"工作组"，归 Groves 领导，负责收缴德国的原子物资，搜捕有关人员，等等。这个小组的代号就叫 Alsos。后来高德斯密就用 Alsos 这个标题写了一本书。

成原子弹而自怨自艾时，"一个比较年轻的人"想出了一种托词，那就是说，他们的"科学家的人道主义"使他们没有认真研制这种可怕的杀人武器。换句话说，他们用"磨洋工"来"骗了希特勒"。这种理论很合海森堡的口味，他后来不止一次地提到它。甚至指摘说，真正制造了这种武器的不是他们（这些"人道主义者"！），意思是，玻尔他们才真正犯了"杀人罪"。

然而，战时留下来的大量文件表明，海森堡当时在执行"铀计划"中是十分卖力的。当已经兵临城下而不得不从研究基地出走时，他还命令部下把所存的铀原料等等坚壁起来。在此以前，当希特勒的破灭已成定局时，海森堡还在 1944 年的一次演讲中宣称："假如我们能够打胜这场战争，那多么好啊！"甚至到了 1947 年，海森堡还在伦敦一位从德国流亡出来的犹太化学家（他的许多亲人都死在纳粹集中营中）的住所中说过："应该让纳粹继续掌权 50 年，那时他们会变得完全正直起来。"这真是太"人道"了！实际上纳粹掌权不过 12 年。

在这 12 年中，死于战场的不算，光在集中营中被他们用最不人道的手段屠杀掉的就有大约 1400 多万人。这个数字大大超过了两枚原子弹所杀死的人数！

问题是：当年创立"怠工"理论的那个"比较年轻的人"究竟是谁？这个人才真正是海森伯最忠实的辩护者！

迈特纳的一封信

犹太女物理学家迈特纳比哈恩大 1 岁。当她在柏林工作时，实际上她才是研究所中的学术带头人，后来她通过友人的协助逃到了瑞典。大战刚刚结束以后，她曾经给哈恩写过一封信。在信中，她首先表示了对留在德国的朋友们的关切；听到哈恩还算平安，她很高兴。接着她就语重心长地提出了规劝。她指出，凡是留在德国的科学家，都在希特勒的罪恶战争中帮了忙；他们不应回避这个问题，应该实事求是地认识自己的过错。接着她就特别提到了海森堡。她认为，像海森堡那样的人，应该到波兰的几个集中营（死亡营）去参观，以便让他具体了解纳粹匪徒到底对人类犯下了多么严重、多么惨无人道的罪行。这封信写得十分亲切而又十分坦率，充分体现了一位卓越科学家的平易近人和刚正不阿。至少笔者在初次读到这封信时是很受感动的。然而，恐怕海森堡的印象不一定是这样。

战后的表现

大战以后，海森堡在重建德国科学方面是有功劳的。在政治上，他反对联邦德国拥有核武器，并大力提倡在德国发展核科学。这些都是值得肯定的。但是他对自己在战时言行却一直没有正确的认识，总是用一些虚假的叙述来替自己推卸责任或评功摆好，这就在很大程度上影响了别人对他的敬重。

在战后，盟军当局曾经在德国进行过清查纳粹罪犯的工作。由于当局对海森堡很尊重，当时许多人曾请他写过证明材料。结果海森堡来了个"以我画线"。凡是在反对"德意志物理学"中或在别的方面帮过他忙的，即使是原先在希姆莱总部任职的那位"朋友"，他都认为是"反纳粹"的"好人"。反之，如果跟着斯塔克跑过，即使是不值一提的小人物，他都认为是"坏人"。这种搞法，肯定也远远不是那么客观和公正的。

玻尔奖章的受奖演说

1955年10月7日是玻尔的70岁寿辰。10月12日，丹麦工程师协会（DIF）正式设置了"尼尔斯·玻尔国际奖章"，以资纪念。按规定，这种金奖章每三年颁发一次，发给"在原子能的和平利用方面做出了巨大贡献的科学家或工程师"。受奖人不受国籍的限制，但必须是"工程技术界人士"。

1970年度的玻尔奖章发给了海森堡。我曾经问过伊瑞克："你们为什么把奖章发给海森堡，"他说："无论如何他是一个伟大的科学家。"这话我当然不否认。但是，问题在于：第一，海森堡根本不是"工程技术界人士"；第二，他当年研究"原子能"，几乎把丹麦置于万劫不复之地，而20多年后丹麦人却经由国王之手发给他一枚奖章；第三，这个奖章居然还冠以玻尔的名字！更妙的是，在发奖的过程中，DIF的主席和海森堡一起拍了照，照片的背景恰恰是一幅玻尔的画象。因此我常常纳闷：玻尔有知，不知对此作何感想，海森堡站在这幅画像前面让人照像，不知心中又是什么滋味。

1970年10月8日，海森堡在接受了奖章的次日向DIF发表受奖演说，回顾了原子能研究的历史。他当然不可避免地提到了重核的裂变，但是他对在裂变现象的确认中做出了重要贡献的迈特纳和弗里什（两个"犹太人"）却连名字也不屑于提一下。相反地，他却用了一半以上的篇幅来宣扬了他那位较年轻的朋友魏茨泽克的贡献。要知道迈特纳和弗里什都和玻尔及其研究所有过很密切的关系，而魏茨泽克则由于种种原因而很不为某些丹麦学者所欣赏，从而海森堡的这次演说实际上又是对丹麦人的一种冒犯（也理所当然地引起了一些丹麦学者的反感）。这似乎表明，直到他的晚年，海森堡对他自己在战争期间的言行还没有一个比较清醒的认识。

海森堡夫人的那本书

那些千方百计为海森堡掩饰的论点，其最初"版权"不知谁属。这些论点，在几本书中得到了广泛的流传。例如容克那本《比一千个太阳还亮》，无知妄论，哗众取宠，造了许多谣言，早已声名狼藉，在国际上被说成"疏陋得无以复加"了。海森堡逝世以后，他已经不能亲口反驳谣言了。于是个别人继续造谣、传谣，企图通过洗刷海森堡来表白自己。很可能，海森堡夫人的《一个非政治家的政治生活》，就是在那种人的劝诱下写成的。由于作者的特殊身份，这本书也迷惑了许多天真的读者。我个人认为，这种责任，不在作者身上，而主要在她背后的谋士（们）身上，不论海森堡和他夫人之间的感情多么亲密，有些事情也并不是他夫人所能深透了解的。特别是对于有些事情的"评价"，更不是局外人所能意识其真正要害之所在的。这些事情，例如英国

1960年，海森堡在他的避暑别墅。

情报人员"听不懂"德语的说法，现在都历历在目地写在书中，那恐怕多半是别人出谋划策的结果吧。

有一种情况也许值得介绍一下。海森堡夫人也认得玻尔夫妇，他们两家本来是很亲密。当她写成了这本书时，她曾把稿子寄给玻尔夫人去征求意见。玻尔家的人们向来极端隐忍，多不高兴的事情他们也不肯明白地形于颜色。但是玻尔夫人则不然，她比较坦率，容易直言无隐。看了书稿，她就提了许多尖锐的批评。她的一位女友是史学家，精通德文，看了那些批评觉得太尖锐了些，劝她改用婉转一些的口气。她答应了，但是到了晚上她又打电话通知说，她要坚持原则，口气就是要那么尖锐。后来书出版了，人们发现玻尔夫人的那些意见全都没有被接受。这种情况也是很值得玩味的。征求人家的意见，到头来又概不接受，这算什么：我不是指摘海森堡夫人本人，而是有憾于替她出主意的人。他（或他们）似乎准备把历史一直玩弄下去！

参考文献

［1］D.Cassidy and M.Baker, *Werner Heisenberg: A Bibliography of His Writings*, Berkeley, University of California, 1984. 海森堡的著作尚未编集，此书是他的著作的详细目录。

［2］N.Mott and R.Peierls, Werner Heisenbery, 见 *Biographical Memoirs of Fellows of Royat Society*, Vol.23, 1977. 海森堡的传，文后附有海森堡的科学著作目录。

［3］王福山教授的几篇文章，见复旦大学《近代物理学史研究》第一、二辑，对海森堡的情况作了一些细节的介绍。另外也看到了王老的一篇还没写完的稿子，在此致谢。

［4］Mark Walker, *Uranium Machines*, etc. Dissertation, Princeton, Oct.1987. 这是作者的博士论文，即将以书的形式出版。文中举出了大量的重要资料。

［5］AHQP, lnterviews. 这是"量子物理学史档案"中对许多当时在世的量子物理学家的访问记录。对海森堡的访问共12次。对别人的访问也多有涉及海森堡的地方。但是这些资料不公开，查阅者必须得到有关单位的允许，并且要签署一份"保证书"，保证遵守他们的规定（不得引用正文，只能"转述"［paraphrase］，等等）。

［5］H.Rechenberg, "Deutsche Physik" Kontra "Jüdische Physik", Persönlichkeit and Ideology, 演讲词，马科斯·普朗克研究所预印本，1989。

（选自《自然辩证法通讯》1990 年第 1 期，《W. 海森堡的学术和人品》，作者戈革，北京石油学院教授。研究方向为量子物理学史。）

叶渚沛

人民科学家

1971年一个初冬的早晨，北京上空阴霾欲雪，天气奇冷。一辆黑色轿车冲出西直门，飞速驰入中关村科学院宿舍区，在32号楼房门前刹住。从车上下来男女两位蓝眼高鼻、雪肤皓发的老人，男的是卫生部顾问马海德，女的是北京大学西语系教师叶文茜。他们是来接病人入院的，病人是我国著名的冶金学家叶渚沛同志。

"死神在向他招手，他还在顽强地工作。您应该以医生和老朋友的身份，向他提出忠告……"叶文茜说不下去了。她在饮泣，垂泪。

"是的，夫人，我会做的。"马海德说着推开101室的房门，室内传出清晰的打字机声。

骨瘦如柴的叶渚沛站在一台英文打字机前，一只手揿动着键盘，另一只手用书顶着腹部——那是直肠癌术后移位的便门，苍白的面颊上浸着汗珠。

"渚沛，我们接你来了。换换衣服吧。"

"请等一等，让我打好这篇论文再走。这一去，或许再也回不来了。"

是的，这是他最后的一篇论文。从1950年至1971年，他陆续写出有关国家经济建设的科学技术建议和科学研究论述达100余篇，至今，仍然闪烁着科学预见的光芒。其中一部分，经过实验已取得重大的成果。例如，现在风行世界先进工业国家的炼铁高炉高压炉顶、高风温新技术，早在50年代初期，他就提出过一套完整的建议，并做过成功的实验。我国从日本进口的宝山钢厂的高炉炉压、风温和利用系数还没有超过他20年前的试验水平。

在世界科学技术的赛场上，叶渚沛

叶渚沛（1902—1971）

在许多项目上，起码都是抢先的。他是我国优秀的"运动员"。但是，他的名字在国内很少为人所知，而在国外科技界中却声名卓著。

1. 海外赤子归去来兮

叶渚沛 1902 年生于菲律宾马尼拉市，在辛亥革命的浪潮中度过童年。父亲叶镇锥是布店商人，也是孙中山先生的忠实信徒。他是菲律宾华侨中第一个剪掉辫子的人。年轻时参加同盟会，追随孙中山先生四处奔走，为革命讲演，募捐，筹措经费。由于长期打理店业，又经常抽掉资金支持革命活动，致使布店倒闭。孙中山先生对叶镇锥的支持，感念尤深。1923 年在广州接见他时，亲自挥毫，书赠匾额一块，并将他的名字改为"叶独醒"，寓意于"众人皆醉，唯我独醒"，以表彰他的"先知先觉"和早年曾为革命做出的贡献。

为了使出生国外的子女不忘自己是炎黄子孙，叶独醒经常在暑期送孩子们回家乡厦门度假。祖国壮丽山川的陶冶，民族悠久历史文化的熏染，加之民主革命思想的教育，在叶渚沛幼小的心灵里深深地埋下爱国主义的种子。1921 年，这位 19 岁的青年人，怀抱着科学救国的大志，辞别父母，去美国寻求科学知识。先考入科罗拉多矿业学校，不久即转入宾夕法尼亚大学。

这时，家庭经济日益拮据，叶渚沛不得不节衣缩食，并在大学试验室里充当助手，以半工半读的方式维持学业。他经常是两片面包一杯水，紧紧腰带过一天。尽管如此，这位衣着随便、蓬头乱发的中国人的学习成绩，始终名列前茅。1925 年毕业以后，美国联合碳化物研究所和美国中央合金钢公司先后聘请他担任工程师职务。此后，又受聘于美国机器翻砂公司，担任工程师及冶金组主任。在工业发达的美国大企业里，叶渚沛在实际工作中锻炼成为优秀的冶金专家，薪金十分优厚，生活也很舒适。但是，他却不时地翘首瞭望太平洋彼岸的祖国。

1933 年，31 岁的叶渚沛满怀"科学救国"的抱负，回到祖国。

30 年代初，国民党政府设立"国防设计委员会"（后改为资源委员会），地质学家翁文灏先生任主任委员。叶渚沛回国以后，也在这个委员会担任化学专门委员。可是，当时国民党政府的种种腐败行径不久就打破了叶渚沛"科学救国"的幻梦。

在日寇侵略魔爪日益逼近、国民党政府仓皇逃窜的情势下，叶渚沛从浴血奋战在敌后的八路军、新四军燃起的抗日烽火中，看到中华民族希望的曙光。

1938 年初，叶渚沛跟随设计委员会来到武汉。他有意识地为危难中的祖国，做一些力所能及的事情。作为政府官员和著名学者，他有一笔固定的收入。他常常利用这笔收入资助奔赴延安的革命青年。三月的一个晚上，突然有两位外国人登门造访。一位是国际新闻工作者路易·艾黎，另一位是刚到中国不久的诺尔曼·白求恩大夫。这位伟大的国际主义战士历尽艰险，几经周折，才踏上中国的国土。途中，器械丢失殆尽，囊中告罄。初到异国，借贷无门，陷于困境。白求恩来到武汉之后，立即去找艾黎求援。不过，他哪里料到艾黎的景况也十分不妙，一日三餐尚难维持，哪还有余力为他解危。艾黎就带着白求恩大夫去找他的朋友叶渚沛。了解到他们的来意之后，叶渚沛慷慨解囊为白求恩大夫置办了行装和器械，送他登上了赴延安的旅程。

随着国民党政府大撤退，叶渚沛最后也到达重庆，任委员会冶金室主任，兼重庆炼钢厂厂长和电化冶炼厂总经理等职务。叶渚沛原以为可以利用这些条件炼钢打日本，并为祖国培养一些科技人才，但事实上根本无法实现。他开始把救国的希望寄托于中国共产党人。当时，他周围有不少共产党员。他的秘书毕季龙就是共产党员。1941年，皖南事变发生以后，为了通过外交渠道澄清事实真相，章汉夫同志去找叶渚沛，请他穿针引线，为周恩来副主席与英国使馆代办安排一次秘密会晤。叶渚沛慨然应允，圆满地完成了任务。此后，他还通过海外关系，从香港替新四军购买一批作战物资，为人民解放事业做出了宝贵贡献。

在重庆，叶渚沛的这些活动，难免要被国民党特务们嗅出痕迹。不过，碍于他是孙中山好友的儿子，蒋介石还不能速下毒手。于是乎，给他派了两名"保镖"，寸步不离左右，名曰"保护"，实则监视。他的处境日益困难。我党通过地下关系，建议他尽快设法离开险地。1944年，他找到一个出国考察工业机会，摆脱樊篱，悄然离去。

来去十二载，作为科学家的叶渚沛成就甚微，而作为爱国者的叶渚沛为人民做了许多好事。

出国后，叶渚沛寓居美国。他扎实地对美国的钢铁工业进行了一番认真的考察，从中获取许多有益的知识和经验。战后，他受聘于联合国教科文组织，担任科学组副组长，组长是英国的李约瑟博士。一年任满，旅居法国和意大利。在风光旖旎的威尼斯与研究欧美文学艺术的美国人玛茜女士相遇，一见钟情，结为夫妇（婚后玛茜起个中国名字叫叶文茜）。1948年，又接受联合国经济事务部的聘书，担任经济事务官。1949年，新中国成立的消息，像春风扑进叶渚沛的心扉，使这个海外赤子归心似箭，不顾上司的一再挽留，叶绪沛放弃了优厚的薪金和舒适的生活，毅然辞去联合国的职务，绕道巴黎、日内瓦，挈妇将雏直飞香港。

1950年初，去国五年的游子又回来了。

来而复去，去而复归——第一次归来，风凶雨恶，一片殷切报国心，化作一场幻梦。而这一次归来，祖国处处撒满阳光。他满怀壮志踏上通往首都的列车……

2．分歧与"一边倒"

静谧的春夜，和风习习，拂弄得叶渚沛似醉欲痴，不时地哈哈大笑。他刚从中南海回家，握手的余温，倾心的谈话，使他仍然萦绕于周总理接见的气氛之中。"我们是老朋友了。……现在，你可以为建设祖国大显身手了里"——平生的抱负得以施展之日终于到来了。敞开胸襟，凭窗仰望星空，浩瀚的银河"汹涌澎湃"，恰似建设祖国的万马千军奔腾而来，他奋臂一跃投入这伟大的洪流之中。

　　几天之后，叶渚沛走马上任——担任中华人民共和国重工业部顾问。

　　建国初期，我们的工业建设依靠苏联的帮助，很尊重苏联专家的建议。但是，这并不应该作为排斥我们自己专家建议的理由，尤其是当苏联专家建议存在着错误的时候。顾问的职责和科学家的良心敦促叶渚沛，对苏联专家某些错误的建议不能保持沉默。在有关某些矿山建设方针的重大问题上，他同苏联专家发生严重的分歧，从而给他带来了意想不到的后果。某些把政治上的"一边倒"外推为科学上也应"一边倒"的人，错误地把学术上的不同看法和政治上的"反苏"之间划了等号。1953 年，叶渚沛在重工业部被诬为"反苏分子"。在这顶大得吓人的帽子底下，他的处境非常困难。不过，这并没有迫使他后退，他仍然坚持自己的观点，特别是在包头矿的建设方针问题上。

　　我国包头地区，除有大量的铁矿资源外，还有重要的稀有金属资源，其中稀土元素储量数亿吨（和铁矿共存的有数千万吨），超过当时世界最大的美国蒙顿巴斯矿；稀有元素的储量也极为可观。对于这样一个复杂矿区的建设，一开始就存在两种学术思想的论争。1952 年，在重工业部"包头矿小组"会议上，两种观点进行了公开的交锋。一种是苏联专家的观点，认为包头应完全以铁矿进行开采，理由是中国的工业建设急需钢材，另一种是叶渚沛的观点，认为应以稀土为主实行综合利用的方针。理由：（1）稀土稀有元素是许多尖端工业所需要的 重要材料，来源不多，用途特殊，包头储量又极其丰富，其价值远远超过一般钢铁。（2）如果只作为单一的铁矿开采，是对资源的巨大浪费，而且有许多问题解决不了（如污染问题，等等）。

　　当时"一边倒"的气氛极其浓厚，叶渚沛的观点处于十分孤立的地位，不但没有被接受，反而成为"反苏罪状"之一。1953 年，叶渚沛愤然挥笔，上书党中央和毛主席，要求澄清事实。

　　尽管由于中央的干预，"反苏"的帽子悬而未戴，可是他在重工业部再也呆不下去了。苏联专家的观点被全面地接受了。按照苏联专家设计的包头矿，在 1958 年浮夸冒进风的影响下，草率上马，投产后的情况很不妙。产量指标一直上不去，不但高炉本身生产不正常，而且打乱了矿山的生产。与此同时，大量资源流失和放射性污染问题也突现出来。1962 年 4 月，叶渚沛在广州科技会议上得知这些情况，返京不久，亲自带领几个人去包钢作了一番实地调查。回京以后，他连续几天睡不安枕，食不甘味，仿佛得了一场大病。秘书发现了这种失常的状态，问他要不要看医生。他无限痛楚地说："对，要给包头看医生，看到包头资源被破坏的情况，我的心都在哭啊！"几天之后，他起草一份《关于合理利用包头稀土稀有资源的建议》报送有关部门。在建议中，他大声疾呼："从资源的长远利用考虑，并对我们的子孙万代负责，目前必须对这一资源进行很好的保护。"按理说，这本应是接受教训的时候了。但是，在第二年的广州科技会议上，两种思想再一次交锋，叶渚沛的观点还是没有获得多数。某些冶金界人士，仍然坚持没有苏联专家的专家观点。理由是，已经投资 8 亿，人员也达到 8 万，钢铁元帅要升帐，不能后退，包头还是要以铁为主。会议期间，即便是得到了聂荣臻同志的支持，叶渚沛的建议仍然没有得到落实。

　　打倒"四人帮"以后，中央决定对包头矿进行一番彻底的改造，叶渚沛的建议才得到充分的考虑。一项正确的建议，25年后才被接受，人们不该从中汲取应有的教训吗！

3．为改造我国的冶金技术系统

　　叶渚沛离开重工业部以后，来到中国科学院担任学术秘书。他的心却依然留在钢铁上。还是在1955年苏联科学院副院长巴尔金院士访问我国，刘少奇同志接见他时曾经表示，希望苏联能在化工冶金科研方面，支援中国一些人才。巴尔金院士当即热情地举荐叶渚沛，认为他的学识和经验完全堪当此任。

　　按照少奇同志的指示和巴尔金的提议，中国科学院党委批准建立化工冶金研究所，由叶渚沛负责筹建、并任所长。化工冶金研究所的任务是：研究复杂矿石的综合利用、强化高炉现有的冶炼过程，探索新的冶炼方法，发展新型的冶炼设备。这些任务又使他和钢铁密切地联系起来了。他期望在完成这些任务的过程中，实现改造我国冶炼技术系统这个根本的目标。

　　还在化冶所草创时期，叶渚沛的"触角"已经伸向20世纪后半叶崭露头角的最新冶炼技术——"三高"（高压炉顶、高风温、高湿度鼓风强化高炉生产）炼铁和氧气顶吹转炉炼钢。他写了许多论文，从流体力学、传热、传质等基本原理的角度，对"三高"在理论上进行了详细论证，从而发展了高炉理论。1955年初，他正式向有关部门提出采用"三高"炼铁的科学建议。他在建议中指出，一座400—600m³的采用"三高"技术的高炉，产量将与1513m³的大高炉相近——也就是说，产量增加一倍。而且这种高炉的技术先进、灵活性大、原燃料适应性好，具有利于强化和设备容易制造等优点，是大高炉无可比拟的。巴尔金非常赞赏这些观点，把叶渚沛的文章译成俄文，在自己编纂的文集上发表了。科学院就这项建议特意向国务院打了书面报告，引起李富春、聂荣臻和薄一波三位副总理的重视，立即批下300万元作为实验经费，并要求冶金部予以合作，在石景山钢厂建立一座17.5m³的"三高"实验高炉，同时为实验提供必要的物资条件。

　　科学家最大的欣慰莫过于自己的成果被社会承认。1958年，高炉

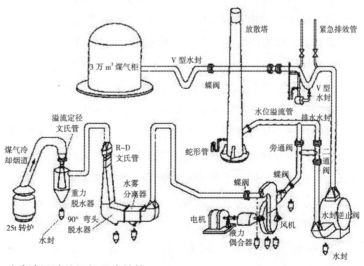

叶渚沛设计的氧气顶吹转炉

实验开始了，叶渚沛的面色春光辉映，喜气洋洋，白天谈高炉，夜里梦中也讲高炉，妻子说他患了"高炉热"。可是主管冶金的个别领导人对这样的高炉并不"热"。他们认为，这种技术国外都没搞上去，我们还不会走就想跑，简直是脱离现实。认识上的轻蔑和冷淡，导致行动上的迟滞。实验原料满足不了需要，炉子的修整一拖2年。总而言之，这些人不相信这套"洋玩意儿"，却热衷于搞所谓全国遍地开花的"小土群"。

在那种极其困难的条件下，叶渚沛和化冶所的同志们没有停步，仍然把实验列为全所工作重点中的重点，继续坚持下去。直到1961年，条件稍有好转，用了3个月的有效时间，就获得初步成果。1965年，进行第二次实验，炉顶压力达到2.8公斤/cm、风温1250℃、鼓风湿度50—60克/m³、利用系数为6.4吨/m³·日。这些指标首创世界纪录。当时美国和日本也在进行类似的实验，其成果均未超出这些指标，即便在20年后的今天（80年代），高压炉顶、高风温已为国际上普遍应用的新技术，所达到的水平与这些指标也大体相等。

为了改造我国冶金技术系统，叶渚沛的另一项科学建议是，采用氧气顶吹转炉炼钢法。氧气顶吹转炉炼钢法给20世纪后半叶的世界冶金工业，带来一次革命性的变化。1953年，奥地利首先开始试用，不出10年，美国、加拿大和西德等国也相继采用。日本直接从奥地利引进这项新技术，于1957年开始应用。60年代初期，日本冶金工业由于尝到"甜头"，纷纷拆掉平炉改为转炉，由此产量大幅度地上升，10年左右跃居世界第三位。这种冶炼方法与通用的平炉比较：投资少于平炉40%—50%；生产效率高于平炉3—5倍，生产成本低于平炉，仅耐火材料即可节省5倍；质量与平炉相仿、优于贝氏转炉和托马斯转炉，并且可以充分利用废钢。无论从哪一方面来说，对于一穷二白的我国，采用这种冶炼方法都是非常适宜的。

早在氧气顶吹炼钢法处于草创时期，叶渚沛就看到它的强大生命力，立即在国内积极倡导这一正确的技术方向。1955年，他在科学通报第9期发表了《论在中国采用氧气顶吹转炉方法炼钢问题》，在学术上进行了缜密的探讨。1956年，在12年科学规划会议期间，又提出了详细的书面建议。他在建议中明确地指出，根据我国的实际情况，采用氧气顶吹炼钢法来迅速地发展冶金工业，"看来将是必由之路"。20多年来的世界冶金发展史表明，这个论断何等正确！可惜的是，这项建议当时没有引起冶金界主要人物的重视，认为这是"资本主义的洋玩意儿"，与我们从苏联那里学来的"社会主义大平炉"不能同日而语。在全国炼钢学会会议上，连一次学术性发言机会都不给。

尽管如此，丝毫动摇不了叶渚沛的科学信念，他用实验成果向"大平炉派"发出有力的挑战。1958—1962年期间，他带领化冶所的同志们建立一台1.5吨的小转炉，组织了中间试验，成功地冶炼了石钢生铁、高磷生铁和攀枝花含钒生铁，为发展大型氧气转炉提供了必要的依据，同时为石钢培养了50名技术骨干。实验充分显示了氧气顶吹炼钢法的优越性，从而引起国家科委和计委的高度重视。1963年，科委拿出宝贵的科研经费在石钢建立一台30吨氧气顶吹转炉，做生产性实验。这台炉从投产、乃至今日（80年代），产量一直居于全国之冠。

经过 10 年的奋斗，"三高"炼铁和氧气顶吹转炉炼钢走过了理论研究—中间试验阶段，虽然路途坎坷，终于获得预期的效果，使我国成为当时世界上可数的几个能够掌握这种最新冶炼技术的国家之一。如果我们能像日本那样迅速地把这个科研成果转移到生产上去，加以推广，我国钢铁工业的面貌一定会大有改观。但是，这项成果并没有大规模地过渡到生产上去，似乎"中间渠道"不甚畅通，这究竟是什么原因呢？

1965 年化工部部长侯德榜参观氧气转炉试验。叶渚沛所长（左一）、侯德榜（前排右二）

叶渚沛为了在生产上给这些新技术开辟一块广阔天地，在征服攀枝花矿的进军中，他集中地运用了这些科研成果。

攀枝花矿储量很大，远景储量有可能超过鞍山。但是它的矿物结构独特，化学组成复杂，其综合利用和冶炼技术是一个很复杂的问题。矿石中主要金属元素为铁、钒和钛，还含有微量的钴等稀有金属。对这个多金属共生矿的合理利用，叶渚沛在大量理论分析和中间试验的基础上，向有关部门提出一套切实可行的工艺流程和配套地采用新技术的建议。他认为合理地利用攀枝花的原则是："以生产钢铁并大量回收钒为主，同时适当照顾氧化钛的富集和回收。"在冶炼技术方面，他主张采用"三高"技术装备的中型矮胖高炉炼铁、氧气顶吹转炉回收钒。

这套流程的关键，在于成功地解决了高炉冶炼高钛铁矿问题。攀枝花矿含钛较高，钛的主要矿物为钛铁晶石，形成 1 微米以下的细小晶粒，成网格状嵌布于磁铁矿中，很难分选，从而给高炉冶炼带来巨大的困难。此外，矿石中含硫也较高，又增加一项去硫的任务。高炉使用高钛铁矿虽然远在 100 多年前就开始了，但是发展到近代，并没有成功的经验。在这一方面，苏联从 1931 年到 1933 年，先后做过多次规模较大的冶炼试验，并且炼出一些合格的生铁，但高炉操作很不稳定，经常发生悬料崩料、钛渣变稠和炉缸堆积等故障，最后仅掌握了渣中二氧化钛 10%—15% 的生产冶炼技术。其他国家的成就更少。因此，国外学者一般认为，用高炉冶炼这种矿石，成功的希望甚微。某些苏联学者甚至断言，这类矿石只能在电炉中冶炼。

叶渚沛根据国内外的发展趋向和国内已经达到或即将达到的科学技术水平，慎重地吸收外国的经验，大胆地加以发挥和创造，提出采用"三高一喷"的新工艺解决攀枝花矿的高炉冶炼问题。他认为，在使用高压力强化高炉、高风温降低焦比的同时，使用高蒸汽鼓风对高钛铁矿石的冶炼具有特殊作用。在风温很高的条件下，可以降低火焰温度，增加炉缸氧化气氛，从而能够防止钛的过还原，保证高炉顺行和渣铁畅流。再加上渣口压缩空气和喷石灰粉，与炉内高蒸汽的共同作用，即可完成脱硫任务。在这个理论指导下，化冶所先后在三种不同规模的高炉上进行了实验。实验结果表明，可以做到渣铁畅流，没有发生悬料崩料现象，钒回收率达到 70% 以上，铁中含硫百分之百合格。叶渚沛的理论和实验为高炉冶炼高钛铁矿闯出了一条新路。

1965 年，国家科委根据叶渚沛的实验成果，决定在昆明钢铁厂建立一座 350 m³ "三高"生产性实验高炉，委派他主持设计工作。这是向生产过渡，成功后加以推广，意味着我国高炉生产和冶炼技术将跃居世界先进行列。叶渚沛觉得离他梦寐以求的目标，似乎愈来愈近了。他几乎把全部精力都投入这项工作。在武汉黑色冶金设计院的配合下，不到一年的时间，就拿出一套切实可行的设计方案。不幸的是，历史进入那个"史无前例"时期，事物的运转开始倒行逆施，离叶渚沛所要实现的目标反而愈来愈远了。他呕心沥血设计的这个方案，被当作给"反动学阀"叶渚沛树碑立传的"黑标本"，予以"彻底砸烂"了。

这套冶炼新技术，在理论研究阶段我们起步在日本之先，中间试验成功稍落于日本之后，即或如此，若是在叶渚沛搞出这套设计时，能够大力加以推广，今天还需要花钱从日本进口宝山钢厂的设备吗？

14 年后的今天，当人们翻开那项设计方案时，发现设计者当时采用的某些新技术，目前仍居国内外先进水平。如果把设计稍作一些变动，对于我国某些矿区的建设，仍是先进可行的。

4. 越出了冶金领域

"我向所有专门领域内的专家们致以歉意，因为我越出自己的冶金领域冒昧地发表了上述意见，但这是由于我真挚地希望有助于我们的科学和我们的祖国。"叶渚沛以这样一句话，结束了他在 1963 年全国农业会议上的发言。许多与会的专家对这位冶金学家讲述的用竖炉生产高浓度磷肥新技术，产生极大的兴趣，报以热烈的掌声。其实，叶渚沛已经把这项新技术作为一项建议，向有关部门提报多次了。

说来话长，这项新技术并非叶渚沛的发明。50 年代初，国外普遍采用生产磷肥的方法，有每产一吨磷需耗电 1 万千瓦 / 时的电炉法，有每处理一吨磷矿需相应地消耗将近一吨硫酸的硫酸法——这两种方法都需要高品位磷矿。我国缺电、缺硫，90% 的磷矿是中低品位，所以上述两法，均不宜采用。叶渚沛根据我国资源的特点，认为在我国发展竖炉炼磷很有前途。因此，他在归国前夕，自己掏腰包花了 3000 美元从美国 "TVA" 化工公司买来这份"技术专利"。并把原技术资料进行了一番改进，使其更适合我国的具体情况。1955 年叶渚沛将这份资料送交化工部，以期采用。不料，几年过去了，如石沉大海，杳无音讯。叶渚沛不肯就此罢休，多年来逢会必提，遇事便讲。在这次会议上，他又进一步提议，在竖炉中使用高风温和富氧新技术，用焦炭或煤生产电石，以代替我国目前通用的电炉法。然后在流态化床中将电石氮化，生成氰氨化钙，再用湿法制成尿素。用这种方法生产氮肥，具有设备简单、成本低和肥效高等优点，非常适合于我国。同时，他还大力提倡发展以氧气转炉为特点的钢铁化肥联合企业。这样的企业除了氧气转炉炼钢本身所具有的许多优点外，还能吹炼高磷生铁，生产高磷钢渣肥料；同时，可以节省大量焦炉煤气，作为氢的来源，它和氧气厂的副产品氮气生成合成氨后，可制成氮肥。这样，每炼 1 吨钢可同时副产 0.5 吨磷肥和 1 吨氮肥。

这一次终于感动了"上帝"。叶渚沛的建议受到与会化工组全体代表的一致赞助，以全组专家的名义起草了一份建议书，提议大力发展钢铁化肥联合企业。聂总在大会报告中，对叶渚沛这种"破门而出"、放眼全国、关心国家经济建设的精神，予以高度的赞扬。国家科委派专人与他联系，鼓励他马上开始竖炉炼磷的实验，答应供给全部经费。遗憾的是，叶渚沛领导的小小化冶所正全力以赴地扑在攀枝花铁矿上，无力分兵他顾，眼巴巴地又拖延 2 年。

直到 1965 年，化冶所建立一座 0.7 m^3 的炉子，才开始我国首次竖炉炼磷的实验。实验进行得很顺利，不到半年就获得可喜的成果。著名的化学家、化工部副部长侯德榜同志闻讯赶来了解情况，后来又在全国化工会议上作了专题介绍。1966 年初，科学院组织院级成果鉴定，侯老又亲自参加鉴定。在为期 4 天的鉴定会上，他发言 4 次，给予很高的评价。参加鉴定的人一致认为，这是符合我国国情多快好省地生产高浓度磷肥的有效途径，要求扩大实验，取得经验后大力推广。遗憾的是，这项成果刚刚诞生，就遇上那场浩劫，几乎断送了它的弱小生命。1966—1971 年期间，叶渚沛在极其困难的情况下，几次上书有关部门，建议在西南磷矿附近建立 350m^3 中型高炉，进行大规模生产。在那些混乱的日子里，谁会理睬一个"反动学术权威"的建议呢？他心急似火，却又无可奈何。1971 年，他在一次上书中写道："1955 年一份'技术专利'被送到化工部，但只是在 1965 年才在我所试验高炉系统研究成功。可惜 10 年时间过去了。如果在 1980 年能发展推广成为大规模生产，那么前后共失去 25 年。这里我只想指出采用新技术的阻碍是非常大的。"

冶金学家叶渚沛对肥料的研究并非出于个人的爱好，而是着眼于解决我国几亿人口的吃饭问题。在三年困难时期，一天他去朋友家里做客，听到人民挨饿的情况，痛哭流涕。作为一个科学家，他觉得有责任对人民的温饱尽绵薄之力。归来之后，他找出平素积累的资料，搜集了大量的参考书籍，夜以继日地进行着艰苦的研究。终于，在 1962 年初写成《关于解决我国农业问题的建议》一文，报送中央领导。这篇 4 万余言的著作，凝结了他大量的心血。

在文章里，他从生态学的角度分析了我国人口增长、粮食和肥料的需要，进而找出解决农业问题的一些途径。作者把农业的主要问题概括为水加肥料。文章在提倡大力发展水利灌溉的同时，对于肥料问题作了重点的论述。他认为农村的燃料应以大芦苇植物或煤来代替稻草和麦秸，把稻草、麦秸节省下来和粪肥一起制成堆肥返回土壤，以保持土壤的肥力和有机质。对于无机肥料（氮、磷、钾）的使用，应有适当的比例，综合使用要比单一使用的效果好得多。在我国，作者首次提出应以"农业生物统计计量学"来定量地指导肥料的科学施用，以最小量的肥料获得最高的粮食产量。作者在文章中审慎地运用了威尔柯克斯和鲍尔的学说，定出我国在水肥土壤良好的条件下，每亩每季可达到稻米产量 2494 斤的指标。因而，他估计我国人民在"今后 20 年内，每人每天应获得 2500 大卡的热量"。他在文章末尾写道："如果我们能将农业置于正确的科学基础之上，就有可能永远根除饥饿的恐惧。"17 年后的今天，这篇文章运用的某些原理，对于解决我国农业目前存在的一些问题，仍有指导意义。

这篇论文引起中国科学院副院长竺可桢同志的高度重视，亲自为之作序，予以介绍。他首先肯定了论文的学术价值，"是能把'肥'的问题安放在科学基础上的尝试"。尤其可贵的是，作者对于外国权威的科学著作，能够取其精华，弃其糟粕，加以运用。竺老认为作者"从不随声附和，往往提出独有的卓越见解，厥后为实践所肯定。"这几句简短的话，实际上对叶渚沛的治学态度，做了最中肯的评价。

了解叶渚沛的人都知道，他之所以能够"往往提出独有的卓越见解"，除了坚定地忠于科学信念以外，与他那种刻苦钻研、勤奋学习的精神，也是分不开的。

叶渚沛的床头枕下，案头架上，到处是书。每次出差，行囊中大部分装的还是书。有一次去青岛疗养，他满满腾腾地带去两皮箱书。海滨秀丽的风光和令人舒爽的海水浴，没有消磨他更多的时光；大部分时间他把自己关在屋子里读书，写作。这样的疗养员很难博得医生的满意，医生不得不向他提出善意的警告："请不要把书斋搬到疗养院来！"

或许，由于珍惜时间的缘故，叶渚沛对科学花园以外的天地，从来无暇顾盼。几乎没有什么"磁力"能吸引他离开自己的生活轨道——早晨 4 点起床，漱洗之后开始读书或工作，7 点吃完早饭，上班；午饭后小睡片刻，继续工作；晚饭后散步 10 分钟，又是读书或工作，直至 11 点就寝。不管星期天或假日，天天如是，年年如是。难怪儿女们要抱怨："爸爸不像人家的爸爸，从来不带我们出去玩。"妻子看着儿子和女友鹣鹣鲽鲽地出入门庭的情景，不禁由衷地羡慕："你们真幸福，你爸爸从来没有陪我出去玩。""爸爸是很爱您的。"儿子在委婉地替爸爸赔情。"爱我，是放在第二位，第一位是他的书和工作。对于爸爸，书和工作是比我还要好的伴侣。"儿子语塞了，妈妈说的是谁也否认不了的事实啊。

博览群书，刻苦学习，使叶渚沛学识渊博，视野辽阔。他的著作

1965 年，叶渚沛所长（中间）陪同参观 17.5 立方米高炉攀枝花矿试验。

涉及冶金、化工、农业、能源、地质以及国民经济布局等诸多领域，而篇篇都闪耀着敢于创新、勇于进取的科学精神。他站得高，望得远，洞悉世界各国科技进展情况，目光总是紧紧地盯着国际科技发展的新动向，而心则踏踏实实地扑在祖国的建设上。他学术上的最大特点，就是善于运用综合性的学科观点，根据我国的资源和国情，结合世界最先进的科学技术，不断地提出适合我国经济建设的新建议。他是一位具有远见卓识的科学带头人。

5．赤诚的心

　　1966 年夏天，"文化大革命"的风暴席卷全国，横扫一切牛鬼蛇神的"铁扫帚"一下子把叶渚沛赶进了"牛棚"。他，一位学者顿时变成了一头"牛"，像牛一样担负着繁重的体力劳动，像牛一样进食着猪食不如的"忆苦饭"。这种"脱胎换骨的改造"，他在理性上也许没有怀疑过，可是在生理上却难以接受。一位年逾花甲的老人，几乎整个一生都过着学者式的生活，现在突然要他的胃口去适应"忆苦饭"，除非生理上真的来一次"脱胎换骨"。然而，现实的严酷没有通融的余地，不吃就得挨饿，挨饿则意味着没有力气充当牛一样的劳动，那就会招来皮带和棍棒的"改造"。对待这个矛盾，叶渚沛仍能以科学家的态度，运用"科学"的方法加以解决。

　　像中世纪欧洲骑士离不开宝剑一样，叶渚沛从青年时代起，就习惯于随身携带一件袖珍计算尺。无论吃饭、睡觉或走路，偶尔想起什么数据，立刻掏出来拉一拉。想不到计算尺在解决"忆苦饭"的问题上，发挥了特殊的作用。他用尺拉出两个数据：一是每日劳动消耗的热量，二是摄入多少"忆苦饭"才能得以补充。然后，不管如何难以下咽，硬是强迫自己像牛一样地吞食每日的"定量"。这种违反科学的"科学"方法，是否供给了所需的热量已无法考查，而造成了胃肠功能紊乱，确是事实。很长一个时期，他不是便秘，便是腹泻，弄得很不舒服。据后来医生诊断，这可能是导致直肠癌的诱因。但当时叶渚沛对这套方法暗地里颇为"惬意"，"牛棚"里的难友们却认为他有些"呆气"。

　　的确，从某个角度观察，叶渚沛是有些呆气。在科学技术上，他学识渊博，思维敏捷，见解非凡，这是众所公认的。而在政治上则判若两人，显得异常的不"灵活"。他从来不会利用政治上的荣誉扩大自己的影响，更不会采取什么特别措施改善自己的逆境。1964 年，他当选为第三届全国人民代表大会常务委员会委员，荣誉加身，他没有四处炫耀，而是一头扎进研究室里，成天价钻业务。两年以后，从人民代表变为"人民的敌人"，大会批小会斗，他对这种局面也不善于圆滑地应付，只能听之任之。

　　头一次挨批回来，坐在家里茫然若失，一语不发，足有两天粒米未食。家里人猜想，以他那样刚烈的性情怎能受此屈辱，是否要自尽呢？子女们不敢大意，轮番监护他。第三天，他开始说话了："你们不要怕，我不会死的。那么多为国家建立丰功伟绩的将帅和领导人都在挨'触'，我一个老知识分子触触灵魂有何不好？"叶渚沛的这些话是出自肺腑的。

　　但是，家里人并未因此减少忧虑，连小女儿对爸爸政治上的"幼稚病"也不放心。她最担心是，爸爸背诵语录总是漏字添词，有时甚至颠三倒四。在那现代迷信达到"顶峰"的年月，孩子的担忧是完全有理由的。不过，纵然语录不曾背错，叶渚沛也没有避免"罪上加罪"。他的帽子从"反动学阀"、"反动学术权威"，一直加到"联合国－苏修特务"。

在 50 年代初，叶渚沛因与苏联专家意见有分歧，被称为"反苏分子"，进而在 1957 年差一点打成"右派"（由于某中央领导同志干预，才定为"中右"），10 年之后，忽而又变成"苏修特务"。真是欲加之罪，何患无辞。

一天，军代表把一份打印好的结论材料摆在叶渚沛面前，逼他签字。一向服服帖帖接受"改造"的"反动学阀"拿起那份材料，撕得粉碎。"既然定了罪，请逮捕吧！"他说着伸出双臂，准备受铐。他终于明白一个道理：这不是触及灵魂，而是要消灭灵魂。

透过乌云密布的天幕，突然泻下一线耀眼的阳光。

1969 年的国庆节，叶渚沛一家三喜临门。爸爸从"牛棚"释放回家，长子新婚，是家庭的两喜，而最大的一喜，则是周总理指名邀请叶渚沛上天安门观礼。如果没有这一桩，他哪会轻易地离开"牛棚"，那么，儿子又岂能举行婚礼呢？

上天安门观礼对于人大常务委员叶渚沛来说，并非初次，但是，这一次的感受却非同以往，仿佛一个苦难的灵魂突然从地狱升华到天国，浮浮沉沉，若隐若现，宛如幻梦一般。当他拿到红色烫金的请柬时，两行热泪夺眶而出："总理，您这时还记得我啊！"一句简单的话，包含着无限的深情厚谊。欢快的气氛驱散了家中多年的愁云忧雾，家里的人为婚礼和观礼忙碌起来。当然，对观礼的人更为重视，妻子翻箱倒柜，找出一套"礼服"和一双皮鞋。这两样东西都是回国初期置办的，仅在出席大场面时，主人才肯着身。所谓，"礼服"是他唯一的一套旧的毛料中山装，经过妻子精心熨烫，穿起来还算得体。皮鞋由于长期闲置床下，鞋面出现裂纹。妻子几乎用上一盒鞋油，才勉强可以上脚。服装的草率没有影响参加观礼的情绪，他欢快地走上天安门……。

观礼之后，叶渚沛破天荒地做了两件违反生活常规的事：第一件邀请艾德特、帕特等几位老朋友上北京烤鸭店聚餐，庆贺"三喜"；第二件，游逛了东风市场——这是他归国后绝无仅有的一次。五光十色的商品，熙熙攘攘的人流，使数十年埋头于研究室的他，目不暇接，眼花缭乱，惊奇，赞叹，兴奋。于是他向妻子提出要求"明年再上天安门，我要买双新皮鞋。"一起生活过几十年的妻子，还从未听到过他向家里人或上级提出过什么生活上的要求，他简朴、粗略得令人难以置信。这一次居然自己要求买皮鞋了，她诧异地望着丈夫笑了。

国庆观礼的欢乐气氛很快消失了。叶渚沛常常在书房里往返踱步，低头叹息。有一回，他悄悄地跟妻子说："总理消瘦多了。主席步履也迟缓了。老人家在我面前走过去四五步了，又特意转回头来和我握手，好似有所期待啊。"他说着说着，流下热泪。他觉得几年虚度，愧对光阴。"牛棚"的岁月纵然难熬，也没有比国家科学事业遭受损失更使他忧虑，眼睁睁地看着我们与先进工业国家已经缩短的距离，又愈来愈大，他的心沉浸于无比的痛苦之中。长年身陷囹圄，无能为力，即便偷着搞了一些"地下科研"，杯水车薪，无济于事。

眼前的现实，豺狼猖獗，群魔乱舞，不仅自身朝不保夕，连他一手创建的化冶所也处于生死存亡的关头，上哪里去搞科学研究呢！

科学院化工冶金所在建所后不到 10 年的正常工作期间，为祖国的科学事业做出了巨大的贡献。这些贡献在冶金界和化工界是众所周知的。

1971 年初，突然刮来一股冷风，要把化冶所 10 余年的工作全盘否定。理由是"因人设庙"，是"修正主义路线的产物"，勒令"改行"。于是化冶所被改成一个生产半导体原料的小厂。给所长叶渚沛安排一个"实验助理员"工作，每天刷瓶子、扫地、打扫厕所，此外便无事可干了。面对眼前的一切，不能再沉默下去了，他不顾个人安危，又毅然拿起笔……

1971 年 3 月 3 日，叶渚沛上书毛主席，揭露林彪、"四人帮"对我国科学事业和化冶所的严重破坏，从祖国工业化需要出发，要求保留化冶所的科研性质，要求给予他本人继续献身于祖国科学事业的机会。科学家一颗炽热的心，跃然纸上："我坚信对祖国发展着的科学技术自己能够做一些有价值的贡献。……您能够理解一个年近七十，只剩下不多几年工作时间的人，对浪费最后的生命所感到的痛苦，为祖国进行科学研究工作就是我的生命，剥夺我在自己专业内用伟大的毛泽东思想指导研究的机会，我就等于是活着的死人。"

像许多成绩卓著的科学家一样，叶渚沛的抱负与年龄增长是成正比例的。过着虽生犹死的日子，那是不能忍受的。他是个不知疲倦的探索者，在科学的海洋里总是不断地寻求更新更大的目标。在信尾，他向毛主席恳切地提出，允许他和化冶所的同志们进行"超高温化冶新技术"的研究工作。他科学地预言，这种技术将在 20 世纪 80 年代或 90 年代，为国际上普遍采用。这项技术的特点是，不用电而用超高温碳热法生产电石和铝金属。对于电力紧张、煤炭资源十分丰富的我国，无疑是既经济又实惠的。自 1965 年以来，他已经完成了基本理论研究，其中绝大部分研究是在艰难的"牛棚"里进行的。在完成理论研究的基础上，他提出采用碳热能法的 6 个具体科研项目。

从世界科技发展的趋势来看，他选择的项目无疑是正确的。遗憾的是，他对自己没有做出正确的估计——他的工作时间不是"只剩下不多的几年"，而是仅仅还有几个月了。

凶恶的癌细胞在迅猛地吞噬着他的肌体，他却毫无察觉，依然拼命地工作。在症状愈来愈明显的情况下，经家属一再催促，才去看医生。在那个年月，很少有人把一个"反动权威"的健康放在心上，一盒无害无补的大粒丸打发了事。他不愿意再去医院浪费自己宝贵的时间，更无权要求上高一级的医院就诊，只有听之任之。到了实在难以支持的时候，叶文茜通过马海德同志的帮助，才把他送进首都医院。医生立即确诊为直肠癌，已进入晚期。第一次手术之后，生命延续了几个月；第二次术后不久，他手中攥着未完的遗稿便与世长辞了。时为 1971 年 11 月 24 日。

在弥留之际，他对妻子和子女留下的唯一遗嘱："把蹲'牛棚'以来写的论文和建议献给国家，将来会有用的。"没有举行追悼会，因为虽已"盖棺"，尚未"论定"——直至投向炉火，化作灰，他头上还戴着几顶大帽子。《人民日报》于同年 12 月 10 日在不引人注目的位置上，为这位人大常务委员的逝世刊登了一条不能再短的消息。而在这前一天，东京广播电台作为一条正式新闻向世界各地轮番播放。纽约每日新闻全文刊载了东京电台的消息，并附有他的生平简历。他的许多外国学生和友人闻讯纷纷发来唁电，痛惜中国和世界失掉一颗"科学彗星"。

　　7年以后，在一个春光明媚的日子里，中国科学院为叶渚沛同志举行了有方毅同志等国家领导人参加的骨灰安放仪式。在向四化进军的化冶所职工，怀着对老所长深切的敬仰，在他的遗像前表示，一定要完成他未竟的事业。

　　一位著名的文学家说过："人生最美好的，就是在你停止生存时，也还能以你创造的一切为人民服务"。叶老一生，硕果累累。但是，他创造的许多美好的东西，生前不为人们所理解，当用而未用——这是他终生的遗憾。他生在国外，长在国外，学在国外，也曾工作在国外，唯独他那颗赤诚的心与祖国的命运息息相通，和人民休戚与共。他把毕生的一切献给了祖国和人民，人民将永远怀念这位杰出的科学家。

　　（选自《自然辩证法通讯》1980 年第 4 期，《人民科学家——叶渚沛》，作者张保成。）

第五编

浮士德式的科学家

勒纳德

从科学大师到灵魂出卖者

一个优秀的实验物理学家在科学革命大潮中落伍，他转而投靠纳粹势力，兴风作浪，最终身败名裂，成为著名科学家队伍中少数几个永远被钉在历史耻辱柱上的人。

在科学精英之林中，菲利普·冯·勒纳德（全名是 Philipp Eduard Anton Lenard）属于极少数十分特别的人物，他的前半生有着辉煌的科学经历，对科学做出过重要贡献，获得过崇高的诺贝尔物理学奖，但是他的后半生却几乎乏善可陈，他在极端民族主义和纳粹恶潮中兴风作浪，迫害犹太人和爱因斯坦，编造所谓的"德意志物理学"，劣迹斑斑，以至于许多史家学者往往出于厌恶，在著述中不愿提到他。我国著名科学家钱临照先生在一次与研究生的座谈中提到勒纳德时也曾评价道："简而言之，这个人是科学界的败类！"然而，这个曾几何时风云一时的人物距离我们还不太远，为了历史的真实，也为了后世的科学界吸取教训，本篇在此根据所掌握资料，将勒纳德的生平特别是他的后半生的一些活动记述如下。

勒纳德（Philipp Eduard Anton Lenard, 1862—1947）

1. 勒纳德生平

勒纳德生于 1862 年 6 月 7 日，出生地在当时的奥匈帝国普雷斯堡，即今天的斯洛伐克共和国布拉迪斯拉发。他的父亲在普雷斯堡小有名气，是个富裕的葡萄酒制造商兼销售商。

勒纳德早年丧母，由其姨母（后成为他的后母）抚育成人。

　　勒纳德的早期教育来自家庭。据他晚年回忆，他的祖母向他灌输了对昔日"伟大人物"的崇拜之情，这深刻地影响了他的一生。勒纳德9岁时进入当地天主教学校就读，后升入当地普通中学和高级文科中学。他偏爱理工课程，对他而言，数学和物理课程比之于其他课程，"犹如沙漠中的绿洲"。他自修这两门课的大学教程，还在家中进行物理和化学试验，曾利用整个暑假钻研当时新兴的照相术。

　　中学毕业后，勒纳德因为未来的去向问题与父亲发生争执，他父亲要他参与并继承家庭的生意，而他本人希望继续求学深造。后来两人都做出妥协，勒纳德就近在维也纳和布达佩斯两地的工科学校就读，同时兼顾家庭酿酒化学研究。

　　1883年夏，勒纳德用一年的积蓄到德国旅行。在海德堡，他见到了本生（R.Bunsen），这是勒纳德长期崇拜的偶像之一。本生讲授的课程征服了勒纳德，他决意献身科学，当年年底，他移居海德堡。

　　随后2年中，勒纳德分别在海德堡和柏林两地学习物理学。在柏林，赫尔姆霍兹（H.von Helmholz）交给他博士论文题目："下落雨滴的振动研究"，勒纳德在海德堡的导师昆克（G.H.Quincke）指导他完成这篇论文，他在1886年通过论文答辩，获得博士学位，成为昆克的助手。

　　在海德堡期间，勒纳德每逢假期都返回普雷斯堡，一是向他父亲兑现诺言，照顾家庭生意；二是与他中学时代的老师克拉特（V.Klatt）合作研究磷光现象。克拉特是勒纳德在这方面的启蒙老师，勒纳德在随后的40年时间里一直对该领域有着浓厚兴趣，在他晚年出版的3卷本《科学论文集》中，第2卷全部讨论磷光现象。

　　滞留海德堡3年后，勒纳德开始感到德国的学术界沉闷压抑，竞争好的职位时，人情关系比才能更为重要。于是，他在1890年转到英国寻求发展。此前他通过阅读达尔文的《物种起源》自修了英文。他认为在莎士比亚、牛顿、威灵顿和达尔文的故乡，应该能找到在德国已然无存的"昔日伟大人物的崇高品格"，然而他很快发现自己错了，英国科学界根本就没有人把他这个混了个德国文凭的斯洛伐克乡下小子当回事，英伦之行完全无助于他的科学工作。半年之后，勒纳德失望地回到了德国，这次访问，为他日后强烈的反英情绪和排外思想埋下根由。

　　回到德国后，勒纳德开始令人费解地频繁迁移变动工作职位。之所以说费解是德国的大学教职薪俸优厚，又有社会地位，一般是高度稳定的职位，但是勒纳德不断变换职位和地点，甚至还走过一段"逆行"。他先在布列斯劳做了一个学期的助教，1891年4月，在波恩跟随著名的赫兹（H.R.Hertz）做助手，1895年又回到布列斯劳任理论物理教授，仅一年后他放弃了这个令人羡慕的职位，居然放得下身段到亚琛技术学院当个物理实验助手。几个月后，勒纳德又到海德堡任理论物理学教授，但1898年又改任基尔大学物理教授。在基尔的几年是勒纳德一生中最有成就的时期，在那里他做出了一生中最重要的物理学发现，发明"勒纳德窗"，并因此获得1905年度的诺贝尔物理学奖。1907年，勒纳德再次回到海德堡，任物理学教授和放射学实验室主任。这时，勒纳德已经年满 45 岁，他才终于"安顿"下来。在海德堡，勒纳德度过了他漫长而无科学创造，但却劣迹斑斑的后半生。

勒纳德功成名就之时，正值物理学的基础急剧变革，新物理学和科学革命喷薄欲出。然而勒纳德无论在心态上、知识储备上和观念意识上都远不能及时跟上前沿进展，在 20 世纪初这样的物理学家不在少数，但是由此而走向科学革命的对立面，进而借助政治势力排斥新物理学、敌视外国人、仇恨犹太人、宣扬日耳曼物理学、追随希特勒、迫害科学家，沦为科学界的败类者，确实并不多见，人们容易想到的一例是斯塔克。

勒纳德一生中获得过许多荣誉。在纳粹兴起以前，他的荣誉来自科学界，除诺贝尔奖外，1905 年他获得富兰克林奖；1911 年被授予克里斯蒂安尼亚（现挪威奥斯陆）大学博士学位；1922 年获德累斯顿大学博士学位。

勒纳德更多的"荣誉"来自纳粹政权。1933 年，他被授予日耳曼帝国鹰徽勋章，同年"当选"海德堡自由人称号；1935 年，任海德堡菲利普·勒纳德研究所所长；1942 年，被授予纳粹占领下的布雷斯堡（他的出生地）大学荣誉博士学位。他还是第三帝国研究协会执行委员会主席。1937 年，勒纳德在 75 岁生日时加入纳粹党，帝国当局祝贺他的寿辰，向他颁发了金质奖章。勒纳德一生中最引为自豪的事情不是曾经获得过诺贝尔奖，而是 1928 年希特勒曾经亲自登门拜访过他。

勒纳德的主要科学著作有《论以太和物质》、《论阴极射线》、《论相对性原理、以太和引力》等。他晚年服务于纳粹意识形态，著有一本科学史著作《科学大师评传》、一部 4 卷本《德意志物理学》，还有一部从未出版过的自传。

2．勒纳德的科学研究

勒纳德的科学生涯虽然始于 1883 年，但他真正"找到点感觉"，还是在跟随著名的赫兹之后。赫兹因为证实电磁理论并发现电磁波而享有巨大声望，是勒纳德心目中的英雄，不乏崇拜之情，而赫兹也赏识他的才干。然而勒纳德还是没有在波恩找到他向往的"昔日伟大人物"的境界，反而时时感到被忽视和排挤，这其实只是一种病态的主观感受，似乎应当归因于带有病理性的过度敏感和异乎寻常的出人头地的愿望。

无论如何，事实是，勒纳德到波恩的第二年就得到了讲师资格，赫兹还把一个极有前景的研究课题交给了他：关于阴极射线的研究。虽然此前勒纳德也曾在昆克的手下研究过阴极射线，但这不能与赫兹的指导同日而语。

1892 年，赫兹向勒纳德演示了一个新发现：在放电管中，阴极射线可以穿透铝箔而使铀玻璃发光。赫兹对他说，"我们应该用铝箔把放电管分成两个腔室，在一个腔室中像通常那样产生阴极射线，而在另一个腔室中可以看到空前纯净的这种射线。即使由于铝箔很软，两个腔室的气压差很小，也可以把观察室完全抽成真空，观察一下这样做是否妨碍阴极射线的传播。换句话说，看看阴极射线究竟是物质中的现象还是以太中的现象。"虽然勒纳德本人抱怨得到赫兹指点和"秘传"的机会"很遗憾地……不经常有"，但是至少这次面授机宜对勒纳德而言却是点石成金。

当时产生阴极射线的主要方法是，在真空放电管中，两个相互分离的电极上分别加有正的和负的高电压，则两电极之间有阴极射线生成。使研究者深感不便的是，射线的产生与传播都只能局限在阴极与阳极之间，两个过程混合在一起，不能像研究普通光线那样把光源与其传播严格分离开来，从而可以对光线的传播机制进行从容而不受干扰的单纯研究。赫兹的发现使对阴极射线进行这种研究显现出可能性，余下的只是加以具体实现。赫兹当时体质很差，又集中精力于电磁理论的基础研究和撰写《力学原理》一书，他把这项工作交给了勒纳德。在随后的几年时间里，勒纳德的实验天才和技巧得到广阔的施展天地，取得了令人瞩目的成就。

1894 年 1 月 1 日，仅比勒纳德年长 4 岁的赫兹突然病逝，人们把整理赫兹遗稿和出版赫兹全集的工作交给了勒纳德。由于赫兹生前已经赢得物理学大师的名声与地位，勒纳德被委以如此重任，应该不能作为他在赫兹的圈子里遭受排挤的证据。另一方面，当时勒纳德的阴极射线研究已经接近突破，此刻却被迫暂时搁置，全力以赴地处理赫兹遗稿问题。当时，阴极射线是物理学最大的研究热点，同行竞争极其激烈。我们知道，1895 年伦琴发现 X 射线、1897 年 J.J. 汤姆逊发现电子，都是在研究阴极射线的基础上完成的，因此整理赫兹遗稿一事后来也成为勒纳德与汤姆逊、伦琴等人争吵发现优先权问题的重要借口。不过公正地说，当时勒纳德还是做到了立即中止卓有成效的研究，尽心尽力地整理了赫兹的遗稿，并为赫兹《力学原理》一书的编辑加工和出版核校工作耗费了大量心血，使之如期出版。

应该说，勒纳德对于赫兹还是有感恩之情的。赫兹有一半犹太人血统，此时及随后一些年中，勒纳德的反犹态度尚未表现出来。当时全心全意地在学术上提携勒纳德的还有一位海德堡数学教授克尼希斯伯格（L.Königsberger），他也是个犹太人。勒纳德之倒向国家社会主义大约发生于 1914 年一次大战爆发之时，而他的彻底的反犹面目则是在 1921 年爱因斯坦获得诺贝尔奖之后才完全暴露。1929 年，勒纳德发表科学史著作《科学大师评传》，其中还收入了赫兹传，该书于 1941 年出版了第 4 版。

大约始自整理赫兹《力学原理》，勒纳德厌恶理论的情绪已经开始显现。1895 年，他得到接任布列斯劳大学理论物理学教授的机会，他曾在该校做过研究助手，深知其实验设备简陋，他有心拒绝这一任命，只是顾念学术前程，才勉强接受。理论研究工作使他心烦意乱，继而绝望，仅一年后他自动放弃了这个教授职位，宁愿到亚琛技术学院去做一名实验助手。在讲究论资排辈、职位迁移与晋升按部就班的德国学术界，这一举动相当有悖于常理，反映出勒纳德不合群、走极端的性格。

当然勒纳德也有他的道理。这一选择合乎当时的实验物理学发展状况和他本人的具体情况。亚琛的实验条件使他中断近 2 年的阴极射线研究得以恢复，赫兹指点的研究思路很快被勒纳德具体化为著名的"勒纳德窗"的发明：在正对着阴极射线产生的放电管壁上留下了一个很小的孔，孔上覆盖着极薄的铝箔，射线可以顺利地由小孔透过铝箔照射到空气中，小孔成为"高纯净"的阴极射线源。勒纳德的设计是，小孔使射线得以射出，而铝箔的作用更为关键：它既不阻碍射线，又能顶住大气压力维持住放电管内的高真空。从此以后，人们就可以像研究普通光线那样来研究阴极射线，稍有不同的是需要用荧光物质来使不可见的阴极射线变成可见的。勒纳德指出，这一发明使得对阴极射线进行"彻底而纯粹的实验研究首次成为可能"。

基于这一发明，勒纳德率先对阴极射线进行了系统研究。他发现，从勒纳德窗射出的射线与放电管内的射线性质相同：能激发荧光物质，在磁场中偏转；进入空气中的射线还可以使照相底片感光，使空气电离导电或变成臭氧；阴极射线在真空管内能够无衰减地传播到极远，但是在气体中，射线会发生散射，散射程度随气体密度增大，射线的穿透本领或吸收率决定于气体的密度；阴极射线的速度可以慢至极小，也可以快到近于光速，这可以通过观察它在磁场中偏转情况推算出来。

受当时流行的特别是德国物理学界和赫兹的观点的影响，勒纳德认为阴极射线是以太中的振动波，这妨碍了他对阴极射线的本质做出进一步切实研究得出正确结论。

勒纳德窗的发明和他对阴极射线的研究在当时极为领先，他为随后进入该领域的佩兰（J.Perrin）、J.J. 汤姆逊、维恩（W.Wien）等人展开了全新的视野，提供了有效的研究手段；同时，勒纳德所获得的对阴极射线的认识也是当时最重要的理论进展——电子理论的坚实的基础。勒纳德因为发明"勒纳德窗"获得 1905 年度诺贝尔物理学奖。

在亚琛期间，勒纳德获悉 X 射线的最早报道。他认定如果不是中断延误，他本来可以作出这项重大发现。令他特别恼火的是，伦琴本人曾就优质真空管的制备问题私下请教过他，他还向伦琴提供过一只"可靠的"阴极射线管，这无疑是发现 X 射线的关键性前提。但是伦琴从未透露过他是否采用勒纳德的阴极射线管作出他的发现，伦琴在他那篇著名的论文《关于射线的一种新方法》中，只字不曾提到过勒纳德。勒纳德对此终生耿耿于怀，甚至拒绝使用当时作为标准术语的伦琴射线一词，仅称之为"高频辐射"或"X 射线"。

勒纳德在亚琛又只停留了不到一年。1896 年 10 月，他接受海德堡大学的物理教授职位，上任前，他以特邀嘉宾身份到利物浦参加不列颠科学促进年会。勒纳德在此次会上的报告和演示引起英伦同行特别是 J.J. 汤姆逊的极大兴趣。汤姆逊被吸引到阴极射线领域中，他很快就以简洁的实验和优美的理论推导无可争辩地率先测定了阴极射线的荷质比，通常认为这是发现了电子本身。汤姆逊的工作使英国与德国两国物理学界关于阴极射线究竟是带电的粒子流还是以太波的争论以英方取胜而告终。在这个问题上，勒纳德自己也清楚，他本人与他的勒纳德窗固然于功有焉，但争夺电子的发现权总是理由不够充分。

在此值得一提的是，勒纳德发现阴极射线在空气中传播距离只有大约 8 厘米，他据此认为这种射线极为精细，与之相比，物质的分子和原子甚至也显得粗糙。在 1906 年的诺贝尔演讲中，他明确地依此为根据，加上阴极射线带负电的事实，提出原子中存在着巨大的空间，如果原子的体积有 1 立方米，则其不可穿透的"真正体积"大约只有 1 立方毫米，而原子中的正电与质量也许全部集中在这微小的体积之上。无疑，至少在某种意义上讲，勒纳德是卢瑟福（E.Rutherford）有核原子模型的先驱之一。

根据阴极射线在空气中的射程大胆推测原子的内部结构，可能是勒纳德平生最有想象力的"理论远足"了，由他的研究工作出发，可以"链接"到好几项轰动当时、名垂青史的重要科学发现，足以说明他当时的研究的重要与关键性地位。他的实验研究当时无疑是一流的，但是他并没有像伦琴那样幸运地得到扩大研究成果的机会，也没有充分的理论思维引导，作出像汤姆逊那样的发现。他十分幸运地得到赫兹的指点，挤入充满机遇酝酿着多项突破性发展的领域，但是人们有理由怀疑，他未必领会了赫兹的远见和对物理学的洞察。赫兹如果不是英年早逝，也许他本人或他的门生弟子们能够囊括所有那些重要的科学成就。实际上，勒纳德一生的研究都停留在现象描述和肤浅解释的水准上，他不擅长也不屑于做理论工作的弱点非常明显，却浑然不觉。与此同时，他又有着强烈的竞争意识，时刻不忘争夺优先权。

勒纳德在海德堡任教 2 年后，于 1898 年转任基尔大学物理教授，他开始研究阴极射线的新的产生机制。这项研究起始于考察光电效应，这是他的老师赫兹早在 10 年前验证电磁波的著名实验中就注意到的现象。赫兹发现，在紫外光照射下，他的谐振子更容易产生电火花。勒纳德在初期工作中发现，金属受到光线照射后会放射出初速极小的电子：仅仅几伏特的电压即足以迫使它们返回金属表面。勒纳德把这一成果发表在 1898 年 10 月号的《维也纳帝国科学院会议报告集》上。同年 12 月，J.J. 汤姆逊在英国《哲学杂志》上也发表了相同结果。后来勒纳德坚称他曾给汤姆逊寄过一份论文备份，但是汤姆逊未曾提及此事。1903 年，汤姆逊出版《气体导电》一书，引用了勒纳德的发表在 1900 年《物理学年鉴》上的再版文章。后来勒纳德在诺贝尔演讲稿中特别用加注的方式提及此事，既暗示汤姆逊有剽窃之嫌，又借机申明优先权。在勒纳德看来，汤姆逊的做法正是他所谓的"英国研究方式"的典型表现。

勒纳德认为，利用光电效应释放电子创造出一种产生阴极射线的新方式，这个装置后来被他发展成一种在电子学和光电子学中得到极为广泛应用的器件的原型。他在真空管中放置一块金属板，这块金属板可以通过一个特制窗口接受外部紫外光的照射，使金属放出电子。在管子的另一端有一个接通正高电压的阳极金属板，在阳极与发射电子的金属板之间又放置了一个带有小孔的接通负电压的阴极。光照产生的电子受到阳极正电压的加速形成阴极射线，但是阴极负电压和其上小孔的限制迫使射线成为一束很细的射线束穿过小孔直奔阳极。更重要的是，通过调整阴极上的负电压，能够十分方便地对射线的速度进行控制，勒纳德很容易就证明了这种射线与众所周知的阴极射线具有完全相同的性质。

熟悉电子技术特别是电子管、电视显像管原理的读者一定能注意到，勒纳德创造的这种新的射线管与稍晚发明的真空电子三极管以及至今仍广泛使用的电子显像管有着极为相似的结构，实际上它就是后来傲视全球长达半个多世纪、引领人类进入电子通讯时代的电子放大管的前身，所不同的是电子流产生的方式不同，勒纳德用紫外光照射，而后来人们用电热丝加热电子管阴极（相当于勒纳德的受光金属板），获得了强大得多的电流强度。勒纳德发明更有价值的地方在他所谓的阴极上——在电子管中人们称之为控制栅极——它既能让电子通过，又能控制它的速度（电流强度），勒纳德的带孔金属板被发展成多圈的丝状控制栅极。这种控制栅极及其名目繁多的变异形式至今仍是占有绝对统治地位的一切放大器件（包括各种电子管和晶体管）的最基本创意。然而，勒纳德的原初创意也没有完全被抛弃，从他的管子中抽去带小孔的阴极金属板就是今天仍在广泛应用的光电倍增管的基型，今天的光电倍增管使用多阳极连续增压技术，可以使单个光子产生的电子流被放大上亿倍。当然，这些都是后话了。

　　在当时，勒纳德运用这种新器件对光电效应做出了重要研究。1902 年，他发现光强只能增加金属表面逸出的电子的数目，而出射电子的速度（能量）则唯一地决定于入射光的频率。这一发现是自从赫兹以后人们对于光电效应所得到的最深刻的认识，勒纳德明确指出，这一现象完全不能用经典电磁理论加以解释。此外，勒纳德还研究了受到阴极射线照射的金属所产生的新的阴极射线，他称之为"二次辐射"。

　　很快，勒纳德发现他又一次为别人做了嫁衣裳。与当时所有物理学家一样，勒纳德远未能意识到他所得到的光电效应定量规律有着极为深刻的意义，蕴含着伟大的科学革命。1905 年 3 月，爱因斯坦以勒纳德的实验结果为依据，引入普朗克（M.Planck）的量子假设，仅用了极为简单的初等数学推导，就对经典电磁理论无法理解的光电效应做出了完美的解释。这项工作是爱因斯坦 1905 年著名的科学三部曲之一，也是他获得 1921 年度诺贝尔物理学奖的主要原因。引入光量子假设是光电效应理论的核心，就是被爱因斯坦本人和科学界共同称之为"爱因斯坦定律"的公式。勒纳德对此极为愤慨，他终生不能原谅爱因斯坦，在以后的岁月里，他由憎恨爱因斯坦转而对相对论大张挞伐、继而仇视犹太人和国际科学界、最后投入纳粹的怀抱。

勒纳德在海德堡

　　1907 年，勒纳德自基尔返回海德堡，接替他过去的老师昆克任物理学教授和放射学实验室主任，他的科学生涯进入无创造性的晚期，实际上是在迅猛发展的新物理学大潮中落伍。前此，1906 年 5 月，他赴斯德哥尔摩领取了诺贝尔基金会向他颁发的1905 年度物理学奖，并发表了题为"关于阴极射线"

的长篇演讲。

致使勒纳德推迟领奖的原因是他当时正遭受周期性淋巴结肿大的严重困扰，这种疾病自幼年时代起就一直纠缠着他。1905 年，基尔的一群庸医在对他行外科手术时出现失误，他的头部歪向一侧，耳朵总是紧贴着肩膀。海德堡的外科医生们纠正了这一错误，但是勒纳德自耳朵至前胸留下了一条很长的疤痕。出人意料的是，这位海德堡的小个子教授竟然奇迹般地迅速恢复过来，又活跃在讲台上，后来又登上了更大的社会舞台。

勒纳德是个极为出色的讲课者，他的讲稿和实验演示是精心准备好了的，他在讲台上总是显得精力充沛。他的演讲中充满历史故事，他想尽各种办法把自己的英雄崇拜有效地灌输到听众中去，把讲授物理课程变成"物理学牧师"在布道，这使他当时誉满德国全境。

从某种意义上讲，勒纳德的实验研究在当时有一定代表性，与他的研究风格和方式相似的有许多人，可以列举出 H. 贝克勒尔、伦琴、W. 克鲁克斯等等，他们受 19 世纪科学研究传统影响至深，用狭隘的经验论原则指导科学活动，固守一块科学阵地，用"挖洞"式战术搞研究，虽然挖出一些宝藏，但是却不能对宝物进行有效的鉴定与甄别。他们大致都在 20 世纪初前后达到创造力的顶峰，在常规情况下，这些人的科学创造能力应当再延续一段时间，特别是在经典实验物理研究的范式和氛围中。但是突如其来的物理学革命导致他们迅速落伍，短短几年时间，他们曾十分熟悉和欣赏的自然图景与学术氛围变得面目全非，尽管他们本人都或多或少为这种变化做出过贡献，但是却完全不能适应新的形势。另一方面，对这些"老派的实验家"更致命的一点是，新兴的一代人不但在实验研究中引入新思想新概念，还引入了崭新的高度复杂精密的技术手段，这是老派实验家所不具备的，"火漆"、"线绳"的时代一去不复返了。代之而起的，是创造且掌握新概念新理论的新锐大师，如玻尔、爱因斯坦、海森堡。即使是实验研究，代表着未来的，也是像昂内斯（H.K.Onnes）、劳厄（M.Laue）、布拉格父子（W.H.Bragg，W.L.Bragg）、巴克拉（C.G.Barkla）那样的人物，这几位都是 1913 年到 1917 年之间诺贝尔物理学奖的得主。到了这些人活跃的时代，勒纳德的科学工作，就像爱因斯坦在一封私人信件中指出的，"勒纳德必定是在许多方面'非均衡发展'的，我认为他最近关于深奥的以太问题的演讲几近于幼稚。此外，他强迫（学生）所作的研究工作差不多与滑稽逗乐无异。"

3．劣迹斑斑的后半生

1914 年，第一次世界大战爆发，勒纳德的排外情绪公开表露出来。在他看来，德国的主要敌人就是英国，应该在战场上狠揍英国人，因为他们自私卑鄙、唯利是图，拥有莎士比亚、牛顿和法拉第的昔日英国已经不复存在，今天的英国是下贱庸俗的小人横行，连像汤姆逊那样的所谓科学界的领军人物引用他的论文也都不遵守规范，甚至还剽窃。世界上唯有德国人自我奉献，品格高尚，对人类文明做出了最大贡献。勒纳德积极响应政府的号召戒烟，因为前线将士的烟草供应不足；他还在自己的私人实验室中制备军用仪器设备。大战期间，英国的封锁致使德国经济吃紧，民众生活困难，勒纳德的孩子患严重的营养不良，这更增加了他的仇英仇外情绪。他以浓厚兴趣阅读了张伯伦（H.S.Chamberlin）的《十九世纪的基础》一书，极为赞赏张伯伦的泛日耳曼主义和蔑视犹太人见解，勒纳德的种族主义思想由此萌发。

然而战场上的现实事与愿违。1918 年 11 月，德国战败投降，勒纳德既失望又愤怒，他认为德皇威廉二世（Kaiser Wilhelm Ⅱ）昏庸无能，在关键时刻背弃了臣民。紧接着，次年 4 月，巴伐利亚苏维埃起义，他认为这根本就是犹太人作祟，而起义者建立的魏玛共和国则无疑是"凡尔赛和约"所扶持起来的傀儡政权。勒纳德在一次讲课中，对他的学生这样说："我们的国家蒙受耻辱，因为我们是被解除了武装的国家，放弃抵抗的人一文不值，是谁叫我们受此奇耻大辱？是现在的当权者。大家好好地干吧，我相信你们会这样做的，这样到明年我们就将会有另外一个政府来领导"。

这回勒纳德倒是没有盼望太久，他很快就找到了他认为值得他崇拜的"真正的英雄"希特勒，10 年多以后，令他满意的"另一个政府"终于上台了。

详细追述勒纳德在此后特别是第三帝国时期的活动，将会使本文过于冗长。以下仅列举出他在第三帝国兴起前后的一些重要活动。

反对相对论理论和迫害爱因斯坦

1919 年 5 月，爱丁顿（A.Eddington）等人的日食观测首次为广义相对论理论提供关键性的经验验证，同年 11 月，这一观测结果公之于众。英国皇家学会会长 J.J. 汤姆逊宣称爱因斯坦的理论是"人类思想史中最伟大的成就之一"，相对论很快家喻户晓，爱因斯坦成为焦点新闻人物，他的一言一行都被新闻记者记录下来，以醒目字号见诸报端。

这一切令勒纳德极为不快。勒纳德几乎在一切方面都不喜欢爱因斯坦。在勒纳德看来，爱因斯坦是个半路出家的无名鼠辈，靠着杜撰出一种虚妄的理论哗众取宠，他认为关于相对论的经验证据漏洞百出，而德国的物理学家竟然根据英国人的观测结果对爱因斯坦的理论大肆吹捧，争先恐后地表示支持或信仰，可谓人心不古；爱因斯坦深邃的思想、机智的语言、坦荡的内心世界和近乎天真的表情赢得知识界和公众的普遍好感，但在勒纳德看来却是装模作样、逢场作戏。令勒纳德最不能容忍的是，爱因斯坦还是个公开的和平主义者，1914 年大战之初，爱因斯坦就拒绝在《告文化界书》上签名（勒纳德是其中的签名者之一），却另行参与发起了一份《告欧洲人书》，公开反对并谴责战争，而且还是反战团体"新祖国同盟"中的积极分子。爱因斯坦还在私下场合表示过希望德国战败；他还热情支持魏玛共和国政府；最后，爱因斯坦还是个犹太人——这一点在当时还不是全部问题的关键，但已经足以令人生疑和产生不快。

1920 年，国家社会主义党（纳粹）在德国各地兴起，该党党徒魏兰德（P.Weyland）发起一个名为"德国科学家保卫纯学术工作团"的法西斯组织。该组织有雄厚的资金支持，对爱因斯坦的人品和相对论理论发起猛烈攻击。前此，勒纳德对相对论的批评主要局限于学术讨论，尽管他的批评没有什么分量，反而暴露出对理论物理学的无知和偏见，但勒纳德拥有诺贝尔奖桂冠，当他欣然允许魏兰德等人及其组织援引他的名义对爱因斯坦大张挞伐时，事件的性质开始发生变化，超出了科学争论的范围。这一事件在当年 8 月下旬演变成激烈的对抗。

8 月 24 日，魏兰德和一个物理讲师格尔克（E.Gehreke）聚众于柏林音乐厅进行公开演讲，大肆谩骂侮辱爱因斯坦，爱因斯坦闻讯前往，在听众席中耳闻目睹了全过程。8 月 27 日，爱因斯坦采取了异乎寻常的反击行动，他在《柏林日报》发表题为《我对反相对论公司的答复》的声明。爱因斯坦首先对魏兰德和格尔克及其 "杂七杂八" 的团体、对纳粹党人表示了蔑视，接着他援引 "最杰出的理论物理学家" 洛仑兹、普朗克、索末菲、劳厄、玻恩、拉莫、爱丁顿、朗之万等一长串名单，指出他们 "都坚定地支持这个理论，而且他们自己也为它做出了有价值的贡献"，接着，爱因斯坦写道：

> "在有国际声望的物理学家中间，直言不讳地反对相对论的，我只能举出勒纳德的名字来。作为一位精通实验物理学的大师，我钦佩勒纳德，但是他在理论物理学中从未干过一点事，而且他反对广义相对论的意见如此肤浅，以至于到目前为止我都不认为有必要给它们详细回答。我现在打算纠正这种疏忽。"

爱因斯坦向勒纳德发出挑战：

> "我注意到，在瑙海姆的科学家集会上，由于我的建议，已经安排了关于相对论的讨论。任何反对的人，都可以到那里去进行反对，把他的意见向一个适当的科学家集会提出来。"

爱因斯坦的反应可谓在科学史上史无前例，似乎稍有正当防卫过当之嫌，他的一些挚友善意地批评他不该把科学界内部的争论见诸报端，爱因斯坦也很快在私下表示 "也许不该写那篇东西"。然而多数科学家站出来支持爱因斯坦，第二天，《柏林日报》又刊出了劳厄、能斯特（E.Nernst）、鲁本斯（O.Rubens）的声明，坚定捍卫相对论的真理性和爱因斯坦的人品：

> "任何有幸亲近爱因斯坦的人都知道，在尊重别人的文化价值上，在为人的谦逊上，以及在对一切哗众取宠的厌恶上，从来没有人能超过他。"

9 月 6 日，德国文化部长也写信给爱因斯坦，对 8 月 24 日事件表示 "深深的歉意"。索末菲也写信给爱因斯坦，表示 "作为一个人和物理学会主席，我怀着真正的愤怒密切注视着柏林迫害您的事件"，坚决支持爱因斯坦 "为自己郑重地辩护"。

勒纳德对爱因斯坦的声明报之以狂怒和仇恨，他决定接受挑战。

9 月 19 日到 25 日，"德国自然科学家和医生学会" 在瑙海姆温泉举行战后首次大规模科学家集会。由于相对论和爱因斯坦声誉正隆，勒纳德也有国际影响，他们之间的争论成为会议期间的压倒性主题。会前，德国物理学会主席索末菲在爱因斯坦和勒纳德之间进行斡旋调解，并提醒爱因斯坦，有人将对他发难，还有可能对他进行信任表决。爱因斯坦则希望将讨论限定在严格的科学水平上，并且表示后悔写了那篇"不幸的"声明。但勒纳德却粗暴地回答说海德堡方面决不道歉。由于魏兰德集团将结伙参加集会并密谋闹事，索末菲不得不请求当地警察到场维护秩序。会议中相对论讨论组主持人普朗克则运用权限，规定的议程中只安排交流科学论文，入选论文一律以假定相对论的基础问题已经获得证实为前提。为防范不测，普朗克把大部分时间用于会议发言，只留下很少时间进行讨论。

集会上发生了不可避免的正面交锋。这次大会的官方记录说爱因斯坦与勒纳德之间进行了"无用的、文明的辩论"。当时目击者回忆，爱因斯坦与勒纳德之间、以及他们各自的支持者之间在涉及科学问题的对答上完全不处于相同的思想水平和理论水平上，因而争吵很热闹，但完全无助于明辨是非。据玻恩回忆，勒纳德用恶毒的、谩骂般的语言攻击爱因斯坦，明显地带有反犹情绪。爱因斯坦也寸步不让地进行还击。在会议现场，勒纳德的支持者人多势众，据埃伦哈夫特（F.Ehrenhaft）回忆：

"爱因斯坦一次又一次地被尖叫和骚动所打断，显然是策划好了的。普朗克明白这一点，当他提高嗓门请听众保持肃静时，紧张得面如死灰。"

这次交锋未能辩明结果，会上也没有发生更大的乱子，但是勒纳德明显地感受到在一阵阵支持自己的鼓噪声浪的背后，他在科学界特别是物理学家中十分孤立。他认为这是以索末菲为首把持着物理学会的一帮人捣鬼的结果，他决心另寻门径再争高下。纳粹势力对他的借重和支持，促使他无论是在心理上还是在利益的考虑上，都日益向纳粹靠拢。瑙海姆会议后，勒纳德对爱因斯坦的攻击日益远离学术规范，反犹情绪和种族主义言论一步步公开化。到1922年，在莱比锡"德国自然科学家和医生学会百年庆祝会"上，他终于放肆地直接攻击爱因斯坦的所谓"犹太佬秉性"，与此同时，他在科学界也更加孤立。

1922年11月，诺贝尔基金会宣布，因故推迟公布的1921年度物理学奖授予爱因斯坦，以表彰他"在理论物理学方面的研究，特别是发现了光电效应定律"。这本来是众望所归，但勒纳德立即向诺贝尔基金会拍发电报，提出谴责和强烈抗议，并于次年2月把电文公之于众。直到晚年，勒纳德还对相对论、爱因斯坦以及诺贝尔奖的事愤愤不平，他说相对论"纯属犹太佬的骗人把戏，透过它的哗众取宠，只要稍有种族知识，就可以把它一眼看穿，因为它的发明者爱因斯坦是个犹太人。然而物理学界绝大多数头面人物居然都或多或少地赞同这套犹太人的理论伎俩，我失望至深莫过于此。"

早在魏兰德等人大闹柏林音乐厅之前，爱因斯坦已经在认真考虑离开德国问题，他敏锐地察觉到一股强大的黑暗势力正在把德国席卷而去，法西斯的德国将不会令他有容身之处。是索末菲、普朗克等人一再亲切挽留，他才同意不离开德国。1933年初希特勒上台和"国会纵火案"之后，纳粹查抄没收了爱因斯坦在德国的财产，焚烧了他的著作，到9月份，纳粹更下达了对他的秘密追杀令，爱因斯坦不得不先后离开德国和欧洲远渡北美。在这一过程中，虽然勒纳德一方面由于未在德国科学界占据核心地位发挥关键作用，另一方面也由于已经年迈行将退休，无缘直接参与他所"崇敬"的纳粹"事业"，但是他曾积极反对相对论和爱因斯坦，所暴露出的不仅仅是科学上的无知，而更多的是他的反理性、反进步、反人类的阴暗心理。30 年代德国科学界、文化界和全社会掀起一浪高过一浪的迫害犹太人和进步人士的恶潮中，勒纳德心甘情愿地沦为纳粹的意识形态工具，他的态度和活动被纳粹视为不可多得的"科学理由"，都使他负有不可推卸的沉重历史罪责。

拉特瑙事件

反相对论、反爱因斯坦，标志着勒纳德与魏玛初期的德国物理学界分道扬镳。由此他作为一流物理学家的良知、正义感和学术准则一步步丧失。1922 年 2 月，他的儿子韦尔纳（Werner）死于长期营养不良，勒纳德姓氏自此中断。另一方面，魏玛政府经济政策失败，致使物价飞涨，通货恶性膨胀，勒纳德的积蓄和他极为珍视的诺贝尔奖奖金变得一文不值，这更加剧了他的盲目仇恨情绪与心理变态。这一年，突如其来的拉特瑙事件把勒纳德也卷了进去，促使他一步跨入纳粹营垒。

拉特瑙（W.Rathenau）是犹太人，是著名的社会活动家、和平主义者和国际主义者，时任魏玛共和国外交部长，在国际上享有很高声望，也是爱因斯坦的挚友。拉特瑙上任仅几个月就在 1912 年 6 月 22 日被极右势力种族主义分子暗杀，史称"拉特瑙事件"。这一事件带有爆炸性，它激化了战后德国本来已经十分尖锐的社会矛盾，迫使各方政治势力重新分化组合、站队亮相，爱因斯坦和许多进步人士纷纷发表声明、谈话，愤怒谴责这一暴行，而纳粹党则趁机煽动仇外排犹情绪并迅速扩张队伍。勒纳德认为，拉特瑙奉行和平主义外交政策，与苏联签订和平条约，这无异于叛卖国家，死有余辜。他毫不掩饰自己幸灾乐祸情绪和种族主义观点，公开对抗政府通告，拒绝在法定 1922 年 6 月 27 日拉特瑙国葬日志哀。

那天清晨，左翼社会民主党学生会通过海德堡大学和市政当局要求勒纳德的放射学研究所休假一天并下半旗致哀，遭到勒纳德坚决拒绝。学生们迅速集合起来，与闻讯赶来的工会工人列队游行向研究所挺进。勒纳德下令关闭研究所建筑物大门，不许队伍进入。人群包围了大楼，高喊口号要勒纳德出面对话，勒纳德让人从二楼向人群泼洒冷水。楼外集聚的数百名学生和工人群情激愤，在学生领袖米伦多夫（C.Mierendorff）率领下砸开了研究所大门。人们冲进大楼抓住了勒纳德，把他押往工会总部，沿途不断有人呼喊把勒纳德扔进尼卡尔河里去。到达工会总部后，集聚的人数更多了，要求惩处勒纳德的火药味也更浓了。地方检察官带着警察赶到现场，迅速控制了局势。该检察官回忆：

> "我们在二楼找到了大名鼎鼎的勒纳德，当时他行如唐·吉诃德，目光呆滞，显然根本不明白这一切怎么竟会发生在他这位世界著名的诺贝尔奖得主的身上。"

警方对勒纳德采取了保护性拘禁，当日深夜就将他释放。勒纳德自始至终未受到肉体伤害，但深受惊吓。

这一事件轰动了全德国，勒纳德和左翼学生都各自赢得众多支持者。勒纳德受到不准进入研究所的处罚，他的学生们征集到 600 个签名才通过巴登州教育部将禁令撤销，而肇事的学生和工人也得到一位犹太裔律师的辩护和另一位犹太裔教授所主持的听证会的帮助，被开脱了罪责。

由于这一事件，勒纳德得以与右翼势力和纳粹组织建立起密切联系，他以受害者和殉道者自居，被纳粹党正式引为同道，后来在第三帝国时期成为他的重要政治资本。

追随希特勒

20 年代初，勒纳德迅速倒向极右势力，他虽然在物理学界非常孤立，但也终于找到了一位与他"志同道合"的实验物理学家斯塔克。斯塔克在 1919 年获得诺贝尔物理学奖，素以与同事关系紧张而闻名。勒纳德与斯塔克一拍即合，斯塔克无条件支持勒纳德的排外反犹立场，在追随纳粹势力方面更加不遗余力，也可能由于他更年轻些，他的野心也更大。

1924 年 4 月 1 日，希特勒因 1923 年 11 月 9 日在慕尼黑啤酒店发动暴动未遂，被判负有刑事罪入狱 5 年。纳粹势力在全德国范围内掀起一场声势浩大的所谓"救援"行动，勒纳德与斯塔克积极投身其中，他们还利用其特殊身份和名声，在《大德意志时代》报上联名发表声明颂扬希特勒：

"我们在自己的研究工作中追求和向往着同样的精神，使工作臻于完善卓有成效——无止境的明晰，以及对外部世界和内在本质的诚实敬仰的精神；这种精神憎恶任何妥协，因为它是虚伪的。这同样的精神——一如我们的理想——我们曾在过去时代的伟大科学家身上，在伽利略、开普勒、牛顿和法拉第身上找到过并且崇敬不已。今天，我们在希特勒、鲁登道夫、佩纳和他们的同志们身上也找到了同样的精神并且同样崇敬不已。我们把他们视为最亲密的精神同伴。

有人会问，在我们身上引入这种精神意味着什么？这些人从来就不曾具有这种文明精神。的确，正是依赖于这种精神的活力，人类奋斗的内在崇高和那些使人类生活富于价值与美感的成就才得以实现。经验告诉我们，这种精神仅仅流淌在雅利安－日耳曼人的血液中，甚至在上述大科学家的体内也流淌着这种血液……

然而，现在有一种危险的异端种族精神在作祟。正是这同样的反动，它一如既往地由亚洲人煽动起来，是它把基督送上了十字架，把乔尔达诺·布鲁诺送上了火刑柱。还是它用机关枪向希特勒和鲁登道夫开火，把他们抛进监狱的大墙之后。这种黑暗精神反对光明使者的战争，目的在于从地球上驱逐后者……（希特勒）和他的同志们在抗争之中，他们是上帝在那漫漫长夜之前馈赠给我们的珍贵礼品，那时的种族依然纯净，人格依然伟岸，精神依然崇高。我们决不能让这礼品被抢夺走。我们必将以这样的信念紧紧团结起全民族人民为着伟大的目标而抗争：奉希特勒为'旗手'重建德国，不但使日耳曼不再历遭磨难，更要把它解救出牢笼。现状必须改变，那被囚禁的精神必须得到保护、关怀、照顾，开花结果并发扬光大于我们这个正在遭受卑劣精神奴役着的星球之上的人类生活之中。"

今天的读者难以置信，这篇文字竟会出自两位一流的科学家之手，然而它与希特勒在一年多之后发表的《我的奋斗》颇有雷同之处，这也可以说明两位物理学家与"元首"之间心有灵犀。勒纳德还利用课堂宣传他的信念，称希特勒是"真正头脑清醒的哲学家"，盼望他早日出狱。（希特勒的确仅服刑 9 个月就出狱了）

1926 年 5 月 15 日，勒纳德在 64 岁年纪上赶赴海尔布隆出席纳粹党集会，面晤希特勒。他们会谈了多次。

在爱因斯坦和许多科学家看来，希特勒只是个"智力有限并且不适宜做任何有益的工作"的人，他所有的只是"恶毒的仇恨和拼死冒险夺取权力的野心"。然而勒纳德却把希特勒奉若神明甚至更有过之，1928 年，希特勒在海德堡发表演说后，与秘书海斯（R.Hess）一同前往勒纳德家中拜访。据说他们只谈论了日耳曼宗教运动问题，但是勒纳德却把"元首"的这次"驾临"视为一生中最为荣耀的时刻。

勒纳德对纳粹"事业"的积极与忠诚，赢得第三帝国的慷慨回报，他享有"国师"般的待遇，先后被授予日耳曼帝国鹰徽勋章、被选为海德堡市自由人、被授予若干名誉博士学位头衔、被封为以他的名字命名的研究所所长和帝国研究协会执行委员会主席。勒纳德 75 岁寿辰时，纳粹当局为他举办了大型庆典，向他颁发了金质勋章。勒纳德为了得到这枚勋章，在事前匆忙地正式加入了纳粹党。

早在纳粹兴起之初，勒纳德就有意识地向自己的学生灌输排外、反犹、反对以相对论为代表的新物理学的思想，鼓吹"雅利安物理学"及其与"犹太物理学"的对立。海德堡菲利普·勒纳德研究所成立（1935 年）后，那里成为纳粹分子集聚的营垒。勒纳德还积极向第三帝国的科学和教育机构输出自己的学生，他的一个学生当上了希特勒的邮政部长。虽然他十分不情愿地超过了法定退休年龄正式退休，他仍利用自己的影响竭力参与和支持纳粹的各种法西斯活动。特别是，希特勒把勒纳德视为物理学权威和德国科学家的楷模，勒纳德则乘机向希特勒传授相对论与核物理学是犹太物理学的理念。勒纳德发明的雅利安物理学与犹太物理学相对立的种族斗争信条通过他与希特勒的信任关系直接影响了纳粹意识形态和第三帝国初期的科学政策与文化政策，这一信条还被野心更大的斯塔克进一步发展，引申出要抓科学界的"白色犹太人"、"爱因斯坦的精神代理人"的口号。所有这些，一方面对纳粹的歧视、排斥和屠杀犹太人与犹太裔科学家的种族灭绝政策起到推波助澜助纣为虐的恶劣作用，另一方面也在德国科学界掀起阵阵意识形态和种族主义恶浪，搞得人人自危，早在二次大战之前就对德国的科学和文化特别是物理学产生毁灭性的影响。

日耳曼物理学

自莱比锡会议之后，勒纳德完全停止了前沿实验物理学研究，主要精力用于科学史著作写作和撰写评论文章，主旨是从物理学和科学中清除"犹太精神"，建立起"日耳曼物理学"。他的一系列努力与纳粹党的意识形态需要不谋而合。1927 年初，纳粹御用种族学家贡特尔（H.F.K.Gaither）约请勒纳德研究"过去时代的伟大自然科学家"，其结果便是勒纳德在 1929 年出版的《科学大师评传》。

在这部冗长乏味的"科学史"著作中，毫无历史学与理论修养的勒纳德按可以称之为"勒纳德特征"的模式"重构"了科学的发展历史，一切知识都被说成是在实验研究中发现的，对自然的理论化认识是不能接受的。勒纳德甚至建议牛顿的名著《自然哲学之数学原理》应当称作《自然知识之数学原理》。在勒纳德看来，从希帕克斯（Hipparchus of Nica）到列奥纳多（Leonardo da Vinci）的千余年时间，科学历经了一个所谓"死寂时代"原因是希腊种族的中断和亚里士多德与《圣经》的权威在政教合一中得到强化：这正是张伯伦的论调，也与纳粹意识形态权威罗森伯格（A.Rosenberg）观点相一致，罗森伯格在其《二十世纪之谜》一书中反复论证的中心观点是，基督教义是由保罗和众使徒验证的，因而与真正的日耳曼精神相抵触。勒纳德还在《科学大师评传》中搜集了许多科学家肖像，肖像上的人物都显示出所谓的标准雅利安人面部特征。

在所有荣登"科学大师"光荣榜的科学家中，只有半个犹太人，那就是勒纳德的老师赫兹。勒纳德没有回避这一点。起初，他对此只是一笔带过，但是在该书的第三版以后，他"活用"种族理论，满意地"解决"了"赫兹困难"：赫兹具有人格分裂征象，他的出色的实验研究决定于来自他母亲给他的雅利安血统，而他的理论工作，特别是他的《力学原理》（我们还记得勒纳德本人为这本著作的出版出过不少力），则纯属犹太血统带来的怪胎。勒纳德甚至还运用罗森伯格的神学见解对普朗克作了一番种族血统解剖：普朗克之所以会坚定支持爱因斯坦及其相对论理论，关键在于普朗克的祖先中有许多人是神学家和本堂牧师，因而他的血统和精神受到了犹太精神污染！当然，这里头一定还有获得性遗传在作祟！

勒纳德还轻而易举地解决了"爱因斯坦"困难：相对论固然是犹太人的骗人把戏，但是其中的质能公式 $E = MC^2$ 却是在实验中不容置疑的，勒纳德承认这的确是一个重要发现，但是它并不属于犹太人爱因斯坦。勒纳德很干脆地从故纸堆里"发现"了质能公式的"真正先驱"，奥地利物理学家哈森努尔（F.Hasenöhrl）。勒纳德告诉人们，是这位战死于一次大战疆场的雅利安人的大量实验研究铺垫了质能公式的发现。质能公式的发现者血洒疆场之后，一个异种人（爱因斯坦）冒名顶替了他的发现。哈森努尔在按照年代编排的科学大师名录中列最后一位，最接近于我们这个时代。由于种族主义科学史家勒纳德的擢升，哈森努尔这位没有知名度的人物在死后多年终于成为与伽利略、牛顿、法拉第和达尔文等人齐名的当代最伟大的科学家。

这本《科学大师评传》于 1932 年勒纳德的 70 岁寿辰后在英国出版了英译本。英译本序言的作者是勒纳德 20 年前的葡萄牙裔学生安德拉德（E.N.Da C.Andrade），这位也获得过诺贝尔奖物理学奖、自命种族高贵的科学家尽管也有强烈的种族意识，似乎也发现勒纳德书中所论不妥，提请读者顾念勒纳德"对正直品质的崇敬和高远理想的热爱"之情，原谅他的"强烈的个人判断"！

然而勒纳德并不觉得需要原谅。他在晚年回顾魏玛时期德国物理学时说：

"那是个黑暗时代，物理学一落千丈。犹太人不择手段地窃取了权威地位，甚至把持着大学和学术机构要职。其结果是观察自然本身得不到支持，无人问津。对外部世界事物的知识被说成是以人脑中的观念为基础的，这些观念被冠以'理论'美名，然后得到实验家的'确证'。"

犹太方面对自然科学的恶劣影响，以爱因斯坦先生为最显著之一例。他编造出一套数学'理论'大杂烩，把不存在的知识、个人偏见和各种无聊玩意掺合在一起。这套理论现在已经逐渐死亡，这正是背弃自然的必然命运。在这一事件中，学者们，甚至那些作出过真正成就的人们，都有不可饶恕的罪责，因为他们当初都为在德国树立起'相对论–犹太人'的地位而摇旗呐喊过。他们不曾看到——或不愿看到——即使从非学术角度，把这个犹太人特别认作'好德国人'是一件多么错误透顶的事。"

勒纳德把从物理学和科学中清除犹太精神影响、建立日耳曼物理学视为己任。1933 年勒纳德正式退休，但他不甘寂寞，这年 3 月 21 日，他上书希特勒，表示愿意做"元首"的科学事务私人顾问。他指出德国的大学体制必须改造，师资和员工的雇佣机制已经"糟透了"，教授岗位上有许多滥竽充数之辈，而纯种德国人中有足够多训练有素的人可以充任。他向"元首"请缨，他本人愿意为当局在任命科学职位之前进行"核验、评估和施加影响，必要时还可以加以否决或撤换"。"元首"把勒纳德的"奏请"批转第三帝国内务部处理，勒纳德因此得以与内务部长弗里克（W.Frick）建立起联系。

勒纳德的退休后至少在两个重要的物理学职位角逐中取得胜利：一是他顶住了来自物理学会和帝国物理和技术研究所方面的强大压力，让自己的学生贝克尔（A.Becker）成为自己职位的继承人；另一次是把他的"亲密同伴"、人见人恨的斯塔克推上了帝国物理和技术研究所所长的宝座。于是，勒纳德心满意足地实现了他要让背离现代物理学传统的"物理学家"担当起建设"日耳曼物理学"重任的宏愿。

"'日耳曼物理学'？有人会发问——是的，我还可以说雅利安人的物理学或北欧人的物理学，这才是实在的研究者的物理学，追求真理的人的物理学，建立起整个自然科学的人的物理学。——'科学是无国界的！'有人这样回答我，但是他错了。真正的科学，与人类所创造的一切同样都取决于种族，取决于血统。"

这番宏论正是勒纳德在为他的 4 卷本《德意志物理学》所写的序言中的开头几句。

1933 年到 1927 年间，勒纳德编写出版了这部"全新的"物理学教科书。这套教材以他过去的讲稿为基础，实际上是实验物理教程。它分为两大部分：物质的物理学（力学、声学和热学）和以太的物理学（光学、电学和磁学），把这两大部分联系在一起的是能量概念。这部教材既不成体系，也了无新意，只是它的序言部分确有"创见"。的确，在第三帝国时期，纳粹文人在对知识生活作人类学考究时常常引用勒纳德的这篇"精彩"序言。

　　勒纳德深谙学术政治学，他把这部《德意志物理学》题献给第三帝国和普鲁士内务部长弗里克，以为进身之阶，或借以取得政治支持。可惜不久后弗里克在与希姆莱争夺党卫军控制权的争斗中败北，"元首"把权力无边的党卫军划归希姆莱统辖，日耳曼物理学投错了主子。而还在这件事之前，1936年底，斯塔克在多次开罪于纳粹诸侯与大员之后，介入内务部权力斗争被击败，被迫辞去帝国物理和技术研究所所长职务。随后，斯塔克又被他一心要揪出来的"白色犹太人"劳厄和海森堡等人通过联手纳粹政治势力整垮，也被迫赋闲退休，致使勒纳德在第三帝国建立起日耳曼物理学乐园的宏愿受挫。在第二次世界大战期间，德国物理学界对勒纳德、斯塔克等人的势力进行了比较彻底的清算，早在第三帝国崩溃之前，日耳曼物理学就已经彻底破产。

　　第二次世界大战结束前夕，盟军占领了海德堡。勒纳德起初逃到郊外的一个村庄隐藏起来，后来他向占领军自首。盟军当局曾考虑把他送上反纳粹法庭，但是海德堡大学校长、化学家弗洛伊登堡（K.Freudenberg）说服当局，审判这位已经83岁高龄的老物理学家未必明智。勒纳德被免予起诉。他离开海德堡迁居一个名叫梅塞豪森的小村庄，1947年5月20日死去。

参考文献

［1］P.Lenard, *Great Men of Science*, Translated from the second German edition by Dr.H.Stafford, with a preface by E.N.da C.Andrade, New York, the Macmillan Company, 1933 该书原版：*Grosse Naturforscher*, Munich, 1929.

［2］P. 勒纳德：《关于阴极射线》，见《诺贝尔奖获得者演讲集 物理学》，第一卷，科学出版社，1985，第93—122页。

［3］A.Hermann, Philipp Lenard, 见 *Dictionary of Scientific Biography*, Charles Coudston Cillispie ed., Charles Scribner's Sons, 1973.

［4］Alan D.Beyerchen, *Scientists Under Hitler*, Yale University Press, New Haven and London, 1977.

［5］Alan D.Beyerchen, "What We Now Know about Nazism and Science", *Social Reserch*, 59（1992），pp.615—641.

［6］许良英等编，《爱因斯坦文集》，第一卷，商务印书馆，1983。

　　（选自《自然辩证法通讯》2003年第3期，《从科学大师到灵魂出卖者——勒纳德其人其事》，作者王克迪，中共中央党校哲学教研部教授。研究方向为科学技术史、科学技术哲学。）

斯塔克

浮士德式的科学家

在科学革命大潮中，一个诺贝尔奖获得者落伍。性格乖戾、脾气暴躁、异乎寻常的名利和权力欲望使斯塔克不能见容于科学共同体。他投靠纳粹，鼓吹日耳曼物理学，还要抓白色犹太人。但是他依然不能见容于纳粹当局，成为纳粹党争的牺牲品，最终也未能在战后逃脱沉重的历史罪责。

19世纪末20世纪初，民族主义思想激荡奔涌，社会动乱彼伏此起，科学世界中孕育着革命。大凡动荡的年代，总是英雄辈出，同时也泥沙俱下，鱼龙混杂。按常人理解，鱼与龙生而有别，虽然一同混迹于沧海，但终究各有宿命，历史最后会交代得明白。然而，世界之复杂、历史之有趣在于，江海之中，有时竟也鱼龙难辨，或者既龙且鱼。德国文豪

斯塔克（Johannes Stark，1874—1957）

歌德创作过一出不朽名剧《浮士德》，讲的是浮士德博士把灵魂出卖给魔鬼梅菲斯特，换取才华和权力，不料在百十年后竟不幸而言中。历史见证了浮士德式的科学家，他们才华出众，在科学上贡献卓著，但同时也是不可饶恕的历史罪人。我们已经见识了菲利普·勒纳德（Philipp Eduard Anton Lenard）其人其事，无独有偶，另一位至少毫不"逊色"的科学家就是约翰尼斯·斯塔克，本文继续述说这位勒纳德"亲密同伴"的其人其事。

斯塔克（Stark，Johannes）1874年4月15日出生于德国上巴拉丁施根霍夫的一个地产世家，斯塔克家族在巴伐利亚有多处地产和庄园。

斯塔克分别在拜洛伊特和累根斯堡接受初等和中等教育。1894年，他进入慕尼黑大学学习物理学、数学、化学和结晶学。1597年，他在

23 岁时通过题为《油灯熏烟的研究》（Untersuchungentber Russ）的论文答辩，取得博士学位。后来他连续两次通过从事高等数学教学所必需的国家资格考试，于 1897 年 10 月 1 日起任教于慕尼黑大学，成为隆梅尔（E.Lommel）的私人助手。1900 年 4 月，他转入哥廷根大学任里克（E.Riecke）的助手，当年秋，他获得讲师资格并任无薪讲师。1904 年，他创办《放射性和电学年鉴》（*Jahrbuch der Radioaktivitäund Elektronik*），任主编到 1913 年，该刊在当时是报道微观物理学研究进展的重要刊物之一，对物理学新概念、新理论的传播曾起到积极作用。1906 年，斯塔克被任命为汉诺威技术学院特聘物理教授，开始研究电场致气体光谱变化问题。1909 年，任亚琛大学教授，1913 年 10 月发现著名的"斯塔克效应"，并因此获 1919 年度诺贝尔物理学奖。1917 年任格赖夫斯瓦尔德大学教授。1920 年任伍尔茨堡大学教授，同年组建"德国高等院校物理教师职业同盟"，随后不久进入德国赫尔姆霍兹促进物理技术研究学会和德国科学应急协会领导层，同时在上巴拉丁私家庄园里建立起一个瓷器工业基地。1922 年从伍尔茨堡大学辞职并退休，同年被应急协会表决除名，1914 年又退出赫尔姆霍兹学会。第三帝国兴起后，1933 年 4 月，被任命为帝国物理和技术研究所所长并重新入主应急协会，1934 年底因介入纳粹派系斗争遭到失败被迫再次从应急协会（时已更名为德国研究协会）退休，并不再实际管理物理和技术研究的事务，至 1939 年正式完全退休。

斯塔克一生发表过 300 多篇科学论文，主要科学著作有《气体导电》，另撰有意识形态著作《当前德意志物理学中的危机》和《阿道夫·希特勒与德国学术》。自 1904 年到 1913 年，他是《放射性和电学年鉴》主编。他还是哥廷根、罗马、莱顿、维也纳和加尔各答科学院的名誉院士，曾获得维也纳科学院鲍伽纳奖（1910）、哥廷根科学院瓦尔布鲁赫奖（1914）和罗马科学院玛特露西奖（1920）。

斯塔克同 L. 韦普勒结婚，育有 5 个子女。他业余爱好果树栽培。他的晚年在私人庄园里度过，在私人实验室里研究光在非均匀电场中的偏转现象。

以下分三个部分介绍斯塔克的科学成就、他在科学共同体中的所作所为和他在纳粹第三帝国时期的种种表演。

1. 成就与贡献：早期科学生涯

斯塔克进入哥廷根大学（1900 年）后开始在科学界崭露头角，他的实验研究才能相当出色。斯塔克的主要兴趣是气体导电，在这一领域里，他先后做出了两项有重要意义的实验发现：极隧射线的多普勒效应和以他的名字命名的非均匀电场致氢原子光谱谱线分裂效应。

极隧射线的多普勒效应

极隧射线是 1886 年戈德施坦（E.Goldstein）在含有稀薄气体的放电管中发现的。随后维恩和汤姆逊证明，极隧射线主要由放电管中带正电的气体原子（即阳离子）组成，这些带电粒子以很高的速度沿射线束运动。其产生机制是，放电管中的阴极上带有小孔，由于阳极与阴极之间存在着巨大电势差，带正电的粒子受到阴极加速轰击阴极，其中一部分获得很大能量后从阴极小孔中通过形成射线束，极隧射线因此得名。在当时，研究这种射线被认为是了解原子和分子的物理性质的最重要途径之一。

由于极隧射线速度很大，往往达 10^8 厘米／秒，运动过程中会不断与射线路径上的气体分子发生碰撞，当碰撞转移的能足够大时就会放出辉光。1902 年，斯塔克预言，这一机制会导致极隧射线粒子发光，而且，若射线是朝着观察者而来的，则射线的光谱应向紫端移动。这种现象与恒星光谱移动机理相似，称为多普勒效应。

1905 年，斯塔克自称"几乎毫不费力地"发现了这一预期现象：

> 当时的研究状况是，人们所用的正离子只能是极隧射线，它射向辉光电流的阴极，通过阴极上的孔在另一边出现。首先我使摄谱仪准直光管的轴垂直于氢的极隧射线束轴，第二步是让极隧射线沿着准直光管的轴并向准直光管射来。把两次曝光的光谱照片进行对照，就会看到氢的线光谱的预期的多普勒效应。

斯塔克发现，在巴尔末（Balmer）线系的每一条单一氢谱线的旁边都出现一条新的较宽的谱线，新的谱线出现在靠近紫色一边。

这一发现首次记录了地球上的光源的多普勒效应，此前人们只在天体光谱中有同样发现。瑞典皇家科学院称斯塔克"对极隧射线的所谓多普勒效应进行的划时代研究，使我们看到了原子和分子内部结构的真实性"，这一发现，连同当时人们在放射性研究、X 射线研究等方面取得的一系列重要成果，标志着人类在微观领域取得的最新进展。

斯塔克效应

随后，斯塔克进一步考查不同物理条件下气体光谱的变化情况。1906 年初，他在伏希特（W.Voigt）鼓励下研究电场的作用是否导致气体光谱发生变化问题。早在 1896 年，塞曼（P.Zeeman）就发现光谱线在足够强的磁场中会分裂成几条，并作了定量描述。随后洛伦兹（H.A.Lorentz）以经典电子理论对其中的所谓正常塞曼效应作出了解释，而对于反常塞曼效应，经典理论则无能为力。不过，由于磁场和电场都会对电磁波产生作用，在发现塞曼效应后，进一步考查电场对光谱的作用是顺理成章的事。伏希特已提出一个理论描述光谱在电场中的分裂情况，但他预期的变化极小，极难用实验加以检验。斯塔克怀疑这一结果，他认为外电场肯定会导致原子内部结构的变化，而"一条谱线的发射似乎是几个电粒子相干的、共同作用的结果"，因而实验上应当不难发现。这一推理的理论依据是错误的原子模型，然而斯塔克相信，如果"使通过阴极上的孔的极隧射线在另一边穿越一个强电场，强电场加在阴极和对面两个附加电极之间"，将有可能看到谱线变化。

这项研究需要精细复杂的装置，需要实验家创造出当时不具备的新设备。斯塔克的初步尝试归于失败。1909 年，他进入亚琛大学，得到一间私人实验室和较好的设备条件。1913 年，他终于配齐一套满足这项研究所有要求的装置："一台色散相当大分辨率相当高

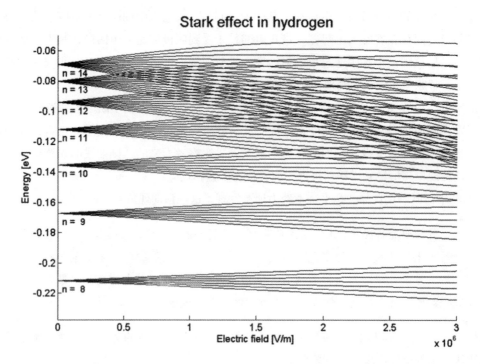

氢气中的斯塔克效应示意图。这里所示的斯塔克效应是在外部电场的影响下光谱线在氢中的分裂和转移。

的光谱仪，一个高强度极隧射线源，几台伽埃德（Gaede）真空泵"，并在极隧射线管内成功地建立起 10000 到 31000 伏特／厘米的高强电场。

　　"10 月开始上课后，一天下午，我开始记录混有氢和氦气的极隧射线管所放出的光谱，大约 6 点钟时，我停止了拍摄……进入暗室进行显影。我自然十分激动，由于底片还在定影槽内，我把它取出一小会儿，在暗室昏暗的黄光下观看底片记录的谱线。我看到在氢光谱蓝线位置上出现了好几条谱线，而相邻近的氦谱线分裂较少。"

　　科学界把这一效应称为"斯塔克效应"。斯塔克效应被公认为是继成功地解释氢原子光谱和反常塞曼效应后，量子论取得的又一个重要胜利。瑞典皇家科学院发表声明指出，"谱线在电场中的分裂，这一发现对科学是极为重要的"，"这个效应表明，氢和氦的光谱系列的情况是非常复杂的。有一个理论成功地解释了这种复杂情况，此理论成为关于原子内部结构近代概念的坚强支柱"。这里说的"有一个理论"，指的是玻尔建立在卢瑟福有核原子模型基础上的氢原子理论，而非斯塔克所相信的"西瓜式"原子模型。

　　上述两项杰出工作使斯塔克荣获 1919 年度诺贝尔物理学奖，这足以使他享誉终生、名垂千秋。然而，斯塔克的一生似乎表明，一个才智出众的人在专业化程度很高的工作中取得令人注目的成就，并不一定代表他的道德品行、职业操守、社会良知乃至历史角色同样出众乃至于堪称楷模。

2．争论与争吵：后期科学生涯

早在 1900 年，斯塔克的研究生涯一开始，哥廷根大学的学术当局评价他的讲师资格时，对他的实验技能和概念化天赋就做出了高度评价，但同时也指出，斯塔克"在对所考虑的问题进行精确数学推理方面存在着明显的缺陷"。纵观其研究生涯，这一评价不仅中肯，甚至大有未卜先知的意味。

与勒纳德（P.Lenard）一样，斯塔克也亲身经历了 20 世纪初那个激动人心的科学革命时代，甚至不自觉地为新的科学理论做出了贡献，但是他们二人顽固对抗新的科学理论：勒纳德坚决反对相对论，而斯塔克则对量子论和量子力学始终持否定态度。他们都强调科学研究中的所谓纯实验研究和无偏见的观察，不懂得离开理论背景的实验既是不可想象的，也是没有意义的。二人也有些区别，勒纳德厌恶一切理论形式的工作，而斯塔克却相当早而且容易地接受了量子论和相对论的基本概念，并与自己的实验研究自觉而且积极地结合起来，但是仅此而已。斯塔克的理论兴趣和素养非常有限，他本质上是个纯实验家。

有理由相信，斯塔克在 20 年代转而坚决反对量子力学和广义相对论，与他的缺乏理论素养同时又恃才傲物有关。与勒纳德相似，斯塔克对科学理论的态度并不取决于这个理论本身，而主要取决于他对这个理论的提出者的态度。富兰克（J.Franck）评价斯塔克时曾说过："无论从哪方面讲，他（斯塔克）这个人都极难对付。不过话说回来，我得承认，他有好主意，而且来得快。他就想到光化学可能是量子过程，虽说不如爱因斯坦明晰，但他想到了。"不过，斯塔克的"来得快"的好主意，在急速前进的科学革命的大潮里，只是昙花一现而已。然而对于斯塔克而言，缺乏理论素养还不是问题的关键，当时许多科学家都没有理解新物理学所需要的理论功底，这方面可以举出的名字太多了，如发现放射性的贝克勒尔，发现 X 射线的伦琴，甚至居里夫人、卢瑟福等人。斯塔克的麻烦在于"他这个人极难对付"，个性极强，不顾一切地追逐名利和权力的禀性。这决定了他无论在何时何地总是与同事、与上司关系紧张，甚至剑拔弩张，骂街动粗，决定了他的科学生涯中充满争吵，最终导致科学共同体与他为敌，甚至诺贝尔奖也不能改变这一点。

1906 年，斯塔克发现极隧射线的多普勒效应之初，曾试图用以验证爱因斯坦的狭义相对论，这原本是一个大胆有益的工作。相对论提出之初，科学界能够认真对待并给予正面评价的人并不多。1907 年，斯塔克邀请爱因斯坦为他主编的《放射性和电学年鉴》写一篇关于狭义相对论的综述文章。爱因斯坦感激这种提携，应邀写了著名的《关于相对性原理和由此得出的结论》的长文，在这篇文章中，爱因斯坦对他的理论作了充分和清晰的论述，对一些概念进行了必要的澄清和更正，并补充了一些实验数据，这是爱因斯坦本人对狭义相对论理论所作的最全面系统的论述之一。特别是，爱因斯坦在这篇文章中还引用了斯塔克在 1906 年的工作：

> 公式可以作一个很有意思的应用，斯塔克（J.Stark）先生在去年证明，组成极隧射线的离子发射出线光谱，并且他观察到可以用多普勒效应解释的光谱线的位移。

　　在随后的两年多时间里，斯塔克与爱因斯坦之间多次通信，在信件中，明显流露出斯塔克对年轻的理论物理学家的敬仰之情。

　　斯塔克还是最早把光量子假设引入自己的研究的物理学家之一。爱因斯坦成功地解释了光电效应之后，并未明确使用过光量子概念假设。斯塔克最先仔细考察了光量子相互间发生作用的过程，1909 年 11 月他指出，通过考虑电子与单个光量子相互作用满足能量和动量守恒过程，可以研究电子轰击使阳极产生 X 射线的情况，并解释 X 射线的产生机制。斯塔克还认为，使用这一假设有可能解释辐射的非均匀分布问题。当时爱因斯坦也正在为这一问题大伤脑筋，直到 1912 年劳厄（M. von Laue）等人的 X 射线衍射实验完成后，爱因斯坦才正式使用光量子概念。

　　斯塔克到亚琛后曾邀请爱因斯坦做自己的助手，当时爱因斯坦因正打算到苏黎世工学院谋职，加以婉拒。随后他们二人开始交恶：由于他们二人都在 1909 年前后考查过光量子假设问题，洛伦兹曾把他们二人并称为光量子假设的首倡者，但到 1912 年玻尔理论赢得广泛好评之后，二人在引入光量子概念的优先权问题上发生争吵。斯塔克称是他本人最先把量子假设引入光化学领域，爱因斯坦是随后才由不同途径得到同样假设的；而爱因斯坦则不无轻蔑地回答说他对优先权问题不感兴趣，不过他也没有忘记在脚注中声明自己的优先权。斯塔克又再一次坚持他的假设不但更早，而且更简单，因而也更好。

　　这场争论由于爱因斯坦不再继续回应而告一段落，然而"光量子"却继续在发挥效应。斯塔克关于光量子与电子作用导致 X 射线产生的见解受到索末菲的批评，二人在《物理杂志》（*Physikalische Zeitschrift*）上和私人通信中展开了激烈争论。争论中，斯塔克的暴躁脾气和难以相处的性格充分流露出来，把一场学术争论演变为恶语相伤的人身攻击。他在一封信中粗鲁地对索末菲说：

　　　　我敢打保票，你既然能新近改变态度支持相对论，你也就将会再次转变立场拥护量子假设。……你我之间的不同就是明证。

　　然而，索末菲轻而易举地发现斯塔克犯下了严重的物理错误，指出 X 射线强度的非均匀分布现象完全可以用经典电磁理论加以很好的解释，然后，他不失尊严地回击了斯塔克的侮辱：

　　　　我绝对无意与你结仇，那会导致不公平竞争，你的实验观念远胜于我，恰如我的理论明晰远非你所及。

　　与索末菲交恶对于斯塔克而言极为失策。德国学术历来门户森严，当时的情形，以所谓"哥廷根以外无数学"来推，如果说柏林以外没有物理学也大致是可以成立的，至少在德国如此。这对于来自外省的斯塔克自然不利，我们记得勒纳德也不是柏林出身，他来自海德堡，勒纳德终生都没有能够挤进柏林圈子。索末菲在柏林物理学界位高权重，时任德国物理学会主席。其实索末菲开始时很赏识斯塔克的才华，对他一再提携帮助。早在1906年，斯塔克在汉诺威任特聘教授之初，他就很快与上司普列希特（J.Precht）吵翻，以至于普列希特一再要求教育部撤换斯塔克。普列希特成功地迫使斯塔克在1907年10月暂时离开汉诺威，转入格赖夫斯瓦尔德大学。然而次年斯塔克居然设法又回到汉诺威，二人的关系更加紧张。但是普列希特得到大多数同事支持，形势迫使斯塔克离开。他向亚琛大学提出教职申请遭到很大争议，事情拖到1909年4月，斯塔克由于得到索末菲强有力的支持才取得成功，被任命为正式教授。然而斯塔克对索末菲毫无感激之情，上任月余即挑起了这场对二人都十分不利的个人争吵，结下终生怨恨。

第一次世界大战爆发后，斯塔克自豪地宣称自己是物理学家中"尚武的爱国主义者"，对爱因斯坦公开的和平主义和国际主义立场大为不满。随着在亚琛大学的处境日益困难，他于1914年竞争哥廷根大学他过去的导师里克教授的继任人职位，在申请过程中，他又与哥廷根大学发生争吵，导致失败，而索末菲的学生德拜（P.Debye）得到了这一任命，斯塔克把这归因于索末菲的报复。不过，他终于在1917年得到格赖夫斯瓦尔德大学的教授职位，由于北日耳曼地区的人们在政治态度上和科学观上都相当保守，斯塔克对新物理的批评态度和国家社会主义观点在那里受到欢迎，在格赖夫斯瓦尔德，他获得1919年度诺贝尔物理学奖。

发现斯塔克效应是他获奖的最重要原因。这一发现做出前几个月，玻尔（N.Bohr）已提出了他的著名氢原子理论，对氢原子的巴尔末线系作出了很好解释，斯塔克认为自己的发现支持了玻尔的原子光谱理论和卢瑟福有核模型，他在诺贝尔演讲中指出：

现在，玻尔和爱普斯坦（Epstein）创立了有关这种效应的理论，得出了在电场中谱线分成的数目和间距，并与观察事实令人惊奇地相符合，……这个一致性有力地支持了玻尔关于谱线发射的理论，因而也有力地支持了玻尔根据卢瑟福（（E.Rutherford）的发现提出的关于氢原子和氦原子结构的假设。

从理论的逻辑来看应该反过来，玻尔氢原子量子假设模型，为解释斯塔克效应提供了基本原理。随后，索末菲引入相对论修正对氢原子光谱作了更好的解释，也很好地解释了斯塔克效应。斯塔克同意这一点，但他完全不满意玻尔－索末菲理论，他在诺贝尔演讲（1920年6月3日）中说（他避而不提索末菲的名字）：

尽管我对玻尔理论的成就评价很高，但是我不敢把它当作一个确定的结论来接受。除了我不能相信该理论的某些假设处，它与我们的经验也不一致。

斯塔克认为，需要一种考虑原子整体行为的理论，把光谱仅看作是其某一部分（即核外电子）的效应的看法是不能接受的。这等于否定了他承认得到斯塔克效应支持的卢瑟福—玻尔原子有核模型。为了攻击索末菲的新著《原子结构与光谱线》，斯塔克对玻尔模型提出了大量批评。他声称，根据他对实验现象与理论的符合程度和理论假设的合理性所作的考查，虽然索末菲的狭义相对论修正"得到实验的有力支持"，但玻尔的量子论仍是"可靠性令人怀疑的"。实际上，诺贝尔基金会在宣布斯塔克获得物理学奖的声明中刻意不提玻尔与索末菲的名字以及氢原子理论，正是由于考虑到照顾斯塔克本人的反对态度。

20 年代中期，物理学界以量子力学取代早期量子论，玻尔－索末菲模型被弃置不用，仅限于对微观现象作某种唯象描述时使用。薛定谔的波动力学很好地解释了斯塔克效应，但斯塔克断然拒绝量子力学的基本假定，坚决反对波动力学，其实令人生疑的应该是他本人对这一理论的理解程度。直至 1929 年，量子力学的公理化体系已完成，整个物理学界都在全新的基础上工作，斯塔克还在逐条逐句地批判薛定谔波动力学，原因仅仅是因为索末菲支持它。然而，物理学家们已不再认真对待他的批评，而把他的态度仅归因于无知和偏见加上意气用事，斯塔克在物理学界成了十分孤立的人，他的唯一"知音"是另一位极端保守的实验家勒纳德。

在反对量子力学的同时，脾气暴躁的斯塔克仍一以贯之地处处把事情弄僵。1920 年，他被任命为伍尔茨堡大学物理教授，接替去职的维恩。不出半年他就与所有的新同事全部吵翻，关系之紧张在讨论一个学生的录取工作时达到顶峰：斯塔克与同事由争吵到对骂，最后竟演化为拳打脚踢动起武来。

以常理推测，一个科学家获得诺贝尔奖后，即使他本人再狂妄自大，来自社会和他人的尊敬与推崇也足以令他稍作自我约束，至少故作姿态道貌岸然无损于他的名声，反而会增加美誉，然而这并不适用于斯塔克。诺贝尔奖的名声和奖金使他个人品行和职业操守不再有所顾忌，他完全无意于消除学界种种敌意与不信任，反而萌生新的念头：他似乎大有投机经商之可能。在第一次世界大战之后混乱的魏玛经济生活中，从事投机营生大发横财的人确不在少。诺贝尔奖奖金一到手，斯塔克立即购置了工业股票。同时，他的一个学生格拉瑟（L.Glaser）向他建议，投资瓷器工业既保险又有丰厚利润。斯塔克对这一建议极有兴趣，动用奖金在祖传的家族领地上建立了一个瓷器厂。这个格拉瑟是个工程师，是魏兰德（P.Weyland）组织的反爱因斯坦公司的积极分子，曾在臭名昭著的柏林音乐厅事件中发表演讲，大出风头。

在伍尔茨堡同事们看来，斯塔克利用诺贝尔奖奖金进行商业投机活动是对崇高的科学事业的践踏，是对诺贝尔奖的亵渎，他们对此深感不齿。然而斯塔克从未认真考虑过他的行为是否有悖于道德准则和职业操守，对当时科学界的共同价值准则全无顾忌，他轻松地辩解说，他用奖金购买股票是出于保值目的（当时的通货膨胀倒是十分严重）。同事们发现斯塔克与格拉瑟之流搞在一起，不信任感就更加深了。斯塔克却非但不作解释，反而在1921 年秋递交了一份辞职报告，要求辞去公职正式退休，弃学经商。次年春，该报告被伍尔茨堡校方接受并立即生效——校方和同事们似乎都没有为此表现出过多的惋惜之情，这对一个诺贝尔奖得主而言不会毫无苦涩滋味。斯塔克在不满 50 岁时就正式退休，从此他再也没有能够回到大学。

离开伍尔茨堡后，斯塔克回到魏登附近的出生地经营瓷器工业，但在第一次世界大战后魏玛共和国的经济衰退大潮中，此番"下海"成了纯粹的赔本买卖，仅一年多他就后悔了，意欲再回到学术界和大学。

然而他树敌太多了，科学共同体对他不再感兴趣。还在 1922 年，他就妒意十足地眼看着德国最重要的物理学领导岗位帝国物理和技术研究所，所长位置腾空并被能斯特（W.Nernst）占据。后来，当能斯特卸任而去时，他又只能眼巴巴地看着帕邢（F.Paschen）接替了这要害职位。在长达 11 年的时间里，斯塔克至少 6 次正式申请柏林（1924）、图宾根（1924）、布列斯劳（1926）、马堡（1926）、海德堡（1927）和慕尼黑（1928）的大学教职，均遭到拒绝。1924 年，劳厄、哈帕（F.Haber）、普朗克（M.Planck）等人共同签署了一份文件，明确表示无论是勒纳德还是斯塔克，二人担任柏林大学教授都是不能接受的，因为他们二人在"情感上"抵触理论物理学新发展方向，而且他们的介入将危及柏林物理学家的亲密合作。1927 年，当勒纳德在海德堡第一次提出退休申请时，曾表示希望由斯塔克来接替他，并为他在伍尔茨堡的行为作了一番辩护，但即使是海德堡勒纳德的同事们也完全不领情，后来勒纳德的继任人问题拖延到 1931 年才由他的学生贝克尔（A.Becker）接位了事。

对于这一切，斯塔克认准是身居德国物理学会主席要职的索末菲影响所致。1927 年，斯塔克写信给索末菲，表示愿意修好关系，并以提名索末菲和斯特恩（O.Stern）为 1927 年度诺贝尔物理学奖候选人为条件，换取慕尼黑大学维恩职位的继任权。此举可谓既无耻又愚蠢，足以证明斯塔克为人之寡廉鲜耻，更加剧了科学界对他的厌恶感。到 1928 年 3 月，斯塔克终于绝望了，在魏玛共和国谋取公职重返学界已断无可能，他从魏登迁徙到自己在慕尼黑附近的庄园里，用余下的诺贝尔奖奖金再建了一间私人实验室。

斯塔克虽然在学术界四处碰壁，但并未完全失去影响。早在 1919 年，他就痛感要抗拒魏玛政府对科学事务的干预，同时抵消索末菲等人把持的柏林德国物理学会的影响，唯一有效途径是建立一个由他自己控制的学术团体。与勒纳德不同，斯塔克对意识形态问题兴趣不大，但对通过控制社会组织掌握权力却兴趣盎然，而且他懂得怎样把意识形态当作夺取权力的工具。从某种意义上讲，勒纳德有点像塞万提斯笔下的唐·吉诃德，表现出更多的不合时宜和冥顽不化，而斯塔克似乎更近于歌德笔下的浮士德，他自觉地出卖灵魂，换取个人利益和权力，只是他没有像浮士德那样得到最后的救赎。

斯塔克得到了维恩的支持和帮助。维恩于 1911 年获诺贝尔物理学奖，与勒纳德、斯塔克等人一样，他也不属于柏林的物理学圈子，带有强烈的外省人与京师同行的对立情绪，而且，作为一个较保守的实验家，维恩对量子论和相对论也都抱着怀疑态度，只是未曾参与过攻击而已。斯塔克和维恩共同发起组建了"德国高校物理教师职业同盟"，网罗到 68 个成员。他们在瑙海姆召开成立大会，时在爱因斯坦与勒纳德发生正面交锋的瑙海姆科学家集会（1920 年 9 月 19 日）前两天，并建立章程，选举执行委员会。由于这个同盟的一些成员参与了臭名昭著的魏兰德集团，该组织和斯塔克本人从一开始就受到物理学界的怀疑和不信任。

不料事出意外，百密一疏。斯塔克虽为主要发起人，也能左右"职业同盟"的活动，却未能当选为该组织主席，被推选为主席的是维恩。更令斯塔克措手不及的是，维恩竟改变了初衷，声称为了尽可能扩大同盟，必须放弃与柏林物理学家为敌的政策。斯塔克恼怒之余，也看出瑙海姆集会爱因斯坦－勒纳德的辩论结果有利于柏林方面，一边倒形势不容忽视。他转而借助教师同盟的"代表性"要求加入两个筹建中的重要科学机构的决策层：即赫尔姆霍兹促进物理技术学会和德国科学应急协会，这两个组织将代表国家决定科学研究的发展和投资方向。斯塔克当选赫姆茨学会理事，然而维恩却在事前通过幕后交易当上了该学会副主席，并与柏林方面达成谅解。斯塔克又要求把由他实际控制的教师职业同盟作为科学应急协会和赫尔姆霍兹学会的物理学选题的遴选资助咨询机构，试图通过实际掌握研究基金左右德国物理学方向。然而，维恩再次与柏林方面达成协议，排挤斯塔克，否决了他的要求，事在 1921 年。其后事态的发展可谓"祸不单行，福不双至"，到 1922 年，就在斯塔克"自愿"离开伍尔茨堡后不久，应急协会通过全体成员信任表决，解除了斯塔克的理事职务。1924 年，他又被迫从赫尔姆霍兹学会退出。他力图驾驭科学组织控制德国物理学事务的梦想遭到挫败，他只好回到私人庄园去"韬光养晦"。

11 年后，斯塔克才借助纳粹势力重返学术界，但那时他已不再是科学家和教授，而是彻头彻尾的纳粹政客了。有趣的是，即使在第三帝国期间的纳粹营垒内，他还是继续争吵动粗，继续开罪于同事和上司。按理说，诺贝尔奖应该已使他过够了"名利瘾"，但追求永无止境，玩弄权术和追逐权力成了斯塔克后半生的目标，然而，在老道的纳粹政客面前，他又是一败涂地。

3．权术与野心：追随纳粹

纳粹的兴起使斯塔克看到了新的希望。他的"亲密同伴"勒纳德以反爱因斯坦的"英雄"自居，处处表白自己是"拉特瑙事件"的受害者，直言不讳地鼓吹泛日耳曼主义，得到了纳粹的信任和希特勒的青睐，也鼓励和启发了斯塔克。其实，早在 1920 年，斯塔克在他的诺贝尔演讲中，就已十分明显地流露出日耳曼种族优越情绪。到 1923 年 11 月，他的态度已完全转向支持纳粹、投靠纳粹。对此，勒纳德回忆道：

> 那时，斯塔克常常令我耳目一新，犹如在学术界的精神沙漠中找到一块绿洲。我们可以与他，以及与他那有同样观点的妻子谈论希特勒（也几乎只能与他们谈）。也就是在那时，我们联名发表了支持希特勒的公开声明，当时希特勒还在监狱里。

斯塔克断定自己已没有学术前程，他说："国家社会主义党投入了夺取政权的决定性斗争。我把我的物理实验室的大门关上，成为阿道夫·希特勒麾下的一名战士"。他写文章，散发小册子，在集会上演讲，鼓吹所谓纳粹理想，颂扬希特勒，抨击魏玛的教育制度，攻击教会，指责英国的经济政策。他还攻击爱因斯坦和广义相对论，批判正在取得丰硕成果的量子力学理论。在如此这般地作了一番积极表现之后，他被接纳进纳粹意识形态班子，与他的前辈勒纳德共同追随纳粹，并于 1930 年 4 月正式加入国家社会主义党。

1933 年，纳粹夺权成功后，论功行赏，帕邢的帝国物理和技术研究所所长被罢免，而由勒纳德推荐，斯塔克终于如愿以偿坐上了觊觎 11 年之久的宝座。尽管以劳厄为首的大批物理学家齐声反对，但纳粹政权的内务部长弗里克（W.Frick）直接越过科学家的正常遴选程序，强行下达了任命。这个重要职位使斯塔克如愿以偿终于入主柏林物理学圈子，成为名副其实的科学界特别是物理学界的实权人物。他立即着手施展自己的抱负，扩充所谓纯实验物理学研究和物理技术应用研究，把正在迅猛发展的理论物理和基础研究大加削减，力图使德国的物理学研究偏离世界主流。他还为纳粹当局排犹政策和迫害犹太裔科学家的做法辩解，说"这是好事，把科学研究和政治煽动分离开来"，有利于使德国科学界摆脱犹太人的有害政治影响。

1933 年 9 月，斯塔克上台几个月后，举行了正式就职典礼。他特意等到这个时刻，特意选定在伍尔茨堡召开物理学家集会。11 年前，他就是在这里被大学教授们最终抛弃的。

斯塔克在就职演说中宣称，他要把物理和技术研究所由原先的基础和理论研究转入应用研究，使之介于"政府和科学与工业之间"，他要把该所建成指导德国工业和科学发展方向的最大核心机构。他强调声明，德国的所有科学期刊都要受到物理和技术研究所的指导，即置于他本人的直接控制之下。面对会场上一片惊愕和嘈杂，他咆哮道：

> 你们要是不愿意，我就使用暴力！

这句名言曾出现在许多物理学家写的二战回忆录中，可谓道破了纳粹统治的"天机"，暴露了所谓"日耳曼物理学"的实质，也反映了当时德国科学家们所处的险恶境地，就是这句名言，与诺贝尔奖一样使斯塔克"名垂千古"。

然而斯塔克还远未满足。他喊叫了一番之后又提出了更高的要求：与会物理学家们应当遵照所谓"元首原理"和他斯塔克本人已是物理和技术研究所所长这一既成事实，选举他为德国物理学会终身主席。

高压和野心造成的淫威并不能使科学家们屈服，劳厄站出来发言，激烈反对斯塔克。劳厄曾是 1914 年度诺贝尔物理学奖得主，他以为人正直主持公道著称，而且科学成就卓著，在科学家中威望甚高，对德国科学的发展都发挥重大影响。在德国科学界面对纳粹强权大多保持沉默之时，他是唯一敢于公开站出来捍卫相对论和爱因斯坦的人。劳厄并不同意德国物理学界过去对斯塔克的长期歧视和排斥态度，但他同样坚决反对斯塔克的反攻倒算和飞扬跋扈。劳厄在发言中大谈宗教裁判所对伽利略的迫害，并把这一著名史实与纳粹当局迫害爱因斯坦和反相对论的行径作对比。他指出，如果斯塔克得逞，德国的理论物理学将不复存在，自由研究准则将遭到践踏和抛弃。

劳厄的反对立场挫败了斯塔克当德国科学"元首"的企图。2 天后，斯塔克解除了劳厄在物理和技术研究所的顾问职务。当年底，在普鲁士科学院会议上，帕邢、普朗克和 K.W. 瓦格纳等人提名斯塔克任该院院长，劳厄再次发言坚决反对，斯塔克的提名被撤销。在整个第三帝国时期，特别是斯塔克退休前，劳厄成为斯塔克在科学家共同体中最强劲的对手，

德国纪念斯塔克获得诺贝尔奖的邮票

多次挫败斯塔克的企图。

然而，斯塔克另有办法。他又写了一本颂扬希特勒的意识形态"专著"《阿道夫·希特勒与德国学术》（*Adolf Hitler und die deutsche Forschung*，1935）。1934年4月底，他以德国科学家名义上书希特勒，提出一个庞大的改造德国学术和研究机构的计划：成立一个帝国科学院，由"元首"希特勒任院长，一个"最杰出的"科学家即斯塔克本人任副院长。其常设机构是帝国研究顾问委员会，该委员会主任仍是"元首"，斯塔克为副主任，主持日常事务。该委员会下设帝国研究部，统领和管理全国所有研究和学术工作。不过，"元首"没有批准这项计划，但表示希望能由斯塔克主持德国科学应急协会的工作。这样，在12年后，斯塔克终于又回到了以前被赶出的这个重要机构并成为它的主宰，长期以来驾驭德国科学的梦想终于成为了现实。

上任伊始，斯塔克就施展抱负，把这一协会更名为德国研究协会，并投桃报李地封他的"亲密同伴"勒纳德为协会执行委员会主席，还把由该协会负责调配的大笔资金拨给他的"大本营"——物理和技术研究所，用于他所热衷的所谓研究项目上。

然而，斯塔克暴露出的权力欲和个人野心引起了第三帝国教育部的关注和担心，纳粹行政当局也同样不喜欢斯塔克乖戾的秉性和到处惹是生非的毛病，更忌惮斯塔克的自我膨胀和欲壑难填的权力要求。传统上，德国的科学和学术事务，包括大学教职和研究机构负责人任免，多由教育部决定。斯塔克上书"元首"，自然被主管机构认为有僭越之嫌。帝国教育部在秉承"元首"旨意向斯塔克下达德国科学应急协会主席的任命的同时，已在暗中收集对他不利的证据。

教育部首先发现斯塔克在科学家中并不像他自己表白的那样受到一致拥戴，而是树敌颇多；其次，教育部长鲁斯特素与罗森伯格有矛盾，罗森伯格执掌纳粹意识形态事务大权，深受希特勒器重，经常插手学术和教育事务，而斯塔克为巩固自己的地位投靠罗森伯格，把他当作自己的保护人，这令鲁斯特如芒刺在背；其三，鲁斯特的下属，教育部研究司司长门采尔与军方和权力极大的内务部、党卫军关系极为密切，而斯塔克却一再无视鲁斯特、门采尔等人要他加紧推动军备研究的计划，有一次竟大发雷霆把门采尔赶出自己的办公室；其四，出于与斯塔克相同的目的，鲁斯特也上书"元首"，建议组建一个帝国研究院，由"元首"任院长，而实际事务由教育部实际控制。斯塔克对此计划大加反对，最后错综复杂的纳粹党争迫使该计划流产；其五，斯塔克在一次与党卫军的合作中拒不履行协议：他得到了一个原隶属党卫军的机构，但却不肯践约为一个研究项目出资。斯塔克的罪状被通过管道送到权限无边的党卫军头目希姆莱处；其六，他参与一起纳粹党内反对巴伐利亚地方当局头目瓦格纳的阴谋，瓦格纳挫败了阴谋，状告教育部，表示怀疑斯塔克对纳粹的忠诚，要求对他撤职查办。

瓦格纳说出了鲁斯特想说的话，教育部十分热心地投入查证工作。这场冗长的讼案拖到 1938 年底才"澄清"：斯塔克被确认通过不适当的途径反对纳粹高级官员，罪当撤职——不过这时已不再必要，教育部已在 1936 年 11 月就批准了斯塔克的辞职"请求"。

原来，导致斯塔克垮台的直接原因是他的一个"拳头"项目的失败：受到一帮急于邀功的下属误导，他认定德国南部荒原有金矿。为了帮"元首"也为了帮他自己找到黄金，他向该项目投入了大笔资金和大量人力物力，但几年过去了，金子还是不知躲在何处。在教育部的压力下，他被迫同意放弃研究协会主席职务，由死对头门采尔接替。不过斯塔克也确实不同凡响，他竟然敢把对科学家们耍流氓的办法拿来对付纳粹当局，以把该项目失败丑闻公之于众为要挟，保住了物理技术研究所所长位置，但已不再执掌实权，他必须回到私人庄园"赋闲"。这样，到 1936 年底，斯塔克借助纳粹势力主宰德国科学的企图就由于他积极介入纳粹党争而归于失败。到 1939 年，他不无风光地从物理和技术研究所正式退休。

然而，斯塔克毕竟是斯塔克，他居然能在退却之中再度发起新的攻击。他遭贬斥之时，正值勒纳德发明并大肆鼓吹科学中的种族对立，以日耳曼物理学反对犹太物理学之时。他立即看出机会又来了。为了配合勒纳德，他投出一发重磅炸弹，目标不仅再次指向犹太科学家，而且他还"发展"了勒纳德的基本观点，把矛头对准了一批被打上"亲犹太"标签的正宗日耳曼种族的科学家。1936 年底，斯塔克在党卫军机关刊物《黑色军团》（*Das Schwarge Korps*）上发表的一组文章，点名攻击海森堡等人。

这组文章共 3 篇，标题分别为《学术界中的白色犹太人》、《灰色理论的唯我独尊》和《"学术界"的政治失败》。斯塔克提出，虽然在德国的经济生活中犹太人的影响已被清除，但在科学界还有白色犹太人在作祟。白色犹太人和血缘上的真犹太人有着精神上的一致，他们是"亲爱因斯坦分子"，是"犹太主义在德国知识生活中的代理人"。接着，斯塔克笔锋突然指向海森堡，说这位"白色犹太人"迟至 1936 年还把亲爱因斯坦的观点和见解塞进一份重要的纳粹官方文件。斯塔克进一步揭海森堡的"老底"：他在魏玛时期曾雇用大量犹太人为下属；他因对量子力学的贡献获诺贝尔奖纯属犹太影响所致，这无异于科学界的奥辛斯基[①]；海森堡还曾在 1934 年拒绝签署支持"元首"的声明。结论是，海森堡以及像他这样的人应当像真犹太人那样被"抹"掉。

斯塔克要打击的不只限于海森堡，实际上还包括宿敌索末菲、劳厄等人，他们一直

---

① Ossietzky，C.von，著名左翼记者和作家，和平主义者。1936 年获诺贝尔和平奖，当时他已被关入纳粹集中营。希特勒对此极为恼怒，下令禁止任何德国人接受诺贝尔奖。奥辛斯基于 1938 年死于集中营。

与斯塔克和勒纳德作对，而且对所谓日耳曼物理学持否定、消极或不屑一顾的态度。然而斯塔克在意识形态见解上并没有一定之规，真正令他感到紧迫的问题是，海森堡正得到提名接替行将退休的索末菲在慕尼黑大学的教职，他不能坐视不理。斯塔克所说的"官方文件"，指的是一份被称为"海森堡 – 维恩 – 盖革备忘录"（Heisenberg–Wien–Geiger Memorandum）的文件，这个备忘录有些背景。

就在勒纳德、斯塔克鼓吹日耳曼物理学、攻击现代理论物理学及其代表人物闹得最凶的时候，帝国教育部由门采尔出面，邀请海森堡、维恩（时在耶拿大学）和盖革（时在图宾根大学）"写出一个反映大多数德国物理学家对现代理论物理学的看法的备忘录，供教育部长备案参考"。该备忘录完成于 1936 年 6 月。备忘录说：德国新一代物理学家为数太少，学术职位难于补缺，招生生源不足，而新近对理论物理学的攻击使这种情形更加恶化，学生都耻于学物理，对理论物理更避之不及，这更损害了德国的国际形象。

备忘录指出，自然科学的首要前提是实验研究，但它的根本目的不在于罗列实验结果，而是理解自然规律，把自然规律条理化正是理论的任务。相对论和量子理论都是以实验研究为基础的，它导致了对实验结果的新理解，并有力促进了人们取得新的实验发现。理论与实验应当平等参与相互合作。最后，该文件要求停止报刊上旨在褒扬一方诋毁另一方的所谓讨论。

这个备忘录有 75 人签名，包括门采尔（他原是数学教授）本人。签名人遍及德国各地和物理学各分支，而且起草人维恩和盖革都是实验家，他们对新物理学的保守态度也是人所共知的。

这个备忘录最终使教育部拿定主意不再支持日耳曼物理学，这也正是斯塔克攻击海森堡的重要口实。斯塔克达到了部分目的，海森堡没能得到慕尼黑的任命。他对海森堡的攻击是致命的，有几年时间纳粹当局不准发表海森堡的文章。然而海森堡另有门径，他"走上层路线"，通过他母亲与党卫军头目希姆莱的母亲的私交，瓦解了斯塔克这次攻击。海森堡还得到一大群科学家的保护，著名空气动力学家和理论物理学家普兰特尔亲自出面向希姆莱为海森堡解释和讲情，促使希姆莱下决心结束对海森堡的"冷处理"，禁止党卫军刊物再刊载攻击海森堡的文章。希姆莱的干预，牵制了日耳曼物理学的总后台罗森伯格，迫使他在物理学家的"学术"争斗中保持中立。

到 1940 年，索末菲、海森堡、劳厄等人终于扭转了局势，他们的学生以及与他们观点相同的物理学家逐一攻取了一度被日耳曼物理学把持着的职位，而勒纳德和斯塔克的学生们唯有沉默或倒戈才能得以留任。到 1942 年，所谓日耳曼物理学已几乎销声匿迹。虽然斯塔克还在大谈"犹太人和德国物理学"问题，攻击犹太佬的危害和量子力学，但同一年，勒纳德在他 80 寿辰时已经只能不无失落地写道：

> "我在 6 年以前强有力地推动的事业，特别是改革与自然知识有关的学术，在我看来还远未成就其功。我已年迈体衰，不过耐心与日俱增，我满怀希望于未来，现在唯有元首与我们同在！"

随着战局的演进，纳粹政权垮台指日可待，科学家们已敢于公开谈论把科学研究与纳粹意识形态和政治干扰区分开来的问题。在 1934 年，普朗克曾在科学院集会结束时非常勉强地举起右手，犹豫不决地喊出"希特勒万岁"，这曾被认为反映了德国科学界对新进兴起的纳粹政权的怀疑态度，在反映二战前德国物理学历史著作中广为流传。到 1942 年 6 月，科学界已几乎十分明确地表现出与纳粹分道扬镳的态度，举一例为证：勒纳德最有成就的学生、当时的帝国物理学会主席拉姆索尔在同样的集会上结束自己的演讲时，面对着一大群科学家和纳粹党显贵，竟记不起最后该说什么了：

下面该说什么呢？在令人难堪的沉默中，第一排听众听到他轻声骂了句："见鬼！"后来，他突然来了精神，因为他终于想起来该说而又说不出口的是什么了："希特勒万岁！"

我们不妨认为，这一幕也标志了曾喧闹一时的日耳曼物理学的最终完结，以及勒纳德和斯塔克等人从科学界的最终"消失"。后来，海森堡等清除了日耳曼物理学的物理学家们，在戈林的主持下又拟定了一些重振战时德国科学的计划，但一切都已太晚，盟军已经大兵压境了。

第二次世界大战结束后，斯塔克在巴伐利亚反纳粹法庭受到公诉。虽然他在欧洲战前已实际上退休，但劳厄、索末菲、海森堡等人的证词十分不利于他，法庭于 1947 年 7 月确认他是主要纳粹战犯，负有反人类罪行，判处在劳动营强制执行 4 年苦役。他不服判决，上诉要求减刑和缓刑，并获得准允。斯塔克坚持认为这一案件和判决是他的宿敌的最后一次公报私仇。

1957 年 6 月 21 日，斯塔克在上巴伐利亚特劳恩施泰因附近一个名叫艾本施塔特的私人庄园中去世。

参考文献

［1］J.Stark, "Der Doppler–Effekt bei den Kanalstrahlen und die Spektra der positiven Atomionen", *Physikalische Zeitschift*, 6（1905）, 892—897.

［2］J.Stark, "Neue Beobachtungen zu Kanalstrahlen in Beziehung zur Lichtquantenhypothese", *Physikalische Zeitschrift*, 9（1908）, 889—900.

［3］J.Stark, *"Beobachtungen über den Effekt des elektrischen Feldes auf Spektrallinien"*, *Annalen der Physik*, Ⅰ－Ⅵ, 43（1914）, 965—1047.

［4］J.Stark, *Die Elektriziät in Gasen*, Leipzig, 1902.

［5］J. 斯塔克：《化学原子的结构和光谱的变化》，《诺贝尔奖获得者演讲集·物理学》第一卷，科学出版社，1985，第 375—382 页。

［6］A.Hermann, Johsnnes Stark, 见 *Dictionary of Scientific Biography*, Charles Coulston Gillispie ed., Charles Scribner's Sons, 1973.

［7］Alan D.Beyerchen, *Scientists under Hitler*, Yale University Press, New Haven and London,

1977.

［8］Alan D.Beyerchen, "What We Now Know about Nazism and Science", Social Research, 59
（1992）, 615—641.

［9］A.爱因斯坦：《关于相对论原理和由此得出的结论》，见许良英等编，《爱因斯坦文集》
第二卷，商务印书馆，1983 年，第 150—209 页。

（选自《自然辩证法通讯》2003 年第 3 期，《浮士德式的科学家——斯塔克其人
其事》，作者王克迪，中共中央党校哲学教研部教授。研究方向为科学技术史，科学技
术哲学。）

李森科

"米丘林遗传学派"代表人物、斯大林时代的伪科学家

　　1927 年 8 月，前苏联当时的名记者费多罗维奇在《真理报》上发表了一篇特写，题为《冬天的田野》。该文以诱人的笔调刻画了一位年青的育种工作者——特罗菲姆·杰尼索维奇·李森科。沉默寡言的主人公有着健康的体魄，但总是难得见一丝笑容。在甘查（阿塞拜疆共和国的基洛瓦巴德）育种站的试验田里，他和助手及学生们试验在棉花收获前种植豌豆，使冬天的田野可以用作牧场……。妙笔生花的宣传，开始引起了人们的注意。同时，这小小的成绩也大大地激发了李森科的"雄心"。他暗自勾勒着从根本上改革科学的"宏图"。他认为在学校里学过的东西大多是有害的胡说，并断言在工作中能取得多大成就，完全取决于我们能多快地忘掉所学过的东西，并把自己从这种麻醉剂中解放出来。他要为此而重建科学。

　　可能也算是"三十而立"吧，李森科从此在科学的百花园中横刀跃马狂奔了一生。他曾凭借行政的力量，赫然成为苏联科学界的两朝霸主。然而，在庄严的科学史册上，他不过是一位堂吉诃德式的骑士而已。他蛮横地、愚昧地嘲弄了科学，嘲弄了历史，到头来，却遭到了科学和历史的无情嘲弄。

李森科（Трофим Денисович Лысенко, 1927—1976）

1. 发迹

　　李森科是乌克兰人，1898 年 9 月 29 日生于波尔塔瓦州卡尔洛夫卡村的一个农民家庭中。他曾读过两个园艺学校，1925 年毕业于基辅农学院后，受聘到甘查育种站工作。

　　三年之后，李森科发表了论文《温度对植物发育期长短的影响》。1929 年 1 月，他参加了在列宁格勒举行的全苏遗传、选择和动植物育种会议。他兴冲冲地提交了自己的论文，但在会议上没有受到鼓励，反而受到严厉挑剔。他会后快快归去。这位年轻人因此而迁怒于遗传学的奠基人孟德尔和当代著名的遗传学家摩尔根，也迁怒于这次大会的主席尼·伊·瓦维洛夫（当时是列宁全苏农业科学院院长和全苏植物育种研究所所长）。

　　正当李森科心灰意冷的时候，他父亲的偶然发现，却给他带来了希望。老李森科把在雪里过了冬的乌克兰冬小麦种子，在春天播种，获得了好收成。李森科得知后，立即向有关部门报告，并在此基础上提出了"春化作用"的概念。

　　在乌克兰，此前曾因霜冻而造成过冬作物大幅度减产。正当党和政府为此感到忧虑时，李森科提出的"春化作用"似乎给战胜天灾开了良方。乌克兰农业部和前苏联农业部决定在敖德萨植物育种遗传研究所创立专门研究春化作用的机构，李森科奉调就职。

　　当时的苏联正处于社会主义改造深入发展的时期，斯大林领导前苏联人民以大无畏的无产阶级英雄气概迎着国内外一切阶级敌人的挑战前进。根据"组织社会主义全线进攻"的总路线，科技战线上提出了"改造自然科学"的口号，它强调以马列主义为指导，加强党对科学事业的领导，反对科学研究脱离社会主义建设，提出要壮大无产阶级科学队伍和加强共产党员在科研机构中的战斗作用。但当时的苏联对于在无产阶级专政条件下，党如何领导科学事业的问题，还缺乏经验。有些理论家在文章中又提出了"为自然科学的布尔什维克化而斗争"、"反对向资产阶级科学投降"、"在马克思主义方法论的基础上改造自然科学的内容"等口号。

　　1929—1932 年，前苏联遗传学界（也并不限于遗传学）出现了一场尖锐的争论。一派是"获得性遗传"的拥护者，集结在季米里亚捷夫生物研究所周围，另一派是基因学说的拥护者，集结在共产主义科学院自然科学部的周围，两派都认为自己的观点符合马克思主义。初期的辩论是正常的，也是有益的。但是，赞同基因学说的这一派与德波林学派有牵连，而当时前苏联共产党正在进行反对德波林学派的斗争，这一派被扣上了"孟什维克化唯心主义学派"的帽子。大多数拥护基因学说的遗传学家们被迫离开了研究机构，个别人甚至遭到流放。这种用行政手段处理科学争论的方法，对科学的发展显然是有害的。

　　李森科没赶上这班车。但解决这场争论的行政手段却使李森科得到了启发，使他找到了跃登龙门的捷径。

　　1931 年 8 月 3 日，政府要求瓦维洛夫在 4 年之内用温室育成为不同地区所需要的谷物品种，要在三四年内获得高产、均匀、不倒伏、抗寒、抗旱、抗病虫害、烘烤性能好等优良性状的小麦品种。瓦维洛夫对这样不切实际的要求提出了怀疑，而李森科却庄严地保证可以在两年半内如愿以偿。"春化作用"理论就成了李森科吹牛的资本。

　　原先提出的春化处理只是作为春季播种冬小麦品种的一种措施，后来则用来缩短春小麦的生长期，据说是提高了产量。了解农学史的人知道，类似这种有限的技术措施，在历史上是屡见不鲜的。李森科的发明权仅在于"春化"概念的提出及其理论解释，这是应予肯定的。

但这种理论到底有多大价值，能适用多大范围，毕竟要靠农业实践的检验。李森科要求把春小麦（或其他春种作物）的种子在控制了温度和湿度的工棚里浸几天，并且要经常翻个儿。种子要播在松过的潮湿土地里。若照此办理，每个集体农庄或国营农场都要处理大量种子，需要建造专用的工棚和投入可观的劳动力。同时，浸过的种子会因温度升高而发芽或霉烂，这道工序既繁重又危险。这种处理种子的办法，成本倍增，还往往会造成减产，使经济上蒙受重大损失。就是这样一种措施，李森科在推行时也不是靠科学实验，而是靠吹。

吹的本事，李森科早就掌握了。而以浓重的理论色彩进行宣传则是新近的"获得性状"，这就应当归功于李森科的良师益友泼莱任对他的"蒙导"了。

泼莱任在1930年以前持摩尔根学派的观点，后来，一阵风吹得他转了个180度，成了杀回马枪的得力干将。他在自然科学教学的方法论方面从事工作，不会独立做实验，自封是达尔文主义的理论专家。他的拿手好戏是用抄引马克思主义经典作家的个别词句吓唬人，善于在别人的讲话和文章中搜寻"阶级敌人"的影踪。1935年，李森科与泼莱任开始了"创造性的合作"，这是一位糟糕的"科学家"与一位糟糕的"理论家"之间实现的最糟糕的结合。理论上薄弱的李森科受泼莱任的影响是很大的。李森科承认自己并"没有很好地研究达尔文"，但他说："在这方面我得到了我的合作者泼莱任的帮助。他向我证明，我所做工作的根基在达尔文。"

1935年前苏联召开第二次全苏集体农民突击队员代表大会。斯大林同志出席了这次大会。李森科在会上的讲话中不失时机地把"春化"问题与当时的阶级斗争形势挂上了钩。他说："为保卫春化处理和在为确认春化处理的斗争中，我们同某些所谓科学家进行了各种各样的争论，……在春化处期战线上难道没有阶级斗争吗？在集体农庄里有富农和他们的教唆者，他们继续悄悄地同农民耳语说'不要浸种，这会毁掉种子'。这不是个别人，每个阶级敌人都这样干。这就是科学界内部和外界之间所用的方法……阶级敌人总是阶级敌人，不管他是不是科学家。"

对春化处理持异议的人不能讲话了，人们只好忍气吞声地遵命去做"无产阶级"的春化处理。乌克兰南部播种面积大的、本来是高产的冬小麦，为了证明春化处理的有效性，也不得不去种春小麦。著名的植物育种家康斯坦丁诺夫于1931—1936年的5年时间里，在54个地点，取35个品种考查春化处理的有效性，结果表明春化处理的小麦平均产量为每公顷960公斤，对照组为956公斤，4公斤的差别在统计上是没有意义的。这就是说：春化处理并没有提高产量。

可是，李森科只相信自己的数据，至于他的数据是怎么获得的，只有他自己知道。

康斯坦丁诺夫的结论狠狠触动了李森科的坐骨神经，他暴跳了，紧接着发出了露骨的威胁："康斯坦丁诺夫一定要好好考虑到这样一点，当这些错误资料从科学活动的领域里被清除出去的时候，那些还没有懂得这些资料的含义并坚持要保留这些资料的人，是也要被清除出去的"。

欺骗也罢，威胁也罢，没有挽救春化的命运，作为大规模生产措施的春化处理，还是

社会主义劳动奖得主李森科在稻田里查验乌克兰奥德萨市附近的一个集体农场内的小麦生长情况

渐渐销声匿迹了，但李森科的运气并没有逆转。他在"春化、春化"的喧嚣声中，施展了一种证明自己永远正确的调查方法。这种方法是在发出关于春化处理指示的同时，还发下几种报表。调查表上必须填写播种春化处理种子的面积和增产的幅度，这种报表既没有统计分析所必需的重复试验，也没有对试验田和对照田施用肥料差异的说明。在把"反春化处理者"当作阶级敌人的政治压力下，农庄主席和农艺师们宁愿虚报增产数字，也不愿反映实际情况。这样，汇总的结果往往是"根据来自几千个集体农庄田野的报告"，"用春化处理使国家获得了几百万公斤的谷物"。对下强迫命令，对上弄虚作假，这就是李森科获得并维持其宝座的诀窍。

继春化作用理论之后，李森科义提出了名噪一时的"植物阶段发育理论"。起初，许多科学家肯定了这个理论中似乎合理的因素。但这些科学家大都不是搞植物生理学的。与李森科在同一领域内从事研究工作的有经验的科学家是马克西莫夫。他对李森科的错误倾向和方法论上的问题看得比较清楚，但他的批评被舆论工具造成的一片喧嚣淹没了。后来在反对"资产阶级科学家"的运动中，马克西莫夫被拘捕流放，1934 年，他在流放地承认了自己在评价李森科的发现方面所犯的"错误"。

在科学的丛莽中进行探索，敢于突破传统观念的束缚而创立新的概念和理论，无疑应受到欢迎。但在李森科的新理论尚未受到实践的严格检验时，就过早地给了过高的评价和荣誉。1935 年，当敖德萨植物育种遗传研究所并入列宁全苏农业科学院时，李森科当上了这个研究所的所长，并被遴选为该院的院士。

李森科崛起了。

2．直上

在 1935—1936 年期间，李森科和泼莱任大体上已确立了他们的遗传学新概念，并用以否定染色体理论。他们利用自己主编的《春化》杂志对遗传学上的不同学术观点发动了猛烈攻击。在其他杂志上也对这些问题展开了"讨论"，其规模逐渐波及全国。

孟德尔根据豌豆杂交试验于 1866 年提出了遗传学上的分离法则和自由组合法则，大体确定了颗粒遗传的概念。他的工作成果在 1900 年被重新发现之后，经过约翰逊、摩尔根等许多科学家的努力，系统地完善了基因学说，遗传学在与实践密切结合的过程中，得到了突飞猛进的发展。在前苏联，以瓦维洛夫为代表的学者们赞同这一学说，并正在运用这门科学为苏维埃的社会主义建设服务。

瓦维洛夫在20年代初就拟定了一个整理祖国植物资源的计划，它包括提高选种水平和种子生产水平，考虑在苏维埃土地上如何利用世界科学及其实践方面的最新成就。人们对植物品种的要求是多方面的，但要获得兼具各种优良性状的新品种并不是一朝一夕的事。限于当时科学发展的水平，最有效的途径是用个别具有合乎需要特性的品种进行杂交，从杂交后代继续选择所需要的组合，它的理论基础是基因学说。瓦维洛夫及其合作者们为此收集了大量资料，并打算从各个角度加以系统研究，以便使广大育种工作者都能

苏联植物学家、遗传学家尼古拉·伊万诺维奇·瓦维洛夫。作为李森科主义的牺牲品，瓦维洛夫被捕入狱，1943年饿死在狱中。

用得上。根据瓦维洛夫的建议，成立了全苏植物育种研究所和遍布全国各地的实验站网。他还在短时间内组织了大约200次资源调查，研究了65个国家的农业和植物资源，收集了15万以上的植物品种或品系，他们的目标是建立一个夺取高产的植物育种体系。循着这条途径，到1937年已经通过大量选种和发展纯系的方法选出了一些谷类作物的优良品种，并在农业生产中得到推广应用。同时在遗传学理论的基础上，经济作物、畜牧业等方面开展的研究工作也在苏联取得了成果。著名的美国遗传学家、诺贝尔奖金获得者H. J. 缪勒，于1933—1937年间应瓦维洛夫的邀请到苏联工作一段时间。他作为社会主义苏联的朋友，为苏联科学战线所取得的成就感到欢欣鼓舞。他热情赞扬说："苏联有理由骄傲，尽管在建设一个伟大的新社会的过程中还要解决许多急迫的物质需要，但它已经能把许多理论科学部门的水平，包括遗传学，提高到把一切都整顿得等于或高于其他国家中的那些科学的水平。苏联的外国朋友（在遗传学家中苏联的真诚朋友特别多）为文明在这里的胜利进军而骄傲。"这表明，1932—1937年间，遗传学在苏联不仅有自己的生存权利，而且有美好的发展前景。

李森科否定基因的存在。他似乎了解一点儿科学史，所以把基因比做"燃素"来批判，但似乎他又不了解科学史，所以他又象有人否定原子的存在那样，否定基因的存在，他问道，"试想这个基因是什么呢？……谁见到过它、摸到过它、尝到过它呢？"

他否定突变在进化中的意义，把遗传学认为一个基因在几万年中才能突变一次这个命题歪曲为生物体在几万年甚至几十万年中都是不变的，然后用所谓的"唯物辩证法"的观点予以严厉驳斥。

他主张，具有遗传特性的物质遍及整个细胞，获得性可以遗传（这作为一种学术观点，当然是可以讨论和研究的）。

李森科在否定基因学说和论证自己观点的当时，只有下述这样一个所谓的"历史性"实验作论据：1935 年 3 月 3 日把"集体庄员"和"路德生 329"两个品种的冬小麦种在寒冷房间的一个花盆里，直到 4 月末，温度经常不高于 10-15℃。从 5 月开始不低于 15℃。"路德生 329"的两个植株都活到深秋，直到枯萎也没长出麦穗。大约在 8 月中，两株"集体庄员"中有一株被害虫咬断根而枯死了。9 月 9 日从幸存的一株上收到几对成对的种子。这棵植株的长穗时间拖得很长，一直持续到 1936 年 1 月，当它枯死时还有绿穗。把 1935 年 9 月 9 日收到的种子与原来的种子同时播种，两种幼苗在几代后都有明显的差别……由此说明冬小麦变成了春小麦。

这是实验，但不是科学的实验。因为个别的种子可能是杂种、突变型。人们的确要佩服李森科的勇敢，这种没有重复的、单株的实验竟然能作为他构筑新生物学理论的根据，竟还能进而宣称："我们已经能够在某种程度上用培养方法迫使每一代植物的本性定向地发生变异。"正当前苏联农业遇到困难的时刻，李森科给前苏联科学界端出了一个诱人的拼盘。这个拼盘的底菜就是可以变成春小麦的冬小麦，巧妙之处又在于这个拼盘是用已逝世的植物育种家米丘林的名字命名的。

马铃薯退化是国际性的灾害，经研究证明是由病毒引起的。李森科按着"植物阶段发育理论"，于 1934 年对这种退化提出了新解释。他说这是炎夏条件下成熟的块茎有一个"衰老阶段"的过程，因此为防止退化就要在夏天种植而在较凉的秋天形成块茎。从这一臆想出发，对马铃薯退化的病毒病因的研究就被李森科攻击为是无稽之谈。其实，夏季种植马铃薯的措施，也并非李森科的创造，只不过是由李森科给这一措施披上了新理论的外衣。退化的原因在于病毒，温度只不过是个促进因子，只从温度着眼是个治标不治本的方法。它既不是根本性的改革措施，也不是可以到处适用的缓解性措施。前苏联南部许多地区，仲夏以后天气干旱，不宜夏季种植，而且把种薯保藏到仲夏也有许多困难。李森科的"衰老阶段"理论刚刚提出，就到了衰老阶段。新的创议不可能被继续推广，因为马铃薯种植者毕竟是要从地里多收些马铃薯，而不是要从天上多接些"新理论"。

由李森科为主编、泼莱任为副主编的《春化》杂志，于 1937 年的一期上转载了斯大林同志在中央会议上的讲话《论党的工作的缺点和消灭托洛茨基分子和其他两面派的办法》。接着一篇是泼莱任的论文，把党在政治上的敌人托洛茨基、布哈林与李森科在学术上的反对派之间划了等号。他写道："当我们苏联科学公众已把斗争战线扩大到生命和发展问题上反对形而上学时，当米丘林、李森科以及所有同他们一起前进的人们在重建生物科学的旗帜下，在达尔文主义的基础上提高到马克思主义的水平时，黑暗势力就出来反对苏联生物学的这个特别有创造性的方向。"他一会儿指责某个遗传学家是"仿照国外'科学家们'最近的反动论调跪着爬行"，一会儿又攻击另一个遗传学家是"孟什维克化的唯心主义者，是托洛茨基匪徒"，又嘲讽第三个遗传学家"从马克思主义在科学中的死硬反对派那里博得了一次亲吻。"

与《春化》杂志相呼应，其他一些杂志也开始了反对瓦维洛夫等遗传学家的尖锐斗争，说什么"资产阶级理论和伪科学倾向同外国植物一起渗入了研究所"、"托洛茨基分子的国际法西斯主义代理人在寻找渗入我国科学的入口"、"布哈林同形形色色的'基因骑士'科学家们在一起战斗"。这种攻势受到了政府某些高级干部的公开支持，甚至有的干部指责遗传学是"戈培尔宣传部的女仆"。

遗传学上的争论被强行纳入政治斗争的轨道，很快升级为揭露"人民敌人"的斗争。列宁全苏农业科学院当时的院长莫拉洛夫因为没有无条件地支持李森科的某些理论，而受到李森科和泼莱任的责难；还有一些人被指控对李森科的工作采取敌视态度。不久，莫拉洛夫等被捕了，李森科于1938年补缺为院长，一年后荣任苏联科学院院士。

一朝权在手，便把令来行。李森科任命业务能力很差的欣登科去做全苏植物育种遗传研究所副所长。欣登科直接对李森科负责，而以对瓦维洛夫捣乱寻衅为己任。他不断地试图让瓦维洛夫辞去植物育种研究所所长职务。甚至操纵一部分人以党组织的名义做出撤销瓦维洛夫职务的决议，罪名是他"作为形式遗传学在苏联的理论家，凭借他保持的职务帮助全苏联的反达尔文主义者行动起来和团结起来，从而干扰苏联的实验网和植物育种网沿着达尔文主义的路线迅速重建。"这个决议后来没有公布，但可以看出，瓦维洛夫的命运已岌岌可危。

瓦维洛夫在艰难地挣扎着前进。他一方面要加紧实验工作，另一方面要被迫接受论战。在1939年3月的一次会议上，他申辩自己的观点"是现代世界科学的观点，而且毫无疑问不是由法西斯主义分子，而是由普通而先进的、辛辛苦苦地工作着的人们所发展的。"他指出"在科学中根据信仰来接受事物是没有意义的"，争论问题只有靠事实，"即便有农业人民委员会的法令也不能解决问题。我们将走向火葬场，我们将被火化，但我们决不放弃自己的信念。"

1939年5月25日，李森科主持农业科学院的会议讨论植物育种研究所的一份报告。根据李森科的提议，最后否决了这份报告。讨论中间出现了院长与所长之间的一场论战。

瓦维洛夫所长在针对别人的非难，陈述了自己研究所的工作成绩之后，自豪地说："我们很熟悉地方的品种是什么，外国的品种是什么，多倍体在哪儿……，现在，这个研究所把它的选种工作完全建立在达尔文进化论学说的基础上了。我们恰好是由考虑达尔文的工作来开始研究植物栽培的。"

李森科院长抓住他们收集美洲品种的问题做文章，提出了责问："你认为，人类起源的中心是在其他某些地方，而我们则处在边缘上吗？"

瓦维洛夫答道："你误解了我，我并不认为是这样。情况无疑是人类起源于东半球，那时西半球还没有人。一切有价值的材料都表明，人类最近才来到美洲。"

李：为什么你谈论达尔文，而不从马克思和恩格斯那里选择例子？

瓦：达尔文研究物种进化较早。马克思和恩格斯都很尊敬达尔文。达尔文并不是一切。但是，他是最伟大的生物学家，他证明了生物体的进化。

李：我根据你所写的东西理解到，你同意你的老师贝特生的意见，进化必须被认为是一种过分简单化的过程。然而，《党史》第四章中说，进化是增加复杂性……

瓦：也有简化。当我同贝特生一起研究……

李：他是一个反达尔文主义者。

瓦：不……

李：你不能向马克思学习吗？

瓦：我是一个马克思主义文献的爱好者，不仅爱好我国的，也爱好外国的，也做过多次尝试去证明马克思主义的正确。

李：马克思主义是唯一的科学，达尔文主义仅仅是一个部分；世界上真正的认识论是由马克思、恩格斯和列宁提出来的。当我倾听关于达尔文主义的讨论而没有提到马克思主义时，就可以看出，一方面，一切都是正确的，但另一方面，却完全是另一码事儿。

瓦：我研究过四五次马克思，并且准备……

李：把你的工作继续下去对你来说是有某些困难的。我们多次提到过这个问题，我真诚地为你惋惜。但是，你不服从我，而这就意味着全苏植物育种研究所不服从我。现在我要说，必须采取某种措施。我们不能这样继续下去。我们必须依靠别人，采取另一条路线，行政上服从的路线。"

少有的辩论，生动地反映出李森科其人在学术争论中强词夺理、令人讨厌的本相。

瓦维洛夫于9月份到外地考察，李森科借机将研究所里支持瓦维洛夫的14名博士和专家以及许多其他骨干解职。为李森科抬轿子的人被任命给瓦维洛夫做副手和科学秘书。

瓦维洛夫满怀忧虑地看到苏联的生物科学被李森科推上了歧路。他批评李森科一伙的偏狭与无知，指出："我们之间分歧的特征在于，他们是在先进科学的伪装下，建议我们回到已被科学所淡忘了的、本质上是十九世纪前半期和中期的观点（指拉马克主义）。"

李森科组织了对瓦维洛夫围攻。善于随风倒的"马克思主义哲学家"米丁也以"理论权威"的面目出场，他把开展遗传学问题的争论看作是一场政治斗争，宣布瓦维洛夫是"科学上的反动派"。

李森科的心腹欣登科在研究所里策划了一系列告黑状的活动。在欣登科调任保卫机关不久，于1940年8月，瓦维洛夫及其助手们就被陆续逮捕了。

生物学以及与生物学有亲缘关系的医学、农学领域，在李森科的大旗下也进行了一番大扫荡。

回首这一段扶摇直上的过程，如同想到加了糖和酸奶油的樱桃饭团子一样，李森科露出了微笑，他朦胧地看到了通往"重建科学"天国的玉阶金梯。

3．坎坷

第二次世界大战把遗传学上的争论打断了。战后，新的争论又随着李森科新理论的下凡而重新降临到俄罗斯。

李森科在战后最早、最浪费也是最荒唐的事业，就是为"取消"生物种内斗争规律而做的努力。贡献给实践的就是发明橡胶草的丛播法。

一个小穴里放 100 到 200 粒橡胶草籽，每丛橡胶草在战胜杂草后会茂密生长……，在李森科看来，自然界中生物每个个体的生活都完全服从自己物种的利益。在自然界中，任何植物和动物仅仅具有由自然选择所造成的一个目的——繁殖与其相同的后代。这个办法后来被推广到造林工作中，比如把 30 粒橡树籽种到一个穴里，按照李森科的理论，其中 29 颗将在毫无倾轧争夺的情况下安然死去，它们像士兵一样与杂草做斗争，它们充满了高尚的自我牺牲精神，为的是让一个幸运儿苗壮地成长为橡树。他不否认一丛植株中的大多数会死掉，但他不承认这是在夺取营养、水分和阳光等生存条件的竞争中死去的。他用融合了道德标准的"自我稀疏"来代替"种内斗争"的解释。

1945 年 11 月 5 日，在为国家育种站工人讲课时，自称是保卫达尔文主义的李森科，把"生物界没有种内斗争"这一反达尔文主义的新理论首次公之于众。他坚信自己的论点是无懈可击的，所以把季米里亚捷夫农学院植物系的茹科夫斯基教授请来，要求这位教授批评他的论点。李森科许诺把他和茹科夫斯基的文章在他自己把持的《农业生物学》杂志上发表，茹科夫斯基接受了这个挑战。但当他把手稿送给李森科后，李森科被这篇应自己请求而写的文章激怒了。他原封不动地在杂志上发表了自己的文章，却不守信义，胆怯地拒绝刊登那篇批评他的文章。茹科夫斯基为了回答李森科对达尔文主义的挑战，决定把稿子投给《育种和种子繁育》杂志。文章与读者见面了，题目是《哈哈镜里的达尔文主义》。李森科立

1935 年李森科在克里姆林宫一次会议上发言，主席台上右为斯大林。

即撰文反击。当茹科夫斯基进一步再写出论战的文章时，就遭到了各家杂志的冷遇。

科学，在李森科那里的确是被扭曲了的东西，把李森科的"理论"比做一面哈哈镜，实在妙极了。这一比喻深深地刺痛了李森科。于是，茹科夫斯基这位与遗传学并无直接联系的实验植物学家被戴上了孟德尔－摩尔根主义的大帽子。他为保卫达尔文主义进行斗争，却落得一个反达尔文主义的罪名。

《文学报》记者走访了李森科院士之后，以《资产阶级为什么反对苏维埃科学家们的工作》为题发表了答记者问，其中有这样几段话。

> 问：你能否给我们解释，橡胶植物新播种法的理论基础是什么，而为什么像报纸所报道的，资产阶级科学家们反对您的科学的生物学工作呢？
>
> 答：丛播法的理论基础是否认种内斗争的存在，这首先是在我国证实的。资产阶级生物科学不但不知道这一点，而且它也不可能接受我们已经得到的关于自然界内不存在种内斗争的结论。
>
> 全人类属于同一个种。因此资产阶级科学需要这个杜撰的种内斗争，他们说，在自然界中同一种内的个体之间，为食物不足和生存条件而进行残酷斗争，较强的、较适应的个体取胜。据说人与人之间也发生同样的情形：资本家拥有百万家私，但工人们却过着贫困的生活，这是因为资本家就其本性、遗传性来说是比较聪明和比较能干的。
>
> 资产阶级的生物学，就其本质来说，由于它是资产阶级的，所以不能承认关于种内不存在竞争的论点。我国有些生物学家还承认种内斗争。我认为这是资产阶级残余。在自然界中并没有种内斗争，在科学上也不必去捏造它。

尊敬的李森科院士所谈问题的范围究竟是草木虫鱼的生物界呢，还是按阶级划分的现存人类社会？人们看到的，是从模糊的前提和混乱的逻辑中导出的荒诞的结论。

这一席谈话公布以后，法国的一位共产党员科学家觉得很离奇，以致他竟怀疑这位记者大概是个不学无术的庸才，因而做了歪曲的报道，直到他后来亲自与李森科晤谈之后，才知道是冤枉了记者。

否定种内斗争等于给生物科学制造一次人为的地震，因此，许多科学家不能不用科学事实来回击科学史上的这股逆流。李森科及其随从们由于没有可靠的科学论据，根本招架不住这场由他们自己挑起的辩论。大学里纷纷举行各种讨论会，青年学生们明确地表示不支持李森科。1947 年 11 月 4 日，莫斯科大学生物系组织了一次特别引人入胜的讨论会。最高学府的大讲堂里挤满了人，有三位著名的科学家以充分的论据，令人信服地批驳了李森科的概念，指出他的橡胶草试验从方法论上说是靠不住的。尽管会议主席事先邀请了李森科方面的人物，却没有一个人来参加这次讨论会。

战后的生物学，特别是遗传学在各国得到了异常迅速的发展。前苏联生物学大大落后了，而前苏联党和政府提出的目标是"赶超国外科学成就"，每个爱国的科学家都希望为此做出自己的贡献。然而，前苏联的生物学界却被李森科为首的集团把持着，既排外，又排内，怎么能不让人痛心呢？

随着时间的推移，李森科发明的一个个理论破灭了，提出的一项项农业措施失败了。在西伯利亚没有耕过的留茬地上种植冬小麦，农业受到了严重损害；在南方对春小麦做春化处理，浪费了大量劳动力和种子，并没有增产；还有夏天在中亚细亚种植甜菜，在乌克兰推广春小麦新品种等等，人们听到了一阵阵的喧嚣，但得到的却不过是一叠叠待填增产数字的报表。

党组织的某些领导人开始觉察到全苏农业科学院已变成了李森科个人的官僚机构。1948 年春，在中央委员会中分管科学工作的尤里·日丹诺夫提出了加强农科院领导的问题，打算撤销李森科的院长职务。他还在有关会议上批评了李森科。

李森科不知给多少人打过不知多少次闷棍，而他自己受到领导部门的批评，这还是头一次。

4．飞扬

这时在苏联开展了反对"屈从西方"的斗争。就在这个时期，俄罗斯土地上诞生的一切都被捧上了天，科学论文和教科书中充斥着"俄罗斯第一"的论证，似乎世界科学史都是俄国人创造的。李森科巧妙地利用了这种政治形势来摆脱自己的困境，他不失时机地大声疾呼；遗传学是反动的美帝国主义的工具。这种把政治问题同自然科学学术问题搅在一起的呼喊，确实是语惊四座而立见成效。李森科顺着这股政治潮流涌了上来，定神之后，又要准备进攻了。

全苏农业科学院的首任院士有 51 名。自 1935 年以来，12 年中大量减员，但一直没有进行过选举。李森科自 1938 年任院长以来，故意保留空缺，以待时机安插亲信。临到 1947 年时，院士只剩 17 名，补选势在必行。年初开始了预选活动，决定于 10 月份进行选举。但根据预选评议的情况看，李森科派不会获胜。比如泼莱任的候选人资格就遭到了否决。不同意选他的理由，一是因为泼莱任的基本研究方法是引证，而不是实验；二是因为他在科学问题的争论中使用了太多的咒骂。选举的日期一再拖延，李森科总是掌握不了选举的主动权，最后他采用"通天术"，自己暗中圈定了一个名单送给了最高领导。

1948 年 7 月 28 日公布了部长会议任命 35 名新院士的法令。7 月 31 日，列宁全苏农业科学院大会在苏联农业部俱乐部开幕。

会议的中心内容是李森科做《论生物科学现状》的报告，李森科突出强调社会主义与资本主义两个世界在生物学上的两种意识形态的斗争，宣布孟德尔－摩尔根主义是经院哲学，"遗传物质"学说是不可知论，米丘林学说是科学的生物学基础。他要为创造性的、科学的生物学而斗争。他斥责说："世界上绝大部分生物学家不去进一步发展达尔文学说，反而竭力使达尔文主义庸俗化，窒息了达尔文主义的科学基础。现代反动遗传学创始人孟德尔、魏斯曼、摩尔根的学说，就是这种把达尔文主义庸俗化的最明显的表现。"

　　科学本来是世界各国人民世代积累的知识结晶，自然科学本身是没有阶级性的。但在李森科的报告里，生物科学却要像人类社会一样，被分为两个世界：社会主义的与资本主义的，无产阶级的与资产阶级的，进步的与反动的……。对待基因学说的态度，确切地说，是对李森科及其"主义"的态度，是作出这种划分的试金石。反对派一个个地遭点名攻击、谩骂、嘲讽或威吓，他们被宣布为反动的唯心主义者、帝国主义的辩护士和走狗、苏维埃科学中资产阶级影响的载体。不管什么原因而反对基因学说的人，则被赐以米丘林主义者的桂冠，誉之为进步科学的代表。他甚至不惜篡改历史，把一位已经去世的基因学说的拥护者伊万诺夫说成是李森科主义者，抓个死魂灵以壮军威。

　　对李森科自己概括出来的"米丘林生物学"，人们很难真正在生物学的意义上得到清晰的概念。"遗传性是生物体为其生活、为其发育而需要一定条件以及对某些条件发生一定反应的一种特性。"[①]人们学习以这种概念做基础的生物学，真是如堕云雾。

　　李森科兼具狭隘经验主义者和教条主义者的双重偏执。他的理论，基本上是不可靠的局部经验与思辨哲学相结合的产物，但他却有藐视历史、藐视世界的气概，扯起米丘林的旗帜，拍着胸脯高叫：达尔文只是认识了生物界，只有我们才在改造生物界！

　　在讲完九个部分之后，他以天之骄子的腔调说："同志们！作结论之前，我认为作如下声明是自己的责任。有人写纸条问我，党中央委员会对我的报告采取什么态度。我现在回答：党中央委员会审查了我的报告，并且批准了它。"

　　话音未落，会场上顿时一片欢腾，全体起立欢呼，暴风雨般的掌声经久不息。

　　接着，李森科做出结论："科学是偶然性的敌人。""把孟德尔－魏斯曼－摩尔根主义从我们的科学中消灭掉，这样，我们就把偶然性驱逐出生物科学之外。"

　　他向与会者们宣布这次会议"是对摩尔根主义的完全胜利"，是"具有历史意义的里程碑"，是"伟大的节日"。

　　报告结束了，步下讲台，此时的心境呵，有如英雄穿越凯旋门。

　　按照李森科的基调，会议谱成了对摩尔根遗传学的讨伐进行曲。发言者们调门之高，言词之激烈都是空前的。无休止地抄引经典作家的语录，随心所欲地做出他们所需要的解释，肆无忌惮地歪曲反对派的论点，然后是帽子与棍子齐飞，名为"科学"会议却丝毫没有科学气氛。会议结束前，有三位所谓"摩尔根主义"的科学家被迫认错。其中有人宣布，因为自己是共产党员，所以放弃原有观点。

　　李森科的报告很快在全国各大报纸发表，随之在全国范围内掀起了对遗传学的猛烈攻势。

　　曾批评过李森科的那位中央委员会科学处负责人——尤里·日丹诺夫，在《真理报》

[①] 李森科在其它文章中还曾定义过："遗传性似乎是植物机体在以前许多世代中所同化的外界环境条件之集中化"。

上公开检讨，他说："从我在科学处工作的第一天起，形式遗传学的代表们就来向我诉苦，改进了品质的有用植物的新品种在实践中没有被采用，并且遇到了李森科追随者的反对……。我的错误是，决心要保护这些成就，这些成就恰好都是害人的礼物……。我承认，这是一种对实践的功利主义态度。"

前苏联科学院主席团扩大会议作出决议，撤销细胞遗传学等有关实验室，因为它们是摩尔根主义的"温床"。高教部长号召全国大学迅速彻底地消灭反动的摩尔根主义和它的媒介物。

医学科学院也大步紧跟。某些政府部门发布了许多威胁性的命令，关闭实验室，开除工作人员，销毁教科书和专业文献，消灭果蝇……。甚至成立专门委员会，生物学、农学、医学等领域和教育部门的科学家，几乎每个人都必须向这个委员会宣布他对李森科主义的态度。

消灭摩尔根主义的战斗也打过了苏联的国界。格里戈·孟德尔的出生地在捷克斯洛伐克的布隆，那里原来建立了这位遗传学奠基人的纪念碑，在八月大会之后，纪念碑被推倒了。

八月会议在全世界引起了强烈的反响，某些本来是共产党员或社会主义同情者的科学家，有的改变了政治态度，有的退出了本国的共产党。苏联科学院的国外院士和通讯院士几乎全都公开声明辞职。

管不得这些，李森科飞扬了。

季米里亚捷夫农学院聘请新任遗传学和育种学教授李森科来校讲学，全体教职员都奉命来听课，各部高级干部包括农业部长本人专程来校就教。座无虚席，学生们只好挤在过道里听广播。一辆"吉斯"到达，车门开处，走出了显赫的李森科院士，特邀的铜管乐队奏起了雄赳赳的胜利进行曲，院士大人在嘹亮的凯歌声中得意洋洋地穿过欢呼的行列，走向庄严的讲台。

望着头发灰白的科学家们，李森科兴奋地喊道："呵，你们来重新学习了吗？"然后是天马行空般的演说，诸如：一匹马只有在同环境相互作用中才是活的，没有相互作用，就不再是一匹马，而是一匹马的尸体；新蜂房不是从原先存在的地方形成的，而是在附近的地方形成的；活体总是想吃……等等，等等。

李森科主义风靡一时，李森科成了现实世界中唯一的生物学家。所有科研机关都高悬起他的画像。某些地方为他竖纪念碑，艺术商店出售他的浮雕像，国家合唱队演唱向他致敬的赞歌：

同我的女朋友轻快地拉起手风琴，

让我们来唱一唱李森科院士的永恒光荣，

他以坚定的步伐走着米丘林的道路，

他保护我们免受孟德尔－摩尔根主义的愚弄。

5. "逆"风

"米丘林生物学"这一命名，本是李森科玩弄的把戏。李森科的伙伴们则把它推衍为"米丘林－李森科"学说，实际上应叫"李森科主义"。

米丘林对孟德尔定律表示过怀疑，但并没有把这种怀疑推广到整个遗传学，而且，他在后期的一些著作中承认了基因的存在。米丘林是一位有贡献的植物育种学家，他在长期的实践中，积累了丰富的果树育种经验，并总结了一些带有规律性的认识，反映了生物遗传规律的某些侧面，但他从来没有建立什么遗传学，没有提出建立一门科学的理论和方法的体系。

与米丘林不同，李森科不是科学家，不是老实人。他欺世盗名，善于把不可靠的或伪造的"发现"披上马克思主义的外衣。比如，在李森科把持的科学刊物上，不断地传出关于小麦变黑麦、栽培燕麦变野生燕麦、甘蓝变油菜、松树变冷杉等弄虚作假的报道。李森科的宣传是："斯大林同志关于逐渐的、隐蔽的、不被注意的量变导致迅速的、急剧的质变的教导，使苏联生物学家发现了植物中这种量变的实现和一个品种转化为另一个品种。"

科学需要马克思主义指导，但李森科式的欺骗，不仅糟蹋了自然科学，也玷污了马克思主义。

李森科在这段时间里最出洋相的事情，莫过于他在农业化学方面的倡议。

不知怎么心血来潮，他提出把腐殖质或粪便用无机肥料在一只转桶里混合，制备特殊的有机－无机颗粒。这种颗粒遭到人们的拒绝之后，他又坚持让人们小剂量施用有机－无机混合肥料。为了说服人们，他曾请人参观他们在列宁山的实验站。人们到了试验田以后，既看不到对照，也没有重复试验的说明。有的参观者在田里发现有一田块的作物长得特别差，但牌子上却标明，施用的正是李森科介绍过的氮磷钾有机－无机混合肥料。

他接着又提出，在施肥前，先把过磷酸盐同石灰混合。稍有化学常识的人都知道，这会使过磷酸盐转变成磷酸盐，而后者正是化工厂里制造过磷酸盐的原料。若按照李森科的妙计行事，那么可以提出两个简化的流程。一是关闭化工厂，把磷酸盐直接施到田里，可惜，它不是肥料；二是过磷酸盐与石灰混合后，再送回化工厂循环，这也与农业无关。

他还有一个建议：粪肥变成腐殖质以后再施入土壤，讨厌的是，作物最需要的氮就大量跑掉了。

更妙的建议是：使用粪土混合肥。粪土混合肥用于温室，这早已被人们采用，加进的泥土不过占 25% 到 20%。李森科的"创造性"在于把泥

李森科作大会发言

土的比例提高到 80%～90%。照此办理，载重汽车要绕着田头把大袋大袋的泥土从这里运到那里，肥效下降，成本剧增，劳民伤财！

欺骗是不能持久的，真理是压制不住的，人们随着社会实践的发展，一定能识别真理和谬误。在李森科把自己的"主义"尊为不可侵犯的教义的时间维持了 4 年之后，苏联科学界吹进了一阵带有新鲜气息的清风。对李森科来说，这是一股难以忍受的"逆"风。

1952 年 12 月，由苏哈乔夫编辑的《植物学杂志》发表了两篇批评李森科的文章。两位作者原先都是李森科的热情支持者。这两位作者认为，李森科关于物种形成的理论是从达尔文主义和米丘林学说后退了。文章不过是对李森科做了很有局限的批评，但比文章本身重要得多的是，终于可以让不同意见公开发表了。科学需要它，人民欢迎它，科学界以巨大的热情支持这个新开端。许多人挥笔参战，几十篇文章涌向《植物学杂志》编辑部。

李森科控制的杂志，反应很灵敏，立即登出了恶意诋毁正常批评的文章。但是，他控制不住局面了，党和政府注视着客观形势发生变化的新进程，没有再重复历史上的错误而进行干预。人民的同情和支持，在《植物学杂志》这一边。

科学讨论从物种形成和种内斗争问题入手，但由于李森科一伙所惯用的手法是给一切持有异议的人贴上孟德尔－摩尔根主义的标签，所以又自然而然地把争论扩大到了遗传学和农业生物学的整个领域。《植物学杂志》立即成为人们注意的中心，读者们急切地期待着与每期杂志尽早见面。它的发行量急剧增加，双月刊变成了月刊。全苏植物学会议和植物学会理事会曾做出决议支持《植物学杂志》。几年前被取缔了的遗传学研究又在学术讨论中复苏了。在苏联科学院里，开始出现遗传学实验室和小组。

《党的生活》杂志曾发表过题为《科学工作的原则》的文章，批评了这样的现象："一位第一流科学家所介绍的方法，在实践中失败了，但科学工作者缺乏承认的勇气……。工作人员为了取悦李森科，竟不顾事实……去证明那些无法证明的东西，并对正视现实的正直的农业专家扣上保守主义者的大帽子。结果，在几年时间里，按照这种方法在几万公顷土地里播种了冬小麦，最后的产量连播下去的种子都收不回来。"这类虽然并非直接批评李森科的文章，但在党的杂志上登出来，也毕竟戳痛了这位不可一世的学阀。

李森科顽固地阻挡着新形势的发展。但在理论和实践这两方面对他进行初步揭露之后，在 1955 年末就有 300 多位科学家在一份请愿书上签名，请求免去李森科的全苏农业科学院院长的职务，这个请求被接受了。李森科的势力开始削弱。

然而，斗争的进程是曲折的。李森科在找到新的靠山——赫鲁晓夫以后，又时来运转了。

6. 新宠

1958 年 12 月，李森科在中央全会上控告反对他的一切批评都是西方帝国主义的阴谋。他说："在全世界，在科学杂志上，而且不时在报纸上，围绕米丘林生物学展开的这次所谓讨论中，对唯物主义生物学和我个人，编造了大量的胡说八道。资本主义国家的反动派把米丘林生物学叫作'李森科主义'，……我在生物学和农业实践中的全部工作被宣布为欺骗和虚假的。"

赫鲁晓夫接受了李森科的控告，赤裸裸地采取行政命令的办法，针对《植物学杂志》编辑部发出指令："干部必须再考察"，编辑部中"反对米丘林科学的人""必须由其他人，由真正的米丘林主义者来代替。"这是赫鲁晓夫利用权力解决学术问题的蛮横行径。

这个命令通过科学院主席团出面贯彻。生物学部本来曾在9月23日做出了关于批准《植物学杂志》活动的专门决议，这时不得不急忙做出彻底改组这个编辑部的决定。苏哈乔夫等人被调离编辑部，李森科的追随者们接替上任，莫斯科自然科学家协会也奉命停止一切论战，紧接着就是一系列的撤职和新的任命。

由于赫鲁晓夫的支持，李森科在生物学和农业研究部门以及在高等教育和中等教育方面，重新在组织上巩固了统治地位。他专横跋扈的学阀作风愈演愈烈，以至从1959到1962年期间的所有出版物，没刊登过任何一篇批评李森科的文章。

前苏联的遗传学研究工作又受到了一次严重的政治冲击。1958年在加拿大举行了第十届国际遗传学会议。参加会议的前苏联代表团成员清一色地换成了李森科方面的人物。按原计划准备的遗传学论文全被临时撤销，但会议事先印好的发言顺序已经来不及改变。所以一排到前苏联科学家报告时，人们只好用静坐来挨过时光，直到过了规定的发言时间为止。会议有20个分组，前苏联只参加了一个组，也是专为前苏联代表团开设的一个组——嫁接杂交组。前苏联代表团在会议上的尴尬处境充分表明了李森科主义"新生物学"在世界科学中处境的尴尬。

在四分之一个世纪里，李森科的"新生物学"对遗传机制的阐明没有丝毫进展，关于遗传性的定义不知重复多少次，灌输给多少人，迫使人们理解它，但人们却不知道怎么理解它。李森科每提出一个新建议，就总会有那么一些趋炎附势的人在铙动鼓响的喧闹中宣读论证"院士高明"的文章。李森科周围的一伙人与其说是学派，不如说是政治上和组织上的宗派或帮派。他们掌握了领导权，控制了舆论。一般公众既不知道现代遗传学的卓越成就，也不清楚李森科主义给苏联科学和农业等方面所造成的危害。

正是在这段时间里，国际上生物学出现了更大的进展。分子遗传学的建立和迅速发展使生物科学的发展进入了崭新的历史时期。遗传学理论随着科学实验的发展大踏步前进了。基因学说逐渐被大多数遗传学家接受。实践是检验真理的唯一标准，李森科的那一套经不起科学实践的检验，科学家们当然要抛弃李森科。

当基因在分子水平上的作用机制已被发现多年之后，李森科及其伙伴们仍在那里闭着眼睛说"这种说法纯属异想天开，毫无科学根据"，他们把基因继续当作"燃素"和"热质"来批判。在他们洋洋大观的文章中，有的是造谣惑众，有的是摘取五六十年以前的个别陈腐观点取代现代遗传学的观点，有的是把个别遗传学家的观点看作是整个遗传学的观点，有的则把西方国家科学家的政治观点、哲学观点与他们的科学观点混为一谈。

他们抗拒科学发展的客观规律，鄙视物理学、化学的理论和技术向生物学的渗透。李森科认为，他是生物学家，而做物理化学实验是物理学家和化学家的事。

　　这个宗派在不同的政治背景下，涂上不同的油彩。他们先前写《斯大林与米丘林农业生物学》，后来写《苏共二十二大和生物学中的若干问题》。在前苏联农业政策屡遭失败的情况下，他们能及时指出"捷径"，一次又一次赢得政治家的信任。

　　这个宗派在遗传学上并无建树。他们的专业是吹捧李森科主义和诋毁现代遗传学，他们的工作就是压制、打击学术上持有异议的反对派。

　　1961 年，列宁格勒大学召开实验遗传学的大型讨论会，一切都已准备就绪。但李森科了解到会议报告人的名单中有一大批反对派的科学家，他就趁在基辅开一次农业会议的机会向赫鲁晓夫告状。赫鲁晓夫一个电话从基辅打到列宁格勒，会议就被取缔了。已经到了列宁格勒的许多科学家只好茫然归去。

　　分子遗传学的研究因"遗传密码假说"、"中心法则"和"操纵子学说"的提出而震动了世界，生物学成了举世关心的重要话题。1962 年 5 月，前苏联科学院经充分研究，决定建立一个常设的分子生物学科学委员会，并任命了一个工作小组开始检查院属生物学方面的研究所的工作。李森科领导的遗传研究所也在被检查之列。检查的结果是拟于 7 月 10 日通过一项对遗传研究所的状况和研究水平提出谴责的决议，但 7 月 12 日傍晚，忽然得到通知说，委员会已被解散，材料被查封。真是蹊跷，原因何在呢！

　　原来是赫鲁晓夫于 7 月 11 日访问了高尔克村（李森科实验农场所在地）。第二天，中央报纸在头版刊登了赫鲁晓夫和其他党政要人与李森科的合照，同时还刊登了他赞赏李森科全部工作的讲话。他说"米丘林生物学的成就是科学家和实际工作者坚持斗争的结果。他们是我们国家的财富和党的财富。这些实际成就有助于创造出丰富的农产品，有助于解决我们进行共产主义建设的问题。"

　　这样，科学院的原决议就只能丢进废纸篓里去了。又成立了一个新的委员会，任务是起草一个法令：号召苏联生物学家面向生活，加强生物学同实践的联系，其他各领域也都要以李森科的成就为榜样。

　　李森科及其追随者参加了这个委员会，但也有反对派参加。经过很长一段时间工作，由于意见分歧，委员会无法做出明确的报告。赫鲁晓夫等得不耐烦，就下令成立七人起草小组，来代替这个委员会。经他们草拟的计划得到了批准。这个报告继续强调要发展"米丘林生物学"，但由于分子生物学在世界科学中的显著成就和反对派的坚持，报告没有提"摩尔根主义"，并说要全面发展生物学的各个领域。

　　在李森科看来，向现代遗传学妥协，将意味着失掉他们的王国。所以他赶紧发表了一篇长文，题为《农作物遗传性定向变异的理论基础》，在《真理报》和《消息报》上同时刊登。

　　时间已是 1963 年，而李森科依然老调重弹，表示他对孟德尔－摩尔根的愤慨，表示他对自己那个主义的信仰。他再一次否认遗传物质的存在和 DNA 的作用。生物学的车轮似乎应该沿着李森科主义的轨道倒转回去。

　　3 月，列宁全苏农业科学院召开会议，妄图仿效 1948 年 8 月大会对反对派施加压力。院长奥尔尚斯基大骂孟德尔－摩尔根主义堵塞了生物学的发展道路，吹捧"李森科创立了

李森科（右一）在解释基于"无产阶级科学"的农业项目

米丘林生物学的唯物主义观点"。这里，不老实人倒是说了一句老实话——"米丘林生物学"的观点是李森科创立的！

1963年为评定列宁奖金而引起了一场轩然大波。这项奖金，每年都是经部长会议批准后，于列宁诞辰前一天，即4月21日公布的。李森科是评奖委员会中唯一的生物学方面的代表。这一次的候选人中有两名是李森科派的人，评定结果是将两人否决了。

4月13日，星期六，赫鲁晓夫突然命令100多人的评奖委员会立即开会，要求重新检查否决案。4月15日召开了一次特别会议，在会上，凡是试图说明否决理由的人，不是不准发言，就是发言被打断，结果是否决案又被否决。赫鲁晓夫悍然采取高压手段，又一次稳住了李森科的已经动摇了的学阀地位。

一切似乎都平息了。自然科学刊物一律对批评李森科的文章开红灯。然而，意料不到，却有一小股岩浆从《涅瓦》这个文学政治杂志上涌了出来。由于编辑部负责人的支持，该刊发表了一篇文章，题为《苏联遗传学的展望》。文章介绍了遗传学在理论上和实践上的成就，对"资产阶级生物学"的提法表示了怀疑，并严肃地批判了李森科主义。文章提出"在我国，现代遗传学的发展怎么会出现如此长期的停滞不前？……只是在生物学中某人仍然顽固地打算在苏联科学同世界科学之间划出一条鸿沟，并且对不同于他们学派的其他学派和代表人物所做的一切工作完全置之不理。"

李森科及其随从们，对反对派的成就可以置之不理，但对反对派的批评却不会置之不理。在"遗传学有阶级性"的战旗下，又开始了新的意识形态斗争，但完全是重复他们不知重复过多少遍的车轱辘话儿。

莫斯科市委书记叶果里切夫在6月中央委员会上谴责了上述文章的作者之一——梅德维杰夫，说他把"基地转移到了卡鲁格区"，因而引起了该区"土地爷"们的惶恐不安，立即在研究机构中到处搜索梅德维杰夫，最后把家畜生物化学和生理学研究所工作的一位安分守己的梅德维杰夫开除了。其实，写文章的却是另一位梅德维捷夫——医学科学院放射生物学研究所分子放射实验室的负责人[1]。

李森科由于在科学上经不起反对派的挑战，不得不从政治上去寻求靠山，赫鲁晓夫则由于在政治上受到了反对派的挑战，已经在农业问题上为他的政治赌博作出了孤注一掷，也梦想依靠李森科的"科学"赢得这场赌博。

赫鲁晓夫在 1964 年 2 月中央全会上极力推崇李森科的方法。他说："李森科同志在实践中表明了他的方法使谷物、牛肉和牛奶得到了丰产。当我还是莫斯科市委书记时，就向集体农庄和国营农场介绍他的方法。……甚至早在那个时候，李森科就早已给在这次会议上某些同志发言所辩论的问题开了一张到期兑现的支票。……采用李森科的方法是不会吃亏的。今年过后，我们可以看看他的小麦。我可以保证，它总会有一个大丰收的。"其实，这时前苏联的农业情况已经很糟了。

1964 年 6 月，科学院选举院士前，赫鲁晓夫又提议，给遗传学增加院士名额，借以壮大李森科的声势。可是，李森科的一个心腹——努日金的资格，在科学院全体会议上讨论时遇到了麻烦。会上，生物化学家恩格尔哈特说："在遗传学的候选人中间，至少我个人认为，有理由不同意委员会的推荐和该学部投票所表达的意见。我所指的是努日金的候选人资格。在这里，我处于一种颇感为难的境地。因为我在十年前曾选努日金为生物学部的通讯院士。按照事物的自然过程，他的晋级是正常的。但是问题来了，在这段时期里，努日金有没有同科学的进展保持同样的前进步伐呢？就我所知，他并没有做出可以比得上其他候选人在同一领域里所做的实际贡献。……很清楚，如果选了努日金，那么科学院所增

坐在前苏联著名科学家中的李森科（李森科在中间）

---

[1] 即后来《李森科浮沉录》的作者。

加的就不是一位能够提高遗传学研究水平、并把它转到当代遗传学发展主流的方向上来的科学家。"物理学家萨哈罗夫接着说："在传阅的文件中提到：'努日金十分注意同反米丘林主义者和歪曲生物学者进行斗争的问题，不断地批判研究遗传和变异中各种唯心主义思潮……'。如何去解释在同反米丘林主义者的歪曲做斗争？在进一步发展生物学中，著名人物的哲学研究工作的背后究竟隐藏了什么？对于每一位将投票表决的科学院院士来说，这是一个科学良知的问题。这份摘要我不想看第二遍了。至于我自己的意见，我要求把这些都提交投票表决，只有同努日金、李森科伙同一气的人才会投赞成票，这些人是要对苏联科学发展史上不光荣的、痛苦的一页负责的。"

投票表决的结果，126 票反对，22（或 24）票赞成，努日金落选。

赫鲁晓夫知道后，大发雷霆。他指责科学院干预政治。他甚至曾打算取消科学院。后来又想把科学院改组为"科学委员会"，为此成立了一系列委员会，检查科学院生物学方面研究所的工作。

7．垮台

1964 年 10 月 13 日，前苏联遗传学家拉波波特在被开除党籍和撤销职务 16 年后忽然收到中央委员会农业部一位高级领导人打来的紧急电话，让他在 24 小时之内为《农村生活报》写一篇长文章，介绍遗传学成就。他感到愕然。历来为李森科张目的《农村生活报》怎么会登这样的文章呢？为什么要在 24 小时之内写出来呢？为什么……

拉波波特教授是理解不了的。一位科学家因为持有某种学术观点，昨天尚被赫鲁晓夫和李森科视为必须拔除的钉子，一夜之间却又成了一场政治角逐中被驾驭的快马，并且被要求的速度之快几乎到了达不到的程度。研究生物突变的拉波波特，并不知道克里姆林宫中已经发生了政治突变。

当时，赫鲁晓夫的伙伴们趁赫鲁晓夫外出的机会，正在策划把赫鲁晓夫赶下台，已万事俱备。给拉波波特打电话和召回在黑海之滨度假的赫鲁晓夫都发生在同一天。第二天傍晚就要投票通过将赫鲁晓夫解职。拉波波特的文章是新权贵准备的一个政治筹码，只是科学家本人不明其妙用而已。

赫鲁晓夫垮台了，李森科也失势了。

1965 年 2 月，李森科被解除了苏联科学院遗传研究所所长职务，解职是以接受李森科辞呈的方式进行的。

在此以前一个月，苏联科学院主席团决定成立一个委员会到李森科领导的"列宁山"试验农场检查工作。9 月间，苏联科学院主席团、苏联农业部部务委员会和列宁全苏农业科学院主席团召开联席会议讨论了这个调查委员会的报告和李森科本人的申辩信。

调查委员会在评价这个农场的实验结果和检验实际应用的实验设计时，发现了许多弄虚作假的"科学方法"，许多资料是伪造的，农业化学方面是如此，畜牧业方面也是如此。

就以李森科曾经大肆吹嘘的泽西种奶牛的试验来看，尽管牛奶的平均含脂率增长了 4.87%，但由于牛奶总产量下降，一年内每头牛的牛奶含脂量却降低了 13.7 公斤。牛奶蛋白质的产量下降了 41 公斤。农场牛奶总产量的增加是靠增加牛的头数达到的。

这份调查报告指出："这样一个在国内大肆宣传的农场，长期以来实际上陷于停滞不前的状态。在一些极其重要作物的产量方面，甚至倒退了一步，这是难以令人置信的，然而，这却是事实。

联席会议驳回了李森科的申辩，并最后做出决议：废除农业部过去为推广李森科的提高乳脂率工作经验而颁布的两项命令，并责成李森科消除工作中的"缺点"。

这就宣布了李森科的彻底垮台。

但按照苏联法律的规定，李森科依然有三个院士（苏联科学院、列宁全苏农业科学院和乌克兰科学院）的头衔，享有社会主义劳动英雄的称号和 9 次列宁勋章获得者的荣誉，终身享受着这些头衔，称号和荣誉所给予的一切特权。

1976 年 11 月 20 日，李森科死了。这位曾经声名赫赫、不可一世的"大人物"，最后无声无息地离开了人世。

可以盖棺论定了吗？在学术上，对李森科的评价，有关领域的科学家们应当坚持实践是检验真理的唯一标准的观点，来畅抒各家之见，总有一天会说得清楚的。但从政治上总结李森科主义兴亡的历史教训，却要及早去做。自然科学理论问题上不同学派之间的争论被轻率地判定为政治斗争或阶级斗争；用行政手段强制推行一种学派，禁止另一种学派；随意给科学设禁区、下禁令，不准自然科学刊物宣传不同的学术观点，不给科学家以交流学术思想的自由……，所有这一切都必然会给自然科学的发展带来灾难。

历史是一面镜子。不论是科学家，还是哲学家，以及政治家，都不应当忘记李森科其人。

（选自《自然辩证法通讯》1979 年第 1 期，创刊号，《李森科其人》，作者石希元，樊洪业的笔名，时任《自然辩证法通讯》杂志编辑、中国科学院科技政策与管理科学研究所研究员。研究方向为中国近现代科学史。）

第六编

女性与科学世界

丽丝·迈特纳

核科学中的杰出女先驱

1990 年底，《美国物理学期刊》上发表了《核科学中的女先驱》[1]，文中按姓氏字母的顺序列出了 16 位在核科学的早期发展中做出过一定贡献的女科学家，并讨论和评介了"居里夫人并发症"（Marie Curie Syndrome）。这种"并发症"就是指的把一位名人当成"箭垛"，一切优良言行和丰功伟绩都归给他（她），而对他（她）的任何缺点和过错则讳莫如深的那种庸俗幼稚的做法。我们认为，该文的评论是精辟公允的和切中时弊的。事实上，这样的"并发症"是一种流行颇广和根深蒂固的传染病，它对科学史的传播和发展为害甚大；特别是在那些学术落后和道德败坏的领域或团体中，由于昏愦学阀的武断专横和卑鄙市侩"每天搅水不止"，这种顽症可以发展到十分猖獗而严重的地步！

另一方面，这种"并发症"也可以有"负值"。就是说，某些人物受到屈抑，他们的重要成就受到一部分人的有意无意的"淡化"的情况，也可谓屡见不鲜。本文所要介绍的奥地利出生的女科学家丽丝·迈特纳就有过这样的遭遇。由于在放射现象的研究方面作出了开创性的成绩，她从 1924 年（当时量子力学还未诞生）开始，就不止一次地被提名为诺贝尔奖（化学奖）的候选人[2]，但是这种提名从来不曾获得通过。由于阐明了重核裂变的实质，她在许多国家曾经名噪一时，但是某些鼎鼎大名的德国学者却绝口不谈她的贡献，甚至在论述核物理学的发展时显然是别有用心地不提她的名字。这种情况，难道不是很值得人们深思的吗？我们

迈特纳（Lise Meitner, 1878—1968）

有见及此，特地收集了一些很不全面的资料，准备对迈特纳的生平和成就作一概括的介绍，也许可以多少医治一点这种令人厌恶的"并发症"吧！

1．生平

丽丝·迈特纳于 1878 年 11 月 7 日生于奥地利首都维也纳，比普朗克（M.Planck，1858—1947）小 20 岁，比爱因斯坦（A.Einstein，1879—1955）和哈恩（O.Hahn，1879—1968）各大 1 岁，比玻尔（N.Bohr，1885—1962）大 7 岁，比薛定谔（E.Schrödinger，1887—1961）大 9 岁，比海森堡（W.Heisenberg，1901—1976）大 23 岁。她的父母都是犹太人，父亲（Dr.Philipp Meitner）是很有地位的律师和棋艺高手，他思想开放，没有按犹太教的教义来教育子女，而是让他们全都接受了基督教的洗礼。丽丝·迈特纳在 8 个孩子中排行第三，有两个姐姐，她二姐的儿子弗里什（O.R.Frisch，1904—1979）的后来成为著名的核物理学家，与她在工作上和生活上都有许多的联系。

迈特纳的一生有大约三分之一的时间是在维也纳度过的，另有三分之一的时间是在德国的柏林度过的，后来她在十分危险和困难的情况下离开了自己的事业和师友，被迫从纳粹的暴政下逃出，经荷兰、丹麦而到了瑞典，在那里从事研究工作直到 81 岁。然后她到英国定居，以便接受弗里什的必要照料，1968 年 10 月 27 日，在她的 90 岁寿辰的几天前，她在剑桥的一个养老院中逝世。

迈特纳从幼年时起就对自然界的现象和规律深感好奇，她立志学习自然科学。但是，为了作好必要的谋生准备，她在中学毕业以后先考取了一个当法文教师的资格，然后经过刻苦努力，取得了大学入学资格，于 1901 年进了维也纳大学。当时大学中的女学生还很少，她在那里曾受到过男学生们的戏弄，但是玻尔兹曼（L.Boltzmann，1844—1906）等人的讲课使她获益匪浅。1905 年，她以一篇关于非均匀媒质中的热传导的论文获得维也纳大学的博士学位，成为获该校博士学位的第二位女物理学家。

玻尔兹曼逝世以后，维也纳大学曾想聘请普朗克接替他的职位，普朗克也曾有意受聘。他在到维也纳短期访问时见到了迈特纳，对她的才华甚为赏识。后来普朗克因柏林大学竭力挽留而没有走成，于是迈特纳就打算到柏林去从事理论物理学方面的工作。但是就在这时，她接触到了刚刚兴起不久的放射性科学，而这种研究后来就成了她一生主要的精力所寄！

1900 年，丽丝·迈特纳在维也纳。

　　她于 1907 年到了柏林，在大学中听普朗克等人的课，并逐渐成了普朗克家的好朋友。有一段时间，她找不到做实验的地方，当时鲁本斯（H.Rubens）曾经建议她到他的实验室去工作，但是迈特纳生性腼腆，有点惧怕鲁本斯的巨大声望。后来她遇到了哈恩，当时哈恩正在研究放射化学，需要找一个物理学家来互相合作，迈特纳愿意和他合作，但是威廉皇帝化学研究所的所长费舍尔（E.Fischer，1852—1919）不许女子进他的实验室。于是哈恩和迈特纳只好找了一个空闲的"木工房"来进行自己的测量。这种情况直到妇女受高等教育的权利在德国得到确认时才有了好转。1913 年，迈特纳正式进入迁到新址的化学研究所，在那里和哈恩进行了 20 多年的密切合作。

　　1914 年，第一次世界大战爆发，他们的研究工作也基本上中断了。哈恩应征入伍，而迈特纳也自愿到奥地利军队中当了一名 X 射线透视操作员。她经历了艰苦的生活条件，常常要接纳许多语言不通的波兰士兵，往往每天工作长达 20 小时。但是，就在这时，她也偶然有点短时间的休假，她总是尽量争取和哈恩同时到柏林去进行一点实验工作。

　　1918 年，迈特纳成为化学研究所物理部的主任。她和大学的关系并不密切，1912—1915 年，她曾任普朗克的助教。战争结束以后，她于 1922 年获得大学授课资格，当时她的求职演讲是讨论的宇宙射线问题，而德国报纸却把她的研究错误报道成"化妆物理学"（Cosmetic Physics）。1926 年，她被提升为副教授，但是她没有讲过什么课。

　　"她一直按时参加柏林大学的学术讨论会，在那里认识了许多著名的学者，曾被爱因斯坦称为"我们的（德国的）居里夫人"。当 1920 年玻尔到柏林访问时，她被人们推举去见玻尔，要求玻尔和一些"非巨头人物"单独座谈，所有的正教授就不许参加。这就是那次有名的"无巨头座谈会"。从那以后，她和玻尔保持了真挚的友谊。1930 年 12 月间，人们在图宾根召开物理学会议，因为主要讨论的是核物理学，所以泡利在一封来信中称他们为"亲爱的放射性的女士们和先生们"。其中"放射性的"女士当然指的是迈特纳。正是在那封信中，泡利第一次像开玩笑似地提出了后来带来深刻影响的"中微子"（当时泡利称之为"中子"）概念。

　　当 1933 年希特勒在德国上台时，迈特纳由于有奥地利国籍，起初还没有受到什么直接的迫害。但是到了 1938 年 3 月，纳粹德国并吞了奥地利，迈特纳的处境立即严峻起来了。当时她已在德国工作了 20 多年，她在那里有自己的工作、生活和各种的联系，因而对她来说离开德国就意味着重大的牺牲。但是，虽然经过许多有影响人物的多方疏通，她的被解职仍然一天天地迫在眉睫。国外的许多朋友，包括玻尔在内，都想尽了办法帮助她。但是他们的力量也很有限。当时从纳粹德国逃出去的人很多，人们在援助方面深感力不从心。同时，纳粹当局不许犹太人出国，不发给他们护照，而一些外国领事馆已不再承认迈特纳的奥国护照，从而她的出国遇到了不可克服的困难。最后，经过了许多周折，只好采取"非法"出境的办法。当时唯一可能的去向是坐火车到荷兰。7 月 11 日，荷兰物理学家考斯特尔（D.Coster，1889—? ）悄悄地来到了柏林，住在荷兰籍物理学家德拜（P.Debye，1884—1996)家中，他已经在荷兰给迈特纳办好了入境手续。13 日，他们乘火车离开柏林，临行之时，迈特纳的钱包中只带了 10 马克，哈恩把一个他母亲遗留下来的钻石戒指送给她，以备不时之需。当时她已 59 岁，离开住了几十年的柏林而走上完全不可知的旅途，她的凄惨心情是可想而知的。

火车过境时，有时受到德国"党卫军"的检查。迈特纳没有"合法的"护照，当然是很危险的。不过结果还好，火车上没有出事，他们在荷兰境内的一个小站下车，上了考斯特尔的一个邻居来接她们的汽车[4]。

在荷兰短期停留以后，迈特纳就去了哥本哈根。当时玻尔的研究所中有很好的研究条件，许多青年人（包括许多流亡科学家）正在那里顺利地工作着，而迈特纳的外甥弗里什也在那里。但是研究所的经费当然是很紧张的。据说迈特纳不愿意争夺那些青年人的地位，从而不肯久留在哥本哈根，过了不久，她就应席格班（M.Siegbahn，1918—）的邀请去了瑞典，我们知道，就在那年的圣诞假期中，她和弗里什得到了关于铀核的"裂变"的概念。

迈特纳在瑞典住了 22 年。虽然来到时已经年近花甲，但她还是很好地掌握了瑞典语，并建立了自己的研究小组。发表了一些有关核性质的论文。1946 年，她到美国华盛顿市的天主教大学当了半年访问教授，并被美国报界推选为那一年的"年度女性人物"。

1960 年，她到英国定居，因为她的一些亲友正住在伦敦和剑桥。当时她的头脑仍然很清楚，仍然到处旅行，探亲访友和发表学术演讲。但是她渐渐耳聋，影响了她的学术活动。后来身体逐渐衰弱，直至去世。她的遗体葬在一个乡村教堂的墓地中，那里还葬有她最小的弟弟。

2．放射性的研究

物理学中的许多分支，例如力学、热学、电学、磁学等等，都可以追溯到很古老的时代，而核物理学则不然，它有一个明确的起点，那就是世纪交替时期放射性物质的被发现——在此以前，人们简直不知道任何和原子核有关的事实。

当迈特纳在 20 世纪初期登上历史舞台时，人们对放射性现象的本性和规律还所知甚少。她在 1905 年通过斯特凡·迈耶的介绍而接触到了放射性的课题，那时人们对于 α 射线在通过物质时是否会发生偏转还知道得很不确切。虽然当时迈特纳并没有打算终身从事于这方面的研究，而是正在准备到柏林去研究理论物理学，但她到底还是设计并进行了一些实验，证实了某些偏转确实是存在的。她的实验属于这方面的最早实验之列，而我们知道，后来正是关于 α 射线的偏转的研究，引导卢瑟福（E.Ratherford，1871—1937）发现了原子核。

到了柏林以后，她遇到了哈恩，和他进行了长期的密切合作。哈恩的主要兴趣在于发现新元素并研究它们的化学性质，而迈特纳的兴趣则主要在于研究放射性元素所放出的射线。当时（1907 年）放射性的现象还刚发现不久，人们已经知道了 α、β、γ 射线的本性，而放射性元素的自发转化的概念也已提出，但是由于还没有发现原子核（1911），特别是还没有提出同位素的概念（1913），所以人们的认识还是很模糊、很混乱的。从 1907 年到第一次世界大战，哈恩和迈特纳联名发表了许多篇论文。当然，那些论文在今天看来只有历史意义了，但是从中也可以看出当时的某些趋势。

由于 α 射线在物质中有很明确的射程，从而就可以很准确地测定它的能量。对 β 射线来说情况却比较复杂。这种射线在通过物质时似乎是逐渐衰减的，没有明确的射程，从而，从一开始 β 粒子的能量测量就成了一个令人困惑的问题。当时哈恩他们采用了一个简单的假设，认为每一种纯的放射性元素都放出具有确定能量的 β 粒子。事实上，由于中微子的存在，这种假设当然是不对的，但在当时看来这似乎是唯一可取的假设，而且它对哈恩和迈特纳的研究工作也起了很好的作用。

第一次世界大战打乱了她们的工作。但是她们仍然在特别紧张的生活中尽可能抽出时间来间断地作了一些研究。在研究放射性物质时，有时也确实需要有些长时间的间断和等待。她们就用这种办法来寻求了新的元素。当大战即将结束时，她们已经写好了关于镤的发现的论文。

大战结束以后，德国的政治上和经济上的大动荡给工作造成了很大的困难，但她们还是继续研究了镤的性质，并发表了几篇论文。大约从 1922 年起，迈特纳开始发表由她一个人署名的论文。这些论文的内容越来越多地转向了蜕变 β 的本性和规律。在 20 年代中期，特别是由于伽莫夫（G.Gamow，1904—1968）的工作，量子理论对原子核的应用已经取得了令人信服的结果，按照那种思想，包括迈特纳在内的许多人都相信由同一种原子核放出的 β 粒子应该有确定的能量，或者最多也只能分成各自具有确定能量的几组，换句话说，β 射线的能谱应该是分立谱。然而实验上测得的却是连续谱，于是人们想了许多办法来解决这种矛盾。例如，可以设想，能谱的连续性是一种次级效应的结果，而能谱的上限就是 β 粒子刚从原子核逸出时的真实能量。然而后来就出现了量热学的实验，测量的结果表明，每一个 β 粒子放出的总能量的平均值不是能谱的上限而是能谱的平均值，这想必震惊了迈特纳。她用更精密的方法重做了实验，得到了和上述结果一致的结果。1929 年，她和 W. 奥尔特曼联名发表了这方面的论文。这样的结果加深了人们的困惑，以致玻尔又一度试图到他那"守恒定律的统计本性"的想法中去找出路。我们知道，这一难题终于导致了泡利"中微子"概念的提出。

丽丝·迈特纳的实验装置复原实物

迈特纳不太重视新仪器的发展，她自己不曾发明过什么重要仪器。但是她很擅于利用别人发明的新仪器来解决别人不曾想到的问题，这表明她有很敏锐的理论头脑，能想到一些关键性的问题。1926年，盖革（H.Geiger，1882—1945）和缪勒（W.Müller）发展了他们的计数器，于是迈特纳就让一个学生做这方面的实验。当那个学生抱怨说隔壁的一个 γ 射线源影响他的工作时，迈特纳立即意识到可以利用新仪器的巨大灵敏度研究高度准直的窄 γ 射线束的衰减过程。这种研究引导她把电子偶的产生看成了导致衰减的原因之一，从而她的工作也就成了最早观察到正电子的存在的实验之一。

有人说，微观物理学的发展似乎和德国政局的演变有一种"目关性"。当然，这得看你如何理解这种"相关性"，但是无论如何必须承认二者之间是存在过很大的相互影响的，或者说，德国的政治、经济的状况在很大程度上影响或决定了德国的乃至全世界的科学发展。30年代初期，核物理学中发生了一些重大的事件。在1932年、1933年和1934年，人们依次发现了中子、正电子和人工放射性。这种急剧的进步鼓舞了广大的物理学家，人们纷纷进行了新的实验和探索，其中包括费米（E.Fermi，1901—1954）等人用中子来诱发核反应的研究。但是当时的世界政局却绝不是多么美妙。费米的某些结果被法西斯党徒歪曲宣传，以证明当时意大利独裁制度的"优越性"，而希特勒一伙也攫取了德国的政权，并且很快地推行起他们那种倒行逆施的反动政策来。大批的犹太科学家开始被解职，受到各种越来越险恶的粗暴迫害。他们不得不离开德国，到别的地方去谋生和工作，可以想象，在这样的政治风暴中，迈特纳的心情是不会平静的，但是她仍然坚持了工作。1934年，她再次和哈恩合作，开始进行新元素的寻求。当时费米用中子轰击原子核，得出了一些新的结果，而意大利法西斯分子就大吹大擂，说"意大利人"发现了"铀后元素"等等。事实上，当时关于那些结果还没有最后的定论，人们正在进行着更广泛和更深入的研究。迈特纳他们的探索也是其中的一个重要部分，可惜他们的工作还没有得到什么显著的结果，迈特纳就被迫离开了自己的岗位和她居住了20多年的德国。

3．重核裂变的发现 [5]

迈特纳作了一生科学研究工作，取得了许多的成绩。总的看来，那些成绩只有同行人才了解，而一般群众则是对它们不了解和不关心的，但是重核裂变的发现则不同。在一定意义上，可以认为裂变的发现比镭元素的发现带来了更加直接得多和更加强烈得多的社会效应，因此引起一般群众的很大注意也是很自然的。事实上，除了个别例子以外，一般的知识分子多少都知道一点这一发展的情况，但是真正能够系统了解和正确评价这段历史的人们却不一定很多。

早在1933年10月，弗里什就已经离开了德国，他先到英国工作了1年，然后就于1934年转到了丹麦，直到希特勒的入侵已经迫在眉睫时（1939）才设法离开。

早在1936年，玻尔就提出了他的原子核的液滴模型和核反应中的"复核"（Compound

Nuclei）概念。这些发展为裂变概念的出现准备了先导性的条件。

1938 年圣诞假期中，刚刚到达瑞典不久的迈特纳，应邀到瑞典西海岸上的一个小镇（昆高尔夫）去过节，她邀请了弗里什到那里去。后来弗里什说，那是他平生最重要的一次出访。

当弗里什来到瑞典时，他本来想和迈特纳谈谈自己正在想作的一个实验，但是迈特纳不要听，而却让他看一封哈恩的来信。这封信使他们甚感困惑和震惊。原来，迈特纳在离开柏林以前已经和哈恩一起进行了几年有关中子对铀元素的作用的实验。人们本来指望，铀核俘获中子以后可以生成比铀更重的元素，乃至生成原子序数更高的元素（"铀后元素"）。但是后来的化学分析却证明，反应产物中似乎包含着比铀更轻的镭。这已经是很难理解的了。但是当时哈恩在那封信中却报道说，当进行化学分析时，他和他的合作者斯特拉斯曼（F. Strassmann，1902—）使用了钡的化合物，结果却发现，核反应的放射性产物不能用化学方法和钡分开。这意味着产物中含有放射性钡。这在当时是完全没有想到的和谁也不能理解的。弗里什想到，会不会是实验做错了，但是迈特纳却说像哈恩那样的化学家不可能出这样的错误。

但是铀怎么会成钡呢？在此以前，人们早已知道了放射现象就是一种核变成另一种核的转变过程，而且大约在 20 年前就已实现了核的人工转化（卢瑟福所说的"现代炼金术"）。但是，直到那时人们所知道的一切核反应都只是核的微小变化，核所吸收的或放出的都只是一些"碎屑"——质子、α 粒子之类。而我们知道，哈恩等人所遇到的现象，则是一个重核裂成大小相近的两个较轻的核。实验的最初目的本来是企图得到更重的核，而结果却把原有的核打成了两块。这一点在当时是出人意料的。特别是，按照当时已有的"结合能"的知识，把一个核打成两块一般就需要高得难以达到的能量。但是弗里什熟悉玻尔的议论，迈特纳熟悉有关核的各种数据，他们分析了铀核的特殊性，认为它分裂成两块是可能的，而且这种分裂足以说明哈恩等人的实验结果。

弗里什带着激动的心情回到了哥本哈根，他要向玻尔汇报自己的想法。当时玻尔正要动身去美国，只有几分钟的时间和他交谈。但是他刚一开头，玻尔就嚷起来："啊，我们曾经当了什么样的傻瓜呀！啊，但这真太妙了！事情当然应该是这样！你和丽丝·迈特纳已经写了一篇有关此事的论文没有？"弗里什说还没有写成论文，玻尔嘱咐他在论文发表以前不要把这种发现讲出去，然后就动身去了美国。

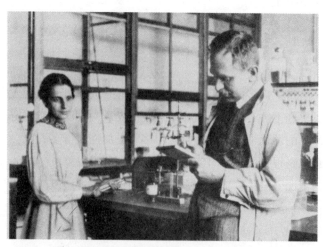

丽丝·迈特纳与合作者奥托·哈恩在 1913 年威廉皇帝化学研究所在柏林的实验室

弗里什给迈特纳打了几次长途电话，二人合写了一篇短文。他向一位在研究所中工作的美国生物学家请教，一个细胞变成两个细胞的变化叫什么，那人说叫 fission（分裂），于是他们就在自己的论文中用了 nuclear fission 一词，我国人把此词译为"核裂变"。他们的论文寄到英国的《自然》周刊，可惜因为没有玻尔的催促，论文过了 1 个多月才得以发表。这可急坏了玻尔！在赴美的海船上，他和助手罗森菲尔德（L.Rosenfeld）仔细分析了迈特纳他们的概念，得到了一些进一步的细致认识。但是他只对罗森菲尔德说迈特纳他们的论文就要发表了，忘了嘱咐罗森菲尔德暂时不要说出去。当时罗森菲尔德只以为论文应该已经发表了，所以一到美国他就向少数的朋友们介绍了情况，立即引起了那些人的极大注意。

1939 年 1 月 26—28 日，召开了第五届理论物理学华盛顿会议。裂变的消息传到会上，在物理学家中引起了轰动，美国报纸也纷纷报道，许多大学中的研究小组连夜进行实验（新闻记者守在旁边），很快地就有不止一个小组得出了正面的结果，这时玻尔还没有得到哥本哈根的任何消息。弗里什不知道美国的情况，他还慢条斯理地做着正常的工作。玻尔力图劝阻美国方面的同行们暂缓发表消息，甚至为此而和费米闹得有些不愉快，同时他又接连向哥本哈根发出海底电报，要求赶快向他通报研究进展的情况[6]。但是那时美国的"决口"已经堵不住了[7]。

直到较晚的时候，玻尔的次子汉斯才在给玻尔的信中提到了弗里什他们的结果，玻尔立即向美国方面通报了情况。当有人问及消息的来源时，他说是"我儿子"在来信中讲的。后来人们看到论文上的署名是弗里什（和迈特纳），就猜测说，"这不可能是他的儿子、一定是'女婿'！"因此，在那一段时间内，关于弗里什是玻尔的女婿的"传言"曾经广为流行，尤其是在外行人中。

这时哈恩和斯特拉斯曼的论文也发表了，在美国许多人也已经重作了弗里什作过的证实高速裂变碎片的存在的实验。由于各方论文发表的时间相差不多，人们对于提出裂变概念的"优先权"问题曾经有过一些不同的说法。一般说来，这种分歧主要起源于人们在学术观点和资料掌握等方面的不同，并不涉及人们的道德问题。但也有个别的人物，甚至是在学术上作出过伟大成就的人物，一直坚持只把裂变的发现归功于德国人哈恩，而至死也不肯承认"犹太人"迈特纳和弗里什所做的基本贡献。这种态度是十足地主观和反历史的，实在令人不能无憾！事实上，没有哈恩等人的实验资料，当然谈不到发现裂变现象，而没有迈特纳和弗里什的物理图像，也同样或更加不能说已经发现了裂变现象，何况"裂变"一词本身就是弗里什所引用的呢？

我们知道，裂变现象的发现和进一步研究，直接引向了核能的大规模释放，标志了核时代的正式到来。

4．几点补充

在瑞典安定下来以后，迈特纳继续发表了一些论文，主要是研究了在回旋加速器中得出的一些新原子核的性质。

迈特纳 1946 年在美国华盛顿天主教大学作报告

迈特纳一生结识了许多最伟大的科学家，包括普朗克、爱因斯坦、玻尔等等。我国著名的核物理学家王淦昌（1907—）在 30 年代初是她的学生，在她的指导下完成了博士论文。[8] 她也得了许多引人注目的成就，但是她从来没有改变自己的腼腆性格。第二次世界大战结束以后，美国有人想拍一部介绍原子弹的研制过程的电影，制片人和迈特纳联系，请她在科学内容方面给以指导，并征求她的同意，在影片中让一个女演员来扮演她。结果被她一口回绝。她表示，关于科学内容，人们可以去请教她的外甥弗里什；至于被人编到电影里去出头露面，她认为"那就像赤身露体地走过百老汇大街一样地难堪"。

但是她有很强烈的同情心和正义感，在这方面，她和某些巧言令色、文过饰非的德国科学家大不相同。第二次世界大战期间，关于纳粹匪徒如何虐杀犹太人的消息已经多少流传到了国外。但是人们大多将信将疑，不十分相信文明人能做出那种极端绝灭人性的事来，而且极少有人曾经想到那种暴行会有那么大的规模和强度。纳粹势力即将崩溃时，"死亡营"中的残存难民得到了拯救，其中有一些被送到了瑞典。这些虎口余生的人们骨瘦如柴、衣衫褴褛，其惨状催人下泪，这种景象想必大大地震动了迈特纳。她在一封给哈恩的信中流露了自己的感情。她首先对哈恩和普朗克一家在战争中的安全表示了深切的关怀。然后她回忆了在纳粹德国生活过的那几年，认为甚至像哈恩和劳厄（M.V.Laue）那样正直的人也没能真正理解当时犹太人心中的那种恐怖和绝望。她后悔，不该在希特勒上台以后还留在德国工作那么几年，她认为，凡是在战争中留在德国的科学家，都在事实上帮了纳粹的忙，应该认真反省。她建议，哈恩他们应该发表一个声明，承担自己所应承担的责任。她说，国外的许多人认为，留在德国的科学家首先是出卖了他们身在国外的朋友，随后也出卖了他们的人民，最后也出卖了德国本身。她说，听了英、美电台关于纳粹集中营的很客观的报道，她放声痛哭，整夜不能入睡。她认为，那些替希特勒工作过的德国科学家应该看看从集中营被救出的难民。她特别提到了海森堡，认为应该让他到纳粹集中营去参观，并认为海森伯在哥本哈根的行为是"不可原谅的"。[9] 这封信写得亲切而坦率，应被认为是物理学史上的一份重要文献。

迈特纳爱好音乐，能弹钢琴，但是除了在十分熟识的人们中间以外她从不弹奏。到了晚年，她还常常回想起当年在柏林时每周一次在普朗克家的音乐聚会。

迈特纳一生获得了许多崇高的荣誉。她是许多国家的学术团体的成员，许多大学都曾授予她以荣誉博士学位，她于 1955 年当选为英国伦敦皇家学会的会员。她获得了各国颁发的各种奖章和奖金。她一生发表了 100 多篇学术论文（有许多是和别人联名发表的），反映了她数十年勤奋工作的成果，近年以来，外国有人开始撰写她的详细传记，但现在还未出版。

参考文献

［1］M.F.Rayner—Canham and G.W.Rayner—Canham, "Pioneer Women in Nuclear Science", Amer.J.Phys., 58（1990），No11, pp.1036—1043.

［2］E.Crawford et, al."The Nobel Population 1901—1937", The Regents of Univ.of California，1987.

［3］迈特纳的生平，主要见她的外甥弗里什撰写的 "Lise Meitner 1878—1968"，Biogr.M.of F.R.S. 16（1970）405—420，该文后面附有迈特纳的著作目录。

［4］关于迈特纳逃离德国的详情，参阅 R.L.Sime, "Lise Meitner's Escape from Germany', Amer. J.Phys., 58（1990），No. 3, pp.262—267.

［5］关于裂变概念的提出，参阅 O.R.Frisch, "What Little I Remember", Camb.Univ.Press, 1979, 和 "Niels Bohr:Collected Works", Vol.9, North—Holland Pub.Co., 1986.

［6］"Niels Bohr:Collected Works", Vol.9.

［7］有关情况也可参阅 R.H.Stuewer, "Bringing The News of Fission to America", Physics Today, 38（1985），No. 10, pp.48—56.

［8］范岱年、元方：《王淦昌先生传略》，《王淦昌和他的科学贡献》，科学出版社，1987 年。

［9］迈特纳的这封信尚未公开发表，我们见到的是复印本。此处不便正式引用正文，只能概述其大意。又，关于海森伯在哥本哈根的行为，可参阅，戈革：《海森堡：他的学术和人品》，《自然辩证法通讯》，1990 年第 1 期，pp.63—74.

（选自《自然辩证法通讯》1991年第6期，《丽丝·迈特纳——核科学中的杰出女先驱》，作者黄纪华，时任中国石油大学副教授，研究方向为物理学史。）

麦克林托克

读懂玉米语言的遗传学家

本文记叙了麦克林托克对玉米遗传学所做的开创性工作。其中重点叙述了麦克林托克建立转座理论的具体过程。在此基础上，作者分析了麦克林托克的理论长期不被接受的原因；由此引申出经典遗传学与分子遗传学在思想及方法上的不同，并且对麦克林托克本人的思维特点及研究艺术进行了有益的探讨和分析。

巴巴拉·麦克林托克是20世纪一位具有传奇般经历的女遗传学家。她毕生从事玉米遗传学研究，在玉米细胞的染色体中发现了可以移动的基因，并将其命名为"控制因子"（Control element）。她认为，控制因子可以引起染色体的断裂，并导致邻近基因的突变，从而调节基因的表达。此外，控制因子不仅存在于玉米中，它还可能存在于昆虫和其他生命体中。这是一个崭新的理论体系。然而，她的理论很长时间内未被人们所接受、遗传学家们一直把基因、DNA链视为稳定的存在，1953年，华生、克里克提出DNA双螺旋模型更加固了这一观念。人们怎么也无法想象基因竟然可以在不同的位点之间跳跃，因而，诸如"控制"、"调节"这类概念也未能进入经典遗传学家的词典当中。麦克林托克天才的理论一直受到冷遇。自50年代以后，麦克林托克一直默默地耕耘于遗传学园地之中，1983年，她终于在81岁的高龄时独立荣获该年度的诺贝尔医学与生理学奖。

1. 初识玉米——跨进遗传学领域的门槛

1902年6月16日，巴巴拉出生于美国康涅狄格州的哈特福德，母亲萨拉·汉迪·麦克林托克是一个喜欢冒险

麦克林托克（Barbara McClintock，1902—1992）

的勇敢的妇女；父亲托马斯·亨利·麦克林托克是不列颠群岛移民的后代。也许受家族的影响，麦克林托克天生具有桀骜不驯的个性。求学时代，她深深地迷上了自然科学，常能出其不意地以自己独特的方式来解答各种难题，而寻找答案的整个过程对她来说，是一种巨大的快乐。在麦克林托克未来漫长的科研生涯中，这种快乐一直伴随着她，并成为她不懈努力的唯一源泉。

1919 年，巴巴拉在康奈尔大学农学院注册入学。1921 年秋，她选修了一门唯一向本科生开放的遗传学课程。在当时，几乎很少有学生对遗传学产生兴趣，他们大多热衷于农业学，并以此作为谋生手段。但麦克林托克却对这门课有着强烈的兴趣，从而引起了主讲教师赫丘逊

麦克林托克的五耳玉米和显微镜

（C.B.Hutchison）的注意，课程结束后，赫丘逊来电话邀她选修康奈尔大学专为研究生开设的其他遗传学课程。麦克林托克欣喜地接受了邀请，并就此踏上遗传学研究的道路。

同时，麦克林托克还选修了植物学系夏普（L.W.Sharp）教授开设的细胞学课程。夏普的兴趣集中于染色体的结构以及在减数分裂和有丝分裂期间它们的行为的研究上。当时染色体正在受到人们的强烈关注，被认定是"遗传因子"的载体。麦克林托克在康奈尔大学植物学系读研究生时，毫不犹豫地认准了这一研究方向——细胞遗传学。

当时的康奈尔大学是玉米遗传学的中心，这一研究传统由爱默生（Rollins A.Emerson）教授所创立。在 20 世纪二三十年代，它堪与摩尔根所创立的果蝇遗传学相媲美。玉米具有明确可辨的遗传性状，当时已证明它籽粒上糊粉层的颜色以及胚乳的性质，均受孟德尔遗传因子所控制。玉米同果蝇不同，它一年才熟一季，这就为研究人员细致深入的研究提供了充裕的时间。当时的玉米遗传学研究集中在对突变性质的发现、描述、定位和积累上。如果说，是爱默生开创了玉米遗传学，那么麦克林托克则成功地实现了玉米遗传学与细胞学的联姻。

在研究生期间，麦克林托克曾给一位细胞学家兰道夫（Lowell F.Randolph）担任助教。兰道夫是一位颇有成就的细胞学家，他对玉米籽粒发育的细胞形态学的详尽研究，直到今天依然是权威性的工作。当时他立志要完成的一项工作是确定玉米细胞中不同染色体的形态特征。然而，他所选取的根尖切片细胞其中期染色体是如此之小，以至无法确定其细节特征。因此，这一工作也被耽搁下来，似乎前景黯淡。

1925 年，麦克林托克来到了兰道夫的实验室，事情立刻发生了戏剧性的变化。巴巴拉一下子抓住了问题的关键。她发现，对于细胞学研究来说，玉米的根尖切片远不是一种合适的材料，相反，玉米的小孢子细胞在分裂过程中，其中期或后期染色体更为清晰可辨。当时恰好贝林（Belling）发明一种新的乙酸洋红涂片技术，这种方法特别适合于玉米，通过它可观察到每一条玉米染色体分裂和复制的全过程。巴巴拉采纳了这一方法，加之选用的材料合适，经过几周的努力，她鉴定出玉米细胞中每条染色体的不同形态特征。根据染色体的长度，她把最长的一条命名为 1 号染色体，最短的一条命名为 10 号染色体。

麦克林托克的研究成果于 1929 年发表在《科学》杂志上，这也是她博士论文的一部分。然而她与兰道夫的关系也就此破裂了。当兰道夫梦寐以求的研究目标轻易地被麦克林托克捷足先登时，他未免有些不快甚至无法容忍。就两人的个性来讲，麦克林托克在智力上反应敏捷、富有想象力和洞察力，几乎立刻就能抓住一个新现象的重要性；相对而言，兰道夫更多地是以方法而不是智力取胜。所以，两人的分裂不可避免。麦克林托克离开了兰道夫的实验室。当爱默生在得知这一消息后（也许是兰道夫告诉他的），他的最初反应是站在兰道夫这一边，将麦克林托克看作是事端的制造者。麦克林托克有可能觉察到这一点，所以，她的工作进展不再向爱默生通报。然而，爱默生很快就领悟到麦克林托克的工作是如此富有成就，以至不久就成为巴巴拉的最强有力的支持者之一。

"小荷才露尖尖角"，麦克林托克以她在玉米细胞学方面的出色工作，成功地迈入了遗传学领域的门槛。

2．初战告捷——遗传学与细胞学的联姻

1927 年春天，麦克林托克获得康奈尔大学的博士学位。她留在那里继续研究玉米中每一条染色体的形态特征以及与遗传性状的关系。那段时期可谓是玉米遗传学的黄金时期。1927 年秋，比德尔（G.W.Beadle）来到植物育种系，在爱默生的指导下做博士论文。他后来曾以"一个基因一个酶"学说与塔特姆以及里德伯格共同荣获 1958 年诺贝尔生理学与医学奖。1928 年秋，罗兹（Marcus M.Rhoades）也来到该系，同样在爱默生指导下做博士论文，罗兹后来成为麦克林托克亲密的同事和朋友。英雄所见略同，这些耕耘于玉米遗传学领域的研究者，都迫切地意识到探索染色体和基因之间相互关系的重要性。这是一个和谐友爱的集体，大家共享信息，也共享成功的喜悦。正是在这里，麦克林托克在玉米的细胞遗传学方面发表了一系列高质量论文，其成就堪于当时正在飞速发展的果蝇遗传学相媲美，并深受遗传学界巨子——摩尔根的赏识。

如前所述，与兰道夫的合作虽然是不愉快的，但它的影响却是深远的。由于麦克林托克已能精确地鉴定玉米细胞中每一条染色体的形态特征，这就为细胞学与遗传学的联姻提供了良好的条件。到 1931 年为止，在麦克林托克及其他人的努力之下，在玉米中所发现的

玉米内核标本：活跃的、循环的和不活跃的。

10 个遗传连锁群已与 10 条染色体之间建立起了一一对应的关系。相比于果蝇遗传学，玉米遗传学自有其得天独厚的优势。由于果蝇的染色体十分微小，其精细特征难以辨认，所以，摩尔根一派对遗传学染色体学说的贡献主要是基于对交换实验的推断，缺乏从染色体的直接观察中所得到的证据。相形之下，玉米的 10 条染色体在形态上有明显可辨的特征，如着丝粒的位置、两臂的相对长短、结节的存在与否、染色丝上着色较浓的染色粒的分布等。对每一条染色体来讲，这些标记都是以一定的形式直线地排列。如果这些标记的改变与相应的遗传学交换同时发生，这就是细胞学与遗传学联姻的强烈证据。

　　事实证明，麦克林托克在这一时期所从事的玉米细胞遗传学研究，为她以后发现基因转座打下了坚实的基础。1931 年，麦克林托克发现，9 号染色体在其短臂的末端有一个明显的结。具染色结的染色体携有基因 C（糊粉层有颜色）、基因 sh（胚乳呈皱缩型）和基因 wx（胚乳为蜡质型）。遗传学交换实验表明，这些基因的次序为 wx–sh–C，并且它们都位于具染色结的短臂上，因此，可以确定染色结和这些基因之间为一连锁关系。[1] 这一实验不仅令人信服地证实了基因与特定染色体之间的关系，而且它还是发现"转座"的序曲。因为麦克林托克首次发现转座基因（Ds）就是位于这一结节附近，它对基因 C 所产生的影响，导致玉米籽粒的糊粉层显示出斑斑点点的景观。

　　1933 年，果蝇幼虫唾腺巨大染色体被发现。这种巨大染色体要比减数分裂时的染色体和体细胞中的染色体大上 200 倍。唾腺染色体上有明显的横纹，横纹的相对大小和空间排列是恒定的，可以作为识别唾腺染色体的标志。这一发现为果蝇遗传学的飞速发展添上了强有力的翅膀。自此以后，玉米在遗传学中的地位无法再与果蝇相抗衡。而对急功近利的遗传学家来说，一年才熟一季的玉米也实在让人等得心焦，而几个星期就能繁殖一代的果蝇，则为观察突变的发生提供了更为快速的捷径。于是，玉米成了被冷落的灰姑娘。然而，麦克林托克却对玉米情有独钟，她穿着缝有许多口袋的工作服，冒着酷暑，继续穿梭于玉米地里，细心地观察幼苗、籽粒上的斑斑点点，并在显微镜下检查其染色体行为，而玉米对她的最好回报就是向她倾诉了许多有关染色体以及基因的奥秘。

3．断裂与融合——对环状染色体的分析

1931 年夏天，麦克林托克的朋友斯塔德勒（Lewis Stadler）邀请她去密苏里大学工作。当时，斯塔德勒正在研究 X 辐射对于玉米所产生的突变效应，与此同时，缪勒（H.J.Münller）也正在研究 X 辐射对果蝇所产生的生物学效应。由于果蝇有着更短的生殖周期，使得缪勒得以较早发表论文，并因此成为这方面的先驱。不过，斯塔德勒的工作同样也受到了广泛的关注。其实这两人的工作风格是大异其趣的：斯塔德勒感兴趣的是突变背后的真正原因；而缪勒着重于分析通过辐射所能产生的突变范围，故而他强调突变的随机性，并认为这是一种真正的基因突变。

从效果上来看，X 辐射会诱导产生大量的突变，其表现型可以从成熟玉米的籽粒上反映出来。当时，斯塔德勒已经发现，X 射线诱导的突变致使隐性基因得到表达（由于显性基因的存在，隐性基因是不被表达的，只有当两个同源基因均为隐性基因时，生物体才会表现出隐性性状）。当时斯塔德勒有大量这样呈现隐性性状的突变植株，他想弄清楚这些植物的细胞核中染色体的行为，以确定其背后究竟发生了什么事情。对麦克林托克来说，这方面的研究正是一种崭新的尝试。她那精湛的细胞学技术，使她有可能在显微镜下鉴定出部分染色体的易位、倒位和缺失，正因为此，斯塔德勒向麦克林托克发出了合作研究的邀请。

麦克林托克在考察后认为，隐性性状的表达全然不是由于"基因突变"所造成。X 射线引起染色体片段的部分丢失，其中缺失片段正好携有显性等位基因，由于显性基因的不存在，致使隐性基因得到表达，这就是在玉米中所看到的变异性状。

1963 年，麦克林托克在冷泉港实验室做玉米试验。

1931 年秋，麦克林托克回到康奈尔大学。这时，她收到一封来自于加利福尼亚大学的信。信中作者描述了玉米的一种变异类型，它与染色体的片段缺失有关。这个片段带着某些显性等位基因，显性基因的丢失使得隐性性状在那些缺失细胞的子代中得到表达。问题是这些缺失是如何造成的？麦克林托克思索之后，猛然大悟，认定是由于环状染色体（ring chromosomes）的存在。她的推断是这样的：一条染色体在两个部分处发生断裂，断裂端发生相互融合，形成一个具双着丝粒的环状染色体。大部分时间环状染色体中的两条染色单体进行独立复制，但偶尔在染色单体之间会发生姐妹线的交换，交换的结果产生了具双着丝粒的双环。由于两个着丝粒向着相反的方向运动，被牵引的染色单体就形成一座桥，随着牵引力的逐渐增加，在有丝分裂的后期，桥在某一位点处发生断裂，断裂端进入末期核，相互又进行融合，这时形成的新环，其大小和内容就取决于桥上所发生的断裂位置。由于断裂位置是随机的，不是均等的，所以，当其中形成的一个环比较小时，它们常常会丢失。如果丢失环上正好带有显性等位基因，结果就是隐性等位基因得以表达。

　　这就是被麦克林托克所详细研究的断裂·融合·桥周期。事实上，只要染色体带有断裂端，这样的周期就会反复出现。不过，当时麦克林托克对这一过程的描述极富想象力，因为她并未在显微镜下真正看到过环形染色体的存在。仅仅是在直觉的引导下，她正如同身临其境，详细逼真地描绘出了环形染色体的复制、断裂以及重新愈合这一全部过程。不过，麦克林托克同时也强调，充分信任直觉，绝不意味着以牺牲实验和观察作为代价。故此，他写信要求斯塔德勒为她继续种植去年秋天的玉米。她猜测，去年她所看到的变异现象的背后一定也有环形染色体的存在，现在她需要细胞学上的证据。1932 年的夏天，巴巴拉再次来到密苏里的玉米地，然后在显微镜下观察该批玉米细胞的染色体，果然它有环！正如设想的那样，麦克林托克天才的直觉能力得到了实验事实的证实。

　　对于环状染色体行为的分析以及断裂·融合·桥周期的描述，促使麦克林托克深深地关注染色体断裂端的行为。染色体在自然条件下，或是以 X 线、γ 线和其他射线及其某些化学药品进行处理时，会发生断裂。一旦细胞觉察到其核内染色体带有断裂端时，它就会启动某种机制促使断裂端相互识别并融合，而不管双方的距离有多远。然而，正常染色体的末端绝不会发生相互融合的现象，这就表明，正常的末端一定有一种成分阻止了融合的进行，这就是"端粒"。

　　端粒的形成受基因控制。麦克林托克发现，当某种基因处于隐性纯合状态时，它就不会启动细胞中的修复机制，断裂端也就无法愈合。今天的分子生物学已经揭示，端粒的形成与一种酶的存在有关，这就是"端粒酶"，而端粒酶确实受基因所控制。端粒的结构以及端粒酶活性研究已成为当今分子生物学研究的一个重要热点。要知道，当初麦克林托克在揭示端粒的性质、断裂端的融合时，她只不过凭借显微镜下的观察以及由此作出的推断，但这些推断却与今天分子生物学所揭示事实的恰恰吻合，难怪她的同事要惊异于她总能在显微镜下看到一些新的东西！

　　麦克林托克如此关注染色体断裂端的融合行为，是因为她从中发现了一种机制，那就是当面临某种突发事件时，细胞总有一套调节机制，比如启动修复机制，使断裂端愈合。麦克林托克认为，这一机制也许是必需的，因为在细胞核中，这些偶然的或常规的断裂经常会发生，如果不修复，这些断裂将会导致较大的遗传缺失从而引起严重后果。从中麦克林托克深刻地觉察到的是生命体的主动应变能力，这也正是她与一般遗传学家的迥然相异之处，她更关注的是单个事件背后的整体协调能力，而转座理论的提出恰恰有赖于这一独特的视角。

正当麦克林托克在事业上风华正茂时，她在康奈尔大学的职位却遇上了麻烦。在 30 年代的早期，寻找合适的工作可不那么容易。作为植物育种系主任，爱默生曾设法推荐比德尔和罗兹在该系获得了工作。但是，他对巴巴拉却爱莫能助。囿于传统，这些职位一般不提供给妇女，因为如果一个妇女出去与农民交谈有关作物的问题，他们不会搭理的。

由于康奈尔大学无法为巴巴拉提供合适的职业，她便于 1936 年接受了斯塔德勒的邀请来到密苏里大学。在这里，麦克林托克对于玉米细胞核中所发生的染色体断裂·融合·桥周期继续进行独到和深入的研究，这一工作引起了人们的广泛兴趣。1941 年，作为卡耐基学院的研究人员，麦克林托克来到冷泉港，仍然从事上述工作的研究。当时，二次世界大战正酣。卡纳基学院理事委员会决议"把战争研究放在第一位，为达到这个目的，应暂停和平时期的研究"。但是，卡纳基学院院长布什仍然表示："只有在很小的范围内，我们依然希望朝着遥远的文化目标继续进行研究工作。"[2]由于麦克林托克的研究归属到了那"遥远的文化目标"的基础研究之一，因此，她的工作照常进行，并不断有新的成果问世。

1941 年，受比德尔的邀请，麦克林托克来到斯坦福大学，对一种真菌——面包霉链孢菌做细胞学研究。正是以这种真菌为材料，比德尔和塔特姆提出了"一个基因一个酶"学说，并荣获诺贝尔生理学与医学奖。但是，由于面包霉链孢菌是如此之小，以至一直无法在细胞学上对它们作详尽的研究。麦克林托克通过显微镜，加上她那双训练有素的眼睛，成功地辨别出其中的每一条染色体，并在减数分裂的全过程中追踪它们的足迹，由此揭示了真菌体完整的减数分裂过程。

由于麦克林托克杰出的工作成就，1939 年，她当选为美国遗传学会副主席。1944 年，成为美国全国科学院院士。翌年，又担任了美国遗传学会主席。作为一名女性科学家，麦克林托克所能达到的声誉已属凤毛麟角。就在这一片成功的赞美声中，麦克林托克开始了转座理论的研究。

4. "转座"——一个崭新的遗传学概念

我们常见的玉米都是黄色的籽粒。然而，野生的玉米还有其他颜色。美国的中部和南部是玉米的起源地，有着玉米的原始类型，其籽粒有蓝色的、咖啡色的或紫红色的。籽粒颜色取决于玉米胚乳上糊粉层的色素。胚乳是幼苗发育的营养来源，它由两个卵核、一个精核受精而成。

所以，玉米的胚乳是三倍体。糊粉层上色素的合成受玉米基因的控制。有时，我们能发现在同一穗棒上有不同颜色的籽粒，常见的有紫红色籽粒镶嵌于其中，这一现象可用孟德尔遗传定律来解释。然而，有一种现象却令人迷惑不解：这就是在一个籽粒上有时会出现斑斑点点，或者是无色背景上嵌有色素点，或者是有色背景上呈现出无色区域，这是怎么回事呢？最早注意到这一现象的是爱默生，他猜测这也许是由于基因的不稳定性所造成。但是，它却违背孟德尔遗传定律。

麦克林托克是从研究染色体的断裂端行为开始步入这一研究领域的。她发现，在玉米细胞核中的9号染色体短臂上，有一特定位点（位于结节附近）经常发生断裂并导致一系列表现型上的变化，这一发现

1984年，麦克林托克与冷泉港实验室班伯里中心的员工合影（前排左三）。

极其重要。如前所述，麦克林托克的早期工作曾经发现在9号染色体短臂上的结节附近处的基因与胚乳的色素、形状、性质有关。这样就有可能通过观察胚乳的色素、形状来判断染色体断裂所带来的效应。在1944年的夏天，麦克林托克以自花授粉的方式种下了这样一批9号染色体带有断裂端的玉米，细胞学检测发现，其子代中染色体的断裂仍发生在9号染色体的特殊位点上。断裂的结果是产生一个具有着丝粒的片段以及一个包括特殊位点在内的无着丝粒片段，无着丝粒片段游离于细胞核中，造成它上面所携带的显性基因缺失，于是同源隐性基因得到表达。从表现型上来看，由于抑制色素形成的显性基因（I）丢失，致使胚乳糊粉层上无色的背景显示出色素，这就是玉米籽粒上的斑斑点点。犹如环状染色体所造成的彩斑模式，但它的细胞学机制却与特殊位点的断裂有关。

麦克林托克敏锐地看到，不同于其他事件引起的偶然断裂，该位点的断裂是一种高度非随机性的、可遗传的事件，这就表明，该位点上存在一个控制因子，它导致染色体的解离（断裂），她命名为Ds因子（Dissociation，意为离异）。当麦克林托克运用三点测交欲精确地测定Ds位点时，竟然发现Ds是不稳定的，它可以从染色体的一个位点跳到另一个位点。这就是"转座"概念的首次浮现。

Ds所导致的解离事件似乎还受到另外一个因子的控制。麦克林托克观察到，1944年夏天所种植的那批玉米，它们的籽苗幼叶上出现一种奇特的变异类型，亦即在幼叶上有一对同源区域（它们来自于一对姐妹细胞），其中的一半表现为色素减少，而另一半则相应地表现为色素的增多[1]。从这一逆向关系中，麦克林托克领悟到一定是在有丝分裂期间，两个姐妹细胞中的一个得到了另一个细胞所失去的因子，该因子与调节突变频率有关，或者说它控制着Ds的解离事件，致使同源区域的色素呈现出逆向关系，这就是Ac因子（Activation，

---

[1] 决定籽苗幼叶上的色素与决定胚乳糊粉层上的色素为同一基因。

意为活化）。Ac 与 Ds 构成一个控制体系，其中 Ac 的活动是自主的，亦即它能够自发转座（移位），并影响其他基因的表达；Ds 的活动是非自主的，因其中央部分发生缺失，失去了自发移位功能，只有当基因组上有同一族的自主因子（如 Ac）存在时，才能够转座（移位）。

遗传学交换实验表明，Ac 相当于一个显性因子，它位于 9 号染色体长臂上，Ac 与 Ds 隔开一段距离，但却能遥控指挥 Ds。但是，当欲精确定位 Ac 时，才发现 Ac 本身也可移动，又是一个转座因子！

后来的实验又进一步表明，Ds 除了能导致染色体解离之外，它还可引起邻近基因的突变。当 Ds 插入显性有色基因。附近时，致使 C 突变成为无色隐性基因 c，或者说抑制了 C 的显色功能，于是，在籽粒有色的背景上就出现了无色区域；另一方面，当 Ds 插入隐性无色基因。附近时，导致 C 突变为 c，于是，在籽粒无色的背景上显示出有色区域。由于 Ds 的跳跃是如此之快，致使它所控制的颜色基因时开时闭，从而表现为玉米籽粒上的斑斑点点。当然，这一切都需在 Ac 存在的情况下才会发生。

曾被看作是基因不稳定性所导致的玉米籽粒上的斑斑点点，现在通过基因的转座理论，就有了一个合理清晰的说明。从 1944 年发现最初的线索起，麦克林托克整整花了 6 年的时间，才构筑了一个完整的"转座"理论体系，其间大量的线索初看起来似乎毫不相关，凌乱不堪，但是，麦克林托克坚定地相信，其中必定能找到规律，从而使这些数据显现出意义来。这就是 Ac–Ds 体系的提出。

在 Ac–Ds 体系的背后还蕴藏着许多奥秘。麦克林托克发现，Ds–Ac 系统在 5 个已知位点上出现，其中 3 个与色素形成有关，第 4 个与淀粉组成有关，第 5 个与籽粒的形态有关。既然 Ac–Ds 体系能控制如此相异的基因行为，麦克林托克由此做出一个重要的推断，这就是它也能控制任何其他基因的行为。所谓基因的突变也许正是它们活动的结果？她的这一推论意义深远，因为经典遗传学的中心概念是把基因的突变看作是随机的、不受控制的，而麦克林托克却猜测突变受某种控制因子的制约，而这种控制因子的行为又是对细胞内外环境的改变所做出的反应。

更深入的研究还表明，Ac–Ds 体系只不过是不同控制体系中最先发现的一个。比如，从基因 A_1 到 a_1 的突变，就可以由不同的控制因子所引起，其中有 Ac、Dt、Spm 等，它们所产生的表现型完全相似，只是在做遗传学交换实验时，才体现出不同的行为。由此可见，整个转座理论层层叠叠，犹如一幢迷宫，然而，麦克林托克的手中却有一根阿莉阿德涅的线团（这根线正是由她那高超的想象力以及严谨的实验事实所编织），她在迷宫中运行自如，并由此向我们揭示了整个转座理论的非凡魅力以及由此导致的巨大应用价值。

5. 无人喝彩——从误解到理解

在 1951 年的冷泉港学术研讨会上，麦克林托克通报了她对转座理论的研究，然而出乎意料的是，当时一流的遗传学家却无法理解她所用的语言，麦克林托克受到了前所未有的冷遇。

就经典遗传学而言，摩尔根的基因理论强调的是基因的稳定性、突变的随机性。比德尔"一个基因一个酶"学说突出的是基因的功能性，亦即它编码合成蛋白质的能力。然而，转座理论恰恰与此相对立。麦克林托克强调的是，基因可以在染色体上不同位点之间、甚至在不同的染色体之间跳来跳去。稳定的基因竟然能随意移动，在当时看来这近乎天方夜谭。麦克林托克还认为，基因除了编码蛋白质之外，它还是一种控制因子，比如 Ac-Ds 体系。对于控制因

麦克林托克与 1969 年诺贝尔生理学或医学奖获得者阿弗雷德·赫希在一起

子来说，它的任务不在于编码任何蛋白质，而只在于调节、控制其他基因的有序表达。这样一种控制的概念对于经典遗传学家来说也颇为生疏。

从另一方面来看，对于转座概念的拒绝，也反映了经典遗传学方法本身的局限。由于用经典方法所得到的结论往往是间接的逻辑推理的产物，而对于"转座"这样大胆的观点，在没有直接看到这种现象的时候，遗传学家宁可采取怀疑的态度。很显然，若是没有 70 年代细菌遗传学的证实，"转座"恐怕仍不会被接受。此外，"转座"现象当时仅在玉米中发现，由于缺乏普遍有效性，要科学共同体接受这种理论，也是很困难的。可见，经典的方法往往会受到实验材料的限制。除了玉米之外，酵母、果蝇、细菌等转座现象都是用分子方法发现的。巴巴拉一生都对玉米情有独钟，而玉米也正是她走向成功的关键。最近美国科学家发现在玉米基因组的 20 亿个碱基对中，其中转座因子就占了一半以上。[3][4]这简直是命运对麦克林托克特别的垂青！如果不是以玉米作为实验材料，也许我们今天还无缘与"转座"相识。

虽然麦克林托克大胆的观念未能引起喝彩，但在经典遗传学家的心目中，她仍享有崇高的威望。在 1951 年的冷泉港学术研讨会上，有人问斯特蒂文特（Alfred H.Sturtevant）——摩尔根的弟子，一位杰出的经典遗传学家——"麦克林托克刚才说了些什么？"斯特蒂文特回答："我无法听懂她所说的每一个词，但如果她如此说了，那一定就是如此！"[5]可见巴巴拉卓越的威望。

20 世纪中期，也正是噬菌体遗传学派异军突起的年代，该学派是分子生物学的前身之一。然而在这一阵营中，麦克林托克仍被视为陌路人，因为这些科学家心目中的宠物是细菌、噬菌体这样一类结构简单、繁殖迅速的原核生物。噬菌体学派的创始人之一，曾是物理学家的德尔布吕克，在加盟生物学队伍之后，将物理学中的"简单性"思想、还原论做法带入生物学研究之中，认为生物学的研究，应从最简单的对象着手，既然噬菌体已包含有两种最基本的生物大分子，蛋白质和核酸，它们就可被看作为是生命系统的基本模型，更何况它们那惊人的繁殖速度（每 20 分钟一代）为研究带来了极大的便利。与噬菌体、细菌相

1963 年麦克林托克在冷泉港实验室做玉米试验

比较，玉米就是一种高等真核生物，它的生长繁殖又极为缓慢，一年才熟一次。而且玉米又是一种驯化植物，甚至没有野生型，从中引申出的概念在分子生物学家看来，就不会有一般的应用价值。而冷淡了玉米自然也就冷淡了麦克林托克的工作。

同样是关于基因调节的概念，60 年代初，当 F. 雅各布和 J. 莫诺在大肠杆菌中提出"操纵子"模型时，立刻就引起分子生物学家的普遍反应。其原因在于雅各布和莫诺所使用的研究对象为大家所熟悉公认的大肠杆菌。操纵子模型提出之后，麦克林托克欢欣鼓舞，因为她希望基因的调节概念被大家接受之后，她的转座理论也能为大家所承认。她立刻发表文章，将操纵子模型与转座体系进行类比，认为操纵基因与调节基因相当于玉米转座体系中的 Ds-Ac 控制因子，它们都担当起控制与调节基因表达的功能。[6]但遗憾的是，分子生物学家虽接受了大肠杆菌中的操纵子模型，却仍然无法接受玉米中的转座体系。

70 年代以来，当细菌、酵母、果蝇中陆续有发现转座基因的报道之后，人们才想起麦克林托克早在 50 年代就对玉米中的转座基因有过透彻的研究和报道。至此，麦克林托克那曾被看作是天方夜谭式的异端思想才逐渐融入当代科学思想的洪流之中，随之各种荣誉也接踵而来：冷泉港授予她"卓越贡献成员"荣誉称号，1978 年获罗森蒂尔奖，1981 年获拉斯克基础医学研究奖（此奖有最佳诺贝尔预测奖之称）、麦克阿瑟基金会奖和以色列的沃尔夫基金会奖。1983 年，她终于摘取科学界的最高桂冠——诺贝尔医学与生理学奖。

6．独辟蹊径——与众不同的研究风格

与现代的分子生物学家相比，麦克林托克具有独特的研究思路与方法。在物理学、化学的熏陶下成长起来的新一代分子生物学家，他们更看重的是对象的结构而非功能。他们习惯于采用简单明了的分子克隆方法，将插入顺序提纯出来，然后进行分子结构的分析。但是如此一来，这样的死分子也就失去了其活泼、能动的生物学功能。所以，当分子生物学家与麦克林托克刚刚开始合作时，他们之间甚至无法交流——因为两人说的不是同一种语言。前者仅关注于什么材料适合克隆。对此，麦克林托克带着惊恐甚至是轻蔑的眼光。确实，某些等位基因太不稳定，甚至在一个纯合植物的两个插入等位基因中的每一个都会发生遗传改变。当时，分子生物学家已经发现，噬菌体的染色体能插入细菌基因之中，它

类似于玉米中的转座因子，但是，麦克林托克拒不同意这样一种简单的类比，她强调真核生物的复杂性，仅相信遗传杂交实验所阐明的一切，她还断然声称：控制因子（Ac、Ds）是一种基因，但却是一种不同寻常的基因，这不仅表现在它们的功能上，而且也表现在它们的性质上，亦即 Ac、Ds 不是由具体的物质分子所组成，它们仅代表了染色体特定结构的一种改变形式。[7] 最终，玉米中的转座因子（Ac、Ds）被克隆，其分子顺序也被测定，Ds 因子具有双倍的结构，所以能导致染色体的断裂。

随着转座因子的插入，染色体的 DNA 分子也确实变长了。在这一点上，分子生物学家的做法显然是正确的。麦克林托克的教育背景以经典遗传学为主，相比于分子遗传学，经典遗传学有其独特的优越性，因为它直接将基因与功能对应起来，省去了中间过程，而不是像分子遗传学家那样，仅关注于基因决定蛋白质的过程上。这就对想象力的发挥以及直观的逻辑推理能力的运用，提出了更高的要求。对于巴巴拉来说，她主要是用她的眼睛以及直觉推理能力，再辅之以显微镜和少数简单的反应物（试剂），当然还有正确的杂交试验。她选择、分析、保存了大量有用的玉米株系，提供给任何对此感兴趣的人（甚至还有从未种过玉米的分子生物学家）。巴巴拉的过人之处在于她看重偶然的失败，认为这正是线索的开始。凭着一双训练有素的眼睛，她总能看出一些不寻常的事例，比如有色背景上无色区域的分布，或是染色体上某一特殊位点的断裂（不同于其他事件引起的随机断裂），以此为线索，而接下去的推理又是如此复杂，对事实的分析一环紧扣一环，以至令许多遗传学家如堕雾中。但是，它却充分展现了人类智力以及想象力所能达到的深度。正是在此意义上，巴巴拉认为人类基因组这一宏大工程仅仅是一种编织手艺，因为它从根本上缺乏深刻的原创性和恢宏的想象力[8]；也许这正可说明麦克林托克对于分子遗传学方法冷淡的原因。虽说麦克林托克没有受过正规的分子遗传学训练，但她自 40 年代起就一直在冷泉港实验室这一分子遗传学研究的中心工作，她长期与分子生物学家共事，每次学术报告她都不错过，并且总能提出一些发人深省的问题，可见她是完全跟得上分子遗传学的前进步伐的。正如她钟情于玉米一样，她也钟情于经典遗传学的方法，因为它富有想象力，并且直接面对活生生的功能。

对一个分子生物学家来说，他们更多地将细胞看作只不过是一个试管，里面充满了蛋白质和核酸的复合物。而麦克林托克则首先把生命体看作是一个有序的整体，其中的每个部分都处于相互联系的网络之中，对于微小的扰动，它能发挥有益的调整功能，转座体系即是其中的一部分。这一独到的体验也深深地影响了分子生物学家。夏皮洛（（J.A.Shapiro）回忆道，当他于 70 年代的后期首次与麦克林托克接触时，他的研究正集中于转座因子的分子机制上。通过与巴巴拉的接触，他才意识到这些因子必须整合到有机体的整体功能时才有意义——正是循着这一正确的思路，他才深入到了细菌的遗传系统之中，并作出独到的发现。[9]

另一位分子生物学家费克（G.R.Fink）当时正研究酵母遗传学，他用的是生物化学的方法。巴巴拉对他提了一个意义深远的问题："你认为酵母中有转座因子吗？"囿于偏见，费克认为转座因子只限于玉米中。所以，他说通过化学诱导剂的方法，已鉴定出 200 多个突变，但未发现不稳定的突变。对此，巴巴拉大笑，她说，发现转座因子绝不能用化学的或物理的这

1978 年，麦克林托克获得罗森斯蒂尔奖。

类人工诱导的方法。她强调，转座是一个自然状态下发生的事件而非人为事件。[10]对自然的而非人为状态的珍视，正是麦克林托克不同于分子生物学的独特视角，也是她对生物学思想的一份厚重贡献。

通过麦克林托克的研究思路，我们可以看到一种崭新的科学思维模式正在兴起，那就是以尊敬代替征服，以创造性的想象代替分析、还原的逻辑。麦克林托克把自己的情感融入于研究对象之中，她还用"基因组的震惊"（Genome Shock）这一类概念来描述基因的行为，仿佛一个基因能够觉察到各种情绪，如沮丧、兴奋等，它还能识别复杂的挑战，以寻求智慧的解决方法。总之，基因组就像有它自己的生命，在她看来，转座因子的移动也正是生命体对内外环境的改变所做出的反应，这些也许正构成了进化的基本机制。

麦克林托克的思想连接过去与未来，横跨我们的时代。她的细胞遗传学研究在当时就为她赢得了声誉；她对"转座"理论的贡献是划时代的，正在被今天的我们所接受；而她的进化观念也许将成为留给未来时代的一份贵重礼物。也许以今天的标准来看，她所留下的 73 篇论文数目并不多，但她的论文却篇篇都经得起时间的检验，这对急功近利的现代人未尝不是一种良好的警示。

麦克林托克身材娇小，但却精力充沛，体格健壮，这也正是她能成为一名优秀遗传学家的良好素质。她不仅仅是在显微镜下观察细胞中的染色体，还需在烈日下种植玉米；有时碰到连续几天的暴雨，她就要在玉米地里排水、培土，使玉米根系能牢牢地固着于土壤之中。

1992 年 9 月 2 日，在冷泉港，她与世长辞。麦克林托克终生未婚，她把全部的挚爱都奉献给了玉米，奉献给了遗传学事业。正如诺贝尔颁奖委员会的致辞中所指出的，麦克林托克的成功，其意义远远超越了科学本身，"对于当局来说，保证科学的独立研究是多么重要；对于年轻的科学家来说，则证明简单的手段也能作出巨大的发现。[12]

确实，对于玉米籽粒上色斑的研究，初看起来似乎毫无应用价值。麦克林托克纯粹出于一种科学上的而非实利上的兴趣，默默地耕耘于这片园地之中。最终转座因子被证明不仅控制着玉米上籽粒色素的形成，更重要的是，它还存在于其他生物之中。有关它的机理、转座过程中所发生的具体步骤，仍是今天分子遗传学所面对的重大课题。因此，麦克林托克的工作虽然是在经典遗传学框架内完成，但她同时也开启了通往分子遗传学的一扇门。

面对荣获诺贝尔奖这一崇高荣誉，麦克林托克平静地说："我觉得自己获得这种意外的奖赏似乎有些过分。多少年来，我在对于玉米遗传的研究中已获得很多的欢乐。我不过是请求玉米帮助我解决一些特殊的问题，并倾听了她那奇妙的回答。"这就是麦克林托克，一位经历简单然而思想深邃的天才科学家。

—— 参考文献 ——

［1］麦克林托克：《玉米细胞学和遗传学交换的关系》，《遗传学经典论文选集》，科学出版社，1984 年版。

［2］伊夫林·凯勒：《情有独钟》，三联书店，1987 年版，第 125 页。

［3］Jeffrey L.Bennetzen，"Nested Retrotransposons in the Intergenic Regions of the Maize Genome"，*Science*，Vol.274（1996），765—768.

［4］Daniel F.Voytas，"Retroelements in Genome Organization"，*Science*，Vol.274（1996），737—738.（这是一篇综述文章）。

［5］M.Green，Annals of Mobile DNA Element in Drosophila，*The Dynamic Genome*，Cold Spring Harbor Laboratary Press，1992，p119.（这是一本为庆贺麦克林托克 90 岁诞辰而出的《论文集》）。

［6］B.Mclintock，Some Parallels Between Gene Control System in Maize and in Bacteria，*The American Naturalist*，No.884，266—277.

［7］B.Mclintock.Chromosome Organization and Genic Expression，同［5］，p. 26.

［8］I.Herskowitz，Controlling Elements，Mutable Alleles，and Mating-type Interconversion，同［5］，p. 295.

［9］J.A.Shapiro，Kernels and Colonies；The Challenge of Pattern，同［5］，p. 216.

［10］G.R.Fink，Transposable Elements（TY）in Yeast，同［5］，281—288.

［11］Nobel Lectures in Physiology or Medicine（1981—1990）World Scientific Publishing Co.Pte.Ltd.

［12］M. M. Rhoades，The Early Years of Maize Genetics，*Annu. Rev. Genet*，Vol.18，1984，1—9.

［13］B.Mclintock，The Significance of Responese of the Genome to Challenge，*Science，*Vol.226（1984），792—801.

（选自《自然辩证法通讯》**1997** 年第 **4** 期，《麦克林托克：读懂玉米语言的遗传学家》，作者陈蓉霞，时任华东师范大学副教授，后为上海师范大学法政学院哲学系教授，研究方向为科学史、科学哲学、科学与宗教、西方文化史。禹宽平，湖南医科大学医学遗传学国家重点实验室博士生。）

吴健雄

诺贝尔奖亏待了的华人女性科学家

吴健雄与杨振宁、李政道一起，促成了一个现代物理学上的重大发现。她对实验物理学有一系列重要贡献，堪与许多一流物理学家相媲美。她是华人数千年文明史上第一位产生重要世界影响的女性科学家，是同时代的华人女性科学家的优秀代表。

吴健雄是江苏太仓浏河人。她对 20 世纪的实验物理学有一系列的重大贡献。其中最为人称道的是 1956 夏天至 1957 年 1 月完成的用钴 60 作 β 衰变的实验。这个实验发现了宇称在弱相互作用下的不守恒，推翻了一个被当时物理学界的绝大多数科学家视为不容置疑的"宇称守恒定律"，打开了物理学的新视野，奠定了她在物理学史上的不朽地位。

吴健雄（1912—1997）

1. 她与杨振宁、李政道一起，促成了一个现代物理学上的重大发现

1957 年，对全世界的华人来说，是具有特殊意义的一年。两位华人物理学家——李政道、杨振宁——以他们革命性的贡献得到了这一年的诺贝尔物理学奖。这是华人科学家首次获得这种奖励。

李、杨获奖的原因是众所周知的。1954 年至 1956 年间，在对最轻的奇异粒子（即后来称为 K 介子的粒子）衰变过程的研究中，人们发现，有一种粒子衰变成两个 π 介子，称为 θ 介子；另一种粒子衰变成三个 π 介子，称为 τ 介子。精确的测量表明 θ 与 τ 具有相同的质量、寿命、电荷等性质，是同一种粒子。但是，从角动量和宇称守恒的要求看，θ 与 τ 不可能是同一种粒子。一时间，这一疑难困扰着物理学界，成为热门的"θ-τ 之谜"。大多数物理学家认为这是两个不同粒子，只是它们的怪异之处还无法解释。一直关注着这个问题的李政道、杨振宁到 1956 年春天想法有了突破。他们怀疑：是不是物理学家一直相信、也的确从来没有出现过困难的宇称守恒定律在弱作用下不一定管用？如果这个假定成立，那就可以把 θ、τ 看作是同一种粒子的两种不同的衰变模型，这样谜题就解开了。于是，他们从这一方面着手，检讨了大量的理论文献和实验资料。他们吃惊地发现，到那时为止，所有已经做过的实验都没有证明过弱相互作用中宇称是否守恒，都与弱作用下宇称是否守恒问题无关，而整个物理学界竟然没有人注意到这个情况。到 6 月，他们完成了关于这个问题的一篇论文。

李、杨论文的题目是《弱相互作用中宇称守恒的探讨》，发表在 1956 年 10 月 1 日出版的《物理评论》第 104 卷第 1 期第 254 页至 258 页。编辑部标注的收稿日期是 1956 年 6 月 22 日。今天的读者，看不出有任何迹象表明编辑部特别重视这篇稿子。在这个由美国物理学会主办的大型刊物上，这个时期每年发表的论文和实验报告在 1000 篇以上，合订起来有五、六千页（16 开本），有关的作者多达两三千人（次）。李、杨的这篇后来得了诺贝尔奖的论文排在这一期的 45 篇论文的倒数第 2 篇。

李、杨论文共有五个页面，包括一个引言、六节正文和一个附录。引言交代了问题的背景和他们立论的核心意图，从这里可以清楚地看到，他们是如何从对新近的 θ、τ 实验数据的评述进入到对弱作用下宇称问题的思考的，显示了杰出的理论物理学家所具有的敏锐的洞察力、出色的批判力和对于物理学普遍规律的执着关注。六节正文的题目分别是：现在的实验不涉及宇称不守恒，β 衰变中宇称守恒的探讨，β 衰变中宇称守恒的可能的实验测试，介子和超子衰变中宇称守恒的探讨，介子和超子衰变中宇称守恒的可能的实验测试，讨论，等。附录是一个数学计算，说明"初看起来大量与 β 衰变有关的实验可以证明弱 β 作用中宇称是守恒的，但我们仔细检查之后发现事情并非如此。"整个论文的内容，就是极其简明的论文摘要概括了的两句话："β 衰变和超子与介子衰变中的宇称守恒问题已被检查过。建议了在这些相互作用中可以测试宇称守恒的可能的实验。"（［1］，p.254—258）

让杨振宁、李政道感到遗憾的是，响应他们的建议的物理学家不多。这并不奇怪，因为实验要求的条件很复杂，看起来又是针对这么一个众所周知"没有问题的问题"，也还没有人做过这样的实验，提供可以进一步思考或者辩驳的理由。他们高兴的是，吴健雄被他们说动了。吴健雄原本没有在意这个问题，李政道向她介绍了他与杨振宁的研究，引起了她的兴趣。在为李政道、杨振宁的构想提供参考意见的几次讨论后，她决定立即着手李、杨建议的实验中的第一项实验。几个月之后，她和国家标准局的科学家安伯勒（E. Ambler）等合作的实验完成了，得到了明确的结果，从而肯定了李、杨对弱作用中宇称是否守恒的质疑，探明了"宇称守恒定律"不适用的范围，促成了一场"对称性革命"。

吴健雄是少数几个最初看出了李、杨宇称质疑的深刻意义的实验物理学家之一。物理学定律是不分左右的，这是自从近代物理学创立以来一直毫无疑问的"基本原理"。这样一种观念牢牢地占据了物理学家的头脑，宇称不守恒根本不能进入他们的视线。当时在物理学前沿有影响的物理学家，都不相信宇称会出现不守恒的情况。费曼、布洛赫、泡利对李、杨质疑都很不以为然。在吴健雄之后接任美国物理学会会长的阮姆西当时曾想做这个实验，但经费曼一说，未能坚持。（［2］，p.185－187）与吴健雄同在哥伦比亚大学物理系的低温物理学家加尔文（R.Garwin）在得知吴健雄的实验结果后，曾很快做出了李、杨建议的另一组实验，当初吴健雄曾争取他的合作，但由于他并不看好这个课题，忙着他认为更重要的工作。（［2］，p.174）

选择什么样的物理学实验是对实验物理学家眼力、品位和能力的检验。物理学杂志上有着各种各样的实验构想，实验物理学家既受到本身知识、经验的限制，又受到实验设备、实验经费等条件的牵扯，只有确信自己所要做的实验的意义，才能投入人力物力财力去做这项工作。杨振宁说："吴健雄的工作以精准著称于世，但是她的成功还有更重要的原因：1956年大家不肯做测试宇称守恒的实验，为什么她肯去做此困难的工作呢？因为她独具慧眼，认为宇称守恒即使不被推翻，此一基本定律也应被测试。这是她过人之处。"（［3］，p.44）

现在的人们（包括许多物理学家和科学史专家）往往单说李、杨"发现了弱相互作用下的宇称不守恒"，如果同时讲到李、杨、吴，则说李、杨"发现"，吴等"证明了李、杨的发现"。

吴健雄 1940 年毕业于加州大学伯克利分校

在这些语境中，仿佛吴健雄等实验物理学家只是在场的目击者、旁观的证人。可以肯定地说，这两样说法都很有商榷的余地。实际上，李、杨他们并没有发现宇称不守恒。杨振宁后来回忆当时的情况，说："在那个时候，我并没有押宝在宇称不守恒上，李政道也没有，我也不知道有任何人押宝在宇称不守恒上。"（［2］，p.172）对于杨振宁和李政道这样的话，人们似乎并没有给予应有的注意，以为他们因为吴健雄而在说客气话。不错，对于杨振宁、李政道赞赏吴健雄的话，人们有理由抱着更审慎的态度来对待，因为杨、李得吴健雄之助一飞冲天，他们的说法中难免有感情的因素。但是，我们仔细研读李、杨论文可以发现，杨振宁这话不过是他们论文引言第二自然段一个意思的另一种说法。在这里论文说,通过对已有的实验的检查表明,宇称守恒在强相互作用和电磁相互作用中是高度准确的,但弱作用(如介子和超子衰变中,以及各种费米相互作用中)宇称守恒到目前为止只是没有实验证据支持的外推的假设,李、杨特意用括号说明,或许有人以为 $\theta-\tau$ 之谜可以看作是宇称守恒在弱作用下被打破的一个指示。不过,由于我们现在有关奇异粒子性质的知识不足,这个论据还未可确信。它所提供的只是刺激宇称守恒的探索性实验。事实上,李、杨全文没有一个地方说他们"发现"了弱作用中的宇称不守恒,无论是计算发现、推理发现还是实验解释发现。

还有一种相当流行的说法是:"李、杨提出了宇称在弱相互作用中不守恒的原理,吴健雄等的实验证明这个原理是正确的"。这种说法给人的错觉是,宇称不守恒似乎是通过计算推导出来的、通过分析从理论上确定下来的。事实上,在吴健雄等的实验完成之前,物理学理论和实验数据中没有任何资料可供用来支持宇称在弱作用中不守恒,李、杨对究竟有没有这个现象并没有断定,他们只是分析了以往的实验为什么没有触及弱作用中的宇称问题,用什么实验能够检查弱作用中的宇称情况,以及如果弱作用中宇称不守恒,还可能会进一步发现什么。所谓"提出原理"这个说法,至少在"时间点"上是值得推敲的。

究竟应该怎样看待在这场物理学革命中由李、杨与吴健雄分别代表的理论和实验两方面不同的贡献,是个值得从物理学史和科学进步过程的角度认真研究的问题。实际上,这里是"一系列过程",这个"过程"中有几个重要的工作和时间节点,其中最关键的是两项紧密相关而又应该有所区别的发现。李、杨从 $\theta-\tau$ 问题,深入到弱作用中的宇称问题,通过研究发现:弱作用中的宇称守恒没有证据。李、杨在这件工作上的贡献在于:所有在物理学前沿的科学家中,没有人看出物理学大厦在这里存在问题,也没有人指出应该在这个方向集中力量做研究,而他们指出了值得研究的方向,提出了一套清晰的研究方案,从而指引了物理学研究的新领域。这是一个发现,发现了问题和解决问题的方向与途径。吴健雄率先组织实验探测弱作用中宇称情况,发现弱作用中宇称是不守恒的,跟着加尔文、泰勒格蒂等出了第二组、第三组实验结果,又有许多物理学家加入工作,遂使"弱作用中宇称不守恒"成为"铁案"。这是另一个发现,发现了人类从未见过、也从未检查过的自然现象(自然规律)。这两项紧密相关而又有所区别的发现,打开了物理学的新视野,促成了人对自然认识的一个根本性变革。我们是不是应该把宇称在弱相互作用中不守恒的发现称之为"李—杨—吴宇称发现",这样或许对这场物理学史上堪称革命的事件在理论与实验两方面共同的贡献,更为公允和客观。

"李—杨—吴宇称发现"深刻地改变了我们原先对自然的看法,对物理学产生了重大而深远的影响。没有"李—杨—吴宇称发现",就不会有弱矢量流守恒定律的发现,也就不会有弱作用与电磁作用统一的发现。这些都已为物理学后来的发展所证明。

"李—杨—吴宇称发现"是华人科学家第一次在纯科学中产生轰动世界的影响,它对于改变华人在世界科学发展史上的地位和形象,具有重大的历史意义。中华民族的历史,将永远记得他们的伟大贡献。

2. 她未曾得到诺贝尔奖，令许多人惋惜与不解

　　李政道、杨振宁因指引宇称发现而获得了 1957 年诺贝尔奖，实际做出这个发现的吴健雄却被拒之于门外。不少人对此困惑不解，许多获得诺贝尔奖的同行科学家为吴健雄鸣不平。除了李政道、杨振宁、丁肇中、李远哲这些华人科学家中的诺贝尔奖获得者，吴健雄在伯克利的老师奥本海默（R.Oppenheimer）、塞格瑞（E.Segre，有译为赛格雷或西格雷的），还有拉比（I.I.Rabi）、威尔逊（R.Wilson）、史坦伯格（J.Steinberger，有译为斯泰因贝格尔）、莱德曼（L.Lederman）、拉姆西（N.Ramsey）、西博格（G.T.Seaborg）、莱因瓦特（J.Rainwater）等等。著名科学报道专家江才健在 1989 年至 1996 年撰写吴健雄传时，曾经飞行 3 万多英里，在欧洲、美国、加拿大访问了 50 多位相关人士，其中包括前述人物中仍然健在的人士，为我们提供了大量第一手材料。

　　首先是奥本海默，他在向吴健雄通报 1957 年诺贝尔奖评审结果的第一时间，即表示了惋惜。1957 年 10 月，吴健雄在纽约州北部一个大学讲课，奥本海默突然打来电话，告诉她说，"杨振宁、李政道得到了今年的诺贝尔奖。"那时候还担任普林斯顿高等研究所所长、对杨、李、吴的工作都很了解的奥本海默，为此举行了一次晚宴，邀请吴健雄和杨、李等人参加。他在晚宴前做了简短的讲话。表示这次宇称不守恒发现有三个人功劳最大，除了杨、李之外就是吴健雄；他特别强调不可忽略吴健雄的贡献。（［2］，p.198）在这一年诺贝尔奖颁奖之后，奥本海默又公开表示吴健雄也应该得到此项荣誉。他曾经特别指出，懂得如何做出宇称不守恒的 β 衰变效应的，只有吴健雄和在伯克利指导她的老师塞格瑞两人。（［2］，

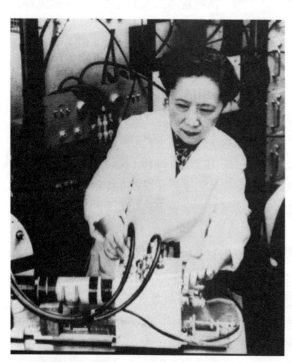

吴健雄做物理实验向来以精确著称

p.304）塞格瑞在他的《从 X 射线到夸克——现代物理学家和他们的发现》一书中认为，宇称不守恒可能是战后最伟大的理论发现，它消除了一种偏见，这种偏见未经足够的实验验证，就曾被当成一条原理。而在这个发现中做出最大贡献的，是李政道、杨振宁、吴健雄三位华人科学家。（［4］，p.292）

　　20 世纪 30 年代主持哥伦比亚大学物理系，并将之发展成为美国最顶尖物理中心的拉比，1986 年在一项公开聚会演讲中指出，"吴健雄应该得到诺贝尔奖。"吴健雄在伯克利时期的同学，曾经一手创建起位于芝加哥的费米国家实验室的威尔逊也说，吴健雄应该得诺贝尔奖。（［2］，p.304）

　　在年轻时就和杨振宁、李政道相熟，和李政道、吴健雄同在哥伦比亚大学共事的史坦伯格以为，"当年颁奖没有把她包涵进去这是个大遗憾，李政道和杨振宁提出理论构想，但是宇称不守恒毕竟是由她做实验发现的，我认为这是更重要的，而且在此之前，她已经在我们的领域有突出成就，我非常不能理解授奖委员会的决策。"[5] 1988 年，史坦伯格得到诺贝尔奖之后，美国科学界有广泛影响力的《科学》杂志，刊出了一篇文章，报道他和莱德曼，以及当年哥大的物理学家，后来改行开电脑公司的施瓦茨。那篇文章说，史坦伯格和许多其他人都有相同的观点，认为吴健雄应该是 1957 年诺贝尔奖的共同得奖人。史坦伯格与奥本海默、吴健雄一样，也是李、杨论文结尾处表示谢意的五个人中的一个，是参与这项工作的较小圈子中的一个，较早知道他们的研究，并给予过有益的建议。

　　和吴健雄研究领域相近，1989 年诺贝尔物理奖得主拉姆西，以及早年与她同时在伯克利的加速器上做实验，1951 年诺贝尔化学奖的得主西博格，也都认为吴健雄毫无问题是应该得诺贝尔奖的。（［2］，p.305）

　　40 年代到 50 年代时，曾经和吴健雄在哥伦比亚大学同事，并且合作进行实验，1975 年诺贝尔物理奖得主莱因瓦特，在获知自己得奖后，打电话给吴健雄，认为她远比自己更有资格得奖。（［2］，p.305）

　　50 年代由吴健雄任教的哥大得到博士学位，后来成为杰出粒子物理学家，并担任了长岛布鲁克海汶国家实验室主任的沙缪斯（N. Samios）的说法，代表了后辈科学家中不少人的情况。他说："我一直以为她已经得到了诺贝尔奖。在我看来，她是属于那个应该得诺贝尔奖圈子中的人。"（［2］，p.305）

　　和吴健雄同行的著名科学家，曾经担任在日内瓦的欧洲最重要高能物理实验室（CERN）主任、欧洲和德国物理学会会长的夏帕认为，吴健雄绝对应该和杨、李同时列名于诺贝尔奖之中，因为是她头一个做出实验结果的。（［2］，p.304）

　　至于一般的科学家，我们可以举出福爱·阿珍堡 – 舍勒（Fay Ajzenberg-Selove, 1926—）的看法作一个代表。福爱是美国屈指可数的女性物理学家和女性参与科学的推动者，她和她丈夫对大气中原子弹试验造成的放射性危害的研究，促进了在大气中试验原子武器的停止。这位极有个性、好打抱不平的女物理学家，在她的自传体回忆录中，不止一次地说到吴健雄。她为吴健雄辩护，说："吴健雄应该与李政道、杨振宁共享 1957 年诺贝尔物理学奖，李、杨做的是理论方面的工作，而她用极其漂亮的实验证明他们是正确的。"（［6］，p.115）

　　有物理学背景的科学报道专家、不列颠百科全书物理学作者和编辑夏龙 .B. 麦格瑞（Sharon B. McGrayne），通过大量采访后撰写了《诺贝尔科学奖中的女性》一书，其中用专章介绍了吴健雄的工作。这部书一共介绍了 14 位科学女性，其中 9 位是得到了诺贝尔奖的，包括吴健雄在内的另 5 位没有得到诺贝尔奖，但作者认为她们"在获得诺贝尔奖的项目中起了决定性的作用"。作者认为："这些女性在大学作为学生寻求得到科学教育和从事她们心爱的科学研究与发现事业，都遇到了严酷的歧视。"[7] 这是代表科学报道界和评论界的一种看法。

考察一下诺贝尔物理学奖的授奖情形。1901 年至 1956 年，有 66 位得奖者。其中主要从事实验、实验技术或者实验分析和研究并获得重要发现、发明或测量结果而获奖的，有 51 位，约占 77%。理论性的贡献或基本上是属于理论研究的有 15 位，约占 23%。1957 年至吴健雄去世的 1997 年，有 88 位得奖人。其中主要从事实验、实验技术、或者实验分析和研究并获得重要发现、发明或测量结果而获奖的，有 54 位，约占 61%。理论性的贡献或基本上属于理论研究的有 33 位，约占 39%。大体上前 50 年更重视实验类结果，后 50 年更重视理论类贡献。偏重实验结果，以至爱因斯坦不能以他最为重要的相对论而得奖，而只能以光电效应理论这样似乎更实际的工作获奖；偏重理论方面，以至有吴健雄实验发现宇称在弱相互作用下的不守恒没有给奖。在前后相继的两个 50 年中，诺贝尔物理学奖趣味的微妙变化，或许是吴健雄不能获奖的一部分原因。但是总的来说，诺贝尔物理学奖是很重视实验成果的，得奖者中实验与理论占有的比重是 68.8% 对 31.2%，而不是一半对一半。在这样的总体背景上，宇称在弱相互作用下不守恒的重大发现，只给予理论方面的奖励而未给予实验方面的奖励，是不符合诺贝尔奖的一贯精神的。何况，就吴健雄来说，其贡献并不只在宇称不守恒上的发现。

3．她的贡献，可以与许多一流物理学家相比较

我们可以比较几个与吴健雄有些类似的实验物理学家，或与吴健雄的工作类似的实验物理学项目。

其一是密立根（1868—1953）。（［8］，p.315—328）密立根的名字中国科学界并不陌生，他是李耀邦、颜任光等中国最早一批物理学博士的老师，为中国培养了周培源、赵忠尧、钱学森、钱伟长、谈家桢、卢嘉锡等现代科学的先驱或中坚。密立根荣获 1923 年度诺贝尔物理学奖。其主要贡献是 1910 年发明了油滴法，精密测定电子电荷，证实电荷有最小单位，1916 年，又用实验证实了爱因斯坦光电效应方程的有效性。（［9］，p.18—23）物理学史著作和著名科学家传记对他的这些贡献都有具体介绍。

吴健雄的贡献与密立根的有不少类似。吴健雄一生的工作主要在 β 衰变上。她使 β 衰变成为"最敏感、最实际和最有力的""研究弱相互作用的探测手段"，"一次又一次地对研究弱相互作用起了重要作用。"（［10］，p.474）她有十五项重要的科学工作，包括：（1）关于轫致辐射和核裂变研究（1938）；（2）β 谱的形状（1946—）；（3）宇称不守恒；（4）矢量流守恒假设（1962—1964）；（5）双 β 衰变和轻子守恒（1970）；（6）第二类流 CVC 理论（1977）；（7）放射性和能级图；（8）奇特原子；（9）穆斯堡尔谱学及其应用；（10）湮没量子的本征宇称；（11）康普顿散射湮没光子的角作用和隐变量；（12）血红蛋白；（13）正电子偶；（14）粒子探测和仪器；（15）超低温核物理，等等。（［10］，p.471—478）吴健雄时代与密立根时代有一个很大的不同，密立根时代的物理学发现，大都可以很容易让公众明白，并且其中不少能很快转化为公众的常识，而吴健雄时

代的物理学发现，即使是高级知识分子，如果不做物理学研究，也所知不多，就是想了解，也不那么容易。所以对于吴健雄的物理学贡献，一般人是没有什么概念的。根据我国著名物理学家陆埫院士的看法，这其中最主要的贡献也有三项，一个物理学家做成这三项中的任何一项，就可以名垂青史了。

1986 年 7 月，吴健雄、袁家骝夫妇与著名科学家吴大猷（中）、杨振宁（左二）及夫人杜致礼（左四）在一起。

除了本文第一节中已经说过的首次发现弱作用宇称不守恒这一项，另两项是：β 衰变理论检验。β 衰变是放射性的三种形式之一。这个过程的产生是在一个大原子的核子发射出超高速的电子和中微子，而使此元素在此一过程中转变成另一种元素。β 衰变是三种放射性现象中最神奇、最微妙的一种，它是核物理中的一种典型弱作用过程。通常而言，电子是围绕在原子之外，并不存在核子之中。不过，在 β 衰变的过程中，核子里的中子会分裂形成一个质子、一个电子和一个中微子。电子和中微子以极高的速度从核子进出，会使核子失去极多的能量。而质子仍留在较为稳定的新核子之中。在吴健雄开始研究 β 衰变时，人们已经知道费米在中微子假设基础上提出的 β 衰变理论，但是这个理论还没有被证实，中微子也还没有被发现。费米理论所预言的 β 能谱包括有允许谱以及各级禁戒谱。那时人们的实验结果甚至与最简单的允许谱也不相符合。特别是其低能端有过剩电子。吴健雄与艾伯特合作，将放射源做得足够均匀、足够薄，对 ^{64}Cu 的 β 谱进行了仔细的测量，消除了低能电子过剩，得到的结果与费米理论预言的允许谱符合得非常好。这个结果很快得到了许多人的证实。为了对费米理论进行彻底检验，还必须对各种禁戒谱进行测量。吴健雄与她的合作者进行了一系列的实验，对禁戒谱（特别是唯一禁戒谱）的测量，也支持了费米的 β 衰变理论。吴健雄的这些工作澄清了当时存在的许多严重分歧，对于 β 衰变机制的确立起了关键性的作用。（［3］，p.43—44）加州理工学院的诺贝尔奖获得者福勒（William A. Fowler）观察后说：“她的 β 衰变研究最重要的是不可思议的精密度，我们的实验室也做同一领域的研究，她比我们做得好……那些想重复她的实验以及与她竞争的人，发现她总是对的。”（［7］，p.268）

首次证明弱作用的矢量流守恒。在宇称不守恒被发现以后，弱作用的正确形式很快确定了下来，它是由矢量流和轴矢量流产生的。电磁作用是由电流与电磁势相耦合产生的。电流是一种矢量流，这种流是守恒的（即电荷守恒）。最早，葛尔希坦和泽尔多维奇于 1955 年就提出了弱矢量流也守恒的可能性，但那时人们甚至还不知道弱作用中是否有矢量流参与。只有到宇称不守恒被确立以后，人们才知道弱流由矢量流和轴矢量流组成（所谓的 V–A 理论）。1958 年，费曼和盖尔曼才第一次提出弱矢量流守恒的假设。1963 年，吴健雄和她的合作者对 ^{12}B 和 ^{12}N 衰变 β 能谱进行了细致的测量，比较了它们的形状修正因子。虽然已有人做过这种实验，但终未获确切结论。吴健雄和她的合作者首次成功地完成了这个实验，确证了弱矢量流守恒。1977 年，吴健雄等又仔细分析了 1963 年的实验，用更好的 β^+ 衰变费米函数，以及分支比和 ft 等参数的新值，重新作了计算，再一次确认了弱矢量流守恒的结论。这个实验意义非常深刻，不仅建立了一条新的守恒定律，而且也为弱作用和电磁作用的统一成功地铺设了第一块里程碑。（［3］，p.43—44）

　　第二个可以比较的例子，实验发现"反粒子"。狄拉克在对亚原子的粒子的性质进行了数学分析后，认为每个粒子必定有一个"反粒子"，这才符合相对论波动方程逻辑推理的一贯性。他据此预言了"反电子"、"反质子"的存在。狄拉克在 1930 年提出这个理论。1932 年，C. D. 安德逊发现，高能宇宙线穿过威尔逊云雾室中放置的铅板时，从铅原子中击出一些粒子，其中有一个粒子的轨迹和电子的轨迹完全一样，但弯曲的方向却相反！这就是说，这种粒子与电子质量相同，而电荷相反。这样，他从实验中发现了狄拉克的"反电子"，他称之为"正电子"。1955 年，O. 张伯伦和吴健雄的老师塞格瑞用千兆电子伏高能加速器，加速质子轰击铜靶以后，终于找到了反质子。安德逊、张伯伦和塞格瑞都因上述业绩，而分别获得 1936、1959 年诺贝尔奖。狄拉克则早在 1933 年因 1927 年提出的电磁场二次量子化理论而得到诺贝尔奖。（［11］，p.40 — 41）在这一项"反粒子"的发现中，狄拉克的贡献是理论方面的，而安德逊、张伯伦、塞格瑞的贡献是实验方面的。从实验的手段、难度和结果的意义诸方面来看，都很难说在吴健雄的宇称实验之上。

　　第三个相似的例子，实验发现粒子的波动性。1923 年，法国物理学家德布罗意为了解释光的波动性和微粒性的矛盾，受到光具有波粒二象性的启发，提出像电子这一类公认为粒子的物质也应具有波的性质。1927 年在纽约贝尔电话实验室工作的 G. J. 戴维逊和助手革末，在一次偶然机会中获得一张电子在晶体中的衍射照片。英国的物理学家，G.P. 汤姆逊也以类似方法得到了电子衍射照片。衍射是波动性的典型性质，只有波在经过小孔时才能以小孔为中心形成衍射图像。电子波的存在证实了德布

创造科学革命的宇称不守恒实验装置

罗意的设想，他因此而获得 1929 年诺贝尔物理学奖。戴维逊和 G.P. 汤姆逊因用实验证实了德布罗意波，证实了电子的波粒二象性，而共享 1937 年诺贝尔物理学奖。（［11］，p.32）戴维逊和 G.P. 汤姆逊的发现，与吴健雄对费米 β 衰变理论的系统证明、弱相互作用中的宇称发现或矢量流守恒定律的证明比起来，也很难说更重要或者更困难。

与吴健雄类似的还有弗兰克、赫兹、鲍威尔等。德国物理学家弗兰克和赫兹在 1914 年做电子轰击原子实验时，证实了玻尔的量子能级的跃迁理论，获得了 1925 年诺贝尔物理学奖。英国人鲍威尔 1947 年在升入高空的气球中，用特殊摄影技术，观察到宇宙射线中的介子，证明了日本物理学家汤川秀树 1934 年提出的介子理论，鲍威尔在 1950 年因此而获得了诺贝尔奖。（［12］，p.1114）

如果我们跳出 20 世纪物理学的范围来比较，吴健雄的工作同样是物理学史中不可忽略的里程碑。不过这会涉及太多的人物和事件，我们暂且略而不论。

4．在对她评价中的种种不公和误解，应该予以澄清

由于诺贝尔奖的巨大影响力，它反过来成为公众评判一个科学家的水准的世界性尺度。获得诺贝尔奖的科学家被人们看作是一流科学家，而没有获得诺贝尔奖则是没有达到一流的水平，虽然这在实际上和逻辑上都没有根据。因为吴健雄没有得到诺贝尔奖，不仅社会上一般人对她没有应该有的认识，甚至物理学界或科学史界专家，也往往人云亦云，对她没有应该有的评价。

关于在实验中做出宇称不守恒发现的优先权问题

有人以为吴健雄的宇称发现并不是最先做出的，与她同时甚至比她还早的另有其人。因为加尔文、L. M. 莱德曼、M. 维因里希等人合作的实验报告与吴健雄等的实验报告发表在同一期《物理评论》上，并且编辑部的收稿日期标明都是 1957 年 1 月 15 日，这使有的人做出了上述结论。例如，"莱德曼……最早在 π-μ-e 衰变过程对李杨宇称不守恒原理做出实验检验。和吴健雄的钴 60 实验同一天向《物理评论》提交论文。"（［13］，p.179）事实上，虽然这两篇报告同时向《物理评论》提交，同时发表，但他们的实验却不是同时进行、同时完成的。在加尔文等人的报告中，明确写道，他们是在得知吴健雄等实验的初步结果后才决定开始做这个实验的。在这篇总共两个页面的报告中，有三个地方提到"吴健雄等的工作"。一个地方是报告前头，说明他们决定做这个实验是在吴健雄等用定向核 β 衰变得到初步结果之后。原话是："Confirmation of this proposal in the form of preliminary results on β decay of oriented nuclei by Wu et al. reached us before this experiment was begun." 一个地方是报告正文的结束部分，作者感谢李政道教授给他们阐明李、杨论文，同时"归功"于吴健雄教授在他们这个实验之前在哥伦比亚大学讨论会上做的有关钴 60 实验的初步结果的"至关重要的报告"。第三个地方是尾注 6，标明他们所指的吴健雄等的工作，就是排在他们的文章前面的吴健雄等的《在 β 衰变中宇称守恒的实验检测》。（［14］，pp.1415—

1417）可以推想，《物理评论》编辑部在收到这两篇内容相关的报告后，向作者做了详细了解。否则，加尔文等如何知道他们的报告正好排在吴健雄等的报告的后面呢？编辑部的这个细心而又负责的做法，消灭了日后在这项发现问题上任何关于优先权争论的余地。所以，如同陆埭先生所说，吴健雄在这个问题上的首创性是没有任何疑问的。[3] 无论开始参与者有多少，后来加入工作者有多少，吴健雄的第一位是无人能够取代的，也无人可与之并肩而立。

吴健雄与国家标准局合作者的主从关系问题

有一种观点认为，吴健雄的宇称发现是与国家标准局的科学家一起完成的，实验设备是国家标准局的，人力也主要是他们的。没有国家标准局科学家发展的低温原子核极化技术，这个实验根本做不起来。和安伯勒等人有合作关系的泰默，在宇称实验做完后不久，就在一份杂志中写了一篇文章，指出这个实验如果没有国家标准局是做不成的。英国牛津大学的科学家，安伯勒和哈德森两人的老师，英国牛津低温物理实验先驱柯提，1958 年 3 月，在美国物理学会出版的《今日物理》，刊出了一篇文章，题目是《原子核定向和原子核冷却》。文章除了交代这种技术发展经过和重要性之外，特别指出在宇称不守恒实验中，低温物理学家不可或缺而且关键性的角色。他为他们的重要性被忽视而不平。泰默和柯提针对当时舆论中普遍认为"哥伦比亚大学推翻了宇称定律"，不知道这项贡献与国家标准局的关系，没有给予国家标准局的低温物理学家应有的荣誉，站出来为他们辩护，无可厚非（李政道、吴健雄、加尔文、莱德曼等都是哥大人，哥大又通过新闻发布会等形式大力宣传）。但由此导向抹杀吴健雄在这个实验中组织者、设计者、主导者的作用，则同样是不公平的。

吴健雄由美国福特总统授予国家科学奖章

对于吴健雄在 β 衰变方面的权威地位，国家标准局的科学家是相当尊敬的。他们承认，如果不是吴健雄来提议开始这个实验，他们是绝对不会，也不能进行这个实验的。（［2］，p.192）在他们共同具名发表的实验报告结尾，有一句"衷心感谢李政道和杨振宁教授和我们中的一人（吴健雄）所作的激发灵感的讨论"，（［15］，p.1414）也表明了他们是承认吴健雄在这项实验中的核心地位与源头作用的。我们对这几位科学家的科学成就整个情况所知甚少，无从评价，但有一个资料或可作为参考。1966 年出版的 15 卷的《麦格罗希尔科技百科全书》，其中有一卷《麦格罗希尔现代科学人》，[16] 介绍 1940 年以来 426 位当代科学中的领军人物。

其中有包括吴健雄在内的 7 位女性科学家，而未见有安伯勒等的事迹，由此可见，吴健雄在科学上的成就，无论是在那个时候，或者是在那之前、之后，和这项实验中的其他 4 名合作者都不是在同一个等级上的。

吴健雄等的宇称实验的灵巧性问题

虽然有很多实验物理学家和理论物理学称赞吴健雄的实验为物理学史上"最漂亮的实验"或"最美的实验"之一，但也有人认为吴健雄的实验虽说精准，效率却不高。她的实验组用几个月时间完成的实验，后来人们只用几天就完成了。吴健雄的实验不算灵巧。

吴健雄生前对此批评似有回应。她曾经说，如果早知道实验观测到的不对称效应会是这么大的话，也许可以免去许多如此细密的查验工作。但是，一向以细致、谨慎著称的她还是以为，周全的准备总是值得尽全力去做的。

更为值得注意的是，在李政道、杨振宁提出问题的时候，除她以外没有人愿意投入巨大的精力来对待这个问题。尽管用加速器产生的 μ 介子比她用 β 衰变能够远为容易地解决这个问题，但这也是后来才知道的。在不能确信会有如此重大的发现前，没有人相信，也没有人愿意做这样的尝试！科学发现在当时是困难的，知道谜底以后的实验则较为容易。创造性的实验好比赫尔姆霍兹说的登山，"前面没有现成的路可以遵循，只能缓慢而又艰难地攀登，经常因为在前进的道路上遇到障碍而被迫折回，有时依靠判断，有时凭着运气，一小段一小段地探索前进，当他终于到达了预期的目的地时，却沮丧地发现原来另有捷径，只是他在开始时没有找到正确的出发点。"（［4］，p.223）吴健雄等的宇称实验把低温核极化技术和粒子计数技术两项尖端技术结合在一起（这本身也有独特的意义），又在两个不同的单位合作，本身就是一种实验方法和实验组织的创造，研究过程的困难是异乎寻常的，成功与否难以预料。其间经历多次失败，才逐渐接近正确的方向，获得可靠的结果。何况，如此重大的科学实验，几个月的时间也根本不算长。

对于这种只能在探索中前进的开创性工作，杨振宁也有类似的心得。他在回顾 1956 年的心路历程时说，研究像 θ 和 τ 之谜这样一个问题，一个人完全不知道到哪里去找答案，因此就很难集中在任何一个单一方向上去做研究。一旦一个人得到了解答的线索之后，他就能集中他所有的力量在求解答的工作之上。但是在那之前，他的思想总是在不同的地方停留，无法清楚确定任何事情。（［2］，p.169）

5．她是同时代华人女性科学家的杰出代表，中华民族永远的骄傲

女性接受科学方面的高等教育并进入到学术界，在世界历史上都是比较晚的事情。法国在 1861 年，英国在 1878 年，意大利在 1885 年，开始允许女性进入大学学习。但直到 19 世纪末 20 世纪初，女性进入高等教育仍有很大困难。很能说明问题的一个例子是，艾米·诺特尔（Emmy Noether）——一个帮爱因斯坦相对论和抽象代数学建立了数学基础的伟大的女数学家，她坚持读完了大学，并取得了博士学位。但是她仍然不能谋到任何一种学术职位。

非常赏识诺特尔的大卫·希尔伯特（爱因斯坦的引力理论的作用量的发现者），在1915年邀请她加入他们在哥廷根的工作。他试图为她争取到无偿讲课的权利，但没有成功。开课的申请被当局以"与法律不相宜的要求"为由而拒绝了。在1908年通过的一项条例规定，只有男人才有开课的权利。在教务会上，希尔伯特愤怒地责问："这是大学，还是澡堂？"1918年，妇女的法律地位得到改善，经过教务会组织的口试，诺特尔终于获得讲课的权利。（［17］，p.126）

在中国，女性受教育的权利是在19世纪末被提上日程的。1897年，梁启超作《倡设女学堂启》指出，办女学堂使女子接受教育，这样"上可相夫，下可教子，近可宜家，远可善种。妇道既昌，千室良善"。（［18］，p.797）整整10年后，梁启超作《学部奏定女子师范学堂章程折》，向朝廷报告说："京外臣工条奏请办女学堂者，不止一人一次。……且近来京外官商士民创立女学堂，所在多有。"提出制订章程加以规范。（［18］，p.810）辛亥革命以后，女子教育随着整个国民教育事业的发展而发展，但总量和相对数量都还很小，女子高等教育则差不多仍是空白。根据国民政府1918发布的1915年8月至1916年7月教育统计，全国在接受初、中、高等教育的男学生是4113302人，女学生是180949人，女与男之比，1∶20还不到。全国没有一所女子大学或专门学校，也没有一位女子在大学或专门学校接受高等教育。（［19］，p.369）1919年3月，国民政府教育部发布的《全国教育计划书》提出，在北京筹设一所女子高等师范学校，以应时势之需，以后再在各省择要增设。（［19］，p.269）1920年夏，南京高等师范学校在中国大学历史上首开女禁，招收正式女生8名、旁听生50名，与男生同堂学习，引起社会轰动。从这里可以看到，单就时间来说，在中国，女性进入高等教育领域比西方晚不了多少。但是，由于实际的社会发展程度、经济发展程度的落后，女性受教育的普遍程度与西方相比，有非常大的差距。

对于华人来说，产生世界性的科学影响是以接受西方科学教育为前提的。华人女性出国留学到20世纪初始有记录。吴健雄1930年进入国立中央大学（南高师是其前身）读书，1934年毕业。正是在这个中国现代女子高等教育的重要发源地之一，她得到了当时国内最好的高等教育。毕业以后，先到浙江大学，做了一年助教；后到上海，进入设在亚尔培路的中央研究院物理研究所，在我国第一代海外留学归来的女博士顾静徽女士领导下从事光谱学研究。1936年，吴健雄赴美留学，她应该算作华人女子向海外求学的第二代了。

女子海外求学的第一代人中除了物理学家顾静徽，还有革命家秋瑾，文学家陈衡哲（1921年时的东南大学的第一位、也是全国唯一一位华人女教授）等。第一代女子在海外接受了高等教育，回到国内，或投身革命，推动了中国社会的进步；或进入了大学和学术界，起了传播薪火的作用。在吴健雄这一代华人女性科学家中，产生了一批有影响的物理学人物。其中有代表性的，可以举出王明贞（1906—）、何泽慧（1914—）、王承书（1912—1994）、周如松（1912—）、陆士嘉（1911—1986）、林兰英（1918—2003）、谢希德（1921—2000）等。与她们同时代或稍晚些的其他领域的女科学家，有化学家黄量

（1920—），地质学家池际尚（1917—1994），地层古生物学家郝诒纯（1920—），天文学家叶叔华（1920—），计算机科学家夏培肃（1923—）。在妇幼卫生科学领域，则有"我国妇幼卫生事业的拓荒者"杨崇瑞（1891—1983），护理事业的开拓者聂毓禅（1903—），世界著名妇产科学家林巧稚（1901—1983），儿童少年卫生学家、医学教育家叶恭绍（1908—1998），等等。这些女性科学家的成就是相当出色的，例如，王明贞曾在著名物理学家乌伦贝克的指导下，对玻尔兹曼方程作了许多研究，其博士论文"玻尔兹曼方程不同解法的研究"（1942）首次独立地从福克—普朗克（Fokker–Plank）方程和克雷默（Kramers）方程中推导出自由粒子和简单谐振子的布朗运动。她与乌伦贝克1945年合作的有关布朗运动理论的研究结果，在近几十年的时间内一直作为了解布朗运动的最主要文章之一，（［20］，p.491）据《新清华》网络版介绍，至2002年王明贞95岁华诞时，已有1278次引用。何泽慧与钱三强合作，1946年研究并发现了核裂变的三分裂现象；她还首先观察到四分裂现象。（［20］，p.929）等等。

　　与这些杰出女性相比，吴健雄的贡献和影响更具有世界性质，因为她长期工作在20世纪的世界科学中心。当1936年吴健雄赴美留学时，奥本海默等一批美国青年学者从欧洲学成归国，科学的重心开始向美国转移。随后，由于第二次世界大战对欧洲的影响，爱因斯坦、费米等一大批欧洲科学家移居美国，正式确立了美国在世界科学中的中心地位。在这一个过程中，吴健雄开疆拓土，独领一方。40年代她即成为β衰变实验方面享有国际声誉的一流专家。50年代她与李政道、杨振宁完成了宇称发现。60年代她组织了矢量流守恒实验。70年代她当选为美国物理学会会长，与密立根、康普顿、奥本海默、拉比、费米等一样成为物理学的一代旗手。由于吴健雄的出色的物理学工作，她被普林斯顿大学和哈佛大学等20多所著名高校授予荣誉博士学位或聘为荣誉教授，获得了包括美国国家科学勋章和沃尔夫奖在内的几十项奖励，与居里夫人、丽丝·迈特纳等科学女性一道，被物理学界公认为是人类历史上最杰出的女性物理学家。

　　在中华民族的历史上，有许多杰出的女性，相对说来，女科学家比较少，而产生世界性影响的女科学家更少，产生重大世界性影响的女科学家则少之又少。吴健雄是华人女性中第一位有重大世界性影响的女科学家，是华人女性的杰出代表，值得我们自豪和纪念。

1978年吴健雄在以色列获得沃尔夫奖，当时的总理比金（右二）在场。

参考文献

［1］T. D. Lee, C. N. Yang. Question of Parity Conservation in Weak Interactions, *Physical Review*. Vol.104, No.1（1956）.

［2］江才健：《吴健雄——物理科学的第一夫人》，上海：复旦大学出版社，1997。

［3］陆埮：《吴健雄的主要科学贡献——为纪念吴健雄逝世一周年而作》，《现代物理知识》，1998.2。

［4］（美）埃米里奥·赛格雷：《从 X 射线到夸克——现代物理学家和他们的发现》（1980），上海：上海科学技术文献出版社，1984。

［5］中国科技在线网站，http//www.Chinatech.com.cn

［6］Fay Ajzenberg-Selove, *A Matter of Choices: Memoirs of a Female Physicist*, New Brunswick, New Jersey, Rutgers University Press, 1993.

［7］Sharon B. McGrayne, *Nobel Prize Women in Science*, New York, Carol Publishing Group, 1993.

［8］范岱年、密立根：《世界著名科学家传记·物理学家》（第 5 卷），北京：科学出版社，1999。

［9］《诺贝尔奖金获得者传》（第 2 卷），长沙：湖南科学技术出版社，1983。

［10］冯端、陆埮主编：《半个世纪的科学生涯——吴健雄、袁家骝文集》，南京：南京大学出版社，1992。

［11］邢润川、刘金沂编著：《诺贝尔与诺贝尔奖金》，沈阳：辽宁人民出版社1981。

［12］《诺贝尔奖金获得者传》（第 4 卷），长沙：湖南科学技术出版社，1987。

［13］沈慧君、郭奕玲：《莱德曼和一大学生的通信》，《现代物理知识》，1994,S1。

［14］Richard L. Garwin, Leon M. Lederman, Marcel Weinrich, Observation of the failure of Conservation of Parity and Charge Conjugation in Meson Decays: the Magnetic Moment of the Free Muon, *Physical Review*, Vol.105, No.4（1957）.

［15］C. S. Wu, E. Ambler, R. W. Hayward, D. D. Hoppes, and R. P. Hudson, Experimental Test of Parity Conservation in Beta Decay, *Physical Review*, Vol.105, No.4（1957）.

［16］Jay E. Greene, *McGraw-Hill Modern Man of Science*, McGraw-Hill Book Company, New York, 1966.

［17］（美）阿·热，《可怕的对称——现代物理学中美的探索》（1986），荀坤、劳玉军译，长沙：湖南科学技术出版社，1998.3。

［18］舒新城：《中国近代教育史资料》（下册），北京：人民教育出版社，1961.10。

［19］舒新城：《中国近代教育史资料》（上册），北京：人民教育出版社，1961.10。

［20］戴念祖：《二十世纪上半叶中国物理学论文集粹》，长沙：湖南教育出版社，1991.9。

（选自《自然辩证法通讯》2005 年第 3 期，《吴健雄——诺贝尔奖亏待了的华人女性科学家》，作者肖太陶，时任东南大学吴健雄纪念馆副教授，东南大学档案馆副馆长、研究员，研究方向为科学史。）

朱丽亚·罗宾逊

打破藩篱的女数学家

朱丽亚·罗宾逊是为数不多的世界著名的女数学家之一，美国数学会的首位女会长。本文简要介绍了她的生平和卓越的数学成就，侧重表现她不凡的人格魅力与为更多女性能进入数学领域而做出的不懈努力。

> 我们必须知道，我们必将知道。
>
> ——大卫·希尔伯特

在人类几千年文明的长河中，数学，作为科学与艺术最完美的结合，始终在人的思维中占有极为重要的位置。它几乎是任何科学所不可缺少的，从未有任何一门科学能够像它那样泽被天下。数学家是创造、传播、应用数学知识的担当者，从某种意义上来说，数学很大程度上是数学家的个人创造，而数学知识要得到真正的理解和广泛地传播，也要靠数学家的著作及讲授。[1]

古往今来，我们从不缺乏伟大的智者，逐步打开通往真理圣殿途中的重重关卡。然而我们也不无遗憾地看到，能够在数学家的称谓后冠以自己姓氏的女性，是多么的稀少。即使历史的年轮已驶入现代，这种状况依旧没有得到多大的改善。[2]

然而在这种逆境中，仍有一些杰出的女性挣脱世俗的桎梏，在数学天地中一展才华。朱丽亚·罗宾逊就是其中的

朱丽亚·罗宾逊（Julia Bowman Robinson，1919—1985）

一位。她不仅由于数学上的出色成就而当选为美国科学院院士、美国数学会首位女主席，向人们证实了妇女在数学研究中的能力，而且致力于向正徘徊于数学边缘的妇女伸出援助之手，帮助她们找到正确的方向，向人们展示了女性在社会活动中同样影响重大。

1. 少女时代

朱丽亚·罗宾逊 1919 年 12 月 8 日出生于密苏里州的圣路易斯一个普通的商人家庭，是家中的第二个女儿，姐姐康斯坦丝·里德（Constance Reid）比她年长 2 岁，她的父亲拉尔夫·鲍曼（Ralph Bowes Bowman）是一位机械器具经销商，母亲海伦·鲍曼（Helen Hall Bowrnan）在朱丽亚 2 岁的时候不幸去世。丧妻的巨大悲痛几乎彻底击垮了她们的父亲，他对一切都失去了兴趣，无力照料两个年幼的女儿，将原有的生意草草结束后便将姐妹俩送到了亚利桑那州的菲尼克斯，和祖母住在一起。直到与埃迪尼亚·克里德鲍夫（Edenia Kridelbaugh）结婚后，这对夫妇才搬到亚利桑那州与女儿们团聚，接着举家迁至加利福尼亚州的圣迭戈安顿下来，3 年之后，家中的第 3 个女儿降生。

幼时的朱丽亚瘦弱多病。9 岁时，一场猩红热使她不得不和家人隔离了一个月。第 2 年，严重的风湿痛再次侵袭了这个羸弱的女孩，并且对她的一生造成了难以挽回的伤害。由于反复发作，朱丽亚不得不在护理站中卧床修养一年。那时，治疗这种病的唯一方法是日光浴，而且必须将患者完全隔离。这一年，朱丽亚生活在孤独中，连姐妹也不能见。过早地失去母爱无疑给朱丽亚的生活造成了无可弥补的创伤，而她原本内向的性格在长期疾病的困扰下愈发深沉内敛并且不善言辞。她经常静悄悄地待在角落里，很难引起他人的注意，但不经意中展现出对数学的浓厚兴趣着实令她的家庭教师大为惊叹，这位在朱丽亚病愈后辅导她学习五到八年级课程的教师提到，2 的平方根是一个无限不循环小数——曾经令朱丽亚苦思冥想，神魂颠倒[3]。

重返学校就读于 9 年级时，数学已让朱丽亚深深着迷。其他的女孩们早在低年级时就已经逃离了数学课堂，因此，朱丽亚成为了数学及物理课堂上唯一的女生。尽管在学校是成绩出众，但由于孤僻少言，她缺乏自信，也很难克服强烈的不安全感。事实上，很多时候，她不得不依赖康斯坦丝代替她当众发言。1936 年，她顺利毕业，而且取得了数学与科学课程中许多荣誉。同时，由于在科学学科中涉猎广泛且成绩突出，荣获了 Bausch-lomb 奖章[3]。此时的朱丽亚已是全家人的骄傲，这个沉默寡言的女孩儿在令大多数男生都感到头疼的数学上倾注了那样多的心血和热情。让她的父母感到既惊奇又自豪。

1936 年，16 岁的朱丽亚以优异的成绩考入了圣迭戈州立学院（即现今的圣迭戈州立大学）。毫无意外地，她选择了数学作为主修专业，并开始为未来的从教生涯做准备（当时的学院侧重于师资力量培养）。那时，她还不知道学习数学可以从事其他的职业。朱丽亚在圣迭戈度过了一年平静的时光，她的羞涩内向的性格并没有随着年轻的增大而有所长改变，相反，在数学系这个充满男性气息的环境中，一个相貌平凡、个性沉静却对数学充满激情与憧憬的女孩和周围的一切显得那样格格不入。朱丽亚努力尝试着接受一切：公平与歧视，欣赏与不屑，快乐与失落，……原本她以为大学时光就会这样度过，直到突如其来的噩耗打破了平静的生活。

20世纪30年代是一个动荡不安的时代，前所未有的经济大萧条迅速席卷了整个资本主义世界，几乎无人幸免。对于鲍曼一家而言，身陷其中无疑令原本就不富裕的家境雪上加霜。全家赖以维生的多年积蓄在无可抑制的通货膨胀下丧失殆尽，这样残酷的现实让朱丽亚的父亲陷入了无法自拔的绝望中，最终他选择了结束生命来逃避，那时，朱丽亚刚上大学二年级。尽管父亲的去世带来了沉重的打击，但并未遏制她对数学的热爱，她设法筹措到了每学期12美元的学费，在圣迭戈学院继续读书。日子是艰难的，但对朱丽亚来说，

年轻时的朱丽亚·罗宾逊

最难忍受的并不是物质上的匮乏，而是心灵上的寂寞——一种缺少知音的孤独，直到她来到了伯克利。

2. 在伯克利

在姑姑和姐姐的帮助下，18岁的朱丽亚转到加利福尼亚大学伯克利分校读高年级。我们可以看出，这段岁月在她心中留下了多么美好的回忆，因为她乐于以那样深情的笔触描绘那些难忘的日子：

"在伯克利，我很快活，那是一种充满喜悦的幸福。因为，在圣迭戈，根本没人和我志趣相投。如果真如布鲁诺·贝特尔海姆所说，每个人都有属于自己的童话，那么从前的我无疑是羞怯的丑小鸭。然而，在伯克利，突然间，我发觉自己竟也变成了白天鹅。这里有那么多的人，无论是教师还是学生，对数学都和我一样兴奋痴迷。我不仅被选为数学联谊会的荣誉会员，而且还可以参加许多系里的社会活动。最重要的，在这儿，我遇到了拉斐尔。"[3]

拉斐尔·罗宾逊在朱丽亚的生活中无疑扮演了极其重要的角色，对于朱丽亚来说，他

不仅是伴侣，更是保护者与引路人。在进入伯克利的第一年，朱丽亚正是随着当时已是副教授的拉斐尔学习数论课程。这个班只有 4 名学生，因此边散步边讨论数学问题变成为了他们最喜欢的上课方式。这种轻松融洽的氛围使朱丽亚在学业上收获颇丰，而拉斐尔真挚深厚的情感逐步温暖了她那敏感而孤独的心。1941 年 10 月，在读完研究生二年级第一个学期的课程后，朱丽亚成为了罗宾逊太太。

40 年代的伯克利规定，同一家庭中的成员不能在同一系中授课，因此结婚后，朱丽亚不得不放弃了在数学系中的助教工作。所幸 1940 年前后，朱丽亚参加了著名的统计学家乔治·奈曼的讨论班，对数理统计进行了广泛研究，这帮助她在伯克利的统计实验室取得了一个职位[4]。二战时期，她还加入了大名鼎鼎的兰德公司，参与了某些秘密军事项目的研究。她巧妙地利用球带面积可由其高度决定的阿基米德原理解决了某个军事战略的对策问题，令人大为惊叹。在她唯一一地一篇关于对策论的论文中，她解答了博弈论中的一个收敛问题，其结论迄今仍是这一理论的基本结果之一[5]。

朱丽亚出色的工作赢得了奈曼的青睐，这位世界统计学界的权威曾希望她能够专注于该领域的研究，并专门为她安排好了职位。但是，对数理逻辑的热爱最终让朱丽亚婉言谢绝了他的好意。结婚以后，朱丽亚将大量心思投入到新建的小家庭中，满怀欣喜地布置新居，享受着新婚的幸福与快乐。不久，怀孕的喜悦又将她整个占据，她热切地期待着这个孩子的降生。然而，风湿痛遗留下的心脏组织创伤，使她失去了孩子。当医生告诫她绝不能再冒险怀孕时，她被击垮了。长久以来对于完美家庭的渴望，对于成为母亲的憧憬，令年轻的她难以面对如此沉重的打击，而不能在数学系中求得一席之地，研究心爱的数学问题，无疑更是雪上加霜。朱丽亚陷入了深深的痛苦与迷茫中，曾一度想放弃自己的追求。在她情绪最低落的时候，拉斐尔的支持和鼓励成为了她坚强的依靠，在度过了一段相当艰难的低潮之后，对数学强烈的兴趣战胜了她的脆弱与茫然，朱丽亚终于从厚重的阴霾中挣脱出来。

1948 年，朱丽亚获得了加利福尼亚大学伯克利分校的博士学位，攀上了人生新的高峰。她的导师是著名的波兰逻辑学家、数学家阿尔弗雷德·塔斯基（Alfred Tarski，1902—1983），他是波兰华沙逻辑学派的代表人物，也是数理逻辑中模型论的奠基人，与被誉为"亚里士多德和莱布尼兹以来最伟大的逻辑学家"的哥德尔的交往密切。[6][7] 1946 年，由于战争的原因，他来到了普林斯顿大学，与正在那里访学的朱丽亚相识。他关于数理逻辑的高深见解让原本就痴迷于数理研究的朱丽亚如鱼得水，在他的指导下，朱丽亚完成博士论文《代数中的定义和决策问题》（"Definability and decision problems in arithmetic"），并证明了比例数域中算法的不可解性定理。也是在这一年，她开始了对于希尔伯特第十问题的研究。

3．第十问题

1900 年，第二届国际数学家大会在法国举行。当时，各国数学精英云集巴黎，交流学术思想，报告研究成果，一时之间，巴黎的空气中似乎都弥漫着数学的气息。

38 岁的德国著名数学家大卫·希尔伯特（David Hilbert）教授在大会上做了发言。有些出人意料地是，他的演讲题目叫作《数学问题》。它的内容并不是某个定理的具体证明，也未提出全新的论断或猜想，而是展望了数学的未来，列出了在新世纪里数学家应该努力解决的问题。在演讲中，希尔伯特强调了决定这门科学发展方向问题的重要性。考察了重大而富有成果的问题的特点，阐述了对于问题的"解答"的要求。然后他提出并讨论了 23 个重要的数学问题，他相信，这些问题的解决，必将大大推动 20 世纪数学的发展。事实证明，他的想法是完全正确的。《自然》杂志评论到，20 世纪的数学家中，几乎没有谁的工作不是从这些问题中拓展出来的。的确，从发表之日起，这 23 个问题就成为了数学家力图攻克的难关，人们把解决希尔伯特问题，哪怕是其中的一部分都看成是至高的荣誉。

希尔伯特第十问题的描述简洁明了，即：

  10 丢番图方程可解性的判别。[8]

  设给了一个具有任意多个未知数的整系数丢番图方程，要求给出一种方法，使得借助于它，通过有穷次运算可以判定该方程有无整数解。[9]

这一问题是 23 个问题中最古老的，它的起源可以上溯至 2000 多年前的希腊数学时代。希尔伯特将历史遗留题目加以总结和拓展，提出上述命题。它的实质是找出一种能行的算法（所谓"能行"就是按照一定的规则，能在有穷步中机械地得到结果）。[9]在希尔伯特第十问题提出后的前 30 年，数学家们按照传统的方法加以研究，但始终没有取得明显的进展，直到 30 年代后期，数理逻辑发展成为一门成熟的数学学科后，一批逻辑学家和数学家的杰出工作，直接影响第十问题的最终解决。

朱丽亚着手研究第十问题，起始于一个很偶然的机会。这个题目实际上是她的导师塔斯基在一次教师的聚会上，向拉斐尔提出的，用来说明一些很容易定义的集合，却存在无法定义的非二次的补集。这给了朱丽亚一个提示，因为希尔伯特第十问题实际上也是一个判定问题（decision problem），与朱丽亚在博士论文中证明的比例数域定理的算法不可解性有某些微妙的关系。[10]

一个数域，当然存在一个构造，用逻辑符号建立 F=（F，+，·，0.1）。域理论的逻辑语言变量定义在 F 内。常数为 0，1；函数符号 +，·；逻辑关系符号 ﹁，∧，∨，→；以及量词，∀，∃。典型的命题如下：

∀x∃y∃z∀w:（P（x，y，z）=Q（x，z，w）∧R（x，z）=S（w））其中 P，Q，R，S 是多项式。一个给定域 F 的理论就是用逻辑语言表示出的关于 F 的所有真命题的集合。而（对于 F 理论的）判定问题就是能够有效地判断出这一理论中哪些命题是正确的。塔斯基证明了在实数域 R 及复数域 C 中判定问题可解。而朱丽亚的思路与她的老师相反，她通过证明整数群是 Q 中一个可定义的子集，从而成功地推导出 Q 域上的判定问题不可解的结论。并由此，整数环 Z 上的判定问题（即丢番图方程可解性所涵盖的部分）也可归结到 Q 域解决。

朱丽亚对于与域 Q 相关的整数集的定义很简单：

Inl（n）:Vab（Φ）（a，b，0）∧Vm（Φ（a，b，m）→Φ（a，b，m+1）→Φ（a，b，n））

其中，Φ（a，b，k）:∃xyz（2+abk^2+bz^2=x^2+ay^2）

如果将所有的量词提取出来，就会得到类似于

Vab∃mVxyz……，

和不是一个丢番图的定义？xyz……，但是这可以推导出 Z 上的丢番图问题，（亦即希尔伯特第十问题）。[10]

这个问题牢牢地吸引住了朱丽亚的目光，并积极地投入到研究工作中。她认为，想要证明一个无从定义的东西无论如何太困难，因此，选择了从另外一个角度着手。

1950 年，国际数学家大会在美国的坎布里奇召开，朱丽亚在会议上做了 10 分钟报告，宣读了自己的研究成果。同在会议上发言的数学家马丁·戴维斯的演讲内容也是关于第十问题的，但二人的思路却完全不同。

要证明丢番图方程整数域内的不可解性，可以先证明它在我们更熟悉的域—自然数域内不可解，即对于任一丢番图方程 P（x_1，…，x_m）=0，都有另一个丢番图方程 Q（x_1，…，X_n）=0，使得若 Q=0 有自然数解，那么 P=0 有整数解。因此，如果我们可以通过一种算法来判断丢番图方程在整数域内是否可解，那么在自然数域内，我们也应该可以得到一种算法。在证明不可解性的初期，大量的工作围绕这一中心展开。

根据戴维斯的定理，如果 R（b_1，…，b_m）是自然数的一个谓词，则我们称 R 的任意公式的丢番图表示

Ex$_1$，EX$_n$P（b_1，…，b_m，x，，…，X_n）=0

其中 P 是整系数多项式，那么，这一公式对于某些值（b1，…，bm）是真的，当且仅当 R（b_1，…，b_m）是真的。

戴维斯猜想每一可计算的不可举谓词都有一个丢番图表示，如果这是真的，我们就可以得到可计算但不可举、不可解的谓词 S（b）的一个丢番图表示

Ex$_1$，…Ex$_n$P（b，x_1，，…x_n）=0.

那么对于一个给定的值 b，对应的方程 P（b，x_1，…，x_n）=0，就没有算法判定它是否有自然数解，丢番图方程就可以被证明是不可解的。[11]

而朱丽亚解决第十问题的方法与戴维斯刚好相反。她避开证明所有的可计算不可列谓词都有丢番图表示，而是试图为一类特殊且重要的谓词:幂（即谓词 x=y^z）、二项式系数（x=C$_y^z$）、阶乘函数（X=Y!）以及谓词"X 是素数"构造丢番图表示。她设想，如果可以证明所有简单幂函数的增长都符合丢番图关系的话，就能够进一步证明全体。尽管她还没有取得完全的成功，但她证明了上述的谓词都有丢番图表示，至少成幂增长的函数有这种表示。

朱丽亚回忆道："在此之前，阿尔弗雷德和我都疏漏了戴维斯关于体系存在性的证明。会后，戴维斯告诉我，他看不出有什么希望能将我所列举的例子推广到一般情况—我说我

做了我能做的一切，并想'你又怎样才能去掉那些一般性的量词呢？'我猜我们都在正确的道路上前进，但认为对方是错误的。"[11]

朱丽亚沿着认定的方向继续前进，她敏锐地察觉到贝尔方程对于冲击第十问题具有举足轻重的作用，并从 1952 年开始，进行系统而深入地研究。贝尔方程丰富的性质使得朱丽亚几乎证明了幂函数可以表示成为若干个丢番图方程组。成功似乎近在咫尺，但又仿佛遥不可及。

4. 真诚合作

重大的突破发生在 1960 年。马丁·戴维斯和希拉里·普特南共同证明了每个可计算的不可列谓词 R（b_1, ..., b_m）都可以用以下的公式表示：

$Ex_1, \cdots Ex_n T$（b_i, $\cdots$, b_m, x_1, $\cdots$, x_n, ）$=0$,

其中表达式 T 由字母 bi, ., bm, x1, ..., Xn，自然数，加号"+"，减号"—"，乘号"×"，和用字母表示的幂（即 xy）组成。[11]但他们的证明中用到了一个还未被证明的系数猜想，这点缺陷在尤为强调逻辑严密性的数论领域，是无法被忽略的。于是，他们将证明寄给了朱丽亚，希望得到帮助。戴维斯后来回忆："她的第一反应，是立即回信向我们展示如何避免烦琐分析的方法。几周之后，她又告诉我们如何用已知的素数原理来代替我们在计算过程中所使用的还未被证明的素数猜想。而后，她又竭力简化了复杂难懂的证明。使得公开发行的版本中的定理证明既通俗易懂，又优雅简洁。"[3]

最终，三人联名的文章《含幂的丢番图方程的决定问题》（"The Decision Problem for Exponential Diophantine Equations"）发表于 1961 年。这一定理是一项杰出的成果，它成功地证明了含幂的丢番图方程的不可解性，但是它仍然不能去除对于全体谓词的疑虑（即，对于每一个谓词，都有一个"真正的"丢番图表示）。因此，如果素数群和 2 的乘幂构成的群有丢番图表示的话，那么，这些群可以被适当多项式的正值构成的群所代替，当时流行的数论直觉在 1969 年还不相信这是百分之百可能的。

1970 年，苏联科学院院报发表了一篇题为《可枚举集是丢番图的》的文章，作者是年仅 22 岁的数学家马吉亚塞维奇（Yuri Matiyasevich）。马吉亚塞维奇成功地为幂增长的函数及乘幂本身建立了丢番图表示：

$a==b_c< ->Ex_1, \cdots Ex_n P$（a, b, c, x_1, $\cdots$, x_n）$=0$.

朱丽亚与主要合作者马吉亚塞维奇

他察觉到斐波那契（Fibonacci，约 1170—1250，意大利）数列具有某些奇妙性质，并对此善加利用，在戴维斯·普特南和朱丽亚的研究成果上，完成了一个重要的定理：一个集合是递归可枚举的当且仅当它是丢番图的。

从而最终判定了希尔伯特第十问题是递归不可解的。

这篇文章的发表立刻成为数学界轰动一时的新闻，马吉亚塞维奇是那样年轻，刚刚取得了硕士学位，在国际数学界还未有知名度，研究这个问题的时间也并不很长。人们在惊讶赞叹的同时也不禁将惋惜的目光投向了朱丽亚，那时，她研究希尔伯特第十问题已经超过了 20 年。

尽管现代数学已经发展成为一种合作的文化，但出于对荣誉的渴望，数学家的心中仍不免会存在这样的顾虑：当自己已经完成了证明的主要部分，但仍然未找到最后部分的演算。而就在这个时候，如果他的突破性的工作泄漏出去，那就无法阻止别人在此基础上继续前进，完成证明。[12]但这样的想法在朱丽亚身上似乎从未出现过，她诚恳地向马吉亚塞维奇表示祝贺，并给予他热情洋溢的肯定。没有人会怀疑她的真诚，因为熟悉朱丽亚的人都知道，对于她而言，能够将问题解决是比什么都重要的。她曾说，她并不在意这个问题是不是由自己解决的，只是她一定要知道答案，她不想带着遗憾离开人世。[13]其实在世人知晓马吉亚塞维奇的名字之前，朱丽亚就已经和他有了交流。马吉亚塞维奇一再提到，朱丽亚的成果距最后的证明极为接近，而且她的工作对他有着至关重要的影响，为他提供了坚实的基础并且触动了他的灵感。1969 年，马吉亚塞维奇第一次给朱丽亚写信，请求朱丽亚将约翰·麦卡锡的备忘录邮寄给他。马吉亚塞维奇收到的，是一份经过朱丽亚推敲整理后的复件，其中包含了最主要的公式和辅助定理。他后来写道："我相信只有像朱丽亚那样，在这一思维方向上已经花费了大量的时间，经过严密的考虑，才能从这些备忘录中得到启示，重新构建整个证明。[14]

这样友好的开始奠定了他们之间良好的合作关系。在宣布希尔伯特第十问题已经解决之后，对于数学的痴迷的热情与孜孜以求的态度使得朱丽亚与她的合作者继续并肩前行，尽管条件不便（由于当时没有电子邮件，书信来往需要大量的时间），但是他们之间共同的追求与合作的默契使得一切困难都迎刃而解。当然，这其中也并不是一帆风顺的。有时，他们似乎竭尽所能也不能前进，而其他的数学家又随时都可能用更新鲜的想法来改进他们的结论，这种紧迫感让马吉亚塞维奇时时感到压力，朱丽亚时常劝慰她年轻的伙伴：

"当然，其他人取得突破，超越我们的论文是完全有可能的，但是我们应该想到，这对于数学而言，是很有好处的。"[14] 1975 年，他们联名发表了论文《可将任意丢番图方程的未知量化简为 13 》（Reduction of An Arbitrary Diophantine equation To One in 13 unknowns），这是一个非常美妙的证明，它标志着对于丢番图方程不可解性的证明简化取得了突破性的进展。在这之后，马吉亚塞维奇又将未知量的数目化为 9 个，但这一次，朱丽亚却坚决拒绝署名，她写信给马吉亚塞维奇说："我不想成为 9 个未知量那篇论文的联名作者，——我已经告诉所有的人那是你取得的进展。事实上，如果签上我的名字，会让我觉得自己很蠢——当然，假设我真的作出了什么那就另当别论了。"[14]

　　朱丽亚与马吉亚塞维奇的成功合作一直持续到她的身体出现问题后才不得不终止，但是他们之间忘年交往令双方着实受益匪浅，朱丽亚写道："我真的很高兴能够合作（尽管相隔万里），我们取得的进步明显要比任何一方单独工作所能取得的要大。"[14]

5．政治热情

　　多数数学家在他们的研究和教学工作之外，几乎没有其他的社会活动，与频繁的会议、选举相比，他们更愿意待在象牙塔中，与世无争。何况在半个世纪前，妇女的地位不高，妇女的意见经常被忽视，从政的女性屈指可数。然而，朱丽亚却一举打破了两桩世俗的樊篱。沉默少言的性格并没有压抑她对于政治的敏感与热情，相反，她用女性独有的细腻敏锐的视角观察并思索着这个纷乱复杂的世界。

　　她并不像人们想象的，只是一个问题的解决者，她更是一个生活的积极参与者。她关心周围所有的事物，小至如何可以帮助同事的孩子愉快而又快速地掌握英语（她的方法是让孩子读南希·德鲁的故事），大至加利福尼亚大学（那个时代，学校的确存在大量的问题）、民主党、美国乃至世界。

　　1952 年，民主党候选人阿德莱·史蒂文森在总统竞选中失利，导致整个民主党面临分崩离析的厄运。朱丽亚意识到了这场危机，并请姐姐康斯坦丝写信给《新共和党》的编辑，阐明自己的观点。这封信恰好发表于民主党高层会议召开前夕，引起了很大的震动。康斯坦丝后来回忆："所有参加会议的政要们都在谈论着这封信，询问谁是康斯坦丝·瑞德。其实，这封信的文字虽是康斯坦丝的，但字里行间澎湃的政治激情却属于朱丽亚。"[13]

　　尽管朱丽亚的政治生涯由于健康原因仅仅持续了 6 年，但她所展现出的坚定的信仰、昂扬的热情与亲力亲为的积极态度却给曾与她共事的人留下了深刻的印象。她信守公平公正的原则，富有很强的正义感与责任心。人们至今仍然记得，在那个多事的 50 年代，在臭名昭著的麦卡锡主义统治时期，她挺身而出，与所有坚守正义的人们并肩战斗，反对学校实行种族隔离，抵制反共宣誓，并公开在法庭上为拒绝宣誓而被开除的人们进行辩护。她孱弱的身体与坚强的意志形成了如此鲜明的对比，让人们不禁对这瘦弱的身躯中所蕴含的高尚的灵魂和勃发的力量肃然起敬。

朱丽亚夫妇

6. 崇高荣誉

1970 年前后，朱丽亚已经很有名气了，但她似乎并没有意识到自己的名字因和多篇著名的论文相连而早已蜚声国际。她只是数学家拉斐尔·罗宾逊的妻子，一位平凡的家庭主妇。然而既然数学已经成为她生活中不可分割的部分，便注定要为她的生活增添非凡的色彩。

1975 年，她被提名为美国国家科学院院士。这项提名让她身边的朋友和同事备受鼓舞，因为他们最了解朱丽亚的勤奋与成就，在她过去的同事提供的一份工作纪要中，我们可以看到她生活的侧影："星期一，证明定理；星期二，证明定理；星期三，证明定理；星期四，证明定理；星期五，那定理是错的。"[5] 那时，尽管阿尔弗雷德·塔斯基和乔治·奈曼都已年迈体衰，他们还是专程赶回华盛顿，向委员会解释朱丽亚的工作的重要性。1976 年，朱丽亚顺利当选。这是一项很高的荣誉，至 1985 年，美国有 1442 名院士，其中妇女寥寥可数，

而在数学方面，她更是唯一的女性。同年，伯克利终于授予她全职教授的职位，这在当时的伯克利，是一个空前的决定。因为由于健康状况的限制，朱丽亚只能承担四分之一课时的工作量。针对这个问题，科学院顾问团主席桑德斯·麦克莱恩曾专门致信："在我看来，即使罗宾逊博士只能承担部分工作，将教授职位授予她也是非常适当的决定。她在数理逻辑及其相关问题方面的成就极为杰出，完全可与美国任何一流大学中的功勋教授的成绩相媲美，而作出这样的决定对加利福尼亚大学伯克利分校是尤为适宜的。"[13]

朱丽亚接受了这个职位，但出乎她意料的是这仅仅接踵而来的各种荣誉的开始。各种授奖与采访的电话接连不断，一时之间，平静的生活被搅乱了。朱丽亚开始感觉到苦恼。在她看来，作为数学家是她的工作，而受到过度的关注令她紧张而尴尬，她写道："事实上，我只不过是一名数学家，并不想被人看成是开创了这个或那个记录的第一位妇女。我宁可作为数学家被人们记得，仅仅是因为我证明过的那些定理和解决过的那些问题。"[13]

1982 年，朱丽亚以绝对的优势当选为美国数学会的第一位女主席，并获得了为期五年的共计 6000 美元的麦克阿瑟基础奖金。这是继她成为数学会首位女官员四年后得到认可的体现。虽然她一向注重隐私，不愿意成为公众的焦点，但是这次，她觉得无法拒绝，一种强烈的使命感要求她必须做些事情来改善当时普遍存在于数学界的性别与种族歧视。

朱丽亚坚信没有任何理由可以阻止女性成为数学家，同时确信要改变目前的状况，必须积极行动起来，帮助更多女性在大学中谋得职位。她说："如果我们不试着改变些什么，那么永远都不会有变化。"[13] 她积极参加数学妇女学会的工作，讨论如何鼓励年轻女性进入数学领域以及如何支持女数学家的研究工作。她到女教师俱乐部去，强烈呼吁应当创造机会让所有人自由地迈进通向数学的道路。

在对青年人的一次讲话中，朱丽亚谈道："数学家应该是这样一个团体，不分地域、种族、信仰、性别、年龄甚至时代，将自己的一切奉献给艺术和科学中最美丽的部分—数学。"[13] 她积极组织活动，讨论如何帮助有数学天赋的其他种族的青年（包括黑人）发挥他们的才能。

她始终不懈地在为所有的学生创造机会，鼓励研究生和年轻的助教们充分相信自己的能力。她成为女数学家和其他种族数学家精神上的领袖与行动上的楷模。她将有志献身于数学研究的人们紧密团结在一起，并竭力为他们创造更多的机会，帮助他们取得成功。

7. 终曲

1984 年夏天，朱丽亚就已经得知自己患上了白血球过多症，在与病魔抗争的日子里，她始终坚强乐观，从未放弃过希望，弥留之际，她向对她一生中起到重要影响的人们致谢，除去父母之外，还有她在圣迭戈学院念书时一位副教授，是他建议朱丽亚到伯克利深造；她的丈夫拉斐尔·罗宾逊，如果没有他，她无法想象自己会成为一名数学家；她的导师阿尔弗雷德·塔斯基，他的数学研究恰好适合朱丽亚，假如没有他，她的数学生涯或许会有很大不同；乔治·奈曼，是他无私的资助让朱丽亚得以深造研究生课程；还有马吉亚塞维奇，他对于希尔伯特第十问题的最终证明了却了朱丽亚的一大心愿，而且他们之间跨越了年龄、性别和地域的友谊与合作，令她愉快而满足。[13]

1985 年 7 月 30 日，朱丽亚·褒曼·罗宾逊与世长辞。遵照她的遗愿，没有举行葬礼，为了寄托深深的哀思，人们将捐款送到她生前建立的用以纪念她的导师阿尔弗雷德·塔斯基的基金会，以助有志投身于数学研究的莘莘学子一臂之力。妻子逝世后，拉斐尔·罗宾逊教授以朱丽亚的名字建立了纪念基金，这项基金的收入用来支持学习数学的学生完成课程，以及为研究生继续攻读博士学位提供经济援助。

与她之前的几位伟大的女数学家（如索菲·热尔曼）、索尼娅·科瓦烈夫斯卡娅、埃米·诺特相比，朱丽亚在社会活动中取得了前所未有的肯定。

但是，女性在数学中的地位仍旧没有得到彻底的改善。朱丽亚的成就不仅在于她在数学研究中取得的成绩，而且在于她以前瞻的目光，致力于为更多的妇女创造研究数学的更加良好的环境。

朱丽亚受到人们的尊敬与爱戴，不但因为她得到了很高的荣誉，更是因为她温和的举止，内敛的幽默，睿智的思想与高尚的人格，她对数学无与伦比的热爱为她赢得了广泛的朋友，遍及全球。她是一位真正的数学家，一位开创时代的伟大女性，她不平凡的一生将永远为人们所牢记，所怀念。

── 参考文献 ──

[1] 胡作玄：《数学与社会》，长沙：湖南教育出版社，1991，810。

[2] Carol AveLsgaard, Women In Mathematics: The Silent Minority, *The Mathematical Intelligencer*, Vol.10, No.4, 32—34.

[3] Julie Bricker, Julia Boumtan Robinson, Class of 2000, Agnes Scott College.

［4］康斯坦丝·里德：《奈曼：来自生活的统计学家》，姚慕生，陈克艰，王顺义译，上海：
上海科学技术出版社，2001，252—253。

［5］李美霞、余美荣：《当代杰出的女数学家——朱·罗宾逊》，百科知识 3（1987），
74—75。

［6］梁宗巨主编：《数学家传略辞典》，济南：山东教育出版社，1989，197—198，578。

［7］张奠宙、马国选等编著：《现代数学家传略辞典》，南京：江苏教育出版社，2001，
118—119，348—349。

［8］康斯坦丝·里德：《希尔伯特——数学世界的亚历山大》，袁向冬、李文林译，上海：
上海科学技术出版社，2001 年，119。

［9］胡久稳：《希尔伯特第十问题》，沈阳：辽宁教育出版社，1987，6。

［10］C.Smorynski, Julia Robinson, *In Memoriam Mathematical Intelligencer*, Vol.8, No.2, 1986,
77—79.

［11］Hilbert's 10th Problem–Diophantine Equation, http: //logic.pdmi.ras.ru/Hilbert10/stat/stat.
html.

［12］西蒙·辛格：《费马大定理——一个困惑了世间智者 358 年的谜》，薛密译，上海：
上海译文出版社，1998 年，191。

［13］Constance Reid, Being Julia Robinson's Sister Notices of The AMS, Vol.43, No.12, 1486—
1492.

［14］Yuri Matiyasevich, My Collaboration with Julia Robinson, *The Mathematical Intelligencer* ,
Vol.14, No.4, 1992, 38—45.

（选自《自然辩证法通讯》2004 年第 5 期，《朱丽亚·罗宾逊——数学界的杰出女性》，作者武修文，时为辽宁师范大学数学学院研究生。王青建，辽宁师范大学数学系教授，研究方向为数学史。）

第七编

东西交汇的激荡

利玛窦

西学东渐第一师

在阜成门外北京市社会科学研究所院落内的幽深处，可以看到一块被松柏和冬青环绕的墓地。正中竖立的石碑上，顶部浮雕图案为中国的双蟠龙和天主教的十字。四缘花纹是朵朵白云，可能是象征着上帝的所在。碑面上有用中文和拉丁文分别刻写的碑文，中文的大字是：耶稣会士利公之墓。

利公，即利玛窦。今年[①]10月6日，是他诞辰435周年。关于这位传教士的生涯与事迹，人们似乎已经说过和写过很多，但于云遮雾盖的众说纷纭之中，还是有必要再来说和写。

1. "海刺猬"东渡

在世界近代史上与"地理大发现"相衔接的重大事件是16世纪初的宗教改革运动。作为迎接路德新教的挑战而于1540年成立的耶稣会，致力于复兴天主教，在反对宗教改革中实施着自己设计的改革。它把主要活动面向海外的广阔世界，尤其是渗透到各国宫廷上层，为此大力兴办学校，重视学术，注重掌握知识分子。

利玛窦（Matteo Ricci，1552—1610）

---

① 1987 年。——编者注

按 1494 年签订的《托尔德西里亚条约》，葡萄牙把印度洋划为自己的势力范围，同时也向罗马教廷索取了在新占领土上管理传教活动的"保教权"。1542 年，耶稣会的元老会士方济各·沙勿略（1506—1552），东渡到印度的果阿创设天主教修院，后转至新加坡、马六甲、日本传教。他发现日本以中国为师，欲在远东传教，就必须先在中国打开局面，遂于 1551 年搭船至中国广东海岸的上川岛。明朝海禁甚严，他无法登陆，因此发出了"磐石，磐石，何时能开"的叹息，不久即病逝于岛上。

利玛窦儒服像

自 1553 年葡萄牙商人赖居澳门之后，传教士也接踵而至，多次派人打入内地，均未能立足。1573 年，范礼安（Alexander Valignani，1539—1601）充任耶稣会的远东教务视察员。他到澳门做一番调查之后，提出到中国传教应采取特殊方式。按他的部署，罗明坚（Michele Ruggieri，1543—1607）和利玛窦成为按新方案活动的试行者。

利玛窦，在意大利文中本名为 Matteo Ricci，按现行译名法，应音译为马泰奥·利奇。他为在中国活动方便取汉名为"利玛窦"，以 Ricci 第一音节的译音冠于前为"利"，将 Matteo 音译为两个汉字"玛窦"。他还按中国人的习惯取表字"西泰"，是"泰西"的颠倒，泰西即"大西"，喻其来自西方远处。

1552 年 10 月 6 日，利玛窦生于意大利的马切拉塔城。利奇家族是该城的望族，Ricci 意为"海刺猬"，这个家族也正是以海刺猬为族徽的。利玛窦父亲从医，曾在教皇国中任市长和省长。父亲希望儿子日后从政，所以在 15 岁上送他到罗马大学法学院学习。他在此间加入了耶稣会，并违父愿于 1572 年到耶稣会创办的罗马学院学习。

罗马学院采取当时大学的学制。利玛窦在这里学习了欧氏几何前 6 卷、实用算术、地理学、行星论、透视画法以及制作地球仪、天文观测仪器和钟表的技术。[①]

在校执教的老师中，对利玛窦影响最大的是克拉维斯（Christoph Clavius，1537—1612）。此公生于德国，学识渊博，是全世界现行公历（格里历）的主要制订者之一。他一生著述颇丰，利玛窦入华后的译述多根据他的著作。clavi-，在拉丁语中有"钉状"的含义，中国古字中"丁"通'钉'，所以克拉维斯见于中国史籍时称为"丁先生"。

---

① 小野忠重编：《日本的中国科学史研究》，双林社，1944 年，第 25 页。

方济各·沙勿略死于中国上川岛时，利玛窦才是刚生下 2 个月的婴儿。在罗马求学期间，沙勿略到远东传教的故事就像哥伦布和麦哲伦的英雄事迹那样使这位年轻人激动不已。这使他后来能百折不挠地去闯一条充满风险的路，去完成沙勿略未竟的事业。

1577 年 5 月，利玛窦与罗明坚奉命从罗马到里斯本，翌年 3 月与同会传教士 14 人东渡，9 月到果阿。1582 年 8 月 7 日到澳门，用 1 年时间学习中文和了解中国风俗，1583 年夏随先期入华的罗明坚到广东省香山县交涉入居事宜，这是他首次入中国内地，中西文化交流史也由此写出崭新的篇章。

2. "合儒"传教的探索

因为佛教在中国盛行，"西僧"自古有之，罗明坚率先以和尚装束入华活动，有相当的方便。利玛窦初来时，也随罗明坚剃去须发，穿上僧装。他们见中国地方官，称自己来自西方最远处，不问澳门商务，信奉天主教，为中国的盛名和光辉所吸引，特请允准在肇庆居住。获准后在城东的西江畔"小市石顶"建宅，肇庆知府王泮曾派人送来两块匾，一为"仙花寺"，一为"西来净土"。有许多人到"寺"里进香，布施灯油和食品。

刚刚住定不久，罗明坚就急于到浙江绍兴、广西桂林开展传教活动，结果是接连碰壁，也招致了肇庆官员的不满，曾一度被下逐客令。罗明坚于 1588 年回罗马，利玛窦也于第二年被迫迁居广东韶州。

利玛窦总结在肇庆的教训，决计不像罗明坚那样急于追求教徒数量的迅速增加，而是注重传教手段的创新。他用大部分时间钻研儒家经典，用拉丁文译完了《四书》，还苦练中国书法，学习用中文写文章，与士大夫广泛交往。当时寓居在南雄的中国学者瞿太素，从利氏习西学，成为他的崇拜者和得力助手。瞿太素建议利氏采取儒家学者的生活方式，因为他们身穿僧装时，普通百姓分不清他们与佛教徒之间的差别；能识其不同的士大夫们，与他们交往时又存在着舆论和礼仪上的障碍。经耶稣会负责人的批准，利玛窦从 1594 年起留须蓄发，脱掉袈裟，头戴方巾，身着儒士的丝袍，按儒士的礼仪送往迎来，废除了僧侣称呼，仆人们也要改称他为"老爷"。

在韶州的 6 年时间里，利氏打下了坚实的汉学基础，开始了传教策略上的重要转变。

耶稣会命利玛窦寻机进京，尽快直接与朝廷建立联系。1595 年，他随兵部侍郎石某北上，到江西南安乘船，水上两经风险，石侍郎中途变卦，让利玛窦改道去南京。当时正值中国军队在朝鲜战场上对日本作战失利，接待外国人者易招通敌之嫌。他在南京难以容身，就到南昌避居 3 年。

利玛窦在南昌结交了建安王朱多㸅、白鹿书院山长章潢等极有身份的人物。接待了大批来访者，传授天文、数学和记忆术等方面的知识，撰写了《西国记法》和《交友论》等，由中国朋友刊印，广泛流传，成功地在士大夫中间赢得了声望。离开南昌时，他认识的朋友已及于当时十五省中的十省。

1597 年，利氏被任命为耶稣会中国教区会督，着手筹划进京朝贡。翌年由南京沿运河北上，赶在神宗皇帝生日之前到达北京，但因求见无门，无奈又于 1599 年初折回南京。

南京是明朝的"留都"，也设有六部衙门。利玛窦在此期间与各级重要人物都有交往，叶向高、李贽、徐光启等都是在这里结识的。在南京礼部官员祝石林的关照下，他于 1600 年 5 月再次进京朝贡，中途受权阉马堂的控制，曾被禁于天津卫，最后于 1601 年 1 月 24 日到达北京。又经几番波折之后，才获准在北京居住，1605 年在宣武门内东城隅买房建堂。

到北京之后，利玛窦仍未急于放手发展新教徒。他构想在中国传教"不是以中国人对宗教的倾慕为基础"，而是"以儒教与自然法则的一致性"[1]为基础。他说"把儒士派的大多数吸引到我们观点方面来具有很大的好处，他们拥护孔夫子，所以我们可以对孔夫子著作中所遗留下的

利玛窦与徐光启

这种或那种不确定的东西作出有利于我们的解释。这样一来，我们的人就可以博得儒士们的极大好感。"[2]在这种"六经注我"式的思想支配下，利玛窦在北京撰写和刊印了《天主实义》《二十五言》《畸人十篇》等，皆采取阐述圣贤之道的姿态，尊儒而斥佛老，尊先儒而斥近儒。这正是"他以基督教与中国传统相结合的一种巧妙方式"[3]。

这种"合儒"策略与徐光启辈开明士大夫的"易佛补儒"目的之间，有着广阔的结合空间，如果历史真正能让这种结合延续下去，以有自己悠久传统和强大同化能力的中国文化而论，根本不可能如利氏所想实现中国的基督化，有可能的倒是基督教的中国化，即形成中国式的"易佛补儒"的基督教，就像历史上中国没有佛教化，而是实现了佛教的中国化，即形成中国佛教那样。

3. 奇货——可居

明代海禁政策很严，外国人即便是朝贡者，对其入华路线、朝贡次数、活动范围和逗

---

①何高济等译：《利玛窦中国札记》，中华书局，1983 年，第 683 页。

②同上，第 663 页。

③同上，第 696 页。

留期限都有严格规定。利玛窦是靠什么夺关破隘的呢？

利玛窦入华时的万历（明神宗，1573—1620）年间，皇帝怠于临政，勇于敛财，宫中供他玩赏的尽为奇巧之器，且是日新月异。上有好者，下必甚焉，百官多旷其职，贪污行贿成风，搜求奇货演为上层社会争荣显耀的癖好。利玛窦乃携"奇货"游刃其间，通关最利者是三棱镜和自鸣钟。

他之所以能在中国天子脚下取得立足之处，关键时刻竟是取决于自鸣钟。无怪乎利玛窦在大功垂成之后洋洋得意地认为自鸣钟"成为整个中国议论和羡慕的对象，托上帝之福，它注定要产生迄今仍然是很明显的效果"①。

在给神宗皇帝的贡品清单中，有一座齿轮结构的自鸣钟，大小适中，制作精巧，能报出一小时、半小时和一刻钟。另外一座，是钟盘上标出中国时辰，刻有龙图案，装饰华丽。当利玛窦北上途中被软禁于天津卫时，明神宗突然想起问自鸣钟为什么还没有到京，终使利玛窦一行在严冬中得脱于冻馁。入京献贡后，皇帝一直把钟放在自己跟前，负责给钟上发条的小太监也跟着走了红运。

按惯例，外国朝贡者不得在京久留，礼部官员多次上奏让利玛窦等离京，利氏则央求恩准在京居住。在双方僵持中，神宗皇帝只把礼部奏折"存中"不理。管理自鸣钟的小太监深知万岁爷爱钟，他们怕应付不了钟出毛病而招致杀身之祸，所以希望利玛窦能长久留京。皇上终于发话利玛窦可以随意在京居住。应了"奇货可居"这个成语，在这里不妨作另外一种解释——自鸣钟这个"奇货"，使利玛窦"可"在北京"居"住了！

不管是三棱镜，还是自鸣钟，与自然界中的奇珍不同，它们是当时西方文明的产物，被中国人视以为"奇"，表明其间存在着技术上的差距。

计时，在漫长的人类历史中，是始终占有重要位置的技术领域。从原始的计时工具转入机械计时的关键，是发明擒纵器（卡子），它首次出现在公元723年左右由中国唐代一行和梁令瓒设计的开元水运浑天仪中。

但是，本来在世界上曾居领先地位的机械钟制造技术却在明代的桎梏中湮灭失传了。利玛窦来华时有一段对当时中国计时技术的

《畸人十篇》：利玛窦与十个士人的对话录

---

① 何高济等译：《利玛窦中国札记》，第194页。

记述："这个国家只有少数几种测时的仪器，他们所有的这几种都是用水或火来进行测量的。用水的仪器，样子像是个巨大的水罐，用火操作的仪器则是用香灰来测时的，……有几种仪器用轮子制成，用一种戽斗轮来操作，里面用砂代替水。但是所有这些都远不如我们的仪器完美，常常出错，测时不准确。至于日晷，他们知道它从赤道而得名，但还没学会怎样依照纬度的变化摆正日晷。"[①]

在西方，1370年德国技师亨利·德维克为法国皇帝造出了在宫殿塔楼上以重锤作动力的大机械钟。到15世纪末，德国技师派特·亨莱因（1482—1542）设计出发条时钟，钟表从此朝小型化发展，16世纪中期出现了适合家庭用的能打点报时的钟和怀表。利玛窦入华时正是这些技术和产品都已在欧洲有一定程度的普及之后，他本人在罗马学院时就受过制钟技术的训练。

纵观世界历史，一个国家能否产生某种发现和发明固然重要，而能否使这种发现与发明在社会中广泛传播和不断改进则更为重要。明代是中西历史进程中力量对比发生逆转的重要时期，通过利玛窦入贡所表明的中西技术差距，从科技史的角度对内部和外部的原因给出说明，正是今人应担起的责任。人们欢迎从地下文物和库藏典籍中挖掘出一百个、一千个"中国第一"，也还需要了解这诸多的"中国第一"却何以未能使中国在近代步入强国之林。

4．地圆说与世界地图——地理学的异变

世界各民族在早期文明中都经历过"以我为中心"的时代。"地中海"即谓居世界大

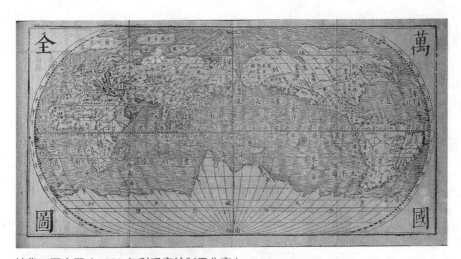

坤舆万国全图（1602年利玛窦绘制于北京）

---

① 何高济等译：《利玛窦中国札记》，第24页。

地中心之意，可算是一明证。

华夏文化圈处在欧亚大陆东端的相对封闭地域中，先民们自以为居天下之中心，故有"中国"之称。狭隘的视野以及与周围民族相比所具有的绝对的文化优势，又使我们的祖先把自己的文化视为普天之下文明的唯一形式。"天下"，分为华夏人居住的中国和夷狄居住的化外之地。地理上华夏居中的"天下观"，政治上君臣等级的华夷观，两者相互强化、相互制约，成为紧密的一体。天下、中国、华夏、夷狄……既是地理概念，也是政治的、文化的、伦理的概念。至于大地是什么形状，长期流传着多半是伦理哲学、少半是地理学的"天圆地方"说，又从未有人试图去验证它，甚至连认识中国之外未知地域的探险，也只是基于政治需要或宗教热情才有过极为有限次数的跃动。

在上古和中古时代，处于欧亚大陆两端的中国和西欧之间极少交通，有如人之两耳，谈不上什么冲突，大地是何形状于此也无关紧要。然而，当历史即将掠掉中世纪的夜幕时，对于以开放的世界为发展前提的任何一个近代国家来说，在如何认识大地形状的问题上都要彻底完成一次观念上的转变。

地圆说，源于有多元文化并存的古希腊文明，当时只为一家之言。在中世纪的欧洲占统治地位的观念是从宗教寰宇观出发，认为大地是圆形平板状。当时广泛流行的世界地图是以耶路撒冷为中心的 T-O 地图。圆平大地为"O"，中间有"T"，一横把圆分为上下两部分，上部是亚洲，一竖将下半圆分为左右两部分，一半是欧洲，一半是非洲，地中海居其间。

葡萄牙的航海家恩里克王子（全名"唐·阿方索·恩里克"，1394—1460）组织大西

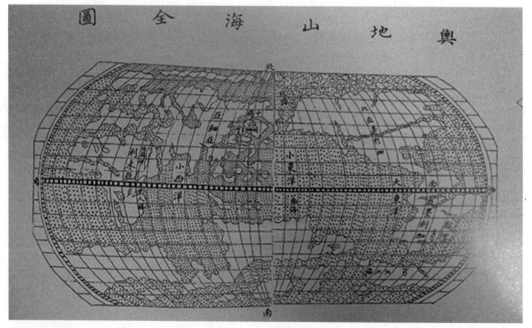

舆地山海全图

洋探险的那个时代，欧洲人还没有冲破中世纪的愚昧，大多数人信奉宗教寰宇观，认为大西洋的尽头是死亡线，船员们不敢突越非洲西海岸的博哈多尔角。另一方面，12 世纪的大翻译运动，使古希腊文明首先在欧洲西端露出光芒，托勒密《地理学》中的地圆思想已给恩里克王子燃起了希望之火。他坚持要船队南进，让人们破除对航海极限的迷信，正因为他相信大地是个球体。在世界地理大发现中，葡萄牙和西班牙的小船队做出了郑和大船队所未曾做出的伟大贡献，从一定意义上也可以说是地圆说的胜利。1522 年麦哲伦船队环球航行结束之后，欧洲人对地圆说的任何怀疑都烟消云散了。

我国晋代就已在地图学上取得了很高的成就，但在利玛窦入华之前却从来没有过一幅可以算作是世界地图的地图。

在利玛窦求学时期，欧洲人用地理大发现的新资料绘制新地图是一大"热门"。赫拉尔杜斯·麦卡托（1512—1594）完成了地图学上的重大改革，于 1569 年建立了圆柱投影法。麦卡托的朋友亚伯拉罕·奥特吕斯（1527—1598）采用经曲纬平的平面投影法，于 1570 年出版了第一部世界地图集。利玛窦来华之前，已掌握了这些知识，正是这一优势使他能够在天朝的士大夫面前亮出一幅幅令他们惊讶、好奇、欣羡或愤怒的奇图。

1584 年，在肇庆落成"仙花寺"之后，利玛窦在中堂陈列了许多西洋物品，其中对中国学者最有吸引力的是一幅用欧洲文字标注的世界地图。当参观者得知中国仅仅是偌大世界的一个部分时，因完全囿于已有的"天下"观而使他们感到迷惑不解。利氏按地图讲述他自己在何处出生，由何处动身东来，经过哪些国家之后到达中国。热心于求新知的人们，希望这位"西僧"能尽快把那张外文地图译解出来。肇庆知府王泮甚至向他打保票："这件工作会使他得到很大的声望"[①]。

利氏在一位中国译员的帮助下，很快就突击完成了绘制工作。新地图的长度改用中国的"里"，比例比原图大，这样可以留有较多的空阔图面标汉字和写注解。为了赢得中国人的好感，他把地图上第一条子午线的投影转移，在地图左右两端各留下一条边，使中国正好出现在图的中央。图中还尽量采用中国已用过的地名，使中国人觉得可信。同时，他还注意借世界地图宣传地圆说，在序文中说："地形本圆球，今图为平面，其理难于一览而悟，则又仿蔽邑之法，再作半球图者二焉。"

利玛窦在南京期间（1599 年），受南京吏部主事吴左海之请，对肇庆版世界地图作了一次修订，印量较大，散发很广，还流传到了澳门、日本等地。

1602 年，即利玛窦定居北京的第 3 年，工部员外郎李之藻向利氏学习地理，利氏再次修订旧图，扩充内容，绘成六条合幅的《坤舆万国全图》，合幅宽 361 厘米，高 171 厘米，可折卷在精制的木轴上。李之藻雇工刻制，印量达数千。刻图工匠又另私自刻一版开印。后来，新入教的参军李应试在利玛窦的帮助下又刊刻了八条合幅的《两仪玄览图》。利玛窦在为

① 何高济等译：《利玛窦中国札记》，第 180 页。

此图写的序文中指出，欧洲人的世界地理研究，重视远游，遍历海宇和实地考察；绘制地图时注意用新知识修改旧图；据亲身经历，《山海经》中所说的三首、独臂、无腹之类人的国家是没有的；最后申明"惟南极之下，邦人深入者鲜，尚未谂其水土。故缺而以俟后人。"由此可见，当时西方地理学的水平和利玛窦本人的科学态度。

作为传教士，利玛窦认为"欲使中国人重视圣教事业，此世界地图盖此时绝好、绝有用之作也"。从科学知识受传者的角度看，中国人关于"地"的知识发生了重大变化，由此知道了"五大洲"，知道了"地球"。

此前，中国人了解的"天下"，大约东至日本、菲律宾，南抵印度尼西亚，对西方至远为南欧和非洲东海岸，概以"西域"或"西洋"称之。利玛窦入华，把当时最新、最高水平的地理知识传入中国，最具代表性的是"五大洲"的概念。《明史·列传第二百十四》载"利玛窦至京，为《万国全图》，言天下有五大洲：第一曰亚细亚洲，中凡百余国，而中国居其一。其二曰欧罗巴洲，中凡七十余国，而意大里亚（即意大利）居其一。其三曰利未亚洲（即非洲），亦百余国。第四曰亚墨利加州（即美洲），地更大，以境土相连，分为南北二洲。最后得墨瓦蜡泥加洲（即南极洲），为第五，而域中大地尽矣"。当时大洋洲尚未发现，上述关于五大洲的认识已是对当时世界地理的正确概括。今天所用大西洋、地中海、古巴、加拿大等地名，都是由利氏当初绘制世界地图时所译定。

地圆说与世界地图在中国的传播，突破了国人原有的狭隘"天下"观，开始了对世界的完整了解，这是任何一个民族走向近代社会所不可或缺的启蒙教育。尽管"世界"和"地球"成为全体中国人的常识还要经历许多年，但毕竟是从这时起步了。

5. 亚里士多德的宇宙论——天文学的异变

就世界科学的源流而言，亚里士多德不只属于古希腊，更属于全世界。中古以前，亚里士多德的知识体系，只通过印度和阿拉伯学者在中国有零星折射，将其核心内容传入中国者，仍要首推利玛窦。

亚里士多德的世界化，主要内容是它的宇宙论：静止的地球处于宇宙的中心；环绕地球周围的是土、水、气、火四元素组成的地上界（月下界）；地上界是通过四元素相互转化而发生气象学和地质学变化的、不断生成和毁灭的世界；天界在地上界之上，运行着由既不能生成、也不能毁灭的第五种神秘元素（以太）构成的各种天球；对由天球旋转组成的天体运动可以作出几何学的解释；宇宙是有限的，天有九重，依次为月球、水星、金星、太阳、火星、木星、土星、恒星天和宗动天；宗动天统率一切天球和整个宇宙。

这些论点是亚里士多德在《论天》《论生灭》和《气象学》这三部书中展开的。

亚历山大里亚时期的天文学家托勒密，以亚里士多德著作作为基础，又引入前人的"本轮"和"均轮"概念，参考了大量的观测数据，做了一次天文学的大综合，写成《至大论》（亦译《天文学大成》），该书成为亚里士多德宇宙论的经典著作。

欧洲历史进入中世纪，希腊文明湮没于战火之中。阿拔斯王朝第七代哈里发在位期间创设智慧馆，由伊斯哈克（Ishaq ibn Hnain，？—910）等人把《至大论》的遗本译为叙利亚语和阿拉伯语。阿尔－法尔加尼（Al-Farghani，9 世纪）据此写出了通俗读物《天文学基础》。

到 12 世纪，生于意大利克雷莫纳的盖拉尔多（Gherardo，？—1187）在西班牙的托莱多将大量阿拉伯语科学文献译为拉丁文，其中包括托勒密的《至大论》和法尔加尼的《天文学基础》。

英国数学家、天文学家萨克罗博斯科（Joannes de Sacrobosco，？—1258）根据拉丁文本的《天文学基础》，并参考《至大论》等书，写出欧洲最标准的天文学教科书《天球论》。在从中世纪到近代的

《几何原本》内利玛窦和徐光启的插图

过渡期中，它广泛流传在各大学的课堂和一般知识界中。

利玛窦的老师在 1561 年写出《萨克罗博斯科〈天球论〉注释》，后多次修订出版，成为当时的天文学百科全书。利玛窦入华后讲授、译述的天文学知识就依据此书。溯本穷源，其历史线索是：亚里士多德→托勒密→伊斯哈克→阿尔－法尔加尼→盖拉尔多→萨克罗博斯科→克拉维斯→利玛窦。

利玛窦在韶州、南京、北京授课时，都根据克拉维斯的著作讲授天文学，并教学生动手制作各种天文仪器。在北京刊印的《坤舆万国全图》，除主图外，还在四周及图中空阔处加进了介绍天文学知识的九重天图、天地仪图、日月食图及各种解说和注释。他还多次准确地预报了日月食，远比明廷钦天监的官员高明，因此使许多人倾服。

在传播西方宇宙论知识方面，与利玛窦合作最力者是李之藻。李氏先习地理，在京雇工刻版刊印《坤舆万国全图》，兴致极高。又习天文、数学，据利氏口授，于 1605 年译编刊印了《乾坤体义》。此书分三卷，其目次为：

　　"上卷"　1. 天地浑仪说；

　　　　　　2. 地球比九重天之星，远且大几何；

　　　　　　3. 浑象图说；

　　　　　　4. 四元行论；

　　"中卷"　1. 日球大于地球，地球大于月球；

　　　　　　2. 论日球大于地球；

　　　　3. 论地球大于月球；

　　　　4. 附徐大史地圆三论；

"下卷"容较图义。

　　上卷内容直接采自利玛窦为世界地图所作的补白、注释等，实际来自克拉维斯的《天球论注释》。《四元行论》是利玛窦在南京写成而由人刊印过单行本。中卷内容是《天球论注释》一书中的"Terram Sole esse miorem, Luna vero maiore"。所附"徐大史地圆三论"则是徐光启的《题万国二圆图序》。下卷的"容较图义"是《天球论注释》中论述等周图形的部分，后来，李之藻又将这部分以《圆容较义》单独印行。

　　综合看来，《乾坤体义》是以取自《天球论注释》的知识片断为主的译编本。浑象图、乾坤体图等也都采自该书。

　　除《乾坤体义》外，李之藻还根据利氏口授而整理刊印了讲解星盘坐标系统投影法的《浑盖通宪图说》（1607）。

　　从世界地图到《乾坤体义》，不仅表明西学传播由"地"及"天"的渐近过程，也表明李之藻等中国学者接收西学从零散猎奇转向系统消化的自觉要求。

　　还应指出，对士大夫中的大多数人来说，世界地图尚可作为雅俗共赏的书斋卧游之具，而《乾坤体义》已是颇要有些数学头脑的人方可卒读的"天书"。它不是克拉维斯《天球论注释》的完整译本，随着李之藻的离京，利玛窦的去世及其后继者在传教策略上的改弦更张，通过翻译全书来系统介绍亚里士多德宇宙论的工作也无从提起。后于崇祯初年由徐光启、李之藻再度与传教士合作时，传进的是将托勒密体系与哥白尼体系折衷的第谷·布拉埃体系，那时就踏着利玛窦早年为他们铺垫过的台阶更上一层楼了。

　　中国有悠久的天象观测的历史，留下了比其他任何古代文明都丰富得多的观测记录，在历法和天文仪器制作方面，也都达到过相当高的水平，但在宇宙论方面一直是很薄弱的。天圆地方说、盖天说、浑天说、宣夜说等，都没有形成关于宇宙结构的严格而系统的理论。

　　在中国的传统知识体系中，向以"天"字为第一号。圣贤级的大学问家都被誉为知"天命"、识"天道"者。遗憾的是，能从宇宙结构上锲而不舍地研究自然天的人，却实属罕见。利玛窦入华携来的天文学知识，是掺杂着中世纪神学的希腊科学遗产，不管今人以今天的尺度指责其多么陈腐，但绝不可否认那是西方人认识宇宙的一个重要阶梯，对明末的中国知识界而言，也是全新的知识。何况当时的儒林中大多泥古不化，抱残守缺，他们害怕那些夷人夷书污染了我们天朝的圣土，就用"以夷变夏"的危途敲起警世钟，遂而有一代接一代的卫道者去撰写一批又一批的"破邪"文章，以致在中国传播西方早已有之的天文、地理常识也竟是难以想象的困难。

　　当我们今天仍然以亚里士多德为彪炳青史的伟大哲学家和科学家而承认他对古今中外文明的卓绝贡献时，怎能不敬仰那些在中国近代文明破晓前披荆斩棘的拓荒者们呢？正是他们给我们先人的知识结构引发了一次重大的异变呀！

6. 几何原本——数学的异变

利玛窦与徐光启利玛窦到京的头一年，忙于请求获准定居，接下来就广泛交往，绘制舆图，传授西学，但真正刊印成的书还只有宗教读物《天主实义》（1603）、《二十五言》和《天主教要》（1604）。

徐光启于 1604 年进京考选为翰林院庶吉士，"每布衣徒步，晤于（利氏）邸舍，讲究精密，承问冲虚"[①]。翌年 8 月，利氏在宣武门内东城隅买房乔迁。徐光启向利氏提议，"既然已经印刷了有关信仰和道德的书籍，现在他们就应该印行一些有关欧洲科学的书籍，引导人们做进一步的研究，内容则是要新奇而有证明"[②]。利玛窦选择了欧几里得（Euclid，公元前约 330—前 275）的《原本》（Stoicheia），认为"此书未译，则他书供不可得"。（徐光启《刻几何原本序》）

《原本》是一部具有严密演绎体系的数学著作，成书于希腊文明的亚历山大里亚时期。自古以来，它一直作为人类理性精神的范本广泛流传，成为科学史上经典中之经典。它当初就可能是写给学生用的课本，后来也是引领一代代青少年走进科学之门的启蒙教材。在元代与阿拉伯的文化交流中，此书可能已流入我国，但未得传播。

利玛窦的老师克拉维斯之所以被誉为 16 世纪的欧几里得，就是因为他写出了对《原本》的十五卷拉丁文译注本——Euclidis Elementorum Libri XV（1574）。利氏在华授课当是用此书，并早就想把它译成中文，但"屡逢志士，左提右掣，而每患作辍，三进三止"。（利玛窦《译几何原本引》）这"三进三止"于何时何地何人，没有明确记载。按《利玛窦中国札记》所述，在徐光启之前倒是恰有三人与《原本》有关，他们依次是瞿太素、张养默和一可能为蒋姓的举人。

第一次在韶州。苏州人瞿太素，原是礼部尚书之子，本人不求仕进，迷恋于炼金术，父逝世后，把家产在炼金炉里烧个精光，遂携妻周游。寓居广东南雄时，往韶州拜利氏为师，原是因为谣闻利氏会炼金术，后在交往中放弃了这一邪念，开始认真学习西方科学，先笔算，后天文，最后学《原本》，据听讲笔记译出《原本》第一卷，时间在 1592 年左右。

第二次在南京。张养默，原是翰林王肯堂的弟子。王在镇江居家闭门研究天文、地理和算学，长期找不出任何明确的中国数学体系，自己试图建立一个体系也未成功，最后放弃了这一努力。时值利玛窦在南京交友讲学，声名大震，他就派张养默带着他的推荐信请利玛窦替他教这位学生。教学时间不长，且是多人同时上课，可能是还没有教到《原本》。张养默"无师自学了欧几里得的第一卷。他不断向利玛窦神父请教几何学问题"[③]。这里，张自学的当是瞿太素早些时候译出的第一卷。他不断向利氏请教几何学问题，或许是要接

①梁家勉：《徐光启年谱》，上海古籍出版社，1981 年，第 72 页。

②何高济等译：《利玛窦中国札记》，第 517 页。

③同上，351 页。

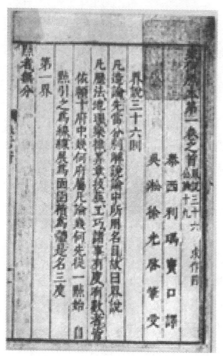

《几何原本》刻印本书影

着译下去。此时当在 1599 年。

第三次在北京。徐光启曾推荐一位浙江人 Ciangueinhi（此意大利文拼写）。此人与徐光启于 1597 年同年中举，后求进无果。依裴化行著《利玛窦司铎与当代中国社会》，说有姓蒋的穷举人曾试图译此书，可能是同一个人。利玛窦与蒋的合作很不理想，他告诉徐光启说，必须是有突出天分的学者，才能完成这项工作。时间当在 1605 年或 1606 年。

1606 年秋，徐光启决定由自己挑这副担子。每天下午三、四时到利氏住所，请"口传，自以笔受焉。反复辗转，求合本书之意。以中夏之文，重复订正，凡三易稿"。（利玛窦《译〈几何原本〉引》）于翌年春首译完前六卷，同年出版，至今整整 380 周年。①

徐光启尽量用中文已有的词汇表达西方的科学术语，而不是用大量音译词。将中译本定名为《几何原本》，这里的"几何"系中文的度数（测量与计算）之意，而非后来专指以形状为研究对象的"几何学"。欧几里得的《原本》，是西方数学经典，并非专指几何学。《原本》有 13 篇，第 1—4 篇讲直边形和圆的基本性质，第 5 篇是比例论，第 6 篇是相似形，第 7—9 篇是数论，第 10 篇是对无理量的分类，第 11—13 篇是立体何和穷竭法。克拉维斯的 Euclidis Elementorum Libri XV 为 15 卷本，有后人增加的两篇。在中文中把"几何"与 Geometry 对应起来，是后人误解所致。

中国传统数学体系的经典是成书于西汉末期的《九章算术》。它以筹算为基础，列有 246 道应用题，或按实际应用，或按计算方法，共分为九个大类，皆无推导论证，各章之间无内在联系。后世以注经方式发展，"九章"也成为中国古代数学的代名词。宋元时中国数学发展到高峰期，并有往"纯数学"方向的偏移，取得了天元术、四元术等杰出成就。从元朝末期开始，商业数学迅速发展，珠算得到普及，而宋元数学成就至明代竟成绝学。《几何原本》就是在中国数学史上的苍白时期传入的，以它的"新奇"和"有证明"使一批学者倾服，中国数学也由此进入了更新期。

徐光启称《几何原本》为"度数之宗"。以它为开路先锋，后有《测量法义》《大测》《测量全义》《比例规解》《几何要法》等一批译述西方数学的著作。还有以《几何原本》为参照，

---

① 指至本文写成时（1987 年）为 380 周年。——编者注

作中西数学比较研究的《测量异同》，用《几何原本》的方法整理中国传统数学遗产的《勾股义》等等，出现了晚明盛清的历算家言必称几何的局面。

徐光启发挥利玛窦关于《几何原本》"当百家之用"的说法，认为它是"众用所基"。(《刻〈几何原本〉序》)"度数既明，又可旁通众务，济时适用"(《条议历法修正岁差疏》)把以《几何原本》为基础的"度数之学"用于历法、气象、水利、乐律、军事、财政、土木建筑、机械、大地测量、医药、计时等方面，成为这位徐阁老晚年为之奋斗的理想。突出的成就是由他主持修历工作，组织中国人与传教士合作，引进西方的天文历法成就，编成大型的《崇祯历书》，成为清初颁布《时宪历》的基础。《利玛窦中国札记》中说"这本书(《几何原本》)大受中国人的推崇而且对于他们修订历法起了重大的影响"[1]，这是谁加的评语，尚有待考证，而这个评语本身是不错的。

利玛窦去世后，神宗皇帝赐葬，有内官问当时居于相位(东阁大学士)的叶向高"诸远方来宾者，从古皆无赐葬，何独厚于利子？"叶答道："子见从古来宾，其道德学问，有一如利子者乎？毋论其他事，即译《几何原本》一书，便宜赐葬地矣。"[2]可见当世对此书的评价之高。

在传播西方数学方面，利氏的另一重要贡献是按克拉维斯的《实用算术概论》授课，把笔算法、验算和分数记法等传入中国。李之藻根据笔记整理，成为《同文算指》(1613)一书的主要内容。远在公元7世纪初(唐代)印度笔算法曾传入我国，后来有阿拉伯人的笔算法传入，但都因繁琐而未能取代中国传统的筹算和珠算。只是在利玛窦之后，笔算才日臻完善而在清代逐渐得以普遍应用。

7. "杯酒还浇利泰西"

利玛窦对中西文化交流的开创性贡献是多方面的。他最早把油画传入中国并随之传入绘画的透视学原理；最早带进一架铁弦琴(即有四十个音的古钢琴)，作《西琴曲意》八章，传入西方音乐；所撰《西国记法》为介绍记忆术的著作。

在肇庆期间，他与罗明坚合编葡华字典，为历史上第一部中西文字典。他首创用拉丁字母注汉字语音，成为中国第一个拉丁字母拼音方案。由此解决了中国音韵学上分析音素与测定字音这两大困难，对中国音韵学的发展有很大影响。

就反向文化传播而言，他最早向欧洲人肯定了马可波罗所说的"契丹"或"震旦"即是中国的别名；他用拉丁文翻译中国的《四书》，是开欧洲汉学之先河的代表性成就。利氏在临终之前完成了记述他在中国传教活动的长篇札记，死后由金尼阁(Nicolas Trigault，1577—1628)携回欧洲，加以补续并译为拉丁文，于1615年出版，后被译为多种文字流传(中

---

① 何高济等译：《利玛窦中国札记》，第518页。
② 《中西交通史料汇编》，第一册，第382页。

译本即《利玛窦中国札记》）。此书连同他早年翻译的儒家经典，成为欧洲人正面观察中国历史文化的窗口，至今也是我们研究明代社会文化史、中西交通史、耶稣会入华传教史和西方科学传播史的珍贵资料。

利玛窦晚年因过于劳累而患周期性偏头疼，1610年5月11日逝于住所，享年58岁。作为传教士，他始终怀着宗教的虔诚去实现自己的理想。终其一生以中国人民为友，以中国为其第二故乡，赢得了广泛赞誉，被视为"西儒"，尊称为"利子""西泰子"。死后，明神宗下旨赐葬于阜城门外栅栏寺。京北尹王应麟撰有一篇很长的碑文，其中有这样一段话："视其立身谦逊，履道高明，杜物欲，薄名誉，澹世味，勤德业，与贤智共知，挚愚不肖共由。玄精象纬，学究天人，乐工音律，法尽方圆。正历元以副农时，施水器以资民用。翼我中华，岂云小补。"[①]

利玛窦在华传教，排佛尊儒，尊先儒而斥近儒，赢得了一部分士大夫的高度评价，也招来一部分士大夫的非议。南京礼部侍郎沈㴶指责传教士的暗伤王化，以"大西洋"对"大明"是以"两大"相抗，称教主为"天主"是要"驾轶"中国的"天子"之上。以他为主将在1616年挑起了中国历史上第一次反洋教的大风潮。但持续时间不长，后出于军事和改历的需要重新起用传教士，利玛窦声名未减，"利玛窦坟"作为明末北京的一大景物，可为其证。（刘桐《帝京景物略》）

清代康熙年间，天主教按利玛窦传教路线进展顺利，在天主教内部出现"礼仪之争"的情况下，康熙皇帝明确指出，在中国行教只许按利玛窦的规矩，可见对利玛窦的积极评价在中国人这方面已无大分歧。

到乾嘉时期，传教活动已被禁绝，随着乾嘉学派整理国故的进展和西学源于中法说的盛行，对利玛窦的评价趋低。

鸦片战争之后，列强欺凌中华，仇外心理日强，前朝故去的传教士也入"洋鬼子"之列，利玛窦墓毁于义和团之手，那也是一种评价。而像梁启超那样对利玛窦在中国近代学术史上的地位给予中肯的评价者，则代表了中国知识界的清醒认识。

在解放后相当长的时期里，学术界把传教士与帝国主义之间划等号，成为一个新的流行观点，就连我们的科学史界在20世纪60年代纪念徐光启时也不能不指责利玛窦的"顽固"和"不老实"。"文化大革命"期间，利玛窦墓第二次毁于红卫兵之手就可"入"乎所料了。

十一届三中全会之后，随着拨乱反正、落实各方面政策的步伐，利玛窦墓于1979年中修复，随着学术思想解放的步伐，对利玛窦也重开评议，评价高低虽然往往随政治晴雨的变幻而波动，不过，总的来说，一般都倾向于较多地肯定他在中西文化交流中的贡献，并认为应把他与鸦片战争之后的入华传教士相区别。只是由于研究资料不足和流行观点的束缚，评价中还有许多模糊不清或似是而非的议论。

---

① 罗光：《利玛窦传》，台湾学生书局，1979年，第234页。

关于耶稣会传教士与葡萄牙殖民者之间的关系、耶稣会的历史地位和作用、耶稣会内部和天主教内部关于利玛窦传教方式的分歧和斗争等等，我们都了解甚少，凭流行观点作推测就难免失之武断。有时在比拟用词（如利玛窦把入华传教视为"精神战争"等）上做文章，不适当地把宗教的"扩张"与帝国主义的政治军事侵略等同起来，这都影响到对利玛窦的动机和人格的评价。

重修后的利玛窦墓

关于科学传播方面，人们往往指责利玛窦带给中国的是在西方已经落后了的科学，是不肯传播近代科学，这很值得商榷。

1543 年出版哥白尼的《天体运行论》，是近代科学的重要标志。但日心说并没有马上被人们接受，这不仅有宗教方面的原因，也有科学本身的原因。不管是哥白尼的日心说体系，还是托勒密的地心说体系，它们作为不同的假说，在科学家面前是平等的。只是到 18 世纪发现了光行差之后，哥白尼地动说才得到证实，从而成为科学界可以普遍接受的理论。16 世纪的欧洲科学处于那样一种状态，怎能苛责于利玛窦呢？

16 世纪后半叶，近代科学正处在形成过程中的初期，科学中心地在意大利，前面已述，耶稣会重视学术传教，利玛窦在罗马学院所得到的教育，在当时是最高水平的。正如日本的科学史家山田庆儿所说："利玛窦并未完全掌握近代科学知识乃是理所当然的事。他所知道的科学是古代中世纪科学，可以认为：在此范围内他把当时最有权威、最好的科学知识提供给了中国。"[9]

有些评价利玛窦的观点是在评价徐光启时捎带的，像"文革"中那样因受利玛窦的牵连而把徐光启树为古代科学家中"崇洋媚外"之典型的极端批判，已经绝迹。承袭"传统"观点认为徐看不清利氏真面目而受骗上当的低调批评还时有所见。

另有一种"褒徐贬利"的评论，典型例子见于王重民先生的遗著《徐光启》一书。书中说徐"一再敦促"利玛窦翻译科学书籍，利则"一味推脱"，表明他们之间"基本态度的不同"；"双方大概几经商讨和辩论之后"，利才"勉强答应"徐、李（之藻）的要求；接着，利要先译天文历法书籍以便打入宫廷，徐、李则认为按照科学本身的逻辑要求，"应该先译数学书籍。大概又是经过了多次的商讨和辩论之后，才决定先翻译数学书籍"。（王重民著《徐光启》第 32 页）

这类情节缺乏史实根据，多出于臆测，不得不在关键处借助于"大概"。关于这段公案，有可考的文字是，利玛窦在《译〈几何原本〉引》中写道："窦自入中国，窃见为几何之学者，其人与书，信自不乏，独未睹有原本之论。即阙根基，遂难创造。即有斐然述作者，亦不能推明所以然之故。其是者，已亦无从别白；有谬者，人亦无从辩正。当此之时，遂有志翻译此书。"但是因为"东西文理，又自绝殊，字义相求，仍多阙略，了然于口，尚可勉图，肆笔为文，便成艰涩矣"。他还告诉过徐光启"此书未译，其他书俱不可得"。文字记载和实际进程都表明利氏一直重视翻译《原本》的工作，只是因为自己的中文基础还不能胜任，要找合适的合作者，所以有前文所说的"三进三止"。

王老先生写《徐光启》在20世纪五六十年代，在"文革"中因受迫害故去。书中观点受历史的局限是可以理解的。然而《徐光启》一书出版于1981年，它作为一部权威性的著作，对当世读者颇有影响，不乏见转引、移植之笔，似有必要作此澄清。

比较多见的另一指责是说利玛窦与徐光启合译《几何原本》时，没有按徐光启的意愿将全书译完，而只译了前6卷。说他心思在传教上，不愿在译科学书籍上多下功夫，或是说他想留一手。这也是一种从先入为主的观点出发所作的推测。《原本》15卷中，前6卷自成体系，且较为浅显易懂。利氏当初在罗马学院学习时，正式课程中也只是安排有前6卷。[7]西方最早的德译本、西班牙译本和瑞典译本也都是6卷本。利氏对徐光启说："请先传此，使同志者习之，果以为用也，而后徐计其余。太史曰然。"（《译〈几何原本〉引》）就中国当时知识界的水准而言，这应算是实情话。

笔者无意把利玛窦写成一个十完十美的圣贤。只是想指出，我们不要依"冷眼向洋看世界"的思维定式去轻易地给复杂的问题下简单的结论，对在中华民族文明发达史上做出过贡献的人物，无论中外，都应给出实事求是的评价，借以追念前贤而激励后人。

按16世纪后半期的欧洲科学水准论，利玛窦受到了最好的教育，但并没有成为一名有创造性贡献的杰出科学家。对于欧洲人来说，他是一位富有创造精神的传教士，又是西方汉学家的先驱。对于中国人来说，他是一位卓越的科学传播者，为处于"学问饥饿"中的中国士林带来了可谓丰富的食粮。以他为首的一批传教士，与徐光启、李之藻等中国士大夫中的优秀分子携手，在中国文化发展的坐标图上画出了一条前所未有的异色曲线。

康熙年间有位大名士尤侗（1617—1704），授官翰林院检讨，分修《明史》，撰志和传达300篇。欧洲四国传(葡萄牙，西班牙，荷兰，意大利)的初稿即出其手，这使他在撰《二十四史》的史家中成为特具开放眼光的人物。或许与此相关，他大约在利玛窦故去70年后写过一首抒发怀念情思的小诗："天主堂开天籁齐，钟鸣琴响自高低。阜城门外玫瑰发，杯酒还浇利泰西"。在坚持开放政策的今天，是否仍有诗赞利公者，实难得知。恰临利公诞日，愿此文能化作尤侗诗中那"杯酒"，来祭奠这位"翼我中华"的西学东渐第一师的亡灵。

── 参考文献 ──

［1］《利玛窦中国札记》，何高济等译，中华书局，1983 年。

［2］罗光：《利玛窦传》，台湾学生书局，1979 年。

［3］小野忠重编：《日本的中国科学史研究》，双林社，1944 年。

［4］伊东俊太郎：《和文明相关的科学》，劲草书局，1976 年。

［5］洪业：《考利玛窦的世界地图》，《洪业论学集》，中华书局，1981 年。

［6］今井溱：《乾坤体义考》，《明清时代的科学技术史》，1970 年。

［7］梅荣照等：《欧几里得〈原本〉的传入和对我国明清数学发展的影响》，《徐光启研究论文集》，学林出版社，1986 年。

［8］梁家勉：《徐光启年谱》，上海古籍出版社，1981 年。

［9］山田庆儿：《近代科学的形成与东渐》，《科学史译丛》，1984 年第 2 期。

（选自《自然辩证法通讯》1987 年第 5 期，《西学东渐第一师——利玛窦》，作者樊洪业，中国科学院院史科技政策与官理科学研究所研究员，研究方向为中国近现代科学史。）

汤若望①

"通玄教师"

客有多髯者，天涯结德邻。
技余奇器录，心印古时人。
问俗谈偏胜，探文理入新。
往来知不厌，长此引光醇。

————（清）庄冏生《赠汤若望诗》

汤若望（Johann Adam Schall von Bell,
1592—1666）

汤若望，一位来自莱茵河畔科隆的德国传教士，自1619年抵达澳门，1623年进入北京以后，在这块东方异国的土地上生活了47年，历经明代万历、天启、崇祯和清代顺治、康熙五朝，身兼中国朝廷高官、天文学家和天主教神父三职。他生前曾官居一品，被皇帝御封为"通玄教师"，主持国家天文台钦天监的工作，晚年又受人诬告，锒铛入狱，险些被凌迟处死，在中国政治舞台上和学术界引起过轩然大波。死后不久，则被平反昭雪，恢复名誉，同意大利传教士利玛窦、比利时传教士南怀仁（Ferdinand Verbiest，1623—1688）同葬于北京阜成门外，长眠在他为之呕心沥血服务了大半生的中国土地上。极有戏剧性的是，他的墓碑在20世纪被两砸两立：一次是1900年义和团运

———————————

① 笔者感谢慕尼黑大学东亚研究所和德意志科技博物馆图书馆所提供的研究条件和利用资料的方便，以及 Prof. W. Bauer, Dr. jur. H. Reinbothe, Dr. H. Zensen-Grahner, Dr. H. Kogelschatz, Frau. M. Nidarumolin, Frau. C. Hillebrand 和 Mr. Yiqing Chen 的帮助和友谊。

动期间，一次则是 1966 年他辞世整 300 年后的"文化大革命"运动中。在他诞生 400 周年之际（1992 年），我们在他那被重新修复并被列为重点文物保护单位的墓前，发现他的墓碑上方残缺了一大段，中部被拦腰截断过，是用水泥粘接起来的，而墓碑的正反面则被倒置了：本该刻在正面的碑文却在背面！这残首断腰、背向而立的墓碑似乎在向人们诉说着汤若望生前死后三四百年来的荣辱沉浮、风风雨雨⋯⋯

1. 道既证其全 犹逊以为未

汤若望，原名约翰·亚当·沙尔·冯·贝尔（Johann Adam Schall von Bell）。Schall von Bell 是他的族姓，意即 Bell 地区的 Schall 家族。Adam 是他的第二个领洗名，其重读第二音节声似中国姓氏"汤"。Johann 是他的第一个领洗名，当时多音译为"若望"，也有作"儒望""如望"的。汤若望是约翰·亚当来华后取的中文姓名。汤若望字"道未"，取义《孟子》："文王视民如伤，望道而未之见。"故有人赠汤若望诗曰"道既证其全，犹逊以为未"[1]。后人有不知其出典，误作"道味"者。[2]

沙尔家族的世系，可追溯到公元 12 世纪的鲁伯特·沙拉（Rupert Schallo），他居于德国西部莱茵河畔的科隆（Köln）城。1282 年左右，才有阿尔贝罗·沙尔（Albero Schall）的名姓出现，他在科隆城西南的地方霍贝尔（Horbell）购置田园别墅，冯·贝尔（Von Bell）姓氏便由该地得名。汤若望的曾祖父和祖父亦名约翰，父亲名海因里希·德根哈特（Heinrich Degenhard）。德根哈特第三次结婚的夫人玛丽亚·沙伊法特·冯·梅罗得（Maria Scheiffart von Merode）曾生三子，其中一位便是后来叫作汤若望的约翰·亚当。

汤若望于 1592 年 5 月 1 日诞生在科隆城内圣阿波斯特（St.Aposteln）教堂近侧的爵邸中。他在幼年时代受到了良好的家庭教育，学习了拉丁文。1603 年，汤若望入科隆城耶稣会设立的三王冕中学（Tricoronatum）读书。1608 年 7 月，经当地耶稣会会区院长约翰内斯·莱奥（Johannes Leo）的保荐，留学罗马德意志学院。1611 年 9 月，以优良成绩修满 3 年哲学课程，10 月 21 日加入耶稣会，进圣·安得勒（St.Andrea）大楼（即

汤若望立身像

---

① 钱路加，赠汤若望诗，三版《主制群征》赠言附。
② 方豪：《汤若望汉名之来历》，11、14 页，《大公报文史周刊》，1941 年第 40 期。

耶稣会罗马教区的修道院）做修士。2 年后，见习期满，于 1613 年 10 月底迁入罗马学院，开始了 4 年的神学和数学研究。1616 年 1 月 2 日，汤若望向耶稣会总会长呈递察帖，请求派遣他到东印度或中国去传教，并说这是他自见习时期以来心中的一个志愿。

年仅弱冠的汤若望，有到东方特别是中国传教的愿望，这并不奇怪。因为自 1581 年起，意大利耶稣会士罗明坚（Miche Ruggieri，1543—1607），利玛窦（Matteo Ricci，1552—1610）、龙华民（Nicolaus Longobardi，1559—1654）等相继进入中国传教，受到了中国皇帝的礼遇和士大夫的欢迎，他们带去的西方近代科技知识，又使中国学术界和朝野都很感兴趣。这些传教士不断向欧洲寄回许多关于中国的信件和报告，激起了人们向往中国的热情。而 1614 年底，法国传教士金尼阁（Nicolaus Trigault，1577—1628），自华抵罗马教廷述职，汤若望得以与他结识，更下定了前往中国的决心。

1617 年夏，汤若望以优异的成绩完成了他在罗马学院的学业，旋即升为神父。这时他具备了神学、哲学、数学、天文学和语言文字学等多方面的知识，接着他去了葡萄牙里斯本，等待着向往已久的中国之行。

2. 渡海东来八万里　别有宗门号天氏

1618 年 4 月 16 日，复活节的次日星期一，金尼阁率赴华传教士汤若望、邓玉函（Johann Terrenz，1576—1630）、罗雅谷（Jacques Rho，1590—1638）等 22 人在里斯本登舟启程，开始了前往中国的引人入胜而又充满危险的海上航行。

这 22 位赴中国的传教士中有 10 位葡萄牙人，5 位比利时人，4 位德国人和 3 位意大利人。他们乘坐的好耶稣号（Der Gute Jesus）船上共有 636 位乘客，加上大量的行李、货物、食品，甚至家禽，实在是拥挤不堪。但他们每周星期日都要作礼拜，星期一、四布道，星期二、五由邓玉函作数学讲演，星期三、六由金尼阁教授中国语言文字。航行途中，汤若望同邓玉函、罗雅谷等人一道，勤奋地观察天象、流星、风向、海流及磁针指向，确定航船的位置和由船上所见的海岸与岛屿的位置，并将研究结果报告给欧洲学术界。

在大西洋上沿非洲海岸向南航行的最初两三个月，由于海流凶猛，气候炎热，饮食恶劣和卫生设备欠缺，船上流行起了疟疾传染病，有一次竟有 330 人同时病倒，传教士们也无一例外地受了这可怕瘟疫的感染。当时船上并无正式船医，只有一位略晓外科手术的理发师，他对这种病症最有效的医治方法，不过是割开血管放血而已，病人有一天放血达 3 次之多者。这场灾难，夺去了船上 45 人的生命，其中有 5 位传教士。

好耶稣号行至好望角附近，又受到三天三夜暴风的袭击，好不容易驶入印度洋，于 1618 年 10 月 4 日在印度西部海港果阿靠岸，暂停以作修整。这时传来了明万历皇帝下旨驱逐传教士的消息：北京的庞迪我（Jacob de Pantoja，1571—1618）、熊三拔（Sabbathin de Ursis，1575—1620）和南京的王丰肃（Alphonse Vagnoni，1566—1640）、鲁德照（Alvaro de Semedo，1585—1658）被遣送到广东，然后发往澳门。传教士们的精神受到很大打击，其间又有 2 人病逝。耽误了几个月后，汤若望再次乘船东行，过马六甲海峡时受到暴风袭击，幸而最后化险为夷，虽历经千辛万苦，终于在 1619 年 7 月 15 日结束了他赴东方的行程，抵达澳门。

　　1620 年是中国历史上有三位皇帝的一个年头：明万历皇帝驾崩，皇子光宗继位，年号泰昌，但在位仅一月即薨，幼小的天启皇帝承袭，胆怯无识，受太监魏忠贤挟制。在澳门的传教士们，乘机分批秘密潜入中国内地。

　　1622 年夏秋之间，滞留澳门 3 年之久的汤若望，同李玛诺（Emmanuel Diaz）、费乐德（Roderich de Figueiredo）、理柏罗（Br.Melchior Ribeiro）一道自水路北上，然后沿陆路越过广东与江西边界间的梅岭，再沿赣江继续北上，进浙江到了杭州。

　　1623 年 1 月 25 日，汤若望随龙华民进入北京，寓城内西南宣武门附近的天主堂内。当时人们正为过春节而忙碌着，没有特别注意到他们。汤若望以在罗马期间学到的数学和天文学知识，成功地预报了当年 10 月 8 日出现的月食，得到明户部尚书张问达等人的赏识。其后，他又预算了次年（1624）9 月的月食日期，从而在北京站住了脚跟。他努力学习中国的语言文字和儒家经典，兼及天算研究和传教活动。他把从西方带来的天主像和圣迹图呈献朝廷，用汉文写了《进呈书像》。他又在 1626 年 9 月，著译《远镜说》，把伽利略在 1609 年发明的望远镜介绍到中国来，书中不仅有望远镜的原理、制作和使用方法，而且还有伽利略在其著名的《星际使者》(1610)年中所记载的天体观察结果，如月球表面坑洼不平，木星有四颗卫星，金星的盈亏，土星的两个耳形卫星轨道环，太阳的黑斑，银河中有无数小星，几个星座里的星团形状，等等。[①]

　　1627 年夏或秋，汤若望被派往西安传教。他通过张问达之子张锺芳和王征的关系，在西安很顺利地开展宗教活动。1629 年，他撰著《主制群征》二卷，目的虽是根据天文、地理、动植物等自然现象以哲理论证上帝的存在，但却向中国知识界展示了西方关于人体解剖、人体生理等方面的科学知识。当时在西安居家服父丧的王征（1571—1644），专为传教士建置"崇一堂"，延汤若望在该堂每晚"评述西贤苦修会功奇迹一二段，以为日课"[②]，后据汤望所述，录成《崇一堂日记随笔》。汤若望在西安传教三年，发展了好几十名教徒。其间他还观测过 1628 年 1 月 21 日的日食。

　　1629 年 6 月 21 日（明崇祯二年五月初一日乙酉朔）的日食，钦天监推算的时刻失误，这就激怒了崇祯皇帝。因为中国古代历法，历来被认为是皇帝"受命于天"的标志，而"效历之要，要在日食"，[③]日食被认为是上天对天子德行政绩出了毛病的一种警示。因此，发

① 参阅严教杰，伽利略的工作早期在中国的传布，《科学史集刊》，第 7 期，1964；张至善，汤若望对中国天文学的影响，纪念汤若望诞辰 400 周年国际会议，1992。
② 王征，崇一堂日记随笔小引，转引自徐宗泽，明清间耶稣会士译著提要，中华书局，1939。
③ 《晋书·律历志》。

生日食时，皇帝要"素服，避正殿"，还要下《罪己诏》。日食预报不准，岂非拿上天和天子开玩笑。所以皇帝传谕："姑恕一次，以后还要细心推算，如再错误，重治不饶"。[1]8 月 29 日礼部上疏请修订新历，9 月 1 日获准，设历局于宣武门内原首善书院。当时任礼部侍郎的徐光启（1562—1633）"奉旨督修历事务"[1]。

天文历算在我国本来有悠久的历史，并取得了辉煌的成就。13 世纪，当欧洲旧的儒略历（Julian Calendar）出现了严重差误的时候，我国元代科学家郭守敬制定的授时历（1280 年）则把中国的历法提高到一个更精确的新高度。明代的大统历直接承袭元代的授时历，行用年代长久，逐渐出现显著的误差，特别是在 1610 至 1628 年的二十来年间，"交食往往不验"，而欧洲则在 1582 年起改用了新的格里高利历（Gregorian Calendar），精密程度远在大统历之上。中国历法的改革迫在眉睫，势在必行。

徐光启在其《条议历法修正岁差疏》（1629 年 9 月 13 日）中，提出历法修正十事，修历用人三事，急用仪象十事和度数旁通十事，举荐南京太仆少卿李之藻（1565—1630）、传教士龙华民、邓玉函参与修历，获准。1630 年 5 月 13 日，邓玉函去世。6 月 26 日，徐光启上《修改历法请访用汤若望等疏》，称"汤若望、罗雅谷二臣者，其术业与玉函相埒，而年力正强，堪以效用"[1]，推荐在山西的罗雅谷和在陕西的汤若望回京供职于钦天监，参与继续修订历法的工作，6 月 29 日得到了崇祯皇帝的批准"历法方在改修，汤若望等既可访用，着地方官资给前来。"[1]

1630 年秋，38 岁的汤若望踌躇满志，再次进入北京。与 7 年多以前他悄悄潜入北京不同，这次是奉诏晋京，乘坐官轿，沿途迎送，前呼后拥，何其威风！从此，他在北京居住了 36 年，直至 1666 年 8 月 15 日去世。连同他 1623 至 1627 年第一次在京居住的 4 年多，总共是整整 40 个年头。

3. 沧海十万里　来任天官篇

徐光启主持编修的《崇祯历书》于 1631 年 2 月 28 日、8 月 27 日，1632 年 5 月 22 日，1634 年 8 月 12 日、12 月 14 日共分 5 次完成，进呈明廷。徐光启经手前三次。他于 1633 年 9 月 11 日以"脾疾"告假，此前李之藻已于 1630 年秋去世，故于 10 月 31 日上《历法修正告成书器缮治有待请以李天经任历局疏》，其时李天经（1579—1659）任山东参政，至 1634 年 5 月才来京，7 月 6 日继任督修历法事，经手后两次崇祯历书的进呈工作。第一次进呈书表 24 卷（历书总目 1 卷，日躔历指 1 卷，测天约说卷，大测 2 卷，日躔表 2 卷，割圆八线表 6 卷，黄道升度表 7 卷，黄赤距度表 1 卷，通率表 2 卷）；第二次进呈书表图像 20 卷并 1 摺（测量全义 10 卷，恒星历指 3 卷，恒星历表 4 卷，恒星总图 1 摺，恒星图象 1 卷，揆日解订讹 1 卷，比例规解 1 卷）；第三次进呈书表 30 卷（月离历指 4 卷，月离历表 6 卷〔以上系远臣罗雅谷译撰〕；交食历指 4 卷，交食历表 2 卷〔以上系远臣汤若望译撰〕，南北高弧表 12 卷，诸方半昼分表 1 卷，诸方晨昏分表 1 卷〔以上系罗、汤二公指授监局官生推算〕）；第四次进呈书表图星屏 29 卷并 1 屏（五纬总论 1 卷，日躔增 1 卷，五星图 1 卷，日躔表 1 卷，火木土二百恒年表并周岁时刻表三卷〔以上系远臣罗雅谷译撰〕；交食历指 4 卷，交食诸表用法 2 卷，交食表 4 卷〔以上系远臣汤若望译撰〕；黄平象限表 7 卷，木土加减表 2 卷，交食简法表 2 卷，方根表 2 卷〔以上系罗、汤二公指授监局官生推算〕；恒星屏障 1 架〔

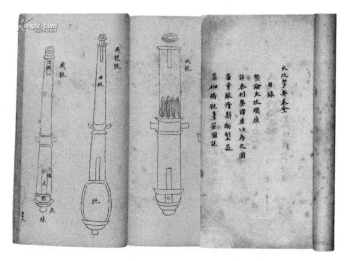

《火攻挈要》清抄本书照：为给明王朝传授西方造炮技术，汤若望与焦勖辑译《火攻挈要》三卷，于 1643 年刊行。

系远臣汤若望制〕）；第五次进呈书表 32 卷（五种历指 8 卷，五纬用法 1 卷，日躔考 2 卷，夜中测时 1 卷〔以上系远臣罗雅谷译撰〕；交食蒙求 1 卷，古今交食考 1 卷，恒星日没表 2 卷〔以上系远臣汤若望译撰〕；高弧表 5 卷，五纬诸表 9 卷，甲戌乙亥日躔细行 2 卷〔以上系罗、汤二公指授监局生儒推算〕。

《崇祯历书》分五次进呈共计 46 种，凡 137 卷，内容包括"五目"（法原：天文学基本理论，包括球面天文学原理；法数：天文数表，附有使用说明；法算：天文计算必备的数学知识，包括平面和球面三角学及几何学；法器：天文仪器；会通：中国传统方法和西历度量单位的换算）、"六次"（日躔历，恒星历，月离历，日月交会历，五纬星历，五星交会历，包括日月五星运动和恒星的方位，日月交食，节气朔望等的换算），采用了丹麦天文学家第谷（Tycho Brahe，1546—1601）创立的介乎古希腊天文学家托勒密（Claudius Ptolemaeus，公元 2 世纪）的地心体系和波兰天文学家哥白尼（Nicolaus Copernicus，1473—1543）的日心体系之间的宇宙天体系统和几何学的计算方法，全面引进了欧洲的古典天文学知识和清晰的地球概念，地理经纬度概念，以及球面天文学，视差、大气折射等重要天文概念和有关的改正计算方法，它还引进了一套与中国古代传统天文学度量制度完全不同的西方通行的度量单位，如一周天分为 360°，一昼夜分为 24 小时、96 刻，度、时以下的分、秒等采用 60 进位制等，从此将中国天文学纳入世界天文学共同发展的轨道，是对中国天文学的一场深刻的改革。①

《崇祯历书》于 1629 年 9 月正式开局修撰，至 1634 年 12 月完成，历时 5 年多。其间，主持者徐光启于 1633 年逝世，干了 4 年；后继者李天经于 1634 年 7 月继位，只干了半年。

---

① 陈久金，"徐光启与《崇祯历书》"，《徐光启研究论文集》，学林出版社，1986。

初期参与者龙华民自 1610 年起一直担任中国耶稣会总会长，教务繁忙，很快便退出了历局的工作，邓玉函则于 1630 年 5 月逝世，只干了 8 个月。至于李之藻，于 1630 年 6 月入局，10 月逝世，只干了 4 个月。参与修订工作最久的则当数分别于 1630 年夏、秋进入历局的罗雅谷和汤若望了，他们都干了 4 年多。从五次进呈书目看，前两次 44 卷未著译撰者名，后三次 93 卷则全为罗、汤二人译撰或指授监局官生推算。其中，罗雅谷分工日躔、月离、五星运动，汤若望则分工交食和恒星部分，撰写了"交食历指"、"交食历表"、"交食诸表用法"、"交食蒙求"、"古今交食考"和"恒星历指"、"恒星出没表"、"恒星总图"、"恒星屏障"等 20 余卷，指导推算各种数表 40 余卷，其"撰译书表，制造仪器，算测交食躔度，讲教监局官生，数年呕心沥血，几于颖秃唇焦，功应首叙"[1]。

《崇祯历书》编撰伊始，徐光启就提出了"欲求超胜，必须会通，会通之前，必须翻译"，"翻译既有端绪，然后令甄明大统，深知法意者，参详考定，熔彼方之材质，入大统之型模"[1]的方针，然而，就是"熔入"，也受到拘泥旧法的保守人物如冷守中、魏文魁之流的反对。徐光启等为此专门写了《学历小辨》一书，与之辩论。特别是在 1631 年曾上《历元》、《历测》二书而受到徐光启批驳的满城耆儒魏之魁，于 1634 年初趁徐光启去世和李天经接任的间隙，上言"历官所推交食节气皆非是"，①意在干扰新法，与新法争胜。崇祯皇帝是没有主见的人，于是命魏入京测验，组织东局，同大统、回回两局一道与用西法的西局相对立，致使一时"言人人殊，纷若聚讼焉"②。

《崇祯历书》完成后，"屡测交食凌犯俱密合"③。如 1636 年 2 月 21 日的月食，1637 年 1 月 26 日的日食，其初亏、食甚、复圆的分秒时刻，西局推算均比大统、回回、东局为密，"时将废大统，用新法"，④其时有代州知州郭正中言："中历必不可尽废，西历必不可专行。四历各有短长，当参合诸家，兼收西法"。⑤结果仍诏行大统历。直到 1643 年 3 月 20 日的日食，又是经实测证明西法独验，崇祯皇帝才认识到《崇祯历书》确实精密，几经考虑，欲颁诏施行时，明朝已经灭亡了。

汤若望在明末的科学活动，除参与《崇祯历书》的编订，从事天文历法的制器、观测和著述外，还有两项工作值得一提：一是介绍西方火器，二是翻译西方矿冶著作。

汤若望曾在 1636 年和 1642 年先后两次为明王朝造炮，均获成功。据费赖之《入华耶稣会士列传》所载："一日朝中大臣某过访若望，与言国势颠危，及如何防守等事，若望在谈话中言及铸炮之法甚详明，此大臣因命其铸炮。若望虽告其所知铸炮术实得之于书本，未尝实验，因谢未能，然此大臣仍强其为之。盖其以为若望既知制造不少天文仪器，自应谙悉铸炮术也。1636 年在皇宫旁设立铸炮厂一所，若望竟制成铸炮 20 门，口

---

① 《明史·历志》
② 《明史·历志》
③ 《明史·历志》
④ 《明史·历志》
⑤ 《明史·历志》

径多大，有足容重四十磅炮弹者。已而又制长炮，每一门可使士卒二人或骆驼一头负之以行。所需铸炮之时亘两足年。"[2]这次造炮成功，受到崇祯皇帝的嘉奖，该炮亦被授名曰"无敌大将军"。汤若望第二次造炮是在 1642 年。是年，兵部尚书陈新荐举汤若望再铸西洋火炮。崇祯帝接受这一建议，谕令汤若望监制"无敌大将军"500 位，并命将造炮方法传授兵仗局。这次造炮亦获成功。为传授造炮技术，他与焦勖辑译《火攻挈要》3 卷，于次年（1643）刊行。后有 1847 年海山仙馆丛书重刻本；1831 年扬州重刊本更名为《则克录》。该书详述各式火器的制法，并有诸器图 40 幅。上卷为造铳、造弹、造铳车、狼机、鸟枪、火箭、喷筒、火罐、地雷各法，并述及制造尺量、比例、起重、运重、引重之机器、配料、造料、化铜之法，中卷为制造、贮藏火药须知，试放新铳、装置各铳、运铳上台上山下山及火攻基本原理；下卷为西铳之攻法、铸铳应防诸弊，守城、海战及炮战（火攻）有关事项。总之，该书论述了关于火器和火药的一些兵器技术和应用化学方面的知识。本来明王朝编定此书的目的是为了抗御北方民族的南下，结果恰恰相反，倒是帮助和加速了清王朝统一中国的进程。①

汤若望还和李天经等合译西方矿冶著作。他们以阿格里科拉（G.Agocla）的《矿冶全书》（De re Metallica，1556）为底本，译述成中文译本《坤舆格致》4 卷，于 1640 年上呈朝廷，1643 年刊行，崇祯帝并谕旨"发下《坤舆格致全书》，着地方官相配地形，便宜采取，仍据实奏报。不得坐废实利，徒括民脂。汤若望即着赴蓟督军前传习采法并火器、水利等项。"②方以智《物理小识》（1643 年）和《钱钞议》中都提到过这部书，可惜该书在明清之际佚失③。

另外，未收入崇祯历书或西洋新法算书的汤若望历算著作，还有《西体测日历》（1645）和《民历铺注解惑》（1662）。而教廷梵蒂冈图书馆所藏《见界总星图》，是徐光启主持测量恒星时汤若望等人所绘的首幅大星图，它改变了沿用已久的星座组织格局，取消了古代观测的 515 颗星，新增 413 颗，形成了现代中国星象体系的基础，具有划时代的意义。④

崇祯帝对汤若望等人的治历工作十分赞赏，曾亲书"钦褒天学""旌忠""崇义"的匾额相赠。

1640 年，汤若望升任北京教区区长，他常入宫中举行弥撒，施行圣事，数年内就使宫内信教的皇族、太监、宫女达 200 多人。1643 年，徐光启刊刻了《主教缘起》4 卷，叙述天主教的起源，也就是旧约中的历史部分。他的《真福训诠》1 卷，则是诠解新约马太福音第五章的内容。

---

① 王冰，汤若望；孙西，"汤若望在华介绍西方火器事略"，纪念汤若望诞辰 400 周年国际会议，1992.
② 《倪文贞公文集·奏疏》卷 10，1772 年刻本。
③ 潘吉星，"阿格里柯拉的《矿冶全书》及其在明代中国的流传"，《自然科学史研究》，1983 年第 1 期。
④ 潘鼐，梵蒂冈藏徐光启《见界总星图》考证，《文物》，1991 年第 1 期。

4．天子临轩百僚集　敬授特勑夸思深

　　1644 年 4 月 25 日，李自成攻破京城，崇祯帝自缢于煤山，明亡。战乱中，汤若望在宣武门内的寓所幸未受到大的破坏。他曾被农民起义军的将领请去作客，被尊称为"大法师"，而他的态度则是不卑不亢。

　　1644 年 6 月初，李自成弃京出走，大顺军殿后的部队在城内烧掠，汤若望寓所的一间空屋被焚，另两间存放有 3 千本图书和数学、天文学仪器的屋子却奇迹般地幸存了下来。

　　1644 年 6 月 7 日，清军入京城。摄政王多尔衮于 6 月 15 日下谕城内居民 3 日内尽行搬迁于南北城外，以便清军憩息。当日汤若望即向多尔衮呈奏《为恳公圣明垂鉴远旅孤踪格外施恩事》，称："臣自大西洋八万里航海来京，不婚不宦，专以昭示上帝、阐扬天主圣教为本，劝人忠君孝亲、贞廉守法为务。臣……奉前朝敕修历法，推测日月交食、五星躔度，悉合天行。著有历书表法 140 余卷，测天仪器等件向进内庭，拟欲颁行。幸逢大清圣国俯念燕民遭贼荼毒，躬行天讨，伐罪吊民，万姓焚顶，后世难忘。乃天主上帝宠之四方，降以君师之任，救天下苍生于水火者也。……臣八万里萍踪，一身之外，并无亲戚可倚，殊为孤子堪怜。且堂中所供圣像，龛座重大，而西方带来经书，不下 3000 余部，内及性命微言，外及历算屯农水利，一切生财之道，莫不备载。至于翻译已刻修历书板，数架充栋，诚恐仓卒挪移，必多散失。……倘蒙俯准微臣仍旧居住，使臣得以安意精修，祝延圣寿，而保存经典书籍，冀图报于异日，洪德如天，感恩无地矣。……"[1] 这是汤若望表示改换门庭的投路石。而第二天，就有了会意的回音：摄政王颁发满文谕旨一道，准其留居原处。

　　紧接着，便有了汤若望同清廷最高统治者之间的一系列紧凑的对话：

　　6 月 27 日，汤若望上"为公务事"，具陈历局来历和在编生员 12 人的状况，属工作汇报性质。

　　7 月 25 日，汤若望上"为恭报日食事"，预报 9 月 2 日日食分秒时刻并起复方位，26 日即奉令旨"旧历岁久差讹，西洋新法屡屡密合，知道了。这本内日食分秒时刻起复方位并各省直见食有多寡先后不同，具见推算详审，俟先期二日来说，以便遣官公同测验，其窥测诸器速造进览。……"[1]

德国 1992 年 4 月 9 日发行"汤若望诞生 400 周年"邮票 1 枚

　　8 月 10 日，汤若望上"为恭进新法测天仪器事"，并进呈"浑天银星球一座（时盘并指时针全），镀金地平日晷一具（三角形表并罗经针全），窥远镜一具（置镜铜架并螺丝转架各一，木立架一，看日食绢纸壳二），舆地屏图六幅，诸器用法一册。" 11 日即奉令旨："这测天仪器准留览应用，诸历一依新法推算，其颁行式样作速催竣

进呈。……"[1]

8月21日，汤若望上"为恭进万年宝历事"，进呈"颁行新法民历式样一册"，23日奉令指"这恭进新历节气交脱与太阳出入昼夜时刻，按道理远近推算，诸方各有不同，果为精确。但字画细小，行款稠密，还再加开爽，以便颁行。内沈阳改写盛京，历尾五官等职名既系旧制，附列汤若望之后，仍取该监前进历样来看。……"[1]

8月28日，汤若望上"为遵旨予请遣官测验日食事"，30日奉令旨"遣官已有旨了，汤若望照例携带仪器前赴观象台，如法测验。……按此前一日，即29日礼部已奉令旨："遣大学士冯铨率制敕房中书李正茂前赴观象台督局监官生公共测验。"[1]

9月2日，汤若望上"为恭报测验日食事"，称："是日大学士冯铨督同局监官生齐赴观象台，臣若望亦携望远镜并黄赤金仪及台上简仪等器悉觇候。其初亏食甚复圆时刻分秒及方位等项测之一一俱与臣法密合，其该监所推大统、回回两法俱各疏远。此大学士逐刻登记，众皆心悦诚服，悉听大学士具题外。……"8日奉令旨："据报知内院诸臣依新法测验日食，纤忽不差，与观象台公同测验无异，具见精密。汤若望即督率监局官生用心精造新法，以传永久。……"按前此冯铨已有疏奏，详报9月2日日食观测经过和记录结果，称汤若望所用的新历"尽善尽美，即局监诸臣，无不众口一词，服其精确。依此法治历明时，真可仰副朝廷敬天勤民之盛心矣"，而7日奉令旨："览卿本，知远臣汤若望所用西洋新法测验日食日刻分秒方位一一精确，密合天行，尽善尽美，见今定造时宪新历，颁行天下，宜悉依此法为准，以钦崇天道，敬授人时，该监旧法岁久自差，非由各官推算之误，以后都着精习新法，不得怠玩。……"[1]

9月11日，汤若望上"为请给新历供费以便推算速竣兼陈本局要务事"，15日奉令旨："治历大典官生供费各役月粮既有成例即察明支给，局旁空房准作推算缮写之所。……在局诸生照天文生例食粮办事。该监各科并回回科官生通晓新法的照旧留用，怠惰冒滥的应行裁汰，著礼部同礼科官详加改试，分别具启。内灵台仪器并选历局官生二人典守。……"[1]

在这里不厌其烦地大段引用汤若望上疏和摄政王多尔衮代幼皇帝福临谕旨的内容，是想说明以下两个问题：

一是汤若望在明清鼎革之际，以其在天文历算方面的知识优势，从容不迫、有条不紊地完成了从效力前朝到供职新朝的过渡。一反其在明末的困顿，他在短短的三四个月的时间内，即在清初的钦天监站稳了脚跟。其间汤若望采用的策略，是"展现并宣传西法之优越"、"以验天象证西法之准确"、"争取制定新历之授权"和"以试新法选汰监员"。①

二是清廷的最高统治者，在入主中原，百废待举之际，能临朝勤政，事必躬亲，尊重知识，尊重人才，矢公矢慎，知人任事，则政权必巩固，国家必复兴。明清易代，原本是一个生产力低下的文化落后的民族用武力夺得了全国的统治权，鼎革之际对生产力的破坏和对固

① 黄一农，汤若望与清初西历之正统化，第二届科学史研讨会汇刊，台北，1989。

有文化的摧残，都极其严重。但清所以代明而兴，特别是入关以后势如破竹，很快控制全国，实得力于武力与怀柔相配合的两手政策。在中国历史上，没有任何朝代能够像清朝那样重用降臣。降清的明臣明将如范文程、洪承畴尚且委以重任，何况多年来华的西士汤若望！[①]1644年10月30日（顺治元年十月初一），年仅六岁的顺治帝福临在汤若望所选定的这个"吉日"正式行登基大典，在臣民"万岁，万岁，万万岁"的欢呼声中坐上了虚位以待的龙椅。

12月24日，清帝下旨"钦天监印信著汤若望掌管，凡该监官员俱为若望所属，一切进历、占候、选择等项，悉听掌印官举行，不许紊越"[1]。12月29日，汤若望上疏"臣思从幼辞家学道，誓绝宦婚，决无服官之理。……伏乞皇上收回成命，别选贤能……"12月31日奉旨"汤若望著遵旨任事，不准辞"。其后汤若望屡辞屡不准，终于领"修正历法管监正事"的职衔（正五品），掌管钦天监。

1645年底，汤若望进呈《西洋新法历书》30种100卷（一说103卷）：治历缘起8卷，大测2卷，测天约说2卷，测食略2卷，学历小辨1卷，浑天仪说5卷，比例规解1卷，筹算2卷，远镜说1卷，日躔历指1卷，日躔表2卷，黄赤正球1卷，月离历指4卷，月离表4卷，五纬历指9卷，五纬表说1卷，五纬表10卷，恒星历指3卷，恒星表2卷，恒星经纬图说1卷，恒星出没表2卷，交食历指7卷，古今交食考1卷，交食表9卷，八线表2卷，几何要法4卷，测量全义10卷，新法历引1卷，历法西传1卷，新法表异2卷（130卷本，缺比例规解1卷、五纬表说1卷，多奏疏4卷、新历晓惑1卷，另有多种不足百卷本，与上列30种大同小异，或缺其中一两种）。[②]同《崇祯历书》相比较，除将原44种137卷删、并、修改为不足20种约70卷外，尚增补了十多种约30卷。

《西洋新法历书》对《崇祯历书》的删并修改主要是历表部分，对历指部分也作了一些修改。例如，在河北献县天主教堂内，曾发现汤若望修改的部分原底稿，其中《恒星历指》朱墨兼施，数据更篡之迹，赫然具陈。

《西洋新法历书》增补的内容，有治历缘起8卷、奏疏4卷、学历小辨1卷、浑天仪说5卷、远镜说1卷、黄赤正球1卷、测食略1卷、筹算1卷、几何要法4卷、新法历引1卷、新历晓惑1卷、新法表异2卷、历法西传1卷。其中浑天仪说、远镜说、黄赤正球、测食略、新法历引、新历晓惑、新法表异、和历法西传等8种13卷则是汤若望所撰，它们属于论述法原和法器的范畴，是新历中的重要内容。

因此，汤若望将《崇祯历书》删并修补成《西洋新法历书》，是下了大功夫的，其间有他创造性的劳动。过去一般认为他只是把"崇祯"二字挖补成"西洋新法"，而将徐光启等人的工作成果窃为己有，这是不太公平的。

汤若望以其所进历书"考据精详，理明数著"、"创立新法，勤劳懋著"[③]，于1646

---

① 刘梦溪，汤若望在明清鼎革之际的角色意义，纪念汤若望诞生400周年国际会议，1992。
② 见北京故宫博物院、北京图书馆、北京大学图书馆等藏清顺治、康熙年间各种版本。
③ 黄伯禄，《正教奉褒》。

年加授太常寺少卿衔（从四品）。

1650 年，汤若望在北京兴建了一座 20 米高的巴洛克式大教堂。教堂上边有一座圆顶，内有 3 间大厅，5 座圣坛。他在教堂大门的旁边墙壁上，镶嵌了一块大理石牌子，上面写着："至万历时西士利玛窦等先后接踵入中国传教，译有经典，著有书籍，传衍至今。荷蒙清朝特用西法，定造时宪新历，颁行历务，告竣。谨于都城宣武门内虔建天主教堂，昭明正教。时天主降生 1650 年，为大清顺治七年岁次庚寅。修政历法汤若望记。"[5]

摄政王多尔衮于 1650 年年底在打猎时猝然死去，13 岁的顺治皇帝于 1651 年初莅朝亲政。这年 5 月，顺治帝大婚前半年左右，皇后博尔济吉特氏染病，孝庄皇太后遣侍女向汤若望求医，仅言病者为某亲王之郡主。汤若望根据来人所说的症状推测，认为病情并不严重，于是将一面圣牌交付使者，嘱她将此物挂在患者胸前，即可除病消灾。据说事后果然应验，太后十分感激，命皇后认汤若望为义父。皇帝对汤若望也有了好感，但他不太相信神父能长期甘守寂寞，而不暗地寻花问柳。于是他派人秘密地监视汤若望的行动，发现汤若望每天晚上都是在祷告、看书和写作，实在是一位正人君子。此后，顺治帝便经常请汤若望到宫中叙谈。而这位 60 岁的大胡子西洋长者，以他的渊博学识和高尚德行很快地就赢得了久居深宫的少年天子的心。小天子禁不住称呼老神父为"玛法"，满语即尊敬的老爷爷。这种称谓里包含着晚辈对长辈和弟子对老师的双重感情。他曾对左右说过："玛法为人无比；他人不爱我，惟因利禄而仕，时常求恩；朕常命玛法乞恩，彼仅以宠眷自足，此所谓不爱利禄而爱君亲者矣！"[6]是年月，诰封汤若望为通议大夫，并封其父、祖父为通奉大夫、其母、祖母为二品夫人，敕缮诰命绢轴，邮寄德国。既而又加封汤若望太仆寺卿，寻改太常寺卿从三品。

1653 年 4 月，诏赐汤若望为"通玄教师"，为此发布圣旨："尔汤若望来自西洋，精于象纬，阅通历法，徐光启特荐于朝，一时专家治历如魏文魁等，实不及尔。但以远人，多忌成功，终不见用。朕承天眷，定鼎之初，尔为朕修大清时宪历，迄于有成。又能洁身持行，尽心乃事。今特锡尔嘉名，俾知天生贤人，佐佑定历，补数千年之阙略，非偶然也。"[9]这里把清代的用人政策和明代加以对比：前朝偏狭，有才不用；本朝宽厚，野无遗贤。于是汤若望成了英明君主阔大胸襟与知人善任的象征，甚至还参与国事活动，充当外交顾问。

1656 至 1657 年间，是皇帝与神父交往最为密切的 2 年。神父的奏折可以直接呈递给皇帝，而且皇帝无论是在寝宫、花园、狩猎场所还是在太后宫中，他都可以直接入见，甚至无须太监的唤传和面圣时的跪拜。皇帝也经常去看望神父，在这两年内竟然去了 24 次之多。1657 年 3 月 15 日，皇帝二十大寿（实则 19 周岁），群臣趋朝拜贺，皇帝竟当众宣布，他要在玛法家过其寿诞。过完生日后，他亲笔书写"通玄佳境"堂额，令悬于宣武门教堂，并为此撰写《御制天主堂碑记》，表彰"若望入中国，已数十年，而能守教奉神，肇新祠宇，敬慎蠲洁，始终不渝，孜孜之诚，良有可尚"。碑记铭文则称："事神尽虔，事君尽职，凡尔畴人，永斯矜式。"[5]同年 11 月，授通政使司通政使，俨然正三品大员。

1658 年 2 月，汤若望在政通使衔上"加二级又加一级"，列正一品，相当于光禄大夫的官阶。这时从他的画像上看，官帽的顶子上是一枚红宝石，胸前的补子上用银线绣着一只振翅欲飞的仙鹤。按清代官制的规定，皇帝要册封他家三代祖先，于是诰封其曾祖父、祖父、父亲分别为笃璨、玉函、利国，其曾祖母、祖母、母亲分别为赵氏、郎氏、谢氏。①

5. 客有多髯者　天涯结德邻

汤若望秉承利玛窦"合儒、补儒和超儒的传教政策"②，除了以天文历算等科学知识，博得了皇帝和一部分士大夫的信任和好感之外，他本人还在改朝换代和各种派系斗争中，采取了超然的态度，广泛结交了朝野的有识之士。

他同徐光启之间的深厚友谊，是基于共同理想和事业追求的忘年之交。尽管汤比徐小30岁，在中国文字、文化和习俗的学习上，徐是汤的先生，但汤也以他的品德操守和科学知识赢得了徐的尊重和信任。汤若望孤身一人，独处异国他乡，生活清苦艰难，每月只有二三两银子的俸禄，但他"自（天启）二年八月至六年六月止，四十七个月，共银四百七十两"，计每月得银十两，据徐光启自述，给"远臣"的报酬，"俱系辅臣自备"。而后汤若望，也以同样的举动对待下属。他曾多次上疏皇帝要求提高钦天监生员的待遇，一次还具体要求将全饷饷银从 208 两 8 钱 4 分增至 417 两 6 钱 8 分，而当朝廷因财政拮据拖延下发的款项时，汤若望则自己先行垫银，负责生员供食及编制历书、制造天文仪器的费用。徐光启临终前，汤若望曾临时搬到徐家宅邸给以帮助和安慰，像亲人一样不离左右。徐光启也抱病上疏，表彰汤若望治历的功绩，请求朝廷对汤"量给无碍田房，以为安身养赡之地"。徐逝世后，汤遵其遗嘱为他料理殡丧圣事，作终傅礼。③

我国现存历史最久的天主堂—宣武门教堂。最早由利玛窦在此建了一座小教堂，1650 年汤若望将其扩建为北京城内第一大教堂。两次被焚毁，1904 年重建后保存至今。

汤若望同著名的明末"四大公子"之一方以智（1611—1671）及其子方中通（1635—1698）都有过学术上的交往，讨论过天文历算

① 罗马耶稣会档案处，今尚存封诰刻印本，附碑记赠言，凡五册一函。封典所颁发之制书，缮成于 1661 年（顺治十八年），翌年康熙元年始加盖玉玺发下。
② 冯佐哲，明清之际的中西文化交流，《文史知识》，1985 年第 9 期。
③ 李兰琴，汤若望与中士的交游，纪念汤若望诞辰 400 周年国际会议，1992。

问题。方以智《物理小识》卷三人身类记载人身骨骼肌肉种类那部分，全引自汤若望的《主制群征》，但对其有关上帝创造世界之说则予以删节。方中通有《与西洋汤道未先生论历法》诗曰："千年逢午会，百道尽文明。汉法摊平子，唐僧重一行。有书何异域，好学总同情。因感先生意，中怀日夕倾。"[1]

汤若望还与明末清初另一位大思想家黄宗羲（1610—1695）友善，黄宗羲对天文历法也有研究，汤若望把他在1642年创制的"新法地平日晷"赠送给黄宗羲。此日晷采用地平式，不同于我国传统的赤道式，但其时段刻度名称，采用十二地支，且有二十四节气，是一种中西文化合璧的日晷。这个日晷后来为另一大学者全祖望所得，他曾写《明司天汤若望日晷歌》以记其事："司天大监汤瓯使，日易精妙泯参差。想当制器尚象时，不传秘术宝南金。天子临轩百僚集，敬授特赦夸思深。……"民国初年罗振玉收藏了这个日晷和汤若望于1640年制造的另一个较小的地平式日晷。[2]

汤若望与《远西奇器图说》的译录者"了一道人"王征（1571—1644）早在1626年相识于北京。1628—1630年王征在西安服父丧家居期间，与汤若望过从甚密，他们合作译录写成《崇一堂日记随笔》。

范文程（1596—1666）是清初最受信赖的汉人降臣，任内三院内秘书大学士，地位甚高，是文臣中的班首。汤若望初见顺治帝，即是由范引见的。

与龚鼎孳、钱谦益有江左三大家之称的吴伟业，明崇祯时进士，降清后任国子监祭酒，有《通玄老人龙腹竹杖歌》赞汤若望："通玄老人来何方，碧眸赪面拳毛苍。手披地图向我说，指点西极天微茫。视彼万里若咫尺，使我不得悲他乡。……"又记顺治帝莅汤若望馆舍事："西洋馆宇逼城荫，巧历通玄妙匠心。异物每邀天一笑，自鸣钟应自鸣琴。"[3]同时人丁耀亢亦有《同张尚书过天主堂访西儒汤道未太常》，诗云："鬌髦窈停垂双耳，渡海东来八万里。相传印度浮屠外，别有宗门号天氏。天氏称天人主教，自谓星辰手所造。……"[4]

崇祯癸未（1643年）科状元、降清后官至内翰林秘书院大学士、顺治甲午（1654年）因私议"留头发，复衣冠"被冯铨参劾遭致绞刑的陈名复与汤若望相交颇深，汤亦以益友自任，竭诚尽规。陈名复有《西洋汤道未先生来访诗》曰："一日两命驾，过我松亭前。执手慰老颜，不若人相怜。沧海十万里，来任天官篇。占象见端委，告君忧未然。"[5]

汤若望"博物君子，学贯天人"[6]，其道德文章，均堪为人师表。学生称赞他："我师有三绝，财色与私意"，"我师有双绝，治历与演器"。[7]他的学生甚多，真是"八万遐程

---

① 邓之诚，《清诗纪事》初编，卷1。
② 罗振玉，《金泥石屑》附说，1916。
③ 转引自程穆衡，《吴梅村诗集笺注》，卷6，上海古籍出版社影印本，1983。
④ 转引自陈纶绪，读谈迁北游录兼述顺治时代之汤若望。
⑤ 转引自郭则沄，《十朝诗乘》卷3，台北学生书局影印本，1976。
⑥ 魏裔介，道未汤先生七秩寿序，载《主制群征》三版，赠言附。
⑦ 钱路加，赠汤若望诗，三版《主制群征》，赠言附。

燕蓟中，如云弟子向鸿濛，"①，"萍寄中原四十载，薪传弟子数千行"②。

1661 年 5 月 1 日，汤若望七十寿辰，"一时前朝贰臣及新朝佐命之与若望有旧者，咸骋辞摛藻，奉殇上寿，何其盛也"。③据三版《主制群征》附赠言，明清进士金之俊、魏裔介、龚鼎孳、胡世安、王崇简、薛所蕴、王铎、沈光裕、壮同生、艾吾鼎，还有顺治己亥（1659 年）科状元、丙戌（1646 年）科榜眼，以及邵夔、吴统持、陈许庭、潘治、钱路加等，都有诗文相赠。其中，有信奉天主教的信徒，如钱路加，也有不信教的理学家，如魏裔介，有当时属于南人一派的金之俊、龚鼎孳，也有属于北人一派的王崇简、王铎。他们都给汤若望颂寿，关系都很友好。至于一大批降清的士大夫知识分子，和一些坚持不与清朝合作的明朝遗民如方以智、黄宗羲等，也都能同汤若望保持诚挚的友谊。可见汤若望能兼收并蓄，广交朋友，没有卷入清初的南北之争和满汉之争的政治旋涡。

汤若望受到顺治皇帝的宠信，又受到朝野人士的赞赏，这使他在传教方面获得了很大的成功。一批批传教士，也因他的关系，源源不断地涌入中国，并获得自由传教的权利，天主教在华亦风靡一时，据统计，1651（顺治八年）至 1644（康熙三年）这 14 年间，全国领洗入教者，超过了 10 万人，几乎达到了前此 70 年间的总和。

但是，物极必反，泰极则否。1661 年是他人生和事业的顶峰，也是他衰败蒙难的开始。顺治皇帝的逝世（1661 年 2 月 5 日）是这一转折点的标志。

6. 碧瓐頳面拳毛苍　指点西极天微茫

1661 年 1 月 3 日，一个"明末居京师，以劾陈启新妄得敢言名，实市侩之魁"④的安徽歙县人杨光先（1595—1669）向礼部递《正国体呈》，对汤若望在其《时宪历》封面上题写"上传批依西洋新法"字样大发其难，称"夫时宪历者，大清之历，非西洋之历也钦若之官，大清之官，非西洋之官也。以大清之官，治大清之历，其于历面之上宜书'奏准印造时宪历日颁行天下'，始为尊皇上而大一统，今书'上传依西洋新法'五字，是暗窃正朔之权以予西洋，而明谓大清奉西洋之正朔"，其"罪不容于诛矣"。又称："天主教人之狼子野心，谋夺人国是其天性，今呼朋引类，外集广澳，内官帝披，不可无蜂虿之防"⑤。结果因顺治帝尚在，汤若望如日中天，礼部未予受理。

一个月后，顺治帝去世，7 岁的康熙帝继位，大权落在保守派鳌拜、苏克萨哈等四辅臣手中。汤若望和其他传教士的处境，亦一度急转直下。1664 年 4 月 20 日，汤若望突患脑溢血至半身不遂，不能正常行走，连说话也含混不清。杨光先趁此机会再度发难，于 9 月

①王铎，自题赠汤若望书法，转引自李兰琴，汤若望与中士的交游，1992。
②潘治，赠汤若望诗，三版《主制群征》，赠言附。
③陈垣，三版《主治群征》跋。
④王士禛，停止闰月，《池北偶谈》。
⑤杨光先，正国体呈稿，《不得已》上卷。

15 日呈《请诛邪教状》于礼部，称："一家有一家之父子，一国有一国之君臣。不父其父，而认他人之父以为父，是为贼子；不君其君，而认海外之君为君，是为乱臣。乱臣贼子，人人得而诛之。""西洋人汤若望，本如德亚国谋反正法贼首耶稣遗孽，明季不奉彼国朝贡，私渡来京，邪臣徐光启贪其奇巧器物，不以海律禁逐，反荐于朝，假以修历为名，阴行邪教，延至今日，逆谋渐张。""布党京省要害之地，传教书以惑天下之人，且于时宪历面敢书'依西洋新法'五字，暗窃正朔之权，以尊西洋，明白示天下，以大清奉西洋之正朔，毁灭我国。""种种逆谋，非一朝夕，若不速行剪除，实为养虎贻患。""伏读大清律，'谋反'、'妖书'二条，正与若望、祖白等所犯相合。"①于是汤若望、南怀仁等传教士和他们的门徒、钦天监监副李祖白等因此而下狱。

清廷礼部会同吏部大堂从 1664 年 9 月 26 日起对汤若望等人进行了几轮审讯，前后达数月之久。1665 年 1 月 15 日，刑部议拟对汤若望以图谋不轨之首犯判处绞刑，到了 4 月，则议拟处斩，而四辅臣则认为应予凌迟。但 4 月 13 日北京上空出现彗星，这被认为是不祥之兆。4 月 16 日对汤若望的判决递呈皇帝与太皇太后时，北京又连连发生地震，弄得人心惶惶。4 月 19 日皇帝谕旨赦免一些普通的犯人，南怀仁因此而得以出狱。5 月 18 日，汤若望也被赦出狱，然李祖白等 5 位信仰天主教的钦天监官员，被处斩刑，做了刀下冤鬼，而原居内地的传教士，则一律驱至澳门。

1664 年 5 月 23 日，圣神降临节之前夕，汤若望才回到了被官府启封了的寓所，这位经历了从荣誉的高峰到耻辱的低谷跌落过程的老人，再也无法恢复元气。两年以后，1666 年 8 月 15 日，即圣母升天节时，汤若望溘然长逝。其无妻室，曾于 1661 年过继一潘姓侍从之子为孙，改姓汤，名士宏。

1665 年 5 月 21 日，清廷授杨光先为钦天监监副，杨自 5 月 28 日至 10 月 2 日接连 5 次叩上《闇辞》疏，提出"六不敢受职之畏，二不敢受职之羞"："同朝共事者率与邪教朋比为奸"，害怕报复，畏于就职，自己"但知历理，不知历数"，"精神耗钝"，"聋老昏愦"，羞于上任。结果，清廷不仅不准其辞职，反而于 10 月 22 日授他为钦天监监正。

杨光先终于"不得已"而上任。他废时宪，复用大统，抱残守缺至如此地步竟然于 1666 年 3 月上疏乞"饬礼部采宜阳金门山竹管、上党羊头山秬黍、河内葭莩备用"，以供制测候之器。后来，那些地方的竹管、秬黍、葭莩之类，总算采到，他又于 1668 年上疏称"律管尺寸，载在史记，而用法失传；今访求能候气者，尚未能致。臣病风痹，未能董理。"[9]

1668 年 12 月，南怀仁劾奏杨光先的同伙、钦天监监副吴明烜所造康熙八年（1669）七政民历内，本年十二月闰，应移置康熙九年正月，又一年有两春分、两秋分等差错，康熙命诸大臣会同杨光先、南怀仁等共同测验，其立春、雨水两节气和火、木二星躔度等，南怀仁言悉应，吴明烜言悉不应，遂罢杨光先官，任命南怀仁为"治理历法"，复用《时宪历》。

① 杨光先，请诛邪教状，《不得已》上卷。

西方传教士所绘的顺治皇帝及其"玛法"汤若望

1669 年，羽翼渐丰的康熙帝一举翦除了鳌拜。南怀仁等复呈告杨光先依附鳌拜，捏词陷人，将历代所用洪范五行称为灭蛮经，致使李祖白等人无辜被戮，汤若望等人冤枉下狱。这次一翻前案，对汤若望、李祖白等平反昭雪，革职流外者仍旧起用，而杨光先则拟斩。康熙帝念其年老，赦遣还籍，卒于道中。

1669 年 12 月 8 日，康熙帝赐地重葬汤若望于北京阜成门外利玛窦墓旁，至今汤若望的墓碑上还镌刻着这样的碑文："皇帝谕祭原任通政使司通政使，加二级又加一级，掌钦天监印务事，故汤若望之灵曰：鞠躬尽瘁，臣子之芳踪；死卹报勤，国家之盛典。尔汤若望，来自西域，晓习天文，特界象历之司，爰锡'通微教师'之号。[1]遽尔长逝，朕用悼焉，特加恩卹，遣官致祭。呜呼！聿垂不朽之荣，庶享匪躬之报，尔有所知，尚克歆享。康熙八年十一月十六日。"

汤若望晚年的"历狱"，人们将其原因多归之于杨光先的陷害及与之相联系的中西历法之争和宗教信仰冲突，殊不知"历狱"只是表层现象。杨光先诬告的要害是谋反罪，这才是置人于死地的十恶不赦的罪名。其实，杨光先早在《日食天象验》等貌似纯天文学学术论著中已经把问题引申到了政治方面："汤若望之历法，件件悖理，件件舛谬，乃诧于人曰我西洋之新法算日月交食有准。……即使准矣，大清国卧榻之内，岂惯谋夺人国之西洋人鼾睡地耶""宁可使中夏无好历法，不可使中夏有西洋人。无好历法，不过如汉家不知合朔之法，日食多在晦日，而犹享四百年之国祚；有西洋人，吾惧其挥金以收拾我天下之人心，如厝火于积薪之下，而祸发之无日也。"[2]所以，历狱的背后，是守旧与革新，封闭与开放两种政治势力的较，它以西学东渐史上西方科学与我国传统旧学之间的冲突形式表现出来。而我国封建专制制度下的政治斗争，往往又同朝廷内部的权力斗争交织在一起。最高统治者——皇帝或者皇帝后面掌实权者的喜怒好恶往往决定了基本国策和政治路线。汤若望的历狱不发生在顺治朝，也不发生在康熙亲政以后，而发生在顺、康交替过程中的索尼、苏克萨哈、遏必隆、鳌拜四人辅政时期，是耐人寻味的。恩宠汤若望的顺治之母孝庄太皇太后悉知历狱后大怒，说："汤若望向为先帝所信任，礼待极隆，尔等岂俱忘却，而欲置之死地耶。"[3]后来为昭雪冤案，南怀仁等受康熙旨意所写的申诉书中，也强调："世

---

[1] 为避康熙皇帝玄烨讳，改称"通玄教师"为"通微教师"。
[2] 杨光先，日食天象验，《不得已》下卷。
[3] 黄伯禄，《正教奉褒》。

祖章皇帝数幸堂宇，赐银修造，御制碑文，赐若望嘉名。若系邪教，先帝圣明，岂能如此表彰？"①汤若望的升降浮沉、起伏曲折，反映了中国历史进程中宫廷权力的攘夺和政治上的基本国策同学术上对外来科学传入的态度交织在一起的复杂斗争。守旧与革新，封闭与开放，两种势力的反复较量，明末清初以来，不知进行了多少个回合，造成了近代中国在世界舞台上的大落伍。

汤若望死后 3 年，于 1669 年被康熙厚葬，似乎应该盖棺论定，但未必然。他虽被平反昭雪，却仍然不得安宁。1900 年义和团运动期间，外国传教士的墓地遭到破坏，汤若望的墓碑亦被推翻。又是三年以后，光绪帝派人重修墓地，再立墓碑，并置墙刻石，铭曰："此处乃钦赐天主教历代传教士塋地。光绪二十六年拳匪肇乱，焚堂决墓，伐树碎碑，践为土平。追议和之后，中国朝廷为已亡诸教士雪海涤耻，特发帑银为邮款，重新修建，勒于贞珉，永为殷鉴。"

1966 年，汤若望辞世整 300 年，史无前例的"文革"爆发，"宁要社会主义的草，不要资本主义的苗"，"神州大地，岂容洋人鼾睡"，于是这处墓地再次遭到破坏。这次汤若望的墓碑不仅被推倒，还被砸成三段。13 年后再次重修时，墓碑上段已找不到了，只得把中段和下段用水泥粘接。遗憾的是，修复墓碑的施工人员不慎又将正反两面倒置。于是，残首断腰的汤若望墓碑只好背向而立了。

夏鼐先生曾讲过修复墓碑时的一个"逸事"②：当时上面指示修复利玛窦、汤若望、南怀仁三人的墓地，下面有具体办事者，却不知他们是何许人，以为他们是"文革"中受迫害的外国人，竟然到当地派出所去查过这三位"被迫害致死的外国人"的户口，派出所当然不会存有三四百年前传教士的户籍档案，哪里查得出什么结果来。真是令人啼笑皆非！

前车之鉴，后事之师。徘徊在镌刻有"北京市文物保护单位：利玛窦及明清以来外国传教士墓地"汉白玉石碑的小园地，面对生前死后三起三落的汤若望那块两砸两立的墓碑，我想会不会有第三次砸碑立碑的历史悲喜剧重演呢？虽则难说，但愿不至于吧！

——参考文献——

[1] 徐光启、李天经等主修：《崇祯历书》；汤若望改编，《西洋新法历书》，北京故宫博物院、北京图书馆等藏明崇祯年间刊本残卷，及清顺治、康熙年间补刊本（1645，1678）。

[2] 汤若望口授、焦勖述辑：《火攻挈要》，1643 年。

[3] J.Foresi ed., *Historica Narratio de Initio et Progressu Missionis Societatis Jesu apud Chineses*, Vienne, 1665。

---

① 黄伯禄，《正教奉褒》。
② 席泽宗先生转述。

［4］J.Foresi ed., *Historica Relatio de Orto et Progressu fidei Orthodoxae in Regno Chinesſ*, Ratſsbonne, 1672。

［5］A.Väth, *John Adam Schall von Bell S.J.*, Missionar in China, Kaiserlicher Astronom und Ratgeber am Hofe von Peking 1592—1666, Köln, 1933.（中译本：魏特著、杨丙辰译，汤若望传，商务印书馆，1949。）

［6］L.A.Pfister, *Notices Biographiques et Bibliographiques sur les Jésuites de L´Ancienne Mission de Chine*, 1552—1773, Chang-Hai, 1932.（中译本：费赖之著、冯承钧译，入华耶稣会士列传，商务印书馆，1938。）

［7］方豪：《中国天主教史人物传》，中华书局，1989。

［8］方豪：《中西交通史》，岳麓书社，1987。

［9］赵尔巽等：《清史稿》，中华书局，1977。

（选自《自然辩证法通讯》1993 年第 2 期，《"通玄教师"汤若望》，作者王渝生，时任中国科学院自然科学史研究所副研究员，中国科技馆原馆长。研究方向为中国科学技术史。）

王锡阐

中国天文学传统最后的守望者

  王锡阐是清代最重要的天文学家之一，也是明清之际"西学东渐"浪潮中极有影响的活跃人物。然而长期以来，对王锡阐的研究只限于他的天文学活动，而且又仅限于他的成就。但对这样一个关键性的重要人物，仅仅如此显然是不够的。我们有必要在明清鼎革，西学东渐和天文学史的广泛背景之下，对王锡阐的生平、思想和天文学活动进行更为深入的研究。本文正是这样一个新的尝试。

1. 王锡阐的亡国之痛及其与明遗民的交往

  王锡阐，字寅旭，号晓庵，江苏吴江人。生于明崇祯元年（1628），卒于清康熙二十一年（1682）。幼时生活在一个读书人家庭里。此时明朝正处在农民军和关外清军的双重压力之下，风雨飘摇。这些情况，王锡阐都有所了解。他 17 岁那年（1644），巨变迭起。3 月李自成农民军攻入北京，崇祯帝自缢身亡。4 月，李自成在山海关被吴三桂和清朝的联军击败，清军入关。5 月 1 日，清军攻入北京城，李自成向西退走。清人乘胜进军。这一连串的事变，对于当时中国的读书人来说，不啻天翻地覆！王锡阐作出的反应是自杀殉国。这在今天看夹不免迂腐无能，但对当时这样做的读书人来说是很寻常的。王锡阐先是投河，遇救未死，又绝食 7 日，在父母强迫之下才不得不重新进食。[①]但故国之思，亡国之痛，从此伴随了他的一生。

  明亡之后，王锡阐加入了明遗民的圈子，拒不仕清。他的朋友们记下了他当时的形象"性狷介不与俗谐。著古衣冠独来独往。用篆体作楷书，人多不能识。"[②] "瘦面露齿，衣敝体，

---

① 王济：《王晓庵先生墓誌》，《松陵文录》卷 16。
② 潘耒：《晓庵遗书序》，《遂初堂集》卷 6。

履决踵，性落落无所合。"①他过着贫困凄凉的生活，身后也无子女。有人认为他怪癖，其实并非如此，"性狷介不与俗谐"、"性落落无所合"，这些说法都是遗民们的曲笔，所谓"俗"者，清政府及其顺民也。王锡阐和遗民们却过从甚密，有很深厚的感情。他交往的人当中，有不少是著名人物。

首先要提到顾炎武。他对顾炎武的道德文章非常仰慕，致顾炎武的信中说："锡阐少乏师傅，长无见闻，所以不惮悉其固陋，以相往复者，正欲以洪钟明镜启我聋瞽。"②顾炎武虽长王锡阐15岁，但对他也十分钦佩。曾作《广师》一文，列朋友中有过己之处者十人，王锡阐居其首："学究天人，确乎不拔，吾不如王寅旭。"③又其《太原寄王高士锡阐》一诗，更可见二人之间的深厚友情，全文如此："游子一去家，十年愁不见。愁如汾水东，不到吴江岸。异地各荣衰，何繇共言宴。忽睹子纲书，欣然一称善。知交尽四海，岂必无英彦？贵此金石情，出处同一贯。太行冰雪积，沙塞飞蓬转。何能久不老，坐看人间换！惟有方寸心，不与玄鬓变。"④这里遗民矢忠故国但又无力回天的悲凉心情也表露得非常明显。

其次是潘柽章、潘耒兄弟。王锡阐与柽章极友善，曾住在潘家数年。柽章因参与私修《明史》，死于文字狱。时潘耒方十七岁，王锡阐视之如幼弟。后潘耒出仕清朝，王锡阐大不以为然，"数遗书以古谊相规"。⑤"以古谊相规"是潘耒自己委婉的说法，实际上是王锡阐责备他仕清，"而况去就之义，大与古人相背者乎！……且太夫人荼蘗清操，贤名素著，嗜义安贫，远近所孚，次耕又尤不宜哑哑于仰事之故，驰驱于奔竞之涂，以为晚节累也。"⑥这是极严厉的申斥。而说潘母"荼蘗清操"则又几乎是明斥潘耒为不肖之子了。若非多年深交，不会如此。不过潘耒倒并不记恨，王锡阐去世后，他还去搜集了王锡阐的遗稿，并为之作序，备极推崇。

此外还值得提出的有吕留良，因生前的反清言论，在雍正年间被开棺戮尸。王锡阐晚年曾和他一起"讲濂洛之学"，⑦即北宋周敦颐、二程的哲学，基本上属于清初很流行的程朱学派一路。二人并有诗相互酬答。朱彝尊，清初著名文学家。王锡阐曾和他一同观览了李钟伦校的《灵台仪象志》，该书后藏北京图书馆。张履祥，一号杨园先生，"初讲宗周慎独之学，晚乃专意程朱"。⑧他和吕留良都是王锡阐晚年"讲镰洛之学"的伙伴。万斯大，遗民学者，"性刚毅，慕义若渴，"⑨抗清英雄张煌言被俘就义，弃骨荒郊，斯大毅然收葬之。王锡阐有与他讨论天文历法的书信往返。对于斯大进一步改进历法的想法，王锡阐表

① 王济：《王晓庵先生墓誌》，《松陵文录》卷16。
② 王锡阐：《与顾亭林书》，《松陵文录》卷10。
③ 《顾亭林诗文集》，中华书局，1983，第134页。
④ 《顾亭林诗文集》，中华书局，1983，第378页。
⑤ 潘耒：《晓庵遗书序》，《遂初堂集》卷6。
⑥ 王锡阐：《与潘次耕书》，《松陵文录》卷10。
⑦ 潘耒：《晓庵遗书序》，《遂初堂集》卷6。
⑧ 《清史稿》卷480本传。
⑨ 《清史稿》卷481本传。

示自己"倘得执觚从事，窃唐邓之末，亦云幸矣"。①这是对斯大很尊敬的态度。

关于王锡阐和明遗民们的交往，有一个文献很说明问题。1657 年，顾炎武决定北游，友人联名为他写了《为顾宁人征天下书籍启》，②类似于私人介绍信，信上署名者 21 人，王锡阐亦在其中，这正是王锡阐交往的遗民圈子。

王锡阐的遗民朋友中也有后来出仕清朝的，如朱彝尊、潘耒等。但王锡阐本人坚决不与清政府合作，对友人之仕清，也大不赞成，前述潘耒事可作证。王锡阐心怀故国，矢忠明朝的思想感情，在他的一篇名为《天同一生传》的寓言式自传中有隐晦而深刻的表现。这篇短文对了解王锡阐的思想，以及在这种思想影响之下的天文学活动，有一定的价值，理应予以相当的重视。文中说："天同一生者，帝休氏之民也。治《诗》、《易》、《春秋》，明律历象数。……帝休氏衰，乃隐处海曲，冬绤夏裼，日中未爨，意恒泊如。惟好适野，怅然南望，辄至悲歆人。人咸目为狂生，生曰，我所病者，未能狂耳。因自命希狂，号天同一生。"③"天同一生"是什么意思，他自己的说法是"天同一云者，不知其所指；或曰即庄周齐物之意，或曰非也。世莫知其然否。"④闪烁其辞，不肯明说。所谓"帝休氏"，我们当然不必凿定为崇祯帝；然而作为亡明的象征，则视为崇祯帝亦无不可。因为"帝休氏衰，乃隐处海曲……"正是王锡阐明亡不仕，清贫自守的情况。而"怅然南望，辄至悲歆"者，南明的金瓯一片，一直坚持到 1661 年，时王锡阐 33 岁；台湾郑氏抗清政权，更坚持到王锡阐去世之后一年（1683），王锡阐之南向而悲，正是为此。又"我所病者，未能狂耳"，亡国之痛，溢于言表。N.Sivin 还注意到，王锡阐在各种场合都避免使用清朝的年号。⑤

王锡阐作为亡明遗民，矢忠故国，对满清入主中国痛心疾首，这样强烈的思想情绪和坚定的政治态度，不可能不对他的科学活动产生影响。考虑到这一因素，有些问题就可能得到较好的解释。

2．王锡阐与清初历法的新旧之争

明遗民心怀故国，拒不仕清，往往隐居起来，潜心于学术研究，其代表人物首推顾炎武。明儒空谈心性，不务实学，经亡国惨祸，风气为之一变。对遗民学者之治学，梁启超洞察颇深："他们不是为学问而做学问，是为政治而做学问。他们许多人都是把半生涯送在悲惨困苦的政治活动中，所做学问，原想用来做新政治建设的准备；到政治完全绝望，不得已才做学者生活"。⑥在这样的风气下，王锡阐选择了天文历法之学。他治学时心中是否也存着

---

① 王锡阐：《答万充宗书》，《松陵文录》卷 10。
② 《亭林遗书》附录：《同志赠言》。
③ 王锡阐：《天同一生传》，《松陵文录》卷 17。
④ 同上。
⑤ N.Sivin，《为什么中国没有发生科学革命》，《科学与哲学》，1984 年第 1 辑。
⑥ 梁启超：《中国近三百年学术史》《梁启超论清学史二种》，复旦大学出版社，1986 年，第 106 页。

为"新政治"服务之望，因史料不足，难以轻断，但他在这一点上受到顾炎武等人的影响是完全可能的。至少，有足够的材料表明，他对满清政府在历法上引用西人西法怀着强烈不满。

明末由徐光启主持，召集来华耶稣会士编成《崇祯历书》，系统介绍欧洲古典天文学。入清后康熙爱好自然科学，尤好天算，大力提倡，一时士大夫研究天文历法成为风尚，为前代所未有。清廷以耶稣会士主持钦天监，又以《西洋新法历书》的名称颁行《崇祯历书》之删改本，即所谓新法，风靡一时。这实际上是中国天文学走上世界天文学其同轨道的开端。但满清以异族而入主中国，又在历法这个象征封建主权的重大问题上引用更远的异族及其一整套学说方法，这在当时许多知识分子，特别是明遗民们看来，是十足的"用夷变夏"，很难容忍。潘耒说："历术之不明，遂使历官失其职而以殊方异域之人充之，中国何无人甚哉！"[1]王锡阐也说："不谓尽堕成宪而专用西法如今日者也。"[2]这些言论在当时有一定的代表性。

王锡阐在这样的心情下发愤研究天文历法，从20多岁起，数十年勤奋不辍。由于对中国传统方法和西洋新法都作过深入的研究，他的意见就比较言之有据，和当时其他一些人的泛泛之谈和盲目排外大不相同。

他第一个重要观点是：西法未必善，中法未必不善。他说："旧法之屈于西学也，非法之不若也，以甄明法意者之无其人也。"[3]这是说中法未必不如西法，只是掌握运用不得其人。又说："吾谓西历善矣，然以为测候精详可也，以为深知法意，未可也。"[4]这是说西法虽在"测候精详"这一点上有可取之处，但西法对中法的批评是不知法意，即不了解中法的精义，因而批评得不对。于是举出西法"不知法意"者五事，依次为平气注历、时制、周天度分划法、无中气之月置闰、岁初太阳位置等五个问题，[5]为中法辩护。又说："然以西法为有验于今可也，如谓不易之法，无事求进，不可也，"[6]这是说西法并非尽善尽美，不应该不求改进，全盘照搬。他曾指出西法"当辨者"十端，是对西法本身提出的批评，依次为回归年长度变化、岁差、月亮及行星拱线运动、日月视直径、白道、日月视差、交食半影计算、交食时刻、五星小轮模型、水星金星公转周期等十个问题。[7]他又有西法六误之说，指出西法中因行星运动理论不完备而出现的矛盾错谬之处。[8]此外他论及西法时有"在今已见差端，将来拒可致诘，"[9]"西人每诩数千年传人不乏，何以亦无定论，"[10]"亦

① 潘耒：《晓庵遗书序》，《遂初堂集》卷10。
② 王锡阐：《晓庵新法》自序，商务印书馆，1936年。
③ 王锡阐：《历策》，《畴人传》卷三十五。
④ 王锡阐：《晓庵新法》自序，商务印书馆，1936年。
⑤ 同上。
⑥ 王锡阐：《历说一》，《畴人传》卷34。
⑦ 王锡阐：《晓庵新法》自序，商务印书馆，1936年。
⑧ 王锡阐：《五星行度解》，商务印书馆，1939年，10—11页。
⑨ 王锡阐：《历说四》，《畴人传》卷35。
⑩ 王锡阐：《晓庵新法》自序，商务印书馆，1936年。

见其技之穷矣"①等语，不及尽述。总的来说，王锡阐这一观点是正确的，因《西洋新法历书》中的西法，只是开普勒、牛顿之前的欧洲古典天文学，不善之处确实很多。具体来说，王锡阐的"五不知法意"、"十当辨"、"六误"等意见，大部分也是有价值的，尽管也有一些错误。

王锡阐在批评西法时，明显流露出对西法的厌恶之感，将此和当时梅文鼎的态度比较一下是颇有意思的。梅文鼎也谈论西法的得失，还将"西法原本中法"之说集其大成，但他对西法的态度是比较平和的。他似乎更多一些纯科学的味道。而王锡阐之厌恶西法，仍可追溯到亡明遗民的亡国之痛上去。因为西法是异族之法，而且是被另一个灭亡了中国的异族引入来取代汉族传统方法的，从感情上来说，王锡阐不可能喜欢西法。

王锡阐第二个重要观点是：西法原本于中法。这个观点黄宗羲提出得更早，但王锡阐的天文学造诣更高得多，又兼通中西之法，所以对此说的传播发展作用更大。王锡阐说："今者西历所矜胜者不过数端，畴人子弟骇于创闻，学士大夫喜其瑰异，互相夸耀，以为古所未有。孰知此数端者悉具旧法之中，而非彼所独得乎！"②于是指出五端，这是"西法原本中法"说发展中的重要文献：

> "一曰平气定气以步中节也，旧法不有分至以授人时，四正以定日躔乎？一曰最高最卑以步朓朒也，旧法不有盈缩迟疾乎？一曰真会视会以步交食也，旧法不有朔望加减食甚定时乎？一曰小轮岁轮以步五星也，旧法不有平合定合晨夕伏见疾迟留退乎？一曰南北地度以步北极之高下，东西地度以步加时之先后也，旧法不有里差之术乎？"③

这是主张西法的创新皆为中法所已有。后来在刻意要"入大统之型模"的《晓庵新法》中，王锡阐就将上述五个"一曰"尽数弃而不用。他又进一步说："西人窃取其意，岂能越其范围？"④从西法"悉具旧法之中"推进到西法"窃取"中法，不能不说是有些过激了。⑤

王锡阐何以在这个问题上态度如此激烈，可以从政治思想上找到原因。中国封建时代的读书人向来把"夷夏"之分看得极重，清政府在历法上全盘西化，是"用夷变夏"；但清人自己就是以异族而入主中国的，对"夷夏"之说极为敏感，屡兴文字狱，王锡阐的朋友吕留良就因此而惨遭戮尸之祸，所以又不便正面攻击清政府在历法上的全盘西化。在这种矛盾的情况下，黄宗羲、王锡阐这样的大明忠臣怎么办？办法之一，就是断言西法原本于中法，甚至是窃自中法的。这可以使理论上的困境得到一定程度的摆脱。他们这番苦心，

---

① 同上。
② 王锡阐：《历策》，《畴人传》卷35。
③ 同上。
④ 同上。
⑤ 江晓原：《试论清代〈西学中源〉说》，《自然科学史研究》，7卷2期（1988）。

当然无法明言，只好以隐晦曲折出之。

从上述两个观点出发，王锡阐指出："夫新法之戾于旧法者，其不善如此；其稍善者，又悉本于旧法如彼。"[1]但他作为一个天文学家，并不因此而一概排斥西法。他主张中西兼采，"然则当专用旧法乎？而又非也。"[2]不过到底怎样中西兼采法，仍是一个问题。

当初徐光启主持修《崇祯历书》，曾表示要"镕彼方之材质，入大统之型模。譬作室者，规范尺寸一一如前，而木石瓦甓悉皆精好。"[3]这意思几乎和后来的"中学为体，西学为用"一样。不过徐光启虽这么说过，修成的《崇祯历书》却完全不是"大统之型模"。对此王锡阐一再感叹："且译书之初本言取西历之材质，归大统之型模，不谓尽堕成宪而专用西法如今日者也！"[4]"而文定……其意原欲因西法而求进，非尽更成宪也。"[5]王锡阐的观点很明确中西兼用就是"取西法之材质，归大统之型范"。

于是，他慨然以"甄明法意"、"归大统之型范"为己任，来写一部异调独弹、和当时行用的西法唱对台戏的《晓庵新法》。这在当时西法成为钦定，西人主持钦天监，整个天文学界都在讲论西法的情况下，是需要科学上和政治上双重勇气的。更何况他还在书中寄托了他的故国之思。[6]

3. 《晓庵新法》和《五星行度解》

《晓庵新法》成于1663年，这是王锡阐最系统、最全面、也是他自己最得意的力作。他在自序里表示，当时历法上"尽堕成宪而专用西法"使他不满，"余故兼采中西，去其疵颣，参以己意，著历法六篇。"这表明了他作此书的动机。

全书共6卷。第1卷讲述天文计算中的三角知识，定义了 $\sin\theta$、$\cos\theta$、$\tan\theta$ 等函数，本质上和今天一样，不过他纯用文字表述。第2卷列出数据，其中有些是基本天文数据，大部分是导出常数。又给出二十八宿黄经跨度和距星黄纬。第3卷兼用中西之法推求朔望节气时刻及日月五星位置。第4卷研究昼夜长短，晨昏蒙影，月及内行星的相，以及日月五星的视直径。

第5卷很重要，先讨论时差和视差，再进而给出确定日心和月心连线的方法，称为"月体光魄定向"，这是王锡阐首创的方法。[7]后来清廷编《历象考成》（1722），采用了这一方法。

第6卷先讨论了交食，其中对初亏、复圆方位角的计算与"月体光魄定向"一样。随后用相似方法研究金星凌日，给出推算方法。又讨论了凌犯，包括月掩恒星，月掩行星，

① 王锡阐：《历策》，《畴人传》卷35。
② 同上。
③ 徐光启：《治历疏稿》，《徐光启集》卷8。
④ 王锡阐：《晓庵新法》自序，商务印书馆，1936年。
⑤ 王锡阐：《历说一》，《畴人传》卷34。
⑥ 江晓原：《王锡阐及其〈晓庵新法〉》，《中国科技史料》，7卷6期（1986）。
⑦ 席宗泽：《试论王锡阐的天文工作》一文中对此法有详细的解说分析，见《科技史集刊》第六期，（1963）。

欽定四庫全書　子部六

曉菴新法　天文算法類一 推步之屬

提要

臣等謹案曉菴新法六卷

國朝王錫闡撰錫闡字寅旭號餘不又號曉菴

又號天同一生吳江人是書前一卷述句股

割圜諸法後五卷皆推步七政交食凌犯之

術觀其自序蓋成于明之末年故以崇禎元

欽定四庫全書　曉菴新法

年戊辰為歷元以南京應天府為里差之元

其分周天為三百八十四更以分弧為逐限

以加減為從消朒立新名雖頗涉臆撰然其

時徐光啓等纂修新法聚訟盈庭錫闡獨閉

戸著書潛心測算務求精符天象不屑屑於

門戶之分鈕琇觚賸稱其精究推步兼通中

西之學遇天色晴霽輒登屋卧鴟吻間仰察

星象竟夕不寐蓋亦覃思測騐之士梅文鼎

《四库全书》本《晓庵新法》的书影

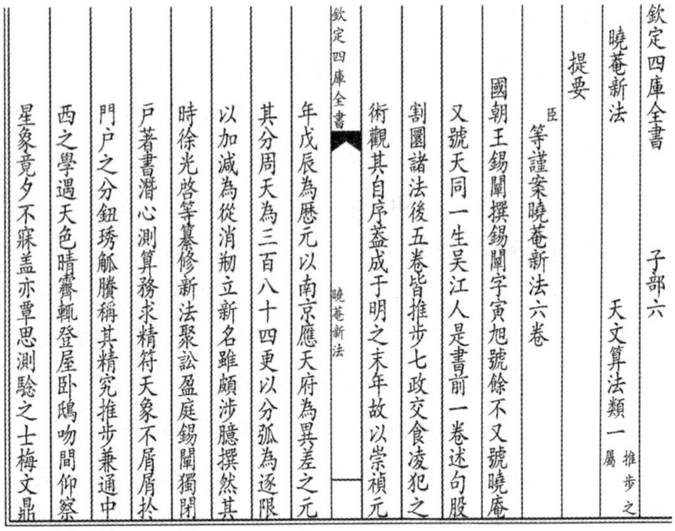

行星掩恒星，行星互掩等情况。金星凌日和凌犯的计算，皆为王锡阐首创，中国前代天文历法著作中未曾有过。

《晓庵新法》虽在计算中采用了西方的三角知识，但并未使用西法的小轮体系，也没建立宇宙模型。按中国古典历法的传统，根本不必涉及宇宙模型的问题。要预推天体视位置，未必非建立宇宙模型不可，更不是非用小轮体系不可，用传统方法也能做得相当好。王锡阐既要“归大统之型范”，自然要用传统方法。再说他又隐然将《晓庵新法》视为向西法挑战之作，更需要断然拒绝西法体系。

《晓庵新法》在月体光魄定向、金星凌日、凌犯等计算方法中表现出巨大的创造才能，但不可否认，此书也有其不足之处。例如，据笔者初步统计，第2卷给出数据达263个，其中大部份是导出数据，但对如何导出则未作任何说明；而以下4卷中的各种计算皆从这些数据出发，因此最后推得的任何表达式都无法直接看出其天文学意义。而且，后4卷中出现的新数据，包括计算过程中间值在内，各有专名，凡590个之多，其中还有同名异义、同义异名等情况，更进一步增加了读者理解的困难。究其原因，除了王锡阐刻意追求“归大统之型范”，不使用图示等先进手段之外，主要是因为他有一个错误的观点。早先他就主张“大约古人立一法必有一理，详于法而不著其理，理具法中，好学深思者自能力索而得之也。”[①]“详于法而不著其理”本是古人的缺点，王锡阐却表示欣赏，并加以实行。由于《晓庵新法》是他深有寄托的发愤之作，可能为了使之不同凡响，王锡阐特意将此书写得非“力索而得之”不可，比前代历法更难读。

说王锡阐“特意”如此是有理由的。他的另一部重要著作《五星行度解》就没有一点“大统之型范”的影子，完全采用西方的小轮体系，有示意图六幅，全书非常明白易懂。

《崇祯历书》以第谷天文体系为基础，而第谷未来得及完善其行星运动理论就过早辞世了，因此《崇祯历书》的行星运动理论部分颇多矛盾不谐之处。王锡阐打算改进和完善西法中的行星理论，《五星行度解》即为此而作。

王锡阐先建立自己的宇宙模型，与第谷的稍有不同：“五星本天皆在日天之内，但五

①王锡阐：《历策》，《畴人传》卷35。

星皆居本天之周，太阳独居本天之心，少偏其上，随本天运旋成日行规。此规本无实体，故三星出入无碍；若五星本天则各为实体。"[1]

这里有两点值得注意。首先，王锡阐主张本天皆为实体，这和早期来华耶稣会士传播的欧洲古代十二重天球之说非常相似："十二重天其形皆圆，各安本所。各层相包，如裹葱头，日月五星列宿在其体内如木节在板，一定不移，各因本天之动而动焉。"[2]王锡阐心目中的宇宙也颇有这样的味道，他还引古证之："天问曰：圜则九重，孰营度之？则七政异天之说，古必有之。"[3]不过王锡阐此说是否受过耶稣会士的启发，目前尚难断言。《天问略》出版于 1615 年，王锡阐读到它是完全可能的。此外，王锡阐对宇宙体系运转机制的研究，则可以肯定是受了 J. 开普勒天体引力思想的启发。[4]

其次，按西法一贯的定义，所谓"本天"皆指天体在其上运动的圆周，而王锡阐提出的"太阳本天"，太阳并不在其圆周上运行，则与五星本天为不同概念，但他未注意区分这二者。事实上，对推算五星视运动而言，他的"太阳本天"毫无作用，起作用的是"日行规"，实即第谷的太阳轨道。对于这一点，钱熙祚的看法很有见地："虽示异于西人，实并行不悖也。"[5]措辞虽很委婉，却猜对了王锡阐的动机。根据对西法的一贯态度，王锡阐不愿亦步亦趋是很自然的。

对于宇宙模型，王锡阐还有一个新观点："五星之中，土木火皆左旋。……西历谓五星皆右旋，与天行不合"。[6]他又由此推出一组计算行星视黄径的公式。这个说法在当时很新颖，引起了一些人的注意，潘耒说它："说甚创闢，果如其说，则历术大关键也"。[7]当然，这里王锡阐是错的。

王锡阐在《五星行度解》中对水内行星的讨论很值得注意："日中常有黑子，未详其故，因疑水星本天之内尚有多星。各星本天层叠包裹，近日而止。但诸星天周愈小，去日愈近，故常伏不见，难退合时星在日下，星体着日中如黑子耳。"[8]这里王锡阐认为内行星凌日可以形成黑子。他在《晓庵新法》中也说过："太白体全入日内为日中黑子。"[9]但更重要的是水内行星的想法。这虽然可能是受了《崇祯历书·五纬历指》的启发，但后者并未如此明确地提出水内行星的概念。这样的概念当时欧洲也有，比如伽利略的《对话》中就提到过，与王锡阐的说法极相似。[10]今天一般倾向于认为不存在水内行星，但未能最后论定。而王锡阐作为早期猜测者之一，应该是值得一提的。

---

[1] 王锡阐：《五星行度解》，商务印书馆，1939 年，第 1 页。
[2] 阿玛诺：《天问略》，商务印书馆，1936 年。
[3] 王锡阐：《历说五》，《畴人传》卷 35。
[4] 江晓原：《开普勒天体引力思想在中国》，《自然科学史研究》，6 卷 2 期（1986）。
[5] 《五星行度解》后所附钱熙祚跋，商务印书馆，1939 年。
[6] 王锡阐：《五星行度解》商务印书馆，1939 年，第 1 页。
[7] 潘耒：《与梅定九书》，《遂初堂集》卷 5。
[8] 王锡阐：《五星行度解》商务印书馆，1939 年，第 7 页。
[9] 王锡阐：《晓庵新法》，商务印书馆，1936 年，第 102 页。
[10] 伽利略：《对话》，上海人民出版社，1974 年，第 66 页。

4. 王锡阐的天文观测

王锡阐以观测勤勉著称。晚年他自己说："每遇交会必以所步所测课较疏密，疾病寒暑无间。变周改应，增损经纬迟疾诸率，于兹三十年所。……年齿渐迈，气血早衰。聪明不及于前时，而黾黾孳孳，几有一得，不自知其智力之不逮也。"[①]考虑到王锡阐的贫困多病，这种精神十分可贵。但对于他的观测精度，以前似乎未加注意。尽管史料很缺乏，仍有必要做一些考察。

首先设法弄明白有关的情况。王锡阐非常贫困，因此不可能拥有诸如私人天文台、大尺寸测角仪器、多级漏壶等设备，也不能雇用助手。他虽有门人，但死后"历学竟无传人，"[②]没人能继承其天文学。有些人是跟他学别的学问的，如姚汝鼎，王锡阐说"姚生汝鼎，故以能诗名见余，"[③]姚汝鼎还编次了王锡阐的诗和古文作品。史料中也未发现任何关于王锡阐有观测助手的记载。

有两条关于王锡阐天文观测的直接史料很重要。一是"每遇天色晴霁辄登屋卧鸱吻间仰察星象，竟夕不寐。"[④]二是"君创造一晷，可兼测日、月、星。"[⑤]这晷称为三辰晷，实物今不存，王锡阐曾作《三辰晷志》一文，专门讲解这架仪器，他去世后潘耒整理他的遗稿时还曾经见过这篇文章，"其文做《考工》，绝古雅，"[⑥]但此文已佚。不过尽管如此，我们对三辰晷仍不至于一无所知。首先，这不可能是一架大型仪器。因为王锡阐既无财力来建造，又缺乏必要的助手来协助操纵大型仪器。更重要的是，王锡阐的观测场所是屋上"鸱吻间"，即旧式瓦房的人字形屋顶上，在这上面安置大型仪器是不可能的，更不用说每次观测时临时安装了。其次，三辰晷也不会很精密。因为一架小型仪器不可能长期放在屋顶风吹雨淋，多半是每次观测时临时搬上去；而如果这样的话，在人字形屋顶上，取准、定平等方面的精度绝不可能很高。

观测精度的另一个重要方面是计时精度，对此王锡阐自己晚年的说法很重要："古人之课食时也，较疏密于数刻之间；而余之课食分也，较疏密于半分之内。夫差以刻计，以分计，何难知之，而半刻半分之差，要非躁率之人，粗疏之器所可得也。"[⑦]这表明在王锡阐心目中，"半刻半分"的精度已是不易达到的佳境。这里"分"指食分，姑先不论，单就时间而言，当时西法用九十六刻制，则一刻为 15 分钟，王锡阐在《晓庵新法》中用百刻制，则一刻为14.4 分钟，即使王锡阐平时也用百刻制，则半刻为 7.2 分钟，对应天体周日运动 1 度 8，这是非常大的误差。在交食时问题还不太大，但对其他观测而言，影响很大，因为上述材料表明，

① 王锡阐：《推步交朔序》，《畴人传》卷 35。
② 潘耒：《晓庵遗书序》，《遂初堂集》卷 6。
③ 王锡阐：《题黾勉园稿》，《松陵文录》卷 7。
④ 阮元：《畴人传》卷 34。
⑤ 潘耒：《晓庵遗书序》，《遂初堂集》卷 6。
⑥ 同上。
⑦ 王锡阐：《测日小记序》，《畴人传》卷 35。

王锡阐所掌握的时计是不精密的。

所以，王锡阐观测虽勤，我们对他的观测精度却不宜估计过高。这一点对评价王锡阐的天文学理论很重要。然而，这是客观条件的限制，我们今天万不能苟责于王锡阐。

王锡阐对观测非常重视，所以虽然精度受客观条件的限制，但在观测理论上达到很高的认识水平。去世前一年他回顾自己的观测经验，指出除了有熟练的观测者和精密仪器之外，还必须善于使用仪器。而即便如此还不够，"一器而使两人测之，所见必殊，则其心目不能一也；一人而用两器测之，所见必殊，则其工巧不能齐也。"[①]这说明王锡阐对仪器的系统误差（工巧不齐）和观测中的人差（心目不一）都已有了正确的概念。如没有多年实测经验，很难达到这样的认识程度。

王锡阐对自己理论与实测的吻合精度，始终不满意。有件事很能说明这一点。"辛酉八月朔当日食，君以中西法及己法预定时刻分秒，至期与徐圃臣辈以五家法同测，而己法最密。"[②]这是指1681年9月12日的日食，徐圃臣即徐发，著有《天元历理》11卷。从各种情况来看，这次五家法同测似乎是民间活动，没什么官方色彩。虽然"己法最密"，王锡阐自己却感叹道："及至实测，虽疏近不同，而求其纤微无爽者，卒未之觏也。"[③]这并不是一般的自谦之辞，因为他觉得"于此可见天运渊玄，人智浅末，学之愈久而愈知其不及，入之弥深而弥知其难穷。"[④]这时已是他去世前一年了，他仍感到不能满意。

天文学理论最终都要靠实测的检验来定其优劣，从而得到进步。王锡阐在贫困之中，受条件的限制，观测精度无法达到很高，这一点直接妨碍了他理论上的发展。对于王锡阐这样一位有才能的天文学家来说，不能不格外令人惋惜。否则，他无疑能取得更高的成就。

5．对王锡阐的评价和研究

王锡阐当时因矢忠故国而在遗民圈子里受到很大的尊敬，前述顾炎武诗文可为代表。王锡阐的天文学成就则使他们引为自豪。潘耒说："历术之不明，遂使历官失其职而以殊方异域之人充之，中国何无人甚哉！幸有聪颖绝世，学贯天人，能制器立法如王君者，……幸其书犹在，其理至当，乌知异日不有表章推重见诸施行者，是君亡而不亡也。"[⑤]王济说：（西人）"自谓密于中历，人莫能窥，先生独抉其篱而披其郤。"[⑥]不过这些称赞者

---

① 同上。
② 潘耒：《晓庵遗书序》，《遂初堂集》卷6。
③ 王锡阐：《测日小记序》，《畴人传》卷35。
④ 同上。
⑤ 潘耒：《晓庵遗书序》，《遂初堂集》卷6。
⑥ 王济：《王晓庵先生墓志》，《松陵文录》卷16。

在天文学上并无造诣，因此他们的评价从天文学史的角度来说，不足以说明王锡阐的地位。而梅文鼎是清代最著名的天文学家，他对王锡阐的钦慕和评价就值得重视了："近世历学以吴江为最，识解在青州上，惜乎不能早知其人，与之极论此事。稼堂屡相期订，欲尽致王书，嘱余为之图注，以发其义类，而皆成虚伪，生平之一憾事也。"①吴江即王锡阐，青州指薛凤祚，当同有"南王北薛"之称，但梅文鼎认为薛不如王。这一看法，后世视为公论。

王锡阐在清代天文学界的地位不如梅文鼎，18 世纪末仍是"方今梅氏之学盛行而王氏之学尚微。"②造成这情况的原因很复杂。王锡阐没有如梅文鼎被皇帝礼遇这种"异数"，当然是一个重要原因。现在看来，阮元"王氏精而核，梅氏博而大"③的评价，还是可以接受的。

不过王锡阐的天文学成就在清代还是得到了肯定的。1722 年《历象考成》采用了他的"月体光魄定向"方法，1772 年《四库全书》收入《晓庵新法》，这件事在阮元看来是"草泽之书得以上备天禄石渠之藏；此真艺林之异数，学士之殊荣，锡阐自是不朽矣。"④在 1799 年这样说或许还不算很夸张，但无论如何，仅仅靠这件事是不足以使王锡阐不朽的。

王锡阐的天文工作在 20 世纪引起了科技史界的注意。李约瑟认为《晓庵新法》是"熔中西学说于一炉的一种尝试"，⑤并认为"据我看，这位天文学家是个有才华的人。"⑥这一评价无疑是正确的。20 世纪 60 年代，席泽宗先生发表《试论王锡阐的天文工作》，首次用现代天文学的方法，对王锡阐的天文工作及理论作了全面深入的研究。当年潘耒、梅文鼎"为之图注，发其义类"的愿望，由此开始得到实现，而且比他们所能做的更好，因为当时他们不可能站在今天的高度上来研究和评价。

王锡阐的天文著作，特别是《晓庵新法》，在天文学史上有重要意义。《晓庵新法》是中国历史上最后一部古典形式的历法，对这部著作的研究还远远不够。例如，对它作精度分析，并与当时传入中国的西方天文学体系及中国前代好历相比较，就是一件很有意义的工作，方有待于来者。

但另一方面，也应该看到，王锡阐作为清代第一流的天文学家之一，他所大力论证、宣传的"西学中源"说，在客观对清代天文学的发展起一非常消极的作用。他与梅文鼎同为清代天文学界"会通中西"的大师，但他们却在很大程度上使"会通"误入歧途。⑦将论

---

① 梅文鼎：《王寅旭书补注》，《勿庵历算书目》。
② 阮元：《畴人传》卷 35。
③ 同五。
④ 阮元：《畴人传》35。
⑤ 李约瑟：《中国科学技术史》第四卷，科学出版社，1975 年，第 688 页。
⑥ 同上。
⑦ 江晓原：《十七、十八世纪中国天文学的三个新特点》，《自然辩证法通讯》。10 卷 3 期（1988）。

证"西学中源"当作"会通中西"的主旋律，却不向赶上、超过西方天文学这一方向去努力。王锡阐在论证"西学中源"的同时所作的"人大统之型模"的徒劳尝试，其基本精神也没有赶超的意图。作为中西天文学融合时期最重要的人物之一，他对西方天文学的态度在中西文化交流史、思想史等方面有很大的研究价值。

（选自《自然辩证法通讯》1989 年第 4 期，《王锡阐的生平、思想和天文学活动》，作者江晓原，时任中国科学院上海天文台助理研究员，上海交通大学科学史与科学文化研究院院长、教授。研究方向为天文学史、性文化史。）

梅文鼎

清初历算大师

梅文鼎(1633 — 1721)，字定九，号勿庵，安徽宣城（今宣州市）人，是清初被誉为"历算第一名家"[1]的民间天文数学家。他生当西方科学传入中国的时代，毕生致力于阐发西学要旨、表彰中学精华，对于整个清代的学术思想都有一定的影响。通过这一人物的思想和活动，我们也可以从一个侧面看到中、西两种文化由尖锐对立到开始交融的历史过程及其独特的方式。

1. 象数岂绝学，因人成古今

安徽宣城南有文脊山，"绵亘百里，为一方之镇，而柏枧居其最胜"（［4］，卷四，募修柏枧寺引）。柏枧山口散居着梅氏一族，"先世则农而士"（［4］，卷六，先王父研铭），至明季香火鼎盛，出了许多诗人、学者和政治家[2]。公元1633年3月16日（旧历崇祯六

宣城梅文鼎纪念馆前的梅文鼎塑像[3]

---

① 江永：《〈翼梅〉序》，《翼梅》卷首。

② 梅氏远祖可溯至隋代，至北宋分为两支，其一居宣城九溪河，最著名者为诗人兼政治家梅尧臣（1002 — 1060）；另一支居柏枧山口，明季多出闻人，嘉靖至万历年间梅守德等人同举进士，王世贞（1526 — 1590）赞曰"梅家树树花"。文鼎曾祖梅守玉曾为江西宁州同知，祖父梅瑞祚（1569 — 1654）曾为浙江衢州府西安县丞，皆善诗文。见梅清：《梅氏诗略》；梅曾亮："梅氏宗谱书后"、"家谱约书"，《柏枧山房文集》，卷4；并见施闰章："梅耦长诗序"，《施愚山文集》，卷7。

③ 原文附"梅文鼎造像"为一身穿清代朝服的正面坐像，系由李迪先生提供的黑白照片翻制，由于图像模糊且出处不详，这里改用作者在宣州市梅文鼎纪念馆前拍摄的塑像。本文其他图像也都由作者拍摄。——作者补识

年二月七日），梅文鼎降生于这个望族中一个书生家庭①。其父梅士昌为邑痒生，"少小
有经世之志，自治经外，若象纬、坤舆、阴阳、律历、阵图、兵志、九宫、三式、医药、
种树之书靡所不蒐讨殚宪"②。文鼎"少时侍父及执师罗王宾仰观星气，辄了然于次舍运
旋大意。"③

　　然而真正使他对科学发生兴趣的是一个叫倪正的明代遗民。倪正字方公，宣城人，明亡
后隐居官湖之滨、号观湖，又自称竹冠道人。1622 年前后，梅文鼎和他的两个弟弟文鼐、文
鼏一同向倪正学习历法，倪正即以明代官方颁行的《大统历》相授。梅氏三兄弟"乃相与晨
夕讨论，为之句栉字比，不惮往复求详。"（［1］，卷四十一，历学骈枝序）梅文鼎将学习
心得整理成《历学骈枝》一书，这是他最早的著作，标志着其科学生涯的一个重要节点。正
如梅文鼎赋诗所云："黄鹄初试羽，瞻云思八荒。"（［3］，卷一，寄怀不次兄金斗之二）

　　梅文鼎是在什么背景下开始自己科学生涯的呢？当时的情况是：奠基于汉、唐，盛极
于宋、元的传统天文、数学，至明季已日渐衰颓，具体表现是经典亡佚④、历法失修⑤、数
理不传⑥。与此相应，西方的一些科学知识从明末开始传入中国，但在一个相当长的时期
内不能为一般知识分子理解和接受，历算之学遂有中法和西法之分。清初杨光先（1597 —
1669 ）提出"宁可使中夏无好历法，不可使中夏有西洋人"⑦，挑起长达 10 年之久的"历讼"。中、
西之争从此染上了浓厚的政治色彩，两派形同水火、绝无调和余地。杨光先本来是一个不
懂天文历法的腐儒，偏偏打着"正国礼"的旗号在西洋历法上做文章，最后落得个罢官问罪、
客死他乡的下场。这自然也使主张中法的学者受到不利影响，本来已在走下坡路的传统天文、
数学又一次受到打击。

　　在这样的历史背景下，梅文鼎的《历学骈枝》假"大统"阐明"授时"之理，并以
传统数学中的勾股和较术来说明和推算日、月食，这就填补了由于郭守敬著作失传和《元
史·历志》过于简略造成的知识真空，对于清代传统天文、数学的复兴起到了开风气之

---

① 梅文鼎故居遗址在今宣州市新田乡蒲田行政村三家渡，1986 年作者在当地考察时老屋尚存，原系砖木结构的九
　进宅院，人称"九进宫"，当年仅存一进半，屋主为自称文鼎十世孙女的梅玉华。距此不远的黄渡乡之伏村有
　梅氏宗堂遗址，堂名"敦睦"，堂前联曰"祖有遗业昌言《文集》圣俞《诗稿》，家无别物诞生《字汇》定九
　《丛书》"，将族中四位闻人梅询（字昌言，北宋太宗朝进士，有《许昌集》传世）、尧臣（字圣俞，北宋仁
　宗朝进士，诗人、政治家）、膺祚（字诞生，所著《字汇》为《康熙字典》问世前最完备的中文字典）、文鼎
　（著有《梅氏丛书辑要》）及其代表作嵌入其中。参见刘钝、川原秀成："梅文鼎故里考察散记"，［日］《数
　学史研究》，通卷 116 号，1988 年，48-52 页。——作者补识
② 李光地：《处士梅徵瞿先生墓碣》，《榕村续集》，卷 5。
③ 杭世骏：《梅文鼎传》，《道古堂文集》，卷 30。
④ 唐代立于学官的《算经十书》，至明代仅《周髀算经》一种有刻本，宋刻古算书仅《数书记遗》一种有刻本，
　宋元数学四大家的著作仅《测圆海镜》一种有刻本，郭守敬等人的天文学著作也大多失传。
⑤ "惟明之《大统历》，实即元之《授时》，承用二百七十余年，未尝改宪。成化以后，交食往往不验……"语见《明
　史》，卷 31。
⑥ 明代享算学声名的顾应祥、唐顺之等人竟全然不懂"天元术"等宋元数学的重要成果，顾应祥《测圆海镜分类释术》
　将李治有关"天元术"的算草完全删除，并说："每条细草，止以天元一立草，而漫无下手之处。"
⑦ 杨光先："合朔初亏时刻辨"，《不得已》，卷下。

先的作用。

1672 年，梅文鼎完成了他的第一部数学著作《方程论》。"方程"系传统数学中的一项重要内容，专指多元一次方程组的应用和解法，在中国古代数学经典《九章算术》中为第八章。梅文鼎当时未能读到古本《九章算术》，但通过明代程大位、吴敬等人的著作对这一类问题进行了较全面的研究①。在《方程论》一书中，梅文鼎阐发了两个有代表性的观点。其一，他认为传统数学中的"九数"应分为"算术"和"量法"两类：前者包括"粟布（即粟米）"、"衰分"、"均输""盈朒"，而极于"方程"；后者包括"方田"、"少广"、"商功"，而极于"勾股"。二者皆由浅入深，而"方程于算术，犹勾股之于量法，皆最精之事。"（［1］，卷十一，方程论发凡）这段文字说明他认识到应按"形"与"数"来重新划分数学的研究对象，但又试图与中国古代的"九数"分类传统进行调和。

其二，由于当时传入中国的西方数学中没有关于多元一次方程组的内容，梅文鼎认为借此可以彰显中算的成就，长中华志气灭洋人威风。书成后他曾寄示方中通（1633 —1698），盖因"方子精西学，愚病西儒排古算数，著《方程论》，谓虽利氏（指利玛窦）无以难，故欲质之方子。"（［3］，卷一，复寅方位伯）方中通字位伯，是著名学者方以智（1611 — 1671）的长子，与梅文鼎同庚且交往密切，曾问学于波兰籍耶稣会士穆尼阁（Nicolas Smoglenski，1611 — 1656）。方以智亦曾寄书梅文鼎征所撰象数书，后者在"浮山大师哀辞"前的小序中曾记叙此事（［3］，卷一，浮山大师哀辞）。梅文鼎又作诗咏道："象数岂绝学，因人成古今。创始良独难，蹠事生其新。测量变西儒，已知无昔人。便欲废筹策，'三率'归《同文》（指明末李之藻、利玛窦编译的《同文算指》）。宁知九数理，灼灼二支分：'勾股'测体线，隐袤持'方程'。安得以'比例'，尽遗古法精？"（［3］，卷一，复寅方位伯）

"青山闭户孤居惯，书卷时开逸兴多。"（［3］，卷一，雪中家从叔瞿山过饮山居）梅文鼎的早年，主要在家乡读书写作。他是从传统天文、数学起步开始科学生涯的，《历学骈枝》和《方程论》就是这一阶段的代表成果。他抓住了名为"大统"实为"授时"这一荟萃中国古代历法精华的样本，又选择了最能凸显古代筹算优越性而西法不具的数学问题，因而能够在传统天文、数学几乎成为绝学的时代做出有意义的工作。除此之外，他也十分注意搜集和整理古代科学文献，"遇古人旧法，虽片纸如拱璧焉。"（［2］，九数存古）他曾亲见《九章算术》南宋刻本的残卷②，整理过现已成了孤本的《西镜录》和《圆解》③，对多种

①参见梅荣照：《略论梅文鼎的〈方程论〉》，《科技史文集》，第 8 辑，上海科技出版社，1982 年。
②即 1213 年鲍澣之刻本，清初民间仅南京黄虞稷藏有前五章，1678 年梅文鼎在黄氏千顷楼曾见"方田"一章，此残卷现存上海图书馆。参见［2］，《九数存古》；互见钱宝琮：《〈九章算术〉版本与校勘》，《算经十书》，上册，中华书局，1963 年。
③《西镜录》作于明末清初，著者不祥，至清中叶已罕见。数学家李锐（1768 — 1817）曾购得梅氏亲笔批点本一册，其友人焦循（1763 — 1820）"穷三日力自写一本"，焦循抄本现藏北京大学图书馆，参见［2］，《〈西镜录〉订注》；《圆解》为王锡阐（1628 — 1682）遗作，中科院自然科学史所藏有抄本，参见［2］，《王寅旭书补注》；［4］，卷 5，《书徐敬可〈圆解〉序后》。

现已失传的稀世抄本和古籍留有记载，其中有郭守敬的《授时历草》、赵友钦的石刻星图以及多种佚名著作①。这些都成为研究古代天文、数学的重要线索和宝贵资料。中国古代许多具有世界意义的科学成就，也是经过梅文鼎的宣传才重新为世人所认识的，如"授时历"中的三次内插法和黄赤相求术，本是郭守敬"创法凡五事"②中最重要的两事，但是后代几乎无人能懂，梅文鼎作《平立定三差详说》和《堑堵测量》才使其重发异彩。

"千秋绝诣，自梅而光。"③梅文鼎为保存与弘扬中华民族的科学遗产做出了重要贡献。

2. 他山有砻石，攻错以为期

梅文鼎的中年生活并不顺利，39 岁那年妻子陈氏故去，"遂不复取，日夜枕籍诗书以自娱。"④他虽"博览多通，少善举子文"⑤，但屡应乡试不第，不过三年一度的南京之行使他开阔了眼界，开始接触到在皖南乡间难以见到的西学书籍⑥。

1675 年他在乡试之余购得一部《崇祯历书》残本，又从顾昭家借抄得穆尼阁的《天步真原》。1678 年乡试时他又从黄虞稷家借抄得罗雅谷（Jacques Rho， 1593 — 1638）的《比例规解》，"携之行笈半年而通其指趣"（［2］，勿庵度算）。当年族侄梅庚与他同科应试，目睹其"得泰西历象书盈尺，穷日夜不舍"，直到临考前一天仍是如此，于是趁其外出时把书藏了起来，梅文鼎回来找不到书，焦急万分，"则艴然曰：余不卒业是书，中怦怦若有所亡，文于何有？"⑦至少在这一情境中，他把学习科学知识看得比科举考试更为重要。

梅文鼎利用乡试的机会广事交游、求师问友，如饥似渴地学习。但闻有知历算者，"虽在远道，不惮褰裳往从，畴人子弟及西域官生皆折节造访，人有问者亦详告之无隐。"⑧

但是对于拜洋人为师，他是有顾虑的。从现有资料来看，他与外国人的接触只有两次：一次是 1688 年在杭州拜会意大利教士殷铎泽（Prospero Intorcetta， 1625 — 1696），一次是 1690 年在北京晤比利时教士安多（Antoine Thomas， 1644 — 1709），都曾谈及历算，但没有形成长期的合作或师生关系⑨。他在一首寄怀薛凤祚（1600 — 1680）的诗中清楚地表明了自己即想学习西历、又怕依附洋教的复杂心理："我欲往从之，所学殊难同。讵忍弃儒

① 参见刘钝：《郭守敬的〈授时历草〉和天球投影二视图》，《自然科学史研究》，1 卷 4 期，1982 年；［4］，卷 5，《〈中西经星同异考〉序》，《书象纬残本后》；［2］，《古历列星距度考》。
② 郭守敬等：《上授时历议书》，《元史》，卷 164。
③ 焦循：《〈历算全书〉、〈赤水遗珍〉赞》，《雕菰楼集》，卷 6。
④ 施闰章：《〈绩学堂诗钞〉序》，［3］，卷首。
⑤ 梅庚：《〈绩学堂诗钞〉序》，［3］，卷首。
⑥ 后来梅文鼎曾激烈抨击以文取士的科举制度，他写道："学士家务，进取以章句贴括，语及数度辄苦其繁难，又无与于弋获之利，身为计臣职司都水授之握算不知纵横者十人而九也。"见［4］，卷 2，"《中西算学通》自序"。
⑦ 梅庚：《〈绩学堂诗钞〉序》，见［3］，卷首。按，梅庚字耦长，其父朗三、祖清、曾祖鼎祚皆以诗文名世。
⑧ 杭世骏：《梅文鼎传》，《道古堂文集》，卷 30。
⑨ 郭慕天：《梅文鼎与耶稣会士之关系》，《上智编译馆馆刊》，第 3 卷第 6 期，1948 年。

先，翻然西说攻。或欲暂学历，论交患不忠。立身天地内，谁能异初终？"（［3］，卷二，寄怀青州薛仪甫先生，四首之二）直到后来听到人说穆尼阁"喜与人言历而不强人入教，君子人也。仪甫（即薛凤祚）初从魏玉山（文魁）主张旧法，后复折节穆公受新法，尽传其术，亦未尝入耶稣会中"（［2］，天学会通订注），这才放松戒备心理。同是学习和介绍西学，梅文鼎和明末徐光启、李之藻等人的态度是有所区别的。此时杨光先已彻底失败，钦天监重新启用洋人执掌大权，不分青

御舟应对
宣州市梅文鼎纪念馆内泥塑

红皂白地排斥中法，这一局面无疑使他的自尊心受到伤害。

在清初学习西法的学者中，他十分钦佩王锡阐和薛凤祚，认为"治西法而仍尊中理者，北有薛南有王"（［4］，卷一，与潘稼堂书）；而在王、薛二人中他又更推重前者，认为"近代历学以吴江为最，识解在青州以上"（［2］，王寅旭书补注）[①]。究其原因，盖因王对《崇祯历书》所抱持的批判性研习态度与他自己的思想是合拍的[②]。

《崇祯历书》是徐光启等人组织编纂的一部大型丛书，于明崇祯年间陆续完成，共计137卷，汇集了当时传入中国的西方天文学和数学知识。不过该丛书"取径迂回，波澜阔运，枝叶扶疏，读者每难卒业。又奉耶稣为教，与士大夫闻里龃龉"（［4］，卷二，中西算学通自序），所以经历了半个多世纪仍是一部难以卒读的"天书"。即便是更早翻译成的《几何原本》（1607），"京师诸君子即素所号为通人者无不望之反走，否则掩卷而不读，或读之亦茫然而不得其解"[③]。由此可见，消化和普及西方数学知识成了一个时代的当务之急。梅文鼎生逢其时，他认真钻研，宣传和普及西方的天文、数学知识，经他整理和疏解的内容大多浅显易懂，并力求与传统知识融会贯通，便于中国人领会和学习。

他写了《交食》、《七政》、《五星管见》、《揆日纪要》、《恒星纪要》等书介绍第谷（Tycho Brahe，1546—1601）体系的西方天文学，写了《笔算》、《筹算》、《度算释例》等书介绍西方的算术和计算工具，写了《几何通解》、《几何补编》等书介绍欧几里得（Euclid，

———————————

① 按王锡阐乃江苏吴江人、薛凤祚为山东益都（古称青州）人。
② 桥本敬造，《梅文鼎的历算学》，《东方学报》，京都，第41期，1970年。
③ 李子金，《〈数学钥〉序》，杜知耕《数学钥》卷首。

约前 330 －前 275）几何学，写了《平三角举要》、《弧三角举要》、《环中黍尺》、《堑堵测量》等书介绍西方的三角学，除了对数以外①，几乎涉及当时传入的全部有关西方的天文学和数学知识。这些书都不是拾人牙慧式的转述或改编，而是经他咀嚼消化后的结果，有许多独到的见地。

举例来说，《崇祯历书》中对行星运动的推算与解释颇多矛盾，他在《五星管见》中提出了"围日圆象"说，其特点是调和第谷和托勒密（Ptolemy，约 85 － 165）的宇宙体系，建立一个整齐和谐的行星运行模型（［1］，卷五十六，五星管见）②。他对各种星表十分感兴趣，《恒星纪要》中附有"各宿距星入各宫度分"，经查系出于南怀仁（Ferdinand Verbiest，1623 － 1688）的《灵台仪象志》，但不是简单地照抄而是按岁差数据进行了修订。

他于"测算之图与器，一见即得要领"，"西洋简平、浑盖、比例规尺诸仪器书不尽言，以意推广之，皆中规矩"③。简平仪和浑盖仪，是当时传入中国的两种星盘，梅文鼎对其制度原理十分关心。除著书详论外，又制成璇玑尺、揆日器、测望仪、仰观仪、月道仪和浑盖新式等名目繁多的天文仪器，从其《勿庵历算书目》所撰提要来看，它们大多与简平仪和浑盖仪有关。

当时《几何原本》只译出了前 6 卷，梅文鼎在《测量全义》、《大测》等书透露的线索下，对此 6 卷以外的有关内容进行了探索，写成《几何补编》一书，获得许多独立的成果④。他详细讨论了五种正多面体以及球体的互容问题，这一问题是开普勒（Johannes Kepler，1571 － 1630）早年构造宇宙模型的数学基础⑤。他通过演算订正了《测量全义》中正二十面体体积与边长关系的错误，所得到的其他多面体的数据精度也比《测量全义》和《比例规解》要高。立体几何中还有一种等角半正多面体，历史上仅有阿基米德（Archimedes，前 287 －前 212）等少数人研究过⑥，梅文鼎由民间制作的灯笼得到启示，论述了两种半正多面体的结构、比例以及它们与正多面体的关系⑦；他又提出球体内容等径小球问题，并意识到这一问题的解与正多面体有关，在当时可以说是一个很新鲜的课题。

对于中国历算家来说，当时传入的西学知识中最难接受的恐怕是三角学了，因为中国古代数学缺乏一般角的概念，"未有予立算数以尽勾股之变者"（［1］，卷四十，堑堵测量），而《崇祯历书》所介绍的三角学知识又过于零散，梅文鼎著《平三角举要》、《弧三角举要》

---

① 梅文鼎有《比例数解》4 卷，专门介绍对数，惜未刊；但从其所撰《〈天学会通〉订注》来看，他对对数的意义还没认清，参见［2］。

② 这里参考了江晓原的意见。

③ 毛际可：《梅先生传》，［2］，卷末。

④ 沈康身：《梅文鼎在立体几何上的几点创见》，《杭州大学学报》（自然科学版），第 1 期，1962 年。

⑤ J. Kepler, *Harmonice Mundi*, Vol. 2, pp. 83–87, Munich, 1940.

⑥ T. L. Heath, *A History of Greek Mathematics*, Vol. 2, pp. 98–101, 394, Oxford, 1921.

⑦ 即由 8 个正三角形和 6 个正方形组成的"方灯"体、由 20 个正三角形和 12 个正五边形组成的"圆灯"体。有趣的是，笔者于 1984 年 2 月在泉州开元寺的灯会上曾见到包括这两种"灯体"在内的多种半正多面体形灯笼，足证梅氏"偶见馆童屈篾为灯"而触发研究兴趣的话不虚。参见［1］，卷 25，《〈几何补编〉自序》。

二书，系统地阐述三角函数的定义、各种公式、定理及应用，是中国人自撰的最早的一套三角学教科书。在《堑堵测量》一书中，梅文鼎在中国数学史上第一次指出《授时历》中"黄赤相求之理"的三角学意义，认为"郭太史本法"与西方球面直角三角形的公式解法是一致的；他设计的"立三角仪"和"平方直仪"，不但可以清楚显示球面直角三角形的边角关系，而且蕴涵着一种巧妙的图解方法，至今仍有较高的实用价值。关于利用投影原理来解球面三角形的更一般论述，则见于《环中黍尺》一书，他所提出的构图原理与今日若干球面三角学教科书介绍的图解法完全一致①。

　　"他山有礧石，攻错以为期"（［3］，卷一，赠中伯弟三首之二）。明末倡导西学的先驱们就已打出了"会通"的旗号，但由于他们本人对传统天文、数学大都缺乏足够的了解，加上当时中、西之争已超出了学术的范畴，所以并未得出多少中肯有益的结论。徐光启"镕彼方之材质，入《大统》之型模"②的提法，其实多半是出于政治考虑的一种策略，《崇祯历书》中的"会通"仅限于中西各种度量单位的换算。真正认真地"会通"中西之学，还是从梅文鼎这一代学者开始的。

　　他生前曾计划将自己的所有数学著作汇编成集，总名就叫《中西算学通》，其序言中写道："数学者征之于实，实则不易，不易则庸，庸则中，中则放之四海九州而准。"（［4］，卷二，中西算学通自序）。这种认为数学来源于实践、因而无复中西都可"会通"的见解是相当进步的。在天文学方面，他想效法明末邢云路《古今律历考》的形式写一部《古今历法通考》，将他所了解的古今中外各家历法逐一考察（［2］，古今历法通考）③。他认为"数学者所以合理也，历者所以顺天也。法有可采何论东西？理所当明何分新旧？"他强调"义取适用，原无中外之殊；算不违天，自有源流之合"（［1］，卷四十，堑堵测量）。因为有这样的信念，他能够"既贯通旧法，而兼精乎西学"，"会两家之异同，而一一究其指归"，"其有功于历学甚大"④。

3. 丈夫志骘举，三山犹借途⑤

　　清初开始修明史，康熙皇帝（1654－1722）下诏招试五十鸿博，但是似乎无人能很好地胜任"历志"这部分工作，主持明史馆的汤斌（1627－1687）、徐乾学（1634－1691），以及宣城籍的翰林院侍讲施闰章（1618－1683）等人屡次邀请梅文鼎到北京来帮忙，因他已有授馆之约未能成行，但曾寄去自己的意见。直到1689年梅文鼎才来到北京，以布衣身份为《明史·历志》的纂修提供意见。他对明史馆的官员们建议道：明代行用的

---

① 沈康身：《球面三角形的梅文鼎图解法》，《数学通报》，1965 年 5 期。

② 徐光启《奏呈历书总目表》，《徐光启集》，中华书局，1963 年。

③ 互见魏禧、王源二人所作之序，见［1］，卷46。

④ 万斯同：《送梅定九南还序》，《石园文集》，卷7。

⑤ ［3］，卷1，《偶成》。

"绩学参微" 题字③
宣州市梅文鼎纪念馆内木雕

《大统历》实际上是元代《授时历》的翻版，今日正好借《明史》来弥补《元史》所缺载的内容，以发明郭守敬等人的不传之秘。"史局服其精核，于是辇下诸公皆欲见先生，或遣子弟从学，或书说亦稍稍流传禁中。"①通过纂修《明史·历志》，梅文鼎进一步巩固了自己的学术地位。在京期间，他结识了朱彝尊（1529 — 1687）、徐善（1634 — 1690）、阎若璩（1636 — 1704）、万斯同（1638 — 1702）、刘献廷（1648 — 1695）、黄百家等学术名流②，并通过李光地（1642 — 1718）的关系闻达于朝廷。

李光地字晋卿，号厚庵，别号榕村，福建安溪人，康熙庚戌（1670）进士，官至文渊阁大学士，嗜喜历算之学。梅文鼎能以民间历家的身份进入首都的文化圈子，李光地起了很大的作用。修历之余，梅文鼎在李家开馆，李子钟伦、弟鼎征等皆一同学习。李光地以前曾问师于他人，结果都未得藩篱，得梅文鼎指授后学问渐进。

在学习过程中，李光地深感梅文鼎和缓善诱，教诲有方，就建议他"略仿赵友钦《革象新书》体例，作为简要之书，俾人人得其门户"。梅文鼎遂于1690年夏天动笔，数月得稿五十余篇，采用问答形式，广泛地讨论了各种天文历法问题，这就是后来使他进身扬名的《历学疑问》（［1］，卷四十六，历学疑问序）

梅文鼎在北京期间，康熙皇帝正热衷于向传教士学习天文、数学，对他的才华已略有耳闻。1692年，康熙在乾清门与群臣言及历算，熊赐履（1635 — 1709）、张玉书（1642 — 1711）、张英（1637 — 1708）等身居大学士的要员俱不能自如答对。康熙说："你们汉人全然不晓得算法，惟江南有个姓梅的他知道些。"④话语中仍带着当年裁断杨光先案件时的怨气，但对梅文鼎的垂青已露端倪。

① 毛际可：《梅先生传》，见［2］，卷末。又，梅文鼎在纂修《明史·历志》中的作用，可参看［2］，"历志赘言"、"明史历志拟稿"等条，以及陆陇其《三鱼堂日记》等。

② 梅文鼎在京结识的刘献廷写道："我友梅定九、中华算学无有过之者。"语见《广阳杂记》卷2。

③ 此木雕是仿《梅氏丛书辑要》家刻本卷首而制（参看517页图），梅毂成当然不敢让刻工仿刻皇帝的笔迹，因此改用篆书。根据李光地的记载，康熙写的是颜体，其"御书绩学参微恭纪"称："临辞，特赐四大颜字曰'绩学参微'。"（［1］，卷首）——作者补识

④ 参见李光地：《理气》，《榕村语录续集》，卷17；互见王先谦：《东华录》，《康熙四九》。

1693 年，梅文鼎离京南归。同年李光地为《历学疑问》作序，又于 1699 年出资刻于河北大名。1702 年康熙南巡驻跸德州，旨令李光地取所刻书籍来看。李光地倒是很能揣摩皇上的心理，急忙回奏说：我刻的那些经书和制举时文不屑一看，现有宣城梅处士的《历学疑问》三卷，谨呈求圣诲。康熙说："朕留心历算多年，此事朕能决其是非，将书留览再发。"没想到第二天康熙召见李光地时又说："昨所呈书甚细心，且议论亦公平，此人用力深矣，朕带回宫中仔细看阅。"一年后康熙发回原书，只见书中"小圈如粟米大，点如蝇角，批语皆用硃笔蝇头细书另书纸条上，恐批坏书本，又有商量者皆以高丽纸一细方夹边缝内以识之。"李光地复请康熙指出书中疵谬，康熙说："无疵谬，只是算法未备。"①这是康熙第一次读到梅文鼎的著作。同年康熙赐《几何原本》、《算法原本》二书给李光地，李自觉"未能尽通，乃延梅定九至署，于公暇讨论其说。"②康熙又曾数度问及民间隐沦之士，李皆以梅文鼎应对。

1705 年 3 月康熙再度南巡，听说梅文鼎还在李光地署中，就对后者说："朕归时汝与偕来，朕将面见。"6 月康熙北归，李光地与梅文鼎在德州以南临清州的运河岸迎候，康熙遂召见他们于御舟中。河上凉风习习，康熙兴致很浓，与梅文鼎纵谈天文、数学，随后"赐食，赐坐，夜分乃罢，撤御前烛，命小黄门送归"随行小舟。如是者三日，直到御舟驶到天津北面的杨村。临辞康熙除向梅文鼎赐赏礼物外，又特书"绩学参微"四字，表彰他在天文、数学方面的辛勤劳动和深刻造诣。康熙对李光地引荐梅文鼎十分满意，说："历象算法朕最关心，此学今鲜知者，如文鼎真仅见也，其人亦雅，惜乎老矣。"③

七年之后，1712 年康熙于畅春园蒙养斋设馆编纂《律历渊源》，即招梅文鼎的孙子梅瑴成（1681 — 1763）至京，赐为举人并充任汇编官。秉承家学并具天赋的梅瑴成不久就显露才华，成为这项工作的主要负责人，1715 年被赐进士并充任《律历渊源》总裁。《律历渊源》是一部 100 卷的鸿篇巨著，其中《律吕正义》五卷是关于音律学的，《历象考成》42 卷是关于天文学的，《数理精蕴》53 卷是关于数学的。最早成书的《律吕正义》刊出之后，康熙对梅瑴成说："汝祖留心律历多年，可将《律吕正义》寄一部去令看，或有错处指出甚好。夫古帝王有'都俞吁咈'四字，后来遂止有'都俞'，即朋友之间亦不喜人规劝。此皆是私意，汝等需要极力克去，则学问自然长进，可并将朕此意写与汝祖知道。"（［4］，卷一，谢赐《律历正义》劄子）④

---

① 参见李光地：《御批〈历学疑问〉恭记》，《榕村全集》，卷 14；互见［1］，卷 46，《历学疑问》；李光地：《理气》，《榕村语录续集》，卷 17。

② 参见《李文贞公年谱》，《榕村全书》末附。

③ 参见杭世骏：《梅文鼎传》，《道古堂文集》，卷 30、31；并见［3］，卷 4，《赋得御制素波诗后记》。

④ 康熙的话典出《尚书》。按《书·益稷》："禹曰：'都！帝，慎乃在位。'帝曰：'俞！'"；《书·尧典》："帝曰：'吁！咈哉！'"这里"都"是赞美的意思，"俞"表示同意；"吁"为不同意；"咈"即反对，"都俞吁咈"的引申意思就是君臣之间争论问题。又，从［4］我们还可知道，梅氏与江宁织造曹、苏州织造李二家有很多交往，《律吕正义》就是通过李煦送达他的。

　　1721 年，《律历渊源》全部告成，此时梅文鼎已是 88 岁高龄，仍在家中孜孜不倦地研究学习。文鼎临殁，"毂成请假归省，逾月而君（指梅文鼎）卒。"[①]康熙亲自过问其丧事，命江宁织造曹頫营地监葬[②]。

　　梅文鼎是民间知识分子学习西方科学知识的代表，康熙皇帝则以天朝大国之君的身份亲躬西学，这两个杰出人物的交流，标志着清代天文、数学研究的一个高潮，并揭开了乾嘉学派在历算领域复兴传统学术的序幕。桐城派文学宗师方苞（1668 — 1749）曾将梅文鼎与同时闻名的大学者万斯同进行比较，说万"自少以明史自任而兼辩古礼仪节，士之欲以学古及为科举之学者皆凑焉，旬讲月会从者数十、百人"；而梅"所抱历算之说好者甚稀，惟安溪李文贞及徒三数人从问焉"。及至康熙隆遇梅文鼎，"公卿大夫群士皆延跂愿交"[③]。在一向以文取士的中国传统社会里，皇帝礼遇科学家可是"真仅见也"。除了他们对天文、数学具有共同的爱好和康熙的贤明之外，还有一个重要的思想与社会方面的原因，那就是梅文鼎鼓吹的"西学中源"说能够迎合康熙政治上的需要。

4．谁知欧罗言，乃与周髀同

　　在明清之际西学传入中国的过程中，存在着一种与之相激相荡的思潮，这就是梅文鼎阐发完善的所谓"西学中源"说。

　　其实首肇此说的并不是梅文鼎。明清易代引起的政治动荡，致使一部分怀有强烈民族感情的知识分子，由读经谈理传而攻读天文、地理等经世之学，以图匡复明室和光复华夏文化。由于当时国人对世界文化历史了解不多，由于"普天之下，莫非王土；率土之滨，莫非王臣"的王道正统思想根深蒂固，狭隘的汉民族文化优越感和严酷的现实交加，终于酿成"西学中源"说成长的气候。著名学者黄宗羲（1610 — 1695）在反清兵败后浮于水上，日与人"坐船中正襟讲学，暇则注《授时》、《泰西》、《回回》三历"，"尝言勾股之术乃周公、商高之遗而后人失之，使西人得以窃其传"[④]。梅文鼎和黄宗羲有着共同的思想基础和多种渠道的联系[⑤]，因而他的"西学中源"说受到黄宗羲的启发是有可能的。明末另一个学者陈荩谟作《度测》一书，其自序中写道："《九章》参伍错综，周无穷之变，而勾股尤其奥，其法肇见《周髀》，周公受之商高"，"《周髀》者，勾股之经；《法义》（即徐光启、利玛窦合译的《测量法义》）者，勾股之疏、传也。"全书一开始就引用《周髀算经》篇首之周公、商高对话并逐段解

---

① 方苞：《梅征君墓表》，《方望溪先生全集》，卷 12。
② 梅曾亮：《家谱约书》，《柏枧山房文集》，卷 4。
③ 方苞：《梅征君墓表》，《方望溪先生全集》，卷 12。
④ 全祖望：《梨洲先生神道碑文》，《鲒埼亭集》，卷 11。
⑤ 梅文鼎的祖父、父亲及业师倪正皆不仕清，他的一个堂兄梅朗三与黄宗羲交谊甚笃，他本人与黄子百家是好朋友。见万斯同：《送宣城梅耦长南还序》，《石园文集》，卷 7；[2]，《明史历志拟稿》等。

说，称为"诠经"，目的是"使学者溯矩度之本其来有，自以证泰西立法之可据焉"①。梅文鼎亦曾于多处提到陈荩谟和他的《度测》（［2］，勿庵度算；［3］，卷二，送章颖叔归山阴四首之三），这种认为中国古代的"勾股"术是一切数学之本的观点无疑也对他产生了影响。

然而"西学中源"说的集大成者是梅文鼎，集大成作是《历学疑问》和其后续成的《历学疑问补》。通过这两部著作他完成了天文学领域的"西学中源"说。事后看来，他是有一套自圆其说的理论体系的，概括起来有以下六论：

首先论述中、西二法之同异，提出可资比较的具体对象。例如他指出中法的"盈缩招差"与西法的"最高加减"，中法的"定气"和西法的"日躔过宫"，中法的"岁差"和西法的"恒星东行"，中法的"里差"和西法的"各省节气不同"，中法的"五星迟留逆伏"和西法的"本轮均轮"，这些两两相对的天文学表述在本质上是相同的。而中法不讲五星纬度西法言之，中法以夏正为岁首西法以日会恒星为岁首，中法之月离始于朔西法始于望，中法论日始子半西法始午中，中法闰月西法闰日，中法有二十八宿西法有十二宫，中法用干支纪日纪岁西法用七曜纪日总积纪年，中法节气起于冬至西法起于春分等等，这些是二者的主要区别。应该承认，梅文鼎在这方面的工作是实事求是的。

其次论述"历学古疏今密"，说明天文学在世界各地都是由低级向高级发展的，弦外之音是说当今西法胜于中法如同青出于蓝一样，不过是后来者居上的表现。

三论"《周髀》所传之说必在唐虞以前"，从而把"盖天说"形成的上限提前了数千年。在此梅文鼎同当时多数学者一样，把传本《周髀算经》的成书年代与其中留存的早期天文史料混为一谈②。

四论西方天文学中的许多论断均见于中华典籍，这是整个"西学中源"说的中坚部分。梅文鼎凭籍自己丰富的想象力和对古代文献的特殊解读，把许多西方天文学知识贴上"中国造"的标签。例如他说"地球有寒暖五带之说"即《周髀算经》中的"七衡六间说"，"地

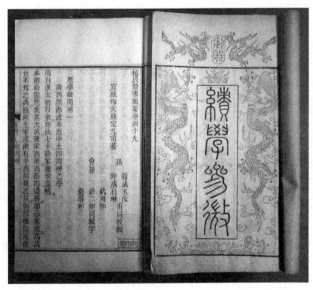

《梅氏丛书辑要》书影

①陈荩谟：《〈度测〉自序》，《诠经》，《度测》，卷上。
②钱宝琮考订《周髀算经》成于西汉年间，详见其论文《〈周髀算经〉考》，《科学》，第14卷第1期，1929年。值得指出的是，近来仍有人怀疑《周髀》真的成于周公时代，详见沈君山：《天文新语》，台北中华书局，1976年。

圆说"即《黄帝内经·素问》中的"地之为下说"，"本轮均轮"即《楚辞·问天》中的"圜则九重"，"浑盖通宪（指浑盖仪的原理）即古盖天法"，"简平仪亦盖天器而八线割圆（指三角学）亦古所有"等等。除此，他还大量援引邵雍（1011－1077）、程颢（1032－1065）、朱熹（1130－1200）等宋儒语录作为旁证，这些做法特别能迎合当时知识分子的心理和兴趣。

五论伊斯兰天文学，得出回回历为西洋旧法、《崇祯历书》为西洋新法的结论①，从而确认中土之学得以西传的媒介。这一结论并不正确，但是梅文鼎在对世界历史和地理缺乏了解的情况下，看出了伊斯兰天文学（以及一部分印度天文学）与古希腊天文学的亲缘关系，实属难能可贵②。

最后论"中土历法得传入西国之由"，为此梅文鼎借《尚书·尧典》虚构了一个故事，说尧命羲、和仲叔四人"钦若昊天"、"敬授人时"；至周末"畴人子弟分散"，东、南两面有大海相阻，北面有严寒之畏，只好挟书器而西征，西域、天方诸国接壤于西陲，所以"势固便也"地成就了被称为西洋旧法的"回回历"；而欧罗巴更在回回以西，"其风俗相类而好奇喜新竞胜之习过之，固其历法与回回同源而世世增修"，遂成为西洋新法，溯其源流皆出于中土③。

"谁知欧罗言，乃与《周髀》同"（［3］，卷三，赠吴胥巘二首之二）。以上六论，前呼后应，用心可谓良苦④。

---

① 这一论点可能受到薛凤祚的影响，后者在《历学会通》中提到"旧西法"是伊斯兰系统的《回回历》，"今西法"是清初官方颁行的《西洋新法历书》亦即《崇祯历书》的翻本，梅文鼎1675年在南京通过回族学者马德称了解到薛凤祚曾学于穆尼阁，又从顾昭家借抄穆、薛合著之《天步真原》及薛氏的《历学会通》。参见［5］，第551页，以及薛凤祚《历学会通·考验部》。——作者补识

② 梅氏关于西历源流有一个很独特的见解（他把西历划为新、旧两派共九家：旧法即回回历，计"九执"、"万年"、"回回"、"陈（壤）袁（黄）"、"唐（顺之）周（述学）"五家；新法即《崇祯历书》所称欧罗巴历，计"利（玛窦）汤（若望）南（怀仁）"、"穆（尼阁）薛（凤祚）"、"王（锡阐）"以及"揭（宣）方（中通）"四家。可见他不是按照地域和国籍、而是按照具体的学说主张来划分所谓西历流派的。详见［2］，"古今历法通考"。

③ 这一观点后来被采入《明史·历志》，成为清代钦定的观点，参见《明史》，卷31。又，周末《畴人子弟分散》致"中土之学流传西域"的故事，作者发现的最早论述出自明嘉靖年间的唐顺之，他借《汉书·律历志》"三代既没，五伯之末，史官丧纪，畴人子弟分散"之文发挥，言"东北南蛮诸夷皆不闻有历，而西域独有之。盖西域诸国，当昆仑之阳，于诸方为得风气之正，故异人皆西域出也。自隋唐以来，见于中国今世所谓《回回历》者，相传为西域圣人之所作也。以今考之其原，实起于隋开皇十九年己未之岁。元之季世，其历始东。逮我高皇帝之造《大统历》也，得西人之精乎历者，于是命钦天监以其历与中国历相推步"。参见其"论回回历"，《稗编》，卷54，台北商务印书馆影印文渊阁四库全书本，953册。这大概也是迄今为止发现的有关"西学中源"说的最早表述，时在耶稣会士来华之前。注意梅文鼎在著作中也多次提及唐顺之，把他归入主张"回回历"即"旧法西历"之流。参阅刘钝：《从'老子化胡'到'西学中源'——'夷夏之辨'背景下外来文化在中国的奇特经历》，《法国汉学》，第6辑，2002年。——作者补识

④ 实际上，以上六论分别出自《历学疑问》和《历学疑问补》，而两书的著作时间不同，说它们"前后呼应"、构成"一套自圆其说的理论体系"有点事后诸葛亮的味道。对此王扬宗的论文作了精细的分析，认为梅文鼎的思想在康熙帝召见前后有一个很大转变：《历学疑问》中提到中学为西学之"权舆"，《历学疑问补》才大张"西学中源"说。参见王扬宗：《明末清初'西学中源'说新考》，《科史薪传——庆祝杜石然先生从事科学史研究40周年学术论文集》，沈阳：辽宁教育出版社。——作者补识

　　"西学中源"说在数学领域的一个标本是"几何即勾股论"，梅文鼎在著作中不厌其烦地阐述了这一观点。他的《几何通解》的副题为"以勾股解《几何原本》之根"，书中全部 15 个欧几里得定理皆由传统"勾股和较术"导出，以此说明"几何不言勾股，然其理并勾股也"，以及"信古《九章》之义，包举无方"的道理①。在《勾股举隅》一书中他写道："言测量至西术详矣，究不能外勾股以立算，故三角即勾股之变通，八线乃勾股之立成也"；在《平三角举要》中说："三角不能出勾股之外，而能尽勾股之用，一而二、二而一者也"；《弧三角举要》称："全部《历书》皆弧三角之理，即勾股之理"。至于球面三角计算之关键，梅文鼎"窃为一言以蔽之，曰析浑圆寻勾股而已"，这样就把三角学也纳入传统勾股术的范畴②。在《堑堵测量》中，他说："用立三角以量体者，仍平三角也，而用（平）三角以量面，仍勾股也"；"《堑堵测量》者，勾股法也，以西术言之，则立三角法也。古《九章》以立方斜割成堑堵，其两端皆勾股，再割之，则成锥体，而四面皆勾股矣"，把立体几何也归于勾股③。

　　梅文鼎倡"西学中源"说，主观上有弘扬中华文化、振奋民族精神的愿望，其中也不乏一些精辟的见解，但其论证方法和总的结论却是错误的。诚如严敦杰所指出的那样，"形成这些错误，一方面限于当时的知识（就是到阮元编《畴人传》时，对西洋天文、数学家的先后次序还弄不清楚）；另外一方面是过份强调了中国的文化悠久、在学术上中国也是大国的这种传统思想。"④然而从当时的实际效果来看，"西学中源"说确能折衷聚讼百年之久的中西之争，因为它既能符合中国知识分子维护中华文化正统性的主观愿望，又在暗中接受了西法胜于中法这一不得不承认的事实。

　　康熙皇帝本人就是"西学中源"说的又一标本——"阿尔热八达即东来法"的制造者⑤。他又有《三角形论》，梅文鼎赞曰："御制《三角形论》，言西学实源中法，大哉王言，著撰家皆所未及"（［3］，卷四，雨坐山窗）；"伏读圣制《三角形论》，谓古人历法流传西土，彼土之人习而加精焉尔，天语煌煌、可息诸家聚讼"（［3］，卷四，上孝感相国四首之三）。其实康熙所论"著撰家皆所未及"的，不外乎就是梅文鼎反复阐说的"几何即勾股论"。在漫长的中国专制社会里，"声教四被"、"远人慕化"一向被看成是国家

---

① 梅氏所择 15 题皆涉及二次代数式，如交弦定理、切割线定理和黄金分割率等，从原则上讲这类问题都可以通过以适当的勾股元素（指勾、股、弦及其和、差、积的组合）去代替原命题中的特定线段，从而套用现成的"勾股和较"公式来解决，但是要想由勾股术推出全部欧式几何是无能为力的，这也正是传统几何学局限性之所在，对此梅文鼎并没有清醒的认识。

② 这里有必要引用明末力主西学的李天经（1579 — 1659）的一段话："球上三角三弧形，非勾股可尽，盖古法测天以勾股为本，然勾股能御直角不能御斜角，且天为圆球，其面上与诸道相割生多三弧形，勾股不足以尽之"。梅文鼎的主张似乎就是针对这种言论的。李天经语见其"参订历法条议"，《明史》，卷 31。

③ 以上引文均见于［1］，卷 17 至卷 23、卷 25 至卷 33、卷 39、卷 40。

④ 严敦杰：《明清数学史中的两个论题——程大位和梅文鼎》，《安徽历史学报》，第 1 期，1957 年。

⑤ "阿尔热八达"、又作"阿尔朱巴尔"、"阿尔热巴拉"，皆系 Algebra（代数学）一词的音译，康熙疏为"传自东方之谓也"。语见王先谦：《东华录》，《康熙八九》；互见梅毅成：《赤水遗珍》，［1］，卷 61。

昌盛的标志；而今西洋人竟"教化"到中土来了，他们带来的仪器能准确地预测天象，他们进呈的奎宁能治好汤剂无补的疟疾①，这是令人痛苦但又不得不正视的现实。作为天朝大国之君的康熙皇帝，从传教士带来的西方文明中似乎已嗅到某种危险的气息②；要想抵消这种外来的影响而维护其道统，要想在不失帝王尊严的情况下接受杨光先失败的事实和学习更能反映客观实际的西方科学知识，康熙看中了梅文鼎的"西学中源"说。由于最高统治者的介入，传教士也只能曲意逢迎③。及至清代中叶，乾嘉学派以考据为宗旨，"西学中源"说经戴震（1724—1777）、阮元（1764—1849）、李锐（1768—1817）等人继承和发挥，成了复古主义者们的一个重要思想武器，这一狭隘民族主义精神的产物助长了国人固步自封的情绪，对于近代科学在中国的传播产生了一定的消极影响。

5．至哉九数功，隐绩亦昭揭④

"惟淡惟泊，有时相遭，天风沉潧，群籁箫箫"，这是友人徐善为梅文鼎画像所题赞语（[3]，卷三，为徐敬可先生题箑即送南归四首之二）。一些同代学者也对他不计功名利禄留下好评⑤。

他一生致力于科学研究，反对谶纬迷信。明末米脂令边大受曾发人掘李自成父亲墓，后被农民军擒获，只是由于清兵入关才得逃一死，边仕清后撰《虎口余生录》记述此事。梅文鼎在"《虎口余生录》书后"一文中，指责李自成"以一狡贼狓猖，覆明室二百余年宗社"；但他认为"以自成之败为大受功，此大不然，夫风水之惑人深矣"，"吾惧其说之不可以训而启人不仁，贻死者无穷之患"（[4]，卷五），既表明了对风水先生的批判，也显示了他对那种加罪于冢中朽骨的做法的否定。在"阳宅九宫书题辞"一文中，他也无情地嘲讽了勘舆家的"九星飞白说"是"自误误人，贻害万世。"（[4]，卷五）

梅文鼎生平主要以授馆为业，教书之余则埋头著作，据他70岁时自撰的《勿庵历算书目》统计，内中共有天文、数学著作88种，当时已刻出的有31种。在他去世不久的1723年，魏荔彤刊刻的《梅氏历算全书》问世⑥；后来梅毂成嫌魏刻本校刊不精，又组织族人编辑成

---

① 传教士献药为康熙治病事见白晋：《康熙皇帝》，黑龙江人民出版社，1981年。
② 康熙曾说："海外如西洋等国，千百年后，中国恐受其累。"语见《圣祖实录》，卷270。
③ 《数理精蕴》上编卷1《周髀经解》云："汤若望、南怀仁、安多、闵明我相继治理历法，间明算学，而度数之理渐加详备；然询其所自，皆云本中土流传。"
④ [3]，卷3，《观湖先生八十》，四首之二。
⑤ 毛际可《梅先生传》称其"素性恬退，不欲自炫其长以与人竞"，参见[2]，卷末；施闰章称其"生平即罕证（争）遂"，"无时人饷饤裘马之习"，参见《〈绩学堂诗抄〉施闰章序》，[3]，卷首。
⑥ 梅文鼎生前曾被魏荔彤延致馆中订正其所著，但因"不乐与俗吏见处"、"竟未卒事"；后来魏又请来文鼎友人杨作枚主持其事。见魏荔彤：《〈梅氏历算全书〉序》，[1]，卷首。

《梅氏丛书辑要》，于 1759 年出版①。这两套丛书在清代被一再重刻，并被分别采入《四库全书》和《四库存目》之中。除此之外，梅文鼎的著作尚有多种单行本或合刊本，刊刻年代自其生年至民国初，地域则遍及皖、苏、闽、蜀、陕、冀等省。

《梅氏历算全书》刊行不久就东传日本，德川慕府的八代将军吉宗（1684 — 1751）命关流二传中根元圭（1662 — 1733）训点，这一珍贵的训点本今日还珍藏在日本的宫内厅书陵部②。文政年间安倍朝臣"偶得清梅定九《历学疑问》，反复数四，乃喟然叹曰：此书该博古今，涉猎彼此，微旨奥义，要归允当，吾之所欲演述者旁载不漏，夫与构成稿本之持久，宁从校订完书之便捷"，遂"命门生加之训传，又亲考订上梓，以公于世"③。可见梅文鼎的著作也曾流传海外，产生了一定影响。

梅文鼎墓碑④

梅氏数代治历算，文鼎弟文鼐、文鼏、子以燕、孙毂成、玗成、曾孙钣、钛、钫、镠、铖等也都学有所长，这一盛况足以与瑞士伯努利（Bernoulli）的数学家族以及英籍德裔的赫歇尔（Herschel）天文学家族相媲美。梅氏后人中最出名的要数梅毂成了，毂成字玉汝，号循斋，年幼即在祖父身旁学习。他除自撰《操缦卮言》、《赤水遗珍》、编辑《增删算法统宗》外，还协助祖父完成了《平立定三差详说》、《揆日纪要》、《日差原理》等书。《律历渊源》出版之后，他又先后负责编纂《历象考成后编》与《时宪书》的工作，使先祖的若干学术观点和研究成果得以在御制的旗号下播扬于世⑤。

家学以外，梅文鼎也热衷于授徒传道。他最得意的门生刘湘煃"鬻产走千余里，受业其门，湛思积悟多所创获"，梅文鼎的行星运动理论得益于他始得完备。另一个叫张雍敬的人也"裹

① 参见梅珏成：《兼济堂历算书刊谬》，传抄本；并见［1］，卷首。

② 薮内清，《中国的数学》，岩波书屋，1974 年。

③ 菅原长亲：《新刊〈历学疑问〉序》；清原宣明：《〈历学疑问〉序》，均见于《历学疑问》日本齐政馆翻刻本，卷首。

④ 墓地在今宣州市杨林乡栢梘村小管村，作者 1986 年考察时还见过原始的残碑。按梅文鼎墓原为 1721 年曹頫（曹雪芹叔父）监造，1788 年梅毂成率族人重建并将其父以燕祔葬，2001 年当地文化局重修，碑文仿旧，依次为"康熙六十年九月内工部江宁织造曹頫 奉 // 圣旨营建 // 皇清诰赠 // 光禄大夫左都御史 / 一品夫人 / 曾祖 / 考梅公文鼎 / 妣梅门陈氏 / 合墓 // 光禄大夫左都御史祖考梅公以燕祔葬 // 乾隆五十三年吉日孙 / 长房 钣 钛 鏐 钫 镠 铖 / 二（房）镉 锴 镰 鈞 同立 // 公元 2001 年 6 月宣城市宣州区文化局修缮 重立"。——作者补识

⑤ 严敦杰：《清代数学家梅珏成在数学史上的贡献》，《安徽史学通讯》总 11 号，1959 年；互见阮元：《畴人传》，卷 39。

粮走千里，往见梅文鼎，假馆授餐逾年，相辨论者数百条，去异就同，归于不疑之地"①。
与梅文鼎有过交游或师生之情的学者很多，李鼎徵、李锺伦、潘耒、杨锡三、杨作枚、金长真、
蔡玺、马德称、年希尧、揭暄、陈万策、陈厚耀、庄亨阳、孔兴泰、胡宗绪、袁士龙、汤镬、
毛乾乾、谢廷逸、潘天成等人都以历算知名②。私淑梅学的人中声名最著的是皖派汉学先锋
江永（1681 — 1762），撰书名为《翼梅》，意取与梅氏共阐一线之传③。江永的高足戴震
对梅文鼎也深为叹服，所作《勾股割圜记》本梅氏书言三角；在主持《四库全书》的编辑
过程中，他格外留意辑录和校刊古代历算文献，促成了乾嘉学派复兴传统天文数学的高潮。
难怪梁启超说："我国科学最昌明者，惟天文算法，至清而尤盛；凡治经学者多兼通之，
其开山之祖，则宣城梅文鼎也。"④

梅文鼎是一个相当复杂的历史人物：他既想学习先进的西方科学知识，又担心背上"数
典忘祖"的罪名；他既宣扬"数学者征之于实"的唯物主义观点，又流露出"大易含三两，
灵秘开马图"（［3］，卷一，浮山大师哀辞）的数学神秘主义思想；他既淡泊功名享乐，
又喋喋不休地感恩于康熙皇帝的礼遇；他介绍西方的笔算和筹算，体现了积极引进新生事
物的进取精神，但为了适应"中土圣人之旧而吾人所习"（［1］，卷一，笔算自序），将
前者"易横为直"、将后者"易直为横"；他出于民族自尊心而宣扬传统科学的成就，但
他鼓吹的"西学中源"说又带有沙文主义的味道，并成了封建帝王维护道统尊严的一个思
想武器。所有这些矛盾都不是由他的个人品质或经历所决定的，而是当时整个中华民族和
整个中国社会在西方文明冲击下所面临的两难境地的集中反映。我们只有置身于明末清初
那个广阔的社会背景之中，才能对梅文鼎的工作和思想作出客观的评价。

从明万历到清康熙的一百几十年时间里，中国的知识界对待西方传入的科学知识大
致有三种不同的态度。一种以杨光先为代表，他们在反对天主教的同时也反对传教士带来
的科学知识，这种把婴儿连同污水一道泼出去的做法遭到了彻底的失败。第二种以徐光启
为代表，他们努力学习和引进西学，对于推动中国科学技术的发展起到了一定的作用；但
是他们对传统知识的了解和对西方科学的认识都有失偏颇，因而失去社会基础而未能获得
成功⑤。第三种可以梅文鼎为代表，他们能够"去中西之见，以平心观理"（［1］，卷
四十，堑堵测量），批判地吸收外来文化，并以其特殊的方式与传统知识融会贯通⑥。对于
一个具有悠久文明和自己独特天文、数学体系的国家来说，梅文鼎方式是当时众多知识分

---

① 刘、张事迹并见阮元：《畴人传》，卷40。
② 徐世昌：《清儒学案》，卷37；阮元：《畴人传》，卷40，41，42。
③ 江永：《〈翼梅〉序》，《翼梅》，卷首。
④ 梁启超：《清代学术概论》，商务印书馆，1932年。
⑤ 徐光启不愧为向西方学习科学的先行者，但他企图依靠天主教来"补益王化"和"补儒易佛"的设想是脱离中
国国情的，他武断地认为中国古代数学"所立诸法芜陋不堪读"的说法也欠公允。实际上，他所寄望的"百年
之后必人人习之（指《几何原本》）"的局面后来并没有在中国出现。引文并见《徐光启集》，中华书局，1963年。
⑥ 杜石然等：《对待传入的西方科学技术知识的三种不同态度》，《中国科学技术史稿》，下册，科学出版社，1982年。

子乐于接受和实际上接受了的一种方式。梅文鼎在清初享有"国朝算学第一"①声誉的主要原因也就在此。

近年来，梅文鼎这个人物正受到越来越多的重视，国外及台湾省的一些学者先后发表了他们的研究结果②。在 1985 年 9 月召开的全国数学史第二次年会上，安徽代表提出 1988 年在他们家乡举行学术讨论会和纪念活动，与会者们热情地通过了这一建议。目前还有许多人正对梅文鼎的生平和著作进行调查和研究，相信随着有关工作的深入和新材料的发现，我们将会对这个清代科学史上的重要人物有进一步的了解和认识。

── 参考文献 ──

［1］《梅氏丛书辑要》，乾隆二十六年（1761）颐园刊本。

［2］《勿庵历算书目》，嘉庆二十四年（1819）知不足斋丛书本。

［3］《绩学堂诗钞》，乾隆二十二年（1757）承学堂刊本。

［4］《绩学堂文钞》，乾隆二十二年（1757）承学堂刊本。

［5］李俨，"梅文鼎年谱"，《中算史论丛》，第 3 集，科学出版社，1955 年。

（选自《自然辩证法通讯》1986 年第 1 期，作者刘钝，清华大学特聘教授，中国科学院自然科学史研究所原所长、研究员，曾任中国科技大学人文与社会科学学院院长、国际科学史学会主席、剑桥大学丘吉尔学院海外研究员。研究方向：中国数学史，科学社会史和科学文化。）

---

① 钱大昕：《〈天元一释〉序》，焦循书卷首。

② 桥本敬造：《梅文鼎的历算学》，《梅文鼎的数学研究》、《东方学报》，京都，41 期（1970）、44 期（1973）；陈嘉欣：《梅文鼎的历算学》，《文艺复兴》，台北，1 卷 10 期；J. C. Martzloff, Recherches sur l'Oeuvre Mathématique de Mei Wending, Paris, 1981.

伟烈亚力

欧洲近代科学的传播者和中国科学史研究的开拓者

自 1807 年伦敦会派遣马礼逊（Robert Morrison, 1782—1834）到中国，新教传教士接踵来华，鸦片战争之后，西学传入达到了第二个高潮。在传播西学的同时，一些传教士开始研究中国科学，促进了西方人对中国科学历史与现状的了解，伟烈亚力（Alexander Wylie, 1815—1887）是其中成就最为卓著的传教士和汉学家，也是继 18 世纪法国耶稣会士宋君荣（Antoine Gaubil, 1689—1759）、19 世纪法国汉学家毕奥（Edouard–Constant Biot, 1803–1850）之后，最早研究中国科学史的先驱者之一。对李善兰和伟烈亚力等人的科学译书活动，学者已有所论，[①]但迄今为止，尚未有人对伟烈亚力的科学活动进行深入全面的研究。本文将根据新发现的中西文史料，简要介绍伟烈亚力的生平，在引进西方科学方面所做的重要工作；并着重探讨伟烈亚力研究中国科学史（特别是数学史、天文学史）的背景、成就及其在欧洲学术界产生的反响，进而分析他

Alexander Wylie.

伟烈亚力（Alexander Wylie, 1815—1887）

---

① 王萍：《西方历算学之输入》（台北：中央研究院近代史研究所，1966），第 6 章《李善兰与西算之译述》；王渝生：《李善兰研究》，载梅荣照主编《明清数学史论文集》，江苏教育出版社，1990，页 334–408；洪万生：《墨海书馆时期（1852–1860）的李善兰》，载何丙郁等编《中国科技史论文集》，台湾：联经出版社，1995，第 223–235 页。洪万生的博士论文对伟烈亚力和李善兰的译书活动、数学译著进行了详细论述，见 Horng Wann-Sheng, *Li Shanlan: The Impact of Western Mathematics in China during the late 19th Century*. Ph.D Dissertation, The City University of New York, 1991. 王扬宗：《伟烈亚力》，载杜石然主编《中国古代科学家传记》（下册，科学出版社，1993，第 1336–1338 页），对伟烈亚力的生平作了简要评述。

的中国科学观；对他如何看待科学和宗教之关系，也进行了论述。

1．生平简历

　　1815 年 4 月 6 日，伟烈亚力生于伦敦，其父亲是苏格兰人，他排行第四，是最小的儿子。年轻时，他就希望到中国，在没有师授的情况下，自己开始学习汉语。他首先买了一本法国耶稣会士马若瑟（Joseph Henry-Marie de Prémare, 1666—1736）用拉丁文写的汉语语法著作 *Notitia Linguae Sinicae*，为了读懂它，他开始学习拉丁语；后来又从英国海外圣经公会（British and Foreign Bible Society）得到新约圣经之汉文译本，便利用这两本书开始认真学习汉语。1846 年，当英国伦敦会（London Missionary Society）传教士、汉学家理雅各（James Legge, 1815—1897）返回伦敦时，他急切希望为伦敦会找到一位合适的人选，来负责上海墨海书馆的印刷事务。有人向理雅各推荐了伟烈亚力，他们见面之后，使理雅各颇感惊奇的是，仅凭马若瑟汉语语法著作和新约圣经的情况下，伟烈亚力竟然能够阅读中文福音著作，并粗通大意。不久，伦敦会派伟烈亚力去学习了 6 个月的印刷，理雅各同时教他学习中文。第二年（1847 年），伟烈亚力作为印工，被伦敦会派往中国，在航行 133 天之后，于 8 月 26 日，和慕维廉（William Muirhead, 1822—1900）、Benjamin Southwell（1822—1849）同时抵达上海。

　　到达上海的第二天，伟烈亚力马上给伦敦会的 A. Tidman 牧师写了一封信，报告了自己初到上海的一些情况，他当时和慕维廉、麦都思（Walter Henry Medhurst, 1796—1857）住在一起，Benjamin Southwell 则和传教士医生雒魏林（William Lockhart, 1811—1896）合住。慕维廉也曾写道：

> “我们受到了本会前辈麦都思博士和雒魏林很好的接待，在预定的时间我们被安排在不同的地方。他们已经在上海住了 4 年，是新教传教工作在北华（North China）的先驱者。”[1]

　　鸦片战争之后，麦都思即至香港，后至上海，于 1843 年创立墨海书馆。[2] 除香港和澳门外，墨海书馆较早采用西方传入的铅字印刷机器，伟烈亚力在那里主要是负责圣经和福音著作的印刷。他到上海不久，新的印刷机运到，但损坏严重，不能开始工作，直到次年 6 月，印刷机开始正常运转。在此期间他努力学习汉语，散发布道品。铅字印刷机的传入，使印刷成本下降，但伟烈亚力在墨海书馆的工作却因此极为繁忙，他曾写道：

---

[1] William Muirhead, *China and the Gospel*. London, 1870. p.161.

[2] 关于麦都思生平，参见《麦都思行略》，载伟烈亚力编《六合丛谈》卷 1，4 号，第 7 ~ 12 页，北京图书馆善本部藏，《六合丛谈》也有日本刻本，但删除了宗教内容，日本关西大学图书馆藏。关于墨海书馆，参见胡道静、王锦光：《墨海书馆》，《中国科技史料》，1982 年第 2 期，第 55 ~ 57 页。胡道静：《印刷术反馈与西方科学第二期东传的头一个据点：上海墨海书馆》，《出版史料》，1987 年 4 期、1988 年 1 期。熊月之：《西学东渐与晚清社会》，上海人民出版社，1994，第 181-213 页。

"我的时间整个被印刷占去，机器从早上一直开到第二天凌晨两三点。"①他投身教会印刷工作，尽心尽职，同时又学习了法、德、俄文，以及满文和蒙古文，甚至希腊文、维吾尔文和梵文。他博览东亚历史、地理、宗教、哲学、艺术和科学著作，逐渐成为一位出色的汉学家。②

墨海书馆是当时中西学人接触的重要场所，文人王韬和著名数学家李善兰，都先后在这里参与西方著作的翻译工作，徐有壬、郭嵩焘，以及徐寿、华蘅芳等对西学有兴趣的文人亦曾访问过墨海书馆。当徐寿、华蘅芳见到合信（Benjamin Hobson, 1816—1873）的《博物新编》之后，对西方科学"新理"表示了极大兴趣，当时伟烈亚力、韦廉臣和李善兰在那里翻译《谈天》和植物学等书，因此徐寿、华蘅芳有机会和他们相谈，后来又见到了艾约瑟（Joseph Edkins, 1823—1905）、慕维廉、杨格非（Griffith John, 1831—1912）等传教士，在墨海书馆汲取西学新知，开阔了他们的视野，为日后的科学活动打下了基础。

伟烈亚力和李善兰在墨海书馆的翻译活动，是19世纪西学传入中国的重要事件，下节将详加讨论。除此之外，伟烈亚力也参与了江南制造局翻译馆的译书工作。翻译馆是1867年冬，经徐寿、华蘅芳之倡议开始工作的。伟烈亚力和徐寿合译了英国美以纳、白劳那合撰的有关蒸汽机的著作，名为《汽机发轫》，1871年由江南制造局刊刻，伟烈亚力之所以翻译此书，很可能受到了徐寿的怂恿，因为徐寿对蒸汽机颇感兴趣，并首次研制了轮船"黄鹄"号。此外，伟烈亚力还对《谈天》进行了增订，由徐建寅协助，1874年10月在上海出版。他还译过《分光求原》一书，但未出版。③

1864年，麦都思之子、英国驻上海领事麦华陀（Walter Henry Medhurst, 1823—1885）建议设立格致书院，同年3月24日，伟烈亚力被推举为四位西人董事之一。1874年又被推举开具科学书目以便购买，因此他实为上海格致书院主要创办人之一。④此外，1872年伟烈亚力曾参与"有用知识在中国的传播"的会议，⑤与会者还有美国传教士丁韪良（W. A. P. Martin, 1827—1916）等人；同年，传教士卢公义（Justus Doolittle, 1824—1880）在福州出版的《中文词汇手册》当中的天文数学术语，也是由伟烈亚力完成的。⑥

在上海负责墨海书馆印刷事务期间，伟烈亚力热心传教，经常到附近地区布道。1860年，他离开上海回到英国。在英国期间，他由伦敦会转到英国海外圣经公会，作为该会代理人，1863年11月，经由圣彼得堡和西伯利亚到达北京，一直负责到1877年离开中国。1868年，在伦敦会传教士杨格非的陪同下，访问四川、汉口等地，历时5个多月，行程达2500英里。

---

① 1854年6月26日信，伦敦大学亚非学院藏。

② 参见 James Thomas 写的伟烈亚力小传，载 A. Wylie, *Chinese Researches*. Shanghai, 1897.

③ 参见熊月之：《西学东渐与晚清社会》，上海人民出版社，1994，页531。

④ 参见李志刚：《基督教早期在华传教史》，台湾商务印书馆，1985，页184。

⑤ "Diffusion of useful knowledge in China", *The Phoenix*, Vol. 2, p.171.

⑥ A. Wylie: (Glossary of Chinese) Mathematical and Astronomical Terms. 载 J. Doolittle, *A vocabulary handbook of the Chinese language*. Fuchow, 1872. Vol.2, pp.354–364.

期间，他访问了清代十八省中的十四个省，[①]经常冒着生命危险。美国传教士林乐知（Young John Allen, 1836—1907）在《中国教会新报》以"伟烈先生回申"为标题，对此也作了报道：

> "伟烈先生，大英人也。自今年正月动身至汉口，与大英杨教师结伴周游中国十八省宣道，分而至各处，有纯善接待之区，有狼毒残害之境，大受窘逐，惟照主之道理忍耐，忍受劳苦，于二十三日又回上海，与上海会中人见之，不胜喜跃矣。"[②]

除上述科学和传教活动之外，伟烈亚力也编辑了一些杂志，如 1857 年（咸丰丁巳）初，创办了《六合丛谈》（Shanghai Serial），由墨海书馆印行。[③]前有他 1857 年元月（咸丰丙辰十二月）写的小引，称：

> "溯自吾西人越七万余里，航海东来，与中国敦和好之谊，已十有四年于兹矣。……今予著《六合丛谈》一书，亦欲通中外之情，载远近之事，尽古今之变，见闻所逮，命笔志之，月各一编。罔拘成例，务使穹苍之大，若在指掌，瀛海之遥，如同衽席，是以琐言皆登诸记载，异事不壅于流传也。是书中所言天算舆图，以及民间事实，纤悉备载，粤稽中国，载籍极博，而所纪皆陈迹也。"

道出了此书出版之宗旨，欲以中外新知，来替代陈旧的知识体系，让人知道世界发展之大势。此刊在某种程度上继承了 1853 年香港创刊的《遐迩贯珍》（Chinese Serial）的编纂风格，[④]内容涉及天文学、地理、化学和历史，也及时介绍了一些新的出版物，如慕维廉的《大英国志》、祎理哲（Richard Quarterman Way, 1819—1895）的《地球说略》、合信的《西医略论》，以及艾约瑟自 1852 年（咸丰壬子）以来每年所编的通书等。[⑤]此外"西国天学源流"一文，分多期刊载，介绍了西方天文学发展的历史脉络，最后详细谈到了第谷的生平；对化学元素研究的最新进展，也作了报道。撰稿者有伦敦会的慕维廉（关于地理）、艾约瑟（关于西学）、韦廉臣（Alexander Williamson, 1829—1890）（撰写"真道实证"，寓科学于宗教，即自然神学的内容）和蒋敦复、王韬（利宾）等华人，基本上都是在墨海书馆工作的同事，

---

① William Muirhead, *China and the Gospel*, London, 1870. p.143.

② 林乐知主编《中国教会新报》卷 1，1868 年 4 期（9 月 26 日）。

③ 韩琦，《〈六合丛谈〉之缘起》，《或问》，No.8(2004)，第 144—146 页。

④ 卓南生，《中国近代新闻成立史 1815—1874》，东京：株式会社ぺりかん社，1990。

⑤ 1852 年书名为《华洋和合通书》（*Chinese and Foreign Almanac*），上海活字印刷，艾约瑟编。1853 年（癸丑）后改名《中西通书》（*Chinese and Western Almanac*），墨海书馆颁行。1852—1858 年及 1861 年，艾约瑟编，上海活字印刷（1855 年为雕版印刷），1859—1860 年，因艾约瑟回欧洲，由伟烈亚力编，上海活字印刷。1863 年继续由艾约瑟编辑，但在天津出版，1866 年则在北京出版。在上海之前，从 1845 年起，香港也出过通书，名为《华番和合通书》，由 M. D. Ball 编辑。后来宁波也出版过《平安通书》（McCartee, 1850–1852，活字印刷）、《博物通书》（D. J. McGowan, 1851，雕版印刷），参见 A. Wylie, *Catalogue of publications by Protestant Missionaries in China*, Shanghai, 1876, p.25. 及 A. Wylie, *Memorials of Protestant Missionaries to the Chinese*, Shanghai, 1867, pp.188–189.

其中"西国天学源流"未题作者，实际上是伟烈亚力口译、王韬写成的，后来此文收入王韬《西学辑存六种》中。

在 19 世纪 50 年代，一些西方有识之士认识到，欧洲和中国的交往，仅靠茶叶、丝绸等物品的贸易是远远不够的，还需要精神层面的交流，因此创立了皇家亚洲学会北华分会（习称亚洲文会，North China Branch of the Royal Asiatic Society）。《中国文库》（*Chinese Repository*）第一位编辑、美国传教士裨治文（E. C. Bridgman, 1801—1861）担任学会首任主席，1857 年 10 月 16 日发表了就任演说，后来伟烈亚力出任学会副主席，并经常给亚洲文会杂志撰稿，也为杂志的编辑出过力。

《教务杂志》（*Chinese Recorder*）1867 年元月创立于福州，由美国传教士保灵（S. L. Baldwin, 1835—1902）和卢公义牧师主编。不久移到上海出版，1874 年伟烈亚力接替编辑工作，对有关历史、地理的文章给予了较大的篇幅，此刊发表了一批佳作，其中不乏新见，如俄国汉学家鲍乃迪（Archimandrite Palladius, 1817—1878）和贝勒（E. V. Bretschneider, 1833–1901）关于古代中西交流的文章，即是其中的代表。这是伟烈亚力在华最后的重要工作，由于年事已高，以及不断校订中文《圣经》，过度的疲劳，导致他视力的衰退，使他被迫于 1877 年 7 月回到英国。他的离去，对中国历史和地理的研究是一个很大的损失，无论作为撰稿人和编者，他都付出了大量心血。回国前夕，吴江沈寿康有诗相赠：

> "抱道来华三十年，书成微积与谈天，重洋跋涉休嫌远，赢得才名到处传。
> 阅遍山川眼界开，校书终岁又敲推。罗胸星宿谁能似，格致探源众妙该。
> 仁爱谦和迥出群，情深古道重斯文。樗材不意蒙陶铸，攻玉他山重赖君。
> 屈指归途几万程，赋诗草草送君行。殷勤赠别无多语，早盼征轺返沪城。"[1]

此诗是对伟烈亚力在华活动的全面写照和高度评价，他来华整整 30 年，为人"仁爱谦和"，给中国文人留下了深刻的印象，上面这首诗表达了他们对伟烈亚力的怀念之情，并希望他能再度回到上海，但不幸的是，他回国后眼疾加剧，未能如愿。1883 年 2 月 6 日，因病双目失明，身体日趋虚弱。最后两年，他卧病在床，1887 年 2 月 6 日去世。1848 年，伟烈亚力在上海和 Mary Hanson 小姐结婚。第二年，夫人去世，留下一个女儿，此后伟烈亚力未再娶。

2. 墨海书馆的科学活动

上海开埠，逐渐成为新教传教士活动的重要场所。大量西方科学译著，亦在上海出版，继澳门、香港和宁波之后，上海成为印刷的中心，西学的传入达到了第二个高潮。新教传教士在某种程度上替代了耶稣会士在明末清初所扮演的角色，其主要活动已不再局限在宫

---

[1] 见《申报》1877 年 6 月 30 日，第 3 页。亦载 1877 年 7 月 7 日《万国公报》。熊月之：《西学东渐与晚清社会》，上海人民出版社，1994，第 185 页，引用了此诗，但"殷勤赠别无多语"之"赠"误为"珍"。

廷，而深入民间，和文人合作。译书工作由传教士口述，中国学者笔录，最后由中国文人对译著加以润色。明末清初耶稣会士和中国文人一起翻译的西方科学著作，是伟烈亚力和李善兰翻译工作的基础，如许多数学词汇沿袭了清初的翻译著作。李善兰虽然不懂英文，但由于他在数学方面天赋极高，使他能很好领会西方数学内容，同时能恰当创造一些新的词汇，为后世所沿用。

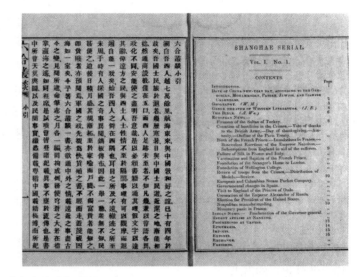

《六合丛谈》书影

从 1847 年到达上海至 1860 年返回伦敦，伟烈亚力一直为伦敦会服务，负责墨海书馆的印刷工作。1860 年之后，华花圣经书房从宁波迁到上海，改名美华书馆，由于其印刷能满足当时传教之需要，很快代替了墨海书馆的地位。[1]1863 年之后，他为英国海外圣经公会服务，主要负责圣经的散发工作。

伟烈亚力在墨海书馆一共出版了 4 部数学著作，其中 3 部是和李善兰合译的，即《几何原本》后 9 卷（1856 年，松江 1857 年）、《代微积拾级》18 卷（1859 年）、《代数学》13 卷（1859 年），他们还一起翻译了一部天文学著作，即《谈天》18 卷（1859 年）。这些书的出版，是他们通力合作之结晶。李善兰和艾约瑟翻译的《重学》20 卷（1859 年），伟烈亚力也曾参与部分工作。[2]

伟烈亚力撰写的第一部数学著作是《数学启蒙》，1853 年在墨海书馆活字印刷，书凡二卷，前有自序称：

　　"余自西土远来中国，以传耶稣之道为本，余则兼习艺能。爰述一书，曰《数学启蒙》，凡二卷，举以授塾中学徒，由浅及深，则其知之也易。譬诸小儿，始而匍匐，继而扶墙，后乃能疾走。兹书之成，故教之匍匐耳。若能疾走，则有代数、微分诸书在，余将续梓之。俾览其全者，知中西二法，虽疏密详简之不同，要之名异而实同，术异而理同也。"

① Gilbert McIntosh, *The Mission Press in China*. Shanghai, 1895, pp.38–39。

② 见伟烈亚力《数学启蒙》金咸福跋。关于《重学》的底本和翻译，参见邓亮、韩琦：《〈重学〉版本流传及其影响》，《文献》，2009 年 7 月第 3 期，第 151–157 页；韩琦：《李善兰、艾约瑟译胡威立〈重学〉之底本》，《或问》，No.17 (2009.12)，第 101–111 页。

此序体现了伟烈亚力的长远设想，即采用循序渐进的方式，实现其翻译计划，可以说，之后《代数学》、《代微积拾级》的出版，也是这一理想的逐步实现，在某种程度上也体现出他的译书策略。在序中，他之所以要对中法西法之异同加以说明，是针对清代著名数学家梅文鼎之孙梅毂成首倡借根方和元代天元术相同的说法，引起乾隆中期之后对中西数学优劣的争论，[①]致使当时数学家以为天元术更为精密，而不再研习借根方。伟烈亚力指出中西数学道理相通，对学习西方数学是很好的借口，也是一项折衷之举。

《数学启蒙》介绍的是初等数学知识，包括加减乘除法则、通分、约分，以及开平方、开立方、对数、对数表等内容，此书的基础是康熙御制的《数理精蕴》，有些练习题则参考了利玛窦、李之藻的《同文算指》和陈杰的《算法大成》。李善兰是在书出版前一年（1852年）到达上海的，曾参与此书的润色和修订。[②]此书出版后，曾多次再版，[③]反映读者对此书的需求。

伟烈亚力和李善兰的真正合作，当以续译《几何原本》后九卷为始。1857年，李善兰在序中称：

> "壬子（1852年）来上海，与西士伟烈君亚力约续徐利二公未完之业。伟烈君无书不览，尤精天算，且熟习华言，遂以六月朔为始，日译一题。中间因应试避兵诸役，屡作屡辍，凡四历寒暑始卒业。"[④]

徐光启、利玛窦合译的《几何原本》前六卷，因非完本，令后世学者颇为遗憾，有的学者（如梅文鼎）甚至以为"有所秘耶，抑义理渊深，翻译不易故耶。"[⑤]针对这一想法，伟烈亚力解释道："学问之道，天下公器，奚可秘而不宣"，因此欣然担任《几何原本》后9卷的翻译工作，这一方面"继利氏之志"，同时"亦解梅氏之惑"，消除了200多年来学者的遗憾。当时有人认为西方人来中国之目的，是"借历算为名，阴以行其耶稣主教者。"《几何原本》后9卷的翻译，其作用在于打破中国人所认为的传教士"秘而不宣"的想法，有利于中国人和西方人之沟通，也利于传教事业之发展。

《几何原本》后九卷译自英文本，有人认为可能是根据英国数学家、牛顿之师 Issac Barrow（1630—1677）1660年的底本，[⑥]但仍需详加考证。《几何原本》全译之出版，总算

---

① 在某种程度上，这场争论与宋元数学的复兴有密切关系，参见韩琦：《数学的传入及其影响》，载董光璧主编：《中国近现代科学技术史》，湖南教育出版社，1997，第115—119页。
② 参见《数学启蒙》英文序，及雒魏林（William Lockhart），*The medical missionary in China: A narrative of twenty years´ experience*. London, 1862, second edition, p.347.
③ 除墨海书馆本以外，还有1886年著易堂活字本，1897年石印本，1914年《古今算学丛书》本，此外日本亦有翻刻本。
④ 李善兰《几何原本》序，同治四年（1865）刻本。
⑤ 《几何原本》伟烈亚力序。
⑥ 钱宝琮主编：《中国数学史》，科学出版社，1981，第324页。

圆了中国人 250 多年的梦。[1]此书出版后，反响很大，时人即把伟烈亚力、李善兰和利玛窦、徐光启的翻译相提并论，这并不为过。

《几何原本》后九卷翻译完成后，接着伟烈亚力和李善兰又合作翻译了《代数学》和《代微积拾级》。前者译自英国数学家棣么甘（Augustus de Morgan, 1806—1871）*Elements of Algebra*（1835）一书，1859 年由墨海书馆活字印刷。在此书中，伟烈亚力首先解释了代数及其历史，并批评"阿尔热巴拉"即"东来法"说法之错误：

> "近代西国，凡天文、火器、航海、筑城、光学、重学等事，其推算一皆以代数驭之，代数术略与中土天元之理同，而法则异，其原始即借根方，西国名阿尔热巴拉，系天方语，言补足相消也，昔人译作东来法者非。此法自始至今，屡有更改，愈改愈精，故今之代数，非昔可比，虽谓今之新学也可。"[2]

此序目的是为了说明，清初康熙时代编译的《借根方比例》（即代数学），在后来又得到了长足的发展，代数学比"借根方"更为先进。在翻译中，他们既没有用传统的"天元"一词，也没有沿用清初的"借根方"和"阿尔热巴拉"（Algebra），而创用"代数"一词，给人以全新的概念，这种译法，可避免产生某种误会。一则区别于"借根方"，一则也说明和"天元术"之不同，表现出伟烈亚力和李善兰对数学名词定名之审慎。

《代微积拾级》，1859 年出版，译自美国数学家罗密士（Elias Loomis, 1811—1889）的 *Elements of analytical geometry and of the differential and integral calculus* (1850)，[3]这是微积分理论第一次传入中国。此书创立了许多新的名词，书名中"代"指"代数几何"（即解析几何），"微"指微分，"积"指积分，书名的意思就是关于解析几何、微分和积分的基础。它的翻译，很大的原因是因为当时有一批中国数学家对级数研究的兴趣。此书出版后不久，在文人中引起了很大反响，如徐有壬、冯桂芬、顾观光、夏鸾翔等，都不同程度上对微积分表示关注，促进了对微积分的学习与研究，冯桂芬还写了一本微积分的著作《西算新法直解》，试图对《代微积拾级》进行疏解，但因其改变了原来的数学表达方式，因而遭到时人之非议。

《谈天》则译自（John Frederick William Herschel, 1791—1871）的 *Outlines of Astronomy*，[4]题英国赫失勒原作，伟烈亚力口译，李善兰删述，咸丰己未（1859 年）墨海书馆活字印刷。在英文序中，伟烈亚力称赞中国人自古以来是勤奋的观测者，积累了丰富的天象资料，能够在一定程度上预测天象，但中国人并没有解释复杂天象的原因，翻译赫失勒著作的目的就是更为完整地向中国人介绍欧洲天文学的发展，包括天文的事实、理论、研究成果和现象，

---

[1] 参见刘钝：《从徐光启到李善兰：以〈几何原本〉之完璧透视明清文化》，《自然辩证法通讯》，1989 年第 3 期，第 55—63 页。

[2] 伟烈亚力《代数学》1859 年序。

[3] A. Wylie, *Memorials of Protestant Missionaries to the Chinese*, Shanghai, 1867, p.174.

[4] William Lockhart, *The medical missionary in China*, London, 1862, p.350.

以证明上帝之伟大。①此书还有李善兰的序，开门见山地对当时中国流行的对西方天文学的错误观点进行了批评：

> "西士言天者曰：恒星与日不动，地与五星俱绕日而行，故一岁者，地球绕日一周也，一昼夜者，地球自转一周也。议者曰：以天为静，以地为动，动静倒置，违经畔道，不可信也。西士又曰：地与五星及月之道，俱系椭圆，而历时等，则所过面积亦等。议者曰：此假象也，以本轮均轮推之而合，则设其象为本轮、均轮，以椭圆面积推之而合，则设其象为椭圆面积，其实不过假以推步，非真有此象也。窃谓议者未尝精心考察，而拘牵经义，妄生议论，甚无谓也。"

上面提到的"议者曰"，是指阮元、李锐等人对西方天文学的保守看法。1761年，当乾隆50岁生日时，法国耶稣会士蒋友仁（Michel Benoist, 1715—1774）向乾隆进献了一幅世界地图，并在图旁解释了哥白尼的日心说，②后来由何国宗、钱大昕加以润色，由阮元出版，名为《地球图说》。在《畴人传》卷46"蒋友仁"传之后，李锐对哥白尼学说横加评论，称其"乃未几而向所谓诸轮者，又易为椭圆面积之术，且以为地球动而太阳静，是西人亦不能坚守其前说也，夫第假象以明算理，则谓为椭圆面积可，谓为地球动而太阳静，亦何所不可，然其说至于上下易位，动静倒置，则离经畔道，不可为训，固未有若是甚焉者也"，③这种观点在当时颇为流行，李善兰针对这些谬见，提出了尖锐的批评。

《谈天》出版之前，只有为数不多的书刊介绍了一些西方天文学知识，而《谈天》则系统介绍了西方天文学的新进展，使中国人的天文学知识从明末清初传入的水平，大大前进了一步。此书创用了一些新的天文学词汇，如在描写月球理论时使用了"摄动"、"出差"等概念。从1859年出版以来，颇受读者青睐，曾多次翻印，除墨海书馆活字本之外，还有同治年间的活字本和木刻本，后两者增加了"赫失勒传"和像，为伟烈亚力和徐建寅所增，当刻于江南制造局，根据的是英文的第10版，增加了15年来天文学的新发现。④

伟烈亚力和李善兰在墨海书馆的另一项重要工作，则是翻译英国著名数学家牛顿的《自然哲学的数学原理》（*Mathematical Principles of Natural Philosophy*），当时译作《奈端数理》。此书五十多年来已不知下落，笔者留心多年，也杳无踪迹可寻，1995年春，有机会访问英国，欣喜地发现了《奈端数理》的稿本，共63页，傅兰雅在"江南制造总局翻译西书事略"一

---

① 2006年8月，在瑞典友人罗闻达（Björn Löwendahl）先生家中见到伟烈亚力赠给赫失勒的《谈天》译本，上有签名，有英文序。参见 William Lockhart, *The medical missionary in China*. London, 1862, pp.351–352.

② 参见 Nathan Sivin, "Copernicus in China", 载 *Science in Ancient China*, Aldershot, Variorum, 1995, p.IV–37.

③ 阮元《畴人传》（第3册）卷46，商务印书馆排印本，1955，页610，严敦杰先生认为《畴人传》实由李锐编定，阮元略加润色，蒋友仁传后的"论"则由李锐执笔，参见"李尚之年谱"，载梅荣照主编《明清数学史论文集》，江苏教育出版社，1990，页455。

④ *The Chinese Recorder and Missionary Journal*, Shanghai, 1875, Vol.6, p.239.

文中曾提及李善兰"又与伟烈亚力译《奈端数理》数十页"，①当指此稿本而言。此稿本亦称《数理格致》，卷首给出了八个"界说"（即定义），如"界说一：凡质之几何，为疏密与大小相乘数"，即为质量和密度、体积关系的定义；"界说三：质阻力，乃质之本力能阻外力，故质体或静或直行，设无外力加之，永不变也"，是关于物体的惯性；"界说四：加力，乃力加于体，令变动静，受加力之体，或本静或本直行"，说明物体运动和外力的关系。此外还有公论三则，"凡体或静或以平速行直线，若非外力加之，则永不变"；"凡动之变与所加之力有比例，亦准加力之方向"；"凡用力必有相等之反力，即二体相与，用力恒相等，其方向相反也"，是关于牛顿运动三定律的首次介绍。此稿内《数理钩元》卷一"动理"，第一章"论首末比例为后诸题之证"，介绍了十一个引理；第二章"论心力所生之动"，即介绍向心力；第三章"论体在圆锥诸曲线道，以曲线心为力心之向心力"，即物体在圆锥曲线上的运动；第四章"论有心求椭圆抛物双线诸形"，即由已知焦点求椭圆、抛物线、双曲线轨道。综上所述，可知《奈端数理》翻译介绍了牛顿《自然哲学的数学原理》的定义、运动的公理和定理，以及第一编"物体的运动"的前四章。②在《原理》一书中，牛顿用运动三定理来处理物体的运动，发现了万有引力定律，并运用数学方法由万有引力定律求出行星、彗星、月球和海洋潮汐的运动规律，在科学史上具有划时代的意义。尽管早在乾隆时代，清代学者在耶稣会士戴进贤（1680—1746）和徐懋德（1689—1743）的帮助下，编成了《历象考成后编》，书中提到牛顿（当时译为"奈端"）的名字，但其中有关月球理论和月离表是根据戴进贤的朋友、德国耶稣会士天文学家 N. Grammatici（约 1684—1736）的著作编写的，③后者的基础是牛顿有关月球的理论，牛顿学说并没有系统介绍到中国来。因此《奈端数理》一书，是牛顿《自然哲学的数学原理》的真正翻译介绍，在中国科学史上具有重要意义。④

3．中国科学史研究：《中国算学说略》和《中文文献提要》

伟烈亚力不仅把一些西方科学著作翻译成中文，同时，也撰写了不少有关中国科学史的文章，是中国科学史研究的先驱者之一。他对中国科学的喜爱，或许出自他对中国人的友好。在《代数学》序中，他这样写道："余自欧洲航海七万里来中土，实爱中土之人"，这是他对中国人友好感情的流露。

---

① 傅兰雅：《江南制造总局翻译西书事略》，《格致汇编》光绪六年（1880 年）五月，卷 3，第 5 期，第 11 页。

② 牛顿著、王克迪译，《自然哲学之数学原理·宇宙体系》，武汉：武汉出版社，1992。

③ 韩琦：《戴进贤传》，载杜石然主编《中国古代科学家传记》（下），科学出版社，1997，第 1330–1332 页。韩琦《戴进贤与〈历象考成后编〉之月离表及其底本》（载陈美东主编《中国科学技术史》（天文学卷），北京：科学出版社，2003，第 712–714 页）详细考证了月离表的来源。

④ 关于《奈端数理》的内容以及翻译、流传经过，参见韩琦：《〈数理格致〉的发现——兼论 19 世纪以前牛顿学说在中国的传播》，《中国科技史料》，1998，19（2），第 78–85 页。

《谈天》序

1850 年，奚安门（Henry Shearman, ?–1856）在上海创刊《北华捷报》（*North China Herald*），每周一期。由于当时上海电报尚未开通，通讯不便，新闻很少，因此 Shearman 在《北华捷报》开辟了一些版面，刊登科学文章。19 世纪 50、60 年代，伟烈亚力在《北华捷报》等杂志上发表了大量文章，主要讨论中国历史，中国数学史和天文学史是其中的重要内容。除了关于明代在西安发现的景教碑文的考证外，早在 1852 年，伟烈亚力在《北华捷报》连续刊载了《中国算学说略》（Jottings on the science of the Chinese arithmetic）一文，[1]这是他撰写的第一篇专门讨论中国古代数学成就的论文。据伟烈亚力所言，此文的目的是引起读者对中国算学的注意，并纠正当时一些出版物的错误说法。[2]

梅文鼎关于西学和中国传统科学关系的论述，曾引起伟烈亚力的兴趣。由于当时一些学者受西学影响，忽视了中国传统科学的内容，梅文鼎试图找回这一失去的传统，[3]并从多方面予以证明，伟烈亚力对梅文鼎的观点是非常熟悉的。康熙时代御制的《数理精蕴》在一开头也提出了类似的观点，称：

> "我朝定鼎以来，远人慕化，至者渐多，有汤若望、南怀仁、安多、闵明我，相继治理历法，间明算学，而度数之理，渐加详备。然询其所自，皆云本中土所流传。"

以上所论，均是"西学中源"说的观点，亦即认为西方天文历算知识来自中国。[4]虽

---

① A. Wylie, "Jottings on the science of the Chinese arithmetic", *North China Herald*, 1852, 108, August 21, 1852, Nos. 111–113, 116–117, 119–121, Nov. 20, 1852. 此文后来在 *Shanghai Almanac and Miscellany* 和 *Chinese and Japanese Repository* 中又重载。

② A. Wylie, "Jottings on the science of the Chinese arithmetic", 载其 *Chinese Researches*, p.159.

③ 梅文鼎在《历学疑问》及《历学疑问补》中，对中西历算的关系从多方面进行了论证。

④ 康熙和梅文鼎几乎同时提出了"西学中源"说，关于康熙时代"西学中源"说的演变和研究文献，参见韩琦：《君主和布衣之间：李光地在康熙时代的活动及其对科学的影响》，《清华学报》（台湾），1996 年 12 月，新 26（4），第 421–445 页。

然这一说法，初看起来有些可笑，但伟烈亚力深深感到，有必要进行更深入之探讨，如中国当局在多大程度上相信这一看法，其根据何在。伟烈亚力并用一些事实来说明中国古代也有一些数学知识，也可以说"西学中源"说之盛行，是他研究中国传统数学的原因之一。

伟烈亚力对中国古代数学成就，从多方面给予了高度评价。他对中国数学史的研究，主要包括对传统数学典籍的介绍，如《九章算术》、《周髀算经》、《五曹算经》、《数术记遗》、《夏侯阳算经》、《张邱建算经》、王孝通《缉古算经》等，特别是对《九章算术》的具体内容进行了介绍，宋元数学家的一些工作，如秦九韶的《数书九章》，杨辉的《详解九章算法》、《详解日用算法》、《乘除通变本末》，李冶的《测圆海镜》也是他讨论的重点，而这和后来《中文文献提要》（*Notes on Chinese Literature*）一书是一脉相承、互为补充的。

关于《孙子算经》的不定分析，伟烈亚力用数页的篇幅专门进行了论述。[①]他还翻译了《数书九章》"大衍求一术"问题和它的说明，[②]由于秦九韶对不定分析问题作了完整的解释，使得伟烈亚力能够很好加以理解。

伟烈亚力还对秦九韶《数书九章》高次方程的解法给予了高度评价。众所周知，宋元时代对高次数字方程求根的近似值的做法，是我国数学的杰出贡献。而在欧洲，1802年，一个意大利的科学协会为了改进高次方程的解法，曾设立金质奖章，最终为 Paolo Ruffini 所得。1819年，英国数学家霍纳（William George Horner，1786—1837）独立发展了一个相同的方法。他们的方法得到广泛传播，并为一些教科书所采用。而这一发现在伟烈亚力来华之前不久刚出现，因此当他看到秦九韶的著作之后，便敏锐地注意到了《数书九章》的方法和霍纳法的相似性。伟烈亚力认为"玲珑开方"中的方法，在欧洲是最近的事情，他列举了秦九韶著作中的一个例子，并给出了具体的演算方法，他认为秦九韶的方法，和1819年霍纳法是一致的，因此他认为这项发明权应属于中国，他写道：

> "情况似乎是：一些人已经认为对霍纳法的发明权之争是有道理的，也许使欧洲朋友始料不及的是，在天国（即清朝帝国）发现了第三位竞争者，他有相当的机会能够要求对这个发明的优先权。"[③]

此外伟烈亚力还详细论述了"天元术"，批评了西方一些学者所认为的中国数学没有位值制的概念。对于中国古代位值制的重要意义，李约瑟在《中国科技史》数学卷"记数法、位值制和零"一节也有很高的评价，他说："如果没有这种十进位制，就几乎不可能出现

[①] A. Wylie, "Jottings on the science of the Chinese arithmetic", 载其 *Chinese Researches*, Shanghai, 1897, pp.159–194. 参见李约瑟《中国科学技术史》数学卷，科学出版社，1978，第269页。

[②] 同上李约瑟书，第270页。

[③] A. Wylie, *Chinese Researches*, Shanghai, 1897, p.185。关于秦九韶方法和霍纳法之比较，钱宝琮主编的《中国数学史》（科学出版社，1964）进行了详细论述。值得注意的是，伟烈亚力编写的《数学启蒙》也介绍了霍纳法。

我们现在这个统一化的世界了"。①对于中国古代传统数学的十进位制，伟烈亚力也给予了
高度的评价。并以天元术为例进行说明，他认为天元术的表达方式，比欧洲 Harriot 发明的
方程表述法要早 5 个多世纪。②朱世杰《四元玉鉴》中的四元术是伟烈亚力感兴趣的另一个
重要问题，他并对宋元数学在明代传播接受的情况进行了论述，如顾应祥对天元术的无知，
也从历史的观点加以说明。接着，伟烈亚力介绍了西方代数学（借根方）在中国的传播情况，
并认为"借根方"并没有比天元术显示出任何优点，这是当时一些中国人的共识，但同时
他指出"阿尔热巴拉"为"东来法"，即西方代数学来自中国的说法是错误的。伟烈亚力
的论述，和当时的情况密切相关，后来艾约瑟撰写《阿尔热巴拉附考》一文，也是基于同
样的考虑，并参考了伟烈亚力的文章，艾约瑟称：

> "英国伟烈先生，于咸丰三年时，寓居上海，著中国算学说略一幅，列入上海历书。
> 此历书乃以英文集成，为英人居于上海用者。其书内云：康熙年间，钦天监中欧罗巴
> 洲人，翻有借根方算学书一部，其名无考。彼时中国不知有天元算法，何以言之。国
> 朝命官著订《律例渊源》时，曾用借根方，未用天元方，想其不知算学中有是书，且
> 中国于论借根方时，谓阿尔热巴喇为译言东来法，乃出人意表之差。或昔时上呈御览
> 时，有误用之语，亦未可知，名其书为阿尔热巴喇，乃亚喇伯语，即有能复原之消化法。
> 吾言中国著《律例（历）渊源》时，不知有天元书，亦大有证据，天元一，彼书用为
> 一根，天元之正负，彼书用为多寡，天元之通数，彼书用为等书。尝考通数根之算法书，
> 而天元一又较胜于借根方矣。……"③

伟烈亚力"中国算学考略"一文发表后，很快由 Biernatzki 首先译成德文，④在欧洲产
生了很大反响。⑤巴黎科学院的永久秘书 Joseph Bertrand 也认为在 *Journal des Savans* 杂志刊
载两篇（伟烈亚力）的长文对西方数学家来说也是必要的，⑥这体现了这篇文章的重要学术
价值。这是伟烈亚力研究中国科学史的开始，是对中国科学史研究的重要贡献，他的文章
至今仍有参考价值。伟烈亚力对中国古代数学的评论基本上是正确的，但也有一些地方与
史实不符，如认为《赤水遗珍》的作者是梅文鼎，并认为李善兰是李锐的亲戚，戴煦是杭
州的一位官员等等。

伟烈亚力在中国期间购买了大量中国算书，这是他研究的资料基础，从中也可看出他
对中国古代数学的浓厚兴趣，他的藏书还有许多保存在牛津大学。

---

① 参见李约瑟《中国科学技术史》（数学卷），科学出版社，1978，页 333。杜石然、梅荣照：《评李约瑟著〈中
　国科学技术史〉一书的数学部分》，载《科技史文集》第 8 辑，1982，第 1–9 页。
② A. Wylie, *Chinese Researches*, Shanghai, 1897, p.182。
③ 载《中西闻见录》第 8 号。
④ K. L. Biernatzki, "Die Arithmetik d. Chinesen." *Journal f. reine u. angewandte Mathematik*. 1856, 52, 59.
⑤ 如 Cantor 就利用过这个译本，参见李约瑟《中国科学技术史》数学卷，页 272。
⑥ Henri Cordier, "Life and labours of Alexander Wylie", 载 A. Wylie, *Chinese Researches*, p.11.

　　对 19 世纪中叶西方人来说，在阅读中国古书的时候，若没有中国人的帮助，常常遇到的困难是，一些人名和引文很难查找，在一位汉学家的建议下，伟烈亚力撰写了《中文文献提要》一书，其目的就是为了克服这个困难，为西方汉学家提供方便。此书的绝大部分在他 1860 年离开中国之前已基本完成，1864 年，当伟烈亚力回到上海时，在朋友的敦促下决定完成此书。此书体例上仿照《四库全书》经史子集的编排方式，书中介绍的大多数书在《四库全书》中也能找到。此书一共对 2000 多种著作进行了解题介绍，在导言中，他首先介绍中国书籍的收藏情况，并列出了一些中文著作的西文译本，便于西方人参考。

　　值得注意的是其中关于天算著作的论述，最能代表其水平。其中不仅包括了《四库全书》中业已收录的《周髀算经》、《九章算术》等著作，还增加了大量新出版的著作，如李善兰的《方圆阐幽》、徐有壬的《务民义斋算学》等，对上述著作，伟烈亚力都给予了十分恰当的评价。此书在数量和规模上已大大超过"中国算学说略"一文，论述更为全面。另一方面，他对耶稣会士翻译的西方科学著作也用很大篇幅进行了介绍，其中不乏新的见解。每篇提要虽然下笔简炼，评论却十分得当，由于受到西方良好的教育，使他在阅读耶稣会士的中文译著时，能够敏锐地发现一些问题，如他指出《历象考成后编》中已经翻译介绍了开普勒第二定理（面积定理）。[1]另外，他还介绍了不少中医书籍，以及当时刚刚传入的西医著作，如合信的《全体新论》等书。[2]

　　此外，伟烈亚力在上海期间，对亚洲文会的工作也十分热心，并在其会刊上发表了有关中国天文学史的文章。[3]1881 年，在柏林召开的大会上，他报告了元代的天文仪器一文，[4]介绍了北京古观象台天文仪器的历史。

4．中国科学的宣传者

　　除了翻译西方科学著作、对中国科学史的研究之外，伟烈亚力还热情地撰文宣传当时中国科学的发展。在《六合丛谈》中，他介绍了中国数学的新进展，如"造表新法"对李善兰、徐有壬等数学家研究级数展开式的新成果及时进行了报道：

　　　　"海宁李善兰未见杜氏、董氏、陈氏、徐氏之书，别从平圆平方较积悟入，创立平尖锥、立尖锥、……著《方圆阐幽》。……徐氏集诸家术，参以己见，成《造表简法》，

---

① A. Wylie, *Notes on Chinese Literature: with introductory remarks on the progressive advancement of the art; and a list of translations from the Chinese, into various European languages*. Shanghai, 1867, p.89。伟烈亚力在《数学启蒙》卷 2 也敏锐地指出传入中国的对数表为佛拉哥（Vlacq）所编，称："现中华通行之本，乃佛拉哥手订之书也"，由此可见，伟烈亚力对西方科学史也是相当熟悉的。

② A. Wylie, *Notes on Chinese Literature*. Shanghai, 1867, p.85.

③ A. Wylie, "Notes on the opinions of the Chinese with regard to eclipses", *JRAS/NCB*, 1866, No.3, pp.71–74; "Eclipses recorded in Chinese Books", *JRAS/NCB*, 1867, pp.87–158.

④ A. Wylie, "The Mongol Astronomical Instruments in Peking", 载 *Chinese Researches*, Shanghai, 1897.

凡五术，……至《务民义斋算学》，已风行海内，今不赘。"①

他也介绍了数学家戴煦的《对数简法》和《续对数简法》，又在其所著英文《中文文献题要》一书中，对《对数简法》加以评论：

"如他（按：指戴煦）所认为的，首次发现了一个求常用对数的简捷的表，此表似乎与纳皮尔（Napier）的对数体系相同，但有理由表明作者对纳皮尔的成果是不知的，在一补充中，他得出了一个更进一步的改进办法，大大运用了纳皮尔模数，这是他在运算过程中得出的。"②

19世纪中叶，是中国数学史上的重要转折期，一批数学家在二项式定理、三角函数的互求和幂级数展开式、椭圆求周术诸方面取得了丰硕的成果，使得晚清数学呈现出丰富多彩的局面。1859年，在《代微积拾级》序言中，伟烈亚力对当时的研究成果给予了高度评价：

伟烈亚力、李善兰译《代微积拾级》序

"微分积分为中土算书所未有，然观当代天算家，如董方立氏、项梅侣氏、徐君青氏、戴鄂士氏、顾尚之氏，暨李君秋纫所著各书，其理有甚近微分者。"③

伟烈亚力之所以能及时介绍当时中国数学的最新成就，其信息当来自李善兰等与墨海书馆有直接接触的文人。另外值得一提的是所谓"中国定理"（Chinese Theorem），它是指：若 $2^p-2 \equiv 0(\mathrm{mod}p)$，则 p 为素数，这也就是费尔玛定理的逆定理。1869年，李善兰在上海，把上述判定素数的方法当面交给了伟烈亚力，伟烈亚力觉得这项发明很重要，但自己又不懂，因此当他南下香港时，便把它译成英文，标以"中国定理"之名投寄一家杂志，此后数月间，有4位读者就此问题进行了讨论，也有人指出定理之谬。后来李善兰大概得知了这些讨论，于是在他后来发表的《考数根法》中删去了这一定理，但由此可看出伟烈亚力对李善兰

① 《六合丛谈》一卷七号。
② A. Wylie, *Notes on Chinese Literature*. Shanghai, 1867. p.128. 伟烈亚力又在 *Chinese Researches* (1897. p.194) 一书中提到戴煦的著作正在刊印中。
③ 《代微积拾级》咸丰九年伟烈亚力序，墨海书馆刊本。伟烈亚力在其他著作中也曾提及，见：1)《六合丛谈》1857—1858年，上海，1859年，日本复刻本；2) *Notes on Chinese Literature*. Shanghai, 1867；和 3)*Chinese researches*. Shanghai, 1897.

成果的重视。[①]

在大量阅读中国古代科学著作的基础上，伟烈亚力对中国科学给予了较为公正的评价，他还把自己的见解介绍给欧洲读者，并试图改变西方人对中国科学的看法。在大英图书馆，笔者发现了伟烈亚力写给当时英国著名数学家 Charles Babbage (1792—1871) 的一封信，其中阐述了对中国科学的看法，他在信中写道：

> "（前缺）承蒙你的好意（把它）寄给我。我会以为这样一种仪器在数学研究（方面）的价值无可估量。在我离开英国之前，没有机会参观这台使你名垂青史的机器，对我来说是一件遗憾的事情。我已在我出版的中文月刊上简短描述了 Scheutz 算器的历史和（运算）能力，因为在这个国家这一地区，有一些本地的数学家对所有这类的事情抱有广泛的兴趣。
>
> 令人悲哀的是科学和文明的事业，因语言的困难和习惯的屏障阻碍了东西方知识分子之间更广泛的交流；也许不同状况的事情可以使双方都受益。关于中国的数学状况，在欧洲肯定存在着许多误解；同样肯定的是甚至在那些对这一帝国的事务总的来说非常熟悉的人中间，（对中国的数学状况也存在着许多误解）。有许多本地人，他们非常急于得到关于西方科学每一门类的信息，而在（欧洲）文人中看到自负的吹嘘者，他们声称（带有轻蔑）看不起一切在这一帝国限度之外正在发展中的东西，这不是不常见的事情，这种事情通常决不应发生在具有真正品德的人身上，这些人总是承认我们的优越性，其杰出性无可争辩。
>
> 请原谅，扯了这么多，耽误了你的宝贵时间和耐心，请多多包涵。
>
> 伟烈亚力谨上。"[②]

这封信写作的具体时间，尚待考证，笔者推断在 1858 年稍后，因为信中提到了在中文月刊上发表计算器历史的文章，[③]中文月刊当指《六合丛谈》。由于当时流行着贬低中国的欧洲中心论，[④]在科学上更为突出。而像李善兰这样的中国文人急于了解西方的科学发展，翻译西书，这种好学上进的精神给伟烈亚力留下了深刻的印象，伟烈亚力给予了高度评价，

① 参见韩琦：《康熙时代传入的西方数学及其对中国数学的影响》，中国科学院自然科学史研究所博士论文，1991，第 57—58 页；韩琦：《李善兰 '中国定理' 之由来及其反响》，《自然科学史研究》，1999, 18 (1)，页 7—13；Han Qi and Siu Man-keung, "On the myth of an ancient Chinese theorem about primality", *Taiwanese Journal of Mathematics*, vol.12, No.4 (July 2008), pp.941-949.

② 大英图书馆手稿部编号 n.d.37201, f.630，伟烈亚力给 C. Babbage 信，Babbage Correspondence Vol.XX，信共四页（第 5-8 页），前 4 页缺。关于 Babbage，参见 C. Babbage, *The Pickerning Masters. The works of C. Babbage*. Vol. 2, *The difference engine and table making*. vol.11, *Passages from the Life of a Philosopher*. London, 1989. ed. by Martin Campell-Kelly.

③ 《六合丛谈》一卷二号第 14 页有 "法兰西哥买城，格致士多马新造算器" 一文。二卷二号（咸丰戊午五月朔日）又有 "新出算器" 一文，伟烈亚力信中所指 "Scheutz 算器" 当源自此文。

④ 从 18 世纪中叶起，英国对中国科学的看法就有贬低的倾向，参见韩琦：《17、18 世纪欧洲和中国的科学关系：以英国皇家学会和在华耶稣会士的交流为例》，《自然辩证法通讯》，1997 年 3 期，页 47—56。

他撰写此信之目的，是想改变欧洲人的某些偏见。

实际上，早在 1852 年，伟烈亚力在"中国算学说略"一文的结尾介绍了李善兰、戴煦的最新研究成果之后，对中国数学家的不懈努力，各地知识界发生的可喜变化，给予了充分肯定。在他看来，虽然中国人对西方学问的悠久表示轻蔑，但他也认为，中国人的探索精神仍在发展，如果能更加自由地交流，对中西双方都是有利的。显然，李善兰等人的才智与好学，让伟烈亚力感到了中国的希望所在。

5．余论

在文章的最后，我们打算透过伟烈亚力对宗教的看法，来阐述科学和宗教的关系。纵观伟烈亚力在华的科学活动，基本上采取了学术传教的方式，在某种程度上和耶稣会士的策略一脉相承。他身为一名传教士，同时也是一位孜孜不倦、严谨治学的学者，他和李善兰合译的《几何原本》、《谈天》，和利玛窦、徐光启合译《几何原本》一样，是中国科学史上的重要事件，对西方科学在中国的传播作出了重要的贡献，他们的合作，可以和明末利玛窦和徐光启、李之藻合作相媲美。

毋庸置疑，传教士来华之目的，是要归化中国，使中国人信仰上帝。从明末清初开始，耶稣会士就试图通过科学，来达到传教之目的，在他们眼里，科学只不过是"末技"，而"超性之学"（即宗教）才是真正的学问，在许多场合，利玛窦等人向中国文人表白了这一点。但耶稣会士和其他天主教修会的传教士不同，特别强调了科学教育的重要性，"愈显上帝之荣"（Ad Majorem Dei Gloriam）是他们的目的，[①]而科学研究作为手段能很好地实现这一目的。伟烈亚力亦认为《代数学》之翻译在于"助人尽其智能"，以感谢上帝之恩，并设法报答上帝。墨海书馆作为宗教书籍的印刷所，是为了实现他们的宗教理想，在中国传播福音。伟烈亚力在《代数学》序中曾言：

> "余自欧洲航海七万里来中土，实爱中土之人，欲令明耶稣教，以救厥灵焉。天帝降世，舍生救民，乃教中至要之道，《圣经》言之甚详，而余顾汲汲译此书者，盖上帝赐人以智能，当用之务尽，以大显于世，故凡耶稣之徒，恒殚其心思，以考上帝精微之理，已知者，即以告人，未知者，益讲求之，斯不负赋畀之恩，若有智能而不用，或用之而不尽，即为自暴自弃，咎实大焉。"

在《数学启蒙》序中，亦称"余自西土远来中国，以传耶稣之道为本，余则兼习艺能，爰述一书，曰《数学启蒙》。"在《谈天》序中，伟烈亚力盛赞造物主的伟大，"伟哉造物，神妙至此"，并称造物主的"全智钜力，大至无外，小至无内，罔不莅临，罔不鉴察"，

---

① 参见钟鸣旦：《格物穷理：十七世纪西方耶稣会士与中国学者间的讨论》，载《哲学与文化》，1991 年 7 月，第 604–616 页。

接着伟烈亚力自称：

"窃意一切行星，亦必万物备具，生其间者，休养乐利，如我地上，造物主大仁大慈，必当如是也。……余与李君同译是书，欲令人知造物主之大能，尤欲令人远察天空，因之近察己躬，谨谨焉修身事天，无失秉彝，以上答宏恩则善矣。"

这确实体现了传教士的职责所在。上面已经提及，伟烈亚力在"中国算学说略"一文的最后，对中国人的科学探索精神，给予了高度评价，接着，他也希望，这种求索精神，也能扩大到更为广阔的领域，亦即探索"真理"之所在，即最终信仰上帝。李善兰、王韬等文人，尽管和伟烈亚力共事多年，对基督教也有相当的了解，但并没有像徐光启那样受感化而信教，在伟烈亚力看来，这也许是一件不小的憾事。

再者，通过考察伟烈亚力在华的活动，我们不难发现，无论是在数学、天文学方面，还是其他方面，他都向中国人介绍了一些新的科学知识，译书的底本是经过认真选择的，翻译是审慎的，他并没有对中国学者隐瞒什么。从其译书中（特别是他写的序）可看出，科学和宗教是一致的，并不冲突，相反，科学体现了颂扬上帝伟大的极佳工具，而以新的科学发现去证明上帝造物之伟大，是当时西方非常普遍的现象，如伟烈亚力的同事韦廉臣在《六合丛谈》中即以"真道实证"为题，连续发表了许多文章，这些文章后来成为《格物探源》的基础，[①]这些内容在西方则称为"自然神学"，因此伟烈亚力的所作所为和他的时代是息息相关的。他按照耶稣会士的策略，思想开放，把科学和传教相结合，两者并进，互相为利。[②]他的译著在19世纪西学传播过程中起到了一定的作用，不仅在京师同文馆，也在上海格致书院被选作教材，由此可见其译书的价值所在。[③]

最后需要说明的是，伟烈亚力在译书和中国科学史研究方面的贡献，离不开象李善兰这样精通传统历算的中国学者的帮助。同时也应该指出，他的许多工作，也参考了18世纪耶稣会士和19世纪初法国汉学家的研究成果，如在天文学史的研究中，他参考了宋君荣、毕奥的著作；另一方面，他博览群书，参考了大量中文原始文献，因此他有关中国科学史的论著，至今仍有很高的参考价值。他的著作影响了19世纪乃至20世纪的汉学家，[④]充分反映了其著作的学术生命力。

（选自《自然辩证法通讯》1998年第2期，《传教士伟烈亚力在华的科学活动》，作者韩琦，现任中国科学院自然科学史研究所副所长、研究员。研究方向为中国科学史、明清史、明清天主教史。）

---

① 关于《格物探源》，参见刘广定：《〈格物探源〉与韦廉臣的中文著作》，载杨翠华、黄一农主编《近代中国科技史论集》，中央研究院近代史研究所、国立清华大学历史研究所，1991，第195–213页。

② A. Wylie, *Chinese Researches*, p.16.

③ 美国传教士潘慎文（A. P. Parker, 1850—1924）《代形合参》一书，也用了罗密士的解析几何书，是伟烈亚力译书的修订或重译。

④ 如英国科学史家李约瑟在《中国科学文明史》一书中曾多次引用伟烈亚力的著作。

德 贞

东西方医学文化的交流使者

    在 19 世纪的北京，德贞是享誉中外朝野的"良医"和名人，他是北京协和医院的最早创始人；中国最早的官方医学教育由他开始；他翻译了世界经典的解剖学教科书《全体通考》（*Gray's Anatomy*）和哈维的《心血运动论》。德贞主动承担着将中国的健康理念和医疗方式推广至西方世界的责任，他在欧洲医学界演讲中医健康术、在英文医学杂志发表探讨中医的论文。本文介绍了德贞如何以"旧学新解"的方式开创近代以来东西方医学跨文化传通的先例，担当起东西方医学文化的交流使者。以此探索既存传统医药文化和卫生习俗与新兴医学知识间的互动和彼此影响，发现彼此间的相似性和普适性，寻求可能的学术汇通。

德贞（John Dudgeon, 1837—1901）

小引

    "英国医士德贞，在中国京都施医，历年十有余载。亲医病躯十数万，经验多而阅历深。奇异怪症，疗治极多。前在同文馆曾为医学教习，上而王公巨卿，下而农工商贾，几莫不知施医院有德大夫者。"

        ——艾约瑟：《益智新录》1877 年 12 月

    德贞，字子固，英国苏格兰格拉斯哥人。1862 年获格拉斯哥大学医学院外科学硕士。1863 年受伦敦会派遣来华，在芝罘行医传教，1864 年进京主持伦敦会医学传教事业。在北京 30 余年，英医德贞"素负时名，中国亲王大臣，及各国驻京钦使，无不与之缔交，同深仰望。"[1] 他一生结交的不是权倾朝野的王公大臣，便是有开明思想的政治文化精英。

晚年，他时常出入李（鸿章）相府商讨中英外交事务，还受邀为外媒撰写时事评论，同时替晚清王亲大臣和列强驻华外交大臣提供政治与外交咨询，据称他是在北京知名度仅次于赫德的外国人。[2]

虽然，德贞在 19 世纪是享誉中外朝野的"良医"和名人，但如此声誉并未延续至 20 世纪，近代史的研究中很少有提及德贞的。因为他较早脱离伦敦传道会，所以在医学传教的研究领域中他始终被边缘化；因为他是以医生的身份参与到晚清西方知识传播的大潮中，译解的内容只限于医学，又过于注重最新技术的介绍，而不是社会大众可以读懂的科普作品，致使思想文化史的研究学者只能对他的译作视而不见；更因为他是一名医生，国际关系和外交史研究者也就不会在乎他的意见和行为。

然而，德贞留下的历史遗产，他在近代中外医学文化交流中产生的效应，远超过他作为京城"名医"的影响力。这可由历史来证实：1865 年，他在北京创办第一所近代化医院——北京施医院，即为对中国近代医学产生重要影响的协和医院前身。1871 年，德贞受聘总理衙门，出任京师同文馆第一任医学与生理学教习，同文馆医学班日后并入京师大学堂，就是如今北京大学医学部（原北京医科大学）的前身。由 1870 年代始到 1890 年代末，德贞持续 20 年在传教士主办的中文报刊上撰写医学专栏，介绍解剖学、生理学和临床医学技术，开启近代医学科学的入门教育，从而在思想领域上影响到当年维新志士和清廷开明士绅。由医院临床、医学教育和身体知识传播三个层面考察，作为首位进入清宫和清官场的西方医生和医学教习，德贞为帝国统治者作了近代医学的知识启蒙，并协助清政府奠定了中国医学近代化的早期模式。

30 余年来，德贞还"专岐黄，力学不倦，于华洋古今图书无不考索研究，探其精蕴"，（[3] 毛昶熙序）他在欧洲医学界演讲中医健康之术、在英文医学杂志发表探讨中医论文，主动承担着将中国的健康理念和医疗方式介绍至西方世界的责任。由此，德贞曾被欧洲汉学界视为难得的医学汉学家。[4]

1．誉满京城的名医和良医

1864 年 3 月 28 日，德贞抵京主持管理施医院工作，同时兼任英国使馆和美国使馆的私人医生。1865 年，德贞将医院从英领馆迁出，在哈德门大街上的火神庙内创建北京第一所近代化的医院——京都施医院，因门前竖有两旗杆，在京城以双旗杆医院闻名。医院的名声不久传进清宫廷，当时就有传教士预言：

> "医院很快接近王室，来就诊的都是大官，满人贵族、宫廷太监和皇室成员，还有蒙古王子和公主，他们都接受西医疗法。哪天他被唤进宫去为天子治病，我也不会感到惊奇。"[5]

历史事件往往源自某种偶然，奇迹发生在 1867 年。

总理衙门大臣谭廷襄的 9 岁小儿贪玩，用洋铳射伤自己，"洞穿腹膈，气已频绝"，德贞被急召至谭府抢救，不到十日小孩便"肌理如初"。这位原先对外国人颇有微词的朝廷重臣多次亲赴施医院拜谢德贞，并请总理衙门另一大臣董恂手书"西来和缓"以"酬匾额以旌其术"。（［6］谭宝琦序）

无独有偶，这年，德贞又碰到另一位至关重要的病人，或者说是英武殿大学士贾桢遇到了贵人。1866 年秋，贾桢陪同治帝去东陵，因坐在颠簸的轿子里长途旅行，身体右边轻度瘫痪，不能走路和书写，吃饭和说话都有问题。第二年春天，延请德贞治疗，贾桢不久就能写能说，还能灵活用筷子。他也多次去医院送匾拜谢德贞，据说他对德贞医院内摄影棚和幻灯片颇感兴趣。[7] 从此"德公之大名乃洋溢于中国"。[6]

其实，偶然成功的背后一定有必然因素的存在。在遇到两位中国达官之前，德贞高超医术早已风闻北京，"凡有奇险之症皆延医士看视，痊者恒多。"[8] 更因医院无富贵贫穷之分，以致"求医者踵相接"，日平均收治病人达 100 余人。医院还为京城儿童免费接种牛痘。1866—1867 年白喉、麻疹和斑疹伤寒等恶性传染病先后侵袭京城，德贞率领医院全体人员投入抢救。白喉爆发时，德贞与助手们进行了 1,000 例以上的手术。[9] 1867 年北京爆发斑疹伤寒，德贞因连续抢救病人，感染上肺炎和伤寒。此外，作为关注人类健康的人道主义者，德贞一踏上中国土地就将禁鸦片烟当作自己责任，几十年如一日地关注北京鸦片烟瘾者，免费收治病人帮助戒烟，发明戒烟丸，进行病理研究，发起组织在京外籍人士开展戒烟运动，成为 19 世纪传教士反鸦片的代表人物之一。

显然，德贞的名声不是靠两例案子建立的，只是贾桢和谭廷襄俩人成就德贞为 19 世纪最早进入清官场和清宫核心圈子的西方医生。同治皇帝就因贾桢获治而知晓德贞，据德贞回忆当年他曾送疫苗进宫给同治接种。[10] 不到 10 年，德贞的医术使"多亲王公侯俟，六大臣素信服。年中来就施医者均计约有万人。"[8] 有一次，丁韪良正绘声绘色地描述德贞如何娴熟地切除一位年轻人喉部肿瘤时，大学士沈桂芬插嘴说："哦，是的，我早就知道了，那病人是我的一个堂弟"。（［11］，p.218）名医德贞成为京城王公贵族乐意结交的外邦友人，刑部尚书崇实和总理衙门大臣崇厚兄弟俩是德贞朋友，谭宝琦亦是好友。那时，常有显赫尊贵的皇家马车停靠竖着双旗杆的医院大门前，载他去皇亲国戚家中抢救病人、施行手术，或是饮茶聊天。

1877 年，德贞与曾纪泽相识，尔后成为终身挚友。曾纪泽以为"德君专精医术，求诊者接踵于门，刀圭所投，嘘枯起废。"[12] 并成为清廷中只信西医不信中医的另类。他不仅将全家的医疗保健托付给德贞，还积极引荐德贞给荣禄、李鸿章和恭亲王。1877 年春天，荣禄腰部生一枚瘰瘤，请名医无数，终难见效。曾纪泽向荣禄推荐德贞，荣禄自述当时"以中华之医但能奏效，即无须重烦德君，故迟迟未果"。然前后"医家已数十易，皆以不效退迢"。至第二年冬天，"患处腐溃方圆七八寸，洞出三十余孔"，荣禄只能请德贞上门手术，两次共割十九刀，荣禄自述"患处日见起色，疮口之见收缩，七十日而平复大愈"。他赞叹德贞医术是"精深绝妙，竟克臻此，夫乃叹人之少所见者"。（［6］

荣禄序）

　　1875 年，德贞第一部医学著作《西医举隅》出版，崇实以"良医与良相"为主题作了一番议论。他以为德贞是位有着国际主义精神的良医，"英国德子固医师，不远数万里来京师，施医十余年间，活人无算，而绝不受一钱，仁人君子之用心在斯乎"。（［3］崇实序）中国士大夫在德贞的身上看到他们信奉的儒家精神，道德、良心、诚心和仁义。中国文化的基本元素镌刻在德贞日常生活中，体现在其交友与诊治病人的过程中。以致德贞第一次回国休假时，《万国公报》连续两期刊登欢送对联："送英国良医德公子固回国对联"，因"多人恋恋不舍"，特意告诉中国读者，"先生大约二三年仍可来华，以慰众望者之雅意耳"。[8]

　　良医德贞获得中国士大夫的赏识多少缘于个人因素和良好的社交能力，但若要获得社会大众的普遍认可却需要长期积累与道德磨炼，所谓"仁、诚"都是由心而起，自然天成。当年，谭宝琦因其侄获救而与德贞相识，但他对德贞真正认识却建立在另一个基础上，"予以公余之暇时相遇，从见求医者踵相接，无富贵贫穷，悉兴施治，无德邑亦无吝容孜孜焉。以济人之利物为念，盖其居心慷慨、秉性慈祥，以天授者也"。（［3］谭宝琦序）德贞对待贫富病人一视同仁的态度是他赢得中国士大夫尊重的根本原因。丁韪良曾引用一句拉丁成语描绘德贞，Aequo pulsat pede regum turres，Panperumque tabernas（absit omen!），（［11］p.216）意为他既能走入穷人的陋屋，也能进入帝王的殿堂。所以在医院除了有伦敦会感兴趣的各省贵族、皇城官员、满清皇室、太监、文官、商人，还有大量的市民、农民、兵勇、乞丐都愿意尝试外国药物的功效。[5] 1869 年，德贞无偿救助当街剖腹自杀的山西青年，之后又在山西人集聚的城南"骡马市大街"设诊所，德贞的名声和西医术随之传到山西等内陆省份。就连远在上海的市民报纸《点石斋画报》都有良医德贞无偿救治穷人的报道，并评论："夫西人诚心济世，医院之设几福天下，而实心办事。"

2．创建中国现代医学的早期模式

　　中国医学现代化始于 19 世纪西医传入，这意味着中国医学现代化是与西方医学在中国的传播相伴而行。18 世纪末 19 世纪初始，西方医学表现由内向外扩张的趋势，被医史学称之为"西方医学世界扩散"，它波及地区包括非洲大陆、以中国和日本为主的东亚、印度为核心的南亚以及东南亚地区，在这些区域通过设医院、办教育、译书立说，以改变当地文化中传统的身体知识、健康与疾病观念和求诊治疗方式，从而构成以西方医学科学为核心的新医学模式。

　　西医在中国传播沿三条途径展开：一是医学传教士筚路蓝缕开拓出的知识传播、医院医学和医学教育；二是作为清政府自改革运动内容之一的同文馆医学教育，创建中国特色的医学教育模式；三是留学生归国后，在新政权的支持下建构的中国现代医学模式。时间上三条路线是有重叠的。德贞是前二条道路上的开创者和建设者，北京施医院的成功和同

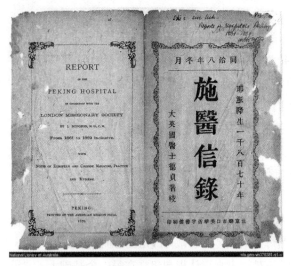

德贞《施医信录》书影

文馆医学教育的流传有序便是明证。

医院医学——以施医院为例

1865 年，德贞以 1,100 两银子买下火神庙，再花了二百两银子进行装修，[13] 他将一座中国式的建筑改建成近代化的医院，"医院漆得漂亮优雅并具装饰风格。庙宇式的建筑风格使得画笔和刷子有足够的空间表现色彩和图形，并产生强烈的视觉效果。"[14] 医院空间分布按专业功能设计，共有 5 个高大、宽敞、通风良好的大厅，分为候诊室（女宾室和贵宾室、普通人）、诊室、可容纳 60 位病人的病房、药房、学生和助手宿舍、厨房等，共计 30 余间房间。[15] 这样规模和标准的医院与同时代欧洲的医院已相当接近了，而"高大、宽敞并通风"的建筑特征，完全符合 19 世纪西方正蓬勃兴起卫生概念的医院模式。[16] 19 世纪后半世纪，施医院因德贞出色的医德和医术而闻名京城，施医院寺庙式建筑群和医院门前的木制双旗杆，被赋予精神和文化的色彩，成为医德和现代医学科学的象征，演绎为人文精神物化的标识。1900 年，义和团进京攻打东交民巷时，曾经免费救治了无数中国贫民百姓的施医院并未幸免于难，和其他教堂一起被焚毁。1906 年 2 月 12、13 日，来自格拉斯哥的伦敦会传教士科龄（Thomas Cochrane）在北京施医院原址附近开设了协和医学堂，[17] 协和医学堂由一组建筑物构成，医学堂的大院入口处重新矗立了双旗杆。1915 年，美国洛克菲勒基金会向伦敦会收购了协和医学堂，更名为北京协和医学院。（[18] p.9）同时购买哈德门大街上与原协和医学堂相对的豫王府，[19] 新建北京协和医学院，建筑设计风格是仿造寺庙和宫廷建筑，并在总入口处安置了双旗杆。[19] 1925 年出生于医学传教士家庭的加拿大公共卫生学教授兰安生（John Grant），受洛克菲勒财团委派负责开拓协和医学院的"公共卫生教育"，他选取一座废弃的寺庙，创建协和医院公共卫生中心，"就像德贞一样，将一所旧寺庙改变成了一所医院"。（[18] p.117）1937 年协和第 29 届毕业生鲍依琴在长沙"依德贞和安兰生为先例，将医院和护士学校设在一所改建的旧庙里"。（[18] p.213）

今天，安插在水泥墩的中不锈钢双旗杆依然竖立在作为中国现代医学的标志性院校——中国医学科学院和中国协和医学院的门前，对协和医学院来说，寺庙式的医院建筑和双旗杆标识，这一可视性的标志其实是一种精神理念的传承，文化遗产的物化表现，它已融入学校文化与学术传统中，是为协和医学院人文精神的体现。只是很少有人知道这一精神传统源自"良医"德贞的这一史实。

医学教育——同文馆的医学班

同治十一年（1871）德贞受聘同文馆医学与生理学教习，中国官方医学教育由此开始。但中国官方医学的发展依然要经历一番曲折，德贞虽在馆内讲解"体骨"知识，但未列入正式课程，只是选修课。"至于医学未列课程者，盖非诸生必由之径，或随时涉于体骨等论，以广学识，或俟堂宪谕令而专习之皆可。"[20]中世纪西方医学院的教学是与医院完全脱离的，自法国大革命后，西方的医学教育和医学科学发展才与医院结合，形成医院医学模式，医学院的解剖学教授往往由医院外科医生担当。早期同文馆的医学教学颇有中世纪西方教会医学院的风范，以身体知识讲解为主，没有临床和实验室内容。

德贞从不是一个按常理出牌的人，一方面他以同文馆为社交平台，广泛结交总理衙门大臣，建立互相信任的朋友关系，从而登堂入室成为他们的家庭医生，逐步纠正他们对西医的看法，进而转变他们对同文馆医学教育的态度；另一方面，充分利用同文馆教育体制存在的空间，坚持将选修的医学课变成常规课程。主管总理衙门大臣毛昶熙曾记录德贞授课的场景：

> "余每至馆中见其与生徒口讲指画剖析疑义，虽素不解医，未敢断为悉当，而所言雅有理致，娓娓可听。"（[3]毛昶熙序）

同文馆考试分月考、季考、岁考和每三年一次大考。资料显示，除了光绪二十三年（1897）大考，该年德贞已从同文馆退休，其余岁考和大考记录中均有医学科目，不仅如此，德贞连例行的月考都不愿放弃。

显然，德贞从未将医学课排除在正式课程之外，相反，教学内容和方向都有缜密的规划与设计。同文馆的医学以"体骨学"为主，他从形式上规避了中国士大夫所担心或者是还不能接受"解剖学"的实质内容——剖割身体以解读人体脏腑构造，也没有坚持按医学科学的实验方法讲解生理学知识和生命运动的功能，一切围绕着文字和图谱展开，他编写相关教材，如《论心》、《论运血之器》、《哈维论》、《运血之隧道》和《脉论》、《目睛论》等，最初发布在《中西闻见录》上，后结集成册为《西医举隅》。1875年，德贞编著的解剖学彩色图谱《身体骨骼部位脏腑血脉全图》（*Anatomy Alta*）出版，列为同文馆教学参考书。1881年在《万国公报》上连载《续西医举隅》和《西医举隅》，以解剖学内容为主。1886年同文馆隆重推出德贞译著的解剖学巨作：《全体通考》，该书以当时英美医学院最流行的解剖学教科书《格氏解剖学》（*Gray's Anatomy*）为底本。

1880年代后期同文馆设过一个生理班。（[11]p.216）德贞以克雷克生理学为生理学教科书，这是英国著名生理学家克雷克（William Senhouse Kirkes，1823—1864）在1848年出版的《生理学手册》，是为英美两国医学院经典教科书，[21]同文馆所用的生理学教材与欧美医学院是同步的。

营养学研究是19世纪医学实验科学运用临床治疗的另一重要成就，1872年德贞已将蛋白质、胃酸、脂肪的概念和消化之化学原理教给学生。1881年在《万国公报》刊发营养学，系统讲解"消化"与营养的原理，如"消磨食物次第之行径"、"考论食物之损益"。同文馆后期医学教育已涉及到临床医学诊治。现存的同文馆考试记录可论证医学教育程度与教育成果。

同治十二年（1873）医学岁考的题目如下：

（1）论脑之大端，并其关窍分布，以及胪列贴着之各头骨。

（2）论大脑下面之各部分，由前及后？

（3）论大脑之体质内，由上以及下，自前而向后。

（4）论九对脑气筋，由前及后与散之各处（并按其各对之功用述其名目）。

（5）论第五对脑气筋发源处，与其散布并其筋结。

（6）论髓道筋之大略，按其脊骨分布之节次以及反感之理。

（7）论百节筋之大概。

这样的问题属于现代医学院解剖学第一学期的大考试题，涉及大脑结构、器质、脑神经走向、脑神经功能和神经结，以及脊髓神经等内容。由现存考题分析，同文馆学生接受的是系统解剖学教育，涉及骨学、肌学、脉学、神经学、消化系统（包括内脏器官）、感觉系统、泌尿系统等现代解剖学知识。

医学于大学教育和国家进步的重要性，对晚清大臣和知识分子产生很深影响，医学与天文、算学、格致和化学，一同列为泰西各国的富强之本。1903 年，同文馆被分成两部分：译学馆和医学实业馆，并入京师大学堂。这一门并未列入正式课表的医学课在德贞与同事们的努力下，成为同文馆所有科学类教程中最有生命力，最具持续性发展能力的学科，最终使医学进入晚清政府的大学教育程序中。

当年，同文馆总教习丁韪良曾认为，西学东渐的所有学科中，"西医"会是最早在中国生根，获取成功的学科。"（［1］，p.217）如今，北京大学医学部（原北京医科大学），其前身便是京师大学堂的医学部，而他的历史最早可上溯到 1871 年开始的京师同文馆医学教育，时间仅比教会医学教育晚了 20 余年。

3．旧学新解：身体知识的现代解读

身体知识重新解读首先开启了西方医学的近代化历程，以人体为解剖主体的人体之构造一书于 1543 年出版，其核心精神是将人放置在解剖台和手术台上，以人为本探究生命的本源、身体的结构与功能及疾病的根源，从而颠覆盖伦经典而被视作是人类科学史上的里程碑，影响到欧洲思想启蒙，推进医学近代化。

西方解剖学早在 17 世纪被介绍到中国，但直至 19 世纪 50 年代英国医学传教士合信译著的《全体新论》出版，才让中国人真正了解人体知识，它对中国知识界的冲击并不亚于《人体之构造》对欧洲社会影响。

只是《全体新论》是一部针对中国读者的知识结构而设计，将解剖学、生理学和临床知识混为一谈的初级教科书，更由于作者的传教士身份，书中甚至涉及部分神学知识。此后，北京、上海、福州和广州等地传教士和医生在当地政府或是医院的资助下开始解剖学和生理的译介工作。

但在 19 世纪的中国，身体知识介绍必会涉及两个问题：一是如何在译介过程中摆脱西方宗教神学对解剖学和生理学中的影响，做科学意义上的完整传播；二是如何解决身体语言及知识的转换，在学理上突破中医固有的脏腑学理论，以解剖学和生理学理论取而代之，但在语言上全盘放弃中文的身体术语显然是不可行的。《全体新论》未能解决的问题，同样困扰着当时传播者们。德贞是这个行列的先驱者和开拓者之一。

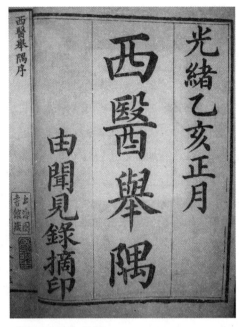

《西医举隅》书照

由"全体"到"解剖"的进步——以全体通考为例[22]

德贞在同文馆授学时："始自全体而发论，继由脏腑以相因，至于人身之骸骨、次序、名目，中西迥别，莫或折衷，乃取中华《洗冤录》，察阅人身骨骼全图，与其部位名目。考覆之余，而讹谬歧出，不胜慨然。"[23] 于是从 1873 年 3 月起他在中西闻见录上连载"洗冤新说"。沿袭《洗冤录》的体例由西方验证科（法医学）设立发展史和律法制定过程开始，过渡到介绍身体正常与非正常结构、不同生命周期的人体特征，讲解法医鉴定方法和标准。并出示"洗冤录骨骼全图"和"全体格骼图"，留给读者充分的空间比较中西方身体知识的差异，以此介绍西方人体解剖学知识。在那个时代，由中医经典切入介绍先进的解剖学知识不失为一种智慧之举。

1879 年，德贞选择《格氏解剖学》为底本，以《洗冤录》、《医林改错》和《医宗金鉴》为中文参考书，着手翻译。自 1881 年起，他陆续将其中的内容以西医举隅之名刊发在对维新人士影响最大的中文报刊——《万国公报》上，是其唯一的医学专栏。1886 年，德贞的译著在荣禄等众多清廷高官的推荐下，由同文馆出版，题名为《全体通考》，计 18 卷并附 18 卷图谱。作者除完整翻译原书外，还补充了两项内容：一是从《大英百科全书》转译"解剖学史"，介绍西方解剖学发展历程，指出西医科学的进步与人体解剖学的发展、思想解放有密切关系，以"解剖学志"刊列书首；二是对书中的相关内容添补背景知识，如新名词的发明史、欧洲各国对某些疾病状态的不同解释，不同传统和社会风俗对身体行为的影响，时而还就中西医的不同解释作比较说明，使《全体通考》所阐述的身体知识和内容远超其底本格氏解剖学。与同时代其他医学译著不同，《全体通考》非教会出版物，是晚清官方出版的第一解剖学教科书，同文馆聚珍版，印刷装帧精美华丽，售价昂贵，堪称 19 世纪的解剖学巨作。

《全体新论》问世后，中国知识界便开始流行一个新术语——"全体学"，至 20 世纪初，以"全体"为名出版的解剖生理著作不下十种，1887 年梁启超编《西学书目表》，创造中国近代书目新分类法，他在"学"类目下新增一栏"全体学"，特标明为身体知识的学科，特别与"医学"区别对待，最晚到 1904 年，中国学术界和清官方一直以"全体学"指称"解剖学"。换句话说，在 20 世纪前中国并不存在"解剖学"，而只有"全体学"。

以《全体通考》命名的这部著作，却出人意料地在封面上列出"解剖学志"，并在全书中特别标出"解剖"和"解剖术"，以夹注的形式描述所论器官、血管或肢体骨骼在身体中的解剖位置，或是在该部位如何施行解剖的方法与路径，如标在"总肪脉管弓"上方的"解剖"说明："如察此弓，须割胸骨两边肋脆，将其骨自下上提，由胸骨与锁柱骨交接之处锯之，则开其胸，须看其胸骨上边与项根大血管之连属。"（［6］卷五，论脉管）

那么，"全体学"与"解剖学"的差别在于哪里？德贞解释说："解剖学，专为割断人身之各处而言。"（［6］卷首·序）同为身体知识的学问，但方法论却有天壤之别，"全体学"只讲身体结构，但不涉及"割断人体"的基本方法和解剖学思想，不崇尚解开人的"身体"，以科学的方法探求"人体"和"生命"的本质。19 世纪的中文解剖教科书基本以身体结构和形态的描述为主，很少涉及观察身体的方法和手段，更不要谈探察的技术。德贞选用的"解剖"一词既有传统词语中"剖、割"和"切"的意思，表示对身体施行"剖""割"，同时又赋予该词新的技术意义，使这个古老的汉字与科学的人体观察和方法联结在一起。"解剖术"重点是在"解"，解开身体的形态、解释生物结构和形态、指点探究生命的方向和方法。仅这点便可以将《全体通考》与同时代其他解剖学译作区别开来，同样是翻译"全体"学，前者除了对身体构造进行描述，还注入了科学研究的方法和观察生命的解剖学思想，后者则主要以身体结构和形态描述介绍为主。《全体通考》使用"解剖"、"解剖术"、"解剖学"和"解剖学之父"等相关术语，阐述解剖学的学术特征，如此庞大复杂的学科知识，显然不是"全体学"能一言以蔽之的，而"解开"身体而非"保全"身体的思想更是与"全体学"单词所演绎的意思完全悖离。

《全体通考》的出版，喻示着中文的身体认知，由"全体"知识迈向了"解剖"科学。

旧学新解：由"脉说"到"血液循环"——哈维心血运动论的最早译本

英国医生哈维（William Harvey, 1578—1657）将实验与定量方法应用于医学研究，对心脏和血液的性质、功能及运动规律提出一套与传统不同的理论，创新地将血液运动的根源归之于机械作用——心脏肌肉收缩，于 1628 年发表《关于动物心脏与血液运动的解剖研究》（*Exercitatio Anatomica de Motu Cordiset Sanguinis in Animalibus*）（简称《心血运动论》），引导医学由经验时代走向实验时代，开创西方医学的新时代。然而，当西方医学来到中国，时间已过去 200 年了，作为生理学基本内容之一的血液循环论，并未获得传播者的特别青睐，哈维及其学说只是一般生理学常识，传教士和医生更注重甄别人体结构中中西知识的差异，指证中医脏腑学说的错误。倒是我们后来的研究者在《全体新论》等诸如"全体"的著作中爬梳，努力寻找维萨里和哈维的"血液循环"的踪影，并惊喜地发现这些西医"新说"在晚清已传入了中国，却不知在19世纪的传播者看来这只是旧说而非新知。

不过，德贞对待哈维和"血液循环"的态度却是另一个例外，他的处理方式是：旧学新解。

1870年，德贞在《教会新报》撰写了不足百字的小短文《论血房血管》，这是中文最早关于哈维及"血液循环"的专题介绍。3年后，已任职同文馆的德贞，花了大量的笔墨重点将哈维推荐给晚清的候补文官，1873年12月在《中西闻见》上发表"哈斐论（即哈维）"之后，他一篇篇地将《心血运动论》译成中文。1628年《心血运动论》在伦敦出版，全书共计17章，第1章是对传统观点和前辈工作的回顾，第2—5章，在活体解剖基础上对心脏结构及其功能的论述（其中第3章是论述与心脏血液流动相关动脉的结构与功能），第6—8章，讲解血液运行的轨迹，提出血液循环运行的观点，第9—16章，"血液循环"的论证过程，第17章是观点总结。德贞将《心血运动论》分解为五篇文章翻译编写，观点回顾的第1章，收入上述"哈斐论"中。之后，德贞在中西闻见录上陆续刊登"论心"（1874年3月），是对第2—4章编写、"论运血之器"（1874年7月）是对第5章的编译，"运血之隧道"（1874年4月）是对第6—8章的编译，"脉论"（1874年10、11、12，1975年1月四期连载）是对第9—16章核心内容编译。

何以德贞会与其他传播者不同，对哈维情有独钟？这与他个人的研究旨取与传播取向有关。德贞是那个时代罕见地将科学史放在重要位置上的医生和传播者，无论是西医科学的译介过程中，还是在讨论中国医学，他必将学科起源放在首位，叙述其学术渊源和发展轨迹。前述《全体通考》所附"解剖学志"就是明证。近代医学是门推陈出、日新月异的学科，新发现和新发明不出几十年变成常识，或成为"旧学"而不为学界重视。德贞却更愿意在梳理学术脉络的同时，在"旧学"中寻求学科和科学思想进步的真谛。"哈斐论"与其说是哈维个人传记，不如说是一部近代生理学发展史讲稿，"昔有医士哈斐者，乃英国人也，生于前明万历六年。术精岐黄，初西医不明心血运行之理，惟彼发明前贤未发，至于全体之功用，昔人俱以揣摩悬想，皆无实据。逮到哈斐出，始稽真凭，有所征验，至于心血之运行，恒借肺脏之呼吸，以及荣养一身之故。"[24]作者介绍在哈维之前，已有学者发现肺循环和控制血液回流静脉瓣，"自明光宗元年（1620年），哈斐曾画其血运行之圈，至九年复验稽考、确凿有据，始记录其事于小薄。"而哈维提出的观点，"多与古人大相违背，"学术界和社会各界诋毁纷起，批评讽刺之声不绝于耳，原先的朋友"皆视之为蒙腐之谈，不足以传世"。25年后，西方各学馆才开始遵从哈维的发现。德贞总结出哈维对近代医学的三大贡献：（1）推翻传统心血运行依赖肺脏呼吸的观点，提出心血运动，这一发现至今未受到科学上的质疑；（2）发现事实的方法，即"始积真凭，有所征验"的反复实验方法；（3）哈维的发现对西方医学进步的创造性贡献。

显然，德贞并不想做知识的简单传播，除了告诉读者哈维是谁？血液循环是什么，还想讲讲哈维是如何发现血液循环的？为什么他在科学史上有如此重要的地位？"凡含生血之气之类而其全体之功用，全赖心血运行之理，自其倡论之初，诚这创始之基耳，以即于今300余载，中后有特出之士，无能愈其规范焉。这便是为什么在德贞的译作中无一例外地会增添《解剖学史》和《哈斐论》的缘故，将学科的源起、技术发明和方法改进、学术纷争与流派传承、宗教与文化习俗等影响医学进步的各项因素和步骤都梳理得清清楚楚，传播知识的同时展示知识何以形成的道理。

对尚且不了解西医学基本内容却又求新如渴的晚清知识界，如此精心地解释医学发明史和科学思想史等旧学，德贞的目的何在？他是想激励中国医生能像西方医学一般在变通中求发展。他以访考医术（指中医——作者注）20余年的经验，指出华邦医道，始于岐黄，其术非无可取，其法非不可遵，但痛惜中医固守旧者，相去不啻霄壤也。他以为"夫古人亦人也，既有智慧创医道之粗迹，我亦人也，独无才能探医学之精微，非所以重民命而福苍生也。"（［6］卷首·序）他作史以论证源于周贞定烈王时期的西方医学与中国医学一样有悠久的历史，同样存在过"一成不变"的问题，他以中医常用的临症术语"滞于彼必不通于此"描述千年不变的西方医学，但后世学者和智者以为古今时事不一宜乎，古未必合乎于今，彼此嗜好不同，于是改变千年来的泥古思维，求变通以谋发展，此为西方医学发展之真谛。德贞相信这一道理同样适合中国医学的发展，"昔我泰西亦复如是，恒囿于前辈，范我驰驱，从有立异者，莫不群起攻之，咸以为轻易古法，离经背道，得罪于先贤，其杜撰之罪，为尤大也。"（［6］卷首·序）

由中医"脉论"着手讲解血液循环论，是德贞《旧学新解》的另一创新。30余年来，德贞还"专岐黄，力学不倦，于华洋古今图书无不考索研究，探其精蕴"，（［6］毛昶熙序）比较东西方医学之精髓，寻找东西方医学汇通的可能。旧知新解的方法早德贞撰写《洗冤新录》已开始尝试，前已有论述。

按晚清的新医学术语，西医血液运行理论称之为脉学，中医亦有完整的脉学理论，这是两套完全不同的理论体系。德贞发现，哈斐论血行之理与中国数千年医家所论血脉之书丝毫不同，察中国书中，在3000年以前，即知血脉运行之说，至于精微之理，与其往还之隧道，今概茫如也。[25]如何让中国读者理解血液循环理论？德贞暂将西医脉学放置一边，著《脉论》先讨论既有的中医脉学理论，他采取哈维对付传统西医的方法，列举中医各家的脉学解释，揭示出其中自相矛盾的地方，借朱熹之口说出当今流行的所谓脉学原理有悖《内经》传统，因为后世医家误读了经典，他以排除法论证传统的错误，以"辩中医论脉之非"，再以十大试问举证中医脉学中的矛盾和难以理解的内容，比如：

> "试问脉居两手分寸之地，何以能诊候五脏六腑，十二经之症？试问两手寸关尺，勿论或血或气，原本一管，何以能内以候脏外以候腑？试问浮芤滑实弦紧洪，何以定为七表脉？言几见此七脉者，皆属外症。云芤类慈葱，乃脉象空虚之候，又云滑为脱精，空虚脱精之候，均非表症"。[25]

辨别中西脉学差别之后，德贞开始"专言脉理之正"，介绍"规矩准绳候脉之新法"，

"论证'血液循环'"之理，强调是血而不是气在脉管中流动，其核心内容为《心血运动论》的第9-16章。如此，以两年时间，德贞逐步将哈维理论完整地介绍给中国知识界，亦是《心血运动论》最早的中译本。

1875年出版的《西医举隅》便是以此五篇文章和《洗冤新录》为主要内容，该书集中体现了德贞在西学传播中坚持的旧学新解的核心精神。

4．中国人的健康与治疗艺术

19世纪在华传教士和医生普遍会关注中国医学，目的便是指证中国医学的错误，并以拯救者的身份出现，以将中国百姓引出无知和苦难世界的名义，顺理成章地以西医取代中医。结果使中国的知识界对守护自己身体有着千年传统的医疗方法丧失信心，群起而攻之，批评的声浪较当时西医生有过之而无不及。然而，在1884年伦敦举行的国际卫生展上，德贞告诉欧洲人，中国这个古老的东方民族在生活和保持健康、预防疾病、避免危险方面有许多课程值得我们学习。[26]

德贞一向对中国医学文化和养生之道充满研究兴趣，他的态度是尊重科学，曾自喻"访考医术二十余年"，阅读了大量中医经典和朱子理学等经学著作，甚至朝鲜的《东医宝鉴》。

1869年11月至1872年德贞在《教务杂志》连载"中国治疗艺术"，共计10篇，介绍中国的医学经典和疾病观念。期间，他甚至还觅到机会进入太医院参观。或许是为了更好地讲解《心血运动论》，他细致研究中国脉学。他指出"华邦医道，始于岐黄，其术非无可取，其法非不可遵。"（[6]卷首·序19）世纪"霍乱"盛行于世，德贞考证了中医文献中关于古代霍乱的论述，指出其并非现代意义的传染病霍乱，他由《内经》开始，考察华佗、孙思邈、朱丹溪和李梓的医学著作，指出"在我所查看的文献记录中，没有任何人提到霍乱的传染性。而在印度的记录中，欧洲1817年以来的所有报告中，传染性却是这种天灾最为突出的特点。[27]

1877年，德贞在北京出版英文著作《中国的疾病》（The Disease of

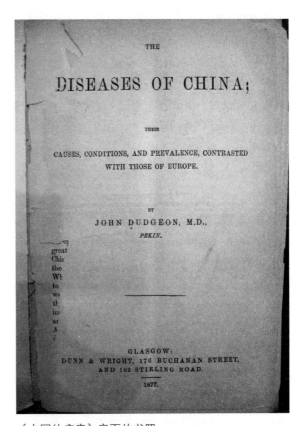

THE

DISEASES OF CHINA;

THEIR

CAUSES, CONDITIONS, AND PREVALENCE, CONTRASTED
WITH THOSE OF EUROPE.

BY

JOHN DUDGEON, M.D.,
PEKIN.

GLASGOW:
DUNN & WRIGHT, 176 BUCHANAN STREET,
AND 102 STIRLING ROAD.
1877.

《中国的疾病》扉页的书照

China, their causes, condition, and prevalence contrasted with those Europe），介绍中国人的就诊习惯、疾病观和治疗原则，中国的生态环境和生活习俗与健康的关联，作者以为疾病的发生发展是与种族、环境与生活方式相关，对传染病的防预与控制，除药物手段外，食物、住宅、婚姻风俗都会对此有所影响，他试图寻找出发生在东西方不同的传染病以及同样的疾病产生不同结果的原因，并比较了东西方不同情况，以告诫西方医生不可随意将西方的卫生概念运用到中国对付传染病，相反倒是借鉴东方的生活方式和养生手段。

1869 年起德贞担任北京地区海关医生，负责撰写当地健康卫生报告，1870 年到 1875年他提供了 9 篇报告，是为最早由西医和公共卫生视角记录的 19 世纪北京生态环境。德贞批驳那些在北京享受着阳光和舒适生活，却不断抱怨卫生环境差的外国人：

> 我们应该高兴能住在中国大城市的中心，而其他外国人就享受不到了。因为这里尽管温度多变、夏季如热带般炎热、冬季如北极般寒冷，但干爽的天气、少雨少雾多晴的日子居多。这样居住环境，使得我们身体健康、免受那些会夺走整座城市居民生命的瘟疫侵扰。[28]

德贞说："很多人告诉我，他们的身体状况在欧洲一直都不曾好过，但在北京，他们几乎就没生过一天病。[29] 1874 年，德贞向一家驻北京的人寿公司（Standards Life Assurance Company）介绍中国最适宜健康的城市就是北京。在对北京与健康相关的环境和物质生活调查与研究的基础上，1884 年德贞在英国出版《中国人与健康相关的饮食、服装和住宅》从中国的食品原料和食物结构、服装面料与舒适度、建筑材料与结构、暖气与通风、城市照明、卫生设施与下水道、葬礼和尸体处置、学校、街道、戏院、消遣娱乐和家庭关系等多重方面，全面展示中国人日常生活的物质基础和保持健康的方法。提出西方人可能借鉴中国健康生活的观点，亦是从此阶段开始，德贞对中国和中国医学文化的倾向更趋明显。

19 世纪 90 年代，德贞将注意力集中在对中医文化，尤其中医外科学的研究，他发现晚清中国有位具备近代意识的解剖学家——王清任，1894 年他将《医林改错》译成英文登在《博医会报》（*The China Medical Missionary Journal*）上。德贞对王清任与《医林改错》的研究始于 1880 年代，他翻译《全体通考》时主要以这本小书为中文参考书，而书中有些术语便是借鉴王清任的，同时提出王清任的错误，如"胰"，传统中医将其与脾合为一谈，没有专门的名称，当时的中文译著中将此部位称为"甜肉"，但德贞从《医林改错》中发现王清任对此器官是有标识的——总提，只是将它与脾的位置弄反了，德贞便在《全体通考》中列出正确位置，并示明该器官又名"总提"。1895 年德贞又选取《医宗金鉴》的部分章节翻译，刊登在《博医会报》。同年他从同文馆告退，将注意力投入中国养生术和气功学研究。他寻出 25 年前的文章《功夫》，对照原文《万寿仙术气功图谱》重新翻译，1895 年在《北京东方学会刊》（*The Journal of Peking Oriental Society*）以"功夫——医学养身术"为名发表，共分为两部分，第一部分是从医学角度对中国健身运动和方式的研究和介绍，第二部分是译自道家《万寿仙术气功图谱》，他复制了道家的养生健身操，后更名为《中国的治疗艺术》（*The Chinese Arts of Healing*）出版，此书被认为是最早以英语介绍道家养身术的作品之一。[30]该书1986年在美国再版。

1895年《北京东方学会刊》另载德贞的《中国的饮料》长文。[31]

《中国的饮料》分为"茶"和"酒"两部分。延袭其一贯的作风，德贞从历史和风俗角度介绍中国的饮食文化，比如茶的各种不同特性和饮用方式，茶的经销、茶的化学成分和营养价值的分析，中国历史文献中与"茶"相关的记录、中国文人对茶和品茶文化的描述、撰写的茶诗等，他由章杏云的《饮食辩》到谈陆羽《茶经》，他还对中日两国的茶文化交流作比较研究。德贞对茶的民俗文化表示出强烈兴趣，显然，他经常去中国的茶馆店，饭店随时有茶供应，不同层次人享用不同的茶。他说中国下层百姓喝茶就像西方人喝咖啡一样，"他们通常在大街上喝着茶，就这样度过整个夏季"。此外，中国传统饮料和果汁，如酸梅汤、桂花茶、龙眼汁、橄榄汁等都在德贞的介绍范围内。从中国饮用习惯、茶文化和饮料品种等方面，介绍中国的养身之道，他发现中国人饮茶习俗是对近代卫生观念的挑战，中国人没有喝生水的习惯，从而有效地避免了传染病，夏天中国人只喝凉开心和冷茶，所以不经过近代卫生概念的洗礼，中国人一样可以保持健康。[26]

德贞从生态学和文化人类学的角度研究中国人的生活方式和医疗习俗，探究中国人的养生之道，在英语中，就是健康的方法。指出中国的饮食文化和卫生习惯有优于现代医学和卫生学的地方，值得西方人借鉴，他甚至认为"因生活在纯净的空气下又享有良好的食物，北京穷人的生活和身体比伦敦同阶级的人要好"。[32]这一见解引起当时英国医学界的关注和重视。[33]当代学者以为，德贞欣赏的是中国人个人的健康方式，但中国真正缺乏的是公共卫生。[34]

1884年，德贞脱离伦敦会，以英医身份在北京生活工作。晚年专注研究中国医学文化，并深切关注中英外交关系。1901年他在北京去世，终年64岁。

在华38年，德贞一直生活在晚清的政治和文化中心——北京，他经历并参与了晚清政府试图重建中国社会、经济基础和文化力量的洋务运动，可以说他个人的医学生涯，直接影响到晚清医学走向近代化。他的努力和无私曾赢得19世纪中国学者的尊重"今德君积数十年之学力，孜孜不倦，得千古不传之秘，乃不自藏为枕中之宝，而登之梨枣，传播将来，其度量之宏，岂在良相下哉？既服其执艺之精，而尤叹其居心之厚也。"（[6]，谭宝琦序）

同时，德贞还尽其所能向西方世界展示中国医学文化、养生艺术和医学伦理精神，以"旧学新解"的方式开创近代以来东西方医学跨文化传通的先例，探索既存传统医药文化和卫生习俗与新兴医学知识间的互动，发现彼此间的相似性和普适性，并寻求可能的学术会通。

英医德贞，堪称19世纪东西方医学文化的交流使者。

参考文献

[1]曾广铨译：《德贞医生论中英交涉事》，北京，昌言报，1898（8）:17。

[2] London, *The British Medical Journal*.Vol.2098, No.1（1901）:679.

［3］德贞：《西医举隅》，北京：北京施医院，1875。

［4］Shanghai: *The China Review*, Vol.3.No.6（1875）:386。

［5］William Scarborough, Medical Mission, Fuzhou, *The Chinese Recorder*.May–June, 1874:142.

［6］德贞：《全体通考》，北京：同文馆聚珍版，1886。

［7］Chinese Mission, *The Report of London Missionary Society China* 1867, London, 1867:102–103.

［8］北京：《万国公报》，1875（5）29。

［9］Dr.John Dudgeon Report on the Physical Conditions of Peking, and the Habits of the Peking as Bearing Upon Health, *The Customs Gazette Medical Report*, Shanghai, March 1872（4）:1.

［10］Dr.John Dudgeon Report on the Physical Conditions of Peking, and the Habits of the Peking as Bearing Upon Health, *The Customs Gazette Medical Report*, Shanghai, March 1875:35.

［11］丁韪良：《花甲忆记》，桂林：广西师范大学出版社，2004。

［12］喻岳衡点校：《曾纪泽遗集》，长沙：岳麓书社，1983:158。

［13］R.Lovett, *The History of London Missionary Society*, London, Oxford University Press, 1899:572.

［14］Peking, *PUMC Weekly Calendar*, 11 December, 1940:88.

［15］德贞：《施医信录》，上海：《教会新报》，1870（3）:5。

［16］Jeremy Taylor, *The Architect and the Pavilion Hospital Dialogue and Design Creativity in England 1850–1914*, New York, Leicester University Press, 1997:33.

［17］王玲：《北京协和医学堂的创建》，《历史档案》，北京:2003（3）。

［18］John Z.Bowers, *Western Medicine in a Chinese pal ace Peking Union Medical College*, 1917—1951, The Josiah Macy, Jr.Foundation, 1972.

［19］Address and Papers, Dedication Ceremonies and Medical Conference. *Peking Union Medical College History Sketch and Description of Building*, Peking:Peking Union Medical College Spet.15–21, 1922:18.

［20］《清会典》，卷100，北京：中华书局，1991, 1155。

［21］Kirkes, *Handbook of Physiology*, by Baker.W.Morrant, 9th ed, London, John Murray, 1876.

［22］高晞：《解剖学中文译名的由来与确定——以德贞＜全体通考＞为中心》，北京：《历史研究》，2008, 6。

［23］德贞：《洗冤新说》，北京：《中西闻见录》，1873（3）。

［24］德贞：《哈斐论》，北京：《中西闻见录》，1873（12）。

［25］德贞：《脉论》，北京：《中西闻见录》，1874（10）。

［26］John Dudgeon, *Diet Dress and Dwellings of the Chinese in Relation to Health*, London, Printed by William Clowes and Sons, Limited, 1884, 258.

［27］Dr.John Dudgeon, Report on the Physical Conditions of Peking, and the Habits of the Peking as bearing upon Health, *The Customs Gazette Medical Report*. Shanghai, July–September, 1872, 39.

［28］Dr.John Dudgeon, Report on the Physical Conditions of Peking，and the Habits of the Pekingese as bearing upon Health（First Part），*The Customs Gazette Medical Report*, Shanghai, July–September，1871:77.

［29］Dr.John Dudgeon.Report on the Physical Conditions of Peking，and the Habits of the Pekingese as bearing upon Health（Second Part），*The Customs Gazette Medical Report*, Shanghai:July–September，1872, 42.

［30］Louis Komjathy（康思奇），Daoist Texts in translation, http:www.daoist center.org texts.pdf.

［31］J.Dudgeon, The Beverages of the Chinese, and Kung Fu, Peking: *The Journal of Peking Oriental Society*.Vol.III，No.4.1895.

［32］J.Dudgeon，*The Disease of China, their causes, condition and prevalence contrasted with those Europe*, Glasgow:1875.

［33］The Disease of China，their causes，condition，and prevalence contrasted with those Europe, *The China Review*.Vol.VI.July 1877–June, 1878:201–202.

［34］Ruth Rogashi, *Hygienic Modernity*, Berkeley:University of California Press, 2004:101–103.

（选自《自然辩证法通讯》2011年第4期，《德贞：东西方医学文化的交流使者》，作者高晞，复旦大学历史系副教授。研究方向为中国医学现代化和中外医学文化交流史。）

梁启超

中国现代启蒙运动的先驱

梁启超（1873—1929），号任公，是中国现代史上的一位伟人。他既是一位杰出的政治活动家，又是一位集编辑、政论家、教师、学者于一身的百科全书式的启蒙思想家。他做的大量启蒙工作，教育了不止一代的中国知识分子。中国新文化运动的领袖陈独秀（1879—1942）、胡适（1891—1962），中国现代杰出的文学家鲁迅（1881—1936）、郭沫若（1892—1978），中国第一代现代科学学家丁文江（1887—1936）等等无一不受过梁任公的思想和文字的洗礼。青年时代的毛泽东（1893—1976）因为崇拜梁任公，还取过"子任"的名字。（[4]，p.7—8，[5]，pp.430—431，[6]，pp.21—22）遗憾的是，长期以来，由于种种原因，我们国内未能对梁启超一生多方面的贡献作出比较客观的介绍与公正的评价。本文，因限于篇幅，只能对梁启超曲折的一生与重要的贡献作简略的介绍。

梁启超（1873—1929）

1. 少年时代（1783—1894）

1873年2月23日（清同治十二年癸酉正月十六日），梁启超生于广东新会县熊子乡茶坑村。这是鸦片战争后的33年，太平天国天京陷落后的第9年，清朝推行洋务也有10多年了。

梁启超的先世是明末南逃的难民，耕读传家。他自幼受祖父与父、母的教育，熟悉中国古代豪杰的嘉言懿行，与宋明亡国时期的悲壮故事。他聪颖过人，7 岁时便读完四书五经，1844 年（11 岁）时考得秀才，仍参加农务劳作，在家好读《史记》。1885年去广州从师学习。1888 年入学海学堂，习训诂词章文学。1889 年（16 岁）时参加广东乡试，中举人第八名，主考李芯园以妹许梁为妻。1890 年春入京会试，路经上海，购得《赢环志略》才知道世界上有五大洲与许多国家。

1890 年与同学陈通甫听说康有为一上书变法，不被采纳，回到了广东，慕名前去拜访。康对他们批判了诂话词章的旧学，引起他们极大的震惊。康进一步向他们介绍了陆、王心学，以及史学与西学的梗概。梁、陈因此开阔了视野，十分折服，共请康有为开馆讲学。

1891 年，康有为讲学于广州长兴里的万木草堂，有学生近二十人，梁是康的得意门生。康是当代的今文经学大师。他的讲学内容，不是当时通行的四书五经、陈腐八股，而是以孔学、佛学、宋明理学（尤其是陆王心学）为体，以史学、西学为用，重点讲研今文经学，批判古文经学。在课堂上，康有为纵论古今中外天下大事，从西方文明，到救中国之法，讲数千年来学术源流，历史政治沿革得失，并与世界各国作比较，深受学生欢迎。康有为的《长兴学记》、《新学伪经考》对梁的影响很大。梁等还参加了康有为的《孔子改制考》、《春秋董氏学》的撰写。

1891 年冬十月，梁启超入京与李蕙仙女士完婚。1892 年春，在京参加会试，夏又南归。在广东一年多，除学国学外，更读江南制造局所译西学及英人傅兰雅所辑的《格致汇编》。1893 年曾在东莞讲学。1894 年（光绪二十年甲午）2 月入京。6 月，甲午中日战争开始。梁对时局十分愤慨，不时发表救国主张，但人微言轻，不为他人所重视。于是发奋读书，攻数学、历史、地理，并开始广求同志，开倡风气的活动。7 月，康有为的《新书伪经考》受到弹劾，梁在京为康多方奔走，结果由两广总督命令自行焚毁。10 月又回广东。

2．年轻的维新志士（1895—1898）

1895 年 2 月，梁启超与康有为入京参加会试，从此完全脱离了万木草堂。

公车上书

该年 3 月，中日议和。梁启超十分愤慨，代表广东参加会试的公车 190 人上书，陈述时局，反对割让台湾。不久，康有为又联合公车 3000 人（另一说为 1200，1300 人）上书请求变法。梁启超也参与奔走、书写。内容一为拒和，一为迁都，一为变法。这是清朝二百年来第一次大规模的知识分子运动，也是近百年来中国知识分子的第一次大规模的政治运动。但由于清廷顽固派的阻挠，这些上书都被打入冷宫，根本无法到达光绪皇帝的手中。

《中外纪闻》和强学会

康梁等看到维新运动遇到的困难重重，决定从制造舆论、提倡新学、开通风气和组织团体两方面入手，以打开局面。1895 年夏，康有为创办《万国公报》（即"中外纪闻"，随《京报》发行），每天送 1000 多份给在京的王公大臣。梁启超、麦孟华是这个刊物的主要撰稿人。他们写了大量文章，努力介绍西方国家的政治、经济、文化等方面的情况，鼓吹变法维新。这是康梁一贯鼓吹的"欲开民智，先开官智"的主张的具体实践。7 月，康有为发起组织"强学会"，得到清廷少数文武官吏的支持、由陈炽任会长，梁启超任书记。11 月，康又发起组织了上海强学分会。梁启超起草的强学会组织章程，强调学会是集合一批志同道合的"志士仁人""协助清廷变法维新，庶几走上富国强兵"的道路，丝毫没有危害清皇朝统治的意图。但是，康梁的剖白丝毫也不能打消清廷顽固派对他们的嫉视与疑虑。11 月，清政府勒令《中外纪闻》停刊。乙未年十一月至十二月（1896 年 1 月）又先后下令解散北京、上海两地的强学会。北京的维新运动又暂时转入低潮。

交谭嗣同等

在这期间，梁启超与谭嗣同（1865—1898）等维新志士相交往。梁对谭十分推崇，认为他"才识明达，魄力绝伦，所见未有其比。"（［3］，p.47）

《时务报》

1896 年 3 月，梁启超在北京已无可作为，就奉康有为之命，到上海与黄遵宪（1848—1905），汪康年一起，创办《时务报》，梁担任主笔。在他们周围，团结了一批维新人士与同情者。该报于 7 月创刊。梁在该报上发表了一系列政论性文章《变法通议》，（［1］，V.1，pp.1—92）阐述了他的政治主张。他依据康有为的公羊三世说（据乱世、升平世、太平世），强调了"变"与进化的观念并认为："变法之本，在育人才。人才之兴，在开学校。学校之立，在变科举。而一切要其大成，在变官制。"（［1］，V.1，p.10）此外，他还强调了开民智，兴学会，译西书、办报馆，兴民权、平满汉之界，立农、工、商、政，修铁路，通轮船，开矿山，开武备学堂，练陆海新军。他认为这些是"立国之元气，而致强之本原也。"（［1］，V.1，p.12）

梁启超还在《西学书目表后序》中阐述了他的学术主张：中学西学并重。他写道："要之舍西学而言中学者，其中学必为无用，舍中学而言西学者，其西学必为无本，无用无本皆不足以治天下，虽庠序如林，……无救危亡。"（［1］，V.1，p.129）他针对洋务运动领导人只知学习西方的船坚炮利、机器奇巧，而不知学习西方的政治制度与科学的偏向，开列了西学书目表，共列书 300 种。其中既有西学，包括算学、力学、电学、化学、声学、光学、汽学、天学、地学、全体学、动植物学、医学和图学；也有西政，包括史志、官制、学制、法律、农政、矿政、工政、商政、兵政、船政；（［1］，V.1，p.123）提倡较全面地学习西方。

梁启超主编的《时务报》，"一时风靡海内，数月之间销行至万余份，为中国有报以来所未有，举国趋之，如饮狂泉。"（［1］，V.6，p.52）通过《时务报》的宣传，康有为的名字和他的变法维新的主张，在广大知识分子中广泛传播。从 1896 年到 1898 年戊戌政变之前，维新变法的团体，如雨后春笋般地纷纷建立，总数达 20 余个，梁启超直接参与的就有戒缠足会、农学会、南学会、知耻学会、医学善会等。各种鼓吹维新变法的刊物也相继出现，如《国闻报》、《湘学报》、《湘报》、《知新报》等等，彼此相互呼应，造成巨大的舆论声势。

这年秋冬间，梁启超联合同志集股创办大同译书局于上海，梁写的书局叙例中谈到，译书"以东文为主，而辅以西文，以政学为先，而次以艺学，……将以洗空官之诪，增实学之用，……"（[1]，V.2，p58）

时务学堂

1897年，谭嗣同、黄遵宪、熊希龄（1870—1937）等在长沙创办时务学堂，聘梁启超主讲习，唐才常等为助教。梁启超参照康有为当年办万木草堂的经验，把湖南时务学堂办成当时最负盛名的一所学校。他通过教学活动，大力宣传变法理论、公羊学派的进步历史观、《孟子》中的民权与大同思想，广泛介绍西学，批判顽固派维护的旧学，甚至"窃印《明夷待访录》、《扬州十日记》等书，加以案语，秘密分布，传播革命思想，信奉者日众，于是湖南新旧派大哄。"（[2]，V，34，p.62）梁启超通过时务学堂，培养了一批出色的人才。在时务学堂第一班40名助教与学生中，有于1900年反清起事牺牲的唐才常、林圭等庚子六君子，有以后领导云南举兵讨袁护国的蔡锷将军。

这年冬天，梁启超又与经联珊创设女学堂于上海。它的宗旨是"欲复三代妇学宏规，为大开民智张本。"（[3]，p.72）

从保国会到百日维新

1897年冬，为反对德国强占胶州湾，康有为呈送了《上清帝第五书》，终于在1898年（光绪二十四年戊戌）初送到了光绪手中。光绪看了，决心维新变法，命康有为统筹全局。该年春，梁启超与康广仁一同应康有为之召到了北京。三月，梁启超与麦孟华等联合各省公车上书，请拒俄变法，力陈旅大之不可割。三月，康有为在北京发起保国会，梁启超积极筹划奔走。保国会同志"讲求保国保种保教之事，以为论议宗旨。"（[3]，p.110）该会开过数次，到会的人都过百人以上，北京风气一时大变。但由于顽固派的攻击与弹劾，不久就停止了活动。四月初，梁启超又联合公车百余人联名上书，请废八股。（[1]，V.3，pp.21—23）

戊戌四月二十三日（1898年6月11日），光绪上谕定国是之诏，从此开始了百日维新。四月二十五日（6月13日）上谕保举通过时务人才康有为，在总理衙门行走，准备召见黄遵宪、谭嗣同、梁启超。从此，光绪相继颁发了数十条变法上谕，除旧布新。除旧方面，主要是：废八股取士，废书院，裁汰八旗绿营，撤销京内外一切冷衙门和冗官冗兵等。布新方面主要是：试策论，办大、中、小矿物、编译、水、陆学堂，及设立农工商总局、商会及分支机构，准民间兴办工厂实业，奖励农学，奖励新著作、新发明，翻译书报，准许办学会、开报馆，广开言路，办好水师等等。并授李端棻为礼部尚书，杨锐、林旭、刘光第、谭嗣同为四品卿衔，军机处行走，委维新派人士以重任。梁启超于阴历五月十五日（7月3日）被皇帝会见，授以六品卿衔，负责办大学堂与译书局等事务，起草了一些推行新政的奏折。正如他在致

夏曾佑的信中所说："新政来源，真可谓全出我辈。"（［7］，p.53）

但是，维新变法很快为慈禧太后为首的清廷顽固派所扼杀。戊戌阴历八月六日（9月21日），慈禧从颐和园还宫，将光绪囚禁于瀛台，并以皇帝名义发布上谕，宣告由她"垂帘听政"。前后历时103天的变法运动，至此以失败而告终。政变后，八月十三日（9月28日），谭嗣同、林旭、杨锐、刘光第、康广仁、杨深秀等戊戌六君子走向刑场，慷慨就义。谭嗣同在被捕前一日，曾有朋友苦劝他逃亡日本。谭坚决不走说："各国变法无不从流血而成，今中国未闻有因变法而流血者，此国之所以不昌也。有之，请自嗣同始。"（［2］，V.1，p.109）他的这种大无畏精神一直激励着以后的中国革命志士。

梁启超于八月六日（9月21日）晚避往日本公使馆，由日人营救，于九月中旬（公历10月下旬）逃到日本。他在出国的时候，写了一首脍炙人口的"去国行"，慷慨悲歌，抒发他的愤哀心情。歌中写道："……城狐社鼠积威福，王室蠢蠢如赘痈，……可怜志士死社稷，前仆后继形影从。……"（［3］，p.159）康有为则在英国人的保护下，逃出北京，经天津、上海、香港转赴日本。梁的妻兄礼部尚书李端棻被革职后遣戍新疆。梁启超的广东老家被抄，梁父莲涧先生携眷避居澳门。

3．百科全书式的启蒙思想家（1898—1903）

《清议报》、《新民丛报》和《新小说报》

梁启超在 1898 年 10 月到达日本后，11 月 11 日就在横滨创办了《清议报》。他怀着悲愤的心情，迅笔疾书，写出了《戊戌政变记》。（［2］，V.1）回顾了变法与政变的全过程，分析了政变的原因，为殉难的六烈士作了传，赞颂了支持变法的光绪，猛烈抨击了以西太后为代表的清廷顽固派。《政变记》在《清议报》上连载发表，通过上海租界的广智书局向内地发行。清廷列为禁刊，但越禁却越畅销，据说慈禧读了，抱着《清议报》大哭，说是太糟蹋她了。她咬牙切齿，赏银十万两，要取康梁的首级。以后又派刘学询，带了数十亿两白银到日本，收买日本浪人，放火烧了《清议报》，迫使《清议报》在 1901 年 12 月停刊。（［8］，pp.70—74）梁启超认为，《清议报》的特点有四："为倡民权，衍哲理，明朝局，厉国耻。所遵奉的原则也有四：一曰宗旨定而高，为最多数的国民之言。二曰思想新而正。三曰材料丰而富，分门别类，包罗万象，而选择又极严。四曰报事确而速，以造谣生事为大戒。"正因为如此，《清议报》受到了广大读者的欢迎，销路与日俱增。（［8］，pp.73—74）在《清议报》被迫停刊以后，他又于 1902 年创办《新民丛报》和《新小说报》，坚持启蒙工作。

思想为之一变

1899 年初，梁启超读书箱根，"肆日本之文，读日本之书"，"思想为之一变"。（［3］，pp.175—176）他的思想变化，主要表现在下列几方面。

第一，进一步信仰社会达尔文主义。他在 1902 年写道："近四十年之天下，一进化论之天下也。唯物主义者昌，而唯心主义屏息于一隅，科学盛而宗教几不保其残喘，进化论实取数千年旧学史之根柢而摧弃之翻新之者也。"（［1］，V.12，p.79）"天演物竞之理，民族之不适应于时势者，则不能自存。"（［1］，V.7，p.106）

第二，改变对孔子教义的态度。他在"保教非所以尊孔论"（1902）中说，"区区小子，昔也为保教党之骁将，今也为保教党之大敌。"（［1］，V.9，p.59）他反对把孔子教义当作迷信礼拜的宗教，而为可以随时代而演进之学说，主张思想自由，不再谈托古改制。（［8］，V.3，pp.1—3）

第三，认为中国正处于过渡时代，寄希望于青少年，认为"老朽者流，死守故垒，为过渡之大敌"，"青年者流，大张旗鼓，为过渡之先锋。"（［1］，V.6，p.36）他于1900年发表《少年中国说》热烈讴歌少年中国，少年进步则国进步，……少年雄于地球，则国雄于地球。……红日初升，其道大光，河出伏流，一泻汪洋。……前途似海，来日方长。美哉我少年中国，与天不老！壮哉我少年中国，与地无疆！"（［1］，V.5，pp.7—11）

第四，大力鼓吹新民与自由、革命与破坏、排满与共和，突破了维新变法、改良的羁绊。他在《新民说》中热烈赞颂路德、培根、笛卡尔、斯密、卢梭、孟德斯鸠、哥白尼对旧宗教、旧哲学、旧经济学、旧政治学、旧法律学、旧天文学的破坏，掀起宗教、哲学、经济学、政治学、法律学、天文学的革命，创立新的宗教、哲学与科学，"随破坏，随建设，甲乙相引，而进化之运，乃递衍于无穷。"（［2］，V.4，p.62）他还写道："不破坏之建设，未能有建设者也。""然则救危之求进步之道将奈何？曰：必取数千年横暴混浊之政体，破坏而齑粉之。"（［2］，V.4，p.64）他在1902年4月给康有为的信中说："今日民族主义最发达之时代，——中国以讨满为最适宜之主义。"（［3］，p.286）1903年3月18日致徐君勉的信中说："深信中国之万不能不革命。"（［3］，p.320）在这时期，他还有一篇未发表的《拟讨专制政体檄》，号召中国青年奋起讨伐专制政体。"专制政体者，我辈之公敌也，大仇也。有专制则无吾辈，有我辈则无专制。我不愿与之共立，我宁愿与之偕亡。"（［7］，p.92）檄文气势磅礴，洋溢着革命激情。

第五，他这时不再把中学、西学作体用之划分，认为西学中的政治学、经济学、哲学与社会学皆开民智强国基之急务"，是"本原之学。"说"今者余日汲汲将译之，以饷我同人。"（［1］，V.4，p.81）

百科全书式的启蒙工作

他在这时期介绍的西方政治学与法学有：亚里士多德的政治学说（［1］，V.12，pp.68—78）、卢梭的民约论与天赋人权说（［1］，V.6，pp.97—110），孟德斯鸠的法学与三权分立说（［1］，V.13，pp.18—29）、伯伦知理的民主政治与国家学说。（［1］，V.13，pp 67—89）他比较过中外的国体与宪法（［1］，V.4，pp.61—79），写过"立宪法议"（［1］，V.5，pp 1—6），《中国专制政治进化史论》，（［1］，V.9，pp.59—89）讨论过专制政体与立法权（［1］，V.9，pp 90—107）、政府与人民的权限（［1］，V.10，pp.1—5）、民族竞争的大势（［1］，V.10，pp.10—34）等等。

在经济学方面，他写了《生计学说沿革史》，介绍了从古代到亚当·斯密的经济学说。（［1］，V.12，pp.1—61）他也介绍了西方新兴的"托拉斯"，（［1］，V.14，pp.33—61）写了《中国改革财政私案》（［1］，V.8，pp.1—59）等著作。

在哲学、科学与文化启蒙方面，梁启超这一时期的工作向中国知识界展示了一个新的精神世界。他写了《论古代希腊学述》（［1］，V.12，pp.61—68），《近世文明初祖两大家培根与笛卡尔的学说》（［1］，V.13，pp.1—12），《霍布斯学案》（［1］，V.6，pp.89—94），《斯宾诺莎学案》（［1］，V.6，pp.94—97），《功利主义泰斗边沁的学说》（［1］，V.13，pp.30—47），《进化论革命者颉德的学说》（［1］，V.12，pp.78—80）等文，对从古至今的西方许多大哲学家的学说作了介绍。他又写了《格致学沿革考略》（［1］，V.11，pp.3—14），对从古巴伦古希腊到哥白尼、伽利略、牛顿时代的科学发展史作了简要的介绍。《天演学初祖达尔文的学说及其传略》（［1］，V.13，pp.12—18）、则专门介绍了对当时中国思想界有巨大震撼力的达尔文及其进化论。他的《学术势力左右世界》（［1］，V.6，pp.110—116）一文专门论述了文艺复兴以来西方的大哲学家、大科学家与启蒙思想家对推动近代世界文明的巨大影响。

梁启超在1902年还写了《论中国学术思想变迁的大势》。（［1］，V.7，pp.1—104）他在书中对中国先秦的学术与古希腊的学术作了比较，对2000多年来的中国学术文化的发展作了初步总结，指出了中国传统学术的专长与缺点。长处是在实际问题和人事问题方面，缺点则在缺乏逻辑思想与物理实学等方面。（［1］，V.7，pp.31—33）美国的一位史学家列文森在他的《梁启超与现代中国精神》一书中认为，青年梁启超在理智上疏远但在感情上束缚于他的传统。（［9］，p.1,p.219）他似乎把梁启超这一时期的反传统主义倾向估计得过分了。

梁启超也可说是新文学运动的先驱，他在《新小说》创刊号发表的《论小说与群治的关系》（［1］，V.10，pp.6—9）、提出了小说为革新社会服务的根本观点和纲领，认为"要新一国之民，不可不新一国之小说。"在这一时期，他翻译出版了若干新小说《佳人奇遇》（［2］，V.88），《俄皇宫中之人鬼》（［2］，V.91），《世界末日记》（［2］，V.90），《新罗马传奇》（［2］，V.93），《十五小豪杰》（［2］，V.94）等。他创作的政治小说《新中国未来记》巧合地预言了大中华民主国的创立（［2］，V.89），阐发了他的政治见解。

梁启超也是中国现代史学革命和新史学的创始人。在这一时期，他除了前述的政治史、经济史、科学文化史之外，他还写了《新史学》（［1］，V.9，pp.1—32）和《中国史叙论》（［1］，V.6，pp.1—12），尖锐地批判了中国旧的史学传统，指出中国旧史学"知有朝廷而不知有国家"，"知有个人而不知有群体"、"知有陈迹而不知有今务"、"知有事实而不知有理想"。（［1］V.9，pp.3—7）因此把历史弄成了帝王家谱，没有理想，没有"群体"，没有因果法则。他鼓吹史学革命，创建新史学，认为"历史者，叙述人群之进化现象，而求其公理公例者也"，其目的"在以过去之进化，导未来之进化"。

为了借鉴历史经验，"导未来之进化，"他写了古今中外许多革命家、改革家、民族英雄的传记，如《匈牙利爱国者葛苏士传》（［2］，V.10），《意大利建国三杰传》（［2］，V.11），《近世第一女杰罗兰夫人传》（［2］，V.12），《新英国巨人克林威尔传》（［2］，V.13），《张博望班定远合传》（［2］，V.5），《赵武灵王传》（［2］，V.6），《袁崇焕传》（［2］，V.7），《中国殖民八大伟人传》（［2］，V.8），《郑和传》（［2］，V.9）等等。为了唤醒国人，警惕亡国危险，他写了朝鲜亡国史（［2］，V.17，V.20，V.21），《越南亡国史》（［2］，V.19）此外，他还写了《中国四十年来大事记》（一名《李鸿章》）（［2］，V.3）（1901）、《南海康先生传》（1901）（［1］，V 6，pp.57—58），《三十自述》（1902）（［1］，V.11，pp.15—20），为中国现代史留下了宝贵的史料。

在如此短暂的 5 年内，梁启超写下了如此大量、涉及领域如此之广，社会影响如此巨大和深远的作品，这在中国历史上还找不出第二人。他的启蒙工作虽浅但广，虽杂但博，加上他那笔锋常带感情的文风，确实具有巨大的感染力。

革命与改良常交战于胸中的维新派首领

梁启超作为维新派的首领，这一时期除了做了大量文学启蒙工作外，也积极参与了许多实际的政治活动。

康有为和梁启超到了日本以后，1899 年初，革命派的领袖孙中山（1866—1925）就想与他们交往，想争取实现两党合作。这时，康有为很不愿意与革命党交往，而梁启超却十分乐意与孙中山相交往。1899 年 2 月，康有为离开日本去加拿大。6 月，在加拿大正式建立保皇会（维新会），康有为任会长，梁启超与徐君勉任副会长。在日本，梁启超除去了对老师的顾虑，便公开与革命党相交往。6 月，梁启超与韩树园、梁子刚等 12 人结义于日本江之岛。他的这批比较激进的同志也与革命党十分接近。双方曾想合并组党，拟推孙中山为会长，梁启超为副会长，请康有为"闭门读书，息影林泉"。（［10］，pp.125）梁启超又与孙中山合办了一种杂志，名《中国秘史》，一共出了两期，专言宋明亡国与洪扬遗事。（［8］，序 p.3）秋天，梁启超在东京创立高等大同学校，一时有革命思想的青年志士如林圭、蔡锷等都聚集于其中。唐才常也于这时来到日本，在梁启超与孙中山的支持下，建立革命组织"正气会"（后改名"自立军"），准备归国起义。唐才常归国之日，梁、孙一起为他钱别。

可是，到了年底，形势急剧逆转。由于保皇会中保守派向康有为告变，谓梁启超"渐入行者圈套，非速设法解救不可。"康有为据报，立即勒令梁去夏威夷办理保皇事务，不得稽延。梁去夏威夷后，与孙中山的关系，由疏远而消沉，终至分裂。其中原因，主要的有：（1）康有为的坚决反对两党合作，梁启超不敢明白宣布背叛自己的老师。（2）维新派内部同志如黄遵宪等的规劝。（3）与孙中山在纲领策略上的分政。孙中山主张"倒满州以兴民政，"梁则主张"借勤王以兴民政"，"名为保皇，实则革命"。二人无法取得一致。（4）孙、梁二人，谁领导谁的问题。（5）双方为在华侨中争取财源而分裂、敌对。（［10］，pp.119—136）到了 1900 年勤王之役失败，这种分裂局面已无可挽回了。

1899 年底，慈禧有废光绪帝、立大阿哥之意。1900 年（庚子）上半年，由于义和团事件，八国联军攻打北京。保皇党想利用这一时机，在汉口、广东发动勤王之役。但由于种种原因，终于失败，唐才常、林圭等庚子六君子又为武汉的军阀张之洞所杀害。梁启超于阴历七月（8月）赶到上海，已事败无可挽救。武汉死难的志士许多都是梁的朋友和学生。他只能挑起抚恤孤寡的重担，做了一些善后工作，在上海住了 10 月，即转香港、新加坡、印度去澳洲。途中晤见康有为，康竟用椅子把梁击伤，无理地把失败的一切责任都归之于梁启超。为此，梁心灰意冷，一度消沉。在澳洲呆了半年，于 1901 年四月返回日本。冬天《清议报》馆被烧，被迫停刊。1902 年正月《新民丛报》出版，十月《小说月报》出版。这时，梁又专以宣传为业，悉心办报。《新民丛报》自己发行达 3 万份，而内地各省翻印的有 10 多种版本，"以国人竞喜读之清廷虽免禁不能遏"。（［3］，p 273）

1903 年初，梁启超应美洲保皇会之邀，访问加拿大和美国。去美洲的目的，第一是发展美洲各地保皇分会，第二是筹款。在美国华盛顿，梁以保皇会领袖身份会见了西奥多·罗斯福总统和国务卿约翰·海，十月返回日本。

4．改良派的主帅，立宪派的领袖

1903 年冬，梁启超从美洲回到日本后，言论大变，完全放弃以前深信的"破坏主义"和"革命排满"的主张。他在这时发表的介绍伯伦知理和波伦哈克的学说的文章就认为君主立宪优于共和政体。其转变的原因，大致为：（1）屈服于康有为的经济压力，（2）害怕革命破坏之后，建设不易，并且革命战乱之时，中国有被世界列强瓜分之危险，（3）与革命党感情日益恶化，（4）政治思想转变，由激进趋向温和、保守，这在相当程度上受到他的好友黄遵宪的影响。（［10］，pp.162—174）

与革命派的论战

梁的言论，很快遭到了革命派的批评与反击。从 1905 年到 1907 年，争论达到高潮。梁启超主编的《新民丛报》与革命党的《民报》，展开了一连串的笔战。争论的焦点是：（1）革命排满，还是缓进改良？革命是否会引起下层社会的暴动和外国的干涉？（2）是民主共和，还是君主立宪？是约法训政还是开明专制？（3）关于土地国有政策的争论。

这场争论，从当时多数知识青年的反应来看，革命党的《民报》具有明显的优势，但是梁启超对革命党的诘难，特别是有关土地国有的政策，对革命党修正完善他们的纲领与政策，起了促进作用。这场争论对于提高当时中国知识分子的政治认识也起了巨大的作用。（［10］，pp.207—251）

立宪运动

这一时期，在实际政治活动方面，作为维新派的领袖，梁启超采纳了他的好友黄遵宪的建议，奉行"避革命之名，行革命之实"的方针策略。"其宗旨曰阴谋、曰柔道，其方法曰潜移、曰缓进、曰蚕食，其权术曰得寸、曰避首击尾、曰远交近攻"。自光绪三十二年（1906 年）至辛亥革命（1911年），梁启超一直大力推行立宪运动。

1905年6月，袁世凯（1859—1916）、周馥、张之洞三个总督联名上书奏请清廷预备立宪。清廷接受了这个建议，于年底派五大臣出国考察宪政。五大臣于1906年初到日本，请梁启超为他们代撰了20余万言的奏折，奏言"宪政所以安国内，御外侮，固邦基，保人民"。并谓在颁布宪法之前，先颁布地方自治章程，定言论、出版、集会自由的各种法规。并建议在北京设立资政院，在各省设立谘议局，议员皆为民选。1906年10月清廷上谕预备立宪。1907年10月19日，清廷上谕设立资政院与谘议局。（［3］，p.389）

《新民丛报》第一号封面书影

梁启超在海外策动立宪运动。1906年九月，美洲保皇会改名为帝国宪政会。10月17日在东京建立政闻社，发行《政论杂志》，主张"一、实行国会制度，巩固司法权之独立，建设责任政府，二、厘定法律，三、确立地方自治，正中央地方之权限，四、慎重外交，保持对策权利。"（［3］，pp 419—420）1908年初，政闻社与《政论杂志》迁上海，派徐佛苏前往协助工作，团结各省谘议局人士，以策动大规模的立宪请愿运动。1908年7月，《政论杂志》因与康、梁有关被清廷勒令停刊，政闻社也被解散。这是立宪运动的第一阶段。1908年11月光绪帝和西太后相继去世。接着宣统登基，袁世凯被革职，筹备立宪事，又松懈了下来。

政闻社被解散后，梁启超又与孙洪伊、徐佛苏等秘密组织宪友会。从宣统元年（1909）到宣统二年（1910），孙徐等多次策动各省谘议局代表，请愿召开国会。清廷为缓和民情，先答应宣统八年（1916）召开国会，后又提前到宣统五年（1913）。但是，清廷并无立宪诚意。1910年冬，当东三省代表到北京请愿时，被解回原籍。天津温世霖主张通过罢学来请愿立宪，被逮捕充军新疆。

为了与国内的请愿运动相呼应，1910年初，梁启超在日本创办了《国风报旬刊》，一再为文抨击清廷。他曾写道："徒以现今之组织，循而不改，不及三年，国心大乱，而至于亡。"（［10］，p.195）他似乎已预见到立宪失败、革命将成功的前景了。

1911年（辛亥）初，梁启超曾有台湾之行，6月4日宪友会正式成立，7月《国风报》停刊。10月，辛亥革命一举成功，各省响应。各省谘议局和宪友会，是起了促成作用的。

这时期的著述工作

梁启超在这时期的著述工作，有与革命派论战的《开明专制论》《驳某报之土地国有论》（［1］，V.17）等，有鼓吹立宪运动的《宪政浅说》（［1］，V.23）、《中国国会制度私议》（［1］，V.24），《责任的内阁释义》（［1］，V.27），以及论国会期限、资政院的一些论文。（［1］，V.25）他写了《中国的武士道》（［2］，V.24），《德育鉴》（［2］，V.26），《中国法理学发达史》（［1］，V.15），《论中国成法法编制的沿革得失》（［1］，V.16），《中国外交方针私议》（［1］，V.23），《中国国债史》（［2］，V.25），《外资输入问题》、《中国货币问题》（［1］，V.6），《外债评议》（［1］，V.22）、以及论述财政税收、公债、币制、币材、铁路等方面的论著。此外，他还写了《王荆公》（［2］，V.27），《管子传》（［2］，V.28）等历史著作。

5. 民国初期的政治活动家

进步党的领袖

1911 年 10 月 10 武昌起义。11 月 1 日清廷任命袁世凯为内阁总理大臣，开放党禁，任命梁启超为法律部副大臣。梁未受命。11 月 8 日，他曾回大连、奉天活动，宪政和虚君共和，未达目的，折回日本。辛亥十一月十三日（1912 年 1 月 1 日），孙中山在南京就任临时大总统。2 月 12 日，清帝退位。3 月 10 日，袁世凯就任临时大总统。根据"约法"选出参众议员，准备在 1913 年召集国会。梁启超于 1912 年 11 月回国，28 日到北京，受到政府与各界的热烈欢迎。1913 年 4 月，召开国会。孙中山的国民党为第一大党，以梁启超为领袖的共和党为第二大党。为了与国民党相抗衡，共和党又联合民主党、统一党合并组成进步党，推梁启超为领袖。这时，进步党与国民党在国会中已势均力敌，甚至大于国民党，而两党的政纲并没有多大的区别。

1913 年 3 月，国民党常务理事长宋教仁被暗杀。7 月，国民党发动"二次革命"，9 月，就为袁世凯所击败。这时，袁世凯请熊希龄出任国务总理，组织了一个以立宪派为主体的内阁，梁启超出任司法总长。实际上，梁是熊希龄内阁的灵魂，熊内阁的《政府大政方针宣言书》（［1］，V.2）就是由梁启超拟定的。以后，梁又起草了《进步党拟中华民国宪法草案》。（［1］，V.29）但是，由于袁世凯的专横独裁和地方都督的抵制反对，熊内阁的施政方针根本无法贯彻。1913 年底，熊、梁相继提出辞职，1914 年 2 月，他们就正式下台了。

梁启超辞掉司法总长以后，袁世凯曾委任他任币制局总裁。梁在任内倒还做了几件实事，如确定通货制度，将银两改为银元制，整理铜元，不许湖北、广东两省再铸，收回两省军用票，停闭各省造币厂，改中国银行为官商合办等。（［8］，pp.110—111）但他还有许多整理国家财政增进国民生计的计划和办法并未能够实施。（［3］，p.770）他于该年年底辞去币制局总裁职务。

1914 年 8 月，欧战爆发。1915 年，日本提出"二十一条"。梁启超撰文反对。日本报纸责备他忘恩负义，他大义凛然地予以驳斥。（［1］，V.32，pp.88—11）

1912 年 12 月，梁启超回国不久，就创办了《庸官》月刊。1915 年初《庸官》停刊，梁改任《大中华杂志》主编。他在该刊发刊词中表示了要抛开政治，走专从改造社会入手的道路。

护国讨袁的组织者

1915 年，袁世凯阴谋称帝。8 月，杨度、刘师培等发起组成筹安会，为改变共和国体制造舆论。梁启超针对这些活动，写了《异哉所谓国体问题者》一文，痛加驳斥。在此文还未发表时，袁世凯曾派人来看梁启超，进行威胁利诱，但均无效果。

梁启超不仅写文章批驳袁世凯妄图推翻共和的阴谋，还具体组织了护国讨袁的战争。1915 年 10 月，梁启超与蔡锷、戴戡、汤觉顿、徐佛苏等人会商，议决一旦袁世凯宣布帝制后，立即从云南、贵州、广西发动起义，然后分别从四川，广东、湖南两路会师武汉。12 月 12 日，袁世凯下令接受帝位，准备在翌年元旦即位，改元洪宪。这时，蔡、梁已从天津南下。蔡锷于 12 月 25 日在云南宣布起义，率兵入川，梁则南下上海，在 12 月 26 日发出了讨袁的檄文，并送上海各报发表，全国称快。1916 年 1 月 27 日，贵州宣布独立。3 月 11 梁赴港转广西，

15 日，广西宣布独立。4 月 12 日，汤觉顿去广东策动龙济光起义，不料为龙部所杀。梁启超不顾生命危险，只身前往说服龙济光，然后回肇庆。6 月 6 日组成军务院，以唐继尧、岑春煊任正副军长，梁任政务委员长，暂代国务院职权，通电全国，以袁世凯去职，为罢兵条件。

15 日，十七省代表集会于南京。6 月 6 日，袁世凯忧愤成疾去世。6 月 7 日，黎元洪宣布就大总统职，段祺瑞为国务总理。6 月 29 日，政府申令恢复 1912 年约法与旧国会。7 月 15 日，由于梁启超的周旋努力，军务院撤销。8 月 1 日国会开会，南北终于重获统一，（［3］，p.735）护国战争胜利结束。

这次护国战争，梁启超是最初的发动者，又是各方面的中心，他在上海期间的种种筹划布置活动是护国成功的最大关键。梁启超确实立下了捍卫新生的民主共和国的历史功勋。但在这次战役中，梁的得意门生、护国英雄蔡锷苦战四川，劳瘁成疾，战后不久即逝世于日本。梁的亲密同志汤觉顿死难广东。失去这两个得力助手和亲密的战友，对梁启超确是一个十分巨大的打击。（［8］，pp.121—123）

力主参战和反对复辟

1917 年，欧战局势逐渐明朗，德国必败已较明显。为了通过对德宣战，改善中国的国际地位，梁启超积极主张参战。国务总理段祺瑞想通过参战，向日借款，壮大自己势力，所以也力主参战。但是，正副总统黎元洪、冯国璋与南方的孙中山都不愿段祺瑞势力过盛，所以都反对参战。3 月，国会在段祺瑞的挟制下，通过对德绝交。这时，孙中山通电主张中立主义，黎元洪认为对德问题只做到绝交为止。4、5 月间，段祺瑞借督军团的力量，想压服议员通过对德宣战。议员们不顾压力，坚决否决参战案。段想迫使黎元洪解散国会，为黎所拒绝。5 月 23 日，黎元洪在国会支持下，免去段的国务总理。段则通电鼓动督军团反对黎元洪，要他自动退位。梁启超的政学系议员也向黎施加压力。黎走投无路，最后只得请安徽督军张勋入京调停。张勋领兵到天津后，胁迫黎元洪于 6 月 12 日解散国会。6 月 14 日，张勋带了五千名辫子兵进入北京。28 日康有为也秘密进入北京。在康、张"文武二圣"的导演下，7 月 1 日，清宣统皇帝在京宣告复辟。7 月 3 日，梁启超替段祺瑞起草了讨伐复辟的通电，并为他出谋划策，筹集军饷。梁本人也发表了《反对复辟电》，公开表明他反对老师康有为的复辟、保皇活动。段祺瑞于 7 月 5 日到马厂"誓师"，就任讨逆军总司令。12 日，张勋兵败，逃入荷兰使馆。段祺瑞于 14 日进京，15 日到国务院自行复职，17 日提出新内阁名单，任命梁启超为财政总长。

4. 任期四个月的财政总长

梁启超就任财政总一长时，原抱有很大的希望。他最大的目的，就是想利用缓付的庚子赔款和币制借款来彻底改革币制，整顿金融，可是结果事与愿违，就是消极方面的维持现状，也没有得到很好的成绩。

段祺瑞重新执政后，利用当时的有利形势于 1917 年 8 月 14 日公布了梁启超起草的对德宣战的文告，但是，梁启超希望通过宣战改善中国的国际地位的理想并未实现。而段祺瑞却通过参战获得了日本的贷款以壮大他个人的军事实力，进行内战，结果是"对外宣而不战，对内战而不宣。"

段祺瑞重新执改后，企图先召集临时参议院，然后再召集新国会，这个方案遭到了南方国民党领袖和各督军省长的强烈反对。9 月 1 日，云贵两广四省宣告组成以孙中山为大元帅的护法军政府，形成了南北两个政权的对立和交战的局面。

11 月间，北洋军在四川、河南两个战场都遭到惨败，北洋军中的直皖二系矛盾也开始明显激化。在冯国璋的授意下，直系四个督军联名发出通电，主张和平解决与西南的争端。迫使段祺瑞内阁于 11 月 15 日进行总辞职，得到总统慰留。但梁启超这时已无意与段祺瑞继续合作，决定单独辞职，得到了总统与总理的同意。梁终于在 1917 年底彻底退出了政界。是年 6 月，川滇军冲突，梁的同志四川省长兼督军戴戡与罗佩金被皖系军阀刘存宜所杀。梁启超要求内阁惩办，段祺瑞置之不理，这也是梁启超愤而辞职的一个原因。（［3］，p.802；［8］，张序，p.3）

这一时期，梁启超忙于政治活动，著述不多。发表的文章主要是演说辞、短篇政论文章、起草的文件、文告等，特别是有关讨袁护国与反复辟的文件文告，具有重要的历史意义，专著只有《欧洲战役史论》（1914）（［2］，V.30）与《国民浅训》（1916）（［2］，V.32）等廖廖几部。

5. 学术工作与文化运动的晚年（1918—1929）

欧游心影

梁启超从 1917 年 11 月退出政界后，就开始专心于学术，先研究碑刻之学，到 1918 年春夏间开始致力于写作《中国通史》，因劳累成疾，呕血而搁笔。是年，欧战结束。北京政府任命梁启超为列席巴黎和会的特使，专使代表团则由陆征祥等五人组成。梁不是正式代表，对专使代表团只有建议之权。

梁启超选了蒋百里、张君劢、徐新六、丁文江、刘子楷等著名人士为随员。他于 1918 年 12 月 28 日由上海起程，经香港、新加坡、锡兰、红海、地中海而到伦敦。在船上 50 天，看完了两大箱近百本日文书，主要是有关战后建设的著作，涉及文学、哲学、经济学、政治学、社会学、生物学各个领域。（［8］，p.129）1919 年 2 月 11 日抵伦敦，在伦敦会见了不少政治家、学者，还专门拜访了李提摩太，18 日到巴黎。

巴黎和约承认日本继承德国在山东的权利。孙中山反对签字，所以汪精卫、李石曾等在巴黎邀集中法人士，组和平促进会，反对签字。学生中以王世杰为领袖，设法阻止代表们签字。梁启超也反对签字，认为只有不承认，才可徐图挽回，美国代表团也有人暗示中国代表不要签字。王正廷、顾维钧、施肇基三代表都反对签字。但北京政府已电令陆征祥签字，学生们就去包围陆的别墅，请他不要奉令。陆看到群情愤慨，答应不签字，陆违抗命令，不再为北京政府所信任，只好挂冠去比利时入修道院了。北京政府也不原谅梁启超，停止寄发他的行旅费。（［8］，p.130）正是由于不签字，山东问题移交华盛顿会议讨论，最后终于归还中国。（［8］，pp.130—131）

梁启超与子女：梁思成（左一），思顺（右一），思永（右二）。上方为梁启超亲笔题字：新民丛报时代任公及顺成永三儿。

梁启超在这一时期，还担任张謇等发起的国民外交协会的代表，主持向巴黎和会请愿各事。4月底他致电外交学会："对德国事，将以青岛直接交还，因日使力争，结果英法为所动，吾若认此，不啻加绳自缚，请警告政府及国民严责各全权，万勿署名，以示决心。"5月4日，《申报》刊载了这个电文。（［3］，p.880）这表明，梁启超在巴黎是和国内的五四反帝运动遥相呼应的。

在6月9日的一封长信中，梁启超写到"数月以来，晤种种性质差别之人，闻种种派别错综之论，睹种种利害冲突之事，烩以范象通神之图画雕刻，环以恢诡葱郁之社会状态，饫以雄伟矫变之天然风景……吾自觉吾之意境。日在酝酿发酵之中，吾之灵府必将起一绝大之革命。"（［3］，pp.880–881）

这次欧洲之行，梁启超一共到了英、法、德、意、荷、比、瑞士等国，会见了许多政治家、哲学家、文学家与社会名流、考察了欧洲战场与战后欧洲的状况，他的思想确实又发生了一次革命。从他在归国后发表的《欧游心影录节录》中，可以看出他这次思想革命的"产儿"究竟是什么。

概括地说来，主要是对他过去信奉的社会达尔文主义产生了怀疑，认为这种"生存竞争优胜劣败"与个人主义的学说与社会思潮是这次世界大战的思想根源，同时对"科学万能"、唯物的机械的人生观也产生了怀疑。他接着对世界的发展趋势作了预计：（1）民族主义越发光焰万丈，要扩充到欧洲之外，（2）世界主义，要从此发轫。（3）社会的民主主义要渐渐成为最中庸的一种政治。（4）俄国革命，其历史价值，最少也不在法国大革命之下，今后和"中庸政治"相争，还不知谁胜谁负。（5）国际间产业战争，只有比前更剧，自由贸易主义，怕要作废。（6）科学万能说，当然不能像从前一样的猖獗，但科学依然在它的自己的范围内继续进步，物质文明，一定更加若干倍发达。（7）这回战争，给人类精神上莫大的刺激，人生观自然要起一大变化，哲学再兴，乃至宗教复活，都是意中事。（［2］，V.23）这些预见与估计，发表于70年前的1920年，现在看来，却还是基本正确的。

他对中国政治文化的建议是：（1）建设世界主义的国家，（2）坚信中国不会亡。（3）革命派与改良派合作，搞全民政治，（4）提倡尽性主义，充分发挥各人的天赋良能，（5）彻底解放思想，不受中国旧思想的束缚，也不受西洋新思想的束缚。（6）提倡法治，（7）实行职业选举与国民投票相结合的宪权，（8）通过地方自治加强国民省自治能力。（9）提倡社会主义精神，实行劳资互助。（10）开展国民运动。（11）综合传统文化和西方文化，建立新文化。（［2］，V.23）梁启超的这些建议中，充满了善良的愿望。以后的事实是内乱外患的中国终于选择了激进革命的道路，但是，回过头来看，梁启超提出的民主、法治、宪政、自治，彻底解放思想，综合传统文化与西洋化等任务，至今尚未完成，还有其现实意义。

梁启超本是中国现代新文化运动的先驱，他对"五四"运动的反帝斗争，争取民族独立是完全支持的，对"五四"的反封建、争民主的斗争，他也是赞同的。但他不同意北伐时期湖南农民运动的过激的、粗暴的、不讲政策与不人道的一些做法。

但是，对于"五四"新文化运动对待中国传统文化的态度，梁启超是有不同意见的。他始终赞成在中国要发展科学，要发扬科学精神，但是反对科学万能说，反对唯科学主义。他反对全盘否定传统文化，也反对全盘西化，而主张创建综合传统文化与西方文化的新文化，对世界文化做出我们现代中国人的贡献。他在五四以后的学术工作和文化运动中，都是遵循他的这一主张。

晚年的文化活动

梁启超于1920年3月5日回到上海后，就积极开展文化活动。在报刊方面，受他影响的，有《时事新报》与《北京晨报》和《解放与改造》半月刊。在学术团体方面，他于1920年组织共学社，发起讲学社，先后邀请过美国实用主义哲学家杜威（1919—1921年间来华）、英国新实在论哲学家罗素（1920—1921年间来华）、德国生机论哲学家与生物学家杜里舒（Hans Driesch）（1922—1923年间来华）、印度诗哲泰戈尔（1924来华）讲学，产生过巨大影响。从1922年间开始他也曾应邀担任中国科学社董事部的董事。从1921年到1928年，他先后担任天津南开大学（1921）、南京东南大学（1922）、清华大学（1923—1924）、清华研究院（1929—1928）教授并兼任京师图书馆馆长（1925—1926）、北京图书馆馆长（1926—1928）司法储才馆馆长（1926—1927）等职。此外，他对商务、中华两大书局都有影响。这些都为他开展文化活动创造了相当的条件。

继续支持反帝和民主运动

这一期间，梁启超虽然已退出政界，但他仍关心支持反帝爱国运动与民主改良运动。他在1920年至1922年发起过国民制宪运动，1921年发起过国民裁兵运动。1925年，五卅惨案更激发了他的义愤。他发表了一系列文章与函电，要求欧美朋友如罗素等出来伸张正义，并要求段祺瑞政府与英国政府严正交涉。

支持科学事业，提倡科学精神，但反对科学万能说

1923 年，梁启超的两位好友张君劢与丁文江开展了一场科学与人生观的大论战。张君劢认为，科学不能解决人生观问题。丁文江则认为，科学万能，科学能解决人生观问题。梁启超的主张是："人生问题，有大部分是可以——而且必要用科学方法来解决的；却有一小部分——或者还是最重要的部分是超科学的。"（［1］，V.40，pp 21—26）参加这场论战的有胡适、任叔永、唐钺、张东荪、王星拱、吴稚晖、范寿康、陈独秀等 20 余知名学者，历时一年半，在中国产生了巨大影响。

梁启超反对科学万能，只是反对当时在中国流行的唯科学主义。他认为科学不能取代哲学、伦理、道德。但他也不菲薄科学，绝不承认科学破产。他一直关心支持科学事业的发展，提倡科学精神。例如，他在题为《科学精神与东西方文化》的讲演中，（［1］，V.9，pp1—8）强调了在中国要提倡追求真的（或有很强的或然性的）系统的知识的精神，要有传授、普及科学知识的精神，批判了中国学术界两千年来缺乏科学精神的种种病症（如笼统、武断、虚伪、因袭、散失等）主张学习西方自文艺复兴以来发扬起来的科学精神。

反对全盘西化，致力于传统文化的研究和发扬

梁启超反对五四时期激进派提出的"专打孔家店"，"线装书应当抛在茅坑里三千年"等论点，主张尊重爱护认真研究中国的传统文化。他晚年就在这方面做了大量的工作。1920 年至 1927 年，他写的重要学术著作有《清代学术概论》（［2］，V.34），《老子哲学》、《孔子》（［2］，V.36），《墨经校释》（［2］，V.38），《墨子学案》（［2］，V.39），《老孔墨以后学派概观》（［2］，V.40），《先秦政治思想史》（［2］，V.50）、以及有关先秦社会史和佛学的研究。他还写了《中国历史研究法》（1922）（［21，V.73）及其《补编》（1926—1927）。《中国之美文及其历史》（1924），（［2］，V.74），《中国近三百年学术史》（1924）（［2］，V.75），《中国文化史》（1927）（［2］，V.86），《儒家哲学》（1927）。他的这些学术著作是留给后人的宝贵学术遗产。

1927 年初夏，梁启超曾偕清华研究院学生作北海之游。他谈到到清华当教授的抱负是："想把中国儒家道术的修养来做底子。而在学校功课上把他体现出来。""在社会上造成一种不逐时流的新人。""在学术界上造成一种适应新潮的国学。"（［3］，pp.1138-1144）这也可以说是他的学术遗嘱。

从患病到逝世

梁启超自 1923 年起，就患肾病，便血。1926 年 3 月在协和医院动过一次手术，把没有病灶的右肾给割掉了，以后小便出血之症并未见轻，稍用脑劳累即复发。此后，精神体力已大不如从前，并时有小便堵塞之症。1928 年 9 月因痔疾入院，在送院中仍作《辛稼轩年谱》的写作。半月后出院，回天津家中，一面服药，一面写作，不久，即发低烧，约一个半月。身体日益衰弱以至"舌强神昏，几至不起"。11 月底，又入协和医院诊治，发现痰中有"末乃厉"（monelli）菌，脓肿处在肺与左胁之间。到 1929 年 1 月 19 日，与世长逝，享年 56 岁。

梁启超逝世的消息传出后，在文化界引起了广泛的哀悼。1929 年 2 月 17 日，北京，上海同时举行了追悼会。参加北京追悼会的 500 多人，大多是文化界人士，其中有熊希龄、丁文江、胡适、钱玄同、任鸿隽（叔永）等以及他的许多学生。参加上海追悼会的有百余人，其中有蔡元培、张元济等。

在京、沪两地追悼会上，对梁启超一生在中国政治一与文化事业上的贡献作出了评价。其中比较确切的有："变法蒙难，任维新之先觉；倒袁讨张，成革命之元勋"（王文儒），"开中国风气之先，文化革新论功不在孙、黄后，"（唐蟒），"保障共和，应与松坡同不朽。宣传欧化，宁辞五就比阿衡"（蔡元培），"共和再造赖斯人"（章太炎），"为先哲后哲续千灯，学通中外古今，言满天下，名满天下"（张东荪），"文开白话先河，自有勋劳垂学史"（杨杏佛）。《美国历史评论》也发表了纪念他的讣文。（［3］，pp.1202—1212）

遗憾的是，对于梁启超这样一位伟人，盖棺却没有论定。在中国大陆，长期以来，由于极"左"的过激的思想影响，对梁启超的政治贡献与学术思想未能作出公允的评价。好在梁启超留下了 1400 万字的长达 149 卷的《饮冰室合集》，记载了他一生中重要的政治活动和他的大量的学术研究成果。这是 20 世纪中国的一份极其珍贵的文化遗产，理应得到一切中国人的重视。历史终将对梁启超作出公正的评价。

—— 参考文献 ——

［1］梁启超：《饮冰室合集·文集》，共 45 卷，上海：中华书局，1927 年版。

［2］梁启超：《饮冰室合集·专集》，共 104 卷，上海：中华书局，1927 年版。

［3］《梁启超年谱长编》，丁文江、赵丰田编，上海人民出版社，1983 年版。

［4］Philip C.Huang, *Liang Chʹi-Chʹao and Modern Chinese Liberalism*, Seattle, Univ.of Washington Press, 1972

［5］李泽厚：《中国近代思想史论》，北京：人民出版社，1979 年版。

［6］Further, Charlotte, *Ting Wen-chiang, Science and Chinaʹs New Culture*, Harvard Univ. Press, 1970

［7］孟祥才：《梁启超传》，北京出版社，1980 年版。

［8］毛以亨：《梁启超》，香港亚洲出版社，1957 年版。

［9］Joseph R.Levenson, *Liang Chʹi-chʹao and the Mind of Modern China*, N.Y., Harper&Row, 1959

［10］张朋园：《梁启超与清季革命》，台北：中央研究院近代史研究所，1964 年版。

（选自《自然辩证法通讯》1990 年第 4 期，《梁启超——中国现代启蒙运动的先驱》，作者范岱年，《自然辩证法通讯》前主编，中国科学院科技政策与管理科学研究所研究员。研究方向为科学哲学和科技史。）

第八编

中国科学家的家国情怀

蔡元培

中国近代科学和教育事业的奠基者

近代的中国，正处在由黑暗到光明，由半封建半殖民地社会到社会主义社会的伟大历史转折关头。在势不可当的革新潮流面前，一些人始终坚持反动立场，受到了历史的惩罚，一些人曾经高举科学、民主的旗帜，推动了中国社会的前进，却未能坚持到底，最后退入顽固守旧的营垒而更多的人则始终坚持革新，坚持进步，勇敢地站在时代潮流的前面。他们为神州的光复，民族的新生，为中国的新政治、新经济、新文化，终生奋斗不息。著名的民主革命家、教育家、科学家蔡元培，就是毕生追求进步，为祖国的独立富强做出了卓越贡献的先行者之一。

1. 从翰林到民主革命家

蔡元培（1868—1940）

1868 年（清同治六年丁卯）1 月 11 日，蔡元培出生于浙江省绍兴府的山阴县（今属绍兴县）。他的父亲是钱庄经理。蔡元培行二，6 岁入家塾，11 岁时父亲病故，家中无力再延聘塾师，便辗转受业于别处，尤得其叔父的悉心指导。1883 年（清光绪九年），蔡元培 17 岁时考中秀才，6 年之后应乡试，中举。翌年，去北京应会试，又告捷。1892 年（清光绪十八年）蔡元培 26 岁时补应殿试，被取为第二甲第三十四名进士，并被点为翰林院庶吉士。又过 2 年，应散馆考试，授职翰林院编修。

在科第仕途上，蔡元培可说是少年得志，一帆风顺，令时人钦羡。他靠着自己的天赋才能和刻苦攻读，已经使得蓬荜生辉，并一举打开了通向高官显宦、跻身封建统治集团的大门。

　　然而，正当蔡元培金榜题名，青云有路的时候，清朝封建统治却已日暮途穷。内忧外患，纷至沓来，震撼着这个年轻翰林的心。

　　1895 年，清廷在中日甲午战争战败后，签订了丧权辱国的"马关条约"。消息传来，蔡元培悲愤万分。他感慨万端地写道："疆臣跋扈，政府阘茸，外内狼狈，虚疑恫愒，以成炀灶之计，聚铁铸错，一至于此，可为痛哭流涕长太息者也！"

　　蔡元培看到了问题的某种严重性，但还不可能了解当时的世界大势和中国社会的病根。19 世纪末 20 世纪初，中国社会正在经历剧烈的动荡和痛苦的转变。资本帝国主义频频叩打着"中央之国"摇摇欲坠的封建壁垒。中国已经不可能照原来的样子生存下去了。封建统治集团企图"量中华之物力，结与国之欢心"，以维持自己的特权地位。而一批年轻的士子们却首先敏锐地感到了危机的紧迫和改革的不可避免。他们纷纷睁眼看世界，如饥似渴地学习新的知识，介绍西方政治社会思想和文化。从林则徐到严复，便是走的这样一条新路。到蔡元培的时候，以康有为为代表的一部分读书人正在酝酿依靠封建统治上层中的某些人进行变法。而民族资产阶级和下层民众中的觉悟分子已开始准备推翻清王朝的武装革命运动。大变革的时代迫使每个人都面临着一次严重的抉择。

　　对蔡元培来说，这就意味着要抛弃已经到手的功名利禄，已经习惯的生活方式，已经驾轻就熟的治学之道，一切从头做起。而这将是一条不无风险的艰苦的路程。蔡元培顺应了时代的潮流，向着光明迈出了决定性的一步。

　　在翰林院的几年，蔡元培除了以与过去显然不同的眼光阅读古代典籍外，还留心于世界事物，孜孜不倦地攻读维新派的著译，如马建忠的《适可斋记言》，郑观应的《盛世危言》等。

　　为了给"博览西文群书"找到一条捷径，他 32 岁时开始学习日文。这个时期，他还开始接触了某些自然科学方面的书籍，如《电学源流》、《光学量光力器图说》等。这一切，在蔡元培的面前展现了一个未尝领略过的全新的世界。

　　"都无作官意，惟有读书声"。蔡元培写在京师寓所中的这两句古人的句子，准确地概括了他在翰林院几年的实际况味。这已不是封建士大夫的故作清高，而是时代巨变的反映，是他酝酿着在人生历程上第一次飞跃的具体表现。

　　1898 年，戊戌变法由于封建顽固派的反对和血腥镇压而中途夭折。蔡元培没有参加这个运动。他同情维新派的政治主张，且"于戊戌六君子中，尤佩服谭复生（嗣同）君"，却不赞成他们的办法。蔡元培后来曾经说起："康党所以失败，由于不先培养革新的人才，而欲以少数人弋取政权，排斥顽固，不能不情见势绌。"后来他终生重视教育和人才培养，可以说正是有鉴于此吧！

　　变法是失败了，以此为契机，蔡元培却看清了清廷的政治改革已"无可希望"。1898 年 9 月，蔡元培愤然携眷出都，南下从事教育，并走上了秘密革命的道路。他从一个清朝的名翰林，变成了封建的叛逆者。

从 1899 年到 1906 年，蔡元培在浙江、上海一带从事教育、文化和宣传工作，编撰进步报刊，试行新法教育，并曾参加组织中国教育会和爱国学社，分任会长和总理。这个时期，蔡元培同资产阶级革命家章炳麟、邹容等过从甚密。他积极为《苏报》撰稿，支持章、邹的革命活动。《苏报》案发生以后，又参加了营救。

1903 年，为了反对沙俄帝国主义长期霸占我国东北的图谋，中国人民掀起了一个抗俄、拒俄的群众运动。蔡元培联合上海爱国知识分子，通电全国，促请各界奋起抗争。他们经常在张园举行讨论会，讲演会，"颇足发人爱国之诚"。爱国学社组织了抗俄义勇队，蔡元培毅然剪去辫子，着操装，与教员、学生一起接受军事训练。他们还在爱国女学试制炸药，为推翻清朝进行军事暴动和暗杀的准备。在蔡元培的组织领导之下，爱国女学、爱国学社和中国教育会实际上已成为反清革命组织。1904 年，光复会成立，蔡元培被推举为会长，并促成陶成章与徐锡麟的联合。1905 年，他秘密加入同盟会，并担任了上海分部负责人。

投身革命的蔡元培，继续探索着救国救民的道路。

2. 重新学习

1907 年 5 月，南国已是杂花生树，春意盎然，西伯利亚的原野却到处可以见到尚未消融的皑皑白雪。一列火车喷着烟雾，在光秃秃的白桦树林中由东而西吃力地爬行着。一扇车窗前，坐着一个面容清瘦的中年人。一双有神的眼睛，透露出东方人特有的沉着和凝重，并显示着决心，充满了希望。他就是随同新任清朝公使孙宝琦前往德国的蔡元培。他要去欧洲，去重新学习。

前一年秋天，清廷准备派遣一批翰林院编检出国留学。蔡元培听到消息，立即赶到北京，等候派遣。但清廷的这一套"新政"本来就是虚应故事，并不认真，而翰林院中又很少有人愿意离乡背井，去吃游学之苦，派遣还没有开始，就宣告流产了。但蔡元培仍不死心，不能官费留学，那就"半工半读"。他终于得到了孙宝琦的帮助，每月可支银 30 两，又商定为商务印书馆编书，以稿酬补给家用——要知道，这时的蔡元培已经是 3 个孩子的父亲了。

19 世纪和 20 世纪的交替期，人类对自然、社会以及人类自身的认识，都有了飞跃的发展。自然科学方面，居里夫妇发现放射性元素钋和镭，爱因斯坦的相对论，冯特的实验心理学和弗洛伊德的精神分析法，孟德尔关于遗传原理的重新发现，马可尼和波波夫发明的无线电传播进入实用阶段，……这一切，标志着二十世纪开始的科学技术革命的凯歌行进，给欧洲社会生活的各个方面带来巨大的冲击，深刻地改变着人们的思想方式，也不能不给身临其境的蔡元培以有形和无形的影响。数十年后，他还在《申报月刊》上撰文，无比神往地谈起当时人类文化的这些巨大进步。

1908 年秋，蔡元培进了莱比锡大学。这是一所有 500 年历史的著名的高等学府，设备齐全，师资雄厚。以首创实验心理学、使心理学从哲学中独立出来成为一门近代科学而闻名于世的冯特教授，正在这里开设心理学和哲学史的课程。蔡元培一到这里就选了他的这两门课。此外，还听福恺尔的哲学、兰普来西的文明史、司马罗的美术史以及有关文学课。他如饥似渴地学习着，这是第一次比较系统地接触西方文化。从儒、墨、道、法到康德、黑格尔，从汉唐盛世到文艺复兴，从李白、杜甫到歌德、莎士比亚，这不能不说是一个巨大的变化。此时此地，蔡元培决不鄙弃中国古代的灿烂文化，但他更热烈地追求带着新鲜气息的资产阶级学术思想，认为这一切也许更适合近代中国的需要。

作为国学大师的王国维，曾经着力宣扬康德的哲学思想。他从儒家，特别是宋明理学的渊源出发，特别强调康德的唯心主义的不可知论。这是一种无所作为的论点。而作为资产阶级民主主义者，蔡元培更欣赏康德的二元论的本体论。他主张，本体与现象、哲学与科学各有自己的领域，要区别看待，不应该笼统地加以描述，其用意在于提倡科学，反对陈腐不堪的儒学和宋明理学。他认为只有这样，科学才能发展，世界才能进步。在历史的转变时期，这种二元论具有某种进步的意义，它固然是中国资产阶级的软弱性、不彻底性在文化思想上的反映，但又表现出强烈要求改变现状的进取精神。

在德国的最后两年，蔡元培学习的兴趣逐渐集中在美学方面，以致成为终身的爱好。暑期，蔡元培经常出去旅行，考察各地的风土人情、文化设施、建筑艺术，经常流连于美术馆和博物馆。他为欧洲文艺复兴时期的艺术杰作而倾倒，无限向往当时的人文主义和科学精神，更加希望"中国的文艺中兴"早日到来。

在德国留学期间，他还特别注意西方大中学校的教学方法和课程设置，特别欣赏他们大学开展学术研究和科学实验，及在自学的基础上进行讨论辩驳的学习方法。那里"重推悟不重记忆"、"尚感化而不尚拘束"、师生平等融洽相处的特点，给他留下了深刻的印象。这一切，为他回国之后即着手进行的中国教育的改革，提供了良好的借鉴。

1911 年 10 月中旬，蔡元培正在维坎斯多夫的一所中学参观访问时，报纸上登出了武昌起义的消息。他惊喜万分，立即前往柏林，联络留德学生，注意国内革命的发展。他们自己凑了钱，向国内各省当局拍了电报，敦促他们响应革命。一个月后，蔡元培回到了离别数载的祖国，在上海参加了筹建中华民国的各省代表会议。年底，孙中山就任临时大总统后，任命 45 岁的蔡元培为临时政府教育总长。1912 年元月，蔡元培发表了"对于教育方针的意见"，宣告破除以"忠君"、"尊孔"为纲领的封建教育，建立包括军国民教育、实利教育、公民道德、世界观和美育等内容的近代资产阶级教育体系。之后，并积极着手进行一些具体的改革，如废除读经，改变学制，修订课程，小学实行男女同校，推行义务教育及社会教育等。

但为时不久，以袁世凯为代表的封建官僚政客，施展种种阴谋手段，攫取了大权。议院有名无实，内阁形同虚设。蔡元培，这个正直的知识分子，当然不能与野心家阴谋家为伍。他邀同宋教仁等同盟会员宣布退出内阁，不与袁世凯合作，并发表了《蔡元培答客问》的宣言。

1912 年 9 月和 1913 年 9 月，蔡元培又两度挈妇将雏，前往德国和法国，继续其学业。

他同李石曾、吴玉章等人一起组织和提倡留法勤工俭学。还会同中法有关人士成立了华法教育会，企图以法国系统的科学和美术为师，促进中西文化交流。此后，中国共产党的许多优秀的领导者，就是在留法勤工俭学时接触了马克思主义和西方工人运动，走上无产阶级革命道路的。

1913 年夏，因宋教仁被刺案，蔡元培曾应孙中山电召回国，参加反对袁世凯的斗争。这几年，蔡元培风尘仆仆，往来跋涉于祖国和欧洲大陆之间，说明他一方面为祖国的命运和革命的前途忧心忡忡，总想为之聊尽绵薄，另一方面又不愿意陷进密如蛛网的政治阴谋和使人眼花缭乱的权利之争，便退而在学术研究中求得内心的安宁。这是一个矛盾。这个矛盾不仅曾经在各个时期不同程度与蔡元培终身相随，而且也可以说是旧中国许多知识分子想要摆脱而又无法摆脱的一个"幽灵"。

3．开创风气　改革教育

1916 年 9 月 1 日，正在巴黎左近的科隆布镇居住的蔡元培接到从北京发来的一封电报："蔡鹤卿先生鉴：国事渐平，教育宜急。现以首都最高学府，尤赖大贤主宰，师表群伦。……特专电敦请我公担任北京大学校长一席，务祈鉴允。早日归国……"电报是袁世凯死后北京新政府的教育总长、他的朋友范源濂拍来的。盛情难却。蔡元培又何尝愿意蜗居异域，而不想回到国内展其所长，做一番事业呢？他立即买好了船票，欣然返棹。

北京大学的前身是清朝京师大学堂。虽然民国成立已经好几年了，它的腐败习气依然故我。学生当中，不少人把上大学当作"举业"，只想弄个文凭，作为将来的晋身之阶。不少教员不学无术，尸位素餐。学校管理上，衙门习气严重，校长独断专行，等级森严，上下闭塞。而上课之外，没有任何健康的活动，纨绔子弟的恶劣作风到处弥漫。总之，这里少的是学术研究的空气，多的是封建复古主义思想。而这一切，又是以北洋军阀反动统治为其深刻的社会背景的。真是困难重重，积重难返。蔡元培从国外回到上海时，就有相当多的友人劝他不来就职，免得骑虎难下。但他认为，正是因为腐败，才需要人去整顿，不应该害怕失败或有过多的个人考虑。特别因有孙中山先生的竭力主张，认为他的就职，有利于向北方传播革命思想，他便毅然北上了。

从 1917 年初到 1923 年初，是蔡元培在北大实际主持校政的时期。除了形势的发展，革新派力量的壮大等客观因素以外，一个革命者的胆略、对教育事业的热忱和丰富的学术素养这些个人条件的综合，使蔡元培能排除种种阻力，大刀阔斧地进行了一系列改革整顿，如改造教师队伍，提倡科学研究，保障学术自由，改变领导和教学体制，首创男女同校和提倡平民教育，等等。这些措施，就像阵阵春风，驱散了笼罩中国教育界那种令人窒息的沉闷空气。

短短几年之间，北大的面貌发生了巨大的变化，改造成为一所新型的现代意义上的大学。由于北大是近代以来中国的最高学府，她的革故鼎新，在教育界具有打破坚冰和带动全局的重要意义，大大推动了全国教育事业的进步，成为中国近代教育改革的良好开端。

经过半生奔波，蔡元培终于有了一个能够一抒所怀、认真实践自己的理想和抱负的天地。他心中的喜悦和精神的亢奋都是可想而知的。

为了办好北大，蔡元培求贤若渴。事实证明，只要方针正确而坚定，便不乏具有真才实学的人才，即使是在当时的中国。他顶着压力，裁汰了一批不称职的中外教员，同时，到校不满10天，就请来高举"科学和民主"大旗的《新青年》主编陈独秀担任文科学长。这样，他就有了一个支点，一个能够把旧北大整个颠倒过来的支点。理科方面，则请知名的相对论物理学家夏元瑮主持。在蔡元培的罗致下，文科如李大钊、鲁迅、胡适、钱玄同、刘半农、高一涵、沈尹默、马叙伦、杨怀中，理科如李四光、任鸿隽、颜任光、翁文灏、李书华，法科如陈启修、马寅初等学者，翕然而至，济济一堂。其中如李四光，是他亲自写信到伯明翰大学，请他万里来归的；马寅初则刚从美国学成归来，由他聘到北大任经济学教授。北大，就像一个行将夭折的病人，在得到如此源源不断的新鲜血液的补充之后，第一次真正获得了自己的青春。这样一个强大的革新营垒和各科教学的中坚，保证了北大成为新文化运动的中心和具有全国最高学术水平的高等学府。

蔡元培认为，大学是学术研究的机关，而"人才至为难得，若求全责备，则学校殆难成立"。因此可以不问其政治态度、学术派别、年龄大小、有无学位、以及个人品性，只要是学有专长而又热心教育和学术研究，他都积极延纳。在这个方针的指导下，北大教师队伍的结构改变，力量充实，面貌焕然一新。到1918年，全校的200多位教员中，教授的平均年龄只有30多岁，多数人倾向革新。不仅如此，蔡元培还将西方的代议制度引入学校管理，先后建立了学校的评议会、行政会议、教务处，以及各系的教授会，分别成为校系的最高权力机关和教学领导机构。这就从体制上保证了人尽其才，使教员有职有权，充分发挥他们在教学和科研中的作用。

蔡元培一生坚持不懈地反对宗教和迷信，重视科学和美学的教育。他到北大的第一次演说中，就提出"大学学生，当以研究学术为天职"，要大家以"研究高深学问"为自己的"宗旨"。他将旧北大文、理、法、工、商五科并立改为以文、理两科为主，设十四门（系），这就突出了学术的地位。他还提倡学文学和哲学的要学自然科学，以免陷于空疏，没有根基；学自然科学的则应学习哲学，改变了过去文、理互不相关、各各抱残守缺的落后局面。他提倡和支持学生建立学会、创办刊物，开展各种学术研究活动。还实行学分制，便利学生根据自己的爱好和专长选修学科，以便因材施教，快出人才。

痛感于中国科学文化的落后，蔡元培十分注意学习西方先进的科学文化。他重视派遣留学生出国学习，以"留待校中将来聘请"，并弥补国内人才的严重不足。他同欧美许多著名学者和科学家建立了联系，邀请他们来中国讲学。1920年底至1921年秋，蔡元培再次出国，考察欧美各国教育和科学研究机关。1921年3月8日，他专门访问了著名物理学家居里夫人，同年春天，他又同夏元瑮一起访问爱因斯坦，邀请他们到中国讲学。这两次拟议中的访问后来都因故未能实现，人们仍然为蔡元培促进中国科学文化的一片苦心所深深感动。

针对几千年封建专制统治的流毒和当时的思想箝制，蔡元培在北大明确地提出了"思想自由，兼容并包"的主张，他在概括自己在北大的经验时说过一段脍炙人口的话："我对于各家学说，依各国大学通例，循思想自由原则，兼容并包。无论何种学派，苟其言之成理，持之有故，尚不达自然淘汰之运命，即使彼此相反，也听他们自由发展。"当然蔡元培不是客观主义地看待各种学说，而是主张通过竞争，使新的成长壮大，使旧的归于消亡，他曾经用"洪水"来比喻新思潮，以"猛兽"作为军阀的写照，就是证明。这是一个符合科学文化发展的客观规律的方针，是为新思想新文化的胜利进军开辟道路的。在他的倡导之下，北京大学（也是近代中国的学术界）第一次出现了百家争鸣的生动活泼的局面。

在十月革命以后，马克思主义传入中国，李大钊、邓中夏等人先后组织了"北京大学社会主义研究会"和"北京大学马克思学说研究会"，根据学术自由的方针，也都得到了蔡元培的亲自批准和支持。这两个研究会的活动，极大地推动了马克思主义在中国的传播。蔡元培不是一个马克思主义者，但他是一个真正的民主主义者，他诚心诚意地追求真理和社会正义，他并不害怕到处游荡的"共产主义的幽灵"。他的这种胸襟和气魄，是没落时期的地主、资产阶级难以望其项背的。

事情正是这样，1919年3月，桐城派古文家林纾在《公言报》上发表了致蔡元培的公开信，攻击北京大学"复孔孟、铲伦常"，"尽废古书，行用土语为文字"。校内的守旧派和落后学生则散布所谓陈独秀、钱玄同等新派教员被驱逐的谣言，蛊惑人心。北洋军阀政府也蠢蠢欲动，甚至谋以武力威胁。一时间，大有黑云压城之势。在新文化运动面临被反动派扼杀的紧急情况下，蔡元培坚定不移，寸步不让。4月1日，他发表了《致＜公言报＞函并附答林琴南君函》，重申了"思想自由，兼容并包"的原则立场，驳斥了林纾的无理攻击。这一正义行动，得到北大和全国各地革新派的支持和声援，打退了守旧派的进攻，维护了新文化运动的成果。

然而，中国正是多难之秋，看似平静下来的空气中，正在孕育着新的风暴。

1919年5月3日，一辆马车飞快驶进东城东堂子胡同，停在北大校长蔡元培的住宅门前。从车上下来的，是神情焦急的徐世昌政府外交委员长汪大燮。他带来了一个事关重大而又紧急万分的消息。

原来，在刚刚结束的第一次世界大战中，德国战败。中国人民久已强烈要求收回德国强占我山东的各种权利。但在巴黎和会上，各帝国主义互相勾结，竟然决定将这些权利全部交给日本。消息传来，中国人民愤怒无比，一致反对。而北洋政府却令中国代表在这一丧权辱国的"凡尔赛和约"上签字。蔡元培得知这个消息后，立即于当晚召集北大学生代表，通报了这一迫在眉睫的严重情况。第二天，具有伟大历史意义的、轰轰烈烈的五四爱国运动爆发了。

5月6日，蔡元培又亲赴警厅，以自己的身家作保，要求释放在游行示威和火烧赵家楼中被捕的学生。5月7日，他面带笑容，眼含热泪，以从未有过的激动心情，在北大广场上欢迎这批英雄学生的归来……。

　　作为一个资产阶级教育家，蔡元培从来就主张教育独立，认为政府不应干预教育，学校师生也不宜过问政治。他多次重申过这一主张。然而，他并没有忘记"天下兴亡，匹夫有责"的古训，更不能无视惨痛的现实。在民族危亡的严重关头，他总是挺身而出，冒险犯难，尽了一个革命家和爱国者的天职。

　　"五四"运动是中国现代史的开篇，是彻底地反帝反封建的新民主主义革命的发端，具有划时代的意义。而正是北京大学成了"五四"运动的发源地，这是同蔡元培全力支持和提倡的科学和民主的精神，同他始终坚持和贯彻的办北大的方针直接相关的。蔡元培以一个大学校长的身份，做出了深刻地影响中国社会进程的、不可磨灭的历史贡献，对自己国家的进步起了巨大的作用。历史经过了时间的检验，今天，人们更加感到蔡元培的气概非凡，目光如炬。

　　迫于政治的黑暗，反动派的处处掣肘，在北大期间蔡元培曾经几度辞职。由于他在人民群众中享有的崇高威望，每次辞职都无异对反动派的无情揭露和当头棒喝。1923 年初，为了反对任命"早已见恶于国人"的政客彭允彝当教育总长，反对当局对人权的侵犯，蔡元培发表《不合作宣言》，并再次辞去北大校长职务。

　　"欲渡黄河冰塞川，将登太行雪满山"。在豺狼当道的旧中国，蔡元培无法将自己的理想完全付诸实现，他终于走了。从此以后，再没有回到北大。但是，他给北京大学留下了革新的精神，创造的勇气和追求真理的热烈而执着的信念。他亲手播下的种子，在旧世界贫瘠的土壤里，顽强地保持着自己的生命力，一旦春回大地，就要开出鲜艳的花，结出丰硕的果。

　　1923 年 7 月，蔡元培再次赴欧，先后旅居比利时和法国，进行学术研究和中西文化交流的活动。"五卅运动"发生后，他发表了《为国内反对英、日风潮敬告列强》书，驳斥了帝国主义者对中国人民的正义斗争的诬蔑，要求帝国主义无条件废除对中国的不平等条约，显示了一个爱国者决不屈服于帝国主义的压力和争取民族独立自由的坚强决心。

　　1926 年 2 月，蔡元培应北洋政府教育部电促回国。到上海后，他没有继续北上，而是参加了皖苏浙三省联合会，配合即将开始的北伐战争开展工作。"四·一二"反革命政变时，蔡元培以"中央监委"的身份，参加了国民党右派的"清党"运动。但为时不久，他就觉察了蒋介石背叛孙中山的三民主义、与人民为敌的罪恶行径，再加上国民党新军阀之间争权夺利的火并和肮脏的政治交易，新贵们利用"教育"、"学术"的名义沽名钓誉和实现个人野心，这一切，都同"元老"兼学者的蔡元培格格不入。他要急流勇退了。

4．科学：新的高度

　　有人曾经把中国科学社的创始人们誉为我国科学的拓荒者，我们也可以说，蔡元培是把科学作为国家事业、从而做了许多开创性工作的一个奠基者。

1924年，孙中山离开广州到北京时，曾提出召集国民会议以解决国是的主张，同时还建议设立中央学术研究院，作为全国最高学术研究机关，但因孙中山的逝世和时局变化，这一建议没有能够实现。到1928年4月，根据蔡元培等的提议，国民党中央政治会议决定设立国立中央研究院，并任命蔡元培为院长。8月，他提出辞去除此而外的几乎所有在国民党及其政府中的职务，举家离开国民党政治中心的南京，定居上海。在蔡元培的一生中，这是又一次重大的抉择。他是想以中央研究院院长的资格，把自己晚年事业的重点，全部转到发展中国近代科学事业上去。

"五四"运动以后，科学和民主的思想在我国日益深入人心。先进的中国人高举这两面旗帜，以不同的方式探索继续前进的道路；走在最前面，起着主导作用的，是伟大的中国共产党。只有社会主义才能救中国，并为科学和民主的高度发展扫清障碍。蔡元培当然还没有这样的认识。他是革命民主主义者，又是一个科学救国论者。他只是在自己的认识水平和力所能及的范围内，力图为自己的祖国和人民做一点决非可有可无的事情。

蔡元培认为科学是社会进步的杠杆，他说：科学在"农工商的应用，……在西洋，这三项都极猛进。而我国自古以农立国；工业一途，亦发达极早，何以到了今日都远不如他们呢？这便因他们有科学的缘故。"而"欧化优点即在事事以科学为基础：生活的改良，社会的改造，甚而至于艺术的创作，无不随科学的进步而进步。"他把科学作为新文化的核心，认为中国"不言新文化就罢了，果要发展新文化，尤不可不于科学的发展，特别注意。"

然而直到20年代末，中国还没有建立国家一级的正式的科学领导和研究机关。一批批热心的科学工作者先后自发地成立了数十个民间的科学会社（如著名的中国科学社）。但因政治的恶劣，经费、条件的限制，困难重重，碍难发展。对此，蔡元培总是尽其所能地给予扶持和帮助。至于专门的研究所，创始于1918年的北京大学。但因附设于学校，条件终归有限，蔡元培始终是不满意的。

1928年6月9日，蔡元培在上海东亚酒楼主持了中央研究院的第一次院务会议，出席者有丁燮林、陶孟和、竺可桢、李四光、杨杏佛、周仁等十余人，正式宣告中央研究院成立。由此，蔡元培得到了继北京大学之后再一次施展平生理想和抱负的难得的机会。为了办好中央研究院，为了发展中国的科学事业，实现孙中山关于迎头赶上外国的遗愿，他确实做到了鞠躬尽瘁，死而后已。

中央研究院的组织，在院长之下分为总办事处、评议会和研究机构三个部分。总办事处设总干事一人，协助院长领导全院的行政工作。评议会是全国最高学术领导机关，任务是指导学术研究的方向，集中国内人才，联络各个研究机构，促进中外学术交流。研究机构则包括各个研究所及图书馆、博物馆等，是中研院的主体和中坚。在蔡元培生前，中研院建立了物理、化学、地质、天文、工程、动植物、气象、心理、社会科学、历史语言等10个研究所。先后参加研究工作的科研人员有300多人。例如，据1931年3月的统计，已有研究人员270人，其中专任研究员49人，兼任研究员5人，特约研究员44人，名誉研究员 2 人，助理员 120 人。有的研究所已具有相当的规模和可观的条件。

在中研院，蔡元培坚持了他在主持北京大学时行之有效的学术自由、民主管理、发掘和放手使用人才等基本原则。

在 1936 年 4 月召开的第一届评议会第二次年会上，蔡元培提出了一个"工作大纲"，其中就特别强调了"学院自由"的精神，认为"学院自由，正是学术进步之基础。"这个方针，又在相当程度上抵制了国民党反动政客和学阀插手中研院的野心，保护了广大科学研究工作者，有利于他们的工作和事业。

学术自由和民主管理的原则，吸引了众多的科学工作者，使他们有一个差强人意的归宿。相当一批留学海外的学者也纷纷来归。例如，中国科学社的创始人和重要成员任鸿隽、杨铨、秉志、周仁等都参加了中研院的工作，并成为骨干力量。中研院集中了一批在学术上造诣很深的专家学者，并第一次使我国近代科学事业出现了一个相对繁荣的局面，这在旧中国恶劣的环境中，是至为难得的。

在不长的时间里，中研院的工作便走上了轨道，见到了成效。这特别表现在维护民族尊严和国家主权方面。

蔡元培建议设立中研院的一个重要宗旨，便是抵制帝国主义的侵华政策。在中研院 1928 年的总报告中，就明确地说明，"其责任不仅在格物致知，利用厚生，树吾国文化与实业之基础，且须努力先鞭，从事于有关国防与经济之科学调查及研究，以杜外人之觊觎。"

中研院成立之前，帝国主义国家派人来中国"考察"，可以不经中国政府当局的允许，到处乱窜，如入无人之境。"考察"之后，又把采集的标本全部运往国外。中国学者想要研究本国的动植物等，反而要到外国去，这是十分有损我国的国际声誉和不利于科学发展的。中研院成立之后，"即筹思限制办法"，逐步改变了这种状况。例如，1929 年 9 月，日本派岸上镰吉来华调查水产动物；1930 年 11 月美国芝加哥费氏自然历史博物馆派人到四川、贵州采集动物，1931 年 2 月美国费城自然科学研究院派人到四川、云南考察动物和民族，中央研究院都提出了限制办法。除了在各个考察团中都派有中国学者参加外，还规定不许他们任意采集标本，所得标本要经中研院专家严格检查；要给中研院留下一套复本，等等。对于违反这些规定，有损中国主权的行为，中国政府得严加制裁，并永远取消该调查员及所属机关在中国进行调查采集的权利。

日本法西斯发动对我国的侵略战争以后，中研院以相当的力量投入了有关抗日救国的科学研究，如工程所的内燃机和燃料的研究，物理所的超短波收发机的研究，地质所的山区矿产地质的调查与报告，等等。由于国民党政府的反动腐朽，强敌深入，国难日亟，这一切努力都不能收到应有的成效。

在中研院内部，曾经广泛地讨论过"纯粹科学"（即基础科学）与"应用科学"的关系和地位问题。看法当然不尽一致。蔡元培在"工作大纲"中提出了两者兼顾，不可偏废的方针，但在当时的基础和条件下，主要的力量仍放在应用科学的研究上，正如蔡元培说的："对于各项利用科学方法以研究我国之原料与生产诸问题，充分注意之，其为此时国家或社会所急需者，尤宜注意。"而"地域性之研究，吾人凭借大优于外国人，……宜尽先从事。"根据这一思想，也由于历史的原因，中研院（实际也是当时整个中国科学界）在地质和生物这两门学科的研究上，取得了更为引人注目的成就。

在不长的时间里，中研院汇集和涌现了一批杰出的科研领导者和学术带头人，如李四光、丁文江、翁文灏、秉志、胡先骕、丁燮林、王琎、任鸿隽、庄长恭、周仁、竺可桢、茅以升等，他们在各自的领域里，都取得了相当重要的成就。

中研院成立之后，还派出多批学者，参加国际学术交流活动。如竺可桢的《中国气候区域》的学术著作，秦仁昌关于中国蕨类植物一个新科的发现，李四光的《东亚构造格架》和《中国震旦纪冰川》的学术报告，都在国际会议上进行了交流，受到世界科学界的重视和好评。

中研院的科学工作者以自己的工作，为学术发展做出了贡献，也为祖国争得了荣誉。它第一次向全世界宣告：中华民族不但能够创造出灿烂的古代文化，而且在近代先进科学技术方面，也同样具有比肩欧美各国的巨大潜力。1933 年 12 月 8 日，在十四个学术团体联合举行的欢迎意大利著名无线电发明家马可尼的大会上，蔡元培豪迈地说："我们先人曾有过伟大的贡献。我们只要肯努力，决不是束手无策，专趁现成的。"事实证明，蔡元培的这种信念是完全正确的。

1949 年全国解放的时候，作为国家一级的科学研究机构，中研院的几乎全部人员和设备（除一个历史语言研究所和半个数学所外），都回到了人民的怀抱，成为建立真正属于人民的中国科学院的一个坚实基础。人民在庆祝自己的胜利，他们当然不会忘记那些曾经为祖国的科学事业含辛茹苦、披荆斩棘的拓荒者和奠基者。

5．志在民族革命　行在民主自由

> "枫叶红于二月花，
> 故乡乌桕荫农家。
> 不须更畏吴江冷，
> 自有温情慰晚霞。"

这是蔡元培在逝世前一年多写的四绝句之一。他咏的是红叶，实际上也是他晚年精神面貌的写照。

蔡元培一生最后的十多年，正是第二次国内革命战争和抗日战争的前半期。这个时期蔡元培一直担任中央研究院院长，他始终和人民休戚与共，同进步力量携手并肩。他不仅在科学事业上为中国人民做出了杰出的贡献，而且在反对投降卖国，维护社会正义和坚持革命民主主义等方面也谱写了新的篇章。

30 年代前半期，国民党反动派鼓吹法西斯主义，建立特务统治，残杀共产党人和革命青年，迫害爱国进步人士，达到了疯狂的程度。蔡元培痛心疾首。为了替中华民族保存一点元气，他拍案而起，进行了毫不妥协的斗争。1932 年 12 月，他与宋庆龄、杨杏佛等发起组织了中国民权保障同盟，任副主席，为反对国民党反动派践踏民主，屠杀无辜，为争取人民的集会、结社、言论、出版等自由权而斗争。而当胡适在上海《字林西报》上发表为国民党反动派政权辩护、攻击同盟的言论后，蔡元培立即和宋庆龄一起，宣布开除胡适的盟员资格，表明了他坚持彻底的革命民主主义的原则立场。在这前后的几年间，他曾为之尽力营救过的共产党人和进步人士，就有杨开慧、胡也频、牛兰夫妇、许德珩、侯外庐、丁玲、李少石、邓演达、范文澜等多人，还有不少青年学生。蔡元培的心，始终是向着人民的。

　　蔡元培把中国无产阶级文化的先驱鲁迅引为知己。他与鲁迅在一系列重大的原则问题上，一起战斗，患难与共。1936 年 10 月，鲁迅在上海逝世。蔡元培"不顾权贵者的愤怒"，和宋庆龄等一起组成治丧委员会，他万分沉痛地亲为战友执绋送殡，并在安葬时致悼词。以后，蔡元培又担任了鲁迅纪念委员会主席，推动《鲁迅全集》的出版，并为之作序，赞誉鲁迅是中国"新文学开山"。正如郭沫若在《鲁迅与王国维》一文中所说的："影响到鲁迅生活颇深的人，应该推数蔡元培先生吧。这位精神博大的自由主义者，对中国文化教育界的贡献十分宏大，而他对鲁迅先生始终是刮目相看的。鲁迅进教育部乃至进入北京教育界都是由于蔡先生的援引，一直到鲁迅的疾殁，蔡先生是尽了他没世不渝的友谊的。"

　　当国民党反动派向中国无产阶级和革命人民展开文化围剿，攻击诋毁马克思主义的时候，蔡元培又一次举起了学术自由的旗帜。1929 年底，他为李季的《马克思传》作序，指出"今人以反对中国共产党之故，而不敢言苏联，不敢言列宁，驯致不敢言马克思，此误会也"，认为在中国编印《马克思传》"亦为当务之急"。1933 年 3 月，是马克思逝世五十周年，他又与陶行知、李公朴、陈望道、叶恭倬等一百多人发起纪念会，并在上海青年会举办的讲座上主讲了"科学的社会主义概论"。这些堂堂正正的行动，在白色恐怖和思想浊流中无异中流砥柱，令人钦佩和感奋。

　　1931 年"九·一八"以后，国民党政府奉行"安内攘外"的反动政策，对内扼杀革命力量，对日本的侵略退让妥协。这是蔡元培所不能容忍的。早在 1931 年 7 月，蔡元培就认为对日问题"要彻底解决，非合全国同胞的力量，从基本工作上做起不可"，"急起直追，尚有可为，若再因循，就不可救药了。"他曾在汪精卫的一次宴请的席间，奉劝汪改变亲日行为，推进抗战的国策。他说："关于中日的事情，我们应该坚定，应该以大无畏精神抵抗；只要我们抵抗，我们的后辈也抵抗，中国一定有出路。"情辞剀切，乃至抑制不住流下了热泪。眼泪当然感化不了决心卖国求荣的汪精卫之流，却足以说明蔡元培对国家民族的一片赤诚。这位把民族气节看得比生命更加重要的人，投入到逐渐高涨的抗日救亡运动的潮流中。他同情爱国学生要求国民党改变投降政策的请愿示威活动，他几次联合文化教育界的爱国人士通电声明，向国际社会揭露日本侵略军在中国的血腥罪行……。

　　"七七事变"以后，在内外压力下，国民党终于接受了中国共产党提出的停止内战，一致抗日的正确主张，开始了国共合作，全面抗战的新时期。这时的蔡元培已经过了古稀之年，但他仿佛又恢复了青春，心情是何等的振奋啊，"由来境异便情迁，历史循环溯大原。还我河山旧标语，可能实现在今年？"他看到民族复兴有望，呼唤抗战胜利早日到来。1938 年 4 月，吴玉章同志由欧洲返国，路过香港。这两位华法教育会的朋友又重逢了。在谈话中，蔡元培"犹欣欣然以国共能重新合作共赴国难，为国家民族之大幸"。

1939 年 7 月，蔡元培被国际反侵略大会中国分会推举为名誉主席。12 月 7 日，他为中国分会作会歌，表达了"独立宁辞经百战"和"将野心军阀尽扫除"的坚强决心。这是重病在身的蔡元培在迟暮之年发出的最后的呐喊。

1940 年 2 月，陕甘宁边区自然科学研究会和延安各界宪政促进会先后成立，蔡元培被选入这两个会的名誉主席团。这有力地昭示：蔡元培毕生为科学和民主而战斗，勋劳卓著，在这两个方面都得到了中国无产阶级和革命人民的崇高评价。

1940 年 3 月 5 日晨 9 时 50 分，蔡元培终因重病不治，溘然长逝于香港九龙寓所。这位心力交瘁的老人，终于撒手人间，别离了自己的亲朋战友，别离了自己献身的事业，别离了正在血与火的洗礼中顽强奋进的亲爱的祖国和人民。追念前贤，人民无限痛惜。全国许多省市举行了隆重的追悼大会，沉痛吊祭蔡元培先生。中国共产党中央委员会从延安发出唁电，称誉先生"为革命奋斗四十余年，为发展中国教育文化事业勋劳卓著，培养无数革命青年，促成国共两党合作"，并派廖承志同志代表致唁。毛泽东同志的唁电称先生为"学界泰斗，人世楷模"。在延安各界一千余人举行的盛大追悼会上，周恩来同志献的挽联上写着："从排满到抗日战争，先生之志在民族革命；从五四到人权同盟，先生之行在民主自由。"这些，都科学地概括了蔡元培一生的志向和功绩，表达了全国人民发自内心的崇敬和怀念之情。

蔡元培的一生，正处在历史的转折关头，他始终跟随时代的步伐，一同前进。他是从封建礼教的熏陶中成长起来的，信奉中庸之道，后来又接受了资产阶级唯心主义哲学和无政府主义思想的巨大影响。但他思想的主流，是资产阶级的一革命民主主义。他是一个忠贞的爱国者和真诚的民主主义者。这就决定了他在许多重大事件和关键时刻都能挺身而出，旗帜鲜明地维护民族利益和民主自由的原则，决定了他必然成为党所领导的新民主主义革命的同情者和赞助者。

蔡元培曾经说过自己"性近学术，不宜政治"。但综观他的一生，我们却应该说，他在当时的条件下较好地解决了政治和学术的关系问题。作为学问家，他并没有逃避自己应尽的社会义务和政治责任；作为政治家，他又高度重视科学文化的社会功能，并全力以赴地为中国教育的改造和科学的进步而奋斗。为此，他从不自足自满，不断学习新知，开阔视野，至老而弥笃。

蔡元培参加了我国辛亥革命以后近三十年间科学和教育事业的几乎所有重大实践活动，从事组织领导工作，兼任过数十个大学、中学、专门学校以及学术团体的校长、董事等职。他承担了时代赋予的重大责任——为中国近代科学和教育事业立下百年不易之基。他的桃李满天下，遗范传至今。他不愧为现代中国知识界的卓越前驱，是具有坚强信念和开创精神的亚伯拉罕。

蔡元培主要是一个社会科学家，但他对学术的贡献却不仅仅在社会科学方面。他跨越了社会科学和自然科学的界限，一身二任，决无畛域之见。他的思想确实是开放的，他的精神确实是博大的。在当今自然科学奔向社会科学的强大潮流面前，人们更加感到这种思想和精神的可贵。

蔡元培是名翰林，辛亥革命元老，学界泰斗，但他功高不居，处世谦虚。他毕生脚踏实地、兢兢业业地工作，视名利如敝屣。在原则问题上，他无私无畏，从不含糊敷衍；而平时的待人接物，却又宽宏大度，从无疾言厉色。他没有自己的派系，而得到绝大多数人的拥护；他处处平等待人，而人们都把他尊为导师；在生活上，他终身淡泊，绝不利用权位谋取私利。正因为如此，他得到的东西也就更为宝贵，更加久远……。

（本文写作中，承高平叔、吴觉农、蔡晬盎的热情帮助，谨此致谢。）

（选自《自然辩证法通讯》1981 年第 6 期，《蔡元培：中国近代科学和教育事业的奠基者》，作者刁培德，时任《自然辩证法通讯》杂志编辑、九三学社中央研究室主任。）

胡明复

科学救国道路

1. 大变动时代的求学者

胡明复，名达，又名达生，幼名孔孙，字明复，后以字行。他于 1891 年 5 月 20 日（清光绪十七年四月十三日）出生于江苏桃源县（今泗阳），祖籍江苏无锡堰桥镇村前村。

胡明复 10 岁前在家塾读书。1901 年与其弟胡刚复同时考入上海南洋公学的附属小学。当时任南洋公学总理（相当于校长）的是维新派人士张元济（字菊生）。他对胡明复兄弟颇为赏识。南洋公学是清末洋务派中坚盛宣怀于 1896 年创立于上海的，目的在于为洋务事业培养才，其学科内容已不同于传统的四书五经，而开始教授与商务、铁路等相关的西方近代科学技术基础知识。南洋公学附小（当时称下院）是公立小学中最早的一个，所开课目有修身、国文、算术、历史、地理、理科、图画、体操八项，[1] 也稍习英语。其中的理科包括自然、生理和简易理化知识。授课方法以实验为主，使用理化仪器、动植物和矿物标本等教具。[2] 从教学内容到授课方式都已不同于传统教育，而胡明复恰好身临新教育的前沿，从小学开始就踏上了通向现代科学的第一级台阶。

胡明复于 1903 年从附小毕业，升入中院（即中学）。不久因兄弟二人打架被开除，到货店里当了一年多学徒。在店里他好读新书及西文，被店中同事称为"洋先生"，可见他在南洋附小所受的新教育与人们过去所习见的旧教育大不一样。1904 年

胡明复（1891—1927）

秋，胡明复进上海中等商业学堂。

实业学堂本是维新派提出广设学堂的内容之一，但直到庚子战乱后，迫于严重的社会危机，清廷才在"新政"的幌子下把维新派的措施——推出台来。1903 年颁布的新学制（癸卯学制）确立了新教育体制，学堂章程中对中等商业学堂的规定是：招收高小毕业生，授以商业所必须之知识技能。所设科目主要有修身、国文、算学、史地及与商业有关的理论及实用知识、技能。[3]中等商业学堂相当于初中程度，胡明复在这里显露出了精于计算的才能，学习成绩优秀。

1907 年，胡明复在上海中等商业学堂毕业，又考入南京的高等商业学堂继续学习。高等学堂大致相当于后来的高中水平，所设科目除外语、体操外，都是关于商业财政方面的课程。[4]胡明复在校期间成绩仍然保持优秀。

1909 年，胡刚复考取首届庚款留美生，这对胡明复产生很大震动。他不甘落后，给负责选派留美学生的长兄胡敦复写信要求投考。胡敦复基于他以前曾被开除当学徒的经历，并且考虑到他所学习的商业课程与留美考试的要求相差甚远，所以起初拒绝了他的要求。胡明复又给父亲写信求援，经三方多次函商，胡敦复才答应给他半年的较简单的留美考试预备课程，如能按时完成再寄下半年的课程。

此时距离高等商业学堂毕业尚有一年，胡明复一方面要完成学校功课，一方面要自习应考留美的课程，压力很大。在这一年中，他丝毫不敢懈怠，坚持刻苦努力，发愤读书。于学校功课从无缺漏，兄长寄来的留美应考课程也如期学完。结果在学校考试中总是第一，寄到北京的答卷也使他大哥惊喜叹服。

1910 年 7 月，未及毕业的胡明复在北京参加留学考试。此次考试仍沿用上届办法，首轮考国文与英文，及格者方可参加第二轮的各门科学考试。其科目有代数、平面几何、希腊史、罗马史、德文或法文、物理、植物、动物、生理、化学、三角、立体几何、英国史、世界地理、拉丁文（选考）。[5]两轮考完，于史家胡同发榜，胡明复名列第 57 位。本届共有 70 人被录取，胡适、赵元任、竺可桢、钱崇澍、周仁等都同时入选。[6]

8 月 16 日，这批庚款生由唐孟伦、严约冲和胡敦复率领，自上海乘"中国"号轮船前往美国。在船上的 10 多天里大家彼此相识，胡明复总爱与赵元任、周仁、胡敦复一起讨论数学问题，在学生群中显得与众不同。由于胡敦复本人毕业于康奈尔大学，联系便当，所以这批学生进康奈尔大学的也最多。9 月，胡明复到伊萨卡进康奈尔大学文理学院。

在康奈尔大学，胡明复选了他最喜欢的数学为主课，与其好友赵元任所学相同，两人还同居一室。1912 年，胡适从农学院转入文理学院，在克雷登教授（Prof J. E. Creighton）的哲学班上，三人同坐一排，交往甚密。1913 年，这三个好朋友一起被选为美国大学优等生荣誉学会（Phi Beta Kappa）会员。此种荣誉得之不易，而三个坐在一起的中国学生同时入选，更为引人注目，"美国报章传载，以为异举"。其实全面地看学习成绩，胡适远不如赵元任和胡明复。他们俩在学习上是激烈竞争的对手，每学期的总平均成绩都在 90 分以上，赵元任总是多着一分半分，有时的差距只是在小数点后两位上。在大学的四年中，与其他人相比，他们俩每年的成绩都是最高的，而且这一成绩许多年之后无人超过。

1914 年 5 月，胡明复和赵元任又与同学黄伯芹、金邦正一起入选 Sigma Xi 名誉会员。任鸿隽（当时已在康奈尔大学就读）对此印象很深，十几年后在纪念胡明复的文章中还对中国学生当年大出风头的事津津乐道。

Phi Beta Kappa 会设于 1776 年，美国著名大学如哈佛、耶鲁均有此会。入选会员的资格是：（一）学习成绩最佳者；（二）毕业生有上佳著作者；（三）教员在学理上有新发明者。Sigma Xi 会员资格为：工程或理化学生于所学有所发明者。[7] 同获两种荣誉对美国学生也不容易。所以此事颇使中国留学生感到鼓舞。

1914 年 6 月 16 日，胡明复大学毕业获学士学位。1916 年秋，进哈佛大学攻读博士学位。在 M. 博歇尔和 W. A. 霍尔维茨指导下研究积分 – 微分方程理论。博歇尔是哈佛大学数学教授，他与 W. F. 奥斯古德领导的哈佛大学

数学学派在美国影响很大，他还于 1908—1910 年任美国数学会主席。胡明复在这样高水平的导师指导下作研究，也算是适得机缘。

1917 年，他以题为 Linear Integro–Differential Equations with a Boundary Condition（具有边界条件的线性积分 – 微分方程）的论文获得博士学位。这是哈佛大学中国留学生中的第一个博士学位，也是中国第一个在数学方面取得的博士学位。这篇论文在 1918 年 10 月号的《美国数学会会刊》上发表。能在这份刊物上发表的论文，可以说已达到国际水平。[8]

胡明复到哈佛时又遇上了早其一年到此的好友赵元任，两人又同住一室。胡刚复此时也在哈佛大学读博士学位，三人中却是胡明复最先取得学位。此后不久，他便离美回国了，时为 1917 年 9 月。

2. 创办《科学》杂志和中国科学社

1913 年初，原在国民党临时政府任职的革命人士任鸿隽、杨杏佛来康奈尔大学留学，救国救民的共同理想使胡明复很快与任、杨等人成为莫逆之交。这群爱国学生为图救国大业，于 1914 年 6 月发起组织了科学社。

1914 年夏，第一次世界大战爆发前夕，正值胡明复毕业在即，留学生们又在一起讨论，想为国效力，做一点事情。作为学习自然科学的留学生，他们深知"当时欧美各国实力的强大，都是应用科学发明的结果，而且科学思想的重要性，在西方国家的学术、思想、行为方面，都起着指导性的作用，……假如没有科学，几乎无以立国"。[9] 而中国最缺乏的莫过于科学，因此，他们要把科学介绍到中国来。

6 月 10 日晚，大考刚过，十来个人相约来到任鸿隽的房间讨论组织科学社及出版科学月刊。到会者很热心，写了一个缘起，以募集资金为出版科学月刊作准备。胡明复列于发起人的首位，后面还有赵元任、周仁、秉志、章元善、过探先、金邦正、杨杏佛、任鸿隽。胡明复与赵元任学习成绩优冠全校，而且"在科学社的组织上，明复发表的意见很多，也

最得同人的赞许"。这二人排名在先非出偶然。"缘起"散发出去后就得到响应，要求入社的人很多。他们另外还拟了一个简章作为凑集资本发行期刊的大纲。

科学社是一个公司性质的团体，其资金来源是发行股份由社员认购，事业也只有发行期刊一项。这与"振兴科学、提倡实业"的宗旨相去甚远。1915 年 6 月，胡明复、邹秉文、任鸿隽被推举起草新社章，新章程于 10 月 25 日由社员全体通过，科学社改为"中国科学社"，并选出任鸿隽（社长）、赵元任（书记）、胡明复（会计）、秉志、周仁五人为第一届董事会董事，把 10 月 25 日定为中国科学社成立纪念日。

胡明复被选为中国科学社的会计不仅是因为他有好几年商业学校的训练，更在于他对科学社事业的热心和无私。刚成立的中国科学社，靠社员的节衣缩

第一本《科学》杂志

食，从每月 60 元的津贴中拿出，部分作为社中活动经费，这种条件下没有一个精打细算、善于理财的管家，科学社很难生存。创业初期，胡明复和任鸿隽、赵元任、杨杏佛等出力最多，每当遇到困难，捐款名单上数目最多的也往往是他们几个。胡明复长期担任会计，兢兢业业，他管理的账目清清楚楚。在每年的年会上都交上一份详尽的财务报告，以致他去世后接手的人继续工作不觉困难。胡明复理财，是他对中国科学社的重大贡献。任鸿隽、杨杏佛等在纪念他的文章中对此都深有感慨。

科学社刚成立时的首要任务是编辑《科学》杂志，写稿的工作重要而繁忙。整个一夏天，他们夜以继日地为《科学》忙碌。秋天开学的时候，已经凑集了三期的《科学》文稿预备发刊。这其中有胡明复写的 10 篇 40 多页稿件。次年（1915）1 月，《科学》月刊终于在上海正式出版发行。

胡明复大学毕业后的一两年里，中国科学社的一些重要成员相继转入哈佛大学。后来，《科学》杂志办事处也迁到哈佛。胡明复离开康奈尔大学前的一个晚上，在伊萨卡的社员 20 多人聚在一起纪念科学社成立两周年。胡明复起而演说，希望留下的同伴们竭力承担期刊及各部事务，纪念科学社的最好方式就是使之发达永久。他的话深为与会者服膺。

胡明复去哈佛后，《科学》编辑部长杨杏佛在康乃尔继续编辑工作，常向哈佛的朋友的索要稿件。曾有这样一首打油诗寄给胡明复：

寄胡明复

自从老胡去，这城天气凉。

新屋有风阁，清福过帝王。

境闲心不闲，手忙脚更忙。

为我告"夫子"，《科学》要文章。

（"夫子"是赵元任绰号）

赵元任见诗也回他一首：

寄杨杏佛

自从老胡来，此地暖如汤。

《科学》稿已去，"夫子"不敢当。

才完就要做，忙似阎罗王。

幸有"辟克匿"，那时波士顿肯白里奇

的社友还可大大的乐一场！

（"辟克匿"：Picnic，野餐；肯白里奇：

Cambridge，或译剑桥）

诗中表现出他的之间的亲密友谊和工作热情，也反映出当时的紧张工作状况。

留美期向，胡明复为《科学》写了大量稿件。1926 年，《科学》编辑部曾对发表的稿件作过统计并列表。由表可见，胡明复与任鸿隽、赵元任、杨杏佛发表的文章数量接近，而在创刊的第一年中胡明复居首位，第二年稍次于任鸿隽，第三年的 9 月他已回国了。胡明复留存于世的作品主要发表在《科学》前三卷上，约 50 篇 15 万字。

卷号 \ 页数 \ 作者	胡明复	任鸿隽	赵元任	杨杏佛	秉 志	竺可桢	胡先骕	谢安荣	唐 钺
1	150	147	133	104	114	0	21	10	61
2	80	86	64	47	65	31	20	0	45
3	37	97	76	78	9	63	14	8	12

（注：据《科学》第 11 卷第 12 期统计表改排）

胡明复的作品内容非常广泛，除基础自然科学外还有教育、军事、工商等方面。如数学方面的《近世纯粹几何学》，物理化学的《万有引力之定律》、《伦琴射线与结晶体之构造》、《用合金取氢气法》，天文的《日斑出现的周期》、《彗星》，生物的《雪线以上之显花植物》、《气候与动物吐出碳氧气之关系》、《鸟之岁迁》，教育类的《美国各大学中之外国学生》、《教育的性质与本旨》，军事的《晚近行军三要素：编制、装备、训练》，工商类的《近年美国出口货之奇增》等。他还写一些用科学知识揭露迷信的短文，如《灾异》、《连生》等。

胡明复当作者的同时又是编辑。胡适在回忆《科学》创刊初期情况时写道："明复在编辑上的功劳最大，他不但自己撰译了不少稿子，还担任整理别人的稿件，统一行款，改换标点，故他最辛苦"。

中国科学社的楷模是英国皇家学会，很多活动是模仿而来，年会即是其中之一。自1916年起，每年都召开年会。首届年会于9月2日在麻省菲力柏学校（Philips Academy）举行。会上胡明复作了详细的会计报告。他在会上被选为四名两年董事之一，竺可桢等当选一年董事。在晚间举行的交际会上，胡明复为社友们主持了数学游戏。第二届年会时，胡明复已获博士学位，即将回国来不及赴会。他提前到达开会地点，安排妥当后匆匆离去，会计报告由社友代读，第三届年会仍在美国举行，胡明复在国内无法到会。

1918年8月，中国科学社第四次年会在杭州举行。这是首次在国内开年会。胡明复代表社长任鸿隽（任于6月去四川筹办钢铁厂）主持了年会。他在致辞中对国家贫穷、落后的局面深表担忧，希望政府及社会各界重视科学、发展教育。他说："吾人根本之大病，在看学问太轻。政府社会用人不重学问，实业界亦然；甚至学界近亦有弃学救国之主张，其心可敬，其愚则可悯矣。"

1920年，中国科学社从财政部争取到南京成贤街文德里的一所官房为社所，从而有了自己的固定社所，为纪念这一成绩，这一年的年会就在装修一新的文德里新社所举行。会上胡明复继续当选董事会董事、会计、编辑员。

1921年，中国科学社得到教育部补助款每月200元。9月在北京召开年会，因津浦铁路被洪水冲断，南方社友赴会者寥寥无几。胡明复还是如期到会并按惯例作会计报告。

1922年，第七次年会在南通召开。由于张謇的帮助，地方当局和社会名流出席年会者甚多，资助也很可观。社友们会聚南通，盛况空前。胡明复除作会计报告外还协助会务。

1923年，第八次年会在杭州召开，来宾极多，包括督军卢永祥、省长张载扬等，胡适也参加了年会。胡明复与杨杏佛看到科学社的精神日渐退化，理事会的职员年年都是胡、杨和任鸿隽，于是两人与任相商，三人同时坚决表示以后不再担任理事会的职务。于是丁文江、翁文灏先后担任社长，会计由过探先担任。可是，胡明复虽然辞了会计的名义，实际上的责任与工作并没有减轻。社中的日常杂务、年会会务等主要还是由他承担。

1926年，中国科学社第十一次年会在广州召开，这是胡明复最后一次参加年会。他与翁文灏、孙科、汪精卫、竺可桢等同为会程委员会委员。他在社务会上报告了社务发展及基金管理状况，并提议设立建设服务委员会，专代人计划工程、委托研究及介绍人才等事。提议获得支持，他与王琎、李熙谋被推举为筹备委员。

早期的中国科学社得以生存和发展，与胡明复的种种努力密不可分。数学史家钱宝琮说，他在英国时也曾参加过类似科学社的组织，成员亦增达数十，但后来便各自星散，其根本原因全在于缺少胡明复这样的人物，后来钱宝琮便加入了中国科学社。

3. 科学救国的理想与科学观

胡明复的少年时代，中国社会正处于动荡不安之中。甲午战争惨败，戊戌变法夭折，义和团运动失败以及随之而来的八国联军进京，使中国人面临亡国灭种的危险。在留学生中，"排满革命"、"救国保种"的思想传播很广。1911 年推翻帝制，更助长了留学生们的政治热情。胡明复也是热血青年，他除学习外还非常关心政治，常去翻阅有关时政的杂志。

1912 年 11 月，胡明复与胡适发起一个政治研究会，研究讨论世界政治。他们很快就有了 10 个成员，还制订了章程：每两周开会一次；每次讨论一个问题，由会员两人轮次预备论文宣读，论文之后由会员讨论；每会由会员一人轮当主席；会期在每星期六下午二时。

政治研究会第一次正式开会时以胡适与过探先的"美国议会"为题，后来又讨论过英、法、德的国会制度。在当年 12 月 21 日的会上，由胡明复与尤怀皋讲演"租税"。胡适在日记中对他们讲演的评价是："甚有兴味，二君所预备演稿俱极精详，费时当不少，其热心可佩也"。此外，胡明复还参加过留学生许先甲提议组织的"社会改良会"。

从胡明复留美的头几年看，他在多方探索救国道路，其中包括依靠政治变革、社会改良来实现救国理想。但随着对科学理解的深入和对西方社会中科学所起作用的了解加深，至《科学》创刊，他的思想已定型于"科学救国。"

《科学》发刊词是中国科学社同人接受"科学救国"思想的标志，它也代表了作为社中核心成员的胡明复的思想。发刊词中写道：

> 抑欧人学术之门类亦众矣，而吾人独有取于科学。科学者，缕析以见理，会归以立例，
> 有理可寻，可应用以正德利用厚生者也。百年以来，欧美两洲声明文物之盛，震
> 铄前古，翔厥来原，受科学之赐为多！

在多方论述了"科学之有造于物质"、"科学之有造于人生"、"科学之有造于智识"和科学影响于道德之后，发刊词宣称：

> 呜呼！临渊羡鱼，不如退而结网。过屠门而大嚼，不如归而割烹。国人失学之日久矣，
> 不独治生梏窳，退比野人。即数千年来所宝为国粹之经术道德，亦陵夷覆败，荡然若无。
> 民生苟偷，精神形质上皆失其自立之计。虽闭关自守，犹不足以图存。矧其在今之世
> 耶。夫徒钻故纸，不足为今日学者，较然明矣。然使无精密深远之学，为国人所服习，
> 将社会失其中坚，人心无所附丽，亦岂可久之道。继兹以往，代兴于神州学术之林，
> 而为芸芸众生所托命者，其唯科学乎，其唯科学乎！[10]

其"科学救国"愿望表现得非常强烈。

在胡明复所处的时代，"科学"一词在中国才流行十余年，同用一词，含义多歧。[11]胡明复辈对"科学"作何理解呢？

胡明复自读家塾起已开始接触自然科学知识，在其后的南洋公学与实业学堂中又学习

了基础科学课程，至留学阶段完全走上西方科学教育正轨，从而受到系统正规的自然科学训练。他与留学生们对科学有着基本一致的英美式理解，即自然科学，其特点在注重观察、实验，注重科学方法。《科学》一开始就把科学分为两类：物理科学与自然科学。前者指物理学、化学、天文学等，后者指动物学、植物学，气象学、地理学等。[12] 二者都是自然科学内容。任鸿隽在《说中国无科学之原因》一文中说："科学者，智识而有统系者之大名。就广义言之，凡智识之分别部居，以类相从，并然独绎一事物者，皆得谓之科学。自狭义言之，则智识之关于某一现象，其推理重实验，其察物有条贯，而又能分别关联抽举其大例者谓之科学。是故历史美术文学哲理神学之属非科学也，而天文、

胡明复与兄弟姐妹在一起（自左至右：胡彬复、胡宪生［胡雨人儿子］、胡刚复、胡明复）

物理、生理、心理之属为科学。今世普通之所谓科学，狭义之科学也。"胡明复对科学的定义也持相同看法，并把这一概念抽象化：科学者，研究宇宙中事物间种种关联（不限于数量之关联）之学；其目的，则一方面在观察宇宙中事物之常理而求其运行之通律，一方面又自其已得之通律求新事实。他的这种观点直接受到奥斯特瓦尔德的影响。

与任鸿隽一样，胡明复强调科学的实质在于科学方法："夫科学何以异于他学乎？谓其取材之不同乎？则哲学与文学皆取材于自然，而皆不以科学称，且科学之中，每有彼此之间犹南辕与北辙，而有时反与非科学相关至密切者。……盖科学必有所以为科学之特性在，…此特性者何？即在科学之方法。"胡明复注重科学方法与 K. 皮尔逊的启发分不开。

对于科学方法——归纳与演绎，胡明复特别推崇前者。因为归纳是"先观察事变，审其同违，比较而审察之，分析而类别之，求其变之常，理之通，然后综合会通而成律，反以释明事变之真理。故归纳之法，其首据之事理为实事，而其归纳之结果则为通理，即实事运行之常则也。"而演绎"自一事或一理推及他事或他理，故其为根据之事理为已知，或假设为已知，而其推得之事理为已知事理之变体或属类。"所以，"自此性质上之区别观之，科学之方法当然为归纳的，科学取材于外界，故纯粹演绎不能成为科学"。

胡明复当然也知道归纳法的缺陷：只能保证过去的知识必然性而不能保证未来知识的必然性。他写道："严格言之，事变不尽，则归纳之理不立。日月东升西落，世人所习知，而归纳之结果也，然安知明日不西升东落乎？故虽日月东升西落之常理，亦不得谓为绝对

之归纳，其理之永远确实与否终在不可知之列。"由于宇宙变化无限而人世有限，"是以科学上之归纳……皆有其限制，……以其归纳非绝对，故其归纳所成之理仍含有假设之性质。"所以最终胡明复还是认为："科学之方法，乃兼合归纳与演绎二者，先作观测，微有所得，乃设想一理以推演之，然后复作实验，以视其合否，不合则重创一新理，合而不尽精切则修补之，然后再试以实验，再演绎之，如是往返于归纳演绎之向，归纳与演绎即相间而进，故归纳之性不失，而演绎之功可收。"

胡明复留学期间广泛研读当时世界一流科学家、哲学家的著作。马赫、彭加勒、皮尔逊、赫胥黎、魏斯曼等都对他产生过影响。他接受了实证主义原则，思维经济原则，认为人的知识不能超出经验之外，经验以外的东西无从可知。在《科学方法论》系列第二篇文章中表述了这种观点："所谓事变者，其为外界之真正事变乎？"一外界变动，侵及五官，五官复借神经之媒介传入大脑，乃生感觉。故凡有事变，自其起于外界之初，至其为吾人感觉之倾，其间所经间介物层数众多，是则吾人之所谓事变，殆吾人脑中所有外物之影像耳，其非真正之事变可断言也。第其诸层媒介之作用，各有定程，外界一举一动，于内必有相等之影像。故内外相应，无有错乱，若吾不审，则且认此影像为真物矣。然惟以其内外相应，无有错乱，故吾人感觉中之事变之通则，于外界亦有相当之事理与之对应。"因之，科学的任务就是用最少的思维描述和整理由观察、实验得到的经验材料，得出与外界事变相对应的科学律例。

科学律例产生于人的意象之中，不能完全等同于外界事变，因而"若海王星之发见，地圆之证明"，与"化学上之分子原子说，今日物理中之电子说，皆臆造之物象，……至于分子原子电子之究竟存在与否，实未可知。"[13]

对于科学定律，胡明复以马赫的"作业假设"来解释："定律者，许多事实之通式也，有如许情节，即有如是结果，无次不验，遂得一定律，然所谓无次不验者，以前无次不验也，又安知将来亦复无次不验，……是以定律之效力，只为假定的、暂时的。换言之，一日定律与事实合，则一日认其为真确；如有一次不验，则其定律永失其效力。"[14]这样，就由经验的或然性进而放弃了因果律的客观性。在他的第三篇科学方法论文章中，专门论述了概率，从而比较系统地向国内介绍了实证主义观点。

由于受西方思想影响和自己对科学更进一步的理解，胡明复没有走向唯物论的绝对真理观，与同时代许多科学的倡导者如吴稚晖、陈独秀大不相同。他对科学的期望在于科学中的理性精神，而不是科学知识与物质成就。科学与技术为社会创造物质文明，这作为科学的救国功能的一个方面自然不可忽视，所以在《科学》发刊词中，"科学之有造于物质"被列于科学效用的首位，在这段文字中，使"山陵失其险阻，海洋失其邈远"的汽车轮船，可"一日而有十年之获，一人而收百夫之用"的蒸汽机、电力等大受赞扬。但仅靠技术图谋国家强大的希望在洋务运动、甲午战争的结果面前显得非常渺茫，而且在理论上，胡明复所持实证主义的科学观念与机械唯物论的直线因果观之间存在很大差距（后者支持了技术救国的主张）。故胡明复在谈科学救国时说："今之论科学救国者，又每以物质文明工商发达立说矣。余亦欲为是说，虽然（如此），科学不以实用始，故亦不以实用终。夫科学之最初，何尝以其实用而致力焉，在'求真'而已，真理即明，实用自随。"所以他极力主张提倡科学方法、科学精神。

科学方法和科学精神是胡明复阐述科学功能的核心观念。科学精神即科学方法之精神，"精神为方法之髓，而方法则精神之郛"，"科学方法之惟一精神，曰'求真'。"这里的"真"是实证主义意义上的"真理"，"所谓真者，事与律相符之别号耳。"

由上而知，胡明复与某些人把科学教条化、信仰化的立场不同，他主要地把科学当作一种原则，一种指导人们解决各种问题的原则。从以下几个方面可以看到他对科学寄托的期望。

科学与国家社会：胡明复没有把法制而是把社会、国家中个人的责任心作为社会、国家康健稳固的保障，这对国民素质提出了很高要求，而科学恰可担此重任。"科学审于事理，不取臆断，而惟真理是从，故最适于教养国民之资格。审于事理，则国家社会与个人之利害关系明，不从意断，则遇事无私；惟真理是从，故人知其责之所在。自反面言之，国民对于社会国家心切，故监察甚严，虽有败类而社会国家不为所倾覆，此科学精神之影响于社会国家之安宁与稳固者也。"

科学解决社会问题："近世西国每数年必为一统计，每有一事则为调查。于是社会上之倾向、习好、弊端、优点，皆瞭然无遗，乃复依情设救，防患于未然。"例如地方卫生、劳工生活等。另外，改良社会可通过用科学手段减少社会不良分子来实现。根据魏斯曼的遗传理论，人类受后天影响产生的习惯不会遗传。于是，"人之生性为善而习于恶者，其子其孙不必即生性为恶，故苟以善良之教育于其子孙，而不令与恶社会相接触，则其子孙多能为善。反之，生性为恶者，虽偶习于善，其子其孙亦必不良，即可以直接或间接之方法阻滞其繁殖，此于无形中增加社会之善良分子也。"

科学与民智民德：胡明复站在实证科学的立场上，必然对迷信、盲从进行批判。以下面一段话可看到他反迷信、启民智的态度；"习于科学而通其精义者，仅知有真理而不肯苟从，非真则不信焉，此种精神，直接影响于人类之思想者，日排除迷信与妄从。考诸西国科学发达史，盖自科学发展以来几无日不与旧迷信旧习尚旧宗教旧道德相搏战。然其结果则不特科学自身之发展而已也，即风俗道德与宗教亦因之日进于纯粹，而愈趋于真境，……反顾吾国则犹如西国之中世纪，斤斤焉于古人之一言数语，而不察于实事，似以为宇宙中之大道至理智可由此一言数语中得之。今日'复古'之潮流，犹是此心理之流毒。而此种寻章摘句之又一大恶果，则为其重于章句而忽于真义，是以往往言不由衷，言行相违，宛如两人，廉耻道丧，而文化亦日即衰落，学问道德政治社会，皆存其形而失其实际，可慨也已。然则有补救之方策乎？曰有，提倡科学，以养'求真'之精神。知'真'，则事理明，是非彰，而廉耻生。知'真'，则不复妄从而逆行。此为中国应究科学之最大原因。若夫科学之可以富国强兵，则民智民德发育以后自然之结果，不求而自得者也。"

笃信科学救国，科学如何救国，胡明复即做如上说。

4．科学救国的实践

1917 年 9 月，胡明复离美回国，为襄助胡敦复办理大同学院而留在上海。由于国内形势恶劣，社会无视科学，《科学》常因经费困难而不能如期出版，原本打算增设季刊的计划被迫取消。次年，得北大校长蔡元培相助，由北大每月拨款二百元作为《科学》的印刷费，《科学》勉强渡过难关。年内，中国科学社骨干成员任鸿隽、杨杏佛等纷纷回国，办事机构也迁回国内，借大同学院和南京高等师范学校社员之便，在上海、南京设立事务所。上海事务所专办经销、会计及图书馆筹备工作，靠胡明复一手承担。在《科学》的通告中就可看到，除会计外，国内各方接洽、驻沪编辑、经理购书等等任务也落在他肩上。此外还有一件费时费力而又无名的工作，就是《科学》文稿的标点校对。胡明复十年如一日默默无闻地承担了这项工作。

除《科学》外，胡明复为普及科学知识、发展科学事业还做了许多努力。翻译《科学大纲》即为其一例。《科学大纲》是苏格兰阿伯丁大学博物学教授 J. A. 汤姆逊编纂的一部介绍科学发展概观的著作。胡明复与王琎、任鸿隽、杨杏佛、竺可桢等多人将其译为中文，以向国内读者系统介绍西方科学理论。此书 1924 年 1 月由商务印书馆出版四卷本。1930 年列入"万有文库"出版小型 14 册新版，图文并茂，即以今日眼光视之仍不失为科普佳作。[16]

名词审定是科学事业的一项基本建设。科学社成立之初即把科学名词的审定列为重要工作内容。1919 年首次在国内开年会时，胡明复就提出设常任委员随时研究、审查科学名词，并在《科学》上宣布。他为数学名词审定做了大量工作。他与数学家姜立夫（胡明复的小妹妹胡芷华于 1935 年与姜结为伉俪）共同起草了数学名词草案。经过几年仔细审查，我国最早的这部《算学名词汇编》于 1938 年出版。另外胡明复还著有《高等解析问题》一卷。

发展科学教育是胡明复为促进科学事业进步而培养人才的主要措施。他在留美期间就计划将来回国办一所理想的大学。为此他与同学们组成一个团体，制订了简要计划。他个人对办学进行了详细周密的规划，写成长达几十页的英文信寄给赵元任看。信，我们已无法见到，但赵元任回复的第一句话："Superlative admiration for your thoroughness"（意为：对君之周详完美，钦佩之至）足以说明胡明复对办学的热情。他归国后便把大同学院作为办理想大学的根基。

大同学院是立达学社创办于 1912 年的私立学校。1911 年，胡敦复与在清华任教的 10 位同人朱晚香、华绾言、顾养吾、吴在渊等，"因慨社会之不良，痛外力之荐食"而共同创立了立达学社，以研讨学术，编译书籍，兴办学校。辛亥革命后社员纷纷南返，在上海创办了大同学院，推举胡敦复为校长。大同学院经过苦心经营，至胡明复归国时，已购地十余亩、建起数座校舍，前后有 800 多学生进校学习过。第一期学生为 91 人。[17]

胡明复来到大同学院，除了教学还兼管校务。校长胡敦复常为社会活动所累，校中日常杂务便由胡明复承担，且他善于理财，自然成为大同学院的"管家"。1922 年，大同学院获教育部注册改名大同大学，学校逐步扩大，又陆续建起礼堂、教室、宿舍等建筑，校园扩大到 90 亩。这些设施从打样、监工到与各方接洽交涉，都由胡明复一手操持。他在大同教课不取薪水，反将在其他学校教课所得之相当部分接济大同大学的建设。他收入最丰时每月不过 400 元左右，他的积蓄来自节俭。"他住的是斗室，穿的是敝衣，吃的是粗粝，乘的是电车。"立达社员及其他聘请教师也尽其所能，竭力支持办学。故大同大学蒸蒸日上，成为私立大学中能与北方南开大学媲美的学校。

在教学上，胡明复是上海有名的教授，他的课深得学生好评。他在大同大学教授数学、物理等课程。[18] 其实，以胡明复的学问与名望，他完全可以到条件更好的大学去担任更高的职务，你可有机会增进自己的学术研究。但是为了中国科学社和大同大学，他几度谢绝北大等校邀请，只在上海南洋大学和东南大学分设的上海商科大学任算学教授。也曾在南洋中学任教。

5. 科学事业的开路小工

胡明复毕生以兴办教育、科学救国为己任，矢志不移，这与其家族传统关系很大。胡明复是北宋学者、教育家胡瑗 31 代孙。受家风熏陶，后辈从事科学、教育事业者大有人在。

从社会背景来看，自甲午战争失败后，民族危机空前严重，"救亡"之声遍于全国。此时严复已有西学以"格致"为本，"西学救亡"即以"西学格致"来"救亡"的主张。1898 年，严复所译《天演论》首次出版，以自然科学为基础的进化论思想在中国社会广泛传播。

到 1902 年，随着《天演论》中的"格致"变为《原富》中的"科学"，严复在 1895年形成的"西学格致救国"论，也演变为"科学救国"论。[19] 此后 10 多年，科学救国发展成一股强大思潮，对知识界影响很大。胡明复就在这种潮流中走上了科学救国的道路。不过，作为思想家的严复以西方的"科学立国"论证了中华需要"科学救国"，而作为实践者的胡明复则把这一思想细致化、具体化、行动化。

另外，胡明复在美国的 7 年留学生活中，耳濡目染西方社会科学技术带来的物质成就和在思想行为方面的指导作用，必然地学习借鉴西方的经验。中国科学社就试图以英国皇家学会的形式发展中国自己的科学事业。社中成员多为留美学生，他们建立的组织机构、活动方式都模仿了西方科学体制。胡明复为中国科学社的组织、刊物、年会、名词审定、图书馆筹备等项事业所做的种种努力，都是为建立真正独立的科学体系而进行的基本建设。他为此放弃了自己搞学术研究的机会而并不惋惜。

在许多科学的倡导者中，胡明复能与众不同、十年如一日默默地为科学献身，除上述家族传统、社会背景与西方教育影响之外，有一个重要因素是他的个人情操。他常说：

> 我们不幸生在现在的中国，只可做点提倡和鼓吹科学研究的劳动。现在科学社的职员社员不过是开路的小工，哪里配称科学家。中国的科学将来果能与西方并驾齐驱，造福人类，便是今日努力于科学社的一班无名小工的报酬。[20] 他就是以这样的开路

小工精神为科学事业奉献了一生。任鸿隽评价胡明复说，现在社会上要找飞扬浮躁的人才，可算是车载斗量。但是要找胡明复这样实心任事、不务虚名的人，却好似凤毛麟角。他倒用牛顿的话说："倘若以明复的天才与训练，而未能在科学上有显著的贡献，那是因为一般矮子所带累的缘故。[21]杨杏佛与胡明复交情很深，他写道："他（明复）自己布衣粗食，刻苦耐劳，日夜工作几乎没有一点娱乐和休息，但是他对于朋友及公共事业却十分慷慨，从来不吝啬……他的婚姻是不甚美满，……却宁甘终年独处，过他那种枯槁劳苦的生活。直率点说，明复在上海的生活简直是一个寄住在人家的苦行和尚，不过他所信仰的是科学不是佛教，他所修的是人类的光明不是自己的幸福或成佛升天的痴想。"[22]

胡明复致力科学救国，对政治不感兴趣。1927年春，北伐军抵上海后，胡明复曾任上海政治分会教育委员会委员，但2个月后便以不遂所志而辞职，辞呈中有个人思想落后，及不愿附和苟同等语。

1927年6月，胡明复婶母去世。胡明复赶回乡里为其送葬。出殡的日子是6月13日，闷热雨天。下午，心情抑郁的胡明复到村子前面的横河口泅水，不幸溺水身亡，时年仅36岁。

胡明复的突然去世使中国科学社、大同大学的同事、朋友们非常痛惜。胡适、任鸿隽、杨杏佛等挚友更觉悲伤，他们与何鲁、钱宝琮等在中国科学社和大同大学的追悼会上作了极为沉痛的演讲。为纪念胡明复，政府方面由中央明令褒奖。[23]中国科学社拟建"明复科学馆"，后改为建"明复图书馆"，《科学》出了纪念专号，胡适还提议为之编论文文集。

《科学》第13卷6期作为胡明复纪念专号，刊载了胡明复略传，他在美国发表的博士论文和严济慈写的论文分析，还有马相伯、任鸿隽、胡适、杨杏佛等人的纪念文章。

1929年7月，中国科学社举行社葬，将胡明复遗体安葬于风景秀丽的杭州西湖烟霞洞山坡上。同年11月，中国科学社借蔡元培、孙科之力，在上海亚尔培路购地开工兴建"明复图书馆。"1931年元旦落成开馆。这是中国科学社的第一座大型建筑，用胡明复的名字命名，表达了社中同人对这位致身科学、教育事业，为科学社鞠躬尽瘁的创始人的尊敬和怀念。

今天，胡明复墓遮没在大自然的葱郁草木之中，墓前依稀可见蔡元培先生题写的"中国科学社胡明复先生……于此"字样，墓碑半掩于沙土，朴真中透着凄凉，而"明复图书馆"早已改为"卢湾区图书馆"。

（本文在樊洪业、金秋鹏、林文照三位导师悉心指导下完成，并得到胡明复先生宗属胡南琦教授及胡芷华、胡宜南、胡炎庚、薛煌、程文鑫诸先生的帮助无锡堰桥村前村委、南京东南大学档案馆、上海市档案馆等单位提供部分资料，在此一并致谢。）

── 参考文献 ──

［1］赵宪初：《南模校史简述》，载《上海文史资料选辑》第59辑，第234页，

［2］《南洋公学高等小学堂章程》，载《交通大学校史资料选编》，第 1 卷，第 52 页。

［3］舒新城编：《中国近代教育史资料》，中册，第 754 页。

［4］同上，第 764 页。

［5］《赵元任生活自传》，中国华侨出版公司，1989 年，第 77 页。

［6］《政治官报》，1910 年 7 月，第 569 页。

［7］《教育杂志》第 1 卷，1909 年，第 6 期，第 43 页。

［8］张奠宙：《我国最早发表的现代数学论文》，载《科学》42 卷 3 期。

［9］任鸿隽：《中国科学社社史简述》，载《文史资料选辑》第 15 辑，1961 年。

［10］《科学》1 卷 1 期。

［11］樊洪业：《从"格致"到"科学"》，载《自然辩证法通讯》1988 年第 3 期。

［12］赵元任：《心理学与物质科学》，载《科学》1 卷 1 期。

［13］胡明复：《科学之律例》，载《科学》2 卷 9 期。

［14］胡明复：《算学于科学中之地位》，载《科学》1 卷 2 期。

［15］同［13］。

［16］《科学大纲》，胡明复等译，商务印书馆，1924 年版，全 4 册，《科学大纲》，胡明复等译，商务印书馆，1930 年版，全 14 册。

［17］见《大同大学校舍表》、《历期学生总数表》、《大同大学简史》，载大同大学档案，存上海档案馆。

［18］同上。

［19］同［11］。

［20］杨杏佛：《我所认识的明复》，载《科学》13 卷 6 期。

［21］任鸿隽：《悼胡明复》，载《科学》13 卷 6 期。

［22］同［21］

［23］《中华民国史事纪要》，1927 年 6 月。

（选自《自然辩证法通讯》1991 年第 4 期，《胡明复的生平及科学救国道路》，作者夏安，中科院科技政策与管理科学研究所理学硕士。研究方向为科学史。）

王淦昌

当代中国杰出的物理学家

王淦昌先生（1907—1998）是当代中国杰出的物理学家，他不仅在粒子物理学方面做出了重大的发现和贡献，而且也为独立自主地发展我国的核武器立下了不朽的功勋。他以广博精深的学识，严谨的学风，坚持真理的科学精神，爱祖国、爱人民、伸张正义、乐于助人、坦荡、谦逊、平易近人的崇高品格教育熏陶了几代人。他确实不愧是我国科学工作者学习的典范。1987 年是王淦昌先生八十寿辰，我在亓方硕士论文的基础上，写了王淦昌先生传略，记述了王先生八十年来成长、学习、研究、教育、奋斗的光辉历程。（载胡济民等 1987，第 223-287 页。）到现在，又过去了 19 年[①]，王淦昌先生已于 1998 年逝世。

王淦昌（1907—1998）

他的《全集》也在 2004 年出版。所以，这个传略，对 1987 年写的传略，做了必要的补充。

1. 青少年时代（1907—1934）

（1）从私塾到清华（1907—1925） 王淦昌先生于 1907 年 5 月 28 日（阴历丁未年四月十七日）生于江苏省常熟县支塘镇枫塘湾。父亲王以仁（号似山）是当地颇有名气的中医，家里也有少量田产。王淦昌有两个哥哥、一个姐姐。王淦昌 4 岁时，父亲就逝世了。大哥王舜昌（号绥之）行医并兼做小本生意，维持一家生计。

---

① 此稿写于 2006 年。

王淦昌自幼好动，而且特别喜欢翻弄父亲、哥哥的几部藏书。幼时家境尚好，母亲和哥哥送他进了私塾，从此步入了家人尊崇的"读书人"行列。在私塾中，王淦昌读的是《百家姓》、《孟子》、《论语》。1916 年，转入太仓县沙溪小学，开始学国语、算术、美术等课程，国语仍与私塾的教法大同小异。与国语相比，少年时的王淦昌更喜欢算术。课堂讲授的内容比较浅显，解趣味数字题就成了使他着迷的游戏。他在这类竞赛中表现出来的机智和聪颖，深得老师赞赏，以致他今天谈起少年时的那段学习经历，仍不乏自豪感。[①]

1920 年，王淦昌的母亲因为积劳成疾，患肺病逝世。同年，他在外婆和大哥的资助下，随一远亲来到上海，在浦东中学读书。在这里，对他影响最大的是数学教师周培（号翰澜）（1896—1966）。周翰澜先生是我国著名地质古生物学家周明镇（1918—1996）的父亲。周培曾留学国外，有志于振兴中华的科学文化。周的教学原则有二：一是鼓励自学，二是因材施教。他讲课讲得活而不面面俱到，提供学生多做练习的机会，但不作硬性规定。在他的倡导下，浦东中学历届都有数学自学小组，一些优秀学生都参加了这一活动。

王淦昌、施士元（1908—2007）都曾是小组的活跃分子。在周翰澜的指导下，王淦昌在中学里就读完了大学一年级的课程微积分[②]。在这时期，王淦昌树立了学习自然科学的目标。在浦东，他最感兴趣的学科是数学，其次是英语。英语教师崔雁冰是他的表兄，对他的影响和帮助也很大。

1924 年，王淦昌高中毕业。毕业后，他作出的第一个决定是进外语专修班。半年后，他又找机会进了一所技术学校，学习汽车驾驶和维修技术。结束了这两轮短期训练后，他报考了清华。

1925 年，"五卅惨案"后，王淦昌积极参加了反帝爱国运动，有一天他参加游行后，抱着一大捆传单沿途散发，被一个英租界的印度巡捕抓住了。可是，在一个僻静的地方，这个印度巡捕却出于某种同情心，把这个充满爱国热情的中国学生放走了。同年，王淦昌被录取为清华首届本科生，一年后分科进了物理系。同时进入物理系的另外 3 位学生是：施士元、周同庆（1907—1989）和钟间。（清华，1929）

（2）在名师指导下踏上物理学的征途（1925—1930）　清华学校原为留美预备学校，到 1925 年，才开始设立大学部，招收大学一年级学生，向完全大学过渡（清华大学校史编写组，1981），王淦昌等就是大学部的第一级学生（他们后来被称为清华大学的第一届学生）。由于清华大学各系教师多是留美学生，课程设置、办学方向基本上是模仿美国各大学，重视实验是该校的突出特点，其经费来自每年缴付美国的庚子赔款的余额，比较充裕，这也为购买基本的实验设备提供了可能。这是当时国内其他大学甚至某些研究机构所不及的（刘本钊 1931）。在当时我国实验科学缺乏基础又对它们很不重视的情况下，清华重视

[①] 王淦昌教授接受亓方访问时的谈话。
[②] 施士元教授接受亓方访问时的谈话。

实验之风尤显独特与可贵。清华物理系规定实验课程不得少于理论课程的二分之一，化学系则更有甚之。该校的高淘汰率也令人生畏，一般都在50%—60%，有时达70%—80%（清华大学校史编写组，1981，第197—198页）。

初到清华，王淦昌迷上了化学。化学系的实验条件在当时的清华堪称最佳，即使是公共课，也安排了尽可能多的实验。王淦昌一走进实验室就异常活跃和机智，常常长时间地呆在里面不肯出来。由于中学时几乎没有接触过化学实验，石蕊试纸的颜色变化都曾使他大为惊异。他把化学元素周期表记得烂熟，关于元素和化合物性质的种种实验，有条件的他都认真去做。这段美好的时光对王淦昌后来的科学活动产生了巨大的影响。从建议用 Be^7 元素作为检测中微子的放射源、有机活化磷光体的研究、硫化锌的制备以及晚年来对化学激光器的关注与倡导，都不能不使人联想到青年时期打下的坚实化学基础。他曾很带感情地说："化学是很有意思的。我对化学比较熟悉，以后还想和别人合作做些化学方面的研究"。

清华物理系是由我国近代物理学先驱叶企孙教授（1898—1977）创建的。他是著名的实验物理学家，他在1921年测定的普朗克常数在国际上一直沿用了16年之久。他长期担任清华物理系主任，亲自为学生讲普通物理课。在一堂普通物理课上，叶企孙教授提了一个有关伯努利方程的问题，王淦昌在很短时间内给出了正确的回答。叶先生对他理解问题的清晰和准确表示赞赏。课后叶先生把王淦昌找去谈话，了解他的学习情况，并解答了他的一些问题。叶先生告诉王淦昌，有问题随时都可去找他。叶先生对王淦昌的鼓励和个别传授，使他能够更深入地了解实验物理学。叶企孙的授课引人入胜，而他对王淦昌的特殊关怀更加激发了王淦昌少年时期萌发的自信、自强之心。他决心要叩实验物理学的大门了，不用说，此后他又成为物理实验室的常客。

1928年，王淦昌已经是大学四年级的学生。叶企孙于当年聘请吴有训教授（1897—1977）到清华物理系主持近代物理课程。吴有训也是中国近代物理的先驱，是一位实验物理学大师。他关于康普顿效应的实验研究，为进一步证实康普顿效应做出了重要贡献。吴有训当时从美国回来不久，在他讲授的近代物理中，集中介绍和剖析了近代物理学的重要实验及其结论，"例如密立根（R. A. Millikan，1868—1953）的油滴实验，汤姆逊（J. J. Thomson，1856—1940）的抛物线离子谱，汤生（Townsend，1868—1957）的气体放电研究，卢瑟福（L. M. Rutherford，1871—1937）的 α 粒子散射实验等等"（王淦昌，2004，卷5，第240—242页）。他特别强调训练学生从事实验物理学研究的本领，要充分掌握实验的技巧，努力提高实验的精确性，把对物理理论的理解建立在牢固的实验事实之上。

在教学中，吴有训也很快对王淦昌这个学生有了良好的印象。他注意到了王淦昌对实验的特殊爱好和操作能力。吴有训自己是首先通过实验工作接受近代物理学的，他也希望以同样的方式培养、帮助王淦昌。1929年6月，王淦昌从清华大学物理系毕业后，吴有训把他留下来当助教。同时给了他一个研究题目：清华园周围氡气的强度及每天的变化。这个题目涉及气象知识和实验方法，当时在国内尚无人涉猎。1902—1904年间，德国物理学家埃尔斯特（J. Elster, 1854—1920）和盖特尔（H. F. Geitel, 1855—1923）发现了大气中的放射性气体，继之人们在大气放射性与气象学条件的相互关系方面做了大量研究（王淦昌，2004，卷2，第1-10页）。为了就这种关系形成一个明确的概念，需要在世界上尽可能多的地方从事此项实验工作。这个实验对仪器的要求并不太高，吴有训教授认为中国物理学家也应该在这个领域做出自己的贡献。这项研究的目的就是要透彻研究北平附近气象因素对大气放射性的影响。

从1929年11月到1930年4月，实验进行了6个月，主要是在室外作业。在吴有训的指导下，王淦昌查阅了大量参考资料。根据当时的条件，王淦昌用了类似于戴奥德哈（D. B. Deodhar）曾采用的导线荷电量的测量方法。王淦昌每天上午9时前把6米长、直径0.5毫米的裸铜线水平地架到实验室外5米的高空处，用蜡杆使它绝缘。用静电机使导线具有负3000伏的电势，由于静电机一般给出更高的电势（达10^5伏的数量级），所以用变电阻漏电法使它保持在所要求的电势。裸铜线架在空中，直到上午11时。然后仔细地绕在一个线框上（需时1分40秒）。在静电机停止工作2分钟后，把线框放入金叶验电器的绝缘箱内，通过显微镜读出金叶的放电率。同时记录下该天上午的大气压、风速与风向、云的性质与分布和温度。这种繁琐、艰苦又需要敏捷技巧的科学劳动一共持续了6个月。这是对青年实验物理学家的一次初步考验。王淦昌经受了这次考验，得出了北平上空大气放射性与大气压、风向风速、云的性质与分布相关的大量数据，以及大气放射性的平均值与最高值的按月的变化，写出了论文，得出五点结论：

①北平的大气放射性比欧洲所观测到的大，比印度观测到的小。

②放射性随大气压的升降而升降。

③云层总是降低大气放射性，厚密的雨云和积云则更甚。

④东风减少了大气放射性，其他风向的风则增加大气放射性。

⑤云层对大气放射性的影响一般大于大气压的影响（王淦昌，2004，卷2，第10页）。

叶企孙和吴有训这两位实验物理学大师、中国近代物理学的先驱，是王淦昌的物理学启蒙老师，也是他踏上物理学研究征途的引路人。王淦昌对这两位老师怀着至深的敬意与真挚的感情。当他的学生都为他写传，庆祝他的八十寿辰时，他一面表示，他个人不算什么，重要的是要积极准备在1987年纪念叶企孙、吴有训这两位物理学前辈逝世十周年。

王淦昌在清华期间还有一段终生难忘的经历，这就是1926年的"三·一八"惨案。该年3月12日，日本军舰侵入我国内河，遭到驻守大沽口国民军的还击。英、美、日等八国借口所谓"大沽口事件"向中国政府无理地发出最后通牒。3月18日，王淦昌和部分清华同学一道在天安门前参加了北平人民群众5000多人反对八国最后通牒的集会游行。结果遭到段祺瑞军阀政府军警的血腥镇压，死伤200余人。王淦昌亲眼看到有人在自己身边中弹倒下。血淋淋的场面使王淦昌看清了北洋军阀的反动卖国真面目，深切感到中国青年应该肩负起救国的重任。

（3）**在世界科学中心度过了物理学的黄金时代（1930—1934）**　为了培养中国的优秀物理学家，叶企孙鼓励清华物理系毕业生出国深造。根据钱临照教授（1906—1999）回忆说："清华物理系首届毕业生，一个去德国（王淦昌），一个去法国（施士元），一个去美国（周同庆），这可能是叶老的安排"[1]。这表现了叶老对振兴中国物理学的深谋远虑。

1930年，王淦昌考取了江苏省官费留学研究生，到德国柏林大学做研究生。起初他想做盖革（H. Geiger，1882—1945）的研究生，但盖革当时已有了4名研究生了，于是王淦昌从师迈特纳（Lise Meitner，1878—1968），成为这位杰出女物理学家的唯一的一个中国学生。

王淦昌是在哥廷根大学选修了半年的课程，其中有玻恩（M. Born，1882—1970）的热力学、海特勒（W. Heitler，1904—1981）的量子化学、冯·米西斯（Von Mises）的概率论和固体物理的先驱诺特海姆（Nordheim）的课。王淦昌也曾听过几堂弗兰克（James Franck，1882—1964）的课，遗憾的是弗兰克不久就离开了哥廷根。

半年后，王淦昌跟随迈特纳，就读于柏林大学威廉皇帝化学研究所放射物理研究室，地处柏林郊外的一个名叫达列姆（Dahlem）的小镇。大城市的喧嚣、现代都市生活的繁华与这个宁静的学府几乎毫不相干。在这里王淦昌也见不到一个中国同学或同胞。他潜心于课堂或实验室。在实验室他常常工作在深夜，而实验室的大门到晚上十时就关闭了，所以他常常翻出围墙回自己的宿舍。一般说，只有两种情况使他奔走于柏林城内的校部与达列姆之间。一种情况是去听课和听讲演，例如他听过薛定谔（E. Schrödinger，1887—1961）的几堂波动力学课及其他课程和讲演。另一种情况就是参加每周一次的研讨会，这是德国物理学界群英荟萃的讨论会，王淦昌从中吸收了许多新思想、新方法，了解到物理学前沿的许多最新发现。至今，他对德拜（P. Debye，1884—1966）讲演的风采记忆犹新。

王淦昌在德国留学的4年（1930—1934），正是现代物理学史上的黄金时代。这时，量子力学取得了巨大成功，原子核物理和粒子物理迅猛发展。1929年，狄拉克（P. A. M. Dirac，1902—1984）提出空穴理论，预言正电子的存在。1930年，泡利（W. Pauli，1900—1958）提出了中微子假说以解释 β 衰变的连续能谱。1932年，查德威克（J. Chadwick，1891—1974）发现了中子，安德森（C. D. Anderson，1905—1991）在宇宙线中找到了正电子。1933年，费米（E. Fermi，1901—1954）提出了 β 衰变理论。1934年，约里奥（J. F. Joliot，1900—1958）和 I. 居里（I. Curie，1897—1956）夫妇二人发现了人工放射性；这一系列进展在德国物理学界引起强烈反响。尤其是实验物理学家迈特纳为每一项进展所鼓舞，并坚持在放射性领域从事着十分有意义的实验研究。（王淦昌，2004，卷2，第42—43页）王淦昌以对实验物理学的特殊兴趣和敏锐，同时也从导师的言谈举止之间，辨识着当代物理学发展的新方向。

---

[1] 钱临照教授对本文作者的谈话。

1930 年，王淦昌参加了柏林大学先后两次很有意义的物理讨论会，主讲人科斯特斯报告了关于玻特（W. Bothe，1891—1957）和他的学生贝克（H. Becker）1930 年做的一个实验。他们用放射性钍所放出的 α 粒子轰击铍核，发现了很强的贯穿辐射。他们把这种辐射解释为 γ 辐射。而迈特纳早在 1922 年就对 γ 辐射与元素衰变的关系进行过实验研究（Meitner，1922）对 γ 辐射的性质也作过一系列的研究。王淦昌对此是有所了解的。上述报告给王淦昌留了深刻的印象。他对 γ 辐射能否具有那么强的贯穿能力所需要的高能量表示怀疑。玻特实验中用的探测器是计数器。王淦昌当时想到的是，如果改用云雾室做探测器，重复玻特实验，会弄清这种贯穿辐射的本性。为此，他在讨论会以后一连两次去找导师迈特纳，建用一个云雾室着手研究玻特发现的这种贯穿射线。迈特纳始终没有同意王淦昌的请求。

1931 年，约里奥 – 居里夫妇改做了这个实验，在 Be 源与测量装置之间放一蜡块，发现计数器的计数大大增加。他们也证明这是贯穿辐射使大量氢原子从蜡块中逸出所致，他们后的结论仍把这种现象称为 γ 辐射效应，并于 1932 年 1 月 18 日发表了简短的报告（Segrè，1980）。查德威克用不同的探测器，如高压电离室、计数器和云雾室独立地进行了上述实验证实了这种贯穿辐射乃是中性粒子流，这种粒子就是中子，并计算了这种粒子的质量。查德威克在 1932 年 2 月 17 日将论文送交《自然》（*Nature*）发表（Chadwick 1932）。1932 年 2 月 22 日，约里奥 – 居里夫妇公布了他们用云雾室再次进行这项实验的结果，成为查德威克实验的佐证。查德威克因此获得了 1935 年度的诺贝尔物理学奖（Nobel Foundation，1962）。关于中子的发现，人们划分了四部曲：① 1920 年卢瑟福关于存在一种中性粒子的假设；② 1920 年玻特和贝克的实验；③ 1931 年约里奥和 I. 居里的实验；④ 1932 年查德威克的发现。许多人为约里奥 – 居里夫妇与科学最高荣誉的擦身而过深表惋惜，其实值得惋惜的却不止他们两位，如果迈特纳当时考虑了王淦昌的建议和要求，以王淦昌对实验物理学的孜孜以求，对前沿课题的直觉和敏锐，凭借迈特纳杰出的实验才能、丰富的经验（爱因斯坦曾称迈特纳为我们居里夫人 [M. Curie，1867—1934]，并认为她的天赋高于居里夫人 [赫尔内克，1981]），谁能说中子的发现，这个开创了原子核物理学新时代的重大事件，这项诺贝尔物理学奖不会成为迈特纳教授和年轻的中国学者王淦昌创造性合作的褒奖呢？在中子发现以后，迈特纳曾不无沮丧地对王淦昌说："这是运气问题"。[①]王淦昌本人也曾半开玩笑地说："如果我当时做出来了，王淦昌就不是今天的王淦昌了。"这一事件给王淦昌以终生难忘的教训。如果他当时坚持自己的主张，不屈不挠地去争取实验的条件，如果他能以极大的韧性通过其他途径去求支持，他能不能把这项工作做下去呢？应该承认，一个初到异国的年轻人是难以做到这一点的，但他毕竟没有尽全力去争取，这是他抱憾的主要原因。1985 年 3 月，国际科学史会主席、美国研究核物理学史的著名科学史家希伯特（E. N. Hiebert）访问王淦昌。当希伯特到这段故事后，

① 王淦昌于 1985 年 3 月与美国 E. N. Hiebert 教授及许良英教授的谈话记录。

他建议王淦昌一定要把有关中子发现的历史回忆写出来，因为目前世界上没有第二个人亲身经历了这段历史。

王淦昌的博士论文题目是《关于 Th B + C + C" 的 β 谱》，工作从 1931 年冬季进行 1933 年 10 月。题目是在导师迈特纳教授的提议下选定的。

1932 年 1 月，王淦昌写出了题为《关于 RaE 的连续 β 射线谱的上限》的论文，在德《物理学期刊》（*Zeits. f. Physik*）第 74 卷上发表。这是王淦昌第一次在国际著名科学期刊发表自己的研究成果。他在文中，报道了他用盖革－缪勒（Geiger–Müller）计数器研究了 RaE 放出的射线在 Cu 中的吸收能谱。求得射线能量的上限 Hρ 值为 5300，β 粒子能量高于 Hρ=5000 的数目，最多不过总数的百分之一。这个结果与钱皮恩（F. G. Champion）用云室照相的结果上限 Hρ 值为 5500 极为一致（王淦昌，2004，卷 2，第 11–15 页）。这项工作证明了他用的计数器的可靠性。

1933 年 7 月 14 日，迈特纳和王淦昌联名给德国《科学》期刊（*Die Wissenschaften*）写一篇简短的通讯《γ 射线的内层光电效应》。通讯指出："众所周知，从放射性原子核中发出 γ 射线可以在不同的本征电子壳层的能级上放出不同的 β 射线（内光电效应），这就描了有关物质的所谓天然 β 射线谱。埃利斯和他的合作者早就尝试用照相变黑量度来测定个别 β 射线组的强度，从而求得内光电效应的几率。近来，休尔姆、泰勒和莫特已经发展出了一个关于这种内层光电效应的理论，并且表明，由这种关于 β 射线组强度的知识可以作出判断：这种发射出来的 γ 线应列入偶级辐射还是列入四极辐射。自然，这个问题对于建立一个核能级图具有决定性的重要意义。"（王淦昌，2004，卷 2，第 16–18 页）为了对解答这个问题做出贡献，王淦昌和迈特内用一个小的盖革－缪勒计数器对在场中的 ThB + C + C" 发出的若干 β 射线作了测量。这篇通讯报道了他们工作的初步结果。

1933 年 12 月 19 日，王淦昌完成了博士论文，寄往德国《物理学期刊》发表。王淦昌在导言中分析了埃利斯等人所用实验方法的利弊，吸收了他们测量射线强度的基本思想，用盖革－缪勒计数器在磁场中计数。他应用他的方法测量了 ThB+C+C" 的 β 谱。他在结论中提出，他所得结果在强度方面比埃里斯（C. D. Ellis）的要精确得多（王淦昌，2004，卷 2，第 19–32），虽然分辨率要差一些。

王淦昌的博士论文顺利地通过了答辩。答辩委员有著名物理学家冯·劳厄（Max von Laue，1879—1960）、物理化学家玻登斯坦（M. Bodenstein，1871—1942）、导师迈特纳和学心理学家克勒（Köhler）。冯·劳厄是主考人。当时，王淦昌清华时的同班同学施士元正在法国留学，他曾在假期去德国旅游并看望王淦昌。据施士元教授回忆，费米建立 β 衰变理论时参考了当时有关 β 谱强度的若干测量数据，王淦昌的工作可能对费米的工作有一定的参价值。（Fermi，1934）

王淦昌在参加博士论文答辩前，还有一段小插曲。德国是崇尚抽象理论思维、酷爱哲学的国家，至少学术界是如此。德国大学中申请哲学博士学位（自然科学专业也在其内）

的研究生，必须通过严格的哲学考试。王淦昌对思辨哲学不太感兴趣，特别是对德国的古典哲学理论没有多少功夫去钻研。考试迫近时，他临时找了一位德国老师帮他突击了2个月，终于应付过关。

王淦昌到柏林的第2年，发生了日本侵略军侵占我国东北三省的"九一八"事变。这不能不在精神上给热爱祖国的王淦昌带来巨大的痛苦。1933年希特勒篡夺了德国政权，开始推行灭绝人性的法西斯专政。王淦昌的导师迈特纳是犹太人，1933年9月6日被剥夺了教书的权利。（但由于她是奥地利人，仍能在化学研究所工作。1938年纳粹德国侵吞奥地利，她不得不逃亡瑞典。）在法西斯专政的气氛中，王淦昌感到窒息，无法继续沉浸于实验室和书本之中了。在论文答辩通过之后不久，他就离开了德国。不过，需要澄清的是，王淦昌并不是像有的报纸所报道的"学习没有期满，他决定提前回国"（邵一海，1982）。

王淦昌在结束自己的留学生活之前，曾去英国、法国、荷兰、意大利等国旅行。他每到一地，先去大学和实验室，会见物理学大师。他访问了英国剑桥的卡文迪许实验室，会见了卢瑟福、查德威克和埃利斯，他访问了罗马大学的费米小组，恰巧费米临时外出，未能碰上。王淦昌的心愿是想了解一下这些物理大师们在想些什么，干些什么。在当时世界的科学中心西欧学习了最新的物理学理论与实验技巧，度过了物理学的黄金时代以后，王淦昌于1934年4月，回到了灾难深重的祖国。

2．在旧中国艰苦奋斗的15年（1934—1949）

（1）**从山东大学到浙江大学的青年教授**　1934年，王淦昌教授从德国回国后，就应聘到山东大学物理系任教授。当时在山东大学任教的有李珩（1898—1989）、任之恭（1906—1995）、郭贻诚、王恒守（1902—1981）、王淦昌等教授。1935年，光学和高真空技术专家何增禄教授（1898—1980）也于1935年由浙大来山大任教。他们分别负责光学、电子学、近代物理等方面的教学工作，并着手建立必要的实验设备。近代物理的实验设备，一部分向德国订购，许多简单部件，王淦昌就带领助教、学生、技工，自己动手试制。短期内，山东大学的物理系有了迅速的发展（胡济民等，1987，第68–70页）。

1928年，杭州第三中山大学正式改名浙江大学。从1928年开始历任浙江大学文理学院院长、副校长、校长的邵裴子对物理系极为重视。当年就聘张绍忠为系主任，开始招生。到1934年，已有束星北（1907—1983）、徐仁铣、何增禄、郦堃厚、郑衍芬、朱福炘等教授，助教则有顾功叙（1908—1992）、吴健雄（1912—1997）等七八人，师资阵容强大。张绍忠、何增禄十分重视实验。除了从国外购买少量仪器外，教师、技工自己设计制造仪器，使得实验室初具规模，能够开设应开的全部实验课程。正当浙江大学物理系从无到有、从小到大开始欣欣向荣之际，却出现了一个波折。1935年，新任校长郭任远硬要分散中华文化基金会指定补助物理系的设备费，引起物理系教师们的愤慨。大家相约辞职。该年暑假，张绍忠、朱福炘等去南开大学；何增禄去山东大学；束星北去暨南大学；郑衍芬去大同大

王淦昌工作照

学；吴健雄到中央研究院，不多时就去美国。这样，浙大物理系就受到了严重的挫折。但是，几个月以后，浙大学生在"一二·九"运动中发生了驱逐法西斯校长郭任远的斗争。

1936 年 4 月，竺可桢（1890—1974）继任浙江大学校长。竺可桢十分重视教育事业和师资质量。他把离去的物理系教师、技工、管理员一一招聘回来。这时何增禄把王淦昌也从山东大学拉到了浙大。浙大物理系很快恢复了欣欣向荣的景象。青年教授王淦昌，由于广博精深的学识，天真、诚恳、活泼的性格，很快赢得了浙大物理系学生们的爱戴和同事们的好感，还获得了"Baby Professor"的昵称。

王淦昌早年在大学学习期间，就和吴月琴女士结了婚。到迁居杭州时，他已是一个儿子王懋基、两个女儿王慧明、王蕴明的父亲了。

1937 年 5 月 20 日，著名物理学家玻尔（1885—1962）偕夫人与儿子汉斯·玻尔到中国访问，在上海讲学后，5 月 23 日中午，由浙大文理学院院长胡刚复（1892—1966）陪同，来到了杭州。王淦昌就在这时，第一次见到了玻尔夫妇。5 月 24 日，在王淦昌陪同玻尔游览的过程中，玻尔介绍了他关于原子核的复合核和液滴模型的思想。下午 5 时，玻尔在浙大新教室楼三楼大教室演讲《原子核》，听众有 200 人，同时通过浙江省广播电台向全省转播。5 月 25 日，王淦昌和束星北教授送玻尔夫妇至长安车站。在玻尔访问期间，王淦昌还和玻尔探讨了宇宙线中级联簇射的原因。束星北询问了玻尔对他本人与爱因斯坦的争论的看法（王淦昌，1985）。1985 年王淦昌为了纪念玻尔诞生 100 周年，亲自写了《深厚的友谊，难忘的会见》一文，发表在联合国教科文组织出版的《科学对社会的影响》纪念玻尔专辑上（王淦昌，1985）。

（2）在抗战流亡途中坚持实验和教学（1937—1939）　1937 年 7 月 7 日，抗日战争爆发。8 月 13 日，战火蔓延到了上海。王淦昌心情十分激动，他与浙大物理系实验室管理员任仲英先生一起上街挨家挨户地宣传抗日救国，动员捐献废铜铁。他自己则把多年积蓄的白银和珍贵首饰全部捐献给国家。'

1937 年 11 月 5 日，日军在距杭州 120 公里的金山卫登陆，杭州告急。浙大决定迁往杭州西南 120 公里的建德。11 月 15 日，浙大全体师生员工和图书仪器全部到达建德，17

日就开始上课。王淦昌在建德期间，又有了一个儿子，取名德基。12月24日，杭州失守，建德也不能安居。浙大又向江西迁移。物理系张绍忠、何增禄、束星北、王淦昌、朱福炘教授的五家老小（除张绍忠教授本人因负责全校教务不能同行外），合乘一只小船向兰溪出发。他们几经周折，才从兰溪到衢州，经常山到江山，在年底到江西吉安。

吉安是我国宋代民族英雄文天祥和文学家欧阳修的故乡。浙大师生到达后，借住白鹭洲的吉安中学和乡村师范。利用两校寒假期间，浙大借两校校舍抓紧开课，结束了这一学期的课程。王淦昌还给学生们开了实验课。

1938年2月，浙江大学又迁往江西泰和。在泰和开课18周，各院系的实验课也先后开出。6月21日，竺可桢校长约请王淦昌、束星北等共进午餐，商讨"暑期中慰劳前方将士问题……由校中同人捐款购置药品送往前方"（竺可桢，2005，卷7，第537页）。6月30日，王淦昌与束星北、钱钟韩（1911—2002）等教授及学生共20人与竺可桢、胡刚复一起由泰和出发，经南昌赴汉口，然后到前线慰劳正在为保卫大武汉而奋战的将士，还参观了坦克部队。2周后，经湖南回到泰和。回泰和后不久，当地流行禁口痢。竺校长的儿子竺衡与夫人相继去世。当时那种疫病流行、缺医少药的境况，王淦昌始终记忆犹新。1938年7月，鄱阳湖沿岸战事转剧，浙大又准备迁往广西宜山。

浙大于1938年8月开始向广西宜山迁移。11月1日就正式在宜山开课。接着，冬天来临，可是一部分同学的行李却未能运到。这时王淦昌就把他老师叶企孙送给他的一件旧大衣送给了一位同学。当时浙大学生患病的很多，除流行的恶性疟疾、痢疾外，也有患肺结核、肋膜炎等重病的，一般又经济困难，缺乏营养。竺可桢、王淦昌等老师经常主动帮助学生。例如化学系学生钱人元（1917—2003）曾患重病——面部丹毒，病复期间就得到王淦昌的帮助。1939年2月5日，日机18架轰炸宜山，浙大的礼堂及部分教室、宿舍被炸毁。百余同学的衣物行李被焚。当时全校师生同舟共济，慷慨援助。王淦昌就将家中的棉被捐给同学御寒。在当时艰苦的环境中，浙大还是有一些师生眷属因病去世了。从江西到广西，一共去世了20多位。其中有一位是王淦昌女儿的好朋友。

浙大在宜山一共上课3个学期。王淦昌这时开的主要课仍是近世物理。当时，正式选修这门课的学生只有2人，其余听课的均为助教。王淦昌在讲课中强调实验工作和创新精神，对现代物理中一些得过诺贝尔奖的实验发现，均详为介绍，使听课者受益极大。1939年2月，哈恩（Otto Hahn，1879—1968）关于重核裂变的发现和迈特纳关于这种现象的解释相继发表。王淦昌在读到这些报告之后，于该年7月就在物理系的"物理讨论"课上作了介绍。王淦昌还吸收化学系的钱人元为助教，试图用照相底片法寻求核裂变产生的核径迹；也曾试图用中子轰击雷酸镉，来引起爆炸。王淦昌和钱人元曾不顾空袭的危险，坚持要到龙江对面存放仪器的木棉村去开箱做实验。为了有助于抗战的需要，王淦昌还特意开了一门"军用物理"课。他当初没有想到，为开这门课所积累的知识，20年后却在研制核武器的工作中用上了。

1939年11月26日，广西南宁失陷，宜山形势告紧。浙大决定再西迁贵州。

（3）**在贵州的七年，"东方剑桥"中的佼佼者（1940—1946）**　　1940年初，浙大迁到了贵州遵义。1年以后，理学院（物理系）又迁到遵义附近的湄潭县。抗战时贵州的条件虽远不及抗战前的杭州，但是总算为浙大提供了比较安定的教学与研究环境，就在这7年中，浙大由于她丰硕的学术成果，浓厚的学术空气，被英国学者李约瑟（Joseph Needham，1900—1995）誉为"东方的剑桥"。王淦昌在浙大教授中，又是成果比较突出的一个，堪称"东方剑桥"中的佼佼者。

①关于探测中微子的建议　　王淦昌这时期的最重要的科研成果是"关于探测中微子的建议"。

早在1914年，查德威克就发现放射物质辐射出的γ射线、α射线的谱是分立的，而β射线的谱却是连续的。这似乎与原子核处于分立的量子状态的事实不一致，产生了所谓能量危机——即能量似不守恒。玻尔认为，在放射α射线时，能量仅在统计的意义下守恒，对于单个的反应并不守恒。可是，1930年12月4日泡利在致"图宾根地区物理会议放射性组"的公开信中提出："在原子核内可能存在一种我称为中子[①]的电中性粒子。它具有自旋1/2遵从不相容原理，另外它们不以光速运动，以此又同光子区别开来。中子质量一定是电子质量的数量级，不管怎样也不会大于质子质量的0.01倍。假定β衰变中一个中子与一个电子一同射出，β连续谱将不难理解，这样，中子、电子能量和就是一个常数"。（Pauli，1964）但是泡利对自己的猜想并没有充分的信心。1933年，在中子发现之后，费米提出了β衰变理论，认为中子衰变为质子、电子（β射线）和中微子（即泡利所称的中子），这在理论上肯定了中微子的存在。问题是，如何从实验上确认中微子的存在。由于中微子不带电，静止质量接近于零，因此这类实验十分困难。1941年前，虽然已有不少物理学家做过这方面的实验，但都没有取得确凿地证实中微子存在的结果。

王淦昌是赞成泡利的假说和费米理论的。他认为："泡利之假说与费米之理论，固属甚佳，然若无实验证明中微子之存在，则两氏之作，直似空中楼阁，毫无价值，而β放射之困难仍未解决"。（王淦昌，2004，卷2，第60-89页）王淦昌充分意识到中微子实验验证的重大意义，所以尽管在抗战颠沛流离的过程中，他仍一直关注着这个问题。在贵州遵义安居下来以后，他阅读了最近几年有关这个问题的论文，经过反复思索写了一篇短文《关于探测中微子的一个建议》（王淦昌，2004，卷2，第33-34页）于1941年10月13日寄到美国 *Physical Review*。王淦昌先生这篇重要短文曾先投寄《中国物理学报》，但不知何故，未为该刊所采用。后来继任《中国物理学报》主编的钱临照教授知道了这件事，感叹地说，"这对《中国物理学报》是一个损失"，"可以说是失之交臂"。

王淦昌先生在这篇短文中，首先指出：

> 众所周知，不能用中微子自身的电离效应来探测它的存在。看来，测量放射性

[①] 即后来人们所称的中微子。因为当时中子尚未发现，故泡利称这种假想的粒子为中子。

原子的反冲能量或动量是获得中微子存在的证据的唯一希望。克兰和哈尔彭已经通过用一个云室测量发射出的 β 射线和反冲原子的动量和能量，得到了倾向于中微子存在的证据。可是，由于反冲原子的电离效应很小，似乎有必要考虑另一种不同的探测方法。

当一个 β^+ 类放射性原子不是放射一个正电子而是俘获一个 K 层电子时，反应后的原子的反冲能量和动量仅仅取决于所放射的中微子，原子核外的电子的效应可以忽略不计了。于是，要想求得放射的中微子的质量和能量就比较简单，只要测量反应后原子的反冲能量和动量就行了。而且，既然没有连续的 β 射线被放射出来，这种反冲效应对于所有的原子就都是相同的。（王淦昌，2004，卷 2，第 33–34 页）。

王淦昌建议的关键之点就在于把普通 β 衰变末态的三体变为 K 俘获中的二体。这就使得中微子的探测有实际可能。

王淦昌的文章发表后不过几个月，阿伦（J. S. Allen，1911— ）就按照这一建议做了 Be^7 的 K 电子俘获实验，测量了 Li^7 的反冲能量，取得了肯定的结果。但由于用的样品较厚与孔径效应，没能观察到单能的 Li^7 反冲。以后，莱特（B. T. Wright）在 1947，施密斯（P. B. Smith）和阿伦（J. S. Allen）在 1951 又重做了类似的实验，仍没有发现单能反冲。直到 1952 年，罗德拜克（G. W. Rodeback）和 J. S. 阿伦的" $A^{37}K$ 电子俘获实验，才第一次发现了单能的反冲核。Cl^{37} 反冲能量的实验值与理论预言值完全符合。同一年，戴维斯（R. Davis）成功地做了 Be^7 的 K 电子俘获实验。王淦昌在 1941 年提出的建议，在 1952 年的实验中最后取得了成功（胡济民等，1987，第 12–20 页）。

王淦昌先生在回忆《关于探测中微子的建议》发表前后的情形时说："那个时期觉得自己比较成熟了。敢想问题，也想得多。只是工作起来因为条件不具备，很多事情做不下去，真是可惜。在德国和刚回国的一段时间，我太年轻，还不能很扎实地做工作，还只是在学。后来的感觉不同了。不过我始终怀着极大的兴趣寻找新现象。"

②在湄潭的工作　浙大物理系先设在遵义北郊的小龙山，后设在湄潭西郊的双修寺。实验室虽然简陋，仪器却安置得井井有条。一台靠汽车发动机带动的小发电机是唯一的电源，无钱也无处购买新的放射源，仅仅有十几毫克镭。没有什么探测器，只有一台自制的小云室。就是在这样艰苦简陋的情况下，王淦昌从事着物理学的研究。从 1942 年到 1947 年，他在国内外学术刊物上发表了 9 篇论文。①

1943 年，王淦昌提出了"宇宙线粒子实验的一种建议的新方法"。他建议用一种透明的胶质块，通过化学反应，记录电离粒子的径迹。与照相底片相比，这种方法的好处是：这种块是三维的，而不是二维的。与云室相比，它的好处是在所有时刻都是灵敏的。（王淦昌，2004，卷 2，第 35–36 页）他还指导化学系学生蒋泰龙研究"用化学药剂来显示高

---

① 见《国立浙江大学最近六年来（1945—1951）已经发表的研究论文目录》。

1949 年，物理系师生欢迎王淦昌从美国考察归来。

能射线的轨迹"，并与他合作写出了《γ射线的若干化学效应》的论文，（王淦昌 2004，卷 2，第 37–38 页）并制成了磷光材料硫化锌，研究过"一种有机活化 $ZnO \cdot ZnCl^2$ 磷光物质"，（王淦昌，2004，卷 2，第 44–46 页）王淦昌在做这几项工作时，遇到化学上的问题，经常请教化学系的王葆仁教授（1906—1986）。王淦昌的这种想法和探索同后来英国物理学家鲍威尔（C. F. Powell，1903—1969）的工作十分相似。鲍威尔发展了乳胶技术，并用此法发现了 π 介子，因而获得了 1950 年度的诺贝尔奖。1945—1946 年，王淦昌指导物理系学生忻贤杰进行磷光体机械效应的研究。没有激励光源，就用太阳光作激励源，他们一起于烈日中在棉被掩捂下进行实验，并于 1947 年联名发表了《用机械手段产生的磷光》的论文（王淦昌，2004，卷 2，第 47–48 页）。1945 年，王淦昌在英国科学期刊《自然》（*Nature*）上发表了《中子的放射性》（王淦昌，20064，卷 2，第 42–43 页）一文，提出了一种探测中子衰变的方法。一年以后又发表了《中子和反质子》（王淦昌，2004，卷 2，第 49–50 页）一文，就卡皮查关于在分析宇宙线谱过程中发现了反质子的报道，提出了探测反质子存在的建议。

王淦昌曾对学生说，"不要认为物理学的研究工作只有钻研纯理论和做实验两个方面，还有第三个方面，那就是归纳、分析和判断杂志上所发表的人家的实验方法、数据和结论。这种工作是给理论工作搭桥的，是推动实验工作前进的。现在是抗战期间，中国还很穷，还很糟糕，我们要钻研前沿问题缺乏必要的实验设备条件，只能做这种搭桥工作。这种工作在物理学界也很重要"（胡济民等，1987，第 28–30 页）。王淦昌这时期的若干工作就是这种"搭桥"工作。

正如王淦昌的老师吴有训先生所评价的那样："王淦昌是个全才，实验与理论都行"[1]。王淦昌不仅重视实验工作，也十分重视理论物理。为了巩固自己的理论物理基础，他主动承担了电磁学、热力学、光学等课程的教学任务，把全部基础课程教了一遍。他也曾做过两项理论研究。他曾指导 1940 届毕业生曹萱龄写了《核力与引力的关系》（王淦昌，

----

[1] 据钱临照教授与作者的谈话。

2004，卷2，第39–41页）一文，从核力与重力都是吸引力这一共性出发，探讨二者的关系。美国的《物理评论》和英国的《自然》先后刊载了这篇论文。《一种五维场论》（王淦昌，2004，卷2，第51–56页）则是王淦昌与助教程开甲（1918—）在1946年经过多次讨论完成的。王淦昌深知，要建立一个理论，绝不是轻而易举的，要经过多次猜测、反证、修正甚至另起炉灶。所以，他常常告诫学生的一句口头禅就是："罗马不是一朝一夕建成的"[①]。

　　王淦昌不仅重视理论与实验的结合，而且重视物理学与其他学科的结合。在化学系缺少物理化学教授时，他曾承担过物理化学课，指导过化学系学生钱人元、蒋泰龙的研究工作。他也曾指导过气象学研究生叶笃正（1916—2013）的研究论文《湄潭近地层大气电位的观测研究》，强调第一手观测资料的重要性。他也鼓励物理系毕业生梅镇安去研究生物物理。这些学生都认为王淦昌是他们的启蒙老师，他对他们的身传言教，使他们终生受益匪浅。诺贝尔物理学奖获得者李政道（1926—）是在1943年进入浙大物理系的。虽然他在浙大只呆了一年多，但他至今还记得王淦昌、束星北教授与他作过的讨论，是他们激起了他对物理学的热情。从这些零散的例子中，我们也可以看出，王淦昌先生在贵州的7年中确实哺育了不少杰出的科学人才。

　　1943年正当抗日战争最为严酷的岁月，他接替体弱多病的何增禄担任物理系主任。因此，除了教学与研究之外，他还要兼顾行政工作。有一次，为了替物理系的一位教授和一位助教争生活待遇，与掌握财务权的体育教师争吵了起来，挨了一拳，事情一直闹到竺可桢校长那里。每年新生入学，他还往返徒步数十里去永兴一年级分部会见新入学的物理系学生。笔者范岱年是1944年秋入学的。一天上午，王淦昌先生就从湄潭徒步赶来，与11名新生共坐在一间教室的几条破旧板凳上亲切地交谈。他很带感情地说："物理学是一门很美的科学。大至宇宙，小至基本粒子，都是她研究的对象。她寻求其中的规律，这是十分有趣味的。你们选择了一个很好的专业。"他的讲话鼓舞了大家献身于物理学的决心。

　　王淦昌先生在抗日战争的艰苦条件下，做了那么大量高水平的研究工作和教学工作，并兼管系的行政工作，这是极不平凡的。何况当时他家境十分困难。薪金少，孩子多（当时已有5个孩子，他在遵义时又得了一个女儿，名遵明），自己体弱有病，营养不良，一只山羊的奶还让给几个孩子分吃。他有时因病卧床休息时，还在那里翻阅科学文献，思索物理学前沿的问题。他就是这样渡过艰苦的抗战年月的。

　　可是，在实验室中，他总是兴致勃勃。在教室里，在讨论会上，他总是精神抖擞，大声地与人讨论和争论，特别是与束星北教授。他们俩为追求真理而热烈争论的精神，在浙大全校一直传为美谈。

　　浙大物理系在湄潭期间，1942年1月11日，曾以物理学会名义举办了"伽利略逝世三百周年纪念会"，何增禄任主席，竺可桢、胡刚复等作了报告，王淦昌也作了题为《原

---

① 程开甲教授与亓方的谈话。

子核力场》的学术报告。以后又举行了中国物理学会贵州区分会第十届（1942 年 12 月）、第十一届（1943 年 10 月 31 日）、第十二届（1944 年 10 月 25—26 日）、第十三届（1945年 10 月 7 日）年会。在第十届年会上，王淦昌作了学术讲演《用化学方法研究宇宙线及原子物理之展望》，宣读了两篇论文《关于介子的人工产生》、《寻求 β 射线发射的半衰期与原子序的关系的尝试》。他在第十一届年会上，宣读了论文：《关于硫化锌磷光体》（与曹萱龄合作）、《γ 射线对化学物质的影响》（与蒋泰龙合作）。第十二届年会是与中国科学社在湄潭的社友联合举行的。竺可桢、李约瑟夫妇都到会作了报告。会上宣读论文 30余篇。会上，英国动物学讲师毕丹耀（L. E. R. Pickon）报告了"近来生物物理学之进展"，谈家桢（1909—2008）、王淦昌、胡刚复、王葆仁、姚鑫（1915—）……等教授均提出问题，进行了热烈的讨论。（竺可桢，2005，卷 9，第 210 页）这次会议给 李约瑟以良好的印象。在这前后，李约瑟把浙江大学誉为"东方的剑桥"（李约瑟，1944）。在第十三届年会上，王淦昌宣读了论文 《关于初级宇宙线的本性》，《一种新的有机活化磷光体》，《基本粒子的五维理论和质子的质量》（与程开甲合作）。当时的物质条件是很艰苦的，坐的是木板凳。[①]但当时浙大的学术风气却十分活跃，学术讨论的质量是相当高的。

　　1945 年 8 月上旬，抗日战争胜利的喜讯是紧接着美国在日本投掷原子弹的消息传到贵州湄潭这个偏僻的山城的。当时，一般人包括绝大部分浙大学生都不知道原子弹是怎么一回事。8 月下旬，王淦昌先生应邀作了关于原子弹及其原理的报告，引起了师生们极大的兴趣。王淦昌先生当时可能没有想到，在 19 年以后，他和他的不少学生们参与研制的原子弹也在祖国的大地上试爆成功了。

　　（4）从复员到解放和在美国伯克利的一年（1946—1949）　　浙江大学是在 1946 年暑假期间复员迁回浙江杭州原址的。王淦昌先生一家也全部迁回了杭州。1946 年 11 月，浙大在杭州正式开学，恢复了正常的教学生活。王淦昌也开始了紧张的教学与研究工作。

　　由于阿伦关于 Be^7 的 K 电子俘获实验研究当时还不被认为是中微子存在的决定性证明，王淦昌于 1947 年 3 月 24 日在杭州又寄出了《建议探测中微子的几种方法》，发表在 *Phys. Rev.* 上。（王淦昌，2004，卷 2，第 57-59 页）同年，他在《科学世界》上发表了一篇综述文章《各种基子之发现及其性能》，在介绍中微子（当时称微中子）一节中，他认为，通过 1936—1946 的一系列实验，"仍不能谓微中子之存在，与其他基子如质子中子同样确实"。（王淦昌，2004，卷 2，第 60-89 页）

　　同年，由于吴有训的推荐，王淦昌因他 1942 年关于探测中微子的建议获得了范旭东奖金（王淦昌，2004，卷 2，第 240-242 页）。第一届范旭东奖金授给著名的化工专家侯德榜（1890—1974）。王淦昌是获此项奖金的第二人，也是最后一人。

　　同年 9 月，全国选派 12 名教授和研究员以美国联合对华资助（United Service to

---

① 竺可桢校长因为参加第十二届年会坐板凳过久而患痔疾。（竺可桢 1984 ，p. 791）

China）的研究补助金（Fellowship）赴美研究。浙大的两名教授为数学家陈建功（1893—1971）和王淦昌。陈建功去普林斯顿，王淦昌赴加利福尼亚的伯克利。（竺可桢，2005，卷10，第523页）

当时，第二次世界大战结束不久，一大批年轻人涌进了美国的大学，实验设备相当紧张。王淦昌在某种程度上得到了"优待"，研究用的实验设备和实验室都有一定的保障。这是由于王淦昌关于探测中微子的建议给美国物理学界留下了深刻印象。[①]在布罗德（R. B. Brode，1900—1986）教授和弗莱特（W. Fretter，1916—1991）教授的帮助下，王淦昌和他的合作者琼斯（S. B. Jones，1922—）（他主要承担电磁学方面的工作）还争取到了美国海军研究办公室（ONR）和美国原子能委员会（AEC）的部分资助。

王淦昌所做的论文题目是《海平面上介子的衰变》。关于宇宙线中介子衰变的研究，王淦昌在国内就作了尝试。μ 介子蜕变为电子与中微子的情形引起他极大的关注。赴美前，王淦昌慎重地考察分析了自己这一时期的想法和工作，重新确定了研究介子衰变的方案。在美国工作只有一年的费用。如果做一个带磁场的云室，一切都要从头搞起，要花很多时间。王淦昌接受了布罗德的建议，搞多板云室，并采用高压气体吸收的方法。不到一年的时间，得到了初步的研究成果。王淦昌和琼斯合作的论文《关于介子的衰变》在 *Phys. Rev.* 第74卷第1547—1548页（1948）上登出。文中指出："显然我们的结果不能支持负介子被加速衰变的假说，而是更有利于某些负介子可能被铝核俘获的假说。因为20个介子停在铝片内，我们已观测到8个未给出衰变电子"（王淦昌，2004，卷2，第90—93页）。王淦昌后来谈起这个 μ 介子实验并不十分满意，认为当时没有用磁场很吃亏。王淦昌回国前曾带了自己拍的 μ 介子衰变的照片和《核力与引力的关系》一文去见费米。费米看了照片颇为赞赏，但认为关于核力与重力关系的论文没有说服力，靠不住。

王淦昌是在1949年1月回国的。在此之前一个多月，竺可桢在杭州会见了吴有训。他在当天的日记中写到："据正之云，近美国（科学促进）协会［American Association（for the Advancement of Science）］出百年来科学大事记，中国人能名列其内者只彭桓武（1915—2007）与王淦昌二人而已"。（竺可桢，2005，卷11，第266页）

1949年1月，王淦昌回到了祖国。1月16日，他参加了杭州科学工作者协会的欢迎会。王淦昌在会上报告了美国原子能研究的近况。（竺可桢，2005，卷11，第352页）

王淦昌从美国回来，没有为自己带什么东西，却用自己的节余购买了许多科研用的电子元器件，并带回来一个直径为30厘米的大云雾室。回国以后，他就带着两个助教开始安装这个云室。1949年5月3日下午，中国人民解放军开进了杭州市。此时此刻，王淦昌正在实验室里埋头做实验。

---

① 据朱福炘教授的谈话。

3．解放以来的 49 年（1949—1998）

（1）从浙大到近代物理研究所，为发展我国的粒子物理和核物理而奋斗（1949—1956）　解放初，王淦昌仍在浙大物理系任教。当时他讲授"近世物理"、"核物理"和"电磁学"，同时排除种种困难，安装从美国带回的云雾室，以便尽快开展实验研究。

1949 年 7 月中旬，王淦昌应邀参加了在北平召开的中华全国自然科学工作者代表会议。在会上，他会见了浙大前校长竺可桢。7 月 17 日，王淦昌参加了在中山公园举行的北平浙大校友会。会上许多校友要求竺可桢回浙大主持校务。王淦昌也在会上表示了这个愿望。竺可桢当时十分感动，几乎讲不出话来（竺可桢，2006，卷 11，第 480 页）。浙大的师生们多么希望十多年来带领大家战胜重重困难使浙大逐步发展成为全国第一流学府的老校长，能在解放后重新回校主持校务啊！可是，因为中央要求竺老担任中国科学院的副院长，大家的希望落空了。

1949 年 10 月 8 日，在杭州浙大工学院礼堂举行了全国物理学会第十七届年会杭州区分会，并在会上正式成立中国物理学会杭州分会。上午王淦昌在会上报告了杭州分会筹备经过，并就云雾室作了表演。下午，王淦昌主持了论文报告会，并宣读了题为《关于研究 μ 介子》的论文。1950 年，王淦昌在《科学世界》19 卷第 4 期上发表了《微中子问题的研究现状》一文（王淦昌，2004，卷 2，第 94–110 页），这是范旭东先生纪念奖金论文。文章共分三章。第一章为最近一两年来（1948 年至 1949 年 6 月）由原子核物理研究得到的关于微中子各种性质的结果。第二章叙述由宇宙线研究而得到的结果。第三章为总结，其中指出："微中子的存在问题，已逐渐'明朗'化了。……就目前情况而言，下列实验似急需进行。①较轻原子核的 K 擒必须研究。②类似阿伦及舍温等的实验应继续研究，以研究由原子核射出时 β 线与 ν 发射方向的关系。③ Be^{10} 的 β 谱的形状，必须加以精确的测定，这也许是对费米（Fermi）理论的一个最重要的测验。④ m_μ 及 m_π 的值，应予更精确的测定。因非如此不足以断定在 π 蜕变过程中所放出的中性微粒，是否确系微中子"。

1950 年 4 月中旬，王淦昌应钱三强（1913—1992）的邀请，到北京任新成立的中国科学院近代物理研究所研究员。与吴有训、钱三强、彭桓武、何泽慧（1914—2011）等共同着手筹划建设这个

王淦昌院士（中）80 岁生日祝贺会后的合影。前排左起 周培源，严济慈，王淦昌，赵忠尧，钱学森。

新所。当时吴有训任所长，钱三强任副所长。10 月 17 日，吴有训、钱三强、王淦昌、彭桓武等人参加的所务会议，经过认真讨论，提出了近代物理所近期工作分五个部分：①理论物理；②原子核物理；③宇宙线；④放射化学；⑤电子学。王淦昌分工主持宇宙线方面的研究。就在 1950 年，王淦昌参加了"九三学社"，后来还当选为"九三"的中央委员。不过，他自称在这个组织中没有做多少工作。

1951 年 5 月，王淦昌与胡愈之（1896—1986）、严济慈（1900—1996）、陆志韦（1894—1970）等民主人士和科学家，响应中国共产党的号召，前往四川参加土地改革运动，了解到广大贫苦农民的悲惨生活，认识到反封建制度斗争的必要性。1952 年，在抗美援朝时期，为了探测美军是否在战场上投掷了放射性物质，王淦昌和所内有关人员做了许多准备工作，然后于 5 月与吴恒兴、林传骝一起跨过了鸭绿江，在十分危险艰苦的朝鲜战场上努力工作了 4 个多月，很好地完成了任务。

1951 年，钱三强被任命为近代物理研究所（1953 年 10 月开始改名为物理研究所）所长，王淦昌、彭桓武被任命为副所长。由于钱三强还兼任了所外的一些重要职务，所以近代物理研究所的日常工作就由王淦昌主持。

1952 年 10 月，中国科学院开始制定第一个五年计划。与近代物理研究所密切相关的"原子能和平利用的研究"被列为中国科学院十一项重点工作的第一项。王淦昌主持制定了近代物理所'的第一个五年计划，经过自下而上地反复讨论，计划正式成文。《计划》中写道："从理论和实验两方面看起来，我所应当以实验研究为重点。""原子核物理研究中，以基础研究为中心，并准备原子能应用的条件。为什么不以原子能的应用为中心呢？……一方面，原子核研究的大部分应用未被开发，还有广阔的发展前途，……所以基础研究也是需要发展的科学工作；另一方面，现在只能进行原子能利用的准备工作，主要是由目前情况决定的，……它不只包含原子核物理方面的工作，还涉及地质矿冶工程等其他方面的条件。这是一个整体的工作，有很多超出原子核物理的工作范围，也需要上级机构的全面考虑，各方面工作的配合进行。"在强调了几项实验设备的建造任务之后，《计划》指出"宇宙线研究以宇宙线与物质作用为重点"，"建立和充实高山实验站"。"理论研究配合本所实验方面的发展，逐渐开展原子核物理及宇宙线两方面的理论研究"。[1]以后的实践证明，这个《计划》的部署是很切合实际的。

1953 年初，为了便于学习苏联科学，近代物理研究所开办了俄文学习班，目标是通过一个月的突击，要能够阅读、翻译俄文科技书刊。王淦昌与全所许多高、中、初级研究人员一道积极认真地参加了学习，并接受每天的测验，很快就能阅读俄文物理学书刊了。

从近代物理所建所开始，王淦昌就一直领导并参加了宇宙线的研究。1951 年，王淦昌和肖健（1920—1984）各带一个组，分别在 3—5 GeV 和平均十几个 GeV 的能区从事研究。

---

[1] 中国科学院近代物理所档案。

该年，圆型 12 英寸的云雾室就已拍下了几百张宇宙线穿透簇射的照片。从 1952 年起，在王淦昌、肖健的领导下，设计建造了磁云室。1954 年，在云南省落雪山海拔 3185 米高处建造了中国第一个高山宇宙线实验室，先后安装了多板云室和磁云室，并立即开展了工作。

从 1955 年起，王淦昌等有关宇宙线研究的一批成果陆续在《物理学报》和《科学记录》上发表。其中，王淦昌、肖健、郑仁圻、吕敏等合作的《一个中性重介子的衰变》（王淦昌，2004，卷 2，第 127–133 页）在 1955 年布达佩斯的宇宙线物理会议上引起了同行们的关注。据鲍威尔说："这项工作与国外经验丰富的科学家几乎是同时做出的"。[1]我国代表肖健还在布达佩斯的会上介绍了物理研究所宇宙线研究的简况，引起了到会代表很大的兴趣。王淦昌、吕敏、郑仁圻合作的《一个长寿命的带电超子》（王淦昌，2004，卷 2，第 140–147页）是在宇宙线中获取奇异粒子事例并对其寿命进行有效测量的范例。《在云室中观察到的一个 K 介子的产生及其核俘获》是 1956 年提交全苏高能粒子物理会议（5 月 14–22 日在莫斯科举行）的论文。在这次会议上，王淦昌、朱洪元（1919—1992）报告了物理研究所关于宇宙线的一部分工作，内容是：① 100 多个 V 粒子的产生机构问题；②一个负 K 介子和一个带正电粒子的同时产生和解释（王淦昌，2004，卷 2，第 134–139 页）。可以说，在 50 年代，我国与国外进行学术交流最多、水平与国际水平相近的物理学研究可能就是宇宙线方面的工作了，而这与王淦昌的直接领导和参加研究是分不开的。到 1957 年，落雪山宇宙线观测站已搜集了 700 多个奇异粒子的事例，甚至某些稀有事例[2]。

王淦昌积极参加宇宙线研究工作的同时，还关注着全所的建设与日常行政工作，推动全所实验设备的建设。1956 年 3 月，中国科学院数理化学部的学部委员叶企孙、饶毓泰（1891—1968）、周培源（1902—1993）、王竹溪（1911—1983）、余瑞璜（1906—1997）、葛庭燧（1913—2000）、周同庆、钱临照和黄昆（1919—2005）等 9 人到物理研究所参观，由王淦昌陪同。参观后，在座谈中余瑞璜教授说："参观后感到中国的实验物理学今天才真正生根了。"周培源教授说："物理研究所今天能建立全面的基础是很好的"[3]。

在此期间，王淦昌除了在物理研究所从事研究、主持所的日常行政工作外，还参加了一些学术活动。例如，1955 年当选为中国科学院数理化学部的学部委员；1955 年 7 月，曾到苏联参加苏联科学院讨论和平利用原子能会议（王淦昌，2004，卷 2，第 6–23 页）；1956 年 5 月，他又参加了全苏高能粒子物理会议（王淦昌，2004，卷 1，第 24–43 页）。

（2）在苏联杜布纳联合原子核研究所发现反西格马负超子（1956—1960）　1956 年 9月，王淦昌代表我国去莫斯科参加联合原子核研究所成立会议。会后，王淦昌留在该所工作，先任高级研究员，后任副所长，直到 1960 年底回国。他领导的研究组，最初由两位中国青年科学工作者，两位苏联科研人员及一位苏联技术员组成，1960 年发展成为有中、苏、朝、

---

① F. Powell 1955 年访华时的演讲。

② 中国科学院物理研究所档案。

③《原子能研究所建所 30 年大事记》。

罗、波兰、民主德国、捷克、越南等国的 20 多位科研人员、4 位技术员，及 10 余位实验员组成的庞大研究集体。

50 年代正是第一代高能加速器陆续建成投入运行的时期。1955 年张伯伦（O. Chamberlain，1920—2006）和塞格雷（E. Segrè，1905—1989）利用美国 6.3GeV 的质子同步加速器（Bevatron）发现了反质子和反中子。1956 年秋，联合原子核研究所的 10 GeV 质子同步稳相加速器即将建成，而设在日内瓦的欧洲原子核研究中心的 30GeV 质子同步加速器正在建设之中。联合所的加速器在能量上只可能占几年的优势。因此，急需选择一批有可能突破的研究课题、有利的技术路线，才能及时做出符合该加速器能量优势的成果。王淦昌以敏锐的科学判断力，根据当时面临的各种前沿课题，结合联合所高能加速器的特点，提出了两个研究方向：①寻找新奇粒子——包括各种超子的反粒子；②系统研究高能核作用下各种基本粒子（π，Λ^0，K^0......）产生的规律性。工作分成三个小组并列进行，即新粒子研究（由王淦昌负责）、奇异粒子产生特性研究（由丁大钊负责）和 π 介子多重产生研究（由王祝翔负责）。

在联合所加紧进行 10GeV 高能加速器建设的时候，没有配备相应的探测器。利用高能加速器进行基本粒子研究的优势在于选择有利的反应系统，全面观察所要研究粒子的产生、飞行、相互作用（或衰变）的全过程。根据这一特点，王淦昌小组果断地选择放置在磁场内可进行动量分析的气泡室作为主要的探测器。气泡室的工作介质既是高能核作用的靶物质，又是基本粒子的探测器。为了争取时间，王淦昌提出抓紧建立一台长度为 55 厘米，容积为 24 升的丙烷气泡室，而不选用质量更好但要花费更多时间的氢气泡室（胡济民等，1987，第 77–89 页）。

气泡室的建造分为试制阶段和正规设计阶段。王淦昌小组先做了一个小气泡室，试测实验室条件。当时王淦昌从早到晚整天呆在实验室内，几乎不去他的专用办公室。1957 年，气泡室设计完成。设计中也出现了一些疏漏，如设计时尚不知有较大弹性的薄膜材料，用八个弯管代替泡室膨胀器，造成膨胀不均匀。重新修改后又花去了几个月时间（王祝翔 1962）。24 升丙烷气泡室终于在 1958 年春建成。

第二个问题是选择什么反应系统来研究新奇粒子及其特征。从发现反超子的角度讲，利用反质子束的 $\tilde{p}+p \rightarrow \tilde{Y}+Y$ 反应是非常有利的。1957 年王淦昌与肖健的私人通信中已谈到这一想法。但是要得到比较"纯净"的反质子束，必须用复杂的电磁分离系统，这在联合所不是短期内能建成的。因此王淦昌于 1957 年夏天提出利用高能 π^- 介子引起的核反应。这样可以把 π^- 介子引出至离靶很远的地方，可以大大减少本底。

王淦昌研究组于 1958 年秋开始了 6.8GeV/c 的 π^- 介子与核作用的数据采集。1959 年春又建立了 8.3 GeV/c 的 π^- 介子束，开始新的一轮数据采集。前后总共得到了近十万张气泡室照片，包括几十万个高能 π^- 介子核反应事例。

王淦昌把握着研究课题进程的每一个环节。在大批实验资料开始积累之初，他即根据各种超子的特性，提出了在扫描气泡室照片时选择"有意义"事例的标准。

　　因为反超子衰变的重产物一定是反质子或反中子，湮没星是鉴别其存在确切无疑的标准。根据这一"标准"画出了 $\tilde{\Lambda}^0$、Σ^- 存在的可能"图像"。王淦昌要求研究组每一位成员在扫描照片时十分注意与"图像"吻合的事例。1959 年 3 月 9 日，从 4 万张照片中发现了第一张反西格马负超子（Σ^-）事例的图像照片，经过计算正与预期的一致，而且是一个十分完整的反超子"产生"事例（胡济民等，1987，第 77–89 页）。

　　1960 年 3 月 24 日，王淦昌小组正式将有关 Σ^- 发现的论文送交国内的《物理学报》[16（7），365（1960）]发表，同年苏联的《实验与理论物理期刊》（ЖЭТФ）[38，1356（1960）]也发表了这一研究成果。作出这个发现的主要成员是：中国的王淦昌、丁大钊、王祝翔；苏联的索洛维也夫（М. И.эоловьев）、克拉特尼茨卡娅（Е. Н. Кладницкая），1958 年又有苏联的库兹涅佐夫（А. Кузнецов）、尼基丁（А. В. Никигин），越南的阮丁赐及捷克的乌兰拉等人参加了工作。由于维克斯勒（В. И.Векслер，1907—1966）系该实验室主任，又是 10GeV 加速器的设计、建造负责人，因此在发表这一成果时，他参与了讨论，列为作者之一。小组中还有苏联的维辽索夫（Н. М.Вирясов）、朝鲜的金辛仁、罗马尼亚的米胡。王淦昌在整个工作中所起的主导作用是一致公认的。由于当时我国是联合所成员国，每年负担 20% 的科研运行费，所以王淦昌所领导的工作小组也享有较充分的科研自主权。

　　王淦昌小组的这一发现首先在中国和苏联引起反响。《人民日报》、《真理报》分别发表消息报道这一发现。苏联的《自然》杂志[《природа》4. 55（1960）]指出："实验上发现 Σ^- 是在微观世界的图像上消灭了一个空白点。"2 年以后，即 1962 年 3 月，当时世界上最大加速器（欧洲中心的 30GeV 加速器）上发现了 Ξ^-（反克赛负超子）。该中心领导人韦斯科夫（V. F. Weisskopf，1908—2002）指出："这一发现证明欧洲的物理学家在这一领域内已与美国、苏联并驾齐驱了"（ Weisskopf 1962）。这一评价的含义显然是指反质子和反西格马负超子的发现而言。1982 年王淦昌、丁大钊、王祝翔关于反西格马负超子的工作获我国自然科学奖（1956—1980）一等奖。

　　1972 年，杨振宁（1922— ）访华时曾对周总理说，联合原子核所这台加速器上所做的唯一值得称道的工作就是王淦昌先生及其小组对 Σ^- 超子的发现[①]。这当然是指最重大的发现而言。实际上，王淦昌小组还有另一项值得一书的工作《用动量为 7 GeV/c 和 8 GeV/c 的 π^- 介子产生 Ξ^- 超子》。在 1978 年美国劳伦斯实验室编辑的关于基本粒子测量的年报中，在 Ξ^- 的观测值一栏内排在最前面的一组数据标以 Wang，Russia 作为观测者和观测地点。虽然其测量值与以后的精确值相比有很大误差，但仍被该出版物编者作为值得纪念的第一组数据列入该粒子发现的历史记录之中。

　　据丁大钊回忆，王淦昌在 1959 年末指出，当时所有的研究工作都是单个地研究次级粒子的能谱、角分布、多重性等，很少研究各种粒子在产生时的能量关联，虽然这类研究工

---

① 见原子能研究所档案《王淦昌简历及其科学工作》。

作量很大，但有可能发现前人所没有预期过的现象。由于年轻的工作人员没有认真领会王淦昌提出的这一研究方向的重要意义，又由于技术条件比较简陋，所以把当时一部分精力放在别的方向的不成功的探索上，而失去了在共振态研究上做出领先成果的机会。（胡济民等，1987，第77—89页）

王淦昌在联合所期间，十分重视青年实验工作者在理论上的提高。从1957年到1959年，在联合所的中国实验物理学家和理论物理学家的业余讨论班，晚上借当地小学的教室，每周由理论工作者向实验工作者讲课，王淦昌每课必到。这个讨论班不仅帮助实验工作者了解基本粒子物理理论的新进展，对讲课的理论物理学家（如周光召）也是一个促进。（胡济民等，1987，第77—89页）

王淦昌作为一个国际研究机构的领导人，能够很好地团结帮助各国的青年科学工作者，发扬国际主义精神，从而赢得了各国科技工作者的尊敬。

1960年12月24日，王淦昌在联合所任期届满，匆匆返回国内。当时国家正处于经济困难时期。他把在联合所节省下来的工资14万卢布（旧币，折合新币14000卢布）全部捐献给国家，以分担国家暂时的困难。

（3）以身许国，积极研制原子弹、氢弹，"文化大革命"的干扰（1961—1976） 1959年6月，苏联领导人撕毁合同，拒绝提供原子弹模型及图纸资料，企图阻挠我国核军事工业的发展。我国政府决心自力更生建设核工业，尽快掌握制造原子弹和氢弹的技术，打破苏美等国的核垄断。因此，"596"就成了我国研制原子弹任务的代号。

王淦昌于1960年底回国后，开始考虑下一步做什么工作，他曾想到从事加速器的研制工作，正当这时，1961年3月底的一天，二机部部长刘杰和副部长钱三强约王淦昌教授谈话，向他转达中央的决定，拟请他到研制原子弹的九院任研究员，王淦昌慨然应允，响亮地回答："以身许国"（胡济民等，1987，第111—116页）。第二天就到九院报到，开始工作。他和彭桓武、郭永怀（1909—1968）分别担任了物理实验、总体设计和理论计算方面的领导工作。他们报到以后，陈毅、彭德怀等领导同志曾来实验室看望他们。陈毅同志紧紧握着王淦昌的手说："有你们科学家撑腰，我这个外交部长也好当了"。（核工业部神剑分会，1985，第8页）

最早的爆轰试验是在河北省怀来县燕山的长城脚下进行的。王淦昌、郭永怀亲临爆轰实验的第一线。一年之内，他们作了上千个实验元件的爆轰实验，在古老的长城脚下响起轰轰爆破声（核工业部神剑分会，1985，第15—18页）。

1963年，王淦昌等又来到海拔3000多米的青海高原工作，与其他科学家、工程技术人员一起接连突破了一个个科学技术难关。1963年初，九院院长李觉、吴际霖和科学家王淦昌、彭桓武、郭永怀、朱光亚等来到高原的实验场地，进行点火装置的测试。负责测试的唐孝威（1931— ）多年来是王淦昌从事高能物理实验研究的助手。起爆的结果，示波器上出现的光亮、波型与两年多来的模拟实验十分相似。爆轰波理想，点火装置点火成功。（核工业部神剑分会，1985，第50—55页）

1964 年 9 月，王淦昌和吴际霖来到了茫茫的戈壁滩。在聂荣臻元帅的领导下，在张蕴钰司令和物理学家程开甲的具体组织下，戈壁深处，矗立起 120 米高的铁塔，这将是放置中国第一颗原子弹的铁塔。10 月 16 日早晨，原子弹安全地登上了塔顶。下午 15 时，中国第一颗原子弹准时爆炸。戈壁滩上空冉冉升起了蘑菇云。"王淦昌、彭桓武、郭永怀、朱光亚等科学家们流下了激动的眼泪"（核工业部神剑分会，1985，第 48—55 页）。乘着第一颗原子弹爆炸成功的势头，研制氢弹的任务很快上了马，甚至连文化大革命的第一个浪头也未能挡住它的前进。1967 年 6 月 17 日，我国第一颗氢弹爆炸成功了（邵一海 1982）。从原子弹爆炸到氢弹爆炸，美国用了 7 年，苏联用了 4 年，而我国只用了 2 年 8 个月时间！

除了从事核裂变能利用的研制工作，他也关注核聚变能的利用。早在 1964 年底，1965 年初，他参加了第三届全国人大，当选为人大常委。就在这次会议期间，王淦昌与激光专家王之江见了面。王淦昌向王之江了解了有关激光研究的现状，并提出了用高功率激光打靶实现惯性约束核聚变的设想。[①]

在"文化大革命"期间，周总理曾采用多种措施，千方百计保护我国发展核工业和核科学技术的工作免受摧残。但是，这些措施怎能挡得住"文化大革命"的狂风恶浪。到 1968 年底以后，王淦昌所在的研究单位也成了一个重灾区，因为这里也是知识分子成堆的地方啊！（邵一海，1982）

1969 年春，王淦昌担任了九院副院长的职务，该年王淦昌接受我国第一次地下核试验的任务。在"文革"的动乱中，要完成这项任务，困难比过去要大得多。王淦昌完全是靠自己"以身作则"的行动，靠个人的威望，靠科技人员和工人对他的尊敬和信任来开展工作的。由于高原缺氧，他曾长期背着氧气袋坚持工作。由于任务紧、工程量大，地下坑道的通风设备跟不上，以致地下工事中氡气浓度不断增加，危及工作人员的健康。他立即组织人员监测，研究分析原因，从洞内搬走一些放射性物质，并采取一些措施，要求在洞内不喝水、不吃东西，防护口罩改为一次性使用等等。经过几个月紧张的工作，克服重重阻力和困难，终于保证在 1969 年 9 月 23 日成功地进行了首次地下核试验（胡济民等，1987，第 165–171 页）。

可是完成任务之后，在"清理阶级队伍"的运动中，他却被扣上了"资产阶级反动学术权威"、"活命哲学"、"扰乱军心"等帽子。有位同志议论说："王淦昌那么好的人，批什么？"于是立即被抓起来，要他交代与王淦昌的关系。他们还批判王淦昌用"业务压革命"，因为他曾提出要把"四天搞运动，两天搞业务"颠倒过来，因为他坚持说："口号喊得再响，还得看行动，不搞业务怎么行。"他们还批判王淦昌是"洋奴"，因为他提出过要注意一个现象，而说明这个现象的理论是一个外国人提出来的（邵一海 1982）。王淦昌对这些人的倒行逆施，用无言的沉默表示坚决的抵制和蔑视，每次批判大会后，他一

[①] 王之江研究员的谈话。

回到住地，就继续投入科学研究和解决技术困难的工作中去。1970年陈伯达鼓动批判相对论时，他也拒绝附和。

就在王淦昌"靠边站"的时候，周总理指示，要总结未作总结的地下核试验的经验。研究院为此成立了办公室，要王淦昌出来负责，他还是愉快地接受了任务。可是经过一次浩劫之后，大批的科技人员被"清出"去农场劳动了，有的还挨过斗甚至被关。他们顾虑重重，情绪消沉，大都不愿参加总结工作。王淦昌走家串户，一个个动员，一次次谈心，用自己一颗真诚火热的心，吸引了多年共事的战友。工作班子终于组织起来了，总结工作得以完成（胡济民等，1987，第165–171页）。

1971年，根据林彪的"第一号命令"，九院要从青海高原搬往四川的一个山城。当时九院仍处在"清理阶级队伍"的严重时刻。不少为研制二弹流过汗水的功臣受到迫害，有的甚至被迫害致死。1971年9月，九院到了四川后不久，林彪反革命集团被粉碎了。在这以后，九院的清队工作才逐渐缓和下去。

1975年1月中旬，王淦昌到北京参加了第四届全国人大，再次当选为人大常委。在1975年第二次地下核试验中，王淦昌作为核武器研究院的现场技术负责人，全面负责各项技术工作。他日夜坚持工作在第一线。完成各项准备工作之后，人们向他作了详细汇报，他坚持要下洞作最后一次检查。不顾人们的劝阻，不顾种种困难，他硬是爬进洞内做了最后一次现场检查，才表示放心（胡济民等，1987，第172页）。

1976年1月9日早晨，出差到北京的王淦昌听到广播里传来哀乐，听到了周总理逝世的噩耗。他一贯敬仰周总理。周总理的死对王淦昌是一个巨大打击。在"反击右倾翻案风"的狂风越刮越凶的日子里，王淦昌又到北京开会，会议要组织大家去清华看大字报。王淦昌公开反对："去看那个干什么，浪费时间。"在大大小小的所谓批邓会上，王淦昌从不发言，也不举手喊口号。他说："我觉得邓小平没有错。口号，我喊不出来，手也举不起来。"

1976年清明节前，王淦昌和其他几位出差的同志抬着献给周总理的花圈，从六部口步行到天安门广场，安放在人民英雄纪念碑前。天安门广场事件后，王淦昌也成了被审查的对象，追问他送花圈受谁指使？王淦昌提笔作答："花圈是我自己要送的，目的是悼念周总理。"表现出凛然正气。

在身处逆境时，王淦昌还关怀着那些比他处境更困难的友人和学生。他怀念被错划为右派、被打成"反革命"的老友束星北，在经济上给予帮助。他40年代的一个学生许良英（1920—2013），1957年被错划为右派后回浙江临海老家当农民，生活困难，王先生要把他的生活费包下来，按月给他寄钱。另一个学生周志成（1922—2006），错划为右派后发配到新疆，他热情地复信慰问。他不怕个人受牵累，给这些长年受人歧视、得不到人间温暖的学生以最深厚的师长的爱。

（4）**为核能特别是核聚变能的和平利用而奋斗（1976—1986）**　1976年粉碎江青反革命集团并结束"文化大革命"以后，王淦昌的处境大有改善。1978年3月，他又当选为五届全国人大常委。同年，他被任命为二机部（后改名为核工业部）副部长兼原子能研究所（它的前身是中国科学院近代物理研究所、物理研究所，现改名为中国原子能科学研究院）所长。1979年1月，他开始担任《原子核物理》主编。3月24日，他以中国核能学会理事长身份率核能考察团一行20人去美国、加拿大访问。1979年10月20日，他光荣地加入了中国共产党。1980年3月，他参加了中国科技协会第二次全国代表大会，当选为副主席和常委。同年，中国核学会成立，他当选为理事长。1980年11—12月，他又应邀参加美国和欧洲的核学会会议。1981年他当选为中共原子能研究所党委委员。该年5月，在中国科学院第四次学部大会上，他当选为中国科学院主席团成员。1982年他辞去二机部副部长，改任科技委副主任，辞去原子能研究所所长职，改任名誉所长。1983年他被聘为国际期刊 *Nuclear Instrument and Method* 的编委。6月当选为六届人大常委。1984年3月，他赴日本参加了日本原子能工业讨论会第十七届年会。1985年6月，他访问了联邦德国。4月在联邦德国驻华使馆接受了西柏林自由大学授予他的荣誉证书，以纪念他在柏林大学获得博士学位50周年。这是为获学位50年后仍在科研第一线工作的科学家设立的。在1986年6月下旬的中国科技协会三大中，他当选为荣誉会员。不管他兼任了多少职务，不管他的职务有什么变动，学术活动多么繁忙，近十年来他紧抓两件事：一件就是参加并促进激光惯性约束核聚变的研究，其目的是为了解决全人类的长期能源需要；一是大力促进我国核能的和平利用，发展核电事业以解决我国近期的能源问题。

王淦昌最早关注激光惯性约束核聚变是在1964年。继美国科学家在1960年发明激光器之后14个月，即1961年9月，中国科学院长春光机所研究成功国内第一台激光器。1963年又做出兆瓦级Q开关高功率激光器。1964年，上海光机所把高功率钕玻璃激光器的输出功率提高到10^8瓦，发现了一些新现象。1964年12月下旬，第三届全国人民代表大会在北京召开期间，王淦昌就向激光专家王之江询问了激光研究的现状和进展，提出了用高功率激光束打靶实现惯性约束核聚变的设想。随后，亲笔写了一份报告。报告中王淦昌对利用激光驱动热核反应作了基本分析和定量的估算，这已不是一种朦胧的科学设想。[1]邓锡铭保存了这份报告。可是，十年动乱一开始，邓锡铭的办公室被查封，这份开创性的报告至今下落不明。1964年底，邓锡铭把王淦昌的这个创议向当时中国科学院副院长张劲夫作了汇报，立即得到了他的赞赏和支持。在王淦昌的倡议下，我国的激光惯性约束核聚变的预研工作就开始向前迈步，而当时英、法、德、日等国还都没有着手哩（胡济民等，1987，第161–164页）！1965年冬，王淦昌和邓锡铭、余文炎等在北京举行了有关激光聚变的小型座谈会。他先虚心向青年激光专家邓锡铭等求教激光知识，然后提出了不少设想，如建造大型激光系统等等。动乱年代，把王淦昌和邓锡铭等激光工作者隔绝了整整7个年头。而外国人在这期间大大地超过了我们。1973年，当邓锡铭等带着10^{10}瓦高功率激光加热氘冰靶在国内首次获得中子的实验记录来京向王淦昌汇报时，他高兴极了。他对邓锡铭说：

---

[1] 王淦昌的这个建议和苏联学者巴索夫（И.Г.Басов，1922—2001）的设想是很类似的。他们二人几乎同时独立地提出了这一建议。

"我们这边情况还不正常，你们那边好一些，希望抓紧工作。"其实，邓锡铭那边的情况也很艰难。（胡济民等，1987，第161–164页）

王淦昌晚年的照片

动乱年代结束不久，王淦昌和光学专家王大珩（1915—2011）这两位二三十年代清华物理系的毕业生就汇合在一起了。近七八年来，两位王老不仅是这个新科学技术领域的学术带头人、深受大家爱戴的导师，而且是几方面队伍汇合、团结的象征，推动整个工作发展的后盾。（胡济民等，1987，第161–164页）

1978年底，在王淦昌的全力争取下，原子能研究所建立了惯性约束聚变研究组（七室七组），并着手建造强流加速器，为尽快用带电粒子来引发核聚变作准备。1980年5月，他用王京的名字，发表了《带电粒子束惯性约束聚变研究现状》一文，在内部交流。文中他比较了受控聚变的三种途径〔磁约束、惯性约束、卡皮查（Kapitza）方法〕，探讨了带电粒子束惯性约束聚变研究中的主要课题和诊断问题，介绍了苏、美、日带电粒子束聚变的近期规划，分析了我国惯性约束聚变研究的情况并作出了展望。（王淦昌，2004，卷1，第64–93页）1981年，他又建议将聚变研究组扩建为一个室（14室），并准备在这个室同时开展化学激光的研究。1982年5月，他在惯性约束聚变讨论会上发表了《国际上惯性约束核聚变（ICF）研究情况简介和对我国这方面工作的意见》，介绍了国际上两年来的新进展，首先论述了"以激光作为驱动器"，然后重点论述了以"轻离子束作为驱动器"，并特别强调了轻离子束比电子束有很多优越之处，还论述了爆聚薄膜。最后分析了我国惯性约束聚变的现状，并提出了研制多级强流脉冲加速器的建议，为着手轻离子束试验作准备。（王淦昌，1987，第170–183页）

总之，从1976年到1986年，王淦昌亲自带领了核科学和激光方面的队伍，做了全面的部署，在国内奠定了激光等离子体理论、诊断以及靶的设计制造的理论、实验和技术基础。近几年来，他和王大珩一起，在指导研制输出功率为10^{12}瓦的大型激光装置方面也花费了很多心血，进行了"一丝不苟的严格指导"，使得这个大型装置能按研制方案在三年半时间内基本建成。

但是，研究受控核聚变的重要性和迫切性并不是普遍为人们所认识的。因此，在申请经费、争取支持方面，也存在着巨大的困难。1984年9月10日，王淦昌以国家科委核聚变专业组组长的身份曾向国家科委主任宋健提出"关于将受控核聚变能源开发列入国家长远规划重大项目的建议。"他指出，"从轻原子核的聚变反应中获取能量，将为人类社会提供几乎是无限的、清洁的、安全而廉价的动力。……在 2030 年前后，聚变能的应用可能进入商业应用阶段。……美国、苏联、西欧和日本都制定了近远期的发展规划，以求有效地组织力量，协调各分支技术的发展。……我国的核聚变研究起步并不晚，20 多年来，……逐步形成了一支科研队伍，为进一步发展奠定了基础。但由于国家对发展核聚变没有明确方针，缺乏统一领导和规划，加上其他方面的原因，进展缓慢，比先进国家落后了 15—20 年。为此，我国的核聚变科研人员感到一种莫大的压力和不安，如不再抓紧工作，这差距还会越拉越大，我们将成为历史的罪人。……我们应接受我国核电站发展的经验教训，由于最初重视不够，没能尽早规划，起步太晚，以致影响了我国核电发展的速度。在聚变研究中，我们不应再重蹈覆辙"。（王淦昌，2004，卷 6，第 26–28 页）建议提出后，王淦昌还在为受控核聚变研究的开展而不屈不挠地奋斗着。看来，王淦昌已把这项将造福于全人类子孙万代的科学研究项目作为他晚年的主要奋斗目标了！

王淦昌绝不是好高骛远，只顾长远不顾目前的人。他对解决我国当前的能源问题，也积极献计献策。60 年代，他"以身许国"，为研制原子核、氢弹立下了汗马功劳。但他研制核武器是为了自卫，为了打破苏美的核垄断，是为了最终彻底禁止和销毁核武器。他更关心的是核能的和平使用，使核能造福于人类。所以，在两弹研制成功以后，他早就希望将我国的核科技队伍转向核电站的研制。可是，在十年动乱的时代，有谁关心这些？林彪、江青一伙掌权的时代，核科技队伍所遭受的是重大的摧残，他们得不到信任，也无法承担我国发展核电事业的重任。一旦"四人帮"垮台，王淦昌担任二机部副部长以后，他就积极为发展我国核电事业而奔走呼吁了。

1978 年国庆前后，他和二机部其他四位专家联名上书中央，提出发展我国核电的建议。1979 年三四月间，他率领核能代表团访问美国、加拿大时，不辞辛劳，如饥似渴地学习人家发展核电事业的经验。当时，正好美国发生了三哩岛事件，一时反核电的呼声甚嚣尘上。4 月下旬，他在华盛顿各界华人欢迎核能代表团的宴会上致辞时，态度鲜明地指出，发展核电事业是解决能源问题的正确方向，不应有所动摇。三哩岛这类事件是可以避免的，核污染是可以防止的。

1980 年，中央书记处举办"科学技术知识"讲座，邀请有关专家给中央书记处和国务院的领导同志们讲课。第一讲是《科学技术发展的简况》，由钱三强主讲。第二讲是《从能源科学技术看能源危机的出路》，本来安排吴仲华（1917—1992）、郭慕孙（1920—2012）等主讲。王淦昌认为讲能源不能不讲核能，就主动要求去讲。该年 8 月 14 日，吴仲华、王淦昌、郭慕孙等一起去中南海讲课。王淦昌讲的题目就是《核能——当代重要能源之一》。（王淦昌、连培生等 1980）他在报告中，论述了核电站的安全性与经济性，我国发展核能的必要性与可能性，提出了"以自力更生为主，争取外援为辅"，及早积极地加强科学研究和工程研究，并积极引进、吸收、消化外国先进技术，加速我国核电建设。

1983 年 1 月，在论证我国核电方针的回龙观会议上，有的部门领导人强调引进，不讲自力更生。王淦昌据理驳斥，指出："在发展我国核电事业上要正确处理引进和坚持自力更生的原则，引进是为了自力更生。"该年11月，二机部王淦昌等17位专家向国务院提出报告：《全国上下通力合作，加快原型核电站的建设》（王淦昌，2004，卷6，第22-25页）。

1984年3月，王淦昌以中国核工业部科技委副主任的身份，出席了日本原子工业讨论会（JAIF）的第十七届年会。王淦昌作了题为《中国核能的发展与国际合作》的报告。报告指出，核能是中国三种主要能源之一，介绍了中国的铀资源的勘探与开采的情况；介绍了中国正在开始建设的三个核电站（浙江海宁县的秦山核电厂，广东大亚湾核电厂和上海金山核热电厂）；介绍了中国关于快速增殖反应堆和受控聚变反应的研究工作情况；呼吁加强核能的和平利用的国际合作。同年，在六届全国人大第三次会议上，王淦昌提出了《关于改进我国粒子加速器研制组织工作的建议》。

1986年1月21日，党中央领导会见了王淦昌等核专家，座谈我国核工业与和平利用核能的问题，王淦昌的建议引起了重视。1986年4月4日，王淦昌还在《光明日报》上发表文章，提出"开发核能是我国经济持续发展的重要条件"。指出开发核能是我国经济发展的迫切需要，"加速我国核工业体系的建设"，"核能的发展要有长远的安排"，并指出要研究快中子反应堆和受控聚变反应。

1986年4月，在第六届全国人民代表大会第四次会议上，王淦昌又提出了《对立足国内，积极发展我国仪器制造工业的建议》。建议中首先批评了近几年来我国盲目引进和重复引进中低挡仪器的不良现象，提出了七条建议：①加强仪器进口的宏观管理；②对已进口的仪器要管好用好；③有关部门联合编制科学仪器"七五"规划；④引进样机，加速国产化；⑤加强基础技术的研究，这是国产化的关键；⑥运用经济杠杆，加强协调和归口管理；⑦制定生产合同法，保护用户和生产单位的利益。6月份，在中国科学技术协会第三次代表大会上，王淦昌作了书面发言要求大家都来关心我国科学仪器的研制与生产。7月份，他以核工业部科技委副主任的名义，又给国务院有关领导打了报告，就我国发展低能加速器，推广低能加速器辐照技术的应用提出建议。报告首先介绍了国内外低能加速器辐照工艺发展的状况，指出了近几年来一些部门竞相进口各类低能加速器，而国内研制生产加速器的单位任务却严重不足的不正常现象，分析了造成这种状况的各种原因，提出了六点建议：①加强组织领导，统筹规划；②组织横向联合，重点攻关（这是国产化的关键）；③坚持立足国内，引进、消化、吸收和创新相结合；④狠抓应用，加强中试基地建设；⑤制定合理政策，希望在一段时间内给予减免税收或采用补贴办法，鼓励使用国产加速器，加强低能加速器的研究、生产、应用的横向联合，从政策上鼓励联合，从法规上保障联合；⑥严把质量关，重视安全（王淦昌，2004，卷6，第59-62页）。

针对美国提出的"战略防御倡议"，西欧的"尤里卡"计划，王淦昌和王大珩、陈芳允（1916—2000）、杨嘉墀（1919—2006）四位科学家于1986年3月联名向中央领导人提出了建议。报告认为，我国应以力所能及的资金和人力，跟踪高新技术发展的进程。因为"真正的新技术是引进不来的，而且……必须从现在就抓起"。这个建议得到了中央领导同志

的重视。（王淦昌，2004，卷6，第50页）

王淦昌在专注于我国核能核科学和高技术发展的同时，也十分关心我国政治、经济、科技体制的改革。1985年1月，他参加《中央关于科学技术体制改革的决定（草案）》的讨论。他积极支持改革、开放的方针，同时他也大声呼吁，不能忽视基础研究，反对把科学同技术混为一谈；在引进国外技术的同时不要忘了自力更生，要充分依靠自己的科技队伍，做出我们自己的创造发明与贡献。作为人大常委会委员，他希望我国能发扬民主，加强法治，对不正之风深恶痛绝。1985年11月，在六届人大常委会第十三次会议上，他大声疾呼："纠正不正之风，必须做到有法必依，执法必严，违法必究。要坚决克服有法不依，执法不严的现象"[1]。

从上述一系列报告、建议和发言中，我们看到的是一位爱国的老科学家无比关心祖国的现代化事业的赤子之心。

（5）最后的12年（1987—1998）　1987年，是王淦昌先生80华诞，他的学生、朋友、同事都要为他庆祝，他却一再推辞。他更关注的是促成该年3月2日举行的中国物理学会纪念胡刚复、饶毓泰、叶企孙、吴有训的大会，他在会上作了"深切怀念吴有训先生"的报告（王淦昌，2004，卷5，第193—207页）。5月28日，北京科技界、教育界在科技会堂举行学术报告会，庆祝王先生80华诞，王先生作了题为"准分子KrF和XeF强激光"的报告（王淦昌，2004，卷3，第229—244页）。科学出版社出版了《王淦昌论文选集》（王淦昌1987），他的学生胡济民、许良英、汪容、范岱年编的纪念文集《王淦昌和他的科学贡献》（胡济民等，1987）。

从1987年到1998年，王先生仍然一直坚持着激光惯性约束核聚变的研究。1992年他曾说，他一生中最为满意的工作是1964年提出的激光引发氘核出中子的想法。所以他晚年一直从事着这方面的研究。他经常到原子能研究院去查文献、看书，到17研究室与年轻人讨论科学问题，指导研究。1988年他与王大珩、于敏一起致信中央领导，建议将"激光核聚变"列入863高技术计划（王淦昌，2004，卷6，第71—74页）。1990年12月他领导的氟化氪准分子激光研究取得重要进展，激光输出能量达10^6焦耳。1996年，他与袁之尚合著的《惯性约束核聚变》一书在安徽教育出版社出版（王淦昌，2004，卷4）。1997年，在他领导下的电子束氟化氪准分子激光研究达到国际上中等规模装置的水平，在能量效率、双向电子束泵浦技术和工作的稳定性方面处于国际上先进水平。住院期间，他的合作者王乃彦带几个研究生到医院向他汇报工作，谈了一下午。护士小姐都有意见了，而王先生很高兴，说："这比吃药的好处还大。"他在谢世前还叮嘱他的学生，要进一步采用包括非线性光学技术在内的先进方法，压缩光束脉冲宽度和改善光束质量，尽快开展物理实验研究（王淦昌，2004，卷1，总序，第4—5页）。

王先生也十分关心我国核电事业的发展。1988年9月，他担任中国核工业公司科技顾问。1990年2月，他与钱三强、李觉、姜圣阶联名上书，就我国核电发展问题提出建议（王淦昌，

---

[1] 见1985年11月9日《光明日报》上的报道。

2004，卷6，第75—77页）。他曾多次到秦山核电站和大亚湾核电站视察，了解情况。为了我国科学技术事业的发展，他还单独或与人联名提出过"关于充分发挥大型科研装置的作用，组建国家实验室的建议"（1987年）、"关于支持低能加速器的研制与生产"的建议（1988年）、关于"引进核聚变试验装置——轴对称偏滤器实验装置"的建议（1993年）、"就新的'863'计划提出五点意见"（1994年）、"就'九五'重大科学项目选项排队的建议"和"振兴中国仪器仪表工业的建议"（1995年）等（王淦昌，2004，卷6，第342-344页）。

王先生是一位富有正义感和同情心的科学家。他也关心支持我国的政治体制改革和民主法治建设。1988年，他对《瞭望》周刊记者就三峡工程的宏观决策发表了谈话，强调了决策的民主化和科学化（王淦昌，2004，卷6，第177—180页）。

1989年，他曾在一封由42位科学家、哲学家、人文学家署名的"呼吁政治民主化的联名信"上署名。1995年他又领衔在由45人署名的"迎接联合国宽容年，呼唤实现国内宽容"的公开信上署名（许良英2001）。他还曾领衔在我国七位科学家署名的"就美籍华人学者Peter H. Lee（李文和）被逮捕事发表的公开信"上署名（1998年2月），反对美国政府对华裔学者的歧视和迫害（王淦昌2004，卷6，第346页）。1989年8月，王先生曾到苏联杜布纳等地访问，被莫斯科大学授予名誉博士学位。1995年，获首届何梁何利基金成就奖。1997年5月28日，首都各界举行"庆祝王淦昌院士从事科技工作68年暨90寿辰学术报告会"。（王淦昌，2004，卷6，第343—345页）

1997年8月7日傍晚，王先生在家附近散步，被一骑车人撞倒，造成右腿骨股胫骨骨折，在医院养伤近5个月。我曾和许良英一道前去看望。有一次，正好遇到原子能研究院的科学家来看望他，向他汇报研究工作进展情况，王先生兴致勃勃地倾听他们的汇报并与他们讨论。1998年，王师母吴月琴因病逝世。享年94岁。9月11日，王先生因肺炎住院。月底，经医生全面检查，发现王先生患胃癌，已属晚期。10月，许良英和我听说王先生病重，就一起去医院看望他。这一次，他比较悲观，说可能出不去了。他说许良英的文章写得好，希望许今后多写写他。不料他在12月10日竟与世长辞了。12月25日首都各界1000多人到八宝山送别王淦昌先生，参加告别仪式的有胡锦涛、周光召、丁石孙、朱光亚、宋健等领导人。（王淦昌，2004，卷6，第346页）

王先生一贯乐于助人。1996年4月，他捐资4万元，作为中国原子能科学研究院子弟学校的王淦昌基础教育奖励基金。王先生逝世后，他的子女遵照王先生的遗愿，捐资50万元作为中国物理学会的"王淦昌物理奖"的基金；后又在故乡常熟支塘中学捐资10万元设立"王淦昌奖"。2000年春，王先生夫妇骨灰合葬于故乡常熟，长眠于虞山之巅。（王淦昌，2004，卷6，第346页）

1999年9月，王淦昌被追授"两弹一星功勋奖章"。2000年9月在中国原子能科学研究院举行了王淦昌铜像揭幕仪式。2003年9月17日，国家天文台于1997年发现的小行星（国际永久编号为14558）被正式命名为"王淦昌星"（王淦昌，2004，卷6，第346—347页）。2004年，王乃彦编的《王淦昌全集》出版。

4．结束语

作为中国20世纪最杰出的物理学家之一，王淦昌先生已经完成了他91年的光辉历程。

王先生是一位爱国主义者。他从小敬仰精忠报国的岳飞。他生于腐朽没落的大清帝国，民国时期，看到军阀与国民党政府的腐败，目睹外敌入侵，国土沦丧，经历了颠沛流离的逃亡生活。他对抗日志士们抱着至深的敬意。为了支援抗日，他捐献了全部积蓄。他讲授军用物理，想以自己的知识来为民族解放战争服务。解放以后，他以粒子物理的研究成果为国争光，在基本粒子发现者的名单中终于第一次列上了中国人的名字。他努力建设核物理的队伍与基本设备，以适应国家的需要。60年代以后，他直接领导并参与了核武器的研制工作，使祖国跻身于国际核大国的行列，增强了祖国的国防实力与国际威望。但他万没有想到新中国竟会发生"文化大革命"这样的"十年浩劫"，使祖国的科学事业与核工业均遭受到极大的摧残与破坏；也没有想到在清除"四人帮"之后，还会出现严重的不正之风。他终于认识到，要避免这种悲剧重演，要纠正严重的不正之风，必须关心政治，促进改革，肃清封建遗毒，实现民主和法治。

作为一个科学家，王淦昌也是一位国际主义者，他研制核武器，是为了禁止并最终销毁核武器，为了世界的持久和平。他更热衷的是核能的和平利用，特别是核聚变能的控制与和平利用，以使人类永远摆脱能源危机。这是需要全世界的科技人员共同努力奋斗的事业。作为新中国的核物理学家，他希望中国的科技工作者能在这项划时代的事业中做出自己应有的贡献，否则"将成为历史的罪人"。正是出于这种高度的历史责任感，这种高度的国际主义与爱国主义精神，才能使他不顾年近八旬高龄，仍不断为"受控核聚变能源开发"这一科研项目，为发展我国的核电事业和加速器等仪器制造工业，为发展我国的高技术而奔走呼吁，不遗余力。

王淦昌是一位杰出的物理学家。他深知，物理科学本质上是实验科学。要使物理学在中国生根，必须发展我国的实验物理学。所以，他以毕生的精力，从事实验物理学研究。在抗日战争那么艰苦的时日，他仍然坚持实验工作，同时对国内没有条件做的实验，他则作出评述，提出建议。作为一位杰出的实验物理学家，他深知观测渗透理论，科学发现只给予那些有准备的头脑。因此他孜孜不倦地学习、研究前沿的物理理论，用来指导自己的实验研究。他也深知，物理学是不能脱离其他学科孤立地发展的。为了发展粒子物理，必须不断改进探测器，这就要研究粒子与化学物质的相互作用，需要化学家的帮助。研制核武器，就需要与爆轰力学家、电子学专家通力合作。研究受控核聚变，他就要学习激光的理论和技术。同时他深信，物理学也能为其他学科的发展做出贡献。所以，他指导研究生，研究大气物理。为化学系学生开物理化学课，鼓励自己的学生研究生物物理。他本来是研究基础科学的，但一旦国家需要，就投身核武器的研制工作，关心核能技术的和平利用。基础研究的严谨学风与技术开发工作的一丝不苟精神是完全一致的。基础科学家专深广博的学识在技术开发工作中是大有用武之地的。王淦昌以自己的实践证明了这一点。王淦昌曾在世界上物理学最先进的德国、美国、苏联学习或工作过，并经常出席国际会议，出国参观访问，坚持阅读外国科学期刊。他熟悉当代世界物理学发展的历史和现状。深知我国的弱点、已有的基础和今后发展应走的道路。他知道，我们国家比较穷困，科技还比较落后，为了更快、更好地开展我国的现代化建设，培养现代化建设所需要的科技人才，我们不能没有自己的基础科学队伍，不能没有基础科学理论与实验技术的储备。科学的本质就在于创新，提出新思想、新概念、新假说、新理论，发现新现象、新事实、新方法。要实现科学技术现代化，决不能跟在科技先进国家的后面，亦步亦趋地爬行。"真正的新技术是引进不来的"。必须发挥我们中国科技人员的聪明才智，根据我们自身的特点，有所创造，有所发明。王淦昌一贯这样教导他的学生和助手，也一贯这样身体力行。

王淦昌不仅是一位杰出的科学家，也是一位杰出的教育家。他在浙江大学物理系十多年的教学生涯中，培养出了一批杰出的科学家。诺贝尔奖金获得者李政道从王淦昌那里得到物理学的启蒙。在浙大，他培养出了像胡济民（1919—1998）、邹国兴（1921—1981）、程开甲、冯平观、忻贤杰（1924—1988）、汪容（1923—2007）这样一些物理学家，还培养出了像叶笃正这样的大气物理学家，像钱人元这样的物理化学和高分子物理学家，像梅镇安这样的生物物理学家，像许良英这样的物理史学家。解放以后，在实际工作中，他又培养出了像唐孝威、丁大钊、王祝翔、王乃彦、吕敏等一大批实验物理学家。近年来，在激光惯性约束聚变的研究中，许多中青年激光专家如邓锡铭等也都承认受益于王淦昌先生的支持、帮助与教导。52 年的教学与研究生涯，王先生差不多培养了三代科学家。在杜布纳联合原子核研究所中，他也指导帮助了王淦昌小组中苏联、罗马尼亚、捷克、朝鲜、越南等国的同行。王先生真是桃李满天下啊！

王先生不仅是一位杰出的科学家，而且还是一位正直和精神境界高尚的人。他热爱真理，主持正义，不畏强暴，同情受难者，先人后己，乐于助人，真诚坦荡，谦虚可亲，平易近人。他不怕"四人帮"之流的淫威，横眉冷对。他不怕牵连，对受折磨和受歧视的"右派"同事和学生，给以最可贵的信任、精神上的鼓励和经济上的支援。他对人有他自己的价值标准，不是看人的地位高低、权力大小，而是看他对祖国、对人民、对科学的贡献和为人的品德。他的学生、助手病了，他都要亲自去探望。一位从事 X 光光谱研究的小卢，是在激光聚变研究中相识的青年助理研究员。王先生知道他得了不治的癌症，他亲自到病房去看望他，安慰他，鼓励他，剥了香蕉送到他的口中，令许多旁观者看了，感动得要落泪。在教学与工作中，是学生和助手们的严师，要求大家学习、工作一丝不苟。在日常生活交往中，他给予大家的是父兄般的爱！

笔者范岱年虽然是王淦昌的学生，但只是在 1944 年入学时听过王老师的谈话，以后一直没有机会听王先生的课。但是王先生所培养出来的浙大物理系的严谨朴实的学风，却使我终生受益匪浅。1952 年到中国科学院以后，虽然也有过几次接触。有几个春节也到王先生家中拜过年。但对王先生的了解却是十分有限的。通过撰写王先生的传记，我才进一步了解到王老师多方面的贡献和他崇高的精神境界，但这还是远远不够的。王老师 91 年的光辉经历，蕴含着无数精神财富，还有待我国的物理史学家和科学社会史学家作进一步的发掘。

——参考文献——

［1］赫尔内克，弗里德里希：《原子时代的先驱者》，北京：科技文献出版社，1981，第329页。

［2］核工业部神剑分会：《秘密历程——记我国第一颗原子弹的诞生》，北京：原子能出版社，1985。

［3］胡济民、许良英、汪容、范岱年编：《王淦昌和他的科学贡献》，北京：科学出版社，1987。

［4］李约瑟：《战时中国之科学》，重庆：开明书店，1944。

［5］刘本钊：《20年来清华之财政》，《国立清华大学二十周年纪念刊》，1921。
《清华一览》，1929。

［6］清华大学校史编写组：《清华大学校史稿》，北京：中华书局，1981。

［7］邵一海：《在核科学技术高地上——记著名核物理学家王淦昌》，《解放军报》9月28日第一、二版，1982。

［8］王淦昌、连培生、康力新等：《从能源科学技术看能源危机的出路》，北京：知识出版社，1980。

［9］王淦昌：《深厚的友谊，难忘的会见》，《科学对社会的影响》，第35卷第1期，1985，第51-57页。

［10］王淦昌：《王淦昌论文选集》，北京：科学出版社，1987。

［11］王淦昌：《王淦昌全集》，共6卷，王乃彦主编，石家庄：河北教育出版社，2004。

［12］王祝翔：《气泡室》，北京：科学出版社，1962，第41-46页。

［13］许良英：《科学·民主·理性》，香港：明镜出版社，2001，第201-204，317-320，368-382页。

［14］竺可桢：《竺可桢全集》，共24卷，上海：上海科技教育出版社，2005-2013。

［15］Chadwick, J. On the possible existence. of a neutron. *Nature*, 1932. PP. 129, PP. 312.

［16］Fermi, E. Versuch einer Theorie derp–Strahlen, *Zei ts. für Physik*, 1934. PP. 88, PP. 633–646

［17］Meitner, L. On the origin of Beta–decay spectra of nadioactive scrbstances, 1922, *Zeits of Physik*, p, 131, 145

［18］Nobel Foundation, N. *Nobel–Jthe Man and His Price*; New York, 1962, pp.504–505.

［19］Pauli, W. *Collected Scientific Papers by Wolfgang Pauli*.(H. Kronig and V. F. Weisskopf ed.), New York:Interscienceo, 1964, pp. 1316–1317.

［20］Segre, E., From X-rays to Quarks, *Modern Physics and their Discoveries*. San Francisco:Freeman, 1980.

（选自《自然辩证法通讯》1987年第1期，《当代中国杰出的物理学家王淦昌》，作者范岱年，《自然辩证法通讯》前主编，中国科学院科技政策与管理科学研究所研究员。研究方向为科学哲学和科技史。亓方，中国科学技术大学理学硕士，研究方向为物理学史。这是2006年写的增补稿，这次发表时（2015年）又稍作修改和补充。）

郭永怀

中国卓越的力学家和"两弹一星"元勋

郭永怀是我国卓越的力学家、应用数学家,他是我国近代力学事业的组织者和奠基人,也是我国核武器研制单位的主要技术领导人之一。他在发展我国的国防事业方面,在发展空气动力学、气体动力学、爆轰学以及新兴的力学科学方面,在培养科技后继人才方面都做出了杰出贡献。1968年底,郭永怀从西北核试验基地返京时,因飞机失事不幸遇难,被授予烈士称号。郭永怀虽然只走过了59年的生活道路,但他的为国际所公认的科学成就,严谨认真的治学态度,朴实正直的思想品德,勤奋刻苦的工作作风,受到人们的普遍爱戴与敬仰。今年是郭永怀逝世20周年,谨以此文志以对他的深切怀念之情。

1. 早年的求学经历 (1909—1940)

1909年4月4日,郭永怀出生于山东省荣成县西滩郭家村的一个农民家庭。郭家世代以务农为主要生计。郭永怀的父亲郭文吉排行第二。他略通文墨,挑起了当家人的重担。郭永怀的三叔郭文秀曾念过十几年书,他虽多次赶考,但终未及第。他在村里办了一个初级小学校,收费很低,左近三个滩的适龄儿童一般都有条件在这儿念点书。1919年春,在郭永怀10岁的时候,父亲把他送去念书。郭永怀在村里读了3年初小,1922年春,他来到石岛镇,在明德小学读高小。明德小学在当时已是一所新型学校,郭永怀在此受到比较正规的教育。由于他勤奋好学,资质聪颖,在明德小学读书时,成绩总是名列前茅。1926年1月,郭永怀以优异的成绩从高

郭永怀(1909—1968)

1940 年 8 月，第七届英庚款公费留学生在"俄国皇后"号（前排左一林家翘，左五钱伟长；后排左二段学复，右三郭永怀）。

小毕业，考入青岛大学附属中学。面对当时中国的内忧外患，郭永怀和许多莘莘学子一样，很早就抱有科学救国、读书救国的愿望。

1929 年夏，郭永怀在青岛大学附中初中毕业，他准备继续求学。尽管家中经济状况并不很好，但在父兄们的支持下，当年 9 月，郭永怀只身来到天津，考入南开大学预科理工班。

预科班学制 2 年，相当于高中。但由于课程大都由教授任教，选用的教材也多是优秀的英文原版书，因而预科班学生的实际水平比一般高中生要高。

预科的 2 年中，对郭永怀影响较大的有申又枨教授。申先生是中国数学界老前辈姜立夫先生的高足，他担任预科数学的教学任务，他对学生要求很严，经常布置大量的习题。这样大大加强了学生们的数学功底，也培养了学生对数学的兴趣。预科的两年，郭永怀对数学产生了浓厚的兴趣，同时也打下了坚实的数学基础，为他以后专门从事空气动力学的理论研究创造了条件。

郭永怀在预科期间还曾同几个志同道合的年轻人发起成立了一个新颖的读书会——"微社"。"微社"成员共有 6 个人。他们每周举行一次讨论会，大家轮流介绍自己的学习心得，交流学习经验。这个小小的读书会虽然没有探讨过什么高深的学问，但却培养了年轻人好学上进的精神，对他们后来的学术生涯影响很大。当年的成员胡世华先生曾这样回忆说：

"正是'微社'培养了我们作学术研究的兴趣。"

这期间，郭永怀还对摄影发生了兴趣。他买了一架德国产 Leica 相机，一面学摄影，一面细致地研究了照相机的机理。为此，他准备日后专修光学。

1931 年 7 月，郭永怀预科毕业并顺利地转入本科。他凭借他在数学上的专长和对光学的浓厚兴趣选择了物理学专业。

南开大学的物理系是我国老一辈杰出的物理学家饶毓泰创建的。郭永怀在南开读预科时，饶先生已前往德国，物理系的力量大大削弱。郭永怀所在班的物理课程由刚从麻省理工学院毕业回国的卢祖治任教，助教则是南开大学本科毕业留校的吴大猷，他主要负责指导学生的物理实验。而在郭永怀转入本科时，物理教师更是缺乏（吴大猷于当年赴美留学）。

后来他听说电机系有一位顾静薇教授是搞物理的，便投到她的门下，成了她唯一的物理专业的学生。（[1]，p.43）郭永怀良好的数学基础和不倦的求学精神深得顾先生赏识。

她为他单独开课，使他在学业上有很大长进。顾先生的引导和帮助对郭永怀影响很大，师生间的关系亦很密切。

1932年8月，饶毓泰先生回国并于1933年应聘担任北京大学物理系主任。顾先生认为，郭永怀应当到光学专家饶毓泰那儿去深造。当时南开大学经费紧张，拟缩小学生编制，鼓励学生转学。郭永怀便参加了北京大学的入学考试。1933年9月，郭永怀如愿进入北京大学物理系，插班在三年级学习。

优良的学习环境加上郭永怀的勤奋好学，使他扎扎实实地掌握了各门课程。1935年郭永怀毕业时，他的成绩在整个物理系名列前茅。

郭永怀本科毕业后，饶毓泰先生留他做自己的助教和研究生。饶先生认为郭永怀应当出国继续深造，为此尽量不给他安排更多的工作，以便给他足够的时间准备参加英、美庚款留学生考试。所以，这段时间郭永怀的主要精力都放在充实和巩固自己的知识上。除此之外，郭永怀还进行了一些物理学研究工作。例如，由于饶先生提议，郭永怀参与了吴大猷、郑华炽等教授已经进行了的拉曼效应（Raman Effect）的研究工作。虽然因为从事研究的时间很短，没有取得多大进展，但这却是他从事科学研究的开端。这使他得到了一些科研实践的锻炼。

1937年7月7日，卢沟桥事变爆发。北京大学、清华大学、南开大学都停课解散。国民党政府决定这三所学校南迁长沙。北大的学生有的随校来到长沙，其他的也都各奔东南，郭永怀则回到他的家乡，并应聘在威海中学任教。郭永怀在威海中学教授数学和物理。他在认真细致地教学的同时，还注意引导学生注重科学技术，勉励学生发奋图强为民族争气。郭永怀对教师内部的派系斗争，总是退避三舍。由于郭永怀为人朴实正直，学识渊博，因而虽然仅在威海中学任教半年，却深受学生们的爱戴。

1938年3月7日，日军侵占了威海，威海中学师生全部离散，郭永怀也即离开威海。5月前后，郭永怀辗转来到昆明西南联合大学。

同当时许多年轻人一样，民族危亡更增强了他的民族责任感，同时更坚定了他科学救国的信念。他觉得，要使国家强盛起来，首先要发展军事科学技术，发展航空事业，为此在联大期间，他放弃光学，立志学习航空工程。当时与航空密切相关的力学科学正蓬勃发展，郭永怀自听周培源教授开设的《流体力学》课程后，便开始步入空气动力学研究的科学道路。

1939年夏，中英庚款留学生委员会举办留学生招生考试。出国留学对青年人来说是难得的深造机会。虽然招生人数只有22人，但报考者却超过3000。郭永怀报考的力学专业仅招收2名，结果他与钱伟长两人被录取。从此，郭永怀开始了长达16年的留学生活。

2. 留学和科学研究生涯（1940—1956）

1940年9月，郭永怀来到位于加拿大东部的多伦多大学。他和钱伟长、林家翘进入应用数学系，在系主任 J.L. 辛吉教授指导下从事硕士论文研究。多伦多大学对硕士生的要求侧重学习基础课（论文则放在次要位置上），以便为攻读博士学位打下坚实的基础并积累研究经验。郭永怀在国内曾作过拉曼效应和湍流理论的研究。由于他基础扎实且有研究经验，因此，在多伦多大学修课和从事论文研究都比较轻松。郭永怀与钱伟长、林家翘一起在多伦多大学只用了半年多的时间就完成了硕士论文。郭永怀以《可压缩粘性流体在直管中的流动》的论文获硕士学位。他们的优异成绩与取得的出色成果使导师辛吉教授大为赞叹："想不到中国有这样出色的人才，他们是我一生中很少遇到的优秀青年学者！"（［1］，p.44）

对于立志献身空气动力学的郭永怀来说，在航空大师西奥多·冯·卡门身边学习和工作是再理想不过了。郭永怀和林家翘获得硕士学位之后便准备前往美国，Synge 教授感到很失望，因为那时研究生并不多，而且像他们这样优秀的人才更少。但为了他们的前途，辛吉教授还是支持他们投奔名师，成就学业。1941 年 5 月，郭永怀比林家翘稍后来到加州理工学院。

加州理工学院的古根汉姆航空实验室（Guggenheim Aeronautical Laboratory，简称 GALCIT）在冯·卡门的领导下，当时已成为名副其实的国际空气动力学研究中心。这里优越的研究条件、浓厚的研究气氛、频繁的交流活动以及优良的学术传统，为郭永怀在空气动力学领域一试身手创造了最佳条件。

40 年代是航空科学技术探索突破声障的重要时期。当时，喷气发动机已跨过幼年期正步入成熟期，航空材料、工艺和控制技术等也获得很大发展，然而一项重要的理论问题，即跨声速空气动力学尚处于探索阶段。历史表明，凡是空气动力学方面取得重大突破，往

1947 年 2 月 3 日郭永怀在美国兰利实验室参加学术会议（前排左三钱学森，右四冯·卡门；后排左四郭永怀）

往就促使飞行器的更新换代。因此，克服声障实现超声速飞行很大程度上有赖于跨声速理论的建立。

　　跨声速空气动力学已成为这一时期的前沿课题。在跨声速研究中，如何选择飞行器的几何形状以减少动能损失，如何解决跨声速流动的不连续便成了问题的关键。（［4］，p.257）当郭永怀向导师冯·卡门"提出迁行跨声速流动的不连续性问题的研究时，这位热情的大师非常高兴，他很钦佩这个年轻的中国学者的胆略和勇气，尽力为他提供良好的研究条件。从此，郭永怀全力以赴投入工作。他深知借鉴他人的成果和经验教训的重要性。他广泛查阅各种文献资料，密切注意国际最新研究动态和研究进展，同挚友钱学森共同切磋商讨。1945年，郭永怀终于以顽强的毅力和信心，凭借他在数学上和物理学及空气动力学的扎实功底，完成了有关跨声速流动不连续解的出色论文，获得博士学位。钱学森先生对此作了恰如其分的评价："郭作博士论文找了一个谁也不想沾边的题目，但他孜孜不倦地干，得到的结果出人意料。"（［1］，p.45）

　　郭永怀获博士学位后，留在GALCIT做研究员，继续从事跨声速空气动力学研究。1946年，他和钱学森合作完成并发表了重要论文《可压缩流体二维无旋亚声速和超声速混合型流动及上临界马赫数》。这篇论文求解得出了同时具有亚声速和超声速流的混合型流动，并且改善了解式的收敛速度，发展了速度图法（Hodograph Method）。此外，他们首次提出了上临界马赫数（Upper Critial Mach Number）概念。在此之前人们只注意下临界马赫数，他们指出，对应的来流马赫数再增加，数学解会突然不可能，即没有连续解，这就是上临界马赫数。钱学森指出："真正有实际意义的是上临界马赫数而不是以前大家所注意的下临界马赫数，这是一个重大发现"。（［5］，p.331）冯·卡门对此也给予了高度评价。（［6］，p.309）这篇论文还得出了一个有实际意义的结论：在二维可压缩流体绕某一物体作无旋等熵流动的流场中，存在有亚声速和超声速的混合型流动。（［5］，p.74）关于是否存在无激波超声速区的问题，当时一直是有争议的，郭永怀和钱学森的结果从正面予以肯定，后来也得到了实验证实。（［7］，p.6）

　　此后，郭永怀在GALCIT又把他们的工作推广到具有环量的情况以及绕翼型流动的情况。（［5］，p.108，p.112）这两项工作更为复杂，但更具有实际意义。

　　40年代，郭永怀、钱学森、H. W. 利普曼等人成功地解决了跨声速飞行中的空气力学理论问题。尔后，英国的M. J. 莱特希尔予以系统总结，使跨声速理论比较完善地建立起来。力学上有关理论的建立和工程上后掠机翼的采用，使跨声速飞行成为现实，力学对突破声障起了关键作用。1947年10月14日，人类首次突破声障，实现超声速飞行，这不能不归功于先驱者的努力，而郭永怀正是这样的先驱者之一。

　　1946年，冯·卡门的优秀学生W. R. 西尔斯在康奈尔大学创办航空研究院，由于郭永怀的才能和他所取得的出色成就，西尔斯教授特地聘请郭永怀前去任教并共同主持该研究院。1946年10月，郭永怀来到康奈尔大学担任副教授并于1955年晋升为正教授。

　　航空研究院的规模不大，但却颇具GALCIT的风格。作为主持人的郭永怀和西尔斯教授都是冯·卡门的学生，他们继承和发扬了 GALCIT 的优良学术传统，使这里的研究气氛非常浓厚。研究院的研究课题大都来自军方和 NACA，密切结合工程实际又是该研究院的一大特色。研究院的另一位主持人 A.康特罗维茨是一位多才多艺的人，他的研究范围很广，并且在许多领域都有重要成果。郭永怀是一位善于求教的人，他和这些人一道工作无疑大大拓宽了知识面。他回国后能在许多新学科中做开拓性的指导工作，与他在康奈尔大学的进一步学习和充实有很大关系。

郭永怀除从事研究外，还担任教学和指导研究生工作。他讲授的课程有稀薄气体动力学和粘性流体力学等。他在康奈尔大学指导过几名研究生和助手，有美国的、日本的和中国的。由于郭永怀的严格要求和出色指导，这些人后来大多成了知名学者并担任了重要的学术领导职务。

康奈尔大学航空研究院的 10 年是郭永怀成就卓著的 10 年。在此期间，他除了继续从事跨声速理论研究并在跨声速流的稳定性方面取得重要成就外，把主要精力放在粘性流体力学和高超声速空气动力学研究上。

郭永怀在粘性流体力学方面做了大量工作，主要成就是 PLK 方法和激波与边界层相互作用的研究。在天文学、力学等学科中，常常遇到解含有小参数的非线性微分方程问题。这类问题通常非常困难。19 世纪末，天文学家林德斯泰特在研究行星轨道的摄动问题时，利用小参数的幂级数展开表示原问题的解。1892 年，法国数学家、物理学家 H. 彭加勒对这种展开法给予了严格的数学论证。由于这种方法应用起来常发生奇异性，所得到的解有时在某些区域失效，因而他尝试对自变量也作级数展开，从而解决了部分困难。1949 年，英国的莱特希尔发展了彭加勒的思想，把自变量坐标也进行展开，这就是变形坐标法（Method of Strained Coordinates），它又可解决一大类奇异性问题。50 年代前后，郭永怀研究了平板的粘性绕流问题，他在考虑这一问题时，敏锐地抓住了坐标变形法的思想并把它同普兰德尔的边界层理论结合起来，解决了长期存在的平板前缘的奇异性问题。1956 年，钱学森系统总结了这一方法。他指出，"郭永怀的贡献在于将坐标变形法'乘以'边界层理论，克服了边界层理论的非一致有效性问题，把彭加勒和彭加勒的方法作了有效的推广"（［8］，p.337）。他把这一方法命名为 PLK 方法，即彭加勒－彭加勒－郭永怀方法。值得指出的是，郭永怀的论文《关于中等雷诺数下不可压缩粘性流体绕平板的流动》得出了几个有重要实际意义的结果（［5］，pp.206—210）：

（1）求出了具有二级近似的阻力规律；

（2）得出平板前缘粘性区的扩展规律，

（3）求出一致有效的速度场。

PLK 方法是奇异摄动理论（Theory of Singular Perturbation）的一个重要方法，目前，它在许多学科中得到越来越广泛的应用。

激波与边界层相互作用也是一个极为困难的问题，由于问题不允许像边界层理论那样把边界层分开处理，所以没有现成的方法。实际上即使现在也还没有很成熟的理论，实验研究也没有把问题弄得很清楚。郭永怀对这一问题进行了探索性研究。1953 年，他先后发表了两篇论文（第一篇与里特尔合作）：《弱激波从沿平板的边界层的反射》Ⅰ，Ⅱ。得出了若干作用规律，其中有的与实验结果是一致的。

航天技术在 20 年代揭开序幕。到了 50 年代，火箭技术已成为十分活跃的前沿阵地。1954 年召开的地球物理学国际会议建设有关国家在 1957—1958 年国际地球物理年期间发射第一颗人造地球卫星。发射地球卫星，运载工具是关键。要克服地球引力，运载火箭必须达到第一宇宙速度。因此对于理论基础的空气动力学来说，高超声速（M>5）问题自然成了首要突破口。郭永怀及时注意到这个动向，很早就开始了探索研究。1953 年，郭永怀研究了沿高超声速运动平板的粘性绕流，尔后他又研究了普兰德尔数对绕平板的高速粘性流的影响。他还和中国学者潘良儒合作研究了高超声可压缩粘性流体绕平板的流动，有关论文于 1956 年发表。这篇文章重点探讨了在高超声速马赫数下，由于气动加热产生的熵增问题。

郭永怀曾对高超声速粘性流的离解效应进行了成功的研究。这是尝试性的、也是开拓性的研究。这个课题当时介入的人很少，郭永怀是最早的研究者之一。

50 年代是高超声速空气动力学研究的活跃时期，郭永怀在这个新的、重要的研究领域中做了大量工作。这期间他发表的有关论文，许多都具有开拓性和倡导性。他在国外的这些创造性工作受到国际的普遍重视与公认。

3．开拓我国的力学事业

1956 年 11 月，郭永怀放弃了他在美国已获得的优越研究条件和社会地位，回到阔别 16 年的祖国。

郭永怀回国后担任了中国科学院力学研究所副所长。力学研究所于 1956 年 1 月 5 日正式成立。所长由钱学森担任，建所初期，钱伟长兼任副所长。郭永怀来到力学研究所后，同其他创建人一道，为建设和发展力学研究所作了极大的努力，使力学研究所很快成长起来。

1956 年我国开始制定 12 年科学技术发展远景规划，郭永怀即投身到这一规划的制定中。他担任科技规划力学专业组副组长职务。他和著名科学家周培源、钱学森、钱伟长等

郭永怀（左）和郑哲敏在实验室

一道，规划了我国高等院校力学专业的设置；他和力学专家运筹帷幄，认真研究了近代力学的发展方向，开拓了一些有重要意义的新领域，制定了学科的近期发展规划和远期奋斗目标，使我国力学学科的面貌大为改观。特别是近代力学科学技术一起步就有很高的基准，只短短的几年，某些方面已接近于世界先进水平。

郭永怀回国后积极倡导开展有重大意义的新兴力学科学研究，他开拓并领导的有高超声速空气动力学、电磁流体力学和爆炸力学。

50年代，大力发展航天事业促进了高超声速空气动力学的发展。为了在国内尽快将这一重要领域的研究工作铺开，1961年，郭永怀把在京的许多老、中、青空气动力学工作者组织起来，成立了高超声速讨论班。讨论班每周一次的例会，郭永怀总是风雨无阻，亲临指导。

这个讨论班开展了许多前沿领域重大课题的研究。郭永怀本人也提出了许多精湛见解。1961年，郭永怀指出，对于钝锥绕流，在一定情况下，后身流场中可能产生"悬挂激波"，并给出了产生二次激波的条件。1964年，他比国外早几年提出开展"云粒子侵蚀效应"的研究设想。当时他解释说："我总觉得弹头穿过核爆区，灰尘粒子会有影响"。（［11］，p.344）现在看来，"云粒子侵蚀"问题已成为实现"高超声再入"相当重要的课题。

郭永怀曾提出钝体绕流头部的激波层分析方法。由于高超声速绕流会在钝体后身的表面附近形成熵层，郭永怀提出了熵层分析的方法，获得了满意的压力分布和其他物理量的分布，并且解释了压力过度膨胀和回升现象。此外，郭永怀还对钝体高超声速绕流的最大熵值线、高温气体效应以及钝体绕流的激波形状等研究工作做出了贡献。

热障是高速飞行必须有效克服和解决的难题。郭永怀很早就认识到必须在飞行器表面涂上烧蚀材料克服热障。他在倡导国内开展烧蚀机理研究的同时，还强调大力开展实验研究。多年来，有关单位按照郭永怀的想法，开展了大量的烧蚀理论和实验研究。我国返回式卫星和洲际导弹的试验成功，标志着我国在突破热障方面取得了成功，这里面凝聚着郭永怀的一份心血和贡献。

高超声速讨论班进行了一系列探索工作，取得了许多前沿领域的重大成果。这些成果不断地推广运用到工程实践部门，为我国的航天与国防事业作出了贡献。正是由于郭永怀的出色组织才能和指导工作，这个讨论班达到了当时的世界先进水平。

郭永怀极为重视理论研究与实验研究结合。为了在力所能及的情况下开展高超声速实验研究，郭永怀指出："就象高能物理研究那样，我们不能搞昂贵的大型高能加速器，但可以用小型设备来观测宇宙线。我们搞气动研究的，不能一上来就搞大型风洞，而搞激波管和激波风洞却是力所能及的捷径。"（［1］，p.49）的在他的提倡并直接领导下，力学研究所很早就筹建这两项实验设备，并使这些设备建成并投入使用，从而为基础研究和国防任务提供了大量可靠的数据，而且也为建设我国气动中心的同类设备提供了经验。更为重要的是，通过建设这些设备和开展实验研究，培养了一批既懂实验技术、又会理论分析的人才。

　　电磁流体力学是 40 年代出现的一门新学科。50 年代，由于能源危机迫在眉睫，也由于高超声速空气动力学中电离现象的出现，这门新学科引起了更为广泛的重视。郭永怀抓住这个势头，1961年在力学所亲自筹划建立了电磁流体力学研究室。在磁流体力学研究初期，大家对此不甚熟悉，郭永怀便组织每周一次的讨论会。随后，他以敏锐的眼光为这个室选定了三大重要课题：磁流体和

郭永怀与夫人李佩在美国康奈尔大学

等离子体稳定性、磁流体直接发电、同位素的电磁分离。郭永怀认识到，将来人类势必要从受控热核反应中获得大量能源，而其中出现的高温电离气体在受磁场约束时的稳定性乃是关键问题。事实也正是如此。在郭永怀的倡导下，这个室进行了磁流体稳定性的研究。他们的工作和取得的成绩受到国内外的关注。

　　郭永怀多年来像辛勤的园丁一样培育磁流体力学这株幼苗。文化大革命中，由于强调工程实际，电磁流体办学研究室竟被说成是"理论脱离实际的典型"。郭永怀毫不畏缩，他耐心地强调：科研机构应该进行探索研究和重视基础研究。他指出，一旦生产上需要，基础研究就会变成巨大的生产力。在他的主持和指导下，这个室做出了一批成果，撰写了一批专著和论文，这支研究队伍成为我国这一研究领域的中坚。

　　50 年代末，在郭永怀的倡导下，爆炸力学的研究在国内发展起来。他从培养爆炸力学专业人员入手，并对"爆炸成型"、"爆炸筑坝"、"铁路建设"等课题给予了关心与指导。

　　此外，他还提出了爆炸力学的军事应用课题等等。

　　郭永怀在力学研究所还领导了 6405 项目的研究工作。6405 是反导导弹系统 640 中的一部分，主要研究再入核弹头的识别问题。郭永怀从组织研究队伍开展研究、筹建实验设备等方面入手，迅速开展工作。这个项目搞的时间不长，但却取得了不少成绩。例如解决了一些再入物理现象的理论问题。这些成果后来转交七机部，为该部的同类工作奠定了基础。

　　为了开展 6405 项目的实验研究，郭永怀身体力行，他亲自领导了为解决再入物理现象所需实验设备，如：电弧风洞、弹道靶装置和高温激波管的筹建工作，为此，他花费了巨大心血。有的设备在他生前建成并投入使用，有的则在他牺牲后建成。他领导建设的这些设备为力学研究所及其他部门提供了大量的实验数据。

　　60 年代，力学研究所还承担了小型地对空导弹和氢氧火箭发动机的研制任务。郭永怀在这两个项目中都作过重要贡献。

郭永怀（左一）中国科学院力学所指导研究生

郭永怀极为重视培养科技人才，他在回国前夕，就同谈镐生先生探讨过这个问题。同国后，他始终把它当作头等大事来抓，并做出了突出成绩。1956年，我国恢复建立研究生制度，郭永怀积极筹划力学所的研究生培养工作。在第一次招生中，他一人就带了5名，以后又带过几批。由于郭永怀的严格要求和具体指导，这些同志很快成长起来。目前他们当中有许多已成了所级的学术领导人或博士生的导师，有的还成了知名的专家学者。

建国初期，我国的力学人才特别是中、青年力学工作者相当缺乏，为此，力学研究所和清华大学合办了工程力学研究班。1957年，第一届120多人参加的力学班开课了，郭永怀和钱伟长组织和领导了这个班，郭永怀在后期还担任了班主任。他除了负责全班的工作外，还亲自执教，讲授《流体力学概论》。为了做到理论联系实际，郭永怀有意识地安排实验课。通过课堂学习和实验室实践，使大家较快较好地掌握所学知识。力学研究班后来又办了两届。郭永怀虽然不再担任班主任职务，但仍时时关心研究班的教学和学习。这三届力学研究班共有毕业学生200多人，现在这些人分布在全国各地各个部门，特别是在国防科研单位和重点高等院校的力学系或业，他们起着顶梁柱的作用。

此外，郭永怀还曾兼任中国科技大学化学物理系的教学工作，并在近代力学系讲授《边界层理论》等等。

郭永怀始终把自己比作一颗石子，他经常说，我们回国就是为了给国家培养人才，为国内的科技事业打基础，做铺路人。尽管教育不是郭永怀的主要工作，但他还是在力所能及的情况下，以各种方式培养了大批骨干人才。而且这件工作始终引起他高度重视。正如1961年他所写的那样："当前的打算是早日培养一批骨干力量，慢慢形成一支专业队伍。"随后他欣慰地说："由于几年的工作，已经见到效果。"

4．为航空航天事业贡献力量

郭永怀在开拓我国的力学事业的同时，还为发展我国的航空航天事业做了许多有益工作。

1957年10月4日，苏联发射成功第一颗人造地球卫星，震动了全世界，在我国科技界也引起强烈反响。10月13日，中国科学院等单位组织召开了"关于苏联发射成功第一颗人造地球卫星的座谈会。"到会的有许多是在京的各个专业领域的著名科学家，郭永怀也参加了这次大会并发了言。他说："我觉得这件事是在进入原子能（时代）以后的第二件大事情，对整个人类都有影响。人类一向是在二度空间活动的动物，现在有了人造卫星的成就，就如爬高有了梯子一样，以后去宇宙活动，已经不是梦想，可以实现了。"（［13］，p.15）随后，郭永怀就发射人造卫星的运载工具及其

创建美国康奈尔大学航空系的五位空气动力学家（左起：郭永怀、J.瓦尔德、西尔斯、康特罗维茨、里帕比利）

推力、火箭发动机的推进剂、卫星入轨时的姿态控制、苏联同西方国家火箭技术的比较等具体的技术问题作了简要的分析介绍，并发表了自己的见解。

1958年，郭永怀参与制定的力学研究所大政方针就提出了研制人造卫星的倡议。（［9］，p.3）在60年代初举办的星际航行座谈会上，郭永怀也大力倡导发展我国的航天事业。

1961年4月12日，苏联宇航员加加林驾驶"东方"1号飞船首次进入太空，这对我国又是一次很大触动。为使我国的航天事业得以发展，在许多科学家的倡导下，中国科学院举办了星际航行座谈会。3年来共召开了12次专题会议。来自各专业领域的科学家就发展我国航天事业所能遇到的众多学科的重要技术问题进行了广泛的探讨。郭永怀在第四次会议上作了中心报告，并在其他历次会议都参加了讨论。他以空气动力学、气体热力学以及数学、物理学方面的专长，提出了许多重要见解和主张。

1961年10月，郭永怀在星际航行座谈会上作了《宇宙飞船的回地问题》的报告。（［15］，pp.33—35）。在报告中，郭永怀重点研究探讨了星际航行中一个极为关键的问题：宇宙飞船在返回地面过程中，怎样才能安全再入大气层而不会被烧毁，并保证顺利降落回收。他从理论上定量分析了飞船再入段的空气阻力减速、气动力加热、回地轨道的设计和烧蚀防热等重要课题。

星际航行座谈会历时3年。由于充分发挥了理论分析的优势，无论在大的方针上还是具体的技术问题上，都有了比较充分的预测和规划，同时还安排了一些预研课题，为发展我国的航天事业做了大量开拓性工作。

郭永怀在我国发展航天事业初期的贡献主要有四个方面：（1）积极倡导我国发展航天事业；（2）参与发展航天事业的预测和规划；（3）亲自参加重大技术课题的研究与探讨工作；（4）参与组织中国科学院人造卫星（包括回地式卫星）的研制工作。郭永怀为我国航空航天事业所做的贡献还表现在创建全国性的、为航空航天服务的空气动力学研究基地上。中

国空气动力研究与发展中心就是按照郭永怀和钱学森早在60年代构想的蓝图，调整组建的全国性空气动力学研究和实验机构。

　　文化大革命初期的动乱形势使国防科研和三线建设受到严重干扰。为了减少动乱造成的损失，推动航空航天及国防科研事业的发展，国防科委成立了18个研究院。空气动力学部分为第17研究院。为创建17院，国防科委于1967年底成立了17院筹备组，钱学森任组长，郭永怀担任主管技术工作的副组长。1968年初，筹备组开始规划、筹建17院。郭永怀为17院的建设做了极大的努力。他以丰富的学识和深刻的思想，通过考察我国气动研究的现状，同时结合国外的先进经验提出了许多重要思想和建议：（1）空气动力学要服务对象仍然是航空航天，这样才会有立足点并使自身得到发展，（2）空气动力学研究要形成国家的中心；（3）空气动力学的三大手段是理论研究、实验研究和模型自由飞行试验。（［16］，p.398）

　　郭永怀和钱学森等为17院规划出一幅宏伟蓝图，包括各专业研究所的设置、辅助设施，人员配备以及具体的技术途径和各种实验设备，使17院具有空气动力学研究的"全天候"能力。郭永怀强调指出，17院应当独立于型号研究院之外，对先进的飞行器如飞机、火箭的气动布局有重大的发言权。空气动力学研究应及时提出新概念、新建议，为具体的型号，在总体方面做出贡献。此外，在17院各所的设置上，郭永怀提出必须建立进行基础、理论研究的理论所。这在文革中的那种对已有的科学理论进行全面批判和轻视理论研究风气盛行的年代尤其是要担风险的。

　　郭永怀为发展我国的航天事业倾注了极大的热情和心血。在风洞建设上，郭永怀在对技术、经济实力、社会效益等方面的综合考虑的基础上对风洞的低、高、超高速配套工程的建设提出了具体的看法，他认为应当重点搞高速、超高速风洞，瞄准第一、第二宇宙速度。由于建立大型风洞投资大、周期长，郭永怀指出："作为高速研究工具，我们要优先搞炮风洞、自由飞弹道靶，这样可以投资少、规模小"。弹道靶能同时模拟飞行器在稠密大气层飞行时的高雷诺数、高焓值和高马赫数的气动环境，但工作时间很短，郭永怀特别强调要狠抓毫秒级测试技术，在力图使测试技术现代化的同时，研究如何将实验数据外推到飞行条件中去。（［16］，p.399）

　　1968年是17院创建工作进展较快的时期，郭永怀做了大量建设性工作，为气动中心的建立奠定了基础。1976年，国务院、中央军委决定在风洞指挥部①的基础上调整组建空气动力研究与发展中心。经过多年的建设，气动中心现已成为航空航天飞行器及风工程研制与发展的重要技术支柱，在国际上也享有声誉。作为一个奠基者，郭永怀在这项伟大的建设工程中，具有不可磨灭的功绩。

---

① 演变过程为：17院—风洞指挥部—气动中心。

5．献身我国的核武器事业

我国核科技事业发展初期曾得到苏联的援助。1957年10月15日，中苏又签订了国防技术协定。协定规定，为援助中国研制原子弹，苏联将向中国提供原子弹教学模型和图纸资料。（［17］，p.21）但是，由于政治上的分歧导致的中苏关系的变化的影响，1959年6月，苏共中央致函中共中央，拒绝向我国提供原子弹的技术资料。第二机械工业部遵照中央确定的方针，提出要凭自己的力量，完成原子弹的研制任务。为了适应自力更生研制核武器的需要，中央决定从全国抽调技术力量加强九院（核武器研究院）。这样，许多著名的科学家，如王淦昌、彭桓武、程开甲等先后被调到九院工作。1960年5月，郭永怀也被调到九院，并曾担任过该院的副院长。在原子弹研制初期，郭永怀负责力学方面的领导工作。

在原子弹研制过程中，郭永怀曾经对一些关键问题的解决起了关键性作用。例如，对于原子弹的引爆方式问题。原子弹的引爆方式主要有两种，一是"枪法"，一是"内爆法"。郭永怀通过比较二者的优劣，提出了"争取高的，准备低的"的方针，即以较高级的"内爆法"作为主攻方向。（［17］，p.264）炸药爆轰波的理论计算是一个重要的突破口，也是个难点。当时的困难之一是不知道采用什么计算方法。郭永怀提出，可用特征线法尝试进行。这一方法在当时的爆轰波的理论计算方面很快得到应用。在这之后，从可见到的资料上看，苏联当时也是采用了这个方法。

爆轰物理试验是突破原子弹技术的重要一环。郭永怀和王淦昌等科学家经常深入试验现场，指导工作并协助开展试验。他们还钻进帐篷里，和参试人员一道搅拌炸药。（［81］，p.15）为了配合爆轰试验，郭永怀指导设计部科研人员进行不同试验装置的结构设计，使整个爆轰试验得以顺利进行。到1962年9月，原子弹的大量关键技术都取得了重要进展。为了开展大型爆轰试验并继而为原子弹爆炸试验作准备，1963年初，九院大批人员转入西北核武器研究基地。

郭永怀在北京有许多重要工作，但他还是经常到西北核基地。为了节省旅途花费的时间，郭永怀出差时总是乘坐飞机。当时国内航线使用的大都是中、小型客机，飞机远不如火车软席舒适。许多人都劝他别坐飞机，既不安全，也不舒适。但他却说："我是学航空的，学航空的人都不敢坐飞机，那让谁来坐"。郭永怀当时已年过半百，在西北高原奔波常有不适之感，但他从不介意。也许是出于一种理想，或者出于一种时代的责任，当然还包括一个科学家对一种事业的执

60年代初，郭永怀从事核武器研制期间手拿爆炸成型试件。

着追求，郭永怀为我国的核武器事业投入了他全部的力量。

原子弹的研制在顺利进行，大型爆轰试验相继取得成功。到 1964 年四季度，原子弹的理论、试验、设计和生产都按计划全部完成。1964 年 10 月 16 日 15 时，我国第一颗原子弹装置核爆炸试验成功。当时郭永怀正在现场附近，亲眼目睹了原子弹爆炸这一极为壮观的场景。这项对我国具有深远的政治、军事、科技发展意义的巨大成就，有郭永怀的一份功劳。

这次试验只是爆炸了一个核装置，还没有达到实战化或武器化的要求。当时九院有的人抱有这样的观点，认为掌握了原子弹原理技术，武器化是轻而易举的事。郭永怀对此很不以为然。他十分重视并经常在院里的会议上反复强调核弹的武器化和系列化问题，指出，要努力做好核武器的后期发展工作。在此后的核弹武器化的进程中，郭永怀一直负责总体结构设计、外型设计以及环境模拟实验的指导与把关。这些工作对武器化发展尤为重要。郭永怀在这方面起了主导作用。

实际上，郭永怀对核武器化方面的工作早在第一颗原子弹爆炸以前就已开始，他首先安排了许多与武器化有关的预研课题，它包括结构设计、外型设计、飞行弹道、物理引信、环境试验等等。为了加强结构设计的力量，郭永怀亲自聘请著名固体力学家、北京航空学院的王德荣教授做顾问，给大家讲课并指导结构设计。在弹体的结构设计中，郭永怀有许多独特的设想，并且他的关于薄壳结构、通用核航弹等设想在以后都得到了实施。它们对核武器的轻型化、实战化和系列化有着十分重要的意义。

郭永怀在核武器的试制中最充分地发挥了他的专长。无论是在弹体外型（我国的第一颗核航弹和氢弹都采取了空投方式）方面，还是在对核航弹、氢弹在空投过程中的飞行弹道、伞－弹弹道特性的计算上，他都亲自过问和参与。此外郭永怀还特别关心"安全论证"课题的研究及其进展。"安全论证"就是研究当飞机投下核武器后，能否以及怎样安全躲过冲击波、光辐射的威胁，这是一个至关重要的问题。为了保证绝对安全，郭永怀极力主张理论计算与模型空投试验结合进行。在他的过问下，经过严格的计算与分析，每次核试验，飞机都安全返航。

无论是核航弹还是核导弹，在飞行过程中总要经受各种动态考验。因此，环境试验是

1964 年 10 月，中国第一颗原子弹爆炸前夕，试验指挥部领导与专家合影（左四郭永怀，左五彭恒武，左六王淦昌，左七朱光亚，左八张爱萍，右五刘西尧，右四李觉，右一邓稼先）。

武器化阶段十分重要的一环。1964 年郭永怀曾提出，动态环境试验要开展随机振动和噪声试验研究。为了使核武器有较强的适应性，他提出应进行拓宽温度试验的主张。考虑到核武器的战略发展，他提出开展冲击试验的研究。

郭永怀在九院领导的这些工作，为我国的核武器发展提供了重要保证。在原子弹原理、氢弹原理相继突破后，我国分别成功地于 1965 年 5 月 14 日进行了核航弹爆炸试验，1966 年 10 月 27 日进行了导弹核武器试验，1967 年 6 月 17 日进行了氢弹爆轰试验。

郭永怀对我国核武器事业的贡献是多方面的。他对核武器系列化发展提出许多建议和设想，并做了很多有益工作。例如，他对反潜核武器的水中爆炸力学、水洞试验以及调研工作提出了设想和建议，对研究发展潜 – 地导弹做出了贡献。此外，郭永怀应两弹结合时期的需要，对九院的科研体制提出了重要设想。他把这个设想形象地比喻为"茶壶和茶壶态。"1968 年初，在国防科委的一次会议上，郭永怀的设想得到进一步论证。

郭永怀为我国的核武器事业呕心沥血。1968 年 10 月，郭永怀赴西北核基地进行我国第一领导弹热核武器发射试验的准备工作。12 月 5 日，郭永怀从兰州乘民航飞机回京。当飞机在北京机场着陆时，发生了一等事故。郭永怀不幸以身殉职，终年 59 岁。然而，在中国核武器发展史上将永远留下郭永怀的英名。

6. 结束语

郭永怀是一位卓越的科学家和杰出的科研组织者。他不但在学术上造诣颇深，在学术领域内取得了国际公认的成就，而且他还有深邃的科学思想。他重视理论与实践的结合，强调从工程实际中选择课题；他重视学科间的联系与渗透，强调开展探索性和开创性的研究，他重视开展奠基性的基础理论研究；强调做好科学和技术的储备工作，他重视科学技术的长远发展，强调近期研究和长远研究的结合；他重视科学技术研究的目的性，强调科研要为国民经济与国防建设服务。他的许多科学思想在力学界、科技界产生了重大影响。郭永怀具有战略眼光，他关心的不只是一两个学科的发展，而是我国科学技术的总体发展。他经常探讨我国的科研体制问题，多次在不同的场合下提出自己的建议和主张。他认为我国科技发展缓慢的关键原因在于科研体制不能适应，因此，必须调整和完善科研部门与工程技术部门的体制，以适应现代科学技术发展的要求。

郭永怀是一位优秀的教育家。他认为我国科学技术的发展不是一朝一夕的事情，因此，必须大力培养新生科研力量，造就一批批科研生力军。在培养人才方面，郭永怀强调"言教、身教，以身教为主"。他强调要边学边干，出成果，出人才。他对研究生和助手的指导和帮助是启发式的，循序渐进的，重点强调的是使他们掌握科研方法，提高科研本领。他重视使年轻人在理论分析和实验研究两方面都得到提高，希望他们尽早在实际工作中得到锻炼。

郭永怀极富于献身精神。他不追求名利、地位和荣誉。他回国后把主要精力放在科研组织和培养人才上。他乐于从事这些虽然默默无闻但却意义重大的工作。当国家研制核武器需要他时，他毫不犹豫地投身到这项绝密工程中去。郭永怀工作日程表总是排得满满的，回国后的 12 年间，他涉及的科技领域和所做的工作之多令人惊叹。他曾担任《力学学报》和《力学译丛》主编，他千方百计挤时间翻译出版了的《流体力学概论》；他还同汪德昭先生和马大猷先生利用业余时间研究用超声波方法分离铀同位素课题，并取得重要成果。他始终密切关注国际科技发展动向，博览群书。正因为他永无止境地追求新知识，所以对国际上近代力学和尖端技术的发展动向了如指掌，对各种复杂的课题总能细致入微地给予具体指导。郭永怀生前曾当选为政协全国委员会委员和全国人大代表。1957 年，他当选为中国科学院学部委员和中国力学学会理事。1964 年，被选为中国航空学学会副理事长。

郭永怀兴趣爱好广泛。他喜欢集邮、摄影，对欧洲古典音乐和欧洲绘画有很高的鉴赏力。他在个人生活上，简单朴素，淡泊明志。他也关心政治问题和社会问题。在"反右"和"文革"中，他敢于直言不讳地发表自己的见解，而从不为迎合"潮流"而改变自己的观点。"文革"中，科研生产遭到空前的破坏，他敢于冲破阻力，大抓科研生产。他对社会上和新闻机构的浮夸风深恶痛绝。他强调实事求是，反对不顾客观事实的虚假宣传和报道。正因为他在各种问题上是非分明，勇于主持正义，坚持真理，所以受到人们的普遍爱戴和尊重。1978 年 12 月 5 日，在纪念郭永怀为国牺牲 10 周年大会上，当时任中国科学院秘书长的郁文同志对郭永怀作出了这样的评价："郭永怀一生做到了'老实'二字，他是个老老实实的科学家，老老实实的共产党员。他从来讲真活，不讲假话，从来不会趋炎附势。"当然，郭永怀绝不仅仅是一位老老实实的科学家（虽然这在当时的环境中很不容易做到），而且还是一位学术广博精深、贡献卓著、品德高尚、热爱祖国的卓越科学家！他应该永远受到人们的怀念。

参考文献

［1］李家春、戴世强：《郭永怀传略》，《中国科技史料》，1985 年第 1 期。

［2］国立北京大学 1935 年 6 月各系毕业生清册，北京大学档案馆档案。

［3］林家翘先生给笔者的来信。

［4］郭永怀：《激波的介绍》，《物理通报》，1958 年第 5 期。

［5］《郭永怀文集》，科学出版社，1982 年。

［6］*Collected works of Theodore von Kármán*, Vol.4, Butterworths Pub.Ltd., London, 1956.

［7］W.R. 西尔斯，"流体力学的最近发展"，沈青整理，《力学学报》，1979 年第 3 期。

［8］钱学森：The Poincare–Lighthill–Kuo Method, *Adv. Appl. Mech.*, No4（1956）.

［9］张德华等：《中国科学院力学研究所空气动力学研究简史》，力学研究所，1986 年。

［10］郑哲敏：《在中国科学院力学研究所成立 30 周年纪念大会上的讲话》，1986 年。

［11］《中国科学家辞典》（现代第一分册），山东科技出版社，1982 年。

［12］郭永怀档案材料，中国科学院力学研究所档案。

［13］《郭永怀在关于苏联发射成功第一颗人造卫星座谈会上的发言》，中国科学院，1957年。

［14］《当代中国的航天事业》，社会科学出版社，1986年。

［15］郭永怀：《宇宙飞船的回地问题》，《量际航行科技资料汇编》，科学出版社，1965年。

［16］黄志澄：《哥廷根学派与我国空气动力学的发展》，《力学进展》，1983年第4期。

［17］《当代中国的核工业》（校样）。

［18］核工业部神剑分会：《秘密历程》，原子能出版社，1985年。

［19］笔者在核工业部第九研究院的采访记录。

（选自《自然辩证法通讯》1988年第5期，《郭永怀——中国卓越的力学家》，李成智，时为北京航空学院社会科学系硕士研究生，北京航空航天大学教授。研究方向为科技政策与管理、科技史与科技发展战略。）

卢嘉锡

集科学家、教育家与科学管理于一身的实践家

卢嘉锡先生是中国现代著名的科学家、教育家和社会活动家。他读万卷书，行万里路，文理兼容，学贯中西，才思敏捷，治学严谨，勇于创新，教泽广被而不愧为一代宗师。他胸怀科学人文思想，常怀赤诚爱国之心，其博大胸怀，人格魅力，无不令人缅怀追忆、心驰神往。

1. 书香门第，家学自有渊源

卢嘉锡（1915—2001）

卢嘉锡的祖籍原居福建省永定县坎市乡，世代为农。为了改变山区贫困生活，他的五世祖弃农经商，只身由汀（汀洲）永（永定）莅台（台湾）并成家立业。由于经营有方，家道渐趋殷实，转而重视子女教育，到了他的曾祖父这一代，就成为颇有名望的诗书之家了。他的祖父（杏堂）生前曾任云林县（现台湾省台南市附近）督学（相当于现在的教育局局长）。

1895 年，中日战争爆发后，清政府把台湾割让给日本，一些因不堪忍受异族欺凌与压迫，又无力扭转乾坤的知识分子率先携眷离台，回归祖国。年过古稀、为人正直而颇有见识的曾祖父立轩老人就率领他的长房长孙和新婚的孙媳妇（即卢嘉锡的父亲卢东启和母亲郭莞卿）这一族房来到隔海相望的厦

门定居下来。

在闽南一带，大凡不同宗族都有自己的灯号，立轩老人也为迁居厦门后的卢氏家族取了灯号叫"留种园"。作为谋生手段，他重操旧业，在家设塾授课，塾名就称"留种园"。不久老人辞世，东启就孙承祖父业，也当起私塾老师了。1915 年 10 月 26 日，一个小生命就降生在这清贫的塾师家中。年届不惑之年的东启先生，大儿子雨亭已 12 岁，但相继的两个女儿先后夭折，而今添了第二个儿子，全家欣喜异常。由于孩子生就一副虎头虎脑的模样，父亲就给他起个小名叫"狮仔"。自他学会走路，经常回旋于父母周际，特别是父亲的书房和书斋堂里那琅琅的读书声和古色古香的经书卷迭就成为他少儿时代耳濡目染的生活旋律，他觉得有趣喜欢！就在他 3 岁多的某一天，突然，他对父亲说："爹，我也要念书！"为父者闻此欣喜异常：3 岁多的孩子就急欲读书，他断定此儿必是可造之才，是卢家希望所在。大约四五岁时，父亲就决意把"狮仔"收为入门弟子，并给他取了正式名字——嘉锡，这是取自《书经》中"嘉天之锡"这句话，意即感谢上天的赏赐。

面容清瘦而颇带严肃，身材不高，衣着朴素的卢东启先生和他的"留种园"书斋，在厦门闻名遐迩。许多官宦之家和名门望族都喜欢把自己的子女或亲属送到他的门下授业解惑。东启先生每次给学生上新课时，总是先嘱咐大家把书翻到某一页，接着由他带读，他念一句，学生们跟一句。随着他那铿锵有力，抑扬顿挫的朗读和精湛的讲解，每个学生都聚精会神，不敢懈怠。有时在吟诵激昂时，老先生还会摇头晃脑起来，而学生也会产生由衷的共鸣。卢东启对儿子的要求更加严格，不因他年少而稍有宽容。在书斋里经常叫他背诵文章并提问，检查他对文章的理解程度。一旦发现错误，老先生就沉下脸来说："不对，不对！"随后指出错误所在，并根据错误大小给予批评或处罚。每当出现较严重错误时，就叫他伸出手来，用戒尺打手心。在父亲的严格教导下，卢嘉锡不仅书念得好，而且练就一手清秀工整的毛笔字。卢嘉锡后来回忆说："旧式教育中打手心的做法并不得当，挨打的滋味儿也不好受，但对颇有自尊心的我来说，倒是一帖良药。正是在父亲的严格教育下，我从小养成了办事认真的习惯。"

在家里，卢嘉锡还受到中国传统家教家风的教育。父亲要求孩子们的言行举止都要端庄，合乎礼仪；要尊敬老人，在老人面前不能手舞足蹈；吃饭时要让长辈先入座并坐在上位，其他人才能依次入座；不许把饭粒洒在桌上或地上，等等。

卢嘉锡在父亲的"留种园"书斋里学习了 6 年多，从《三字经》《千字文》《幼学琼林》等的启蒙教材到四书五经涉及文、史、哲儒家经典的重要论著几乎都读过了。这些国学基础深深地扎进了卢嘉锡幼小心灵，对他后来的漫长学海生涯、人生道路、处世为人、思维方式和学术风格都有着深刻的影响。当卢嘉锡跨入新学堂时已是 10 岁出头，算是"大龄"学生了，他凭着父亲给他打下的国学基础，无须按部就班从头学起，在大哥雨亭辅导下，他很快补上了算术和英文，直接插班小学六年级就读。期末全市会考，他的语文得了第三名，算术和英文也完全合格。在进入中学时先在育才学社学习，后转入大同中学。在经过育才学社"自由听课"，他认为可完全驾驭一、二年级课程而直接插班大同中学的三年级。读完三年级课程后，他又突发奇想，要求报考厦门大学预科。但按厦大预科招生规定，考生最低学历必须四年制中学毕业，或高中一年肄业以上。卢嘉锡最多只能算读完了三年制初中，显然不具备报考资格。于是他去找校长兼国文老师杨景文，表明心意，请求支持，证明他已修完报考大学预科所必备的课程，让他报名。经过一段紧张准备，卢嘉锡果然不负众望，国文、算学、英文、物理、化学，门门合格，被厦门大学预科录取了。至此，卢嘉锡完成了从小学——中学——大学预科的"三级跳学"，用两年半时间，完成了通常需要 10 年才能学完的课程！卢嘉锡后来回忆说："这种跳级式升学是不好的，它会给青少年造成太大的心理压力和学科发展不均衡性，还是循序渐进为好。"

　　两年后，即 1930 年，卢嘉锡预科毕业升入厦大本科，时年 15 岁，是全校最小的学生。厦门大学是著名的华侨领袖陈嘉庚先生于上世纪 20 年代初创建的，位于鹭岛南端，背岛临海，占地约 2000 多亩。此地原属郑成功收复台湾前操练水师的场所，早已成杂草丛生的荒地。陈先生投以巨资把这块地买下，又聘请最好的设计师，历经数年，才建成了颇具风格的建筑群而与鹭岛风光交相映衬，成为我国南方一座秀丽的大学城。这座大学城先后又经过著名的物理学家——萨本栋校长和著名的经济学家——王亚南校长的精心设计和艰苦创业使它从私立大学改为国立大学并成为东南亚一带的知名学府。卢嘉锡与厦门大学这几位顶尖人物都有交往或共事，这是后话。进入本科，校方为充分发挥学生的积极性，培养学生的广泛知识面，适应社会求职需求，允许学生选择一门主修专业，一门辅修专业，还可选择自己感兴趣的选修课。卢嘉锡对自然科学有广泛兴趣，但他对数学严密的逻辑推理和运算尤感兴趣，因此他选的是主系数学，辅系化学。但他的这一选择，后来因受从美国归来担任厦门大学理学院院长兼化学系主任张资珙教授的启发，而作了对易改变。张教授从事化学研教，又十分熟悉国外科技发展动态。他强调化学这门学科，上连数、理，下连地质矿产和生命科学，是最基础又实用的学科，对工、农、医药工业影响深远，对认识自然，改造自然和富民强国将起重大作用。一个学期过去了，他看到卢嘉锡各科成绩都很优秀，但作为化学教授的他，更注意卢嘉锡在化学上的成长，因此有意鼓励他在主 / 辅系的选择上向化学倾斜。这一指点就成为卢嘉锡一生的转折点。从第二学期开始，他把学习志愿改为主系化学，辅系数学。从此他与化学结缘终身。

　　使卢嘉锡终生难忘的另一件事是，张资珙教授在一次上课时提出的化学家分子式——C3H3，曾令学生们莫名其妙，张教授转身就在黑板上写下三个英文词组：

Clear Head（清醒的头脑）

Clever Hands（灵巧的双手）

Cream Habit（整洁的习惯）

没有清醒的头脑，在形态万千变幻莫测的化学世界里，就抓不住本质，理不清头绪；没有灵巧的双手，就不能使自己的设想付诸实现；没有整洁的习惯和有条不紊的分析程序，就不能得到正确的数据。多么深刻的概括，多么精彩的诠释，这就成为卢嘉锡日后数十年从事化学工作的信条。虽然张资珙教授在厦大执教的时间很短，但他的言传身教却使卢嘉锡终生难忘并在日后数十年间保持着师生的深厚情谊。在本科三年级时学习物理化学，算题多、难度大，任课老师经常进行测验，以培养学生的思维和运算能力。有一次老师出了一道很难的试题，卢嘉锡基本做出了，自以为不错，但老师批改卷子时只给了 1/4 的分，而 3/4 被扣了，原来是小数点错了位。卢嘉锡开始觉得老师未免太过分了，老师却说：科学计算是非常精密的，来不得半点差错，实验室或设计图上毫厘之差，就要在现场造成谬之千里的严重后果。通过这一事件，卢嘉锡总结出一种"毛估"方法，即根据研究或计算对象所给出的条件，须先大略地估算一下它可能出现的量级或范围，心中有此粗线条的谱，再进入细致的运算时，就不至于导出谬误的结果。

在英语的学习上颇使卢嘉锡感到头痛。因为英语老师多来自英语国家的归侨，或是聘请外国教授，上课时全部讲英语，提问时，卢嘉锡听不懂，答不上，往往弄得十分尴尬。他索性买些英文原版书，硬着头皮啃，渐渐取得一些"自由"，由听不懂到听得懂，由死学硬记到活学活记。为了掌握和运用英语，体会英文和中文的差别，还坚持用英语写日记并送给老师指点。卢嘉锡在英语学习上投入的精力和取得的进步，深得英语老师李锡爵的肯定。这样经过两年刻苦用功，英语水平达到了会听、会讲、会读、会写的要求。卢嘉锡虽有天生聪颖的过人之处，但他在学业上的进步和成功，主要还是靠他的勤奋和锲而不舍的钻研精神获得的。1934 年夏，他以陈嘉庚奖学金获得者的优异成绩和理学学士学位毕业于厦门大学化学系。

2. 科学救国，战火纷飞赴英美

卢嘉锡虽然大学毕业了，但父亲辞世，大哥当时也已成家，在中学任教，工资不多，为减轻家庭负担，他应聘为厦门大学化学系助教，并经厦大数学系主任张希陆教授介绍，兼职厦门省立中学数学老师。卢嘉锡一边努力工作，一边继续创造条件，为报考出国留学而奋斗。他经历报考 1934 年清华留学公费招收的化工陶瓷专业，因专业不对而落选；又经过两年报考中英庚款公费，其专业是物理化学正好对口，但 30 名报考物理化学者仅收一人，他又擦肩而过。张希陆教授因看到他在数理方面的天分，仍继续鼓励他作进一步准备，而这时新婚妻子吴逊玉更是对他寄予厚望，全家人都对他热情支持。1937 年 3 月他第三次赴南京报考并以独占鳌头的成绩考取了第五届中英庚款公费留学。

带着科学救国的理想，在七·七卢沟桥事变后的 1937 年 8 月 17 日，卢嘉锡和来自全国各地的 20 多名留英学生聚集到上海，准备出国。这时上海已笼罩战火，他亲眼目睹了日本人的军舰在黄浦江上横冲直撞，飞机不断把炸弹、汽油弹倾泻下来，还有不绝于耳的枪炮声。由于战火弥漫，他们只能在上海码头登上英国军舰，经黄浦江驶向吴淞口外，再换乘英国邮轮。轮船起航了，他站在甲板上望着渐渐离去的故国，心情极为复杂：他庆幸自己难得的留学机会，可以学习西方科学技术，将来可以报效祖国；但又担心日本战争狂人发动对中国的大规模武装侵略，大好河山又遭蹂躏，多少同胞又遭屈辱，还有自己的母亲妻儿和兄弟。经过一个多月的海上航程，终于到达了号称世界工业革命发祥地和西方资本主义最发达的中心城市——伦敦。她的繁华、富有和现代化气派使这些来自穷乡僻壤的学子们目不暇接，眼花缭乱，与贫穷落后的祖国对比，简直是天渊之别！

在前往伦敦大学学院的报到处时，他遇到一位没有通常英国人那种傲慢气派的人。"你就是从中国来的卢嘉锡吗？"卢嘉锡惊异地看着对方，见是一位 50 来岁，满脸笑容的谦和长者，连忙应声道"是的。"这时长者走过来，握住他的手说："我正要到报到处迎接你。我叫萨格登，化学系教授，从现在起你就是我的学生了。"萨格登教授是英国皇家学会会员，在热化学、磁化学和放射化学方面颇负盛名。他征询卢嘉锡愿意从事哪个方面研究工作，卢嘉锡表示对放射化学这个新领域有兴趣，这样就把研究方向确定下来。在萨格登教授指导下，卢嘉锡一面攻读研究生基础理论课，一面进行放射化学研究。3 个月后取得初步结果，导师叫他先写成初稿，经导师修改后再写成正式报告。第二天卢嘉锡把报告稿送上，教授没想到他写得这么快且行文流畅，字迹清秀，对他十分满意。

不过卢嘉锡在实验中也曾因为出现"事故"而被示警。一次，一张纸条贴在实验室门上，提醒他的实验室里有一盏煤气灯没有熄灭！哦，想起来了，傍晚时分略带白色的暗处煤气灯与室外的雾色（伦敦是多雾之都）混为一体，故易误认为灯已关上，但到了夜间灯光就会"亮"起来，而被巡逻发现，所以留条示警。

卢嘉锡的博士论文是有关放射性卤素的化学浓集法，据报道有机卤化物经中子照射后，有相当数量的放射性卤化物生成，并可通过适当的试剂将其萃取出来。化学家拟探明其萃取原理以得到化学浓缩的放射性卤素，但迄未取得成功。卢嘉锡在导师指导下经反复试验，发现有机试剂的加入对萃取分离很有影响，如在有机卤化物中加入少量苯胺，再行中子照射，然后用稀酸萃取即可成功地制备出浓缩因子达 30000 的放射性溴浓缩物，然后他又对这一过程的机理进行了阐释。这一成果写成论文发表于 1939 年的国际权威杂志 *J.Chem.Soc.* 上，卢嘉锡因此成为成功分离出放射性高度浓缩物的第一位化学家。他的论文获得很高评价，并顺利通过答辩，获得伦敦大学物理化学专业哲学博士学位。在萨格登教授推荐下，1939 年 8 月卢嘉锡告别了导师萨格登教授横渡大西洋，来到美国加州理工学院，拜师于美国著名化学家鲍林教授（1954 年诺贝尔化学奖和 1962 年诺贝尔和平奖获得者）门下，并受聘为加州理工学院客座研究员。通过交谈，发现师生间的生活历程有着惊人的相似处，因此从情感上拉近了他们间的距离。当年，鲍林 38 岁，在科学上已有重要建树，他把量子力学这门崭新学科通过近似处理应用到结构化学和化学键本质的研究，并于 1938 年完成了巨著《化学键本质》一书。鲍林又善于运用经验方法分析总结实验结果，而且又富于直观想象力，的确把化学结构理论在原有经典理论基础上推进了一大步。

卢嘉锡特别注意观察和体会导师的治学方法和思维方式。他发现老师很善于在科学实践中，通过"猜测"而求得真理的方法。在晶体研究中鲍林运用逻辑推理方法，从晶体的性质，推断它的结构，反之，根据晶体的结构即可预见晶体的性质。鲍林具有非凡化学直观本领，只要给出某种物质化学式，他即能大体上想象出该物质的分子结构进而大体掌握该物质的性质。当然这种能力是从大量实践中抽象出来的。卢嘉锡早期在运算物理化学难题时所总结出的"毛估"方法和直观本领经鲍林的点化就更趋精炼成熟了。

在加州理工学院卢嘉锡从事以 X 射线衍射法和电子衍射法为主要研究手段的晶体结构研究课题，例如二联苯晶体结构，硫氮、砷硫等化合物结构，解决了当时国际化学界的许多结构化学难题。在 X 射线晶体结构分析的实验方法和技术上也有重要贡献。他设计的 Lp 因子倒数图和两种曲线卡，把过去繁重的手工计算变得非常简易，而受到国际同行广泛采用并被收入《国际晶体数学用表》，称之为"卢氏图表"。1941 年珍珠港事件爆发，美国也被卷入战争，对德、日、意等法西斯国家宣战。

1944 年美国在反法西斯战争跨入第 4 年时，通过一项战时法规，规定旅居美国的所有外国留学生必须为战争服务，或入伍当兵，或参加国防科研。卢嘉锡选择了后者，被派往美国国防委员会第 13 局所属的马里兰研究室工作。根据所学专业他参与了燃烧和爆炸方面的研究。他的工作取得出色成绩，因此一年后，美国国防委员会就向他颁发"成就奖"予以表彰。马里兰研究室工作结束后，卢嘉锡回到加州大学和加州理工学院工作了半年，从事化学热力学方面研究。不久，二战结束，中国的抗日战争也取得了胜利。他再也按捺不住对祖国和亲人的眷念，辞去一切聘任，搭乘由旧金山开往中国的客轮，于 1945 年 11 月启程回国。临行前，卢嘉锡向导师鲍林话别，想给导师送点纪念品，鲍林立即说，就把你那本量子力学笔记本留给我作纪念吧！原来鲍林早就注意到卢嘉锡的学习笔记写得如精雕细刻的工艺美术品一般，令人爱不释手。40 年后，当耄耋之年的鲍林教授得知卢嘉锡出任中国科学院院长的消息时，怀着非常喜悦的心情给卢嘉锡发去祝贺信，并寄回保存了近 40 年的量子化学笔记本。这段因缘，成为鲍林—卢嘉锡师生之间令人称羡的"完璧归赵"美谈。

3. 良师益友，厦门大学一颗明星

阔别八年、满载而归的卢嘉锡，受到了国内学界和亲朋好友的热忱欢迎。回国途经上海，浙江大学理学院院长胡刚复闻讯赶来拜访，当下就聘请他到浙江大学化学系担任主任教授，但回到厦门大学、自己的母校时，他既无法拒绝浙大的聘约又不能冷淡母校的培育之恩和校长汪德耀的盛情邀请，因此他只能两头兼顾，奔波于厦杭之间，1946—1948 年他就是这样度过的。厦门大学化学系原是厦大的强系，名师荟萃，阵容强大，在国内各大学中颇负盛名，但因抗战期间，学校内迁闽西长汀，著名教授相继离去。抗日战争胜利后，学校迁回厦门，但已"人去楼空"，今非昔比。师资短缺，设备匮乏，这是作为化学系主任的卢嘉锡必须面对的事实。于是，他到处打听，多方求贤，或登门拜访、或函电邀请，通过师生关系、同学关系和校友关系等诸多门径，精诚所至，金石为开。他终于把方锡畴教授从贵阳，吴思敏教授从印度，钱人元教授从美国，以后又把陈国珍教授从英国以及蔡启瑞教授等精英都动员到厦大来了，化学系又出现了人才济济、繁荣兴旺的新局面。在教学上卢嘉锡率先做出榜样，他精心设置教程，认真备好每一个教案。他的讲课颇有特色，不是先写好讲稿，然后在堂上讲解，而是在备课时扯下昨天的一张日历，然后条分缕析地把当天要讲的内容先熟烂于心，写成几条精要的提纲而进行讲述的。他讲课声音洪亮，板书秀丽，思路清晰，推理分明，常能做到数理贯穿，譬喻生动，化难为易。卢嘉锡的讲课博得了全校师生的赞赏，常常是听者盈座。但这种用日历纸写下的只是讲课纲要，而详细内容的"腹稿"仅暂存在记忆中，这对他日后整理成书却是一件憾事，但既忙于教学又忙于行政事务的卢嘉锡也无心他顾了。无独有偶，大圣先师孔夫子的"述而不作"的教学模式与此不无相似之处。据说黑格尔的某些哲学著作也不是出自他的手笔，而是他的学生在他逝世后根据老师的听课笔记整理而成的。卢嘉锡除了给本科生教授物理化学基础课外，还给研究生讲授经过精心设置、反映当代物理化学水平的新颖科目：化学热力学、统计热力学、量子化学、结构化学、晶体化学和 X 射线晶体结构分析等重要基础课，给学生打下坚实的理论基础。卢嘉锡不仅重视学生基础理论学习，同时注意对学生的实际动手能力的培养。解放初期的厦门大学，由于学校教学研究设备十分匮缺，他就带领研究生自己动手设计实验仪器，先后安排设计了 X 射线单晶衍射实验用的劳厄照相机、转动照相机、摆动照相机及观察 X 射线底片用的光箱等设备，他还指导学生制作了花样繁多的各种分子结构模型，他亲自检查学生的实验数据，重视数据的原始记录，不准撕去或涂改。

1953 年，由高等教育部召集在青岛开设的全国物质结构讲习班，要从全国各大学现有的化学教师中抽调几十人，进行短期培训，以解决物质结构这个全国性新设专业的师资问题。由哥伦比亚大学理学博士、在量子化学造诣很深的吉林大学教授唐敖庆和精通结构化学理论与实验技术的厦门大学教授卢嘉锡同领了学界难逢的这个讲席。唐敖庆从量子化学的物理概念和严密的数学推导方面进行阐述，而卢嘉锡则从结构化学理论和实验方法方面进行全面讲解。两位导师各有所长，各有侧重，相互补充，相得益彰，使那些来自全国各高校的有机、无机和分析化学专业老师大开眼界，受益匪浅。青岛海滨的碧水蓝天、宜人气候和唐、卢两教授精到的讲解阐述，使学员们紧张的学习、密切的交流、新鲜的知识和融洽的氛围化为最佳的教学相长效果。青岛全国物质结构讲习班的成功，赢得了全国高校的高度赞赏。在大家的热烈请求下，1954 年第二届全国物质结构讲习班在北京开班了。报名的学员超过计划一倍以上，而主讲教授亦扩增一倍，复旦大学吴征铠教授和北京大学徐光宪教授也加盟讲席。卢嘉锡在东南一隅的厦门大学化学系点起的"物质结构"的"星星之火"终于燃成了全国高校化学系开设的基础理论专业课。唐敖庆教授后来回忆说："这两次全国性物质结构讲习班影响重大，今天大部分在物质结构化学方面比较有所作为的科学家，都曾受益于这两次培训。"1955 年卢嘉锡以优异教学、科研成果与唐敖庆同被选为中国科学院数理化学学部委员（院士），1956 年被高等教育部聘为一级教授。

卢嘉锡由于出色的教学和管理艺术，职位也不断迁升，从化学系主任、副教务长、数理系主任、研究部主任、校长助理到副校长等职。他依然尊师重道，待人以诚，谦虚平易，乐于助人，教泽广被，奖掖后进，为厦门大学及我国化学学科的发展立下了不朽功劳。

1956 年国务院组成了以周恩来总理为首的科学规划委员会，召集 600 名全国著名科学家来北京共商科学发展大计。卢嘉锡、唐敖庆和蔡启瑞作为化学学科小组成员应邀参加大会，在 10 多位资深小组成员中由于他们是"少壮派"，要承担讨论时的会议记录和写简报任务。卢嘉锡以他多年的经验和获得的信息，认为"物质的微观结构决定物质的宏观性能"正成为基础化学的主流观点，并影响到化学各分支学科领域，所以应该把"物质结构与性能的研究"作为化学学科的中心议题，提交大会讨论。卢嘉锡的这一想法在小组作了详细阐述，得到化学界同仁的普遍赞同，但这一内涵还得有个"帽子"，他和唐敖庆就共同草拟了"当代化学学科发展的总趋势是从宏观到微观，从静态到动态，从平衡到不平衡"的言简意赅的纲领式提法，为大会奉献了科学工作者高瞻远瞩的设想。

4. 坚持方向，结构晶体崭露头角

1960 年初，卢嘉锡从厦门大学来到福州，出任福州大学副校长，同时又接受国务院总理周恩来的任命书——担任中国科学院福建分院副院长的职务。如果说他来到福州，福州大学还刚刚开始"破土动工"，而中国科学院福建分院则还处于"无影无踪"状态。20 多年艰辛，如今的福州大学已成为以工科为主，理、工、财、文、艺兼备的多学科综合性大学。而按中科院最初规划的福建分院应包括技术物理、应用化学、电子学、自动化、稀有金属、数学力学等六个研究所和一个生物物理实验室（简称六所一室）后又调整为理化研究所。在全国三年严重经济困难期间，当时福建唯一的理化研究所也面临着生存危机。卢嘉锡以中国科学院学部委员的身份和影响，据理力争、多方呼吁，建议将研究所改为"中国科学院华东物质结构研究所"，建制上隶属中国科学院，行政上由华东分院、福建省科委和福州大学共同领导，以后又几经"挣脱"，排除干扰，才成为独立自主、隶属于中国科学院的福建物质结构研究所。

在"文化大革命"中，卢嘉锡被戴上了"资产阶级反动学术权威"和"走资本主义道路的当权派"两顶帽子，他被解除了一切职务，交由群众"专政"和"改造"。在"造反派"的批判、审问的压力下他实事求是，问心无愧，保持了自己的品德和大节。1969 年，周恩来总理得知他的遭遇，立即给福州军

卢嘉锡正在进行固氮酶活性中心模型研究

区皮定均副司令员打电话，指示给卢嘉锡"立即解放，安排工作"。卢嘉锡闻讯后感激异常，当即提笔挥毫，把李白《赠汪伦》的诗句改为"桃花潭水深千尺，不及周公对我情"，表达了他对总理的知遇之恩。1971 年他赴京参加胰岛素晶体和分子结构鉴定会，得知中科院拟将组织"化学模拟生物固氮"的基础研究项目，这是当时化学界前沿课题，他感奋异常，立即和好友唐敖庆、蔡启瑞商量，三人主动请缨，愿意承担这一重大课题，共同组织开展全国性研究工作，并以此为契机，把荒废多年的物质结构研究，重振起来。1972 和 1973 年长春和厦门两次全国性固氮会议，决定基础研究和应用研究同步进行，并作具体分工。卢、唐、蔡负责固氮酶活性中心的化学和生物化学的基础研究。从此以卢、唐、蔡为首的全国性化学模拟生物固氮研究在全国科研院、所和高校中全面铺开了，唐敖庆从量子化学，蔡启瑞从催化理论，而卢嘉锡则从结构化学方面对固氮酶结构与性能进行既协作又分工的研究，取得了丰硕成果。卢嘉锡及其所领导的研究集体的科学成果比较集中地呈现在《探赜索隐立志创新》——建所 30 周年（1960—1990）论文选集（结构化学与晶体材料科学部分）和卢嘉锡中英文版专著《过渡金属原子簇化学的新进展》两部著作中。

在这 30 多年的科研生涯中，卢嘉锡以化学模拟生物固氮这个国际生化的前沿课题为先导，带领中国的研究人员促进了与固氮、簇合物催化、超导电性及材料科学相关的过渡金属原子簇化学的蓬勃发展。其实，化学模拟生物固氮和原子簇化学研究是一而二的研究命题，后者是前者的基础，而前者则是后者的具体化和深入。根据大量实验事实和理论思考，卢嘉锡在国际上率先提出了《固氮酶催化固氮中心的初步模型——兼论双氮分子络合活化的结构条件》，他从 $N \equiv N$ 分子的异常化学稳定性和过渡金属对它进行络合活化的可能和条件进行量子化学和结构化学分析，提出实现 $N \equiv N$ 分子充分活化的单端基加多侧基的结构条件：端基络合键（必不可少）可拉长 $N \equiv N$ 键，减少 N 原子核间静电斥力；侧基络合键；单侧基不够，必须发挥多侧基协同作用；这可突破 $N \equiv N$ 配位基侧面防线，为裂解 $N \equiv N$ 键铺平道路，同时还要防止侧基异构化的结构因素，以保证侧基络合键的稳定性。同时指出异核络合金属组成以及过渡金属可变氧化态的交替变化，是有利于固氮循环中的底物活化和电子转移的。在此基础上提出了固氮酶铁钼原子簇协同作用的网兜状活性中心模型——福州模型 I，一个由 $MoFe_3S_7$ 组成具有欠完整的类立方烷型原子簇结构模型（科学通报，1975 年第 12 期，540—557 页）。

卢嘉锡提出的网兜模型构想的难能可贵之处还在于它必须经受温和条件下固氮作用三个环节即络合——还原——加氢过程考验：它不能只络合不活化，或活化得不够充分；也不能络合得太牢固，因而很难或无法还原；它不仅要求有较强还原作用，更要求保证还原作用以及恢复还原状态的推动力。为了催化过程能有序地按周期运行下去，必须设想活性中心构型有一定程度流变性。

1980 年固氮酶活性中心钼铁辅基（FeMoCo）的最新研究结果发表了，证明该辅基组成的原子比为 Mo：Fe：S=1：8：6，根据外延 X 射线吸收边精细结构谱（EXAFS）对 Mo、Fe 原子周围微环境的测定信息，卢嘉锡又巧妙地依据新的实验事实调整了原先福州模型 I，提出了孪合双网兜模型（福州模型Ⅱ）。今天看来卢嘉锡在1980年提出的福州模型Ⅱ和1992年美国加州理工学院的Rees及普渡大学Bolin所进行的分辨率达2.2Å的固氮酶晶体结构分析而提出的活性中心结构模型，有惊人的相似处，因为两个模型，皆由两个四核网兜状原子簇所组成，而其差别仅在连接两个原子簇兜口上有一个原子不同（Fe替代Mo）及两个原子簇偶联方式的差异上，但就单个原子簇而言，也够和卢嘉锡在1973年提出的福州模型Ⅰ相像了。从两方学者的构思过程看，Rees/Bolin等模型的提出更多地凭借现代科学分析仪器手段所提供数据基础上引申而出的，而卢嘉锡的思路则更多地得益于他对结构化学、量子化学和原子簇化学基础理论把握和科学直观而推演出来的。

1978年卢嘉锡当选中国化学会理事长。在当年的全国第二次物质结构会议和中国化学会年会上发表了"原子簇化合物的结构化学"的学术报告，引起了与会化学家兴趣，极大地推动了国内簇合物化学研究工作。他以自己在美国研究时的亲身经历对原子簇化学研究的历史演变、应用和发展作了生动而全面的阐述。他从硼烷／碳硼烷、金属硼烷／金属碳烷、过渡金属羰基原子簇化合物、其他构型的原子簇化合物和原子簇化合物的结构规则作了系统的总结和评价。在文末，他以诗明志：

> 香花争吐艳，硕果苦奇寒，岂为根不深，枝欠壮？
> 劲草傲疾风，险峰迎闯将，竞相坚远志，庆新功！
> 既是咏志，也以自勉。

1989年卢嘉锡和他的助手提出"活性元件组装"设想，即过渡金属原子簇，特别含 μ_2 和 μ_3 桥的类立方烷簇，可能由构成该原子簇的基本结构"元件"在一定活化条件下组装而成。实验证实，这一"活性元件组装"理论的应用有助于簇合物的合理合成。20多年来，他所领导的研究集体先后完成了300多种新型过渡金属簇合物的合成，包括含低价态和混合价态金属原子的金属－硫簇合物、三核原子簇化合物、类立方烷原子簇化合物和多核过渡金属原子簇化合物及一些具有扩展结构的稀土和铌／钽簇合物的合成和其晶体学数据，这无疑提供了很有参考价值的结构化学信息。1988年，在福州大学黄建全教授（福建物构所兼职研究员）研究基础上，卢嘉锡发表了《初论某些〔Mo_3S_4〕$^{4+}$ 簇合物中〔Mo_3S_3〕非平面簇环的类芳香性本质》，后来随着研究的深入，又进一步确定了"类芳香性"概念。初论中他计算了标题化合物的定域分子轨道（LMO），和参考分子 C_6H_6、$B_3N_3H_6$ 和 $(B_3O_6)^{3-}$ 的LMO进行比较，计算表明可以用三中心键模型描述苯等三个参考分子电子结构离域性，而在标题簇合物的折叠簇环〔Mo_3S_3〕中同样存在三个由 Mo–S–Mo 组成的（d–p–d）三中心 π 键以及由它们彼此相互作用形成的连续而又封闭的大共轭 π^- 电子体系，这就道破了它的类芳香性本质。这样卢嘉锡就把有机化学中重要的芳香性概念从有机界推广到无机界，从而大大丰富了芳香性概念的内涵。他精湛学术思想很快就引起了广泛的注意，在1988年的半年内，他先后在意大利米兰大学化学系、美国加州大学洛杉矶分校化学系、日本岗崎第 35 次学术研讨会（主题为金属簇合物的合理合成方法和多核簇骼的协同现象）、美国麻州坎布里奇举办的生物无机化学第四届国际学术讨论会和 EXXON 研究中心作了五次学术报告，受到国内外学术界的好评。

80 年代初，福建物质结构研究所再度明确了研究方向。卢嘉锡提出：要在深入研究结构与性能关系的基础上，组织多学科、多技术力量的合作，制备出国际水平的新型晶体材料。在他的全面指导和精心组织下，经过多年努力终于研制出具有国际领先水平的"中国牌"优质非线性光学晶体材料——低温相偏硼酸钡（BBO）和三硼酸锂（LBO）而引誉国际科技界。若问这些成果的源头，则要归功于（1）高强度、高方向性和相干性的激光器问世后，所引发非线性光学现象的发现及其对无机非线性光学晶体材料研究的执着和追求。卢嘉锡不失时机地抓住这一历史机遇，远在 60 年代初他就组织成立了电光与非线性光学晶体材料研究小组，并把寻找和设计合成具有特定性能非线性光学新材料作为该课题组的学科方向。（2）卢嘉锡对"性能敏感"结构概念的提出，则为这一研究小组点明了从结构化学角度建立物理模型方法，寻求性能与结构关系，从中找出最优的无机非线性光学晶体材料可能性。卢嘉锡还指出由于共轭体系，特别是类芳香体系中价电子离域性，在外加光场作用下能产生大的诱导极性，因而把"类芳香性"与"非线性光学效应"联系起来（这在 BBO 和 LBO 晶体中都得到印证）这将为寻找新的非线性光学晶体材料拓宽思路。

卢嘉锡成功地主持完成了化学模拟生物固氮与原子簇化学研究和新晶体材料特别是非线性光学晶体材料研究并为我国建立了结构化学和新晶体材料两个学科基地，同时这两个学科基地也构成了福建物质结构研究所学科支柱和产业支柱。1978 年卢嘉锡以《固氮酶活性中心网兜模型》获得中国科学院科技成果一等奖和福建省科技成果一等奖；1991 年以《过渡金属原子簇化合物的合成化学和结构化学》获得中国科学院自然科学一等奖，1993 年又获国家自然科学二等奖。

5．开放改革，科学家管理科学

1981 年 5 月，卢嘉锡在中国科学院第四次学部委员大会上当选为中国科学院院长，也是第一位以自然科学家身份进入中国科学最高领导层的科学家。他战战兢兢，走马上任。面对涵盖数理化天地生等广博学科领域、情况各异的 119 个研究所和规模达 8 万之众的科技队伍的复杂情况，他上靠党和国家方针政策，下靠各级领导和科技骨干的群策群力，为中国科学院改革和建设倾注了大量心血，做出了不可磨灭的重要贡献，在中国科学院发展史上留下了他的独特印迹。

上任伊始，正值我国经济发展进入第 6 个五年计划（1981—1985）的初期，改革调整办院方针成为首当其冲的工作重点。卢嘉锡一方面要执行中国科学院领导模式转变，从行政为主的领导转变为以学术领导为主。通过加强学术领导和科研管理的科学化和民主化，实现中国科学院作为国家队和国家科学技术的一个综合研究基地，发挥多学科、多兵种联合优势和人才济济的专家作用，引导各门学科研究向纵深发展，为科学技术、国民经济和国防建设提供高水平、高质量的成果和人才。为此卢嘉锡主持制定了《中国科学院学部工作简则》，提出四项任务：①对本学部范围内的院属研究机构实行学术领导和相应组织管理。审议研究所工作，组织评审协调重要科研项目；评议、鉴定重要科研成果和职称。②分析国内外科技发展动态并制定对应方针、政策、计划和建议。③对我国重大科学技术问题进行调研和学术论证并提出报告和建议。④组织一些重要的全国性和国际性学术活动。

另一方面卢嘉锡适时地以全新的视角、全新的定位和全新的高度，把中国科学院的办院方针思想契合于党在十二大后提出的"经济建设必须依靠科学技术，科学技术必须面向经济建设"的路线，提出了"大力加强应用研究，积极而有选择地参加发展工作，继续重视基础研究"的办院方针，得到党中央肯定和中国科学院广大科技工作者的拥护和支持。

在任职的6年中，他认真贯彻党中央关于科技工作指导方针，全面推进中科院各项改革。强调科技要主动"面向"经济，而不是坐等经济的"依靠"；要根据经济建设对科学技术的多方面和多层次的要求，开展多类型、多方式、多途径的"面向"服务。从80年代初，中国科学院就大力加强同部门、企业、地方间的横向联系与合作，以委托研究、技术转让、组成科研生产联合体等方式，积极推广研究成果。至1986年底，全院已同全国3000多个企业建立不同形式的合作关系，与石油工业部和12省、市、自治区政府签订了全面或专项科技合作协议。

针对国家建设中的重大问题组织攻关，一直是科学院的重要方向。在国家"六五"38项重点科技攻关项目中，科学院承担了其中15项、191个课题任务。此外，科学院还自行安排14个项目，作为国家攻关项目的补充和后备。在这29个项目中包括农业综合治理与开发、能源中关键性科技问题、特种高新材料、新兴技术（计算机、大规模集成电路、生物工程、超导、激光、遥感和辐射等）。卢嘉锡还组织科技人员参加全国和地区规划，对我国自然条件、自然资源以及环境和生态等方面，进行考察和研究，积累了大量基础资料，研究了许多地区的综合开发和资源综合利用问题，为经济规划和地区规划提供科学依据。在实行所长负责制，搞活研究所，对科研工作进行分类管理的基础上，卢嘉锡主持出台了一系列富有创造性的和行之有效的举措，对基础科研经费的分配，实行同行审议、择优支持，解决课题分散和低水平重复问题；建立开放实验室（所）并实行开放、流动、联合、面向全国的方针，有效地打破了传统的"封闭"体系，局部地创造了较好的学术研究环境。建立开放实验室是科学院在国内的一个创举。卢嘉锡一班人认为科学院应该带头破除部门所有制，把科研设施提供给全国优秀科学家共同使用，通过接收流动研究人员，打破"近亲繁殖"带来的学术思想单一倾向，有利于活跃学术气氛，面向全国优选人才和课题，有利于促进科学水平的提高和高质量人才的培育；在财力有限的条件下，支持一部分实验室先得到较好的工作条件。1985年6月经同行论证审议，卢嘉锡批准17个研究室和3个研究所首批对国内外开放。到1987年，周光召继任中科院院长时，这19

个开放研究单位吸收了很多客座科研人员，（包括 32 位外国科学家），他们所承担课题和联合研究课题，占全部课题的 2/3 以上，推动了国内外合作研究，促进了不同学科间的交叉和广泛学术交流，有稳定经费支持，有较好设备、条件和研究环境，提高了工作效率，在较短时间里取得了一批高水平的科研成果。中科院开放实验室成功的示范作用，还很快扩展到大学、科研院所和其他具有原始创新能力的机构，形成了专业类国家实验室、多学科交叉集成国家实验室和以重大科学工程（装置）国家实验室。创立自然科学基金，是卢嘉锡在中国科学院任职期间的新事物。1982 年，中国第一个科学基金会由中科院首先启动，卢嘉锡担任基金委首届主任。科学基金面向全国，用于资助全国自然科学方面的基础研究和应用研究中的基础性工作。它受到了科学界、教育界广泛欢迎和申请单位普遍重视，很多人不仅把获得基金资助看作是经费上的支持，而且看作学术上的荣誉。据 1985 年上半年的不完全统计，申请项目近万个，经专家评审共资助 4426 个课题，完成了学术论著 8200 多篇，163 项成果通过专家评审或鉴定，有些成果达到世界先进水平，有力地推动了全国科技界的基础性研究。

6. 文理兼容，社会活动家／科学外交家

中国是诗书礼乐之邦，有深厚的文化底蕴，卢嘉锡早年所受的中国传统文化教育使他在这方面造诣精深，与他以后所受现代教育，及留学欧美所受的西方科学文化教育相互杂糅、融会贯通，形成了他独特的文理兼容的人文／科学观。

他常读曾子名言并书以自勉："吾日三省吾身：为四化大局谋而不忠乎？与国内外同行交流学术而乏创新乎？奖掖后进不落实乎？"在进退困厄时，常以林则徐的名言"苟利国家生死以，岂因祸福避趋之"为座右铭，去经受考验。他对中国科学院发展曾提出过颇有创见的想法：他指出对基础研究、应用研究、发展工作以至中间试验、试制生产，都有自身的规律和特点，不能搞"一刀切"，不仅使用的仪器设备不尽相同，还要让受过不同训练的科技人员运用自己的特长在不同的科技工作范畴发挥作用。

对科研工作的积累性，他指出我们现在有能力参加攻关，大部分是过去研究工作积累的结果，一部分是目前工作的延续和发展。他以吃三个馒头的生动比喻：一个馒头吃不饱，两个馒头尚未饱，三个馒头开始饱的累积效应来说明科学积累的重要性。

讲到中科院是多学科多兵种时，指出这只能算作是个"潜力"，若不能随时随地根据需要把它组织起来解决我们面临的科技问题，就不成其为优势，把各方面工作很好地组织起来认真分析国家交给我们的任务，并分解为系列的科技研究课题，安排组织好力量逐个保质保量完成，最终还要把一系列研究成果综合起来成为完整的一个成果。

在谈到什么是科学院应有的水平？他认为水平应体现在综合解决问题的能力上。在衡量国家的科学水平上是团体冠军在起作用。

对发挥科学院的作用，他主张科学院必须有所为，有所不为。必须开辟新领域，又必

须下决心放弃一些研究领域和项目，特别是不要在搞与产业部门重复的工作。科学院要强调一个"创"字，这也是科学院的传统之一。那些只会搞原来熟悉的工作的人，就很难创新，甚至谈不上搞科学研究。

对开放研究实验室实行开放、流动、联合共享方针，同国际同类机构有了更多的共同点，这项改革的深刻含义及其所引发的思想观念的改变，将在今后的工作中显现出来。

让中国了解世界，让世界了解中国，这是开放改革以来人们常说的一句话。卢嘉锡早年留学欧美，长期以来一直关注着西方发达国家科学技术的发展，瞄准国际科学前沿，力求中国的科学技术在国际上占有一席之地，因而非常重视国际科技交流。还在福建物质结构研究所时，他就多次率领代表团出席国际科学会议，向国外派遣访问学者，并邀请国外学者前来讲学与合作研究。担任中国科学院院长期间，国际交往更加频繁，同世界 50 个国家和地区建立了多方面、多形式的科技协作交流，签订了 40 多个科技协议和备忘录，每年与国外科技界互访近 5000 人次。我们把这些交往称为科学外交，限于篇幅，我们仅举其中一、二显著例子以见一斑。

和第三世界科学院结缘

第三世界科学院缘起于它的创始人，巴基斯坦籍的萨拉姆教授，世界著名的理论物理学家，1979 年诺贝尔物理奖获得者。他长期在西方国家工作，但热爱祖国，关怀与其祖国命运相同的第三世界各国，因而提出成立第三世界科学院的建议，得到来自第三世界 8 位教皇科学院院士的响应，并从国际上有权威的科学机构中遴选若干现籍或祖籍为第三世界国家的著名科学家及在第三世界工作的发达国家科学家作为特邀创始院士。这其中，中国只有华罗庚一人及 4 名美籍华人科学家。1983 年 11 月，第三世界科学院在意大利的里亚斯特市成立，萨拉姆当选为院长并宣告第三世界科学院是发展中国家著名科学家的国际性论坛，是非政府、非政治、非营利性组织，旨在加强发展中国家科学家间的联系与合作，促进发展中国家科学家高水平科研工作……。中国是最大的发展中国家，对第三世界的事业一向给予特殊关注，国家主席李先念发去贺电表示祝贺。1984 年萨拉姆致函卢嘉锡邀请他参加 1985 年在意大利召开的第三世界科学院第一次会议。卢嘉锡应邀参加会议并作了"在自力更生基础上的南南国际科学合作"的报告，阐述了中国政府对发展第三世界科学事业及加强相互合作的主张，赢得了各国代表的高度赞赏。在这次大会上卢嘉锡当选为第三世界科学院院士，经他推荐的我国著名科学家周光召、黄昆等 10 人也都当选为院士。由于中国代表团在会上的积极影响和成功，萨拉姆建议第三世界科学院第二次大会在中国召开。卢嘉锡与外交部协商，联合向国务院写报告建议 1987 年在我国举行第三世界科学院第二次大会。随后又将萨拉姆致邓小平的信送党中央，建议邀请萨拉姆访华。1987 年 9 月大会帷幕终于拉开，出席会议的有第三世界和部分发达国家的科学院院长、主管科技事业的政府高官和著名科学家 150 多人。大会由科学院、外交部、国家科委、国家教委、社科院和北京市等单位组成阵容强大的组织委员会，卢嘉锡任组委会主任。大会在人大会堂举行。国家主席李先念、国务院总理赵紫阳等最高领导人和周培源、钱学森等出席。大会开得完满成功。萨拉姆对中国方面的准备工作和卢嘉锡的组织才能给予高度评价。这次大会大大促进了我国与第三世界各国科技界的相互了解，提高了我国在国际科技界的地位。

1988 年在第三世界科学院理事会上，卢嘉锡被推选为负责亚洲事务的副院长，直至1992 年才卸任。中国在第三世界科学院的院士也增加到 35 名。

卢嘉锡 – 李约瑟情谊

卢嘉锡与世界著名科学家和科学史家李约瑟的交往也十分动人。李约瑟博士的《中国科学技术史》是轰动世界的煌煌大观的科学巨著。卢嘉锡对这部巨著十分景仰和赞颂。1982 年他访英时，首次拜访李约瑟，以后每次访英都要去探望这位中国人民的老朋友。1986 年在中央领导支持下，中科院与有关部门共同组成"李约瑟《中国科学技术史》翻译出版委员会"，卢嘉锡任主任委员。他亲自参与组织编辑工作，希望通过《中国科学技术史》中译本的出版，鼓舞中国当代科技工作者重振中国在世界科技史上的地位。1989 年卢嘉锡写了一首七绝，书赠李约瑟：

> 颂我古兮不薄今，
> 烛微知著为求真。
> 辉煌七卷科学史，
> 天下谁人不识君！

1990 年 8 月李约瑟 90 寿辰，剑桥大学罗宾逊学院在祝贺李约瑟华诞的同时，举行了第六届中国科学史国际研讨会，卢嘉锡率团专程前往参加。除带去《中国科学技术史》中译本的前两卷本，还填写了一首《诉衷情·李约瑟博士九秩大庆》的词，并请著名诗人、书法家赵朴初挥毫：

> 等身著作胜封侯，杖履任优游。金丹九转精核，明道有谁俦。
> 前史事，感君修，茁方绅。学人同赞，光耀双星，海屋添筹。

表达了卢嘉锡的祝寿之情，也祝李约瑟与鲁桂珍喜结秦晋之好。1995 年这位科学巨星陨落，卢嘉锡十分伤感，还写了一首悼诗和一幅挽联，托专程前往参加悼念活动的中国科学史协会理事长席泽宗院士和中科院自然科学史研究所副所长王渝生博士带去，以表达他对老朋友的怀念和敬仰。

卢嘉锡在国际科技交往中卓有成效的活动，为中国赢得了荣誉，同时他也因自己学术上的杰出成就，先后获欧洲科学文艺文法学院名誉院士、比利时皇家科学院外籍院士、英国伦敦市立大学名誉科学博士等多种荣誉学位，蜚声国际科坛。1988 年卢嘉锡以古稀之年当选为中国农工民主党中央委员会主席和政协第七届全国委员会副主席。1993 年当选为全国人民代表大会常务委员会副委员长。1999 年再次当选政协第九届全国委员会副主席。他以老骥伏枥，志在千里，战士暮年，雄心不已的气概，继续为国计民生和科学技术的进步与发展出谋划策。他不顾年迈体衰，仍坚持一年一度率领农工民主党成员考察全国有特色的地区。他先后到秦（皇岛）、唐（山）、沧（州），渤海湾开发区、陕北黄土高原、内蒙草原、贵州山区、广西百色地区和闽西革命老区，为当地的经济建设、社会发展计划、交通运输、环境保护、矿产综合利用、水利建设及温饱工程建言建策，起到很好的宏观咨询作用。

以上各节所述仅是卢嘉锡先生一生的主要事迹。最后，我们还拟用《情结》一诗来缅怀纪念卢先生的崇高品德，精湛科学教育思想和未了的情怀：

> 人来好奇挝石鼓，我欲攀登抚苍穹。[1]
> 心血凝就硕果累，功夫下处着根深。
> 八处三地鞠躬尽，[2]惟余清芬道德馨。
> 天命难违欲归去，轮椅绕园托诸君。[3]

参考文献

［1］卢嘉锡、蔡元霸：《结构化学研究中若干方法论问题》，《自然辩证法通讯》，1981 年，第 16—22 页。

［2］蔡元霸、卢葛覃：《卢嘉锡的科学研究风格和特色》，"中国科技思想与传统哲学暨科学史基础理论"研讨会，福建厦门，2003.4.21—24。

［3］《卢嘉锡传》写作组，《卢嘉锡传》，科学出版社，1995 年。

［4］《探赜索隐立志创新》——中国科学院福建物质结构研究所建所三十周年论文选集（1960—1990），福州：福建科学技术出版社，1990 年。

［5］卢嘉锡：《过渡金属原子簇化学的新进展》，福州：福建科学技术出版社，1997 年。

（选自《自然辩证法通讯》2004 年第 6 期，《卢嘉锡：集科学家、教育家与科学管理于一身的实践家》，作者蔡元霸，福建物质结构研究所副研究员，从事结构化学研究。卢葛覃，中国科学院福建物质结构研究所副研究员，从事结构化学研究。）

---

① 郭沫若先生曾游福州鼓山，并赋诗赠卢嘉锡，中有诗句："人来挝石鼓，我欲抚苍穹"。
② 八处三地，指卢嘉锡自英、美回国后，先后任职过的地方，八处是：厦门大学、浙江大学、福州大学、福建物质结构研究所、中国科学院、农工民主党中央、全国人大和全国政协；三地是：厦门、福州和北京。
③ 2000 年末，已是重病在身的卢嘉锡，又一次回到福建物构所，来到昔日的学生、多年的同事之中，坐着轮椅巡视工作了 40 年的办公室、实验室、图书馆……

鲍文奎

绿色的目标

1. 太平洋彼岸的游子

加利福尼亚的 6 月间，加州理工学院照例要有一天在毕克曼大厅外的操场上举行庄严的毕业典礼。那一天，就像过节一样，毕业生和教授们穿戴着博士帽和标示各种学位的礼服参加仪式。对于新博士们来说，这是黄金般的时刻，它标志着荣誉，关系着前途。

1950 届生物系毕业的研究生鲍文奎，也已获得了博士学位，但他对人们热衷的这种场面表现出了独特的冷漠，在别人进入角色的时候，他却逃之夭夭，到美国东部旅行去了。

旅途间，正赶上留美中国科学工作者协会在芝加哥召开年会，鲍文奎以洛杉矶代表的身份出席了会议。会议的中心议题是动员留美的中国学生回国参加新建设。

鲍文奎（1916—1995）

回国，对于留学生来说，此时此刻是个重大的抉择。青年们出国留学，本来就带着各式各样的动机，转眼间，祖国发生了天翻地覆的变化，在不同人的心底也就卷起了各种新的波澜，有希望和兴奋，也有犹豫和彷徨……

鲍文奎毕业于世界瞩目的名牌大学，攻读的是生物学中最热门的专业——化学遗传学。从个人前途计，按通常的看法，这位 34 岁的年轻学者有着步登科学宝塔的极好机运。有的老师就好心地劝他继续在美国干下去。

然而，鲍文奎却有自己的想法。他在家乡宁波读中学时，就与两位志趣相投的同学经常热烈地讨论拉马克、达尔文的科学思想，由此爱上了生物学。在中央大学农艺系毕业后，他到四川省农业改进所工作了7年，尔后赴美深造。他越来越对在农业上应用当代遗传学新成就开展多倍体育种有浓厚兴趣，打算将来能以此为改变祖国农业的落后面貌贡献力量。

三年来，鲍文奎生活在高度现代化的美国，这里的确有许多令人钦佩与向往的东西，但这里也有丑恶的东西。祖国是穷的，经济和科学是落后的，但不管多么贫困、落后，她毕竟是哺育自己的祖国。国家越穷，爱国者就越感到自己责任的重大。中华人民共和国的成立，鲍文奎看到了中华民族兴旺发达的转机。当听到成渝铁路破土动工等消息时，他深为新中国的光明灿烂的前途而激动。古老而又年轻的祖国，像骄阳一样温暖着爱国者的身心，像磁石一样吸引着太平洋彼岸的游子。

回国后研究什么课题呢在这个问题上，鲍文奎是有顾虑的。还是在一年前，有一次他钻进洛杉矶的一家经售社会主义国家书刊的小书店，从新书中一眼望到了英文版的《论生物科学现状》。这本书详细记录了1948年8月苏联农业科学院大会的发言。就是在那次大会上，李森科宣布摩尔根学派的染色体理论是"反动的""资本主义的""伪科学"，会后，苏联等一些国家利用行政手段在生物学、农学、医学等领域举行了大讨伐。鲍文奎买下这本书，回到寓所花3天读完了它。李森科一类人物的霸道行为激起了他的愤慨，随后而来的又是一阵忧虑。鲍文奎苦心攻读的专业已经被李森科宣判了死刑，他将带着"资本主义"的科学回到社会主义的新中国，将会怎样呢？

科学家在研究工作中，一般都有应付最坏可能的思想准备，但他们对待政治生活，却往往会带着孩提时代的天真——爱往好处想。鲍文奎做了这样一个估计李森科的风即使刮到中国，也总会再过三年五年吧。若在此期间，自己的工作能有个眉目，就不怕刮风了，谁都要看事实，讲道理嘛。

决心下定，鲍文奎考虑到国内的困难，就从美国购买了多倍体育种工作所必备的药剂和设备。9月初，打点起行装，辞别了师长友好，登船启程了。

2．带甜味的日子

45000吨的远洋客轮从洛杉矶出发，划开万顷波涛，经檀香山、横滨和马尼拉，于9月19日抵香港。人民政府特地派人到深圳，把这批归国学者迎进广州城，又让他们自由选择工作。鲍文奎辞谢了罗宗洛先生要他去中国科学院上海植物生理研究所的热情邀请，根据自己的既定目标，选定了他三年前离开的地方——四川农业科学研究所。

成都，解放还不到一年，百废待兴，困难不少。鲍文奎上班后向当时负责研究所工作的军代表讲述了自己的打算和要求。这位35岁上下的军人立即答应拨给他8万斤大米做工作经费。新来乍到的鲍文奎得到的第一个印象就是："共产党办事真痛快。"

经过几个月的努力奋斗，新实验室就全副武装起来。鲍文奎一方面承担解决当地生产上的应急任务，一方面做多倍体育种研究的准备工作。

目前世界上栽培的普通小麦品种，大多是六倍体，它们是历史演化的产物。从二倍体到四倍体，再到六倍体，每次天然加倍都使小麦的品质和产量大大提高。按此趋势，培育出八倍体新物种也可能会是更为理想的，它能否由人来创造呢？德国人伦波于 1888 年首次用小麦与黑麦杂交得到几粒小黑麦的种子。他去世后，人们惊奇地发现这些种子是经天然加倍的八倍体物种。小黑麦具有黑麦的小穗多、抗病、耐瘠薄等特点。在 20 世纪 30 年代末发现了化学药剂秋水仙精有使染色体加倍的作用之后，世界上曾一度出现培育八倍体小黑麦的热潮。但一进入 50 年代，终因结实率不高和种子不饱满而冷了下来，人们纷纷转向培育六倍体小黑麦。

面对这种风潮起落，需要科学家有战略眼光和决心。在鲍文奎看来，搞科学研究不能盲目地追浪头、赶时髦。他深信，培育八倍体小黑麦在理论上是站得住的；六倍体小麦已有几千年的历史，培育八倍体小黑麦还不到 60 年，国外科学家只培育几十个八倍体原种就匆匆得出否定性的结论是欠妥的。他决心摸索一条新路，而且从一开始就不抱短期内侥幸成功的希望，而是当作自己终生奋斗的目标，"我们这一代干不成，下一代接着干下去，一定会成功的。"

从 1951 年初开始，鲍文奎带领他的小组用稻麦为材料，以小黑麦为重点，全面铺开了多倍体育种工作。11 月初把选为亲本的小麦、黑麦种子播下地。到第二年 3 月，正值麦类的盛花时节，黄绿交映的株苗吸引着忙忙碌碌的蜜蜂，也吸引着勤勤恳恳的育种工作者。他们用小镊子把小麦花的雄蕊一个个去掉，把采来的黑麦花粉，一株株布施给小麦。操作时连大气都不敢出一口。此时此刻，育种工作者的紧张和辛苦绝不下于手术台旁的医师。谁要以为科学工作纯粹是脑力劳动，那才是主观主义呢。

授粉之后，结出了小黑麦的果实。这种果实，还不能称为种子，它们和动物中的骡子一样，不能传宗接代。须秋天把它们盆栽起来，到幼苗分蘖时用秋水仙精溶液处理，使染色体加倍。这样他们在年获得了第一代有繁殖能力的小黑麦品系，但离生产应用还差得很远很远。存在的主要问题与国外情况一样种子不饱满，结实率低。下一步需要做大量的杂交组合，或是用光和紫外光等做诱变处理。工作量是巨大的，但只要去做，就有成功的可能性。

从实验室到地头，再从地头到实验室，蜜蜂式的紧张劳作，使育种家感到满意。在后来不平静的岁月里，解放初期的那段生活不断在鲍文奎的心底勾起过蜜一般的回忆：爽快的军代表，安定的工作环境，纯正质朴的人事关系，可观的工作效率……

3. 麦苗的政治结论

鲍文奎没有预料到，李森科讨伐遗传学的风很快就过了国境线，吹到了新中国的科学教育界，给生物学、农学和医学等领域带来了严重的困难。有些人把当时政治上的"一边倒"推衍为科学上也要"一边倒"，把摩尔根学派的遗传学理论说成是帝国主义的意识形态，在政治上具有很大的煽动性。报刊上连篇累牍地发表尽是一个调门的文章，甚至根本没有学过遗传学的某些领导干部，也在懵里懵懂地表态支持米丘林、打倒摩尔根。谁愿意被说成是美帝国主义的应声虫呢？染色体、基因等科学概念被贴上了"反动"、"帝国主义"等政治标签和"唯心主义、不可知论"等哲学标签，由此而株连了多倍体育种，甚至秋水仙精、光管等也在扫除之列。这股风又很快吹过巴山蜀水，进了成都城。

鲍文奎小组的科学工作成了政治话题，但鲍文奎总以为人们反正要看事实的，所以还能稳得住，"让人们说去，我们要拿出成果来说话。"

这时，省里的某些领导同志已把多倍体育种看作是区分进步与反动的政治问题。鲍文奎毕业于美国加州理工学院，摩尔根恰恰又是该校生物系的首届系主任，问题就显得更加严重。1952年秋，省里给农科所派来了一位名叫王楚材的副所长。

在这种形势下派来的干部会怎样干呢？人们可能猜想他会根据上级的意图，下车伊始就哇哩哇啦发表一通抄报式的演说，表明自己在政治上的坚定性。拆组砍题，干净利落地把问题解决，包上边满意，下边服从。但在科学是非和科技政策上却颠倒了是非，违反了政策。

王楚材并没有这样做。他来到所里后，多次到鲍文奎组里了解情况，查阅他们的工作记录和总结。3个月过去了，他把一叠材料归还给鲍文奎，同时说："我看不出有什么反动的，你们应该研究下去。"

认真做调查研究，实事求是地解决问题，这正是党的优良传统在科学战线的闪光。鲍文奎与王楚材，素无瓜葛，一位是做学问的党外科学家，他从科学出发，想的是多倍体育种可以为人民造福；另一位是做政治工作的党员副所长，他从党的事业出发，想的是自己的言行要对党对人民负责。

鲍文奎从王楚材那里看到的是党的政策和期望，他自己的回答则是加倍努力的工作。在王楚材的"庇护"下，他平安地度过了一段时间。1953年收获了自己培育的小黑麦的第一代果实，还得到几种类型小黑麦的新杂种，只要再经过秋水仙精处理，就有可能再获得一些新的原种。另外，大麦和水稻等也取得了进展。

外界压力在不断加大，王楚材这样一个基层干部毕竟左右不了形势。他与鲍文奎商量，是否可以退一步，暂不用秋水仙精处理新材料，只利用已有的原种把杂交工作做下去。鲍文奎完全理解王楚材的处境和用意，只好忍痛让新材料"绝后"，他不远万里从美国带回的秋水仙精、X光管等也只能任凭灰裹尘封去了。

1954年秋收之后，开始整地，准备冬播，忽然传来了所里的通知，要他们停止多倍体育种工作。时令不等人，鲍文奎心急如焚，忙找到省农业厅去说理。他先是解释自己工作的意义，又出示已获得的成果，继而指出上级所做的这一决定与刚刚公布的宪法是格格不入的。说这些都不管用。鲍文奎为了工作，为了保存种子，压住胸中怒火恳求道："请拨给我们一小块地，一切费用由我们私人负担，我们可以抽出工余时间做研究。"但是，这——也不行。

尚未播种的，不准播了；种下去已经出苗的大麦被统统犁掉了；最后由省农业厅的一位秘书坐镇监督，勒令鲍文奎小组的严育瑞把盆栽的小黑麦全部拔掉。

严育瑞自1950年毕业到农科所工作以来，一直勤勤恳恳地随鲍文奎搞小黑麦，这些小黑麦是她亲手"服侍"的，每一株小黑麦都凝聚着她的心血，寄托着她的希望，紧连着她的肺腑啊。现在要她亲手去拔，止不住的伤心泪簌簌滴落下来……

11月23日，农科所领导按省里的指示，命令鲍文奎在全省农业技术会议上做检查。鲍文奎在高压之下不得不应命，但检查通不过；后来实在纠缠不起，就在第二天会议上以充分的事实陈述了自己的看法。他从苏联1954年第2期《植物学杂志》上援引了一篇关于多倍体育种研究的文章。但似乎开会的唯一宗旨就是要压倒鲍文奎，麦苗的政治结论早已做出，至于事实、道理、苏联科学界已经变化了的情况，都无关紧要。尽管鲍文奎援引本年的苏联杂志，可是会议仍旧捧出6年前李森科讲话的"本本"做判决。李森科谈到秋水仙精和光诱变问题时说："这不是计划选种的道路，不是进步科学的道路。"不是进步的，就是反动的，反动的就必须废止、铲除。对于头脑僵化的人说来，这种形而上学的推导是最省力而又最可接受的。最后，会议居然做出结论，"应用秋水仙精处理多倍体是脱离实际和脱离政治的"，"是同米丘林学说相冲突的"。

鲍文奎的研究课题被"枪毙"了。支持他工作的"顶风"干部王楚材也在一次大会上被省委某负责人点名批判，说他"与美帝国主义坐在一条板凳上"，不久他就被调离了，但王楚材的形象深深地埋在了鲍文奎的心田中。

4．北京来电报了

科学家的痛苦，莫过于失掉科学思想的自由和从事科学实践的权利。鲍文奎陷入了深深的痛苦中。

今后做什么凭鲍文奎的学问底子，他很可以马上选些小题目，过一段时间，得些数据就写篇文章发表，然后再选新题目。这种游击式的研究，是许多人所不满意的，但又出于各种原因而为许多人所采用。鲍文奎还可以屈服压力而迎合"长官意志"，跟着别人找个一拥而上的"热门"，并且可以从国际到国内、从历史到现状、从理论到应用，说个天花乱坠；但当工作无成效和受到社会压力时，又可以推三阻四地从经济到政治、从人员到设备、从主观到客观备陈原因而溜之乎也。然而，对于鲍文奎来说，选择科研题目时，不是取决于善辨政治风向和个人的名利得失，而是取决于社会需要、客观可能和科学预见。多倍体育种并没有错，为什么不能搞？

在苦恼与失望中，不服气的鲍文奎决定向无产阶级革命导师的著作请教。他拿起《列宁斯大林论科学技术》一书，从头认真读下去。

列宁早就讲过建设社会主义必须要吸收资本主义国家的先进科技成果。在谈到专家问题时，列宁说"要记住，……他们将通过自己那门科学所达到的成果来承认共产主义，农艺师将循着自己的途径来承认共产主义"。接着指出"一个共产党员若不能证明自己善于把专家们的工作统一起来并虚心地给以指导，找出问题的所在，详细地加以研究，那么这样的共产党员往往是有害的。"多么明确、深刻，真好像是针对当前发生的事情说的。合卷苦思，鲍文奎的心中亮堂起来了，用行政手段压制科学研究，甚至拔苗毁地，这绝不是党的政策。

时间已是 1955 年 5 月，如果到秋天还不能播种，已获得的材料就可能报废。鲍文奎相信王楚材式的干部在共产党内不会是个别人，党和政府是可以信赖的。他奋笔疾书，向中国科学院和农业部反映了这里发生的问题。

鲍文奎的信引起了中央宣传部和农业部领导同志的高度重视。他们迅速派人到四川调查核实并及时做了研究。他们根据党的历来政策，认为粗暴对待科学研究工作和知识分子的做法是完全错误的。

也真快，鲍文奎上书后大约只过了 1 个月，农业部就从北京给所里发来了电报，要所里恢复鲍文奎原有的研究工作。就这样，小黑麦种子又投入了大地的怀抱，获得了新的生机。

1956 年 4 月，毛主席在最高国务会议上提出"百花齐放、百家争鸣"作为我党发展社会主义文化与科学事业的基本方针。《科学通报》在 6 月的一篇社论中，以鲍文奎的遭遇为例，论述了在科学事业中贯彻百家争鸣方针的重要性和紧迫性。8 月，在青岛召开了"全国遗传学讨论会"，正式给摩尔根学派以合法地位。党的正确方针解除了鲍文奎身上的精神枷锁，他在一篇文章中写道"我确信在党和政府的领导下，祖国的科学事业一定会迅速繁荣起来"，并表示"决心努力争取做一个先进的科学工作者。"

5．在另一种困境中前进

1956 年秋，鲍文奎与严育瑞被调至北京工作。他是农业科学院的人，但因农科院正在筹建，没有工作条件，就暂时在北京农业大学搞研究和兼课。这就占了"两不管"的便宜，时间比别人充裕些。

客居，对于科学家并不是什么坏事，科研和教学上经常进行人员交流，倒是应该大大提倡的。农业大学的领导给鲍文奎尽可能提供了各种方便，除实验室和温室等条件外，还调了一位农工杨广才同志来协助。鲍文奎和他爱人严育瑞全身心地投入到工作中，大有"乐不思蜀"之概。到 1958 年，获得小黑麦原种已达到 117 个。

北农大在 1958 年从罗道庄迁到马莲洼，鲍文奎则回到农科院作物研究所。

科学研究，就其基本方面说来，是没有国界的。不同国家、不同单位的同行科学家在科学探索的道路上，有着共同的理想。科学研究，又是人类思想自由驰骋的领域，是百家争鸣的舞台。如果学术气氛正常的话，不同学派的科学家之间可以是切磋相长的朋友。如果学术气氛不正常，尤其当学派与行政权力结合在一起的时候，不同学派的科学家之间就可能成为宿敌。当然，表现形式会有多种多样，有的是剑拔弩张，势不两立有的是互不理会，各执一是，有的是表面上相敬如宾，背地里把别人说得一无是处。在我们国家里，如何正确对待学派，如何支持有造就的学派，还真是个大问题！

处理苗子的时间快要到了，研究所里没有条件，鲍文奎在杨广才的帮助下，拆掉农大的温室，运到农科院，再由他们两个人搭起来。这样的温室谈不上讲究但既然是温室，至少需要炉子、烟囱、煤和烧煤供暖的人。所里推说不在计划之内，无法解决，鲍文奎只好越级到院里请领，东西搞到手后，杨广才却因住在寒冷潮湿的温室里病倒了，鲍文奎就自己挥锹执钎做了3个月的"锅炉工"。

鲍文奎的课题组，在好多年里工作人员既少又不稳定，鲍文奎常常是一个"光杆司令"。

1960年春天，鲍文奎被集中到香山参加编写《水稻栽培学》。组里二亩多试验地不能没人管，他就星期六晚上赶回来，星期天大清早到地里灌水，还要央求管理污水井的工人同志加班帮忙开井。他不忍心多占用那位工人的假日休息时间，就让水流量尽量大些。他拿着铁锹东奔西跑，每次都要打两手泡。

常规的实验室都应该有自来水管道，但鲍文奎小组的那间"实验室"里却没有。他们用水必须到厕所里去打，为此不知要把多少时间消耗在从实验室到厕所的往返上。1963年，当时在中宣部主管科学工作的负责同志来这里了解情况，鲍文奎赌气地说："我们的工作是在厕所里做出来的。"还真灵，他走后，水管子的问题很快就解决了。

在这种情况下搞科研，心情不可能舒畅。鲍文奎发过火，有时也起点小小的作用，但更多的是无济于事，那也只有生闷气。一位有造就的科学家就这样硬憋在一个狭小的角落里，条件限制了他的事业不能以应有的速度发展。他想离开这里，却又没有离开的可能。

然而，鲍文奎从没有颓丧过。为绿色世界增添瑰宝的远大目标激励他奋发向前，逆境中的遭遇促使他发愤向前。

尽管有各种困难，却好在没有拔苗毁地的恶剧重演。鲍文奎的工作在稳步前进着。在到北京后惨淡经营的十年中，他们在反复实践中总结出"桥梁品种"的方法，大量获得了八倍体小黑麦的原种，编号排到4700多号。1966年6月，具有各种优良性状的小黑麦种子正准备收获，其综合性状较好的已准备通过农科网在若干地区试种。小黑麦研究已到了向生产应用迈步的转折点。

这时，"文化大革命"开始了。

6．他有自己的战场

6月的北京，气温迅速上升，人们对政治形势表现出不可名状的惶惑心情。"敌人"也似乎是经过秋水仙精的处理，在加倍，加倍。"政治可以冲击一切"，每天从早到晚都是斗争、斗争。多倍体育种又能算老几？

在鲍文奎心目中，育种工作还算是"老大"。白天、晚上的时间被运动占去了，他们夫妇俩就想清晨4点钟赶到温室去收获，干上2个小时再回来吃早饭和上班"干革命"。

他们怕清晨打搅别人休息，就在头天晚上把收获的用具从办公室搬到温室，岂料被人发现后，贴大字报诬之为"小偷"。在世上过了整整 50 个春秋的鲍文奎，为了工作而拼命，却蒙受如此不白之冤，真可谓是别有一番滋味在心头了。

从 8 月下旬开始，鲍文奎又被打成"反动学术权威"，进了"黑帮队"。突出的罪名就是"三脱离"——脱离无产阶级政治，脱离工农兵和脱离生产实际。

什么叫脱离无产阶级政治？鲍文奎说不清楚。

1963 年和 1964 年，所里曾两次决定让鲍文奎到社会主义学院学习。他从实际出发，为使研究工作不因"釜底抽薪"而中断，明知人言可畏，还是出以公心，申明工作离不开而没有去。这被批判为"脱离政治"、"拒绝思想改造"。

1965 年又让他去参加农村社会主义教育运动，鲍文奎看到组里当时有三四个人可以维持，就咬咬牙去了。到第二年 5 月，社教工作队的事情已经不多了，他觉得"泡"在那儿是浪费时间，就坦率地要求提前回所投入研究工作。这在后来被斥之为"逃兵"。

鲍文奎，在政治斗争中确实不是什么英雄，但也绝非是不问政治。他早年憎恶国民党统治的腐败；在海外听到中华人民共和国成立的消息时，随即邀知己举杯相庆；他多次受到政治冲击，但从未动摇过对祖国的热爱和对共产党的信赖。在后来的许多年里，他对政治斗争迷惑不解，畏而远之，但却在 1976 年清明中午赶到了天安门广场，许多年里，他缄口无言，在名目繁多的会议中练就一副坐功和哑功，但在四人帮倒台之后，尤其在参加全国科学大会之后，却打开了"话匣子"，议论风生。

鲍文奎爱国，爱共产党，爱工农兵。他的爱不是表现在口头上和纸面上，而是要用其所学为亿万人民培育有实际价值的新作物。对于一个把全部身心都投入科学事业上的人，有什么理由做不切实际的苛求呢？有什么理由让连一天 24 个小时都嫌不够用的科学家把他们的有限生命消磨在一般政治原则的清谈之中呢？

鲍文奎在"黑帮队"里度过了 3 个年头。不管个人受到什么屈辱，他却从未给自己的目标抹过黑，那目标，始终保持着葱郁的绿色。有人逼他请罪，他确信自己无罪。他在一份"认罪"材料上写到如果说我有罪的话，我的罪就是研究多倍体育种，但我研究它，不是为了我个人，而是为了造福于人类。我确信小黑麦有无限的生命力，它终有一天会在祖国大地的四面八方得到应用推广。

这 3 年中，鲍文奎始终关心着那些可怜的种子，他不顾有"罪"在身，多次向农科院领导机关写信，要求他们不要使小黑麦种子变成一堆虫粪。

1969 年 7 月，"黑帮队"解散，鲍文奎可以参加研究工作了。原有研究组已被"革"掉，这时按作物类别分组。严育瑞被分在小麦组继续搞小黑麦，鲍文奎则被分在水稻组。他只能通过"内线"了解和指导小黑麦的研究工作。平时上班搞水稻，星期天"休息"时，夫妇偕来小黑麦田头，"观赏"这小小天地的无限风光。这就是他们迷恋的战场。

7．播种在红军走过的地方

1972 年秋，一位风尘仆仆的客人来到作物研究所，严育瑞接待了他，初次见面就谈得很投机。最后，严育瑞把 10 个品种的小黑麦种子和有关资料送给了客人。

客人来自祖国大西南贵州省威宁彝族回族苗族自治县。这个县地处云贵高原乌蒙山脉高寒山区，自然条件很差。当地粮食作物多是玉米、马铃薯、荞麦、燕麦等，亩产往往只有 40—60 斤。从 1968 年起引种黑麦，亩产 200 斤，在当地已是了不起的"高产"。但黑麦的品质很差，不中吃，群众不愿意种。人们说，若是有黑麦的秆子和小麦的穗子就好了。县委书记禄文斌建议县农科所的同志想办法解决这个问题，后来听说北京有人研究小黑麦，他们就马上派人赴京。

小黑麦种子到了威宁，禄文斌带领技术人员亲自选了两亩试验地播下种，以后他经常来了解情况，帮助解决困难。第二年的收成表明比对照的小麦和黑麦的产量都高，面粉的品质也好。收获前，鲍文奎被请到威宁县，他建议多搞点试验，以便探索在各种不同类型地区发展的可能性，当年布下 42 个点，试种 54 亩，结果平均亩产 285 斤。到 1974 年秋推广到 1000 余亩，支援省内外种子 3 万斤。后来全县栽种面积逐年稳步扩大。

关心人民的疾苦，全心全意地为人民谋利益，是共产党人的宗旨。正当威宁县委书记禄文斌为全县人民奔波忙碌的时候，农林部副部长罗玉川则在考虑着全国更多的"威宁县"。罗玉川在甘肃定西蹲点，眼见这一带农村群众生活的困苦，心里很难受，他急于找到适合改善这一类农村状况的农业措施。1974 年，他来到鲍文奎小组的试验田参观，回到部里就向有关部门提出要抓小黑麦的推广。就这样，第二年在北京召开了小型座谈会，酝酿组织全国协作组。1976 年 6 月，在威宁召开了全国小黑麦现场会，它是乌蒙山区破天荒的一次盛会。

人们都熟悉"乌蒙磅礴走泥丸"、"六盘山上高峰"的诗句，但并不一定了解那里人民大体与威宁相似的生活状况。小黑麦种子沿着红军当年走过的长征路，播撒在乌蒙山、凉山、岷山、六盘山等山区农村，也播在伏牛山、大巴山和阴山以及江西等南方红壤区，这些地方有的曾是共产党领导革命人民长期坚持武装斗争的红色根据地，有的则世世代代居住着许多勤劳勇敢的兄弟民族。小黑麦作为"高产"稳产的作物良种落脚在那些高寒和贫瘠的土地上，使那些地方朝着粮食自给的方向迈进一步，使那里的人民能多吃些细粮，这就实实在在地为人民办了一件好事。

1977 年，"国际玉米小麦改良中心"派出以诺尔曼·布劳格为首的小麦考察组来华参观访问，他们曾了解过鲍文奎小组的工作情况。回到墨西哥后，布劳格在一份书面报告中谈到中国育种工作者不用胚的培养而搞出了 5000 个小黑麦原种一事，考察组的评价是"与其他国家相比，这是巨大的成功。欧洲、北美和墨西哥的育种工作者用胚的培养搞出的小黑麦原种还不到 500 个，不到中国的 10%"。在这数字的后面，我们所能看到的不仅是中国育种工作者的智慧和辛勤，更有坚韧不拔的顽强意志。

　　培育推广小黑麦所取得的初步成绩，应归功于一个集体的长期努力请原谅我们不能在本文评述小黑麦研究组中每个同志的可贵贡献。但还应看到，鲍文奎在选题、制定和调整技术路线、取得关键性突破和科学预见等方面所表现出来的创造力，往往起着根本性的作用。正因为如此，当人们说到八倍体小黑麦的时候，也就会说到鲍文奎。

　　他20余年跌打滚爬，20余年心血浇灌，多少次忍辱负重，多少次化险为夷，不顾雨纵风横，只留得果实、情谊、红心、白发。

8．期待

　　我们介绍的这位朴实的育种科学家，并没有很大名气，目前的成果也不算惊人，他只是用其所学，小有所得。不管他的目标何时能够达到，我们既无意于只盯住成果论英雄，也无意于给读者硬塑出一个又红又专的楷模。我们要讴歌的，是他为追求一个坚定的目标而表现出来的知难而进、锲而不舍的可贵品格。

　　科技现代化，不是一"喊"而就的事业，它需要我们从现有的条件出发，坚持不懈地去干，去创造，坐谈宏伟目标，坐等高精尖设备，坐享他人劳动成果，不能使我们的事业向前挪动半步。长期以来，鲍文奎不管受到来自哪个方面的挫折，都没有动摇过自己的目标，没有松过一口气。自然界不负有心人，终于给了他一颗小小的甜果。现在他依然迎着各种困难，奔向他既定的目标——争取让八倍体小黑麦下山，与普通小麦竞高下。

　　良种，只能循着自然界的内在规律应运而生。这不仅需要育种家有一副按照自然规律去改造自然的科学头脑，也需要社会有一套按照科学发展规律去办科学的正确政策。

　　科学研究要花时间，这是很容易明白而又很容易被某些人忘掉的道理。如果没有李森科主义假行政手段的冲击，鲍文奎在1958年获得的117个小黑麦原种就可以在1954年就拿到手如果没有林彪、四人帮对科学事业的摧残，1972年的试种就可以提前在1966年进行。先后净丢了10年，而人生毕竟没有多少个10年，新中国也才只过了3个10年呵！此外，在日常工作中，如果没有各种人为的困难挡路，工作进展肯定还会更快些。

　　当我们谈赶超时，可曾想过以往是怎样丢掉了许多时间的又可曾想过时间正从我们眼前流过。鲍文奎那富有故事性的阅历，从一个侧面反映了我国科学事业的昨天和今天。我们应当用清醒的头脑去总结昨天，为的是创造灿烂的明天。

　　（选自《自然辩证法通讯》1979年第3期，《鲍文奎：绿色的目标》，作者于有彬，樊洪业的笔名，时任《自然辩证法通讯》杂志编辑、中国科学院科技政策与管理科学研究所研究员，研究方向为中国近现代科学史。）

图书在版编目（CIP）数据

科学精英 : 求解斯芬克斯之谜的人们 /《自然辩证法通讯》杂志社编 .
-- 北京：世界图书出版公司北京公司，2015.9
ISBN 978-7-5192-0254-5

Ⅰ . ①科… Ⅱ . ①自… Ⅲ . ①科学家－列传－世界
Ⅳ . ① K816.1

中国版本图书馆 CIP 数据核字 (2015) 第 233298 号

科学精英：求解斯芬克斯之谜的人们

著　　者：《自然辩证法通讯》杂志社	筹划出版：银杏树下	出版统筹：吴兴元
责任编辑：苏　伟　刘春超　刘晓燕	营销推广：ONEBOOK	装帧制造：墨白空间

出　　版：世界图书出版公司北京公司
发　　行：世界图书出版公司北京公司（北京朝内大街 137 号　邮编 100010）
销　　售：各地新华书店
印　　刷：北京京都六环印刷厂（北京市通州区永顺镇刘李路　邮编 101101）
（如存在文字不清、漏印、缺页、倒页、脱页等印装质量问题，请与承印厂联系调换。联系电话：010-89597655）

开　　本：690 毫米 × 960 毫米　1/16
印　　张：43.5
字　　数：750 千
版　　次：2015 年 10 月第 1 版
印　　次：2015 年 10 月第 1 次印刷

读者服务：reader@hinabook.com　188-1142-1266
投稿服务：onebook@hinabook.com　133-6631-2326
购书服务：buy@hinabook.com　133-6657-3072
网上订购：www.hinabook.com（后浪官网）

ISBN 978-7-5192-0254-5　　　　　　　　　　　　　　　定　价：99.80 元

后浪出版咨询(北京)有限责任公司 常年法律顾问：北京大成律师事务所　周天晖　copyright@hinabook.com